D1705099

Ernst Kausen – Die Indogermanischen Sprachen

Ernst Kausen

Die indogermanischen Sprachen
von der Vorgeschichte bis zur Gegenwart

BUSKE

Bibliografische Information der Deutschen Nationalbibliothek

Die Deutsche Nationalbibliothek verzeichnet diese
Publikation in der Deutschen Nationalbibliografie;
detaillierte bibliografische Daten sind im Internet über
<http://dnb.d-nb.de> abrufbar.

ISBN 978-3-87548-612-4

Karten aus Metzler Lexikon Sprache, 4. Auflage, S. 802–805. © 2010 J.B. Metz-
lersche Verlagsbuchhandlung und Carl Ernst Poeschel Verlag GmbH in Stuttgart.

Inhaltsverzeichnis

Vorwort

Zum Inhalt

Dieses Buch bietet eine einführende Übersicht über den gesamten Bereich der indogermanischen Sprachen von der Vorgeschichte bis zur Gegenwart. Diese etwa 300 Sprachen, die heute weltweit von mehr als drei Milliarden Menschen gesprochen werden und zu denen auch das Deutsche gehört, bilden nach ihrer Sprecherzahl die größte und bedeutendste Sprachfamilie der Erde. Bei kaum einer anderen Sprachgruppe kann man die historische Entwicklung so weit zurückverfolgen. Die gemeinsame prähistorische Quelle, aus der alle indogermanischen Sprachen entsprungen sind, konnte in einer großen wissenschaftlichen Leistung im 19. und 20. Jh. in einem erheblichen Umfang rekonstruiert werden. Theorien über die Herkunft und Urheimat der Indogermanen finden ihr Interesse bis hinein in die allgemeinen Medien.

Das einleitende Kapitel stellt die *komparative Methode* der historischen Sprachwissenschaft vor: Es handelt von Sprachverwandtschaft, Sprachfamilien, der Rekonstruktion einer Protosprache sowie der Etablierung von Lautgesetzen. Das zweite Kapitel gibt einen Überblick über die indogermanischen Sprachen in ihrer Gesamtheit und stellt die rekonstruierte *Protosprache* – auch *Ursprache* oder *Grundsprache* genannt – mit ihren wesentlichen phonologischen, morphologischen und lexikalischen Merkmalen dar. Auch die verschiedenen Theorien zur *Urheimat* des Indogermanischen werden vorgestellt und kritisch verglichen.

Die folgenden Kapitel widmen sich ausführlich den elf Hauptzweigen des Indogermanischen. Der Kapitelaufbau ist im Wesentlichen gleich, wenn auch den besonderen Bedingungen der einzelnen Sprachzweige Rechnung getragen wird. So erfordern die ausgestorbenen anatolischen Sprachen einen anderen Ansatz als die kleine baltische Sprachfamilie, und für die Einzelsprachen Griechisch, Albanisch und Armenisch werden andere Schwerpunkte gesetzt als für die umfangreiche Gruppe der etwa 180 indoiranischen Sprachen, die allein von fast 1,5 Milliarden Menschen gesprochen werden. Dennoch bieten alle Kapitel im Kern die folgenden Inhalte:

- einen Überblick über sämtliche Einzelsprachen inkl. Sprecherzahl und Verbreitungsgebiet
- die interne Gliederung (Klassifikation) des Sprachzweiges
- die Geschichte der Wanderungen in die heutigen Verbreitungsgebiete
- das sprachliche Erbe aus der indogermanischen Protosprache, und zwar in phonologischer, morphologischer und lexikalischer Hinsicht
- eine ausführliche Behandlung der Sprachgeschichte der Untergruppen sowie der Einzelsprachen
- die sprachliche Charakteristik der jeweiligen Gruppe sowie grammatische Skizzen zu zahlreichen Einzelsprachen

Ein Blick ins Inhaltsverzeichnis zeigt, wie dieses Konzept konkret bei den einzelnen Untergruppen des Indogermanischen umgesetzt wurde. Das abschließende Kapitel 15 bietet in Form von *Strukturtabellen* eine übersichtliche Klassifikation sämtlicher indogermanischer Sprachen.

Das Buch verfügt über ein umfangreiches aktuelles *Literaturverzeichnis*, auf das im laufenden Text an allen wesentlichen Stellen verwiesen wird, über ein *Glossar* der wichtigsten linguistischen Fachbegriffe sowie über ein umfangreiches *Register*. Da angestrebt wurde, die rund 300 indogermanischen Sprachen vollständig aufzuführen, stellt das Buch nicht nur eine leicht verständliche Einführung in die indogermanische Sprachwissenschaft dar, sondern kann auch als umfassendes aktuelles *Nachschlagewerk* genutzt werden. Über 500 Tabellen, mehrere hundert Sprachbeispiele sowie mehr als zwanzig grammatische Skizzen von Einzelsprachen und etliche Sprachcharakteristiken bieten einen anschaulichen und übersichtlichen Zugang zu einem der faszinierendsten Themen der Linguistik. Mehrfarbige *Karten* zu den Sprachen Europas, Südwestasiens und Indiens helfen bei der Lokalisierung der Sprachen und runden das Werk ab.

Nach Inhalt und Aufbau füllt das vorliegende Buch eine Lücke auf dem deutschen Buchmarkt. Auch in englischer Sprache besitzt es kein aktuelles Gegenstück. Am ehesten vergleichbar ist W. B. Lockwood „A Panorama of Indo-European Languages" (1972), deutsch „Überblick über die indogermanischen Sprachen" (1979). Der sprachgeschichtliche Teil ist im Umfang vergleichbar, die linguistische Behandlung ist bei Lockwood wesentlich knapper. Über die neuere Entwicklung der indogermanischen Sprachen seit 1965 erfährt der Leser wegen des Alters des Buches naturgemäß nichts.

B. W. Fortsons „Indo-European Language and Culture" (2. Aufl. 2010) ist eine hervorragende englischsprachige Einführung, allerdings beschränkt sich Fortson weitgehend auf die indogermanische Protosprache und die frühen Entwicklungsstufen der einzelnen Zweige. Eine ausführlichere Behandlung der modernen indogermanischen Sprachen und ihrer Geschichte gehört nicht zum Thema seines Buches.

Mit der vorliegenden Darstellung will ich ausdrücklich nicht zu den eigentlichen Fachbüchern der Indogermanistik in Konkurrenz treten, die sich nahezu ausschließlich auf die Thematik der Protosprache konzentrieren und primär für Studierende der Indogermanistik konzipiert sind. Die bekanntesten deutschsprachigen Werke sind O. Szemerényi „Einführung in die vergleichende Sprachwissenschaft" (1. Aufl. 1970, 4. Aufl. 1990), M. Meier-Brügger „Indogermanische Sprachwissenschaft" (9. Aufl. 2010) sowie R. Schmitt-Brandt „Einführung in die Indogermanistik" (1998). Diese drei Werke behandeln ausführlich die Phonologie und Morphologie der indogermanischen Protosprache sowie deren Fortsetzung in den frühen Sprachen der einzelnen Zweige. Die weitere historische Entwicklung der indogermanischen Sprachfamilie wird allenfalls gestreift. H. Haarmann hat vor Kurzem ein lesenswertes Büchlein mit dem Titel „Die Indoeuropäer" (2010) herausgegeben, worin er sich vor allem mit der Urheimat, Kultur und den Wanderungen der frühen Indogermanen befasst.

Zielgruppe

Bei dem vorliegenden Buch handelt es sich um eine Einführung in die Vorgeschichte, Geschichte und Gegenwart der indogermanischen Sprachen, die auch ohne linguistisches Fachstudium lesbar sein soll. Die nicht unmittelbar zur Allgemeinbildung gehörenden Fachbegriffe werden bei ihrem ersten Auftreten erklärt, zudem gibt es ein Glossar mit kurzen Erläuterungen.

Für wen wurde das Buch verfasst? Zunächst habe ich es für mich selbst geschrieben, da mir genau so eine Einführung zu Beginn meines sprachwissenschaftlichen Studiums gefehlt hat. Es ist für jeden gedacht, der Interesse an der Geschichte und Struktur von Sprachen hat, also für den „sprachinteressierten Laien". Es fasst ein großes Stück linguistischer und historischer Allgemeinbildung zusammen, die in den gedrängten Curricula der Schulen heutzutage kaum noch Raum findet, obwohl das Interesse an den sprachgeschichtlichen Fragestellungen weit verbreitet ist, wie ich in zahlreichen Gesprächen gerade auch mit linguistisch nicht besonders vorgebildeten Freunden, Bekannten, Kollegen, Schülern und Studenten immer wieder feststellen konnte. Die Frage „Woher kommt unsere Sprache?" hat nichts an ihrer Faszination verloren.

Das Buch zeigt unter anderem auf, dass im fernen Indien heute von mehreren hundert Millionen Menschen Sprachen gesprochen werden, die aus *derselben gemeinsamen Quelle entsprungen* sind wie die deutsche Sprache. Viele der heute in den germanischen, romanischen oder indischen Sprachen benutzten Wörter hatten schon vor dreitausend Jahren eine sprachliche Form, die auch der Laie sofort wiedererkennen kann. Auf den mykenischen Linear-B-Tafeln lesen wir eine erst in den 1950er Jahren entzifferte Schrift, in der eine 3500 Jahre alte Form des bis heute gesprochenen Griechisch festgehalten ist. Im fernen chinesischen Turkestan ist die Kultur der längst untergegangenen „Tocharer" im Wüstensand entdeckt worden, die dort vor 1500 Jahren eine mit der unseren verwandte Sprache besaßen und in einer indischen Schrift buddhistische Texte aufschrieben. Die in mesopotamischer Keilschrift überlieferte Sprache der einst mächtigen Hethiter war ein indogermanisches Idiom, das vor 3500 Jahren in Anatolien verbreitet war; „Wasser" hieß schon im Hethitischen *watar*. Man kann den aufregenden Prozess verfolgen, wie sich aus dem klassischen Latein eines Caesar oder Cicero innerhalb von knapp tausend Jahren die romanischen Sprachen wie Französisch, Italienisch, Spanisch oder Rumänisch entwickelt haben, oder die Frühzeit des Englischen betrachten, als dieses dem damaligen Deutsch noch sehr ähnlich war und eine komplexe Formenbildung aufwies.

Besonders angesprochen sind alle Lehrer und Dozenten, die sich der Aufgabe gewidmet haben, Schülern oder Studenten die Eigenschaften und Besonderheiten einer fremden Sprache zu vermitteln. Insbesondere für Latein- und Griechischlehrer ist dieses Buch möglicherweise die schon lange vermisste umfassende historisch-linguistische Einführung.

Die wichtigste Zielgruppe sind jedoch die Studierenden der Romanistik, Germanistik, Slawistik oder irgendeiner anderen indogermanischen Fachlinguistik. Das vorliegende Buch gibt eine kompakte Übersicht ihrer eigenen Disziplin sowie eine Einbettung ihres Fachgebiets in einen größeren und historisch tiefer begründeten Zusammenhang. Nicht zuletzt dürfte es auch für Studenten der Indogermanistik und vergleichenden Sprachwissenschaft von Interesse sein, da es zeigt, wie sich aus der von ihnen primär studierten

Protosprache historisch die einzelnen Zweige des Indogermanischen entwickelt haben. Aber auch Dozenten und Studierende nicht-indogermanischer Sprachwissenschaften finden in diesem Buch eine kompakte Zusammenfassung des indogermanischen Fachgebiets.

Dank

Besonders danken möchte ich dem Indogermanisten Florian Blaschke, der durch seine kompetenten Hinweise und Vorschläge insbesondere zu den Kapiteln 1–7 eine wertvolle Hilfe war. Herrn Prof. Kramer von der Universität Trier danke ich für die Durchsicht des umfangreichen Kapitels über die italischen und romanischen Sprachen. Zahlreiche Indogermanisten, die ich hier nicht einzeln aufführen kann, haben mir in speziellen Fragen weitergeholfen. Herrn cand. phil. Michael Hahn danke ich für das sorgfältige Korrekturlesen, meiner Ehefrau Annegret Kausen für ihre unermüdliche Fehlersuche. Selbstverständlich gehen alle verbleibenden Fehler auf mein eigenes Konto.

Dem Buske Verlag, insbesondere seinem Geschäftsführer Michael Hechinger, danke ich für stets freundliche und zielführende Gespräche, die Möglichkeit, das Buch in einer großzügigen Ausstattung zu veröffentlichen sowie für die Unterstützung bei den linguistischen Zeichensätzen. Frau Maureen Grönke danke ich für ihr gründliches und fürsorgliches Lektorat, etliche Formulierungsvorschläge sowie für die Beschaffung geeigneter Sprachenkarten. Herr Axel Kopido war für die Herstellung verantwortlich; ihm gilt mein Dank für zahlreiche Ratschläge bei der äußeren Gestaltung des Buches. Nicht zuletzt danke ich dem Setzer Herrn Peter Kusel, der die große Zahl der komplexen Tabellen mit bewundernswerter Geduld zum Satz gebracht hat. Dem Verlag J. B. Metzler sei für die Erlaubnis gedankt, einige Karten aus dem „Metzler Lexikon Sprache" zu übernehmen.

Ich widme das Buch meiner Ehefrau Annegret Kausen, die nun seit vielen Jahren geduldig erträgt, dass ich neben meinen umfangreichen Verpflichtungen als Hochschullehrer einen nicht unerheblichen Teil meiner Arbeitskraft in dieses Werk investiert habe.

Hinweise zum Gebrauch

Das Buch ist bewusst ohne Fußnoten konzipiert. Zitate erfolgen im Fließtext mit dem Namen, der Jahreszahl und, wenn sinnvoll, mit den Seitenzahlen. Die Tabellen sind innerhalb eines Kapitels durchnummeriert, sie befinden sich möglichst auf derselben oder folgenden Seite der Textstelle, die auf sie Bezug nimmt. Alle sprachlichen Beispiele außerhalb von Tabellen sind in kursiver Form angeführt, die Übersetzungen ins Deutsche stehen in Anführungszeichen, z.B. lateinisch *deus* „Gott". Die Zahl der Abkürzungen wurde auf ein Minimum reduziert, bei Namen von Sprachen und Sprachgruppen wurde häufig die Endung *-isch* weggelassen, also *latein.* statt *lateinisch*.

Tabelle der wichtigsten Abkürzungen

Linguistische Abkürzungen		Allgemeine Abkürzungen		Symbole	
Abl.	Ablativ	bzw.	beziehungsweise	*X	rekonstruierte Form X
Akk.	Akkusativ	d.h.	das heißt	<	„stammt von"
Dat.	Dativ	etc.	et cetera	>	„wird zu"
f.	Femininum	Jh.	Jahrhundert(s)	†	ausgestorbene Sprache
Gen.	Genitiv	Jt.	Jahrtausend(s)	(†)	fast ausgestorbene Sprache
idg.	indogermanisch	lit.	wörtlich	S1	(Anzahl der) Primärsprecher
Inst.	Instrumental	Mio.	Millionen	S2	(Anzahl der) Zweitsprecher
Lok.	Lokativ	Mrd.	Milliarden	D	Dialekte (in Diagrammen)
m.	Maskulinum	n. Chr.	nach Christus	V	Varietäten (in Diagrammen)
n.	Neutrum	sog.	sogenannt		
Nom.	Nominativ	Tsd.	Tausend		
Pl.	Plural	u.a.	und andere(s)		
Sg.	Singular	usw.	und so weiter		
stl.	stimmlos	v. Chr.	vor Christus		
sth.	simmhaft	vgl.	(man) vergleiche		
Vok.	Vokativ	z.B.	zum Beispiel		

Alle anderen Abkürzungen sind lokal und werden jeweils beim Auftreten erklärt.

Der Autor hat vor Beginn der Arbeit an diesem Buch zahlreiche linguistische Artikel für die freie Internet-Enzyklopädie *Wikipedia* erstellt bzw. mitgestaltet. Die dabei gefundenen Formulierungen bleiben in der ursprünglich eingebrachten Form geistiges Eigentum des Autors, das auch in anderen Publikationen verwendet werden kann.

Zum Problem der Sprachen- und Sprecherzahlen

Im vorliegenden Buch finden sich zahlreiche numerische Angaben der Art „es gibt etwa 20 romanische Sprachen" oder „rund 30 Millionen Menschen sprechen Rumänisch als Muttersprache"; in einer tabellarischen Darstellung würde das relativierende „etwa" auch noch wegfallen. Es ist klar, dass man in einer umfassenden Darstellung der indogermanischen Sprachen auf quantitative Angaben nicht verzichten möchte, da der Umfang einer Spracheinheit oder die Sprecherzahl einer Sprache wichtige Informationen darstellen. Zum Beispiel wenn der Leser erfährt, dass die in Europa kaum bekannte indische Sprache *Bhojpuri* von immerhin etwa 40 Millionen Menschen gesprochen wird, was ihr eine andere Bedeutung verleiht als einer indogermanischen Kleinsprache mit weniger als Tausend Sprechern. Das Buch soll daher auch als ein verlässliches Nachschlagewerk für quantitative Angaben dienen, wenn sich der Autor auch bewusst ist, wie problematisch diese Angaben sind und wie schnell insbesondere Angaben zur Sprecherzahl veralten. Vor welchem Hintergrund und mit welcher Vorsicht solche Angaben zu verstehen sind, soll in diesem Abschnitt deutlich gemacht werden.

Das Problem der Sprachidentifizierung

Das Kernproblem bei Fragen wie „wie viele romanische Sprachen gibt es?" ist die *Identifizierung* von Sprachen, also die Entscheidung, ob eine bestimmte sprachliche Varietät eine eigenständige „Sprache" darstellt oder ob es sich lediglich um einen „Dialekt" handelt. Dazu einige typische Problemfälle im Bereich der indogermanischen Sprachen:

- von den hier aufgeführten rund 20 romanischen Sprachen gelten für manche Forscher nur 10 als eigenständige Sprachen; in Ethnologue 2009 werden über 40 genannt; bei vielen Varietäten (z.B. Meglenorumänisch oder Aragonesisch) wird der Sprachcharakter von Autor zu Autor nach unterschiedlichen Kriterien unterschiedlich beurteilt
- ähnlich ist es bei den germanischen Sprachen, wo manche Forscher z.B. Luxemburgisch oder Schweizerdeutsch als eigenständige Sprachen betrachten, andere dabei aber von Dialekten des Deutschen ausgehen
- den starken politischen Einfluss bei dieser Frage belegen die Sprachen des ehemaligen Jugoslawiens: ging man im Tito-Jugoslawien von der *einen* Sprache Serbokroatisch aus, so ist diese jetzt parallel zum Zerfall der politischen Einheit in die Einzelsprachen Bosnisch, Serbisch und Kroatisch zerfallen, obwohl diese Varietäten im linguistischen Sinne fast identisch sind (dialektale Gliederungen verlaufen sogar quer zu den neuen Sprachgrenzen)
- ein weiteres Problem sind die Übergangsdialekte zwischen Sprachen, die eine eindeutige Trennung erschweren oder unmöglich machen, vor allem dann, wenn nicht

durch politische Grenzen künstliche Trennungslinien gezogen werden; dieses Problem tritt z. B. bei den zahlreichen indoarischen Sprachen auf, die in der Mehrzahl ein riesiges Dialektkontinuum auf dem indischen Subkontinent bilden; eine ähnliche Situation gibt es auch bei den romanischen und slawischen Sprachen.

Abstand- und Ausbausprachen

Ein Versuch, die Identifikation von Sprachen auf eine wissenschaftliche Grundlage zu stellen, sind die Begriffe „Abstandsprache" und „Ausbausprache". Sie wurden ursprünglich von H. Kloss 1978 geprägt, eine Präzisierung erhielten sie unter anderem durch G. Bossong (Bossong 2008: 25–28).

Es gibt sprachliche Varietäten, deren Charakter als „Sprache" oder „Standardsprache" eindeutig ist, wie z.B. Deutsch, Englisch oder Spanisch, und andere Varietäten, deren Status als „Dialekt" einer bestimmten Sprache ebenso eindeutig ist, wie z.B. das Bairische als Dialekt des Deutschen oder das Piemontesische als Dialekt des Italienischen. Zwischen diesen Polen liegen viele Varietäten, die nicht ohne Weiteres eindeutig als „Sprache" oder als „Dialekt" qualifiziert werden können. Mit den Begriffen „Abstand" und „Ausbau" lässt sich das weite Spektrum zwischen Hochsprache und Dialekt genauer beschreiben und die Definition von „Sprache" präzisieren.

Der *Abstand* einer Sprachvarietät zu einer anderen Varietät wird durch ihre Unterschiede in den Bereichen Wortschatz, Phonologie, Morphologie und Syntax sowie durch den Grad ihrer wechselseitigen Verständlichkeit festgestellt. Als *Abstandsprache* bezeichnet man eine Varietät, die so verschieden von jeder anderen Sprachvarietät ist, dass sie als eigenständige Sprache aufgefasst werden muss (Bußmann 2008: 4, Glück 2010: 7). Diese Definition wird zum Teil unabhängig vom Ausbaugrad (siehe unten) getroffen (so Kloss 1978), teilweise nur für Varietäten mit geringem Ausbaugrad (so Bossong 2008). Selbstverständlich ist die Feststellung, dass eine Varietät von einer anderen einen „großen Abstand" hat, nicht mit mathematischer Präzision und als allgemeingültiges Urteil zu treffen, da es an quantifizierbaren Parametern und Bewertungskriterien fehlt. Ein vielfach angeführtes unproblematisches Beispiel ist das Baskische, das von allen anderen Varietäten einen großen Abstand hat, da es nach heutigem Kenntnisstand mit keiner anderen Varietät genetisch verwandt ist. (Bei diesem Beispiel ist man ganz sicher; andere konkrete Beispiele können schnell zu Diskussionen und unterschiedlichen Ansichten führen.)

Während sich das Abstandkriterium auf die Eigenschaften einer Sprache in Relation zu anderen Sprachen bezieht (theoretisch zu *allen* anderen Sprachvarietäten), ist der Begriff *Ausbau* auf die Sprache selbst bzw. ihre Verwendung bezogen. Maßgeblich für den Grad des Ausbaus einer Sprachvarietät sind folgende Kriterien:

- Existenz einer Verschriftung mit einer anerkannten orthographischen Norm (Schriftsprache)
- Standardisierung von Phonologie, Morphologie und Syntax (Standardsprache)

- Nutzung der Varietät für anspruchsvolle kulturelle und wissenschaftliche Texte (Kultur- und Wissenschaftssprache)
- Entwicklung einer selbständigen Literatur (Literatursprache)
- Verwendung der Varietät als National- oder Amtssprache

In diesem Sinne sind natürlich Sprachen wie Deutsch oder Spanisch hoch ausgebaute Varietäten, während es den meisten deutschen Dialekten an einer orthographischen Norm und anspruchsvoller wissenschaftlicher Prosa fehlt, sie also eher gering ausgebaut sind.

Mit den Begriffen „Ausbau" und „Abstand" definiert Bossong 2008: 25−28 etwas abweichend von H. Kloss: Eine „Sprache" ist eine hoch ausgebaute Abstandvarietät, ein „Kulturdialekt" eine hoch ausgebaute Varietät, die zu anderen Varietäten einen eher kleinen Abstand hat, während ein „Dialekt" zu seiner Referenzvarietät einen relativ kleinen Abstand und einen geringen Ausbaugrad besitzt.

In der Anwendung dieser Definition auf die romanischen Sprachen kommt Bossong zu folgenden Resultaten: Zum Beispiel haben Spanisch, Französisch oder Italienisch zu allen anderen (romanischen) Varietäten einen klar definierbaren Abstand und sind voll ausgebaute Kultursprachen. Frankoprovenzalisch hat zwar zu den benachbarten französischen und okzitanischen Varietäten einen deutlichen linguistischen Abstand, besitzt aber keinen hohen Ausbaugrad, z.B. fehlt eine verbindliche Orthographie oder auch umfangreichere Fachprosa, es ist also eine Abstandsprache. Dagegen haben Galicisch oder Korsisch nur einen geringen linguistischen Abstand zu portugiesischen bzw. italienischen Varietäten, weisen aber auf Grund ihrer eigenständigen Literatur einen hohen Ausbaugrad auf; sie sind also als eigenständige Kulturdialekte und damit als „Sprachen" einzuordnen.

Es ist jedoch klar, dass die Begriffe Abstand und Ausbau in hohem Maße subjektiv interpretierbar sind. Sie führen gerade bei umstrittenen Fällen nur selten zu eindeutigen, allgemein anerkannten Ergebnissen.

Sprachidentifizierung bei Ethnologue

Ethnologue ist eine äußerst nützliche, nach Staaten sortierte Übersicht über die Sprachen der Welt, die seit 1951 vom *Summer Institute of Linguistics* in Dallas herausgegeben wird; 2009 erschien die 16. Auflage. Gerade für Sprecherzahlen kleinerer und unbekannter Sprachen in allen Winkeln der Welt bietet es oft die einzige verfügbare Information.

Es sei aber deutlich darauf hingewiesen, dass die Sprachdefinition von Ethnologue hier nicht übernommen wird. Ethnologue 2009 geht von 439 indogermanischen Sprachen aus, was einer Zahl von etwa 220 lebenden indogermanischen Sprachen in diesem Buch gegenübersteht. Ein Blick in die Sprachenübersicht für Deutschland zeigt den Grund für diesen Unterschied: Unter anderem werden dort Bairisch, Fränkisch, Kölsch, Limburgisch, Mainfränkisch, Pfälzisch, (Ober-)Sächsisch, Schwäbisch und Westfälisch als „Sprachen" aufgeführt. Eine entsprechende Liste für Italien fällt noch extremer aus.

Die Herausgeber von Ethnologue stufen also ziemlich wahllos von der Forschung einhellig als „Dialekte" aufgefasste Sprachvarietäten als „Sprachen" ein. Dadurch scheidet

Ethnologue als seriöse Quelle bei der Sprachidentifizierung und von Sprachenzahlen für Spracheinheiten aus, obwohl es dafür in vielen Publikationen herangezogen wird. Erst in der letzten Ausgabe 2009 versuchen die Herausgeber das Auseinanderklaffen zwischen Ethnologue und der Fachforschung durch die Einführung sog. *Makrosprachen* zu begrenzen, was allerdings völlig unsystematisch und nur im kleinen Maßstab geschehen ist.

Die Vorgehensweise im vorliegenden Buch

Letztlich war in der Frage der Sprachidentifikation nur eine pragmatische Vorgehensweise möglich, wenn man nicht ganz auf diese Angaben verzichten wollte oder unhandliche Zahlenintervalle als Lösung heranzieht. Die hier jeweils bevorzugte Sprachidentifikation und die angegebene Anzahl für die Sprachen einer Familie basieren auf der einschlägigen Fachliteratur zu den einzelnen Sprachfamilien; besonders wichtig sind in diesem Zusammenhang die fundierten und von hochrangigen Fachleuten verfassten Bände der „Cambridge Language Surveys" (Cambridge University Press) und der „Routledge Language Family Series" (Routledge-Verlag). Nach Möglichkeit wurde die von der Mehrheit der Forscher bevorzugte Variante der Sprachidentifikation zugrunde gelegt. In allen Zweifelsfällen wurden die unterschiedlichen Ansichten in den jeweiligen Kapiteln ausführlich dargestellt und verglichen. Selbstverständlich ist dann letztendlich die Angabe einer konkreten Zahl wie „21 romanische Sprachen" eine subjektive Wahl des Autors, die aber durch die entsprechende Diskussion transparent werden sollte.

Diese Erläuterungen sollen klarstellen, dass *alle scheinbar präzisen Zahlenangaben zu relativieren* sind. Eine Aussage der Art „Die Sprachfamilie X besitzt n Sprachen" erhebt also keinen absoluten Wahrheitsanspruch, sondern besagt, dass bei Zugrundelegung eines bestimmten, begründeten Klassifikationsmodells und einer bestimmten Abstandsdefinition für Sprachvarietäten die Mehrheit der einschlägigen Forscher dieser Sprachfamilie zu dieser Größenordnung gelangt ist. Daneben kann es andere Forscher geben, die zu einem durchaus anderen Ergebnis kommen.

Ein Punkt, der bei anderen Sprachfamilien durchaus strittig sein kann, ist bei den indogermanischen Sprachen unproblematisch: Es gibt keine Sprache, deren Zugehörigkeit oder Nicht-Zugehörigkeit zu den indogermanischen Sprachen insgesamt oder auch zu einem der Primärzweige (Germanisch, Romanisch, Slawisch, ...) umstritten wäre. Eine exotische Ausnahme war das 1987 in Indien „entdeckte" *Bangani*, das nicht zur indoarischen Gruppe gehören solle und dessen Zuordnung unklar sei; bereits 1994 konnte G. van Driem allerdings Entwarnung geben, er identifizierte Bangani eindeutig als indoarisch (van Driem 2001: 1065, Beekes 1995: 19–20). Zur früher umstrittenen Position der Nuristan-Sprachen innerhalb des Indoiranischen siehe Kapitel 14, Abschnitt 23.

Sprecherzahlen

Während das Problem der Sprachidentifikation eine tiefgreifende linguistische Komponente besitzt, ist das Problem der *Sprecherzahlen* eher statistischer Natur. Wichtig ist die Beachtung der manchmal vernachlässigten Unterscheidung zwischen Muttersprachlern (Primärsprechern) und Zweit- oder Drittsprechern, die eine Sprache erst sekundär zusätzlich zu ihrer Muttersprache erlernt haben. (Die Sprecherzahlen in diesem Buch beziehen sich auf Muttersprachler, wenn sie nicht anders gekennzeichnet sind.) Eine andere bedeutsame Unterscheidung ist die zwischen der Zugehörigkeit zu einer bestimmten Ethnie und dem Beherrschen der Sprache, die die Mitglieder dieser Ethnie üblicherweise sprechen oder gesprochen haben. Gerade bei Volkszählungen wird diese Unterscheidung zwischen Sprachbeherrschung und ethnischer Zugehörigkeit häufig nicht vorgenommen.

Bei den Sprecherzahlen spielt Ethnologue als Quelle eine wichtige Rolle, da es für viele abgelegene und kleinere Sprachen oft die einzige Informationsquelle darstellt. Bei den größeren Sprachen konnte meist zusätzlich auf die einschlägige Fachliteratur, auf staatliche Zensusdaten oder Hochrechnungen, auf das im Internet verfügbare *The World Factbook* oder auf Daten aus seriösen Weltalmanachen (z.B. *Fischer Weltalmanach* oder *Britannica Book of the Year*) zurückgegriffen werden.

Ein Grundproblem ist den meisten dieser Daten gemeinsam: Wenn es sich nicht gerade um die Daten einer aktuellen Volkszählung handelt, sind sie *veraltet*, manchmal 10 Jahre und mehr. So führen die von mir auf Basis der genannten Quellen aufaddierten Gesamtsprecherzahlen weltweit zu etwa 6,5 Milliarden Sprecher, obwohl die Weltbevölkerung bereits im Laufe des Jahres 2011 die Größe von 7 Milliarden erreicht hat. Diese Differenz ergibt sich aus dem Alter der verfügbaren Sprecherzahlen und spiegelt somit in etwa die statistische Situation von 2000 bis 2002 wider.

Die Sprecherzahlen für alle *indogermanischen* Sprachen kumulieren sich nach meiner Statistik auf 3,05 Milliarden; wegen des überproportionalen Wachstums der Sprecherzahlen von Sprachen in Pakistan, Indien und Bangladesch kann man für 2011 realistisch von einer etwa 5–10% größeren Zahl ausgehen. Allerdings ist es problematisch, einen festen prozentualen Aufschlag auf die hier genannten Sprecherzahlen zu machen, da sich die einzelnen Sprachen äußerst unterschiedlich entwickeln.

Die Angabe einer bestimmten Sprecherzahl muss also immer vor dem Hintergrund der hier genannten Probleme gesehen werden. In besonders strittigen Fällen werden die unterschiedlichen Quellen verglichen und bewertet, ansonsten wurde auf die Angabe von Quellen zu jeder einzelnen Sprecherzahl verzichtet.

Phonetische Symbole

Das internationale phonetische Alphabet (IPA)

Tab P.1 *Pulmonale Konsonanten*

		bila-bial	labio-dental	dental	alveol.	post-alveol.	retrofl.	palatal	alveo-palatal	velar	uvular	phary.	glottal
Plosive	stl.	p			t		ʈ	c		k	q		ʔ
	sth.	b			d		ɖ	ɟ		g	ɢ		
Frikative	stl.	ɸ	f	θ	s	ʃ	ʂ	ç	ɕ	x	χ	ħ	h
	sth.	β	v	ð	z	ʒ	ʐ	ʝ	ʑ	ɣ	ʁ	ʕ	ɦ
Affrikaten	stl.		pf		ts	tʃ			tɕ	kx			
	sth.				dz	dʒ			dʑ				
Nasale		m	ɱ		n		ɳ	ɲ		ŋ	ɴ		
Vibranten		ʙ			r						ʀ		
Taps/Flaps			ⱱ		ɾ		ɽ						
laterale Frikative					ɬ, ɮ								
Approximanten		w	ʋ		ɹ		ɻ	j		ɰ			
laterale Approx.					l		ɭ	ʎ		ʟ			

Abkürzungen: stl. = stimmlos, sth. = stimmhaft; alveol. = alveolar, retrofl. = retroflex, phary. = pharyngal;
Hinweis: Die angeführten Affrikaten und Alveopalatale gehören nicht zum offiziellen IPA-Alphabet.

Zur Aussprache der Phoneme siehe Tabelle P.4 sowie die Hinweise im Glossar.

Tab P.2 *Abgeleitete Phoneme*

kʰ, kh	Aspirierung (kh in der idg. Protosprache und im Indoarischen)
kʷ	Labialisierung
kʲ, k'	Palatalisierung
k', kʔ	Glottalisierung
kˤ, kˤ	Pharyngalisierung
m̥, m̩	silbische Aussprache bei Sonoranten

Tab P.3 *Vokale*

Artikulation	vorn		fast vorn		zentral		fast hinten		hinten	
	ung.	ger.	ung.	ger.	ung.	ger.	ung.	ger.	ung.	ger.
hoch	i	y			ɨ	ʉ			ɯ	u
fast hoch			ɪ	ʏ				ʊ		
halbhoch	e	ø			ɘ	ɵ			ɤ	o
mittel					ə					
halbtief	ɛ	œ			ɜ	ɞ			ʌ	ɔ
fast tief	æ				ɐ					
tief	a	ɶ							ɑ	ɒ

Abkürzungen: ung. = ungerundet, ger. = gerundet

Tab P.4 *Die Aussprache ausgewählter Laute anhand deutscher und fremdsprachlicher Beispiele (Mangold 2005: 12–13)*

[a]	hat	[g]	Gast	[o]	Moral	[u:]	Hut	[aɪ]	Mike
[a:]	Bahn	[h]	hat	[o:]	Boot	[ʊ]	Mutter	[au]	Browne
[ɐ]	Ober	[i]	vital	[ɔ]	Post	[v]	was	[ɑ]	Barnes
[ɐ̯]	Uhr [u:ɐ̯]	[i:]	viel	[ø]	Ökonom	[x]	Bach	[æ]	Bradley
[ai]	weit	[i̯]	Studie	[ø:]	schön	[χ]	Buch	[ʌ]	Hull
[au]	Haut	[ɪ]	bist	[œ]	möchte	[y]	Mykene	[β]	Habana
[b]	Ball	[j]	ja	[ɔy]	Heu	[y:]	Rübe	[ð]	this (engl.)
[ç]	ich	[k]	kalt	[p]	Pakt	[z]	Hase	[eɪ]	Kate
[d]	dann	[l]	Last	[pf]	Pfahl	[ʒ]	Genie	[ɛə]	Blair
[dʒ]	Gin	[l̩]	Nabel [na:bl̩]	[r]	Rast	[ʔ]	aber	[ɪə]	Lear
[e]	Methan	[m]	Mast	[s]	Skat		[ʔabər]	[ʎ]	Sevilla
[e:]	Beet	[m̩]	großem	[ʃ]	Schiff			[q]	Al Qaida
[ɛ]	hätte	[n]	Not	[t]	Tal			[θ]	Heath
[ɛ:]	wähle	[n̩]	baden	[ts]	Zahl			[w]	Warner
[ə]	halte	[ŋ]	lang	[tʃ]	Cello				
[f]	Fass	[ɲ]	Cognac	[u]	kulant				

Phonetische Sonderdefinitionen

In der folgenden Tabelle wird der Lautwert phonetischer Sonderzeichen und solcher Zeichen definiert, deren Lautwert bei der Verwendung für bestimmte Sprachen vom IPA-Lautwert abweicht. Diese Übersicht ist keineswegs vollständig; sie wird bei der ausführlichen Behandlung einzelner Sprachen ergänzt.

Tab P.5 *Phonetische Sonderdefinitionen in einzelnen Sprachen oder Sprachgruppen*

Zeichen	Lautwert
bh	Mittel- und Neuirisch = v
c	Altitalisch, Keltisch, Altenglisch = k; Altindisch = č; Russisch, Albanisch, Armenisch, Iranisch = ts
ch	Walisisch, Polnisch, Tschechisch = x, Deutsch = x /χ/ç
č	Affrikate tʃ
ç	Albanisch = tʃ, Altpersisch = ts
ḍ	stimmhafter Retroflex
ə	sog. Schwa, ein Murmelvokal wie z.B. in deutsch Sahne [zaːnə]
g'	stimmloser palatalisierter Velar gʲ
g'h	stimmhafter palatalisierter und aspirierter Velar gʲʰ
gʷh	stimmhafter aspirierter Labiovelar gʷʰ
h_1, h_2, h_3	Laryngale (siehe Abschnitt 2.5)
hʋ	Gotisch: stimmloser Labiovelar
i̯	stimmhafter palataler Approximant im Proto-Indogermanischen (= j)
ĭ, ь	Altkirchenslawisch: kurzer hoher vorderer Vokal
j	Armenisch, Iranisch = dz; Englisch, Indisch = dʒ
ǰ	Affrikate dʒ
ḷ	vokalisches l
k'	stimmloser palatalisierter Velar kʲ
ll	Albanisch = ʒ; Walisisch = ɬ
m̥	vokalisches m
n̥	vokalisches n
ṇ	nasaler Retroflex ɳ
q	Gotisch, Lydisch = kʷ, Altitalisch = k (vor /u/)
r̥	vokalisches r
š, sh	stimmloser post-alveolarer Frikativ ʃ
ṣ	Retroflex ʂ
ś	stimmloser alveo-palataler Frikativ ɕ
th	stimmloser aspirierter Alveolar tʰ; Irisch, Walisisch, Englisch = θ
ṭ	stimmloser Retroflex ʈ
þ	stimmloser dentaler Frikativ θ
ŭ, ъ	Altkirchenslawisch: kurzer gerundeter hoher hinterer Vokal
u̯	stimmhafter labiovelarer Approximant im Proto-Indogermanischen (= w)
w	stimmhafter labiovelarer Approximant; Deutsch, Niederländisch = v
x	Lateinisch, Deutsch, Altnordisch = ks; Albanisch = dz
z	Altitalisch, anatolische Sprachen, Deutsch = ts
ž, zh	Affrikate dʒ

Verzeichnis der grammatischen Skizzen

Für folgende Sprachen bzw. Sprachgruppen enthält das vorliegende Werk eine grammatische Kurzdarstellung oder Skizze:

Sprache	Zweig	Abschnitt	Seiten
Urgermanisch	Germanisch	3.5	115–124
Urkeltisch	Keltisch	4.2	169–178
Uritalisch	Italisch	5.1	194–200
Lateinisch	Italisch	5.3	205–226
Spanisch	Romanisch	5.12	276–288
Lettisch	Baltisch	6.6	301–314
Urslawisch	Slawisch	7.2	320–324
Altkirchenslawisch	Slawisch	7.4	328–335
Albanisch	Albanisch	8.3	372–380
Altgriechisch	Griechisch	9.3	393–414
Neugriechisch	Griechisch	9.4	414–425
Hethitisch	Anatolisch	11.4	456–464
Lykisch	Anatolisch	11.5	472–474
Luwisch	Anatolisch	11.6	474–481
Palaisch	Anatolisch	11.7	482–484
Lydisch	Anatolisch	11.7	486–487
Klass. Armenisch	Armenisch	12.3	498–506
Tocharisch	Tocharisch	13.3	512–520
Proto-Indoiranisch	Indoiranisch	14.2	527–531
Sanskrit	Indoarisch	14.4	533–551
Hindi	Indoarisch	14.10	580–587
Avestisch	Iranisch	14.12	592–595
Altpersisch	Iranisch	14.13	597–601
Belutschi	Iranisch	14.19	629–631
Zazaki	Iranisch	14.22	651–661

Verzeichnis der linguistischen Tabellen

Dieses Verzeichnis gibt eine Übersicht über die Inhalte der wichtigsten Tabellen zur Morphologie, Phonologie sowie zum Wortschatz einzelner Sprachen oder Sprachgruppen.

1. Tabellen zur Morphologie

Kapitel 2   Indogermanisch als genetische Einheit

Kapitel 3   Germanisch

Kapitel 11   Anatolisch

Kapitel 12   Armenisch

Kapitel 13 Tocharisch

Kapitel 14 Indoiranisch

2. Tabellen zur Phonologie

Kapitel 2   Indogermanisch als genetische Einheit

Kapitel 3   Germanisch

Kapitel 4   Keltisch

Kapitel 5   Italisch und Romanisch

Kapitel 6   Baltisch

Kapitel 7   Slawisch

Kapitel 8   Albanisch

Kapitel 9   Griechisch

Kapitel 11   Anatolisch

Kapitel 12   Armenisch

Verzeichnis der behandelten Schriften

Die folgende Schriftsysteme werden im Zusammenhang mit bestimmten Sprachen und Sprachgruppen ausführlicher behandelt:

1 | Die komparative Methode

1.1 Sprachvergleich und genetische Verwandtschaft

Jedem Deutschen, der das Englische auch nur in Grundzügen kennen lernt, fallen sofort unübersehbare Ähnlichkeiten zwischen seiner Muttersprache und dem Englischen auf. So sind etwa die englischen Wörter *father, mother, daughter, hand, arm, finger, ice* in ihrer Lautgestalt den deutschen Entsprechungen *Vater, Mutter, Tochter, Hand, Arm, Finger, Eis* sehr ähnlich. Es ließen sich leicht etliche Dutzend englisch-deutsche Wortpaare mit gleicher Bedeutung und ähnlichem Lautbild finden. Dagegen zeigen die ungarischen Wörter *atya, anya, leány, kéz, kar, ujj, jég,* die der Reihe nach dieselbe Bedeutung wie die deutsche oder englische Wortserie haben, keinerlei Übereinstimmungen im Lautbild. Warum gibt es so viele Übereinstimmungen zwischen dem Deutschen und Englischen, aber kaum Wortähnlichkeiten zwischen dem Deutschen und Ungarischen? Welche Gründe gibt es für die Lautähnlichkeit von Wörtern gleicher Bedeutung in verschiedenen Sprachen?

Zufallsähnlichkeiten und Sprachuniversalien

Die Ähnlichkeit zwischen der Lautgestalt zweier Wörter mit derselben (oder einer sehr ähnlichen) Bedeutung kann auf dem *Zufall* beruhen. Ein bekanntes Wortpaar ist lateinisch *deus* „Gott" und griechisch *theós* „Gott". Diese Wörter sind bei gleicher Bedeutung auch in ihrer Lautgestalt sehr ähnlich. Man kann aber zeigen, dass diese Ähnlichkeit auf dem Zufall beruht und kein „innerer Zusammenhang" besteht. Ein Forscher hat eine Liste mit etwa zwanzig solcher Zufallstreffer zwischen dem Hausa, einer bekannten afrikanischen Sprache, und dem Deutschen aufgestellt, dazu gehören z. B. *dus-* „düster werden", *hak-* „hacken, graben", *wandar-* „wandern", *naas-* „nass werden" etc. Man kann zwischen allen Sprachen solche Zufallstreffer finden, auch wenn keinerlei „Verwandtschaft" zwischen diesen Sprachen besteht.

Zu den *Sprachuniversalien* gehören Lautmalereien wie z. B. englisch *cuckoo* und deutsch *Kuckuck*, Namen, die nach dem charakteristischen Ruf dieses Vogels gebildet wurden und deswegen unabhängig voneinander entstanden sein können. Oder auch Silben und Wörter aus der Lall- und Babysprache wie *ma, ba, da,* die von Kleinkindern für Verwandtschaftsbegriffe in fast allen Sprachen produziert werden, so dass sich Wörter wie *mama* oder *baba/papa* einer weltweiten Verbreitung erfreuen, ohne dass diese Sprachen irgendeine Beziehung zueinander haben.

Entlehnungen

Eine andere besonders wichtige Quelle für Wortähnlichkeiten sind Entlehnungen, die immer dann zustande kommen, wenn Menschen mit verschiedenen Sprachen in Kontakt miteinander treten. Entlehnte Wörter können sich nach einiger Zeit in ihrer Lautgestalt und grammatischen Verwendung der neuen Sprache so anpassen, dass kaum noch zu erkennen ist, dass es sich dabei um „Fremdgut" handelt. So sieht man z.B. dem deutschen Wort *Fenster* kaum an, dass es nicht zum deutschen Erbwortschatz gehört, sondern vor langer Zeit aus dem Lateinischen (lateinisch *fenestra*) ins Deutsche entlehnt wurde; es ist bereits im 8. Jh. als *fenstar* im Althochdeutschen belegt.

Oft ist es schwierig, Lehnwörter von „Erbwörtern" zu unterscheiden. So stammt das scheinbar urdeutsche Wort *Hängematte* von dem karibischen Wort *hamáka* „Hängematte"; hier hat eine sog. Volksetymologie das Wort dem Deutschen angepasst, auch das Niederländische hat *hangmat*, während das Englische bei *hammock* geblieben ist und damit die Entlehnung relativ lautgetreu bewahrt hat. Ein ähnliches Beispiel ist die Kaffeebohne, die eigentlich nichts mit einer *Bohne* zu tun hat, sondern vom arabischen *bunn* „Frucht des Kaffeestrauches" stammt.

Bei manchen Sprachen besteht der Wortschatz zu mehr als der Hälfte aus Entlehnungen, das gilt z.B. für das Englische, Armenische, Koreanische oder Japanische. Das Armenische hat so viel Lehngut aus iranischen Sprachen aufgenommen, dass man es im 19. Jh. noch lange für eine iranische Sprache hielt. Ähnliches gilt z.B. für das Vietnamesische, das einen hohen Anteil an chinesischem Wortschatz hat, was seine korrekte linguistische Zuordnung lange verhindert hat.

Systematische Übereinstimmungen

Manchmal jedoch weisen Sprachen so systematische Übereinstimmungen in ihrem Vokabular und ihren grammatischen Formen auf, dass diese weder mit dem Zufall noch mit Lautmalereien oder Entlehnungen erklärt werden können. Dazu betrachte man zum Beispiel die Zeilen der Tabelle 1.1 von Zahlwörtern im Italienischen, Spanischen, Portugiesischen und Französischen.

Die Übereinstimmungen in jeder Zeile der Tabelle sind überdeutlich und verlangen nach einer Erklärung. Der Zufall kann sicherlich ausgeschlossen werden. Und da es keine Beziehung zwischen den Begriffen und ihrer Lautgestalt gibt, scheidet auch die Lautmalerei aus; zur Lallsprache von Säuglingen gehört das komplette Zahlensystem von 1 bis 10 bestimmt auch nicht. Bliebe die Möglichkeit einer Entlehnung. In der Tat gibt es Beispiele dafür, dass ganze Zahlwortserien von einer Sprache in eine andere entlehnt wurden, z.B. aus dem Chinesischen ins Japanische und ins Koreanische. Hier müssten aber drei der vier Sprachen von der vierten oder alle vier Sprachen von einer anderen Sprache jeweils die gesamte Zahlwortserie übernommen haben, was zumindest unwahrscheinlich, wenn auch nicht ausgeschlossen wäre. Die Wahrscheinlichkeit der Entlehnung reduziert sich jedoch weiter, wenn man die Beispiele in Tabelle 1.2 betrachtet.

Tab 1.1 *Zahlwörter 1 bis 10 – Italienisch, Spanisch, Portugiesisch und Französisch*

	Italienisch	Spanisch	Portugiesisch	Französisch
1	uno	uno	um	un
2	due	dos	dois	deux
3	tre	tres	três	trois
4	quattro	cuatro	quatro	quatre
5	cinque	cinco	cinco	cinq
6	sei	seis	seis	six
7	sette	siete	sete	sept
8	otto	ocho	oito	huit
9	nove	nueve	nove	neuf
10	dieci	diez	dez	dix

Tab 1.2 *Einige Wortgleichungen im Italienischen, Spanischen, Portugiesischen und Französischen*

	Italienisch	Spanisch	Portugiesisch	Französisch
Herz	cuore	corazón	coração	coeur
Auge	occhio	ojo	olho	oeil
Arm	braccio	brazo	braço	bras
Sohn	figlio	hijo	filho	fils
Brot	pane	pan	pão	pain
Stern	stella	estrella	estrela	etoile
Wasser	acqua	agua	agua	eau

Auch außerhalb des Bereichs der Zahlwörter bestehen also zwischen den vier Sprachen große Übereinstimmungen, wie man in jeder Zeile feststellen kann. Hierbei handelt es sich um Wörter des sog. Grundwortschatzes, die relativ selten von einer Sprache in eine andere entlehnt werden. Solche Listen ließen sich bei den vier genannten Sprachen nahezu endlos erweitern. Ein noch stärkeres Argument gegen die Annahme von Entlehnungen liefern die Formen des Verbums „sein" in den vier genannten Sprachen (Tabelle 1.3).

Tab 1.3 *Die Formen des Verbums „sein" im Indikativ Präsens*

	Italienisch	Spanisch	Portugiesisch	Französisch
(ich) bin	sono	soy	sou	suis
(du) bist	sei	eres	és	es
(er/sie/es) ist	è	es	é	est
(wir) sind	siamo	somos	somos	sommes
(ihr) seid	siete	sois	sois	êtes
(sie) sind	sono	son	são	sont

Hier verlassen wir den Bereich des lexikalischen Vergleichs und finden ebenso frappierende Übereinstimmungen in der Formenbildung oder *Morphologie*. Besonders aufschlussreich ist die Tatsache, dass auch die *Unregelmäßigkeiten* dieser Formenbildungen – das Verbum „sein" bildet seine Formen ja nicht so regelmäßig wie die meisten anderen Verben – in allen vier Sprachen gleichermaßen zum Ausdruck kommen. Weitere Parallelen in der Morphologie lassen sich bei den vier Sprachen in großer Fülle anführen. Danach kann man endgültig auch die Entlehnung als Ursache der beobachteten Übereinstimmungen ausschließen.

Genetische Sprachverwandtschaft

Wenn aber zwei oder mehrere Sprachen Übereinstimmungen in Wortschatz und Formenbildung aufweisen, die so zahlreich und systematisch sind, dass man sie weder auf Zufall, noch auf Sprachuniversalien oder Entlehnungen zurückführen kann, dann ist die einzige sinnvolle Erklärung für diese Gemeinsamkeiten, dass diese Sprachen **von einer gemeinsamen Vorgängersprache abstammen** oder, mit einem aus der Biologie übernommenen Begriff, **genetisch** miteinander **verwandt** sind.

Im vorliegenden Fall der Sprachen Italienisch, Spanisch, Portugiesisch und Französisch ist die Situation besonders klar, da die gemeinsame Vorgängersprache gut bekannt und umfassend belegt ist: Es handelt sich um das *Lateinische* (genauer gesagt, um eine späte mündliche Form dieser Sprache, die man als *Sprechlatein* bezeichnet). Die Gruppe aller Sprachen, die vom Lateinischen abstammen, nennt man die *romanische Sprachfamilie*. Die folgenden Tabellen 1.4 – 1.6 sind um das Lateinische erweitert und zeigen, aus welchen lateinischen Wörtern und Formen sich die Entsprechungen in den einzelnen romanischen Sprachen entwickelt haben.

Tab 1.4 *Zahlwörter 1 bis 10 im Lateinischen und in einigen romanischen Sprachen*

	Lateinisch	Italienisch	Spanisch	Portugiesisch	Französisch
1	**unus**	uno	uno	um	un
2	**duo**	due	dos	dois	deux
3	**tres**	tre	tres	três	trois
4	**quattuor**	quattro	cuatro	quatro	quatre
5	**quinque**	cinque	cinco	cinco	cinq
6	**sex**	sei	seis	seis	six
7	**septem**	sette	siete	sete	sept
8	**octo**	otto	ocho	oito	huit
9	**novem**	nove	nueve	nove	neuf
10	**decem**	dieci	diez	dez	dix

Tab 1.5 *Einige lateinisch-romanische Wortgleichungen*

	Lateinisch	Italienisch	Spanisch	Portugiesisch	Französisch
Herz	**cor**	cuore	corazón	coração	coeur
Auge	**oculus**	occhio	ojo	olho	oeil
Arm	**bracchium**	braccio	brazo	braço	bras
Sohn	**filius**	figlio	hijo	filho	fils
Brot	**panis**	pane	pan	pão	pain
Stern	**stella**	stella	estrella	estrela	etoile
Wasser	**aqua**	acqua	agua	agua	eau

Tab 1.6 *Die Formen des Verbums „sein" im Indikativ Präsens im Lateinischen und in einigen romanischen Sprachen*

	Lateinisch	Italienisch	Spanisch	Portugiesisch	Französisch
(ich) bin	**sum**	sono	soy	sou	suis
(du) bist	**es**	sei	eres	és	es
(er/sie/es) ist	**est**	è	es	é	est
(wir) sind	**sumus**	siamo	somos	somos	sommes
(ihr) seid	**estis**	siete	sois	sois	êtes
(sie) sind	**sunt**	sono	son	são	sont

Der Begriff der *genetischen Sprachverwandtschaft* darf nicht mit dem der *ethnischen Verwandtschaft* von Völkern oder Volksgruppen verwechselt werden. Völker oder Volksgruppen können durchaus genetisch verwandte oder sogar identische Muttersprachen besitzen, ohne ethnisch miteinander verwandt zu sein. Umgekehrt können ethnisch verwandte Volksgruppen genetisch nicht verwandte Sprachen sprechen.

Als beliebig herausgegriffenes Beispiel kann die Situation in Südamerika dienen. Dort sprechen viele Ureinwohner seit Generationen Spanisch oder Portugiesisch als Muttersprache, obwohl sie zu völlig unterschiedlichen ethnischen Gruppen gehören (unterschiedliches Ethnos, identische oder genetisch verwandte Muttersprache). Ein Teil der Inka-Bevölkerung spricht inzwischen Spanisch als Muttersprache, die Mehrzahl bleibt bisher jedoch bei der angestammten Muttersprache Quechua (gleiches Ethnos, genetisch nicht verwandte Muttersprachen).

Die Idee der Sprachveränderung und Sprachevolution

Die Überlegungen des vorigen Abschnitts basieren auf einem Prinzip, das uns heute selbstverständlich erscheint, nämlich der Idee der *Veränderlichkeit* oder *Evolution von Sprachen*. Gäbe es keine Sprachentwicklung, könnte sich aus einer Vorgängersprache keine Gruppe von unterschiedlichen, genetisch verwandten Sprachen entwickeln.

Auch das Deutsche befand und befindet sich wie alle lebenden Sprachen in einem ständigen Prozess der Veränderung. Das kann man leicht feststellen, wenn man deutsche Texte liest, die 200, 500 oder gar 1000 Jahre alt sind. Zum Vergleich eignen sich Übersetzungen des Bibeltexts, der als solcher in den Originalsprachen Griechisch, Hebräisch und Aramäisch fest vorgegeben ist. Hier sind die drei Verse Matthäus 21, 1–3 nach Übersetzungen aus den Jahren 2010, 1525, 1350 und 830 zeilenweise gegenübergestellt (die Tatianübersetzung und die Übersetzung der Mentelin-Bibel sind nach Deutscher 2008: 60–61 zitiert).

Matthäus 21, 1–3

2010	*modernes Neuhochdeutsch, Basisbibel – Das Neue Testament 2010*
1525	*Frühneuhochdeutsch, Übersetzung Martin Luther 1525*
1350	*spätes Mittelhochdeutsch, Übersetzung der Mentelin-Bibel um 1350, Druck 1466*
830	*Althochdeutsch, sog. Tatianübersetzung*

2010	Kurz vor Jerusalem kamen Jesus und seine Jünger nach Betfage
1525	Da sie nu nahe bey Hierusalem kamen gen Bethphage
1350	und do ihesus was genachent zu jherusalem und waz kumen ze bethphage
830	inti mittiu sie tho nahlihhotun zi Hierosolmis inti quamun zi Betfage

2010	am Ölberg. Da schickte Jesus zwei seiner Jünger voraus und sagte zu ihnen:
1525	an den oleberg / sandte Jhesus seyner iunger zween /vnd sprach zu yhn /
1350	an den berg den olbaum / do sant ihesus zwen seiner iunger sagent zu in /
830	zi themo berge oliboumo / tho ther heilant santa sine zuene iungoron quaedenti in /

2010	„Geht in das Dorf, das vor euch liegt.
1525	gehet hyn in den flecken / der fur euch ligt /
1350	Geht in das castell / daz gegen euch ist /
830	faret in thia burgilun / thiu dar widar iu ist /

2010	Dort findet ihr eine Eselin angebunden zusammen mit ihrem Jungen.
1525	vnd bald werdet yhr finden eyn esellin angepunden / vnnd eyn fullen bey yhr /
1350	und zehant fint ir die esselin gebunden / und das fule mit ir /
830	inti slíumuo findet ir eine eselin gibuntana inti ira folon mit iru gibuntanan /

2010	Bindet sie los und bringt sie mir. Und wenn euch jemand fragt: Was soll das?,
1525	loßet sie auff / vnd furet sie zu myr / Vnd so euch yemand wirt etwas sagen /
1350	entbint sy und furt mir sy her / Vnd ob euch yemant sagt etwas /
830	Loset inan inti gileitet inan mir / inti oba wer iu waz quede /

2010	dann sagt: Der Herr braucht sie. Und er wird sie euch sofort geben."
1525	so sprecht / der Herr bedarff yhr / so bald wirt er sie euch lassen.
1350	so sprecht / wann der herr hat ir durfft / vnd zehant lest er sy
830	quaedet imo / wanta trohtin sines werkes lustot / inti sliumo forlazit sie.

Ein Vergleich der vier Texte sagt Einiges über den Veränderungsprozess der deutschen Sprache in 1200 Jahren aus, also in nur 40 Generationen. Die beachtlichen Veränderungen innerhalb dieses Zeitraums betreffen alle Sprachebenen: Lexik, Semantik, Phonologie, Morphologie und Syntax.

- **Lexik**: einige althochdeutsche Wörter sind gänzlich untergegangen, z. B. *trohtin* „Herr", *sliumo* „rasch, sogleich", *nahlihhon* „sich nähern" oder *quedan* „sagen, sprechen". Begriffe werden unterschiedlich bezeichnet: z. B. *Dorf – flecken – castell – burgilan; sofort – so bald – zehant – sliumo* oder *vor euch – fur euch – gegen euch – widar iu.*
- **Phonologie**: *Füllen – fullen – folon; füret – furet; Ölberg – oleberg.* Wandel /th/ > /d/, z. B. *themo > dem.*
- **Morphologie**: *kamen – kumen – quamun; Jünger – iungoron; gebunden – gibuntana; Füllen – folon.*
- **Wortstellung**: in der Lutherübersetzung heißt es z. B. „seyner iunger zween" oder „vnd so euch yemand wirt etwas sagen", was deutlich von der Wortstellung im modernen Deutsch abweicht.

Das Prinzip der Veränderlichkeit von Sprache ist die Voraussetzung dafür, dass aus einer Sprache im Laufe der Zeit neue Varietäten entstehen können. Wenn sich Dialekte einer Sprache mehrere Jahrhunderte getrennt und unabhängig voneinander entwickeln, bilden sich neue Sprachen heraus, die in der Regel nicht mehr wechselseitig verständlich sind. So haben sich zum Beispiel aus dem noch relativ einheitlichen Sprechlatein der Spätantike die einzelnen romanischen Sprachen der Iberischen Halbinsel, in Frankreich und Italien, auf dem Balkan sowie im Alpengebiet entwickelt.

Der uns heute so selbstverständliche Gedanke der Veränderlichkeit und Entwicklung von Sprache ist keineswegs sehr alt. Antike, Mittelalter und noch die Renaissance gingen von einem eher *statischen Sprachverständnis* aus: Sprache galt als feste Größe in Raum und Zeit. Damit waren Entwicklungsprozesse, die zu einer Sprachfamilie führen konnten, schwer vorstellbar. Selbst die Entwicklung der romanischen Volkssprachen aus dem ja im ganzen Mittelalter noch gut bekannten und weit verbreiteten Latein wurde nicht richtig verstanden. Die ersten Ansätze zum Verständnis sprachlicher Entwicklung wurden von Josef Justus Scaliger im 16. Jh. formuliert.

1.2 Sprachfamilien

So wie die von der lateinischen Sprache abstammenden Sprachen die romanische Sprachfamilie bilden, kann man ganz allgemein definieren: Eine **Sprachfamilie** ist die Gruppe (Menge) aller Sprachen, die von einer gemeinsamen Vorgängersprache abstammen. Ein anderer Begriff für „Sprachfamilie" ist **genetische Einheit**. Die Vorgängersprache einer Sprachfamilie oder einer genetischen Einheit bezeichnet man auch als ihre **Protosprache** oder **Ursprache**. Die Mitglieder einer Sprachfamilie sind die **Tochter**- oder **Folgesprachen** der jeweiligen Protosprache.

Bei der Familie der romanischen Sprachen ist die Vorgängersprache, das Lateinische, gut bekannt. Dies ist jedoch eine seltene Ausnahme. In der Regel ist die Protosprache nicht durch Dokumente unmittelbar belegbar, sondern sie existiert nur *hypothetisch*, d.h. aufgrund des Schlusses, dass eine durch den systematischen Sprachvergleich als genetisch verwandt erkannte Gruppe von Sprachen eine Vorgängersprache *haben muss*, aus der sich diese Sprachen entwickelt haben. Aus dieser Situation ergeben sich für die **historisch-vergleichende Sprachwissenschaft** verschiedene Aufgaben. Die beiden wichtigsten sind der Versuch, aus den phonologischen, morphologischen und lexikalischen Informationen der Tochtersprachen die wesentlichen Merkmale der Protosprache möglichst sicher zu rekonstruieren (Rekonstruktion der Protosprache) und aufzuzeigen, wie sich die Laute der Tochtersprachen aus denen der Protosprache gesetzmäßig entwickeln (Etablierung von Lautgesetzen). Eine historisch ebenfalls wichtige Fragestellung ist die Verortung der hypothetisch erschlossenen Protosprache in Zeit und Raum (die sog. Urheimat-Frage). Hierbei können die für das protosprachliche Lexikon erschlossenen Begriffe wichtige Hinweise auf die Kultur der meist prähistorischen Sprachträger liefern (dazu mehr im Abschnitt 2.3).

Die Tabelle 1.7 enthält Wortgleichungen mit denselben Begriffen wie oben, diesmal geht es allerdings um die Sprachen Deutsch, Niederländisch, Englisch, Schwedisch, Dänisch und das ausgestorbene Gotisch. Auch hier kann man als Erklärung der offensichtlichen Wortähnlichkeiten Zufall, Sprachuniversalien und Entlehnung ausschließen. Das Ergebnis des systematischen Vergleichs zeigt, dass auch diese Sprachen genetisch verwandt sind, sie gehören also zu einer genetischen Einheit, der *germanischen Sprachfamilie*.

Tab 1.7 *Einige germanische Wortgleichungen und die rekonstruierten protogermanischen Wortformen (Kluge 2002)*

Deutsch	Niederl.	Englisch	Schwed.	Dänisch	Gotisch	Ur-German.
Arm	arm	arm	arm	arm	arms	*arma-
Auge	oog	eye	öga	øje	augo	*augon
Herz	hart	heart	hjärta	hjerte	hairto	*herton
Bruder	broeder	brother	broder	broder	broþar	*broþer
Sohn	zoon	son	son	søn	sunus	*sunu-
Brot	brood	bread	bröd	brød	(broe)	*brauda-
Stern	ster	star	stjärna	stjerne	stairno	*sternon
Wasser	water	water	vatten	vand	wato	*watar

Allerdings ist die Vorgängersprache der germanischen Sprachfamilie, das *Proto-* oder *Ur-Germanische*, nicht schriftlich überliefert. Es muss etwa in der zweiten Hälfte des ersten vorchristlichen Jahrtausends in Südskandinavien und Norddeutschland existiert haben, aus ihm haben sich dann nach und nach die heutigen germanischen Sprachen entwickelt. Aus diesen wiederum lassen sich durch genauen linguistischen Vergleich die germanischen Wortformen mit einer relativ hohen Sicherheit rekonstruieren, z. B. protogermanisch *augon* aus den verschiedenen Wörtern der Einzelsprachen. Die rekonstruierten Formen werden in der historischen Sprachwissenschaft durch einen vorangestellten *Asterisk gekennzeichnet.

Die indogermanische Sprachfamilie

Wenn man die lateinischen Wörter *pater* „Vater", *mater* „Mutter", *frater* „Bruder", *sex* „sechs", *septem* „sieben" oder *est* „ist" mit ihren deutschen Entsprechungen vergleicht, so fallen auch hier sofort Gemeinsamkeiten auf, die ein Ausdruck genetischer Verwandtschaft sind, in diesem Fall also zwischen der romanischen und der germanischen Sprachfamilie. Es scheint also eine noch größere Einheit zu geben, zu der sowohl die germanischen als auch die romanischen Sprachen gehören.

Diese „Großfamilie" gibt es wirklich, sie umfasst neben den romanischen und germanischen Sprachen auch die keltischen, baltischen, slawischen, iranischen und indoarischen Sprachen sowie die Einzelsprachen Albanisch, Griechisch und Armenisch. Man bezeichnet sie nach ihrer ursprünglichen Verbreitung „von den indischen bis zu den germanischen Sprachen" als *indogermanische* oder *indoeuropäische Sprachfamilie*. (Zur Bezeichnung vgl. die Einleitung von Kapitel 2.) Ihre mehr als 200 lebenden Sprachen werden heute von über drei Milliarden Menschen weltweit gesprochen.

Die Geschichte der Entdeckung

Bereits im 16. und 17. Jh. waren die europäischen Zweige des Indogermanischen den Sprachkundigen bekannt, darunter Romanisch, Germanisch, Slawisch und Baltisch. Ähnlichkeiten zwischen dem altindischen Sanskrit und europäischen Sprachen beschrieb der Italiener *F. Sasetti* am Ende des 16. Jh. Der niederländische Sprachgelehrte *Marcus Zuerius van Boxhorn* (1602/12–1653) stellte bereits 1637 in einem Brief an einen Leidener Professor fest, dass er aufgrund von lexikalischen und grammatischen Übereinstimmungen zu der Ansicht gelangt sei, dass Griechisch, Latein, Persisch, Sanskrit, Altsächsisch, Niederländisch, Deutsch, Dänisch, Schwedisch, Gotisch, Litauisch, Russisch, Tschechisch, Kroatisch und Walisisch „von ein- und derselben Herkunft" sind (van Driem 2001: 1039–1047). Damit hatte er das Grundprinzip der indogermanischen Sprachfamilie, deren Sprachen alle von einer gemeinsamen Ursprache abstammen, formuliert und zugleich die wesentlichen Zweige dieser Familie benannt. Diese frühe und singuläre Erkenntnis Boxhorns geriet wieder in Vergessenheit und wurde erst 150 Jahre später wieder aufgegriffen.

Als eigentliche Geburtsstunde der Idee der indogermanischen Sprachfamilie gilt gemeinhin ein Vortrag des Juristen und Orientalisten *William Jones* (1746–1794), den er 1786 vor der Royal Asiatic Society (damals noch Asiatick Society) in Kalkutta gehalten hat. Darin preist er die Vorzüge des Sanskrits und kommt zu dem Schluss, dass Sanskrit zum Lateinischen und Griechischen sowohl in den Wortwurzeln als auch in den grammatischen Formen eine stärkere Verwandtschaft aufweise, als durch Zufall hätte entstehen können. Jones hält die Ähnlichkeit für so stark, dass man zur Überzeugung gelangen müsse, dass diese Sprachen *einer gemeinsamen Quelle entsprungen* sind (das vollständige Zitat findet sich im Abschnitt 2.2). Damit war der Grundstein gelegt, auf dem im 19. Jh. das große Gebäude der indogermanischen Sprachwissenschaft errichtet werden konnte.

Die ausführliche Behandlung der indogermanischen Sprachfamilie ist der Gegenstand dieses Buches, deswegen soll in dieser Einleitung nur ein erster Blick auf lexikalische und morphologische Gemeinsamkeiten geworfen werden. Als Vergleichssprachen werden möglichst alte Sprachformen herangezogen: beim Indoiranischen die älteste indische Form, das vedische Sanskrit; beim Griechischen das gut belegte Altgriechisch; beim Italischen das Lateinische und bei den germanischen Sprachen die älteste gut belegte Form, das Gotische. In der letzten Spalte stehen die daraus (und aus weiteren Informationen) rekonstruierten proto-indogermanischen Wortformen. Sie enthalten einige noch nicht erklärte Zeichen, auf die es im Moment noch nicht im Einzelnen ankommt.

Tab 1.8 *Indogermanische Wortgleichungen (nach Pokorny 1959, Mallory-Adams 1997)*

Deutsch	Sanskrit	Griechisch	Lateinisch	Gotisch	Ur-Idg.
Vater	pitár-	patḗr	pater	fadar	*pətḗr
Mutter	mātár-	mḗter	māter	mōder (afries.)	*mātḗr
Bruder	bhrā́tar-	phrḗtēr	frāter	brōþar	*bhrā́ter
Tochter	duhitár-	thygátēr	futír (oskisch)	daúhtar	*dhughətḗr
Herz	–	kardíā	cord-	haírtō	*ḱr̥d-
Knie	jā́nu-	góny	genū	kniu	*ǵénu
Fuß	pád-	pod-	ped-	fōtus	*pod-, *ped-
Aue (Schaf)	ávi-	ó(w)is	ovis	awi-	*óu̯is
Kuh	gáu-	boũs	bōs	chuo (ahd.)	*gʷōu(s)
Sau	sūkará-	hȳs, sȳs	sūs	sū (ahd.)	*sūs
Wasser	udán-	hýdōr	utur (umbr.)	watar (asäch.)	*wodr̥, *uden
Feuer	–	pȳr	pir (umbr.)	fiur (ahd.)	*péu̯or
neu	náva-	né(w)os	novus	niujis	*néu̯os
ich	ahám	egṓ	ego	ik	*eg'(hom)
du	tvám	sý	tū	þu	*tū
(tragen)	bhar-	pher-	fer-	bair-	*bher-
wissen	véda	(w)oĩda	vidē-	wit-	*u̯eid-
ein(s)	(éka-)	oinós	unus	ains	*oinos
zwei	dvā́	dýo	duo	twai	*du̯o
drei	tráyas	treĩs	trēs	þreis	*trei̯es
vier	catvā́ra	téssares	quattuor	fidwōr	*kʷetu̯ér
fünf	páñca	pénte	quīnque	fimf	*pénkʷe
sechs	ṣáṣ	héx	sex	saihs	*s(u̯)ek's
sieben	saptá	heptá	septem	sibun	*septm̥
acht	aṣṭā́	oktṓ	octṓ	ahtau	*ok'tṓ
neun	náva	ennéa	novem	niun	*(e)néu̯n̥
zehn	dáśa	déka	decem	taíhun	*dék'm̥
hundert	śatám	(he-)katón	centum	hunda Pl.	*k'm̥tóm

Abkürzungen: ahd. althochdeutsch, asäch. altsächsisch, afries. altfriesisch
Zu den verwendeten Sonderzeichen vgl. den Abschnitt *Phonetische Symbole*.

Dass sich die Übereinstimmungen zwischen den indogermanischen Sprachen auch auf die Formenbildung erstrecken, wird in der Tabelle 1.9 durch die Formen des Verbums „sein" im Indikativ Präsens illustriert.

Tab 1.9 *Die Formen des Verbums „sein" im Indikativ Präsens in einigen indogermanischen Sprachen (Fortson 2010: 96)*

	Sanskrit	Griechisch	Lateinisch	Gotisch	Proto-Idg.
(ich) bin	ásmi	eimí	sum	im	*ésmi
(du) bist	ási	eís	es	is	*és(s)i
(er/sie/es) ist	ásti	estí	est	ist	*ésti
(wir) sind	smás	eimés	sumus	si(j)um	*smés/smós
(ihr) seid	sthá	esté	estis	si(j)uþ	*sté(s)
(sie) sind	sánti	eisí	sunt	sind	*sénti

Stammbäume

Genetische Abstammungsverhältnisse lassen sich wie in der Biologie auch bei Sprachfamilien durch *Stammbäume* deutlich machen. Die in diesem Buch verwendete Form drückt die Abstammung durch entsprechende Einrückungen in strukturierten Tabellen aus, was zwar etwas abstrakter als die Darstellung durch Baumdiagramme ist, aber mit ein wenig Übung gut zu interpretieren ist. Diese listenartige Form wurde gewählt, um auch größere Spracheinheiten übersichtlich auf möglichst einer Buchseite darstellen zu können. Auf der linken Seite befinden sich die genetischen Einheiten und Untereinheiten, deren Untergliederung durch Einrückungen gekennzeichnet wird (z.B. ist das Keltische eine genetische Untereinheit des Indogermanischen, das Inselkeltische eine Untereinheit des Keltischen und das Britannische wiederum eine Untereinheit des Inselkeltischen); rechts daneben werden die zu einer Spracheinheit gehörenden Einzelsprachen angegeben (im Falle des Britannischen sind das Walisisch, Bretonisch und Kornisch, wobei das Kornische eine ausgestorbene Sprache ist). In der Tabelle 1.10 ist nur ein kleiner Teil der etwa 300 lebenden und toten indogermanischen Sprachen aufgeführt.

Man nennt die unmittelbaren Untereinheiten auch *Primärzweige* der jeweiligen Sprachfamilie. Albanisch, Griechisch und Armenisch unterscheiden sich von den anderen Primärzweigen des Indogermanischen dadurch, dass sie jeweils nur aus einer einzigen Sprache bestehen. Außer den angegebenen Primärzweigen des Indogermanischen gibt es noch zwei ausgestorbene: das *Anatolische* (zu dem z.B. die kleinasiatischen Sprachen Hethitisch und Luwisch gehören) sowie das früher in Chinesisch-Turkestan gesprochene *Tocharisch*. Insgesamt besitzt das Indogermanische also elf Primärzweige. Manche Forscher fassen das Baltische und Slawische als einen Primärzweig *Balto-Slawisch* zusammen. Im Kapitel 10 werden noch einige sog. indogermanische Rest- oder Trümmersprachen behandelt, die man keinem der übrigen Primärzweige zuordnen kann, darunter Venetisch, Messapisch, Thrakisch und Phrygisch. Sie besitzen nur eine geringe inschrift-

liche Überlieferung, bei einigen beschränkt sich die Kenntnis auf Orts- und Personennamen, die ihnen zugeschrieben werden.

Tab 1.10 *Vereinfachter Stammbaum der indogermanischen Sprachen*

Spracheinheiten	Einzelsprachen
INDOGERMANISCH	
GERMANISCH	
WESTGERMANISCH	Deutsch, Niederländisch, Afrikaans; Englisch, Friesisch
NORDGERMANISCH	Dänisch, Schwedisch, Norwegisch; Färöisch, Isländisch
OSTGERMANISCH	Gotisch †
ITALISCH	
OSKISCH-UMBRISCH	Oskisch †, Umbrisch †
LATEINISCH	Lateinisch †
BALKANROMANISCH	Rumänisch
ITALOROMANISCH	Italienisch, Sardisch
RÄTOROMANISCH	Bündnerromanisch, Ladinisch, Friaulisch
GALLOROMANISCH	Französisch, Okzitanisch (inkl. Provenzalisch)
IBEROROMANISCH	Spanisch, Katalanisch, Portugiesisch
KELTISCH	
FESTLANDKELTISCH	Gallisch †, Keltiberisch †
INSELKELTISCH	
GÄLISCH	Irisch, Schottisch-Gälisch, Manx †
BRITANNISCH	Walisisch, Kornisch †, Bretonisch
BALTISCH	Litauisch, Lettisch, Altpreußisch †
SLAWISCH	
OSTSLAWISCH	Russisch, Weißrussisch, Ukrainisch
WESTSLAWISCH	Polnisch, Kaschubisch, Sorbisch, Tschechisch, Slowakisch
SÜDSLAWISCH	Slowenisch; Serbisch, Kroatisch, Bosnisch; Bulgarisch, Mazedonisch
ALBANISCH	Albanisch
GRIECHISCH	Griechisch
ARMENISCH	Armenisch
INDOIRANISCH	
IRANISCH	Avestisch †; Persisch, Kurdisch, Belutschi, Pashto u.v.a.
INDOARISCH	Sanskrit †; Hindi-Urdu, Bengali, Panjabi, Nepali u.v.a.

† kennzeichnet ausgestorbene Sprachen

Andere Sprachfamilien und isolierte Sprachen

Insgesamt sprechen heute über drei Milliarden Menschen – also etwa 45% der Weltbevölkerung – eine der rund 220 lebenden indogermanischen Sprachen. Dabei sind die indogermanischen Sprachen längst nicht mehr wie noch um 1500 n. Chr. auf Europa und Südwest- und Südasien beschränkt, sondern haben sich durch die von Europa ausgehende Kolonisation auch in ganz Amerika, Teilen Afrikas, in Nordasien (Sibirien) sowie in Australien gegenüber den vorher dort gesprochenen Sprachen weitgehend durchgesetzt und diese verdrängt.

Welche Sprachen spricht der übrige Teil der Weltbevölkerung? Es gibt heute weltweit rund 6000 Sprachen, die meisten davon lassen sich einer mehr oder weniger großen Sprachfamilie zuordnen. Allerdings gibt es auch solche Sprachen, bei denen eine genetische Verwandtschaft zu anderen Sprachen nicht nachgewiesen werden konnte; solche Sprachen nennt man *isoliert*. Die einzige lebende isolierte Sprache Europas ist das in den Pyrenäen gesprochene *Baskisch*, das weder zur indogermanischen noch zu einer anderen Sprachfamilie gehört (Hualde-Urbina 2003). Isolierte Sprachen sind gewissermaßen die Singles unter den Sprachfamilien.

Die Frage, wie viele Sprachfamilien und isolierte Sprachen es weltweit gibt, ist kaum präzise zu beantworten, da sie von sehr vielen Faktoren abhängt, insbesondere vom Standpunkt des jeweiligen Wissenschaftlers. Es gibt Forscher, die sämtliche Sprachen der Welt in nur etwa einem Dutzend „Makrofamilien" unterbringen (zu diesem Thema im Zusammenhang mit den indogermanischen Sprachen vgl. Abschnitt 2.9), andere Forscher kommen auf insgesamt etwa 300 genetische Einheiten – Sprachfamilien und isolierte Einheiten –, von denen aber 100 bereits ausgestorben sind. Die meisten genetischen Einheiten gibt es in Neuguinea und in Amerika.

Tab 1.11 *Die größten Sprachfamilien der Erde*

Nr.	Sprachfamilie	Sprachen	Specher	Hauptverbreitungsgebiete
1	Indogermanisch	300	3.000.000.000	Europa, SW- und Südasien; heute weltweit
2	Sinotibetisch	340	1.300.000.000	China, Himalaya-Region, Südostasien
3	Afroasiatisch	360	390.000.000	Nord-Afrika, Naher Osten
4	Niger-Kongo	1300	370.000.000	West-, Zentral- und Südafrika
5	Austronesisch	1150	340.000.000	Indo-Pazifik
6	Drawidisch	30	220.000.000	Süd- und Zentral-Indien; auch Pakistan
7	Turksprachen	40	155.000.000	West- u. Zentral-Asien, Nordost-Sibirien
8	Japanisch-Ryukyu	4	130.000.000	Japan, Ryukyu-Inseln (Okinawa)
9	Austroasiatisch	160	110.000.000	Nordost-Indien, Südostasien
10	Tai-Kadai	70	85.000.000	Süd-China, Südostasien
11	Koreanisch	1	80.000.000	Korea
12	Nilosaharanisch	180	35.000.000	Afrika: Süd-Sahara-Zone
13	Uralisch	30	23.000.000	NO-Europa, Ungarn, Ural, Westsibirien

In Tabelle 1.11 sind alle Sprachfamilien mit mehr als 10 Mio. Sprechern aufgelistet (darunter die isolierte Sprache Koreanisch), dazu ihre ungefähre Sprachen- und Sprecherzahl. Die Sprecherzahlen basieren zu einem großen Teil auf Ethnologue 2009, die Anzahl der Sprachen wurde jeweils aus der Fachliteratur zu den einzelnen Sprachfamilien ermittelt. An die Problematik konkreter Sprecher- und Sprachenzahlen sei ausdrücklich erinnert (vgl. den Abschnitt *Zum Problem der Sprachen- und Sprecherzahlen* in der Einleitung).

Die uralischen Sprachen

In Europa sind außer den indogermanischen Sprachen und dem schon erwähnten isolierten Baskisch vor allem *uralische Sprachen* verbreitet (Hajdú-Domokos 1987, Abondolo 1998, Marcantonio 2002). Die etwa 30 uralischen Sprachen werden von rund 23 Mio. Menschen gesprochen, die mit Abstand bedeutendsten Sprachen sind Ungarisch (14 Mio. Sprecher), Finnisch (6 Mio.) und Estnisch (1 Mio.). Die uralischen Sprachen haben sich wahrscheinlich schon vor etwa 6000 Jahren in die beiden Primärzweige *Finnisch-Ugrisch* und *Samojedisch* aufgespalten. Zum Finnisch-Ugrischen gehören unter anderem Ungarisch, Finnisch, Estnisch sowie Mari, Mordwinisch, Udmurti und Komi in Russland. Die Sprachen des kleinen samojedischen Zweiges werden nur von etwa 35 Tsd. Menschen in Nordwest-Sibirien sowie im Uralgebiet gesprochen.

In Tabelle 1.12 sind einige uralische Wortgleichungen sowie die rekonstruierten proto-uralischen Formen dargestellt. In einigen Fällen kann man nur für den finnisch-ugrischen Zweig Protoformen aufstellen. Tabelle 1.13 zeigt den Stammbaum des Uralischen mit den wichtigsten Einzelsprachen. In Klammern sind alternative Sprachnamen angegeben, die heute neben den offiziellen Namen noch weit verbreitet sind.

Tab 1.12   *Uralische Wortgleichungen (Rédei 1988–91)*

Bedeutung	Finnisch	Estnisch	Mordwinisch	Ungarisch	Proto-Ural.
Fisch	kala	kala	kal	hal	*kala
Blut	veri	veri	ver	vér	*wire
Auge	silmä	silm	sel'me	szem	*silmä
Hand	käsi	käsi	ked	kéz	*käte (FU)
gehen	mene	mine	mije	men	*mene
eins	yksi	üks	veijke	egy	*ikte (FU)
sechs	kuusi	kuus	koto	hat	*kutte (FU)

Erläuterung: (FU) bei der Protoform bedeutet, dass diese nur im finnisch-ugrischen Zweig ableitbar ist.

Tab 1.13 *Der Stammbaum der uralischen Sprachen (nach Abondolo 1998)*

Spracheinheiten	Einzelsprachen
URALISCH	
FINNISCH-UGRISCH	
FINNISCH-PERMISCH	
OSTSEE-FINNISCH	Finnisch, Estnisch, Karelisch;
	Wepsisch, Livisch, Ingrisch, Wotisch
SAMISCH (LAPPISCH)	Nord-Samisch, Süd-Samisch u.a.
MORDWINISCH	Mordwinisch
MARI	Mari (Tscheremissisch)
PERMISCH	Udmurtisch (Wotjakisch);
	Komi (Syrjänisch und Permjakisch)
UGRISCH	
OB-UGRISCH	Chanti (Ostjakisch), Mansi (Wogulisch)
UNGARISCH	Ungarisch
SAMOJEDISCH	
NORDSAMOJEDISCH	Nganasan; Nenzisch, Enzisch u.a.
SÜDSAMOJEDISCH	Selkupisch, Kamassisch †, Matorisch †

1.3 Die Etablierung von Sprachfamilien

Die Zuordnung einer Sprache zum Indogermanischen (und meist auch zu einem bestimmten Zweig des Indogermanischen) war letztlich bekannt, *bevor* die Wissenschaft der Indogermanistik im 19. Jh. ihren ersten Höhepunkt erreichte. Wie sieht die Situation aber aus, wenn die Forschung vor einem Bündel von Sprachen eines großen geographischen Raumes (z. B. Afrika, Neuguinea, Amerika, Kaukasus) steht und erst einmal herausfinden muss, welche Sprachen miteinander genetisch verwandt sind? In welche genetischen Einheiten gliedern sich die Sprachen dieses Gebiets, welche Sprache gehört zu welcher Einheit? Wie sehen die genauen Verwandtschaftsverhältnisse im Inneren einer solchen Einheit aus? Um all das zu klären, müssen mehrere Schritte durchlaufen werden:

- **Klassifikation**: die Feststellung, welche Sprachen genetisch miteinander verwandt sind; daraus können die genetischen Einheiten ermittelt werden (als Klassen genetisch verwandter Sprachen)
- **Stammbaum**: die Bestimmung der inneren Verwandtschaftsstruktur einer genetischen Einheit, d.h. die Konstruktion des Stammbaums (siehe Abschnitt 1.4)
- **Protosprache**: die Rekonstruktion der wesentlichen Merkmale der Protosprache

- **Lautgesetze**: die Etablierung eines Systems von Lautgesetzen, die die lautlichen Veränderungen der genetischen Einheit in ihrer gesamten Historie möglichst genau beschreiben

Die klassische, in der Indogermanistik entwickelte, komparativ-historische Methode konzentriert sich vor allem auf die letzten beiden Schritte, während sie insbesondere für den ersten Schritt kaum Mittel bereithält, da dieser für die indogermanischen Sprachen weitgehend erledigt war, bevor die Indogermanistik als Wissenschaft in Erscheinung trat. Bei der Bestimmung der inneren Struktur einer Sprachfamilie ist die klassische komparative Methode vor allem durch phonologische Untersuchungen bei der Feinstrukturierung nützlich.

Der multilaterale Sprachvergleich

Im Folgenden soll der grundlegende erste Schritt, die eigentliche Klassifikation, näher untersucht werden. Bei der Feststellung, welche Sprachen zu einer genetischen Spracheinheit gehören, bietet die Methode des sog. *multilateralen lexikalischen Vergleichs* von Joseph Greenberg (1915–2001) einen Ansatz. Die Klassifikation der Sprachen eines größeren Areals (im Extremfall aller indigenen Sprachen Afrikas oder Amerikas) ergibt sich aus dem systematischen Vergleich von Wörtern und Morphemen (bedeutungstragenden Bestandteilen der Sprache), also ebenfalls durch die komparative Methode. Dabei werden *Wortgleichungen* oder *Wortkorrespondenzen* aufgestellt (Serien von Wörtern oder Morphemen mit gleicher oder ähnlicher Bedeutung und lautlich ähnlicher Gestalt) und aus diesen die Klassen genetisch verwandter Sprachen bestimmt. Allerdings steht bei Greenberg immer der *multilaterale* Vergleich möglichst vieler Sprachen im Vordergrund, während er den *binären* Vergleich zweier Sprachen für weniger aussagefähig hält. (Das ist mathematisch zwingend, da eine bestimmte Anzahl von Wortkorrespondenzen in zehn Sprachen ein wesentlich höheres Gewicht als nur bei einem Sprachenpaar besitzt, selbst wenn in den Wortgleichungen nicht jeweils alle zehn Sprachen vertreten sind; eine Sammlung von Aufsätzen, in denen Greenberg das Prinzip beschreibt und verteidigt, ist Greenberg 2005.)

In Tabelle 1.14 werden 10 Begriffe aus 12 afrikanischen Sprachen zusammengestellt, um das Prinzip des multilateralen lexikalischen Vergleichs an einem einfachen Beispiel zu verdeutlichen.

Tab 1.14 *Afrikanische Wortgleichungen (Ruhlen 1994: 34–42)*

	Sprache	ich/ mich	du/ dein	vier	Zunge	pressen	reden	trinken	blasen	Jahr	Fleisch
A	!Kung	mi	i	!nani	theri	tsam	ok'xui	k"ā	čū	kuri	!hā
B	Duala	am	aŋo	nei	yemɛ	kambe	ambo	nyɔ	pɛp	mbu	nyama
C	Dinka	ɣen	yin	nguan	liep	nyač	ǰam	dek	koth	ruon	riŋo
D	Zulu	ami	akhu	ne	limi	kham	amb	phuza	pʰepʰetʰ	nyaka	inyama
E	Hausa	ni	kai	fudu	harše	matsa	faɗa	šā	būsa	šekara	nama
F	//Gana	ke	tsa	–	dam	kxao	kxoi	kxxa	gom	kuri	/ka
G	Mbundu	ame	ku	kwala	limi	kam	tana	nyw	pepe	lima	situ
H	Nandi	ane	inye	aŋgwan	ŋgelyep	īny	mwa	ie	kūt	keny	peny
I	Nama	ti	tsa	haka	nami	tsam	kxu'i	kx'a	!gom	kuri	kx'o
J	Swahili	mimi	ako	ñne	limi	kamu	amb	nyw	pepe	aka	nyama
K	Bole	–	–	fhwaɗi	lisi	matsuo'i	puwo'i	sawo'i	pintu	soni	lo
L	Masai	nanu	inyi	onguan	ngejep	–	iro	mat	kut	arin	kiriŋo

Auch ohne vorherige Kenntnis der verwandtschaftlichen Beziehungen dieser Sprachen und ohne Kenntnis der Sprachnamen lassen sich diese 12 Sprachen relativ leicht in vier Klassen genetisch verwandter Sprachen einteilen, was der Leser einmal selbst ausprobieren sollte, bevor er weiterliest.

Zunächst stimmen die Sprachen B, D, G und J in fast allen Begriffen mehr oder weniger überein. Es handelt sich dabei um *Bantusprachen*. E und K weisen auch einige Übereinstimmungen auf, sie gehören zum *Tschadischen*, einer Untereinheit des *Afroasiatischen*. In neun Wörtern stimmen die Sprachen C, H und L wenigstens teilweise überein, sie werden als *nilosaharanisch* klassifiziert. Eine etwas genauere Betrachtung der restlichen drei Sprachen A, F und I zeigt auch hier Übereinstimmungen auf (z. B. bei den Wörtern für „reden“, „trinken“ und „Jahr“); sie gehören zu den *Khoisan-Sprachen*. (Die ungewöhnlichen Zeichen !, / und // stellen sog. Schnalz- oder Klicklaute dar. Der genaue Lautwert der Schnalzlaute und auch anderer phonetischer Sonderzeichen spielt im Rahmen dieses Beispiels keine Rolle.)

Man kann also bereits aus einem kleinen Sample von 12 Sprachen und 10 Begriffen problemlos die Spracheinheiten Bantu, Tschadisch, Nilosaharanisch und Khoisan herausfiltern und die Zugehörigkeit der einzelnen Sprachen zu diesen Klassen bestimmen.

Dies ist zwar ein in vielfacher Hinsicht vereinfachtes Beispiel (Anzahl der Sprachen, Anzahl und Auswahl der Begriffe, vereinfachte phonetische Darstellung), dennoch kann das Prinzip der Methode daran aufgezeigt werden.

Besonders deutlich werden die Übereinstimmungen, wenn man anschließend die verwandten Sprachen zusammengruppiert und die leicht erkennbaren Übereinstimmungen in den einzelnen Gruppen halbfett markiert (Tabelle 1.15). Hierbei zeigt sich aber auch, dass keine durchgehende Übereinstimmung in allen Wörtern des Samples zu erwarten ist, selbst die sonst so einheitlichen Bantusprachen weisen beim Wort für „Sonne" keine Parallele auf. Erst die Gesamtheit der Übereinstimmungen in einer größeren Gruppe von Sprachen lässt die Klassifizierung klar erkennen. Ein binärer Vergleich von Sprachpaaren würde nicht zum gewünschten Klassifikationsergebnis führen, da dann vor allem die Unterschiede ins Auge fielen.

Tab 1.15 *Afrikanische Wortgleichungen, genetisch gruppiert*

Sprache	ich/ mich	du/ dein	vier	Zunge	pressen	reden	trinken	blasen	Jahr	Fleisch
Bantu										
B Duala	**am**	**aŋo**	**nei**	yemɛ	**kambe**	**ambo**	nyɔ	**pɛp**	mbu	**nyama**
D Zulu	**ami**	**akhu**	**ne**	limi	**kham**	**amb**	phuza	**pʰepʰetʰ**	nyaka	inyama
G Mbundu	**ame**	**ku**	kwala	limi	**kam**	taŋa	**nyw**	pepe	lima	situ
J Swahili	**mimi**	**ako**	ñne	limi	**kamu**	**amb**	**nyw**	pepe	aka	**nyama**
Tschadisch										
E Hausa	ni	kai	**fudu**	harše	**matsa**	faɗa	**šā**	būsa	šekara	nama
K Bole	–	–	**fhwaɗî**	lisi	**matsuo'i**	puwo'i	**sawo'i**	pintu	soni	lo
Nilosaharanisch										
C Dinka	ɣen	**yin**	**nguan**	liep	nyač	jam	dek	**koth**	ruon	**riŋo**
H Nandi	**ane**	**inye**	**aŋgwan**	**ŋgelyep**	**īny**	mwa	ie	**kūt**	keny	peny
L Masai	**nanu**	**inyi**	**onguan**	**ngejep**	–	iro	mat	**kut**	arin	**kiriŋo**
Khoisan										
A !Kung	mi	i	!nani	theri	**tsam**	ok'xui	k"ā	čū	**kuri**	!hā
F //Gana	ke	tsa	–	dam	kxao	**kxoi**	kxxa	gom	**kuri**	/ka
I Nama	ti	tsa	haka	nami	**tsam**	kxu'i	kx'a	!gom	**kuri**	kx'o

Das ist letztlich auch die Methode, mit der die Forscher bereits vor dem 19. Jh. die genetische Einheit und die im Wesentlichen korrekte Gliederung des Indogermanischen, des Finnisch-Ugrischen oder der Kaukasussprachen erkannten, lange bevor das Werkzeug der Indogermanistik zur Verfügung stand und Protosprachen rekonstruiert oder Lautgesetze etabliert waren. Die Etablierung von Lautgesetzen und die Rekonstruktion wichtiger Merkmale der Protosprache sind dann die *notwendigen* weiteren Schritte, die die Ergebnisse einer Klassifikationshypothese bestätigen, verfeinern oder auch widerlegen können. Ohne Stützung durch diese komparativen Techniken, die die Indogermanistik im 19. Jh. entwickelt hat, stehen die durch lexikalische und morphologische Vergleiche gewonnenen Klassifikationshypothesen letztlich auf sehr unsicheren Füßen.

Beurteilung der Methode

Die Methode des multilateralen lexikalischen Vergleichs hat Greenberg bei seiner inzwischen weitgehend akzeptierten Klassifikation der afrikanischen Sprachen erfolgreich angewendet, seine Ergebnisse bei den Sprachen Amerikas und Neuguineas werden allerdings von den meisten Forschern abgelehnt. Für das Eurasiatische — eine sog. Makrogruppierung von Sprachfamilien, die neben dem Indogermanischen auch das Uralische, Turkische, Mongolische, Tungusische, Koreanische, Japanische und verschiedene sibirische Sprachen umfassen soll — ist es noch zu früh, einen Erfolg oder Misserfolg zu konstatieren.

Es gibt viele Einwände gegen Greenbergs Methode. Ein häufig geäußerter Vorwurf ist, dass bei seinem Ansatz Lehnwörter und Zufallsähnlichkeiten nicht erkannt würden und solche ohne Berechtigung als Beweis für die genetische Verwandtschaft von Sprachen herangezogen würden; ähnliche Probleme verursachen lautmalerische Begriffe, die unabhängig von genetischen Relationen quer durch alle Sprachen der Welt verteilt sind (vgl. Abschnittt 1.1). Gegen diese Vorwürfe hat sich Greenberg mehrfach explizit verteidigt (vgl. Greenberg 2005) und klargemacht, dass er die Problematik der Lehnwörter und lautmalerischen Wortbildungen durchaus gesehen hat und auch konkret behandelt. Besonders wichtig waren für ihn Wortgleichungen für *stabile Begriffe*, die üblicherweise nicht von einer Sprache in eine andere entlehnt werden, sondern zum gemeinsamen Urbestand einer Sprachfamilie gehören. Allerdings kann man Entlehnungen auch solcher stabiler Begriffe nie ganz ausschließen.

Beim Streit um die Methoden wird allerdings oft vergessen, wofür sie verwendet werden: Während Greenbergs Ansatz des lexikalischen Massenvergleichs primär Hypothesen für die Existenz und den Umfang genetischer Einheiten erstellt, kann die klassische komparative Methode diese Hypothesen durch die Rekonstruktion der Protosprache und die Aufstellung adäquater Lautgesetze absichern und unterstützen. Ein solcher Prozess ist z. B. bei den *nilosaharanischen* Sprachen im Gange, einer Gruppe afrikanischer Sprachen, deren genetische Einheit von Greenberg postuliert wurde.

Eine Widerlegung von Klassifikationshypothesen ist vor allem durch die genaue Untersuchung des vorgelegten Materials möglich: Sind die herangezogenen Wortformen korrekt oder beruhen sie auf fehlerhafter phonologischer Interpretation und Wortzerlegung, stimmen die Bedeutungen in den Wortkorrespondenzen wenigstens weitgehend überein oder sind sie zu weit gefasst, um verlässliche Aussagen zuzulassen? Sind die vorgelegten Wortgleichungen in ihrer Anzahl ausreichend? Ist das Wortmaterial historisch homogen? Kann man Entlehnungen oder Zufallsähnlichkeiten weitgehend ausschließen? Wenn Widersprüche und Fehler im vorgelegten Material in größerem Umfang auftreten, sind die Schlussfolgerungen, die daraus für genetische Klassifikationen gezogen werden, natürlich nicht haltbar. Insbesondere bei den indigenen amerikanischen Sprachen sind solche Vorwürfe gegen Greenbergs Material und damit gegen seine Schlussfolgerungen von anerkannten Fachwissenschaftlern in größerem Umfang erhoben worden.

1.4 Die innere Struktur einer Sprachfamilie

Der erste Schritt der Klassifikation, wie er im vorigen Abschnitt beschrieben wurde, besteht in der Festlegung der genetischen Einheit, also einer Klasse genetisch verwandter Sprachen. Dies ergibt zunächst eine unstrukturierte Menge von Sprachen, in der die Verwandtschaftsverhältnisse noch nicht bekannt sind. Man könnte das mit einer Gruppe von Menschen vergleichen, von denen man zwar weiß, dass sie zu einer Familie gehören, deren verwandtschaftliche Relation – Mutter, Tante, Tochter, Großmutter, Enkelin, Nichte, Schwester etc. – jedoch (noch) unbekannt ist.

Wenn man z. B. die drei indogermanischen Sprachen Deutsch, Englisch und Italienisch betrachtet, stellt auch der linguistische Laie sofort fest, dass Deutsch und Englisch näher miteinander verwandt sind als Deutsch und Italienisch bzw. Englisch und Italienisch. Der Grund ist bekannt: Das Italienische gehört zur romanischen Unterfamilie, Englisch und Deutsch zur germanischen. Aus den oben durchgeführten Sprachvergleichen mit romanischen und germanischen Sprachen ist deutlich geworden, dass die Übereinstimmungen der Sprachen *innerhalb* der beiden Gruppen wesentlich größer sind als beim Vergleich einer romanischen mit einer germanischen Sprache. Nun kann das Gefühl größerer Ähnlichkeit täuschend sein (z. B. beim Englischen, das einen sehr hohen Anteil romanischer Lehnwörter aufweist). Wie kann man in einer Sprachfamilie genetische Untereinheiten *systematisch* feststellen? Wie gelangt man letztlich zu einem gesicherten Stammbaum, der alle Sprachen der Familie umfasst?

Während bei der Feststellung der genetischen Verwandtschaft und damit bei der Etablierung genetischer Einheiten vor allem *Wortgleichungen* und *grammatische Übereinstimmungen* die Schlüsselrolle spielten, ist das klassische Mittel für die Gliederung einer Sprachfamilie der Nachweis **exklusiver gemeinsamer Innovationen.**

Wenn eine Untergruppe einer Sprachfamilie gemeinsame sprachliche Neuerungen entwickelt hat, die alle anderen Mitglieder der Familie nicht aufweisen (Exklusivität), und als Ursache dieser Gemeinsamkeiten Zufall, Lautmalerei oder Entlehnung ausgeschlossen werden können, liegt es nahe, anzunehmen, dass sich diese Gruppe zu einem bestimmten Zeitpunkt als eine genetische Untereinheit aus einer gemeinsamen Vorgängersprache entwickelt hat. Die Grundidee exklusiver gemeinsamer Neuerungen soll an einigen Beispielen aufgezeigt werden.

Beispiel 1. Die germanischen Sprachen als Untereinheit des Indogermanischen. Die wichtigste exklusive gemeinsame Innovation der germanischen Sprachen ist die sog. *germanische Lautverschiebung*. Dabei werden 1. die proto-indogermanischen stimmlosen Plosive im Germanischen zu stimmlosen Frikativen, 2. die stimmhaften zu stimmlosen Plosiven sowie 3. die stimmhaft-aspirierten zu stimmhaften Plosiven (Hutterer 1999: 48–54).

Germanische Lautverschiebung	**labial**	**dental**	**velar**
stimmlose Plosive > stimmlose Frikative	*p > f	*t > þ	*k > x (> h)
stimmhafte Plosive > stimmlose Plosive	*b > p	*d > t	*g > k
stimmhaft-aspirierte Plosive > stimmhafte Plosive	*bh > b	*dh > d	*gh > g

Diese bedeutende phonologische Neuerung, die im Kapitel 3 ausführlich behandelt wird, ist exklusiv, da sie keine andere Gruppe von indogermanischen Sprachen in dieser Form aufweist. Damit definiert sie innerhalb des Indogermanischen die germanischen Sprachen als eine genetische Untereinheit; die hypothetische Vorgängersprache, in der dieses gemeinsame Merkmal entstanden ist und aus der sich alle anderen germanischen Sprachen historisch entwickelt haben, nennt man Proto-Germanisch. Ähnliche exklusive gemeinsame Neuerungen kann man für alle Primärzweige des Indogermanischen heranziehen.

Beispiel 2. Die rumänischen Sprachen als Untereinheit des Romanischen. Die Gruppe der rumänischen Sprachen (im weiteren Sinne) umfasst Rumänisch, Meglenorumänisch, Aromunisch und Istrorumänisch. (Die Position des Dalmatischen soll hier nicht erörtert werden.) Diese Gruppe besitzt die folgenden exklusiven gemeinsamen Neuerungen (Ruhlen 1991: 17–18):

1. Das Wort *gurə* „Mund" < latein. *gula* „Kehle". Während alle anderen romanischen Sprachen das lateinische /-l-/ und auch die lateinische Bedeutung „Kehle" bewahrt haben, weist nur die rumänische Gruppe den Lautwandel /-l-/ > /-r-/ und den Bedeutungswandel „Kehle" > „Mund" auf.
2. Das Pronomen der 3. Person Sg. Femininum „sie" ist in den romanischen Sprachen aus lateinisch *illa* „jene" entstanden. In den vier genannten Sprachen ist daraus *ja* „sie" geworden. Nur die rumänische Gruppe hat hier die Lautveränderung /l/ > /j/ vollzogen, während alle anderen einen l-Laut (/l/ oder /ʎ/) bewahrt haben. Eine Ausnahme stellt das Sardische dar, wo das /l/ zum Retroflex /ḍ/ wurde: sardisch *iḍa* „sie".
3. Alle Sprachen der rumänischen Gruppe haben *dinte* „Zahn" < latein. *dent-* „Zahn". Dabei wurde exklusiv der Stammvokal von /e/ nach /i/ angehoben.

Durch diese und weitere exklusive Neuerungen kann man die Gruppe der vier rumänischen Sprachen als genetische Untereinheit des Romanischen definieren. (Für manche Forscher ist die Verwandtschaft so eng, dass sie Meglenorumänisch, Aromunisch und Istrorumänisch als Dialekte des Rumänischen auffassen.)

Beispiel 3. Die interne Gliederung der Turksprachen. Das in Russland gesprochene Tschuwaschisch bildet zusammen mit dem ausgestorbenen Bolgarischen einen Primärzweig der Turksprachen, den sog. *bolgarischen* Zweig, dem alle sonstigen Turksprachen („Gemeintürkisch") in einem zweiten Primärzweig gegenüber stehen. Zwischen diesen beiden Gruppen bestehen zwei wichtige phonologische Oppositionen: Finales bolgarisches /r/ und /l/ korrespondieren systematisch mit gemeintürkischem /z/ bzw. /š/ (Johanson-Csató 1998: 81). Zu dieser lautlichen Verteilung rekonstruierte (definierte) man die prototürkischen Laute *ŕ und *ĺ (in der Literatur auch als *r₂ und *l₂ bezeichnet), die dann in den bolgarischen und gemeintürkischen Sprachen unterschiedlich fortgesetzt wurden. Dazu einige Beispiele:

Bedeutung	**Proto-Türkisch**	**Tschuwaschisch**	**Türkisch**	
Auge	*göŕ	kör	köz	
hundert	*jüŕ	šəʷr	yüz	
Stein	*diaĺ	čol	taš (taş)	

Man kann die Fortsetzung dieser beiden protosprachlichen Laute *ŕ und *ĺ als /z/ und /š/ in allen gemeintürkischen Sprachen als exklusive gemeinsame Innovation auffassen, wodurch diese Gruppe als eine genetische Untereinheit der Turksprachen definiert ist.

TURKSPRACHEN
BOLGARISCH
GEMEINTÜRKISCH
SIBIRISCH-TÜRKISCH
andere Untereinheiten

Innerhalb der gemeintürkischen Sprachen gibt es eine Gruppe *sibirisch-türkischer* Sprachen, zu der unter anderem die sibirischen und zentralasiatischen Sprachen Jakutisch, Dolganisch, Chakassisch, Schorisch, Tuwinisch, Altaisch und Tschulymisch gehören. Eine exklusive gemeinsame Innovation dieser Gruppe ist die Fortsetzung des innervokalischen prototürkischen *d, z. B. in *hadaq „Fuß". Dieses *d bleibt in den Sprachen der sibirischen Gruppe als sog. Alveolar /d, t, z/ erhalten, während es in den anderen gemeintürkischen Sprachen als Palatal /j/ fortgesetzt wird (Johanson-Csató 1998: 83). So heißt „Fuß" jakutisch *ataq*, dolganisch *atak*, tuwinisch *adaq*, chakassisch *azax*, schorisch *azaq*; dagegen türkisch *ayak*, uigurisch *ajaq*, kirgisisch *ajaq* u.s.w. Aus dieser und anderen exklusiven Innovationen kann man folgern, dass die sibirisch-türkischen Sprachen eine genetische Untereinheit des Gemeintürkischen darstellen.

Theoretisch genügt zwar die Existenz einer einzigen exklusiven gemeinsamen Neuerung, um eine genetische Untereinheit zu definieren. In der Praxis ist jedoch eine einzige Innovation nicht wirklich überzeugend. Der Forscher wird in der Regel ein Bündel solcher Neuerungen vorweisen, um die Hypothese einer bestimmten Untereinheit zu rechtfertigen. Typologisch auffällige Innovationen haben natürlich einen höheren Stellenwert als solche, die man ähnlich in vielen Sprachen der Welt finden kann.

Ein noch nicht erwähntes Problem besteht darin, exklusive gemeinsame Innovationen von exklusiven gemeinsamen *Retentionen* zu unterscheiden: Dabei handelt es sich um linguistische Merkmale der Protosprache, die exklusiv in einer Gruppe von Tochtersprachen erhalten geblieben sind, während sie in allen anderen Sprachen der Familie verloren gingen. Die Beurteilung der Aussagekraft solcher Retentionen ist unterschiedlich, mit Sicherheit können sie methodologisch nicht den gleichen Stellenwert wie gemeinsame Innovationen beanspruchen, andererseits sind sie bei der Festlegung von Untereinheiten auch nicht völlig wertlos.

1.5 Die Rekonstruktion der Protosprache

In diesem Abschnitt soll der schon mehrfach angesprochene Prozess der Rekonstruktion einer Protosprache etwas genauer betrachtet werden. Die Ausgangssituation besteht darin, dass man durch systematischen Sprachvergleich unter Ausschluss von Zufallsähnlichkeiten und Entlehnungen zu der Erkenntnis gelangt ist, dass eine bestimmte Gruppe von Sprachen genetisch verwandt ist und somit eine gemeinsame Vorgänger- oder Protosprache existieren muss. Wie lassen sich die Phonologie, Morphologie und der Wortschatz der Protosprache rekonstruieren?

Dabei handelt es sich um einen mehrstufigen Prozess, dessen Schritte bei der Rekonstruktion des ursprachlichen *Lautsystems* vereinfacht wie folgt beschrieben werden können:

- das Aufstellen möglichst vieler *Wortgleichungen* oder *Wortkorrespondenzen*, also von Serien mit Wörtern gleicher Bedeutung und ähnlicher Lautung in möglichst vielen bzw. möglichst alten Einzelsprachen
- die Erarbeitung der *Lautentsprechungen* (*Lautkorrespondenzen*) zwischen den Einzelsprachen
- die Entscheidung, auf welchen Laut sich die Lautentsprechungen in der Ursprache zurückführen lassen
- die Etablierung von *Lautgesetzen*, d.h. wie sich ein rekonstruierter Laut der Protosprache in den Tochtersprachen entwickelt hat

Die folgenden Beispiele sind in ihrer Argumentation stark vereinfacht und sollen lediglich das Prinzip erläutern. Es geht jeweils um den anlautenden Konsonanten.

Beispiel 1. Wortkorrespondenz: vedisch *saptá*, avestisch *hapta*, griechisch *heptá*, lateinisch *septem*, gotisch *sibun* „sieben". Hier entspricht anlautendes /s-/ im Vedischen (einer Form des Altindischen), Lateinischen und Gotischen anlautendem /h-/ im Avestischen (der ältesten bekannten iranischen Sprache) und Griechischen (Meier-Brügger 2010: 232–235). Wenn eine solche Entsprechung in sehr vielen Wortgleichungen feststellbar ist, kann man sie als Lautkorrespondenz etablieren. Da die Mehrheit der Sprachen in dieser Korrespondenz den Laut /s-/ aufweist, ist es sinnvoll, für diese Korrespondenz ein ursprachliches *s anzusetzen. Das gesamte Wort wird letztlich als *septm̥ „sieben" rekonstruiert (wobei /m̥/ ein „silbisches m" bedeutet, etwa /əm/ gesprochen). Dann kann man als Lautgesetz formulieren, dass protosprachliches *s im Anlaut im Vedischen, Lateinischen und Germanischen zu /s/, im Avestischen und Griechischen zu /h/ wurde. Dieses Vorgehen ist nicht zirkulär, da man jetzt mittels dieses Lautgesetzes das Verhalten aller Wörter mit einer entsprechenden Anlautsituation beurteilen bzw. voraussagen kann.

Offen bleibt natürlich die Frage, warum man ursprachliches *s und nicht *h oder einen anderen Laut ansetzt? Hier ist vor allem die linguistische Kompetenz der Forscher gefragt; jedenfalls hat sich im Laufe der über 150-jährigen Forschungstätigkeit in der Indogermanistik ein weitgehender Konsens über die Rekonstruktion des protosprachlichen Lautsystems ergeben. Eine Entwicklung s > h ist im Übrigen auch aus anderen Sprachgruppen bekannt. („x > y" steht für „x hat sich zu y entwickelt").

Beispiel 2. Wortkorrespondenz: vedisch *pitár*, griech. *patḗr*, latein. *pater*, gotisch *fadar*, altirisch *athair*, armen. *hayr* „Vater". Hier entspricht vedisches, griechisches und lateinisches anlautendes /p-/ gotischem /f-/, armenischem /h-/ und altirischem ø, d.h. es entfällt (Meier-Brügger 2010: 259–260). Daraus wird der ursprachliche Laut *p- rekonstruiert, als Wort für „Vater" *pətḗr. (Eine Entwicklung p > f > h > ø ist auch aus anderen Sprachgruppen bekannt.)

Beispiel 3. Wortkorrespondenz: vedisch *śatám*, avest. *satəm*, griech. *-katón*, latein. *centum* (sprich: [kentum]), tocharisch B *kante*, litauisch *šim̃tas* „hundert". Hier entspricht griechisches, lateinisches und tocharisches anlautendes /k-/ vedischem /ś-/, litauischem /š-/ (beide etwa wie deutsches [sch] zu sprechen) und avestischem /s-/. Die eine Gruppe von Sprachen hat also einen s-Laut (Sibilant), die andere einen k-Laut (Velar). Welchen Laut soll man daraus für die Protosprache rekonstruieren? Beobachtungen in indogermanischen und anderen Sprachen haben gezeigt, dass sich häufig aus einem palatalisierten Velar – etwa /kj/ – ein Sibilant oder ein Velar entwickelt hat. Deswegen wurde als ursprachlicher Grundlaut der Palatovelar *k' (steht für /kj/) angesetzt und das gesamte Wort als *k'm̥tóm „hundert" rekonstruiert (etwa [kjm̥tóm] auszusprechen, wobei das m̥ ein silbisches /m/ wie im deutsche Wort *geben* [gebm̥] darstellt).

Nach diesem Beispiel hat man im 19. Jh. die indogermanischen Sprachen in sog. *Kentum-* und *Satem-Sprachen* eingeteilt, je nachdem ob sie den Palatovelar *k' der Protosprache in einen Sibilanten oder einen Velar umgesetzt haben (Meier-Brügger 2010: 260–262). Das Deutsche und allgemein die germanischen Sprachen gehören zu den Kentum-Sprachen, der h-Laut in *hundert* ist erst sekundär entstanden. Die Bedeutung dieser Einteilung ist in der Vergangenheit oft überschätzt worden, für eine genetische Unterteilung der indogermanischen Sprachen taugt sie aus verschiedenen Gründen nicht (vgl. Abschnitt 2.2).

Beispiel 4. Dass bereits eine innersprachliche vergleichende Untersuchung zu wichtigen Erkenntnissen führen kann, soll das nächste viel zitierte Beispiel zeigen (vgl. Meier-Brügger 2010: 173–174). Man findet im Lateinischen folgende Formen nebeneinander: *ninguit* „es schneit" (Präsens), *ninxit* „es hat geschneit" (Perfekt), *nix* „der Schnee" mit dem Genitiv *nivis* „des Schnees" (die weitere Deklination folgt dann dem Genitiv). Scheinbar gibt es also für „schneien, Schnee" im Lateinischen sehr unterschiedliche Wurzeln, nämlich *ningu-*, *nink-* (*ninxit* < **nink-s-it*, das *-s-* gehört hier zur Perfektbildung), *nik-* (*nix* < **nik-s*) und *niv-* (man beachte, dass im Lateinischen <c> für /k/ und <x> für /ks/ geschrieben wird). Zunächst kann das /-n-/ in den Verbalwurzeln als ein wurzelerweiterndes Infix „wegerklärt" werden, das einer bestimmten indogermanischen Verbalwurzelbildung entspricht (vgl. Abschnitt 2.8). Damit lauten die Wurzelformen ohne n-Infix *nigu-*, *nik-* und *niv-*. Die Frage ist nun, ob sich diese unterschiedlichen Wurzeln, deren Grundbedeutung „Schnee, schneien" ist, auf eine einzige Ausgangsform zurückführen lassen.

Ein erster Versuch mit **nik-* als Ausgangswurzel scheitert am Genitiv *niv-is*, der dann **nic-is* lauten müsste, und an der Präsensform *ninguit*, wo **nincit* zu erwarten wäre. Der zweite Versuch mit der Ausgangsform **niv-* scheitert am Nominativ *nix* < **nik-s*, hier wäre dann **niv-s* oder eher **nip-s* zu erwarten. Der richtige Ansatz ist offensichtlich eine Ausgangsform **nig^w-* mit einem sog. labialen Velar oder Labiovelar /g^w/ als Wurzelauslaut. Damit sind folgende widerspruchsfreie Ableitungen möglich:

Ableitung	Erläuterung
ni-n-gu-it < **ni-n-g^w-it*	**g^w* ist als /gu/ erhalten geblieben
ni-n-x-it < **ni-n-g^w-s-it*	**g^w* hat seine labiale Komponente verloren, g^{w}s > gs > ks
nix < **nik-s* < **nig^w-s*	**g^w* hat seine labiale Komponente verloren
nivis < **nig^w-is*	**g^w* hat seine velare Komponente verloren, g^w > w (v)

Durch zusätzlichen externen Vergleich mit anderen indogermanischen Sprachen (Sanskrit, Litauisch) kann eine indogermanische Wurzel **sneig^{w}h-* rekonstruiert werden, wodurch die Verwandtschaft des deutschen Wortes *Schnee* mit dem lateinischen *nix* und *ninguit* deutlich wird.

Rekonstruktion der Morphologie

Die Rekonstruktion der *Morphologie* kann durch den systematischen Vergleich der Formenbildung in den Einzelsprachen erfolgen. Dazu im Folgenden drei Beispiele, bei denen durch den Vergleich mit dem Sanskrit, Griechischen, Lateinischen und Gotischen deutlich wird, auf welcher Datenbasis die vergleichende Sprachwissenschaft zu den rekonstruierten Formen gelangt ist. Allerdings können die komplexen Begründungen für die einzelnen Rekonstruktionen hier nicht dargestellt werden. Man vergleiche dazu Meier-Brügger 2010 und Szemerényi 1990.

Das Proto-Indogermanische hatte acht Kasus. Außer den sieben in Tabelle 1.16 angeführten Kasus gab es noch den Anredekasus oder Vokativ, der meist mit dem Nominativ zusammenfiel. Der in der lateinischen Grammatik „Ablativ" genannte Kasus setzt die indogermanischen Kasus Lokativ und Instrumental fort. Im Griechischen sind auch Kasus herangezogen, die nur aus Dialekten oder dem Mykenischen überliefert sind.

Tab 1.16 *Rekonstruktion der Deklination von* *pēs *„Fuß" (Szemerényi 1990: 173)*

		Sanskrit	Griechisch	Lateinisch	Ur-Idg.
Sg.	Nominativ	pád	poús (pṓs)	pēs	*pēs
	Akkusativ	pád-am	pód-a	ped-em	*péd-m̥
	Genitiv	pad-ás	pod-ós	ped-is	*ped-és/-ós
	Ablativ	pad-ás	–	–	*ped-és/-ós
	Dativ	pad-ế	–	ped-ī	*ped-éi
	Lokativ	pad-í	pod-í	ped-e (Abl.)	*ped-í
	Instrumental	pad-ấ	pod-e	ped-e (Abl.)	*ped-é
Pl.	Nominativ	pấd-as	pód-es	ped-ēs	*péd-es
	Akkussativ	pad-ás	pód-as	ped-ēs	*péd-n̥s
	Genitiv	pad-ấm	pod-ôn	ped-um	*ped-óm
	Abl./Dativ	pad-bhyás	–	ped-i-bus	*ped-bh(y)os
	Lokativ	pat-sú	po(s)-si	–	*ped-su
	Instrumental	pad-bhís	pop-phi	–	*ped-bhis

Die Präsens-Formen des Verbums „sein" in den Sprachen Sanskrit, Griechisch, Lateinisch, Gotisch sowie die daraus rekonstruierten proto-indogermanischen Formen sind oben in Tabelle 1.9 zusammengestellt. Eine ausführliche Begründung dieser Rekonstruktionen bietet Meier-Brügger 2010: 174–184. Offensichtlich spielen die Sanskrit-Formen dabei die entscheidende Rolle, da sie sich bis auf die Vokalveränderungen *e > a nahezu unverändert als Protoformen wiederfinden. Die folgende Tabelle 1.17 zeigt die Formen des Verbums *bher- „tragen" im Indikativ Präsens.

Tab 1.17 *Rekonstruktion des Präsens von* *bher- *„tragen" (Szemerényi 1990: 344)*

Bedeutung	Sanskrit	Griechisch	Lateinisch	Gotisch	Ur-Idg.
ich trage	bhárāmi	phérō	ferō	baira	*bhérō
du trägst	bhárasi	phéreis	fers	bairas	*bhéresi
er/sie/es trägt	bhárati	phérei	fert	bairiþ	*bhéreti
wir tragen	bhárāmasi	phéromen	ferimus	bairam	*bhérome
ihr tragt	bháratha	phéret	fertis	bairiþ	*bhérete
sie tragen	bháranti	phérousi	ferunt	bairand	*bhéronti

Die Endung *-mi* bei der Sanskrit-Form für „ich trage" wird als sekundär interpretiert, Griechisch und Lateinisch haben die Endung *-ō*, die auch für die Protosprache rekonstruiert wird. Das *-a* im Gotischen ist eine spätere Lautveränderung.

1.6 Sprachtypologie und typologische Klassifikation

Von der bisher in dieser Einleitung behandelten *genetischen Klassifikation* ist die sog. *typologische Klassifikation* von Sprachen gänzlich zu unterscheiden. Hierbei geht es nicht um das Kriterium der Abstammung einer Gruppe von Sprachen von einer gemeinsamen Vorgängersprache, sondern um die Einteilung von Sprachen nach bestimmten Merkmalen oder Eigenschaften. Als *Sprachtypologie* werden alle Ansätze und Methoden zusammengefasst, durch die Sprachen unabhängig von ihrer genetischen Verwandtschaft anhand spezifischer sprachinhärenter (phonologischer, morphologischer, syntaktischer, semantischer oder lexikalischer) Merkmale klassifiziert werden. In Tabelle 1.18 sind einige Beispiele typologischer Merkmale aufgeführt.

Tab 1.18 *Beispiele typologischer Merkmale (Ineichen 1979: 47–48)*

Monosyllabismus	Einsilbigkeit der Wörter, vor allem in ost- und südostasiatischen Sprachen verbreitet.
Triliteralität	Hierbei handelt es sich um die Dreikonsonanten-Struktur semitischer Sprachen, wobei in den drei Konsonanten einer Wurzel die Grundbedeutung der daraus ableitbaren Nominal- und Verbalformen festgelegt ist; z. B. die arabische Wurzel *ktb* „schreiben" mit den Ableitungen *katabtu* „ich habe geschrieben", *kitāb* „Buch", *maktub* „Brief" usw.
Ton	In Tonsprachen ist die relative Tonhöhe einer Silbe bedeutungsunterscheidend. Solche Sprachen sind z. B. in Ost- und Südostasien oder in Afrika verbreitet.
Schnalzlaute	Die Existenz besonderer Phoneme, der sog. Schnalzlaute, die durch schnelles Öffnen einer oralen Luftkammer entstehen, in welche umgebende Luft unter Geräuschbildung plötzlich einströmt, z. B. beim Schnalzen mit der Zunge. Solche Laute sind vor allem aus den südafrikanischen Khoisan-Sprachen bekannt.
Vokalharmonie	Die vokale Färbung der Endung wird durch die Vokalqualität des Stammes bestimmt. Vokalharmonie ist z. B. in den altaischen und uralischen Sprachen weit verbreitet; z. B. türkisch *ev-ler* „die Häuser", aber *at-lar* „die Pferde".

Numeralklassen	In ost- und südostasiatischen Sprachen wird das Zahlwort durch einen Klassifikator ergänzt, der die gezählten Objekte semantischen Klassen zuordnet; z. B. heißt das (sino-)japanische Zahlwort für 8 *hachi*; werden Personen gezählt, erhält es das Suffix *-mei* (*hakase hachi-mei* „acht Professoren"), bei großen Tieren *-tou*, bei Vögeln *-shi*, bei Fischen *-bi*. Insgesamt gibt es im Japanischen mehrere hundert Numeralklassen.
Nominalklassen	Die Nomina einer Sprache werden in Klassen eingeteilt; dies hat Auswirkungen auf zugeordnete Adjektive und Prädikate. Bis zu 20 Nominalklassen sind typisch für viele Bantusprachen. Auch die Einteilung der Nomina in Genera kann letztlich als ein nominales Klassensystem aufgefasst werden.
Ergativität	In einer Ergativsprache steht das Subjekt eines Satzes mit transitivem Verb („Agens") im *Ergativ*, das Subjekt eines Satzes mit intransitivem Verb („Patiens") im *Absolutiv*, der auch für das direkte Objekt im transitiven Satz verwendet wird. Ein Beispiel aus dem Baskischen, wo der Absolutiv endungslos ist und der Ergativ die Endung /-(e)k/ besitzt:

Jon dator	„John kommt" (intransitives Verb → Subjekt *Jon* im Absolutiv)
Jon-ek ardo dakar	„John bringt Wein (*ardo*)" (trans. Verb → Subj. *Jonek* im Ergativ)

Die meisten europäischen Sprachen sind dagegen sog. „Nominativsprachen": Bei ihnen steht das Subjekt unabhängig von der Transitivität des Verbs grundsätzlich im Nominativ, der Kasus des direkten Objekts ist der Akkusativ.

Je nachdem, aus welchem sprachlichen Bereich die herangezogenen Merkmale primär stammen, spricht man von *morphologischer, morphosyntaktischer, syntaktischer* oder *phonologischer Sprachtypologie*. Zur syntaktischen Typologie gehört die sog. *Wortstellungstypologie*. Ausgangspunkt typologischer Untersuchungen ist die *klassische morphologische Typologie* des 19. Jh., die im 20. Jh. vor allem von J. Greenberg zu einer *parametrischen morphologischen Typologie* ausgebaut wurde. Stehen quantitative Aussagen über die Häufigkeit und Verteilung bestimmter Merkmale im Vordergrund, spricht man von *statistischer Sprachtypologie*. Man unterscheidet zwischen *allgemeiner Typologie*, bei der universelle Aussagen über alle Sprachen der Erde gemacht werden, und *limitierter Typologie*, die sich auf bestimmte areale Teilbereiche oder auch genetische Einheiten bezieht (wie groß die typologische Vielfalt innerhalb einer Sprachfamilie sein kann, zeigt gerade das Beispiel der indogermanischen Sprachen).

Die klassische morphologische Typologie

Zu den frühesten Typologien gehört die von A. W. Schlegel (1767–1845) und W. von Humboldt (1767–1835). Sie teilten die Sprachen aufgrund morphologischer Kriterien zunächst in *synthetische* und *analytische* (oder *isolierende*) Sprachen ein. Die synthetischen Sprachen drücken syntaktische Relationen und Funktionen durch Affixe (Suffixe, Präfixe, Infixe) oder Lautveränderungen (Ablaut, Umlaut) aus, d.h. durch morphologische Veränderungen der Wörter (Nomina, Pronomina, Adjektive, Verben) eines Satzes. Dagegen sind bei den isolierenden Sprachen die Wörter unveränderbar und die syntaktischen Beziehungen werden durch Regeln der Wortstellung oder durch freie, nicht mit den Nomina, Verben oder anderen Wortarten verbundene Partikeln beschrieben. Als typisch für den isolierenden Sprachbau gilt das Chinesische, aber auch das Englische hat diesen Typus nahezu erreicht, wenn auch noch Reste synthetischer Formenbildung vorhanden sind. Dazu ein Beispiel aus dem Chinesischen:

wŏ	de	péngyou	men	dōu	yào	chī	dàn
ich	POSS.	Freund	PLURAL	alle	wollen	essen	Ei

„alle meine Freunde wollen Ei(er) essen"

Die synthetischen Sprachen werden weiter in *agglutinierende*, *flektierende* (auch *fusionierende*) und *polysynthetische* unterteilt. Im Gegensatz zu den fusionierenden Sprachen sind die morphologischen Affixe der agglutinierenden Sprachen leicht segmentierbar, ein Affix ist in der Regel der Träger einer einzigen Information (*monofunktionale Affixe*), während die Affixe bei flektierenden Sprachen üblicherweise mehrere Funktionen tragen (*Portmanteau-Morpheme*). Dazu folgende Beispiele aus dem flektierenden Lateinischen und den agglutinierenden Sprachen Türkisch und Swahili (einer Bantusprache):

Sprache	Beispiel mit Erläuterungen
Lateinisch	*ped-is* „des Fußes"; die Endung /-is/ trägt die Informationen Genitiv und Singular
Lateinisch	*ag-ēs* „du wirst treiben"; die Endung /-ēs/ trägt die Informationen 2. Person Singular, Futur, Aktiv.
Türkisch	*araba-lar-ımız-a* Auto – PLURAL – POSSESSIV – DATIV „zu unseren Autos"; hier sind die drei Suffixe leicht segmentierbar, sie tragen jeweils nur eine grammatische Funktion: /-lar/ Plural, /-ımız/ Possessivum der 1. Plural „unser", /-a/ Dativ-Allativ-Endung
Swahili	*ni-na-soma* ich – PRÄSENS – lesen „ich lese"; *ni-li-soma* ich – PRÄTERITUM – lesen „ich las"

Die polysynthetischen Sprachen sind durch eine besonders komplexe Morphologie gekennzeichnet. Dazu gehört die Einbeziehung von Subjekt- und Objektinformationen in das Prädikat, das dann oft schon den gesamten Satz ausmacht („Einwortsatz"). Solche komplexen Bildungen sind vor allem in den indigenen Sprachen Amerikas verbreitet. Dazu ein Beispiel aus der grönländischen Eskimosprache (Holst 2005: 124):

cimmisattulijoʁsinnaavuŋa; die Analyse ergibt:						
cimmi-	*sattu-*	*lijoʁ-*	*sinnaa-*	*vu-*	*ŋa*	
fliegen	NOM.	bauen	können	jetzt	ich	„ich kann einen Flieger bauen"

Manche Linguisten unterscheiden die Begriffe polysynthetisch und *inkorporierend*, wobei in den polysynthetischen Sprachen die in einem komplexen Konstrukt verwendeten Morpheme nicht frei, sondern nur gebunden vorkommen, während bei inkorporierenden Sprachen auch frei verwendbare Morpheme (Wörter) eingebunden oder „inkorporiert" werden können (Bußmann 2008: 296 und 539). Es ist nicht klar definiert, wann die Wortbildungen so komplex sind, dass man von einer polysynthetischen Sprache sprechen kann.

Die parametrische morphologische Typologie

Obwohl die klassische Typologie auch heute noch häufig verwendet wird, sind schon seit längerem einige Schwachpunkte des Systems kritisiert worden. Das größte Defizit ist, dass die klassische morphologische Typologie eine Reihe starrer Sprachtypen postuliert, die aber bestenfalls Prototypen repräsentieren und in ihrer reinen Form nur sehr selten zu finden sind. Zum Beispiel kann eine Sprache überwiegend agglutinierende Affixe, aber auch einige fusionale Elemente besitzen. Deshalb ist in den letzten Jahrzehnten eine alternative morphologische Typologie vorgeschlagen worden, die nicht mit festgelegten Grundtypen, sondern mit zwei Parametern arbeitet, durch die Sprachen mit fließenden Übergängen beschreibbar sind.

Der erste Parameter ist die durchschnittliche *Morphem-pro-Wort-Rate*, das Kriterium ist also die Anzahl an Morphemen pro Wort in einem Text. Extremfälle wären auf der einen Seite völlig isolierende Sprachen mit der Morphem-pro-Wort-Rate 1, auf der anderen Seite polysynthetische Sprachen mit einer sehr hohen Rate.

Der zweite Parameter ist der *Fusionsgrad*, also das Ausmaß der Segmentierbarkeit der grammatischen Morpheme. Extremfälle wären hier hochgradig fusionierende Sprachen (mit geringer Segmentierbarkeit und hoher morpho-phonologischer Varianz der Morpheme) und Agglutination (Segmentierbarkeit und Invarianz der Morpheme).

Wortstellungstypologie

Die Wortstellungstypologie ist ein Untergebiet der syntaktischen Typologie. Das Kriterium ist hierbei die Position der Hauptkonstituenten Subjekt, Verb und (direktes) Objekt im einfachen unmarkierten Satz. Der Wortstellung kommt gerade bei isolierenden Sprachen oder solchen mit geringen synthetischen Bildungsanteilen eine enorm wichtige Rolle zu, da durch sie die syntaktischen Bezüge definiert werden: im englischen Satz *the dog eats the fish* „der Hund frisst den Fisch" ist definitiv *the dog* das Subjekt und *the fish* das Objekt. Dagegen haben stark flektierende Sprachen (z. B. Lateinisch, Altgriechisch, Sanskrit, Russisch) eine freie Wortfolge, so dass man sie nicht sinnvoll einem Typus zuordnen kann. Im Lateinischen kann „der Hund frisst den Fisch" *canis piscem devorat* oder *piscem devorat canis* oder *devorat canis piscem* heißen, die Funktion von *canis* (Nominativ) als Subjekt und von *piscem* (Akkusativ) als Objekt ist unabhängig von ihrer Stellung im Satz völlig eindeutig.

Es gibt aus kombinatorischen Gründen insgesamt sechs Wortstellungstypen, nämlich SVO (Kurzbezeichnung für die Konstituentenfolge Subjekt-Verb-Objekt), SOV, VSO, VOS, OSV und OVS. Alle sechs kommen in den Sprachen der Welt tatsächlich vor, die drei Stellungen mit dem Subjekt vor dem Objekt sind aber viel häufiger. Bis vor wenigen Jahrzehnten war das Vorkommen von OVS und OSV umstritten, inzwischen gibt es aber keine Zweifel, dass tatsächlich auch Sprachen mit diesen Typen existieren, zumeist sind es periphere Kleinsprachen im Himalaya, auf dem südostasiatischen Inselarchipel oder im nördlichen Südamerika. Vietnamesisch hat neben dem Haupttyp SVO auch die Wortfolge OSV. Etliche Sprachen können die beiden Grundstellungen SVO und SOV alternativ realisieren. Nach der Untersuchung von Haarmann (2004) auf der Basis von weltweit 1420 Sprachen verteilen sich die Typen gemäß Tabelle 1.19.

Tab 1.19 *Die sechs Wortstellungstypen und ihre weltweite Verbreitung (Haarmann 2004)*

Typ	Anteil	Hauptverbreitung und Beispielsprachen
SOV	42,5%	in allen Kontinenten, zu allen Zeiten; z. B. Sumerisch, Akkadisch, Türkisch
SVO	33,4%	in allen Kontinenten; z. B. Englisch, Chinesisch, Swahili, Khmer, Nahuatl
VSO	12,4%	in allen Kontinenten, in Amerika weiter verbreitet; z. B. Irisch, Ixil, Cora
VOS	2,1%	Philippinen, Ozeanien, Mittel- und Südamerika; z. B. Batak, Otomí
OVS	1,2%	Himalaya, südostasiat. Inselarchipel, nördl. Südamerika; z. B. Chepang, Guarijio
OSV	1,2%	Sibirien, südostasiat. Inselarchipel, nördl. Südamerika; z. B. Ainu, Mansisch

Beim Deutschen (und bei anderen Sprachen) wird diese Klassifikation dadurch erschwert, dass das Prädikat oft in mehreren Teilen über den Satz verteilt wird und Subjekt wie Objekt zwischen die Komponenten des Prädikats positioniert werden: *Gestern hat Peter seine Freundin besucht*. Solche Sprachen werden als V2-Sprachen bezeichnet, da sich die erste konjugierte Komponente des Prädikats (unabhängig von der Position von Subjekt und Objekt) in jedem Fall an der zweiten Stelle eines Hauptsatzes befindet. Ein besonderes

Merkmal im Deutschen ist die unterschiedliche Wortfolge in Haupt- und Nebensatz: *Peter besucht seine Freundin* (SVO), aber: *ich weiß, dass Peter seine Freundin besucht* (SOV).

Sprachuniversalien

Bei typologischen Fragestellungen spielen auch die seit Greenberg 1966 näher untersuchten Sprachuniversalien eine große Rolle. Sprachuniversalien sind Eigenschaften, die allen menschlichen Sprachen gemeinsam sind. Da sprachliche Eigenschaften nicht explizit an allen Sprachen überprüft werden können, handelt es sich in der Regel um Hypothesen über Sprachuniversalien. Greenberg unterschied die folgenden Typen:

- uneingeschränkte Universalien, z. B. „alle Sprachen haben mindestens einen Vokal"
- implikative Universalien, z. B. „wenn Sprachen einen Dual besitzen, haben sie auch einen Plural"
- universale Äquivalenzen, z. B. „Sprachen haben genau dann einen lateralen Schnalzlaut, wenn sie einen dentalen haben"
- statistische Universalien, z. B. „Nasale kommen in fast allen Sprachen der Welt vor"
- implikative statistische Universalien, z. B. „wenn eine Sprache die Wortstellung SVO hat, werden meistens Präpositionen (und keine Postpositionen) verwendet und die Modifikatoren (Attribute) in einer Nominalphrase stehen hinter dem Kopfnomen"

Für die Existenz von Sprachuniversalien gibt es unterschiedliche Begründungen:

- die mögliche Abstammung aller Sprachen von einer gemeinsamen Welturprache
- die im Prinzip gleiche Funktion der Sprache in allen Sprachgemeinschaften
- angeborene Spracherwerbsmechanismen und eine gleichartige Ausstattung der Menschen hinsichtlich ihrer Sprachfähigkeit

Trotz aller bisher gefundenen oder vorgeschlagenen Sprachuniversalien ist die typologische Vielfalt der Sprachen der Erde überwältigend groß. Gerade das macht ihr Studium immer wieder zu einem aufregenden Erlebnis.

1.7 Sprachareale

In manchen Fällen entwickeln geographisch benachbarte Sprachen, die nicht oder nur weitläufig miteinander genetisch verwandt sind, aufgrund lange andauernder wechselseitiger Beeinflussung gemeinsame linguistische Merkmale (sog. *Konvergenzerscheinungen*), die sie strukturell eindeutig von anderen (auch genetisch verwandten Sprachen) abgrenzen. Solche Gruppierungen nennt man *Sprachareal* oder *Sprachbund* (L. Campbell 2009).

Insbesondere wenn die Geschichte solcher Spracharealle nicht bekannt ist, können die durch Konvergenz entstandenen Übereinstimmungen fälschlicherweise als genetische Verwandtschaft gedeutet werden. R.M.W. Dixon ist der Ansicht, dass Phasen eines lange andauernden „linguistischen Gleichgewichts" von etwa gleichrangigen Volksgruppen, die ohne Störung nebeneinander leben und miteinander in Kontakt stehen, nahezu zwangsläufig zu kulturellen und sprachlichen Konvergenzen und damit zu einem Sprachbund führen müssen (Dixon 1997).

Seiner Meinung nach haben sich z.B. die indigenen *australischen Sprachen* in langen Phasen ihrer Geschichte in einer solchen ungestörten Gleichgewichtssituation befunden, so dass die gemeinsamen Merkmale der heutigen australischen Sprachen vor allem aus Konvergenzprozessen zu erklären seien, was er in seinem Standardwerk „Australian Languages" von 2002 ausführlich begründet. (Im Gegensatz zu Dixon halten andere Forscher sämtliche indigenen australischen Sprachen für genetisch verwandt.) Nach Dixon führt eine Störung dieses Gleichgewichtzustandes (*punctuated equilibrium*) zur Aufspaltung und Trennung bisher sprachlich einheitlicher Gruppen und zur Entwicklung von Sprachfamilien. Das typische Beispiel ist für ihn die Entwicklung der indogermanischen Sprachfamilie, die mit Abspaltungen und weiträumigen Migrationen einherging.

Möglicherweise lassen sich auch die Übereinstimmungen in der *altaischen Sprachgruppe*, die die Turksprachen sowie die mongolischen und tungusischen Sprachen umfasst, als Konvergenzerscheinungen innerhalb eines Spracharells und nicht durch genetische Verwandtschaft erklären. In diesem Fall ist die Meinung der Forschung gespalten.

Der Balkansprachbund

Ein vielzitiertes und typisches Beispiel für einen Sprachbund, der sich in historischer Zeit entwickelt hat, ist der *Balkansprachbund*. Er setzt sich aus slawischen Sprachen (Bulgarisch, Mazedonisch, teilweise auch Serbisch), dem Albanischen, Rumänischen und zum Teil auch dem (Neu-)Griechischen zusammen. Dies sind zwar alles indogermanische Sprachen, sie gehören aber vier verschiedenen Primärzweigen an, sind also genetisch nur weitläufig verwandt. Von einigen Forschern werden auch Türkisch und Romani in den Balkansprachbund einbezogen.

Die durch Konvergenz entstandenen gemeinsamen Merkmale sind

- die Herausbildung eines Mittelzungenvokals /ɨ/ oder /ə/ (bulgarisch und rumänisch <ă>, albanisch <ë> geschrieben), allerdings nicht im Griechischen und Mazedonischen
- der Zusammenfall von Dativ und Genitiv, z.B. rumänisch *fetei* „des Mädchens" oder „dem Mädchen"
- die Entwicklung eines nachgestellten bestimmten Artikels, z.B. bulgarisch *kniga-ta*, rumänisch *carte-a*, albanisch *libr-i* „das Buch", allerdings nicht im Griechischen

- ein periphrastisches Futur mit einem Hilfsverb „wollen" oder „haben", z. B. rumänisch *voi fuma* „ich will/werde rauchen", allerdings nicht im Bulgarischen und Mazedonischen
- ein periphrastisches Perfekt mit einem Hilfsverb „haben"
- der Verlust des Infinitivs; Ersatz von Konstruktionen der Art „ich will gehen" durch „ich will, dass ich gehe"
- die Doppelmarkierung belebter Objekte durch ein zusätzliches Pronomen, z. B. rumänisch *i-am scris lui Ion*, wörtlich „ihm-ich schrieb ihm John", gemeint ist „ich schrieb John"; griechisch *ton vlépo ton Jáni* wörtlich „ihn ich-sah ihn John", gemeint ist „ich sah John"

Das baltische Spracharea1

Das baltische Areal schließt die baltofinnischen Sprachen, insbesondere Estnisch und Livisch, die indogermanischen baltischen Sprachen Lettisch und Litauisch sowie das baltische Deutsch ein. Je nach Forscher wurden weitere Sprachen mit einbezogen, z. B. Finnisch, die samischen Sprachen, Jiddisch, Dänisch, Schwedisch und die slawischen Sprachen Polnisch, Kaschubisch, Weißrussisch, Ukrainisch oder sogar die Turksprache Karaimisch. Die gemeinsamen Merkmale sind:

- Betonung auf der ersten Silbe
- die Palatalisierung von Konsonanten
- partitive Konstruktionen der Art „ich esse etwas vom Apfel" statt „ich esse einen Apfel"
- direkte Objekte im Nominativ in einer Reihe von Konstruktionen ohne offensichtliches Subjekt
- Modus der Evidenz, z. B. „Karl arbeitet hart, sagt man"
- Verben, die mit Präpositionen gebildet sind, wie deutsch *aus-gehen*
- die Wortfolge SVO im unmarkierten Satz
- Kongruenz der Adjektive mit ihren Nomina im Numerus und — mit Ausnahme der skandinavischen Sprachen — auch im Kasus; Kongruenz im Genus in den indogermanisch-baltischen, slawischen und skandinavischen Sprachen sowie im Deutschen und Jiddischen

Außer den genannten Spracharealen wurde unter anderem ein *europäisches, afrikanisches, äthiopisches, südasiatisches, südostasiatisches* und *mesoamerikanisches* Spracharea1 sowie ein Areal an der *Nordwestküste von Nordamerika* definiert.

2 | Indogermanisch als genetische Einheit

Zur *indogermanischen* oder *indoeuropäischen* Sprachfamilie gehören heute etwa 220 Sprachen mit weltweit über drei Milliarden Sprechern. Weitere 80 indogermanische Sprachen sind historisch überliefert, aber inzwischen ausgestorben. Damit ist das Indogermanische die mit Abstand sprecherreichste Sprachfamilie, fast 45% der Weltbevölkerung sprechen eine indogermanische Sprache als Muttersprache. An zweiter Stelle folgt das Sinotibetische mit etwa 1,3 Milliarden Sprecher.

Die *Bezeichnung* „indogermanisch" wurde zuerst vom dänischen Geografen C. Malte-Brun Anfang des 19. Jh. in der französischen Form „langues indogermaniques" geprägt (Malte-Brun 1810−29, Band 1: 577) und hat sich im deutschen Sprachraum gegen die damals auch bereits gebräuchliche Bezeichnung „indoeuropäisch" durchgesetzt. So verwendete der deutsche Orientalist und Asienreisende J. Klaproth in seiner „Asia polyglotta" von 1823 bereits „indo-germanisch" (Meier-Brügger 2010: 135). „Indogermanisch" weist als Klammerbegriff auf das große Verbreitungsgebiet dieser Sprachfamilie hin: Die äußeren Klammern werden durch die germanischen Sprachen im Westen und die indischen (indoarischen) Sprachen im Südosten gebildet, geographisch durch Island und Bangladesch. Außerhalb Deutschlands ist die Bezeichnung „indoeuropäisch" üblich, der eine ähnliche Vorstellung zugrunde liegt. Die im 19. Jh. in der englischen Linguistik verwendete Bezeichnung „arisch" wird heute nur noch auf die indoiranischen Sprachen bezogen. Forscher, die die anatolischen Sprachen den übrigen indogermanischen Sprachen als Parallelzweig gegenüberstellen, verwendeten seit den 1920er Jahren auch den Begriff „indohethitisch"; diese Bezeichnung und die damit verbundene Hypothese einer sehr frühen Abspaltung und Sonderrolle des Anatolischen besitzt aber heute kaum noch Anhänger.

Das *Verbreitungsgebiet* des Indogermanischen umfasst nahezu ganz Europa − mit Ausnahme der Länder Ungarn, Finnland und Estland, in denen primär finno-ugrische Sprachen gesprochen werden −, Teile Anatoliens und des Kaukasus, Südwest- und Südasien mit dem Iran, Afghanistan, Tadschikistan, Pakistan, Nord- und Zentral-Indien sowie Bangladesch. Durch die europäische Kolonisation seit dem 16. Jh. sind indogermanische Sprachen heute auf allen Kontinenten der Erde verbreitet, das gilt insbesondere für die großen Kolonialsprachen Spanisch, Portugiesisch, Englisch, Französisch und − im asiatischen Raum − Russisch. Die Expansion des Indogermanischen bedeutete die Zurückdrängung und Auslöschung indigener Sprachen in Afrika, Asien, Amerika und Australien, ein Prozess, der bis heute andauert.

Die *Verwandtschaft* vieler indogermanischer Sprachen wurde aufgrund lexikalischer und morphologischer Gemeinsamkeiten schon früh erkannt. Seit Beginn des 19. Jh. setzte sich die Auffassung durch, dass diese Sprachen von einer gemeinsamen Ur- oder Protosprache abstammen, dem *Ur-* oder *Proto-Indogermanischen*. Im Laufe des 19. Jh. entwickelte sich die mit den indogermanischen Sprachen befasste historische und komparative Sprachwissenschaft, die *Indogermanistik*. Die Grundlage für ihre Untersuchungen boten eine Reihe von Sprachen mit einer frühen schriftlichen Überlieferung, vor allem

Sanskrit, Avestisch, Griechisch, Lateinisch, Gotisch und später auch Hethitisch und Tocharisch. Die Indogermanistik wurde so zum Vorbild für komparative Untersuchungen in vielen anderen Sprachfamilien.

Die *Urheimat* des Indogermanischen ist nach wie vor umstritten. Eine Mehrheit der Forscher verortet heute die Proto-Indogermanen in den Kurgan-Kulturen der ukrainisch-russischen Steppe nördlich des Schwarzen und Kaspischen Meeres, andere weniger wahrscheinliche Hypothesen gehen von Kleinasien oder dem Armenischen Hochland aus. Von ihrer Urheimat breiteten sich die verschiedenen Zweige des Indogermanischen seit dem 4. Jt. – nach anderen Theorien auch wesentlich früher – nach Kleinasien, Europa sowie nach Südwest- und Südasien aus. Der Prozess der indogermanischen Expansion konnte bisher weder zeitlich noch geographisch präzise festgelegt werden, da es keine eindeutige Beziehung zwischen archäologisch greifbaren prähistorischen Kulturen und indogermanischsprachigen Völkern gibt.

2.1 Die Hauptzweige des Indogermanischen

Das Ergebnis der Aufspaltung des Proto-Indogermanischen sind die Hauptzweige *Germanisch*, *Keltisch*, *Baltisch*, *Slawisch*, *Italisch* (mit dem *Romanischen*), *Griechisch*, *Albanisch*, *Armenisch*, *Iranisch* und *Indoarisch* (siehe Tabelle 2.1). Hinzu kommen als ausgestorbene Zweige *Anatolisch* sowie das zentralasiatische *Tocharisch*. Eine engere sprachliche Verwandtschaft lässt sich zwischen dem Baltischen und Slawischen sowie zwischen dem Iranischen und Indoarischen feststellen; die beiden letzteren Gruppen werden deswegen nach allgemeinem Konsens auch als *Indoiranisch* zusammengefasst, während viele Forscher einer besonderen *baltoslawischen* Einheit innerhalb des Indogermanischen eher skeptisch gegenüber stehen. Zusätzlich zu den genannten Hauptzweigen gibt es eine Reihe von schwach oder kaum belegten bereits im Altertum ausgestorbenen Einzelsprachen, die dem Indogermanischen zugerechnet werden. Dazu gehören auf der Iberischen Halbinsel *Lusitanisch*, in Italien *Venetisch* und *Messapisch*, auf dem Balkan *Illyrisch*, *Dakisch*, *Thrakisch* und *Makedonisch* sowie in Anatolien *Phrygisch*. Die Beziehungen dieser „Trümmersprachen" untereinander und zu den genannten Hauptzweigen sind wegen der geringen Überlieferung bisher weitgehend ungeklärt geblieben.

Indoiranisch: Indoarisch und Iranisch

Der mit Abstand sprecher- und sprachenreichste Zweig des Indogermanischen ist das *Indoarische*, dessen über hundert Sprachen von fast 1,25 Mrd. Menschen auf dem Indischen Subkontinent gesprochen werden. Die früheste belegte Form des Indoarischen ist das Vedische, eine frühe Form des Sanskrit, die weit ins 2. Jt. v. Chr. zurückreicht. Die bedeutendsten neuindoarischen Sprachen sind Hindi mit 260 Mio. Muttersprachlern und weiteren 150 Mio. Zweitsprechern sowie Bengali, die Nationalsprache Bangladeschs, mit 215 Mio. Sprechern und Urdu, die Amtssprache Pakistans, mit 60 Mio. Muttersprachlern und 90 Mio. Zweitsprechern. Mehr als 30 Mio. Sprecher zählen außerdem die indoarischen Sprachen Lahnda, Panjabi, Marwari, Gujarati, Awadhi, Bhojpuri, Maithili, Oriya und Marathi. Fast alle diese Sprachen haben ihre Sprecherzahl in den letzten zehn Jahren um ein Drittel gesteigert, so dass man davon ausgehen kann, dass die indoarischen Sprachen allein schon bald mehr als die Hälfte der Sprecherzahl des Indogermanischen ausmachen.

Tab 2.1 *Die Primärzweige des Indogermanischen*

Sprachfamilie	S	LS	Sprecher S1	belegt seit	Hauptverbreitungsgebiete
Indogermanisch	303	224	3.050.000.000	16. Jh. v. Chr.	Europa, Südwest- und Südasien; *heute weltweit*
Germanisch	19	16	500.000.000	3. Jh. n. Chr.	Europa; *Nordamerika, Australien, Neuseeland*
Keltisch	12	4	900.000	6. Jh. v. Chr.	West-, Mittel- und Südosteuropa; Anatolien
Italisch-Roman.	34	19	800.000.000	7. Jh. v. Chr.	Europa; *Lateinamerika*
Baltisch	5	2	5.700.000	14. Jh. n. Chr.	Litauen, Lettland, Ostpreußen
Slawisch	26	21	325.000.000	9. Jh. n. Chr.	Ost-, Mittel- u. Südost-Europa; *Nordasien*
Albanisch	1	1	6.500.000	15. Jh. n. Chr.	Albanien, Kosovo
Griechisch	1	1	12.300.000	15. Jh. v. Chr.	Griechenland; *Mittelmeergebiet, Kleinasien*
Armenisch	1	1	6.500.000	5. Jh. n. Chr.	Armenien; *große weltweite Diaspora*
Indoiranisch	184	159	1.390.000.000	–	Südwest- und Südasien
Iranisch	55	41	140.000.000	10. Jh. v. Chr.	Iran, Afghan., Tadschik., Pakistan; Kurdistan
Nuristani	7	7	30.0000	neuzeitlich	Afghanistan: Nuristan, Pakistan: Chitral
Indoarisch	122	111	1.250.000.000	10. Jh. v. Chr.	Indischer Subkontinent
Anatolisch †	8	0		16. Jh. v. Chr.	Anatolien, Nordsyrien
Tocharisch †	2	0		5. Jh. n. Chr.	Zentralasien: Nördl. Tarimbecken, Turfan
div. Restsprachen †	10	0		Altertum	Iber. Halbinsel, Italien, Balkan, Anatolien

S = Anzahl Sprachen, LS = Anzahl lebender Sprachen, S1 = Anzahl Muttersprachler.

Auch das *Iranische* gehört mit 55 Sprachen und 140 Mio. Sprechern zu den bedeutenden Zweigen des Indogermanischen. Mit dem Avestischen weist dieser Zweig ebenfalls eine früh belegte Sprachform auf, die bis ins 10. Jh. v. Chr. zurückreicht und mit den frühen Formen des Indoarischen so nah verwandt ist, dass die Einheit des Indoiranischen unstrittig ist. Die wichtigste neuiranische Sprache ist Persisch: Mit insgesamt 60 Mio. Muttersprachlern und mindestens 30 Mio. Zweitsprechern ist es die Nationalsprache des Iran und Tadschikistans sowie eine der beiden Amtssprachen in Afghanistan. Die zweitgrößte iranische Sprache ist Pashto (etwa 35 Mio. Sprecher), ebenfalls Amtssprache in Afghanistan und weit verbreitet in Pakistan westlich des Indus. Zum Iranischen gehören auch das Kurdische mit mindestens 20 Mio. Sprechern in der Türkei, in Syrien, im Irak und Iran sowie das Belutschi mit 9 Mio. Sprechern in Pakistan und Afghanistan. Als dritter Unterzweig werden dem Indoiranischen heute die *Nuristan*-Sprachen zugeordnet, die von zusammen nur 30 Tsd. Menschen in der ost-afghanischen Provinz Nuristan sowie im angrenzenden Nordwest-Pakistan gesprochen werden.

Italisch und Romanisch

Das *Italische* ist durch einige Sprachen aus dem 1. vorchristlichen Jt. in Italien belegt, deren mit Abstand bestüberlieferte das Lateinische ist. Es wurde die Staatssprache des Römischen Reiches und die Sprache der Kirche von Rom. Seine Abkömmlinge sind die *romanischen Sprachen*, die heute von etwa 800 Mio. Menschen weltweit als Muttersprache gesprochen werden. Spanisch ist mit 390 Mio. Muttersprachlern in Spanien und Lateinamerika sowie weiteren 60 Mio. Zweitsprechern die sprecherreichste romanische Sprache. Ihm folgt das Portugiesische mit 210 Mio. Sprechern, der größte Teil davon in Brasilien (190 Mio.). Französisch mit 80 Mio. Muttersprachlern und rund 100 Mio. Zweitsprechern ist die Weltsprache der Diplomatie und nach wie vor Amts- und Unterrichtssprache in vielen ehemaligen französischen Kolonien. Das Italienische hat etwa 65 Mio. Sprecher, Rumänisch 30 Mio., Katalanisch 10 Mio.

Germanisch

Das *Germanische* ist seit der ersten Hälfte des 1. Jt. n. Chr. schriftlich belegt, die gotische Bibelübersetzung des Wulfila stammt aus dem 4. Jh. n. Chr. Germanische Sprachen werden heute von rund 500 Mio. Muttersprachlern gesprochen. Die bedeutendste ist die Weltsprache Englisch mit 340 Mio. Primärsprechern und schätzungsweise weiteren 300 Mio. Zweitsprechern. Es folgt Deutsch mit über 100 Mio. Muttersprachlern und weiteren 80 Mio. Zweitsprechern. Deutsch ist innerhalb der Europäischen Union die Sprache mit den meisten Muttersprachlern. Das vor allem aus niederfränkischen Dialekten entstandene Niederländisch kommt auf 25 Mio. Sprecher, seine südafrikanische Tochtersprache Afrikaans auf 6 Mio. Die großen nordgermanischen Sprachen Dänisch, Schwedisch und Norwegisch haben zusammen etwa 20 Mio. Sprecher.

Slawisch und Baltisch

Das *Slawische* ist seit dem 9. Jh. n. Chr. durch das Altkirchenslawische belegt. Heute werden die etwa 20 slawischen Sprachen von über 320 Mio. Menschen gesprochen. Die mit Abstand größte Sprache ist das Russische mit 160 Mio. Muttersprachlern und 100 Mio. Zweitsprechern. Ihm folgen Polnisch mit 55 Mio. und Ukrainisch mit fast 50 Mio. Sprechern. Die slawischen Sprachen Weißrussisch, Tschechisch, Slowakisch, Serbisch, Kroatisch und Bulgarisch liegen jeweils in der Größenordnung zwischen 6 und 12 Mio. Sprechern.

Alle anderen Zweige des Indogermanischen sind – sowohl nach der Anzahl der Sprachen als auch Sprecher – deutlich kleiner als die bisher genannten. Die beiden heutigen *baltischen* Sprachen Litauisch und Lettisch werden zusammen von knapp 6 Mio. Menschen gesprochen, der älteste schriftliche Beleg einer baltischen Sprache ist der des ausgestorbenen Altpreußischen aus dem 14. Jh.

Keltisch

Das einst über ganz Mittel- und Westeuropa sowie bis Kleinasien verbreitete *Keltische* weist heute insgesamt weniger als eine Million Muttersprachler auf, die sich auf die Sprachen Walisisch, Bretonisch, Schottisch und Irisch verteilen (die Zahl der Zweitsprecher wird auf 3–4 Mio. geschätzt). Früheste keltische Einzelbelege (Gallisch, Lepontisch, Keltiberisch) gehen bis ins 6. Jh. v. Chr. zurück, das sprachwissenschaftlich wichtige Altirische ist etwa seit 600 n. Chr. belegt.

Griechisch, Albanisch, Armenisch

Drei Einzelsprachen machen jeweils einen eigenen Zweig des Indogermanischen aus, da sie mit anderen indogermanischen Sprachen nicht näher verwandt sind: Griechisch, Albanisch und Armenisch. *Griechisch* mit heute 12 Mio. Sprechern hat eine sehr alte Überlieferung. Die in der Linearschrift B verfassten griechisch-mykenischen Texte stammen aus der Mitte des 2. vorchristlichen Jt. und gehören damit zu den ältesten indogermanischen Texten überhaupt. Das eigentliche Altgriechisch ist in der von den Phöniziern übernommenen Alphabetschrift seit etwa 800 v. Chr. belegt. Auch das im Südkaukasus beheimatete *Armenisch* hat eine lange schriftliche Überlieferung, die im 5. Jh. n. Chr. beginnt. Heute sprechen weltweit etwa 6–7 Mio. Armenisch, davon nur 3 Mio. in Armenien selbst. Die ältesten schriftlichen Belege des *Albanischen*, das heute von etwa 6,5 Mio. Albanern gesprochen wird, stammen hingegen erst aus dem 15. Jh. n. Chr.

Anatolisch und Tocharisch

Abgesehen von den kaum oder sehr gering überlieferten indogermanischen Rest- oder Trümmersprachen, die keinem der übrigen Primärzweige zugeordnet werden können (vgl. Kapitel 10), gibt es zwei ausgestorbene Zweige des Indogermanischen, die erst spät am Ende des 19. Jh. bzw. zu Beginn des 20. Jh. entdeckt wurden: Tocharisch und Anatolisch. Das *Anatolische* ist durch mehrere Sprachen aus dem 2. und 1. Jt. v. Chr. belegt. Die historisch bedeutsamste davon ist das Hethitische, das seit dem 16. Jh. v. Chr. in mesopotamischer Keilschrift überliefert wurde und damit die älteste schriftlich belegte indogermanische Sprache überhaupt ist. Das verwandte Luwisch wurde sowohl in Keilschrift als auch in einer eigenen Hieroglyphenschrift ebenfalls seit der Mitte des 2. Jt. v. Chr. überliefert. Die anatolischen Sprachen starben mit einer Ausnahme (dem Pisidischen) alle vor der Zeitenwende aus. Das *Tocharische* existierte in zwei Varietäten, die man als A und B bezeichnet. Es war in Zentralasien im Gebiet nördlich der Taklamakan-Wüste vom 5. bis 12. Jh. nach Chr. verbreitet.

Tabelle 2.2 enthält alle indogermanischen Sprachen mit mindestens 10 Millionen Sprechern. Man beachte die Hinweise zur Problematik von Sprecherzahlen in der Einleitung (S2 = Anzahl der Zweitsprecher).

Tab 2.2 *Indogermanische Sprachen mit mindestens 10 Mio. Sprechern*

Sprache	Sprecher in Mio.	mit S2 in Mio.	Zweig	Hauptverbreitung
Spanisch	390	450	Roman.	Spanien, Lateinamerika (außer Brasilien)
Englisch	340	600	German.	Großbritannien, USA, Kanada, Australien, brit. Kolonien
Hindi	260	> 400	Indoarisch	Indien
Bengali	215		Indoarisch	Bangladesch, Indien
Portugiesisch	210	240	Roman.	Portugal, Brasilien
Russisch	160	250	Slawisch	Russland, Staaten der ehem. Sowjetunion (GUS)
Deutsch	105	> 150	German.	Deutschland, Österreich, Schweiz, Liechtenstein, Italien
Französisch	80	180	Roman.	Frankreich, Belgien, Kanada, Schweiz, französ. Kolonien
Marathi	80		Indoarisch	Indien
Persisch	70	90	Iranisch	Iran, Afghanistan, Tadschikistan, Pakistan
Italienisch	65		Roman.	Italien, Schweiz, San Marino, Vatikanstaat
Lahnda	65		Indoarisch	Pakistan, Indien
Urdu	60	150	Indoarisch	Pakistan, Indien
Polnisch	55		Slawisch	Polen
Gujarati	50		Indoarisch	Indien
Ukrainisch	47		Slawisch	Ukraine, Polen
(Ost-)Panjabi	40		Indoarisch	Indien
Bhojpuri	40		Indoarisch	Indien
Awadhi	40		Indoarisch	Indien
Maithili	35		Indoarisch	Indien
Oriya	35		Indoarisch	Indien
Pashto	35		Iranisch	Afghanistan, Pakistan
Rumänisch	30		Roman.	Rumänien, Moldawien
Marwari	30		Indoarisch	Indien, Pakistan
Siraiki	30		Indoarisch	Pakistan
Niederländisch	25		German.	Niederlande, Belgien
Kurdisch	25		Iranisch	Türkei, Syrien, Irak, Iran, Kaukasus
Sindhi	22		Indoarisch	Pakistan, Indien
Assamesisch	20		Indoarisch	Indien
Chhattisgarhi	18		Indoarisch	Indien
Nepali	17		Indoarisch	Nepal, Indien
Singhalesisch	16		Indoarisch	Sri Lanka
Magahi	15		Indoarisch	Indien
Chittagong	14		Indoarisch	Bangladesch
Haryanvi	13		Indoarisch	Indien
Griechisch	12		Griechisch	Griechenland, Zypern
Tschechisch	12		Slawisch	Tschechien
Bulgarisch	12		Slawisch	Bulgarien
Serbisch	10		Slawisch	Serbien
Schwedisch	10		German.	Schweden, Finnland
Katalanisch	10		Roman.	Spanien, Frankreich, Andorra, Sardinien (Alghero)

2.2 Zur Geschichte der Indogermanistik

Von den Anfängen bis zu den Junggrammatikern

Bereits im 16. und 17. Jh. waren die europäischen Teilfamilien des Indogermanischen den Sprachkundigen bekannt, darunter Romanisch, Germanisch, Slawisch, Baltisch und Keltisch. Ähnlichkeiten zwischen dem Sanskrit und europäischen Sprachen beschrieb der Italiener F. Sasetti bereits am Ende des 16. Jh. Als eigentliche Geburtsstunde der Idee der indogermanischen Sprachfamilie gilt gemeinhin ein Vortrag von William Jones, den er 1786 vor der Royal Asiatic Society of Bengal (damals noch Asiatick Society) in Kalkutta gehalten hat.

Marcus Zuerius van Boxhorn

Allerdings hatte Jones einen wichtigen Vorgänger, nämlich den niederländischen Sprachgelehrten Marcus Zuerius van Boxhorn (1602/12–1653). Er hielt bereits 1637 in einem Brief an den Leidener Professor Claudius Salmasius fest, dass er aufgrund von lexikalischen und grammatischen Übereinstimmungen zu der Ansicht gelangt sei, dass Griechisch, Latein, Persisch, Sanskrit, Altsächsisch, Niederländisch, Deutsch, Dänisch, Schwedisch, Gotisch, Litauisch, Russisch, Tschechisch, Kroatisch und Walisisch „von ein- und derselben Herkunft" sind (auf Niederländisch „van een ende de selve afcomste"). Damit hatte er das Grundprinzip der indogermanischen Sprachfamilie, deren Sprachen alle von einer gemeinsamen Ursprache abstammen, formuliert und zugleich als Zweige dieser Familie Griechisch, Romanisch, Germanisch, Baltisch, Slawisch und Keltisch benannt. Die gesamte Familie bezeichnete er später als „Indo-Skythisch" (van Driem 2001: 1039–1047). Diese frühe und singuläre Erkenntnis Boxhorns geriet wieder in Vergessenheit und wurde erst 150 Jahre später wieder aufgegriffen, um sich dann mit großer Kraft durchzusetzen.

William Jones

William Jones (1746–1794), Jurist und Kolonialrichter, Kenner des Persischen und des Sanskrit, stellte in seiner berühmten Ansprache vor der Royal Asiatic Society am 2. Februar im Jahre 1786 fest:

> „The Sanscrit language, whatever be its antiquity, is of a wonderful structure; more perfect than the Greek, more copious than the Latin, and more exquisitely refined than either; yet bearing to both of them a stronger affinity, both in the roots of verbs and forms of grammar, than could possibly have been produced by accident; so strong indeed, that no philologer could examine them all three, without believing them to have *sprung from some common source*, which, perhaps, no longer exists."
> (nach Fortson 2010: 9)

> „Die Sanskritsprache, was immer ihr Alter sein mag, hat einen wunderbaren Bau: vollkommener als das Griechische, reichhaltiger als das Lateinische und beide an erlesener Verfeinerung übertreffend. Und doch weist sie sowohl in den Wortwurzeln als auch in den grammatischen Formen zu beiden eine stärkere Verwandtschaft auf, als durch Zufall hätte entstehen können. Diese ist so stark, dass kein Sprachforscher alle drei Sprachen untersuchen könnte, ohne zur Überzeugung zu gelangen, dass diese Sprachen *einer gemeinsamen Quelle entsprungen* sind, die vielleicht nicht mehr existiert.“

Danach machte Jones noch Bemerkungen über die Zugehörigkeit des Germanischen, Keltischen und Iranischen zu „dieser Familie von Sprachen“. Einen Namen für die Familie schlug er nicht vor. Damit war der Grundstein gelegt, auf dem im 19. Jh. das große Gebäude der Indogermanistik errichtet werden konnte.

Rasmus Rask, Franz Bopp und Jakob Grimm

Die ersten bedeutenden Architekten dieses Gebäudes waren der Däne Rasmus Christian Rask (1787–1832) sowie die Deutschen Franz Bopp (1791–1867) und Jacob Grimm (1785–1863). Zunächst hatte die Begeisterung für den „wunderbaren Bau“ des Sanskrit diese Sprache in eine Sonderrolle gebracht, von manchen wurde sie sogar als die Ursprache der Familie angesehen, die vom Dänen C. Malte-Brun erstmals als „indogermanisch“ bezeichnet wurde. Rask zeigte in einer 1814 abgeschlossenen, aber erst 1818 veröffentlichten Arbeit vor allem durch präzise morphologische Vergleiche, dass Germanisch, Lateinisch, Griechisch, Slawisch und Baltisch von einer gemeinsamen Ursprache abstammen. Diese Arbeit ist trotz ihrer Qualität gegenüber dem Werk von Bopp in den Hintergrund gerückt, da sie erst zwei Jahre nach Bopps erstem Hauptwerk erschien, in Dänisch abgefasst war und das wichtige Sanskrit nicht in die Untersuchung einbezogen worden war.

Parallel und mit sehr ähnlichen Methoden – vor allem durch den Vergleich der Flexionsmorphologie – erbrachte Bopp in seiner 1816 erschienenen Arbeit „Über das Conjugationssystem der Sanskritsprache in Vergleichung mit jenem der griechischen, lateinischen, persischen und germanischen Sprachen“ den endgültigen Nachweis der genetischen Einheit der indogermanischen Sprachen. Er zeigte auch, dass Sanskrit nicht die Ursprache ist, sondern mit seinen Abkömmlingen einen gleichrangigen Zweig des Indogermanischen darstellt. J. Grimm veröffentlichte 1819 den ersten Band seiner „Deutschen Grammatik“, in der er – teilweise auf Rask zurückgreifend – die Bedeutung des Ablauts und der systematischen Lautentsprechungen zwischen verwandten Sprachen herausarbeitete. Er erkannte und beschrieb die Lautverschiebung, die das Germanische von den anderen Zweigen des Indogermanischen unterscheidet. Diese Lautgesetze wurden später das „Grimmsche Gesetz“ genannt.

1833–52 veröffentlichte Bopp seine „Vergleichende Grammatik des Sanskrit, Zend (Avestisch), Griechischen, Lateinischen, Litthauischen, Altslawischen, Gotischen und Deutschen“. Der Schwerpunkt dieser voluminösen Arbeit lag auf der Morphologie, während Phonologie und Syntax eine geringere Rolle spielten. Bopp bezog nun auch das Alt-slawische ausführlich in seine Untersuchung mit ein, seit der 2. Auflage (1857–61) ebenso das Armenische. 1839 widmete er eine spezielle Untersuchung den keltischen Sprachen und verankerte sie dadurch fest im Indogermanischen, auch Albanisch fand 1854 seine besondere Aufmerksamkeit. 1833–36 begründete A. F. Pott durch seine „Etymologischen Forschungen ...“ das Gebiet der indogermanischen Etymologie, ein Bereich, der in den früheren Arbeiten zu kurz gekommen war.

August Schleicher

Die zweite Generation der Indogermanisten wird vom deutschen Forscher August Schleicher (1821–68) überragt. Ursprünglich Biologe und früher Anhänger Darwins, übertrug er die biologisch-evolutionäre Sichtweise auch auf Sprachen; eine Idee, die sich auch schon bei Darwin selbst findet, wenn er schreibt „Die Bildung verschiedener Spra-chen und verschiedener Spezies und die Beweise, dass sich beide stufenweise entwickelt haben, sind merkwürdig parallel.“ (Darwin „The Descent of Man“ 1874, zitiert nach Dar-win 1874/1966: 113).

Sein erstes sprachwissenschaftliches Werk war eine gründliche Grammatik des Litau-ischen (1856), in der er zeigte, dass auch moderne Sprachen eine erhebliche Bedeutung für die Indogermanistik besitzen können. In seinem „Compendium der vergleichenden Grammatik der indogermanischen Sprachen“ (1861–62) machte er erstmals in großem Umfang den Versuch, aus verwandten Wortformen der indogermanischen Einzelspra-chen die Wortform des Proto-Indogermanischen zu *rekonstruieren*. Die erschlossenen Wörter und Formen kennzeichnete er durch einen Asterisk *, eine Methode, die bis heu-te in der gesamten historischen Sprachwissenschaft Bestand hat. Er versuchte sich sogar an einer ganzen Fabel in indogermanischer Sprache, ein Unterfangen, das sicherlich weit über den Rahmen des damals und heute wissenschaftlich Gesicherten hinausgeht. Auf ihn geht auch die erste *Stammbaumdarstellung* des Indogermanischen zurück (Tabelle 2.3), sicherlich angeregt durch die phylogenetischen Methoden in der Biologie.

Tab 2.3 *Der Stammbaum des Indogermanischen nach Schleicher 1861/62*

INDOGERMANISCH
  SLAVO-GERMANISCH
    GERMANISCH
    BALTO-SLAWISCH: BALTISCH, SLAWISCH
  INDO-KELTISCH
    INDO-IRANISCH
      IRANISCH (INKL. ARMENISCH)
      INDISCH (INDOARISCH)
    GRAECO-KELTISCH
      GRAECO-ALBANISCH: GRIECHISCH, ALBANISCH
      ITALO-KELTISCH: ITALISCH, KELTISCH

Auffällig ist die durchgehende binäre Aufspaltung auf jeder Stufe, die auch in biologischen Stammbäumen üblich war. Von seinen Untergruppen hat heute nur noch das Indoarische und mit Abstrichen das Balto-Slawische Bestand, die Einordnung des Armenischen als selbstständigen Zweig des Indogermanischen wurde durch Bopp in der 2. Auflage seiner vergleichenden Grammatik (1857–61) geklärt.

Die Junggrammatiker und die Ausnahmslosigkeit der Lautgesetze

Während die frühe Periode der Indogermanistik durch eine Überbewertung der Bedeutung des Sanskrit und eine relativ geringe Berücksichtigung der Phonologie und Lautgesetze gekennzeichnet war (Ausnahmen R. Rask und J. Grimm), wurden ab 1870 gerade die Lautgesetze zum Schwerpunkt der Untersuchungen. Während Grimm noch davon ausging, dass die Lautgesetze lediglich „in der Tendenz" befolgt werden, im Einzelfällen aber durchaus verletzt sein können, forderten die sog. Junggrammatiker (darunter Karl Brugmann, Hermann Osthoff, August Leskien) die *Ausnahmslosigkeit* von Lautgesetzen. Der Däne Karl Verner milderte diesen Anspruch durch die Forderung ab, dass für die erkennbaren Ausnahmen ihrerseits Gesetze gefunden werden müssten. Ein typisches Beispiel für dieses Vorgehen ist das *Vernersche Gesetz*, das Ausnahmen des Grimmschen Lautgesetzes erklärt. Dazu ein Beispiel: Nach Grimms Gesetz entspricht indogermanischem /*t/ germanisches /θ/, so z.B. in Sanskrit *bhrātar-*, lateinisch *frāter*, aber gotisch *brōþar* „Bruder". Andererseits entspricht indogermanischem /*t/ aber gotisches /d/ in *fadar* „Vater" (Sanskrit *pitár-*, lateinisch *pater*). Verner erkannte, dass die Lautverschiebung von indogermanisch /*t/ zu germanisch /θ/ oder /d/ von der Position des Akzents in der Protosprache (bzw. im Sanskrit) abhängt: Wenn der Akzent im Sanskrit *vor* dem /t/ steht, wird es germanisch zu /θ/, sonst zu /d/. Dies gilt analog auch für die Laute /k/ und /p/ im Sanskrit bzw. in der Protosprache.

Die Entdeckung ähnlicher komplizierter Gesetze bewirkte ein zunehmend genaueres Verständnis der Lautverschiebungen. Man erkannte aber auch, dass es sprachintern den Lautgesetzen entgegenwirkende Tendenzen gibt. So kennzeichnen sich Lehnwörter geradezu dadurch aus, dass sie bestimmte Lautregeln nicht einhalten. Der verwirrende Einfluss der verschiedenen Schriftsysteme wurden zunehmend geklärt und der Unterschied zwischen Laut (Phonem) und Schriftzeichen deutlicher herausgearbeitet. Bestimmte innersprachliche Lautprozesse wie Assimilation, Dissimilation oder Metathese wurde besser verstanden. Das wichtigste war jedoch die Erkenntnis der Bedeutung von *Analogiebildungen*, die innersprachlich zur Angleichung morphologischer Prozesse führen. Ein Beispiel ist die Bildung der 1. Person Präsens im Sanskrit. Während im Griechischen und in anderen indogermanischen Sprachen zwei grundsätzlich unterschiedliche Konjugationstypen existieren (z.B. *phérō* „ich trage", *dído-mi* „ich gebe"), hat das Sanskrit durchgehend nur die Endung *-mi*: z.B. *bhara-mi* „ich trage", *dada-mi* „ich gebe"). Man erkannte nun, dass die Konjugation vom Typ *phérō* durchaus ein Erbgut der Protosprache sein konnte, während das Sanskrit die Formen analog zum Typus *dada-mi* gebildet und den Typus *phérō* aufgegeben hatte. Das wiederum zeigte, dass auch das Sanskrit nicht in allen Zügen besonders ursprünglich war.

Die Ergebnisse der Indogermanistik von 1870–1900 sorgten dafür, dass die Standardwerke der ersten Generation (vor allem Bopps vergleichende Grammatik) in vielerlei Hinsicht überholt waren und einer gründlichen Revision bedurften. Diese Aufgabe übernahm K. Brugmann mit seinem zweibändigen „Grundriss der vergleichenden Grammatik der indogermanischen Sprachen" (1897–1916), der bis heute in seinen Grundzügen Bestand hat und an Vollständigkeit von keinem anderen Werk zu diesem Thema übertroffen wurde.

1879 wurde von Ferdinand de Saussure (1857–1913) die Grundlage der sog. *Laryngaltheorie* gelegt, die sich allerdings erst 100 Jahre später allgemein durchsetzen konnte. Mit dem Begriff „Laryngal" werden hypothetische pharyngale oder glottale Konsonanten der Protosprache bezeichnet, die sich in den Einzelsprachen als solche nicht erhalten haben (eine Ausnahme bildet das hethitische /ḫ/), sondern zu Vokalen wurden oder aber Einfluss auf die Färbung von Vokalen hatten (vgl. Abschnitt 2.5).

Kentum- und Satem-Sprachen

Schleichers Stammbaum von 1861 war inzwischen ebenfalls mehrfach revidiert worden. Das Armenische wurde zum eigenständigen Zweig, die meisten Zwischeneinheiten Schleichers, wie Graeco-Albanisch oder Slavo-Germanisch wurden wieder aufgegeben, da sie einer genaueren Prüfung nicht standhielten. Übrig blieben Indo-Iranisch sowie mit Vorbehalten Balto-Slawisch und Italo-Keltisch. 1890 wurde von Peter von Bradke eine Zweiteilung der indogermanischen Sprachen in eine West- und eine Ostgruppe eingeführt, und zwar auf Basis der Umsetzung des anlautenden protosprachlichen palatovelaren /*k'/: In der westlichen Gruppe wurde daraus ein k-Laut, in der östlichen Gruppe ein Sibilant, z.B. wurde aus idg. *k'r̥d- „Herz" griechisch *kard-*, lateinisch *cord-* (das lateinische c entspricht einem /k/), aber litauisch *šird-*, armenisch *sirt*. Nach lateinisch *centum* /kentum/ und avestisch *satəm* „hundert" wurden die Bezeichnungen *Kentum-* und *Satem-Sprachen* geprägt. Auf Grundlage dieser Zweiteilung ergab sich um 1900 der Stammbaum der Tabelle 2.4.

Tab 2.4 *Stammbaum des Indogermanischen um 1900*

INDOGERMANISCH
    WEST-GRUPPE: KENTUM-SPRACHEN
        GERMANISCH
        ITALO-KELTISCH: ITALISCH, KELTISCH
        GRIECHISCH
    OST-GRUPPE: SATEM-SPRACHEN
        INDO-IRANISCH: IRANISCH, INDOARISCH
        ARMENISCH
        ALBANISCH
        BALTO-SLAWISCH: BALTISCH, SLAWISCH

Tocharisch

Seit 1890 wurden ungefähr 5.000 Handschriftfragmente vorwiegend aus dem 6. bis 8. Jh. in Chinesisch-Turkestan in der Turfan-Oase und an der nördlichen Route der Seidenstraße von Aqsu über Kuča bis Turfan entdeckt. 1908 gelang es den Deutschen E. Sieg und W. Siegling, die in einer Variante der indischen Brahmi-Schrift verfassten Texte zu lesen und ihre Sprache als indogermanisch zu identifizieren. Sie schlugen den Namen „Tocharisch" vor und differenzierten zwei Sprachvarianten, die sie A und B nannten. Das Tocharische bildet einen eigenen Zweig innerhalb des Indogermanischen und weist keine enge Verwandtschaft zu anderen indogermanischen Sprachen auf. Obwohl es die am weitesten östlich beheimatete indogermanische Sprache ist, gehört es zur Gruppe der Kentumsprachen: Das für die Unterscheidung herangezogene Zahlwort „hundert" heißt auf Tocharisch *känt* bzw. *kante*. Damit verlor die Gliederung des Indogermanischen in Kentum- und Satemsprachen ihre Bedeutung, da sie nun nicht mehr mit einer Ost-West-Gruppierung korrespondierte und offensichtlich auch keine genetischen Untereinheiten des Indogermanischen definierte.

Hethitisch und die anatolischen Sprachen

Grabungen beim zentralanatolischen Dorf Boğazköy in den Jahren 1905–07 brachten Tausende in Keilschrift verfasster Tontafeln ans Licht. B. Hrozný kam 1915 zu dem Schluss, dass es sich dabei um eine indogermanische Sprache handelt. Der Fundort stellte sich als das antike Hattuša heraus, die Hauptstadt der Hethiter; die Sprache wurde „Hethitisch" genannt. Es dauerte einige Jahre, bis das Hethitische allgemein als indogermanisch anerkannt wurde. Der Grund war der abweichende Charakter der neuentdeckten Sprache, die nur Teile der reichhaltigen indogermanischen Flexion aufwies und im Wortschatz zu einem beachtlichen Umfang nicht-indogermanische Elemente enthielt.

Später wurde eine Reihe mit dem Hethitischen verwandter Sprachen entdeckt, die man zur Gruppe der *anatolischen* Sprachen zusammenfasste. Dazu gehören außer dem Hethitischen Luwisch, Palaisch, Karisch, Lykisch und einige andere schwach belegte Idiome. Die Kentum-Satem-Einteilung wurde nun vollends fragwürdig: So ist das Hethitische eine Kentum-Sprache, das Luwische jedoch eine Satem-Sprache, z.B. idg. *k'r̥d-* „Herz" > hethitisch *kēr*, aber luwisch *zart-*.

Wegen der starken Abweichung des Hethitischen von den übrigen indogermanischen Sprachen wurde 1926 von E. Sturtevant vorgeschlagen, das Anatolische als einen Parallelzweig des gesamten übrigen Indogermanischen aufzufassen; die neukonstruierte Sprachfamilie nannte man „Indo-Hethitisch". Diese Aufteilung und die damit verbundene Sonderrolle des Anatolischen wurde nur von wenigen Forschern akzeptiert, die Mehrzahl betrachtet das Anatolische heute als einen gleichrangigen Unterzweig des Indogermanischen. (Zur indo-hethitischen Hypothese siehe Kapitel 11.)

Neuere phylogenetische Ansätze

In jüngerer Zeit erlaubten der Fortschritt statistischer Techniken und der Einsatz des Computers die Verarbeitung großer Datenmengen. Mit solchen Methoden, die eine Fülle unterschiedlicher Merkmale berücksichtigen können, hat man auch Stammbäume der indogermanischen und anderer Sprachfamilien erstellt. Das Ergebnis ist weitgehend abhängig von der Art der Daten, die man heranzieht, und natürlich auch von den verwendeten Algorithmen, auf die ich hier nicht näher eingehen kann. So kann man z.B. ausschließlich lexikalische Daten der modernen Sprachen zugrunde legen oder aber die ältesten jeweils verfügbaren. Die verglichenen Wortlisten können von einem sehr kleinen Basiswortschatz bis hin zu Listen mit mehreren hundert Wörtern variieren. Außer lexikalischem Material können auch morphologische und phonologische Merkmale herangezogen werden, alle Daten können nach ihrer Bedeutung unterschiedlich gewichtet werden, etwa morphologische stärker als lexikalische Gemeinsamkeiten, innovative Merkmale stärker als andere. Jeder dieser unterschiedlichen und letztlich subjektiven Ansätze kann dann auch zu einem anderen Stammbaum-Ergebnis führen. In einigen Punkten weisen diese unterschiedlichen Stammbäume allerdings meistens Übereinstimmung auf, wenn sie mit konsensfähigen Daten gefüttert werden:

- Anatolisch ist der zuerst abgespaltene Primärzweig, es folgt das Tocharische;
- die Gruppierungen Indoarisch-Iranisch, Baltisch-Slawisch und Griechisch-Armenisch werden in der Regel bestätigt, häufig werden auch Keltisch, Italisch und Germanisch relativ nahe beieinander gruppiert.

In allen anderen Punkten sind im Ergebnis große Unterschiede möglich, insbesondere auch bei der Reihenfolge der einzelnen Abspaltungen. Als Beispiel ist der von Atkinson und anderen Forschern erstellte indogermanische Stammbaum dargestellt (Tabelle 2.5), zu dessen Berechnung neben dem lexikalischen Material auch phonologische und morphologische Merkmale herangezogen wurden.

Zusätzlich zu der eigentlichen phylogenetischen Aussage enthält die Arbeit von Atkinson et al. 2005 auch Aussagen über den ungefähren Zeitpunkt der Abspaltung der einzelnen Zweige. Diese sind mit der sog. *glottochronologischen Methode* bestimmt. Dabei wird der lexikalische Wandel als ein Zeitmesser für das Alter der einzelnen Zweige und somit für den Zeitpunkt ihrer Abspaltung verwendet.

Ging man in der Frühzeit dieser Methode in den 1950er Jahren nach dem Vorbild des radioaktiven Zerfalls von einer konstanten Änderungsrate des lexikalischen Materials aus, was eindeutig zu falschen Ergebnissen führte und den gesamten Ansatz in Misskredit brachte, verfeinerte man diese Methoden im Laufe der letzten Jahrzehnte erheblich. Man benutzt heute in der Linguistik Modelle, die ursprünglich für die Biologie geschaffen wurden und die auf der Änderungsrate der DNA oder anderer biologischer Erbinformation basieren und in bestimmten Grenzen variable Änderungsraten zulassen. Durch die Bestimmung von historisch berechenbaren Änderungsraten – etwa die der romanischen Sprachen – kann man diese Modelle eichen (kalibrieren). Historisch bekannte Abspaltungsdaten können direkt als Parameter eingegeben werden.

Tab 2.5 *Stammbaum nach Atkinson et al. 2005*

Spracheinheit	Zeitpunkt der Abspaltung ca.
INDOGERMANISCH	
ANATOLISCH	6500 v. Chr.
REST1	
TOCHARISCH	4500 v. Chr.
REST2	
GRIECHISCH-ARMENISCH-ALBANISCH	4000 v. Chr.
ALBANISCH	3500 v. Chr.
GRIECHISCH-ARMENISCH	3500 v. Chr.
GRIECHISCH	3000 v. Chr.
ARMENISCH	3000 v. Chr.
REST3	
INDOIRANISCH	4000 v. Chr.
INDOARISCH	2000 v. Chr.
IRANISCH	2000 v. Chr.
REST4	
BALTISCH-SLAWISCH	3500 v. Chr.
BALTISCH	1500 v. Chr.
SLAWISCH	1500 v. Chr.
REST5	
KELTISCH	3500 v. Chr.
GERMANISCH-ITALISCH	3500 v. Chr.
GERMANISCH	3000 v. Chr.
ITALISCH	3000 v. Chr.

Die Verlässlichkeit sowohl der phylogenetischen Aussage als auch der so ermittelten Abspaltungsdaten wird allerdings von vielen Forschern angezweifelt, da der subjektive Spielraum des Anwenders sehr groß und später kaum kontrollierbar ist. Im angeführten Beispiel von Atkinson et al. fällt vor allem die frühe Abspaltung des Anatolischen auf, die zwar zur Hypothese einer anatolischen Urheimat des Indogermanischen passt, aber nicht zur heute favorisierten Kurgan-Theorie (dazu mehr im nächsten Abschnitt); die frühe Abspaltung scheint auch die heute mehrheitlich abgelehnte indo-hethitische Hypothese zu stützen (siehe Kapitel 11). Nach einer früheren Arbeit von Gray und Atkinson (2003) ist überraschend das Albanische der nächste Verwandte des Indoiranischen, ein Ergebnis, das allen linguistischen Erkenntnissen widerspricht. Wegen dieser Probleme und des hohen Grades an Subjektivität wird die glottochronologische Methode und generell die computerisierte Phylogenetik von den meisten Indogermanisten abgelehnt (siehe auch Holm 2005 und 2007).

Nostratisch und Eurasiatisch

Im Rahmen der nostratischen und eurasiatischen Makrofamilien wird das Indogermanische als *ein* Zweig neben mehreren anderen eingeordnet, dazu gehören Uralisch, Altaisch, Eskimo-Aleutisch sowie verschiedene paläosibirische Sprachgruppen, beim Nostratischen kommen noch Kartwelisch, Drawidisch und Afroasiatisch hinzu. J. Greenberg nannte sein Buch über die eurasiatischen Sprachen etwas provokativ „Indo-European and Its Closest Relatives" (Greenberg 2000/2002). Von fast allen Indogermanisten werden diese nur schwer nachweisbaren, aber auch kaum widerlegbaren Makro-Hypothesen abgelehnt (eine ausführlichere Behandlung der Frage externer Beziehungen des Indogermanischen bietet Abschnitt 2.9).

2.3 Die Urheimat der Indogermanen

Das große Verbreitungsgebiet der indogermanischen Sprachen in Europa und Asien hat seit dem Beginn des 19. Jh. die Fragen aufgeworfen, wo, wann und von wem die indogermanische Ursprache gesprochen wurde, und wann und wie die einzelnen Zweige des Indogermanischen in ihre historischen Verbreitungsgebiete gelangt sind. Insbesondere die Frage nach der „Urheimat" der Indogermanen hat wie kaum eine andere großes Interesse auch außerhalb der indogermanischen Fachwissenschaft gefunden. Die Vielfalt der unterschiedlichen Theorien, Hypothesen und Vorschläge ist kaum mehr zu überblicken (Übersichten bieten z.B. Mallory 1989, Anthony 2007 sowie Haarmann 2010; eine Sammlung älterer Originalbeiträge zu diesem Thema enthält Scherer 1968).

Bei der Diskussion der Frage ist zu beachten, dass die Bezeichnung „Indogermanen" streng genommen nur eine sprachliche Zuordnung bedeutet: Die Indogermanen sind die Sprecher der indogermanischen Protosprache. Ob diese Sprecher auch Träger einer einheitlichen Kulturtradition waren oder ob sie eine zusammengehörende ethnische Gruppe darstellten, kann nur vermutet, aber nicht bewiesen werden. Wenn also von „gemeinindogermanischer Kultur" die Rede ist, die man etwa aus dem rekonstruierten Wortschatz ableiten könne, sollte dies immer mit der angemessenen Vorsicht geschehen.

Historische Vielfalt der Theorien

In den frühen Jahren der Indogermanistik hatten die alten indoiranischen Sprachen (Sanskrit, Avestisch) den Ruf einer besonderen Ursprünglichkeit. Deswegen vermutete man die Urheimat irgendwo in der Nähe ihrer historischen Sprachgebiete, also zwischen dem Iran und Indien, z.B. am Kaspischen Meer, in Baktrien oder im Hindukusch. 1851 führte der Brite Roger Lantham als Argument gegen eine asiatische Urheimat die große Vielfalt der indogermanischen Sprachen gerade in Europa an, die eher auf ein europäisches Entstehungsgebiet hinweise. Die Vorstellung, dass die Diversität einer Sprachfamilie im Bereich ihres Entstehungsgebietes am größten sein sollte, findet man bei etlichen Sprachfamilien bestätigt, z.B. bei den Bantusprachen oder dem Austronesischen. Die Idee einer europäischen Urheimat erfuhr seit 1870 eine zweifelhafte Unterstützung aus rassischer Perspektive: Danach gehören die „arischen" Indogermanen zur weißen, kaukasoiden Rasse, deswegen wurden nun zunehmend Skandinavien und Norddeutschland als vermutetes Herkunftsgebiet des typisch „arischen" Menschen zur Urheimat deklariert.

Im frühen 20. Jh. wurde allgemein weiterhin eine europäische Urheimat favorisiert, die genaue Lage war allerdings umstritten. So gab es Versuche, die Indogermanen mit der *Schnurkeramik-* oder *Streitaxt-Kultur* in Nord- und Zentraleuropa in Verbindung zu bringen. Andere assoziierten sie mit den *Bandkeramikern*, einer frühen neolithischen Kultur, die von West- über Zentraleuropa bis in den Balkan verbreitet war. Auch neolithische Kulturen in Südosteuropa wurden mit den Indogermanen in Verbindung gebracht. Das Baltikum wurde genannt, da das Litauische einen besonders konservativen Sprachtypus darstelle. Während der Nationalsozialismus und verwandte rassistische Ideologien die „arische" und damit nordische Herkunftstheorie zur Doktrin erhoben, setzte in der Wissenschaft nach und nach der Gegentrend ein, die Indogermanen eher als Hirtennomaden in den eurasischen Steppen zu verorten; als Urheimat wurden die Ukraine, Südrussland oder auch Kasachstan genannt.

Die einzigen Teile Europas, die kaum mit der Urheimat der Indogermanen in Verbindung gebracht wurden, waren der atlantische und der mediterrane Bereich. Letzterer schied vor allem aus, weil es dort bekannte vorindogermanische Kulturen (z.B. Iberer, Etrusker, „Pelasger", Minoer) gegeben hatte. Neuerdings wurde allerdings gerade Anatolien als Kandidat für die Urheimat genannt, obwohl auch dort ältere nicht-indogermanische Kulturen bekannt sind (Hattier, Hurriter).

Die Argumente

Es gibt sehr unterschiedliche Argumentationslinien für oder gegen bestimmte Urheimat-Hypothesen. Eine große Rolle spielten die *paläolinguistischen* Argumente, durch die man versucht, die räumlichen, zeitlichen und kulturellen Grenzen der Proto-Indogermanen auf Basis des rekonstruierten Wortschatzes zu bestimmen.

Die Grundidee des *lexikalisch-biologischen* Arguments: Wenn für das Indogermanische die Bezeichnung einer Pflanze oder eines Tieres rekonstruierbar ist, sollten die feststellbaren Grenzen der Verbreitung dieser Pflanze oder dieses Tieres auch die Grenzen der Urheimat näher festlegen. Die berühmtesten Argumente dieser Art waren das *Buchen-* und das *Lachs-Argument*. Indogermanisch *bhāg'os* „Buche" sei in vielen Einzelsprachen belegt, die Buche komme östlich einer Linie, die von Königsberg bis zur Krim reicht, nicht vor. Also sollte die Urheimat westlich dieser sog. Buchenlinie liegen. Ein ähnliches Argument ist mit dem indogermanischen Wort *lok's* „Lachs" verbunden. Der Seelachs (*salmo salar*) komme nur in Flüssen vor, die in die Ostsee münden. Also wurde durch die Existenz dieses Wortes in der Ursprache die Urheimat auf Norddeutschland und das Baltikum eingegrenzt.

Alle diese Argumente sind im Laufe der Zeit widerlegt worden. Das Buchenargument ist schon deswegen schwach, weil *bhāg'os* fast nur aus den westlichen Sprachen rekonstruiert wurde, seine Bedeutung in einzelnen Sprachen auch „Ulme", „Eiche" oder

„Holunder" ist und es auch östlich der Buchenlinie eine kaukasische Buche gibt. Darüber hinaus ist zu beachten, dass das moderne Verbreitungsgebiet einer Art nicht mit dem vor 6000 Jahren identisch sein muss. Das Lachsargument scheiterte daran, dass mit *lok's* wahrscheinlich eher die in ganz Eurasien verbreitete Forelle gemeint ist. Allgemein ist mit Bedeutungsverschiebungen zu rechnen, die durch die Übertragung von alten Namen auf neue Objekte in einer neuen Umwelt erfolgten. Dadurch ist die genaue Bedeutung von Pflanzen- und Tierbezeichnungen in der Protosprache kaum sicher zu erschließen, wodurch Argumente dieser Art prinzipiell problematisch sind. Ein typisches Beispiel einer Übertragung ist altindisch *ajra-* „offenes Feld, Weideland" (so wahrscheinlich die ursprachliche Bedeutung), dagegen lateinisch *ager* „kultiviertes Land".

Ein anderer Weg ist der Versuch, aus dem rekonstruierten Vokabular ein Bild der indogermanischen Kultur zu gewinnen, das mit bestimmten archäologischen Kulturen oder Kulturstandards verglichen werden kann. Dadurch — so die Erwartung der *lexiko-kulturellen* Argumentationslinie — ließen sich Zeit und Ort des Urindogermanischen näher eingrenzen. Die für die Protosprache rekonstruierbaren Begriffe für Nutz- und Haustiere (Schaf, Ziege, Schwein, Vieh, Hund), für Getreidesorten, Ackerbautechnik (Sichel, Mahlsteine) und vor allem für Keramik (Gefäßtypen) zeigen, dass die Kultur der Indogermanen nicht vor der keramischen Phase des Neolithikums anzusetzen ist, also nicht vor 7000 v. Chr. Gemein-indogermanische Begriffe für spezielle technologische Geräte, vor allem für Rad und Wagen, weisen in das 4. Jt. v. Chr., ein Zeitraum, der von vielen Forschern allerdings als die Spätphase der gemein-indogermanischen Kultur angesehen wird.

Ein spezieller Ansatz ist die Untersuchung von *Flussnamen*, die erfahrungsgemäß sehr langlebig sind und sogar oft bei Bevölkerungs- und Sprachenwechsel erhalten bleiben. Auf Grundlage der Untersuchung der europäischen Fluss- und Gewässernamen (Hydronymie) hat Hans Krahe einen „alteuropäischen" Sprachbereich in Europa identifiziert, den die hypothetischen gemeinsamen Vorfahren der Kelten, Italiker, Germanen, Illyrer, Veneter, Balten und Slawen in Mittel- und Nordeuropa um 1500 v. Chr. gebildet hätten (Krahe 1954). Allerdings bilden die Sprachen der alteuropäischen Indogermanen keine linguistisch definierte genetische Untereinheit des Indogermanischen. Über das Herkunftsgebiet des Urindogermanischen selbst macht die alteuropäische Hypothese keine Aussage, wohl aber über die Frage der Ausbreitung einiger Zweige des Indogermanischen nach und in Europa.

Schon im 19. Jh. wurden besonders enge sprachliche Beziehungen des Indogermanischen zum Uralischen thematisiert, die über wechselseitige Entlehnungen hinausgingen und für eine Phase der engen Nachbarschaft oder sogar des Kohabitats zwischen frühen Uraliern und Indogermanen im östlichen Europa sprächen (Hajdú-Domokos 1987: 300–305, Anthony 2007: 93–97, Haarmann 2010: 22–24). Aus den gemeinsamen Siedlungsgebieten erfolgte spätestens im 7. Jt. eine Bewegung des prä-indogermanischen Komplexes nach Süden, wo sich dann im Bereich der südrussischen und ukrainischen Steppe und Waldsteppe die eigenständige kulturelle und sprachliche Entwicklung der Proto-Indogermanen vollzogen habe, während die Proto-Uralier in den nördlichen Wäldern ihre Jäger, Fischer- und Sammlerkultur fortsetzten. (Diese Vorstellung schließt sich nahtlos an die Kurgan-Hypothese an, siehe unten.)

In einen größeren Zusammenhang wird eine mögliche frühe uralisch-indogermanische Gemeinschaft durch die Hypothesen eurasischer Makrofamilien gestellt. So werden in der *eurasiatischen* Hypothese von J. Greenberg 2000/02 Indogermanisch und Uralisch als Verwandte des Altaischen (Turksprachen, Mongolisch, Tungusisch), Koreanischen und Japanischen sowie mehrerer sibirischer Sprachgruppen angesehen (es würde sich dann das historisch viel weiter zurückgreifende Problem der Urheimat des Eurasiatischen stellen). In der konkurrierenden *nostratischen* Makrohypothese wurden zusätzlich das Kartwelische (Südkaukasische), Drawidische und sogar das Afroasiatische mit den eurasiatischen Familien in eine verwandtschaftliche Beziehung gebracht, was nach Meinung mancher Forscher eine Herkunft des Proto-Nostratischen aus Südwestasien im Gebiet des Fruchtbaren Halbmonds nahelegt (Bomhard 2008). Bisher wurden diese Makrotheorien in der Indogermanistik allerdings kaum wahrgenommen, geschweige denn anerkannt, so dass auch ihre potentiellen Lösungsvorschläge für das indogermanische Urheimat-Problem weitgehend ignoriert wurden (eine ausführlichere Diskussion dieses Themas bietet der Abschnitt 2.9).

Bewertungskriterien für Urheimat-Theorien

Bei der Fülle von Vorschlägen, Theorien und Hypothesen ist es sinnvoll, einige Bewertungskriterien zusammenzustellen, durch die sich die verschiedenen Ansätze evaluieren lassen. In Mallory-Adams 1997: 295–297 sind folgende Kriterien oder Prinzipien aufgeführt, die sich auf das Urheimat-Problem jeder Sprachfamilie übertragen lassen und damit von allgemeiner Bedeutung sind.

1. Das *Ausschlussprinzip*. Gebiete mit einer bekannten vorindogermanischen Bevölkerung im fraglichen Zeitraum sind wahrscheinlich nicht gleichzeitig die Urheimat der Indogermanen gewesen. Damit scheiden z.B. die Iberische Halbinsel (Iberer, Tartessier, frühe Basken), Italien (Etrusker, Nordpikener u.a.), Nordzentral- und Ostanatolien (Hattier, Hurriter), der Kaukasus mit vielen autochthonen Völkern, der Nahe Osten (Semiten, Hurriter, Sumerer), Südiran (Elamer) und Indien (Drawiden, Munda) sehr wahrscheinlich aus.

2. Das *chronologische Prinzip*. Der zeitliche Ansatz der Urheimat muss in den festgestellten Rahmen passen: Ein Ansatz *vor* 7000 v. Chr. ist kaum möglich, da die Kultur der Indogermanen einen fortgeschrittenen neolithischen Standard mit Keramikproduktion besaß. Andererseits sollte sich die indogermanische Einheit vor 2500 v. Chr. aufgelöst haben, da damals bereits eine deutliche Aufspaltung der indogermanischen Einheitssprache erfolgt sein muss, wie man an den divergierenden Einzelsprachen im 2. Jt. (Hethitisch, Vedisch, Avestisch, Mykenisch) erkennen kann.

3. Das *kulturelle* oder *archäologische Prinzip*. Das Bild der indogermanischen Kultur, wie es sich aus dem rekonstruierten Wortschatz ableiten lässt, sollte mit den archäologisch greifbaren Kulturen der vorgeschlagenen Urheimat kompatibel sein.

4. Das *Vollständigkeitsprinzip*. Die vorgeschlagene Urheimat sollte der Verteilung möglichst *aller* Zweige des Indogermanischen Rechnung tragen können. So ist es z.B. problematisch, bei einer in Nordeuropa angenommenen Urheimat die Verbreitung der Indoarier nach Indien zu erklären.

Im Folgenden werden die vier heute meistdiskutierten Hypothesen dargestellt und nach den obigen Kriterien bewertet.

Die baltisch-pontische Hypothese

Die baltisch-pontische Hypothese geht von einer gemein-indogermanischen Sprache schon im Mesolithikum und frühen Neolithikum aus, also etwa 8500–5000 v. Chr., die in dem riesigen Gebiet zwischen Ostsee und Schwarzem bzw. Kaspischem Meer verbreitet gewesen sein soll. Die verschiedenen neolithischen Kulturen dieser Großregion seien die Kerne der einzelnen Zweige des Indogermanischen geworden (die nordwestlichen Zweige – Germanisch, Baltisch und Slawisch – wurden z.B. der Trichterbecherkultur zugeordnet, das Indoiranische bestimmten Kulturen der ukrainischen und südrussischen Steppe). Zwischen den europäischen und asiatischen Zweigen habe es schon in der Zeit der gemeinsamen Ursprache eine kulturelle Grenze gegeben.

Beurteilung: Die baltisch-pontische Hypothese verletzt zwar nicht das Ausschlussprinzip, aber das chronologische und kulturelle Kriterium, da sich das gemein-indogermanische fortschrittlich-neolithische Vokabular kaum in einem Umfeld entwickelt haben kann, das noch von Jägern und Sammlern geprägt war. Der zeitliche Ansatz scheint mindestens 1500 Jahre zu früh zu sein. Die Verbreitung des Indogermanischen in den Balkan und nach Anatolien wird nicht erklärt, wodurch das Vollständigkeitsprinzip verletzt wird. Damit werden fast alle Prinzipien für eine akzeptable Lösung verfehlt.

Die bandkeramische Hypothese

Diese Hypothese verortet die Urheimat in einem großen Gebiet, das von Mitteleuropa bis zum Balkan reicht. Dabei werden die Indogermanen mit der früh- und mittelneolithischen *Linearbandkeramik-Kultur* (kurz *Bandkeramik*) assoziiert, die in Mittel- und Südosteuropa von 5500–4000 v. Chr. verbreitet war.

Beurteilung: Der zeitliche Rahmen könnte passen, allerdings wurde die frühneolithische Linearbandkeramik bereits um 4000 v. Chr. von Folgekulturen abgelöst, so dass die Erklärung für die fortschrittlichen gemein-indogermanischen Techniken wie Rad und Wagen schwierig ist. (Falls die Bandkeramik – wie manche Forscher annehmen – bis weit ins 4. Jt. hinein angedauert hat, wäre dieses Problem behoben.) Die meisten Prähistoriker nehmen an, dass die Träger der Bandkeramik keine neue Bevölkerung in Mittel- und Südosteuropa darstellten, sondern sich eher aus der mesolithischen Vorbevölkerung entwickelt haben (auch dazu gibt es allerdings gegenteilige Auffassungen). Dann wäre das Auftreten eines neuen sprachlichen Elements im Zusammenhang mit der Bandkeramik schwer zu erklären. Vieles spricht jedoch dafür, Indogermanen in Mitteleuropa erst für die spätneolithische Phase anzunehmen.

Eine frühe Expansion der Indogermanen von Mittel- oder Südosteuropa nach Asien ist wegen der langen Wege nicht leicht zu erklären, eine Route nördlich des Schwarzen Meeres wäre aber denkbar. Es gibt kaum Merkmale der bandkeramischen Kultur, die sich als spezifisch „indogermanisch" auffassen ließen. Zusammenfassend gilt: Keines der oben aufgestellten Prinzipien ist massiv verletzt, zeitlich scheint der Ansatz etwas zu früh zu sein.

Die anatolische Hypothese

Die anatolische Hypothese sieht die Urheimat des Indogermanischen in Anatolien und verbindet seine Ausbreitung mit der Expansion des neolithischen Ackerbaus von Anatolien über den Balkan nach Europa. Der Beginn der Expansion wird etwa 7000–6500 v. Chr. angesetzt, um die frühen neolithischen Kulturen Europas erklären zu können. Die agrarische indogermanische Urbevölkerung in Anatolien wuchs wegen der verbesserten ökonomischen Grundlage stetig an, wodurch ein Bevölkerungsdruck entstand. Dieser Druck entlud sich in einer großen Wanderungsbewegung, die sich mit einer durchschnittlichen Geschwindigkeit von etwa einem Kilometer pro Jahr von Anatolien über den Balkan durch Europa bewegte. Dabei absorbierten die Indogermanisch sprechenden Kolonisten kulturell, genetisch und linguistisch die früheren Bewohner Europas in einer großen „Welle des ökonomischen Fortschritts". Für die Ausbreitung der indogermanischen Sprachen nach Asien gibt es im Rahmen dieser Hypothese drei Möglichkeiten: 1. eine Ausbreitung der neolithischen Wirtschaftsform zusammen mit Bevölkerung und Sprache von Anatolien nach Osten über den Iran bis nach Indien, 2. der Umweg über den Balkan und durch das Gebiet nördlich des Schwarzen und Kaspischen Meeres sowie 3. der Weg durch den Kaukasus.

Beurteilung: Die vor allem von C. Renfrew vertretene anatolische Hypothese (Renfrew 1987) verstößt gegen das Ausschlussprinzip, da es in Anatolien eine klar nachweisbare vorindogermanische Bevölkerung gab, nämlich die Hattier, deren Kultur von den Hethitern im frühen 2. Jt. weitgehend übernommen wurde. Auch die Hurriter sind in Ostanatolien bereits im 2. Jt. vertreten, ihre wahrscheinlich kaukasischen Vorfahren sicherlich schon früher. Um die Verletzung des Ausschlussprinzips abzumildern, müsste man die Urheimat in Westanatolien ansiedeln, da Hattier und Hurriter vor allem in Zentral- und Ostanatolien ansässig waren. Der Übergang von der Jäger- und Sammlerkultur fand aber in Südostanatolien und im angrenzenden sog. Fruchtbaren Halbmond statt. Alle historischen Hinweise deuten auch darauf hin, dass die Hethiter und andere indogermanisch-anatolische Gruppen nicht aus Anatolien stammen, sondern am Ende des

3. Jt. dorthin eingewandert sind. Bei der Gültigkeit der anatolischen Hypothese müssten sie oder ihre Vorfahren seit vielen tausend Jahren in Anatolien ansässig gewesen sein.

Auch das kulturelle Prinzip wird verletzt, da sich im 7. Jt. das fortschrittliche Vokabular wie z.B. Begriffe für Rad und Wagen, die eindeutig gemein-indogermanisch sind, noch nicht entwickelt haben konnte. Vor dem 2. vorchristlichen Jahrtausend gibt es in Anatolien und auf dem Balkan sowie in Griechenland keinen Hinweis auf das Pferd, das ebenfalls zum gemein-indogermanischen Wortschatz gehört. Andererseits muss der Zeitansatz der anatolischen Hypothese so früh gelegt werden, um die frühen neolithischen Kulturen in Europa zu erklären, da die Expansion der Indogermanen bei einem zeitlich späteren Ansatz nichts mit der primären Ausbreitung des Ackerbaus nach Europa zu tun hätte. Nach dem Ausweis der sprachlichen Rekonstruktion besaßen die frühen Indogermanen die Kultur beweglicher Hirtenvölker und waren keine sesshaften Ackerbauern. Somit ist es eigenartig, wenn gerade diese Hirtenvölker die Landwirtschaft früh nach Europa gebracht hätten. Dagegen passt die pastorale Kultur sehr gut zur nordpontischen Steppe Südrusslands (siehe Kurgan-Hypothese).

Problematisch ist im Rahmen der anatolischen Hypothese auch die Erklärung für die indogermanische Ausbreitung nach Asien. Sie müsste nach dem ersten Modell (Ausbreitung durch den Nahen Osten) durch ein Gebiet erfolgt sein, in dem sich ebenfalls schon sehr früh – vielleicht sogar früher als in Südostanatolien – Ackerbau entwickelt hatte. Somit kann diese Ausbreitung nach Osten nicht als „Welle des neolithischen Fortschritts" interpretiert werden, sondern müsste eine andere Ursache gehabt haben. Im mesopotamischen Bereich entwickelten sich im 5. und 4. Jt. Kulturen, die sicherlich nicht indogermanisch waren. Wenn überhaupt, käme also nur das zweite Modell eines großen Umwegs über den Balkan, durch die Steppengebiete der Ukraine und Südrusslands (möglicherweise mit einer zweiten Urheimat im nordpontischen Gebiet, die mit der Kurgan-Hypothese kompatibel wäre?) oder durch den Kaukasus in Frage. Letztlich sind alle drei Routen eher unwahrscheinlich.

Bei Gültigkeit der anatolischen Hypothese sollte es zu sprachlichen Kontakten zwischen frühen Indogermanen und den benachbarten Völkern Anatoliens, des südlichen Kaukasus und Mesopotamiens gekommen sein. Es gibt aber so gut wie keine indogermanischen Lehnwörter im Hattischen, Hurritischen, Akkadischen oder Sumerischen, und umgekehrt kein Wortmaterial aus diesen altorientalischen Sprachen im Gemein-Indogermanischen (wohl aber im Anatolischen). Bei der anatolischen Hypothese sind also fast alle aufgestellten Prinzipien für eine geeignete Urheimat verletzt. Entsprechend gering war und ist auch ihre Akzeptanz in der Fachwissenschaft.

Renfrew modifizierte durch die Einführung einer „sekundären Urheimat" auf dem Balkan und die Annahme weiterer Abspaltungsszenarien seine Hypothese später erheblich, so dass sie chronologisch mit der Kurgan-Hypothese verträglich wurde (Renfrew 2003). Dabei geht er von einer Aufspaltung des sog. *Pre-Proto-Indo-European* (Pre-PIE) in die drei Gruppen *Early West Mediterranean PIE*, *Archaic PIE* und *Proto-Anatolian* im 7. Jt. v. Chr. aus. Aus dem Proto-Anatolischen habe sich schließlich in Anatolien das Anatolische entwickelt, aus dem Early West Mediterannean PIE das Italische; das Archaic PIE habe sich um 5000 v. Chr. in die drei Zweige *North & Northwestern PIE* (Basis für das Keltische und Germanische), *Balkan PIE* (Basis für Baltisch, Slawisch, Griechisch, Indoiranisch) und das *Early Steppe PIE* (Basis für das Tocharische) aufgespalten. Die Abspaltung der Einzelzweige wird etwa auf 3000 v. Chr. angesetzt. Das Balkan PIE identifiziert Renfrew mit der von M. Gimbutas propagierten „Alteuropäischen Kultur", die von Gimbutas selbst aber als eindeutig nicht-indogermanisch beschrieben wurde (Gimbutas 1973, 1995, 1996). Aber auch in dieser komplizierten und nur schwer überprüfbaren Version (Tabelle 2.6) hat die anatolische Hypothese keine größere Zustimmung erhalten.

Tab 2.6 *Modifizierte anatolische Hypothese nach Renfrew (Renfrew 2003: 42)*

PRE-PROTO-INDO-EUROPEAN (PRE-PIE) [*Aufspaltung 6500 v. Chr.*]
PROTO-ANATOLIAN
EARLY WEST PIE: Italic
ARCHAIC PIE [*Aufspaltung 5000 v. Chr.*]
  NORTH & NORTHWEST PIE: Celtic, Germanic
  BALKAN PIE: Baltic, Slavic, Greek, Indo-Iranian
  EARLY STEPPE PIE: Tocharian

Abkürzung: PIE = Proto-Indo-European

Die Kurgan-Hypothese (Pontisch-kaspische Hypothese)

Diese heute von den meisten Forschern zumindest in ihren Grundzügen anerkannte Hypothese geht auf die schon oben erwähnte litauische Prähistorikerin und Linguistin Marija Gimbutas (1929–1994) zurück, die in den Trägern der sog. *Kurgan-Tradition* die frühen Indogermanen sieht (Gimbutas 1992, 1997). Die Kurgan-Kulturen entwickelten sich in den Steppen- und Waldsteppengebieten der Ukraine und Südrusslands nördlich des Schwarzen und Kaspischen Meeres (und zwischen diesen Meeren nördlich des Kaukasus) in dem Zeitraum von 4500–2500 v. Chr. Namengebendes Merkmal dieser Kulturgruppe sind die großen Tumulusgräber (nach russisch *kurgán* „Hügel, Hügelgrab"), in denen besondere Stammesmitglieder bestattet wurden. Die halbnomadischen Träger der Kurgan-Kulturen besaßen saisonale Siedlungen mit in den Boden eingetieften Hütten, sie praktizierten Viehzucht und Weidewirtschaft, hatten eine straffe hierarchische Sozialstruktur mit einem patriarchalischen Familiensystem, domestizierten das Pferd und entwickelten Rad und Wagen. Zu ihrer Religion gehörte die Verehrung des Sonnengottes sowie von Kriegsgöttern, sie brachten Tieropfer dar (soweit das Bild, das Gimbutas von der Kurgan-Tradition zeichnet).

Gimbutas prägte für das nicht-indogermanische neolithische Europa (etwa 6500–3500 v. Chr.) den Begriff „Alteuropa" (nicht zu verwechseln mit Krahes frühindogermanischem „Alteuropa"). Die Kultur Alteuropas war die Antithese zu allem, was man unter „indogermanischer Kultur" versteht: Die soziale Struktur war matrifokal, matrilinear und theokratisch, an der Spitze der Gemeinschaft stand eine Priesterin-Königin, es gab keine Kriegerkaste und keine Pferde, die wirtschaftliche Basis war die Landwirtschaft (Gimbutas 1995, 1996).

Diese nach Gimbutas' Ansicht friedfertigen alteuropäischen Kulturen wurden durch mehrere mächtige Wellen der kriegerischen Kurgan-Leute, also der frühen Indogermanen, überrollt. Die erste Welle von Hirtennomaden aus der Dnjepr-Wolga-Steppe wird auf 4400–4300 v. Chr. datiert; die nächsten beiden wesentlich größeren durch nordpontische und nordkaukasische Hirtennomaden folgten um 3500–3400 bzw. um 3000–2900 v. Chr. Durch diese drei Wellen wurde die alte europäische Kultur weitgehend transformiert und „indogermanisiert". Die Kurgan-Leute setzten nach und nach ihr Verwaltungs- und Sozialsystem, ihre Religion und Sprache durch. In der Wirtschaft bildete sich eine erfolgreiche Symbiose aus Land- und Viehwirtschaft aus. Die soziale Schichtung war dreigliedrig-hierarchisch: an der Spitze der König, darunter die Kriegerkaste, den Rest bildete die arbeitende Bevölkerung. Auch die Architektur änderte sich: Auf Hügeln wurden burgenähnliche Anlagen mit Apsisbauten errichtet, die Dörfer bestanden aus eingetieften Hütten mit festen Herdstellen. Dieser umfassende Transformationsprozess, also die Indogermanisierung Mittel- und Osteuropas, vollzog sich im 4. und 3. Jt. v. Chr.

Nach der zweiten Kurgan-Welle – also in der zweiten Hälfte des 4. Jt. – bildete sich in Ostmitteleuropa eine Art Sekundärheimat der westlichen Indogermanen heraus, die mit verschiedenen lokalen Kulturen in Verbindung gebracht werden kann und von der aus die Indogermanisierung Europas erklärbar wird. Gimbutas fasst den gesamten Prozess wie folgt zusammen (Gimbutas 1992: 26–27):

„Die Ausbildung der indogermanischen Sprachfamilien in Europa war seit dem 4. Jt. bis zum Ende der Bronzezeit in ständigem Fluss. Trotz wiederholter Prozesse der Konvergenz und Divergenz lassen sich mehrere Stadien unterscheiden, welche für die ethnischen Formationen der Bronzezeit entscheidend geworden sind.

1. Es existieren starke linguistische und archäologische Beweise für ein nicht oder nur unbedeutend differenziertes europäisches Stadium der Indogermanen. Chronologisch betrifft dies die neugebildeten Kulturgruppen der zweiten Hälfte des 4. Jt. in Ostmitteleuropa (den sich aus Kurgan- und alteuropäischen Elementen zusammensetzenden Kugelamphoren-Baden-Ezero-Komplex).

2. Die Ausdehnung der späten Kugelamphoren- sowie frühen Schnurkeramik-Kultur um 3000–2800 v. Chr. nach Nordwest- und Nordosteuropa resultierte in der Abspaltung der nördlichen Indogermanen. Ihre Vermischung mit der alteuropäischen Substratbevölkerung führte zur Ausbildung der germanischen und baltischen Sprachfamilie. Die Infiltrierung Griechenlands aus Südmitteleuropa (möglicherweise durch die Baden-Vučedol-Kultur) und die Vermischung mit der Kultur Frühhelladisch II-III des 3. Jt. führte zur Ausbildung des mykenischen Griechentums.

3. Der Kern der verbleibenden indogermanischen Gruppen war die bronzezeitliche Aunjetitzer-Tumulus-Urnenfelder-Kultur Mitteleuropas. Die territorialen Ausdehnungen um 1500 v. Chr. (die Tumulus-Expansion) und nochmals um 1250 v. Chr. (die Urnenfelder-Bewegung) aus Mitteleuropa nach Italien und auf den Balkan sowie die sich daraus ergebenden Mischungen mit den bodenständigen Substratkulturen führten zur Ausbildung neuer Spracheinheiten. Zu ihnen zählen Italisch, Venetisch, Illyrisch, Albanisch, Phrygisch und Armenisch. Ein Vorstoß von Urnenfelder-Leuten aus der oberrheinischen Tiefebene brachte die Proto-Kelten nach Frankreich und Spanien."

Damit wäre die Expansion der Indogermanen nach und in Europa weitgehend erklärt. Zur Frage der Entstehung des anatolischen, indoiranischen und tocharischen Zweiges macht die Kurgan-Hypothese keine direkten Aussagen. Die möglicherweise auch von der Kurgan-Tradition beeinflusste Andronovo-Kultur, die sich östlich an das Stammgebiet der Kurgan-Leute anschließt und sich vom Kaspischen Meer bis zum Jenissej erstreckte, wird mit den Indoiranern in Verbindung gebracht, die schließlich von dort nach Nordindien bzw. in den Iran weitergezogen sind. Die Expansion der Indogermanen nach Anatolien (der anatolische Zweig) kann sowohl durch den Kaukasus als auch über den Balkan erfolgt sein.

Somit bietet die Kurgan-Hypothese bei allen Problemen im Detail eine Grundlage für die Lösung der Urheimat-Frage, die vielen Kriterien genügt und vor allem für die Expansion der europäischen Indogermanen in ihre späteren Siedlungsgebiete den passenden geographischen, kulturellen und zeitlichen Rahmen liefert. Von allen bisher vorgebrachten Hypothesen hat sie die größte Erklärungskraft.

2.4 Proto-Indogermanisch

Proto-Indogermanisch – auch *Urindogermanisch* oder *indogermanische Grundsprache* – ist die nur hypothetisch erschließbare Sprachform, aus der alle indogermanischen Sprachen hervorgegangen sind (vgl. Abschnitt 1.1). Die Indogermanistik hat seit dem Beginn des 19. Jh. durch die systematische Analyse der Gemeinsamkeiten der überlieferten und modernen indogermanischen Sprachen die wesentlichen phonologischen, morphologischen und syntaktischen Merkmale sowie den Wortschatz der Protosprache erschlossen. (Der Begriff *Protosprache* oder *Ursprache* darf hier wie auch bei anderen Sprachfamilien nicht in dem Sinne missverstanden werden, dass diese Sprache besonders archaisch oder gar eine der frühesten Sprachen der Menschheit gewesen sei. Man geht heute davon aus, dass bereits der frühe *Homo sapiens* vor mehr als 100.000 Jahren komplexe Sprachformen entwickelt hatte. Im Vergleich dazu ist auch das Urindogermanische eher als eine späte Sprachstufe anzusehen.)

Aufgrund des gemeinsamen Wortschatzes der indogermanischen Sprachen, zu dem zum Beispiel auch das Wort *$k^wek^wlóm$* „Rad" gehört, gehen die meisten Forscher von einer Aufspaltung der Ursprache nicht vor der Mitte des 4. Jt. aus, da der Gebrauch des Rades im wahrscheinlichen Sprachgebiet erst seit dieser Zeit archäologisch belegt ist. Andererseits lässt der Grad der Verschiedenheit schon der ältesten überlieferten Sprachen im 2. Jt. v. Chr. darauf schließen, dass die Aufspaltung des Urindogermanischen in verschiedene Zweige spätestens um 2500 v. Chr. erfolgt war.

Da das Proto-Indogermanische nicht direkt überliefert ist, wurden alle Phoneme, Morpheme und lexikalischen Einheiten („Wurzeln") durch die sog. *komparative Methode* erschlossen (vgl. Kapitel 1, insbesondere Abschnitt 1.5). Viele Wörter in den indogermanischen Sprachen haben eine Herkunft in einer proto-indogermanischen Wortwurzel, sie gehören zum *indogermanischen Erbwortschatz*. Es gibt eine Fülle von Lautgesetzen, die die Lautgestalt der Wörter in den einzelnen Zweigen und Sprachen des Indogermanischen bestimmen. Auch die Morphologie der indogermanischen Sprachen zeigt viele

Gemeinsamkeiten, vor allem bei den älteren Sprachstufen. Die vergleichende Untersuchung der indogermanischen Morphologie war in der ersten Hälfte des 19. Jh. der Beginn der wissenschaftlichen Indogermanistik, ab den 1860er Jahren gewann dann die Idee der systematischen Rekonstruktion der Ursprache große Bedeutung. Seither und bis heute wird diese Rekonstruktion aufgrund neuer Entdeckungen und Analysen fortlaufend revidiert.

Trotz aller Erfolge bei der Wiedergewinnung der Ursprache wäre es aber eine verfehlte Ansicht, wenn man sich das rekonstruierte Urindogermanische als eine konkrete, genau so von einer Gruppe von Menschen im 4. Jt. v. Chr. gesprochene Sprache vorstellte. Wahrscheinlich kann man nur einen relativ späten Sprachzustand des Gemein-Indogermanischen rekonstruieren. Hier ist ein Vergleich mit der Rekonstruktion des Proto-Romanischen aus den romanischen Einzelsprachen hilfreich: Das so rekonstruierte Proto-Romanische ist nicht das klassische Latein, sondern eine Form des späten Sprechlateins, das viele Merkmale des klassischen Lateins verloren und neue ausgebildet hatte (vgl. Abschnitt 5.4).

Lexikalische Gemeinsamkeiten

Hunderte von gründlich untersuchten lexikalischen Gemeinsamkeiten belegen – zusammen mit den morphologischen Übereinstimmungen – die genetische Beziehung der indogermanischen Sprachen jenseits allen Zweifels. Tabelle 2.7 zeigt eine kleine Auswahl von indogermanischen Wortgleichungen mit Kognaten aus zehn Primärzweigen des Indogermanischen (Iranisch und Indoarisch sind separat aufgeführt). Dabei werden in der Regel die im Tabellenkopf angegebenen Belegsprachen verwendet.

Die erste Spalte der Tabelle 2.7 enthält die deutsche Bedeutung (eingeklammert [...], falls sie selbst nicht kognat ist). Die zweite und dritte Spalte bieten die protosprachlichen Wortformen nach Mallory-Adams 1997 „Encyclopedia of Indo-European Culture" bzw. nach Pokorny 1959 „Indogermanisches etymologisches Wörterbuch". Diese Wortformen unterscheiden sich vor allem dadurch, dass in Mallory-Adams durchgehend die sog. Laryngale h_1, h_2, h_3, h_x rekonstruiert sind, deren Bedeutung und Wirkweise im Abschnitt 2.5 ausführlich behandelt werden. Die einzelsprachlichen Belege stammen in der Mehrzahl ebenfalls aus den beiden zitierten Werken. Für die in den verschiedenen Sprachen verwendeten Sonderzeichen wird auf den Abschnitt „Phonetische Symbole" in der Einleitung verwiesen. Kognate in Klammern (...) weichen in ihrer Bedeutung stärker von der angegebenen Grundbedeutung ab.

Wenn in der genannten Hauptbelegsprache einer Sprachgruppe kein geeigneter Kognat existiert, werden folgende Ersatzsprachen herangezogen: Für das *Keltische* Gallisch (gall), Galatisch (galt) und Walisisch (wal), im *Italischen* Oskisch (osk) und Umbrisch (umb), im *Germanischen* Althochdeutsch (ahd), Altsächsisch (alts) und Altenglisch (aeng), im *Baltischen* Altlitauisch (alit), Litauisch (lit) und Lettisch (let), im *Slawischen* Russisch (russ) und Tschechisch (tsch), im *Iranischen* Uriranisch (urir) und Persisch (pers), im *Anatolischen* Hieroglyphen-Luwisch (hluw), Keilschrift-Luwisch (kluw) und Lykisch (lyk) sowie im *Tocharischen* Tocharisch B.

Tab 2.7a *Indogermanische Wortgleichungen Teil I (Mallory-Adams 1997, Pokorny 1959)*

Deutsch	Ur-Idg. Mallory-Adams	Ur-Idg. Pokorny	Keltisch Altirisch	Italisch Lateinisch	Germanisch Gotisch	Baltisch Altpreußisch	Slawisch Altkirchslaw.
Vater	*ph₂tḗr -	*pətḗr	athair	pater	fadar	–	–
Mutter	*meh₂tḗr -	*mātḗr	māthair	māter	muoter (ahd)	mothe	mati
Bruder	*bhréh₂tēr	*bhrátēr	bráthair	fráter	brōþar	brāti	bratrŭ
Schwester	*su̯ésōr	*su̯ésōr	siur	soror	swistar	swestro	sestra
Tochter	*dhugh₂tér	*dhughətér	duxtir (gall)	futír (osk)	daúhtar	duckti	dŭšti
Herz	*k'r̥d-	*k'erd-	cride	cord-	haírtō	širdìs (lit)	srŭdĭce
Auge	*h₃kʷ-(ih₁)	*okʷ-	–	oc-ulus	augō	akì (lit Dual)	oči (Dual)
Knie	*g'ónu-	*g'énu-	glūn	genū	kniu	–	–
Fuß	*pod-, *ped-	*ped-	ad- (galt)	ped-	fōtus	pèdà (lit)	podŭ
Nagel	*h₃enógh(u̯)-	*onogh(u̯)-	ingen	unguis	nagal (ahd)	nãgas (lit)	noga (russ)
Zunge	*dn̥g'huh₂	*dn̥g'hū	tengae	lingua	tuggo	insuwis	językŭ
Zahn	*h₁dónt-	*(e)dónt-	dant (wal)	dent-	tunþus	dantis	(desná) (russ)
Träne	*(d)h₂ék'ru-	*(d)ák'ru-	dēr	lacrima	tagr	asara (let)	–
[Schaf], Aue	*h₂óu̯is	*óu̯is	oí	ovis	awi-	avìs (lit)	ovĭnŭ
Kuh	*gʷóu(s)	*gʷōu-	bō	bōs	chuo (ahd)	gùovs (let)	govęždĭ
[Pferd]	*h₁ék'u̯os	*ék'u̯os	ech	equus	aiƕa-	ašvà (alit)	–
Hund	*k'(u)u̯ón	*k'u̯ón	cū, Gen. con	canis	hunds	sunis	súka (russ)
Name	*h₁enómn̥	*en(o)mn̥	ainm	nōmen	namō	emens	imę
Nacht	*nokʷt-, *nekʷt-	*nekʷt-	in-nocht	noct-	nahts	naktin	noštĭ
[Sonne]	*séh₂ul-	*sáu̯el-	haul (wal)	sōl	sauil	saule	slŭnĭce
Salz	*seh₂el-	*sal-	salann	sāl	salt	sàls (let)	solĭ
Wasser	*u̯odr̥, *u̯edan	*u̯edōr-	–	utur (umb)	watar (alts)	unds	voda
Feuer	*péh₂ur̥	*péu̯or	–	pir (umb)	fiur (ahd)	–	(pýř) (tsch)
[Erde]	*dhég'hōm	*g'hðem-	dū, Gen. don	humus	–	semme	zemlja
[Baum, Holz]	*dóru, *dréu̯o	*deru-	daur	–	triu	(drūtas) (lit)	drŭva
[Rad, Wagen]	*kʷekʷlóm, kʷolō	*kʷekʷlo-	cul	–	hwēol (aeng)	kelan	kolo
neu	*néu̯os, *neu̯i̯os	*néu̯os	núa	novus	niujis	neuwenen	novŭ
ich	*h₁eg'(om)	*eg'(hom)	–	ego	ik	es	*(j)azŭ
du	*tuh_x	*tū	tū	tū	þu	toū	ty
ist	*h₁esti	*esti	is	est	ist	ēsti (alit)	jestŭ
essen	*h₁ed-	*ed-	est-	ed-	it-	īst	jamĭ
[tragen]	*bher-	*bher-	beir-	fer-	bair-	(beriù) (lit)	(ber-)
wissen	*u̯eid-	*u̯e(i)d-	gwydd- (wal)	vidē-	wit-	waid-	vědě
ein(s)	*h₁oínos	*oínos	oín	ūnus	ains	ains	ino-
zwei	*dwéh₃u	*du̯ō(u)	dáu, dóu	duo	twai	dwai	duva
drei	*trei̯es	*trei-	trī	trēs, tria	þreis	tris	tri(je)
vier	*kʷetu̯ór	*kʷetu̯ér	cethair	quattuor	fidwōr	keturì (lit)	četyre
fünf	*pénkʷe	*pénkʷe	cóic	quīnque	fimf	penkì (lit)	pętĭ
sechs	*s(u̯)ek's	*s(u̯)ek's	sē	sex	saihs	šešì (lit)	šestĭ
sieben	*septm̥	*septm̥	secht	septem	sibun	septynì (lit)	sedmĭ
acht	*h_xok'tṓ	*ok'tṓ(u)	ocht	octō	ahtau	aštuonì (lit)	osmĭ
neun	*h₁néu̯n̥	*(e)néu̯n̥	noī	novem	niun	devynì (lit)	devętĭ
zehn	*dék'm̥	*dék'm̥	deich	decem	taíhun	dessimpts	desętĭ
hundert	*k'm̥tóm	*k'm̥tóm	cét	centum	hunda Pl.	širñtas (lit)	sŭto

Tab 2.7b *Indogermanische Wortgleichungen Teil II (Mallory-Adams 1997, Pokorny 1959)*

Deutsch	Griechisch	Armenisch	Iranisch	Indoarisch	Anatolisch	Tocharisch
			Avestisch	*Sanskrit*	*Hethitisch*	*Tocharisch A*
Vater	patḗr	hayr	ptā-	pitár-	–	pācar
Mutter	mḗtēr	mayr	mātar-	mātár-	–	mācar
Bruder	(phrḗtēr)	ełbayr	brātar-	bhrātar-	–	prācar
Schwester	éor	k'oyr	xᵛaṅhar	svásar-	–	ṣar
Tochter	thygátēr	dustr	duɣədar-	duhitár-	tuwatra- (hluw)	ckācar
Herz	kardíā	sirt	zərəd-	hṛd-	kēr	(kri)
Auge	ósse (Dual)	akn	aši-	ákṣi-	–	ak
Knie	góny	cunr	žnu-	jānu-	gēnu	kanw-
Fuß	pod-	otn	pad-	pád-	pad(a)-	pe
Nagel	ónych-	–	nāxun (pers)	nakhá-	–	maku-
Zunge	–	lezu	hizū-	jihvā-	–	–
Zahn	odónt-	atamn	dantan-	dánt-	(adant-)	–
Träne	dákry(ma)	artawasr	asrū-	áśru-	isḫaḫru	ākär
[Schaf], Aue	ó(w)is	hovik	*āvi- (urir)	ávi-	ḫawi- (kluw)	awi (B)
Kuh	boũs	kov	gāuš	gā́v-, gáu-	wawa- (hluw)	ko
[Pferd]	híppos	ēš	aspa-	áśva-	azu- (hluw)	yuk
Hund	kýōn	šun	span-	śun-	kun-	ku
Name	ónoma	anun	nāmạn	nā́ma-	lāman	ñom
Nacht	nykt-	–	–	nákt-	nekuz (Gen.)	nokte
[Sonne]	hḗlios	–	huar-	súar-	–	–
Salz	háls	ał	–	salilá-	–	sāle
Wasser	hýdōr	get	vaiδi-	udán-	wātar	wär
Feuer	pỹr	hur	–	–	paḫḫur	por
[Erde]	chthón	–	zəm-	kṣam-	tēkan	tkaṃ
[Baum, Holz]	dóry	–	dāuru-	dā́ru-	tāru	or
[Rad, Wagen]	kýklos	–	čaxra-	cakrá-	–	kukäl
neu	né(w)os	–	nava-	náva-	nēwas	ñuwe (B)
ich	egṓ	es	azəm	ahám	ūk	ñuk
du	sý	du	tvạm	tvám	zik	tu
ist	estí	ē'	asti	ásti	ēszi	(ṣeṣ)
essen	ed-	ute-	(aδāiti)	ád-	ēd-	–
[tragen]	pher-	ber-	bar-	bhar-	–	pär-
wissen	oĩda	git-	vaēδa	véda	–	–
ein(s)	(oínē)	–	–	–	–	–
zwei	dýo	erku	dva	dvá	tūwa (hluw)	wu
drei	treĩs	erek	θrayō	tráyas, trí	teri-	tre
vier	téssares	č'ork'	čaθwārō	catvára	–	śtwar
fünf	pénte	hing	panča	páñca	–	päñ
sechs	héx	vec'	xšvaš	ṣáṣ	–	ṣäk
sieben	heptá	ewt'n	hapta	saptá	šiptam-	ṣpät
acht	oktṓ	ut'	ašta	aṣṭā́	–	okät
neun	ennéa	inn	nava	náva	nuñ- (lyk)	ñu
zehn	déka	tasn	dasa	dáśa	–	śäk
hundert	he-katón	–	satəm	śatám	sñta (lyk) ?	känt

Bemerkungen zur Typologie

Das Proto-Indogermanische war eine Sprache mit einer komplexen Nominal- und Verbalflexion, obwohl gerade der älteste überlieferte Vertreter — das Hethitische — dieses Merkmal nur in geringerem Umfang besitzt. Deswegen gehen manche Forscher davon aus, dass sich bestimmte Formen der Flexion erst im Laufe der Zeit in der Ursprache entwickelt haben, nachdem sich der anatolische Zweig bereits abgespalten hatte. Allerdings ist es auch möglich, dass bei den anatolischen Sprachen ältere Flexionsformen unter dem Einfluss von Adstraten (benachbarten Sprachen) und Substraten (Vorgängersprachen im selben geographischen Gebiet) später verloren gegangen sind. Gegen eine Entwicklung der Flexion erst in den einzelnen Zweigen sprechen die zahlreichen morphologischen Gemeinsamkeiten, die offensichtlich Erbgut aus der Protosprache sind. In den indogermanischen Tochtersprachen wurde die Komplexität der Flexion unterschiedlich stark wieder abgebaut — nur wenig z.B. in den baltischen und slawischen Sprachen, sehr stark etwa im Englischen, Neupersischen oder Afrikaans, die nahezu zu flexionslosen Sprachen geworden sind.

Die proto-indogermanische Wortstellung im Aussagesatz war wahrscheinlich SOV (Subjekt – Objekt – Prädikat) mit den typischerweise damit verbundenen Eigenschaften wie Postpositionen statt Präpositionen, vorangestellte Attribute, Genitive und Relativsätze usw. In den einzelnen Zweigen haben sich andere Typen entwickelt, z.B. VSO im Keltischen oder SVO im Romanischen, obwohl im Lateinischen die ursprüngliche Stellung SOV vorherrschte.

Proto-Indogermanisch war eine Nominativ-Akkusativsprache (Subjekt im Nominativ, direktes Objekt im Akkusativ, unabhängig von der Transitivität oder Intransitivität des Verbums). Allerdings haben viele der modernen indoiranischen Sprachen den Typus der sog. präteritalen Split-Ergativität angenommen (die ergative Konstruktion findet nur bei transitiven Verben in den Tempora der Vergangenheit statt, sonst haben auch diese Sprachen die Nominativ-Akkusativ-Konstruktion.)

2.5 Phonologie

Für die indogermanische Ursprache wurden die im Folgenden dargestellten Phoneme (Meier-Brügger 2010, Szemerényi 1990, Meiser 1998) rekonstruiert. Zurückgehend auf K. Brugmann verwendet man zu ihrer Darstellung lateinische Buchstaben mit einigen Hochstellungen und diakritischen Zeichen. Abweichend von Brugmann wird hier die Palatalisierung durch einen Apostroph ausgedrückt, also z.B. /k'/ oder /g'/.

Konsonanten

Tab 2.8 *Die Konsonantenphoneme des Proto-Indogermanischen*

	labial	alveolar	velar	palato-velar	labio-velar	palatal	„laryngal"
Plosive							
Tenues (stl.)	p	t	k	k'	kʷ		
Mediae (sth.)	b	d	g	g'	gʷ		
Mediae asp.	bh	dh	gh	g'h	gʷh		
Nasale	m	n					
Frikative		s					h₁, h₂, h₃
Approximanten	w (u̯)	r, l				j (i̯)	

/m, n, r, l/ werden als *Liquiden* oder *Resonanten* zusammengefasst. Die traditionelle Bezeichnung für die Plosive sind *Tenues*, *Mediae* bzw. *Mediae aspiratae*. /w/ und /j/ bezeichnet man auch als *Halbvokale*.

Laryngale

Die sog. Laryngale sind eine Gruppe von rekonstruierten Lauten, deren präziser Lautwert nicht bekannt ist. Man nimmt an, dass es sich um „gutturale" Frikative handelt, die im hinteren Bereich des Mundes oder in der Kehle gebildet werden, wahrscheinlich um Pharyngale und/oder Glottale. Direkte konsonantische Reflexe der Laryngale sind nur in den anatolischen Sprachen als velarer Frikativ /x/, transliteriert <ḫ>, sowie in sehr seltenen Fällen im Armenischen erhalten. Ansonsten wurden die protosprachlichen Laryngale unter bestimmten Bedingungen zu Vokalen oder hinterließen andere indirekte Spuren. Die Postulierung der Laryngale durch Ferdinand de Saussure (1878) stellt einen Meilenstein der historischen Linguistik dar; ihre volle Anerkennung fand die „Laryngaltheorie" jedoch erst nach beinahe hundert Jahren.

In der indogermanischen Standardtheorie gibt es drei Laryngale, die abstrakt als *h₁, *h₂, *h₃ bezeichnet werden. Alternative Schreibweisen sind *ə₁, *ə₂, *ə₃ bzw. *H₁, *H₂, *H₃. Als allgemeines Laryngalsymbol wird H oder hₓ verwendet, wenn der genaue Laryngal nicht spezifiziert werden muss oder kann. (Die Anzahl der Laryngale schwankt in unterschiedlichen Theorien von eins bis zehn.) Im Wesentlichen gibt es vier lautliche Veränderungen in der Protosprache oder beim Übergang von der Protosprache zu den Folgesprachen, die auf Laryngale zurückgeführt werden:

- Vokalisierung zwischenkonsonantischer Laryngale in der Protosprache,
- Färbung eines benachbarten /e/ unter Beibehalt des Laryngals (in der Protosprache),
- Verlust nicht-vokalisierter Laryngale beim Übergang zu den Folgesprachen sowie
- kompensatorische Dehnung eines voranstehenden Vokals bei Verlust des Laryngals.

Vokalisierung von Laryngalen

Laryngale zwischen zwei Konsonanten entwickelten sich über die Zwischenstufe vokalisierter Laryngale (Schreibweise $*h_1$, $*h_2$, $*h_3$ bzw. Ḥ) zu Vokalen, und zwar meist zu /a/, im Indoarischen aber zu /i/ und im Griechischen zu den drei Vokalen /e, a, o/, genauer $*h_1 > $ /e/, $*h_2 > $ /a/, $*h_3 > $ /o/. Beispiele zeigt Tabelle 2.9.

Tab 2.9 *Die Vokalisierung zwischenkonsonantischer Laryngale (Fortson 2010: 62)*

$*h_1$	$*dhh_1s$- „heilig" > $*dhh̥_1s$- > vedisch *dhiṣ-ṇya-* „andächtig, fromm", griech. *thés-phatos* „von Gott bestimmt", latein. *fānum* „Tempel" (< $*fas$-no < $*dhh̥_1s$-no-)
$*h_2$	$*sth_2$-to „gestellt" > $*sth̥_2$-to > vedisch *sthitá-*, griech. *statós*, latein. *status* „fester Stand"
$*h_3$	$*dh_3$-ti- „Gabe" > $*dh̥_3$-ti- > vedisch *díti-*, griech. *dósis*, latein. *datio* „Gabe"

Im Griechischen, Phrygischen und Armenischen wurden auch Laryngale vokalisiert, die am Wortanfang vor einem Konsonanten stehen, z.B. $*h_2nēr$- „Mann" > griech. *anḗr*, phryg. *anar*, armen. *ayr* (< protoarmen. *anir*).

Färbung eines benachbarten *e

Die laryngale Färbung eines *e in der unmittelbaren Nachbarschaft eines Laryngals fand bereits in der Protosprache statt. $*h_2$ färbte *e zu *a, $*h_3$ zu *o, während $*h_1$ keine Veränderung eines benachbarten *e bewirkte. Der Laryngal selbst blieb in der Protosprache erhalten.

Dazu einige Beispiele:

> *h_1esti „ist" bleibt unverändert > latein. *est* „ist"
> *h_2ent- „Stirn, Vorderseite" > *h_2ant- > latein. *ante* „vor"
> *h_3erbh- „verwaist" > *h_3orbh- > latein. *orbus* „Waise"

Ein ähnlicher Färbungseffekt ist auch in den semitischen Sprachen bekannt, die entsprechenden Laute wurden in der Semitistik schon lange als „Laryngale" bezeichnet; H. Möller übertrug diese Bezeichnung 1911 auf die vergleichbaren proto-indogermanischen Laute.

Verlust des Laryngals

Die nicht-vokalisierten Laryngale gingen schließlich in allen Zweigen des Indogermanischen außer dem Anatolischen (und in ganz wenigen Fällen auch im Armenischen) verloren. Dieser Prozess hatte bereits in der Protosprache begonnen und kam in der Ablösungsphase der einzelnen Zweige zum Abschluss. Nur im Anatolischen blieb jedoch *h_2 und im Anlaut auch *h_3 als Velar /x/ <ḫ> erhalten, während *h_1 auch in den anatolischen Sprachen verloren ging. Dazu folgende Beispiele:

> *h_2ant- „Stirn, Vorderseite" > hethit. *ḫant* „Stirn" ~ latein. *ante* „vor"
> *h_3orbh- „Waise" > hethit. *ḫarapp-* „getrennt werden" (*o>a) ~
>   latein. *orbus* „Waise"
> *h_1esti „ist" > hethit. *ēšzi* ~ latein. *est*

In den ältesten indoiranischen Sprachen Vedisch und Avestisch bewirkte der intervokalische Laryngal einen Hiatus oder Glottisverschluss zwischen den beiden Vokalen.

Ersatzdehnung als Folge des Laryngalverlustes

Ein postvokalischer Laryngal, der entweder am Wortende (-VH) oder vor einem anderen Konsonanten (-VHK-) stand, bewirkte bei seinem Verlust eine Dehnung des Vokals, er führte also zu -V̄ bzw. -V̄K. Diesen Prozess nennt man *Ersatzdehnung*. Beispiele:

> *$dheh_1-mn$ „etwas Hingestelltes" > Ersatzdehnung *$dhē-mn$ > griech. (*aná-*) *thēma* „Opfer"
> *peh_2-s- „behüten" > Färbung *pah_2-s- > Ersatzdehnung *$pā-s$ > latein. *pās-tor* „Hirte"
> *deh_3-rom „Geschenk" > Färbung *doh_3-rom > Ersatzdehnung *$dō-rom$ > griech. *dôron*

Die rekonstruierte indogermanische Wortform hängt davon ab, welche Stufe des beschriebenen Transformationsprozesses dargestellt werden soll (sofern Laryngale involviert sind). Je nach Kontext werden in der vorliegenden Darstellung rekonstruierte Formen mit oder ohne Laryngal verwendet. Dazu einige Beispiele:

Grundform	transformierte Formen
*$ph_2t\acute{e}r$ „Vater"	Vokalisierung des Laryngals *$ph_2t\acute{e}r$ ~ *$p\partial t\acute{e}r$ (ə alternativ zu h_2)
*$bhr\acute{e}h_2ter$ „Bruder"	Färbung des /e/ *$bhr\acute{a}h_2ter$ > Laryngalverlust + Ersatzdehnung *$br\bar{a}t\acute{e}r$
*$meh_2t\acute{e}r$ „Mutter"	Färbung des /e/ *$mah_2t\acute{e}r$ > Laryngalverlust + Ersatzdehnung *$m\bar{a}t\acute{e}r$
*$h_1\acute{e}k'\mathit{u}os$ „Pferd"	keine Färbung des /e/ (da h_1), Laryngalverlust ohne Ersatzdehnung *$\acute{e}k'\mathit{u}os$

Glottalisierungstheorie

Auffällig ist die Asymmetrie bei den rekonstruierten Plosiven: Sprachen mit stimmlosen, stimmhaften und aspirierten stimmhaften Plosiven besitzen normalerweise auch eine Serie *aspirierter stimmloser Plosive*, also /ph, th, kh, k'h, k^{w}h/. Diese lassen sich jedoch nicht als eigenständige Phoneme der indogermanischen Protosprache rekonstruieren. Typologisch unüblich ist auch die relative Häufigkeit des /b/ im Vergleich zum /p/: Hier wäre eher die gegenteilige Verteilung zu erwarten. Diesen typologischen Bedenken sucht die sog. *Glottalisierungstheorie* Rechnung zu tragen, indem sie die drei Plosivreihen neu interpretiert (Gamkrelidze-Ivanov 1995):

- die Mediae werden als glottalisierte Tenues aufgefasst, d.h. /b/ als /p'/
- die Mediae aspiratae als Mediae mit aspirierten Allophonen, also /bh/ als /b/ [b/b^h]
- die Tenues als aspirierte Tenues mit nicht-aspirierten Allophonen, also /p/ als /p^h/ [p/p^h]

(analog für die Dentale, Velare, Palatovelare und Labiovelare). Gegen die Glottalisierungstheorie spricht u.a., dass die glottalisierten Plosive in keiner indogermanischen Tochtersprache erhalten geblieben sind (das wäre allerdings auch ein Argument gegen die Laryngaltheorie, wenn man vom hethitischen /x/ absieht) und ihr Reflex in der Regel ein stimmhafter Plosiv ist, Ausnahmen sind das Germanische und Armenische (Meier-Brügger 2010: 256–257).

Weiterentwicklung der Konsonanten in den einzelnen Zweigen

In fast allen indogermanischen Sprachen reduzierten sich die drei rekonstruierten protosprachlichen Velarreihen – Velare, Palatovelare und Labiovelare – auf zwei. *Die Kentum-Sprachen* sind dadurch definiert, dass in ihnen die Palatovelare mit den einfachen Velaren zusammengefallen sind, in den *Satem-Sprachen* erscheinen die Palatovelare als Sibilanten /s, š, z, ž/ (vgl. Abschnitt 2.2). Die Labiovelare haben sich zu einfachen Velaren oder Labialen entwickelt.

Die stimmlosen Plosive blieben in den Tochtersprachen ansonsten weitgehend unverändert, außer im Germanischen und Armenischen, wo Lautverschiebungen hin zu Frikativen und Aspiranten stattfanden. Die stimmhaften Plosive wurden im Germanischen und Tocharischen stimmlos. Die stimmhaften aspirierten Plosive blieben nur in den indoarischen Sprachen erhalten (oft bis in die Gegenwart) und verloren in den anderen Sprachen meist ihre Aspiration oder ihre Stimmhaftigkeit (so im Griechischen).

Tabelle 2.10 gibt eine Übersicht über die Entwicklung der indogermanischen Plosive in den Tochtersprachen. Bei der Angabe mehrerer Möglichkeiten hängt entweder die konkrete Ausformung von der phonetischen Umgebung ab oder es handelt sich um sekundäre innersprachliche Entwicklungen (z.B. im Tocharischen k > ś).

Tab 2.10 *Die Veränderung der indogermanischen Plosive in den Tochtersprachen (Watkins 1998: 35–40)*

Idg. >	Hethit.	Sansk.	Avest.	Griech.	Latein.	Osk.	Got.	Armen.	Irisch	Aksl.	Litau.	Tochar.
*p	p	p	p	p	p	p	f/b	p'/h/ø	ø	p	p	p
*t	t	t	t	t	t	t	þ/d	t'/d/y	t/th	t	t	t
*k'	k	ś	s	k	k	k	h/g	s	c/ch	s	š	k/ś
*k	k	k/c	k/č	k	k	k	h/g	k'/g	c(ch)	k/č	k	k/ś
*kw	kw	k/c	k/č	p/t/k	qu	p	ƕ/w	k'	c/ch	k/č	k	k/ś
*b	b	b	b	b	b	b	p	p	b	b	b	p
*d	d	d	d	d	d	d	t	t	d	d	d	t/ts/ø
*g'	g	j	z	g	g	g	k	c/t	g	z	ž	k/ś
*g	g	g/j	g/ǰ	g	g	g	k	k	g	g/ž	g	k/ś
*gw	(g)w	g/j	g/ǰ	b/d/g	u/gu	b	q	k	b	g/ž	g	k/ś
*bh	b	bh	b	ph	f/b	f	b	b	b	b	b	p
*dh	d	dh	d	th	f/d	f	d	d	d	d	d	t/ts
*g'h	g	h	z	ch	h	h	g	j	g	z	ž	k/ś
*gh	g	gh/h	g/ǰ	ch	h	h	g	g	g	g/ž	g	k/ś
*gwh	(g)w	gh/h	g/ǰ	ph/th	f/u	f	b/w	g/ǰ	g	g/ž	g	k/ś

Abkürzung: Sansk. = Sanskrit, Aksl. = Altkirchenslawisch

Vokale, Diphthonge, silbische Resonanten und Laryngale

Die fünf Vokale /a, e, i, o, u/ kamen im Proto-Indogermanischen in Kurz- und in Langform vor, dabei waren /e/ und /o/ besonders häufig. Die Resonanten /m, n, r, l/ und die Laryngale wurden auch vokalisch oder silbisch verwendet, sie werden dann mit einem kleinen Kreis unter dem Graphem gekennzeichnet: /m̥, n̥, r̥, l̥, h̥ₓ/. Die Diphthonge waren /ei, oi, ai, eu, ou, au/, mit dem Schwerpunkt auf dem ersten Bestandteil (also /eⁱ/ etc.).

Urindogermanisches /a/ ist meist durch Laryngalumfärbung aus /eh₂/ entstanden, die Existenz eines ursprünglichen /a/ ist strittig. Urindogermanische Langvokale sind außerhalb von ablautbedingten Dehnstufen (siehe unten) sehr selten.

Entwicklung in den Folgesprachen

Die Vokale blieben z.B. im Italischen und Griechischen zunächst unverändert erhalten (bis auf die erwähnte Färbung durch protosprachliche Laryngale). Das /u/ (geschrieben als griechisches Ypsilon [υ]) wurde in der Aussprache allerdings schon früh zu /ü/. Im ionischen und attischen Griechisch wurde /ā/ zu /ɛ:/ (geschrieben als griechisches Eta [η]). In späteren Entwicklungen des Griechischen vereinfachte sich das Vokalsystem stark durch Zusammenfall vieler Vokale und Diphthonge zu /i/ (sog. Itazismus).

Im Indoiranischen fielen die Vokale /e, o, a/ zu /a/ zusammen (jeweils in der kurzen und der langen Form). Im Germanischen wurde der protosprachliche Kurzvokal /o/ zu /a/ und fiel dadurch mit dem eigentlichen /a/ zusammen; später wurde der indogermanische Langvokal /ā/ zu /ō/ verdunkelt (ū in Endsilben) und fiel seinerseits mit dem ererbten /ō/ zusammen.

Die protosprachlichen Kurzdiphthonge wurden im Griechischen fortgesetzt, /ou/ wurde dabei zu /ū/ (aber noch als Diphthong [ου] geschrieben), /ei/ zu einem /ē/ (ebenfalls als Diphthong [ει] geschrieben). Die Langdiphthonge fielen mit ihren Anfangsvokalen zusammen. In der Entwicklung zum Neugriechischen hin wurden auch die restlichen Diphthonge monophthongisiert. Im Vedischen wurden die Kurzdiphthonge /oi, ai, ei/ zunächst zu /ai/, dann zu /ē/, analog entstand aus /ou, au, eu/ über /au/ das lange /ō/. Aus den Langdiphthongen wurden dann die einfachen Diphthonge /ai/ und /au/.

Die silbischen Resonanten /m̥, n̥, r̥, l̥/ haben in den meisten Folgesprachen ihre syllabische Eigenschaft verloren oder sich zu Vokalen entwickelt. So wurde die negierende protosprachliche Vorsilbe /*n̥-/ im Lateinischen zu /in-/, im Germanischen zu /un-/ und im Griechischen sowie Indoiranischen zu /a-/. Das syllabische /*r̥/ hat sich im Proto-Indoranischen noch erhalten, entwickelte sich aber im Sanskrit zu /ri/ (daher z.B. die Aussprache „Sanskrit" für den Sprachnamen, aus Sanskrit *saṃskr̥t-am*).

Die Wortstruktur der Protosprache

Ein indogermanisches Substantiv, Adjektiv oder Verb besteht in flektierter Form in der Regel aus den drei Komponenten *Wurzel - Suffix - Endung*, wobei man Wurzel und Suffix zusammen auch als *Stamm* bezeichnet und Suffix und Endung zusammen als *Ausgang*. Die Wurzel trägt die lexikalische Grundbedeutung und hat üblicherweise die Form SP(R)V(R)PS, wobei P für Plosiv, R für Resonant oder Laryngal, S für Laryngal oder /s/ und V für Vokal steht; die durch (R) gekennzeichneten Laute sind optional. Das Suffix – es können auch mehrere auftreten – hat eine bedeutungsmodifizierende Funktion. Die Endung enthält die Realisierung der Flexionskategorien. Ein Beispiel im Deutschen: *lieb-los-e* mit der Wurzel *lieb-*, dem modifizierenden Suffix *-los* und der Flexionsendung *-e*, die z.B. den Nom. oder Akk. Singular im Femininum ausdrücken kann.

Präfixe sind in der Protosprache nur wenig verbreitet, z.B. das Negationspräfix /ṇ-/, das sog. Augment /*h₁e-/ zur Kennzeichnung bestimmter Vergangenheitsformen oder die Reduplikationsvorsilben, z.B. im lateinischen Perfekt *pe-pendit* „er hat gewogen" von *pendere* „wiegen". In den indogermanischen Folgesprachen wurden häufig Präpositionen oder Adverbien zu Vorsilben, z.B. deutsch *vor-lesen*, lateinisch *ef-fodere* „ausgraben" < *ex-fodere* „graben". Während die Vorsilben sich meist klar von der Wurzel abheben, sind die Suffixe oft mit der Wurzel oder Endung verschmolzen, so dass ihre Identifizierung schwierig ist.

Themavokal

Ein morphologisch besonders wichtiges Suffix ist der urindogermanische *Themavokal* *e oder *o. Eine konkrete Bedeutung ist nicht erkennbar, er tritt bei manchen Substantiven und Verben zwischen Stamm und Endung, bei anderen nicht. Die entsprechenden Flexionsparadigmen heißen dann *thematisch* (mit Themavokal) bzw. *athematisch* (ohne Themavokal). Es gibt bisher keine allgemein anerkannte Regel dafür, wann ein Themavokal auftritt und – falls er auftritt – ob er *e oder *o lautet. Ein Charakteristikum des Themavokals ist, dass er sich nicht nach den Ablautregeln richtet (siehe unten).

Im Lateinischen und Griechischen ist z.B. die o-Deklination die thematische Flexionsklasse der Substantive. Die athematischen Verben im Griechischen sind die Verba auf /-mi/ in der 1. Person Sg. Präsens (z.B. *dídō-mi* „ich gebe" < *dé-doh₃-mi*), im Lateinischen gehören einige wenige unregelmäßige Verben wie *esse* „sein", *velle* „wollen", *ire* „gehen" zur athematischen Konjugation. Die sog. konsonantische Konjugation des Lateinischen (z.B. *dicere* „sprechen") ist nicht athematisch, sondern eine e-Konjugation (mit kurzem /e/) im Unterschied zur ē-Konjugation (z.B *monēre* „ermahnen"), und damit eine direkte Fortsetzung der indogermanischen thematischen Konjugation. In den meisten indogermanischen Sprachen gingen immer mehr Verben von der athematischen in die meist regelmäßigere thematische Flexionsklasse über.

Ablaut

Der *Ablaut* ist eine morphologisch bedingte Vokalalternation eines Morphems. Je nach Flexionskategorie oder Wortbildungstyp erscheinen in ein- und demselben Morphem unterschiedliche Vokale, z.B. deutsch *sing-en, sang, ge-sung-en; Ge-sang;* lateinisch *tegō* „ich bedecke", *tēxi* „ich habe bedeckt", *toga* „Bedeckung, Mantel". Das Nebeneinander solcher Allomorphe geht letztlich auf den urindogermanischen Ablaut zurück.

Für die Grundsprache sind ein *quantitiver* Ablaut (*Schwundstufe – Vollstufe – Dehnstufe*) und ein qualitativer e/o-Ablaut zu rekonstruieren, woraus sich die fünf Ablautstufen e, o, ē, ō und ø (für die Schwundstufe) ergeben. Die Form der Schwundstufe (auch Tief- oder Nullstufe) hängt von der konkreten e-Stufe der Wurzel ab: e-Stufe KeK > Schwundstufe KK bzw. KəK, Keyk/KyeK > KiK, KewK/KweK > Kuk, KeRK > KR̥K, KeHK > KH̥K (K Konsonant, R Resonant, H Laryngal). In vielen, jedoch nicht in allen Fällen ist die Schwundstufe durch Vokalverlust in unbetonten Silben entstanden, während die anderen Ablautstufen vor allem morphologisch bedingt sind. Theoretisch kann jede idg. Wurzel in jeder der fünf Ablautstufen auftreten (dazu ein Beispiel in Tabelle 2.11), faktisch sind die meisten Wurzeln jedoch auf eine geringere Anzahl beschränkt oder auch nur in einer einzigen Ablautstufe belegt.

Tab 2.11 *Die Ablautstufen der idg. Wurzel *sed- „sitzen" (Pokorny 1959: 884–887)*

Stufe	Form	Beispiele
e-Stufe	*sed-	latein. *sed-ēre* „sitzen", griech. *héd-ra* „Sitz"
ē-Stufe	*sēd-	latein. *sēd-es* „Sitz"
o-Stufe	*sod-	idg *sod-i̯om* „Sitz" > altir. *suide* „Sitz", latein. *solium* „Thron"
ō-Stufe	*sōd-	altengl. *sōt*, engl. *soot* „etwas, was sich ablagert: Ruß"
Schwundst.	*sd-	*ni-sd-o* „Platz, wo man (der Vogel) sitzt: Nest" > latein. *nīdus* „Nest", deutsch *Nest*

Ein vielzitiertes Beispiel für eine vollständige Ablautreihe mit allen fünf ursprachlichen Stufen bietet das Griechische (Tabelle 2.12).

Tab 2.12 *Eine vollständige Ablautreihe im Griechischen (Fortson 2010: 79–81)*

Stufe	Form	Beispiele
e-Stufe	-ter-	*patéra* „den Vater (Akk.)"
ē-Stufe	-tēr-	*patḗr* „der Vater (Nom.)"
o-Stufe	-tor-	*eupátora* „einen guten Vater habend, edel (Akk.)"
ō-Stufe	-tōr-	*eupátōr* „einen guten Vater habend, edel (Nom.)"
Schwundst.	-tr-	*patrós* „des Vaters (Gen.)"

In den Folgesprachen gab es unterschiedliche Entwicklungen. Im Altgriechischen findet man alle Stufen vor, im Sanskrit sind *e und *o zu /a/ zusammengefallen, so dass nur noch drei quantitative Stufen übrig blieben. In den germanischen Sprachen hat sich der

Ablaut in den Verben zu einer großen Vielfalt mit zahlreichen Ablautmustern entwickelt (vgl. Abschnitt 3.5). Das Neuhochdeutsche besitzt über 30 Ablautreihen.

Akzentposition

Ursprünglich gab es in der Protosprache einen engen Zusammenhang zwischen Akzent-position und qualitativem Ablaut: Die betonten Silben hatten ein /e/, die unbetonten ein /o/ oder standen in der Schwundstufe. Bereits in der späteren Protosprache wird diese Regel durchbrochen, die Position des Akzents gehorchte anderen Kriterien.

Zunächst ist zwischen einem *statischen* und einem *kinetischen* (oder *mobilen*) Akzent zu unterscheiden. Der statische Akzent steht bei allen Formen eines Substantivs oder Verbs entweder auf der Wurzel (*akrostatisch*) oder dem Suffix (*mesostatisch*), wohinge-gen die Position des kinetischen Akzents abhängig davon ist, ob es sich um eine *starke* oder *schwache* Nominal- bzw. Verbalform handelt. Die Opposition stark – schwach ent-stammt der indischen Grammatik. Als starke Nominalformen gelten der Nom., Vok. und Akk. im Singular und Dual sowie der Nom. Plural. Starke Verbalformen sind die 1.–3. Person Singular Indikativ Aktiv, die Konjunktivformen sowie der Imperativ. Alle anderen Formen gelten als schwach, bei manchen Formen ist die Zuordnung nicht völlig eindeutig. Es gibt drei Formen des kinetischen Akzents: *proterokinetisch, hysterokinetisch* und *holokinetisch* (oder *amphikinetisch*).

Tabelle 2.13 zeigt die Akzentpostionen innerhalb des Wortes (W = Wurzel, S = Suf-fix, E = Endung, die Akzentposition ist unterstrichen). Als Beispiele für starke Formen wird der Nom. Sg., für schwache Formen der Gen. Sg. herangezogen. Der Beleg für den mesostatischen Akzent stammt aus dem Griechischen, alle anderen sind rekonstruierte ursprachliche Formen.

Tab 2.13 *Die Positionen des statischen und kinetischen Akzents (nach Meiser 1998: 32, Fortson 2010: 120)*

	statischer Akzent		kinetischer Akzent		
	akrostat.	mesostat.	proterokin.	hysterokin.	holokin.
stark	W<u>S</u>E	W<u>S</u>E	W<u>S</u>E	W<u>S</u>E	W<u>S</u>E
schwach	<u>W</u>SE	W<u>S</u>E	W<u>S</u>E	WS<u>E</u>	WS<u>E</u>
	„Nacht"	„Weg"	„Gedanke"	„Vater"	„Morgenröte"
Nom. Sg.	*nókʷ-t-s	hodós (griech.)	*mén-ti-s	*ph₂-tér-s	*h₂éus-ōs
Gen. Sg.	*nékʷ-t-s	hodoũ	*mn̥-téi-s	*ph₂-tr-és	*h₂us-s-és

Zu den Typen mit statischem Akzent gehören alle thematischen Stämme (siehe oben), z.B. die Substantive der $*o$- und $*eh_2$-Deklination, die im Lateinischen oder Griechischen zur o- bzw. a-Deklination gehören. Sie können sowohl akrostatisch als auch mesostatisch sein: z.B. griechisch *lógos*, *lógou* „Wort (Nom./Gen.)" ist akrostatisch, *hodós*, *hodoû* „Weg" ist mesostatisch. Die Mehrzahl der athematischen Stämme gehört zum kinetischen Akzenttyp. Allerdings ist in den Folgesprachen die Position des Akzents durch verschiedene Einflüsse häufig verändert, so dass man im Einzelfall nur mit großem komparativem Aufwand die ursprachlichen Akzentverhältnisse rekonstruieren kann.

2.6 Nominalmorphologie

Das proto-indogermanische Nomen hat die Kategorien Genus, Numerus und Kasus.

Kategorie	Realisierung
Genus	Maskulinum, Femininum, Neutrum; *ursprünglich* belebt/unbelebt
Numerus	Singular, Dual, Plural; Kollektivum
Kasus	Nominativ, Vokativ, Akkusativ, Genitiv, Dativ, Ablativ, Lokativ, Instrumental

Genus

Es gibt bei den frühen indogermanischen Sprachen in der Regel drei Genera: *Maskulinum*, *Femininum* und *Neutrum*. Das Substantiv selbst bildet normalerweise keine genusspezifischen Formen aus (Ausnahmefälle sind spätere Bildungen wie lateinisch *equus* „Pferd" und *equa* „Stute"), während das Adjektiv die drei Genera formal unterscheidet und als Attribut im Genus (sowie im Kasus und Numerus) mit seinem Bezugswort kongruiert. Die drei Genera sind in fast allen frühbelegten Zweigen des Indogermanischen vorhanden, so im Altindischen, Griechischen, Lateinischen, Keltischen, Germanischen und Slawischen. Die anatolischen Sprachen besitzen dagegen nur zwei Genera: ein sog. *Genus commune* (für Maskulinum und Femininum) und das Neutrum, was einer Opposition *belebt/unbelebt* entspricht.

Für die Erklärung des anatolischen Sonderfalls gibt es zwei Möglichkeiten, die kontrovers diskutiert werden: Verlust eines ursprünglich vorhandenen Femininums oder eine Abspaltung aus dem Proto-Indogermanischen zu einem Zeitpunkt, als die Ursprache ebenfalls nur die Klassen belebt/unbelebt besaß (Meier-Brügger 2010: 323). Die Mehrheit der Forscher favorisiert heute die zweite Möglichkeit. Das Femininum habe sich dann in der spät-gemeinsprachlichen Phase durch unterschiedliche Lexeme (z.B. Vater/Mutter) oder bestimmte Suffixe wie $/-h_2, -eh_2, -ih_2/$ aus den Wörtern der belebten Klasse herausgebildet. Am Ende der gemeinsprachlichen Phase besaßen alle Nomina ein eindeutiges Genus Maskulinum, Femininum oder Neutrum. Dass die drei Genera schon (spät-)protosprachlich ausgebildet waren, sieht man an den vielen Übereinstimmungen der Flexionsmorpheme in den indogermanischen Folgesprachen.

Später verloren manche Zweige oder einzelne Sprachen ein Genus, meist das Neutrum (Litauisch, die romanischen Sprachen). Weiterer Verlust führte dann teilweise zur gänzlichen Aufgabe der Kategorie Genus, z.B. im Englischen, Neupersischen und schon sehr früh im Armenischen.

Numerus

Das Indogermanische hat drei Numeri: *Singular*, *Plural* und *Dual*. Der Dual ist anfänglich noch in vielen Zweigen erhalten geblieben, so im Altindischen, Griechischen, Keltischen, Slawischen und Baltischen, später ging diese Kategorie meist verloren. Heute haben nur noch wenige indogermanische Sprachen einen produktiven Dual, z.B. das Slowenische und Sorbische.

Neben dem Plural existierte ein sog. *Kollektivum*, das eine Gruppe von Objekten zu einer Einheit zusammenfasst. Ein Beispiel ist lateinisch *loca* „eine Gruppe von Orten" im Gegensatz zum Plural *locī* „(einzelne) Orte" vom Singular *locus* „Ort". Die Kollektiva sind nur in den frühen Phasen einzelner Zweige verbreitet, am deutlichsten in den anatolischen Sprachen. Später wurden diese Formen meist als Plurale oder Singulare uminterpretiert und entsprechend dekliniert. Die Formen des Nominativs und Akkusativs im Plural des Neutrums (sie sind in allen Zweigen des Indogermanischen jeweils identisch und wurden mit dem Suffix /-h$_2$/ gebildet, aus dem meist eine Endung /-a/ resultierte) sind ursprünglich Kollektiva. Das wird daran deutlich, dass bei neutralen pluralischen Subjekten die zugehörigen Prädikate in manchen Sprachen im Singular stehen, z.B. im Griechischen.

Kasus

Es ist davon auszugehen, dass die Protosprache wie das Sanskrit acht Kasus besaß, und zwar den *Nominativ* (Subjektkasus), *Vokativ* (Anredekasus), *Akkusativ* (Kasus des direkten Objekts), *Genitiv* (Kasus des Besitzers und nominalen Attributs), *Ablativ* (Ortskasus woher?, Ort/Person von dem/der eine Bewegung weg erfolgt), *Dativ* (Kasus des indirekten Objekts, Benefaktiv), *Lokativ* (Ortskasus wo?) und *Instrumental* (Kasus des Mittels oder Werkzeugs). Diese acht Kasus werden formal nur im Singular der o-Deklination unterschieden, in allen anderen Deklinationsparadigmen fallen mehrere Kasus formal zusammen (Kasussynkretismus). So der Ablativ mit dem Genitiv im Singular und mit dem Dativ im Plural, der Vokativ ist nur im Singular vom Nominativ unterschieden. Damit hat bereits die Protosprache nur sechs formal unterscheidbare Kasus im Plural, und im Dual nur vier. Bei den Neutra sind Nominativ, Akkusativ und Vokativ in allen Numeri identisch.

Einzelsprachlich hat sich die Zahl der Kasus abgesehen vom Sanskrit reduziert. Im Slawischen gibt es noch sieben Fälle, hier ist der Ablativ mit dem Genitiv verschmolzen. Im Lateinischen übernahm der Ablativ auch die Funktionen von Instrumental und Lokativ, was zu einer Reduzierung auf sechs Kasus führt. Das Griechische hat nur noch fünf

Kasus. Einen Sonderfall bildet das Tocharische, bei dem die Anzahl der Fälle sogar zugenommen hat. Allerdings gehen nur vier der Fälle auf das Indogermanische zurück, die anderen sind Neubildungen nach dem Vorbild der benachbarten agglutinierenden Turksprachen.

Die Kasus-Endungen

Alle Numerus-Kasus-Kombinationen werden durch Flexionsendungen markiert, eine weitere Kennzeichnung erfolgt durch den Akzenttyp, durch den im kinetischen Fall die sog. starken und schwachen Kasus unterschieden werden (siehe oben). Die Vielfalt der Flexionstypen in den Folgesprachen lässt sich letztlich auf nur einen Satz an Flexionsendungen in der Protosprache zurückführen. Die Hauptunterschiede ergeben sich für die athematische und die thematische Deklination, bei letzterer werden die Flexionsendungen an den Themavokal o/e angehängt. In Tabelle 2.14 sind auch die Endungen der bereits für die Ursprache rekonstruierbaren athematischen Schemata der konsonantischen, eh_2-, i- und u-Stämme aufgeführt, auch wenn sie protosprachlich noch keinen eigenen Deklinationstyp darstellen.

Tab 2.14 *Die indogermanischen Kasusendungen (Fortson 2010: 126, Szemerényi 1990: 169)*

Kasus	Endung	o-Stamm	konson. St.	eh_2-Stamm	i-Stamm	u-Stamm
Singular						
Nom.	-s, -∅	-o-s	-s, -∅	$-eh_2$-∅	-i-s	-u-s
Vok.	-∅	-e-∅	-∅	$-eh_2$-∅	-ey-∅	-eu̯-∅
Akk.	-m	-o-m	-m̥	$-eh_2$-m	-i-m	-u-m
Gen.	-s	-o-s(y)o	-s, -es, -os	$-eh_2$-es/os	-oy-s	-ou̯-s
Abl.	-ōt	-ōt	-s, -es, -os	$-eh_2$-es/os	-oy-s	-ou̯-s
Dat.	-ey	-o-ey > -ōy	-ey	$-eh_2$-ey	-ey-ey	-eu̯-ey
Lok.	-y, -i, -∅	-o-y, -e-y	-i, -∅	$-eh_2$-i	-ēy-∅	-ēu̯-∅
Inst.	$-h_1$	$-o-h_1$, $-e-h_1$	$-(e)h_1$	$-eh_2$-eh_1	$-i-h_1$	$-u-h_1$
Plural						
Nom./Vok.	-es	-o-es > -ōs	-es	$-eh_2$-es	-ey-es	-eu̯-es
Akk.	-ns	-o-ns	-n̥s	$-eh_2$-ns	-i-ns	-u-ns
Genitiv	-om	-o-om > -ōm	-om	$-eh_2$-om	-y-om	-u̯-om
Dat./Abl.	-bhos	-o-bhos	-bhos	$-eh_2$-bhos	-i-bhos	-u-bhos
Lok.	-su	-o-ysu	-su	$-eh_2$-su	-i-su	-u-su
Inst.	-bhis	-ō-ys	-bhis	$-eh_2$-bhis	-i-bhis	-u-bhis

Im Dativ und Ablativ Plural wird neben /-bhos/ auch eine Endung /-mos/ rekonstruiert, im Instrumental Plural neben /-bhis/ auch /-mis/. Die Endung der *Neutra* im Nominativ und Akkusativ des Singular ist /-om/ oder /-ø/, in den entsprechenden Kasus des Plurals /(-e)-h₂/, im Dual /-ih₁/. Ansonsten stimmen die Endungen der Neutra mit den in der Tabelle angegebenen überein. Im *Dual* war die Endung im Nominativ, Vokativ und Akkusativ /(-o)-h₁(e)/, im Ablativ, Dativ und Instrumental /-bhyō/ oder /-mō/, im Lokativ /-ou/.

Die i- und u-Stämme verhalten sich wie andere athematische Substantive. In vielen Folgesprachen haben sie allerdings durch Lautverschmelzungen und Analogiebildungen eine eigenständige Entwicklung genommen. Bei der thematischen o-Deklination haben sich die Endungen in den Folgesprachen immer mehr von den ursprünglichen Endungen entfernt. Die eh₂-Stämme sind der Ursprung der a-Deklination z.B. im Lateinischen und Griechischen. Da diese Stämme oft die weibliche Version männlicher Wörter der o-Stämme bilden, kam es zu einer Angleichung der Endungsschemata in der o- und a-Deklination.

Vergleichende Beispiele für die athematische und thematische Deklination in einigen Einzelsprachen zeigen die Tabellen 2.15 und 2.16.

Tab 2.15 *Die athematische Deklination im Vergleich: ***ped-*** „Fuß" (Szemerényi 1990: 173)*

		Sanskrit	Griechisch	Lateinisch	Ur-Idg.
Singular	Nom.	pád	poús (pṓs)	pēs	*pēs
	Akk.	pád-am	pód-a	ped-em	*péd-m̥
	Gen.	pad-ás	pod-ós	ped-is	*ped-és/-ós
	Abl.	pad-ás	–	–	*ped-és/-ós
	Dat.	pad-ế	–	ped-ī	*ped-éi
	Lok.	pad-í	pod-í (Dat.)	ped-e (Abl.)	*ped-í
	Instr.	pad-ấ	*pod-e*	ped-e (Abl.)	*ped-é
Plural	Nom.	pád-as	pód-es	ped-ēs	*péd-es
	Akk.	pad-ás	pód-as	ped-ēs	*péd-n̥s
	Gen.	pad-ấm	pod-ỗn	ped-um	*ped-óm
	Abl./Dat.	pad-bhyás	–	ped-i-bus	*ped-bh(y)os
	Lok.	pat-sú	po(s)-si (Dat.)	–	*ped-su
	Instr.	pad-bhís	*po(d)-phi*	–	*ped-bhis

Die kursiven griechischen Formen sind im mykenischen Griechisch belegt. Die folgende Tabelle 2.16 zeigt die Deklination der Kognaten des deutschen Wortes *Wolf*, im Neutrum von *Joch*.

Tab 2.16 *Die thematische Deklination im Vergleich (Szemerényi 1990: 193–194)*

Kasus	Sanskrit	Griechisch	Lateinisch	Litauisch	Gotisch
Singular					
Nom.	vṛkas	lýkos	lupus	vilkas	wulfs
Vok.	vṛka	lýke	lupe	vilke	wulf
Akk.	vṛkam	lýkon	lupum	vilką	wulf
Gen.	vṛkasya	lýkoio	lupī	–	wulfis
Abl.	vṛkād	–	lupō(d)	vilko	–
Dat.	vṛkāya	lýkōi	lupō(i)	vilkui	–
Lok.	vṛkē	(oíkoi)	(domī)	vilke	–
Instr.	vṛkā, -ēṇa	–	–	vilku	wulfa
Plural					
Nom.	vṛkās	lýkoi	lupī	vilkai	wulfōs
Akk.	vṛkān(s)	lýkous	lupōs	vilkus	wulfans
Gen.	vṛkānām	lýkōn	lupōrum	vilkų	wulfē
Abl./Dat.	vṛkēbhyas	–	–	vilkams	wulfam
Lok.	vṛkēṣu	lýkoisi	lupīs	vilkuose	–
Instr.	vṛkais	lýkois	lupīs	vilkais	–
Dual					
Nom.	vṛkā	lýkō	–	vilku	–
Gen./Lok.	vṛkayōs	lýkoin	–	–	–
Dat./Abl.	vṛkābhyām	–	–	vilkam	–
Neutrum					
im Nom./Akk.					
Nom./Akk. Sg.	yugam	zygón	iugum	–	juk
Nom./Akk. Pl.	yugē	zygṓ	–	–	–
Nom./Akk. Du.	yugā(ni)	zygá	iuga	–	juka

2.7 Pronomina

Demonstrativpronomen

Aus dem Altindischen, Altkirchenslawischen, Griechischen, Litauischen und den germanischen Sprachen ist ein indogermanisches deiktisches Demonstrativum *so/*tod/*seh₂ „dieser/dieses/diese" rekonstruierbar, dessen Reflex im Altindischen *sa/tad/sā* und im Griechischen *ho/to/hē* ist. Es war im frühen Griechischen noch demonstrativ bzw. anaphorisch und wurde später zum bestimmten Artikel umgedeutet; die aufgeführten griechischen Formen stammen aus dem dorischen Dialekt (Tabelle 2.17).

Tab 2.17 *Das deiktische Pronomen *so/*seh₂/*tod (Szemerényi 1990: 216–218)*

	Ur-Idg.			Altindisch			Griech. (Dorisch)		
	m.	n.	f.	m.	n.	f.	m.	n.	f.
Singular									
Nom.	*so	*tod	*seh₂	sa	tad	sā	ho	tó	hē
Akk.	*tom	*tod	*tām	tam	tad	tām	tón	tó	tán
Gen.	*tosyo	*tosyo	*tosyās	tásya	tásya	tásyās	toũ	toũ	tãs
Abl.	*tosmōd	*tosmōd	*tosyās	tásmād	tásmād	tásyās	–	–	–
Dat.	*tosmōi	*tosmōi	*tosyāi	tásmai	tásmai	tásyai	tõi	tõi	tãi
Lok.	*tosmin	*tosmin	*tosyām	tásmin	tásmin	tásyām	–	–	–
Plural									
Nom.	*toi	*tā	*tās	tē	tā(ni)	tās	toí	tá	taí
Akk.	*tōn(s)	*tā	*tā(n)s	tān	tā(ni)	tās	toús	tá	tás
Gen.	*toisōm	*toisōm	*tāsōm	tḗṣām	tḗṣām	tásām	tõn	tõn	tãn
Abl./Dat.	*toibhyos	*toibhyos	*tābhyos	tébhyas	tébhyas	tábhyas	toĩs	toĩs	taĩs
Lok.	*toisu	*toisu	*tāsu	tḗṣu	tḗṣu	tásu	–	–	–

Anaphorisches Pronomen

Ebenso weitläufig bezeugt ist das anaphorische Pronomen *i-* „er/es/sie", dessen Reflex im Lateinischen *is/id/ea* ist, wobei der lateinische e-Stamm sekundär ist (Tabelle 2.18).

Tab 2.18 *Das anaphorische Pronomen *is/*id/*ī (Szemerényi 1990: 218–220)*

	Ur-Indogermanisch			Lateinisch		
	m.	n.	f.	m.	n.	f.
Singular						
Nom.	*is	*id	*ī	is	id	ea
Akk.	*im	*id	*iyṃ	eum	id	eam
Gen.	*esyo	*esyo	*esyās	eius	eius	eius
Abl.	*esmōd	*esmōd	*esyās	eō(d)	eō(d)	eā(d)
Dat.	*esmōi	*esmōi	*esyāi	ei	ei	ei
Lok.	*esmin	*esmin	*esmin	–	–	–
Plural						
Nom.	*eyes	*ī	*iyās	iī	ea	eae
Akk.	*ins	*ī	*iyā(n)s	eōs	ea	eās
Gen.	*eisōm	*eisōm	*eisōm	eōrum	eōrum	eārum
Abl./Dat.	*eibhyos	*eibhyos	*eibhyos	iīs	iīs	iīs
Lok.	*eisu	*eisu	*eisu	–	–	–

Interrogativpronomen

Das Interrogativpronomen *kʷis/*kʷid* ist in allen indogermanischen Sprachen bezeugt. Es fungierte auch als Indefinit- und Relativpronomen und hat eine ähnliche Deklination wie das anaphorische Pronomen. Beim ursprachlichen Interrogativ- und Indefinitpronomen sind die üblichen drei Genera auf die Klassen *belebt* (m./f.) und *unbelebt* (n.) reduziert, abweichende Formen gibt es nur im Nom./Akk. des Singulars und Plurals. Diese alte Zweiteilung behält z.B. auch das Griechische bei, während das Pronomen im Lateinischen formal auf ein System mit drei Genera erweitert wird, deren Formen teilweise von einem Stamm *kʷo-* gebildet werden.

Wie man unschwer erkennt (Tabelle 2.19), sind nicht alle Formen des lateinischen und griechischen Paradigmas auf die rekonstruierten Formen der Protosprache zurückzuführen; die den protosprachlichen Formen entsprechenden sind im Fettdruck dargestellt. Ältere Formen zeigen sowohl im Lateinischen als auch Griechischen noch die ursprüngliche Gestalt. Im Lateinischen z.B. der Nom. Sg. f. *quis* statt *quae* noch bei Plautus, *cuius* ist aus altlatein. *quoius* entstanden, in *cui* liegt altlatein. *quoiei* vor, altlatein. lautet der Ablativ *quī*, was auf den protosprachlichen Instrumental zurückgeht. Die ursprüngliche

Form des Nom. Pl. m./f. lässt sich noch an altlatein. *quēs* erkennen, der Nom./Akk. Pl. n. ist altlatein. *quia*. Im homerischen Griechisch zeigen z.B. die Formen des Gen./Dat. Sg. *téo* bzw. *téō* noch näheren Bezug zur Protosprache.

Tab 2.19 *Das indogermanische Interrogativprononen (Szemerényi 1990: 221, Meiser 1998: 165, Rix 1992: 187)*

	Indogermanisch		Lateinisch			Griechisch	
	m./f.	n.	m.	f.	n.	m./f.	n.
Singular							
Nom.	*kʷis	*kʷid	quis	quae	quid	tis	ti
Akk.	*kʷim	*kʷid	quem	quam	quid	tína	ti
Gen.	*kʷesyo		cuius	cuius	cuius	tínos	
Dat.	*kʷesmei		cui	cui	cui	tíni	
Lok.	*kʷesmi						
Inst.	*kʷī		quī	quī	quī		
Abl.			quō	quā	quō		
Plural							
Nom.	*kʷeyes	*kʷeh₂	quī	quae	quae	tínes	tína
Akk.	*kʷins	*kʷeh₂	quōs	quās	quae	tínas	tína
Gen.	*kʷeisōm		quōrum	quārum	quōrum	tínōn	
Dat.	*kʷeibhyos		quibus	quibus	quibus	tísi(n)	
Lok.	*kʷeisu						

Personalpronomen

Während sich die Formen des Demonstrativ- und Interrogativpronomens relativ geradlinig aus den frühesten einzelsprachlichen Belegen rekonstruieren lassen, ist dies beim Personalpronomen ungleich schwieriger, wie die Formenvielfalt der einzelsprachlichen Personalpronomina erwarten lässt. Das indogermanische Personalpronomen unterscheidet kein Genus und kommt nur in der 1. und 2. Person Singular sowie Plural vor. Für die 3. Person diente das anaphorische Pronomen (siehe oben) als Ersatz. In der 1. Person Pl. gibt es keine Differenzierung zwischen exklusiver und inklusiver Bedeutung. Das Ergebnis langwieriger komparativer Forschung ist in den rekonstruierten Formen der Tabelle 2.20 zusammengefasst, denen einzelsprachliche Belege des Vedischen, Griechischen, Lateinischen, Gotischen und Hethitischen gegenübergestellt sind.

Tab 2.20 *Das indogermanische Personalpronomen (Szemerényi 1990: 224–233, Fortson 2010: 140–143)*

	Ur-Idg.	Vedisch	Griech.	Latein.	Gotisch	Hethit.
1. Sg. „ich"						
Nom.	*eghom, *egō	ahám	egṓ(n)	ego	ik	ūk
Akk.	*(e)me, *mē(m)	mām	emé	mē	mik	ammuk
Gen.	*mene; *mei, *moi	máma, mē	eméio	meī	meina	ammēl
Abl.	*med	mad	–	mē(d)	–	ammēdaz
Dat.	*mei, *moi, *mebhi	máhyam	emoí	mihi	mis	ammuk
2. Sg. „du"						
Nom.	*tu	tvam	sý	tū	þu	zik
Akk.	*tu̯e, te; t(u̯)ēm	tvā(m)	sé	tē	þuk	tuk
Gen.	*teu̯e, *teu̯o; *t(u̯)ei	táva, tē	séio	tui	þeina	tuēl
Abl.	*tu̯ed	tvad	–	tē(d)	–	tuedaz
Dat.	*t(u̯)ei/-oi, *tebhi	túbhyam	soí	tibi	þus	tuk
1. Pl. „wir"						
Nom.	*u̯ei, *n̥smés	vayam	hēméis	nōs	weis	wēš
Akk.	*nes, *nos; *n̥sme	asmā́n	hēméas	nōs	uns(is)	anzāš
Gen.	*nosom	asmā́kam	hēméōn	nostrum	unsara	anzēl
Abl.	*n̥sed, *n̥smed	asmád	–	nōbīs	–	anzēdaz
Dat.	*n̥smei	asmábhyam	hēmín	nōbīs	uns(is)	anzāš
2. Pl. „ihr"						
Nom.	*yūs, *usmés	yūyám	hyméis	vōs	jūs	šumēš
Akk.	*u̯es, *u̯os; *uswes	yuṣmā́n	hyméas	vōs	izwis	šumāš
Gen.	*u̯osom	yuṣmā́kan	hyméōn	vostrum	izwara	šumēl
Abl.	*used, *usmed	yuṣmád	–	vōbis	–	šumēdaz
Dat.	*usmei	yuṣmábhyam	hymín	vōbis	izwis	šumāš

2.8 Verbalmorphologie

Das proto-indogermanische Verbum hat die Kategorien *Person, Numerus, Diathese, Tempus-Modus* und *Aspekt*. Die Tempora oder Zeitstufen sind sekundär und nur dem Modus Indikativ untergeordnet. Dem trug H. Rix dadurch Rechnung, dass er Modus und Tempus zu einer einheitlichen Kategorie (in seiner Diktion „Dimension") *Tempus-Modus* zusammenfasste. Im Folgenden wird die Verbalmorphologie in Grundzügen nach

Rix „Historische Grammatik des Griechischen" (1992) und seinem „Lexikon der indogermanischen Verben" (1998) dargestellt, auch wenn einige Besonderheiten dieses Ansatzes nicht von allen Indogermanisten geteilt werden. Auf Rix bezieht sich auch Meier-Brügger 2010.

Es wird angenommen, dass in einer Frühform des Indogermanischen die Suffixe für Tempus, Modus, Aspekt, Aktionsart etc. freier miteinander kombinierbar waren, so dass Wortbildung und Flexion fließend ineinander übergingen. Spätursprachlich entwickelte sich das „klassische" indogermanische Verbalsystem, das in seiner vollen Ausprägung vor allem im Griechischen und im Indoiranischen feststellbar ist (genauer gesagt: vor allem aus diesen Sprachen rekonstruiert wurde). In den meisten Tochtersprachen kam es zu einem Umbau dieses Systems. Die anatolischen Sprachen haben sich möglicherweise schon vor der Entwicklung des klassischen Verbalsystems abgespalten. Allerdings besteht auch die Möglichkeit, dass durch die Wirkung von Adstraten und Substraten Teile der Verbalmorphologie im Anatolischen verloren gegangen sind. Auffällig ist die Existenz eines zweiten Konjugationsschemas, das in den übrigen indogermanischen Sprachen nicht belegt ist (die sog. *ḫi*-Konjugation).

Person, Numerus und Diathese

Das Verb der Protosprache besitzt die üblichen drei Personen in allen drei Numeri, dem *Singular*, *Plural* und *Dual*. Die 1. Person Plural differenziert nicht zwischen inklusiver und exklusiver Bedeutung. (Bei der inklusiven Form des „wir" ist der Angeredete/sind die Angeredeten mit einbezogen, bei der exklusiven Form nicht.) Die finiten Verbalformen unterscheiden sich auch in der 3. Person Singular nicht nach dem Genus, insofern ist das Genus keine verbale Kategorie. Die Diathese ist zweigliedrig: Neben dem *Aktiv* gab es ein ursprachliches *Medium*, das einen Sachverhalt mit Affizierung des Subjekts (z.B. eine reflexive oder reziproke Handlung) oder einen Sachverhalt ohne Affizierung eines Objekts beschrieb. Die Diathese *Passiv* kannte die Ursprache nicht, sie entwickelte sich erst in den Folgesprachen.

Modus und „Tempus"

Die vier Modi sind *Indikativ* (Aussage), *Konjunktiv* (Aufforderung, Prospektiv), *Optativ* (Wunsch, Potentialis) und *Imperativ*. Im klassischen Ansatz der Verbalmorphologie wurden nur dem Indikativ drei „Tempora" oder „Zeitstufen" zugeordnet, nämlich 1. der Injunktiv für eine zeitlose oder zeitlich nicht festgelegte Handlung, 2. der Parontiv für eine Handlung der aktuellen Gegenwart, und 3. das Präteritum für eine Handlung der Vergangenheit. Ein spezielles Tempus „Futur" gab es in der Protosprache nicht, als Ersatz stand dafür der Konjunktiv in seiner prospektiven Bedeutung zur Verfügung.

Damit war die eigenartige Situation entstanden, dass die Modi (außer dem Indikativ) keine Tempora besitzen und die Tempora keine Modi. Dies nahm H. Rix zum Anlass,

Modus und Tempus zu der *einen* Kategorie Tempus-Modus zu kombinieren, die sechs Ausformungen besitzt:

- 1. *Parontiv*: Bericht einer gegenwärtig aktuellen Handlung
- 2. *Präteritum*: Bericht einer vergangenen Handlung
- 3. *Injunktiv*: zeitlose Feststellung
- 4. *Konjunktiv*: Wille oder Erwartung
- 5. *Optativ*: Wunsch oder Möglichkeit
- 6. *Imperativ*: Befehl

Aspekt und Aktionsart

Die Protosprache ist eine Aspektsprache, d.h. dass im Verbalsystem der *Aspekt* einer Handlung und nicht ihre Zeitstufe im Vordergrund steht. Diesen Charakter hat z.B. das Griechische bewahrt, während sich das Lateinische zu einer Tempussprache entwickelt hat. Es gibt drei grundlegende Aspekte:

- den *imperfektiven* Aspekt für eine im Verlauf befindliche, unabgeschlossene, andauernde Handlung,
- den *perfektiven* Aspekt für eine abgeschlossene, punktuelle Handlung sowie
- den *resultativen* Aspekt für das Ergebnis einer Handlung.

Neben diesen Grundaspekten gibt es eine Reihe von *Aktionsarten*, wie den *Kausativ* (Verursachung einer Handlung), *Iterativ* (Wiederholung einer Handlung), *Desiderativ* (Bestreben, einen Sachverhalt hervorzurufen), *Intensiv* (intensiv durchgeführte Handlung), *Fientiv* (Eintritt des Subjekts in einen neuen Zustand) sowie den *Stativ* oder *Essiv* (Beschreibung eines Zustands des Subjekts). Diese Aktionsarten fasst Rix mit den eigentlichen Aspekten als eine neue Kategorie *Aspekt-Aktionsart* zusammen, deren Ausformungen in der Protosprache durch unterschiedliche „Primärstämme" (siehe unten) ausgedrückt werden. In Tabelle 2.21 sind die verbalen Kategorien der Protosprache zusammengefasst.

Die Bildung finiter Verbalformen

Zur Markierung der verbalen Kategorien werden in der Protosprache im Wesentlichen Affixe und Endungen verwendet. Weitere meist redundant eingesetzte Ausdrucksmittel sind der Akzent und Ablautstufen. Die Bildung einer finiten Verbalform kann als dreistufiger Prozess beschrieben werden: Während durch *Primäraffixe* an der Wurzel die sog. Aspekt- oder Primärstämme (Präsens-, Aorist- und Perfekt-Stamm) erzeugt werden und durch *Sekundäraffixe* (Augment, die Suffixe -e/o bzw. -i̯eh₁) aus diesen die sog. Tempus-Modus- oder Sekundärstämme gebildet werden, kennzeichnen die eigentlichen

Tab 2.21 *Die Kategorien des indogermanischen Verbums (Rix 1998: 10–25)*

Kategorie	Realisierung	Funktion
Person Numerus	1., 2., 3. Sg., Pl., Dual	die 1. Pl. wird inklusiv oder exklusiv verwendet
Diathese	Aktiv	Handlung ohne Selbstbezug auf das Subjekt
	Medium	Handlung mit Affizierung des Subjekts / ohne Affizierung eines Objekts
Tempus-Modus	Parontiv	Bericht einer gegenwärtig aktuellen Handlung
	Präteritum	Bericht einer vergangenen Handlung
	Injunktiv	zeitlose, allgemeingültige Feststellung
	Konjunktiv	Wille (Voluntativ), Erwartung (Prospektiv)
	Optativ	Wunsch (Kupitiv), Möglichkeit (Potentialis)
	Imperativ	Befehl
Aspekt	imperfektiv	eine im Verlauf befindliche, unabgeschlossene oder andauernde Handlung
	perfektiv	eine abgeschlossene, punktuelle Handlung
	resultativ	Ergebnis einer Handlung
Aktionsart	Kausativ	Verursachung einer Handlung
	Iterativ	Wiederholung einer Handlung
	Desiderativ	Bestreben, einen Sachverhalt hervorzurufen
	Intensiv	intensiv durchgeführte Handlung
	Fientiv	Eintritt des Subjekts in einen neuen Zustand
	Essiv	Beschreibung eines des Zustandes

Verbal- oder *Personalendungen* Person, Numerus und Diathese. Dieses dreistufige Konzept der Formenbildung wird im Folgenden genauer beschrieben.

Primär- oder Aspektstämme

Jede Verbalform besitzt eine Wurzel, die die Grundbedeutung des Verbs trägt. Diese Wurzel ist im Indogermanischen in der Regel einsilbig (zur Wurzelstruktur siehe oben). Durch bestimmte Affixe, die sog. *Primäraffixe*, wird die Wurzel zu *Primär-* oder *Aspektstämmen* erweitert, die keine temporale, sondern eine aspektuale Festlegung besitzen. Primär- oder Aspektstämme sind 1. der *Präsens-Stamm*, 2. der *Aorist-Stamm* sowie 3. der *Perfekt-Stamm* (Tabelle 2.22). Da „Präsens", „Aorist" und „Perfekt" sonst vor allem Tempora bezeichnen, sind diese historisch bedingten Namen eigentlich irreführend; geeigneter wären Begriffe wie „Imperfektiv-", „Perfektiv-" und „Resultativstamm".

Tab 2.22 *Die indogermanischen Primär- oder Aspektstämme*

Primärstamm	Aspekt	Handlungstyp
Präsens-Stamm	imperfektiv	Handlung/Sachverhalt im Verlauf
Aorist-Stamm	perfektiv	abgeschlossene Handlung
Perfekt-Stamm	resultativ	Resultat einer Handlung

Rix ordnet auch den Aktionsarten eigene gleichrangige Primärstämme zu, danach gibt es primäre *Kausativ-Iterativ-, Desiderativ-, Intensiv-, Fientiv-* und *Essiv-Stämme*, die allerdings in der Literatur in dieser Form nicht allgemein anerkannt sind.

Bildung der Primärstämme

Natürlich bilden nicht alle Verbalwurzeln sämtliche Primärstämme aus (insbesondere nicht im erweiterten Sinne von Rix); andererseits können von einer Wurzel auch verschiedene Primärstämme *eines* Aspekts mit unterschiedlichen Bedeutungen ausgeprägt sein (dies gilt vor allem für den Präsens-Stamm).

Tab 2.23 *Bildungstypen indogermanischer Primär- oder Aspektstämme (Rix 1998)*

Stamm	Bildungstyp	Anz.	Beispiel	Wurzel	Grundbedeutung
Präsens	Wurzelpräsens	133	g^{w}hén-	g^{w}hen-	„schlagen"
	Suffix *-u*	13	térh$_2$-u-	terh$_2$-	„überqueren, -winden"
	Reduplikation	67	dhé-dhoh$_1$-	dheh$_1$-	„stellen, setzen, legen"
	Nasal-Infix	170	li-né-k^w-	leik^w-	„zurücklassen"
	Suffix *-neu̯/-neu̯*	35	h$_3$r̥-neu̯-	h$_3$er-	„s. in Bewegung setzen"
	Suffix *-e/o*	231	bhér-e/o-	bher-	„tragen, bringen"
	Suffix *-sk'e/o*	50	g^{w}m̥-sk'é/ó-	g^{w}em-	„gehen, kommen"
Aorist	Wurzelaorist	265	g^{w}ém-	g^{w}em-	„gehen, kommen"
	Suffix *-s*	79	dheig'h-s-	dheig'h-	„kneten, formen"
Perfekt	Teilreduplikation	143	bhe-bhóidh	bheidh-	„sich anvertrauen"
Iterativ	Suffix *-éi̯e/o*	232	mon-éi̯e/o-	men-	„bleiben, warten"
Desiderativ	Suffix *-s*	28	wéid-s-	weid-	„erblicken"
Intensiv	Vollreduplikation	5	k^{w}ér-k^{w}or-	k^{w}er-	„schneiden"
Fientiv	Suffix *-h$_1$*	19	mn-éh$_1$-	men-	„bleiben, warten"
Essiv	Suffix *-h$_1$i̯e/o*	44	lip-h$_1$ié-	leip-	„kleben bleiben"

Die Primärstämme können auf verschiedene Art gebildet werden: als „Wurzelstämme" ohne weitere Affixe, durch diverse Suffixe, durch Reduplikationspräfixe oder auch Nasal-Infixe. Allein für den Präsens-Stamm gibt es über 20 verschiedene Bildungstypen, während die anderen Stämme nur wenige Formtypen aufweisen. Das „Lexikon der indogermanischen Verben" von H. Rix (1998) gibt zu den bekannten indogermanischen Wurzeln sämtliche Primärstämme an. Die Tabelle 2.23 fasst einige Beispiele der Bildungstypen zusammen, Vollständigkeit ist nicht angestrebt. Die unter „Anzahl" angegebene Zahl gibt nach Rix die Anzahl der *gesicherten* Bildungen des angegebenen Typs wieder. Die Ablaut- und Akzentvarianten werden hier nicht weiter ausgeführt.

Die Vielfalt der Bildungsmöglichkeiten für Primärstämme wird in Tabelle 2.24 an zwei Wurzeln exemplarisch aufgezeigt.

Tab 2.24 *Bildungsbeispiele von Primärstämmen zweier Wurzeln (Rix 1998: 66–67 und 93–94)*

bheudh- „wach werden, aufmerksam werden, wahrnehmen"				Einzelsprachliche Beispiele
Aorist	bhéudh-	Wurzelaorist	„wurde aufmerksam"	ved. *bhudánta* „sie erwachen"
Präsens	bhu-né-dh-	Nasal-Infix	„wahrnehmen, erwachen"	griech. *pynthánomai* „wahrnehmen"
Perfekt	bhe-bhóudh-	Reduplikation	„erfahren haben"	griech. *pépysmai* „erfahren haben"
Kausativ	bhoudh-éye-	Suffix -eye-	„aufwecken"	ved. *bodháyati* „weckt auf"
Desid.	bhéudh-s-	Suffix -s-	„soll erwachen"	griech. *peúsomai* „werde erfahren"
Fientiv	bhudh-éh₂-	Suffix -eh₂-	„wach werden"	aksl. *bŭdě* „wurde wach"
Essiv	bhudh-h₁ié	Suffix -h₁ie-	„wach sein"	litau. *budžiù* „wach sein"

dek'- „an-, auf-, wahrnehmen; empfangen"				
Aorist	dék'-	Wurzelaorist	„nahm an"	hom. griech. *dékto* „nahm an"
Präsens	dék'-	Wurzelpräsens	„annehmen, aufwarten"	ved. *dáṣṭi* „wartet auf"
Perfekt	de-dók'-	Reduplikation	„genommen haben"	ved. *dadā́śa* „hat aufgewartet"
Kausativ	dok'-éye-	Suffix -eye-	„wahrnehmen lassen"	latein. *docēre* „lehren"
Intensiv	dék'-dok'-	Vollreduplik.	„empfangen"	griech. *deidéchatai* „empfangen"
Essiv	dek'-h₁ié-	Suffix -h₁ie-	„angenommen sein"	latein. *decet* „es ziemt sich"

Sekundär- oder Tempus-Modus-Stämme

Aus einem Primärstamm werden durch sog. Sekundäraffixe *Sekundär-* oder *Tempus-Modus-Stämme* gebildet, die jeweils einer bestimmten Tempus-Modus-Kategorie zugeordnet sind. Beim Parontiv, Injunktiv und Imperativ sind Primär- und Sekundärstämme identisch; diese drei Kategorien werden also nicht durch Sekundäraffixe besonders gekennzeichnet, ihre Unterscheidung erfolgt durch die Verbalendungen (siehe den nächsten Abschnitt).

Der *präteritale Sekundärstamm* besteht in der Grundsprache aus dem um das Präfix /*h₁é-/ > /é-/ erweiterten Primärstamm; dieses Vergangenheitspräfix, das vor allem im Griechischen, Armenischen und Indoiranischen erhalten geblieben ist, heißt *Augment*. Beispiel: *h_1é-bheret „er/sie/es trug" ~ griech. *é-phere* ~ Sanskrit *á-bharat*. Der *Optativstamm* besteht aus dem Primärstamm und dem Suffix *-i̯eh₁-/-ih₁-* (Paradigma in den Tabellen 2.30 und 2.31).

Der *Konjunktivstamm* besteht aus dem Primärstamm mit einem Suffix *-e/o-*, das mit dem Themavokal identisch ist, z.B. *$h_1$és-e-ti „er/sie/es will sein" vom Parontiv *$h_1$és-ti „ist" oder *$h_1$és-o-nti „sie wollen sein" von *h_1s-énti „sie sind". Thematische Primärstämme — die also schon einen Themavokal e/o besitzen — kontrahieren diesen mit dem Konjunktivsuffix zu ē/ō, z.B. Parontiv *bhér-e-ti „er/sie/es trägt" → Konjunktiv *bhér-e-e-ti > *bhér-ē-ti „will tragen" oder *bhér-o-nti „sie tragen" → Konjunktiv *bhér-o-o-nti > *bhér-ō-nti „sie wollen tragen".

Personalendungen

Die *Personalendungen* kennzeichnen Person, Numerus und Diathese. Außerdem dienen sie zur Unterscheidung von Injunktiv, Parontiv und Imperativ, da diese ja kein eigenes Tempus-Modus-Affix besitzen. Für den Präsens- und Aorist-Stamm gibt es *primäre* und *sekundäre* Personalendungen, jeweils im Aktiv und Medium. Die primären Endungen werden im Parontiv und Konjunktiv, die sekundären im Präteritum, Injunktiv und Optativ verwendet. Die *Imperativendungen* lassen sich nur in der 2. und 3. Person im Singular des Aktivs rekonstruieren. Der Perfekt-Stamm hat spezielle *Perfektendungen* (nur im Aktiv). In Tabelle 2.25 sind die Bildungsformen der Tempus-Modus-Stämme und die zugehörigen Personalendungen zusammengestellt.

Tab 2.25 *Die Bildung der idg. Tempus-Modus-Stämme und die zugehörigen Personalendungen*

Tempus-Modus	Modifikation des Primärstamms	Personalendungen
Parontiv	keine	Primärendungen Akt./Med.
Konjunktiv	Suffix *-e/o* bzw. Themavok.dehnung	Primärendungen Akt./Med.
Injunktiv	keine	Sekundärend. Akt./Med.
Präteritum	Präfix *h_2é-* (Augment)	Sekundärend. Akt./Med.
Optativ	Suffix *-i̯eh₁/-ih₁*	Sekundärend. Ak./ Med.
Imperativ	keine	Imperativendungen (Aktiv)
Perfekt (Aspekt)	keine (Perfektstamm)	Perfektendungen Aktiv

Durch den Vergleich der Endungen in den Tochtersprachen – wobei insbesondere Sanskrit und Griechisch herangezogen werden – lassen sich die Personalendungen der Protosprache rekonstruieren. Dabei sind im Aktiv athematische und thematische Verben zu unterscheiden (Tabelle 2.26). Die Dual-Endungen konnten bisher nur im Aktiv einigermaßen sicher rekonstruiert werden, sie werden hier von Fortson 2010: 92 übernommen.

Der Imperativ in der 2. Person Singular thematischer Verben ist endungslos, z.B. *bhér-e „trage!" (das /-e/ ist der Themavokal), bei den athematischen Verben hat er die Endung -dhi, z.B. *h₁s-dhi „sei!".

Tab 2.26 *Die Personalendungen des indogermanischen Verbs (Meier-Brügger 2010: 311–315, Fortson 2010: 92–95)*

		Aktiv primär		Aktiv sekundär		Medium primär	Medium sekundär	Aktiv Perfekt	Aktiv Imperativ
		athem.	them.	athem.	them.				
Sg	1.	-mi	-ō	-m	-o-m	-mai̯	-h₂e(i̯)	-h₂e	–
	2.	-si	-e-si	-s	-e-s	-soi̯	-so/-th₂-	-th₂e	-ø/-dhi
	3.	-ti	-e-ti	-t	-e-t	-toi̯	-to/-o	-e	-tōd
Pl.	1.	-mos	-o-me	-me	-o-me	-mesdhh₂	-medhh₂	-me	–
	2.	-te	-e-te	-te	-e-te	-(s)dhu̯e	-dhu̯e	-e ?	?
	3.	-n̥ti	-o-nti	-n̥t	-o-nt	-ntoi̯	-nto	-(ē)r	?
Du.	1.	-u̯e-		-u̯e-					
	2.	-to-		-to-					
	3.	-to-		-teh₂-					

In den Tabellen 2.27–29 sind die Formen des Parontivs des Präsensstamms (Indikativ Präsens) eines thematischen und eines athematischen Verbs sowie des Perfekts in den Sprachen Sanskrit, Griechisch, Lateinisch und Gotisch sowie die auf dieser Basis rekonstruierten protosprachlichen Formen zusammengestellt.

Tab 2.27 *Indikativ Präsens des thematischen Verbs* *bher- „tragen" (Fortson 2010: 98)*

	Sanskrit	Griechisch	Latein.	Gotisch	Proto-Idg.
ich trage	bhárāmi	phérō	ferō	baira	*bhér-o-h₂
du trägst	bhárasi	phéreis	fers	bairas	*bhér-e-si
er/sie/es trägt	bhárati	phérei	fert	bairiþ	*bhér-e-ti
wir tragen	bhárāmasi	phéromen	ferimus	bairam	*bhér-o-me
ihr tragt	bháratha	phérete	fertis	bairiþ	*bhér-e-te
sie tragen	bháranti	phérousi	ferunt	bairand	*bhér-o-nti
wir beide tragen	bhárāvas	–	–	bairos	*bhér-o-u̯e
ihr beide tragt	bhárathas	phéreton	–	bairats	*bhér-e-to
sie beide tragen	bháratas	phéreton	–	–	*bhér-e-to

Tab 2.28 *Indikativ Präsens des athematischen Verbs* *h₁es- „sein" (Fortson 2010: 96)*

	Sanskrit	Griechisch	Lateinisch	Gotisch	Proto-Idg.
ich bin	ásmi	eimí	sum	im	*h₁és-mi
du bist	ási	eî	es	is	*h₁és-(s)i
er/sie/es ist	ásti	estí	est	ist	*h₁és-ti
wir sind	smás	esmén	sumus	sijum	*h₁s-mé(s)
ihr seid	sthá	esté	estis	sijuþ	*h₁s-té(s)
sie sind	sánti	eisí	sunt	sind	*h₁s-énti

Tab 2.29 *Die Bildung des Perfekts (Fortson 2010: 104)*

		Sanskrit	Griechisch	Lateinisch	Gotisch	Proto-Idg.
Sg.	1.	jagáma	léloipa	meminī	haihait	*me-món-h₂e
	2.	jagántha	léloipas	meministī	haihaist	*me-món-th₂e
	3.	jagáma	léloipe	meminit	haihait	*me-món-e
Pl.	1.	jaganmá	leloípamen	meminimus	haihaitum	*me-m̥-mé
	2.	jagmá	leloípate	meministis	haihaituþ	*me-mn-é ?
	3.	jagmúr	leloípāsi	meminēre	haihaitun	*me-mn-ér̥
Bedeutung		„ist gekommen"	„hat verlassen"	„erinnert sich"	„hat genannt"	„hat einen Gedanken gefasst"

Die Tabellen 2.30 und 2.31 zeigen die Bildung des Optativs beim athematischen Verb *h_1es- „sein" und beim thematischen Verb *$bher$- „tragen". Im Lateinischen hat das Verbum *esse* „sein" im Konjunktiv die Formen des ursprachlichen Optativs erhalten, der ansonsten verloren gegangen ist. Die erstgenannten Formen wie *siem*, *siēs* stammen aus dem vorklassischen Latein.

Tab 2.30 *Die Bildung des Optativs Präsens von* h_1es- *„sein"(Fortson 2010: 107)*

		Sanskrit	Griechisch	Lateinisch	Proto-Idg.
Sg.	1.	syā́m	eíēn	siem, sim	*h_1s-$\underline{i}\acute{e}h_1$-m
	2.	syā́s	eíēs	siēs, sīs	*h_1s-$\underline{i}\acute{e}h_1$-s
	3.	syā́t	eíē	siēt, sit	*h_1s-$\underline{i}\acute{e}h_1$-t
Pl.	1.	syā́ma	eímen	sīmus	*h_1s-ih_1-mé
	2.	syā́ta	eíte	sītis	*h_1s-ih_1-té
	3.	syúr	eíen	sient, sint	*h_1s-ih_1-ént

Tab 2.31 *Die Bildung des Optativs von* bher- *„tragen" (Fortson 2010: 107)*

		Sanskrit	Griechisch	Lateinisch	Proto-Idg.
Sg.	1.	bháreyam	phéroimi	–	bhér-o-ih_1-m̥
	2.	bháres	phérois	–	bhér-o-ih_1-s
	3.	bháret	phéroi	–	bhér-o-ih_1-t
Pl.	1.	bhárema	phéroimen	–	bhér-o-ih_1-me
	2.	bháreta	phéroite	–	bhér-o-ih_1-te
	3.	bháreyur	phéroien	–	bhér-o-ih_1-ent

Die Konjugation des Verbs in einigen Folgesprachen

Im Sanskrit und im Griechischen findet man das für die Protosprache rekonstruierte Verbalsystem am deutlichsten wieder, was allerdings nicht erstaunlich ist, da die Rekonstruktion des Verbalsystems vor allem auf diesen beiden Sprachen beruht. Die Gültigkeit dieses graeco-indoiranischen Ansatzes ist nicht unstrittig, bislang konnte aber keine bessere Alternative gefunden werden. In Tabelle 2.32 werden die rekonstruierten protosprachlichen athematischen Primärendungen den Endungen im Vedischen, Avestischen, Hethitischen (*mi*-Konjugation), Griechischen (Endungen von *eimí* „ich bin"), Alt-Lateinischen, Gotischen, Altkirchenslawischen (aks.) und Litauischen gegenübergestellt.

Tab 2.32 *Die aktiven athematischen Primärendungen (Szemerényi 1990: 248)*

		Idg.	Ved.	Avest.	Hethit.	Griech.	Latein.	Got.	Aks.	Litau.
Sg.	1.	*mi	mi	mi	mi	mi	m	m	mĭ	mi
	2.	*si	si	si	ši	si	s	s	si	si
	3.	*ti	ti	ti	zi	ti	t	t/þ	tĭ	ti
Pl.	1.	*mos	mas	mahi	weni	*mes	mus	m	mŭ	me
	2.	*te	tha(na)	tha	teni	te	tis	þ	te	te
	3.	* n̥ti	nti	nti	nzi	*nti	nt	nd	ntĭ	–
Du.	1.	*u̯e(s)	vas	vahi	–	–	–	(ō)s	ve	va
	2.	*to-s	thas	?	–	ton	–	ts	ta	ta
	3.	*to-s	tas	*tas	–	ton	–	–	te, ta	–

Abkürzung: Aks. = Altkirchenslawisch

Die thematischen Primärendungen weichen von den athematischen vor allem in der 1. Person Singular ab, in der die thematische Primärendung -ō lautet (siehe Tabelle 2.26).

Anatolische Sprachen

Wie oben schon erwähnt, haben sich die anatolischen Sprachen offenbar schon vor der Ausbildung der „klassischen" spätursprachlichen Verbalmorphologie abgespalten. Das Hethitische hat zwei Konjugationssysteme, eine *mi-* und eine *ḫḫi*-Konjugation (nach der Endung der 1. Person Sg. im Präsens Aktiv benannt). Insgesamt ist das anatolische Verbalsystem (Tabelle 2.33) wesentlich einfacher als das „klassische" indogermanische: Es gibt einen Indikativ im Präsens und Präteritum sowie einen Voluntativ/Imperativ (Voluntativ in der 1. Person, Imperativ in der 2. und 3. Person). Das Hethitische hat die beiden Diathesen Aktiv und Mediopassiv.

Wie Tabelle 2.33 zeigt, beschränken sich die Unterschiede in der *mi-* und *ḫḫi*-Konjugation auf die Formen des Singulars im Indikativ Präsens und Präteritum Aktiv. Belege für die *ḫḫi*-Konjugation sind in den anderen anatolischen Sprachen eher spärlich, so dass von einigen Forschern angenommen wird, dass es sich dabei um eine hethitische Sonderentwicklung und kein gesamtanatolisches Merkmal handelt (Szemerényi 1990: 260–262). Andere Wissenschaftler schließen aus der Ähnlichkeit der Endungen der *ḫḫi*-Konjugation (im Singular Präsens) mit den Singular-Endungen des ursprachlichen Perfekt-Stammes, dass sich die *ḫḫi*-Konjugation aus dem ursprachlichen Perfekt entwickelt habe. Diese Theorie ist jedoch umstritten (vgl. Watkins 2004: 567–568).

Tab 2.33 *Die Konjugationsendungen im Hethitischen (Watkins 2004: 563–568, Rieken 2005: 97–101)*

Aktiv		Indik. Präsens		Indik. Präteritum		Imperativ/
		mi	ḫḫi	mi	ḫḫi	Voluntativ
Sg.	1.	-mi	-ḫḫi	-(n)un	-ḫḫun	-(al)lu
	2.	-ši	-ti	-š/-ta	-(š)ta	-ø/-i/-t
	3	-tsi	-i	-ta	-š/-iš	-(t)u
Pl.	1.	-wēni/-wāni		-wen		-wēni
	2.	-tteni/-ttani		-tten		-tten
	3.	-anzi		-ir		-antu

Mediopassiv		Indikativ Präsens	Indikativ Präteritum	Imperativ/ Voluntativ
Sg.	1.	-ḫḫa(ḫa)(ri)	-ḫḫa(ḫa)t(i)	-ḫḫa(ḫa)ru
	2.	-tta(ri)	-ttat(i)	-ḫut(i)
	3.	-a/-tta(ri)	-at/-ttat	-(tt)aru
Pl.	1.	-wašta(ri)	-waštat(i)	-waštat(i)
	2	-dduma(ri)	-ddumat(i)	-ddumat(i)
	3.	-anta(ri)	-antat(i)	-antaru

Griechisch

Im Griechischen sind die Funktionen der verschiedenen Verbformen am klarsten ausgeprägt. Zu den Aspektstämmen Präsens, Aorist, Perfekt ist ein Futurstamm hinzugetreten, der oft durch ein s-Suffix gekennzeichnet wird. Der Formenbestand wurde weiter ausgebaut (Plusquamperfekt, Medium des Perfekts). Als dritte Diathese kam das Passiv hinzu, das seine Formen weitgehend vom Medium übernommen hat. Nur im Aorist und im Futur gibt es eigene Passivformen, die allerdings aktivische Endungen besitzen. Die thematische Konjugation hat gegenüber der athematischen stark an Boden gewonnen.

Sanskrit

Im Sanskrit ist die Formenvielfalt noch reichhaltiger als im Griechischen, allerdings wurden die Bedeutungen unterschiedlicher Formen nivelliert. So gibt es kaum noch Bedeutungsunterschiede zwischen aktiven und medialen Formen, auch die Aspektunterschiede sind bereits im Vedischen oft nicht mehr zu erkennen. Im klassischen Sanskrit werden

Imperfekt, Perfekt und Aorist ohne erkennbare Unterschiede als Vergangenheitsform verwendet. Auch im Sanskrit sind Verbformen hinzugekommen: ein Futur mit s-Suffix, ein Passiv mit medialen Endungen und eine Reihe abgeleiteter Verbformen wie Desiderativ oder Kausativ.

Lateinisch

In den italischen Sprachen (am besten belegt durch das Lateinische) ist das Konjugationssystem stark umgebaut worden, wodurch es symmetrischer und transparenter wurde. Der Dual ist als Verbalkategorie entfallen. Die athematischen Verben sind mit geringen Ausnahmen (z.B. *esse* „sein") verschwunden. Die thematischen Verben gliedern sich in vier Konjugationsklassen, wobei auch die sog. konsonantische Konjugation die thematische Konjugation der Ursprache fortsetzt. Das Medium hat sich zu einem Passiv gewandelt. Von den drei Aspektsystemen sind Perfekt und Aorist zum Perfektsystem zusammengefallen. Dabei finden sich sowohl Formelemente des ursprachlichen Perfekts (Endungen, vereinzelt Reduplikation) als auch des Aorists.

Tempus und Modus sind im Lateinischen unabhängige Kategorien. Das ursprachliche Imperfekt ist spurlos verloren gegangen. Ein neues Imperfekt mit dem Suffix *-ba-* tritt an seine Stelle. Ein Futur bildet sich aus dem alten Konjunktiv bzw. mit einem Suffix *-b-*. Der lateinische Konjunktiv geht in einem Teil der Formen auf den ursprachlichen Optativ zurück. Tempus und Modus sind weitgehend frei kombinierbar, allerdings gibt es keinen Konjunktiv im Futur.

Germanisch

Im Germanischen ist das Verbalsystem stark vereinfacht. Aorist, Imperfekt und Konjunktiv sind verloren gegangen. Der Optativ entwickelte sich zum Subjunktiv, das Perfekt wurde zum Präteritum. Es entwickelten sich zwei Verbklassen, die *starken* und die *schwachen* Verben. Die starken Verben bilden das Präteritum durch Ablaut, in Fortsetzung und Ausbau der ursprachlichen Stammbildung. Das Präteritum der schwachen Verben wurde meist durch ein neues Suffix *-d-* gebildet. Ein synthetisches Mediopassiv ist nur noch im Gotischen erhalten. Das Passiv und die Tempora außer dem Präsens und Präteritum wurden durch periphrastische Bildungen ersetzt.

2.9 Externe Beziehungen des Indogermanischen

Das Indogermanische hat sich nicht in einem sprachlichen Vakuum, sondern in einem Umfeld anderer Sprachfamilien entwickelt, mit denen es sicherlich auch in einem sprachlichen Austausch stand. Erkennbar wird das z.B. an frühen indogermanischen Lehnwörtern im Uralischen. Natürlich ist auch die weitergehende Frage erlaubt und interessant, ob das Indogermanische mit einer anderen Sprachfamilie genetisch verwandt ist, also *externe genetische Beziehungen* aufweist. Da schon die indogermanische Protosprache, wie sie in diesem Kapitel beschrieben wurde, ein Alter von mindestens 6000 Jahren besitzt, müsste eine solche „entfernte Verwandtschaft" zeitlich noch wesentlich weiter zurückreichen. Damit stellt sich dann die Frage, wie viel linguistisches Material einen solch langen Zeitraum überdauert haben kann, um als Vergleichsmaterial für sprachgenetische Untersuchungen zur Verfügung zu stehen? Die historisch-vergleichende Sprachwissenschaft setzt einen Zeitrahmen von maximal 8000 Jahren für das Funktionieren der komparativen Methode an (Fortson 2010: 13). Dies ist einer der Gründe, warum sich die Mainstream-Indogermanistik mit dem Thema externer Beziehungen so gut wie nicht befasst hat.

Schon im 19. Jh. hat es jedoch nicht an Hypothesen und Vermutungen gefehlt, die das Indogermanische mit anderen Sprachgruppen in Verbindung brachten. Dabei kam vor allem die benachbarte *uralische Sprachfamilie* in Frage, zu der unter anderem Ungarisch, Finnisch und Estnisch gehören. Aber auch die *semitischen* Sprachen galten aufgrund lexikalischer Parallelen als ein möglicher Kandidat für verwandtschaftliche Beziehungen. Diese und andere bald wieder vergessene Hypothesen wurden seit den 1960er Jahren durch den Vorschlag zweier sog. Makrofamilien wiederbelebt und systematisiert, die beide das Indogermanische als eine Untereinheit enthalten: zum einen das *Nostratische*, das vor allem von den russischen Wissenschaftlern V. Illich-Svitych und A. Dolgopolsky propagiert wurde, zum anderen das *Eurasiatische*, eine Hypothese des amerikanischen Linguisten J. Greenberg. Als *Makrofamilie* bezeichnet man die Zusammenfassung mehrerer allgemein anerkannter Sprachfamilien und isolierter Sprachen zu einer größeren hypothetischen genetischen Einheit.

Die historische Entwicklung

Im 19. Jh. wurden gleichzeitig mit der Entwicklung der Indogermanistik viele Sprachfamilien in nahezu allen Teilen der Welt entdeckt und identifiziert; manche Einheiten wie das Finno-Ugrische waren schon in der Mitte des 18. Jh. und damit früher als das Indogermanische in ihrem Umfang richtig bestimmt worden.

Einige Pioniere der Indogermanistik wendeten die komparative Methode auch auf andere Sprachen weltweit an, so kam z.B. der Däne R. Rask (1787–1832) schon früh zu der Erkenntnis, dass die *eskimo-aleutischen* Sprachen Nordamerikas und Nordostsibiriens eine Sprachfamilie darstellen. Rask zögerte auch nicht, die Familien, die bis dahin identifiziert worden waren, *miteinander* zu vergleichen. Dabei machten er und andere Forscher eine Reihe interessanter Entdeckungen, z.B. Übereinstimmungen zwischen den samojedischen Sprachen (einer Untereinheit des Uralischen) und den Eskimo-Sprachen, die nämlich ein Dualsuffix *-k* sowie ein Pluralsuffix *-t* gemeinsam haben, eine Opposition, die Rask bald auch in anderen Sprachgruppen entdeckte. Eine vergleichbare Entdeckung waren Übereinstimmungen bei den Pronomina der 1. und 2. Person Singular, die nicht nur in den indogermanischen Sprachen die charakteristischen Konsonanten *m*- bzw. *t*- (Labial und Dental, z.B. lateinisch *mē/tē*, deutsch *mich/dich*) aufweisen, sondern auch in den uralischen und altaischen Sprachen.

Von den ersten Jahren der Indogermanistik an gab es auch Spekulationen über eine mögliche genetische Verwandtschaft des Indogermanischen mit anderen Sprachfamilien. Man fand zahlreiche auffällige Gemeinsamkeiten vor allem mit dem Uralischen und Semitischen, aber wirklich überzeugende Beweise konnten zunächst nicht erbracht werden. In der Tat war ein großer Teil der frühen Arbeiten zum Thema der externen Beziehungen des Indogermanischen nicht von hoher Qualität und diskreditierte damit den Versuch, mögliche Verwandte des Indogermanischen zu finden. In Tabelle 2.34 sind einige der seriöseren Untersuchungen aufgeführt.

Tab 2.34 *Bedeutende Arbeiten zum binären Vergleich des Indogermanischen (Bomhard 2008: 1–4)*

Jahr	Forscher	Vergleich des Indogermanischen mit ...
1846/47	F. Bopp	Kartwelisch
1863	R. v. Raumer	Semitisch
1864	G. Ascoli	Semitisch
1869	V. Thomsen	Finno-Ugrisch
1873	F. Delitzsch	Semitisch
1879	N. Anderson	Finno-Ugrisch
1900	H. Sweet	Finno-Ugrisch
1906/11	H. Möller	Semitisch
1912	A. Cuny	Semitisch
1924–46	A. Cuny	Afroasiatisch
1934	B. Collinder	Uralisch
1969	L. Brunner	Semitisch

Im Rahmen der Mainstream-Indogermanistik wurden diese Untersuchungen zu keinem Zeitpunkt ernsthaft diskutiert. Die z.T. verwegenen Hypothesen, aber auch die durchaus interessanten Entdeckungen verschiedener Forscher wurden vergessen bzw. nicht wahrgenommen. Die Indogermanistik des 20. Jh. war erst recht allen Versuchen gegenüber abgeneigt, das Indogermanische mit irgendeiner anderen Sprachfamilie genetisch in Verbindung zu bringen. Alle Vorschläge zu externen Beziehungen des Indogermanischen wurden ignoriert oder als unwissenschaftlich gebrandmarkt.

Diese Position hat die Indogermanistik bis heute unverändert beibehalten. Ein typisches aktuelles Beispiel ist das ansonsten hervorragende Standardwerk „Indogermanische Sprachwissenschaft" von M. Meier-Brügger; dort heißt es knapp (Meier-Brügger 2010: 166): „Die Hypothese, daß die indogermanische Sprachfamilie Verwandtschaftsbeziehungen zu den uralisch-altaischen, afroasiatischen und kartwelischen Sprachen aufweist, läuft unter dem nicht immer gleicherweise definierten Oberbegriff Nostratisch. Sie ist weder zu verifizieren noch zu falsifizieren." Es folgen einige Literaturstellen zum Thema, ansonsten ist dies jedoch der einzige Hinweis auf mögliche externe Beziehungen des Indogermanischen. In der Einführung von Szemerényi 1990 wird das Thema mit keinem Satz erwähnt. Immerhin widmet Fortson 2010: 13 der Fragestellung einen kleinen Abschnitt, der allerdings mit den klaren Worten beginnt: „These problems have not prevented some adventurous souls from positing relationships between Indo-European and other language families." („Diese Probleme — gemeint ist die Anwendung der komparativen Methode bei einem Zeithorizont von mehr als 8000 Jahren — haben einige verwegene Seelen nicht davon abgehalten, verwandtschaftliche Beziehungen zwischen dem Indogermanischen und anderen Sprachfamilien zu postulieren.") Etwas ausführlicher wird das Thema in Clackson 2007: 20–23 behandelt, aber auch Clackson gelangt zu einem pauschalierenden Negativurteil über Makrohypothesen.

Der bedeutendste und wohl auch am meisten umstrittene Gegenpol zu der weit verbreiteten generellen Abneigung gegen umfassendere genetische Klassifikationen war der amerikanische Linguist J. Greenberg (1915–2001), der in einem halben Jahrhundert (1950–2001) neben seinen bahnbrechenden Arbeiten zur Universalienforschung (vgl. Abschnitt 1.6) mit seiner multilateralen komparativen Methode (vgl. Abschnitt 1.4) die Sprachen Afrikas, Neuguineas und Amerikas jeweils in eine kleine Zahl genetischer Einheiten klassifizierte und mit dem *Eurasiatischen* versuchte, die Gruppe der „nächsten Verwandten des Indogermanischen" zu konstituieren. Dass hypothetische Makrofamilien zuweilen auch den Qualitätssprung zur „großen Sprachfamilie" und zur allgemeinen oder weitgehenden Anerkennung durch die Fachwelt vollziehen können, zeigen die von Greenberg vorgeschlagenen bzw. neustrukturierten afrikanischen Gruppierungen *Afroasiatisch*, *Niger-Kongo* und *Nilosaharanisch*. Andere Vorschläge Greenbergs (*Khoisan*, *Amerindisch*, *Indopazifisch*) wurden und werden allerdings von der Mehrheit der Fachwissenschaftler abgelehnt.

Nostratisch

Die zahlreichen Versuche, die sich auf einen binären Vergleich des Indogermanischen mit *einer* anderen Sprachfamilie konzentrierten, insbesondere mit dem Finno-Ugrischen oder Semitischen, haben keine nachhaltigen Ergebnisse erzielt, jedenfalls führten sie nicht zu überzeugenden genetischen Hypothesen.

Am Ende eines Aufsatzes über türkische Lautgesetze führte der Däne H. Pedersen (1867–1953) 1903 eher beiläufig den Begriff der *nostratischen Sprachen* ein, der nach dem lateinischen Adjektiv *nostrās* „aus unserem Lande, heimisch" gebildet ist. Der entscheidende Abschnitt, der ein wenig willkürlich an die Frage angefügt ist, ob das türkische Wort *kaz* „Gans" aus dem Indogermanischen entlehnt sein könne, lautet wie folgt (Pedersen 1903: 560–561, die Orthographie wurde beibehalten):

„Es giebt meiner Ansicht nach bei diesem Worte drei Möglichkeiten: Zufall, Entlehnung und Verwandtschaft. Auch mit dieser letzteren Möglichkeit muss man rechnen. Sehr viele Sprachstämme in Asien sind zweifellos mit dem Indogermanischen verwandt; vielleicht gilt das für alle diejenigen Sprachen, die man als uralaltaisch bezeichnet hat. Ich möchte alle mit dem Indogermanischen verwandten

Sprachstämme unter dem Namen „nostratische Sprachen" zusammenfassen. Die nostratischen Sprachen nehmen nicht nur in Europa und Asien einen sehr breiten Raum ein, sondern sie erstrecken sich auch bis nach Afrika hinein; denn die semitisch-chamitischen Sprachen sind meiner Ansicht nach zweifellos nostratisch. Bei dem Nachweis der Verwandtschaft müssen nicht nur alle Wurzeletymologien und überhaupt alle etymologischen Spielereien fernbleiben, sondern man sollte sich überhaupt nicht bemühen, eine Masse von Stoff aufzuhäufen. Man sollte sich vielmehr auf die rationelle Betrachtung einer Reihe von Pronomina, Negationen, zum Teil auch Zahlwörtern beschränken, welche sich durch mehrere Sprachstämme verfolgen lassen."

Pedersen verstand also unter dem Nostratischen eine „offene" genetische Einheit, die das Indogermanische und *alle* mit ihm genetisch verwandten Sprachstämme umfasst. Das waren 1903 nach seiner Überzeugung das Uralische, Altaische sowie das Afroasiatische (Semitisch-Hamitische). Pedersen hat den Umfang des Nostratischen also nicht fest umrissen, er ging davon aus, dass weitere Gruppen dazukommen könnten. Seine kühne Hypothese, die er selbst erst später zu untermauern versuchte, wurde von den meisten Indogermanisten ignoriert. Ähnlich ging es H. Koppelmann mit seinem Werk „Die eurasische Sprachfamilie" von 1933, in dem er die Verwandtschaft des Indogermanischen mit den uralischen und altaischen Sprachen sowie mit dem Koreanischen, Nivchischen, dem Ainu und dem Sumerischen anhand von etwa 250 Wort- und Morphemgleichungen beweisen wollte.

Die Wiederbelebung des Nostratischen

Während der 1960er Jahre griffen die beiden russischen Sprachwissenschaftler V. Illich-Svitych (1934–1966) und A. Dolgopolsky (*1930) – zunächst getrennt, später zusammen – die *nostratische Hypothese* Pedersens wieder auf. Sie postulierten die Verwandtschaft des Indogermanischen mit dem Uralischen, Altaischen, Kartwelischen, Drawidischen und dem Afroasiatischen. Damit avancierte das Nostratische neuer Prägung zu einer der umfassendsten genetischen Einheiten, die je vorgeschlagen wurden.

Zur Stützung dieser Hypothese wurden in zahlreichen Arbeiten bisher über 2000 Etymologien – sowohl lexikalische als auch morphologische – publiziert. Eine Zwischenbilanz war Dolgopolskys „The Nostratic Macrofamily and Linguistic Palaeontology" von 1998, worin vor allem auch die kulturgeschichtlichen Implikationen des gemeinnostratischen Wortschatzes behandelt wurden.

Tab 2.35 *Profil der nostratischen Kultur (nach Dolgopolsky 1998)*

Kategorie	Merkmale
Ort	Gebiet des sog. Fruchtbaren Halbmonds, südlich des Kaukasus
Zeit	nach dem Ende der letzten Eiszeit, ca. 15.000 – 12.000 v. Chr.
Kultur	mesolith. Jäger und Sammler; es gibt im gemeinsamen Wortmaterial keine Hinweise auf Ackerbau, Viehzucht oder Keramikproduktion
Nahrung	reicher Wortschatz für Beeren und Nüsse; typische Speisen waren Fisch, Eier und Honig; man konnte Körner mahlen und auf heißen Steinen backen
Technik	Messer mit Feuersteinklingen, Haken, Pfähle, ledernes Schuhwerk; Nutzung von Tierhäuten und Baumrinde
Soziales	nur wenige konkrete Anhaltspunkte; es gibt Wörter für „Frau aus einem anderen Clan"; Verwandtschaft durch eheliche Verbindung („Schwager", „Schwiegertochter" etc.)
Religion	Hinweise auf Magie und magische Sprüche (schamanist. Religion)

Dolgopolskys Buch wurde schon 1998 zum Thema eines *Nostratic Symposium* in Cambridge; die dort von führenden Sprachwissenschaftlern gehaltenen Vorträge – darunter C. Renfrew, A. Bomhard, C. Ehret, S. Starostin, R. L. Trask, L. Campbell, B. Comrie, D. Appleyard und A. Vovin – wurden 1999 von C. Renfrew und D. Nettle als „Nostratic: Examining a Linguistic Macrofamily" herausgegeben. Die Beiträge decken das ganze Spektrum von großer Zustimmung bis zur deutlichen Ablehnung ab. Von einer allgemeinen oder auch nur überwiegenden Akzeptanz der nostratischen Hypothese konnte jedenfalls keine Rede sein, obwohl der Versuch unternommen wurde, mit streng komparativen Methoden vor allem die rekonstruierten Protoformen der Untereinheiten heranzuziehen, um dadurch zu gut fundierten regelmäßigen Lautentsprechungen zu gelangen. Für viele Forscher waren die verwendeten Methoden dennoch problematisch (z.B. das Zulassen zu großer Bedeutungsfelder und lautlicher Unterschiede beim Vergleich) und die Ergebnisse wenig überzeugend (z.B. die Rekonstruktion des nostratischen Lautsystems).

Als ein Beispiel für eine nostratische Wortgleichung wird die Wurzel ****tapV* „ein Ziel treffen" vorgestellt (Nr. 34 aus Dolgopolsky 1998, V steht für einen unbestimmten Vokal):

- indogermanisch **top-* „auf etwas treffen; Ort, wo man hingelangt" (Pokorny 1959: 1088) > griechisch *tópos* „Ort", *topázo* „ziele hin, vermute, errate" | lettisch *pa-tapt* „hingelangen", litauisch *pri-tàpti* „antreffen, kennen lernen, erfahren"
- afroasiatisch **ṭbb* „zu einer Information gelangen, erfahren" > syrisch *ṭab* „Information erhalten", ähnlich im Arabischen | Soqotri *ṭeb* „er glaubte, wusste" | Ge'ez *ṭbb* „klug sein"
- uralisch: finnisch-ugrisch **tap(p)V* „finden" > finnisch *tapaan* „finden, treffen" | wotjakisch *tupa-* „zu einer Übereinkunft kommen"

- altaisch *t'ap'V „ein Ziel treffen, finden" > turkisch *t'ap „finden, raten, Ziel treffen" | jakutisch tap „ein Ziel treffen" | azeri tap- „finden, raten" || mongolisch taga „raten, ein Rätsel lösen" || mandschurisch taqa- „erkennen, können"
- dravidisch *täpp „vereinbarter Zeitpunkt" > tamilisch täppu „erwarteter Moment, vereinbarter Zeitpunkt"| Malayalam tappu „passende Zeit, gute Gelegenheit" | Toda top „Zeit, Gelegenheit"

Schon dieses eine Beispiel zeigt die Problematik nostratischer Wortkorrespondenzen, da man offensichtlich mit sehr weiten Bedeutungsfeldern und großzügiger phonetischer Übereinstimmung arbeiten muss, um entsprechende Parallelen zu finden. (In Bomhard 2008 reduziert sich diese Wurzel auf nostratisch **tʰapʰ- oder **t'apʰ- mit der wesentlich eingeschränkten Bedeutung „schlagen, treffen, zerstoßen", wodurch ein großer Teil der angeführten Kognate entfällt.)

Eurasiatisch

In den Jahren 2000 und 2002 erschien in zwei Bänden J. Greenbergs Werk mit dem provokanten Titel „Indo-European and Its Closest Relatives. The Eurasiatic Language Family" (der zweite Band wurde nach Greenbergs Tod von M. Ruhlen herausgegeben).

Die eurasiatische Makrofamilie, die schon lange vor Erscheinen des genannten Werks von Greenberg und Ruhlen propagiert worden war, bildet eine nicht-leere Schnittmenge mit der nostratischen (Indogermanisch, Uralisch, Altaisch, Koreanisch und Japanisch), andererseits gibt es deutliche Unterschiede. Das Eurasiatische umfasst zusätzlich Ainu, Nivchisch, Tschuktscho-Kamtschadalisch und Eskimo-Aleutisch sowie das Etruskische. Im Vergleich zum Nostratischen „fehlen" dem Eurasiatischen also die Komponenten Afroasiatisch, Kartwelisch und Drawidisch, andererseits kommen einige sibirische Sprachen hinzu.

Tab 2.36 *Vergleich Eurasiatisch – Nostratisch*

nur eurasiatisch	Nivchisch, Tschuktscho-Kamtschadalisch, Eskimo-Aleutisch
der gemeinsame Kern	Indogermanisch, Uralisch, Altaisch, Koreanisch-Japanisch
nur nostratisch	Afroasiatisch, Kartwelisch, Drawidisch

Der erste Band „Grammar" bietet den Vergleich von etwa 70 grammatischen Morphemen, der zweite Band „Lexicon" 437 eurasiatische Wortgleichungen. Während die „Nostratiker" im Wesentlichen mit der komparativen Methode der klassischen historischen Linguistik und weitgehend mit dem Vergleich von rekonstruierten Protoformen aus den einzelnen Sprachfamilien arbeiten, verwendete J. Greenberg seine Methode des multilateralen Vergleichs, bei der Protoformen auch mit einzelsprachlichen Belegen verglichen werden (vgl. Abschnitt 1.3).

In Tabelle 2.37 sind einige der von Greenberg herangezogenen grammatischen und lexikalischen Wort- und Morphemgleichungen zusammengestellt. Man beachte die zahlreichen Fußnoten, die sich auf die Angabe von Einzelsprachen und/oder abweichende Bedeutungen beziehen.

Tab 2.37 *Eurasiatische Wort- und Morphemgleichungen (Greenberg 2000/02, Ruhlen 1994a: 16–17)*

Bedeutung	Euras.	Idg.	Ural.	Turk.	Mong.	Tung.	Nivch.	Tschukt.	Eskimo
Dual	**-ki	-k'[1]	*-k	iki[2]	ikire[3]	—	-gi	-k[4]	-k
Plural	**-t	—	*-t	-t[5]	*-t	-te	-t	-ti	-t
ich/mich	**m	*mē-	*-m	men[6]	mini[7]	mini[7]	me-[9]	-m	-ma
du/dich	**t	*tu~te	*ti~te	—	*ti	-ti	ti	-t	-t[10]
wer?	**k-	*kʷi/kʷo	ken[11]	*kim	ken	—	-ka[13]	k'e[14]	*kina
dieser	**ku-	kū-[15]	—	ku[16]	-ku[17]	—	ku	—	—
Rinde/Haut	**ker	*(s)ker	*kere	*kaŕ	qajir-	erekte	—	—	—
Feder/Flügel	**tul	—	*tulka	—	dali[18]	—	—	tiltil[19]	*culuɣ
Fisch	**kal	*(s)kʷalo-	*kala	—	kal-imu	*kali	q'ol	klxin	iqałuɣ
Wolf/Luchs	**luk	*wĺkʷo-	loka[20]	—	noqa[21]	*lukV[22]	ɬiɣs	*lxex-	—
Bruder/Onkel	**aka	—	a'ka[24]	*āka	aqa	*(k)akā	~~ikin~~	—	*akkak
Fluss/Sumpf	**urus	*wer	*arV	*örs	urus-	urigdan[25]	eri	—	—
sprechen	**kel	*kel[26]	*kele[27]	*kele-	kele-	*xilŋü[27]	qlai[28]	quli[29]	*qała-
denken	**met	*med-	met[30]	—	*mede[31]	mede[32]	meta-[34]	—	—
greifen	**kap	*kap-	kap-[35]	*kap-	qabla-	*xapki-[36]	kep[37]	—	—

Erläuterungen: 1 armenisch 2 „zwei" 3 „Zwillinge" 4 Plural 5 Alttürkisch 6 Usbekisch 7 „mein" 9 „wir" 10 „dein" 11 archaisches Finnisch 13 interrogativ, enklitisch 14 Kamtschadalisch 15 Hethitisch 16 Tschuwaschisch 17 emphatisches Suffix 18 „Flügel" 19 Korjakisch 20 Selkupisch „Marder" 21 „Hund" 22 „Luchs, Fuchs" 24 Jukagirisch 25 Evenki 26 „schreien" 27 „Zunge, Sprache" 28 „sich unterhalten" 29 „Stimme, Schrei" 30 Jukagirisch „informieren" 31 „wissen" 32 Mandschurisch „das Wissen" 34 „zweifeln" 35 Ungarisch „greifen" 36 am Hals greifen, würgen" 37 „Griff (eines Werkzeugs)"

Wenn man diese Liste ausgewählter Wortgleichungen mit einer inner-indogermanischen vergleicht (vgl. Abschnitt 2.4), wird deutlich, dass der Grad der Übereinstimmungen wesentlich geringer und damit weniger überzeugend ist, was bei einem vermuteten Alter des Proto-Eurasiatischen von etwa 10.000 Jahren natürlich auch nicht verwundern kann. Wie in den zahlreichen Fußnoten deutlich wird, sind die Bedeutungsansätze etlicher Wortgleichungen sehr weit gefasst. Fragen werfen auch die grammatischen Korrespondenzen auf, da es sich fast ausschließlich um sehr kurze Morpheme handelt, die zum Teil nur aus einem Konsonanten oder einem Vokal bestehen.

Die Neustrukturierung des Nostratischen

Im ersten Ansatz unterschieden sich Nostratisch und Eurasiatisch beträchtlich (siehe oben). Diese Situation änderte sich dadurch, dass nach und nach auch das Nivchische (Giljakische) sowie die tschuktscho-kamtschadalischen und die eskimo-aleutischen Sprachen dem Nostratischen hinzugefügt wurden (Dolgopolsky hatte diese Einheiten schon früh als verwandt betrachtet, allerdings aus verschiedenen Gründen in seinen Veröffentlichungen nicht berücksichtigt). Immer häufiger wurde dagegen die Gleichrangigkeit des Afroasiatischen etwa mit dem Indogermanischen, Uralischen oder Altaischen in Frage gestellt, da die geringe Zahl der belastbaren Übereinstimmungen darauf hinwies, dass es sich beim Afroasiatischen um einen weiter entfernten Verwandten des Indogermanischen handeln müsse. (Der wechselnde Umfang des Nostratischen je nach Autor sowie unterschiedliche Rekonstruktionen des Lautinventars waren für seine Akzeptanz in dieser Phase sicher nicht förderlich.)

Diese Überlegungen führten schließlich zu einer vor allem von A. Bomhard vorangetriebenen Neuorientierung und Neustrukturierung des Nostratischen, die in Bomhards umfassenden zweibändigen Werk „Reconstructing Proto-Nostratic: Comparative Phonology, Morphology, and Vocabulary" (Bomhard 2008) vertreten wird, das den Stand der aktuellen nostratischen Forschung zusammenfasst. Bomhard übernahm Greenbergs Eurasiatisch als *einen Hauptzweig* des Nostratischen, der dem Afroasiatischen, Kartwelischen und Elamo-Drawidischen als gleichrangig gegenübergestellt wird (Tabelle 2.38).

Tab 2.38 *Die Neugliederung des Nostratischen (Bomhard 2008: 28)*

Primärzweige	Untereinheiten
1 Eurasiatisch	Indogermanisch | Etruskisch | Uralisch-Jukagirisch | Altaisch | Koreanisch-Japanisch | Tschuktscho-Kamtschadalisch | Nivchisch | Eskimo-Aleutisch
2 Afroasiatisch	Semitisch | Ägyptisch | Berberisch | Tschadisch | Kuschitisch | Omotisch
3 Kartwelisch	Sprachen: Georgisch, Mingrelisch, Lasisch, Swanisch
4 Elamo-Drawidisch	Elamisch | Drawidisch

Auffällig ist, dass auch Bomhard die Zugehörigkeit des Etruskischen zum Eurasiatischen übernimmt und bestätigt (zur Begründung vgl. Bomhard 2008: 253–261), während er das Ainu nicht mehr aufführt. Eine Untersuchung des Sumerischen ergibt nach Bomhard zu wenig Übereinstimmungen, um es auch als nostratische Sprache einordnen zu können (S. 263–272), allerdings führt er in seinen Wortgleichungen zahlreiche sumerische Parallelen auf.

Die Beweisführung Bomhards für die genetische Einheit des Nostratischen betrifft drei Ebenen:

- 1. die gemeinsame lexikalische Basis, die in 857 ausführlich diskutierten Wortgleichungen auf fast 1000 Seiten präsentiert wird,
- 2. der Nachweis regulärer Lautkorrespondenzen zwischen den nostratischen Untereinheiten und die Rekonstruktion eines proto-nostratischen Lautsystems sowie
- 3. eine nicht geringe Anzahl grammatischer Morpheme; hierbei setzt Bomhard die Untersuchungen von Greenberg 2000 fort und erweitert sie auf die anderen Zweige des Nostratischen.

Da Bomhard Anhänger der Glottalisierungstheorie ist (vgl. Abschnitt 2.5), unterscheiden sich seine Rekonstruktionen von denen Dolgopolskys bzw. der Moskauer Schule. Die Annahme glottalisierter Laute im Proto-Indogermanischen (also von *p', *t', *k', *k'w an Stelle von *b, *d, *g, *gw) parallel zu den glottalisierten Konsonanten des Proto-Afroasiatischen und Proto-Kartwelischen ermöglicht eine geradlinige Rekonstruktion der glottalisierten Konsonanten im Proto-Nostratischen (Bomhard 2008: 22–26). In Tabelle 2.39 sind die nostratischen Lautkorrespondenzen für Plosive im Anlaut zusammengestellt.

Tab 2.39 *Nostratische Lautkorrespondenzen im Anlaut (Bomhard 2008: 217–220)*

Nostrat.	b-	pʰ-	p'-	d-	tʰ-	t'-	g-	kʰ-	k'-	gʷ-	kʷʰ-	k'ʷ
Idg.	bʰ-	pʰ-	p'-	dʰ-	tʰ-	t'-	gʰ-	kʰ-	k'-	gʷʰ-	kʷʰ-	k'ʷ-
Kartwel.	b-	p-	p'-	d-	t-	t'-	g-	k-	k'-	gw/u-	kw/u-	k'w/u-
Afroasiat.	b-	p/f-	p'-	d-	t-	t'	g-	k-	k'-	gʷ-	kw-	k'w-
Uralisch	p-	p-	–	t-	t-	t-	k-	k-	k-	k-	k-	k-
Drawid.	p-	p-	–	t-	t-	t-	k-	k-	k-	k-	k-	k-
Altaisch	b-	pʰ-	p-	d-	tʰ-	t-	g-	kʰ-	k-	g-	kʰ-	k-
Eskimo	p-	p-	–	t-	t-	t-	k-/q-	k-/q-	k-/q-	k-/q-	k-/q-	k-/q-

Hinweis: Es handelt sich um rekonstruierte Laute innerhalb der jeweiligen Protosprache. Auf den Asterisk wurde verzichtet.

Nach wie vor bilden die Übereinstimmungen bei den Pronomina ein wesentliches Argument für die nostratische Hypothese, in Tabelle 2.40 sind die wichtigsten Parallelen aufgeführt.

Tab 2.40 *Nostratische Pronomina bzw. Personalendungen (Bomhard 2008: 29–32)*

Pronomen	Nostrat.	Idg.	Ural.	Altaisch	Afroasiat.
Pers. 1. Sg.	**mi-/me-	*me-/mo-	*me	*mi > bi	*m[i]-
Pers. 2. Sg.	**tʰi-/tʰe-	*tʰū-/tʰe-	*te	*tʰi-/tʰa-	*ti
Demonst.	**sa-/sə-	*so	*sä		
Demonst.	**tʰa-/tʰə-	*tʰo-	*ta/tä	*tʰa-/tʰe-	*ta-
Interrog./ Relativ	**kʷʰi-/ **kʷʰe-/ **kʷʰa-	*kʷʰe-/ *kʷʰo-/ *kʷʰi-	*ku/ko *ki/ke	*kʰa(y)-	*kʷa-
Interrog./ Relativ	**ʔay-/ **ʔya-	*ʔo-	*yo	*yā-	*ʔay(y)-

In Tabelle 2.41 sind einige Wortgleichungen aus Bomhards nostratischem Lexikon zusammengefasst.

Tab 2.41 *Nostratische Wortgleichungen (Bomhard 2008, Band 2)*

Bedeutung	Nostrat.	Idg.	Ural.	Altaisch	Drawid.	Afroas.
bohren; Bohrer	**bur-	*bʰor-	*pura	*burV-	*pur-	*ɓur-
bedecken, einschließen	**bur-	–	–	*būri-	*pōr-	*ɓur-
(zer)brechen, spalten	**bak'-	*bʰek'-	*pakka (FU)	*baka-	*pak-	*ɓak'-
spalten, trennen	**bad-	*bʰedʰ-	–	–	*paɖ-	*ɓad-
fliegen, fliehen	**pʰar-	*pʰer-	–	–	*par̠-	–
(hervor)bringen; Frucht	**pʰir-	*pʰer-	–	*pʰuri-	*per-	*pir-
(ver)drehen, umkehren	**mar-	*mer-	–	*mura-	*mar-	*mar-
drehen, wenden	**kʰar-	*kʰer-	*kerä- (FU)	–	*kar-	*χar-
greifen; Hand	**kap-	*kap-	*kappV-	*kʰapʰV-	–	*χap-
Penis; Abkömmling	**pʰasʸ-	*pʰes-	*pasʸV (FU)	*pʰi̯as- ?	*pac-	–
Siedlung	**pʰal-	*pʰlH-	**palɣv (FU)	*pi̯algV-	*palli-	–
verschwägerte Frau	**kʰal-	–	*kälV-	–	qali	*χal-
braun, dunkelfarben	**borʸ-	*bʰru-	–	*borʸV-		*ɓor-

Erläuterungen: FU = finno-ugrische Protoform

Als vertiefendes Beispiel folgen einige der Belege zur nostratischen Wurzel **bur- „bohren, durchbohren; Bohrer; Bohrloch, Aushöhlung":

- Indogermanisch *bʰor-/*bʰer-/*bʰr̥- „bohren, durchbohren" > Lateinisch for-āre „bohren" | Germanisch *burō- „bohren" > Deutsch bohren | Griechisch pháros „Pflug (?)" | Albanisch birë „Loch" | mittelirisch bern- „Kluft, Schlitz" | Armenisch brem „aufgraben, aufbohren"
- Uralisch *pura „bohren, Bohrer" > Finnisch pura „Stemmeisen, Bohrer" | Mansi pore „Ahle, Pfriem" | Ungarisch fúr- „bohren" || Selkupisch pur „Bohrer"
- Altaisch: Türkisch bur- „bohren", burgu „Bohrer" | Tatarisch borau „Bohrer" || Mongolisch buryui „Stück Draht, um einen Pfeifenstiel zu reinigen" (?)
- Drawidisch *pur- „bohren" > Tulu bur-ma, ber-puri „Bohrer"
- Afroasiatisch *bur „bohren, durchbohren" > Semitisch *bar-aʒ , *bar-ar „bohren, durchbohren" > Aramäisch bəraz „bohren" | Arabisch barzaẖ „Lücke, Bruch" | Hadramautisch barzat- „Loch" | Ge'ez barra „durchbohren, durchdringen" || Kuschitisch: Somali burur „abgebrochenes Stück" | Saho burūr „abgebrochenes Stück"

Bomhard entwirft ein zeitliches und geographisches Szenario für die Ausdehnung der nostratischen Kultur und die Entwicklung der vier Primärzweige (Tabelle 2.42).

Tab 2.42 *Die Entwicklung der nostratischen Makrofamilie (Bomhard 2008: 221–252)*

Zeitraum	Entwicklung und Ausdifferenzierung der nostratischen Makrogruppe
15–12.000	Entwicklung der nostratischen Kultur in der klimatisch günstigen Phase nach dem Ende der letzten Eiszeit im Gebiet des Fruchtbaren Halbmonds
12–10.000	Ausdehnung des Nostratischen und Ausdifferenzierung seiner Primärzweige
10.000	1. **Proto-Afroasiatisch** dehnt sich im Nahen Osten und in den Norden Afrikas aus
9.000	2. **Proto-Eurasiatisch**: Migration nach und Entwicklung in Zentralasien; von dort mehrere tausend Jahre später Migration der Untereinheiten in ihre jeweilige „Urheimat": (a) Proto-Indogermanisch nach Westen in den pontisch-kaspischen Raum (4500 v. Chr.) (b) Proto-Uralisch nach Nordwesten in das Gebiet zwischen Wolga-Bogen und Ob (4000 v. Chr.) (c) Proto-Altaisch in die zentralasiatische Steppe, ins Gebiet um das Altaigebirge (4000 v. Chr.) (d) die anderen Komponenten migrieren nach Nordost-Sibirien, Eskimo-Aleutisch schließlich nach Nordamerika
8–7.000	3. **Proto-Elamo-Drawidisch** dehnt sich in den Iran und von dort später ins Indusgebiet und auf den Indischen Subkontinent aus
8–7.000	4. **Proto-Kartwelisch** gelangt in den südlichen Kaukasus (nach Bomhard und anderen mit einem Umweg über Zentralasien, eine gewisse Periode parallel zum Eurasiatischen)

Es ist sicherlich zu früh, um über Erfolg oder Misserfolg der nostratischen Hypothese endgültig zu befinden. Jedenfalls kann das bisher Erarbeitete, das in Bomhard 2008 durchaus eindrucksvoll zusammengefasst ist, als Ausgangspunkt für weitere Forschungen auf diesem Gebiet dienen. Die Vorstellung, dass das Indogermanische isoliert dasteht und mit keiner anderen Sprachgruppe genetisch verwandt sei, hat durch die nunmehr 50-jährigen Bemühungen der Nostratiker deutliche Risse bekommen. Wegen der enormen Zeitspanne, die die komparative Methode bei der Untersuchung „entfernter Verwandtschaften" zu bewältigen hat, wird man jedoch über das Nostratische wohl nie zu einem so gesicherten Kenntnisstand gelangen können, wie er seit dem 19. Jh. für das Indogermanische selbstverständlich ist.

3 | Germanisch

Die germanischen Sprachen, die heute von über 500 Mio. Muttersprachlern gesprochen werden, bilden einen bedeutenden Primärzweig des Indogermanischen. Sie sind in Mittel-, West- und Nordeuropa verbreitet, vor allem das Englische hat darüber hinaus weltweite Verbreitung und Bedeutung erlangt. Das Germanische wird üblicherweise in drei Gruppen eingeteilt: *Westgermanisch* (mit Deutsch, Niederländisch, Afrikaans, Englisch, Friesisch), *Nordgermanisch* (Schwedisch, Dänisch, Norwegisch, Isländisch und Färöisch) sowie das ausgestorbene *Ostgermanische*, dessen bestüberlieferte Sprache das Gotische ist.

Germanische Sprachen sind seit dem 3. Jh. n. Chr. dokumentiert, sie besitzen Eigenschaften, die sie klar als genetische Einheit kennzeichnen und von allen anderen indogermanischen Sprachen unterscheiden (z.B. die *germanische Lautverschiebung*). Die intensive wissenschaftliche Beschäftigung mit der germanischen Sprachfamilie begann bereits im ersten Viertel des 19. Jh., Jacob Grimms fundamentale „Deutsche Grammatik" von 1819 ist eigentlich eine „Germanische Grammatik".

Die Phase einer *proto-, gemein-* oder *urgermanischen* Sprache wird in der zweiten Hälfte des ersten vorchristlichen Jahrtausends angesetzt, damals siedelten die frühgermanischen Stämme in Südskandinavien und in Norddeutschland. In römischer Zeit gerieten sie in Bewegung und dehnten sich zu Lasten der Kelten nach Mittel- und Westeuropa und in die ursprünglich baltischen und slawischen Siedlungsgebiete nach Osten aus. So kam es seit dem 2. Jh. v. Chr. immer wieder zu größeren germanischen Wanderungsbewegungen, in deren Verlauf fast jeder Teil Europas irgendwann von einem germanischen Stamm beherrscht wurde. Im 4. Jh. n. Chr. drängten die Hunnen und andere eurasische Reitervölker viele germanische Stämme nach Westen ab.

Etwa um 600 n. Chr. waren die großen Wanderungen zunächst abgeschlossen. Die *Nordgermanen* siedelten in Südskandinavien, dehnten sich vom 8. bis 11. Jh. durch die Wikingerzüge weiter nach Westen aus und brachten Island und die Färöer dauerhaft, Teile von Großbritannien nur vorübergehend in ihren Besitz. Die *Ostgermanen* bildeten eine Gruppe weit gewanderter Stämme, deren Reiche (Vandalen in Nordafrika, Ostgoten in Italien, Burgunder in Savoyen) im 6. Jh. untergingen, nur die Westgoten konnten sich in Spanien noch bis 711 halten. Mit den ostgermanischen Reichen gingen die Sprachen ihrer Träger unter, lediglich das Gotische hat in der Bibelübersetzung Wulfilas aus dem 4. Jh. ein größeres ostgermanisches Sprachdenkmal hinterlassen. Auf der Krim wurde das sog. Krimgotische bis ins 18. Jh. gesprochen; ob es sich dabei um einen Nachfolger des Gotischen oder eher um eine westgermanische Varietät handelt, ist umstritten.

Die *Westgermanen* – wie man die übrigen germanischen Stämme zusammenfassend bezeichnet – siedelten in Kontinentaleuropa und auf den britischen Inseln. Man geht heute meist von drei Hauptgruppen aus: den *Nordseegermanen*, den *Weser-Rhein-Germanen* und den *Elb-* oder *Südgermanen*. Zu den letzteren gehören die Alemannen, Baiern und Langobarden in Oberitalien (Ende des Langobardenreichs 774), zu den Nordseegermanen die Angelsachsen und Jüten, die im 5. Jh. auf die britischen Inseln auswanderten, die Friesen und die (Nieder-)Sachsen, zum Weser-Rhein-Germanischen die übrigen kontinentalgermanischen Stämme, insbesondere die Franken mit ihren zahlreichen Verzweigungen. Aus den Sprachen und Dialekten dieser westgermanischen Stämme haben sich schließlich das Englische, Friesische, Niederländische, Niederdeutsche und Hochdeutsche entwickelt.

Bei römischen Schriftstellern (z.B. bei Julius Caesar und Plinius dem Älteren) werden die Germanen häufig erwähnt, Tacitus schrieb mit seiner „Germania" eine Monographie über „Germanien" und die germanischen Stämme. Dadurch sind viele germanische Namen und vereinzelt auch germanische Wörter überliefert. Älteste Eigenbelege des Germanischen sind Runeninschriften aus dem 3. und 4. Jh. n. Chr. Die bereits erwähnte gotische Bibelübersetzung des Wulfila (Ende des 4. Jh.) ist das erste große zusammenhängende germanische Dokument, das für die Erschließung des Urgermanischen von größter Bedeutung ist.

3.1 Die modernen germanischen Sprachen im Überblick

Die sprecherreichste und bedeutendste germanische Sprache ist die Weltsprache *Englisch* mit 340 Mio. Muttersprachlern und schätzungsweise weiteren 300 Mio. Zweitsprechern. Es folgt *Deutsch* mit über 100 Mio. Muttersprachlern und – nach neueren Schätzungen – bis zu 80 Mio. Zweitsprechern. Innerhalb der Europäischen Union ist Deutsch die Sprache mit den meisten Muttersprachlern. Das *Niederländische* kommt auf 25 Mio. Sprecher, seine südafrikanische Tochtersprache *Afrikaans* auf über 6 Mio. *Schwedisch* ist mit 10 Mio. Sprechern die größte nordgermanische (skandinavische) Sprache, gefolgt von *Dänisch* und *Norwegisch* mit jeweils etwa 5 Mio. Sprechern. Sprecherzahlen und Verbreitungsgebiet der modernen germanischen Sprachen sind in Tabelle 3.1 zusammengestellt.

Heute leben Sprecher des *Jiddischen* vor allem in den großen Metropolen New York, Montreal, Mexico City, Buenos Aires und Melbourne, in Europa in den Zentren Antwerpen, London, Manchester und Paris sowie in Israel. Jacobs 2005 schätzt die aktuelle Zahl der Sprecher nur noch zwischen „einigen Hunderttausend und etwas über einer Million" ein.

Luxemburgisch, *Plautdietsch*, *Pennsylvanisch* und *Zimbrisch* werden nicht von allen Forschern als eigenständige Sprachen anerkannt, während andere wiederum das hochalemannische *Schwyzerdütsch* als weitere Sprache und nicht als deutschen Dialekt einstufen. Von einigen Skandinavisten werden die beiden Varianten des Norwegischen (*Bokmål* und *Nynorsk*) als separate Sprachen betrachtet.

Umstritten ist auch der Sprachstatus des *Niederdeutschen*: Für eine Einschätzung als Dialektgruppe unter dem Dach der deutschen Sprache sprechen die beschränkte Funktionalität, die dialektalen Unterschiede und die fehlende Normierung oder Kodifizierung, während vor allem die Selbsteinschätzung der Mehrheit ihrer Sprecher und die historische Bedeutung niederdeutscher Varietäten (z.B. hatte das Mittelniederdeutsche aus Lübeck den Rang einer Lingua franca in der gesamten Hanse) als Argumente für eine

Einstufung als eigenständige Sprache dienen. Das Niederdeutsche ist im Rahmen der Sprachencharta des Europarats in den Niederlanden (*Nedersaksisch*) und in Deutschland offiziell anerkannt und geschützt.

Tab 3.1 *Die germanischen Sprachen und ihre Verbreitung (Karte 1, Seite 741)*

Sprache	Sprecher S1	Zweig	Hauptverbreitungsgebiete
Englisch	340.000.000	West	Großbrit., USA, Kanada, Australien, ehem. Kolonien
Deutsch	105.000.000	West	Deutschland, Österreich, Schweiz, Italien
Niederländisch	25.000.000	West	Niederlande, Belgien
Schwedisch	10.000.000	Nord	Schweden, Finnland
Afrikaans	6.500.000	West	Südafrika, Namibia
Dänisch	5.500.000	Nord	Dänemark; USA, Deutschland, Norwegen
Norwegisch	5.000.000	Nord	Norwegen
Jiddisch	1.000.000*	West	New York, Montreal u.a. Metropolen; Israel
Niederdeutsch	5.000.000*	West	Deutschland, Niederlande
Plautdietsch	500.000	West	Lateinamerika, Karibik, USA u.a.
Friesisch	400.000	West	Niederlande, Deutschland
Luxemburgisch	390.000	West	Luxemburg
Isländisch	320.000	Nord	Island
Pennsylvanisch	250.000	West	USA, auch Kanada, Mittel- und Südamerika
Färöisch	60.000	Nord	Färöer, Dänemark
Zimbrisch	2.200	West	Italien: Venetien, Trentino-Südtirol, Friaul

* hauptsächlich Zweitsprecher

3.2 Die Gliederung der germanischen Sprachen

Wie oben schon erwähnt, werden die germanischen Sprachen traditionell in West-, Nord- und Ostgermanisch eingeteilt. Die Sprachgrenze zwischen Nord- und Westgermanisch wird heute durch die deutsch-dänische Grenze markiert und lag früher etwas weiter südlich an der Schlei. Innerhalb des Westgermanischen bilden Englisch und Friesisch die anglo-friesische Gruppe, Niederländisch und Afrikaans die niederländische Gruppe, während die übrigen westgermanischen Sprachen zu einer „deutschen" Gruppe zusammengefasst werden können. Das Nordgermanische oder Nordische gliedert sich in einen westlichen und östlichen Zweig. Den westlichen bilden Isländisch und Färöisch, den östlichen Norwegisch, Dänisch und Schwedisch. Die Nynorsk-Varietät des Norwegischen hat ebenfalls eine westnordische Herkunft. Das Ostgermanische wird von mehreren ausgestorbenen Sprachen gebildet, darunter ist – wie schon erwähnt – das Gotische mit Abstand die bestüberlieferte, während von den anderen ostgermanischen Sprachen (z.B. Vandalisch, Burgundisch) nur Namen und vereinzelte Glossen erhalten geblieben sind (Strukturdiagramm in Tabelle 3.2).

Tab 3.2 *Die traditionelle Gliederung der germanischen Sprachen*

Spracheinheiten	Einzelsprachen
GERMANISCH	
WEST	
ANGLO-FRIESISCH	**Englisch** (340 Mio., mit S2 600 Mio.)
	Friesisch (400 Tsd.) (V West, Ost, Nord)
NIEDERLÄNDISCH	**Niederländisch** (25 Mio.) (V Holländi-, Flämisch)
	Afrikaans (6,5 Mio., mit S2 13 Mio.)
DEUTSCH	**Deutsch** (105 Mio., mit S2 180 Mio.)
	Jiddisch (bis zu 1 Mio., mehrheitlich S2)
	Luxemburgisch (390 Tsd.)
	Pennsylvanisch (250–300 Tsd.)
	Zimbrisch (2.200)
	Niederdeutsch (5–8 Mio., fast nur S2)
	Plautdietsch (500 Tsd.)
NORD	
ISLÄNDISCH-FÄRÖISCH	Isländisch (320 Tsd.)
	Färöisch (Färingisch) (60 Tsd.)
SKANDINAVISCH	**Dänisch** (5,6 Mio.)
	Schwedisch (10 Mio.)
	Norwegisch (5 Mio.) (V Bokmål, Nynorsk)
OST	Gotisch †, Vandalisch †, Burgundisch † u.a.

Von einigen Forschern wurde statt der traditionellen Dreiteilung eine Zweiteilung in *West-* und *Nordost-Germanisch* (*Goto-Nordisch*) bevorzugt, da die ostgermanischen Sprachen bestimmte Gemeinsamkeiten mit dem Nordgermanischen aufweisen. Als gemeinsames Merkmal des Nordostgermanischen wurde die Veränderung der protogermanischen Laute *-ww-* und *-jj-* herangezogen, die im Westgermanischen erhalten blieben, im Nord- und Ostgermanischen aber zu *-gg(w)-* bzw. *-ggj/ddj-* transformiert wurden (z.B. gotisch *triggw-s*, altisländisch *trygg-r*, dagegen althochdeutsch *(gi-)triuwi*, altenglisch *(ge-)trēowe* „(ge)treu"). Die goto-nordische Hypothese gilt heute als überholt, da die genannten Merkmale eher als gemeinsame Retentionen und nicht als Innovationen betrachtet werden.

Historische Klassifikation

Während die obige Gliederung der germanischen Sprachen eine Einteilung nach dem Verwandtschaftsgrad der modernen Einzelsprachen darstellt – der natürlich auf historisch-genetische Beziehungen zurückgeht, aber teilweise auch durch spätere Konvergenz- und Überdachungsprozesse zu erklären ist –, bezieht die folgende Klassifikation auch die ausgestorbenen germanischen Sprachen und Sprachstufen ein, um einen historisch-genetischen Überblick zu vermitteln.

Insbesondere über die historische Gliederung der westgermanischen Sprachen gibt es bisher keinen Konsens. Die Darstellung in Tabelle 3.3 (nach Hutterer 1999, König-van der Auwera 2001, Robinson 1992, Harbert 2007) ist aber eine von vielen Forschern im Kern akzeptierte Position. Danach setzt sich das Westgermanische aus drei Einheiten – dem *Nordseegermanischen*, *Weser-Rhein-Germanischen* und *Elbgermanischen* – zusammen. (Diese Sprachformen werden in Anlehnung an die Stammesbezeichnungen lateinischer Schriftsteller wie Tacitus und Plinius d. Ä. auch *Ingwäonisch*, *Istwäonisch* bzw. *Erminonisch* genannt.) Ob das Westgermanische selbst eine genetische Einheit bildet, ist bis heute nicht unumstritten.

Aus der historischen Darstellung in Tabelle 3.3 wird klar, dass die „deutschen Dialekte" verschiedenen Zweigen des Westgermanischen angehören, die „deutsche Sprache" also nicht als Gesamtheit, sondern nur in Form ihrer Varietäten in einen historischen Stammbaum des Germanischen integrierbar ist. Auch die genaue Position des Jiddischen ist in diesem Schema nicht eindeutig, da es neben überwiegenden ostmitteldeutschen Merkmalen auch bairische aufweist (Jacobs 2005: 15–17); jedenfalls wäre das Jiddische am ehesten als elbgermanische Varietät einzuordnen.

Die Ausgliederung der germanischen Stämme und Sprachen

Das folgende Szenario kann für die Ausgliederung der germanischen Stämme und Sprachen vereinfachend angesetzt werden (Haarmann 2002: 70–73, Hutterer 1999: 71–73):

1. In der Mitte des 1. Jt. v. Chr. besiedeln die Germanen ein weites Areal, das sich über Dänemark, Südskandinavien und die küstennahen Gebiete an Nord- und Ostsee von Flandern im Westen bis zur Weichselmündung im Osten erstreckt. Im Westen werden keltische Stämme verdrängt, im Osten kommt es zu jahrhundertelangen intensiven Kontakten mit ostseefinnischen (uralischen) Völkern.

2. Das Gemeingermanische hat sich am Ende des 1. Jt. v. Chr. in die drei Hauptgruppen Nord-, West- und Ostgermanisch gegliedert. Die Nordgermanen siedeln zunächst in Skandinavien, die Ostgermanen östlich der Oder, die Westgermanen in Dänemark, Norddeutschland und in den Küstengebieten der Nordsee bis nach Flandern.

3. Die ostgermanischen Stämme (Goten, Vandalen, Gepiden, Burgunder, Rugier, Heruler u.a.) durchlaufen – getrennt von den anderen germanischen Stämmen – eine linguistische Sonderentwicklung. Die Goten ziehen vom Mündungsgebiet der Weichsel in die südrussischen Steppen am Schwarzen Meer (2.–3. Jh. n. Chr.) und von dort unter dem Druck der Hunnen nach Westen. Die Westgoten gründen Reiche in Südfrankreich und Spanien (419–711), die Ostgoten in Italien (bis 555), die Vandalen in Nordafrika (429–534).

Tab 3.3 *Historische Gliederung der germanischen Sprachen und Dialekte*

WESTGERMANISCH
    NORDSEEGERMANISCH
        Altfriesisch † > Mittelfriesisch † > Friesisch (West-, Nord- und Ostfriesisch)
        Angelsächsisch (Altenglisch) † > Mittelenglisch † > Englisch
        Altsächsisch (Altniederdeutsch) † > Mittelniederdeutsch † > Niederdeutsch
            Westniederdeutsch (Nedersaksisch, Nordniedersächsisch, Westfälisch, Ostfälisch)
            Ostniederdeutsch (Mecklenburgisch-Vorpommersch, Ostpommersch,
                Niederpreußisch > Plautdietsch, Brandenburgisch-Märkisch)

    WESER-RHEIN-GERMANISCH (FRÄNKISCH)
        Altniederfränkisch (Altniederländisch) † >
            Mittelniederfränkisch/Mittelniederländisch † >
                Neuniederfränkisch (Niederrheinisch)
                Niederländisch (Holländisch, Flämisch, Brabantisch, Limburgisch)
                Afrikaans
        Altmittelfränkisch † > Mittelfränkisch
            Ripuarisch, Moselfränkisch mit Saarländisch und Luxemburgisch
        Altrheinfränkisch † > Mittelrheinfränkisch > Rheinfränkisch
            Lothringisch, Pfälzisch > Pennsylvanisch, Hessisch
        Altostfränkisch † > Mittelostfränkisch > Ostfränkisch
            Mainfränkisch, Oberfränkisch, Erzgebirgisch, Vogtländisch

    ELBGERMANISCH (SÜDGERMANISCH)
        Langobardisch †
        Hermundurisch † > Altthüringisch † >
            Thüringisch-Obersächsisch; Schlesisch, Hochpreußisch
        Altbairisch † > Bairisch
            Nordbairisch, Südböhmisch; Mittelbairisch-Österreichisch;
            Südbairisch; Zimbrisch
        Altalemannisch † > Alemannisch
            Niederalemannisch: Schwäbisch, Elsässisch, Badisch, Bodenseealem.
            Hochalemannisch: Schweizerdeutsch, Höchstalemannisch
        Markomannisch †, Quadisch †, Semnonisch †

NORDGERMANISCH (SKANDINAVISCH)
    URNORDISCH †
        Alt-Westnordisch †
            Altnorwegisch † > Mittelnorwegisch † > Neunorwegisch > Nynorsk
            Altisländisch † > Isländisch
            Altfäröisch † > Färöisch
            Norn †
        Alt-Ostnordisch †
            Altdänisch † > Mitteldänisch † > Dänisch > Norwegisch-Bokmål
            Runenschwedisch † > Altschwedisch † > Schwedisch

OSTGERMANISCH (ODER-WEICHSEL-GERMANISCH)
    Gotisch † > Krimgotisch †
    Vandalisch †
    Burgundisch † und andere, schwach belegte ostgermanische Sprachen

4. In Nord- und Mitteldeutschland sowie in Jütland bilden sich seit dem 1. Jh. n. Chr. die drei Gruppen der Nordseegermanen, Weser-Rhein-Germanen und Elbgermanen aus.

5. Die nordseegermanischen Angeln, Sachsen und Jüten nehmen im 5. Jh. die britischen Inseln in Besitz, damit beginnt die Entwicklung der altenglischen (angelsächsischen) Sprache.

6. Die auf dem Kontinent zurückgebliebenen nordseegermanischen Sachsen breiten sich vom Küstengebiet an der Nordsee nach Südwesten und Süden aus; es kommt zu sprachlichen Wechselwirkungen mit den Weser-Rhein-Germanen (4.–5 Jh.). Die Vorgänger der Friesen siedeln sich in einem küstennahen Streifen an der Nordsee an, der sich von Nordbelgien durch die Niederlande und über die norddeutschen Küstengebiete bis nach Dänemark erstreckt und alle vorgelagerten Inseln umfasst.

7. Die Elbgermanen breiten sich von der unteren und mittleren Elbe nach Süddeutschland aus (vom 1. Jh. n. Chr. an). Die Alemannen und Baiern besiedeln Süddeutschland und angrenzende Gebiete (3.–5. Jh.), die Langobarden ziehen schließlich bis Norditalien und gründen im 6. Jh. das Langobardische Reich. Beginn der zweiten, hochdeutschen Lautverschiebung im 6. Jh. im südgermanischen Gebiet, die sich schon bald nach Norden ausdehnt. Die westgermanischen Varietäten, die der zweiten Lautverschiebung unterliegen, werden als „hochdeutsch" bezeichnet.

8. Seit dem 5. Jh. Expansion der Weser-Rhein-Germanen (Franken) nach Westen bis ins romanisierte Nordgallien, Entstehung des zweisprachigen Merowinger-Reiches. Zusammenschluss der westgermanischen Stämme der Franken, Alemannen, Baiern, Hessen, Thüringer und später auch der Sachsen unter fränkischer Herrschaft im Merowinger- und Karolingerreich (5.–9. Jh.).

9. Die Nordgermanen (inzwischen sprachlich von den anderen germanischen Stämmen weitgehend isoliert) teilen sich seit dem 7. Jh. in eine West- und Ostgruppe. Jütland wird im 5.–6. Jh. von den Dänen aus Ostskandinavien, Island im 8.–9. Jh. von den Norwegern aus Westskandinavien kolonisiert. Die nordgermanischen Einzelsprachen bilden sich ab dem 11. Jh. heraus.

3.3 Der germanische Wortschatz

Die breiteste Schicht des germanischen Lexikons bildet der indogermanische Erbwortschatz. So sind die Bezeichnungen für Körperteile, Verwandtschaftsverhältnisse, Wohnstätten und im Bereich der Viehzucht fast durchgehend indogermanischer Herkunft. Die Zugehörigkeit einer Sprache zur germanischen Gruppe ist durch eine Fülle lexikalischer Gemeinsamkeiten belegbar und somit in keinem Fall zweifelhaft.

In Tabelle 3.4 sind einige Wortgleichungen aus den genannten Bereichen sowie Pronomina, Verben und Zahlwörter zusammengestellt, die die enge genetische Verwandtschaft der germanischen Sprachen deutlich machen. Die Wortgleichungen berücksichtigen verschiedene historische Sprachstufen, die Kognate stammen aus den Sprachen Althochdeutsch, Altsächsisch, Altenglisch, Altnordisch und Gotisch, an modernen germanischen Sprachen wurden Deutsch (Neuhochdeutsch) und Englisch herangezogen. Die zweitletzte Spalte enthält die rekonstruierten protogermanischen Formen (nach Kluge 2002, Onion 1966), die letzte Spalte die indogermanischen Rekonstruktionen (nach Pokorny 1959, Mallory-Adams 1997). Selbstverständlich kann diese Tabelle nicht die rege fachliche Diskussion widerspiegeln, die nahezu um jede einzelne protogermanische Rekonstruktion geführt wurde; schon die unterschiedliche Darstellung in den angegebenen Quellen weist darauf hin, dass in vielen Fällen kein völliger Konsens erzielt werden konnte.

Tab 3.4 *Germanische Wortgleichungen*

Deutsch	Althd.	Altsächs.	Altengl.	Englisch	Altnord.	Gotisch	Ur-German.	Ur-Idg.
Vater	fater	fadar	fæder	father	faðir	fadar	*fader	*ph₂tḗr
Mutter	muoter	mōdar	mōdor	mother	móðir	–	*mōder	*meh₂tēr
Bruder	bruoder	brōðar	brōðor	brother	bróðir	broþar	*brōþēr	*bhréh₂tēr
Schwester	swester	swestar	sweostor	sister	systir	swistar	*swester	*su̯ésōr
Tochter	tohter	dohtar	dohtor	daughter	dóttir	dauhtar	*duhter	*dhugh₂tēr
Sohn	sunu	sunu	sunu	son	sunr	sunus	*sunu-	*suh̯nú
Herz	herza	herta	heorte	heart	hjarta	hairto	*hertōn	*k'r̥d-
Knie	knio	knio	cnēo	knee	kné	(knussjan)	*knewa-	*g'énu
Fuß	fuoz	fōt	fōt	foot	fótr	fotus	*fōt-	*pod-, *ped-
Aue [Schaf]	ouwi	ewwi	ēowu	ewe	ær	(aweþi)	*awi-	*h₂óu̯is
Kuh	kuo	kō	cū	cow	kýr	–	*k(w)ōu-	*gwṓu-
Schwein	swīn	swīn	swīn	swine	svín	swein	*swīna-	*suu̯īno-
Hund	hunt	hund	hund	hound	hundr	hunds	*hunda-	*k'uu̯ṓn-
Wasser	wazzar	watar	wæter	water	vatn	wato	*watar	*u̯odr̥
Feuer	fiur	fiur	fyr	fire	fúrr	(fōn)	*fewur	*ph₂u̯r̥
[Baum]	–	trio	trēo(w)	tree	tré	triu	*trewa-	*dóru-, *déru-
[Rad]	–	–	hwēol	wheel	hvél	–	*hwehwla-	*kwekwló-
neu	niuwi	niuwi	nīwe	new	nýr	niujis	*neuja-	*néu̯o-
ich	ih	ik	ic	I	ek	ik	*ek(an)	*eg'(hom)
du	dū	thu	þu	thou	þu	þu	*þu	*tuh̯
wer?	(h)wer	hwē	hwā	who	hvat	hwas	*hwiz	*kwis
essen	ezzan	etan	etan	eat	eta	itan	*et-a-	*ed-
[tragen]	beran	beran	beran	bear	bera	bairan	*ber-a-	*bher-
wissen	wizzan	witan	wāt	wit	veit	wait	*wait-	*u̯eid-
ein(s)	ein	ēn	ān	one	einn	ains	*aina-	*h₁oínos
zwei	zwa/o/ei	twā/ō/ē	twā/tu	two	tveir/tvær	twai/twos	*twō	*dwéh₃u
drei	drī	thria	þrī	three	þrír	þreis	*þrejez	*trei̯es
vier	fior	fi(u)war	fēower	four	fjórir	fidwor	*fe(d)wōr	*kwetu̯ór
fünf	fimf	fīf	fīf	five	fim(m)	fimf	*femf(e)	*pénkwe
sechs	sehs	sehs	si(e)x	six	sex	saihs	*sehs	*sek's
sieben	sibun	sibun	seofon	seven	sjau	sibun	*sebun	*septm̥
acht	ahto	ahto	eahta	eight	átta	ahtau	*ahtau	*h̯ok't́ó
neun	niun	nigun	nigon	nine	níu	niun	*newun	*h₁neu̯n̥
zehn	zehan	tehan	tīen	ten	tíu	taihun	*tehun	*dek'm̥
hundert	hunt	hund	hundred	hundred	hundrad	hunda *Pl.*	*hunda-	*k'm̥tóm

Ein beachtlicher Teil des Wortschatzes ist germanisches Sondergut, das in anderen indogermanischen Sprachen nicht oder nur marginal vertreten ist. Dazu gehören Begriffe aus der Schifffahrt (*See, Schiff, Kiel, Boot, Segel, Ruder, Steuer, Mast, Sturm, Ebbe,* Bezeichnungen der Himmelsrichtungen und vieler Fischarten), manche Tiernamen (*Rind, Kalb, Lamm, Bär, Wisent, Storch*), Begriffe aus dem sozialen Bereich (*Ding* < germanisch **þenga- „Übereinkunft, Versammlung, Thing", König, Adel, Volk, Knecht, (Rechts-)Sache, Dieb, schwören*) sowie aus dem militärischen Umfeld (*Krieg, Friede, Schwert, Schild, Helm, Bogen*).

Bei einer nicht geringen Anzahl germanischer Wörter ist eine mehr oder weniger große Bedeutungsverschiebung gegenüber der indogermanischen Grundbedeutung festzustellen: z.B. idg. **sek^w-* „folgen" wird zu german. **seh^w-a-* „sehen", d.h. „mit den Augen verfolgen"; idg. **ghostis* „Fremdling", das im Lateinischen zu *hostis* „Feind" wurde, wird zu german. **gastiz* „Gast, Gastfreund".

Auf keltischen Einfluss gehen u.a. die Begriffe *Reich, Amt, Lot* und *Eisen* zurück. Wesentlich größer als der keltische ist der lateinische Einfluss, der schon in der gemeingermanischen Zeit beginnt und im Prinzip bis heute anhält. Aus dem Lateinischen sind vor allem zahlreiche Kulturwörter übernommen worden, darunter *(Dresch-)Flegel, Pflanze, Kirsche, Pflaume, Käse; Straße, Wall, Kammer, Fenster, Küche; Pfund, Mühle, Kiste, Zoll, Münze, Kampf, Pfeil, Kaiser* und viele mehr. Das lateinische Wortmaterial hat den Ausbau der germanischen Sprachen zu Kultursprachen wesentlich gefördert.

3.4 Die germanische Lautverschiebung

Ein wesentliches Kennzeichen der germanischen Sprachen, das sie von den anderen indogermanischen Sprachen unterscheidet, ist eine systematische Veränderung der indogermanischen Verschlusslaute, die sog. *germanische* oder *erste Lautverschiebung*. Nach Jacob Grimm (1785–1863), der sie in seiner „Deutschen Grammatik" von 1819 beschreibt, wird sie auch als *Grimmsches Gesetz* bezeichnet. Dabei wurden

- 1. die idg. stimmlosen Plosive im Germanischen zu stimmlosen Frikativen,
- 2. die stimmhaften zu stimmlosen Plosiven sowie
- 3. die stimmhaft-aspirierten zu stimmhaften Plosiven.

Die indogermanischen Labiovelare veränderten sich wie Velar + /w/, die Palatovelare wie die einfachen Velare. Insgesamt ergaben sich damit folgende Verschiebungen:

Tab 3.5 *Die germanische Lautverschiebung*

labial	alveolar	velar	labiovelar	palatovelar
**p > f	**t > þ	**k > x > h	**k^w > xw > hw	**k' > x > h
**b > p	**d > t	**g > k	**g^w > kw	**g' > k
**bh > b	**dh > d	**gh > g	**g^{w}h > gw > w	**g'h > g

Tabelle 3.6 zeigt Belege für die germanische Lautverschiebung, und zwar mit zwei Ausnahmen (*b > p, *g > k) jeweils im wortanlautenden Konsonanten.

Tab 3.6 *Beispiele für die germanische Lautverschiebung (Mallory-Adams 1997: 222)*

Idg.	Germ.	Ur-Idg.	Ur-Germ.	Altnord.	Altengl.	Gotisch	Althd.	Neuhhd.
p	f	*pətēr	*fader	faðir	fæder	fadar	fater	Vater
t	þ	*tu	*þu	þū	þū	þu	dū	du
k	x ~ h	*kap-	*hab-	hafa	habban	haban	habēn	haben
k'	x ~ h	*k'm̥tóm	*hunda-	hundrað	hundred	hunda	hunt	hundert
kʷ	hw	*kʷód	*hwa(t-)	hvat	hwæt	ƕa	(h)waz	was
b	p	*dheubos	*deupa-	djūpr	dēop	diups	tiof	tief
d	t	*dek'm̥	*tehun	tíu	tī(e)n	taihun	zehan	zehn
g	k	*aug-	*auk-	auka	ēacian	aukan	ouhhōn	(vergrößern)
g'	k	*g'enu-	*kinnu-	kinn	cinn	kinnus	chinne	Kinn
gʷ	kw	*gʷenōn	*kwenōn	kona	cwene	qinō	quena	(Frau)
bh	b	*bhrātēr	*broþer	bróðir	brōðor	broþar	bruoder	Bruder
dh	d	*dhūr-	*dur-	dyrr (Pl.)	dor	daúr	tor	Tor/Tür
gh	g	*ghordhos	*garda-	garðr	geard	gards	gart	Garten
g'h	g	*g'heud-	*geut-	gjōta	gēotan	giutan	giozzan	gießen
gʷh	g ~ w	*gʷhéntis	*gunþiz	guðr, gunnr	guþ	–	gund-	(Kampf)
		*gʷhermos	*warma-	varmr	wearm	warmjan	warm	warm

Vernersches Gesetz

Die oben beschriebenen Regeln der germanischen Lautverschiebung werden offensichtlich nicht immer eingehalten. So sollte nach dem Grimmschen Gesetz proto-indogermanisches /*t/ zu germanischem /þ/ werden, wie z.B. idg. *bhrātēr > germanisch *brōþēr „Bruder". Dagegen entspricht indogermanisches /*t/ in *pətēr aber offensichtlich germanischem /d/ in *fader „Vater". Der dänische Sprachwissenschaftler Karl Verner (1846–1896) erkannte das Prinzip solcher Ausnahmen. Die Lautverschiebung von /*t/ zu /þ/ oder /d/ hängt von der *Position des Akzents* in der indogermanischen Protosprache ab (der im Wesentlichen aus dem Akzent im Sanskrit rekonstruiert wurde): Wenn der Akzent *vor* dem protosprachlichen /*t/steht, wird es germanisch (im Sinne der Grimmschen Regel) zu /þ/, sonst zu /d/. Dies gilt analog auch für die Laute /*p, *k, *kʷ/; idg. /*s/ bleibt germanisch /s/ bzw. wird zu /z/, abhängig von der Akzentposition. Dieses Prinzip wird *Vernersches Gesetz* genannt (Verner 1877; Meier-Brügger 2010: 286–288).

3.5 Sprachliche Charakteristik

Phonologie

Für das Ur- oder Gemeingermanische werden die folgenden *Vokale* rekonstruiert: /i, ī, u, ū, ō, e, æ (ē), a/. Es gab also weder ein kurzes /o/ noch ein langes /ā/. Die Situation bei den e-Lauten ist nicht völlig geklärt, teilweise werden /ē₁/ und /ē₂/ angeführt; dabei gilt /ē₁/ als Reflex von idg. /*ē/, während /ē₂/ erst innergermanisch durch Dehnung einsilbiger Wörter, Kontraktionen und Ersatzdehnungen entstanden ist. Die systematische Veränderung des indogermanischen Konsonantismus – also die germanische Lautverschiebung – wurde oben beschrieben. Danach ergeben sich die folgenden urgermanischen Konsonanten:

Tab 3.7 *Die Konsonantenphoneme des Urgermanischen (Harbert 2007: 41–56)*

	bilabial	labio-dental	dental	alveol.	palat.	velar	labiovelar
Plosive, stl.	p			t		k	kʷ
Plosive, sth.	b			d		g	gʷ
Frikative, stl.		f	θ (þ)	s		x	xʷ
Frikative, sth.	β (ƀ)		ð (đ)	z		ɣ (g)	ɣʷ (gʷ)
Nasale	m			n			
Liquide				r, l			
Halbvokale	w				j		

Die stimmhaften Frikative /ƀ, đ, g/ waren vermutlich Allophone der entsprechenden stimmhaften Plosive.

Nominalmorphologie

Das Nomen besitzt im Urgermanischen – wie im Proto-Indogermanischen – die Dimensionen *Genus*, *Numerus* und *Kasus*. Während beim Genus und Numerus die indogermanischen Kategorien erhalten geblieben sind – also die Genera Maskulinum, Femininum, Neutrum und die Numeri Singular, Plural und in fossilen Spuren vereinzelt auch der Dual –, wurde das indogermanische Acht-Kasus-System stark reduziert. Im Grunde bleiben im Germanischen nur die vier Kasus Nominativ, Akkusativ, Genitiv und Dativ erhalten. Der Instrumental ist nur noch im Westgermanischen (Althochdeutsch, Altsächsisch, Altenglisch) belegt, der Vokativ ist noch im Gotischen und Altisländischen erhalten. Die Funktionen des Vokativs hat ansonsten der Nominativ übernommen, die des

Instrumentals und Lokativs sind auf den Dativ übergegangen, Dativ und Genitiv haben Aufgaben des indogermanischen Ablativs übernommen.

Die Tabellen 3.8 und 3.9 zeigen die rekonstruierten Deklinationen von urgermanisch *wulfaz „Wolf" (ein a-Stamm) und *gastiz „Gast" (i-Stamm). Ihnen wurden die gotischen, altnordischen, altenglischen, altsächsischen und althochdeutschen Formen gegenübergestellt, die die Grundlage der Rekonstruktion bilden.

Tab 3.8 *Germanische Deklination a-Stamm*: *wulfaz „Wolf" (Ramat 1998: 396)

	Urgerm.	Gotisch	Altnord.	Altengl.	Altsächs.	Althd.
Sg.						
Nom.	*wulfaz	wulfs	ulfr	wulf	wulf	wolf
Akk.	*wulfan	wulf	ulf	wulf	wulf	wolf
Gen.	*wulfiza	wulfis	ulfs	wulfes	wulƀes	wolfes
Dat.	*wulfai,-ē	wulfa	ulfi	wulfe	wulƀe	wolfe
Inst.	*wulfo	–	–	wulfe	wulƀu	wolfu
Pl.						
Nom.	*wulfos,-oz	wulfos	ulfar	wulfas	wulƀos	wolfā
Akk.	*wulfanz	wulfans	ulfa	wulfas	wulƀos	wolfā
Gen.	*wulfon	(wulfē)	ulfa	wulfa	wulƀo	wolfo
Dat.	*wulfamiz	wulfam	ulfom	wulfum	wulƀum	wolfum

Tab 3.9 *Germanische Deklination i-Stamm*: *gastiz „Gast" (Ramat 1998: 397)

	Urgerman.	Gotisch	Altnord.	Altengl.	Altsächs.	Althochd.
Sg.						
Nom.	*gastiz	gasts	gestr	giest	gast	gast
Akk.	*gastin	gast	gest	giest	gast	gast
Gen.	*gastiza	gastis	gests	giestes	gastes	gastes
Dat.	*gastai	gasta	gest	gieste	gaste	gaste
Inst.	*gastī	–	–	gieste	gasti	gast(i)u
Pl.						
Nom.	*gastijiz	gasteis	gester	giestas	gesti	gesti
Akk.	*gastinz	gastins	geste	giestas	gesti	gesti
Gen.	*gastion	(gastē)	gesta	giesta	gestio	gestio
Dat.	*gastimiz	gastim	gestom	giestum	gestium	gestim

Adjektiv

Das Urgermanische kennt zwei verschiedene Deklinationstypen für Adjektive: die *schwache* und die *starke* Deklination (Tabelle 3.10). Die schwachen Formen werden im Zusammenhang mit dem bestimmten Artikel oder einem Demonstrativpronomen verwendet, z.B. *der gute Hirte*, die starken Formen in indefiniten Nominalphrasen: *ein guter Hirte*. Während bei den starken Formen das Genus unterschieden wird, sind die schwachen Formen genusneutral: *der gute Hirte, die gute Frau, das gute Kind*, aber: *ein guter Hirte, eine gute Frau, ein gutes Kind*.

Tab 3.10 *Starke und schwache Deklination des germanischen Adjektivs* *blinđaz „blind"* *(Ramat 1998: 398–399)*

	Starke Deklination			Schwache Dekl.
	Maskulinum	Femininum	Neutrum	alle Genera
Sg.				
Nom.	*blinđaz	*blinđo	*blinđa^n,-atō^n	*blinđano
Akk.	*blinđano^n	*blinđo^n	*blinđa^n,-atō^n	*blinđana^n
Gen.	*blinđez(a)	*blinđezoz	–	*blinđeniz
Dat.	*blinđesmā	*blinđai	–	*blinđeni
Instr.	*blinđō	–	–	–
Pl.				
Nom.	*blinđai	*blinđos	*blinđo	*blinđaniz
Akk.	*blinđanz	*blinđos	*blinđo	*blinđaniz,-anunz
Gen.	*blinđaizo^n	*blinđaizo^n	–	*blinđano^n
Dat.	*blinđaimiz	*blinđaimiz	–	*blinđanmiz

Das Adjektiv stimmt mit seinem Substantiv in Genus, Numerus und Kasus überein.

Pronomina

Demonstrativpronomina

Das Urgermanische besitzt mehrere Demonstrativpronomina, die auf indogermanische Vorläufer zurückgehen. Das wichtigste ist **sa/so/þat* von indogermanisch **so/sā/tod*. Es hatte sowohl adjektivische wie pronominale Funktion und entwickelte sich einzelsprachlich auch zum bestimmten Artikel oder Relativpronomen. In Tabelle 3.11 sind die rekonstruierten urgermanischen Formen neben die gotischen und althochdeutschen Belege gestellt.

Tab 3.11 *Das germanische Demonstrativum (Ramat 1998: 400)*

	Urgermanisch			Gotisch			Althochdeutsch		
Sg.	*m.*	*f.*	*n.*	*m.*	*f.*	*n.*	*m.*	*f.*	*n.*
Nom.	*sa	*so	*þat	sa	so	þata	der	diu	daz
Akk.	*þenon	*þon	*þat	þana	þo	þata	den	dea	daz
Gen.	*þesa	*þezoz	–	þis	þizos	–	des	dera	–
Dat.	*þesmo	*þezai	–	þamma	þizai	–	demu	deru	–
Pl.	*m.*	*f.*	*n.*	*m.*	*f.*	*n.*	*m.*	*f.*	*n.*
Nom.	*þai	*þoz	*þo, þio	þai	þos	þo	die	die	diu
Akk.	*þans	*þoz	*þo, þio	þans	þos	þo	die	die	diu
Gen.	*þezon	*þaizon	–	(þizē)	þizo	–	dero	dero	–
Dat.	*þaimiz	*þaimiz	–	þaim	þaim	–	dēm	dēm	–

Über die in der Tabelle 3.11 dargestellten Kasus hinaus gibt es Rekonstruktionen für den Instrumental und Lokativ im Singular des Maskulinums und Neutrums, die einzelsprachlich nur teilweise in Erscheinung treten.

Tab 3.12 *Das germanische Personalpronomen (zusammengestellt nach Harbert 2007: 175–213)*

	Ur-Idg.	Ur-Germ.	Gotisch	Altnord.	Altsächs.	Althd.
1. Sg.						
Nom.	*eg'hom, *egō	*ek(an)	ik	ek	ik	ih
Akk.	*(e)me	*meki	mik	mik	mik	mih
Dat.	*mei, *moi	*mez/miz	mis	mér	mi	mir
2. Sg.						
Nom.	*tu	*þū	þu	þu	thu	t(h)ū, dū
Akk.	*twe, te	*þe(k)/þuk	þuk	þik	–	dih
Dat.	*t(w)ei/-oi	*þez/þuz	þus	þér	thi	dir
1. Pl.						
Nom.	*wei, *n̥smés	*wīz/wez	weis	vér/vír	wi	wir
Akk./Dat.	*nes, *nos/ *n̥smei	*unsaz	uns(is)	oss	ūs	uns
2. Pl.						
Nom.	*yūs, *usmés	*jūs/jiz	jūs	ér	gi	ir
Akk./Dat.	*wes, *wos; *uswes	*izwez	izwis	yðr	–	iuwih/iu

Interrogativpronomina

Die germanischen Interrogativpronomina leiten sich von den indogermanischen Interrogativstämmen *kʷo-/kʷe-/kʷi- her, die einerseits zu gemeingermanisch *hwaz „wer?" führten – woraus gotisch *hvas*, altenglisch *hwa* (> englisch *who*) und althochdeutsch *(h)wer* abzuleiten sind –, andererseits zu gemeingermanisch *hwat „was" – was zu gotisch *hva*, altnordisch *hvat*, altenglisch *hwæt* (> englisch *what*) und althochdeutsch *(h)waz* wurde.

Personalpronomina

Die germanischen Personalpromina (Tabelle 3.12) sind weitgehend auf die urindogermanischen Pronomina zurückzuführen, allerdings ergeben sich nach den Belegen in den frühen germanischen Sprachen deutliche Abweichungen.

Im Plural fallen Akkusativ und Dativ weitgehend zusammen. Die Genitive wurden vom Possessivum gebildet und werden nach gotischen Belegen als *meina-, *þeina-, *unsera- und *izwera- rekonstruiert. Erwähnt seien noch die Duale german. *wit > got. *wit*, altisl. *vit*, altengl. *wit* „wir beide" sowie german. *jit > altisl. *it*, altengl. und altsächs. *git* „ihr beide".

Für das Personalpronomen der 3. Person dient ein deiktisches Pronomen, das in den drei Genera des Singulars unterschiedliche Stämme besitzt. Da die urgermanische Rekonstruktion nicht eindeutig ist, werden in Tabelle 3.13 die gotischen und altsächsischen Formen angegeben, die von den unterschiedlichen Pronominalstämmen *is und *hē gebildet werden.

Tab 3.13 *Personalpronomen der 3. Person im Gotischen und Altsächsischen (Harbert 2007: 175–176, Ramat 1998: 402)*

		Gotisch			Altsächsisch		
Sg.	*m.*	*f.*	*n.*	*m.*	*f.*	*n.*
Nom.	is	si	ita	he, hie, hi	siu, sea, sia	it, et
Akk.	ina	ija	ita	ina, ine	sia, sea	it, et
Dat.	imma	izai	imma	imu, imo	iru, iro, ira	imu, imo
Gen.	is	izōs	is	is, es	ira, iru, iro	is, es
Pl.	*m.*	*f.*	*n.*		*alle Genera*	
Nom.	eis	ijōs	ija		sia, se(a)	
Akk.	ins	ijōs	ija		sia, se(a)	
Dat.	im	im	im		im	
Gen.	izē	izō	izē		iro, ira	

Verbalmorphologie

Das germanische Verb hat die Kategorien Tempus, Modus, Diathese, Numerus und Person. Gegenüber seinem indogermanischen Vorgänger hat es stark an Komplexität verloren.

Kategorie	Realisierung
Tempus	Präsens, Präteritum; analytisch gebildete Tempora
Modus	Indikativ, Subjunktiv (Optativ), Imperativ
Diathese	Aktiv, Medium (im Gotischen), Passiv (Neubildung)
Numerus	Singular, Plural, Dual (in Resten)

Es gibt nur noch zwei synthetische Tempora – *Präsens* und *Präteritum* – sowie die drei Modi *Indikativ*, *Subjunktiv* (*Optativ*) und *Imperativ*, wobei letzterer auf die 2. Person beschränkt ist. Der indogermanische Konjunktiv ist noch in Spuren erhalten. Die Formen des germanischen Präteritums entsprechen denen des indogermanischen Perfekts. Das ursprachliche Medium ist nur noch im Gotischen erhalten geblieben, die anderen Einzelsprachen bilden für das Passiv neue periphrastische Formen. Die Numeri Singular und Plural sind zunächst voll ausgebildet, der Dual ist nur im Gotischen erhalten. Die Pluralformen zeigen in einigen westgermanischen Sprachen eine Tendenz zur schrittweisen Vereinheitlichung.

Der *Ablaut* – der in seinen Grundzügen auf den indogermanischen Ablaut zurückgeht – spielt in der germanischen Verbalmorphologie (aber auch in der Wortbildung) eine große Rolle. Man unterscheidet *quantitativen* und *qualitativen* Ablaut; quantitativer Ablaut liegt z.B. bei ahd. *rītan* „reiten" - *giritan* „geritten" vor (ī - i), qualitativer bei *singen - sang - gesungen*. Die Verben, bei denen das Präteritum durch Ablaut gebildet wird, heißen *starke Verben*. Es lassen sich sieben Ablautklassen oder Ablautreihen feststellen. Zur Beschreibung des Ablautverhaltens werden vier Formen herangezogen: 1. Präsens, 2. Präteritum im Singular, 3. Präteritum im Plural, 4. Partizip des Präteritums. In Tabelle 3.14 sind charakteristische Beispiele zu den sieben verbalen Ablautklassen in den Sprachen Gotisch, Altenglisch, Althochdeutsch und Neuhochdeutsch zusammengestellt.

Tab 3.14 *Die Ablautklassen des starken germanischen Verbs (Hutterer 1999: 57–59)*

Ablautklasse	Sprache	Präsens	Prät. Sg.	Prät. Pl.	Partizip
1. ī/ai - i	gotisch	greipan	graip	gripum	gripans
„greifen"	altengl.	grīpan	grāp	gripon	(ge)gripen
	althochd.	grīfan	greif	griffum	gi-griffan
	neuhochd.	greifen	griff	griffen	ge-griffen
2. iu/au - u	gotisch	biudan	bauþ	budum	budans
„bieten"	altengl.	bēodan	bēad	budon	(ge)boden
	althochd.	biotan	bōt	butum	gi-botan
	neuhochd.	bieten	bot	boten	ge-boten
3. in/an - un	gotisch	bindan	band	bundun	bundans
„binden"	altengl.	bindan	band	bundon	(ge)bunden
	althochd.	bintan	bant	buntum	gi-buntan
	neuhochd.	binden	band	banden	ge-bunden
4. in/an - ēn - un	gotisch	niman	nam	nēmum	numans
„nehmen"	altengl.	niman	nam	nāmon	(ge)numen
	althochd.	neman	nam	nāmum	gi-noman
	neuhochd.	nehmen	nahm	nahmen	ge-nommen
5. i/a - ē	gotisch	lisan	las	lēsum	lisans
„lesen"	altengl.	lesan	læs	læson	(ge)lesen
	althochd.	lesan	las	lārum	gi-leran
	neuhochd.	lesen	las	lasen	ge-lesen
6. a - ō	gotisch	faran	fōr	fōrum	farans
„fahren"	altengl.	faran	fōr	fōron	(ge)faren
	althochd.	faran	fuor	fuorum	gi-faran
	neuhochd.	fahren	fuhr	fuhren	ge-fahren
7. ē - ō	gotisch	lētan	lailōt	lailōtum	lētans
„lassen"					

Die 7. Reihe ist nur im Gotischen nachweisbar. Die Ablautreihen spielen auch in der *Wortbildung* eine große Rolle, zum Beispiel *lieben - glauben* (< ahd. *gi-louben*) - *Lob*; *binden - Band - Bund*; althochdeutsch *beran* „tragen" - *barn* „Kind" - *gi-burt* „Geburt".

Verben, die das Präteritum nicht durch Ablaut bilden, heißen *schwache Verben*. Bei ihnen wird das Präteritum durch das Suffix /-t-/ oder /-d-/ gebildet (z.B. im Deutschen *liebe – lieb-t-e*). Die Anzahl der schwachen Verben übertrifft in allen germanischen Sprachen die der starken beträchtlich. Alle verbalen Neubildungen folgen der schwachen Konjugation. Man unterscheidet bei den schwachen Verben nach dem Stammvokal vier Stammklassen (Tabelle 3.15).

Tab 3.15 *Die Stammklassen der schwachen germanischen Verben (Hutterer 1999: 60–61)*

Klasse	Sprache	Präsens	Präterit.	Bedeutung
1. i	*gotisch*	nas-j-an	nas-i-da	„retten"
2. ō	*gotisch*	salb-ō-n	salb-ō-da	„salben"
3. ē/ai	*gotisch*	hab-a-n	hab-ai-da	„haben"
	althochd.	hab-ē-n	hab-ē-ta	
4. na/nō	*gotisch*	full-na-n	full-nō-da	„voll werden"

Die 4. Klasse ist nur im Gotischen und Altnordischen belegt, im Westgermanischen sind ursprünglich zu dieser Klasse gehörende Verben in andere Klassen eingeordnet worden. Eine besondere Klasse stellen die *Präteritopräsentien* dar, bei denen die Funktion des Präsens durch Präteritumformen (idg. Perfektformen) ausgedrückt wird, während für das Präteritum eine neue schwache Form ausgebildet wird: z.B. althochd. *weiz* „(ich) weiß" – *wizzum* „(wir) wissen" – *wista* „(ich) wusste". Die *athematische Konjugation* auf /-mi/ ist im Germanischen nur noch bei wenigen Verben erkennbar, z.B. im Althochdeutschen *bim* „ich bin", *gām* „ich gehe", *stām* „ich stehe"; das *-m* im Auslaut wurde im 9. Jh. zu *-n*.

Die Tabellen 3.16–20 zeigen ein vollständiges Konjugationsparadigma des starken Verbs **beranan* „tragen" mit Belegen aus dem Gotischen, Altisländischen (Altnordischen), Altenglischen, Altsächsischen sowie Althochdeutschen (nach Ramat 1998: 406). Die 2. Person Singular *Präteritum* ist in den westgermanischen Sprachen umgebildet worden, das auslautende /-t/ ging verloren. Im Altenglischen und Altsächsischen wurde im *Subjunktiv Präteritum* die Form der 3. Person Plural auf alle Pluralformen übertragen.

Tab 3.16 *Vergleichende germanische Konjugation: Indikativ Präsens*

		German.	Gotisch	Altisl.	Altengl.	Altsächs.	Althd.
Sg.	1.	*bero	baira	ber	bere	biru	biru
	2.	*beris(i)	bairis	berr	bires	biris	biris
	3.	*beriþ(i)	bairiþ	berr	bireþ	birið	birit
Du.	1.	*berawiz	bairos	–	–	–	–
	2.	*beraþiz	bairats	–	–	–	–
Pl.	1.	*beramiz	bairam	berom	berað	berað	berumēs
	2.	*beriþi	bairiþ	bereþ	berað	berað	beret
	3.	*beranþ(i)	bairand	bera	berað	berað	berant

Tab 3.17 *Vergleichende germanische Konjugation: Indikativ Präteritum*

		German.	Gotisch	Altisl.	Altengl.	Altsächs.	Althd.
Sg.	1.	*bara	bar	bar	bær	bar	bar
	2.	*bart	bart	bart	bǣre	bāri	bāri
	3.	*bare	bar	bar	bær	bar	bar
Du.	1.	*bēru	bēru	–	–	–	–
	2.	*bēruþiz	bēruts	–	–	–	–
Pl.	1.	*bērum	bērum	bōrom	bǣron	bārun	bārum
	2.	*bēruþi	bēruþ	bōroþ	bǣron	bārun	bārut
	3.	*bērunþ	bērun	bōro	bǣron	bārun	bārun

Tab 3.18 *Vergleichende germanische Konjugation: Subjunktiv Präsens*

		German.	Gotisch	Altisl.	Altengl.	Altsächs.	Althd.
Sg.	1.	*berajun	bairau	bera	bere	bere	bere
	2.	*berais	bairais	berer	bere	beres	berēs
	3.	*berai(þ)	bairai	bere	bere	bere	bere
Du.	1.	*beraiwē	bairaiwa	–	–	–	–
	2.	*beraiþiz	bairaits	–	–	–	–
Pl.	1.	*beraimē	bairaima	berem	beren	beren	berēm
	2.	*beraiþi	bairaiþ	bereþ	beren	beren	berēt
	3.	*berain(þ)	bairana	bere	beren	beren	berēn

Tab 3.19 *Vergleichende germanische Konjugation: Subjunktiv Präteritum*

		German.	Gotisch	Altisl.	Altengl.	Altsächs.	Althd.
Sg.	1.	*bērin	bērjau	bǣra	bǣre	bāri	bāri
	2.	*bēris	bēreis	bǣrer	bǣre	bāris	bāris
	3.	*bēriþ	bēri	bǣre	bǣre	bāri	bāri
Pl.	1.	*bērīmē	bēreima	bǣrem	bǣren	bārin	bārīt
	2.	*bērīþ(i)	bēreiþ	bǣreþ	bǣren	bārin	bārīt
	3.	*bērin(þ)	bēreina	bǣre	bǣren	bārin	bārīn

Tab 3.20 *Vergleichende germanische Konjugation: Infinitiv und Partizipien*

	German.	Gotisch	Altisl.	Altengl.	Altsächs.	Althd.
Infinitiv	*beranan	bairan	bera	beran	beran	beran
Part. Präs.	*berand-	bairands	berande	berende	berandi	beranti
Part. Prät.	*buranaz	baurans	brenn	boren	giboran	giboran

3.6 Die westgermanischen Sprachen

Friesisch

Das *Altfriesische* ist der Vorläufer des modernen Friesischen. Es ist vor allem in Rechtsbüchern und Urkunden aus dem 13. bis 15. Jh. aus dem Gebiet zwischen der Weser und dem IJsselmeer überliefert. Die altfriesische Sprache hat eine sehr archaische Form und kann daher auf dieselbe Entwicklungsstufe wie das Altenglische oder Altsächsische gestellt werden, obwohl sie zeitlich parallel zum Mittelenglischen oder Mittelniederdeutschen anzusetzen ist. Das Friesische wurde im Mittelalter in einem wesentlich größeren Gebiet als heute gesprochen, das sich von Nordbelgien durch die ganzen küstennahen Niederlande über die norddeutschen Küstengebiete bis nach Dänemark erstreckte und alle vorgelagerten Inseln umfasste. Schon das Altfriesische ist in mehreren Dialekten überliefert, welche Vorläufer der späteren west- und ostfriesischen Varietäten darstellen; die Unterschiede waren jedoch vergleichsweise gering. Vor der Abspaltung des Nordfriesischen im 8. Jh. kann man praktisch von einem einheitlichen *Urfriesisch* sprechen.

Das *moderne Friesisch* entstand im Laufe des 15. Jh. und gliedert sich in drei Hauptdialekte, die sich stark auseinanderentwickelt haben; von manchen Forschern werden sie als separate Sprachen betrachtet. *Nordfriesisch* wird im Kreis Nordfriesland im westlichen Schleswig-Holstein und auf Helgoland noch von etwa 10 Tsd. Menschen gesprochen. Es wird nur noch an wenigen Orten innerhalb der Familien an die jüngere Generation weitergegeben. In Ostfriesland selbst ist die friesische Sprache gänzlich ausgestorben, seit etwa 1400 wurde das *Ostfriesische* nach und nach durch das Niederdeutsche (das heute oft fälschlich „Ostfriesisch" genannt wird) und in jüngerer Zeit durch das Hochdeutsche ersetzt. Das letzte Überbleibsel der ostfriesischen Sprache, das *Saterfriesische*, wird in der Gemeinde Saterland im Landkreis Cloppenburg von etwa 2.000 Menschen gesprochen. Die mit Abstand bedeutendste friesische Varietät ist das *Westfriesische* mit über 400 Tsd. Sprechern (davon 350 Tsd. Muttersprachler). Es ist in der niederländischen Provinz Friesland (Fryslân) verbreitet und wird dort als regionale zweite Amtssprache anerkannt. Etwa 70 % der Bevölkerung der Provinz Friesland sprechen Westfriesisch.

Englisch

Das Englische wird historisch in drei Phasen eingeteilt: *Angelsächsisch* oder *Altenglisch* (450–1066), *Mittelenglisch* (1066–1500) und *Neuenglisch* (seit 1500). Das Neuenglische wird unterschiedlich weiter gegliedert, z.B. in *Frühneuenglisch* (1500–1800) und *Modernes Englisch* (seit 1800).

Die angelsächsische Sprache spaltete sich ab dem 5. Jh. vom kontinentalen Nordsee-Germanischen ab, als die Angeln, Sachsen und Jüten sich in England ansiedelten. Vom 7. Jh. an ist sie schriftlich belegt und erreicht um 1000 als Schriftsprache ein hohes Maß an Standardisierung im westsächsischen Dialekt von Winchester. Aus den vorher auf der Insel gesprochenen keltischen Sprachen gelangten nur sehr wenige Lehnwörter ins Angelsächsische. Von den dänischen und norwegischen Einwanderern (Wikingern) hat das Altenglische dagegen ab dem 8. Jh. zahlreiche nordgermanische Elemente übernommen.

Die erste Überlieferung des Angelsächsischen stellen einige Runentexte aus dem 7. Jh. dar. Zu den ältesten überlieferten Texten gehören neun Langzeilen eines Hymnus des Dichters Cædmon (spätes 7. Jh.) und das große Beowulf-Epos (Entstehung im 8. Jh., älteste erhaltene Abschrift im westsächsischen Dialekt von ca. 1000). Die vier Hauptdialekte des Altenglischen waren *Nordhumbrisch* und *Mercisch* (beide gehen auf das Anglische zurück), *Kentisch* (die Fortsetzung des Jütischen) sowie *Westsächsisch* (Wessex), das sich seit dem 9. Jh. zur Verwaltungssprache entwickelte und die altenglische Überlieferung größtenteils geprägt hat.

Mit der Eroberung Englands durch die Französisch sprechenden Normannen im Jahre 1066 wurde die englische Sprache durch den französischen (anglonormannischen) Einfluss stark verändert, ab diesem Zeitpunkt wird sie als *Mittelenglisch* bezeichnet. Anglonormannisch wurde zur Sprache des Hofes und der Verwaltung; Latein blieb die Sprache der Kirche und Wissenschaft, nur das einfache Volk sprach weiter Englisch. Die mittelenglische Periode war von durchgreifenden Veränderungen auf allen sprachlichen Ebenen geprägt. Es kam zu einer starken Vereinfachung der germanischen Flexion: Die Pluralendungen wurden auf *-es* und *-en* reduziert, das grammatische Geschlecht ging verloren, von den Kasus wurde nur noch der Genitiv markiert, in der Konjugation wurden Singular und Plural des Präteritums vereinheitlicht, die meisten Personalendungen entfielen. Die Position des Englischen gegenüber dem Anglonormannischen verbesserte sich erst im 13. Jh., in dem wieder einige englische Literaturwerke erschienen. Im 14. Jh. konnte sich das Englische als Schul- und Gerichtssprache durchsetzen, 1430 wurde die Verwaltungssprache von Anglonormannisch auf Englisch umgestellt. Das bekannteste literarische Werk in mittelenglischer Sprache sind die „Canterbury Tales" von Geoffrey Chaucer (um 1340 bis 1400), die wesentlich dazu beitrugen, das Englische als Literatursprache zu etablieren.

Der Beginn der *neuenglischen Periode* um ca. 1500 lässt sich an zwei Entwicklungen festmachen: zum einen an der Einrichtung der ersten Druckerpressen und der daraus resultierenden Notwendigkeit, eine einheitliche Grammatik und Orthographie zu entwickeln; zum anderen am Einsetzen einer umfassenden Vokalverschiebung, des „Great Vowel Shift". Hierbei wurden alle langen Vokale höher artikuliert, die hohen, geschlossenen Vokale wurden als Diphthonge ausgesprochen (z.B. bisheriges /iː/ als /ai/). Es gab auch Änderungen bei der Aussprache von Konsonanten (z.B. wurde *knight* „Ritter" mittelenglisch [knɪçt], neuenglisch aber [nait] ausgesprochen). Da die Schreibweise nicht an die veränderte Aussprache angepasst wurde, fielen Schriftbild und Aussprache im Neuenglischen bald weit auseinander. Der Wortschatz wurde vor allem durch lateinische Lehnwörter, Wortkompositionen und neue Suffixe erweitert. Damit gelang der Ausbau der englischen Sprache zu einer Literatur- und Bildungssprache, die ihren frühen Höhepunkt in den Werken William Shakespeares (1564–1616) fand.

Infolge der nahezu globalen britischen Kolonisierung, durch die das *British Empire* errichtet wurde, wird Englisch zu Beginn des 21. Jh. von 340 Mio. Muttersprachlern und weiteren 300 Mio. Zweitsprechern weltweit gesprochen. Damit ist es die Sprache mit den meisten Zweitsprechern überhaupt. Die Zahl der Menschen mit aktiven und passiven Englischkenntnissen dürfte längst eine Milliarde überschritten haben. Einen amtlichen Status hat Englisch in fast 60 Staaten der Erde. Englisch ist die Hauptsprache der meisten internationalen Organisationen, der globalen Kommunikation (Internet), der internationalen Wissenschaft, der Computertechnik, des Marketing und des Entertainments.

Der *Wortschatz* des Englischen wurde aus so vielen Quellen gespeist, dass man am Lexikon kaum die germanische Herkunft der Sprache festmachen könnte. Das Basisvokabular bildet der westgermanische Erbwortschatz, den die Angelsachsen im 5. Jh. mit auf die Insel gebracht haben. Auffällig gering ist die Einwirkung des Keltischen auf die Sprache der Eroberer, allerdings sind die Orts- und Gewässernamen der britischen Inseln fast alle keltischen Ursprungs. Aus der Quelle der römischen Besatzer stammen etwa 200 alte lateinische Lehnwörter. Die Wikinger (Dänen und Norweger) brachten vom 8. bis 11. Jh. einen erheblichen nordgermanischen Beitrag ein (etwa 900 Wörter), der auch Wörter des Basiswortschatzes wie z.B. *sky* „Himmel", *leg* „Bein", *law* „Gesetz", *knife* „Messer" und das Personalpronomen *they* „sie (Pl.)" umfasst. Die anglonormannische Phase (11.–13. Jh.) brachte den großen französischen Beitrag zur englischen Sprache mit etwa 1200 Lehnwörtern. In der frühneuenglischen Zeit wurden zahlreiche neue Entlehnungen und Neubildungen aus dem Lateinischen ins Englische integriert, so dass die Wörter lateinisch-romanischer Herkunft insgesamt fast zwei Drittel des englischen Wortschatzes ausmachen.

Die *Dialektunterschiede* des Englischen auf den britischen Inseln sind ähnlich ausgeprägt wie bei den deutschen Dialekten. Vor allem das *Scots* (Lowland Scots) – eine Gruppe englischer Dialekte, die im schottischen Tiefland, im bergigen Südschottland (Southern Uplands), im Gebiet Glasgow-Edinburgh-Aberdeen sowie in Nordirland gesprochen werden – weicht so stark vom Standard ab, dass es von manchen Forschern als separate Sprache eingestuft wird (z.B. in Ethnologue 2009). Das außerbritische Englisch blieb bis zum Ende des 18. Jh. relativ homogen, danach entwickelten sich stärker abweichende Varietäten in den Ländern USA, Kanada, Australien, Südafrika, Indien sowie in etlichen ehemaligen britischen Kolonien. Englisch ist auch die Basis zahlreicher *Pidgin*- und *Kreolsprachen*, die sprecherreichsten sind das *Jamaica-Kreol* mit 3 Mio. Sprechern, *Krio* in Sierra Leone und Gambia (mit Zweitsprechern 4 Mio.) und das *Tok Pisin* in Neuguinea mit über 2 Mio. Sprechern.

Altsächsisch und Niederdeutsch

Während ein Teil der Sachsen im 5. Jh. zusammen mit den Angeln und Jüten England eroberte, blieb eine andere Gruppe in Norddeutschland zurück und dehnte sich nach Süden und Südwesten aus. Die nordseegermanische Sprache dieser Sachsen wird als *Altsächsisch* oder auch als *Altniederdeutsch* bezeichnet. Das Altsächsische ist die gesprochene Sprache der festlandsächsischen Bevölkerung bis zum 12. Jh. im Raum zwischen Rhein, Elbe, Nordsee und Harz. Einer der ältesten und zugleich der wichtigste altniederdeutsche Text ist der *Heliand*, eine Evangelienharmonie in Stabreimen aus dem 9. Jh. Ebenfalls aus dem 9. Jh. stammt eine fragmentarisch überlieferte *Genesis*, eine Paraphrase der Schöpfungsgeschichte. Kleinere altsächsische Sprachdenkmäler sind Segenssprüche, Kirchenurkunden und Steuerlisten.

Durch die deutsche Ostkolonisation entstanden die neuen niederdeutschen Varietäten Mecklenburgisch, Pommersch, Märkisch (Brandenburgisch), Niederpreußisch (nicht zu verwechseln mit dem baltischen Altpreußischen) sowie später die niederdeutschen Varietäten in den Handelsstädten des Baltikums und Skandinaviens. Aus dieser Zeit resultiert auch ein erheblicher Einfluss des Niederdeutschen auf die skandinavischen Sprachen, der durch zahlreiche Lehnwörter belegt ist.

Etwa von 1200 bis 1600 spricht man vom *Mittelniederdeutschen*. Durch den aufblühenden Handel vor allem der Hansestädte mit ihrer Metropole Lübeck entwickelte sich die niederdeutsche Sprache zu einer bedeutenden Schrift- und Verkehrssprache im gesamten norddeutschen Raum sowie im Baltikum. Wichtige frühe mittelniederdeutsche Texte sind der *Sachsenspiegel*, eine Rechtssammlung von 1225, die bis in das 19. Jh. die Rechtsprechung in Europa beeinflusste, sowie die *Sächsische Weltchronik* aus dem 13. Jh. Bedeutende Literaturwerke sind das *Redentiner Osterspiel* von 1464 sowie das Tierepos *Reynke de Vos*, das zuerst 1498 in Lübeck von Hans van Ghetelen gedruckt wurde. Neben dem Lateinischen wurde das Niederdeutsche auch für Urkunden, Gesetzestexte und religiöse Schriften verwendet. Ende des 15. Jh. gab es bereits mehrere niederdeutsche Bibelübersetzungen.

In der Reformationszeit stieg die Zahl der niederdeutschen Drucke zunächst noch an. J. Bugenhagen verfasste eine Übersetzung der Luther-Bibel ins Niederdeutsche. Allerdings setzte sich die originale hochdeutsche Lutherbibel auch in Norddeutschland schon bald immer mehr durch. Die Bedeutung des Niederdeutschen als Schriftsprache nahm seit dem 16. Jh. stetig ab, da auch die Hanse ihre Blütezeit überschritten hatte. Um 1600 musste das Niederdeutsche den Schriftsprachenstatus weitgehend an das Hochdeutsche abtreten. Nach den Kanzleien der Fürsten und Städte ging auch das Bürgertum im schriftlichen Sprachgebrauch immer mehr zum Hochdeutschen über, das in immer weitere gesellschaftliche Schichten vordrang. Das Niederdeutsche blieb schließlich nur noch als Alltagsmundart im privaten Umfeld vor allem bei der Landbevölkerung lebendig.

Das *Neuniederdeutsche* (so wird das Niederdeutsche etwa ab 1600 genannt) gliedert sich in dieselben Dialekte wie das Mittelniederdeutsche. Die beiden Hauptgruppen sind *Westniederdeutsch* und *Ostniederdeutsch*, die sich sprachlich z.B. in der Pluralbildung des Präsens unterscheiden (westniederdeutsch *wi maakt* gegenüber ostniederdeutsch *wi maken* „wir machen").

Westniederdeutsch umfasst *Nedersaksisch* in den östlichen Niederlanden, *Nordnieder-sächsisch* (mit dem Schleswiger, Holsteiner, Hamburger, Elbmarscher, Bremer, Oldenbur-ger, Emsländer und ostfriesischen Platt), *Westfälisch* (mit Münsterländer Platt, Ostwest-fälisch einschließlich Osnabrücker Platt, Sauerländer Platt und Westmünsterländisch) sowie *Ostfälisch* (Mundarten der Lüneburger Heide, im Raum Hannover, Hildesheim, Braunschweig und Göttingen sowie in Sachsen-Anhalt in der Magdeburger Börde und im nördlichen Harz).

Das *Ostniederdeutsche* wird noch in Mecklenburg-Vorpommern, Brandenburg und im nördlichen Sachsen-Anhalt gesprochen; in den ehemaligen deutschen Ostgebieten Pommern, Ostpreußen, Westpreußen, Memelland sowie im heutigen Polen, Litauen und Russland ist es nach dem 2. Weltkrieg ausgestorben. Die Hauptdialekte des Ostnie-derdeutschen sind *Märkisch* (vor allem in Brandenburg), *Mecklenburgisch-Vorpommersch* sowie die 1945 ausgestorbenen Dialekte *Ostpommersch* und *Niederpreußisch*. Aus dem Niederpreußischen entwickelte sich im 19. Jh. *Plautdietsch*, die Sprache der Russland-mennoniten, die Ende des 18. Jh. aus dem Weichselmündungsgebiet nach Südrussland (in die heutige Ukraine) und von dort in alle Welt ausgewandert sind. Plautdietsch wird heute von etwa 500 Tsd. Menschen weltweit – vor allem in Lateinamerka, der Karibik und in den USA – gesprochen.

Im Zuge der Entwicklung zur modernen Gesellschaft waren die Überlebenschancen des Niederdeutschen immer stärker beschnitten worden, selbst seine Existenz als rand-ständige Volkssprache war bedroht. Die Schulsprache Hochdeutsch (für viele Nieder-deutsche noch in der ersten Hälfte des 20. Jh. eine zu erlernende Fremdsprache) so-wie der Einfluss der nahezu ausschließlich hochdeutschen Massenmedien förderten und festigten endgültig den Übergang der Bevölkerungsmehrheit zum Hochdeutschen als Gemeinschaftssprache. Das Niederdeutsche wurde aus Kirche, Schule, Politik, Litera-tur und Wissenschaft verdrängt, ab der zweiten Hälfte des 20. Jh. auch aus dem privaten Umfeld der meisten Familien.

Die Gesamtsprecherzahl des Niederdeutschen ist nur schwer zu ermitteln. Je nach Quelle werden 5–8 Mio. Sprecher genannt, manchen Forschern erscheinen diese Zahlen zu hoch. Der Anteil der Muttersprachler ist sehr gering. Der Sprachstatus des Nieder-deutschen wird heute unterschiedlich gewertet. Funktionale Beschränktheit, dialektale Diversität und fehlende schriftsprachliche Normierung sprechen eher für eine Einord-nung des Niederdeutschen als Dialektgruppe unter dem Dach der deutschen Sprache. Dagegen kann die wieder zunehmend positive Einstellung der Sprecher zu ihrer Sprache und die historische Bedeutung des Niederdeutschen als Argument für eine Einstufung als eigenständige Sprache dienen, zumal es im Rahmen der Sprachencharta des Europarats offiziell anerkannt und geschützt wird. Eine *niederdeutsche Philologie* hat sich als selbst-ständiges germanistisches Fachgebiet herausgebildet.

Hochdeutsch und die zweite Lautverschiebung

Das Hochdeutsche wird allgemein in drei Perioden eingeteilt: *Althochdeutsch* (750–1050), *Mittelhochdeutsch* (1050–1350) und *Neuhochdeutsch* (seit 1350), wobei die Periodengrenzen von manchen Forschern auch anders definiert werden. Eine einheitliche „hochdeutsche Sprache" entwickelte sich erst ab der frühen neuhochdeutschen Phase, beim Alt- und Mittelhochdeutschen handelt es sich um Gruppen verwandter westgermanischer Varietäten, die die *zweite* oder *hochdeutsche Lautverschiebung* (siehe unten) mit unterschiedlicher Intensität durchlaufen haben, aber jeweils eigene schriftsprachliche Formen ausprägten.

Die Bezeichnung „deutsch" stammt vom althochdeutschen Adjektiv *diutisc*, das von germanisch **þeudō-* „Volk" abgeleitet ist, also so viel wie „volkstümlich" bedeutet. Gemeint waren die germanischen Volkssprachen im Gegensatz zur Kultur- und Schriftsprache Latein. Die älteste belegte Anwendung dieses Adjektivs (in der latinisierten Form *theodiscus*) ist auf die englische Sprache bezogen (786). Im 10. und 11. Jh. ist *diutisc* eine Bezeichnung für die kontinentalgermanischen Sprachen im Gegensatz zum Lateinischen und den sich daraus entwickelnden romanischen Sprachen. Erst nach und nach fand eine Verengung des Begriffs auf seine heutige Bedeutung statt. (Auch die Niederländer bezeichneten ihre Sprache zunächst als *Dietsc* oder *Duutsc*, noch im 16. Jh. als *Duits*; *Dutch* ist bis heute die englische Bezeichnung für das Niederländische.)

Die hochdeutsche oder zweite Lautverschiebung

Die sog. *hochdeutsche*, *althochdeutsche* oder *zweite Lautverschiebung* (im Gegensatz zur *germanischen* oder *ersten Lautverschiebung*) ist ein regelhafter Lautwandel im Konsonantismus, der in der Zeit vom 5. bis zum 9. Jh. in den südlichen und zentralen westgermanischen Varietäten – im Bairischen, Alemannischen, Teilen des Fränkischen sowie im Thüringischen – stattfand. Die westgermanischen Dialekte, die diese zweite Lautverschiebung durchlaufen haben, bilden zusammen das *Althochdeutsche*, das ab dem 8. Jh. dem Altniederdeutschen und Altniederfränkischen gegenübersteht.

Die hochdeutsche Lautverschiebung betraf primär die germanischen Tenues /*p, *t, *k/, in einem geringeren Umfang die Mediae /*b, *d, *g/. Bei den Tenues sind je nach lautlichem Umfeld zwei Fälle zu unterscheiden (König 2001: 62–64):

- 1. Die Verschiebung postvokaler germanischer Tenues zu den Doppelfrikativen /ff, zz, hh/; diese erfolgte im gesamten hochdeutschen Gebiet. Im Auslaut und nach Langvokal wurden die Doppelfrikative vereinfacht: z.B. german. **etan* > althochdeutsch (ahd.) *ezzan* „essen" (Erhalt des Doppelfrikativs), aber german. **slēpan* > ahd. *slāfan* „schlafen" (Vereinfachung nach Langvokal) und german. **ik* > ahd. *ih* „ich" (Vereinfachung im Auslaut).
- 2. Die Verschiebung germanischer Tenues im Anlaut und nach Konsonant zu den Affrikaten /pf, tz (z), kch (ch)/. Diese Verschiebung erfolgte für die einzelnen Tenues zu unterschiedlichen Zeiten und erstreckte sich auf unterschiedliche Gebiete; eine Übersicht gibt die Tabelle 3.21.

Tab 3.21 *Hochdeutsche Lautverschiebung: Tenues > Affrikaten*

	Zeit	Verbreitungsgebiet	Beispiel
*t > (t)z	5./6. Jh.	im ges. hochdeutschen Gebiet	germ. *taiknam > ahd. zeihhan „Zeichen"
*p > pf	6./7. Jh.	bairisch, alemann., ostfränkisch	germ. *plegan > ahd. pflegan „pflegen"
*k > (k)ch	7./8. Jh.	bairisch, alemannisch	germ. *korna > altbair. kchorn „Korn"

Die Verschiebung von /*p, *t, *k/ unterblieb gänzlich bei den Lautverbindungen /*sp, *st, *sk, *ft, *ht, *tr/.

Die geographischen Grenzen der Verschiebungen lassen sich insbesondere im rheinischen Westen nicht eindeutig festlegen; einzelne Wörter verhalten sich durchaus abweichend. Als Grenzlinie zwischen den hochdeutschen und niederdeutschen Mundarten wird üblicherweise die *Benrather Linie* angesehen, die von Benrath bei Düsseldorf in west-östlicher Ausrichtung durch das deutsche Sprachgebiet verläuft und durch die niederdeutsch-hochdeutsche Isoglosse *maken – machen* gekennzeichnet wird. Da sich der Prozess der zweiten Lautverschiebung mit abnehmender Stärke im Norden durchsetzte, entstanden hochdeutsche Varietäten, bei denen nur ein Teil der Veränderungen wirksam wurde (oder wirksam blieb). Deswegen unterteilt man die hochdeutschen Varietäten weiter in *oberdeutsche* und *mitteldeutsche*, die Grenzlinie bildet etwa der Main (auch *Speyerer Linie* genannt), eine mitteldeutsch-oberdeutsche Isoglosse ist *Appel – Apfel*.

Schon in germanischer Zeit waren die ursprünglichen stimmhaften Frikative /*ƀ, *đ, *g/ in der Regel in den stimmhaften Plosiven (Mediae) /*b, *d, *g/ aufgegangen. Diese entwickelten sich im 8./9. Jh. mit geographischer Staffelung zu Tenues weiter (Tabelle 3.22).

Tab 3.22 *Hochdeutsche Lautverschiebung: Mediae > Tenues*

	Zeit	Verbreitungsgebiet	Beispiel
*d > t	8./9. Jh.	oberdeutsch; rheinfränkisch	germ. *daga- > ahd. tag „Tag"
*b > p	8./9. Jh.	bairisch, alemannisch	germ. *berga- > altbair. perg „Berg"
*g > k	8./9. Jh.	bairisch	germ. *guþ- > altbair. kot „Gott"

Seit dem 9. Jh. erfolgte eine Verschiebung des germanischen /*þ/ zu /d/, und zwar zunächst im Althochdeutschen, etwas später auch im Altniederdeutschen (Altsächsischen) und Altniederfränkischen (man vgl. englisch *thorn*, niederdeutsch und niederländisch *doorn*, früh-althochdeutsch *thorn*, althochdeutsch *dorn*, neuhochdeutsch *Dorn*).

Eine Gesamtbetrachtung der Chronologie sowie der geographisch-dialektalen Verbreitung der hochdeutschen Lautverschiebung legt eine von Süden nach Norden abnehmende Wirkung und damit eine Ausbreitung von Süden nach Norden nahe. Dies ist die traditionelle Auffassung der sog. dialektgeographischen Schule innerhalb der Germanistik, wie sie z.B. bei Hutterer 1999: 256–258 dargestellt wird. Danach begann die Lautverschiebung etwa im 5. Jh. n. Chr. im Bereich der südgermanischen (elbgermanischen)

Stammessprachen der Langobarden, Baiern und Alemannen, dehnte sich von dort nach Norden in das Gebiet der Weser-Rhein-Germanen aus und hatte im 7./8. Jh. die Franken am Rhein erreicht. Demgegenüber wurde von R. Schützeichel und anderen das hohe Alter der zweiten Lautverschiebung im rheinischen Raum nachgewiesen und diese damit als eine eigenständige Entwicklung im Fränkischen interpretiert. Nach einer anderen Erklärung sind die unverschobenen Wortformen im mitteldeutschen Raum auf eine Zurückdrängung älterer, ursprünglich verschobener Formen zurückzuführen. Diese Fragen werden nach wie vor intensiv diskutiert, ein wissenschaftlicher Konsens konnte bisher nicht erreicht werden.

Althochdeutsch

Wie im vorigen Absatz erklärt, unterteilt man das Althochdeutsche in ober- und mitteldeutsche Mundarten. Zu den *oberdeutschen* Dialekten gehören Altbairisch, Altalemannisch und das in Oberitalien gesprochene Langobardische, das spätestens um 1000 ausstarb. Die *mitteldeutschen* Dialekte der althochdeutschen Zeit sind Altoberfränkisch (mit Ostfränkisch und Oberrheinfränkisch), Altmittelfränkisch, Altrheinfränkisch und Altthüringisch. Alle diese Mundarten sind Schriftdialekte, eine einheitliche althochdeutsche Sprache existierte nicht. (Vor allem wäre die Vorstellung völlig falsch, dass die genannten Dialekte sich aus einem „Urdeutschen" heraus entwickelt hätten.)

In der althochdeutschen Zeit ist die Schriftsprache nach wie vor Latein, „deutsche" Texte stellen gerade in der Frühphase eine ganz besondere Ausnahme dar. Abgesehen von einigen frühen kurzen Runentexten aus dem 6./7. Jh. im alemannischen Raum liegen sämtliche althochdeutschen Texte in lateinischer Alphabetschrift vor. Die althochdeutsche Überlieferung beginnt nicht mit „literarischen" Texten. Die ersten Wörter (aus der zweiten Hälfte des 8. Jh.) sind interlineare Glossen in lateinischen Texten, die schwierige lateinische Einzelwörter „verdeutschen", dann durchgehende Wort-für-Wort-Glossierungen, die man fast als interlineare Übersetzung werten kann. Besonders wichtig ist der *Abrogans*, ein Glossar aus dem 8. Jh., das eine Liste von lateinischen Synonymen enthält, die Wort für Wort ins Deutsche (zunächst in Altbairische, später ins Altalemannische) übertragen wurden. Der Abrogans wird auch als *erstes deutsches Buch* bezeichnet, seine Bedeutung für die Kenntnis des althochdeutschen Wortschatzes ist kaum zu überschätzen.

An früher althochdeutscher weltlicher Dichtung ist vor allem das in stabreimenden Langversen im 9. Jh. verfasste *Hildebrandslied* zu nennen (mit niederdeutschen Einflüssen), dann die *Merseburger Zaubersprüche* (vom Ende des 9. Jh. überliefert, aber sicherlich älter). Diese und andere Werke wurzeln aufgrund ihrer Form und ihres Inhalts in der alten, sonst nur mündlich überlieferten germanischen Literatur. Eine große Bedeutung für das frühe Aufblühen der deutschen Schriftlichkeit hatte Kaiser Karl der Große, der den Gebrauch der deutschen Sprache vor allem in Kirche und Kloster vorantrieb und zahlreiche Übersetzungsprojekte anstieß. Erste zusammenhängende kleinere deutsche Texte sind Gebete, Beichtformulare, Taufgelöbnisse, Übersetzungen von Bibelstellen, aber auch Markbeschreibungen (Protokolle von Grenzbegehungen). Frühe althochdeutsche Werke von besonderer sprachlicher Bedeutung sind das *Muspilli* (um 870, eine Dichtung über den Weltuntergang in altbairischer Sprache), die ostfränkische Übersetzung der *Evangelienharmonie des Tatian* sowie die nach lateinischem Vorbild endgereimten Versevangelien des Otfried von Weißenburg (um 790–875). Nach der frühen Blüte althochdeutscher Literatur und Schriftlichkeit im karolingischen 9. Jh. gab es im 10. Jh. fast einen Stillstand: Als Schriftsprache wurde wieder nahezu ausschließlich das Lateinische verwendet. Eine späte Ausnahme sind die sprachlich hochwertigen kommentierten Übersetzungen lateinischer Schulautoren durch Notker III. Labeo (950–1022) von St. Gallen ins Alemannische, der dafür erstmals eine systematische Orthographie für eine althochdeutsche Mundart entwickelte.

Mittelhochdeutsch

Da sich die hochdeutsche Sprache in der 2. Hälfte des 11. Jh. in lautlicher Hinsicht deutlich von der älteren Überlieferung unterscheidet, spricht man ab etwa 1050 vom *Mittelhochdeutschen*. Es setzt die Dialekte des Althochdeutschen zum Teil fort; insbesondere in den neugewonnenen ehemals slawischen Ostgebieten gibt es aber auch neue hochdeutsche Dialektformen. Die Hauptgliederung in Ober- und Mitteldeutsch bleibt erhalten. Zum *Oberdeutschen* gehören Süd- oder Hochalemannisch, davon trennte sich nun deutlicher das Niederalemannische mit dem Schwäbischen ab, ferner Bairisch, Ostfränkisch und Oberrheinfränkisch. Die *mitteldeutschen* Dialekte dieser Periode werden in eine West- und eine Ostgruppe geteilt. Zur Westgruppe gehören Mittelfränkisch mit Ripuarisch und Moselfränkisch sowie Rheinfränkisch inklusive dem Hessischen; die Ostgruppe bilden das Thüringische, Obersächsische und Schlesische. Auch in der mittelhochdeutschen Periode gibt es keine einheitliche hochdeutsche Sprache, wenn auch in der höfischen Dichtung ab 1200 bestimmte Einheitstendenzen zu erkennen sind. Höhepunkte der mittelhochdeutschen Literatur sind das nach französischem Vorbild entwickelte *höfische Epos* der Stauferzeit mit den Hauptvertretern Hartmann von Aue, Wolfram von Eschenbach und Gottfried von Straßburg, der *Minnesang* (z.B. Walter von der Vogelweide) sowie zahlreiche kunstvolle Volksepen, deren Höhepunkt das *Nibelungenlied* darstellt.

Während der Konsonantismus des Mittelhochdeutschen gegenüber dem Althochdeutschen kaum verändert wurde, erfuhr der Vokalismus durch die Reduktion der Nebentonvokale eine starke Umstellung. So wurde z.B. aus althochdeutsch *geban* mittelhochdeutsch *geben*, wobei der Vokal der unbetonten Schlusssilbe ein /ə/ ist, das <e> geschrieben wird. Dies hatte auch weitreichende Folgen für die Morphologie, in der nun viele Formen zusammenfielen, die im Althochdeutschen noch getrennt waren. Der Wortschatz erfuhr eine Bereicherung aus dem Französischen, insbesondere im Bereich der „ritterlichen" Kulturwörter. Aus dieser Zeit stammen z.B. *Abenteuer, Turnier, Lanze, Kastell, Stiefel* und *tanzen*. Die französischen Suffixe /-ier/ und /-ie/ wurden als Verbalsuffix /-ieren/ („logieren") bzw. Nominalsuffix /-ei/ („Zauberei") ins Deutsche übernommen.

Neuhochdeutsch

Das Neuhochdeutsche verdankt seine Entstehung im 14. Jh. der Entfaltung der bürgerlichen Literatur (z.B. in den Singschulen der Meistersänger) sowie den kaiserlichen, fürstlichen und städtischen Kanzleien, die die Grundlage für eine einheitliche hochdeutsche Schriftsprache legten. Weitere Gründe für Aufstieg und Förderung der Schriftsprache sind die Einführung des Buchdrucks im 15. Jh. durch Johannes Gutenberg (1400–1468) sowie die Reformation zu Beginn des 16. Jh., durch die der führende Sprachstandard der damaligen Zeit rasche Verbreitung fand.

In der *frühneuhochdeutschen* Zeit (1350–1500) wurden bereits alle neuhochdeutschen Sprachmerkmale entwickelt. Zunächst ist auch das Frühneuhochdeutsche durch ein Nebeneinander zahlreicher Dialekte gekennzeichnet, die ihre mittelhochdeutschen Vorgänger fortsetzten. Einige dieser Mundarten waren aber kräftig genug, sich als Schriftsprache gegen das Lateinische durchzusetzen und es Schritt für Schritt zu verdrängen, sogar von der Kanzel. Schließlich konnte sich die mittelhochdeutsche *obersächsisch-thüringische Kanzleisprache* der Zentren Meißen, Leipzig, Halle und Erfurt Ende des 15. Jh. als hochdeutscher Sprachstandard gegen andere Standards (Prager Kanzleisprache Karls IV., oberdeutsche Kanzleisprache Maximilians I.) behaupten. Das Obersächsische bot als „durchschnittliche" mitteldeutsche Varietät die besten Voraussetzungen, sich im ganzen hochdeutschen und bald auch im niederdeutschen Sprachraum durchzusetzen. Dazu trug neben den Möglichkeiten des Buchdrucks vor allem der Reformator Martin Luther (1483–1546) bei: Er wurde zum wichtigsten Verbreiter des führenden hochdeutschen Sprachstandards seiner Zeit, vor allem durch seine Bibelübersetzung, die in vielfacher Hinsicht auch die Entwicklung der jungen neuhochdeutschen Sprache beflügelte. (Luther kann aber – entgegen früheren Auffassungen in der Germanistik – keineswegs als der Schöpfer der neuhochdeutschen Sprache angesehen werden, deren Anfänge ins 14. Jh. zurückreichen.)

Im 17. Jh. wurde die sprachliche Integration des hoch- und niederdeutschen Raumes durch die Literatursprache, Grammatiken, umfassende Wörterbücher sowie die Tätigkeit von Sprachgesellschaften gezielt gefördert und beschleunigt. Ende des 17. Jh. fanden an der Leipziger Universität die ersten deutschsprachigen Vorlesungen statt, Deutsch wurde zu einer Wissenschaftssprache ausgebaut. Im 18. und 19. Jh. wurden sprachliche Provinzialismen und Dialektformen bewusst verdrängt. Bereits in der Barockzeit wurde nach und nach die systematische Großschreibung der Substantive eingeführt – heute ein Alleinstellungsmerkmal der deutschen Schriftsprache. Im 19. Jh. nahmen die Bemühungen um eine einheitliche Rechtschreibung zu. 1880 verfasste Konrad Duden (1829–1911) sein „Vollständiges orthographisches Wörterbuch der deutschen Sprache", das 1901/02 zur Grundlage für eine staatlich geregelte Einheitsschreibung wurde. Durch die Rechtschreibreform von 1996 wurden die Regeln von 1902 nur in einigen Randaspekten geändert, die grundsätzlichen Prinzipien – ein Kompromiss zwischen historisch-etymologischer und phonetischer Orthographie – sowie die Großschreibung der Substantive blieben erhalten. 1898 wurde durch T. Siebs die norddeutsch (niederdeutsch) geprägte einheitliche Bühnenaussprache festgelegt, die bei aller Bedeutung allerdings nie den Rang einer offiziellen deutschen Aussprache erhielt. Die heutige Standardaussprache, wie sie z.B. vom Aussprache-

Duden (Mangold 2005) vertreten wird, weicht in einigen Punkten von der idealen Norm der Bühnenaussprache ab und kommt damit der Sprechwirklichkeit wesentlich näher.

Es ist hier nicht der Raum, auf die zahlreichen lautlichen Veränderungen des Neuhochdeutschen gegenüber dem Mittelhochdeutschen einzugehen, die vor allem den Vokalismus betreffen. Erwähnt seien die Diphthongisierung langer Vokale (z.B. *wîp* > *Weib*, *hûs* > *Haus*), aber auch die Monophthongisierung von Diphthongen (z.B. *buoch* > *Buch*) sowie die Längung kurzer offener betonter Vokale (*bote* > *Bote*). (Die genannten Änderungen sind in der gesprochenen Sprache wahrscheinlich schon in mittelhochdeutscher Zeit eingetreten, in der Schriftsprache setzten sie sich erst in neuhochdeutscher Zeit durch. Nicht alle hochdeutschen Varietäten sind von diesen Veränderungen gleichermaßen betroffen, so gibt es z.B. im Bairischen keine Monophthongisierung von Diphthongen.)

Der Wortschatz unterlag vom 14.–16. Jh. einem starken italienischen Einfluss, der sich in Wörtern wie *Konto, Kredit, Kapital, Galeere, Fregatte, Arsenal, Kanone* oder *Kaserne* wiederfindet. Zahlreiche lateinische und griechische Fremdwörter und Neubildungen wurden in die deutsche Sprache übernommen. Seit Mitte des 19. Jh. begann der englische Einfluss auf die deutsche Sprache, der sich nach dem Zweiten Weltkrieg ständig verstärkte und den Wortschatz vieler Bereiche der deutschen Sprache erfasst hat (Technologie, Computertechnik, Massenkommunikation, Werbung und die Sprache der Unterhaltung und Popkultur).

Modernes Deutsch

Deutsch wird am Beginn des 21. Jh. von etwa 105 Mio. Menschen als Muttersprache und von einer beträchtlichen Anzahl als Zweit- oder Fremdsprache gesprochen, die auf bis zu 80 Mio. geschätzt wird. Allein in der EU sprechen nach Angaben von *Eurobarometer* 55 Mio. Menschen Deutsch als Zweit- oder Fremdsprache, innerhalb der EU ist Deutsch die Sprache mit den meisten Muttersprachlern. Weltweit gehört es zu den zehn sprecherreichsten Sprachen.

Nach Staaten verteilen sich Sprecherzahlen (Muttersprachler) wie folgt: Deutschland etwa 80 Mio., Österreich 7,5 Mio., Schweiz 4,5 Mio., USA 1,5 Mio., Frankreich (Elsass, Lothringen) 1,2 Mio., Brasilien 900 Tsd., Russland (vor allem in Sibirien) 800 Tsd., Luxemburg 500 Tsd., Kanada 450 Tsd., Niederlande 400 Tsd., Argentinien 350 Tsd., Kasachstan 350 Tsd., Südafrika 300–500 Tsd., Italien (Südtirol) 300 Tsd., Australien 200 Tsd., Israel 200 Tsd., Paraguay 170 Tsd. und Polen 150 Tsd. Dazu gibt es einige Zehntausend Sprecher in den Staaten Liechtenstein, Ungarn, Rumänien, Belgien, Dänemark, Tschechien, Griechenland, Irland, Ukraine, Türkei, Kirgisistan, Namibia, Chile, Dominikanische Republik sowie Mexiko. Die meisten Deutschsprecher außerhalb Deutschlands, Österreichs, Liechtensteins und der deutschsprachigen Schweiz sind zweisprachig.

Deutsch ist Amts- und Nationalsprache in den fünf Staaten Deutschland, Österreich, Schweiz, Liechtenstein und Luxemburg, regionale Amtssprache in Italien (Tirol) und in Belgien (Region Eupen-Malmédy) sowie offizielle Verkehrssprache in Namibia. Deutsch ist eine offizielle Amtssprache in den EU-Organisationen und im Europarat, in der UNO besitzt es einen Sonderstatus.

Standarddeutsch (Hochdeutsch) ist die Dachsprache aller deutschen Dialekte (einschließlich der niederdeutschen und niederfränkischen Mundarten) in Deutschland, Österreich und der Schweiz sowie der deutschen Umgangssprache, die sich zunächst in städtischen Zentren entwickelt hat, heute aber auch in den ländlichen Gegenden weit verbreitet ist. Die Umgangssprache besitzt regionale Einfärbungen auf Basis der jeweiligen regionalen Dialekte, man spricht von *Regiolekten*. Die traditionellen niederdeutschen, niederfränkischen und hochdeutschen Dialekte sind mit unterschiedlicher Vitalität bis heute erhalten geblieben, sofern sie nicht nach 1945 durch den Verlust der deutschen Ostgebiete untergingen (das betrifft die niederdeutschen Dialekte Ostpommersch und Niederpreußisch sowie die mitteldeutschen Dialekte Schlesisch und Hochpreußisch). Tabelle 3.23 gibt eine Übersicht über die Dialektgruppen, die durch das Standarddeutsche überdacht werden.

Tab 3.23 *Dialekte unter der Dachsprache Deutsch*

Dialektgruppen	Einzeldialekte
NIEDERDEUTSCH	
WEST	Westfälisch, Ostfälisch, Nordniedersächsisch inkl. Ostfriesischem Platt
OST	Brandenburgisch (Märkisch), Mecklenburgisch-Vorpommersch, Mittelpommersch, Ostpommersch †, Niederschlesisch †, Niederpreußisch †
NIEDERFRÄNKISCH	Niederrheinisch (Kleverländisch), Ostbergisch, Südniederfränkisch (Limburgisch) (der größere Teil der niederfränkischen Dialekte hat Niederländisch als Dachsprache)
HOCHDEUTSCH	
MITTELDEUTSCH	
WEST	Mittelfränkisch mit Ripuarisch, Moselfränkisch inkl. Luxemburgisch, Rheinfränkisch mit Pfälzisch (> Pennsylvanisch), Hessisch (Zentral-, Nord-, Osthessisch)
OST	Thüringisch-Obersächsisch, Berlin-Brandenburgisch, Lausitzisch, Hochschlesisch †, Hochpreußisch †
OBERDEUTSCH	
NORD	Ostfränkisch mit Mainfränkisch, Oberfränkisch, Vogtländisch, Erzgebirgisch u.a. Südrheinfränkisch
ALEMANNISCH	Schwäbisch, Bodenseealemannisch, Oberrheinalemannisch, Hochalemannisch, Höchstalemannisch mit Schwyzerdütsch
BAIRISCH	Nordbairisch mit Südböhmisch und Südmährisch Mittelbairisch mit Österreichisch Südbairisch mit Tirolerisch

Pennsylvanisch

Pennsylvanisch – auch *Pennsylvania Dutch, Pennsylvania German, Pennsylvaniadeutsch* oder *Pennsilfaanisch* – ist eine vor allem in den Vereinigten Staaten verbreitete westgermanische Sprache, die von Nachfahren deutscher (vor allem pfälzischer) Emigranten gesprochen wird, die vor dem amerikanischen Unabhängigkeitskrieg 1775–83 nach Pennsylvania eingewandert waren. Die heutigen Sprecher des Pennsylvanischen – ihre Anzahl wird auf 250–300 Tsd. geschätzt – sind in über 20 Staaten der USA, im südlichen Ontario (Kanada) sowie in Teilen Zentral- und Südamerikas (Belize, Mexiko und Paraguay) verbreitet. Schwerpunkte sind die amerikanischen Bundesstaaten Pennsylvania, Ohio und Indiana.

Während die ersten deutschen Siedler bereits 1683 Pennsylvania erreichten, setzte die Masseneinwanderung aus Südwestdeutschland und angrenzenden Gebieten erst in den 1720er Jahren ein. Von ihrer ersten Siedlung Germantown bei Philadelphia breiteten sich die deutschen Kolonisten zunächst in den Südosten Pennsylvanias aus, seit der Mitte des 18. Jh. fand eine Expansion nach Süden in Teile von Maryland, North Carolina, Tennessee und Virginia statt, danach in das Mohawk-Tal im Staate New York und in den Süden des kanadischen Ontarios. Im 19. Jh. zogen deutsche Kolonisten westwärts nach Ohio, Indiana und in andere Staaten der USA. Um 1900 sprachen etwa 750 Tsd. Menschen Pennsylvanisch, 600 Tsd. davon lebten in Pennsylvania (van Ness 1994: 420–422).

Die frühen Siedler waren in ihrer deutschen Heimat wegen ihrer Religion verfolgte Mennoniten, Amische, Pietisten oder Mährische Brüder. Zwischen 1727 und 1775 wanderten in einer zweiten Welle auch Lutheraner und Reformierte nach Pennsylvania aus, wo sie bald zahlenmäßig die strenggläubigen Kolonisten der ersten Einwanderungswelle und deren Nachfahren übertrafen. Allerdings assimilierte sich diese zweite Gruppe wesentlich schneller an ihre amerikanische Umgebung, so dass ihre heutigen Nachfahren fast alle die pennsylvanische Sprache aufgegeben haben und seit einigen Generationen Englisch als Muttersprache sprechen. Dagegen haben insbesondere die *Old Order Amish* und *Old Order Mennonites* das Pennsylvanische als Sprache des Alltags und der Religion in ihrem isolierten, ländlich geprägten Umfeld beibehalten, während sie für die Außenkommunikation Englisch verwenden. Auch die Mennoniten und Amischen sind seit vielen Generationen zweisprachig, allerdings wachsen die Kinder vor der Schulzeit monolingual auf. Für Bibeltexte und Kirchenlieder wird als dritte Sprache ein altertümliches Standarddeutsch verwendet, das sog. *Amish High German*, das aber in der Alltagskommunikation keine Rolle spielt. Aufgrund der relativ hohen Geburtenrate der Amischen und Mennoniten nimmt die Zahl der Pennsylvanisch-Sprecher nach einer Periode des Niedergangs heute wieder zu.

Obwohl es eine nicht unerhebliche Menge an Gebrauchsliteratur gibt, war das Pennsylvanische als Literatursprache nie weit verbreitet. Die pennsylvanischen Texte wurden zunächst strikt nach den Regeln der deutschen Schriftsprache aufgezeichnet (Hutterer 1999: 344), daraus entwickelte sich bei stärkerer Berücksichtigung des pennsylvanischen Lautsystems die sog. deutsche Orthographie, die auch in der einheimischen Presse benutzt wurde. In den 1860er Jahren wurde dann eine sog. englische Orthographie ausgearbeitet (z.B. *sawga* statt *soge* „sagen", oder *ware* statt *wer* „wäre"), häufig wurde eine

Mischung dieser beiden Systeme verwendet. Insgesamt wurde die Orthographie des Pennsylvanischen recht großzügig gehandhabt, eine offizielle Festlegung im Sinne einer deutsch-pennsylvanischen Orthographie gab es 1938, auf deren Basis die erste Schulgrammatik und die erste Schulfibel herausgegeben wurde. Die Mennoniten und Amischen verwendeten Pennsylvanisch jedoch fast ausschließlich mündlich, als Schriftsprache benutzen sie heute das Englische.

Das Pennsylvanische leitet sich im Wesentlichen von frühneuhochdeutschen pfälzischen Dialekten ab, obwohl auch eine nicht unerhebliche Anzahl von Siedlern aus der Schweiz, dem Elsass, aus Baden, Württemberg, Hessen und sogar aus Westfalen stammte. Durch den weitgehenden Abschluss der Immigration mit dem Beginn des Unabhängigkeitskrieges 1775 konnte sich durch Mischung und Ausgleich zwischen den verschiedenen mittelfränkischen, rheinfränkischen, schwäbischen, bairischen und alemannischen Mundarten etwa seit 1800 eine homogene Sprachform herausbilden, die sich deutlich von anderen deutschen Dialekten abhebt. Dabei müssen zwei Varietäten unterschieden werden: die Sprachform der Amischen und Mennoniten (*Plain Pennsylvania German*) sowie das Pennsylvanisch der übrigen Sprecher (*Non-Amish Pennsylvania German*). Obwohl letzteres – wie oben ausgeführt – heute fast nicht mehr gesprochen wird, ist es die üblicherweise in Grammatiken und in der germanistischen Fachliteratur beschriebene Varietät, während erst neuerdings die Besonderheiten der „überlebenden", aber so gut wie nicht verschrifteten Amisch-Varietät stärkere Berücksichtigung finden.

Die größte Ähnlichkeit hat das pennsylvanische Lautsystem mit dem der vorderpfälzischen Mundarten. Die hochdeutsche Lautverschiebung ist voll durchgeführt, mit den üblichen mitteldeutschen Einschränkungen wie z.B. *gegloppt* „geklopft". In Nebensilben ist der Nasal regelmäßig entfallen, z.B. *gfalle* „gefallen", auch der Wandel *nd > n(n)* ist allgemein eingetreten, z.B. *Kinner* „Kinder", *anneres* „anderes". Der Vokalismus entspricht der südwestdeutschen Norm, z.B. *Norr* „Narr", *ich wees* „ich weiß", *gheert* „gehört", *Beem* „Bäume" (Hutterer 1999: 345–346).

Die Morphologie ist stark analytisch. Der Genitiv ist entfallen, er wird durch Umschreibungen ausgedrückt: *'m Man sei Hut* „dem Mann sein Hut, der Hut des Mannes". Nominativ und Akkusativ fallen zusammen, also *der Man* „der/den Mann". Das synthetische Präteritum wurde ganz durch das analytisch gebildete Perfekt ersetzt, z.B. *ich hab gfarmt* (< engl. *to farm* „Land bebauen"). Wie das letzte Beispiel schon zeigt, werden englische Lehnverben „deutsch" konjugiert, z.B. *ich titsch* (< engl. *to teach* „lehren"), *du titscht, ar titscht, mir titsche, dir titscht, sie titsche*. Häufig ist die Umschreibung mit dem Hilfsverb „tun", z.B. *ich duh Kieh melke* „ich melke (die) Kühe", sowie die Anwendung der Progressivform, z.B. *ich bin am melke* „ich melke (gerade)". Der Anteil der Lehnwörter aus dem amerikanischen Englisch beträgt über 15%, auffällig sind auch die zahlreichen Lehnübersetzungen, z.B. *was Zeit iss's?* < engl. *what time is it?* „wie spät ist es?", *ich bin alrecht* < engl. *I am all right* „mir geht es gut" oder *ausfigere* < engl. *to figure out* „berechnen, sich ausmalen, verstehen".

Zimbrisch

Das Zimbrische ist eine westgermanische Dialektgruppe in Oberitalien, die nicht vom Standarddeutschen überdacht ist. Es wird von einigen Tausend Menschen (nach Ethnologue 2009 von 2.200) in mehreren Sprachinseln in Oberitalien in den Regionen Venetien, Trentino-Südtirol und Friaul gesprochen. Fast alle Sprecher des Zimbrischen sprechen auch Italienisch, viele auch (Hoch-)Deutsch. Die zimbrischen Siedlungs- und Sprachinseln sind:

- sieben Gemeinden auf dem Hochplateau nordwestlich von Vicenca; Zimbrisch wird jedoch nur noch im Dorf Roana (Robàan) gesprochen
- die Valle dei Ronchi (Reuttal)
- südlich der oberen Val Sugana: Luserna (Lusern), Folgaria (Folgrait, Vielgereuth), Lavarone (Lavròu, Lafraun)
- im Südtrentino: Terragnolo (Leimtal), Vallarsa (Brandtal)
- dreizehn Gemeinden in der Provinz Verona; Zimbrisch wird nur noch in Giazza (Ljetzan) gesprochen
- Palù del Fersina (Palai im Fersental), Fierozzo (Florutz)
- in den Karnischen Alpen: Sappada (Plodn, Bladen), Timau (Tischlwang), Sairis di Sopra (Oberzahre)

In Lusern hat sich wegen seiner isolierten Lage das Zimbrische am besten erhalten und wird von fast allen Einwohnern im Alltag gesprochen. Die Mundarten in den Karnischen Alpen und im Fersental werden nicht zum eigentlichen Zimbrischen gezählt, da sie dem Südtirolerischen relativ nahestehen.

Wahrscheinlich sind die zimbrischen Dialekte direkte Abkömmlinge des Altsüdbairischen des 11./12. Jh., das durch mehrere Einwanderungswellen aus Bayern in den oberitalienischen Raum gelangt ist. Die verschiedenen Dialekte, die heute zum Zimbrischen zusammengefasst werden, haben sich nicht aus einem einheitlichen „Urzimbrischen" entwickelt, sondern sind Ausdruck unabhängiger Entwicklungen in isolierten Gebieten, die auf unterschiedliche, sprachlich nahverwandte südbairische Migrationsgruppen zurückzuführen sind. Durch seine vom Rest des Bairischen isolierte Lage hat sich das Zimbrische in Grammatik, Wortschatz und Phonetik so divergent entwickelt, dass man es als eine eigenständige westgermanische Sprache ansehen kann (Abstandsprache). Im Gegensatz dazu sprechen die weiter nördlich siedelnden Südtiroler einen neuzeitlichen südbairischen Dialekt. – Neben der „südbairischen Hypothese" wurde von einigen Forschern die These vertreten, das Zimbrische sei ein Nachfahre des in Oberitalien gesprochenen Langobardischen. Genauere Untersuchungen der letzten Jahre haben diese These jedoch weitgehend entkräftet.

Man findet für das Zimbrische häufig die Attribute „archaisch" oder „konservativ", da bestimmte Merkmale des Althochdeutschen (z.B. die volltönigen Endsilbenvokale) erhalten blieben; andererseits weist es zahlreiche Innovationen auf, z.B. die neuhochdeutsche Diphthongierung, in einigen Dialekten sogar die Monophthongierung. Außerdem gibt es starke Einflüsse der benachbarten romanischen Sprachen. Das Zimbrische sollte also nicht primär als „ein althochdeutsches Relikt" angesehen werden, sondern als eine durchaus eigenständige „moderne" Sprachform, die – als Abkömmling einer südbairischen Varietät des 11./12. Jh. – isoliert eine divergente Entwicklung durchlaufen hat.

Während das Zimbrische im Laufe der Jahrhunderte immer weiter zurückgedrängt wurde – zuletzt besonders stark im faschistischen Italien –, finden die Zimbern heute auch staatliche Unterstützung beim Erhalt ihrer Sprache und Kultur. Mehrere Forscher befassten sich mit der zimbrischen Sprache, 1997 legte der Münchner Sprachwissenschaftler H. Tyroller eine umfassende Grammatik des Luserner Dialekts vor.

Jiddisch

Jiddisch ist eine im Hochmittelalter im deutschen (aschkenasischen) Judentum auf der Basis mittelhochdeutscher Dialekte entstandene Sondersprache mit hebräischen, aramäischen und romanischen Elementen, die seit der Ostmigration verfolgter Juden vom 15. Jh. an unter intensivem Einfluss slawischer Sprachen stand. Jiddisch besitzt ein komplexes System von Dialekten (die Hauptdialekte sind Ost- und Westjiddisch), eine umfangreiche Literatur, standardisierte Sprachformen sowie eine normierte Schriftsprache auf Basis des hebräischen Alphabets. Alle diese Entwicklungen wurden ohne die Unterstützung durch einen Nationalstaat erreicht.

Bis ins 20. Jh. diente Jiddisch den aschkenasischen Juden vor allem in Osteuropa aber auch in der weltweiten jüdischen Diaspora als Alltagssprache im privaten Umfeld, in der Literatur, in Politik, Journalismus sowie in weltlichen und religiösen Schulen. Die Zahl der Jiddischsprecher unmittelbar vor dem Holocaust wird auf 11–13 Mio. geschätzt, Jiddisch war damit die drittgrößte germanische Sprache nach Englisch und Deutsch. Man nimmt an, dass von den etwa 6 Mio. im Holocaust getöteten Juden ca. 5 Mio. Jiddisch gesprochen haben. S. Birnbaum – einer der besten Kenner der jiddischen Sprache und ihrer soziolinguistischen Situation – schätzte die Zahl der Jiddischsprecher im Jahre 1979 auf etwa 5 Mio. (Birnbaum 1979: 42), von denen viele noch zu den Überlebenden des Holocaust gehörten und inzwischen gestorben sind.

Heute leben Jiddischsprecher vor allem in den großen Metropolen New York, Montreal, Mexico City, Buenos Aires und Melbourne, in Europa in den Zentren Antwerpen, London, Manchester und Paris sowie in Israel. N. Jacobs schätzt die aktuelle Zahl der Sprecher nur noch zwischen „einigen Hunderttausend und etwas über einer Million" ein. Dabei nimmt ihre Anzahl heute wieder zu, da Jiddisch vor allem in orthodoxen jüdischen Gemeinden gesprochen wird, die eine hohe Geburtenrate aufweisen. Viele dieser Gemeinschaften geben jiddische Bücher, Zeitschriften und Zeitungen heraus und betreiben jiddischsprachige Tagesschulen. In chassidischen Gemeinschaften ist Jiddisch die tägliche Umgangssprache, die auch an die Kinder weitergegeben wird (Jacobs 2005: 2–3). Neuerdings erlebt Jiddisch auch bei der jüngeren Generation in Israel eine Wiederbelebung.

Die von Ethnologue 2009 angegebene Zahl von 11 Mio. jiddischen Erst- und Zweitsprechern ist sicherlich zu hoch. Generell ist es aber schwierig, die Erst- von den Zweitsprechern zu trennen, da fast alle Jiddischsprecher auch die Sprachen ihrer jeweiligen Staaten sprechen und als Kinder erlernen. Insgesamt ist der Anteil der Muttersprachler gering (nach Ethnologue 2009 etwa 400 Tsd.), Jiddisch wird von den meisten Sprechern mit unterschiedlicher Kompetenz als Zweitsprache benutzt.

Die Sprachbezeichnung „Jiddisch" ist ein relativ junges Kunstwort, das im Deutschen seit den 1920er Jahren die älteren Bezeichnungen „Jüdisch-Deutsch" oder „Judendeutsch" abgelöst hat. Es ist eine Entlehnung aus dem englischen „Yiddish", das seinerseits auf das von ostjüdischen Emigranten nach England und in die USA mitgebrachte jiddische Wort „jidisch" („jüdisch") zurückgeht.

Sprachgeschichte

Im Hochmittelalter entwickelten sich in den von deutschen Juden untereinander gesprochenen mittelhochdeutschen Dialekten einige charakteristische Besonderheiten. Dazu gehörten vor allem eine Vielzahl von Entlehnungen aus meist nachbiblischen hebräischen und aramäischen Texten (Talmud, Kabbalah) sowie in geringerem Maße auch aus den romanischen Sprachen (Altfranzösisch). Nach der massenhaften Migration von verfolgten deutschsprachigen Juden in den Osten (zunächst nach Polen und Litauen, dann weiter nach Ost- und Südosteuropa) nahm die jüdisch-deutsche Sprache seit dem 15. Jh. im Westen und Osten eine unterschiedliche Entwicklung. Das Jiddische im Westen entwickelte sich im Kontakt mit dem Deutschen weiter und glich sich ihm besonders im Zuge der Assimilation und Emanzipation deutscher Juden seit dem 18. Jh. weitgehend an. Dagegen bewahrte das Jiddische im Osten trotz vielfältiger Veränderungen im Kern den mittelhochdeutschen Stand seiner Entstehungszeit und entwickelte sich hauptsächlich durch zahlreiche Wortentlehnungen, aber auch durch die Übernahme morphologischer Elemente aus den slawischen Sprachen weiter. Man unterteilt das Jiddische deshalb in *Westjiddisch* und *Ostjiddisch*, wobei das Westjiddische eher zu einer hochdeutschen Varietät wurde. Mit der jüdischen Massenauswanderung in die USA im 19. Jh. expandierte das Jiddische verstärkt auch in den englischen Sprachraum und wurde dementsprechend zunehmend durch das Englische beeinflusst. Zeitlich wird das Jiddische in *Altjiddisch* (etwa bis 1500), *Mitteljiddisch* (1500–1750) und *Neujiddisch* gegliedert.

1931 wurde in der Sowjetunion das Jüdische Autonome Gebiet *Birobidschan* in Ostsibirien gegründet. Hier wurde Jiddisch als zweite Amtssprache neben dem Russischen eingeführt, jedoch erreichte die jiddischsprachige Bevölkerung nie die Mehrheit. Nach dem Zerfall der Sowjetunion sind fast alle Juden des Jüdischen Autonomen Gebiets nach Israel, Deutschland oder in die USA ausgewandert.

Sprachstruktur

Man kann das Jiddische als *Fusionssprache* beschreiben. Die Hauptkomponente bildet eine organische Verbindung urbaner oberdeutscher und ostmitteldeutscher Varietäten des Mittel- und Frühneuhochdeutschen (das Niederdeutsche spielte keine Rolle). Seine Determinanten waren zunächst das nachklassische Hebräisch und Aramäisch sowie romanische Einflüsse (vor allem ein altfranzösisches Substrat aus dem galloromanischen

Raum, das auf frühe Siedlungsschwerpunkte der mitteleuropäischen Juden hinweist). Zu weiteren Einflussgrößen wurden nach der Ostmigration die slawischen Sprachen (Polnisch, Ukrainisch, Weißrussisch, Ruthenisch, Russisch), im Fall des in Litauen gesprochenen Jiddisch auch die baltische Sprache Litauisch. Schon die Vielzahl dieser Komponenten, die zu unterschiedlichen Zeiten wirksam waren, zeigt den außerordentlich komplexen Fusionsprozess, der schließlich die jiddische Sprache ergab.

Lautsystem, grammatischer Bau, Wortbildung und Wortschatz des Jiddischen lassen diesen Fusionsprozess deutlich werden. In der Nominalmorphologie steht neben deutschen Pluralbildungen auf /-er/ und /-en/ mit und ohne Umlaut auch der semitische Plural auf /-im/ (z.B. *lider* „Lieder", *khaveyrim* „Freunde"), wobei die Herkunft der Wörter keine Rolle spielt (z.B. *sod* „Obstgarten" ist slawischer Herkunft und bildet mit Umlaut und deutscher Endung den Plural *seder*). Die Diminutivsuffixe des Jiddischen stammen aus dem Slawischen (z.B. *fusinke* „Füßchen", *mamenju* „Mütterchen"). Etwa 75% des jiddischen Wortschatzes ist mittel- oder oberdeutscher Herkunft, wobei im konservativeren Ostjiddischen andere Stämme weiterlebten als im Westjiddischen. Zu den ältesten nichtgermanischen Elementen gehören Ausdrücke aus den hebräischen religiösen Schriften (Talmud, Mischna, weniger aus der Bibel selbst) und aus der aramäischen Kabbalah-Literatur. Die semitischen Einflüsse umfassen nicht nur Substantive, sondern auch Verben, Adjektive und sogar Konjunktionen (z.B. *tomer* „falls"). Ebenso tiefgreifend wie der semitische Einfluss war der slawische, vor allem des Polnischen und der ostslawischen Sprachen (z.B. *tate* „Vater", *ozere* „See", *khotsh* „obwohl").

Trotz aller Einflüsse, die das Jiddische im Laufe seiner Geschichte erfahren hat, ist es für einen Sprecher des Hochdeutschen leichter zu verstehen als z.B. das Niederländische. Zur Illustration ein Beispielsatz: *A gevezene mark-yidene emigrirt keyn Yisroel un farkoyft in Tel Aviv epl. Zi zitst lebn ir koysh un farbet die koynen mit a nign.* „Eine frühere (gewesene) Verkäuferin (Markt-Jüdin) emigrierte nach (*keyn*) Israel und verkauft in Tel Aviv Äpfel. Sie sitzt neben (*lebn*) ihrem Korb (*koysh*) und lockt (*farbet*) die Kunden (*koynen*) mit einem Lied (*nign*)."

Die Rückwirkung des Jiddischen auf das Deutsche wird aus einer Fülle von Lehnwörtern deutlich (über 1000), wie beispielsweise *Schlamassel, Massel, meschugge, Mischpoke, Schickse, Schmonzette, Tacheles, Stuss, Tinnef, Kassiber, Schmiere* (stehen), *Ganove, petzen, Reibach, Moos* (Geld), *Kaff* oder *Chuzpe*. Die meisten dieser Lehnwörter sind hebräischen Ursprungs, manche sind durch Vermittlung des Rotwelsch ins Deutsche gelangt. (Rotwelsch ist ein Sammelbegriff für Geheimsprachen gesellschaftlicher Randgruppen – Bettler, fahrendes Volk, Korbflechter, Kesselschmiede, Schausteller – auf der Basis der deutschen Sprache.)

Niederfränkisch und Niederländisch

Das Niederländische geht in seinem Kern auf die zum Weser-Rhein-Germanischen gehörenden altfränkischen Stammesdialekte zurück, die im heutigen Gebiet der Niederlande, Belgiens und am Niederrhein gesprochen wurden. Diese fränkischen Dialekte werden als *Altniederfränkisch* zusammengefasst, da sie – wie die niederdeutschen Varietäten

– nicht von der hochdeutschen oder zweiten Lautverschiebung erfasst wurden (vgl. niederländisch *pond* „Pfund", *helpen* „helfen", *appel* „Apfel", *eten* „essen" usw.), während andere fränkische Dialekte (Oberfränkisch, Mittelfränkisch, Rheinfränkisch) dem Einfluss der hochdeutschen Lautverschiebung unterlagen und deswegen zum Hochdeutschen, genauer zum Mitteldeutschen gerechnet werden. Bei der Genese des Niederländischen sind aber auch niederdeutsche und friesische Einflüsse zu berücksichtigen, weswegen einige Wissenschaftler die völlige Gleichsetzung der Termini Altniederfränkisch und Altniederländisch ablehnen.

Die niederländische Sprache wird in drei Perioden eingeteilt: *Altniederländisch* oder *Altniederfränkisch* von 600 bis 1150, *Mittelniederländisch* von 1150 bis 1500, *Neuniederländisch* ab 1500. Andere Einteilungen lassen das Mittelniederländische schon um 1100 und das Neuniederländische erst um 1600 beginnen.

Nur zwei größere *altniederfränkische Texte* sind erhalten, der *Wachtendoncksche Psalter* und der *Leidener Williram*. Der Wachtendonksche Psalter – ein lateinischer Psalter mit einer altniederfränkischen Interlinearübersetzung – stammt aus dem 9. oder 10. Jh. und ist am Niederrhein oder in der niederländischen Provinz Limburg entstanden. Seinen Namen hat der Codex von einem Lütticher Kanoniker Arnoldus Wachtendonck, in dessen Besitz er am Ende des 16. Jh. war. Durch Vermittlung des Humanisten Lipsius blieben etwa 25 Psalmen und eine alphabetische Wortliste erhalten, der Codex selbst ist verschollen. Der überlieferte Text ist offensichtlich die altniederfränkische Bearbeitung einer altmittelfränkischen Vorlage. Der Leidener Williram aus dem 11. Jh. – eine Übersetzung eines Kommentars zum Hohen Lied – ist der längste altniederländische Text, die Sprache ist aber eine Mischung aus Althochdeutsch und Altniederländisch.

Das Altniederländische weist große Ähnlichkeiten mit dem Altsächsischen (Altniederdeutschen) auf, dennoch gibt es einige markante Unterschiede: Germanisches /hl/ am Wortanfang wurde altniederländisch zu /l/ vereinfacht, die unterschiedlichen Pluralendungen des Verbs (-*on*, -*et*, -*unt*) blieben im Altniederländischen erhalten, germanisches /ō/ wurde diphthongiert (z.B. altniederländisch *fluot* gegenüber altniederdeutsch *flōd* „Flut"; dieses Beispiel zeigt auch eine frühe Auslautverhärtung). Altniederländisch bevorzugt die Pluralendung -*a* gegenüber altniederdeutschem -*as* und -*os*.

Die frühesten *mittelniederländischen* Texte stammen aus dem 12. Jh. Im Maasland und am Niederrhein entstand eine mittelniederländische Literatur, aus dem späten 12. und frühen 13. Jh. sind die Fragmente des *Sente Servas*, einer Legende über den Hl. Servatius von Heinrich von Veldeke überliefert. Ebenfalls aus dieser Zeit stammt der Ritterroman *Floyris ende Blantseflur*. Im 13. Jh. dominiert der Flame Jacob van Maerlant die mittelniederländische Literatur, zu seinem Werk gehört auch eine Umarbeitung des altfranzösischen Romans *Roman de Renart* zum Tierepos *Van den vos Reynaerde*. Im späten 13. Jh. verschob sich der Schwerpunkt der niederländischen Literatur nach Brabant.

Das Mittelniederländische unterscheidet sich vom Altniederländischen vor allem durch die Abschwächung der Nebentonvokale (z.B. wird *vogala* zu *vogele* „Vögel"), wodurch viele Formen zusammenfielen (Verschmelzung der Kasus, Vereinfachung der Personalendungen beim Verb). Der Singular wird im Allgemeinen „stark", der Plural „schwach" dekliniert, der Genitiv meist umschrieben.

Das Mittelniederländische war keine Einheits- oder Standardsprache, sondern eine Gruppe von nah verwandten Dialekten. Es lassen sich die folgenden Hauptdialekte unterscheiden, die auch im Neuniederländischen im Wesentlichen erhalten blieben:

- 1. *Flämisch*, gesprochen im heutigen Westflandern, Ostflandern und Zeeuws Vlaanderen.
- 2. *Brabantisch* in den heutigen Provinzen Nordbrabant in den Niederlanden sowie in Flämisch-Brabant, in der Region Antwerpen und der Hauptstadtregion Brüssel in Belgien.
- 3. *Holländisch* vor allem in den Provinzen Nord- und Südholland sowie in Teilen der Provinz Utrecht.
- 4. *Limburgisch* in den heutigen Provinzen Limburg (Niederlande) und Limburg (Belgien).

Die niedersächsischen (niederdeutschen) Varietäten in den heutigen Provinzen Gelderland, Overijssel, Drenthe und Groningen wurden bereits im Mittelalter stark vom Niederländischen beeinflusst. Umgekehrt übten Französisch und (Hoch-)Deutsch einen nicht unerheblichen Einfluss auf das Niederländische aus.

Flämisch, Holländisch und Brabantisch waren im 16. Jh. auf dem Weg zu eigenen Schriftsprachen, im 17. Jh. setzte sich jedoch vor allem das Holländische durch. Es entstand eine einheitliche niederländische Schriftsprache, die durch die protestantische Bibelübersetzung (Staten-Bijbel, 1619–1637) befördert wurde. Eine erste Grammatik wurde schon 1584 in Amsterdam publiziert, eine bewusste Sprachpflege setzte jedoch erst im 17. Jh. ein. 1804 wurde eine Einheitsorthographie und 1805 eine normative Grammatik des Niederländischen veröffentlicht.

Während sich das Niederländische im Norden dynamisch entwickelte, kam es in Flandern zum sprachlichen Niedergang. 1794 wurde dort Französisch zur Amts- und Bildungssprache, das Flämische entwickelte sich zu einer rein mündlichen Varietät, einer „Bauernsprache". Erst Mitte des 19. Jh. wurde im flämischen Teil Belgiens offiziell die niederländische Schriftsprache eingeführt. Heute sprechen die Flamen in Belgien die flämischen Dialekte, als Amts- und Schriftsprache wird jedoch ebenso wie in den Niederlanden die niederländische Standardsprache verwendet. 1980 haben die Niederlande und Belgien die *Niederländische Sprachunion* geschaffen, die eine gemeinsame Rechtschreibung und Grammatik gewährleisten soll. 2003 hat sich Surinam der Union angeschlossen.

Niederländisch ist heute die Muttersprache von etwa 25 Mio. Menschen. Amtssprache ist es in den Niederlanden (16 Mio. Sprecher), in Belgien (6,2 Mio.), Surinam (400 Tsd.), auf den Niederländischen Antillen und auf Aruba. In den USA sprechen 400 Tsd. Niederländisch, in Kanada wird es von rund 140 Tsd. gesprochen, die meist in den 1950er und 1960er Jahren dorthin emigriert sind. Darüber hinaus ist Niederländisch in Indonesien und Neuguinea eine verbreitete Zweitsprache, in der älteren Generation noch vor dem Englischen.

Die Mundarten am Niederrhein, im westlichen Ruhrgebiet sowie in Teilen des Bergischen Landes sind historisch gesehen niederfränkisch, man könnte sie also als niederländische Dialekte bezeichnen, faktisch werden sie heute als niederfränkische Dialekte unter dem Dach der deutschen Sprache betrachtet.

Afrikaans

Afrikaans, früher auch *Kapholländisch* oder *Kolonial-Niederländisch* genannt, ist heute eine der elf Amtssprachen in Südafrika und eine anerkannte Minderheitensprache in Namibia. Es ist als Sprache der *Buren* – der niederländischen Kolonisten in Südafrika – aus dem umgangssprachlichen Niederländischen des 17. Jh. hervorgegangen. Seine Grammatik hat dabei eine starke Regularisierung durchlaufen.

Heute ist Afrikaans die Muttersprache von etwa 6,5 Mio. Menschen oder 13% der Bevölkerung Südafrikas sowie Zweit- oder Drittsprache von mindestens weiteren 6 Mio. Seit Mitte der 1980er Jahre gibt es mehr nichtweiße als weiße Muttersprachler. Von allen Afrikaans-Muttersprachlern in Südafrika sind 42% weiß, 54% farbig und 4% schwarz. 59% der Weißen und 79% der sog. Farbigen in Südafrika sprechen Afrikaans als Muttersprache. Nach dem Ende der Apartheid gewinnen jedoch neben dem Englischen auch die afrikanischen Sprachen Südafrikas gegenüber dem Afrikaans immer mehr an Bedeutung.

Afrikaans hat sich seit dem 17. Jh. isoliert vom seinem niederländischen Ursprungsgebiet entwickelt. Schon ab 1775 kann es als eigenständige Sprache betrachtet werden, da zu diesem Zeitpunkt die meisten Bewohner der Kapkolonie kein Standard-Niederländisch mehr beherrschten. Afrikaans ist eine *Fusionssprache* mit einer germanischen Hauptkomponente und starken afrikanischen Einflüssen (südafrikanische Bantusprachen, Khoisan-Sprachen), deren Wirkung sich aber im Wesentlichen auf den Wortschatz beschränkt (Bezeichnungen für Pflanzen, Tiere, Gebrauchsgegenstände, Geländenamen). Außerdem haben sich etliche Lehnwörter malaiischer und portugiesischer Herkunft erhalten. Der größte Teil des entlehnten Wortschatzes stammt jedoch aus dem Englischen, nachdem 1806 die Kapkolonie in britischen Besitz übergegangen war. Von da an stand Afrikaans in ständiger Konkurrenz zum Englischen, das ein deutlich höheres Prestige hatte.

Seit 1875 erschienen erste Bücher auf Afrikaans, darunter Grammatiken und Wörterbücher. 1925 wurde in Südafrika das Niederländische als Staatssprache abgeschafft und Afrikaans neben Englisch als Amtssprache anerkannt. 1976 sollte Afrikaans auch für die schwarzen Schüler als obligatorische Unterrichtssprache eingeführt werden, wogegen viele schwarze Jugendliche protestierten. Die Proteste von Soweto wurden blutig niedergeschlagen, führten aber letztlich mit zur Aufhebung der Apartheid.

Der *grammatische Bau* des Afrikaans zeichnet sich im Vergleich zum Niederländischen durch eine tiefgreifende Vereinfachung aus, vor allem durch den Abbau von Morphologie. In typologischer Sicht ist Afrikaans ähnlich wie das moderne Englisch zu einer isolierenden Sprache geworden. Beim Substantiv werden keine Genera und Kasus unterschieden, es gibt nur einen Einheitsartikel: *die man* „der Mann", *die vrou* „die Frau", *die huis* „das Haus". Der Genitiv wird immer umschrieben, z.B. *die jas van Jan* oder *Jan se jas* „Jans Jacke". Nur das Personalpronomen unterscheidet das Genus in der 3. Sg. (*hy/sy/dit* „er/sie/es") und neben dem Nominativ einen obliquen Kasus (*ek, my* „ich, meiner-mir-mich"). Die Pluralbildung der Substantive erfolgt durch Suffixe ohne jede Veränderung des Wortstamms. Der einfache Verbalstamm stellt bereits alle Formen des Präsens, z.B. *ek skryf* „ich schreibe", *ons skryf* „wir schreiben". Durch das Präfix /ge-/ wird das Partizip Perfekt gebildet, aus dem die Formen des Perfekts und Plusquamperfekts mit dem Hilfsverb *hê* „haben" abgeleitet werden: *ek het/had geskryf* „ich habe/hatte geschrieben". Das Futur wird vom Präsensstamm gebildet: *ek sal skryf* „ich werde schreiben", ein eigentliches Präteritum haben nur die Hilfsverben. Verbindlich ist die doppelte Verneinung, z.B. *hy staan nie op nie* „er stand nicht auf" (*nie* „nicht").

3.7 Die nordgermanischen Sprachen

Von allen germanischen Stämmen siedelten die Nordgermanen am weitesten entfernt von den südeuropäischen Kulturzentren des klassischen Altertums. Demzufolge wurden sie von den antiken Autoren auch nur selten erwähnt. Plinius der Ältere fasste die Stämme Skandinaviens als *Illeviones* zusammen, Tacitus berichtet in der „Germania" von einem Stamm der *Suiones*, bei dem es sich um Vorläufer der Schweden handeln kann. Seit dem 3. Jh. n. Chr. lassen sich die Nordgermanen und ihre damals noch einheitliche Sprache durch eine beachtliche Anzahl von Runeninschriften nachweisen. Die Frühform der gemeinsamen nordgermanischen Sprache bis etwa 800 wird *Urnordisch* genannt, manche Forscher verwenden für diesen Zeitraum auch schon den Begriff *Altnordisch*. Im 8. Jh. — vieleicht auch schon früher — begann die Aufgliederung des Nordischen in einen westlichen und einen östlichen Zweig.

Das *Westnordische* war zunächst identisch mit dem *Altnorwegischen*. Nach der Besetzung („Landnahme") von Island durch die Norweger wurde das *Altisländische* nach und nach eigenständig, so wie sich seit dem 15. Jh. auch die westnordische Sprache auf den Färöern zum *Altfäröischen* entwickelte. Das *Ostnordische* gliederte sich in das *Altdänische* und *Altschwedische*. Damit hatten sich die auch heute noch existierenden fünf nordgermanischen Sprachen herausgebildet: die westnordischen Sprachen Norwegisch, Isländisch und Färöisch sowie die beiden ostnordischen Sprachen Dänisch und Schwedisch.

Das seit der Wikingerzeit auf den Orkney- und Shetland-Inseln gesprochene Westnordische entwickelte sich zu einer eigenen Sprache, die man als *Norn* bezeichnet. Das dem Färöischen am nächsten stehende Norn starb im 19. Jh. aus. In Norwegen werden heute zwei Sprachstandards verwendet: das auf dem eigentlichen (westnordischen) Norwegischen basierende *Nynorsk* sowie das stärker auf dem Dänischen basierende *Bokmål*.

Tab 3.24 *Abstammungsschema der nordgermanischen Sprachen*

NORDGERMANISCH
   URNORDISCH †
      ALT-WESTNORDISCH †
         Altnorwegisch † > Mittelnorwegisch † > Neunorwegisch > Nynorsk
         Altisländisch † > Isländisch
         Altfäröisch † > Färöisch
         Norn †
      ALT-OSTNORDISCH †
         Altdänisch † > Mitteldänisch † > Dänisch > Norwegisch-Bokmål
         Altschwedisch † > Mittelschwedisch † > Schwedisch

Tab 3.25 *Die Periodisierung der nordgermanischen Sprachen*

	Alt	Mittel	Neu
Norwegisch	800–1350	1350–1500	seit 1500
Isländisch	1000–1500	–	seit 1500
Färöisch	1400–1770	–	seit 1770
Dänisch	800–1100	1100–1500	seit 1500
Schwedisch	800–1375	1375–1526	seit 1526

Altschwedisch wird weiter in *Runenschwedisch* (800–1225) und *Klassisches Altschwedisch* (1225–1375) unterteilt, Mittelschwedisch auch als *Spätaltschwedisch* bezeichnet.

Die Verbreitung der nordgermanischen Sprachen

Während die Verbreitung der nordgermanischen Sprachen vor dem 9. Jh. auf das skandinavische Festland beschränkt war, erfuhr sie durch die Eroberungen und Koloniegründungen der Wikinger vom 9. bis 11. Jh. eine gewaltige Ausdehnung und erfasste weite Teile von West- und Osteuropa. In einigen Bereichen dieser Expansion blieben nordische Sprachen bis heute erhalten, in anderen überdauerten sie den Bestand der Wikingerkolonien um einige Zeit, oft verschwanden sie auch unmittelbar mit dem Wegzug der nordischen Siedler.

Zur stabilsten sprachlichen Hinterlassenschaft der Wikinger gehören Isländisch in Island und Färöisch auf den Färöer-Inseln. Das Altwestnordische der Wikingerzeit konnte sich hier mit den Neusiedlern dauerhaft festsetzen, zu eigenständigen Sprachen weiterentwickeln und bis heute erhalten. Auch die Orkney- und Shetland-Inseln waren eine Wikingerkolonie. Dort entstand – wie oben schon erwähnt – aus dem Altnordischen das *Norn*, das erst im 19. Jh. völlig vom Englischen verdrängt wurde und ausstarb.

In den anderen Wikingerkolonien kam das Altnordische relativ schnell wieder außer Gebrauch. Die Wikingersiedlungen in Neufundland in Nordamerika, die um 1000 n. Chr. den westlichen Außenposten der Wikingerexpansion darstellten, waren äußerst kurzlebig. In der Normandie hielt sich das Nordische nur wenige Generationen im 9. und 10. Jh., in den russischen Handelsstätten der Wikinger (z.B. Novgorod) sowie in England (wo es bedeutend für die Entwicklung der englischen Sprache war) wurde es nach dem 12. Jh. nicht mehr gesprochen, in Irland konnte es sich bis ins 13. Jh. halten. In der Zeit vom 14. bis 16. Jh. verschwand das Nordische auch von den Küsten Schottlands, den Hebriden und der Isle of Man, in Grönland gab es nach 1500 keine nordischen Siedler mehr. Grönland gehört seit 1814 offiziell zu Dänemark, seit 1979 ist es innenpolitisch autonom. Heute leben etwa 7.000 Dänen in Grönland (12% der Bevölkerung).

Das heutige Verbreitungsgebiet der nordgermanischen Sprachen umfasst also das skandinavische Festland mit Dänemark, Norwegen, Schweden und Teilen Finnlands sowie Island und die Färöer-Inseln.

Die Runenschrift

Die *Runenschrift* ist ein alphabetisches System, das von germanischen Stämmen seit dem 2. Jh. n. Chr. verwendet wurde. Die meisten Runeninschriften stammen aus dem nordgermanischen Raum. Der Begriff „Rune" für die einzelnen Schriftzeichen wurde aus altnordisch *rún* „Rune" wiederbelebt, das üblicherweise auf ein Wort für „Geheimnis, Geraune" (germanisch **rūnō*) zurückgeführt wird. Eine alternative Etymologie ergibt sich aus dem Bezug auf indogermanisch **reuh$_x$-* „graben, ritzen, aufreißen", danach würde Rune „Einritzung" bedeuten.

Runen wurden vom 2. bis zum 14. Jh. für geritzte und gravierte Inschriften auf Gegenständen (aus Holz, Metall und Stein) sowie auf Steindenkmälern verwendet. Ihre Verbreitung zeigt von Anfang an einen deutlichen Schwerpunkt in Südskandinavien. In den anderen von Germanen besiedelten Gebieten ist die runenschriftliche Überlieferung gering und bricht meist mit der Christianisierung ab, da diese in der Regel den Übergang zum lateinischen Alphabet zur Folge hatte. Die Verwendung von Runen endete in Mitteleuropa bereits im 7. Jh., in England im 10. Jh. Nur in den skandinavischen Ländern hielt sich der Gebrauch der Runen bis ins 15. Jh., vereinzelt sogar bis ins 18. Jh. Der weitaus größte Teil der etwa 7.000 erhaltenen Runeninschriften stammt aus dem Skandinavien der Wikingerzeit (9. bis 11. Jh.). Die ältesten Inschriften datieren aus dem 2. Jh. und stammen aus Moorfunden in Schleswig-Holstein, Jütland und Fünen in Dänemark sowie aus Südschweden.

Die Verwendung der Runenschrift war einer kleinen Elite von Schreibern vorbehalten. Sie entwickelte sich daher auch nicht zu einer Buch- oder Urkundenschrift oder zu einem Medium der Alltagskommunikation. Runen wurden vor allem für Gedenkinschriften für Verstorbene oder besondere Ereignisse, zur Weihe von Gegenständen, als Besitzerangaben und als Münzinschriften verwendet. Allerdings zeigt die Runenschrift in Skandinavien seit dem Spätmittelalter Ansätze zu einer Gebrauchsschrift.

Sämtliche Runensysteme lassen sich auf eine Reihe von 24 Zeichen zurückführen, die nach ihren ersten sechs Buchstaben *Futhark* genannt wird.

Tab 3.26 *Das ältere Futhark*

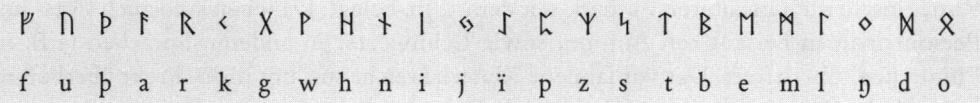

Das *ältere Futhark* wurde vor allem in Skandinavien vom 2. bis 8. Jh. verwendet, ab dem 5. Jh. auch bei den Westgermanen. Insgesamt sind in dieser Schriftform bisher 350 Inschriften entdeckt worden. Alle jüngeren Runenreihen leiten sich von diesem älteren Futhark ab, für das bis etwa 550 n. Chr. (d.h. vor der Synkopezeit des Urnordischen) eine bemerkenswert gute Übereinstimmung zwischen Graphem- und Phoneminventar bestand. Neben ihrem phonetischen Wert ist jeder Rune ein Name zugeordnet, der gewöhnlich mit dem durch die Rune dargestellten Laut beginnt (akrophonisches Prinzip). So hieß die Rune ᚠ [f] *fehu* „Vieh, beweglicher Besitz, Reichtum", das Runenzeichen konnte dadurch auch *logographisch*, also für den Begriff „Vieh" verwendet werden.

Bis zum 7. Jh. hatten sich die Lautsysteme in den germanischen Sprachen, insbesondere auch im Nordischen, deutlich verändert. Zuvor unterschiedene Laute fielen zusammen, neue Vokale bildeten sich. Dies führte zwangsläufig dazu, dass die Laut-Buchstaben-Zuordnung des älteren Futhark nicht mehr stimmig war. So entwickelten die einzelnen Sprachen jeweils eigene Runenreihen, das sog. *jüngere Futhark*. Die Angelsachsen erweiterten das Futhark bis zum 9. Jh. schrittweise auf 33 Zeichen, dagegen wurde das altnordische Futhark auf 16 Runen reduziert; neue Laute wurden dann später durch Punktierung der Grundrunen unterschieden.

Bis heute strittig ist die *Frage der Herkunft* der germanischen Runen. Auffällig ist, dass bereits die älteste Überlieferung ein voll ausgebildetes System von 24 Runen zeigt, alle zu erwartenden „Zwischenschritte" einer Entwicklung fehlen offensichtlich. Das spricht für eine – sicherlich modifizierte – Übernahme eines bestehenden Alphabets durch die Germanen. Ein besonders geeigneter Kandidat ist das norditalische *rätische Alphabet*, allerdings in einer anderen Zeichenanordnung. Auf eine Herkunft generell aus dem griechisch-italisch-etruskischen Schriftenkreis deuten insbesondere die Zeichenformen für S, T und B hin. Durch Handelskontakte, die zwischen dem Alpenraum und Norddeutschland existierten, konnte diese Schriftform von Norditalien nach Skandinavien gelangen.

Textbeispiel: Das Goldhorn von Gallehus (Dänemark 5. Jh.)

ᛗᚲ	ᚺᛚᛖᚹᚨᚷᚨᛊᛏᛁᛁᛉ	ᚺᛟᛚᛏᛁᛃᚨᛁᚠᛁ	ᚺᛟᚱᚾᚨ	ᛏᚨᚹᛁᛞᛟ
ek	hlewagastiR	holtijaR	horna	tawido

Ich, Hlewagastir (Leugast), Sohn des Holt (aus Holt?), machte (dieses) Horn.

Ur- und Altnordisch

Das *Urnordische* (manchmal auch als *frühes Altnordisch* bezeichnet) ist die älteste überlieferte Form der nordgermanischen Sprachen und wurde vom 1. bis zum 8. Jh. im heutigen Norwegen, Dänemark und Schweden gesprochen. Es ist durch über 300 meist kurze Runeninschriften im älteren Futhark seit dem 3. Jh. belegt. Daneben sind auch Orts- und Personennamen bei antiken Autoren sowie Lehnwörter in anderen Sprachen (z.B. im Finnischen) überliefert. Das vorhandene Material reicht aus, um nicht direkt überlieferte urnordische Wörter aus ihrer altnordischen Form lautlich zu erschließen.

Urnordisch stand dem Urgermanischen noch sehr nahe, und es gibt Archaismen, die selbst die konservative gotische Sprache nicht bewahrt hat, wie z.B. die Erhaltung unbetonter auslautender Vokale (z.B. urnord. *horna*, aber gotisch *haurn* „Horn"). Besonders altertümlich ist auch – wie im Gotischen – der Erhalt der Endung /-s/ bzw. ihre Transformation zu /-R/ im Nominativ Singular: z.B. gotisch *dags*, urnord. *dagaR* < german. *dagaz* „Tag" oder gotisch *wulfs*, urnord. *wulfaR* < german. *wulfaz* „Wolf".

Man unterteilt das Urnordische in zwei Perioden: *älteres Urnordisch* (200–500/550) und *jüngeres Urnordisch* (500/550–800). In der jüngeren Phase fanden weitreichende Änderungen in der Phonetik statt, die vor allem den Vokalismus betrafen. Dazu gehören

Apokope (Abfall auslautender Vokale, aber auch von Konsonanten), *Synkope* (Ausfall kurzer unbetonter oder nebentöniger Vokale), *Umlaut* (Einfluss von synkopierten Vokalen auf die Vokalfärbung einer Nachbarsilbe) und *Vokalbrechung*. Da alle diese Mechanismen gemeinsam wirkten, änderte sich die Lautgestalt vieler Wörter dramatisch (z.B. wurde der urnordische Vorname *HaþuwulfaR* altnordisch zu *Hálfr*), was auch Auswirkungen auf die Morphologie hatte. Die Bedeutung dieses Lautwandels wird dadurch betont, dass man die jüngere Phase des Urnordischen auch *Synkopezeit* nennt (Beispiele für diesen Lautwandel in Tabelle 3.27).

Tab 3.27 *Der urnordisch-altnordische Lautwandel*

Urnord. > Altnord.	Erläuterung
*hornu > horn „Hörner"	Apokope des Auslauts /-u/
*gastiR > gestr „Gast"	synkopiertes /i/ bewirkt den Umlaut des /a/ zu /e/ (i-Umlaut)
*landu > lǫnd „Länder"	synkopiertes /u/ bewirkt den Umlaut des /a/ zu /ǫ/ (u-Umlaut)
*wira > verr „Mann"	synkopiertes /a/ bewirkt den Umlaut des /i/ zu /e/ (a-Umlaut)
*herto > hjarta „Herz"	Brechung des /e/ zu /ja/
*erþu > jǫrð „Erde"	Brechung des /e-/ zu /jǫ-/, Apokope des /u/ mit Umlautwirkung
*eka > jak bzw. *ek* „ich"	Synkope des /a/; altostnord. *jak*, altwestnord. *ek*

Das letzte Beispiel zeigt auch die beginnende Aufteilung des Nordischen in einen West- und Ostzweig. Die östliche Form *jak* wurde der Vorläufer des schwedischen *jag* und des dänischen *jeg*, die westliche Form *ek* führte zum norwegischen und färöischen *eg* bzw. zum isländischen *ek*.

Weitere Lautveränderungen ergaben sich durch den Wegfall von /j/ und /w/ vor den Vokalen /e/ und /u/ mit gleichzeitigem Umlaut, z.B. **jēra > ár* „Jahr", **juka > ok* „Joch", **wulfaR > úlfr* „Wolf". Auslautendes /n/ wurde zunächst durch Nasalierung ersetzt, dann aufgegeben: **geƀan > gefa* „geben". Häufig ist auch die Assimilation von Konsonanten: z.B. **gulþa > goll* „Gold", **finþan > finna* „finden". Die Lautveränderungen in der Synkopezeit hatten auch Einfluss auf die Flexion, wie das Beispiel in Tabelle 3.28 zeigt.

Tab 3.28 *Deklination von urnordisch **wantuR* im Vergleich zu altwestnordisch* vǫttr „Handschuh"

	Singular		Plural	
	Urnord.	Altwestnord.	Urnord.	Altwestnord.
Nom.	**wantuR*	vǫttr	**wantiuR*	vettir
Akk.	**wantu*	vǫtt	**wantunR*	vǫttu
Dat.	**wantiu*	vetti	**wantum(i)R*	vǫttum
Gen.	**wantôR*	vattar	**wantô*	vatta

Im 8. Jh. geht das Urnordische ins *Altnordische* über. Ein West- und ein Ostzweig des Nordischen beginnen sich herauszubilden, wenn auch in der Wikingerzeit (9. und 10. Jh.) noch der Eindruck einer einheitlichen Sprache vorherrscht. Das Altwestnordische ist im Wesentlichen mit dem Altnorwegischen identisch, erst ab dem 12./13. Jh. gewinnt das Altisländische an Eigenständigkeit. Das Altostnordische besteht aus dem Altdänischen und Altschwedischen. Die Unterschiede zwischen West- und Ostnordisch werden insbesondere an der Lautentwicklung deutlich:

- im Altostnordischen werden die alten Diphthonge monophthongisiert: z.B. altwestnord. *steinn, auga, heyra* entsprechen altostnordisch *stēn, øgha, høra* „Stein, Auge, hören"
- der Umlaut bleibt im Altwestnordischen erhalten, im Ostnordischen wird er reduziert: z.B. altisländ. *kømr*, altschwed. *komer* „(er) kommt"
- vor bestimmten Konsonanten wird im Ostnordischen /y/ zu /iu/ gebrochen: z.B. altisländ. *syngva*, aber altschwed. *siunga* „singen"
- die anlautende Konsonantenkombination /vr-/ bleibt im Altschwed. und Altdän. erhalten und wird im Altisl. zu /r-/: z.B. altschwed. *vriþa*, aber altisländ. *rīða* „winden".

Isländisch

Nach der Besetzung Islands durch die Norweger im 9. Jh. (die sog. *Landnahme*) wurde in Island zunächst Altnorwegisch bzw. Altwestnordisch gesprochen (Selbstbezeichnung *norrønt mál* „nordische Sprache"). Eine deutliche Trennung des Isländischen vom Norwegischen erfolgte erst seit dem 13. Jh., da das Isländische nicht an der damals einsetzenden dynamischen Weiterentwicklung des Norwegischen teilnahm, sondern den sprachlichen Status des Altwestnordischen weitgehend bewahrte. Bis heute ist das Isländische die konservativste germanische Sprache geblieben. Altisländisch steht dem Urnordischen und auch der germanischen Grundsprache von allen nordgermanischen Sprachen am nächsten.

Formal gilt die Phase vom 9. Jh. bis etwa 1500 als *Altisländisch*, danach spricht man vom *Neuisländischen* (Selbstbezeichnung *íslenzkt mál* „isländische Sprache"). Die Unterschiede zwischen der alt- und neuisländischen Schriftsprache sind so gering, dass ein gebildeter heutiger Isländer die altisländischen Texte lesen und verstehen kann, ohne Spezialist sein zu müssen. Eine besondere Bedeutung in der Erforschung der germanischen Sprachgeschichte kommt der äußerst reichhaltigen isländischen Literatur zu, die zunächst mündlich übermittelt wurde und dann nach der Christianisierung Islands im Jahre 1000 in lateinischer Schrift aufgezeichnet bzw. neu verfasst wurde. Als klassische Phase der altisländischen Literatur gilt das 13. und 14. Jh. Diese Literatur bietet ein überaus reiches Quellenmaterial zur Erschließung des ältesten Sprachzustandes, aber auch für die Erforschung einer „altgermanischen" Literatur.

Es gibt drei große literarische Komplexe: die in stabreimenden Strophen verfassten *Lieder der Edda* (Mythen, Heldenlieder, Spruchgedichte), die nordische *Skaldendichtung*, eine Art Hofdichtung der Wikingerzeit, sowie die sog. *Sagaliteratur*, in der vor allem isländische und norwegische Familiengeschichten aus der Landnahmezeit erzählt werden. Die „heidnischen" Themen konnten in der isländischen Literatur einen so großen Raum einnehmen, da die Christianisierung ohne äußeren Druck und durch eine freiwillige Entscheidung der isländischen Volksversammlung, des *Alþingi*, vollzogen worden war. Somit musste kein harter Bruch mit den Themen der vorchristlichen Zeit erfolgen. Im Gegensatz zur Situation bei den ost- und westgermanischen Sprachen spielte die christliche Übersetzungs- und Nachdichtungsliteratur im Isländischen nur eine geringe Rolle. Die isländischen Texte wurden von Anfang an in lateinischer Schrift geschrieben, die durch einige Runenzeichen aus dem jüngeren Futhark erweitert wurde. Die ältesten erhaltenen Manuskripte stammen aus dem 12. und 13. Jh. Runeninschriften sind auf Island nur in geringer Zahl und erst seit dem 12. Jh. überliefert. Das erste gedruckte isländische Buch war eine Übersetzung des Neuen Testaments von 1540, eine vollständige isländische Bibel erschien erstmals 1584.

Das *Altisländische* hat einige besonders archaische Merkmale bewahrt, wie die Suffigierung der Pronomina an die Verbalform (z.B. *emk* statt *em ek* „bin ich"), den Gebrauch von Negationssuffixen sowie den Erhalt des anlautenden /h-/ in den Anlautgruppen /hl-, hr-, hn-/ (z.B. altisländ. *hleifr* „Brot, Laib", *hringr* „Ring"). Lautlich hat das Altisländische den Status des Altwestnordischen bewahrt: Die Wirkung der Synkope, der Umlaut und auch die Vokalbrechung sind in vollem Umfang erhalten (z.B. urnordisch *kurna* > altisländ. *korn* „Korn, Getreide", *þeoða* > *þjóð* „Volk").

Die morphologische Struktur des Altisländischen war im Vergleich zu den übrigen germanischen Sprachen sehr archaisch und hatte sich von der germanischen Grundsprache nicht weit entfernt. So blieb der Dual beim Pronomen (aber nicht beim Verb) erhalten, z.B. *vér* „wir (Pl.)", *vit* „wir beide"; *þér* „ihr (Pl.)", *þit* „ihr beide". Die 3. Person des Personalpronomens ist aus dem Demonstrativum gebildet und hat einen spezifisch nordischen Charakter: im Singular *hann/hón/þat* „er, sie, es", im Plural *þeir* „sie", letzteres wurde auch ins Englische übernommen. Der bestimmte Artikel wurde suffigiert: *armr-inn* m. „der Arm", *skǫr-in* f. „das Haar" und *land-it* n. „das Land". Es gibt die übliche germanische Einteilung in „schwache" und „starke" Verben, letztere gliedern sich in sechs oder sieben Ablautklassen, z.B. *grípa – greip – gripum – gripinn* „greifen", *lesa – las – lásum – lesinn* „lesen" oder *fara – fór – fórum – farinn* „fahren" (die Stammformen sind Infinitiv Präsens – Präteritum Sg. – Präteritum Pl. – Partizip Perfekt, vgl. Tabelle 3.14).

Das *Neuisländische* (ab 1500) hat die Grundstruktur des Altisländischen bewahrt. Im Lautsystem kam es bis zur Mitte des 16. Jh. zu einigen kleineren Änderungen. So nahm der Trend der Entrundung von Vokalen zu (z.B. *kømr* > *kemur* „er kommt"), andere lautliche Entwicklungen wie die Diphthongierung betreffen zwar die Aussprache, aber nicht das Schriftbild (z.B. wird *mál* „Sprache" altisländ. [maːl], neuisländ. [maul] ausgesprochen). Der alte Dual wird in seiner Funktion aufgegeben, die Dualformen der Pronomina werden im Neuisländischen für den Plural verwendet, die alten Pluralformen gelten als „gehobene Sprache".

Das Isländische hat den germanischen Erbwortschatz von allen germanischen Sprachen am besten bewahrt, dennoch hat es durchaus lexikalisches Material aus anderen Sprachen entlehnt. Im Zuge der Christianisierung wurden im 11. und 12. Jh. zahlreiche griechische und lateinische religiöse Termini übernommen. Im Mittelalter kamen weitere Entlehnungen aus dem Altenglischen und Mittelniederdeutschen (der Sprache der Hanse) hinzu. Dazu gehören z.B. *kirkja* „Kirche", *skóli* „Schule", *skrifa* „schreiben", *riddari* „Ritter". Nach dem Niedergang der Hanse wurde der niederdeutsche Einfluss durch den dänischen abgelöst (z.B. *sykur* „Zucker").

Seit dem 18. Jh. wurden in Island *sprachpuristische* Tendenzen wirksam. Die Zuwanderung weiterer Fremdwörter wurde weitgehend gestoppt, für vorhandene Fremd- und Lehnwörter wurden isländische Neubildungen geprägt. Dadurch haben sich für die meisten modernen technischen Erfindungen und Wissenschaftsbegriffe einheimische isländische Bezeichnungen eingebürgert. 1965 wurde das *Íslenzk málnefnd* (Isländisches Sprachkomitee) gegründet, dessen Aufgabe die Schaffung von geeigneten Neologismen sowie die Kontrolle der lexikalischen Entwicklung ist. Der bis heute anhaltende Sprachpurismus bringt das Isländische in eine isolierte Sonderposition, da es nur geringen Anteil an der international verbreiteten griechisch-lateinisch-englischen Technik- und Wissenschaftssprache hat, einen wesentlich geringeren als etwa das Türkische, wie die Tabelle 3.29 mit einigen typischen isländischen Neubildungen zeigt.

Tab 3.29 *Isländische Neubildungen*

Isländisch	*wörtlich*	Deutsch	Englisch	Türkisch
kvikmynd	lebendes Bild	Film	film	film
lýðveldi	Volksherrschaft	Demokratie	democracy	demokrasi
heimspeki	Weltweisheit	Philosophie	philosophy	felsefe
hreyfill	Bewegender	Motor	motor	motor
sími < sima	Schnur, Seil	Telefon	telephone	telefon
frumeind	Urteilchen	Atom	atom	atom
tölva < tala+völva	Zahl-Seherin	Computer	computer	kompüter
verkfræðingur	Experte	Ingenieur	engineer	(mühendis)

Isländisch wird heute von rund 320 Tsd. Menschen gesprochen, fast ausschließlich von Isländern auf Island, einige Tausend Sprecher gibt es auch in Kanada und den USA. Isländisch ist die National- und Amtssprache der Republik Island.

Färöisch

Das Färöische wird heute von den etwa 45 Tsd. Färingern auf den zu Dänemark gehörenden Färöischen Inseln („Schafsinseln") und weiteren etwa 10–15 Tsd. Färingern im dänischen Mutterland sowie im Ausland gesprochen. Es ist am nächsten mit dem Isländischen verwandt, wie dieses hat es eine Entwicklung aus dem Altwestnordischen der Wikingerzeit durchlaufen. Die Färöer-Inseln wurden schon im 7. Jh. von irischen Mönchen betreten, die dort als Einsiedler und in kleinen Gemeinschaften lebten. Im frühen 9. Jh. wurden die Inseln von norwegischen Wikingern besiedelt, im ausgehenden 9. Jh. durch Wikinger aus Irland und Schottland. Seitdem haben sich die nordische Bevölkerung und ihre Sprache auf den Inseln erhalten können. Als regionale Amtssprache, in allen Lebensbereichen des Alltags verwendete vitale Umgangssprache sowie als gut gepflegte Literatur- und Bildungssprache kann das Färöische heute trotz seiner geringen Sprecherzahl als langfristig gesichert gelten.

Eine gewisse Eigenständigkeit begann die auf den Färöer-Inseln gesprochene nordische Sprache seit dem 13. Jh. zu entwickeln, die Periode von 1400 bis 1770 nennt man *Altfäröisch*, danach spricht man vom *Neufäröischen*. Aus dem Mittelalter sind nur vereinzelte Schriftdenkmäler erhalten, einige Runeninschriften und Urkunden. Umso eindrucksvoller ist die aus dieser Zeit mündlich überlieferte *Balladenliteratur*, die erst im 19. Jh. schriftlich aufgezeichnet wurde und bis heute intensiv gepflegt wird.

Die Färöer kamen nach der Wikingerzeit zunächst unter norwegische Oberhoheit und fielen dann 1380 zusammen mit Norwegen an die dänische Krone. Die Dänen verhinderten lange Zeit die Verschriftlichung des Färöischen und unterdrückten es zugunsten des Dänischen. Das Dänische war die alleinige Schriftsprache der Inseln, Färöisch existierte nur in gesprochener Form. Erst im 18. Jh. und dann verstärkt im 19. Jh. kam es im Zuge nationaler Bestrebungen zu einem Aufbegehren gegen die dänische Unterdrückung und schließlich auch zu einer Verschriftlichung des Färöischen. Nachdem man dies zunächst auf phonetischer Basis versucht hatte − was sich bei der Vielzahl der Dialekte als schwierig herausstellte −, wählte man schließlich den *etymologischen* Ansatz. Hierbei ist eine Person besonders hervorzuheben: V. U. Hammershaimb (1819−1909). Er gab eine umfangreiche Sammlung von färöischen Balladen heraus, schuf eine einheitliche Orthographie auf etymologischer Basis (1848) und verfasste eine bis heute wirksame normative Grammatik des Färöischen (1854).

Durch die etymologische Schreibweise rückte die färöische Schriftsprache noch näher an das Isländische heran als seine mündlichen Formen. Die Schriftsprache stellte den gelungenen Versuch dar, über die dialektale Vielfalt der Umgangssprache das Dach einer gemeinsamen färöischen Schriftsprache zu errichten. Allerdings sind im Färöischen die Unterschiede zwischen schriftlicher und mündlicher Sprachform erheblich.

In den 1890er Jahren begann ein zäher Kampf um die Einführung des Färöischen als Amtssprache, der in mehreren Etappen schließlich zum Erfolg führte. 1906 wurde Färöisch Unterrichtsfach, 1912 konnte es als Unterrichtssprache in der Grundstufe verwendet werden, 1939 wurde es als allgemeine Unterrichtssprache anerkannt. Parallel verlief die Entwicklung zur Kirchen- und Mediensprache. Der endgültige Durchbruch gelang mit dem Autonomiestatus von 1948: Färöisch wurde zur alleinigen Amtssprache der Inseln erklärt, das Dänische wird seitdem offiziell nur noch im Kontakt mit der dänischen Regierung verwendet. Allerdings sprechen fast alle Färinger Dänisch auf dem Niveau einer Muttersprache, da es ab dem 3. Schuljahr obligatorischen und intensiven Dänischunterricht gibt. (Das Dänische der Färinger ist allerdings in der Aussprache stark von ihrer Muttersprache beeinflusst.)

Sprachlich teilt das Färöische die meisten Merkmale mit dem Isländischen, dies gilt vor allem für die Morphologie, weniger für die Phonologie. Die Färinger können sich mündlich allerdings leichter mit den Norwegern als mit den Isländern verständigen, da das Norwegische in Aussprache und Wortschatz dem mündlichen Färöischen sehr nahe steht. Der überwiegende Teil der Lehnwörter ist dänischer Herkunft. Ähnlich wie im Isländischen versucht man, auch das Färöische von Fremd- und Lehnwörtern freizuhalten und fremdes Wortgut durch Neubildungen auf der Basis von Erbwortmaterial zu ersetzen.

Norwegisch

Das Altnorwegische (8. Jh. – 1350) war im Wesentlichen mit dem Altwestnordischen und Altisländischen identisch. Die ältesten Denkmäler sind *Runeninschriften* aus dem 8. Jh., der größte Teil der Runenfunde stammt jedoch aus dem 11. Jh. Einige der in lateinischer Schrift überlieferten Eddalieder und Werke der Skaldendichtung sind norwegischer Herkunft (die meisten stammen aus Island). Die ältesten norwegischen *Handschriften* datieren aus dem 12. und 13. Jh., besonders bedeutsam ist der sog. *Königsspiegel*. Das 13. und 14. Jh. ist die klassische Phase der altnorwegischen Literatur, in dieser Zeit besaßen die Norweger eine sprachliche Eigenständigkeit, die sie erst im 19. Jh. wiedergewinnen konnten.

Im 14. Jh. begann die große Zeit der Hanse, die bald auch sämtliche Handelsaktivitäten Norwegens kontrollierte. Damit verbunden war ein massiver niederdeutscher Einfluss auf den Wortschatz der norwegischen Sprache. Von 1397 bis 1814 befand sich Norwegen in einer erzwungenen Union mit Dänemark, Dänisch wurde ab 1500 die alleinige Amtssprache. 1814 musste Dänemark Norwegen an Schweden abtreten, erst 1905 gewann Norwegen wieder seine staatliche Unabhängigkeit zurück.

Bereits in den altnorwegischen Denkmälern zeichnete sich eine dialektale Trennung in Ost- und Westnorwegisch ab, wobei die westnorwegischen Dialekte strukturell näher am Isländischen blieben, während sich die ostnorwegischen stärker am Schwedischen und Dänischen orientierten. In der zweiten Hälfte des 14. Jh. durchlief das Norwegische eine Reihe von Entwicklungen, die zu einer deutlichen Trennung vom konservativeren Isländischen und insgesamt zu einer Annäherung an das Dänische und Schwedische führten. Dazu gehörten ein rascher Zerfall des komplexen nominalen und verbalen Flexionssystems sowie die starke Einwirkung der Hansesprache Niederdeutsch auf den Wortschatz.

Die Entwicklung des *Neunorwegischen* von 1500 an vollzieht sich ganz unter dem Vorzeichen der dänischen Vorherrschaft, da das Dänische zur Amts-, Kirchen- und sogar Literatursprache Norwegens geworden war. Die norwegische Volkssprache war eine Sammlung ländlicher Dialekte. In der Ebene zwischen dänischer Hochsprache und nur mündlich verwendeter Volkssprache entwickelte sich eine „Gemeinsprache", die trotz weitgehender Anpassung an das Dänische durchaus Elemente der norwegischen Volkssprache (Wortschatz, Intonation) aufnahm. Diese dänisch-norwegische Gemeinsprache wurde zum Sprachmedium des städtischen Bürgertums (*bymål* „Stadtsprache").

Nach der Auflösung der Union mit Dänemark zu Beginn des 19. Jh. setzte die Auseinandersetzung um den richtigen Weg zur norwegischen Landessprache ein. Eine moderate Lösung sah eine allmähliche Loslösung vom Dänischen vor, indem dänische Wörter und Formenbildungen der dänisch-norwegischen Gemeinsprache durch norwegische

Entsprechungen ersetzt wurden. Das Ergebnis dieser Weiterentwicklung der Gemeinsprache, die vor allem der Gymnasiallehrer Knud Knudsen (1812–1895) vorangetrieben hatte (seine Reformvorschläge wurden 1862 vom Parlament weitgehend übernommen), wurde als *riksmål* „Reichssprache" bezeichnet und 1929 offiziell in *bokmål* „Buchsprache" umbenannt. Ein anderer Ansatz war radikaler: kein allmähliches Abrücken von der stark dänisch geprägten Gemeinsprache, sondern ein Rückgriff auf die norwegische Volkssprache. Ivar Aasen (1813–1896) gelang es Mitte des 19. Jh. auf Basis der konservativen westnorwegischen Dialekte eine norwegische Schriftsprache zu schaffen, die man als *landsmål* „Landsprache, Sprache des Landvolkes" bezeichnete. Diese wurde bereits 1885 neben dem Riksmål offiziell als Amtssprache anerkannt und 1929 in *nynorsk* „Neunorwegisch" umbenannt.

Seitdem existieren in Norwegen die beiden Sprachvarianten Bokmål und Nynorsk offiziell nebeneinander. Es hat nicht an Versuchen gefehlt, sie in einer höheren Einheit (Samnorsk) zusammenzuführen, was aber wegen der bedeutenden Unterschiede nicht gelungen ist. Die Varietäten unterscheiden sich im Wortschatz, im Genus etlicher Wörter, in der Morphologie, im Zahlensystem, im Gebrauch von Diphthongen anstelle einfacher Vokale und in etlichen anderen Merkmalen. Nynorsk ist stärker im Westen Norwegens mit dem Zentrum Bergen vertreten, Bokmål im Osten mit der Hauptstadtregion Oslo, generell stärker im urbanen Bereich. Beide Sprachformen finden in den Medien und im Unterricht Verwendung, jedoch ist Bokmål die mit Abstand wichtigere Medien-, Wirtschafts- und Kultursprache. Als Schriftsprache wird es von 85–90% der norwegischen Bevölkerung verwendet, Nynorsk also nur von maximal 15%, mit fallender Tendenz. Insgesamt sprechen heute rund 5 Mio. Menschen eine der beiden norwegischen Varietäten.

Zur sprachlichen Charakteristik des Neunorwegischen

Wie im Schwedischen – aber nicht im Dänischen – ist die Intonation phonemisch relevant, Norwegisch und Schwedisch sind also *Tonsprachen*, was für indogermanische Sprachen sehr unüblich ist. Es gibt zwei unterschiedliche Toneme oder „Akzente": Akzent 1 hat die Charakteristik „fallend-steigend", Akzent 2 „steigend-fallend-steigend": z.B. bedeutet *lusen* mit Akzent 1 „Laus", mit Akzent 2 „erbärmlich". In der Schrift werden die Toneme nicht markiert.

Die Morphologie ist im Vergleich zum Altnorwegischen stark vereinfacht. Der Dual ist gänzlich entfallen, die Kasus sind von vier auf zwei (Nominativ, Genitiv) reduziert, die Funktion der anderen Kasus wird von präpositionalen Bildungen übernommen, das gilt auch zunehmend für den Genitiv. Der bestimmte Artikel hat drei Genera und wird suffigiert, bei attributiven Phrasen wird zusätzlich ein freier bestimmter Artikel vorangesetzt: z.B. *katt* „Katze", *katt-en* „die Katze", *den hvite katt-en* „die weiße Katze". Mit der Reduktion der Nominalflexion wurden die traditionellen germanischen Stammklassen aufgehoben, die Nomina werden nach ihren Pluralbildungen klassifiziert. Adjektive werden mit dem bestimmten Artikel „schwach", mit dem unbestimmten Artikel „stark" dekliniert: z.B. *en stor gate* „eine große Straße" (starke Form), *den stora gata* „die große Straße" (schwache Form).

Das Verbum besitzt die Kategorien Tempus, Modus (Indikativ, Subjunktiv, Imperativ) und Diathese (Aktiv, Passiv). Die Markierung von Numerus und Person an der Verbform ist vollständig entfallen, auch bei den Hilfsverben: z.B. *jeg er* „ich bin", *du er* „du bist", *han/hun/det er* „er/sie/es ist" u.s.w. Es gibt starke und schwache Verben, die starken gliedern sich in sechs oder sieben Ablautklassen, z.B. *lesa – las – lese* „lesen – las – gelesen", *brenna – brann – brunne* „brennen", *krypa – kraup – krope* „kriechen". Die schwachen Verben bilden das Präteritum meist mit dem typischen Formans -d-, es gibt aber auch Formen ohne diesen Marker: z.B. *kjenna – kjende – kjennt* „kennen, wissen", *spørja – spurde – spurt* „fragen", aber *fiska – fiska – fiska* „fischen". Das Norwegische ist reich an Tempora. Außer den beiden synthetischen Tempora Präsens und Präteritum gibt es ein Perfekt, Plusquamperfekt, Futur I und II, die nahezu wie im Deutschen gebildet werden. Das Konjugations-Paradigma in Tabelle 3.30 macht den Grad der Unterschiede zwischen den norwegischen Sprachvarianten deutlich.

Tab 3.30 *Vergleich der Konjugation im Bokmål und Nynorsk (Tempora im Indikativ Aktiv)*

Tempus	Bokmål	Nynorsk	Deutsch
Präsens	jeg kommer	eg kjem	ich komme
Präteritum	jeg kom	eg kom	ich kam
Futur I	jeg skal/vil komme	eg skal/vil komme	ich werde kommen
Perfekt	jeg har kommet	eg har/er komme(n)	ich bin gekommen
Plusqperf.	jeg hadde kommet	eg hadde/var komme(n)	ich war gekommen
Futur II	jeg skal/vil ha kommet	eg skal ha/vere komme(n)	ich werde gek. sein

Schwedisch

Das schwedische Volk ist aus den nordgermanischen Stämmen hervorgegangen, die um die Zeitenwende die Osthälfte der Skandinavischen Halbinsel besiedelten. Tacitus nennt in der „Germania" einen Stamm der *Suiones*, dabei handelt es sich wahrscheinlich um die *Svíar*, die Vorfahren der *Schweden*. Schwedische Wikinger – meist als *Waräger* bezeichnet – sind über das Baltikum und Russland bis Byzanz vorgestoßen, sie spielten auch eine wichtige Rolle bei der Festigung der Feudalstaaten von Kiew und Novgorod. Finnland wurde von Schweden im Laufe des 12. Jh. annektiert. 1397 wurde unter dänischer Führung die Union von Dänemark, Schweden und Norwegen (die sog. Kalmar-Union) etabliert. Nach einem erfolgreichen Aufstand gegen die Dänenherrschaft gründete Gustav I. Wasa 1523 eine neue schwedische Dynastie. Schweden stieg zur Großmacht auf und besetzte die Ostseeprovinzen, Karelien und im Dreißigjährigen Krieg weite Teile Norddeutschlands. Erst zu Beginn des 18. Jh. wurde diese Großmachtstellung gebrochen.

Die ältesten *schwedischen Sprachdenkmäler* sind Runeninschriften aus dem 9.–10. Jh., die meisten stammen jedoch aus dem 11.–12. Jh., insgesamt sind mehr als 3500 schwedische Runeninschriften überliefert, darunter viele kurze Grabinschriften. Die längste schwedische Runeninschrift mit 750 Runen befindet sich auf dem Runenstein von Rök.

Die inhaltlich schwer zu deutende Inschrift stammt aus dem frühen 9. Jh. Schwedische Sprachdenkmäler in lateinischer Schrift treten erst ab dem 13. Jh. auf, mehr als hundert Jahre später als vergleichbare isländische oder norwegische. Die älteren Denkmäler sind Rechtsbücher, religiöses Schrifttum (Legenden, biblische Erzählungen, Gebetsbücher) und historische Darstellungen. Nach west- und mitteleuropäischen Vorlagen entstanden Ritterromane und Reimchroniken. Linguistisch wichtig sind auch die seit dem 14. Jh. in großer Fülle überlieferten Urkunden. Der Buchdruck setzte im frühen 16. Jh. ein, seitdem sind Quellen in schwedischer Sprache in großem Umfang verfügbar.

Man teilt die schwedische Sprachgeschichte üblicherweise in drei Perioden ein: *Altschwedisch* (800–1375), *Mittelschwedisch* oder *Spätes Altschwedisch* (1375–1526) und *Neuschwedisch* (seit 1526). Das Altschwedische wird weiter in *Runenschwedisch* (800–1225) und *klassisches Altschwedisch* (1225–1375) untergliedert.

Das *Runenschwedische* spiegelt im Wesentlichen den frühen altostnordischen Sprachzustand wider. Die Runeninschriften sind im jüngeren Futhark, also mit nur 16 Zeichen geschrieben, dadurch konnte der Lautstand des Altschwedischen nur unvollkommen wiedergegeben werden (z.B. werden stimmhafte und stimmlose Verschlusslaute sowie einfache und umgelautete Vokale nicht unterschieden). Das Nebeneinander oder die Verwechslung von R = /r/ und Y = /R [ɽ]/ zeigt, dass der germanische Lautwandel /s > z > R > r/ schon in runenschwedischer Zeit abgeschlossen war. Trotz der genannten graphematischen Probleme bieten die Runeninschriften für die Erforschung der ältesten schwedischen Sprachstufe – insbesondere für Wortschatz und Namenkunde – wertvolles Material. Interessant ist, dass noch im 11. Jh. die urnordischen Diphthonge teilweise erhalten waren, die ansonsten im Altostnordischen schon früh monophthongisiert wurden.

Das *klassische Altschwedisch* wurde stark vom Norwegischen und Dänischen beeinflusst, sowohl im Wortschatz als auch in der Orthographie und wahrscheinlich auch in der Aussprache. In dieser Phase setzten sich typische Merkmale des Ostnordischen durch: die durchgehende Monophthongisierung der alten Diphthonge (*stein > steen* „Stein"), die Öffnung von /e/ zu /æ/, weitgehende Palatalisierungen, Vokalbrechungen (z.B. urnord. **syngva >* altschwed. *siungva* „singen") sowie ein Sprossvokal vor dem auslautenden /-r/ (*vegr > vægher* „Weg"). Finales /-r/ fiel später häufig ab, z.B. *hæstar > hæsta* „Pferd", *vir > vi* „wir".

Das Altschwedische besitzt noch eine relativ komplexe nordgermanische Morphologie, wenn auch die Dualformen verschwunden sind. Es gibt noch die vier germanischen Kasus (Nominativ, Akkusativ, Genitiv, Dativ), ebenfalls die germanischen Stammklassen des Nomens. Der bestimmte Artikel wird – wie im Nordischen allgemein üblich – suffigiert, die Kasusendung wird allerdings nur an den Artikel und nicht wie im Altisländischen auch an das Nomen angehängt: altisländ. *hand-in* „die Hand", Genitiv *hand-arinnar*; schwed. *hand-in* „die Hand", aber Genitiv *hand-innar*. Die Personalendungen des starken Verbs im Singular des Präsens fallen zusammen: *iak/þu/han skiuter* „ich schieße, du schießt, er schießt", während sie im Präteritum noch getrennt sind.

Im Zuge der Christianisierung übernahm das Schwedische zahlreiche griechisch-lateinische, altsächsische und altenglische Lehnwörter: *kyrka* „Kirche", *biskop* „Bischof", *brev* „Brief", *helgon* „Heiliger", *bikt* „Beichte", *himmel* „Himmel". Im Zeitalter der Hanse ist vor allem der niederdeutsche Einfluss ausgeprägt: *bädd* „Bett", *frukost* „Frühstück", *språk* „Sprache", *klen* „schwach, klein", *arbeta* „Arbeit", *verkstad* „Werkstatt", *tyg* „Tuch", *fråga* „Frage". Auch deutsche Wortbildungspartikel wie /be-/, /vor-/, /-in/ und /-heit/ werden ins Schwedische übernommen und sind dort produktiv.

Im *Mittelschwedischen* schloss sich die Kanzleiorthographie der dänischen weitgehend an: z.B. *rike* > *rige* „Reich", *skip* > *skib* „Schiff", *bruka* > *bruge* „brauchen". Auch lautlich gab es einige Veränderungen, z.B. /ā/ > /å/, auslautende nebentonige Vokale entfallen. Der Dativ fiel mit dem Akkusativ zusammen, dieser häufig mit dem Nominativ. Das Mittelschwedische ist also schon auf dem Weg zum Zwei-Kasus-System.

Den Beginn der *neuschwedischen* Periode markieren die Abschüttlung der dänischen Oberherrschaft, die Etablierung der neuen Wasa-Dynastie, die geistige Aufbruchstimmung der Reformation und das Aufkommen des Buchdrucks mit einem gewissen Zwang zur Vereinheitlichung der Orthographie. Bereits 1526 erschien das erste schwedische Neue Testament im Druck, 1541 die vollständige Gustav-Wasa-Bibel. (Zum Vergleich: Luthers Neues Testament erschien 1522, seine erste vollständige Bibelübersetzung 1534.) Die Gustav-Wasa-Bibel trug entscheidend dazu bei, den dänischen Spracheinfluss zurückzudrängen und damit die Eigenständigkeit der schwedischen Sprache zu wahren, obwohl sie im Wortschatz, aber auch in der Syntax stark von ihrem deutschen Vorbild geprägt ist. Einige von der deutschen Schreibung inspirierte Regelungen, wie *ck* statt *kk* oder *ä*/*ö* statt *æ*/*ø*, sind bewusst eingeführt worden, um sich vom Dänischen abzugrenzen und die Sprache stärker abweichend darzustellen, als sie es tatsächlich war. Sprachhistorisch gerechtfertigt waren diese Änderungen nicht.

Sprachlich ist das frühe Neuschwedisch durch die Ausdehnung der Palatalisierung in der Aussprache (z.B. *sken* [ɧeːn] „Schein", *köpa* [çøːpa] „kaufen") und eine weitere Vereinfachung der Morphologie geprägt. So gibt es nur noch zwei Kasus (Nominativ, Genitiv) und eine einheitliche Personalendung beim Verb. Im 17./18. Jh. durchlief das Schwedische weitere Entwicklungen, z.B. fielen in der Schriftsprache die Genera Maskulinum und Femininum zusammen, die Kongruenz zwischen Nomen und Adjektiv-Attribut wurde aufgegeben. Der Wortschatz wurde im 17. Jh. vor allem durch das Deutsche beeinflusst, z.B. *fänrik* „Fähnrich", *gruva* „Grube, Bergwerk", *schakt* „Schacht", *skikt* „Schichtung", *respekt* „Respekt". Deutsche Vorsilben wie /an-/ wurden als produktives Wortbildungsmittel ins Schwedische übernommen, z.B. *anföra* „anführen", *anbud* „Angebot", *anförtro* „anvertrauen", *angiva* „angeben". Aus dem Niederländischen stammen zahlreiche nautische Begriffe. Die Morphologie des Neuschwedischen ist der des Norwegischen sehr ähnlich.

Das Schwedische gliedert sich in fünf Dialektzonen: *Norrland* (Norrbotten, Västerbotten, Jämtland, Hälsingland), *Svealand* (Dalarma, Uppland, Södermanland, Värmland, Närke), *Götaland* (Bohuslän, Västergötland, Östergötland, Halland, Småland; Blekinge, Skåne) sowie die Insel *Gotland* („Gutnisch" mit einem altertümlichen Lautsystem). In Finnland (Österbotten, Åboland, Nyland, Åland) wird der durch jahrhundertelange Kontakte stark vom Finnischen beeinflusste *ostschwedische* Dialekt gesprochen.

Schwedisch hat heute etwa 10 Mio. Sprecher, zu 95% Muttersprachler. Als Zweitsprache sprechen es vor allem die Angehörigen der samischen und finnischen Minderheiten in Schweden sowie Arbeitsmigranten und Flüchtlinge, die in den letzten Jahrzehnten nach Schweden eingewandert sind. Außer in Schweden selbst (knapp 9 Mio. Sprecher) wird Schwedisch in Finnland von 300 Tsd. Menschen gesprochen, fast alle sprechen Finnisch als Zweitsprache. Weitere größere schwedischsprachige Populationen gibt es in den USA (70 Tsd.), in Kanada, Norwegen und Australien. Amtssprache ist Schwedisch in Schweden (de jure erst seit dem 1.7.2009) und im offiziell zweisprachigen Finnland. In den historischen Expansionsphasen der Schweden war der Einflussbereich der schwedischen Sprache natürlich wesentlich größer. Im 17. Jh. umfasste er fast die gesamte Ostseeküste mit ihrem Hinterland, das Baltikum, Karelien, Ingermanland (in Nordwestrussland) sowie Teile von Pommern und Mecklenburg.

Dänisch

Als südlichstes Volk der Nordgermanen spielten die Dänen eine außergewöhnlich große Rolle in der Wikingerzeit. Im 10. Jh. wurde das Königreich Dänemark gegründet, im 11. Jh. eroberten dänische Wikinger England und die Normandie. Sie etablierten unter Knut dem Großen (etwa 995–1035) einen Herrschaftsraum, der Dänemark, Norwegen, Südschweden und England umfasste. Eine weitere Blütephase der dänischen Macht war das 12. und 13. Jh., im 14. Jh. fiel jedoch auch Dänemark unter die Herrschaft der Hanse. 1397 kam es zur Union von Dänemark, Schweden und Norwegen unter Führung der Dänen, aus diesem Bund schied 1523 Schweden, erst 1814 Norwegen aus. Ende des 15. Jh. eroberten die Dänen Schleswig-Holstein, das sie erst im 19. Jh. an Deutschland abtreten mussten. Im Laufe des 17. Jh. musste Dänemark seine skandinavische Vorrangstellung den Schweden überlassen.

Die ältesten dänischen Sprachdenkmäler sind Runeninschriften auf Grabsteinen (sog. Runensteine) aus dem 9. und 10. Jh. Insgesamt sind etwa 400 dänische Runeninschriften überliefert. Aus der Phase der dänischen Wikingerherrschaft in England sind viele dänische Ortsnamen und Wörter ins Englische gelangt: z.B. *husband* „Ehemann“ < altdän. *husbond* „Bauer, Hauswirt“, *take* < altdän. *tage* „nehmen“, *sky* „Himmel“ < altdän. *sky* „Wolke“, *law* < altdän. *lov* „Gesetz“. Dänische Handschriften sind erst spät belegt. Die älteste ist der *Codex Runicus*, eine Runenhandschrift vom Ende des 13. Jh. Seit dem 14. Jh. wurde dann in den Handschriften die lateinische Schrift verwendet, überliefert sind Gesetzessammlungen aus allen Gebieten des dänischen Königreichs, Legenden und Arzneibücher. Das 15. Jh. ist relativ dürftig belegt, es bietet vor allem religiöse Texte und Übersetzungsliteratur. Ende des 15. Jh. erschien das erste gedruckte dänische Werk, eine Dänische Chronik in Reimen.

Die Periodisierung des Dänischen ist uneinheitlich: *Altdänisch* (800–1100), *Mitteldänisch* (1100–1500), *Neudänisch* (seit 1500). Andere Wissenschaftler fassen die gesamte Periode von 800–1500 als Altdänisch zusammen.

Die Sprache der dänischen Wikingerzeit ist das Altostnordische. Altdänisch war also mit dem zeitgleichen Altschwedischen im Wesentlichen identisch, aber auch zum westnordischen Altnorwegischen bestanden keine großen Unterschiede. Im Lautbestand entwickelte sich schon im Altdänischen des 9. Jh. die Vereinfachung der Anlautkonsonanz /hr-/ zu /r-/, z.B. altisländ. *Hrólfr*, aber altdän. *RoulfR* „Rolf“. Auch die ostnordische

Monophthongisierung der germanischen Diphthonge findet früh statt, z.B. altisländ. *steinn*, altdän. *stēnn* (geschrieben <stin>) „Stein"; altisländ. *dauðr*, altdän. *tuþ̄ʀ* „tot". Der aus dem Altisländischen bekannte sekundäre u- und i-Umlaut findet im Altdänischen nicht statt: urnord. **landu* > altisländ. *lǫnd*, altdän. *land* „Länder" (der Ausfall des /u/ bewirkt im Altisländischen den Umlaut /a/ → /ǫ/).

Während die Morphologie des Altdänischen noch den komplexen altnordischen Stand aufweist, kommt es im *Mitteldänischen* zu ersten Vereinfachungen: Durch den Abfall des finalen /-ʀ/ fallen Akkusativ und Nominativ im Singular zusammen, im seeländischen Dialekt unterscheidet sich auch der Dativ nicht vom Nominativ. Später hat das Nomen insgesamt nur noch eine Form, lediglich der Genitiv Singular behält zunächst die Endung /-s/, die im Jütländischen aber auch bald verloren ging. /p, t, k/ werden nach Vokal zu /b, d, g/, also *gripe* > *gribe* „greifen", *bite* > *bide* „beißen". In einigen Dialekten werden /b, d, g/ in der Aussprache (nicht im Schriftbild) zu den Spiranten /v, ð, g/, z.B. werden *gribe* dann [grivə] und *bide* [biðə] ausgesprochen. Dieses Phänomen hat man auch die 3. oder dänische Lautverschiebung genannt. Im Spätmittelalter bildete sich eine dänische Kanzleisprache auf Basis des seeländischen Dialekts heraus, besonders einflussreich war dabei die Sprachform der Städte Roskilde und Kopenhagen in Ostseeland.

Durch die Summe der vorangegangenen Änderungen hatte sich zu Beginn des 16. Jh. ein typologisch neues Sprachsystem etabliert, das man zu Recht als *Neudänisch* bezeichnen kann. Wichtige förderliche Faktoren für die weitere Entwicklung der dänischen Schriftsprache waren die Einführung des Buchdrucks und die Reformation. 1550 erschien die erste dänische Bibelausgabe (die *Bibel Christians III.*), die ähnlich wie die Übertragung der *Gesta Danorum* (1575) einen großen Beitrag zur sprachlichen Einheit des Dänischen leistete. Im 17. Jh. bekam das Deutsche in Dänemark die Funktion einer Bildungs- und Kultursprache, es wurde am Königshof, vom Adel und auch vom gehobenen Bürgertum als Umgangssprache verwendet. Die Auswirkungen auf den dänischen Wortschatz waren beachtlich. Viele der damals übernommenen deutschen Lehnwörter trotzten auch späteren sprachpuristischen Tendenzen.

Im 18. Jh. wurde eine einheitliche dänische Orthographie erarbeitet, die eine beachtliche Rückwirkung auf die gesprochene Sprache ausübte. 1900 kam es zu einer umfassenden Orthographiereform, durch die eine größere Anpassung an die Umgangssprache erreicht wurde. Zum Beispiel wurden die unterschiedlichen Formen von Singular und Plural in der Verbalflexion auch in der Schriftsprache aufgehoben, was in der Umgangssprache lange vollzogen war. Durch die Reform von 1948 wurden die Normen der modernen dänischen Standardsprache *rigsdansk* festgelegt, die im Wesentlichen mit dem Sprachgebrauch der oberen Schichten in der Region Kopenhagen übereinstimmt. Die im 18. Jh. nach deutschem Vorbild eingeführte Großschreibung der Substantive wurde aufgehoben; die im Schwedischen übliche Schreibung <å> für den Laut /ɔ/ an Stelle von <aa> wurde nun auch offiziell eingeführt. Dadurch wurde die dänische Schriftsprache ihren nordgermanischen Schwestersprachen auch im Schriftbild wieder näher gebracht. Die neudänische Morphologie ist der norwegischen und schwedischen sehr ähnlich (vgl. den Abschnitt über die norwegische Sprache).

Das *Lexikon* des Dänischen basiert auf dem germanischen Erbwortschatz, es hat aber wie die anderen nordischen Sprachen in seiner Geschichte vielfältige Erweiterungen erfahren. Seit dem 14. Jh. ist vor allem der Einfluss des Niederdeutschen als Sprache der Hanse zu nennen. Im 16. und 17. Jh. nahm das Dänische zahlreiche Kulturwörter deutscher, lateinischer und französischer Herkunft auf. Die Bedeutung der Bildungs- und Kultursprache Deutsch hat vom 18. Jh. bis heute zu einem großen Anteil deutschstämmiger Wörter im dänischen Lexikon geführt. Seit 1870 macht das Englische dem Deutschen Konkurrenz und hat es inzwischen eindeutig überholt. In der dänischen Schrift- und Umgangssprache, vor allem aber in den technischen Fachsprachen ist der Einfluss des Englischen immer stärker geworden.

Das Dänische besitzt drei Hauptdialekte: *Jütländisch, Inseldänisch* (auf Seeland, Fünen, Lolland sowie auf den kleineren Inseln) und *Bornholmisch*. Die Verwendung der Dialekte ist im Rückzug begriffen, am ehesten werden sie noch in Jütland und auf Bornholm gesprochen. An die Stelle der Dialekte sind häufig *Regiolekte* getreten, also dialektal eingefärbte Formen der dänischen Standardsprache.

In Dänemark wird Dänisch heute von etwa 5,4 Mio. Menschen als Muttersprache sowie von weiteren 100 Tsd. Mitgliedern der deutschen Minderheit und Arbeitsmigranten als Zweitsprache gesprochen. Außerhalb des dänischen Kernlandes gibt es größere dänischsprachige Populationen in den USA (35 Tsd.), Deutschland (21 Tsd., die anerkannte dänische Minderheit in Südschleswig), Kanada (22 Tsd.), Norwegen (12 Tsd.) und Grönland (7–8 Tsd., vor allem in der Hauptstadt Nuuk), so dass insgesamt etwa 5,5 Mio. Menschen Dänisch als Muttersprache sprechen. Dänisch ist die Amts- und Nationalsprache Dänemarks, in den Außengebieten Grönland und Färöer-Inseln hat es den Status einer zweiten Amtssprache, die vor allem für die Kommunikation mit der dänischen Regierung zu verwenden ist (die erste Amtssprache auf den Färöern ist Färöisch, in Grönland die Eskimo-Sprache Kalaallisut).

Das historische Sprachgebiet des Dänischen war entsprechend dem jeweiligen dänischen Herrschafts- und Einflussbereich wesentlich ausgedehnter als heute. In der Wikingerzeit wurde Dänisch in England und der Normandie gesprochen. Bis 1658 war es Amts- und Kirchensprache in den schwedischen Provinzen Schonen (Skåne), Halland und Blekinge, danach hat es sich dort noch lange als Umgangssprache gehalten. Lange Zeit war Dänisch die Schrift- und Bildungssprache in Norwegen, die Bokmål-Variante des Norwegischen ist wesentlich vom Dänischen geprägt (vgl. den Abschnitt über das Norwegische). In unterschiedlichem Umfang wurde Dänisch seit dem 16. Jh. auch in Schleswig-Holstein gesprochen.

3.8 Die ostgermanischen Sprachen

In den antiken Quellen werden Goten, Vandalen, Gepiden, Burgunder, Rugier und Heruler genannt. Größere sprachliche Denkmäler haben ausschließlich die Goten hinterlassen, während von allen anderen ostgermanischen Sprachen trotz der zahlreichen Reichsbildungen ihrer Trägervölker nur Personen- und Ortsnamen sowie vereinzelte Lehnwörter in anderen Sprachen erhalten geblieben sind.

Da die ostgermanischen Stämme zunächst von den anderen germanischen Stämmen isoliert waren, durchliefen sie eine sprachliche Eigenentwicklung. Einerseits blieben urgermanische Elemente bewahrt, die in den anderen germanischen Sprachen verloren gingen (Dual, synthetisches Passiv), andererseits entwickelten sich unabhängig von den anderen germanischen Varietäten einige neue Merkmale.

Gotisch

Die Goten siedelten zunächst im Gebiet der Weichselmündung, von dort zogen sie in die südrussische Steppe nördlich des Schwarzen Meeres. Unter dem Druck der Hunnen wandten sie sich schließlich nach Westen, wobei sie sich in die beiden Hauptvölker der *West-* und *Ostgoten* aufteilten. Die Westgoten plünderten 410 Rom, zogen weiter nach Westen und gründeten Reiche in Südfrankreich (das „Tolosanische Reich" mit der Hauptstadt Toulouse, 419–507) und in Spanien (das „Toledanische Reich" mit der Hauptstadt Toledo, das bis 711 Bestand hatte). Die Ostgoten unterlagen auf der Seite der Hunnen in der Schlacht auf den Katalaunischen Feldern (451), später zogen sie nach Italien, wo sie unter Theoderich dem Großen 493 das Ostgotische Reich gründeten, das sich bis 555 halten konnte. Die Präsenz der Goten in diesen Gebieten hat sich in Orts- und Personennamen sowie in vereinzelten Lehnwörtern der späteren romanischen Sprachen niedergeschlagen.

Kulturell sind die auf dem Balkan angesiedelten sog. Kleingoten von besonderer Bedeutung, da ihr arianischer Bischof *Wulfila* (311–383) mit Bischofssitz in Nikopolis im heutigen Nordbulgarien die Bibel aus dem Griechischen ins Gotische übersetzt hat (etwa 350–380) – die erste Übersetzung der Bibel in eine germanische Sprache. Wulfila entwickelte für seine Übersetzung aus dem griechischen Alphabet und einigen zusätzlichen Runenzeichen und lateinischen Buchstaben die *gotische Schrift*. Durch seine Übersetzung formte er nahezu ohne Vorbilder die *gotische Schriftsprache*. Seine Bibelübersetzung wurde auch von den verwandten ostgermanischen Stämmen wie z.B. den Vandalen in Nordafrika übernommen, was zeigt, dass das Ostgermanische im 4. Jh. noch eine sprachliche Einheit bildete, die sich noch nicht weit vom West- oder Nordgermanischen entfernt hatte.

Teile der Wulfila-Übersetzung, vor allem größere Partien des Neuen Testaments, sind erhalten geblieben. Die bedeutendste Handschrift der Wulfila-Bibel ist der sog. *Codex Argenteus*. Er wurde im Benediktinerkloster Werden an der Ruhr aufgefunden und vom Abt des Klosters 1573 an den späteren Kaiser Rudolf II. verkauft, der den Codex auf der Prager Burg aufbewahren ließ. Von dort kam er am Ende des Dreißigjährigen Kriegs 1648 als Kriegsbeute nach Schweden. Er befindet sich seitdem – nach einem kurzen Zwischenspiel in den Niederlanden – in der Universitäts-Bibliothek von Uppsala. Von den ursprünglich 330 Blättern des wahrscheinlich um 500 in Norditalien geschriebenen Codex sind noch 187 erhalten. Alle anderen Manuskripte, die im 6. Jh. in Italien entstanden sind, enthalten nur kleinere Teile der Wulfila-Übersetzung und sind schwer lesbare Palimpseste (Codex Carolinus aus Wolfenbüttel, die Codices Ambrosiani A–E aus Mailand, Codex Gissensis in Gießen u.a.).

Im 16. Jh. berichtete der flämische Diplomat Ogier Ghislain de Busbecq in Konstantinopel von den Goten auf der Krim-Halbinsel, den sog. *Krimgoten*. Er zeichnete 1562 von ihrer Sprache 68 Wörter auf, denen er eine lateinische Übersetzung hinzufügte. Diese

Liste macht es wahrscheinlich, dass es sich bei dieser Sprache um eine ostgotische Varietät handelt (Ostgoten waren nachweisbar seit dem 3. Jh. n. Chr. auf der Krim ansässig). Spätestens im 18. Jh. ist dieses gotische Restvolk ethnisch und linguistisch ganz in seiner tatarischen Umgebung aufgegangen.

Das *gotische Lautsystem* ist verhältnismäßig einfach und weicht vom urgermanischen kaum ab. Das Gotische kennt noch keinen Umlaut, so dass dieses Merkmal in den nord- und westgermanischen Varietäten offensichtlich erst nach der Abwanderung der Ostgermanen aus Südskandinavien entstanden ist (z.B. deutsch *Fuß* → *Füße*, englisch *foot* → *feet*, altnordisch *fótr* → *føtr*, aber gotisch *fotus* → *fotuns*). Sehr früh setzte im Gotischen die Abschwächung bzw. Aufgabe der unbetonten Auslautvokale ein.

Auch in der *Morphologie* steht das Gotische der germanischen Grundsprache besonders nahe. So ist der Dual sowohl bei den Pronomina als auch bei einigen Verbalformen noch erhalten: z.B. *weis* „wir (Pl.)", *wit* „wir beide"; *izwis* „euch (Pl.)", *igqis* „euch beide"; *sokjam* „wir (Pl.) suchen", *sokjos* „wir beide suchen". Im Gotischen gibt es die vier „germanischen" Kasus Nominativ, Akkusativ, Genitiv und Dativ, außerdem einige Spuren des Vokativs und bei den Pronomina Reste des Instrumentalis. Auch das synthetische Passiv, das ohne Hilfsverben gebildet wird, ist erhalten geblieben: z.B. *nimada* „ich werde genommen", *nimaidau* „ich würde genommen werden". Die Tempora Präsens und Präteritum sind synthetisch, und zwar in den Modi Indikativ, Optativ-Konjunktiv und Imperativ. Eine Besonderheit des Gotischen innerhalb der germanischen Sprachen ist das durch Reduplikation gebildete Präteritum bei einem Dutzend häufig benutzter Verben, wie *haldan* „halten" → *haihald* „er hielt", *fahan* „fangen" → *faifah* „er fing", *haitan* „heißen" → *haihait* „er hieß".

Im Wortschatz weist das Gotische viele Parallelen zum Nordgermanischen auf, eine besondere Nähe scheint zum Altschwedischen zu bestehen. Es gibt keltische und lateinische Lehnwörter, von denen einige in anderen germanischen Sprachen nicht vorkommen, z.B. gotisch *lukarn* < lateinisch *lucerna* „Lampe, Licht". Auch slawische Lehnwörter sind belegt.

Tab 3.31 *Gotisches Textbeispiel: Das „Vater unser" aus der Wulfila-Bibel*

atta unsar þu ïn himinam	Vater unser, der du bist im Himmel,
weihnai namo þein	geheiligt werde dein Name.
qimai þiudinassus þeins	Dein Reich komme,
wairþai wilja þeins	dein Wille geschehe,
swe ïn himina jah ana airþai	wie im Himmel, so auch auf Erden.
hlaif unsarana þana sinteinan gif uns himma daga	Unser tägliches Brot gib uns heute,
jah aflet uns þatei skulans sijaima	und vergib uns unsere Schuld,
swaswe jah weis afletam þaim skulam unsaraim	wie auch wir vergeben unseren Schuldigern.
jah ni briggais uns ïn fraistubnjai	Und führe uns nicht in Versuchung,
ak lausei uns af þamma ubilin	sondern erlöse uns von dem Übel.
unte þeina ïst þiudangardi	Denn dein ist das Reich
jah mahts jah wulþus in aiwins	und die Kraft und die Herrlichkeit in Ewigkeit.

4 | Keltisch

Mit weniger als einer Million Muttersprachlern, die sich auf vier Sprachen verteilen, ist das Keltische heute der kleinste Primärzweig des Indogermanischen. Dagegen war es vor der Expansion des Römischen Reiches die am weitesten verbreitete Sprachgruppe Europas. Das keltische Sprachgebiet reichte im 3. Jh. v. Chr. im Westen bis an die iberische und französische Atlantikküste, im Süden bis Oberitalien, im Norden bis in die Niederlande und auf die britischen Inseln, im Südosten über den Balkan hinaus bis nach Kleinasien. Heute werden keltische Sprachen nur noch von Minderheiten in Irland, Großbritannien und Frankreich gesprochen. Das Irische hat in der Republik Irland zwar den Status einer Hauptamtssprache, faktisch aber hat die zweite Amtssprache Englisch alle wichtigen Funktionen einschließlich der privaten Kommunikation übernommen.

Die Ausgliederung des Keltischen aus dem Gemein-Indogermanischen erfolgte im 2. Jt. v. Chr. Eine besondere genetische Nähe zum Italischen, die im 19. Jh. in der Indogermanistik allgemein angenommen wurde — man ging von einer italo-keltischen Einheit aus —, ist heute zumindest umstritten. Ein auffälliges phonologisches Merkmal charakterisiert alle keltischen Sprachen: Der indogermanische Verschlusslaut /*p/ ist im Keltischen im Anlaut und vor Vokalen entfallen, vgl. indogermanisch *ph₂tḗr*, griechisch *patḗr*, lateinisch *pater*, aber irisch *athair* „Vater".

Die Kelten gelten als Träger der westlichen *Hallstatt-Kultur* (800–500 v. Chr.) in Süddeutschland, im Mittelrheingebiet, in Böhmen, Oberösterreich und Nordost-Frankreich sowie der sich anschließenden *La-Tène-Kultur* (500–50 v. Chr.). Ob bereits die mitteleuropäische *Urnenfelder-Kultur* (1200–800 v. Chr.) keltisch geprägt war, ist strittig; manche Forscher sprechen von einer vorkeltischen Kultur. Ab dem 6. Jh. dehnten sich die Kelten weiter nach Westen, Süden und Osten aus. Sie besiedelten ganz Gallien, Teile der Iberischen Halbinsel, die Britischen Inseln und Norditalien (das spätere Gallia Cisalpina); nach Osten hin drangen sie im 4. Jh. v. Chr. nach Schlesien, Mähren, Ungarn, Dalmatien, Thrakien, Makedonien und Griechenland vor, zu Beginn des 3. Jh. v. Chr. setzten keltische Gruppen nach Kleinasien über, wo sie als *Galater* bezeichnet wurden. Die größte Ausdehnung des Keltentums war im 3. Jh. v. Chr. erreicht, ohne dass je ein „keltisches Reich" gegründet wurde.

Vom immer weiter nach Norden vordringenden Römischen Reich und auch von den nach Süden expandierenden Germanen wurden die keltischen Stämme auf dem europäischen Festland nach und nach bis auf Restgruppen absorbiert, so dass auf dem Festland schon im 5. Jh. n. Chr. nur noch in kleinen Enklaven Keltisch gesprochen wurde. Die britischen Inseln waren zum letzten Rückzugsgebiet geworden.

Der Name „Kelten" ist wahrscheinlich eine Selbstbezeichnung kontinental-keltischer Stämme. Von antiken Autoren wurde über bestimmte Gruppen von Kelten erstmals im 5. Jh. berichtetet (Hekataios von Milet, Herodot). Die antiken Namensformen sind *Keltoí* (Herodot), *Kéltai* (Strabon), *Celtae* (Livius) sowie *Galátai* (Pausanias) und *Galli* bei

Caesar, dessen „De bello Gallico" wohl die wichtigste und trotz aller Propaganda verlässlichste antike Quelle über das Keltentum darstellt.

Es gibt heute im Prinzip zwei Definitionen von „keltisch". Die eine – die hier verwendet wird – ist ausschließlich linguistisch: Keltisch sind die Völker, die eine keltische Sprache gesprochen haben oder sprechen. Die andere Definition ist kulturell und archäologisch definiert und bezieht sich für das Altertum auf die materielle Kultur der Hallstatt- und La-Tène-Zeit und ausdrücklich nicht auf die Sprache. Inwieweit die antike Vorstellung von den Kelten mit der linguistischen bzw. der kulturell-archäologischen Definition im Einklang steht, ist unklar. Von Griechen und Römern wurde mancher germanische Stamm fälschlich den Kelten (im linguistischen Sinne) zugeordnet und umgekehrt, zumal die kulturellen Merkmale nur geringe Unterschiede aufwiesen und die Sprachen der „Barbaren" kaum analysiert und verglichen wurden. Die sprachlichen Gemeinsamkeiten der Gallier und der Stämme in Britannien wurden allerdings von einigen römischen Autoren erkannt.

Im 17./18. Jh. gab es vor allem in Irland die erste Rückbesinnung auf die kulturellen und sprachlichen Wurzeln. Dies führte zu Sammlungen von Altertümern, irischer Poesie und zu Macphersons Ossian-Gesängen, aber auch zu einem sehr frühen Beschreibungsversuch inselkeltischer Sprachen durch Edward Lhuyd (1707). Ein wichtiger Schritt für die Bewahrung keltischer Kultur war die Gründung der *Royal Irish Academy* im Jahre 1785. Im 19. Jh. begann die wissenschaftliche Erforschung der keltischen Sprachen, nachdem das Keltische durch Franz Bopp 1839 zweifelsfrei als Zweig des Indogermanischen erkannt und belegt war. Der deutsche Linguist Johann Kaspar Zeuß (1806–1856) legte mit seiner *Grammatica Celtica* von 1853 die Grundlagen der Keltologie.

4.1 Die Gliederung der keltischen Sprachen

Das Keltische wird üblicherweise primär nach geographischen Gesichtspunkten in zwei Hauptzweige eingeteilt: *Festlandkeltisch* und *Inselkeltisch* (gemeint sind die *britischen* Inseln einschließlich Irland). Zu den sämtlich schon im Altertum ausgestorbenen und nur durch Inschriften, Namen sowie Glossen belegten festlandkeltischen Sprachen gehören *Keltiberisch* auf der Iberischen Halbinsel, *Gallisch* in Frankreich, Belgien und in Norditalien, *Lepontisch* in Oberitalien am Luganer See sowie *Galatisch* in Kleinasien. Das Keltische in Mittel-, Ost- und Südosteuropa ist nur durch Orts- und Flussnamen, Namen in lateinischen Inschriften sowie durch ganz wenige kurze und schwer zu deutende Inschriften belegt. Man kann aber davon ausgehen, dass es sich dabei um Sprachformen gehandelt hat, die dem Gallischen nah verwandt sind.

Die Besiedlung der britischen Inseln durch die Kelten und die damit verbundene Herausbildung der inselkeltischen Sprachen ist historisch oder archäologisch nicht greifbar. Vermutlich war es ein langwieriger Prozess mit mehreren Einwanderungswellen verschiedener Stämme, der sich etwa vom 6. bis 1. Jh. v. Chr. erstreckte. Auch auf den britischen Inseln wurden die Kelten zunächst von den Römern, seit dem 5./6. Jh. n. Chr. von den Angelsachsen, später durch die Wikinger und schließlich von der englischen Hauptkultur immer mehr in Rückzugsgebiete abgedrängt, dennoch konnten sie sich in einigen Randgebieten bis heute halten. Von den acht bekannt gewordenen inselkeltischen Sprachen sind vier ausgestorben: *Piktisch* in Nordschottland im 9. Jh. (seine Zugehörigkeit zum Keltischen wird heute meistens angenommen), *Kumbrisch* in Northumbria im 11.–12. Jh. (vereinzelt wurde es wohl auch noch im 13. Jh. gesprochen), *Kornisch* in Cornwall im 18. Jh. und *Manx* auf der Isle of Man im Jahre 1974. Sowohl Kornisch als auch Manx wurden künstlich revitalisiert, Neo-Kornisch sprechen etwa 300 Menschen, Neo-Manx knapp 2000.

Die überlebenden keltischen Sprachen sind *Irisch*, *Schottisch-Gälisch*, *Walisisch* (*Kymrisch*) und *Bretonisch*. Sie gehören alle zum Inselkeltischen, auch das in der Bretagne gesprochene Bretonische, das auf eine von den Angelsachsen ausgelöste keltische Rückwanderung von der britischen Insel im 5./6. Jh. n. Chr. zurückgeht. Die Zahl der keltischen Muttersprachler hat in den letzten Jahrzehnten dramatisch abgenommen (sie wird in den meisten Darstellungen zu hoch angesetzt), außer dem noch vitalen Walisischen sind alle keltischen Sprachen gefährdet.

Walisisch ist heute die sprecherreichste keltische Sprache mit etwa 500 Tsd. Primärsprechern und weiteren 300 Tsd. Zweitsprechern. An nächster Stelle steht das in der westlichen Bretagne gesprochene *Bretonische*. Die Zahl der Muttersprachler liegt bei 250 Tsd., im Alltag wird es nur noch von 120 Tsd. Sprechern verwendet, gewisse bretonische Sprachkenntnisse sollen bis zu 1,2 Mio. Menschen besitzen (dies sind nur Schätzungen, da es in Frankreich keine offiziellen Statistiken über Minderheiten und ihre Sprachen gibt). Auch die Sprecherzahl des *Irischen* wird in den verschiedenen Quellen unterschiedlich angegeben. Muttersprachler mit täglichem Sprachgebrauch gibt es wohl noch etwa 60–80 Tsd. Bis zu einem Viertel der irischen Bevölkerung (etwa eine Million) hat gewisse Grundkenntnisse des Irischen. Das seit dem 6. Jh. gut belegte Altirische ist besonders wichtig für die Rekonstruktion der keltischen Protosprache, da die festlandkeltischen Sprachen zwar älter, aber nur wesentlich schwächer überliefert sind. *Schottisch-Gälisch* wird noch von etwa 60 Tsd. Menschen vor allem auf den Hebriden gesprochen. Fast alle Keltisch-Sprecher sind zweisprachig im Englischen bzw. Französischen.

Das p- und q-Keltische

Die genetisch-linguistische Klassifikation der keltischen Sprachen ist schon deswegen problematisch, weil der Kenntnisstand über die festland- und inselkeltischen Sprachen sehr unterschiedlich ist. Von vielen Forschern wurde als linguistischer Klassifikationsansatz die Veränderung des indogermanischen Labiovelars /*k^w/ in den keltischen Sprachen herangezogen. In einem Teil der keltischen Sprachen blieb /k^w/ zunächst erhalten und wurde später unter Verlust der labialen Komponente zu /k/, in den anderen Sprachen unter dem Verlust der velaren Komponente zu /p/, z.B. indogermanisch *k^wetwór* „vier" wurde zu altirisch *cethair* (mit anlautendem *k*-), aber walisisch zu *pedair*. Da das aus /*k^w/ entstandene /k/ im irischen Ogham-Alphabet als /q/ geschrieben wurde, teilte man nach diesem Merkmal die keltischen Sprachen in *p-keltisch* und *q-keltisch* ein. Allerdings verläuft die p-q-Einteilung quer zur Gruppierung in Insel- und Kontinentalkeltisch:

- **q-keltisch** sind die inselkeltischen Sprachen Irisch-Gälisch, Schottisch-Gälisch und Manx, aber auch das festlandkeltische Keltiberisch;
- **p-keltisch** sind die inselkeltischen Sprachen Kumbrisch, Walisisch, Kornisch und Bretonisch sowie die festlandkeltischen Sprachen Gallisch, Galatisch und Lepontisch.

Die Zugehörigkeit des Piktischen zum p-Keltischen ist zwar nicht gesichert, wird aber zunehmend vertreten, da die q-keltischen Einflüsse als sekundär betrachtet werden. Damit würde das Merkmal p-keltisch die geographisch und linguistisch weit auseinanderliegenden Sprachen Irisch und Keltiberisch zusammenbringen; eine ähnlich problematische Situation wie bei der Kentum-Satem-Gliederung des Indogermanischen.

Interne Klassifikation

Bei der Klassifikation der keltischen Sprachen wird die Hauptgliederung in Festland- und Inselkeltisch meist beibehalten. Neben der geographischen Grundlage dieser Einteilung ergibt sie sich auch aus der völlig unterschiedlichen Überlieferungssituation und den gemeinsamen Merkmalen der inselkeltischen Sprachen, die nachweislich eine genetische Einheit bilden. Innerhalb der beiden Hauptgruppen wird das p-q-Kriterium angewendet: Die inselkeltischen q-Sprachen Irisch, Schottisch und Manx fasst man zu den *goidelischen* oder *gälischen* Sprachen zusammen, die p-Sprachen Walisisch, Kumbrisch, Kornisch und Bretonisch und mit Vorbehalt das Piktische zu den *britannischen* Sprachen. Das Festlandkeltische wird in das q-keltische Keltiberisch und die p-keltische *gallische* Gruppe (Gallisch, Galatisch, Lepontisch) gegliedert. Ein anderer Ansatz (Schumacher 2004) geht von vier Hauptzweigen des Keltischen aus: 1. Keltiberisch, 2. Lepontisch, 3. Gallisch inklusive Galatisch sowie 4. Inselkeltisch. Danach würde das Festlandkeltische keine genetische Untereinheit des Keltischen darstellen.

Goidelisch und Britannisch haben sich wahrscheinlich bereits vor mindestens 2000 Jahren getrennt. Das Britannische spaltete sich im 5. oder 6. Jh. weiter in einen nördlichen *walisisch-kumbrischen* und einen südwestlichen *kornisch-bretonischen* Zweig auf. Ein Merkmal dieser Spaltung, die durch die Trennung der Sprachgebiete – ausgelöst durch Vorstöße der Sachsen – hervorgerufen wurde, ist die Entwicklung des keltischen ā-Lautes. Im Kornischen und Bretonischen wurde er zu /œ:/, im Walisischen zu /au/, z.B. gallisch *maros* „groß", gemeinbritannisch **māros*, das sich wiederum zu kornisch *muer* [mœr], bretonisch *meur* [mœr], aber zu walisisch *mawr* [maur] entwickelte.

Schottland und die Inseln der irischen See wurden wahrscheinlich im 5. Jh. n. Chr. von irischen Siedlern besiedelt (dafür gibt es allerdings keine zwingenden archäologischen Belege), erst im 10. Jh. begann die Trennung des Schottisch-Gälischen und Manx vom Irischen. Eine gemeinsame gälische Literatursprache existierte bis zum Ende des Mittelalters. – Die Zusammenfassung dieser Überlegungen führt zu der in Tabelle 4.1 dargestellten internen Klassifikation der keltischen Sprachen.

Tab 4.1 *Die Gliederung der keltischen Sprachen (Ball 1993, MacCaulay 1992, Sims-Williams 1998)*

Spracheinheiten	Einzelsprachen
KELTISCH	
FESTLANDKELTISCH †	
KELTIBERISCH	Keltiberisch †
LEPONTISCH	Lepontisch †
GALLISCH	Gallisch †
	Galatisch †
INSELKELTISCH	
GÄLISCH (GOIDELISCH)	
WEST	**Irisch** (Irisch-Gälisch) (70 Tsd., S2 ca. 1 Mio.)
OST	**Schottisch-Gälisch** (65 Tsd.)
	Manx (Manx-Gälisch) † (1974 ausgestorben)
BRITANNISCH	
WALISISCH-KUMBRISCH	Kumbrisch † (im 11./12. Jh. ausgestorben)
	Walisisch (Kymrisch) (500 Tsd.)
KORNISCH-BRETONISCH	Kornisch † (im 18. Jh. ausgestorben)
	Bretonisch (150–250 Tsd.)
PIKTISCH	Piktisch † (im 9. Jh. ausgestorben)

Die gälischen Sprachen und Keltiberisch sind q-keltisch, die britannischen und gallischen Sprachen sind p-keltisch.

4.2 Sprachliche Charakteristik

Für die Rekonstruktion des *Urkeltischen* oder *Gemeinkeltischen* sind die festlandkeltischen und die frühen Formen der inselkeltischen Sprachen (Altirisch, Altwalisisch) von besonderer Bedeutung. Die ursprüngliche *Nominalmorphologie* lässt sich vor allem auf Basis des Festlandkeltischen rekonstruieren, da dort im Gegensatz zum Inselkeltischen die Kasusendungen weitgehend erhalten geblieben sind. Eine gemeinkeltische *Verbalmorphologie* kann nur unvollständig rekonstruiert werden, da die festlandkeltische Verbalmorphologie kaum überliefert ist und die inselkeltischen Sprachen sich schon früh so unterschiedlich entwickelt haben, dass nur unsichere Schlüsse auf gemeinkeltische Formen gezogen werden können. Einen wichtigen Beitrag zur Rekonstruktion der keltischen Verbalmorphologie leistet Schumacher 2004 „Die keltischen Primärverben". Für die Untersuchung der frühkeltischen Verbalmorphologie wird vor allem das Altirische herangezogen, das eine besonders komplexe Verbalbildung aufweist.

Das Keltische wird wegen einiger Merkmale als besonders *archaisch* angesehen. Dazu zählen das Fehlen eines voll entwickelten Infinitivs und eines Verbums mit der Bedeutung „haben" (hier sind Umschreibungen mit „sein" üblich) sowie die Differenzierung des Genus in den Zahlwörtern für „drei" und „vier" (heute noch im Walisischen: Maskulinum *tri, pedwar*; Femininum *tair, pedair*). Die in diesem Zusammenhang auch oft angeführten infigierten Objektpronomina in finiten Verbalformen wie z.B. altirisch *no-m-beir* „er trägt mich" (mit Personalinfix *-m-* für das Objekt der 1. Person Sg.) sind kein Beleg für eine archaische Entwicklung, sondern spätere Neubildungen: Klitische Personalpronomina sind in einem Verbalkomplex verschmolzen und durch die Aufhebung von Wortgrenzen zum Infix geworden.

Gemeinsam ist allen inselkeltischen Sprachen die ursprüngliche Satzstruktur VSO, von der allerdings das Bretonische und späte Kornische abweichen. Diese Satzstellung hatte wie üblich zur Folge, dass das Adjektiv und Genitivattribut in einer Nominalphrase hinter dem Nomen steht. Ein Sondermerkmal des Inselkeltischen sind die „konjugierten Präpositionen", z.B. altirisch *la* „mit", *lem* „mit mir", *lat* „mit dir", *leiss* „mit ihm". Alle inselkeltischen Sprachen besitzen ein System von Anlautmutationen, durch die nach festen phonetischen Regeln die anlautenden Konsonanten eines Wortes verändert werden (z.B. durch Lenisierung, Nasalierung, Härtung oder Aspiration). Die keltischen Sprachen haben einen umfangreichen *indogermanischen Erbwortschatz* bewahrt. Tabelle 2.7 zeigt eine Reihe indogermanischer Wortgleichungen mit altirischen Kognaten.

Besondere Beziehungen zum Italischen?

Seit dem 19. Jh. wurde eine besondere Nähe des Keltischen zum Italischen angenommen, ja sogar eine genetische Einheit „Italo-Keltisch" postuliert. Die spezifischen keltischen und italischen Gemeinsamkeiten, auf denen diese Hypothese aufgebaut ist (Baldi 1983: 47–49), betreffen vor allem die Morphologie, in geringerem Umfang den Wortschatz. Als exklusive Innovationen des Keltischen und Italischen werden u.a. aufgeführt:

- die o-Stämme beider Sprachgruppen haben eine Genitiv-Endung /-ī/, die in anderen indogermanischen Sprachen nicht vorkommt, z.B. latein. *virī*, gemeinkelt. **wirī* „des Mannes". Diese Genitiv-Endung ist allerdings nicht im Keltiberischen und auch nicht in allen Zweigen des Italischen vertreten
- die gemeinsame Mediopassiv-Bildung auf /-r/, die in keinem anderen europäischen Zweig des Indogermanischen existiert (die aber auch im Hethitischen und Tocharischen vorhanden ist)
- ein Futur-Marker /-b-/ oder /-f-/, z.B. lateinisch *ama-b-o* „ich werde lieben", altirisch *labra-f-ammar* „wir werden reden" oder *rann-f-a* „ich werde teilen"; möglicherweise ist das f-Futur im Keltischen allerdings erst eine relativ späte unabhängige Neubildung (Sims-Williams 1998: 372)
- exklusive Übereinstimmungen in der Superlativbildung: keltisch **-isamo-*, italisch **-isemo-* (dass diese auf Kontakte zwischen dem Keltischen und Italischen zurückzuführen sei, ist eher unwahrscheinlich)

Die lexikalischen Belege für eine besondere Beziehung des Keltischen zum Italischen sind quantitativ wenig überzeugend, zumal bei solchen Übereinstimmungen Entlehnungen nie auszuschließen sind. Angesichts der nicht wenigen exklusiven morphologischen Innovationen des Keltischen und Italischen (die oben keineswegs vollständig aufgeführt sind) ist es jedoch eigentlich verwunderlich, dass die Mehrheit der Indogermanisten die Hypothese einer italo-keltischen Einheit heute ablehnt oder ihr zumindest sehr skeptisch gegenübersteht.

Die keltische Lautverschiebung

Das besondere phonologische Merkmal des Keltischen ist der Verlust von indogermanischem /*p/. Die stimmhaft-aspirierten Plosive verloren ihre Aspiration, die Palatovelare ihre Palatalisierung. Der Labiovelar /*kʷ/ blieb im Urkeltischen zunächst erhalten, nahm dann aber im q- und p-Keltischen eine unterschiedliche Entwicklung (siehe oben). Die Laryngale sind entfallen. Bei den Vokalen gilt: *ē > ī, *ō wird in Endsilben zu ū, ansonsten zu ā. Die übrigen ursprachlichen Vokale blieben samt ihrer Quantität erhalten. Tabelle 4.2 zeigt die keltische Lautverschiebung am q-keltischen *Altirisch* und p-keltischen *Walisisch*, außerdem sind die rekonstruierten *urinselkeltischen* Formen angegeben, auf die beide zurückgehen.

Tab 4.2 *Die keltische Lautverschiebung (Mallory-Adams 1997: 98)*

Idg. >	Keltisch	Proto-Idg.	Bedeutung	Urinselkelt.	Altirisch	Walisisch
*p	ø	*ph₂tḗr	„Vater"	*atīr	athair	-atr
*t	t	*tauros	„Stier"	*tarwos	tarb	tarw
*k	k [c]	*kreuhₓ-	„Blut"	*krūs-	crú	crau
*b	b	*pibeti	„trinkt"	*ibet(it)	ibid	ib-
*d	d	*di̯ē-	„Tag"	*dijV-	día	dydd
*bh	b	*bhug'os	„Ziege, Bock"	*bukkos	boc	bwch
*dh	d	*dhwor-	„Tür"	*d(w)or-	dorus	dôr
*kʷ	kʷ > k, p	*kʷetu̯ór-	„vier"	*kʷetwores	cethair	pedwar
*gʷ	b	*gʷṓu-	„Kuh"	*bōs	bō	buwch
*gʷh	gu, gw	*gʷhedhi̯e-	„bitten; Bitte"	*gʷed-i-	guidid	gweddi
*k'	k [c]	*k'u̯ón-	„Hund"	*kunes (Gen.)	cū	ci
*g'	g	*g'énu	„Kinn, Backe"	*genu-	gin „Mund"	gên
*g'h	g	*g'hn̥dne-	„finden"	*ganne-	ro-geinn	gann-
*m̥	e(n), an	*k'm̥tóm	„hundert"	*kanton	cēt	cant
*n̥	en, a(n)	*dn̥gʷheh₂-	„Zunge"	*tangwāt-	tengae	tafawd
*r̥	ri	*kʷr̥mis	„Wurm"	*kʷrimis	cruim	pryf
*l̥	li	*pl̥tnos	„weit, breit"	*litanos	lethan	llydan
*h₁	ø	*h₁ek'u̯os	„Pferd"	*ekʷos	ech	ebol
*h₂	ø	*h₂r̥tk'os	„Bär"	*artos	art	arth
*h₃	ø	*h₃elVn-	„Ellbogen"	*olīnā	uilen „Ecke"	elin
*ē	ī	*u̯eh₁ros	„wahr"	*wīros	fír	gwir
*ō	ā	*doh₃nus	„Geschenk"	*dānus	dān	dawn

Phonologie

Vokale

Als urkeltische *Vokalphoneme* können /i, ī, u, ū, e, o, a, ā/ rekonstruiert werden. Durch frühe innerkeltische Entwicklungen /ei/ > /ē/ (nicht im Keltiberischen) sowie /eu, au, ou/ > /ō/ (zunächst nur im Inselkeltischen, erst spät auch im Gallischen) wurden die „Lücken" im System gefüllt. Keltisches /ī/ entstand aus gemein-indogermanischem /*ē/, keltisches /ā/ aus /*ō/: z.B. lateinisch *rēx* „König" ~ gallisch -*rīx*, eine häufige Nachsilbe von gallischen Personennamen mit der Bedeutung „König"; lateinisch *dōnum* ~ altirisch *dān* „Geschenk".

Konsonanten

Die ursprachlichen Phoneme /*m, *n, *r, *l, *s/ wurden zunächst unverändert ins Keltische übernommen, finales /-m/ veränderte sich meist früh zu /-n/. Das auffälligste phonetische Merkmal der keltischen Sprachen ist — wie schon erwähnt — der Verlust des indogermanischen /*p/. So stehen z.B. lateinisch *pater* „Vater", *porcus* „Schwein", *piscis* „Fisch" altirischem *athair, orc, īasc* gegenüber. Allerdings setzen manche Autoren (z.B. Schumacher 2004) als Reflex des idg. *p ein urkeltisches *φ an. Damit lässt sich die früheste Situation der keltischen Plosive wie folgt erschließen:

Tab 4.3 *Die urkeltischen Plosive*

	bilabial	alveolar	velar	labiovelar
Tenues	φ	t	k	k^w
Mediae	b	d	g	g^w
Mediae aspiratae	bh	dh	gh	g^{w}h

Die nächste Entwicklungsstufe war durch den Zusammenfall von /gw/ und /b/ sowie die De-Aspiration der Mediae aspiratae gekennzeichnet, wodurch sie mit den nicht-aspirierten Mediae zusammenfielen. Danach folgte die allophone Alternation des indogermanischen Labiovelars /*kw/ zu keltisch /kw/ bzw. zu einem sekundären /p/ (Sims-Williams 1998: 357–359). Die Verteilung dieses Merkmals wird zur Einteilung der keltischen Sprachen in q- und p-keltisch herangezogen. Nach diesen Prozessen sieht das frühkeltische System der Plosive wie folgt aus:

Tab 4.4 *Die frühkeltischen Plosive*

	bilabial	alveolar	velar	labiovelar
Tenues	[p]	t	k	[kʷ]
Mediae	d	g	gʷ	–

Auf die späteren Lautveränderungen in den inselkeltischen Sprachen kann hier nicht eingegangen werden. Dazu wird auf Sims-Williams 1998, MacAuly 1992 und Ball 1993 verwiesen.

Anlautmutationen

Die inselkeltischen Sprachen weisen semantisch und morphologisch relevante *systematische Anlautmutationen* auf, ein Merkmal, das bei den festlandkeltischen Sprachen nur vereinzelt und nicht systematisch auftritt. Die Mutationen existieren zwar in allen inselkeltischen Sprachen, jedoch fällt ihre konkrete Ausformung durch Lenisierung, Eklipse (Übergang stimmlos → stimmhaft sowie Nasalierung), Aspiration oder Provektion (Härtung) unterschiedlich aus. Tabelle 4.5 zeigt ein Beispiel in vier keltischen Sprachen.

Tab 4.5 *Anlautmutation in inselkeltischen Sprachen (MacAuley 1992: 7)*

	„Hund"	„sein Hund"		„ihr (Sg. f.) Hund"	
Urinselkeltisch	*kū*	*esjo kū*		*esjās kū*	
Irisch	*cú* [ku:]	*a chú* [ə xu:]	L	*a cú* [ə ku:]	R
Schottisch-Gälisch	*cù* [ku:]	*a chù* [ə xu:]	L	*a cù* [ə ku:]	R
Walisisch	*ci* [ki]	*ei gi* [i gi:]	E	*ei chi* [i xi:]	L
Bretonisch	*ki* [ki]	*e gi* [e gi:]	E	*e c'hi* [e xi:]	L

Abkürzungen: R Radikal (Grundform), L Lenisierung (Frikatisierung), E Eklipse (stimmlos → stimmhaft).

Das vorangestellte Possessivadjektiv lautet in allen Sprachen jeweils im Maskulinum und Femininum gleich, der semantische Unterschied zwischen der 3. Person Sg. Maskulinum und Femininum ergibt sich lediglich aus der Mutation des anlautenden Konsonanten /k/, wobei in den gälischen und britannischen Sprachen unterschiedliche Mutationsmuster verwendet werden.

Die typische Wirkweise der Anlautmutationen und anderer Anlautveränderungen lässt sich gut am modernen Irisch zeigen. Hier spielt außer der Lenisierung und Eklipse noch die Bildung bestimmter Präfixe (h-, t-) eine Rolle. Tabelle 4.6 gibt eine Übersicht über die wichtigsten Mutationen (entscheidend ist die Aussprache).

Tab 4.6 *Anlautmutationen im modernen Irisch (Ball 1993: 109)*

Grundform		Lenisierung		stl. → sth.		Nasalierung	
p	[p]	ph	[f]	bp	[b]	–	
t	[t]	th	[h]	dt	[d]	–	
c	[k]	ch	[x]	gc	[g]	–	
b	[b]	bh	[w]	–		mb	[m]
d	[d]	dh	[ɣ]	–		nd	[n]
g	[g]	gh	[ɣ]	–		ng	[ŋ]
m	[m]	mh	[w]	–		–	
f	[f]	fh	[ø]	bhf	[w]	–	
s	[s]	sh	[h]	–		–	

Abkürzungen: stl. stimmlos, sth. stimmhaft.

Lenisierung tritt u.a. im Singular eines Femininums nach bestimmtem Artikel, im Genitiv Singular des Maskulinums, nach singularischem Possessivadjektiv (außer 3. Sg. Femininum) sowie nach bestimmten Präpositionen, Zahlwörtern und Partikeln auf.

> *bean* „Frau"; *an bhean* [ən v'æn] „die Frau"
> *crann* „Baum"; *barr an chrainn* [bar ən xrin'] „der Gipfel (*barr*) des Baumes"
> *mac* „Sohn"; *mo mhac* [mə wak] „mein Sohn"

Die sog. *Eklipse* (der Übergang von stimmlosen zu stimmhaften Verschlusslauten und die Nasalierung stimmhafter Verschlusslaute) wirkt u.a. nach pluralischen Possessivadjektiven, nach bestimmten Zahlwörtern, im Dativ Sg. und Genitiv Pl., nach der Präposition *i* „in" und in Verben nach bestimmten Partikeln.

> *ár* „unser", *cairde* „Freunde (Pl.)"; *ár gcairde* [ər gar'd'ə] „unsere Freunde"
> *seacht* „sieben", *capall* „Pferd"; *seacht gcapall* [ʃæxt gapəl] „sieben Pferde"
> *i* „in", *teach* „Haus"; *i dteach* [i d'æx] „im Haus"

Ein *h-Präfix* erscheint bei vokalischem Anlaut z.B. nach dem Plural-Artikel *na* und nach dem Possessivadjektiv *a* „ihr".

éan „Vogel"; *na héin* [nə hēn'] „die Vögel"
aois „Alter"; *a haois* [a hiʃ] „ihr (fem. Sg.) Alter"

Ein *t-Präfix* tritt im Maskulinum Singular bei vokalischem Anlaut nach dem bestimmten Artikel *an* auf. Anlautendes /s-/ wird zu /ts-/im Nom. Sg. Femininum und Gen. Sg. Maskulinum.

arán „Brot"; *an tarán* „das Brot"
seachtain (fem.) „Woche"; *an tseachtain* „die Woche"

Akzent

In den goidelischen Sprachen ist die erste Wortsilbe betont (Ausnahme ist nur das Munster-Irische), was zu einer starken Verkürzung der Wörter durch Synkope und Apokope geführt hat. Dagegen liegt in den britannischen Sprachen – mit Ausnahme eines bretonischen Dialekts – der Akzent auf der vorletzten Silbe.

Nominalmorphologie

Das Urkeltische weist die indogermanischen nominalen Kategorien *Genus* (Maskulinum, Femininum, Neutrum) und *Numerus* (Singular, Plural, Dual) auf. Das Neutrum ging im Gälischen schon in mittelirischer Zeit verloren, nur geringe Spuren des Neutrums haben sich in den britannischen Sprachen erhalten. Der Dual ist altirisch belegt, er tritt allerdings immer mit der Verstärkung des Zahlwortes *dá* „zwei" auf; im Britannischen gibt es nur noch fossile Reste.

Die ursprachlichen *Kasus* sind im Festlandkeltischen noch weitgehend erhalten, im Inselkeltischen wurden sie früh auf fünf reduziert (Nominativ, Vokativ, Akkusativ, Genitiv, Dativ), wobei der Dativ zusätzlich die Funktionen der verlorenen Kasus Ablativ, Lokativ und Instrumentalis übernehmen konnte. Während in den festlandkeltischen Sprachen die urkeltischen Kasusendungen weitgehend erhalten blieben, wurden sie inselkeltisch stark reduziert, so dass im Gälischen mehrere Kasus formal zusammenfielen; im Britannischen gingen die Endungen bald ganz verloren. Als Ersatz für die Kasus wurden verstärkt Konstruktionen der Form Präposition + Nomen eingeführt. Im Altirischen gingen die Kasus nicht spurlos unter; neben einigen erkennbaren Morphemen bewirkten die verlorengegangenen Endungen eine (nicht schriftlich fixierte) Palatalisierung des Auslauts sowie eine Mutation des Anlauts des folgenden Wortes durch Nasalierung und Lenisierung.

Die Tabellen 4.7 und 4.8 zeigen die Deklination eines keltischen o-Stamms **wiros* „Mann" und eines a-Stamms **teutā* „Volk". Aufgeführt werden die rekonstruierten urkeltischen Formen, die belegten gallischen und keltiberischen Endungen sowie die altirischen Formen. Bei letzteren ist die (gesprochene) Palatalisierung des Endkonsonanten und die Form der Mutation des folgenden Anlautkonsonanten (+L Lenisierung, +N Nasalierung) angegeben. Die Ähnlichkeit der keltischen mit der lateinischen Deklination ist auffallend groß.

Tab 4.7 *Keltische Deklination: o-Stamm* *wiros *„Mann" (Eska 2004: 865–867, Sims-Williams 1998: 362–366)*

		Urkeltisch	Gallisch	Keltiber.	Altirisch		
Sg.	Nom.	*wiros	-os, -o	-oś	fer	[-r]	
	Vok.	*wire	-e	–	fir	[-rʲ]	+L
	Akk.	*wirom	-om,-on	-om	fer	[-r]	+N
	Gen.	*wirūī	-ī	-o	fir	[-rʲ]	+L
	Dat.	*wirū	-ū	-ūi	fiur	[-r]	+L
	Lok.	*wirei	-e	-ei	–		
	Instr.	*wirū	-u	-ū	–		
	Abl	.*wirūd		-ūð	–		
Pl.	Nom.	*wirūs	-oi,-ī	-oi (?)	fir	[-rʲ]	+L
	Vok.	*wirūs	–	–	firu	[-ru]	
	Akk.	*wirū(n)s	-ōs,-ūs	-ūś (?)	firu	[-ru]	
	Gen.	*wiron	-on	-ūm	fer	[-r]	+N
	Dat.	*wirobis/-bos	-obo	-uPoś	feraib	[-rəbʲ]	

Tab 4.8 *Keltische Deklination: a-Stamm* *teutā *„Volk" (Eska 2004: 865–867, Sims-Williams 1998: 362–366)*

		Urkeltisch	Gallisch	Keltiber.	Altirisch	
Sg.	Nom.	*teutā	-ā	-ā	túath	+L
	Akk.	*teutam	-an,-em,-im	-am	túaith	+N
	Gen.	*teut(i)jās	-ās,-iās	-āś	túaithe	
	Dat.	*teutī	-ai,-ī	-ai	túaith	+L
Pl.	Nom.	*teutās	-as	-aś (?)	túatha	
	Akk.	*teutās	-as	-aś	túatha	
	Gen.	*teuton	-anom	-aum	túath	+N
	Dat.	*teutābis	-abo	–	túathaib	

Der Vokativ ist beim a-Stamm mit dem Nominativ identisch.

Verbalmorphologie

Die keltische Verbalmorphologie, wie sie vor allem im Altirischen greifbar wird, ist äußerst komplex. Hier können nur einige Grundprinzipien dargestellt werden.

Das Keltische besitzt die üblichen Verbalkategorien Diathese, Tempus, Modus, Numerus und Person. Dabei sind einige indogermanische Kategorien zusammengefallen: Aus dem Perfekt und Aorist wurde ein keltisches Präteritum, aus den ursprachlichen Modi Subjunktiv und Optativ entstand der keltische Subjunktiv. Der Aspekt wird nicht synthetisch, sondern durch Präverben und Partikel zum Ausdruck gebracht. Aus dem überlieferten festlandkeltischen Material ist nur ein schattenhaftes Bild der Verbalmorphologie zu gewinnen, z.B. sind einige Personalendungen erhalten (Tabelle 4.9).

Tab 4.9 *Die Personalendungen des festlandkeltischen Verbs (Eska 2004: 870)*

		Gallisch	Keltiberisch
Sg.	1.	-u, -mi	
	2.	-s	
	3.	-t	-ti, -t
Pl.	1.		-mus, -mu
	2.	-te, -tis	
	3	-nt	-nti

Auch einige Endungen der Deponens-Konjugation (siehe unten) sind belegt: 1. Sg. *-or*, 3. Pl. *-ntor*. Die Endungen der 1. Sg. zeigen, dass es im Keltischen sowohl eine athematische als auch eine thematische Konjugation gab, allerdings wurde die thematische Bildung stark bevorzugt. (Weitere Details zum festlandkeltischen Verbalsystem in Eska 2004: 868–871.)

Von den inselkeltischen Sprachen hat das Altirische das komplexeste Verbalsystem, deswegen werden hier einige Merkmale der altirischen Verbalmorphologie erläutert. Es gibt im Altirischen drei Konjugationstypen: die *aktive*, *deponentielle* und *passive* Konjugation. Auch die deponentielle Konjugation hat eine aktive Bedeutung. Die passive Konjugation hat nur die Formen der 3. Person Sg. und Pl., ein Bezug auf die 1. und 2. Person kann durch pronominale Infixe hergestellt werden.

Nahezu alle Verbformen kommen in zwei Ausprägungen vor, und zwar als *absolute* oder *konjunkte* (verbundene) Form. Die absoluten Formen werden bei einfachen (nicht zusammengesetzten) Verben, die in satzinitialer Position stehen, verwendet (die Wortstellung ist VSO), die konjunkten Formen bei zusammengesetzten Verben oder bei den mit einer Partikel eingeleiteten Verbformen, z.B. absolut *beirid* „er trägt", konjunkt *níbeir* „er trägt nicht" (nach der Negationspartikel *ní*). In Tabelle 4.10 sind die absoluten und konjunkten Formen des altirischen Verbs *beirid* „trägt" im Indikativ Präsens Aktiv sowie die zugehörigen rekonstruierten Formen des Urkeltischen dargestellt, zum Vergleich auch die urindogermanischen Formen.

Tab 4.10 *Keltische Konjugation: Indikativ Präsens Aktiv (Sims-Williams 1998: 369–370)*

		Indogerm.	Urkeltisch		Altirisch	
			absolut	*konjunkt*	*absolut*	*konjunkt*
Sg.	1.	*bherō	*berūt	*berū	biru	-biur
	2.	*bheresi	*beresit	*beres	biri	-bir
	3	*bhereti	*beretit	*beret	beirid	-beir
Pl.	1.	*bheromosi	*beromosit	*beromos	bermai	-beram
	2.	*bherete	*bereteset	*beretes	beirthe	-beirid
	3.	*bheronti	*berontit	*beront	berait	-berat

Die Imperativformen entsprechen den konjunkten Formen des Indikativ Präsens, mit der Ausnahme der 2. Person: *gaib* „hole!", *gaibed* „holt!". Die *Passiv-Konjugation* hat nur Formen der 3. Person im Singular und im Plural.

Tab 4.11 *Keltische Konjugation: Indikativ Präsens Passiv (Sims-Williams 1998: 370)*

		Urkeltisch	Altirisch	
			absolut	*konjunkt*
Sg.	3.	*beror	berair	-berar
Pl.	3.	*berontor	bertair	-bertar

Infigierte Pronomina stellen den Bezug zur 1. und 2. Person her, z.B. *no-m-berar* „ich werde getragen". Die *Deponens-Konjugation* wird in Tabelle 4.12 am Verbum *fograigedar* „tönt, erklingt" dargestellt. Auch hier gibt es absolute und konjunkte Formen.

Tab 4.12 *Keltische Konjugation: Indikativ Präsens Deponens (Sims-Williams 1998: 371)*

		Urkeltisch	Altirisch	
			absolut	*konjunkt*
Sg.	1.	*wogaro-sagi-or	fograigim	-fograigiur
	2.	*wogaro-sagi-ter	fograigther	-fograigther
	3.	*wogaro-sagi-tor	fograigidir	-fograigedar
Pl.	1.	*wogaro-sagi-mor	fograigmir	-fograigmer
	2.	*wogaro-sag-edwe	fograigthe	-fograigid
	3.	*wogaro-sagi-ntor	fograigitir	-fograigetar

4.3 Die festlandkeltischen Sprachen

Auf die relativ schwache Überlieferung der schon im Altertum ausgestorbenen festlandkeltischen Sprachen wurde schon mehrfach hingewiesen. Erhalten sind meist nur kurze Inschriften, Münzlegenden, Namen (Orts-, Gewässer-, Personen- und Götternamen) sowie Glossen vor allem in lateinischen Texten. Es gibt nur sehr wenige Inschriften mit mehr als 50 Wörtern, ihre Interpretation ist häufig noch schwierig. Die Festlandkelten haben keine eigene Schrift entwickelt, sondern die Schriften ihrer Nachbarn (Griechen, Etrusker, Römer, Iberer) übernommen und diese auch nur für wenige Funktionen eingesetzt (vor allem für Grab- und Weihinschriften). Die offensichtlich weitgehend mündliche Tradition ist ein Merkmal der älteren keltischen Kultur.

Das durch Inschriften belegte gallische Sprachgebiet umfasste das heutige Frankreich (außer Aquitanien) und weite Teile Oberitaliens. Auch in den übrigen keltischen Gebieten in Mittel-, Ost- und Südosteuropa waren wahrscheinlich Sprachformen verbreitet, die dem Gallischen nahe standen, wegen fehlender Inschriften lässt sich das allerdings nicht nachweisen. Für eine solche Annahme spricht die Tatsache, dass das Galatische in Zentralkleinasien offensichtlich ein Dialekt des Gallischen ist. Das Lepontische im oberitalienischen Alpenvorland und in angrenzenden Gebieten der heutigen Schweiz scheint aber gegenüber dem Gallischen eine gewisse Eigenständigkeit zu besitzen, erst in den späteren lepontischen Inschriften machte sich der gallische Einfluss stärker bemerkbar. Vom p-keltischen Gallischen setzte sich das q-keltische Keltiberische auf der nördlichen Iberischen Halbinsel deutlich ab.

Gallisch

Die Gallier in Südfrankreich hatten frühzeitig (seit dem 6. Jh. v. Chr.) Kontakt mit griechischen Handelskolonien – vor allem mit Massilia (Marseilles) – und übernahmen für spezielle Funktionen die Schrift der Griechen. Seit dem Ende des 3. Jh. v. Chr. sind vor allem aus dem Rhone-Delta gallische Inschriften in griechischer Schrift überliefert, darunter etwa 70 Steininschriften und über 200 Gefäßaufschriften. Aus Zentralgallien stammen gallische Inschriften in lateinischer Schrift seit dem 1. Jh. v. Chr., die jüngsten datieren aus dem 4. Jh. n. Chr. Neben kurzen Weihinschriften gibt es einige umfangreichere Schriftfunde religiösen Inhalts, z.B. eine Bleitafel mit 64 Wörtern aus Chamalières und eine 160-Wörter-Tafel aus einem Grab in Hospitalet-du-Larzac. Am berühmtesten ist der bronzene Coligny-Kalender in lateinischer Schrift aus dem 2. Jh. n. Chr. mit den Namen von 62 Monaten und der Festlegung „guter" (gallisch *matu*) und „schlechter" Tage.

Aus allen – meist sehr kurzen – Inschriften ergibt sich nur ein geringer Ertrag für die Kenntnis der gallischen Morphologie, aber ein durchaus reicher Ertrag an Personen- und Götternamen. Letztere stimmen zum Teil mit den später inselkeltisch belegten Namen überein (z.B. entspricht der gallische Göttername *Lugus* dem irischen Gott *Lug*). Das Gallische ist weitgehend als p-keltisch einzuordnen (z.B. gallisch *petru* „vier"), allerdings gibt es auch Reste des Labiovelars, z.B. im Flussnamen *Sequana* „Seine". Das Gallische weist deutliche regionale Unterschiede auf.

Lepontisch

Die älteste belegte keltische Sprache ist das Lepontische, das in Inschriften vom 6.–2. Jh. v. Chr. in einem nordetruskischen Alphabet (der sog. Lugano-Schrift) aus dem oberitalienischen Alpenvorland und der Zentralschweiz überliefert ist. Das Lepontische wurde auch nach der Unterwerfung der oberitalischen Kelten im Jahre 192 v. Chr. vor allem im Gebiet des Luganer Sees noch eine Zeitlang gesprochen und geschrieben. Gefunden wurden bisher etwa 70 meist sehr kurze Inschriften (mit maximal sieben Wörtern) auf Grabsteinen und Urnen, dazu rund 20 Münzlegenden. Es gibt drei etwas größere lepontische Weihinschriften: die Steine von Prestino (bei Como) und Vergiate sowie eine lepontisch-lateinische Bilingue aus Todi. Sie bestehen aus einem ganzen Satz, der den Namen des Verstorbenen und den des Stifters des Grabsteins enthält.

Das frühe Lepontische bis zum Beginn des 4. Jh. war offensichtlich eine eigenständige keltische Sprache, deren Zugehörigkeit zum p-Keltischen ungewiss ist, da eindeutige Belege fehlen. Danach vermischte es sich zunehmend mit dem cisalpinen Gallischen bzw. wurde zu einem Substrat für das sich ins lepontische Gebiet ausdehnende Gallische. Die Lugano-Schrift unterscheidet keine stimmhaften und stimmlosen Verschlusslaute, was eine sprachliche Analyse der Inschriften weiter erschwert.

Keltisch in Mittel- und Südosteuropa

Das an das eigentliche Gallien östlich angrenzende keltische Kulturgebiet erstreckte sich in der La-Tène-Zeit über weite Teile des heutigen Süddeutschlands, der Schweiz, Österreichs, Böhmens, Ungarns und des Balkans. Aus diesem großen Gebiet, das sich kulturell und archäologisch nicht vom gallischen Kulturraum unterschied, sind keine keltischen Inschriften überliefert. (Eine Ausnahme bilden zwei möglicherweise keltisch zu interpretierende Inschriftenfragmente aus Grafenstein in Österreich und Pettau in Slowenien, deren Sprache oder Dialekt man „norisch" genannt hat.) Einen gewissen Ersatz für das Fehlen der Schriftfunde bilden die in diesem Gebiet in großer Fülle vorhandenen Orts- und Flussnamen keltischer Herkunft. Aus diesen kann man schließen, dass die in Mittel-, Ost- und Südosteuropa gesprochenen keltischen Sprachformen wohl Dialekte des Gallischen oder zumindest dem Gallischen nah verwandte Sprachen waren.

Keltisches Wortgut findet sich in vielen alteuropäischen Gewässernamen. Dazu gehören die meisten maskulinen Flussnamen wie *Rhein*, *Main*, *Lech*, *Inn* und *Regen* sowie einige feminine Flussnamen wie *Donau*, *Iller*, *Isar*, *Loisach* und *Traun*. Auch Ortsnamen leiten sich von keltischen Bezeichnungen ab, insbesondere solche mit den Endungen /-ach/ und /-ich/, was auf das keltische Suffix /-acum/ zurückgeht, das an die Namen der Besitzer von Gutshöfen oder kleinen Ansiedlungen angehängt wurde. Beispiele solcher Ortsnamen sind *Andernach*, *Breisach*, *Jülich*, *Zülpich*. Ein anderes keltisches Ortsnamensuffix ist /-magus/ (von keltisch *magos* „Feld, Wiese, Ebene"), das z.B. in den Ortsnamen *Dormagen*, *Remagen* und *Nijmegen* vorkommt. Weitere Städtenamen in Deutschland mit keltischen Wurzeln sind vermutlich auch *Bonn*, *Mainz*, *Worms*, *Daun*, *Cham* und

Zarten. In Tabelle 4.13 sind einige latinisierte Orts- und Flussnamen keltischer Herkunft erklärt. Die Bedeutung ist in manchen Fällen nicht gesichert.

Tab 4.13 *Deutschsprachige Orts- und Flussnamen keltischer Herkunft (Zimmer 2004: 205–208)*

Orts- und Flussname	latinis. Keltisch	mögliche Deutung
Daun, Thun	*dunum*	Höhenfestung
Birten, Wirten	*viro-dunum*	Männer-Festung (wahre Festung?)
Karnberg	*carro-dunum*	Wagenburg
Kempten	*cambo-dunum*	Burg an der Krümmung
Dormagen	*durno-magus*	Kiesfeld
Neumagen, Nijmegen	*novio-magus*	Neufeld
Remagen	*rigo-magus*	Königsfeld
Marmagen	*marco-magus*	Pferdefeld
Worms	*bormito-magus*	Feld des (Gottes) Bormo ?
Limmat (Fluss)	*lindo-magus*	Wasserfeld, Sumpf
Boppard	*boudo-briga*	Siegeshöhe
Bregenz	*brigantia*	die Hohe, Höhe
Medlingen, Mailand	*medio-lanum*	Mittelebene
Düren	*duron*	Pforte; Festung in der Ebene (?)
Cham, Kam (Flüsse)	*cambo-*	krumm, gekrümmt
Glan, Glonn, Glen (Flüsse)	*glano-*	rein, klar
Laber (Fluss)	*labaro-*	sprechend, geräuschvoll plätschernd
Dreisam, Traisen (Flüsse)	*tragisama*	die sehr Schnelle
Jülich	*iuliacum*	(Gut) des Julius
Mainz	*mogontiacum*	(Gut) des Mogont

Galatisch

Das Galatische ist die am weitesten östlich belegte keltische Sprache, sie ist mit keltischen Söldnerstämmen 279 v. Chr. nach Zentralanatolien gelangt. Die kleinasiatischen Kelten wurden „Galater" genannt, ihr Name ist durch den an sie gerichteten Paulusbrief des Neuen Testaments allgemein bekannt. Das Galatische ist äußerst spärlich belegt, erhalten sind nur wenige Münzlegenden, Orts- und Personennamen sowie einige Glossen. Man kann davon ausgehen, dass die Galater bereits zur Pauluszeit weitgehend die griechische Sprache übernommen hatten. Allerdings stellte der Kirchenvater Hieronymus noch um 400 n. Chr. in seinem Kommentar zum Galaterbrief fest: „Die Galater haben neben dem Griechischen, das alle Personen im Osten sprechen, noch ihre eigene Sprache, die dem Dialekt der Treverer (eines keltischen Stamms an der Mosel) ziemlich ähnlich ist."

Ähnlich wie beim Lepontischen stellt sich auch hier die Frage der Eigenständigkeit; von manchen wird das Galatische als ein „kolonialer Dialekt des Gallischen" betrachtet, was durch die Bemerkung des Hieronymos indirekt gestützt wird. Wenn nicht noch nennenswerte galatische Inschriften gefunden werden, wird sich diese Frage kaum klären lassen.

Keltiberisch

Bereits bei Herodot (450 v. Chr.) werden Kelten auf der Iberischen Halbinsel erwähnt, die keltische Einwanderung dorthin wird auf den Zeitraum vom 8. bis 5. Jh. v. Chr. datiert. Der von den Römern geprägte Name „Celtiberi" ist seit dem 3. Jh. belegt und bezeichnete wohl nicht nur die Kelten, sondern auch andere Völker Hispaniens. Kulturell wurden die Keltiberer durch das nicht-indogermanische Nachbarvolk der Iberer beeinflusst, deren Schrift sie übernahmen. Diese Schrift war nur bedingt zur Wiedergabe einer keltischen Sprache geeignet, da sie keine Unterscheidung für stimmhafte und stimmlose Verschlusslaute besitzt. Nach der Niederlage von Numantia 133 v. Chr. wurden die Keltiberer Bestandteil der römischen Provinz *Hispania Citerior* und assimilierten sich relativ schnell an die römische Kultur und Sprache.

Keltiberisch ist auf der nördlichen Iberischen Halbinsel zwischen Burgos im Westen und Saragossa im Osten durch Inschriften aus dem 2. Jh. v. Chr. bis zum 1. Jh. n. Chr. belegt, die älteren in iberischer Schrift, die jüngeren meist in lateinischer. Keltiberisch gehört zu den q-keltischen Sprachen. Bis 1970 waren nur wenige kurze keltiberische Inschriften und Münzlegenden bekannt, dazu etwa 20 sog. *tesserae hospitales* (beschriftete Plaketten, die vermutlich dazu dienten, auf Reisen einen Anspruch auf Unterkunft und Bewirtung zu dokumentieren).

1970 änderte sich die Fundsituation entscheidend. In *Botorrita* bei Saragossa wurden zwischen 1970 und 1994 vier längere keltiberische Inschriften aufgefunden, die man als Botorrita Nr. I–IV bezeichnet. Nr. II ist in lateinischer Schrift, die drei übrigen sind in iberischer Schrift verfasst. Zwar ist Nr. III die längste Inschrift, sie enthält aber nur Listen von Personennamen. Die sprachlich ergiebigste ist die Bronzetafel Nr. I, die einen längeren zusammenhängenden Text von etwa 200 Wörtern enthält, der allerdings trotz vieler Versuche bisher nicht übersetzt werden konnte. Man nimmt an, dass es sich um ein juristisches Dokument handelt.

Durch die Botorrita-Tafeln konnte die Kenntnis des Keltiberischen zwar wesentlich erweitert werden, dennoch ist der Wissensstand insgesamt noch sehr gering. Einige Flexionsendungen sind nun bekannt. So lauten z.B. die Kasusendungen der o-Stämme im Singular: Nom. -os, Gen. -o, Dat. -ui, Akk. -om, Abl. -uđ; im Plural Gen. -um, Dat. -ubos. Die Verbalendung der 3. Sg. ist -ti, der 3. Pl. -nti, der Imperativ der 3. Sg. hat die Endung -tuđ. Sicher ist, dass sich das Keltiberische erheblich vom Gallischen unterscheidet.

Lusitanisch

Die wenigen erhaltenen lusitanischen Inschriften aus dem 1. und 2. Jh. n. Chr. sind vollständig in lateinischer Schrift geschrieben und stammen aus Nordportugal und dem angrenzenden westlichen Spanien. Die drei längsten enthalten zwischen 15 und 35 Wörtern. Man kann sie den historisch bekannten Lusitanern zuordnen, die sich 139 v. Chr. den Römern unterworfen hatten.

Es ist bisher nicht abschließend geklärt, ob das sicherlich indogermanische Lusitanisch (vgl. Abschnitt 10.1) vielleicht doch zu den keltischen Sprachen gehört. Ausgeschlossen ist es nicht, obwohl vor Vokalen erhaltenes indogermanisches /*p/ eher dagegen spricht. Eine nähere Verwandtschaft mit dem Keltiberischen kann wohl ausgeschlossen werden.

4.4 Die britannischen Sprachen

Die Überlieferungssituation der inselkeltischen Sprachen stellt sich vollkommen anders dar als die der festlandkeltischen Sprachen, schon weil vier dieser Sprachen bis heute existieren und die beiden ausgestorbenen gut belegt sind. Durch das seit dem Mittelalter reichlich überlieferte Material vor allem des Walisischen und Irischen sind auch die frühen Sprachformen hinreichend bekannt.

Die inselkeltischen Sprachen gehen auf keltische Idiome zurück, die bereits vor dem Eindringen der Römer auf den britischen Inseln gesprochen wurden. Wann die Kelten auf die britischen Inseln kamen, ist unbekannt; der Zeitraum vom 5. bis 1. Jh. v. Chr. gilt am wahrscheinlichsten. Die beiden inselkeltischen Zweige haben sich vor mindestens 2000 Jahren getrennt entwickelt, das q-keltische *Goidelische* zunächst primär in Irland, das p-keltische *Britannische* in Wales und England, während das *Piktische* in Nordschottland verbreitet war. Die Sprache der römischen Eroberer macht sich durch etwa 600–800 lateinische Lehnwörter in den britannischen Sprachen bemerkbar, was auf eine längere Periode eines britannisch-lateinischen Bilingualismus hindeuten könnte. Das Irische (Goidelische) hat lateinisches Wortgut erst im Zuge der Christianisierung seit dem 5. Jh. n. Chr. im größeren Umfang entlehnt.

Walisisch (Kymrisch)

Die ältesten Hinweise auf eine eigenständige Entwicklung des Walisischen oder Kymrischen gibt es aus dem 6. und 7. Jh., dabei handelt es sich vor allem um Orts- und Personennamen sowie um Einzelwörter in lateinischen Dokumenten. Diese früheste Form der Sprache nennt man *Frühwalisisch* (6.–8. Jh.), daran schließen sich *Altwalisisch* (9.–12. Jh.), *Mittelwalisisch* (12.–15. Jh.) und *Neuwalisisch* (seit dem 16. Jh.) an.

Während die früh- und altwalisische Überlieferung noch recht dürftig ausfällt – eine Steininschrift von Tywyn in Gwynedd aus dem 8. Jh.; das älteste Manuskript ist eine kymrische Rechtsbelehrung aus dem 9. Jh. in einem lateinischen Evangeliar; aus dem 10. Jh. stammt der Gesetzescodex „Hywel Dda" –, sind zahlreiche mittelwalisische

Manuskripte erhalten, die sich häufig an altwalisische Vorbilder anschließen (z.B. die Prosaerzählungen „Mabinogion" aus dem 11.–13. Jh., Bardenlyrik aus dem 13. Jh.). Dadurch ist das Mittelwalisische linguistisch umfassend erschließbar und stellt die wichtigste Basis für das Studium der frühen britannischen Sprachen dar. Das erste gedruckte Buch erschien 1547, zwanzig Jahre später eine Übersetzung des Neuen Testaments, die erste vollständige walisische Bibel 1588. Die Sprache der Bibelübersetzung entwickelte sich zu einer Leitform für die walisische Schriftsprache.

Das Walisische hat besser überlebt als alle anderen keltischen Sprachen, es zählt heute mindestens 500 Tsd. Muttersprachler (andere Quellen gehen sogar von über 700 Tsd. aus), und es gibt eine nicht unbeträchtliche Zahl von Menschen mit eingeschränkter kymrischer Sprech- oder Lesekompetenz. In Wales ist Kymrisch regionale Amtssprache und seit Ende der 1940er Jahre Schulsprache. Seit den 1950er Jahren existieren walisischsprachige Radio- und Fernsehprogramme. Fast alle Kymrisch-Sprecher beherrschen heute auch das Englische als Zweitsprache, nur wenige ältere Menschen sprechen ausschließlich Walisisch. Man unterscheidet zwei Hauptdialektgruppen: eine nördliche und eine südliche.

Im Gegensatz zu den anderen überlebenden keltischen Sprachen ist das Walisische noch sehr vital: In Wales wird es von insgesamt 20%, in einigen ländlichen Landesteilen sogar von 70% der Bevölkerung gesprochen, es wird nach wie vor von vielen Kindern als Muttersprache erlernt und ist quer durch alle Gesellschaftsschichten verbreitet. Somit sind die Aussichten für den Weiterbestand des Walisischen gut, zumal ein mehr oder weniger zusammenhängendes Sprachgebiet existiert und in den letzten zehn Jahren die Sprecherzahl sogar leicht gestiegen ist. Seit Wales über ein eigenes Parlament verfügt (1998), sind die Maßnahmen zur Förderung des Kymrischen noch intensiviert worden. Die Sprache ist das wesentliche identitätsstiftende Element für die meisten Waliser.

Der Wortschatz des Walisischen ist primär durch den keltischen Erbwortschatz geprägt, allerdings hat die römische Besetzungszeit einige hundert lateinische Lehnwörter hinterlassen, z.B. *mur* „Mauer", *fforch* „Gabel", *boch* „Wange", *pobl* „Volk", die auch den Grundwortschatz betreffen. Am stärksten war und ist natürlich der Einfluss des Englischen, englische Lehnwörter gibt es in allen Bereichen des Lexikons, für viele Begriffe steht ein kymrisch-englisches Bezeichnungspaar zur Verfügung.

Kumbrisch

Kumbrisch ist eine dem Kymrischen nah verwandte Sprache, die in einem Großteil von Cumbria, dem nördlichen Northumbria und den schottischen Central Lowlands bis etwa ins 11. oder 12. Jh. hinein gesprochen wurde. Spuren des Kumbrischen haben sich vor allem in Ortsnamen erhalten, z.B. *Lannark* vgl. walis. *llannerch* „Schwert", *Ecclefechan* zu walis. *eglwys fechan* „kleine Kirche", *Penrith* zu walis. *pen* „Ende" + *rhyd* „Fjord", also „Ende des Fjords". Drei kumbrische Wörter sind in einem juristischen lateinischen Text des 11. Jh. erhalten, darunter *galnes*, vgl. mittelwalisisch *gelanes* „Blutstrafe".

Bis ins frühe 20. Jh. blieb bei Schafshirten ein spezielles kumbrisches Zahlensystems in Gebrauch, das wahrscheinlich aus verballhornten Formen kumbrischer Zahlwörter bestand: Zahlenfolge 1–5: *yan, tan, tethera, methera, pimp*; 6–10: *sethera, lethera, hivera, dovera, dick*.

Ob das Kumbrische eine eigenständige Sprache oder nur ein Dialekt des Walisischen war, ist bei dem äußerst geringfügig überlieferten Material nicht festzustellen. Manches spricht für die Hypothese, dass die Kumbrier von den Walisern durch vordringende Angeln räumlich getrennt wurden und sich dadurch eine gewisse Eigenständigkeit ihrer Sprachform entwickelte.

Kornisch

Das Kornische ist eine dem Bretonischen nah verwandte südwest-britannische Sprache, die in Cornwall gesprochen wurde. Es starb nach einer langen Periode des Rückzugs und der Verdrängung im späten 18. Jh. aus, wurde aber im 20. Jh. mit bescheidenem Erfolg revitalisiert. Kornisch wird in die Perioden *Frühkornisch* (600–900), *Altkornisch* (900–1200), *Mittelkornisch* (1200–1575) und *Spätkornisch* (1575–1800) eingeteilt.

Etwa im 6. Jh. hat sich das Kornische vom Gemeinbritannischen getrennt und hat seitdem gegenüber dem Walisischen eine eigenständige Entwicklung durchlaufen. Ursache für die Aufspaltung der britannischen Sprachen war wahrscheinlich das Vordringen der Sachsen nach Westen, was zu einer Trennung der Sprachgebiete führte.

Für das Altkornische – das kaum vom Altbretonischen unterscheidbar ist – sind nur Orts- und Personennamen belegt. Aus dem 9. und 10. Jh. gibt es einige Glossen in lateinischen Texten. Eine Hauptquelle für das Altkornische ist das *Vocabularium Cornicum*, ein lateinisch-kornisches Glossar mit 961 Einträgen aus dem späten 11. oder frühen 12. Jh. Der erste vollständige kornische Satz ist eine nicht eindeutige Prophezeiung aus dem Jahre 1265: *in polsethow ywhylyr anethow* „In Polsethow wird man Wohnungen/ Wunder sehen". Unter dem Druck des Englischen begann schon in der mittelkornischen Periode der Rückzug der kornischen Sprache nach Westen, literarisch handelte es sich aber um die produktivste Phase. Aus dem Mittelkornischen sind spätmittelalterliche religiöse Dramen – vor allem Mysterienspiele aus dem Kollegium von Glasney – überliefert. Ein Grund für den immer rascheren Zerfall der Sprache ist sicher das Fehlen einer kornischen Bibelübersetzung, die ein Leitfaden für eine einheitliche Schriftsprache hätte sein können. Das spätkornische Sprachgebiet umfasste im 17. Jh. nur noch den westlichsten Teil Cornwalls, und in vielen Quellen aus dieser Zeit werden typische Verfallserscheinungen der Sprache in Lexikon, Phonologie und Morphologie deutlich. Das Englische war in nahezu alle Lebensbereiche der Kornen vorgedrungen. Die letzten Muttersprachler, welche die Sprache noch einwandfrei beherrschten, sind im späten 18. Jh. gestorben, die letzten „Halbsprecher" im Laufe des 19. Jh.

Im 20. Jh. wurden Revitalisierungsversuche auf Grundlage der mittel- und spätkornischen Sprachformen unternommen. Heute sprechen etwa 250–300 Enthusiasten „Neokornisch" flüssig, weitere 3000 haben wenigstens Grundkenntnisse. Kornische Erbwörter machen rund 70% des neokornischen Wortschatzes aus, 25% stammen aus dem Bretonischen und Walisischen, weitere 5% aus dem Englischen, daneben existieren auch Entlehnungen internationaler Termini lateinischen und griechischen Ursprungs.

Viele Keltologen stehen dem Neokornischen durchaus kritisch gegenüber, da sie es aufgrund seiner gemischten und willkürlichen Konstruktion für unauthentisch halten. Ein Problem ergibt sich auch aus der Zersplitterung der Neokornisch-Gemeinde in mehrere Gruppen mit unterschiedlichen Rekonstruktionsansätzen (die Unterschiede bestehen vor allem in der Frage, ob das Mittel- oder Spätkornische die Hauptgrundlage der Rekonstruktion bilden soll). Abgesehen von zweisprachigen Orts- und Straßenschildern gibt es von staatlicher Seite derzeit kaum Bemühungen, die Revitalisierung des Kornischen zu unterstützen. Allerdings ist das Kornische mittlerweile von der britischen Regierung als Minderheitensprache anerkannt worden und soll verstärkt in Schulen unterrichtet werden. Dafür gibt es einen 2008 neu ausgearbeiteten Orthographie-Kompromiss. In den Medien ist Kornisch bisher kaum vertreten.

Bretonisch

Das Bretonische bildet zusammen mit dem Kornischen den südwestlichen Zweig des Britannischen, diese beiden Sprachen sind also besonders nah verwandt. Obwohl Bretonisch in der Bretagne und nicht auf den britischen Inseln gesprochen wird, wird es zu Recht als inselkeltische Sprache betrachtet. Im 5.–7. Jh. zogen südwest-britannische Stämme unter angelsächsischem Druck von Südwest-England über den Ärmelkanal und siedelten in der Bretagne, wo sie möglicherweise auf festlandkeltische Restgruppen trafen.

Das Bretonische wird wie folgt periodisiert: *Altbretonisch* (600–1000), *Mittelbretonisch* (1000–1600) und *Neubretonisch* seit 1600. Im 20. Jh. bildete sich eine neue Standardvarietät, das *Neobretonische* heraus, das als eigene Sprachperiode aufgefasst werden kann. Das Altbretonische ist nur schwach belegt, da die meisten schriftlichen Quellen normannischen Überfällen auf die bretonischen Klöster im 9. Jh. zum Opfer gefallen sein dürften. Aus der mittelbretonischen Epoche ist eine Reihe von Texten überliefert, vor allem Gedichte, Mysterienspiele und religiöse Literatur. In der Lyrik lassen sich noch Spuren einer speziell britannischen Dichtform feststellen, deren Versform man bretonisch *kenganez* nennt. Diese Kunst hat sich im Walisischen bis heute als *cynghanedd* erhalten; sie ist durch eine Verflechtung von Binnen-, End- und Stabreimen gekennzeichnet. Die neubretonische Periode seit 1600 ist durch einen starken Zerfall der Sprache in Einzeldialekte gekennzeichnet.

Es dauerte bis ins 20. Jh., bis sich wieder eine akademisch geprägte Standardvarietät herausbilden konnte, das Neobretonische. Obwohl man aus Gründen der Sprachreinheit viele französische Lehnwörter getilgt hatte, steht das Neobretonische dem Französischen phonologisch und syntaktisch viel näher als die neubretonischen Dialekte. Insbesondere der bretonische Wortakzent auf der zweitletzten Silbe und die in der gesamten inselkeltischen Phonologie extrem wichtigen Anlautmutationen werden oft nicht realisiert. Deswegen wird das Neobretonische von den meisten Dialektsprechern nicht akzeptiert, oft auch nicht verstanden.

Die Zahl der kompetenten Bretonisch-Sprecher hat sich seit den 1950er Jahren drastisch verringert. Allgemein wird davon ausgegangen, dass 1950 noch etwa 1,2 Mio. Menschen Bretonisch sprachen, darunter gab es einige Zehntausend ältere monolinguale

Sprecher. Danach setzte ein schneller Sprachverlust und Übergang zum Französischen ein, da die meisten bretonischen Familien ihre Kinder nur noch einsprachig in der Prestigesprache Französisch aufzogen. Heute wird die Zahl der kompetenten Bretonisch-Sprecher auf unter 250 Tsd. geschätzt (jüngere Untersuchungen ergaben sogar nur 150–170 Tsd.), von denen etwa zwei Drittel älter als 60 Jahre alt sind und kaum die Hälfte auch regelmäßig Bretonisch im Alltag verwendet. Die bretonische Sprache genießt bis heute keinerlei offizielle Anerkennung oder gar Unterstützung seitens des französischen Staates, sie wurde bis in die 1960er Jahre rigoros unterdrückt. Als Schulsprache wird Bretonisch nur in Privatschulen eingesetzt und gelehrt. Die wenigen bretonischen Medien werden zum größten Teil von Nichtmuttersprachlern mit recht unterschiedlicher Kompetenz geführt und moderiert.

Piktisch

Das Piktische ist eine äußerst dürftig belegte Sprache, die bis zum 10. oder 11. Jh. in Schottland nördlich der Forth-Clyde-Linie vom Volk der Pikten gesprochen wurde. Ihre Zugehörigkeit zum Keltischen — und damit zum Inselkeltischen — wird heute allgemein angenommen, die genauere Position innerhalb des Inselkeltischen ist unklar. Piktisch scheint aber dem Britannischen näher als dem Goidelischen. So passt z.B. piktisch *VRACTE* /wraxte/ zu kymrisch *gwreith* „machte, stellte her, verfertigte" (idg. Verbwurzel *$\underset{\smile}{u}$erg*'-).

90 n. Chr. drangen die Römer bis zur Forth-Clyde-Linie vor, 142 n. Chr. ließ Antoninus Pius dort den schottischen Limes errichten. Seit dem 3. Jh. tauchten nördlich davon zwei Stämme auf, die *Kaledonen* und *Mäaten*, die von den Römern *Pikten* genannt wurden. Der Name wird — vermutlich volksetymologisch — als lateinisch *picti* „die Angemalten" interpretiert, was auf Tätowierungen schließen lässt; andererseits ist das Namenselement *Pit-* in mehreren piktischen Ortsnamen überliefert, was vielleicht die wahre Herkunft für die römische Stammesbezeichnung darstellt. Im 3./4. Jh. wurden die piktischen Revolten und Einfälle in römisches Gebiet häufiger. Nach dem Abzug der Römer drangen Gälisch sprechende Iren ab dem 5. Jh. in das Land der Pikten ein und drängten diese immer weiter in Randgebiete ab, bis sie im 9. Jh. die Kontrolle über ganz Nordschottland hatten. Die Pikten assimilierten sich kulturell und sprachlich an die Schotten, spätestens im 11. Jh. war die piktische Sprache ausgestorben.

Das Piktische hat sich früh aus dem Inselkeltischen ausgegliedert, noch im 8. Jh. wurde es als eigenständige Sprache beschrieben, die also nicht mit dem Schottisch-Gälischen näher verwandt war. Die Überlieferung ist äußerst spärlich. Es sind insgesamt 39 Inschriften erhalten, davon sieben in lateinischer Schrift sowie 32 im irischen Ogham-Alphabet. Alle sind kurz und kryptisch, meist fragmentarisch, so dass eine exakte Übersetzung oder Deutung bisher kaum möglich ist. Dass sich die piktischen Inschriften so schwer lesen und interpretieren lassen, liegt vor allem an ihrem schlechten Erhaltungszustand und eigentümlichen Orthographiegewohnheiten. Die Inschriften enthalten etliche Personennamen, die die Zuordnung des Piktischen zum Keltischen nahelegen. Die frühere Ansicht, dass die bisher nicht deutbaren piktischen Inschriften neben dem eigentlichen keltischen Piktisch noch Elemente einer weiteren nicht-indogermanischen Sprache enthalten, wurde inzwischen aufgegeben. In Nordschottland gibt es etliche Ortsnamen mit dem piktischen Element *Pit-* (z.B. Pitlochry, Pittenweem), das als „Landparzelle" gedeutet wird.

4.5 Die goidelischen oder gälischen Sprachen

Die Trennung des Goidelischen oder Gälischen vom Britannischen erfolgte vor mindestens 2000 Jahren. Das Hauptmerkmal der beiden Sprachgruppen ist die Umsetzung des indogermanischen Labiovelars /*kʷ/ in /k/ bzw. /p/. Das Goidelische gehört zum q-Keltischen, das Britannische zum p-Keltischen.

Die Heimat des Goidelischen ist Irland, dort entwickelte es sich in den ersten nachchristlichen Jahrhunderten zur irischen Sprache. Später trugen die Iren diese Sprache nach Schottland und auf die Insel Man, es entstanden die eigenständigen Sprachen Schottisch-Gälisch und Manx. Ein besonderes Merkmal der frühen irischen Überlieferung ist die Verwendung einer besonderen Schrift, des sog. *Ogham-Alphabets*.

Die Ogham-Schrift

Die Ogham-Schrift (oder auch Ogam-Schrift, wobei *Ogam* die altirische und *Ogham* die neuirische Schreibweise darstellt) ist ein alphabetisches Schriftsystem, das auf etwa 400 meist kurzen Steininschriften vom 4. bis 9. Jh. n. Chr. belegt ist. Die meisten dieser Grab- und Gedenkinschriften wurden in Irland (im Südwesten der Insel) gefunden (mehr als 300). Die Ogham-Inschriften aus Wales (40), Cornwall und Devon (8) und von der Isle of Man (6) sind wie die aus Irland stammenden in irischer Sprache verfasst, was darauf hindeutet, dass nach dem Ende der römischen Herrschaft irische Kolonien in Wales und Cornwall entstanden sind, die sich dort allerdings nicht lange halten konnten. Eine Ausnahme bilden die rund 40 späten Ogham-Inschriften (8./9. Jh.) aus Nordschottland, hierbei handelt es sich um Texte in piktischer Sprache.

Das Ogham-Alphabet wurde im 4. Jh. in Irland nach dem Vorbild des lateinischen Alphabets konstruiert. Das Prinzip des Alphabets wurde also nicht neu erfunden, sondern nur die äußere Zeichenform radikal geändert und systematisiert. Frühere Vermutungen, dass es eine Verbindung des Ogham-Alphabets zur nordischen Runenschrift gibt, haben sich nicht bestätigt. Der Name „Ogham" geht nach irischer Tradition auf den keltischen Gott *Ogme* zurück.

Die Ogham-Zeichen wirken wie die Kerben auf einem Zählholz („Kerbholz") oder wie ein frühes Morsealphabet. Die Schrift besteht aus 20 Zeichen, davon 15 für Konsonanten – wie sie für das archaische Irische gebraucht wurden – und 5 für Vokale. Später kamen weitere Zeichen hinzu, die vor allem zur Schreibung von Diphthongen verwendet wurden. Die 20 Zeichen des klassischen Ogham-Alphabets sind in vier Gruppen von je fünf Zeichen eines bestimmten Typs eingeteilt. (In Tabelle 4.14 sind die unsicheren Lautwerte durch einen Asterisk markiert).

Tab 4.14 *Das klassische Ogham-Alphabet und seine Lautwerte*

B	L	V	S	N	H*	D	T	C	Q	M	G	ŋ*	Z*	R	A	O	U	E	I

Jedes Konsonanten-Zeichen wird durch 1–5 Striche oberhalb, unterhalb oder quer zu einer Basislinie gebildet, die Vokalzeichen durch 1–5 Punkte auf der Linie. In der Regel wird eine Ogham-Inschrift von unten nach oben oder von rechts nach links geschrieben. Häufig wurden die Kanten der Grabsteine als natürliche Basislinie verwendet. Um 650 n. Chr. wurde die Ogham-Schrift weitgehend vom lateinischen Alphabet abgelöst, aus der Zeit danach stammen nur noch sehr wenige Inschriften (vor allem die piktischen), manche späte Inschriften sind Bigraphen in Ogham- und Lateinschrift.

Irisch

Die älteste Überlieferung des Irischen ist in der Ogham-Schrift erhalten, meist handelt es sich um kurze Grab- und Gedenkinschriften, die vor allem aus Namen und stereotypen Formeln bestehen. Im sog. *Ogham-Irischen* (4.–7. Jh.) sind noch die keltischen Kasusendungen vorhanden, die Ähnlichkeit mit der Sprache der frühesten britannischen und festlandkeltischen Inschriften ist noch relativ groß, obwohl auch schon typisch goidelische Merkmale zu erkennen sind. Die Ogham-Schrift wurde auch nach der Christianisierung Irlands im 5. Jh. bis etwa 650 n. Chr. weiter verwendet. In dieser Zeit übernahm das Irische etliche lateinische Lehnwörter, z.B. *baislec* < latein. *basilica* „Kirche", *eclais* < latein. *ecclesia* „Kirche als Institution". Im 5./6. Jh. kam es dann durch bestimmte lautliche Veränderungen (Apokope, Synkope und Palatalisierung) zu einer dramatischen Umstrukturierung der irischen Sprache, was unter anderem zum Verlust der meisten Kasusendungen führte (z.B. Ogham-Irisch *CUNAGUSOS* > altirisch *Congus*).

Für das *Altirische* (700–950) wurde bereits ausschließlich das lateinische Alphabet verwendet. Die ältesten irischen Texte in lateinischer Schrift sind Glossen zu den Paulusbriefen in einem Würzburger Codex, die um 700 verfasst wurden. Aus etwas späterer Zeit sind altirische Rechtscodices überliefert. Im 8. und 9. Jh. entstanden religiöse Dichtungen, Sagenzyklen und Lehrgedichte. Sprachlich ist das Altirische durch eine Wortbildung mit zahlreichen Präfixen, infigierte Pronomina in Verbformen, Präpositionen mit Personalsuffixen und ein besonders komplexes System der Verbalendungen charakterisiert. Die sog. Anlautmutationen (Lenisierung, Nasalierung) teilt es mit den britannischen Sprachen, wenn auch die Ausprägung durchaus unterschiedlich ist.

In der Wikingerzeit (9.–11. Jh.) übernahm das Irische nordische Lehnwörter überwiegend aus den Bereichen Seefahrt und Handel, z.B. mittelirisch *cnar* < altnordisch *knørr* „Handelsschiff". In dieser Zeit änderte sich die Sprache vom komplizierten Altirischen zum grammatisch weniger komplexen *Mittelirischen*. (950–1200). Die Verbalflexion wurde vereinfacht, das Neutrum ging verloren und unbetonte Vokale wurden neutralisiert.

Das um 1200 einsetzende sog. *Frühneuirische* (1200 – 17. Jh.) ist trotz der Anwesenheit der Normannen und englischer Neusiedler in Irland eine Periode sprachlicher Stabilität mit einer umfangreichen literarischen Produktion. Anglonormannisch (Französisch) wurde fast ausschließlich in der Administration verwendet (11.–14. Jh.), die Sprache der englischen Neusiedler konnte sich zunächst nur um Dublin und Wexford durchsetzen, Irisch blieb die in allen Schichten meistgesprochene Sprache auf der Insel.

Im 16. und 17. Jh. erfolgte eine planmäßige Ansiedlung englischer und schottischer Farmer in Teilen Irlands sowie die Enteignung irischer Grundbesitzer, dadurch begann der Anteil der Irischsprecher an der Gesamtbevölkerung langsam zu sinken. Die Oberschicht ging im 18. Jh. weitgehend zum englischen Sprachgebrauch über. Die wichtigste Ursache für den Niedergang der irischen Sprache waren jedoch die Hungersnöte des 19. Jh., vor allem in den Jahren 1845–1849. 1,5 Mio. vor allem ländliche Iren verhungerten oder wanderten nach Amerika aus, das war ein Verlust von über 40% der Bevölkerung. Von der zurückgebliebenen Landbevölkerung wanderten viele in die Städte ab, wo sie ihre Sprache zu Gunsten des Englischen aufgeben mussten. Das Irische wurde zur Sprache der armen Landbewohner, verlor alles Prestige und wurde auch auf dem Lande zunehmend vom Englischen verdrängt.

Die Wiederbelebungsmaßnahmen ab dem späten 19. Jh. und vor allem nach der 1922 wiedergewonnenen Unabhängigkeit Irlands konnten den Niedergang der irischen Sprache nicht aufhalten. Heute wird nur noch in kleinen Teilen Irlands täglich Irisch gesprochen. Diese meist über die West- und Südküste der Insel verstreuten Sprachinseln werden als *Gaeltacht*-Gebiete bezeichnet. Im alltäglichen Leben hat das Irische nur noch eine Randexistenz. Zwar gaben bei der irischen Volkszählung von 2006 1,66 Mio. Iren (40% der Bevölkerung) an, Irisch sprechen zu können. Darunter sind jedoch höchstens 70 Tsd. Muttersprachler, von denen wiederum nur ein Teil im Alltag regelmäßig Irisch spricht. Englisch ist somit die Muttersprache von über 98% der heutigen Iren geworden, das gilt insbesondere auch für Nordirland. Irisch ist nach der Verfassung von 1937 die National- und erste Amtssprache der Republik Irland, Englisch die zweite Amtssprache. Alle Staatsdokumente werden auch auf Irisch verfasst.

Schottisch-Gälisch

Das Irische breitete sich mit irischen Eroberern und Siedlern seit dem 5. Jh. n. Chr. auf die Inseln der Irischen See und nach Schottland aus. Seit dem 13. Jh. entwickelte sich das gesprochene Irisch in Schottland zu einer eigenständigen goidelischen Sprache, die man heute *Schottisch-Gälisch* nennt. Diese keltische Sprache ist sowohl vom *Scots*, einer eigenständigen, in Schottland gesprochenen Nicht-Standardvarietät des Englischen, sowie vom *Schottischen Englisch*, dem in Schottland gesprochenen Dialekt des modernen Standard-Englischen, deutlich zu unterscheiden.

Als Schriftsprache blieb in Schottland bis zum 17. Jh. der irische Standard verbindlich. Zur Überlieferung gehören nur wenige literarische Texte, dagegen eine umfangreiche gelehrte Fachprosa mit Werken zur Medizin, Rechtsprechung und Genealogie. Die reiche zunächst mündlich überlieferte Balladendichtung aus dem 16./17. Jh. wurde erst seit dem

19. Jh. im Zuge der *Celtic-Revival*-Bewegung aufgezeichnet. Der Wortschatz des Schottisch-Gälischen enthält außer dem keltischen Erbwortschatz lateinische Lehnwörter, die noch auf die Zeit der Christianisierung im 5. Jh. zurückgehen; seit der mittelenglischen Periode ist der Einfluss des Englischen immer stärker geworden.

Noch im 15. Jh. wurde Schottisch-Gälisch in den nördlichen Landesteilen Schottlands und auf den Inseln (außer Orkney und Shetland) gesprochen. Seitdem schritt die Assimilation an das Englische ständig fort, das gälische Sprachgebiet wurde immer kleiner. Ein Londoner Parliament Act von 1616 forderte sogar die völlige Abschaffung des Gälischen in Schottland. Während das Gälische aus weiten Teilen Schottlands im 17. und 18. Jh. verdrängt wurde, setzte die Anglisierung im westlichen Hochland erst im 19. Jh. ein. Ursachen des Niedergangs waren u.a. der Zusammenbruch der Clan-Gesellschaft nach 1745 sowie die Einführung der allgemeinen Schulpflicht im Jahre 1872 mit ausschließlicher Verwendung der englischen Sprache. Im 19. Jh. sind viele Schotten in die Industrieorte Südschottlands und Englands abgewandert, wo sie ihre Muttersprache innerhalb einer Generation verloren. Der Niedergang des Schottisch-Gälischen konnte trotz einiger Anstrengungen bis heute nicht aufgehalten werden, der Vergleich der Sprecherzahlen aus den Zählungen von 1981, 1991 und 2001 zeigt jeweils einen Rückgang von über 10%.

Nach der staatlichen Zählung von 2001 sprechen in Schottland noch 59 Tsd. Menschen Gälisch (gut 1% der schottischen Bevölkerung); darüber hinaus gibt es noch etwa 5.000 Sprecher außerhalb Schottlands, insgesamt also 64 Tsd., von denen sicherlich nicht alle Muttersprachler sind. Die Hälfte der Sprecher lebt auf den Hebriden (auf den Äußeren Hebriden sprechen noch 50–75% auch im Alltag Gälisch), der Rest in den westlichen und nordwestlichen Küstengebieten Schottlands sowie im Hochland, meist sind sie in sog. *Gàidhealtachd*-Gebieten konzentriert. Auch in Glasgow gibt es noch relativ viele Gälisch-Sprecher. Schottisch-gälische Kolonien entstanden in Kanada auf Cape Breton Island in Neuschottland (2.000 Sprecher), 1.600 Sprecher leben in den USA, 800 in Australien. Die Prognose für den Fortbestand des Schottisch-Gälischen ist ungünstig, da die meisten kompetenten Sprecher älter als 40 Jahre sind und Gälisch in immer weniger Familien an die nächste Generation weitergegeben wird. Nahezu alle Sprecher des Gälischen beherrschen auch das Englische.

Es gibt allerdings auch eine positive Entwicklung. 2005 wurde vom 1998 eingesetzten Schottischen Parlament der *Gaelic Language Act* zur Förderung der schottisch-gälischen Sprache erlassen. Danach soll das Gälische in Schottland „mit dem gleichen Respekt" wie das Englische behandelt und in allen Belangen gefördert werden, womit eine regierungsnahe Organisation namens *Bòrd na Gàidhlig* beauftragt wurde. Als Folge des *Gaelic Language Act* kann Gälisch auch offiziell im öffentlichen Sprachgebrauch von Gemeinden mit einem hohen Anteil an Gälisch-Sprechern verwendet werden. Gälisch wird als Unterrichtssprache in Primarschulen auf den Äußeren Hebriden, der Insel Skye und in Glasgow eingesetzt, an anderen Schulen im ganzen Land kann es als Unterrichtsfach gewählt werden. In den letzten Jahren sind gälischsprachige Rundfunk- und Fernsehprogramme eingerichtet worden. Ob diese neue positive und nun staatlich geförderte Einstellung zur Sprache letztlich Früchte tragen wird, müssen die nächsten Jahrzehnte zeigen.

Manx

Manx oder *Manx-Gälisch* ist die inzwischen ausgestorbene Ausformung des Irischen auf der Isle of Man. Auch auf der Insel Man verbreitete sich seit dem 5. Jh. mit den irischen Siedlern ihre gälische Sprache, die sich im Laufe der Jahrhunderte – parallel zum Schottisch-Gälischen – zu einem eigenständigen Idiom entwickelte. Die Eigenständigkeit des Manx wurde durch eine von der irischen Tradition abweichende Orthographie, die auf dem Mittelenglischen beruht, besonders betont.

Der Wortschatz des Manx umfasst außer den keltischen Erbwörtern ähnlich wie das Irische und Schottisch-Gälische frühe lateinische und vor allem englische Lehnwörter. Dazu kommen einige wenige nordische Entlehnungen aus der Wikingerzeit (9./10. Jh.), unter anderem auch die Bezeichnung der Sprache selbst: *Manx* stammt von altnordisch *Mansk* „zur Insel Man gehörig". Auf der Insel Man gab es im Laufe der Geschichte drei Schriftsysteme: Die frühen irischen Siedler brachten im 5. Jh. das Ogham-Alphabet mit (sechs Inschriften sind auf Man erhalten), die Wikinger ihre Runenschrift, danach wurde auch auf Man ausschließlich das lateinische Alphabet verwendet.

Die ältesten Texte in Manx stammen aus dem 16. Jh., sie sind aber nur als Abschriften aus dem 18. Jh. erhalten, darunter die sog. *Traditionary Ballad*, ein Gedicht über die Geschichte der Insel. 1610 übersetzte Bischof John Philipps das *Book of Common Prayer* ins Manx. Der Großteil der sonstigen Sprachzeugnisse besteht aus verschriftlichten Versionen alter traditioneller Erzählungen und Lieder. Das erste gedruckte Buch war ein zweisprachiger (Englisch-Manx) Katechismus von 1707. Insgesamt war das 18. Jh. die literarisch produktivste Periode, das längste Werk ist die Übersetzung von Miltons „Paradise Lost".

In der ersten Hälfte des 18. Jh. war Manx noch die unumstrittene Hauptsprache der Insel, die von allen Bevölkerungsschichten gesprochen wurde. Dies änderte sich im Jahre 1765, als die Insel von Großbritannien annektiert wurde und ein durch politischen und sozialen Druck geförderter Verdrängungsprozess zugunsten des Englischen begann. Zudem führten die schlechten wirtschaftlichen Verhältnisse zur Auswanderung der Bevölkerung nach Nordamerika und zur Abwanderung in die schottischen und englischen Industriegebiete, gleichzeitig nahm die englische Immigration stetig zu. 1901 wurden nur noch 4.419 Manx-Sprecher gezählt, 1921 noch 896 (die meisten schon über 50 Jahre alt), 1950 war die Zahl auf 10 gesunken. 1974 starb die Sprache Manx mit ihrem letzten Sprecher Ned Maddrell aus.

Seit dem Ende des 19. Jh. versuchten kulturell aktive Inselbewohner, den Assimilationsprozess an das Englische zu verlangsamen und den Gebrauch ihrer angestammten Sprache wiederzubeleben; wie man an der Tatsache des Aussterbens sieht, zunächst ohne Erfolg. 1968 wurde die *Manx Language Society* zur Förderung des Manx gegründet. Bei der Volkszählung von 2001 gaben immerhin 1.689 der etwa 75 Tsd. Inselbewohner an, Manx in Wort und Schrift zu beherrschen, darunter gibt es sogar wieder einige wenige junge Muttersprachler. Manx ist inzwischen Unterrichtsfach an allen Schulen der Insel und Unterrichtssprache an mehreren Kindergärten und zwei Volksschulen.

5 | Italisch und Romanisch

Die *italische Sprachfamilie* bildet – gemessen an der Sprecherzahl – den zweitgrößten Primärzweig des Indogermanischen. Zum Italischen gehören zwei heterogene Gruppen: einerseits die *altitalischen* (oder kurz *italischen*) Sprachen, die im 1. Jt. v. Chr. in Mittel- und Süditalien und wahrscheinlich auch auf Sizilien gesprochen wurden, andererseits die *romanischen Sprachen*, die sämtlich von einer einzigen italischen Sprache, dem *Lateinischen*, abstammen und die heute weltweit von etwa 800 Mio. Menschen als Muttersprache und weiteren geschätzten 200 Mio. als Zweitsprache gesprochen werden.

In der Mitte des 1. Jt. v. Chr. teilten sich die italischen Sprachen die italienische Halbinsel mit etlichen nicht-italischen Sprachen. Neben einigen *nicht-indogermanischen* Sprachen wie Etruskisch, Rätisch, Ligurisch, Camunisch und Nordpikenisch waren auch mehrere *indogermanische*, aber *nicht-italische* Sprachen verbreitet: Venetisch und Keltisch (cisalpines Gallisch, Lepontisch) in Norditalien, Messapisch in Apulien sowie Griechisch in Süditalien und auf Sizilien.

Die indogermanischen Italiker waren am Ende des 2. Jt. v. Chr. nach Italien eingewandert und hatten sich in Mittel- und Süditalien angesiedelt. Die seit dem 7. Jh. v. Chr. inschriftlich belegten italischen Sprachen lassen sich nach linguistischen Gesichtspunkten in zwei Hauptgruppen einteilen: *Oskisch-Umbrisch* (oder *Sabellisch*) sowie *Lateinisch-Faliskisch*. Alle italischen Sprachen außer dem *Lateinischen* sind bereits bis zum Ende des 1. Jh. n. Chr. ausgestorben bzw. vom Lateinischen verdrängt und absorbiert worden. Während es eine überwältigende Fülle an lateinischer Überlieferung aus dem gesamten Altertum und Mittelalter gibt, sind die anderen italischen Sprachen nur inschriftlich belegt. Davon weisen nur *Oskisch*, *Umbrisch* und *Faliskisch* ein umfassenderes Textkorpus auf, alle anderen altitalischen Sprachen sind nur durch wenige Inschriften überliefert.

Als Staatssprache des Römischen Reiches breitete sich die lateinische Sprache zunächst in Italien und dann im Zuge der römischen Expansion im gesamten Westen des römischen Herrschaftsgebiets aus. In weiten Teilen dieses riesigen Territoriums konnte sich das Lateinische in gesprochener Form auch nach dem Zerfall der römischen Herrschaft erhalten. Aus diesem *Sprechlatein* oder *Vulgärlatein* (von latein. *vulgus* „Volk", also der „Volkssprache") entwickelten sich in der zweiten Hälfte des 1. Jt. n. Chr. die *romanischen Sprachen*. Ihre heutigen beträchtlichen Unterschiede resultieren aus jahrhundertelangen eigenständigen Entwicklungsverläufen sowie unterschiedlichen regionalen Substraten, z.B. dem Gallischen in Gallien und Norditalien, dem Iberischen, Keltiberischen und Baskischen auf der Iberischen Halbinsel, dem Dakischen im heutigen Rumänien oder dem Rätischen im norditalienischen Alpenvorland.

5.1 Die altitalischen Sprachen

Übersicht und Gliederung

Die (alt-)italischen Sprachen sind seit dem 7. Jh. v. Chr. in Mittel- und Süditalien epigraphisch belegt, bis zum Ende des 1. Jh. n. Chr. waren alle vom expandierenden Lateinischen absorbiert worden, das als einzige altitalische Sprache in Gestalt seiner romanischen Tochtersprachen bis heute überlebt hat.

Das Italische gliedert sich in zwei Hauptgruppen. Das *Lateinisch-Faliskische* besteht aus dem Lateinischen – der Sprache Roms und der Landschaft Latium – und dem nah verwandten, in Falerii gesprochenen *Faliskischen*. Die andere Gruppe wird nach ihren Hauptsprachen als *Oskisch-Umbrisch* oder – nach einer bereits im Altertum verwendeten Bezeichnung für italische Stämme – als *Sabellisch* bezeichnet (Wallace 2007). Außer dem Oskischen – der Sprache der Samniten – und dem Umbrischen gehören zu dieser Gruppe zehn weitere nur schwach belegte Sprachen oder Dialekte. Das Sabellische wird in drei Untergruppen gegliedert: 1. *Oskisch* mit den Sprachen Oskisch, Pälignisch, Marrukinisch, Vestinisch und Hernikisch; 2. *Umbrisch* mit den Sprachen Umbrisch, Äquisch, Marsisch und Volskisch; 3. *Pikenisch* mit dem Südpikenischen und Präsamnitischen. (Das Südpikenische ist nicht mit dem Nordpikenischen verwandt, letzteres ist vielmehr eine nicht-indogermanische Sprache.)

Tab 5.1 *Die altitalischen Sprachen*

Spracheinheiten	Einzelsprachen
ITALISCH †	
LATEINISCH-FALISKISCH	
FALISKISCH	Faliskisch (Falerianisch)
LATEINISCH	Lateinisch → *Die romanischen Sprachen*
OSKISCH-UMBRISCH (SABELLISCH)	
OSKISCH	Oskisch, Pälignisch, Marrukinisch, Vestinisch, Hernikisch
UMBRISCH	Umbrisch, Äquisch, Marsisch, Volskisch
PIKENISCH	Südpikenisch, Präsamnitisch

Im 1. Jt. v. Chr. gab es auf der italienischen Halbinsel mehrere indogermanische Sprachen, die nicht oder nicht sicher zum Italischen gerechnet werden können. Das norditalienische *Lepontisch* ist eine keltische Sprache, das in Apulien belegte *Messapisch* ist sehr wahrscheinlich nicht-italisch. Das in Norditalien gesprochene *Venetisch* wurde dagegen von manchen Forschern zum Italischen gerechnet. Dies gilt auch für die in Sizilien überlieferten Sprachen *Elymisch* und *Sikulisch*, die sicherlich indogermanisch sind; hier ist das Material bisher so gering, dass die Frage der Zugehörigkeit zum Italischen nicht ent-

schieden werden kann. Die Position dieser Sprachen innerhalb des Italischen – wenn sie denn dazugehören – ist völlig ungeklärt (vgl. Kapitel 10).

Die genetische Einheit des Italischen

Nicht alle Forscher akzeptieren die genetische Einheit der italischen Sprachen, manche – insbesondere italienische Sprachwissenschaftler – betrachten sowohl Lateinisch-Faliskisch als auch Oskisch-Umbrisch (Sabellisch) als eigene Primärzweige des Indogermanischen (z.B. Silvestri 1998, dort werden die oskisch-umbrischen Sprachen als „italisch" bezeichnet, nach dieser Terminologie wäre das Lateinische keine „italische" Sprache). Dabei weisen beide Gruppen gemeinsame sprachliche Innovationen auf, die in anderen Zweigen des Indogermanischen nicht vorhanden sind und die man kaum als Konvergenzphänomene aufgrund langzeitiger Kontakte erklären kann. Dazu gehören unter anderem (Baldi 1983: 33–37, Wallace 2007: 3):

- sehr ähnliche Stammklassen in der Nominal- und Verbalflexion
- die Bildung des Imperfekts mit dem Suffix *-bha-
- zahlreiche formale Parallelen bei der Bildung von Ablativ, Relativpronomen, Gerundium und den Präsensformen des Verbums „sein" sowie
- der Zusammenfall von anlautendem idg. *bh- und *dh- als /f-/.

Dem stehen auch einige deutliche Unterschiede gegenüber, die für eine relativ frühe Trennung der beiden Gruppen bereits im 2. Jt. v. Chr. sprechen. Die wesentlichen Punkte sind (nach Meiser in DNP, Band 4: 402–403):

- die Beibehaltung des idg. Labiovelars /*kʷ/ im Lateinisch-Faliskischen, während er im Sabellischen zu /p/ wird; z.B. latein. *quanta*, umbrisch *panta* „wie groß"; latein. *quis*, oskisch *pis* „wer"
- der Nom. Pl. der a-Deklination endet im Lateinischen und Faliskischen auf -ai, im Sabellischen auf -as
- der Akk. Sg. des Personalpronomens der 1. Person lautet altlatein. und faliskisch *med*, sabellisch *meom*
- die lateinisch-faliskische Futurbildung durch -b/f-, z.B. falisk. *carefo*, latein. *carebo* „ich werde entbehren" ist im Sabellischen nicht vorhanden
- zahlreiche lexikalische Übereinstimmungen im Lateinischen und Faliskischen, die vom Oskisch-Umbrischen nicht geteilt werden, z.B. altlatein. und falisk. *fileos* „Sohn" gegenüber oskisch *puklo-*; altlatein. und falisk. *filea* „Tochter" gegenüber oskisch *futir*

Der Umfang der spezifischen gemeinsamen Innovationen des Oskisch-Umbrischen und Lateinisch-Faliskischen scheint jedoch die Auffassung einer genetischen Einheit des Italischen als *ein* Primärzweig des Indogermanischen deutlich zu stützen.

Faliskisch

Das mit dem Lateinischen in der Landschaft Latium nah verwandte *Faliskische* wurde in der 60 Kilometer nördlich von Rom bereits im etruskischen Umfeld gelegenen Stadt Falerii (heue Cività Castellana) gesprochen. Es ist vom 7.–2. Jh. v. Chr. durch etwa 280 meist kurze und oft fragmentarische Inschriften belegt. Dabei handelt es sich zu 70% um Grabinschriften, den Rest machen Besitzer- oder Weihinschriften auf Gefäßen aus. Nur ein Viertel der Inschriften enthält mehr als Personennamen. Ursprünglich war Faliskisch wohl eher ein Dialekt des Lateinischen, durch seine isolierte Lage im etruskischen Gebiet bildeten sich aber früh Eigenheiten heraus. Nachdem die Römer Falerii im Jahre 241 v. Chr. erobert hatten, wurde die faliskische Sprache wieder stark vom Lateinischen beeinflusst und bereits im 2. Jh. v. Chr. völlig absorbiert.

Die faliskische Schrift wurde aus einem südetruskischen Alphabet abgeleitet, hat aber D, O und X /ks/ bewahrt. /b/ und /g/ wurden als <P> bzw. <C> wiedergegeben, /f/ als <↑> (Digamma); /k/ wurde als K vor /a/, C vor /e, i/ und Q vor /o, u/ geschrieben. Punkte wurden als Worttrenner verwendet.

Tab 5.2 *Faliskische Inschrift aus dem 4. Jh. (Meiser 1998: 9–10)*

Sprache	Text
Faliskisch	FOIED . VINO . PIPAFO . CRA . CAREFO
Lateinisch	*hodie vinum bibam, cras carebo*
Deutsch	„Heute will ich Wein trinken, morgen werde ich fasten"

Erläuterungen: Das anlautende F- von FOIED < *hoi-diēd* „an diesem Tage" resultiert aus einer sog. „hyperkorrekten Schreibung" oder „umgekehrten Orthographie". Häufig wurde im Faliskischen /*f/ zu /h/. Das hier korrekte anlautende /h/ wurde vom Schreiber fälschlicherweise als ein solcher Übergang gewertet, was er durch sein anlautendes F „korrigiert". Im Faliskischen wird in PIPAFO /bibafo/ ein b/f-Futur verwendet, im Gegensatz zum lateinischen *bibam* „ich werde trinken", das einer anderen Konjugation angehört (latein. *bibare* „trinken" mit einem Futur *bibabo* ist nicht belegt). Die Futurbildung CAREFO entspricht völlig dem latein. *carebo* „ich werde entbehren, fasten". Auffällig ist der Verlust der Endkonsonanten /-m/ bei VINO und /-s/ bei CRA.

Oskisch

Oskisch – die Sprache der Samniten – wurde vor allem in Samnium und Kampanien gesprochen. Im 5. und 4. Jh. dehnte sich das Oskische südlich nach Lukanien, Bruttium und auch nach Westsizilien aus. Es ist in 460 Inschriften aus dem 6. Jh. v. Chr bis zum 1. Jh. n. Chr. belegt, die Mehrzahl stammt aus dem 3. und 2. Jh. v. Chr. Ein Viertel aller Inschriften wurde in den Stätten Capua und Pompeji in Kampanien gefunden.

Neben den üblichen Weih-, Besitz- und Grabinschriften gibt es Bauinschriften, Ritual-vorschriften, Verträge und Fluchformeln. Besonders bedeutend ist der *Cippus Abella-nus*, der einen Vertrag zwischen den Städten Nola und Abella über die Nutzung eines Tempels beinhaltet. Die längste oskische Inschrift ist die *Tabula Bantina* aus Bantia in Lukanien, eine Bronzetafel mit Statuten der Stadtverwaltung (100 v. Chr.). In den oskischen Inschriften wurden drei verschiedene Alphabete verwendet: das oskische, das aus einem etruskischen Alphabet abgeleitet ist, sowie das lateinische und griechische.

Tab 5.3 *Oskische Inschriften (Wallace 2007: 36–37)*

(1)	PIS CEUS BANTINS FUST	
	latein. *quis civis Bantiae erit?*	
	„Wer wird Bürger von Bantia sein?"	
(2)	VIPIEIS VELIIEIS CULCHNA SIM	
	latein. *Vibii Velii calix sum.*	
	„Ich bin der Becher des Vibius Velius"	
(3)	SARAKLUM HEREKLEIS UP SLAAGID PUD IST –	
	latein. *templum Herculis quod in limine est*	
	„der Tempel des Herkules, der an der Grenze ist"	
	(SLAAGID „Grenze (Abl. Sg.)", Relativpronomen PUD = latein. *quod* „das")	

Die nordoskischen Sprachen Pälignisch, Vestinisch und Marrukinisch waren im süd-lichen Picenum, das Hernikische in Südost-Latium verbreitet. Sie sind alle wesentlich schwächer belegt als das Oskische selbst.

Pälignisch ist immerhin in 65 Inschriften vor allem aus Sulmo und Corfinio überliefert, die meisten sind allerdings Grabinschriften, die nur den Namen des Toten enthalten. Vom *Vestinischen* wurden in Teramo und L'Aquila sechs Inschriften gefunden, vom *Mar-rukinischen* in Rapino und Chieti ebenfalls sechs. Die wichtigste marrukinische Inschrift ist eine Bronzetafel mit einer *lex sacra* aus Rapino, die auch sprachgeschichtlich von Be-deutung ist. *Hernikisch* ist auf drei Inschriften aus Anagnia in Südost-Latium überliefert, eine davon stammt aus dem 5. Jh.

Umbrisch

Umbrisch wurde im Osten Umbriens gesprochen. Es sind zwar nur 40 Inschriften vom 7.–1. Jh. v. Chr. überliefert, dennoch ist der umbrische Textkorpus von großer Bedeu-tung. Dies liegt vor allem an den *Tabulae Iguvinae*, sieben Bronzetafeln, die 1444 in Gubbio (latein. *Iguvium*) gefunden wurden. Es handelt sich dabei um Ritualvorschriften einer religiösen Bruderschaft aus dem 3. und 2. Jh. v. Chr. Mit 4.000 Wörtern ist dies mit Abstand der längste altitalische Text. Die älteste umbrische Inschrift ist der sog. Poggio-Sommavilla-Text aus dem 7. Jh. Die jüngeren umbrischen Texte zeigen bereits einen deutlichen Einfluss des Lateinischen. Während das ältere Umbrisch in einer umbrisch-etruskischen Schrift aufgezeichnet wurde, wurde ab dem 2. Jh. das lateinische Alphabet verwendet.

Tab 5.4 *Umbrische Inschriften (Wallace 2007: 36–37)*

(1)	SETUMS MIOM FACE
	latein. *Septimius me fecit*
	„Septimius hat mich gemacht."
(2)	IUVE KRAPUVI TRE BUF FETU
	latein. *Iovi Grabovio tres boves fac*
	„Opfere dem Jupiter Grabovius drei Ochsen."

Äquisch wurde in den Hügeln Latiums, *Marsisch* am Fucinersee, *Volskisch* in Südwest-Latium gesprochen. Diese dem Umbrischen nah verwandten Sprachen sind nur sehr schwach belegt. Äquisch mit einer Inschrift aus Collemaggiore, Volskisch mit zweien aus Velletri (davon eine auf einem Axtblatt aus dem 5. Jh.), Marsisch mit vier Fragmenten vom Fucinersee.

Südpikenisch und Präsamnitisch

Südpikenisch war im südlichen Teil von Picenum (heute Marche und Abruzzo) verbreitet, es stand in Kontakt mit den nördlichen oskischen Sprachen. Es besitzt einen Korpus von 23 Inschriften, die meisten davon datieren aus dem 6. und 5. Jh. v. Chr. *Präsamnitisch* ist die Bezeichnung für eine sabellische Sprache, die vor der Ankunft der Oskisch sprechenden Samniten von einem bisher namenlosen Stamm in Kampanien und Lukanien gesprochen wurde. Erhalten sind einige Inschriften aus dem 6. Jh. Insgesamt zählt das picenische Korpus damit zur ältesten Gruppe italischer Inschriften.

Zur oskisch-umbrischen Nominalmorphologie

Während die Verbalmorphologie der sabellischen Sprachen nur fragmentarisch rekonstruiert werden kann, lassen sich für die a- und o-Deklination aus dem vorhandenen epigraphischen Material mehr oder weniger vollständige Paradigmen zusammenstellen (Tabellen 5.5 und 5.6).

Tab 5.5 *Oskisch-umbrische Deklination: a-Stamm (nach Wallace 2007: 18–24)*

		Oskisch	Umbrisch	Südpikenisch
Sg.	Nom.	víú[1]	muta[7]	qora[12]
	Gen.	vereias[2]	tutas[8]	Safinas (Ortsname)
	Dat.	deívaí[3]	tute[8]	-
	Akk.	víam[1]	totam[8]	viam[1]
	Abl.	eítiuvad[4]	tuta[8]	Uluβerna (Name)
	Lok.	víaí[1]	tote[8]	toúta-ih[8]
Pl.	Nom.	aasas[5]	pumpeřias (?)	fítias (?)
	Gen.	vehiianasúm (?)	hapinaru[9]	fitiasom (?)
	Dat./Abl.	kerssnaís[6]	fesnere[10]	súais[13]
	Akk.	víass[1]	vitlaf[11]	qoras[12]

Bedeutungen: 1 „Weg" 2 „Gemeinschaft" 3 „göttlich" 4 „Geld" 5 „Altar" 6 „Mahl" 7 „Strafe" 8 „Volk" 9 „Lamm" 10 „Tempel" 11 „Kalb" 12 „Statue" 13 „das Ihre (Pl.)"

Tab 5.6 *Oskisch-umbrische Deklination: o-Stamm (nach Wallace 2007: 18–24)*

		Oskisch	Umbrisch	Südpikenisch
Sg.	Nom.	húrz[1]	ager[7]	meitims[12]
	Gen.	sakarakleís[2]	katles[8]	Kaúieis[13]
	Dat.	húrtúi[1]	kumnacle[9]	Titúi[14]
	Akk.	húrtúm[1]	puplum[10]	meitimúm[12]
	Abl.	sakaraklúd[1]	puplu[10]	Spolítiú[15]
	Lok.	tereí[3]	pople[10]	akren[16]
Pl.	Nom.	Núvlanús[4]	Ikuvinus[11]	Apaiús[17]
	Gen.	Núvlanúm[4]	pihaklu[12]	Safinúm[18]
	Dat./Abl.	puclois[5]	veskles[13]	–
	Akk.	feíhúss[6]	vitluf[14]	–

Bedeutungen: 1 „Einfriedung" 2 „Tempel" 3 „Gebiet" 4 „Nolaner" 5 „Sohn" 6 „Mauer" 7 „Feld" 8 „Welpe (?)" 9 „Versammlung" 10 „Heer" 11„Iguviner" 12 „Gabe (?)" 13 „Gefäß" 14 „Kalb" 13 „Gavius" 14 „Titus" 15 „Spoleto" 16 „Feld" 17 „Appäer" 18 „Sabiner"

Aus diesen Beispielen lassen sich die sabellischen Kasusendungen weitgehend erschließen. Die Parallelen zu den (alt-)lateinischen Endungen überwiegen die Unterschiede, ein weiteres Indiz für die genetische Einheit der italischen Sprachen.

Die italische Lautverschiebung

Die italischen Sprachen haben den Charakter des proto-indogermanischen Lautsystems weitgehend erhalten, das Vokalsystem einschließlich der Quantitäten sogar vollständig. Die wichtigsten Änderungen im Konsonantensystem sind:

- die stimmhaft-aspirierten Plosive bleiben nicht erhalten: *bh > f/b, *dh > f/d, *gh > h
- die palatalisierten Velare werden entpalatalisiert: *k' > c /k/, *g' > g, *g'h > h, die italischen Sprachen gehören also zu den *Kentum-Sprachen*
- die Labiovelare bleiben erhalten oder entwickeln sich einzelsprachlich weiter: *kʷ > qu [kʷ]/p, *gʷ > gu/v, *gʷh > f/u
- die Laryngale entfallen

In Tabelle 5.7 sind Belege zur italischen Lautverschiebung zusammengestellt; für die italischen Formen wurde das Lateinische herangezogen.

Tab 5.7 *Die italische Lautverschiebung (Mallory-Adams 1997: 317)*

Idg. >	Latein.	Ur-Idg.	*Bedeutung*	Latein.	*Bedeutung*
*p	p	*ph₂tḗr	„Vater"	pater	„Vater"
*t	t	*taúros	„Stier"	taurus	„Stier"
*k	c /k/	*kapr̥	„Penis"	caper	„Ziegenbock"
*b	b	*bélos	„stark"	de-bilis	„schwach"
*d	d	*dl̥kus	„süß"	dulcis	„süß"
*g	g	*gl̥h₁is	„Maus"	glīs	„Haselmaus"
*bh	f, b	**bhébhrus**	„Biber"	fiber	„Biber"
*dh	f, d	*dheh₁lus	„nahrhaft"	fēlīx	„fruchtbar; glücklich"
*gh	h	*ghóstis	„Fremder"	hostis	„Fremder, Feind"
*kʷ	qu /kʷ/	*kʷis	„wer"	quis	„wer"
*gʷ	v, gu	*gʷemi̯e/o-	„kommen"	venio	„ich komme"
		*h₃ongwen-	„Salbe"	unguen	„Salbe"
*gʷh	f	*gʷhermos	„warm"	formus	„warm"
*k'	c /k/	*k'm̥tóm	„hundert"	centum	„hundert"
*g'	g	*g'énu	„Backen"	gena	„Wange"
*g'h	h	*g'haídos	„Ziege"	haedus	„Böckchen"
*m̥	em, en	*dék'm̥	„zehn"	decem	„zehn"
		*k'm̥tóm	„hundert"	centum	„hundert"
*n̥	en, in	*n̥-	„un-"	in-	„un-"
*r̥	or, ur	*k'r̥d-	„Herz"	cord-	„Herz"
*l̥	ol	*ml̥dus	„weich"	mollis	„weich"
*h₁	ø	*h₁ék'u̯os	„Pferd"	equus	„Pferd"
*h₂	ø	*h₂óu̯is	„Schaf"	ovis	„Schaf"
*h₃	ø	*h₃okʷ-	„Auge"	oc-ulus	„Auge"

Spezielle Lautwerte des Lateinischen: c [k], x [ks]

5.2 Die lateinische Sprache

Lateinisch oder kurz *Latein* ist die Sprache der Latiner, die in Rom und der umliegenden Landschaft Latium schon im frühen 1. Jt. v. Chr. ansässig waren. Von hier breitete sich das Lateinische im Zuge der römischen Expansion seit dem 4. Jh. zunächst auf der italienischen Halbinsel, dann im gesamten römischen Herrschaftsbereich aus. Bis 70 n. Chr. waren alle anderen Sprachen Italiens vom Lateinischen absorbiert worden, lediglich das Griechische konnte sich noch in Teilen Unteritaliens halten.

Durch die Einrichtung römischer Provinzen (*Sicilia* 241 v. Chr., *Corsica et Sardinia* 237, *Hispania* 197, *Africa* 146 usw.) griff das Lateinische bald weit über die italienische Halbinsel hinaus und verdrängte auch in den Provinzen die einheimischen Sprachen. Es wurde schließlich in der gesamten Westhälfte des Römischen Reichs als Verkehrs- und Umgangssprache verwendet. Im Osten grenzte das lateinische Sprachgebiet auf dem Balkan an das Griechische, im Norden an germanische und keltische Sprachen und in Afrika an die Berbersprachen.

Nach dem Zusammenbruch des weströmischen Reiches in der Völkerwanderungszeit (476 n. Chr.) gingen Nordafrika, Südosteuropa mit Ausnahme von Dakien und Dalmatien sowie Britannien für das Lateinische verloren. Im restlichen Gebiet – auf der Iberischen Halbinsel, in Frankreich, auf der italienischen Halbinsel, auf den Inseln Korsika, Sardinien und Sizilien, in der südlichen und westlichen Schweiz, in Dalmatien und Rumänien – entwickelten sich in der zweiten Hälfte des 1. Jt. aus den gesprochenen regionalen lateinischen Varietäten die romanischen Sprachen.

Die Entwicklung der lateinischen Schriftsprache

Die Überlieferungsgeschichte des Lateinischen beginnt mit einer Inschrift aus dem 7. Jh. v. Chr. (auf der sog. Manios-Spange), deren Echtheit allerdings nicht außer Zweifel steht. Belegt sind – in den ersten Jahrhunderten inhaltlich durchaus vergleichbar mit den Inschriften in den anderen italischen Sprachen – vor allem Weih-, Hersteller- und Besitzerinschriften sowie *leges sacrae* (z.B. auf einem Cippus vom Forum Romanum aus dem 6. Jh. oder auf einem Altar von Corcolle aus dem 5. Jh.). Auf praenestinischen Bronzegegenständen aus dem 4. und 3. Jh. befinden sich Beischriften zu bildlichen Darstellungen. Seit dem 3. Jh. erschienen vermehrt Beute- und Grabinschriften, mit dem Beginn des 2. Jh. Gesetzestexte (Dekrete, Edikte, Senatsbeschlüsse).

Größere zusammenhängende lateinische Texte gab es erst mit dem noch tastenden Beginn einer eigentlichen Literatur im Laufe des 3. Jh. v. Chr. Die Sprache des Komödiendichters Plautus (ca. 245–184 v. Chr.) und seiner Zeitgenossen wird als Altlatein bezeichnet. Eine eigentliche Hoch- und Standardsprache entstand erst am Ende des 2. Jh. v. Chr., als griechische Literatur- und Textformen für das Lateinische adaptiert wurden. Die 200-jährige klassische Periode der lateinischen Sprache (etwa 80 v. Chr. – 120 n. Chr.) ist geprägt durch große Dichter wie Vergil, Ovid, Horaz, durch Historiker wie Livius, Caesar, Sallust, Tacitus, Sueton und den Rhetoriker und Philosophen Cicero, durch die das Lateinische für alle Textgattungen und literarischen Formen (Epik,

Mythologie, Lyrik, Geschichtsschreibung, Rhetorik und Naturwissenschaften) ausgebaut und auf den hohen Standard des „klassischen Lateins" gebracht wurde. Cicero, Quintilian und Andere formulierten die Prinzipien des guten Schreibens und Redens. Dazu gehören *latinitas* (sprachliche Korrektheit), *perspicuitas* (Deutlichkeit der Darstellung), *aptum* (die Angemessenheit von Ausdruck und Stil) sowie *ornatus* (die sinnvolle Ausschmückung der Rede oder des Textes).

Dieses hoch entwickelte standardisierte Sprachmodell wurde bei allen Formen der institutionellen Kommunikation – Verwaltung, Schule, Religion, Literatur und Wissenschaft – und in allen Regionen des Römischen Reiches verwendet. Die Kodifizierung des klassischen Latein erfolgte erst später in den Grammatiken des Aelius Donatus (4. Jh. n. Chr.) und Priscian (6. Jh. n. Chr.). So wurde es zur Leitvarietät für alle umgangssprachlichen und regionalen Varianten.

Gegenüber der Literatursprache konnte sich die Umgangssprache aller sozialen Ebenen frei vom Regelzwang weiterentwickeln. Mit dem Zerfall der politischen Macht in der Kaiserzeit und dem allgemeinen Niedergang der Bildung gewann die Volkssprache gegen Ausgang des Altertums das Übergewicht gegenüber der Schriftsprache, die ihrerseits allerdings während des gesamten Mittelalters bis weit in die Neuzeit hinein die Sprache der europäischen Bildungselite und Wissenschaft blieb, von der alle europäischen Kultursprachen wesentlich – wenn auch in unterschiedlichem Maße – beeinflusst wurden. Als Kirchensprache hat das Lateinische in der Katholischen Kirche bis heute Bestand.

Die Periodisierung des Schriftlateins erfolgt meist anhand einiger markanter historischer Daten, wie das erste Auftreten Ciceros oder die Todesjahre der Kaiser Augustus, Trajan und Marc Aurel, die für den Beginn bestimmter Sprachperioden stehen (Tabelle 5.8).

Tab 5.8 *Die Perioden der lateinischen Schriftsprache*

Sprachperiode	Zeitraum	Beginn der Periode
Frühlatein	7. Jh. v. Chr. – 240 v. Chr.	älteste latein. Inschrift: 7. Jh. v. Chr.
Altlatein	240 – 81 v. Chr.	literar. Latein seit ca. 240 v. Chr.
Goldene Latinität	81 v. Chr. – 14 n. Chr.	erstes Auftreten Ciceros 81 v. Chr.
Silberne Latinität	14 – 117 n. Chr.	Tod des Augustus 14 n. Chr.
Archaisierende Periode	117 – 180 n. Chr.	Tod Trajans 117 n. Chr.
Spätlatein	180 n. Chr. – 7. Jh. n. Chr.	Tod Marc Aurels 180 n. Chr.

Früh- und Altlatein werden auch unter der Bezeichnung *archaisches Latein* zusammengefasst, die Perioden der Goldenen und Silbernen Latinität als *klassisches Latein*.

Frühlateinische Textbeispiele

Beispiel 1 *Manios-Spange aus Praeneste, Goldspange, 7. Jh. (Meiser 1998: 3–4)*

> MANIOS : MED : ꟿHE : ꟿHAKED : NVMASIOI
> klass. latein. *Manius me fecit Numerio.*
> „Manius hat mich für Numerius gemacht."

Dies ist die älteste lateinische Inschrift und bisher die einzige aus dem 7. Jh. Allerdings ist die Echtheit der Inschrift (nicht der Spange) in der neueren Forschung umstritten. Einige Wissenschaftler vermuten, dass der Text eine Fälschung aus dem 19. Jh. ist.

Kommentar:

MANIOS, PLAUTIOS	Die Endungen /-os, -om/ werden erst im 3. Jh. zu den klass. Endungen /-us, -um/.
ꟿHEꟿHAKED	Lies [fefaked]: ein redupliziertes Perfekt von *facio* „machen" ist nur hier belegt (vielleicht eine Dialektform?), archaisches Stadt-römisch hat *feced* oder *fecid*, klass. Latein *fecit* „er hat gemacht"; die Perfektendung /-d/ der 3. Sg. wird im 3. Jh. zum klass. /-t/.
NVMASIOI	statt klass. *Numerio*: Rhotazismus /s/ > /r/, Vokalschwächung /a/ > /e/; die Dativendung /-oi/ der o-Deklination wird im klass. Latein zu /-ō/

Beispiel 2 *Cista Focoroni aus Praeneste, gefertigt in Rom 315 v. Chr. (Meiser 1998: 5)*

> NOVIOS PLAVTIOS MED ROMAI FECID / DINDIA MACOLNIA FILEAI DEDIT
> klass. latein. *Novius Plautius me Romae fecit / Dindia Magulnia filiae dedit.*
> „Novius Plautius hat mich in Rom gemacht /
> Dindia Magulnia hat (mich) der Tochter gegeben."

Kommentar:

MED	der Akkusativ des Personalpronomens (1. Sg.) wird klass. zu *me*
ROMAI	die ursprüngliche Form des Lokativs, wird klass. zu *Romae*.
MACOLNIA	wird klass. zu *Magulnia*; /o/ > /u/ in geschlossener Silbe; das C steht noch für /g/.
FECID	klass. *fecit* „er hat gemacht"; siehe oben zu ꟿHEꟿHAKED
FILEAI	klass. *filiae* „der Tochter (Dat. Sg.)"; seit dem 2. Jh. /ai/ > /ae/

Diese Beispiele zeigen nur einige der typischen Unterschiede zwischen dem frühen und klassischen Latein. Für eine umfassende Darstellung wird auf Meiser 1998 verwiesen.

Die Entwicklung der lateinischen Schrift

Griechische Kolonisten aus Chalkis (Euböa), die bereits im 8. Jh. in Pithekoussai (Ischia) und Kymē (Cumae) siedelten, brachten ein westgriechisches Alphabet mit nach Italien, von dem sich alle Alphabete der autochthonen Sprachen Italiens unmittelbar oder durch Vermittlung über das etruskische Alphabet herleiten. Ein wesentlicher Unterschied zwischen den westgriechischen und ostgriechischen Alphabeten ist der Lautwert des Zeichens X, das westgriechisch als /ks/, ostgriechisch als /kʰ/ „Chi" ausgesprochen wurde.

Die Alphabetisierung der Sprachen Italiens schritt zügig voran: Im 7. Jh. umfasste sie bereits das gesamte etruskische Sprachgebiet einschließlich der Poebene sowie Latium und Falerii; aus dem 6. Jh. gibt es präsamnitische, südpikenische und venetische Alphabetinschriften, aus dem 5. und 4. Jh. liegen die ältesten umbrischen bzw. oskischen Inschriften vor, man kann aber annehmen, dass beide Sprachen auch schon im 6. Jh. alphabetisiert wurden (Meiser 1998: 47–49).

Die Latiner übernahmen das Alphabet im 7. Jh. von den Etruskern. Obwohl die nicht-indogermanische etruskische Sprache weder den Vokal /o/ noch die stimmhaften Verschlusslaute /b, d, g/ besaß, blieben die entsprechenden Zeichen O, B, D, C (C entsprach dabei dem griechischen Γ „Gamma") bis zum 6. Jh. Bestandteil des etruskischen Muster- oder Lehralphabets. Dabei wurde im Etruskischen C gleichwertig mit K „Kappa" und Q „Koppa" zur Schreibung von /k/ gebraucht. Q wurde häufig vor /u/, C vor /e, i/ und K vor /a/ eingesetzt, eine Praxis, die auch bei den frühen lateinischen Inschriften Bestand hatte. Der im Griechischen fehlende Laut /f/ – man beachte, dass griechisches Φ „Phi" den Lautwert /pʰ/ besitzt – wurde durch die Zeichenkombination FH („Digamma" + H) geschrieben, dieses Zeichen wurde im etruskischen Alphabet später durch <8> und im faliskischen durch <↑> ersetzt.

In dieser Form wurde das etruskische Alphabet im 7. Jh. von den Latinern übernommen, FH wurde durch einfaches F mit dem Lautwert /f/ ersetzt. Damit bestand das alt-lateinische Alphabet aus den 21 Zeichen

A B C D E F Z H I K L M N O P Q R S T V X

Da ein eigenes Zeichen für den Laut /g/ fehlte, wurden zunächst C, K und Q wahlweise mit dem Lautwert /k/ (wie im Etruskischen) oder /g/ benutzt, wobei C vor /e, i/, K vor /a/ und Q vor allem vor /o, u/ verwendet wurde. Die Kombination QV stellte vor Vokal den lateinischen Labiovelar /kʷ/ dar. Die Verwendung von K wurde zunehmend auf Abkürzungen wie KAL[endae] oder K[aeso] reduziert. Der Mangel der Unterscheidung der Lautwerte /k/ und /g/ bei den Zeichen C, K, Q wurde nach der Tradition zu Beginn des 3. Jh. von einem gewissen Spurius Carvilius durch die Einführung des neuen Zeichens G mit dem Lautwert /g/ behoben, das aus dem C durch einen diakritischen Strich gebildet wurde. Dadurch besaßen C und K eindeutig den Lautwert /k/, G den Lautwert /g/. (An die alte Verwendung von C erinnern die Abkürzungen C. bzw. CN. für die Namen *Gaius* und *Gnaeus*.) Das G wurde an die Stelle des im Lateinischen nicht benutzten Z /dz/ ins Alphabet eingereiht. Erst Cicero und Varro führten zur besseren Wiedergabe griechischer Fremdwörter Y und Z (wieder) ein, die dann am Ende des Alphabets angehängt wurden, das dadurch auf 23 Buchstaben erweitert wurde.

Zur Aussprache sei hier nur erwähnt, dass C im klassischen Latein grundsätzlich – also auch vor /e, i/ – als /k/ gesprochen wurde (erkennbar z.B. an der griechischen Form *Kikérōn* des Namens *Cicero*) und die Kombination TI auch vor Vokal als /ti/. Erst in späteren nationalen Aussprachen des Lateinischen – darunter auch in der deutschen – wurden C vor /e, i/ als /ts/ und TI vor Vokal als /tsi/ ausgesprochen.

Die Römer schrieben ursprünglich nur in Majuskeln (Großbuchstaben), Steininschriften wurden bis zum Ende des Altertums durchgehend in Majuskeln verfasst. Über kursive Zwischenformen entwickelten sich die Minuskeln (Kleinbuchstaben) zunächst vor allem für den bequemeren privaten Gebrauch. Heute werden in lateinischen Texteditionen nur Satzanfänge und Eigennamen großgeschrieben.

I und V (in der Kursivschrift auch U) bezeichneten sowohl die Vokale /i/ und /u/ als auch die Halbvokale /j/ und /w/, z.B. IVVENIS [juwenis], VARIVS [warius]. Erst im Mittelalter wurden U/V bzw. I/J systematisch unterschieden.

Mit der Verbreitung der lateinischen Sprache durch die Expansion des Römischen Reiches und des Christentums trat auch die lateinische Schrift ihren Siegeszug an. Sie ist heute die weltweit meistverwendete Schrift und wird – meist um diakritische Zeichen ergänzt – für viele indogermanische aber auch nicht-indogermanische Sprachen verwendet. Auch die weitverbreitete Lautschrift der *International Phonetic Association* basiert auf dem lateinischen Alphabet.

5.3 Grammatische Skizze des klassischen Latein

Phonologie

Der lateinische *Konsonantenbestand* ist gegenüber dem Indogermanischen deutlich reduziert (Tabelle 5.9).

Tab 5.9 *Die Konsonantenphoneme des klassischen Latein*

	bilabial	labio-dental	alveol.	palatal	velar	labio-velar	glottal
Plosive	p, b		t, d		k, g	kʷ, gʷ	
Frikative		f	s, z				h
Nasale	m		n		ŋ		
Vibrant			r				
Approxim.	w		l	j			

Die *Vokale* sind /i, e, a, o, u/, ihre Länge ist phonemisch, wie die folgenden Beispiele zeigen:

Tab 5.10 *Minimalpaare kurzer und langer Vokale im Lateinischen*

kurzer Vokal	langer Vokal
mălum „das Übel" vs.	*mālum* „der Apfel"
pŏpulus „das Volk" vs.	*pōpulus* „die Pappel"
lĭber „das Buch" vs.	*līber* „der Freie"
lĕgit „er liest" vs.	*lēgit* „er hat gelesen"
domŭs „das Haus" vs.	*domūs* „des Hauses"

Länge oder Kürze von Vokalen wurden in der lateinischen Schrift nicht gekennzeichnet, in morphologischen Beschreibungen wird in der Regel die Länge durch das Makron markiert (z.B. <ā>).

Das Lateinische hatte ursprünglich die *Diphthonge* /au, ai, oi, ou, eu, ei/. /au/ blieb hochsprachlich erhalten, wurde volkssprachlich zu /ō/ (z.B. *Claudius* > *Clōdius*). Alle anderen Diphthonge wurden abgeschwächt: /ai/ > /ae/, /ou, eu/ > /ū/, /ei/ > /ī/, /oi/ je nach Stellung zu /oe/ oder /ū/ (z.B. altlatein. *poina* „Strafe" > *poena*; altlatein. *oinos* „eins" > *ūnus*.)

Akzent

Der Akzent lag im frühen Latein auf der ersten Silbe, er verlagerte sich dann etwa im 4. Jh. v. Chr. in der Regel auf die vorletzte Silbe, die sog. Paenultima. Genauer gilt im klassischen Latein folgende Regel: Bei zweisilbigen Wörtern wird immer die erste Silbe betont. Bei drei- und mehrsilbigen Wörtern liegt der Akzent auf der vorletzten Silbe, wenn diese *lang* ist, ansonsten auf der drittletzten Silbe. Dabei ist die Definition von „lang" etwas kompliziert: Eine Silbe gilt *von Natur aus* als lang, wenn sie einen langen Vokal oder einen Diphthong enthält, *durch Position* als lang, wenn auf einen kurzen Vokal zwei oder mehr Konsonanten folgen, die aber *nicht* aus der Kombination stimmloser Verschlusslaut + Liquida (z.B. /br, cr, gr/) bestehen dürfen. Dazu einige Beispiele.

zweite Silbe	Beispiele
von Natur aus lang	*amícus, pretiósus, locútus*
durch Position lang	*conténtus, sagítta, ampléxus**
weder von Natur noch durch Position lang	*témpora,* auch *célebro, óbsecro, émigro*

*<x> gilt als Doppelkonsonant /ks/

Eine Verlagerung des Akzents auf die letzte Silbe bewirken Enklitika, z.B. das enklitische *-que* „und": *térra maríque* „auf dem Lande und auf dem Wasser" ~ „zu Wasser und zu Lande".

Nominalmorphologie

Das klassische Latein besitzt im Gegensatz zum Griechischen keinen bestimmten Artikel, *amicus* bedeutet also „der Freund, ein Freund, Freund". Es gibt drei *Genera* (Maskulinum, Femininum, Neutrum), die bis zu einem gewissen Grad an der Stammendung bzw. Nominativendung erkennbar sind (siehe Tabelle 5.12). Die beiden *Numeri* sind Singular und Plural, der indogermanische Dual ist nicht erhalten.

Die indogermanischen acht *Kasus* sind im Lateinischen auf sechs reduziert: Nominativ, Genitiv, Dativ, Akkusativ, Ablativ und Vokativ. Instrumental und Lokativ sind formal und funktional mit dem Ablativ zu einem Kasus verschmolzen. Ein ursprünglicher Lokativ mit der Endung /-i/ ist noch bei einigen Orts- und Inselnamen erhalten, z.B. *Romae* < altlatein. *Romai* „in Rom", *Corinthi* „in Korinth", *Cypri* „auf Zypern". Die Funktionen der Kasus sind denen der deutschen Entsprechungen relativ ähnlich, eine Besonderheit stellt natürlich der im Deutschen nicht vorhandene Ablativ dar. Die lateinischen Präpositionen werden in der Regel mit dem Akkusativ oder Ablativ verbunden, einige können beide Kasus regieren. Einen Überblick über die Funktionen der lateinischen Kasus bietet Tabelle 5.11.

Tab 5.11 *Die Grundfunktionen der Kasus im Lateinischen*

Kasus	Funktionen
Nominativ	Subjekt, Prädikatsnomen
Akkusativ	direktes Objekt, Richtung, Ausdehnung (in Zeit und Raum)
Dativ	indirektes Objekt, Interesse, Besitzer, Zweck
Genitiv	Objekt, Attribut, Besitzer, Partitivus
Ablativ	Separativ, Herkunft, Vergleich; Komitativ, Instrumental; Lokativ

Stammklassen

Das Lateinische hat sechs *Stamm-* oder *Deklinationsklassen*, die nach dem Stammauslaut des Nomens bezeichnet werden: a-, o-, e-, u-, i- und konsonantische Deklination.

Tab 5.12 *Die Deklinationsklassen des Lateinischen*

Dekl.	Nominativendungen und übliches Genus der Substantive	Ausnahmen
a	-a *Femininum*	männl. Personenbezeichnungen sind m.
o	-us, -er, -r *Maskulinum*; -um *Neutrum*	Städte- und Inselnamen auf -us sind f.
e	-ēs *Femininum*	*dies* „Tag" m. (aber *dies* „Termin" f.)
u	-us meist *Maskulinum*, -ū *Neutrum*	einige Feminina (z.B. *domus* „Haus")
i	-is *Femininum*; -e, -al, -ar *Neutrum*	
kons.	alle Genera, unterschiedl. Endungen	

In den Tabellen 5.13 und 5.14 sind Paradigmata der lateinischen Deklinationsklassen zusammengestellt.

Tab 5.13 *Die lateinische Deklination: a-, o-, e- und u-Deklination*

Stamm	a	o	o	e	u	u
	porta (f.)	murus (m.)	vallum (n.)	res (f.)	passus (m.)	cornū (n.)
	Tor	*Mauer*	*Wall*	*Sache*	*Schritt*	*Horn*
Sg.						
Nom.	porta	murus	vallum	rēs	passus	cornū
Gen.	portae	murī	vallī	reī	passūs	cornūs
Dat.	portae	murō	vallō	reī	passuī	cornuī
Akk.	portam	murum	vallum	rem	passum	cornū
Abl.	portā	murō	vallō	rē	passū	cornū
Pl.						
Nom.	portae	murī	valla	rēs	passūs	cornua
Gen.	portārum	murōrum	vallōrum	rērum	passuum	cornuum
Dat.	portīs	murīs	vallīs	rēbus	passibus	cornibus
Akk.	portās	murōs	valla	rēs	passūs	cornua
Abl.	portīs	murīs	vallīs	rēbus	passibus	cornibus

Tab 5.14 *Die lateinische Deklination: i- und konsonantische Deklination*

Stamm	i	i	i/kons.	kons.	kons.
	turris (f.)	mare (n.)	classis (f.)	vox (f.)	tempus (n.)
	Turm	*Meer*	*Klasse*	*Stimme*	*Zeit*
Sg.					
Nom.	turris	mare	classis	vox	tempus
Gen.	turris	maris	classis	vocis	temporis
Dat.	turrī	marī	classī	vocī	temporī
Akk.	turrim	mare	classem	vocem	tempus
Abl.	turrī	marī	classe	voce	tempore
Pl.					
Nom.	turrēs	maria	classēs	vocēs	tempora
Gen.	turrium	marium	classium	vocum	temporum
Dat.	turribus	maribus	classibus	vocibus	temporibus
Akk.	turrēs,-īs	maria	classēs	vocēs	tempora
Abl.	turribus	maribus	classibus	vocibus	temporibus

Eine besondere Form für den *Vokativ* bilden nur die Substantive der o-Deklination auf /-us/ im Singular: *domine* „o Herr!". Sonst ist der Vokativ identisch mit dem Nominativ. Im Plural haben Dativ und Ablativ immer dieselben Formen, bei den Neutra sind Nominativ und Akkusativ immer identisch (die Endung der Neutra im Nom./Akk. Pl. ist unabhängig von der Deklinationsklasse -*a*).

Die Formenbildung der konsonantischen und i-Deklination ist – wie man in Tabelle 5.14 sieht – sehr ähnlich. Zur Durchführung der Deklination ist jeweils die Kenntnis des Genitivs erforderlich, nach dem sich alle anderen Kasus außer dem Nominativ Singular richten (z.B. *vox, vocis* f. „Stimme", *tempus, temporis* n. „Zeit"). Einige Substantive (vgl. das Beispiel *classis* „Flotte") haben im Singular die Endungen der konsonantischen Deklination, im Plural die der i-Deklination. Zu dieser sog. gemischten Deklinationsklasse gehören die Substantive, die im Nominativ und Genitiv die gleiche Silbenzahl besitzen und die Nominativendung /-is/ oder /-es/ haben (z.B. *classis, classis* „Klasse, Abteilung, Flotte" oder *clādēs, clādis* „Niederlage"), sowie Substantive mit zwei Konsonanten vor der Genitivendung /-is/ (z.B. *urbs, urbis* „Stadt", *nox, noctis* „Nacht"). Von dieser Regel gibt es eine Reihe Ausnahmen.

Die lateinischen Kasusendungen lassen sich zum großen Teil auf indogermanische Endungen zurückführen (Meiser 1998: 128–155).

Adjektive und Adverbien

Adjektive werden ähnlich wie die Substantive dekliniert. Die Adjektive vom Typ *longus, longa, longum* „lang" (die Formen stehen für Maskulinum, Femininum und Neutrum), *pulcher, pulchra, pulchrum* „schön" und *tener, tenera, tenerum* „zart" werden wie die Substantive der o- Deklination (Maskulinum und Neutrum) bzw. der a-Deklination (Femininum) dekliniert. Alle anderen Adjektive haben Formen der konsonantischen bzw. i-Deklination (siehe Tabelle 5.14). Es gibt konsonantische Adjektive mit drei oder zwei Formen bzw. nur einer Form im Nominativ Singular:

- drei Formen für die drei Genera; z.B. *acer* (m.), *acris* (f.), *acre* (n.) „scharf"
- zwei Formen: eine für Maskulinum und Femininum, eine fürs Neutrum; z.B. *gravis* (m./f.), *grave* (n.) „schwer"
- eine gemeinsame Form für alle drei Genera; z.B. *felix* (m./n./f.) „glücklich"

Die meisten dieser Adjektive werden nach der gemischten Deklination flektiert, also mit Formen der konsonantischen Deklination im Singular und der i-Deklination im Plural (Tabelle 5.15).

Tab 5.15 *Die Deklination der Adjektive mit konsonantischem und i-Stamm*

	m.	f.	n.	m./f.	n.	m./f./n.
Sg.						
Nom.	acer	acris	acre	gravis	grave	felix
Gen.	acris	acris	acris	gravis	gravis	felicis
Dat.	acrī	acrī	acrī	gravī	gravī	felicī
Akk.	acrem	acrem	acre	gravem	grave	felicem/felix (n.)
Abl.	acrī	acrī	acrī	gravī	gravī	felici
Pl.						
Nom./Akk.	acres	acres	acria	graves	gravia	felices/felicia (n.)
Gen.	acrium	acrium	acrium	gravium	gravium	felicium
Dat./Abl.	acribus	acribus	acribus	gravibus	gravium	felicibus

Es gibt aber auch Adjektive mit einer Nominativ-Singular-Form für alle drei Genera, die rein konsonantisch dekliniert werden, z.B. *vetus, veteris* „alt", *dives, divitis* „reich" oder *pauper, pauperis* „arm". Die Formen im Abl. Sg. bzw. Gen. Pl. lauten dann z.B. *vetere* bzw. *veterum*, im Nom. und Akk. Pl. *vetera*.

Steigerung der Adjektive

Die Steigerung der Adjektive erfolgt im Komparativ durch die Endungen /-ior/ (m./f.) und /-ius/ (n.), im Superlativ durch Endungen der Form /-issimus, -illimus, -errimus/. Der Superlativ hat auch elativische Bedeutung, z.B. *longissimus* „der längste; sehr lang". Bei einigen besonders häufigen Adjektiven werden zur Steigerung unterschiedliche Stämme verwendet, vergleichbar mit deutsch *gut, besser, am besten* (Tabelle 5.16). Der Komparativ wird rein konsonantisch (wie *vetus*) dekliniert, der Superlativ nach der a/o-Deklination.

Tab 5.16 *Die Steigerung der Adjektive*

Positiv	Komparativ	Superlativ
longus,-a,-um „lang"	longior,-ius	longissimus,-a,-um
prudens „klug"	prudentior,-ius	prudentissimus,-a,-um
facilis „leicht"	facilior,-ius	facillimus,-a,-um
asper,-era,-erum „rau"	asperior,-ius	asperrimus,-a,-um
celer, -is,-e „schnell"	celerior,-ius	celerrimus,-a-,um
bonus,-a,-um „gut"	melior, -ius	optimus,-a,-um
malus,-a,-um „schlecht"	peior,-ius	pessimus,-a,-um
magnus,-a,-um „groß"	maior,-ius	maximus,-a,-um

Bildung der Adverbien

Die regelmäßige Bildung der Adverbien erfolgt bei den Adjektiven der o/a-Deklination und den Superlativen durch die Endung /-ē/, bei den Adjektiven der konsonantischen Deklination durch /-iter/. Das Adverb des Komparativs wird durch das Neutrum /-ius/ gebildet (Tabelle 5.17). Es gibt etliche abweichende Adverb-Bildungen und Sonderformen, z.B *cito* „schnell", *falso* „falsch".

Tab 5.17 *Bildung und Steigerung des Adverbs im Lateinischen*

Adjektiv	Positiv	Komparativ	Superlativ
doctus „gelehrt"	doctē	doctius	doctissimē
pulcher „schön"	pulchrē	pulchrius	pulchrissimē
fortis „tapfer"	fortiter	fortius	fortissimē
celer „schnell"	celeriter	celerius	celerrimē
bonus „gut"	bene	melius	optimē

Pronomina

Das Lateinische besitzt eigentliche Personalpronomina nur für die 1. und 2. Person, für die 3. Person werden als Ersatz Demonstrativa verwendet. Die Personalpronomina sind voll deklinierbar. Der Nominativ wird nur bei besonderer Betonung oder Gegenüberstellung verwendet, da er semantisch bereits Bestandteil der finiten Verbalform ist (siehe unten).

Tab 5.18 *Das lateinische Personalpronomen*

Kasus	1. Sg.	2. Sg.	1. Pl.	2. Pl.
Nom.	egō	tu	nōs	vōs
Gen.	meī	tuī	nostrī/-rum	vestrī/-rum
Dat.	mihī	tibi	nōbīs	vōbīs
Akk.	mē	tē	nōs	vōs
Abl.	mē	tē	nōbīs	vōbīs

Tab 5.19 *Das lateinische Possessivadjektiv*

Pers.	Singular		Plural	
1.	meus,-a,-um	„mein"	noster,-tra,-trum	„unser"
2.	tuus,-a,-um	„dein"	vester,-tra,-trum	„euer"
3.	suus,-a,-um	„sein, ihr (Sg. f.)"	suus,-a,-um	„ihr (Pl.)"

Es gibt vier *Demonstrativpronomina*:

hic, haec, hoc	„dieser, diese, dieses (hier)"
is, ea, id	„der, die, das", „er, sie, es"
ille, illa, illud	„jener, jene, jenes"
iste, ista, istud	„der, die, das da"

Das Pronomen *is, ea, id* ist Ersatz für das fehlende Personalpronomen der 3. Person. Das *Relativpronomen* lautet *qui, quae, quod*, es ist gleichzeitig das adjektivische Interrogativpronomen. Das substantivische Fragepronomen heißt *quis* „wer? (m./f)" und *quid* „was?". Die Tabellen 5.20 und 5.21 enthalten die Deklination der Demonstrativa und des Relativpronomens.

Tab 5.20 *Die Deklination der Demonstrativpronomina* hic, haec, hoc *und* ille, illa, illud

Sg.	m.	f.	n.	m.	f.	n.
Nom.	hic	haec	hoc	ille	illa	illud
Gen.	huius	huius	huius	illīus	illīus	illīus
Dat.	huic	huic	huic	illī	illī	illī
Akk.	hunc	hanc	hoc	illum	illam	illud
Abl.	hōc	hāc	hōc	illō	illā	illō

Pl.						
Nom.	hī	hae	haec	illī	illae	illa
Gen.	hōrum	hārum	hōrum	illōrum	illārum	illōrum
Dat/Abl.	hīs	hīs	hīs	illīs	illīs	illīs
Akk.	hōs	hās	haec	illōs	illās	illa

Tab 5.21 *Die Deklination des Demonstrativpronomens* is, ea, id *und des Relativpronomens* qui, quae, quod

Sg.	m.	f.	n.	m.	f.	n.
Nom.	is	ea	id	qui	quae	quod
Gen.	eius	eius	eius	cuius	cuius	cuius
Dat.	ei	ei	ei	cui	cui	cui
Akk.	eum	eam	id	quem	quam	quod
Abl.	eō	eā	eō	quō	quā	quō

Pl.						
Nom.	eī (iī,ī)	eae	ea	quī	quae	quae
Gen.	eōrum	eārum	eōrum	quōrum	quārum	quōrum
Dat/Abl.	eīs/iīs	eīs	eīs	quibus	quibus	quibus
Akk.	eōs	eās	ea	quōs	quās	quae

Die Pronomina *iste* „dieser da" und *ipse* „selbst" werden wie *ille* dekliniert, *idem* „derselbe" ähnlich wie *is* + *dem* (allerdings *idem* statt **isdem*, *eundem* statt **eumdem* etc.)

Numeralia

Das Lateinische hat ein dezimales Zahlensystem. Nur die Zahlwörter für die Kardinalzahlen 1, 2 und 3 sowie die Hunderter (ab 200) sind deklinierbar, alle anderen Kardinalzahlen sind unveränderlich. Zahlen wie 18, 19 oder 28, 29 werden durch Subtraktion vom nächsten Zehner gebildet, z.B. 18 = *duo-de-viginti* „2-von-20". Die Tabellen 5.22 und 5.23 enthalten die lateinischen Kardinal- und Ordinalzahlen.

Tab 5.22 *Die lateinischen Kardinalzahlen*

1	ūnus,-a,-um	11	undecim	10	decem	100	centum
2	duo,-ae,-o	12	duodecim	20	viginti	200	ducenti,-ae,-a
3	trēs, tria	13	trēdecim	30	triginta	300	trecenti
4	quattuor	14	quattuordecim	40	quadraginta	400	qudringenti
5	quīnque	15	quindecim	50	quinquaginta	500	quingenti
6	sex	16	sēdecim	60	sexaginta	600	sescenti
7	septem	17	septendecim	70	septuaginta	700	septingenti
8	octō	18	duodeviginti	80	octoginta	800	octingenti
9	novem	19	undeviginti	90	nonaginta	900	nongenti
10	decem	20	viginti	100	centum	1000	mille

Weitere Bildungen: 21 *viginti unus*, 22 *viginti duo*, 28 *duodetriginta*, 29 *undetriginta*, 237 *ducenti triginta septem* etc.

Tab 5.23 *Die lateinischen Ordinalzahlen*

1.	primus,-a,-um	11.	undecimus	10.	decimus	100.	centesimus
2.	secundus	12.	duodecimus	20.	vicesimus	200.	ducentesimus
3.	tertius	13.	tertius decimus	30.	tricesimus	300.	trecentesimus
4.	quartus	14.	quartus decimus	40.	quadragesimus	400.	quadringentesimus
5.	quintus	15.	quintus decimus	50.	qinquagesimus	500.	quingentesimus
6.	sextus	16.	sextus decimus	60.	sexagesimus	600.	sescentesimus
7.	septimus	17.	septimus decimus	70.	septuagesimus	700.	septingentesimus
8.	octavus	18.	duodevicesimus	80.	octogesimus	800.	octingentesimus
9.	nonus	19.	undevicesimus	90.	nonagesimus	900.	nongentesimus
10.	decimus	20.	vicesimus	100.	centesimus	1000.	millesimus

Weitere Bildungen: 21. *vicesimus primus*, 22. *vicesimus secundus*, 28. *duodetricesimus*, 237. *ducentesimus tricesimus septimus* etc.

Die Zahlwörter *unus* „ein(s)", *duo* „zwei" und *tres* „drei" unterscheiden das Genus und sind voll deklinabel (Tabelle 5.24).

Tab 5.24 *Die Deklination der Zahlwörter* unus *„eins",* duo *„zwei" und* tres *„drei"*

	m.	f.	n.	m.	f.	n.	m./f.	n.
Nom.	unus	una	unum	duo	duae	duo	tres	tria
Gen.	unius	unius	unius	duorum	duarum	duorum	trium	trium
Dat.	uni	uni	uni	duobus	duabus	duobus	tribus	tribus
Akk.	unum	unam	unum	duo(s)	duas	duo	tres	tria
Abl.	uno	una	uno	duobus	duabus	duobus	tribus	tribus

Verbalmorphologie

Das lateinische Verbum besitzt die Kategorien Tempus, Modus, Diathese, Person, Numerus und Genus.

Kategorie	Realisierung
Tempus	Präsens, Imperfekt, Futur I; Perfekt, Plusquamperfekt, Futur II
Modus	Indikativ, Konjunktiv, Imperativ
Diathese	Aktiv, Passiv
Person	1., 2., 3. Person
Numerus	Singular, Plural
Genus	Maskulinum, Femininum, Neutrum

Die Tempora Futur I und Futur II haben keinen Konjunktiv. Einen Imperativ gibt es nur im Präsens und Futur. Das Lateinische hat folgende *infinite Verbformen*: sechs Infinitive, drei Partizipien, Gerundium, Gerundivum und zwei Supina.

Der indogermanische Dual ist im Lateinischen nicht mehr vorhanden, vom Optativ sind nur noch Spuren übrig, seine Funktion wird durch den Konjunktiv übernommen. Der indogermanische Aorist ist mit dem Perfekt verschmolzen. Das Passiv ist eine Weiterentwicklung des indogermanischen Mediopassivs, seine mediale Bedeutung hat sich teilweise erhalten. Das Lateinische hat eine Reihe von *Deponentien*, das sind Verben mit passiven Formen und aktiver oder medialer Bedeutung.

Das lateinische *Imperfekt* hat iterative, durative und konative Funktion, d.h. es drückt Wiederholung, Dauer oder Versuch einer Handlung in der Vergangenheit aus. Das *Perfekt* hat sowohl eine historische (abgeschlossene einmalige Handlung in der Vergangenheit) als auch eine resultative Funktion (Handlung, deren Wirkung in der Gegenwart andauert).

Tab 5.25 *Die Funktionen des lateinischen Imperfekts und Perfekts*

Funktion	Beispielsätze
Imperfekt	
iterativ	*Romani quotannis binos consules creabant.*
	„Die Römer wählten (*creabant*) jedes Jahr (*quotannis*) zwei (*binos*) Konsuln."
durativ	*Iulia Titum amabat tres annos.*
	„Julia liebte (*amabat*) den Titus drei Jahre lang (*tres annos*)."
konativ	*Britanni prohibebant ...*
	„Die Britannier versuchten zu verhindern ... (hatten aber keinen Erfolg)"
Perfekt	
historisch	*Caesar milites in hiberna duxit.*
	„Cäsar führte (*duxit*) die Soldaten (*milites*) ins Winterlager (*hiberna*)."
resultativ	*Novi.* „Ich habe erfahren (und weiß nun)."

Der *Konjunktiv* hat die Funktionen des Optativs (Wunsch), Potentialis (Möglichkeit), Irrealis (Unwirklichkeit) und Hortativs bzw. Jussivs (Aufforderung). Im Nebensatz steht der Konjunktiv nach manchen Konjunktionen, ohne eine besondere Bedeutung auszudrücken.

Tab 5.26 *Beispiele für die Funktionen des lateinischen Konjunktivs*

Funktion	Beispiel
Optativ	*Valeas!* „Du mögest gesund sein."
Potentialis	*Dixerit aliquis ...* „Es könnte einer (*aliquis*) sagen ..."
Irrealis	*Sine duce errares.* „Ohne Führer (*sine duce*) gingst du in die Irre."
	Si tacuisses ... „Wenn (*si*) du geschwiegen hättest ..."
Hortativ	*Eamus!* „Lasst uns gehen."
Jussiv	*Videant consules ...* „Die Konsuln mögen dafür sorgen ..."
Nebensatz	*Cum Caesar in Galliam venisset ...* „Als Cäsar nach Gallien kam ..."

Die Bildung der finiten Verbalformen

Das lateinische Verb besitzt drei Stämme: *Präsensstamm*, *Perfektstamm* und *Supinstamm*. Vom Präsensstamm werden die Tempora Präsens, Imperfekt und Futur I sowohl im Aktiv als auch im Passiv gebildet; die Tempora Perfekt, Plusquamperfekt und Futur II werden im Aktiv vom Perfektstamm, im Passiv vom Supinstamm gebildet.

Tab 5.27 *Die Bildung der Tempora*

Tempora	Aktiv	Passiv
Präsens, Imperfekt, Futur I	Präsensstamm	Präsensstamm
Perfekt, Plusquamperf., Futur II	Perfektstamm	Supinstamm

Für die Formen des Präsensstamms gibt es vier *Konjugationsklassen*, die nach dem Stamm-auslaut der Verben bezeichnet werden (a-, e-, i- und konsonantische Konjugation), während die Formen des Perfekt- und Supinstamms nach einem einzigen Schema gebildet werden. Um ein lateinisches Verb konjugieren zu können, genügt die Kenntnis seines Konjugationsschemas und der drei sog. *Stammformen:*

- 1. Stammform: 1. Person Sg. Präsens Indikativ Aktiv für den Präsenstamm (z.B. *laudō* „ich lobe")
- 2. Stammform: 1. Person Sg. Perfekt Aktiv für den Perfektstamm (z.B. *laudāvī* „ich habe gelobt")
- 3. Stammform: Partizip Perfekt Passiv für den Supinstamm (z.B. *laudātus* „gelobt")

Die Verben werden innerhalb einer Konjugationsklasse häufig nach dem Bildungstyp des Indikativs Perfekt Aktiv unterteilt. Die Tabelle 5.28 enthält einige typische Beispiele.

Tab 5.28 *Lateinische Verben mit ihren Stammformen*

Infinitiv	Präs. Akt.	Perf. Akt.	Perf. Pass.	Perfektbildung
a-Konjugation				
laudāre „loben"	laudō	laudāvī	laudātus	v-Perfekt
crepāre „knarren"	crepō	crepuī	crepitus	u-Perfekt
lavāre „waschen"	lavō	lāvī	lautus	Dehnung
dāre „geben"	dō	dedī	datus	Reduplikation
e-Konjugation				
dēlēre „zerstören"	dēleō	dēlēvī	dēlētus	v-Perfekt
monēre „mahnen"	moneō	monuī	monitus	u-Perfekt
ridēre „lachen"	rideō	rīsī	rīsus	s-Perfekt
augēre „vermehren"	augeō	auxī	auctus	s-Perfekt (*auk-si*)
cavēre „sich hüten"	caveō	cāvī	cautus	Dehnung
spondēre „geloben"	spondeō	spospondī	spōnsus	Reduplikation
i-Konjugation				
audīre „hören"	audiō	audīvī	audītus	v-Perfekt
aperīre „öffnen"	aperiō	aperuī	apertus	u-Perfekt
sentīre „fühlen"	sentiō	sēnsī	sēnsus	s-Perfekt
venīre „kommen"	veniō	vēnī	ventus	Dehnung

Infinitiv	Präs. Akt.	Perf. Akt.	Perf. Pass.	Perfektbildung
konson. Konjugation				
petere „erstreben"	petō	petīvī	petītus	v-Perfekt
colere „pflegen"	colō	coluī	cultus	u-Perfekt
carpere „pflücken"	carpō	carpsī	carptus	s-Perfekt
agere „(an)treiben"	agō	ēgī	āctus	Dehnung
tendere „strecken"	tendō	tetendī	tentus	Reduplikation

Personalendungen

Das Lateinische hat sieben Sätze von Personalendungen (Tabelle 5.29):

- 1. für den Indikativ und Konjunktiv des Aktivs, mit Ausnahme des Indikativs Perfekt Aktiv
- 2. für den Indikativ Perfekt Aktiv
- 3. für den Indikativ und Konjunktiv im Präsens, Imperfekt und Futur Passiv
- 4. für den Imperativ Präsens Aktiv
- 5. für den Imperativ Futur Aktiv
- 6. für den Imperativ Präsens Passiv
- 7. für den Imperativ Futur Passiv

Tab 5.29 *Die Personalendungen des lateinischen Verbs*

		Ind./ Konj. Aktiv	Ind. Perf. Aktiv	Ind./ Konj. Passiv	Imper. Präs. Akt.	Imper. Fut. Akt.	Imper. Präs. Pass.	Imper. Fut. Pass.
		1	2	3	4	5	6	7
Sg.	1.	-ō, -m	-ī	-or, -r	—	—	—	—
	2.	-s	-istī	-ris	-ø	-tō	-re	-tor
	3.	-t	-it	-tur	—	-tō	—	-tor
Pl.	1.	-mus	-imus	-mur	—	—	—	—
	2.	-tis	-istis	-minī	-te	-tōte	-minī	—
	3.	-nt	-ērunt	-ntur	—	-ntō	—	-ntor

Die Endungen für den Imperativ im Passiv (Nr. 6 und 7) kommen hauptsächlich bei Deponentien zum Einsatz.

Während sämtliche Formen des Präsens- und Perfektstamms *synthetisch* mit den angegebenen Personalendungen gebildet werden, setzen sich die Formen des Supinstamms

(Perfekt, Plusquamperfekt und Futur II im Passiv) aus dem Partizip Perfekt Passiv + finiten Formen des Hilfsverbs *esse* „sein" zusammen, z.B. *laudatus sum* „ich (m.) bin gelobt worden", sie entsprechen also im Wesentlichen dem deutschen Bildungstyp.

Die folgenden Paradigmata in den Tabellen 5.30–33 werden von *laudāre* „loben" (a-Konjugation), *monēre* „mahnen" (e-Konjugation), *agere* „treiben" (konsonantische Konjugation), *audīre* „hören" (i-Konjugation) und *esse* „sein" (unregelmäßige Konjugation) erstellt.

Tab 5.30 *Indikativ Präsens, Imperfekt und Futur Aktiv (Präsens-Aktiv-Stamm)*

Indikativ Aktiv		a-Konj.	e-Konj.	kons. K.	i-Konj.	esse
Präsens	1. Sg.	laudō	moneō	agō	audiō	sum
	2.	laudās	monēs	agis	audīs	es
	3.	laudat	monet	agit	audit	est
	1. Pl.	laudāmus	monēmus	agimus	audīmus	sumus
	2.	laudātis	monētis	agitis	audītis	estis
	3.	laudant	monent	agunt	audiunt	sunt
Imperfekt	1. Sg.	laudābam	monēbam	agēbam	audiēbam	eram
	2.	laudābās	monēbas	agēbas	audiēbas	erās
Futur	1. Sg.	laudābō	monēbō	agam	audiam	erō
	2.	laudābis	monēbis	agēs	audiēs	eris
	3. Pl.	laudābunt	monēbunt	agent	audient	erunt

Tab 5.31 *Konjunktiv Präsens und Imperfekt Aktiv (Präsens-Aktiv-Stamm)*

Konjunktiv Aktiv		a-Konj.	e-Konj.	kons. K.	i-Konj.	esse
Präsens	1. Sg.	laudem	moneam	agam	audiam	sim
	2.	laudēs	moneās	agās	audiās	sīs
	3.	laudet	moneat	agat	audiat	sit
	1. Pl.	laudēmus	moneāmus	agāmus	audiāmus	sīmus
	2.	laudētis	moneātis	agātis	audiātis	sītis
	3.	laudent	moneant	agant	audiant	sint
Imperfekt	1. Sg.	laudārem	monērem	agerem	audīrem	essem
	2.	laudārēs	monērēs	agerēs	audīres	essēs

Tab 5.32 *Indikativ Präsens, Imperfekt und Futur Passiv (Präsens-Passiv-Stamm)*

Indikativ Passiv		a-Konj.	e-Konjug.	kons. K.	i-Konj.
Präsens	1. Sg.	laudor	moneor	agor	audior
	2.	laudāris	monēris	ageris	audīris
	3.	laudātur	monētur	agitur	audītur
	1. Pl.	laudāmur	monēmur	agimur	audīmur
	2.	laudāmini	monēmini	agimini	audīmini
	3.	laudantur	monentur	aguntur	audiuntur
Imperfekt	1. Sg.	laudābar	monēbar	agēbar	audiēbar
	2.	laudābāris	monēbāris	agēbāris	audiēbāris
Futur	1. Sg.	laudābor	monēbor	agar	audiar
	2.	laudāberis	monēberis	agēris	audiēris
	3. Pl.	laudābuntur	monēbuntur	agentur	audientur

Tab 5.33 *Konjunktiv Präsens und Imperfekt Passiv (Präsens-Passiv-Stamm)*

Konjunktiv Passiv		a-Konj.	e-Konj.	kons. K.	i-Konj.
Präsens	1. Sg.	lauder	monear	agar	audiar
	2.	laudēris	moneāris	agāris	audiāris
	3.	laudētur	moneātur	agātur	audiātur
	1. Pl.	laudēmur	moneāmur	agāmur	audiāmur
	2.	laudēmini	moneāmini	agāmini	audiāmini
	3.	laudentur	moneantur	agantur	audiantur
Impfekt	1. Sg.	laudārer	monērer	agerer	audīrer
	2.	laudārēris	monērēris	agerēris	audīrēris

Das Futur hat keinen Konjunktiv. Die nicht explizit aufgeführten Formen werden mit denselben Endungen wie im Präsens gebildet. Während bei der a- und e-Konjugation das Futur I durch /-b-/ markiert wird (ein typisches Merkmal der italischen Sprachen), wird es bei der konsonantischen und i-Konjugation durch /-ē-/ gekennzeichnet (die 1. Person Sg. lautet allerdings *agam* bzw. *audiam* und ist somit mit der 1. Person Sg. Konjunktiv Präsens identisch).

Es gibt einige Verben mit einer *Mischkonjugation*, deren Formen teils nach der konsonantischen, teils nach der i-Konjugation gebildet werden. Dazu gehören u.a. *capere* „fangen", *cupere* „wünschen", *rapere* „rauben", *facere* „machen" und *fugere* „fliehen". Die Formen, bei denen auf den Kennvokal /-i-/ in der i-Konjugation ein Vokal folgt, werden nach der i-Konjugation gebildet, die übrigen nach der konsonantischen. Also z.B. *capiō* (vgl. *audiō*), *capiunt* (*audiunt*), *capiam* (*audiam*); aber *caperem* (*audīrem*). Die Kombination von Infinitiv *capere* und der 1. Stammform *capio* zeigt die Zugehörigkeit zur Mischkonjugation an.

Die Formen des Perfekts, Plusquamperfekts und Futur II werden im Aktiv vom Perfektstamm, im Passiv vom Supinstamm (+ Hilfsverb *esse* „sein") gebildet. Beim Indikativ Perfekt Aktiv wird ein spezieller Satz von Personalendungen verwendet (siehe oben), alle anderen Formen im Aktiv haben dieselben Personalendungen wie die aktiven Formen des Präsensstamms. Aufgrund ihrer analytischen Bildung aus dem Partizip Perfekt Passiv ist bei den Formen des Supinstamms auch das Genus relevant: *laudatus,-a,-um est* „er/sie/es ist gelobt worden" (in Tabelle 5.34 ist nur die maskuline Form aufgeführt).

Tab 5.34 *Perfekt, Plusquamperfekt und Futur II im Aktiv und Passiv*

		Aktiv Indikativ	Aktiv Konjunktiv	Passiv Indikativ	Passiv Konjunktiv
Perfekt	1. Sg.	laudāvī	laudāverim	laudātus sum	laudātus sim
	2.	laudāvistī	laudāveris	laudātus es	laudātus sīs
	3.	laudāvit	laudāverit	laudātus est	laudātus sit
	1. Pl.	laudāvimus	laudāverimus	laudāti sumus	laudāti sīmus
	2.	laudāvistis	laudāveritis	laudāti estis	laudāti sītis
	3.	laudāvērunt	laudāverint	laudāti sunt	laudāti sint
Plusqperf.	1. Sg.	laudāveram	laudāvissem	laudātus eram	laudātus essem
	2.	laudāverās	laudāvissēs	laudātus erās	laudātus essēs
	3.	laudāverat	laudāvisset	laudātus erat	laudātus esset
	1. Pl.	laudāverāmus	laudāvissēmus	laudāti erāmus	laudāti essēmus
	2.	laudāverātis	laudāvissētis	laudāti erātis	laudāti essētis
	3.	laudāverant	laudāvissent	laudāti erant	laudāti essent
Futur II	1. Sg.	laudāverō		laudātus erō	
	2.	laudāveris		laudātus eris	
	3.	laudāverit		laudātus erit	
	1. Pl.	laudāverimus		laudāti erimus	
	2.	laudāveritis		laudāti eritis	
	3.	laudāverint		laudāti erunt	

Die 1. Sg. Perfekt Aktiv von *esse* lautet *fui* „ich bin gewesen", die Konjugation des Perfektstamms ist regelmäßig wie z.B. *laudavi*.

Andere unregelmäßig gebildete Verben sind *posse* „können", *ferre* „bringen", *ire* „gehen", und *velle, nolle, malle* „wollen, nicht wollen, lieber wollen". Auf ihre Konjugation und die Besonderheiten der Deponentien – Verben mit Formen des Passivs, aber aktiver Bedeutung – wird hier nicht näher eingegangen. Tabelle 5.35 zeigt die Imperativ-Formen des Präsens und Futurs im Aktiv.

Tab 5.35 *Die Imperativformen im Aktiv*

Imperative von:		laudāre		monēre	agere	audīre
Präsens	2. Sg.	laudā	„lobe!"	monē	age	audī
	2. Pl.	laudāte	„lobt!"	monēte	agite	audīte
Futur	2. Sg.	laudātō	„du sollst loben"	monētō	agitō	audītō
	3. Sg.	laudātō	„er soll loben"	monētō	agitō	audītō
	2. Pl.	laudātōte	„ihr sollt loben"	monētōte	agitōte	audītōte
	3. Pl.	laudantō	„sie sollen loben"	monentō	aguntō	audiuntō

Bei einigen Verben der konsonantischen Konjugation wird für den Imperativ Sg. der bloße Stamm ohne die Endung /-e/verwendet: z.B. *dicere* „sagen" > *dic*, *ducere* „führen" > *duc*, *facere* „machen" > *fac*, *ferre* „tragen" > *fer*. Die Imperativformen des Passivs (Endungen s.o.) kommen vor allem bei den Deponentien zum Einsatz.

Infinite Verbalformen

Das *Partizip* Präsens Aktiv, *Gerundium* sowie *Gerundivum* werden vom Präsensstamm, die Partizipien Perfekt Passiv und Futur Aktiv vom Supinstamm gebildet. Ein Partizip Perfekt Aktiv „gelobt habend" gibt es im Lateinischen nicht. In Tabelle 5.36 sind die infiniten Verbalformen des Lateinischen zusammengestellt.

Tab 5.36 *Die infiniten Verbalformen*

Bezeichnung	a-Konj.	Bedeutung	e-Konj.	kons. K.	i-Konj.
Part. Präs. Akt.	laudāns	„lobend; ein Lobender"	monēns	agēns	audiēns
Gerundium	laudandī	„des Lobens" (s.u.)	monendi	agendi	audiendi
Gerundivum	laudandus	„ein zu lobender"	monendus	agendus	audiendus
Part. Fut. Akt.	laudātūrus	„einer, der loben wird"	moniturus	āctūrus	auditurus
Part. Perf. Pass.	laudātus	„gelobt"	monitus	āctus	auditus
Supinum I	laudātum	„um zu loben" (s.u.)	monitum	āctum	audītum
Supinum II	laudātū	„zu loben" (s.u.)	monitū	āctū	auditū

Das Partizip Präsens Aktiv – z.B. *laudans*, Gen. *laudantis* „lobend, der/die/das Lobende" – steht für alle drei Genera, es wird konsonantisch dekliniert, der Abl. Sg. heißt *laudante* bei substantivischem, *laudanti* bei adjektivischem Gebrauch.

Das Gerundium ist der „deklinierte Infinitiv" Präsens Aktiv; die Formen lauten: Nom. *laudāre*, Gen. *laudandī*, Dat. und Abl. *laudandō* sowie Akk. *laudandum*. (Der Dativ ist selten, der Akkusativ wird vor allem in der Verbindung *ad laudandum* „zum Loben" verwendet.)

Das adjektivische Gerundivum, das Partizip Perfekt Passiv und das Partizip Futur Aktiv werden wie die Adjektive der o/a-Deklination dekliniert. Die beiden Supinum-Formen sind dagegen unveränderlich. Ihre Bedeutung und Anwendung sei an einem Beispiel erläutert:

venio laudatum	„ich komme, um zu loben" (vor allem hinter Verben der Bewegung)
hoc facile laudatu	„das ist leicht zu loben" (hinter einigen Adjektiven)

Das Lateinische besitzt sechs *Infinitive*, und zwar die Infinitive Präsens, Futur und Perfekt jeweils im Aktiv und Passiv. Die Infinitive des Präsens werden vom Präsensstamm, der Infinitiv Perfekt Aktiv vom Perfektstamm gebildet. Der Infinitiv Futur Aktiv setzt sich aus dem Partizip Futur Aktiv *laudātūrum* + *esse* „sein" zusammen, der Infinitiv Futur Passiv aus dem Supinum *laudātum* + *iri* (Tabelle 5.37).

Tab 5.37 *Die lateinischen Infinitive*

	Inf. Präsens	Inf. Futur	Inf. Perfekt
Aktiv	laudāre	laudaturum,-am,-um esse	laudāvisse
Passiv	laudārī	laudātum īrī	laudātum,-am,-um esse

Bemerkungen zur Syntax

Wortstellung und Kongruenz

Die Grundwortstellung im lateinischen Satz ist SOV, allerdings kann davon – etwa zur bewussten Hervorhebung von Satzteilen oder aus stilistischen und poetischen Gründen – fast beliebig abgewichen werden, da durch die meist eindeutige morphologische Markierung der einzelnen Satzteile deren Funktion unabhängig von der Stellung im Satz erkennbar bleibt.

Pater filium aegrotum amat	„Vater liebt (*amat*) den kranken (*aegrotum*) Sohn."
Aegrotam filiam suam parentes amant	„Die Eltern (*parentes*) lieben ihre kranke Tochter."

Die Kongruenz gilt – im Gegensatz zum Deutschen – auch zwischen Subjekt und Prädikatsnomen:

pater aegrotus est	„Vater ist krank"
mater aegrota est	„Mutter ist krank"
animal (n.) aegrotum est	„das Tier ist krank"
viri (m.) aegroti sunt	„die Männer sind krank"
ancillae (f.) aegrotae sunt	„die Mägde sind krank"

Präpositionen

Das Lateinische hat Präpositionen, keine eigentlichen Postpositionen. Aus Nomina können allerdings Quasi-Postpositionen wie *causā* „wegen" abgeleitet werden, z.B. *amicitiae causā* „wegen der Freundschaft". Einige Präpositionen können enklitisch gebraucht werden, z.B. *mecum* „mit mir". Die Präpositionen stehen in der Regel in Verbindung mit dem Akkusativ oder Ablativ, manche Präpositionen regieren beide Kasus. Die Tabellen 5.38–40 enthalten einige wichtige Präpositionen mit Anwendungsbeispielen.

Tab 5.38 *Lateinische Präpositionen mit dem Akkusativ*

Präposit.	Bedeutung	Beispiele
ad	„zu, an, bei"	*ad urbem properare* „zur Stadt eilen"
apud	„bei"	*apud Pompeium esse* „bei Pompejus sein"
per	„durch"	*per aspera ad astra* „durch Schwierigkeiten zu den Sternen"
ante	„vor"	*Hannibal ante portas* „Hannibal vor den Toren (Roms)"
post	„hinter, nach"	*post me Megara* „hinter mir (liegt) Megara"
		post cenam „nach dem Essen"
contra	„gegen"	*contra Galliam* „gegen Gallien"
inter	„zwischen"	*inter montem et flumen* „zwischen Berg und Fluss"
propter	„nahe bei; wegen"	*propter Siciliam* „nahe bei Sizilien"
		propter gloriam tuam „wegen deines Ruhms"
trans	„jenseits, über"	*trans Rhenum* „jenseits des Rheins"
		trans Alpes „über die Alpen (hinweg)"

Tab 5.39 *Lateinische Präpositionen mit dem Ablativ*

Präposit.	Bedeutung	Beipiele
a, ab	„von-weg, seit"	*ab urbe discedere* „aus der Stadt fortgehen"
		procul a castris „fern vom Lager"
e, ex	„aus, seit"	*e manibus* „aus den Händen"
		ex illo tempore „seit jener Zeit"
cum	„mit"	*cum amico* „mit dem Freund"
		mecum „mit mir" (enklitisch mit Pronomen)
de	„von-herab; über"	*de muro* „von der Mauer herab"
		de te fabula narratur „von dir handelt die Geschichte"
prae	„vor"	*prae se ferre* „vor sich hertragen"
pro	„für, vor"	*pro libertate pugnare* „für die Freiheit kämpfen"
sine	„ohne"	*sine causa* „ohne Grund"

Bei den Präpositionen mit beiden Kasus steht der Akkusativ für die Richtung auf die Frage „wohin?", der Ablativ für den Ort auf die Frage „wo?". Im Deutschen wird analog der Akkusativ und anstelle des Ablativs der Dativ verwendet.

Tab 5.40 *Lateinische Präpositionen mit Akkusativ und Ablativ*

Präposit.	Bedeutung	Beipiele
in (Akk.)	„in, an, auf, nach"	*in Britanniam vehi* „nach Britannien fahren"
		in urbem „in die Stadt"
in (Abl.)	„in, an, auf"	*in Britannia esse* „in Britannien sein"
		in urbe „in der Stadt"
sub (Akk.)	„unter"	*sub iugum mittere* „unter das Joch schicken"
sub (Abl.)	„unter"	*sub iugo vivere* „unter dem Joch leben"

Die Verwendung des bloßen Ablativs

Der Ablativ wird im Lateinischen häufig ohne Präposition verwendet. Er hat dann je nach Kontext die Funktionen Separativ (Trennung), Komparativ (Vergleich), Komitativ (Begleitung), Instrumental (Mittel oder Werkzeug) oder Lokativ (Ort). Im Deutschen wird zur Übersetzung ein präpositionaler Ausdruck verwendet.

Tab 5.41 *Die Funktionen des Ablativs im Lateinischen*

Funktion	Beispiel
Separativ	*Roma/Thebis/domo proficisci.* „Von Rom/Theben/von zu Hause aufbrechen." (Der Ablativ steht als Separativ ohne Präposition bei Städten und kl. Inseln.)
	Aber: **Ex** *Sardinia proficisci.* „Von Sardinien aufbrechen." (Der Ablativ steht mit Präposition bei Ländern oder großen Inseln.)
Komparativ	*Nihil est bello miserius.* „Nichts ist elender (*miserius*) als der Krieg (*bello*)."
Komitativ	*Omnibus copiis proficiscitur.* „Er brach mit allen Truppen (*omnibus copiis*) auf."
Instrumental	*Plebs muneribus placare* „Das Volk mit Geschenken (*muneribus*) besänftigen" *Fame perire.* „Am Hunger (*fame*) zugrunde gehen"
Lokativ	*Carthagine/Athenis/Delphis esse.* „In Karthago/Athen/Delphi sein". (Der Ablativ steht als Lokativ ohne Präposition bei Städten und kl. Inseln.)
	Aber: **In** *Sicilia/Gallia vivere.* „Auf Sizilien/in Gallien leben." (Der Ablativ steht mit Präposition bei Ländern oder großen Inseln.)
	Aber: Romae/Corinthi/Cypri/domi esse. „In Rom/Korinth/Zypern/zu Hause sein." (echter Lokativ auf /-i/ bei Namen einiger Städte und kl. Inseln; außerdem bei *domi* „zu Hause", *ruri* „zu Lande")

Ablativus absolutus

Eine besondere Anwendung des Ablativs ist der sog. *ablativus absolutus*. Dazu einige typische Beispiele:

Naturā duce non erramus. „Mit der Natur als Führer gehen wir nicht (*non*) in die Irre."
Erläuterung: *naturā* ist der Abl. zu *natura* „Natur", *duce* der Abl. von *dux* „Führer", *erramus* „wir gehen in die Irre".

Augusto imperatore Christus natus est. „Christus wurde unter der Herrschaft des Augustus geboren."
Erläuterung: *natus* „geboren", *imperatore* Abl. von *imperator* „Kaiser", *Augusto* Abl. von *Augustus*.
Wörtlich etwa: „Unter Augustus als Kaiser ist Christus geboren."

Tarquinio Superbo regnante Pythagoras philosophus in Italiam venit.
„Während der Regierung des Tarquinius Superbus kam der Philosoph Pythagoras nach Italien."
Erläuterung: *regnante* Abl. des Part. Präs. von *regnare* „regieren"; *venit* Perf. von *venire* „er ist gekommen".

Der Akkusativ mit Infinitiv (A.c.I.)

Zum knappen und prägnanten Stil lateinischer Texte trägt vor allem die Verwendung von Verbalnomina (Infinitiv, Partizip, Gerundium, Gerundivum und Supinum) als Bestandteil eines Satzteils bei. Eine im Lateinischen häufig verwendete Konstruktion dieser Art ist der sog. *accusativus cum infinitivo* „Akkusativ mit Infinitiv", kurz *A.c.I.* Diese Konstruktion ist zwar auch im Deutschen bekannt, allerdings ist sie auf Verben der sinnlichen Wahrnehmung und die gehobene Sprache beschränkt: Statt „Ich sehe, *dass er kommt.*" kann man auch sagen: „Ich sehe *ihn kommen.*" Der Objektsatz wird also durch einen „Akkusativ mit Infinitiv" ausgedrückt, das Subjekt des Objektsatzes wird zum Akkusativ, das finite Verb zum Infinitiv.

Im Gegensatz zum Deutschen oder auch zum Griechischen ist diese Konstruktion im klassischen Latein nach bestimmten Verben *obligatorisch.* Dazu gehören die meisten Verben der sinnlichen oder geistigen Wahrnehmung, des Wissens, Denkens und Sagens. Zeitbezug und Diathese (Aktiv, Passiv) der abhängigen Aussage werden dabei durch die Wahl des Infinitivs sichergestellt. In den meisten Fällen muss der A.c.I. im Deutschen durch einen Nebensatz übersetzt werden. Eine Übersicht über alle Formen des A.c.I. zeigt Tabelle 5.42.

Tab 5.42 *Beispiele für den A.c.I. mit den sechs möglichen Infinitiven*

scio ...	Infinitiv	ich weiß (scio), dass ...	
Iuliam ridere	Präsens Akt.	Julia lacht	
Iuliam risisse	Perfekt Akt.	Julia gelacht hat/lachte	
Iuliam risuram esse	Futur Akt.	Julia lachen wird	
Iulium risurum esse	Futur Akt.	Julius lachen wird	
amicos risuros esse	Futur Akt.	die Freunde lachen werden	
Iuliam rideri	Präsens Pass.	Julia ausgelacht wird	
Iuliam risam esse	Perfekt Pass.	Julia ausgelacht worden ist	
amicos risos esse	Perfekt Pass.	die Freunde ausgelacht worden sind	
Iuliam risum iri	Futur Pass.	Julia ausgelacht werden wird	
amicos risum iri	Futur Pass.	die Freunde ausgelacht werden	

Beim Infinitiv Futur Aktiv und Perfekt Passiv muss die Kongruenz der Partizipien zu *Iuliam, Iulium* bzw. *amicos* beachtet werden, der Infinitiv Futur Passiv wird durch das unveränderliche Supinum *risum + iri* gebildet.

Berühmt geworden ist der dem römischen Staatsmann Marcus Porcius Cato (234–149 v. Chr.) zugeschriebene Satz: *Ceterum censeo Carthaginem delendam esse.* „Übrigens bin ich der Meinung (*censeo*), dass Karthago zerstört werden muss." (*delendus* ist das Gerundivum zu *delēre* „zerstören": „einer, der zerstört werden muss").

5.4 Vom Lateinischen zu den romanischen Sprachen

Während das schriftsprachliche Latein seit dem 2. Jh. n. Chr. immer mehr zu einem starren, mehr oder weniger unveränderlichen Gebilde wurde, konnte sich die lateinische Umgangssprache in allen sozialen Schichten und in allen Regionen des Weströmischen Reiches frei vom Regelzwang weiterentwickeln. In diesem Abschnitt werden die Quellen des Sprechlateins, seine linguistischen Merkmale, die Frage der Substrate, Superstrate und Adstrate sowie das Auftreten der romanischen Literatur- und Standardsprachen behandelt.

Die Quellen des Sprechlateins

Obwohl das Sprechlatein seiner Natur nach eigentlich nicht schriftlich fixiert wurde, gibt es verschiedene Quellen, die wenigstens eine grundsätzliche Vorstellung über die wesentlichen Merkmale der lateinischen Umgangssprache vermitteln.

Das sind zunächst bestimmte Bereiche der Literatur, in denen bewusst die Alltagssprache wiedergegeben wurde, z.B. die Komödiendichtung. Bereits in den Komödien des Plautus aus dem 2. Jh. v. Chr. finden sich umgangssprachliche Wörter und Passagen, die deutlich von dem sich gerade herausbildenden Standard abweichen. Eine besondere Fundgrube ist das „Gastmahl des Trimalchio" von Petronius aus dem 1. Jh. n. Chr., in dem Personen aus niedrigen Gesellschaftsschichten in ihrer Sprache zu Wort kommen und dabei gegen alle Regeln der klassischen Grammatik verstoßen. Eine weitere Quelle sind mehr oder weniger private Briefe (die wirklich privaten wurden selten überliefert). Selbst ein Sprachpurist wie Cicero leistet sich darin den gehäuften Gebrauch von Diminutiven, verwendet Adjektive in adverbieller Funktion und bevorzugt die Parataxe gegenüber der stilistisch geschliffenen Hypotaxe. Auch ein großer Teil der Fachliteratur über Landwirtschaft, Ökonomie, Kochkunst oder Architektur hat keinen hohen sprachlichen Anspruch, sondern steht oft näher an der Umgangssprache. Zahllose private Inschriften zeigen deutliche Abweichungen vom klassischen Sprachgebrauch. Die Grabinschriften der einfachen Bevölkerung und die durch den Ausbruch des Vesuvs (79 n. Chr.) erhalten gebliebenen Graffiti von Pompeji sind eine besonders wichtige Quelle.

Ergiebig sind auch die Listen von Grammatikern, die den richtigen und fehlerhaften Sprachgebrauch nach dem Muster *x non y* „x, nicht y" gegenüberstellen. Bekannt ist der *Appendix Probi*, der im 3. oder 4. Jh. von einem unbekannten Schulmeister verfasst wurde, aber erst durch Manuskripte aus dem 7. oder 8. Jh. belegt ist. Darin heißt es zum Beispiel: *speculum* non *speclum* „Spiegel" oder *masculus* non *masclus* „männlich", *pauper mulier* non *paupera mulier* „die arme Frau", *auris* non *oricla* „Ohr", *tabula* non *tabla* „Tafel" usw. Es fehlte im 4. und 5. Jh. auch nicht an Versuchen, das Schriftlatein wieder näher ans Sprechlatein heranzuführen. Besonders zu nennen ist Hieronymus (347–420) mit seiner Übersetzung der Bibel ins Lateinische, der sog. *Vulgata*. Dabei wird z.B. die A.c.I.-Konstruktion weitgehend durch Objektsätze ersetzt. Ähnlich verfahren auch schon frühere Bibelübersetzungen ins Lateinische, die man als *Vetus Latina* zusammenfasst.

In mittelalterlichen Glossaren aus dem 8.–10. Jh. wurden klassisch-lateinische Begriffe, deren Bedeutung im Laufe der Zeit unklar geworden war, durch zeitgemäßere umgangssprachliche Formen „übersetzt", z.B. *pulcra* (eigentlich *pulchra*) : *bella* „die Schöne", *caseum* : *formaticum* „Käse" > französisch *fromage*. Letztlich ist auch die Rekonstruktion einer *romanischen Protosprache* aus den romanischen Sprachen eine wichtige Methode, Informationen über das Sprechlatein zu gewinnen (siehe unten).

Die Merkmale des Sprechlateins

Eine ganze Reihe von phonologischen, morphologischen und syntaktischen Veränderungen bewirkten nach und nach einen immer größeren Abstand der umgangssprachlichen Varietäten von der lateinischen Schriftsprache (vgl. Lindenbauer et al. 1995, Schlösser 2001, Tagliavini 1998). Dazu gehören:

1. Veränderung und Verlust von Lauten durch Lautschwächung, Synkope, Apokope, Assimilation, Dissimilation und andere Prozesse, z.B. *mensa* > *mesa* „Tisch", *rivus* > *rius* „Fluss", *calidum* > *caldum* > italien. und spanisch *caldo* „heiß"; *civitatem* > *civtate* > franzsös. *cité*, italien. *cìtta*, spanisch *ciudad*; *prehendere* > *prendere* „ergreifen". Der Zusammenfall von /b/ und /v/ hatte zur Folge, dass z.B. *laudavit* „er hat gelobt" und *laudabit* „er wird loben" nicht mehr zu unterscheiden waren.

2. Die Opposition von Lang- und Kurzvokal wurde aufgegeben, einige Vokale änderten ihre Klangfarbe. Der Übergang vom klassischen zum Sprechlatein ist durch folgende Vokalverschiebungen gekennzeichnet:

/ă, ā/ > /a/, /ĕ/ > /ɛ/, /ē, ĭ/ > /e/, /ī/ > /i/, /ŏ/ > /ɔ/, /ō, ŭ/ > /o/, /ū/ > /u/

Diese Veränderungen gelten für die betonten Vokale, die unbetonten wurden in der Regel abgeschwächt oder entfielen ganz. Auf die romanischen Sprachen wirkte sich die Vokalverschiebung wie folgt aus: latein. *niger* „schwarz" und *trēs* „drei" wurden im Französischen zu *noir* bzw. *trois* mit gleichem Diphthong, da im Sprechlatein /ĭ/ und /ē/ zu /e/ zusammengefallen waren; dagegen wird aus latein. *niger* „schwarz" und *quīnque* „fünf" französisch *noir* bzw. *cinq.*, italien. *nero* bzw. *cinque*, da sich kurzes und langes /i/ zu unterschiedlichen Vokalen entwickelt hatten. Die Vorgängervarietäten des Sardischen und Rumänischen durchliefen diese Vokalverschiebung allerdings nicht oder nur in geringerem Umfang, wodurch diese beiden Sprachen eine Sonderposition innerhalb des Romanischen einnehmen.

3. Vereinfachungen in der Nominalmorphologie: Verlust des Neutrums, Reduktion der Kasus, präpositionale Bildungen für Dativ, Genitiv und Ablativ, teilweise sogar für den Akkusativ, Reduktion der Deklinationsklassen (die u-Deklination geht in die o/a-Deklination auf, z.B. *socrus,-ūs* (f.) > *socra,-ae* „Schwiegermutter", *exercitus,-ūs* > *exercitus,-i* „Heer").

4. Analogiebildungen in der Verbalmorphologie. Aus ursprünglichen Deponentien werden Verben mit aktiven Formen, z.B. *lamentari* > *lamentare* „beklagen". Verben wechseln ihre Konjugationsklasse, das b-Futur der a- und e-Konjugation wird durch das konsonantische Futur ersetzt, z.B. *respondebo* > *respondeam* „ich werde antworten". Überla-

gerung und Vermengung der Funktionen von Tempora und Modi: Das Präsens tritt oft für das Futur ein, der Konjunktiv wird durch den Indikativ ersetzt.

5. Übergang von synthetischen zu analytischen Verbalformen, die sich dann in den romanischen Sprachen weitgehend durchsetzen. Beispiele: Perfekt *verba quae expressimus > ea verba quae habemus expressa* „Worte, die wir ausgedrückt haben"; Futur *invenies* „du wirst finden" > *habes invenire* „du hast zu finden > du wirst finden"; Imperfekt *exspectabat* „er erwartete" > *expectans erat* „er war erwartend > er erwartete".

6. Auch Komparative, Superlative und Adverbien wurden zunehmend analytisch gebildet: *humilior > plus/magis humilis* „niedriger", *mirabilissimus > multum mirabilis* „äußerst wunderbar"; *simpliciter > simplici mente* „einfach (Adverb), auf einfache Art".

7. Häufiger Gebrauch redundanter Personal- und Demonstrativpronomina: z.B. *ambulavimus in horto > ambulavimus nobis in horto* „wir spazierten (für uns) im Garten herum"; *homo respondet > ille homo respondet* „(jener) Mensch antwortet". Die in den Verbformen bereits enthaltene Personalmarkierung wird durch Personalpronomina „verdeutlicht", die Demonstrativa entwickeln sich faktisch zu Artikeln.

8. Tendenz zu einem expressiveren Sprachstil. Dazu gehören ein vermehrter Gebrauch von Diminutiven, z.B. *genu > genuculum* „Knie(chen)", *paucus > pauculus* „gering, klein", und Frequentativen, z.B. *fugere > fugitare* „fliehen", sowie die Häufung von redundanten Kompositbildungen, z.B. *bibere > combibere* „trinken", *intrare > subintrare* „eintreten".

9. Ersatz des „Akkusativ mit Infinitiv" (A.c.I.) durch einfache Infinitive (bei gleichem Subjekt) und durch Objektsätze, z.B. *dixisti nos in te vivere > dixisti, quod in te vivimus* „du hast gesagt, dass wir in dir leben".

10. Ersatz der Hypotaxe durch die Parataxe, d.h. aus einem Gefüge von Hauptsatz mit untergeordneten Nebensätzen werden gleichgeordnete Hauptsätze.

Proto-Romanisch

Die romanischen Sprachen bilden ein interessantes Experimentierfeld für die historisch-vergleichende Methode, da ihre Muttersprache bekannt ist; eine besondere Situation, die bei keiner anderen größeren Sprachfamilie vorkommt. Es wurde mehrfach versucht, aus den heutigen romanischen Sprachen nach den „Regeln der Kunst" das *Proto-Romanische* zu rekonstruieren. Als Ergebnis kam ziemlich genau das Bild des späten Sprechlateins heraus, das auch die oben genannten Quellen zeichnen. Hall 1976 rekonstruierte folgende Merkmale des Proto-Romanischen (im Hinblick auf das klassische Latein sind die Ergebnisse meist negativ formuliert):

- kein Neutrum
- kein Ablativ; Dativ und Genitiv nur beim Pronomen
- ausgiebiger Gebrauch von Präpositionen (vor allem *ad, de*) als Ersatz für einfache Kasus
- analytische Passiv- und Futurbildung (Passiv: *esse* + Partizip Perfekt Passiv, Futur: *habere* + Infinitiv)
- analytisches Perfekt Aktiv der Form *habere* + Partizip Perfekt Passiv

- Verwendung der Demonstrativa *ille* und *ipse* in der Funktion von Artikeln
- viele Diminutiva auf *-iculum* und Komposita bei den Verben
- analytische Steigerung mittels *magis* oder *plus*
- keine Adverbien auf *-iter*
- keine phonemische Längenunterscheidung bei Vokalen
- keine A.c.I.-Konstruktion, stattdessen Objektsätze
- geringe Neigung zur Hypotaxe

Durch eine solche Rekonstruktion bleibt die eigentliche Muttersprache – das Latein mit seinen spezifischen Eigenschaften – allerdings weitgehend im Dunkeln; ein Ergebnis, das zeigt, wie problematisch Rekonstruktionsversuche von Protosprachen generell sind. Auf das Indogermanische übertragen könnte dies bedeuten, dass wir nur eine sehr späte Phase der Protosprache durch Rekonstruktion erfassen können, in der viele genuine Merkmale des ursprünglichen Indogermanisch möglicherweise längst verloren waren.

Völkerwanderungszeit und karolingische Renaissance

In der Völkerwanderungszeit (4.–7. Jh.) riss der stetige Kontakt zwischen den einzelnen Regionen des (ehemaligen) Römerreiches ab, die regionalen Varietäten entwickelten sich eigenständig und ohne wechselseitigen Austausch. Das Auseinanderdriften wurde durch das Fehlen übernationaler, allgemein anerkannter Autoren begünstigt, die weiterhin als Leitbild der sprachlichen Entwicklung hätten dienen können.

Erst Karl der Große gab um 800 kräftige Anstöße, sich wieder um die Qualität des Schriftlateins zu bemühen, dessen Niedergang nun immer deutlicher wurde. Jedes Bistum musste eine Lateinschule errichten, in der das Latein der Kirchenväter, aber auch das vieler klassischer Autoren studiert und weitergegeben wurde. Diese erneute Orientierung am Standard der klassischen und spätklassischen Periode hatte zur Folge, dass die Kluft zwischen Schrift- und Sprechlatein bzw. den sich herausbildenden romanischen Volkssprachen besonders groß wurde.

So entfernten sich alle Varietäten immer mehr voneinander und vom lateinischen Schriftstandard, wenngleich dieser vor allem im Westen noch lange die Quelle beim Ausbau des Wortschatzes und Vorbild für alle literarischen Formen und Textgattungen blieb. Im Osten hingegen waren zunächst das Griechische und ab dem 9. Jh. das Altkirchenslawische Kirchen- und Kanzleisprache und damit geltender Schriftstandard, daher entwickelte sich das Rumänische in deutlich geringerer Abhängigkeit vom Schriftlatein als seine westlichen Schwestersprachen.

Substrate – Superstrate – Adstrate

Eine wesentliche Rolle bei dem komplexen und lang andauernden Entwicklungsprozess, der schließlich vom Latein über das regionale Sprechlatein zu den romanischen Sprachen führte, spielten auch die unterschiedlichen *Substrateinflüsse* der einheimischen Vorgängersprachen in den Provinzen des Weströmischen Reiches. Ein Großteil der spezifischen Ausprägung der heutigen romanischen Sprachen ist sicherlich auf die Wirkung von Substraten zurückzuführen (Tabelle 5.43). Einige der einheimischen Sprachen wurden noch über mehrere Jahrhunderte gemeinsam mit sprechlateinischen Varietäten verwendet, das Gallische z.B. starb erst im 5. oder 6. Jh. n. Chr. aus.

Tab 5.43 *Substratsprachen des Sprechlateins*

Bereich	Substratsprachen des Sprechlateins
Norditalien	Etruskisch, Rätisch, Camunisch, Ligurisch, Gallisch, Lepontisch, Venetisch
Mittel- und Süditalien	Faliskisch, Umbrisch, Oskisch und die übrigen altital. Sprachen; Messapisch; Griechisch; Nordpikenisch
Sizilien	Punisch, Griechisch, Elymisch, Sikulisch, Sikanisch
Sardinien	präsardisches Substrat, Punisch
Frankreich	Gallisch, Aquitanisch (Varietät des Baskischen)
Iberische Halbinsel	Iberisch, Südlusitanisch, Baskisch, Lusitanisch, Keltiberisch
Balkan	Dakisch, Thrakisch, Illyrisch

Hinweis: nicht-indogermanische Substratsprachen sind unterstrichen.

Im Einzelnen ist die Wirkung solcher Substrate nicht leicht nachzuweisen. Ein oft zitiertes Beispiel für eine keltische Substratwirkung ist der Wechsel von lateinisch /ū/ zu französisch /y/, z.B. latein. *mūrus* > franzö. *mur* [myR] „Mauer", latein. *lūna* > franzö. *lune* [lyn] „Mond". Diese Wirkung entfaltete das Keltische offensichtlich auch bei germanischen Sprachen, z.B. german. **hūs* > niederländisch *huis* [hys] „Haus". Auch bei lateinischen Lehnwörtern in modernen keltischen Sprachen tritt dieser Wandel auf, z.B. latein. *dūrum* „hart" > breton. *dir* „Stahl". Das französische Vigesimalsystem wird üblicherweise ebenfalls auf das Keltische zurückgeführt, z.B. 70 = 60 + 10 *soixante-dix*, 80 = 4 x 20 *quatre-vingts*, 90 = 4 x 20 + 10 *quatre-vingts-dix*, allerdings ist hierbei auch ein Einfluss des Skandinavischen (Dänischen) in der Wikingerzeit nicht ausgeschlossen.

Eine Auswirkung des baskischen Substrats zeigt sich im Wechsel von anlautendem lateinischen /f-/ zu spanischem /h-/, z.B. latein. *filius* > italien. *figlio*, aber spanisch *hijo* „Sohn"; latein. *formica* > italien. *formica*, aber spanisch *hormiga* „Ameise". Das Baskische kennt kein originäres /f/. Der Wechsel /f-/ > /h-/ ist auch im Gascognischen verbreitet, dort war das eng mit dem Baskischen verwandte Aquitanische die Substratsprache.

Nach dem Zusammenbruch des Weströmischen Reiches bildeten sich auf ehemaligem römischem Gebiet mehrere meist relativ kurzlebige germanische Reiche. Zu den Reichsgründern gehörten die Ost- und Westgoten, Vandalen, Burgunder, Sueben, Langobarden, Franken und später die Wikinger. Diesmal blieb die inzwischen romanisierte Sprache der unterworfenen Bevölkerung aber erhalten, die Sprache der Eroberer wurde nahezu vollständig absorbiert. Dennoch gibt es aus dieser Phase durchaus germanische

Einflüsse auf die Vorgängervarietäten der romanischen Sprachen, man spricht hier von einem germanischen *Superstrat*. Das gilt vor allem für das Fränkische mit seinem Einfluss auf das entstehende Französische, der durch zahlreiche germanische Lehnwörter belegt ist, z.B. *choisir* „wählen" < gotisch *kausjan* „prüfen, kosten", *guérir* „heilen" < fränkisch *warjan* „wehren, schützen", *riche* „reich" < fränkisch *rīki* „mächtig", *jardin* „Garten" < fränkisch *gard* „Gehege, Umfriedung" oder *fauteuil* „Lehnstuhl" < fränkisch *faldistōl* „zusammenfaltbarer Stuhl". Für die romanischen Sprachen auf der Iberischen Halbinsel, auf Sizilien und in Süditalien war das arabische Superstrat von Bedeutung. Das Rumänische erfuhr seit dem frühen Mittelalter den Einfluss des Slawischen, später des Ungarischen und Deutschen.

Auch *Adstrate*, also Kontakt- und Nachbarsprachen, hatten und haben ihre Wirkung auf die Entwicklung der romanischen Sprachen. Zu erwähnen ist z.B. der Einfluss des Deutschen auf die rätoromanischen Idiome und – zusammen mit dem Niederländischen – auf ost- und nordfranzösische Dialekte. Besonders wichtig ist das sog. Kulturadstrat des Lateinischen selbst, das für die romanischen Sprachen immer wieder zur Quelle für Einzelwörter, Wortbildungsmechanismen und syntaktische Muster wurde. In der neueren Zeit hat das Englische die Funktion eines globalen Kulturadstrats, das natürlich auch in den romanischen Sprachen wirksam ist.

Die Straßburger Eide von 842

Ab wann kann man von „romanischen" Sprachen sprechen? Aus dem Jahre 842 ist ein bedeutender Text tradiert, der schon mehr romanische als lateinische Merkmale zeigt. Es handelt sich um die sog. *Straßburger Eide*, die sich auf Erbfolgestreitigkeiten der Söhne Ludwigs des Frommen (778–840) beziehen.

Tab 5.44 *Aus den Straßburger Eiden von 842 (Lindenbauer 1995: 23–24)*

Frühfranzösischer Text

„Pro deo amur et pro christian poblo et nostro commun salvament. dist di en avant, in quant deus savir et podir me dunat, si salvarai eo cist meon fradre Karlo, et in adiudha et in cadhuna cosa, si com om per dreit son fradra salvar dift, in o quid il mi altresi fazet, et ab Ludher nul plaid numquam prindrai qui meon vol cist meon fradre Karle in damno sit."

Übersetzung ins heutige Französisch

„Pour l'amour de Dieu et pour le salut commun du peuple chrétien et le nôtre, à partir de ce jour, pour autant que Dieu m'en donne le savoir et le pouvoir, je soutiendrai mon frère Charles, ici présent de mon aide matérielle et en toute chose, comme on doit justement soutenir son frère, à condition qu'il m'en fasse autant et je ne prendrai aucun arrangement avec Lothaire qui, à mon escient, soit au détriment de mon frère Charles."

Deutsche Übersetzung

„Für die Liebe Gottes und des christlichen Volkes und unser aller Erlösung: Von diesem Tage an, soweit mir Gott das Wissen und die Fähigkeit gibt, werde ich meinem Bruder Karl beistehen, sowohl durch Hilfeleistung als auch in jeder anderen Angelegenheit, so wie man seinem Bruder beistehen soll, auf dass er mir genauso tue; und ich werde niemals ein Abkommen mit Lothar treffen, das willentlich meinem Bruder Karl zum Schaden sei."

In diesem durchaus als „frühfranzösisch" zu bezeichnenden Text gibt es eine Reihe auffälliger neuer Merkmale:

- Schwund der Endvokale außer /-a/, z.B. lateinisch *amorem > amur* „Liebe (Akk.)"
- Spirantisierung intervokalischer Konsonanten: *abante > avant* „vor", *sapere > savir* „wissen", *adiuta > adiudha* „Hilfestellung", *debet > dift* „es ist notwendig"
- Reduktion der Kasus auf den Nominativ (Subjektfall) und Akkusativ (für alle anderen Funktionen), z.B. *deus/deo*
- Bildung neuer expressiver Demonstrativa *ecce iste > cist* „dieser da"
- Analytische Bildung des Futurs, z.B. *salutabo > salutare habeo > salvarai* „ich werde grüßen", *prehendam > prehendere habeo > prindrai* „ich werde nehmen"

Die Entwicklung der romanischen Standardsprachen

Nach diesem sprachgeschichtlich wichtigen Text dauerte es noch mehrere Jahrhunderte, bis sich romanische Literatur- und Standardsprachen entwickelten. Die Entstehung eines Sprachstandards kann selten zeitlich genau festgelegt werden, jedenfalls sollten eine Reihe von Kriterien erfüllt sein, z.B. die Existenz einer Selbstbezeichnung der Sprache (damit verbunden das Bewusstsein der Sprecher, eine gemeinsame Sprache zu sprechen), eine weitgehend normierte Verschriftlichung sowie traditionsstiftende Literaturwerke. Erst später erfolgt dann die Kodifizierung der Sprache in Grammatiken und Wörterbüchern. Legt man diese Kriterien an, so entstanden vom 10.–14. Jh. sechs romanische Literatursprachen: Provenzalisch, Französisch, Galicisch-Portugiesisch, Spanisch (Kastilisch), Katalanisch und Italienisch. Erst im 17. Jh. entwickelte sich ein rumänischer Literaturstandard.

Tab 5.45 *Romanische Literatursprachen*

Sprache	Zeit	frühe Literatur
Französisch	9./10. Jh.	*Eulalia-Sequenz; chansons de geste,* Chrétien de Troyes (1135–1190)
Provenzalisch	12. Jh.	Dichtung der Troubadours
Galicisch-Portugies.	12.–14. Jh.	galicisch-portugiesische Liebes- und Marienlyrik
Spanisch (Kastilisch)	Ende 12. Jh.	*Cantar de Mío Cid*; Alfons der Weise (1252–1284)
Katalanisch	13. Jh.	Ramon Llull (1232–1316)
Italienisch	13. Jh.	Scuola Siciliana; Dante, Petrarca, Bocccaccio
Rumänisch	17. Jh.	Miron Costin (1633–1691), Bukarester Bibel 1688

Die Standardisierung des Französischen, Spanischen, Portugiesischen, Italienischen und Rumänischen hat sich im Laufe vieler Jahrhunderte in einem gewissermaßen natürlichen Prozess vollzogen. Dagegen wurden im 20. Jh. einige Normierungen durch einzelne Sprachwissenschaftler oder Sprachorganisationen sehr zügig vorangetrieben. Dies betrifft Dolomitenladinisch, Bündnerromanisch, Furlanisch, Okzitanisch, Katalanisch, Aragonesisch, Asturisch-Leonesisch und Galicisch. Für das Sardische und Korsische ist bisher keine allgemein anerkannte Standardisierung erfolgt. (Dazu weitere Informationen bei der Darstellung der einzelnen Sprachgeschichten.)

5.5 Überblick über die romanischen Sprachen

Die scheinbar einfache Frage „Wie viele romanische Sprachen gibt es?" findet unter Romanisten je nach Standpunkt Antworten, die sich im Intervall von 10 bis 20 bewegen, bei einigen sogar noch darüber hinaus gehen (Ethnologue 2009 listet z.B. 41 auf). Das liegt unter anderem an der schwierigen Abgrenzbarkeit der Spracheinheiten, die sich alle aus dem großen spätlateinischen Dialektkontinuum herausgebildet haben, was bei allen Unterschieden letztlich auch zu einem Kontinuum der heutigen *Romania* – dem Verbreitungsgebiet der romanischen Sprachen – geführt hat. Die einzelnen romanischen „Sprachen" sind also nicht klar voneinander abgrenzbar, sondern es gibt zwischen ihnen in der Regel fließende Übergänge. Für manche romanische Varietät ist die Frage „Sprache" oder „Dialekt" nicht leicht zu beantworten, die Entscheidung wird oft nicht nach linguistischen, sondern nach politischen und soziokulturellen Erwägungen getroffen. (Vgl. dazu auch den einleitenden Abschnitt zu den Problemen der Sprachen- und Sprecherzahlen.)

Die Verbreitung der romanischen Sprachen

Die romanischen Sprachen werden von etwa 800 Mio. Menschen vor allem in Europa und Lateinamerika als Muttersprache gesprochen, von weiteren 200 Mio. als Zweitsprache. Damit übertreffen sie bei den Muttersprachlern deutlich die germanischen Sprachen, die etwa 500 Mio. Primärsprecher haben. Die bedeutendsten romanischen Sprachen sind – in der Reihenfolge ihrer Sprecherzahlen – *Spanisch* (400 Mio. Muttersprachler, weitere 70 Mio. Zweitsprecher), *Portugiesisch* (210 Mio.), *Französisch* (80 Mio., weitere 100 Mio. Zweitsprecher), *Italienisch* (65 Mio.) und *Rumänisch* (30 Mio.). Diese fünf „großen" Sprachen sind die National- und Amtssprachen ihrer jeweiligen Stammländer. Spanisch und Portugiesisch (in Brasilien) wurden durch die Kolonisation zu den dominanten Sprachen Lateinamerikas, Französisch und Portugiesisch sind nach wie vor Amtssprachen in vielen afrikanischen Ländern, die ehemals zum französischen, belgischen oder portugiesischen Kolonialreich gehörten.

Die nächste Gruppe bilden romanische Sprachen, die zwar nicht Amtssprache eines größeren Staates, aber als traditionelle Kultur- oder Minderheitensprache regionale Anerkennung gefunden haben. Dazu gehören das *Katalanische*, das in Nordostspanien, auf den Balearen, in Andorra und in Südfrankreich verbreitet ist (10 Mio. Sprecher, Amtssprache in Andorra, in Spanien regionale Amtssprache), das *Galicische* in Nordwestspanien (3,5 Mio.) und das *Okzitanische* in Südfrankreich (2–3 Mio. Sprecher) sowie in Spanien im Val d'Aran (etwa 4000 Sprecher). Das im Kanton Graubünden gesprochene *Bündnerromanische* (40 Tsd.) ist eine der vier Amtssprachen der Schweiz. *Sardisch* (1,2 Mio. Sprecher), *Friaulisch* (600 Tsd.) und *Ladinisch* (30 Tsd.) sind in Italien als regionale Minderheitensprachen offiziell anerkannt. Eine starke lokale Unterstützung – wenn auch nicht die Anerkennung als regionale Amtssprache – finden heute auch das *Asturisch-Leonesische* (115 Tsd. Muttersprachler, 450 Tsd. Zweitsprecher) und *Aragonesische* (12 Tsd.) in Spanien, die beide allerdings in der Romanistik nicht generell als eigenständige Sprachen gelten.

Eine bestimmte Gruppe von verwandten Dialekten, die eine Zwischenstufe zwischen dem Französischen und Okzitanischen bilden und in Frankreich, der angrenzenden Schweiz und in Norditalien gesprochen werden, hat man sprachwissenschaftlich als *Frankoprovenzalisch* zusammengefasst (30 Tsd. Sprecher, staatliche Anerkennung nur im Aostatal in Italien). Auch die in Spanien entstandene und in hebräischer Schrift geschriebene romanische Sprache der sephardischen Juden, das *Judenspanische* (auch *Sephardisch*, *Ladino* oder *Judezmo*) hat nirgendwo einen offiziellen Status. Die meisten der noch maximal 50 Tsd. Sprecher leben heute in Israel, einige Hundert in Istanbul. Drei dem Rumänischen nahestehende Varietäten werden verstreut auf dem Balkan und in Griechenland gesprochen: *Aromunisch* (300 Tsd. Sprecher vor allem in Griechenland und Albanien), *Meglenorumänisch* (etwa 5.000 Sprecher im Grenzgebiet zwischen Griechenland und Mazedonien) sowie das fast ausgestorbene *Istrorumänisch* (300 Sprecher in Kroatien im Nordosten der Halbinsel Istrien). Diese Varietäten werden nicht von allen Romanisten als eigenständige Sprachen betrachtet, sondern als Dialekte des Rumänischen eingestuft (vor allem von den rumänischen Wissenschaftlern). Tabelle 5.46 gibt eine Gesamtübersicht über die heute existierenden romanischen Sprachen und ihre Hauptverbreitungsgebiete.

Tab 5.46 *Die romanischen Sprachen und ihre Verbreitungsgebiete (Karte 1, Seite 741)*

Sprache	Sprecher	Verbreitungsgebiet
Rumänisch	30.000.000	**Rumänien; Moldawien;**
		Serbien (Vojvodina), Ukraine (Bukowina)
Aromunisch	300.000	Griechenland, Albanien, Rumänien, Mazedonien, Bulgarien
Meglenorumänisch	5.000	Griechenland, Mazedonien
Istrorumänisch	300	Kroatien (Nordost-Istrien)
Italienisch	65.000.000	**Italien, San Marino, Vatikanstaat, Schweiz;**
		Slowenien, Kroatien (Istrien); Westeuropa;
		Argentinien, Brasilien, USA
Sardisch	1.200.000	**Italien** (Sardinien)
Friaulisch	600.000	**Italien** (Friaul)
Ladinisch	30.000	**Italien** (Dolomiten)
Bündnerromanisch	40.000	**Schweiz** (Graubünden)
Französisch	80.000.000	**Frankreich, Belgien, Schweiz, Monaco;**
		Kanada (Quebec, Ontario), Karibik: **Franz. Antillen**
		Afrika: ehemalige französische und belgische Kolonien;
		Inseln im indischen und pazifischen Ozean
Frankoprovenzalisch	30.000	Frankreich (Rhone-Tal, Savoyen), Schweiz (Romandie),
		Italien (Aostatal, Piemont)
Okzitanisch	2.500.000	Frankreich (Auvergne, Limousin, Languedoc, Gascogne);
		Italien, **Spanien** (Val d'Aran)
Katalanisch	10.000.000	**Spanien** (Katalonien, Valencia, Balearen),
		Andorra, Frankreich (Roussillon)
Aragonesisch	12.000	Spanien (Aragón)
Asturisch	115.000	Spanien (Asturien, León, Zamora, Salamanca),
		Portugal (Miranda do Douro, 15.000)
Spanisch	400.000.000	**Spanien, Lateinamerika** (außer Brasilien); Philippinen
Galicisch	3.500.000	**Spanien** (Galizien); Portugal (15.000)
Portugiesisch	210.000.000	**Portugal; Brasilien; Angola, Mosambik; Kap Verde,**
		Guinea-Bissau, São Tomé e Príncipe; Osttimor; Macau
Judenspanisch	max. 50.000	Israel, Türkei; Balkan, Griechenland; früher Nordafrika

Fettdruck der Staatennamen: Die genannte Sprache ist in diesem Staat Nationalsprache, Amtssprache, regionale Amtssprache oder hat zumindest den Status einer offiziellen Minderheitensprache.

Einige romanische Sprachen sind im Laufe der Geschichte untergegangen, sie bilden die *Romania submersa*. Dazu gehören das *Mozarabische* in den maurisch besetzten Gebieten der Iberischen Halbinsel, das nach der Reconquista vom Spanischen und Katalanischen absorbiert wurde, sowie das *Dalmatische* im Küstengebiet der kroatischen Adria, das in den Küstenorten (z.B. Dubrovnik, Split, Zara) schon im 15./16. Jh. unterging, sich aber auf den vorgelagerten Adriainseln bis zum Ende des 19. Jh. halten konnte (am längsten der *vegliotische* Dialekt auf Krk). Im Moselgebiet hatte eine romanische Sprachinsel bis ins 11. Jh. Bestand. Die heute am stärksten bedrohte romanische Varietät ist das *Istrorumänische* auf der kroatischen Halbinsel Istrien mit nur noch 300 Sprechern.

5.6 Die Gliederung des Romanischen

Die romanischen Sprachen bilden eine klar definierte genetische Untereinheit des Italischen, da sie alle von einer Vorgängersprache, dem Lateinischen abstammen. Die Zugehörigkeit einer Varietät zum Romanischen ist in keinem Fall zweifelhaft, die Außengrenzen sind also klar umrissen. Die Einheit des Romanischen wurde schon Jahrhunderte vor der Etablierung durch die historische Sprachwissenschaft erkannt, z.B. von Dante in „De vulgari eloquentia" von 1303, dort allerdings mit einer Fehleinschätzung des Lateinischen als künstlich konstruierter Gelehrtensprache.

Zu dieser frühen Erkenntnis der Verwandtschaft – die im Laufe der Zeit präziser wurde – trug vor allem die selbst von Laien leicht erkennbare große Ähnlichkeit der romanischen Sprachen bei. Einen Eindruck davon bietet die Tabelle 5.47 einiger lateinisch-romanischer Wortgleichungen, aus der sich auch einige der typischen Lautveränderungen beim Übergang vom Lateinischen zu den romanischen Sprachen ablesen lassen. Hauptquelle ist das „Romanische etymologische Wörterbuch" von Meyer-Lübke 1992.

Probleme der internen Gliederung

Gerade die große Ähnlichkeit der einzelnen Sprachen erschwert eine interne Klassifikation des Romanischen. Die Romania bildet letztlich ein großes Dialektkontinuum, allenfalls das Rumänische und Sardische lassen sich klarer abgrenzen.

Aufgrund der spezifischen Entwicklung der romanischen Sprachen aus regionalen Varianten des Sprechlateins, die zumindest vor dem Zusammenbruch des Römischen Reiches im ständigen Austausch miteinander standen, ist eine strenge genetische Gliederung des Romanischen prinzipiell nicht möglich, anders ausgedrückt: Das klassische Stammbaummodell versagt für das Romanische. Legt man jedoch die Verbreitung bestimmter phonetischer, morphologischer oder lexikalischer Innovationen zugrunde, ergibt sich keine einheitliche Klassifikation, da das Heranziehen unterschiedlicher Merkmale dieser Art auch zu unterschiedlichen Einteilungen führt. Eine interne Gliederung des Romanischen wird also letztlich immer eine starke areale Komponente besitzen, dabei sind die jeweiligen Substrate, Superstrate und Adstrate von großer Bedeutung.

Tab 5.47 *Romanische Wortgleichungen*

Deutsch	Latein.	Italien.	Spanisch	Portugies.	Katalan.	Okzitan.	Französ.	Rumän.
Vater	pater	padre	padre	padre	pare	paire	père	—
Mutter	mater	madre	madre	madre	mare	maire	mère	—
Bruder	frater	(fra)	fraile	freire	fraire	fraire	frère	frate
Sohn	filius	figlio	hijo	filho	fill	filh	fils	fiu
Herz	cor	cuore	(cuer)	(cor)	cor	cor	cœur	—
Knie	genuculum	ginocchio	(hinojo)	geolho	genoll	genolh	genou	genuchi
Zunge	lingua	lingua	lengua	lingoa	llengua	lenga	langue	limbă
Auge	oculus	occhio	ojo	olho	ull	uelh	œil	ochi
Zahn	dent-	dente	diente	dente	dent	dent	dent	dinte
Arm	bracchium	braccio	brazo	braço	bras	bratz	bras	brat
Hund	canis	cane	—	cão	(ca)	ca	chien	câine
Fisch	piscis	pesce	pez	peixe	peix	peis	(poisson)	peşte
Wasser	acqua	acqua	agua	agoa	aygua	aiga	eau	apă
Himmel	caelum	cielo	cielo	ceo	cel	cel	ciel	cer
Stern	stella	stella	estrella	estrela	estela	estela	étoile	stea
Brot	panis	pane	pan	pão	pa	pan	pain	pâine
1	unus	uno	uno	hum	un	un	un	unul
2	duo	due	dos	dous	dos	dos	deux	doŭa
3	tres	tre	tres	tres	tres	tres	trois	trei
4	quattuor	quattro	cuatro	quatro	quatre	quatre	quatre	patru
5	quinque	cinque	cinco	cinco	cinc	cinc	cinq	cinci
6	sex	sei	seis	seis	sis	sieis	six	şase
7	septem	sette	siete	sete	set	set	sept	şapte
8	octo	otto	ocho	oito	vuyt	uech	huit	opt
9	novem	nove	nueve	nove	nou	nou	neuf	nouă
10	decem	dieci	diez	dez	deu	detz	dix	zece
100	centum	cento	ciento	cento	cent	cen	cent	sută

(...) = veränderte Bedeutung, Variante der lateinischen Basis, ältere Sprachform oder Dialektwort.

Friedrich Christian Diez löste in seiner „Grammatik der romanischen Sprachen" (1836–43) das Problem der internen Gliederung nur sehr oberflächlich. Er bezieht sich lediglich auf die sechs großen Literatursprachen: Portugiesisch und Spanisch bilden die Südwestgruppe, Französisch und Provenzalisch (mit dem Katalanischen) die Nordwestgruppe und Italienisch und Rumänisch die Ostgruppe. Die übrigen Varietäten spielen als

„Dialekte" der Hauptsprachen in dieser Gliederung keine Rolle. Diez' Ansatz ist primär philologisch-literarisch, da er von den großen Literatursprachen ausgeht und für seine Gruppierung kaum sprachwissenschaftliche Kriterien heranzieht.

Tiefer greifen da die Untersuchungen von Graziadio Isaia Ascoli. Mit rein linguistischen Kriterien versuchte er z.B. die genetische Einheit der geographisch getrennten ladinischen (später rätoromanisch genannten) Varietäten Friaulisch, Dolomitenladinisch und Bündnerromanisch zu zeigen (1873), später auch die Zusammengehörigkeit verwandter Dialekte in Frankreich, der Schweiz und Norditalien, die sich vom Französischen, Okzitanischen und Italienischen abheben. Dadurch definierte er das „Frankoprovenzalische". Auch seine Klassifikation der italienischen Dialekte hat in großen Zügen bis heute Bestand. Eine umfassende Klassifikation des Romanischen legte er jedoch nicht vor.

Wilhelm Meyer-Lübke gliederte in seiner „Einführung in das Studium der romanischen Sprachen" (1. Aufl. 1901, 3. Aufl. 1920) das Romanische in neun sprachliche Einheiten: Rumänisch, Dalmatisch, Rätoromanisch, Italienisch, Sardisch, Provenzalisch (einschließlich des Katalanischen), Französisch, Spanisch und Portugiesisch. Er vermied eine Zusammenfassung in größeren Einheiten, Frankoprovenzalisch wurde von ihm nicht als eigenständige Sprache anerkannt.

Auf den Schweizer Romanisten Walther von Wartburg (1888–1971) geht die Einteilung in eine *Ost-* und *Westromania* zurück. Die Grenze verläuft auf dem Appenin-Hauptkamm von La Spezia nach Rimini quer durch Italien. Die nördlich davon gesprochenen gallo-italienischen Varietäten sowie das Rätoromanische, Gallo- und Iberoromanische bilden die westliche Gruppe, die mittel- und süditalienischen Varietäten, das Dalmatische und Rumänische die Ostgruppe. Durch drei Kriterien wird die westliche von der östlichen Gruppe abgegrenzt:

- 1. der Erhalt des auslautenden /-s/,
- 2. die Sonorisierung der intervokalischen Verschlusslaute (z.B. /t/ > /d/) und
- 3. die Palatalisierung der Gruppe /-ct-/.

Tab 5.48 *Phonologische Kriterien zur West-Ost-Gliederung der Romania (Bossong 2008: 307)*

	Latein.	Spanisch	Französ.	Italien.	Rumän.	*Bedeutung*
1.	cantas	cantas	tu chantes	canti	cânţi	„du singst"
2.	pot-	poder	pouvoir	potere	putea	„können"
3.	noct-	noche	nuit	notte	noapte	„Nacht"

Aus diesem Schema fällt das Sardische heraus, das z.B. *cantas* und *notte* hat, also sowohl ost- als auch westromanische Züge trägt.

Die Klassifikation von Robert Hall 1976 basiert ebenfalls auf phonetischen Merkmalen und verfeinert die Ost-West-Gliederung von Wartburgs. Danach hat sich zunächst das Sardische abgespalten, das viele archaische Merkmale aufweist, im zweiten Schritt das Ostromanische (Rumänische). Das verbleibende Italo-West-Romanische gliedert sich in Italoromanisch und Westromanisch, letzteres wiederum in Rätoromanisch, Galloromanisch und Iberoromanisch.

Tagliavini kommt in seiner „Einführung in die romanische Philologie" (Erstauflage 1973) „unter Berücksichtigung der geographischen Lage, der Substrate und vieler anderer Faktoren" (Tagliavini 1998: 279) zu folgender Gliederung:

- Rumänisch
- Dalmatisch, Italienisch, Sardisch, Rätoromanisch
- Französisch, Frankoprovenzalisch, Okzitanisch, Katalanisch
- Spanisch, Portugiesisch

Tab 5.49 *Die areale Gliederung der romanischen Sprachen*

Sprachgruppen	Einzelsprachen
ROMANISCH	
BALKANROMANISCH	**Rumänisch** (30 Mio., mit S2 34 Mio.) (inkl. Moldawisch)
	Aromunisch (Makedorumänisch) (300 Tsd.)
	Meglenorumänisch (5.000)
	Istrorumänisch (300)
	Dalmatisch † (V Vegliotisch, Ragusanisch)
ITALOROMANISCH	**Italienisch** (65 Mio.)
	Nord: Gallo-Italienisch: Piemontesisch, Ligurisch, Lombardisch, Emilianisch; Venetisch; Istrisch;
	Mitte: Toskanisch; Korsisch;
	Nordsardinisch: Galluresisch, Sassaresisch;
	Mitte-Süd: Markisch, Umbrisch, Abruzzisch, Latialisch, Kampanisch, Apulisch, Lukanisch;
	Extrem-Süd: Salentinisch, Kalabresisch, Sizilianisch
	Sardisch (1,2 Mio.)
	(D Logudoresisch, Campidanesisch, Nuoresisch)
RÄTOROMANISCH	Friaulisch (Furlanisch) (600 Tsd.)
	Dolomitenladinisch (Ladinisch) (30 Tsd.)
	Bündnerromanisch (Rumantsch) (40 Tsd.)
GALLOROMANISCH	**Französisch** (80 Mio., mit S2 200 Mio.)
	(D Normannisch, Gallo; Pikardisch; Wallonisch; Franzisch, Champagnisch, Lothringisch, Orleanisch, Burgundisch; Poitou-Saintonge-Anjou u.a.)
	Frankoprovenzalisch (30 Tsd.)
	Okzitanisch (2–3 Mio.)
	(D Limousinisch, Arvernisch, Provenzalisch, Languedocisch; Gascognisch)
IBEROROMANISCH	**Katalanisch** (10 Mio., weitere 2 Mio. passiv)
	Aragonesisch (Navarro-Aragonesisch) (12 Tsd.)
	Asturisch (Asturisch-Leonesisch) (115 Tsd., S2 450 Tsd.)
	Spanisch (Kastilisch) (400 Mio., mit S2 470 Mio.)
	Judenspanisch (Spanyol, Judezmo, Sephardisch) (max. 50 Tsd.)
	Galicisch (Galizisch, Galegisch) (3,5 Mio.)
	Portugiesisch (210 Mio., mit S2 240 Mio.)
	Mozarabisch †

Dieser Gliederung stellt er die areal definierten Begriffe Balkanromanisch, Italoromanisch, Galloromanisch sowie Iberoromanisch gegenüber, wobei Dalmatisch (Balkan- und Italoromanisch) und Katalanisch (Gallo- und Iberoromanisch) als „Brückensprachen" jeweils in zwei Gruppen auftreten. Tagliavini selbst betrachtet seinen Gruppierungsversuch kritisch, da die seiner Meinung nach bestehende besondere Beziehung des Rätoromanischen zum Rumänischen sowie die Sonderrolle der gallo-italischen Dialekte (Piemontesisch, Lombardisch, Ligurisch und Emilianisch) nicht zum Ausdruck komme.

Zusammenfassend kann man sagen, dass in der Romanistik kein bestimmtes Gliederungsmodell allgemeine Anerkennung gefunden hat und gegenüber genetischen Modellen (Stammbäumen) eine generelle Skepsis herrscht. Die hier angegebene Gliederung in Tabelle 5.49 ist deswegen primär areal und nicht genetisch zu verstehen.

5.7 Balkanromanische Sprachen

Die balkanromanischen Sprachen – neben dem eigentlichen Rumänischen sind das die mit ihm nah verwandten Varietäten Aromunisch, Meglenorumänisch und Istrorumänisch – entstanden aus dem Latein, das die Römer seit 106 n. Chr. im Gebiet ihrer Provinz *Dacia* zwischen den Karpaten im Norden, dem Fluss Theiß im Westen und dem Balkangebirge im Süden eingeführt hatten. Wichtigstes Substrat war das Dakische, eine mit dem Thrakischen verwandte indogermanische Balkansprache, über die sehr wenig bekannt ist. Man schätzt, dass etwa 150 rumänische Wörter aus dem dakischen Substrat stammen. Ob noch andere Substrate, z.B. das Illyrische, eine Rolle gespielt haben, ist unklar.

Das genannte Gebiet wurde in der Völkerwanderungszeit von Goten und Hunnen, seit dem 6. Jh. von Slawen, im 8. Jh. von turkischen Bulgaren (die später slawisiert wurden) und im 9. Jh. von Ungarn durchzogen. Die Protorumänen südlich der Donau wurden weitgehend von Slawen absorbiert, nur einige Gruppen zogen nach Süden und Westen und konnten so der Slawisierung entgehen; dies waren die Vorfahren der heutigen Aromunen, Meglenorumänen und Istrorumänen. Nördlich der Donau verlief der Assimilationsprozess umgekehrt: Die Slawen assimilierten sich sprachlich an die Protorumänen, allerdings war auch hier die Kirchen- und Kanzleisprache über viele Jahrhunderte hinweg das Altkirchenslawische. Es ist erstaunlich, dass die balkanromanischen Sprachen ihren romanischen Charakter trotz der vielfältigen Beeinflussung durch nichtromanische Sprachen erhalten konnten. Am stärksten wurde das Istrorumänische von einer slawischen Sprache – dem Kroatischen – beeinflusst.

Rumänisch

Um 1330 wurde von Rumänen der Staat Walachei, 1359 der Staat Moldau gegründet, der sich bald bis zum Dnjestr und zum Schwarzen Meer ausdehnte. Beide Staaten waren den Osmanen tributpflichtig, während das ebenfalls rumänisch besiedelte Siebenbürgen politisch an Ungarn gebunden war. Ende des 16. Jh. wurden die rumänischen Gebiete Walachei, Moldau und Siebenbürgen kurzfristig unter Michael dem Tapferen vereinigt. Erst im Jahre 1861 konnte durch die Vereinigung von Walachei und Moldau der Staat Rumänien gegründet werden, dem 1919 die Bukowina, Bessarabien, Dobrudscha, das Banat und Siebenbürgen angegliedert wurden. 1947 fielen die Nord-Bukowina und Bessarabien an die damalige UdSSR, heute gehören sie zu Russland oder zur Ukraine. Moldawien hat sich nach dem Zerfall der UdSSR neben Rumänien als zweiter Staat mit überwiegend rumänischsprechender Bevölkerung etabliert.

Im Laufe des 14.–17. Jh. wurde in der Walachei und in Moldau weiter das Altkirchenslawische als Kirchen- und Kanzleisprache verwendet, in den Texten kommen nur vereinzelte rumänische Wörter vor. Der älteste rumänische Text – in kyrillischer Schrift geschrieben – stammt aus dem Jahre 1561 und ist ein Bericht über Truppenbewegungen der Türken an der Donau. Sein erster Satz beginnt folgendermaßen: *I pak dau ştire domnietale za lucrul turcilor, cum am auzit eu că înpăratul an eşit den Sofiia* „So gebe ich Kunde Deiner Herrschaft (= Dir) über die Sache der Türken, wie ich gehört habe, dass der Kaiser ausgezogen ist aus Sofia ...".

Dazu einige Erläuterungen: *i pak* slawisch „so", *dau* < **dao* < latein. *do* „ich gebe", *ştire* < *scire* „wissen" (substantivierter Infinitiv), *domnietale* < *dominatio* „Herrschaft", *za* slaw. nachgestelltes Possessivum im Dativ „deiner" („deiner Herrschaft" = ehrenvolles „dir"), *lucrul* < latein. *lucrum illum* „jenen Gewinn", *illum* wird im Rumänischen zum angehängten Artikel *-l*, *lucrum* bekommt die neutrale Bedeutung „Sache"; *turcilor* Gen. Pl. „der Türken", die Endung stammt von latein. *illorum* „jener", *cum* < *quomodo* „wie", *am auzit eu* < *habeo auditum ego* „ich habe gehört", *că* < *quod* „dass", *înpăratul* < *imperator ille* „der Kaiser", *eşit* < *exitum* „ausgezogen", *den* < *de + in* „aus".

Aus dem späten 16. Jh. stammen Texte unterschiedlicher Gattungen in rumänischer Sprache und kyrillischer Schrift, wie Urkunden, Verträge, religiöse Texte, Gesetzesbücher, historische Darstellungen und Volksbücher, häufig handelt es sich um Übersetzungen aus dem Kirchenslawischen. Am Ende des 16. Jh. wird Rumänisch erstmals als Kanzleisprache verwendet. Unter der Regierung der Phanarioten (1711–1821) kommt es zu einem starken griechischen Einfluss auf die rumänische Sprache, die Sprache der gehobenen Konversation ist oft Griechisch. Dennoch entwickelte sich die rumänische Sprache weiter, durch eine „Reromanisierung" wurde sie französiert und italianisiert. Im 19. Jh. hatte die rumänische Literatur eine eher westliche Orientierung, es entstanden Gedichtsammlungen, Theaterstücke und gehobene Prosatexte, wodurch der Grundstein für die moderne rumänische Sprache gelegt wurde. Der Gebrauch des Rumänischen in allen Bereichen (Haus, privates Umfeld, Kirche, Schule, Verwaltung) wurde zur Grundlage der nationalen rumänischen Identität.

Im 18. Jh. entstanden erste rumänische Grammatiken, sowohl nach griechisch-slawischem als auch nach lateinischem Vorbild. Die *Gramatica rumânească* von 1828 trug wesentlich zu einer Vereinheitlichung der literarischen Sprache bei. Erst 1860 wurde das bis dahin immer noch verwendete kyrillische Alphabet offiziell durch das um fünf Zusatzzeichen erweiterte lateinische Alphabet abgelöst und damit die Grundlage der modernen Orthographie geschaffen.

Rumänisch wird heute von ungefähr 30 Mio. Menschen als Muttersprache gesprochen, davon etwa 20 Mio. in Rumänien und 2,5 Mio. in Moldawien, weitere 1,5 Mio. in den Nachbarländern Rumäniens (Ukraine, Serbien, Ungarn) sowie im restlichen Europa, über

3 Mio. in Nordamerika. Weitere 2–3 Mio. rumänische Muttersprachler leben in Südamerika, Australien, Asien und Afrika. Die Zahl der Zweitsprachler wird zwischen 2 und 4 Mio. geschätzt (vor allem nicht-rumänische Minderheiten in Rumänien und Moldawien).

Rumänisch ist Amtssprache in Rumänien und Moldawien (dort offiziell als *Moldawisch* bezeichnet) und regionale Amtssprache in der Vojvodina in Serbien. Den Status einer offiziellen Minderheitensprache besitzt es in Serbien, in der Ukraine und in Ungarn.

Aromunisch

Die südlich der Donau gesprochenen balkanromanischen Idiome Aromunisch, Meglenorumänisch und Istrorumänisch wurden früher als Dialekte des Rumänischen betrachtet, heute werden sie aufgrund ihrer linguistischen und soziolinguistischen Selbstständigkeit oft als eigenständige, mit dem Rumänischen verwandte Sprachen eingestuft. Die meisten Sprecher hat das Aromunische (etwa 300 Tsd.), Meglenorumänisch etwa 5.000, während Istrorumänisch mit nur noch einigen Hundert Sprechern massiv vom Aussterben bedroht ist.

Die Aromunen – früher meist nomadisierende Hirten – werden als Wlachen (Rumänen) oder Zinzaren bezeichnet, von den Griechen abschätzig als „Klein-Rumänen", ihre Selbstbezeichnung ist *armân* < latein. *Romanus*. Sie sind über große Bereiche der Balkanhalbinsel verbreitet, die Hauptsiedlungsgebiete sind das mittelgriechische Pindos-Gebirge (Zentrum ist die Stadt Metsovon) sowie der Süden Albaniens. Weitere aromunische Siedlungsgebiete befinden sich in der thessalischen Ebene, in Nordwestgriechenland, Serbien, Mazedonien und Bulgarien (Tabelle 5.50). Aufgrund von Auswanderungen in der ersten Hälfte des 20. Jh. gibt es eine größere Zahl von Aromunen in Rumänien. Eine schwer zu schätzende Anzahl von Exilaromunen lebt in Mitteleuropa, Nord- und Lateinamerika sowie in Australien.

Tab 5.50 *Sprecherzahlen des Aromunischen nach Staaten*

Staat	Sprecher	Stand der Daten
Griechenland	200.000	Schätzung der griech. Regierung 1995
Albanien	45.000	Zählung im Jahr 1995
Mazedonien	9.700	Zählung im Jahr 2007
Bulgarien	10.600	Zählung im Jahr 2000
Serbien	15.000	nach Ethnologue 2009
Rumänien	28.000	Zählung im Jahr 2002 (75% in der Dobrudscha)

Danach beträgt die Gesamtsprecherzahl also etwa 300 Tsd., wobei die unbekannte Zahl der Exilaromunen nicht berücksichtigt ist. Die Zuverlässigkeit der Daten wird in Zweifel gezogen, da sich manche Aromunen z.B. in Griechenland bewusst nicht zu ihrer ethnischen oder sprachlichen Identität bekennen, weil sie Nachteile befürchten müssen. Andererseits werden wohl ethnische und linguistische Daten verwechselt. So wurden durch Salminen 1993 für Griechenland nur noch 50 Tsd. kompetente Sprecher (bei 700 Tsd. ethnischen Aromunen) und für Albanien nur noch 10 Tsd. Sprecher (gegenüber 400 Tsd.

ethnischen Aromunen) ermittelt, was dann zu einer deutlich niedrigeren Gesamtzahl von etwa 120 Tsd. Sprechern führt.

Allgemein haben es die Aromunen schwer, ihre Sprache zu bewahren, da es keine Schulen gibt, die in dieser Sprache unterrichten. Nur in der Republik Mazedonien werden sie als Minderheit anerkannt. In Griechenland wurde ein politisches Eintreten für die aromunische Sprache lange Zeit durch gerichtliche Verfahren erschwert, Wissenschaftler, die 1985 Aufnahmen für einen aromunischen Sprachatlas machten, wurden von der griechischen Polizei behindert. 1997 hat der Europarat das Aromunische als „schützenswerte Minderheitensprache" anerkannt, was allerdings bisher kaum zu einer Verbesserung der Lage geführt hat. Die Pflege der Sprache haben vor allem Exilaromunen übernommen, z.B. gibt es in Freiburg eine *Union für die aromunische Sprache und Kultur*.

Die aromunische Sprache weist deutliche Unterschiede zum Rumänischen auf. Sie wurde in lokal unterschiedlichen Formen verschriftet. In Griechenland wurde zunächst das griechische Alphabet verwendet, heute wird die Lateinschrift bevorzugt. Unter Exilaromunen und in der Sprachwissenschaft hat sich eine standardisierte lateinische Orthographie durchgesetzt.

Meglenorumänisch

Meglenorumänisch ist eine vor allem im Grenzgebiet „Meglen" zwischen Griechenland und Mazedonien gesprochene Sprache. Die Selbstbezeichnung der Sprecher war ursprünglich *român* < latein. *Romanus*, heute bezeichnen sie sich als *vlaş* „Walachen", in der Romanistik erhielten sie nach ihrem Siedlungsgebiet den spezifischeren Namen „Meglenorumänen".

Bis 1920 waren die Dörfer Huma (heute in Mazedonien) sowie Skra, Koupra, Archangelos, Periklea, Lankadia, Karpi und Notia in Griechenland nahezu ausschließlich von Meglenorumänen besiedelt. Die im 17. oder 18. Jh. islamisierte Bevölkerung von Notia wurde in den 1920er Jahren zwangsweise in die Türkei umgesiedelt, weitere 340 Familien aus anderen Dörfern in Griechenland zogen nach Rumänien, der Exodus hielt in den Jahrzehnten danach weiter an. Vor allem die junge Bevölkerung zog es in die griechischen Großstädte, die Einwohner von Huma wurden in die Stadt Gevgelija umgesiedelt. Nach Untersuchungen von Atanasov in den 1990er Jahren betrug die Sprecherzahl des Meglenorumänischen in Mazedonien und Griechenland noch etwa 5.000 (Atanasov 2002: 127), damit decken sich die Zahlen von Ethnologue 2009, die auf eine Untersuchung von 2002 zurückgehen (3000 in Griechenland, 2000 in Mazedonien). In Rumänien wurden die Meglenorumänen sprachlich schnell assimiliert, über die Nachkommen der vertriebenen Einwohner von Notia in der Türkei ist nichts bekannt.

Meglenorumänisch wird heute nicht mehr an die junge Generation weitergegeben, die Kinder können die Sprache ihrer Eltern oft nicht einmal verstehen. Selbst ältere Leute unterhalten sich eher auf Griechisch oder Mazedonisch als in ihrer Muttersprache. Die Umsiedlung der Bevölkerung aus den Dörfern mit ihrer geschlossenen Siedlungsstruktur in die Städte sowie das Fehlen jeder muttersprachlichen Schulung bedrohen die weitere Existenz der Sprache.

Der meglenorumänische Wortschatz besteht primär aus lateinischen Erbwörtern, teilweise wurden auch Wörter bewahrt, die in den anderen rumänischen Sprachen verloren gingen, z.B. latein. *corpus* > meglenorumänisch *corp* „Körper". Eine unbestimmte Zahl von Wörtern stammt aus dem dakischen Substrat, z.B. *ţap* „Bock", *daş* „Lamm". Die Mehrzahl der alten und neuen Lehnwörter ist mazedonischer, griechischer oder türkischer Herkunft.

Istrorumänisch

Die Istrorumänen sind wahrscheinlich Abkömmlinge von Walachen, die Anfang des 16. Jh. aus dem Inneren Dalmatiens kommend zusammen mit Kroaten zuerst auf die Adriainsel Krk, dann nach Istrien in die von Pestepidemien entvölkerten Landstriche eingewandert sind. Auf Krk ist das Istrorumänische in der ersten Hälfte des 19. Jh. ausgestorben, in Nordost-Istrien wird es heute noch in etwa zehn Dörfern gesprochen. Trotz der geographischen Nähe weist das Istrorumänische weder eine Beziehung zum Dalmatischen (siehe unten) noch zum istriotischen Dialekt des Italienischen auf, sondern gehört zur Gruppe der rumänischen Sprachen.

Das Verbreitungsgebiet in Istrien war ursprünglich wesentlich größer heute. Die Sprache gliedert sich in zwei Dialekte, die seit langem keinen Kontakt mehr miteinander haben: Der nördliche Dialekt wird im Dorf Žejane an den Nordhängen der Učka nahe der slowenischen Grenze gesprochen, der südliche in Ortschaften südlich der Učka, mit dem Zentrum in Šušnjevica. Die Gesamtzahl der Sprecher in Istrien liegt nach persönlicher Zählung von Filipi unter 250 (Filipi 2002: 92–93). Die Zahl der im Exil lebenden Istrorumänen, die noch ihre Muttersprache sprechen, ist sicherlich sehr klein, so dass man 2002 von höchstens 300 Sprechern ausgehen kann (eine Zahl, die sich heute wohl schon weiter verringert hat).

Die Bezeichnung „istrorumänisch" ist wissenschaftlichen Ursprungs, sie wird in der Romanistik seit über 100 Jahren für Sprache und Ethnie verwendet. Heute bezeichnen die Istrorumänen ihre Sprache nach den einzelnen Dörfern, in denen sie leben, früher hat es wahrscheinlich die Selbstbezeichnung *rumǝr* < latein. *romanus* gegeben. Das Istrorumänische ist dem Dakorumänischen im Vergleich zu den beiden anderen rumänischen Satellitensprachen am ähnlichsten. Allerdings liegt eine spezielle Adstratsituation vor: Es gibt keine Turzismen und Neogräzismen, dafür eine starke Beeinflussung durch das Kroatische. So wurde die Wortfolge dem slawischen angeglichen, es entwickelte sich ein Neutrum slawischen Typs, und der slawische Verbalaspekt wurde mit der Unterscheidung perfektiver, imperfektiver und iterativer Verben mittels kroatischer Morpheme eingeführt.

Die Entwicklung des Istrorumänischen erfolgte ohne jede Abstützung durch staatliche oder sonstige Institutionen, alle Sprecher sind zweisprachig istrorumänisch-kroatisch, das Kroatische wird als Schriftsprache verwendet. Berücksichtigt man weiterhin das fehlende Gefühl der Zugehörigkeit zur rumänischen Ethnie und das dramatische Absinken der Sprecherzahl – die in den 1960er Jahren noch etwa 2000 betrug –, so muss man feststellen, dass Istrorumänisch – heute die kleinste romanische Sprache – vom baldigen Aussterben bedroht ist.

Dalmatisch

Das Dalmatische ist die Fortsetzung des an der kroatischen Adriaküste gesprochenen Lateins. Bekannt geworden sind zwei Varietäten: das *Ragusanische*, das in Dubrovnik (früher Ragusa) gesprochen wurde und bereits im 15. Jh. vom Südslawischen und Italienischen verdrängt wurde, sowie das *Vegliotische* auf der Insel Krk (früher Veglia), das Ende des 19. Jh. ausstarb. Mit den rumänischen Varietäten ist es nicht näher verwandt.

Die Grenzen zwischen dem ursprünglichen Verbreitungsgebiet der Vorläuferformen des Dalmatischen und denen anderer romanischer Varietäten (Rumänisch, Italienisch) lassen sich mangels schriftlicher Quellen nicht genau bestimmen. Jedenfalls wurde die sprechlateinische Vorgängervarietät des Dalmatischen wahrscheinlich nicht nur im dalmatischen Küstenbereich gesprochen, auf den es durch die Einwanderung der Slawen in den östlichen Adriaraum seit dem 7. Jh. nach und nach zurückgedrängt wurde. Im Mittelalter war die adriatische Küste mit den vorgelagerten Inseln das Verbreitungsgebiet des Dalmatischen.

In den Küstenstädten wie Dubrovnik (Ragusa), Split und Zara wurde es allmählich sowohl durch das aus dem Landesinneren an die Küste vorrückende Südslawische als auch durch das Italienische bedrängt, das sich durch die Expansion der Republik Venedig weiter nach Süden schob. Dadurch kam das Dalmatische auf dem Festland zu Beginn der Neuzeit außer Gebrauch. Lediglich auf einigen vorgelagerten Adriainseln konnte es sich noch länger halten, am längsten auf der Insel Krk (Veglia), wo der letzte muttersprachliche Sprecher 1898 starb.

Als einziger dalmatischer Dialekt konnte somit das Vegliotische im 19. Jh. sprachwissenschaftlich gründlich erforscht werden. Danach nimmt das Dalmatinische eine Zwischenstellung zwischen dem Rumänischen und Italoromanischen ein. Seit Beginn des 20. Jh. wird Dalmatisch als eigenständige Sprache klassifiziert. Die beiden einzigen belegten Varietäten, Ragusanisch und Vegliotisch, unterscheiden sich allerdings so stark voneinander, dass sie von manchen Forschern als separate Sprachen aufgefasst werden.

5.8 Italoromanische Sprachen

Als italoromanisch werden hier Italienisch und Sardisch zusammengefasst, obwohl das Sardische innerhalb des Romanischen eine große Eigenständigkeit besitzt und sich deutlich vom Italienischen abhebt.

Italienisch

Das Italienische zeigt von allen romanischen Sprachen die größte dialektale Zersplitterung, was wahrscheinlich auf den Einfluss der vielen Substratsprachen zurückzuführen ist. Bereits Dante berichtete in seinem Werk *De vulgari eloquentia* (1303–05) von 14 mehr oder weniger verwandten regionalen Sprachen in Italien. Heute werden die vom Standarditalienischen überdachten Dialekte üblicherweise in vier Gruppen eingeteilt:

- *Nord-Dialekte*: Piemontesisch, Ligurisch, Lombardisch, Emilianisch und Venezisch; dazu kann auch das in Kroatien gesprochene Istrische gezählt werden.
- *Toskanische Dialekte*; dazu gehören auch die korsische Mundart sowie die im Norden Sardiniens gesprochenen Dialekte Galluresisch und Sassaresisch.
- *Mitte-Süd-Dialekte*: Latialisch (mit Römisch), Markisch, Umbrisch, Abruzzisch, Kampanisch, Apulisch, Lukanisch.
- *Dialekte des extremen Südens*: Neapolitanisch, Salentinisch, Kalabresisch und Sizilianisch.

Das Sardische mit seinen Varietäten Logudoresisch, Campidanesisch und Nuoresisch ist eine eigenständige romanische Sprache, die mit dem Italienischen nicht näher verwandt ist. Die Ost-West-Einteilung des Romanischen verläuft quer durch die italienischen Varietäten: Die Dialekte nördlich der Linie La Spezia – Rimini werden zum Westromanischen, die Dialekte südlich davon zum Ostromanischen gezählt. Die norditalienischen Dialekte mit Ausnahme des Venezischen und Istrischen werden wegen ihres gallischen Substrats auch als *gallo-italienisch* bezeichnet.

Ein frühes Dokument der italienischen Volkssprache, das schon als romanisch bezeichnet werden kann, ist eine Zeugenaussage in einem Gerichtsurteil von 960 über den Besitz von Ländereien: *Sao ko kelle terre, per kelle fini que ki contene, trenta anni le possette parte Sancti Benedicti.* „Ich weiß, dass jene Ländereien innerhalb jener Grenzen, die [die Urkunde] hier beinhaltet, seit dreißig Jahren im Besitz [des Klosters] des Heiligen Benedikt sind.“

Zur Erläuterung: *sao* < **saio* < latein. *sapio* „ich weiß“, *ko* < *quod* „dass“, hinter *sao* steht kein A.c.I., sondern ein Objektsatz; *kelle* < *eccu illae* „jene“, *terre* < *terrae* „Länder(eien), *per kelle fini* < *per illas fines* „innerhalb jener Grenzen“; *ki* < *eccu hic* „hier“, *contene* < *contenet* „beinhaltet“, *trenta anni* < *triginta anni* „dreißig Jahre“, *le* < *illae* „sie“, *possette* < *possedette* „besaß“.

Der erste längere italienische Prosatext ist eine umbrische Beichtformel aus dem 11. Jh., aus dem 12. Jh. sind einige weitere Texte überliefert (Inschriften, Zeugenaussagen, Urkunden, Predigten). Am Hofe Kaiser Friedrich II. in Sizilien entstand dann im 13. Jh. eine italienische Minnelyrik nach provenzalischem Vorbild. Die Sprache war ein sizilianischer Dialekt mit provenzalischen und lateinischen Komponenten. Diese Lyrik kann als der Beginn der italienischen Literatursprache angesehen werden. Sie wurde in Florenz von den „toskanischen Sizilianern“ weiterentwickelt.

Dante forderte kurz nach 1300 im schon erwähnten *De vulgari eloquentia* eine gemeinsame gehobene Volkssprache (*vulgare*): Diese solle strahlend (*illustre*), richtungsweisend (*cardinale*) und für den Hof geeignet (*aulicum*) sein. Er fand diese Sprache im gehobenen Florentinischen des *dolce stil novo*. Es war dann das Verdienst der *tre corone* – Dante mit der Divina commedia, Petrarca mit seiner Lyrik und Boccaccio mit dem Decamerone –, eine überregionale italienische Schriftsprache auf toskanisch-florentinischer Grundlage geschaffen zu haben, die sich allmählich in ganz Italien verbreitete. Der Vorteil des Florentinischen war seine relativ große Nähe zum Lateinischen und das Fehlen besonders markanter, vom Durchschnitt abweichender phonetischer Merkmale, die andere Dialekte in Italien kennzeichnen.

Bereits im 15. Jh. entstanden in dieser neuen Schriftsprache literarische Werke auch außerhalb der Toskana, im 15. und 16. Jh. eroberte die florentinische Schriftsprache die Kanzleien Italiens. Im 16. Jh. spielte die berühmte bereits auf Dante zurückgehende *questione della lingua* (Sprachenfrage) eine große Rolle: Soll die Schriftsprache unveränderlich die Gestalt ihrer Entstehungszeit tragen oder darf sie an die aktuellen Sprachgewohnheiten angepasst werden? Die Mehrheit der Sprecher war für eine weitgehende Sprachkonstanz, sie wurde durch die 1583 in Florenz gegründete Sprachgesellschaft *Accademia della Crusca* unterstützt, die 1612 ein wegweisendes erstes Wörterbuch der italienischen Schriftsprache herausgab. Andere waren durchaus für eine stärkere Anpassung an die Umgangssprache. Letztlich setzte sich eine ständige gemäßigte Aktualisierung durch.

Die Komödien Goldonis – der allerdings auch das Venezianische zur Geltung brachte – und andere literarische Meisterwerke bewiesen im 18. Jh. die Tauglichkeit des toskanischen Sprachmodells für die gesprochene Alltagssprache. Im späten 19. Jh. setzte sich im nunmehr vereinigten Italien (1861–70) ein gehobenes Florentinisch durch. Seit 1877 wurde dieser Standard durch die allgemeine Schulpflicht in ganz Italien als nationale Schriftsprache verbreitet.

Für die mündliche Kommunikation wurden weiter die regionalen Dialekte verwendet, die sich allerdings zunehmend der Schriftsprache anpassten und dadurch immer mehr zu dialektal gefärbten Regiolekten wurden (z.B. *settentrionale, toscano, romano* oder *meridionale*). Der Gebrauch der eigentlichen Dialekte nahm zu Gunsten dieser Regiolekte ab und beschränkt sich heute immer mehr auf den familiären Rahmen. Seit dem Anfang des 20. Jh. setzte sich eine Entliterarisierung des Schriftstandards durch, was zu einer weiteren Verringerung des Abstands zwischen geschriebener und gesprochener Sprache geführt hat.

Italienisch wird heute von etwa 65 Mio. Menschen als Muttersprache gesprochen, davon leben 57 Mio. in Italien, 1,5 Mio. in Argentinien, je eine Mio. in den USA, in Frankreich und in der Schweiz (davon 500 Tsd. Schweizer Staatsbürger), 800 Tsd. in Kanada, 550 Tsd. in Deutschland, je 500 Tsd. in Österreich und in Brasilien. Als Zweitsprache wird Italienisch vor allem von den Minderheiten in Italien gesprochen: 1,3 Mio. Sarden mit der Muttersprache Sardisch, 600 Tsd. Friauler, 300 Tsd. deutschsprachige Tiroler, 100 Tsd. Albaner und 30 Tsd. Dolomitenladiner sowie von Frankoprovenzalen, Moliseslawen (Kroaten), Slowenen und Griechen.

Italienisch ist Amtssprache in Italien, San Marino und dem Vatikanstaat sowie eine der vier Amtssprachen der Schweiz. Den Status einer regionalen Amtssprache hat es in Slowenien und Kroatien. Bis 1934 hatte Italienisch einen amtlichen Status in Malta, wo es in der älteren Bevölkerung vor allem in der Oberschicht heute noch gesprochen wird. Italienisch ist die Amtssprache des Malteserordens. In den ehemals italienischen Kolonien in Afrika – Libyen, Somalia und Eritrea – dient es zuweilen immer noch als Handelssprache, hat aber seit der Unabhängigkeit dieser Staaten stark an Bedeutung verloren.

Sardisch

Sardinien zählt heute etwa 1,7 Mio. Einwohner, davon sprechen rund 1,2 Mio. Sardisch als Muttersprache, die übrigen 500 Tsd. Italienisch. Das Sardische gliedert sich in drei Hauptdialekte: *Nuoresisch* im Nordosten, *Logudoresisch* im Nordwesten und *Campidanesisch* im Süden der Insel. Fast alle Sprecher des Sardischen beherrschen auch Italienisch. Die beiden anderen auf Sardinien gesprochenen Dialekte – *Galluresisch* und *Sassaresisch* – gehören zur toskanisch-korsisch-sardischen Dialektgruppe des Italienischen.

Das Sardische ist also eine eigenständige, sogar besonders archaische romanische Sprache und keinesfalls ein Dialekt des Italienischen. Die besondere Stellung des Sardischen hat sich aus der langen Isolation und Selbstständigkeit der Inselbewohner ergeben, die vom 10. bis 13. Jh. in vier unabhängigen Inselstaaten lebten.

Die ältesten sardischen Dokumente stammen aus dem 11. Jh., der Abstand zum Lateinischen scheint noch nicht sehr groß. Das Sardische hat lateinische Standardwörter im Grundwortschatz erhalten, die in allen anderen romanischen Sprachen durch Wörter mit einer anderen lateinischen Basis ersetzt wurden, z.B. sardisch *domo* < latein. *domus* „Haus" (dagegen z.B. italien. *casa*), *ischire* < *scire* „wissen" (italien. *sapere*). Die Palatalisierung des Velars unterbleibt im Sardischen: z.B. latein. *centum* [kentum] „hundert" > sard. *kentu*, italien. *cento* mit palatalisiertem Anlaut, analog latein. *luc-* „Licht" > sard. *luke*, italien. *luce*. Im Gegensatz zu den anderen romanischen Sprachen blieben die Vokalqualitäten erhalten, allerdings fielen auch im Sardischen die lateinischen Kurz- und Langvokale zusammen. Der bestimmte Artikel wurde nicht wie in den meisten romanischen Sprachen von lateinisch *ille* „jener", sondern von *ipse* „selbst" gebildet. Im Logudoresischen lauten die Artikel *su* (Sg. mask.), *sa* (Sg. fem.), *sos* (Pl. mask.), *sas* (Pl. fem.). Die Pluralbildung erfolgt „westromanisch" auf /-s/: *sas domos* „die Häuser".

Einer der ältesten sardischen Texte ist eine Urkunde über die Befreiung der Pisaner von Handelszöllen aus dem späten 11. Jh. Der erste Satz lautet: *Ego iudice Marjano de Lacon faço istam carta ad onore de omnes homines de Pisas pro xu toloneu ci mi pecterunt.* „Ich, der Richter Marjano de Lacon, fertige diese Urkunde zugunsten aller Menschen von Pisa wegen des Zolls (der Zollbefreiung), die mich (darum) gebeten haben." Es scheint sich fast noch um einen lateinischen Text zu handeln. Hingewiesen sei auf *ad onore* „zugunsten" < latein. *ad honorem* „zur Ehre", *xu* < latein. *ipsum* bestimmter Artikel, *ci* < latein. Relativpronomen *qui*.

Im 13. Jh. ging die Unabhängigkeit Sardiniens verloren. Katalanen und später Spanier übernahmen die Herrschaft. Katalanisch war teilweise bis ins 19. Jh. die Verwaltungssprache der Insel, Spanisch wurde im 17. Jh. zur Kultur- und Literatursprache. Über 2.000 Wörter katalanischer Herkunft im Sardischen zeugen vom großen Einfluss dieser Sprache, die heute noch in der Stadt Alghero an der Nordwest-Küste von etwa 20 Tsd. Sarden gesprochen wird. 1718 übernahm Piemont Sardinien, 1760 wurde Italienisch als Unterrichtssprache eingeführt. 1861 wurde Sardinien ins geeinigte Italien integriert, seitdem ist Italienisch die unbestrittene, heute von allen beherrschte Hochsprache auf der Insel.

Trotz aller Fremdbestimmung gab es schon seit dem 16. Jh. Versuche, eine sardische Literatursprache zu schaffen. Es entwickelte sich eine bescheidene sardische Literatur, die im 18. und 19. Jh. einige Erfolge im Bereich Satire, Drama und Lyrik verbuchen konnte. 1782 erschien die erste sardische Grammatik, 1832 das erste Wörterbuch. Allerdings gibt es bis heute keinen allgemein anerkannten hochsardischen Sprach- und Schriftstandard. 2006 wurde versuchsweise als Schriftsprache die *limba sarda comuna* eingeführt, deren Akzeptanz nicht besonders hoch ist.

Sardisch ist ganz überwiegend ein Medium der häuslichen Kommunikation, außerhalb des Hauses wird auch bei privaten Kontakten meist Italienisch gesprochen. Es gibt eine begrenzte Verwendung in Presse, Funk und Fernsehen, an einigen zweisprachigen Schulen ist Sardisch Unterrichtssprache. Durch Gesetze von 1997/99 wurde das Sardische zwar als Minderheitsprache anerkannt, eine regionale Gleichstellung mit dem Italienischen wie bei den Sprachen der deutschen, französischen oder rätoromanischen Minderheiten konnte bisher jedoch nicht erreicht werden.

5.9 Rätoromanische Sprachen

Unter dem Oberbegriff „rätoromanisch" werden mehrere romanische Varietäten zusammengefasst, die man in drei Hauptgruppen einteilt. Sie werden von zusammen etwa 700 Tsd. Menschen in Italien und in der Schweiz gesprochen, das Sprachgebiet ist nicht zusammenhängend:

- *Friaulisch, Friulisch* oder *Furlanisch* in Friaul; etwa 600 Tsd. Sprecher
- *Dolomitenladinisch* oder *Ladinisch* in Südtirol, Trentin und Venezien; etwa 30 Tsd. Sprecher
- *Bündnerromanisch* oder *Rumantsch* im Schweizer Kanton Graubünden; etwa 40 Tsd. Sprecher

Der sprachwissenschaftliche Name „rätoromanisch" weist auf ein rätisches Substrat dieser Sprachen hin, das allerdings nur beim Bündnerromanischen und teilweise dem Ladinischen vorliegt, das Friaulische hat dagegen ein gallisches Substrat. Rätoromanisch im engeren Sinne meint nur das Bündnerromanische, im Folgenden wird der Name als Oberbegriff für alle drei Dialektgruppen verwendet.

Die Art der Verwandtschaft der rätoromanischen Sprachen untereinander ist der Inhalt der sog. *questione ladina*. Dabei geht es vereinfacht ausgedrückt um die Frage, ob die rätoromanischen Sprachen eine genetische Einheit bilden oder nicht. Ein Teil der Forscher vertritt die Ansicht, dass diese drei Dialektgruppen oder Sprachen näher miteinander als mit den anderen romanischen Sprachen verwandt sind und von einer gemeinsamen Vorgängersprache abstammen, wodurch sie eine genetische Einheit innerhalb des Romanischen bilden. Von manchen werden sie sogar als *eine* Sprache betrachtet, die drei Varietäten seien die Reste *einer* alpenromanischen Sprache mit einem einstmals großen zusammenhängenden Sprachgebiet, das sich von Graubünden im Westen bis nach Friaul im Osten erstreckt hat.

Die Forscher, die den gegensätzlichen Standpunkt vertreten, gehen davon aus, dass der Nachweis einer genetischen Einheit nicht erbracht sei, da es keine gemeinsamen Innovationen der drei Sprachen gebe, die sie von anderen romanischen Varietäten abgrenze. Haiman 1988: 351 urteilt: „*The linguistic unity of the heterogeneous dialects comprising Rhaeto-Romance has been recognised for over a hundred years, but the relatively few distinguishing features of Rhaeto-Romance serve less to characterise a unique branch of Romance than to separate this group of dialects from Italian.*" Und an anderer Stelle (S. 352): „*There is nothing we can say about defining properties of Rhaeto-Romance as a whole.*" Danach wären die rätoromanischen Sprachen lediglich eine Art Restkategorie romanischer Varietäten, die sich keiner größeren romanischen Sprache als Dialekt zuordnen lassen. Die frühere vor allem politisch motivierte Ansicht, dass die rätoromanischen Varietäten in Wirklichkeit italienische Dialekte seien, gilt heute als überholt, wenn auch durchaus enge Beziehungen zu den norditalienischen Varietäten bestehen.

Als gemeinsame rätoromanische Merkmale werden von den Befürwortern der Einheit angeführt:

- Erhaltung des auslautenden /-s/ (z.B. latein. *tres* „drei" > bündnerrom. *treis, tres*, aber italien. *tre*)
- Erhaltung der Verbindung Konsonant + /l/, also der Kombinationen /kl, gl, pl, bl, fl/
- Palatalisierung von /k/ und /g/ auch vor /a/

Bei den ersten beiden Merkmalen handelt es sich um Retentionen (Erhalt von Eigenschaften des Lateinischen), bei der dritten um eine Innovation, deren Herkunft und Alter umstritten ist. Alle drei Merkmale sind allerdings auch für frühere Formen oberitalienischer Dialekte nachweisbar und stellen deswegen keinen Beweis für die rätoromanische Einheit dar (Liver 2010).

Friaulisch

Das Friaulische oder Furlanische stellt die Fortsetzung des Lateinischen dar, das die Römer seit dem 2. Jh. v. Chr. in das damals von karnischen Galliern besiedelte Gebiet des heutigen Friaul eingeführt haben. Im 6. Jh. n. Chr. wurde dieses Gebiet ein langobardisches Herzogtum mit der Hauptstadt *Forum Iulii*, woraus sich der Name *Friuli* bzw. *Friaul* entwickelte. Im 10. Jh. wurde Friaul Bestandteil des Deutschen Reiches, die Führung übernahm eine deutschsprachige Oberschicht. 1420 wurde es größtenteils von Venedig annektiert, seit 1919 gehört ganz Friaul zu Italien.

Aufgrund seiner relativen Isolation und 800-jährigen Beeinflussung durch eine deutschsprachige Oberschicht nahm das Friaulische eine spezielle Entwicklung, obwohl die Beziehungen zu norditalienischen Dialekten, insbesondere zum Venezischen, immer ausgeprägt waren. Anlautendes /k-, g-/ wurde im Gegensatz zum Italienischen auch vor /a/ palatalisiert, z.B. friaulisch *cjase* und *gjat*, dagegen italien. *casa* und *gatto* „Haus" bzw. „Katze".

Erste schriftliche Zeugnisse des Friaulischen sind Gebrauchstexte aus dem 13. Jh. Im 14. Jh. entstand eine lyrische Tradition, die bis heute besteht und vom 16.–19. Jh. einige bedeutende Dichter hervorgebracht hat. Im 18. Jh. entstanden erste Glossare,

1871 erschien das erste friaulische Wörterbuch, das auch eine grammatische Beschreibung der Sprache enthielt. 1919 wurde die *Societât filologjiche furlane* mit dem Ziel der Förderung der friaulischen Sprache und Kultur gegründet, ihr heutiger Sitz ist Udine.

Friaulisch war und ist eher das Medium der informellen, privaten Kommunikation, für die meisten formellen Zwecke wird das Italienische verwendet. Seit 1999 ist Friaulisch per Gesetz als regionale Behörden- und Schulsprache anerkannt, die praktische Auswirkung dieser Anerkennung ist jedoch gering. Friaulischunterricht wurde in vielen Grundschulen eingeführt, allerdings nur als Wahlfach. Es gibt einige Online-Zeitungen in friaulischer Sprache, Ortsschilder zeigen neben den italienischen auch die friaulischen Namen. Einen offiziellen Sprachstandard gibt es nicht, de facto wird das Zentralfriaulische als ein solcher anerkannt. Immerhin gibt es 600 Tsd. Muttersprachler, die Sprache wird an die Kinder weitergegeben, so dass ihr Bestand bis auf Weiteres gesichert erscheint.

Dolomitenladinisch

Dolomitenladinisch oder kurz Ladinisch ist die Fortsetzung des Lateinischen, das die Römer nach der Eroberung der Zentralalpen im Jahre 15 v. Chr. in das Dolomitengebiet eingeführt haben. Diese Region war von den mit den Etruskern sprachlich verwandten Rätern bewohnt, somit ist das Rätische ein Substrat des Ladinischen, dessen Wirkung allerdings kaum greifbar wird (was angesichts der nahezu vollständigen Unkenntnis des Rätischen selbst nicht verwundert).

Ladinisch wird heute von 30 Tsd. Menschen in verschiedenen Dolomitentälern des Sellamassivs gesprochen: im Gader-, Grödner- und Fassatal, in Buchenstein, Haiden und Ampezzo, die heute zu den italienischen Provinzen Bozen, Trient und Belluno gehören. Früher gab es auch im Pustertal, im Eisacktal und in der Vinschgau eine romanischsprachige Bevölkerung, so dass man möglicherweise von einem romanischen Sprachkontinuum ausgehen kann, das vom Friaulischen im Osten bis zum Bündnerromanischen im Westen reichte. Seit dem 6. Jh. begann der Zustrom germanischer Einwanderer, vor allem von Bajuwaren und Langobarden, vom 13. Jh. an gehörte das Dolomitengebiet zum hauptsächlich deutschsprachigen Tirol.

Erste ladinische Texte stammen erst aus dem 17. Jh., es handelt sich hauptsächlich um Übersetzungen von Erlassen und Gesetzen. Im 19. Jh. wurden Texte für den Religionsunterricht geschaffen, es entstand auch Gelegenheitslyrik und eine erste Grammatik. Der Sprachgebrauch ist auf den familiären und informellen Bereich beschränkt, in der Verwaltung werden hauptsächlich Deutsch und Italienisch gesprochen. Allerdings hat das Ladinische seit 1989 in der Provinz Bozen (neben dem Italienischen und Deutschen) und seit 1994 in der Provinz Trient (neben dem Italienischen) den Status einer regionalen Behörden- und Schulsprache. In den Schulen wird Ladinisch als Wahlfach angeboten, es erscheint die ladinische Wochenzeitung *La Usc di Ladins*.

1988 beauftragten die ladinischen Kulturinstitute Micurà de Rü und Majon di Fascegn den Zürcher Romanisten Heinrich Schmid, für sie eine gemeinsame Standardsprache zu schaffen. 1998 erschien schließlich die „Wegleitung für den Aufbau einer gemeinsamen Schriftsprache der Dolomitenladiner", mit der ein Standard etabliert wurde, der allerdings bei den Sprechern des Ladinischen nur begrenzt Zustimmung gefunden hat.

Bündnerromanisch

Das Bündnerromanische – vor allem in der Schweiz meist Rätoromanisch genannt – wird heute von etwa 40 Tsd. Menschen im Schweizer Kanton Graubünden gesprochen und ist eine der vier Amtssprachen der Schweiz. Entstanden ist es aus dem Lateinischen, dass die Römer nach der Eroberung der Zentralalpen im Jahre 15 v. Chr. dort eingeführt haben. Bis 400 n. Chr. erfuhr die im Alpengebiet eingerichtete Provinz Raetia eine intensive Romanisierung, die Vorgängersprachen Rätisch und Gallisch wurden rasch absorbiert. Seit 500 n. Chr. siedelten zwischen dem Bodenseeraum und den Glarner Alpen verschiedene Gruppen germanischer Alemannen, was eine stetige Germanisierung und bis zum 12. Jh. eine weit verbreitete Zweisprachigkeit zur Folge hatte.

Seit dem 9. Jh. ließen sich immer mehr Deutsche in den Alpentälern nieder und Deutsch wurde zunehmend zur Leitsprache. Chur – der eigentliche Hauptort des Romanischen in dieser Region – wurde im 15. Jh. vollständig germanisiert, dennoch konnten sich die romanischen Varietäten im Vorderrhein, Hinterrhein und Engadin halten. Dort etablierten sich fünf romanische Varietäten, meist „Idiome" genannt (Aufzählung von West nach Ost):

- *Surselvisch* (Sursilvan) im Vorderrheintal und dessen Seitentäler
- *Sutselvisch* (Sutsilvan) in den Gebieten des Hinterrheins
- *Surmeirisch* (Surmiran) im Albulatal, in der Gemeinde Vaz und im Oberhalbstein
- *Oberengadinisch* (Puter) im Oberengadin
- *Unterengadinisch* (Vallader) im Unterengadin und im Münstertal, dort in der Dialektvariante *Jauer*

Puter und Vallader werden auch als „Rumantsch Ladin" zusammengefasst (was nicht mit dem Dolomitenladinischen zu verwechseln ist). Im 14. und 15. Jh. bildeten die romanischen Gemeinden politische und militärische Bünde (bündnerroman. *lia*), die sich 1471 zusammenschlossen und Ende des 15. Jh. mit der Schweizer Eidgenossenschaft verbündeten. 1803 wurde aus dem Bündnergebiet der Schweizer Kanton Graubünden.

Aus dem gesamten Mittelalter sind nur drei bündnerromanische Schriftzeugnisse erhalten geblieben. Impulse für die Schaffung von Literatursprachen gingen vor allem von der Reformation und Gegenreformation aus. Der Oberengadiner Gian Travers schuf 1527 ein längeres politisches Gedicht, das den Krieg zwischen Graubünden und Florenz zum Inhalt hat, später verfasste er mehrere biblische Dramen. Jachiam Bifrun, ebenfalls aus dem Oberengadin, veröffentlichte 1552 einen katholischen Katechismus und 1560 eine Übersetzung des Neuen Testaments, die ein sprachliches Vorbild wurde. Im Surselvischen begann die Schriftlichkeit mit einem protestantischen Katechismus von 1611. Im 17. und 18. Jh. entstanden zahlreiche religiöse Texte. Nach und nach kamen alle fünf romanischen Idiome zu einer eigenen Schriftform, die jeweils einen Kompromiss zwischen den einzelnen Ortsdialekten darstellte.

Im 19. Jh. entwickelten sich die literarischen Gattungen Lyrik, Epik, Drama und Novelle. Man gründete kulturelle und sprachfördernde Vereinigungen, die 1919 in der *Lia Rumantscha* zusammengefasst wurden, deren Aufgabe auch die Herausgabe von Grammatiken und Wörterbüchern in allen fünf Sprachformen war. Auch in das sich entwickelnde Schulwesen wurde das Bündnerromanische nach und nach mit einbezogen, wenn auch die Unterrichtssprache meistens Deutsch war.

1880 wurde das Bündnerromanische in der Verfassung des Kantons Graubünden als Amtssprache verankert, 1938 in der Schweizer Bundesverfassung als vierte Nationalsprache neben Deutsch, Italienisch und Französisch anerkannt. Dennoch sollte man das Bündnerromanische wegen der Vorherrschaft des Deutschen im öffentlichen Raum und wegen seiner starken geographischen und dialektalen Zersplitterung nicht als ungefährdete Sprache ansehen.

Im Auftrag der *Lia Rumantscha* erarbeitete eine Gruppe von Linguisten unter der Leitung des Zürcher Romanisten Heinrich Schmid in den Jahren 1982–85 einen gemeinsamen bündnerromanischen Sprachstandard. Bei der Auswahl der Wortformen ist Schmid dabei nach folgenden Kriterien vorgegangen: Als Eckpfeiler wurden die sprecherreichsten Idiome *Surselvisch* und *Unterengadinisch* herangezogen. Wenn diese beiden übereinstimmten, wurde die übereinstimmende Wortform übernommen; wenn sie sich unterschieden, wurde als „Schiedsrichter" das mittelbündnerische Surmeirisch herangezogen und dann im Sinne der Mehrheit entschieden. Problematisch waren die Fälle, in denen alle drei Sprachen differierten. Dann musste eine genaue Einzelfallabwägung unter Hinzuziehung der übrigen Dialekte erfolgen.

Vom gewohnten Schriftbild wurde trotz vieler Mängel der überlieferten romanischen Orthographien so selten wie möglich abgewichen, da eine neue Orthographie sicherlich ein großes Hindernis bei der Akzeptanz der neuen Standardsprache dargestellt hätte. Das Ergebnis dieser Bemühungen war schließlich die Einheitssprache *Rumantsch Grischun* (bündnerisches Romanisch), das inzwischen in vielen Publikationen und in den Massenmedien Verwendung findet. Dieser gemeinsame Sprachstandard ist ein wichtiger Schritt für die Stabilisierung des Bündnerromanischen und seiner Verankerung in der Schweizer Gesellschaft. 2001 wurde Rumantsch Grischun offiziell zur Amtsschriftsprache erklärt, 2003 zur einheitlichen Schulsprache. Das bedeutet konkret, dass die romanischsprachigen Schüler neben ihrem regionalen romanischen Dialekt und dem Deutschen eine weitere neue Sprache zu erlernen haben, nämlich die konstruierte Einheitssprache, die zum Teil erheblich vom jeweiligen Heimatdialekt abweicht. Deswegen wurde für das Projekt der einheitlichen Schulsprache ein Übergangszeitraum von 20 Jahren zugestanden.

5.10 Galloromanische Sprachen

Auf dem Gebiet des antiken Galliens entwickelten sich drei *galloromanische* Sprachen: *Französisch* im Norden, *Okzitanisch* im Süden und dazwischen das *Frankoprovenzalische*, eine Gruppe von verwandten Dialekten, die weder dem Französischen noch dem Okzitanischen zuzuordnen sind. Französisch wird auch als *langue d'oïl*, Okzitanisch als *langue d'oc* bezeichnet, nach dem Wort für „ja", das *òc* im Okzitanischen und *oïl* im Altfranzösischen lautet und im Neufranzösischen zu *oui* wurde. Entstanden sind diese Wörter aus den spätlateinischen Bejahungspartikeln *hoc* bzw. *hoc illī*.

Französisch

Die Volkssprache konnte sich in Frankreich verhältnismäßig früh von der schriftlateinischen Hochsprache absetzen. Die ältesten Schriftdenkmäler des Französischen stammen bereits aus dem 9. Jh., dazu gehören der oben ausführlich behandelte romanische Teil der Straßburger Eide von 842 und das Eulalialied von 880. Im 11. Jh. erschien das erste Werk der großen mittelalterlichen epischen Dichtung, das Rolandslied. Im Mittelalter gab es noch keine einheitliche französische Literatursprache, sondern verschiedene regionale Schriftsprachen, wie das Champagnische (das z.B. in den Romanen des Chrétien de Troyes verwendet wurde), das Normannische (z.B. bei Marie de France), Pikardisch, Lothringisch und andere Standards. Der Dialekt von Paris und des Pariser Umlands (der Île-de-France) – das Franzische – gewann erst gegen Ende des Mittelalters an Bedeutung, als sich die Autorität des in Paris residierenden Königs nach und nach über ganz Frankreich ausbreitete.

Im Jahre 1539 wurde der Ausschließlichkeitsanspruch des Französischen in der Form des Franzischen – also der Sprache des Königshofes – durch das königliche Sprachedikt von Villers-Cotterêts für ganz Frankreich verbindlich festgelegt, alle anderen bis dahin verwendeten schriftsprachlichen Varietäten kamen außer Gebrauch. Die 1653 gegründete *Académie Française* hat die Entwicklung der offiziellen Standardsprache bis heute kontrollierend begleitet und durch die Herausgabe von regelmäßig bearbeiteten Grammatiken und Wörterbüchern weiterentwickelt. Die großen klassischen Dichter des 17. Jh. – Corneille, Molière und Racine – verbreiteten den Standard in ganz Frankreich, die Aufklärer Rousseau und Voltaire transportierten die französische Sprachkultur nach Europa. Eine Folge der frühen Normierung der Schriftsprache im 16. Jh. war das Auseinanderdriften von Schriftbild und Aussprache: Die meisten Endkonsonanten, die in der Schrift erhalten sind (wie z.B. die Pluralendung /-s/), werden nicht mehr gesprochen. Das Französische hat sich in phonetischer und morphologischer Hinsicht weiter als alle anderen romanischen Sprachen vom Sprechlateinischen fortentwickelt, z.B. gibt es in der gesprochenen Sprache keine Nominalflexion mehr, in der Verbalflexion sind – mit Ausnahme der Hilfsverben *avoir* „haben" und *être* „sein" – nur noch die 1. und 2. Person Plural unterscheidbar, alle anderen Formen werden gleich ausgesprochen, die Kennzeichnung erfolgt durch das vorangestellte Personalpronomen.

Tab 5.51 *Präsens Aktiv im Französischen*

Singular		Plural	
je donne [don]	„ich gebe"	*nous donnons*	„wir geben"
tu donnes [don]	„du gibst"	*vous donnez*	„ihr gebt"
il/elle donne [don]	„er/sie gibt"	*ils/elles donnent* [don]	„sie geben"

Die Dialekte des Französischen spielten nach der Normierung der Schriftsprache auch in der Umgangssprache etwa im Vergleich zum Italienischen oder Deutschen eine untergeordnete Rolle, die Differenzen wurden weitgehend nivelliert. Man unterscheidet folgende Dialekte: Normannisch, Gallo, Pikardisch, Wallonisch, Franzisch, Champagnisch, Lothringisch, Orleanisch, Burgundisch sowie die Südwest-Dialekte Poitou-Saintonge-Anjou.

Die Hauptquellen des französischen Wortschatzes sind das gesprochene und geschriebene Latein, wobei die aus dem Sprechlatein stammenden Wörter durch stärkere lautliche Veränderungen gegenüber dem klassischen Latein zu erkennen sind: z.B. aus dem Sprechlatein *ration-* > franzö́s. *raison* „Vernunft", aus dem Schriftlatein später entlehnt *nation-* > franzö́s. *nation* „Nation". Auch das keltische (gallische) Substrat hat seine Spuren hinterlassen: Etwa 200 Wortstämme sind keltischen Ursprungs, wie z.B. *charrue* „(Räder-) Pflug" < gall. *carrūca* „Wagen", *pièce* < gall. *pettis* „Stück (Land)" oder *mouton* < gall. **multo* „Hammel, Schaf". Auch die Syntax wurde beeinflusst; so wird die französische Frageform *est-ceque tu viens* wörtlich „ist es, dass du kommst?" auf entsprechende keltische Fragekonstruktionen zurückgeführt. Das teilweise erhaltene Vigesimalsystem (70 = 60+10 *soixante-dix*, 80 = 4 x 20 *quatre-vingts*, 90 = 4 x 20 + 10 *quatre-vingt-dix*) wird ebenfalls dem keltischen Substrat zugeordnet, obwohl eine Herkunft aus der nordischen Sprache der Wikinger nicht ausgeschlossen ist.

In der Zeit des Frankenreichs vom 5.–8. Jh. fanden hunderte fränkischer Lehnwörter Eingang in das sich entwickelnde nördliche Galloromanische, die Wikingerzeit brachte einen Anteil nordischer Wörter. Im Grenzgebiet zum Okzitanischen wurden viele okzitanische Begriffe entlehnt, z.B. *amour* „Liebe", *caisse* ursprünglich „Reisetasche". Italienisch war die wichtigste kulturelle Kontaktsprache seit dem 15. Jh. Lehnwörter aus dem Englischen wurden seit dem 17. Jh., dann verstärkt im 19. und 20. Jh. übernommen, wobei die offizielle Sprachpflege viele englische Fachbegriffe durch französische oder lateinische Neuprägungen zu ersetzen suchte, teilweise sogar mit Erfolg (z.B. *ordinateur* statt *computer*).

Auf die Bedeutung des Französischen als europäische Kultursprache wurde schon hingewiesen. Die französische Kolonisierung brachte das Französische vor allem nach Nordamerika, Afrika und in die Karibik, wo es auch nach dem Zusammenbruch des Kolonialsystems und der Entstehung unabhängiger Staaten häufig noch Amtssprache, fast immer jedoch Verkehrs- und Bildungssprache geblieben ist.

Weltweit wird Französisch von etwa 80 Mio. Menschen als Muttersprache und einer nur grob zu schätzenden Zahl von vielleicht 100 Mio. Menschen als Zweit- oder Drittsprache mit unterschiedlicher Sprachkompetenz verwendet. Als *Muttersprache* ist Französisch vor allem in Frankreich selbst (61 Mio. Sprecher), in Kanada (8 Mio., vor allem in der Provinz Quebec), in Belgien (4,5 Mio. in Wallonien), der französischen Schweiz (1,6 Mio.) und den USA (1,6 Mio., vor allem in Louisiana) verbreitet. Darüber hinaus sind kleinere muttersprachliche Sprechergruppen in fast allen Ländern, vor allem in den ehemaligen französischen und belgischen Kolonialgebieten zu finden, so dass sich eine Gesamtzahl von etwa 80 Mio. ergibt. Als *Zweitsprache* ist Französisch vor allem in den ehemaligen afrikanischen Kolonien weit verbreitet, in der Karibik haben sich französisch-basierte Kreolsprachen durchgesetzt.

Amtssprache ist Französisch in etwa 40 Staaten weltweit: In Europa sind dies Frankreich, Belgien (gleichrangig mit dem Niederländischen und Deutschen), die Schweiz (gleichrangig mit Deutsch, Italienisch und Bündnerromanisch), Luxemburg (gleichrangig mit Letzeburgisch und Deutsch), Italien (regionale Amtssprache im Aostatal) sowie Monaco. In Kanada ist Französisch seit 1969 gleichberechtigte Amtssprache neben dem Englischen auf Bundesebene. Afrikanische Länder mit Französisch als Amtssprache sind Senegal, Guinea, Elfenbeinküste, Togo, Benin, Mali, Burkina Faso, Niger, Tschad, die Zentralafrikanische Republik, Kamerun, Gabun, beide Kongo, Ruanda, Burundi, Dschibuti, die Komoren und Madagaskar. Ansonsten ist es Amtssprache auf den Seychellen, auf Mayotte, Réunion, Vanuatu, Wallis und Futuna sowie in Französisch-Polynesien; in der Karibik in Haiti, Gouadeloupe, Saint-Martin, Martinique, Saint-Pierre und Miquelon sowie Saint-Barthélemy.

Frankoprovenzalisch

Das Frankoprovenzalische ist eine galloromanische Sprache, die aus einer Gruppe verwandter Dialekte besteht, die im östlichen Frankreich (im mittleren Rhonetal und Savoyen), im größten Teil der französischsprachigen Schweiz und im Nordwesten Italiens (vor allem im Aostatal) gesprochen werden. Die Bezeichnung „Frankoprovenzalisch" wurde 1873 durch den italienischen Sprachwissenschaftler Graziadio Isaia Ascoli als Sammelbegriff für diejenigen galloromanischen Dialekte geprägt, die sich weder den französischen, noch den okzitanischen Dialekten zuordnen lassen, sondern eine eigenständige dritte Gruppe bilden, die eine Zwischenstellung zwischen den beiden anderen einnimmt. Diese Bezeichnung hat sich zwar in der romanistischen Literatur durchgesetzt, ist aber außerhalb akademischer Kreise kaum gebräuchlich. Die Muttersprachler haben keinen einheitlichen Namen für die Sprache. Ein einheitlicher Sprachstandard für die frankoprovenzalischen Dialekte (und sei es auch nur für die Dialekte in einem der drei Länder) ist nie erarbeitet worden. Frankoprovenzalisch ist also eine typische *Abstandsprache*, da sie zwar einen deutlichen linguistischen Abstand zu den romanischen Nachbarvarietäten Französisch und Okzitanisch aufweist, aber keinen Ausbau durch Standardisierung erfahren hat (Bossong 2008: 28).

In *Frankreich* war Frankoprovenzalisch jahrhundertelang die Umgangssprache in einem großen Teil der jetzigen Region Rhône-Alpes (Beaujolais, Bresse, Bugey, Dauphiné, Dombes, Lyonnais, Savoyen), im Süden der Franche-Comté (Départements Jura und Doubs) sowie im Südosten der Region Burgund. Das Zentrum war die Rhone-Metropole Lyon. Heute werden frankoprovenzalische Dialekte in Frankreich fast nur noch von älteren, über 60-jährigen Leuten beherrscht und von den wenigsten unter ihnen noch regelmäßig benutzt. Da es nie den Versuch gab, eine einheitliche Standardsprache zu schaffen, war eine Verwendung als Unterrichtssprache nicht möglich. Wie in Frankreich üblich, wurde auch diese Regionalsprache unterdrückt, so dass schon Anfang des 20. Jh. viele Sprecher ihre Mundart (französisch: *patois*) als einen primitiven französischen „Bauerndialekt" einschätzten. Es gab bisher keinerlei politische Unterstützung für den Erhalt der Sprache, eine offizielle Anerkennung als Minderheitensprache im Sinne der EU-Charta ist in Frankreich nicht erfolgt.

Ursprünglich wurde fast in der gesamten heutigen französischsprachigen *Schweiz*, der Romandie, Frankoprovenzalisch gesprochen. Eine Ausnahme bilden lediglich der Kanton Jura, der nördlichste Teil des Kantons Neuenburg und der französischsprachige Teil des Kantons Bern, wo französische Varietäten gesprochen werden. Im Laufe der Zeit sind die Varietäten des Frankoprovenzalischen in der Schweiz jedoch fast vollständig durch regionale Formen des Französischen verdrängt worden, außer im Kanton Freiburg und vor allem im Kanton Wallis, wo im Dorf Evolène die Mundart auch für Kinder noch die Umgangssprache ist. Eine offizielle Anerkennung als Minderheitensprache gibt es in der Schweiz nicht, Frankoprovenzalisch wird wie ein französischer Dialekt behandelt.

In *Italien* spricht man frankoprovenzalische Dialekte im Aostatal und in einigen Tälern der Region Piemont. Dort ist das Frankoprovenzalische nach dem Zweiten Weltkrieg vielerorts vom Italienischen verdrängt worden und wird heute nur noch von einer Minderheit beherrscht. Erstaunlicherweise gibt es in Apulien zwei benachbarte Orte, in denen ein frankoprovenzalischer Dialekt gesprochen wird: Faeto und Celle di San Vito mit 700 Sprechern (Stand 1995). Im Aostatal – aber nicht in Piemont – ist die Sprache durch mehrere staatliche Dekrete besonders geschützt, die Schulen sollen Kenntnisse der frankoprovenzalischen Sprache und Kultur vermitteln. Allerdings konnte auch hier der Niedergang bisher nicht aufgehalten werden.

Die Bestimmung der *Sprecherzahlen* ist schwierig. Man kann jedoch davon ausgehen, dass sie in den letzten Jahrzehnten dramatisch zurückgegangen ist. Die in Ethnologue 2009 angegebenen Zahlen ergeben für Frankreich und Italien jeweils 70 Tsd. (Stand 1971) sowie nach einer Zählung 7.000 für die Schweiz (Stand 1998). Eine Studie berichtet für Frankreich vom Verlust von 90% der muttersprachlichen Sprecher allein in der letzten Generation, da die Sprache nicht mehr an die nachfolgende Generation weitergegeben wurde. Die jüngsten greifbaren Sprecherzahlen sind 8.000 für das Jahr 2001 im Aostatal (gegenüber 68 Tsd. im Jahre 1981), 7.000 in der Schweiz (nach einer Studie von 2001) und weniger als 15.000 in Frankreich (nach einer Studie von 2002). Damit kommt man für 2002 auf etwa 30 Tsd. Sprecher. Das Frankoprovenzalische gehört also zu den stark gefährdeten Idiomen und könnte schon in der nächsten Generation so gut wie ausgestorben sein.

Okzitanisch

Okzitanisch ist eine galloromanische Sprache, die im südlichen Drittel Frankreichs sowie in Italien in den piemontesischen Alpen und in Spanien im katalonischen Val d'Aran gesprochen wird. Im Gegensatz zum Französischen weist das Okzitanische nur geringe fränkische Superstrateinflüsse auf und hat sich deswegen weniger weit vom Lateinischen entfernt.

Okzitanisch wird auch als *langue d'oc* (im weiteren Sinne) bezeichnet, nach dem Wort für „ja", das im Okzitanischen *òc* lautet und aus der spätlateinischen Bejahungspartikel (eigentlich ein Demonstrativum) *hoc* entstanden ist. Die heute übliche deutsche Bezeichnung „okzitanisch" ist von französisch *occitan* entlehnt, das seinerseits ein sprachwissenschaftlicher Terminus des 19. Jh. ist, der auf den seit dem Beginn des 14. Jh. belegten mittellateinischen Begriff *lingua occitanica* „Sprache des *oc*" zurückgeht. Früher wurde die Sprache meist „Provenzalisch" genannt, eine Bezeichnung, die heute nur noch für die okzitanischen Dialekte der Provence verwendet wird.

Das Okzitanische entstand aus dem Latein, das in der römischen Provinz (Gallia) Narbonensis sowie in Aquitanien gesprochen wurde. Während sich das Sprechlateinische der Provincia Narbonensis auf einem gallischen Substrat entwickelte, hatte das Latein in Aquitanien ein baskisches Substrat (Aquitanisch kann als ein altbaskischer Dialekt angesehen werden), was sich in der Sonderstellung des dort gesprochenen gaskognischen Dialekts deutlich zeigte. Das Okzitanische wird in folgende Hauptdialekte gegliedert:

- *Limousinisch* (im Limousin)
- *Arvernisch* (in der Auvergne)
- *Vivaro-Alpinisch* (im südlichen Teil der französischen Alpen und in Piemont)
- *Languedokisch* (im Languedoc)
- *Provenzalisch* (in der Provence)
- *Gaskognisch* (in der Gascogne, inkl. dem Aranesischen im Val d'Aran)

Aufgrund zahlreicher Besonderheiten wird das Gaskognische von manchen Forschern als eigene Sprache betrachtet. Einige Beispiele aus der Phonetik: z.B. wurde anlautendes lateinisches /f-/ unter baskischem Einfluss zu gaskognisch /h-/, während es sonst im Okzitanischen erhalten blieb, lateinisches /-ll-/ wurde zu /-r-/, intervokalisches /-n-/ verschwand: vgl. latein. *facere* „machen" > gaskogn. *har*, sonst okzitan. *far*; latein. *fratrem* „den Bruder" > gaskogn. *hrair*, sonst okzitan *fraire*; latein. *gallina* „Huhn" > gaskogn. *garia*, sonst okzitan. *gallina*. Schon diese wenigen Beispiele zeigen die beträchtlichen phonetischen Unterschiede des Gaskognischen gegenüber den anderen okzitanischen Varietäten.

Die ältesten okzitanischen Texte sind Lehenseide aus dem 11. Jh., im frühen 12. Jh. folgten Wirtschaftsurkunden und erste literarische Texte. Mitte des 12. Jh. begann die große Tradition der okzitanischen Versepen. Berühmt in ganz Europa wurde Okzitanisch als Sprache der Troubadourdichtung im 12.–14. Jh., die auf viele europäische Literaturen Einfluss hatte. Versbau und Grammatik der Sprache wurden bereits früh im 12. und 13. Jh. normiert.

Im Mittelalter bildeten die okzitanischsprachigen südfranzösischen Grafschaften Provence, Toulouse, Poitou und die Herzogtümer Aquitaine und Gascogne weitgehend unabhängige politische Einheiten. Diese Gebiete kamen seit dem 13. Jh. zunehmend unter die Herrschaft des französischen Königs, und Okzitanisch wurde nach und nach als Verwaltungssprache verdrängt. Bereits im 15. Jh. verwendeten die Gerichtshöfe in Toulouse und Bordeaux nur noch Französisch.

Das königliche Sprachenedikt von Villers-Cotterêts aus dem Jahre 1539 erhob das Französische endgültig zur alleinigen Urkunden- und Verwaltungssprache. Durch die Dominanz des Französischen wurde das Okzitanische nicht nur aus der Rechtsprechung und Verwaltung, sondern auch aus der Literatur verdrängt. So schrieb der in Bordeaux lebende Montaigne (1532–1592) seine berühmten Essais bereits auf Französisch. Das Okzitanische wurde in seiner Funktion auf die Umgangssprache und die regionale Literatur reduziert.

Im 18. Jh. erwachte das Interesse an der okzitanischen Grammatik und Lexikographie. Seit der Mitte des 19. Jh. gab es in intellektuellen Kreisen Bestrebungen, eine moderne okzitanische Literatursprache zu schaffen. 1854 konstituierte sich in Avignon eine Dichtergruppe, deren Mitglieder ihre Werke auf provenzalisch verfassten, darunter der spätere Nobelpreisträger Frédéric Mistral. Es kam zu einer Renaissance der provenzalischen Dichtung, ohne das Französische als Dachsprache in Frage zu stellen. Weiter ging die Zielsetzung der *Societat d'Estudis Occitans* (gegründet 1931), die eine vom Französischen unabhängigere Position des Okzitanischen forderte. Durch die *Gramatica occitana* von 1935 wurde eine okzitanische Literatursprache kodifiziert, deren Normen jedoch nur von einem Teil der Sprecher anerkannt und verwendet werden. Insbesondere in der Provence wird diese Literatursprache von vielen abgelehnt und die Anerkennung des Provenzalischen als eigenständige Schriftsprache gefordert.

1951 erkannte der französische Staat die Existenz einer *langue occitans* an und erlaubte einen fakultativen Unterricht der Sprache an Schulen. Eine weitergehende offizielle Anerkennung des Okzitanischen etwa als regionale Amtssprache gibt es in Frankreich nicht. In Spanien dagegen wurde der gaskognische Dialekt des Val d'Aran seit 1992 offiziell als Unterrichts- und Verwaltungssprache anerkannt. Dort gibt es etwa 4.000 Sprecher.

Die aktuelle Sprecherzahl des Okzitanischen kann nur geschätzt werden, da es in Frankreich keine offiziellen Zählungen gibt. Okzitanisch beherrschen heute – mit unterschiedlicher Kompetenz – höchstens noch 2,5 Mio. Menschen (nach Ethnologue 2009 2 Mio.), das ist etwa ein Zehntel der Bevölkerung. Die aktiven Sprecher sind vor allem ältere Leute auf dem Land, und auch diese benutzen die Sprache fast nur noch im privaten Umfeld. Die Sprache wird nur noch im geringen Umfang an die nächste Generation weitergegeben. In den Städten und in einzelnen Landschaften gewinnt sie vor allem aus touristischen Gründen in letzter Zeit wieder etwas an Bedeutung und wird in einigen Schulen parallel zum Französischen gelehrt. Straßen- und Ortsnamensschilder werden gelegentlich zweisprachig ausgeführt. In Italien in den Tälern des Piemont sprechen laut Ethnologue 2009 etwa 100 Tsd. Menschen Okzitanisch (Stand 1990, die aktuelle Zahl dürfte deutlich niedriger liegen), in Monaco etwa 4.500 (Stand 1988). In Kalabrien gibt es eine okzitanische Sprachinsel im Dorf Guardia Piemontese.

5.11 Iberoromanische Sprachen

Die römische Präsenz auf der Iberischen Halbinsel, die vorher vor allem von Iberern, Kelten und den Vorgängern der heutigen Basken bewohnt war, geht auf das 3. Jh. v. Chr. zurück. Von 197 v. Chr. bis zum Ende des 3. Jh. n. Chr. war *Hispania* ein Teil des Römischen Reiches, wodurch seine sprachliche Zukunft bestimmt wurde. Die germanischen Westgoten hinterließen nur geringe sprachliche Spuren in den sich aus dem Sprechlatein entwickelnden romanischen Sprachen, ganz anders die ab 711 folgenden Araber: mehr als 4.000 Ausdrücke in den iberoromanischen Sprachen sind arabischer Herkunft. Die Mauren beherrschten die Iberische Halbinsel bis auf den Norden, machten Al-Andalus mit der Hauptstadt Córdoba zu einem mächtigen und kulturell hochstehenden Staat und konnten erst 1492 nach einer 700 Jahre dauernden „Reconquista" endgültig aus Südwesteuropa verdrängt werden. Das sprachliche römische Erbe hat die arabische Zeit überlebt.

Aus den auf der Iberischen Halbinsel gesprochenen Varianten des Sprechlateins haben sich mehrere romanische Sprachen entwickelt. Die bedeutendsten sind heute *Spanisch* und *Portugiesisch*, die nicht nur als Nationalsprachen ihrer Länder, sondern vor allem in den von Spaniern und Portugiesen kolonisierten Gebieten Amerikas und Afrikas gesprochen werden und dadurch weltweit zu den sprecherreichsten Sprachen zählen. Das *Katalanische* ist eine Brückensprache zwischen den gallo- und iberoromanischen Sprachen, es weist vielfältige Ähnlichkeiten vor allem mit dem Okzitanischen auf (einige Beispiele in Tabelle 5.52).

Tab 5.52 *Katalanisch als Brückensprache (Lindenbauer u.a. 1995: 83)*

Deutsch	Französ.	Okzitan.	Katalan.	Spanisch	Galicisch	Portugies.
essen	manger	manjar	menjar	comer	comer	comer
Vogel	oiseau	aucèl	ocell	pájaro	ave	pássaro
Apfel	pomme	poma	poma	manzana	maceira	maçã
Roggen	seigle	segal	sègol	centeno	centeo	centeio
Morgen	matin	matin	matí	mañana	mañá	manhã
klein	petit	petit	petit	pequeño	peqeno	pequeno
mit	avec	amb	amb	co	con	com

Das mit dem Portugiesischen nah verwandte *Galicische* blickt auf eine ruhmvolle Zeit als mittelalterliche iberische Literatursprache zurück (12.–14. Jh.) und ist heute wie das Katalanische als regionale Amtssprache anerkannt. Kleinere regionale Varietäten wie das *Aragonesische* und *Asturisch-Leonesische* werden nicht von allen Forschern als eigenständige Sprachen eingestuft.

Aus dem Spanischen der 1492 vertriebenen Juden hat sich das eigenständige *Judenspanisch* entwickelt, das heute noch vereinzelt auf dem Balkan, in der Türkei und vor allem in Israel gesprochen wird. Dagegen ist das *Mozarabische*, das von Nicht-Arabern im maurischen Spanien gesprochen wurde, im Zuge der Reconquista vom Katalanischen, Spanischen und Portugiesischen absorbiert worden.

In Spanien sind heute neben dem Spanischen (Kastilianischen) vier Sprachen als regionale Amtssprachen anerkannt: die romanischen Sprachen Katalanisch, Galicisch, Aranesisch (ein Dialekt des Okzitanischen im Val d'Aran) und das nicht-indogermanische Baskisch. In Portugal hat neben dem Portugiesischen nur das Mirandesische, ein Dialekt des hauptsächlich in Spanien gesprochenen Asturisch-Leonesischen, lokal offizielle Anerkennung gefunden.

Mozarabisch

Im Jahre 711 überquerte ein arabisch-berberisches Heer die Straße von Gibraltar. In kurzer Zeit war die gesamte Iberische Halbinsel unterworfen, womit eine fast 800-jährige arabische Herrschaft etabliert wurde, die erst 1492 mit der Rückeroberung von Granada, dem letzten Gebiet der Mauren, endgültig beendet wurde. Der bereits 719 erfolgte Vorstoß der Araber über die Pyrenäen hinaus scheiterte 732 in der Schlacht von Tours und Poitiers, die der Franke Karl Martell für sich und seine Verbündeten entscheiden konnte; dadurch blieb die Islamisierung Westeuropas auf die Iberische Halbinsel beschränkt.

Der dort geschaffene maurische Staat Al-Andalus besaß eine äußerst effektive Verwaltung, trieb blühenden Handel, brachte die Landwirtschaft durch Bewässerungstechniken voran, schuf eine faszinierende Architektur und erzielte Fortschritte in allen wissenschaftlichen Disziplinen wie Mathematik, Astronomie, Chemie, Medizin, Zoologie und Botanik. Aus dieser Zeit muslimischer Hochkultur sind über die Vermittlung durch das Spanische zahlreiche arabische Begriffe in die europäischen Sprachen gelangt, z.B. *Algebra, Alkohol, Amalgam, Aprikose, Chemie, Elixier, Kalium, Safran, Sirup, Soda, Zenit, Ziffer* u.v.a.

Das maurische Al-Andalus war zweisprachig: Die muslimische Oberschicht und die Neusiedler aus Afrika sprachen Arabisch, das auch als Kultur- und Verwaltungssprache fungierte. Die ansässige nicht-muslimische Bevölkerung sprach mehrheitlich romanische Varietäten, die sich aus den verschiedenen Formen des Sprechlateins der zentralen, südlichen und östlichen Iberischen Halbinsel entwickelt hatten. Diese iberoromanischen Sprachformen nennt man zusammenfassend *Mozarabisch*. Das Wort leitet sich von arabisch *musta'rib* „arabisiert" her. Damit wurde die unter arabischer Herrschaft lebende romanisch sprechende Bevölkerung bezeichnet, die zwar soziokulturell „arabisiert", aber nach ihrer Herkunft nicht arabisch war und auch nicht primär Arabisch sprach. Die Beherrschung von Arabisch als Zweitsprache war jedoch notwendig, um am kulturellen, wirtschaftlichen und politischen Leben im größeren Umfang teilhaben zu können.

Das Mozarabische wurde im Zuge der Rückeroberung der islamischen Gebiete nach und nach vom Spanischen, Katalanischen und Portugiesischen absorbiert und war schon im 15. Jh. weitgehend ausgestorben. Die in arabischer Schrift geschriebene Sprache, die im Vergleich zu den anderen iberoromanischen Sprachen viele archaische Züge aufwies, war stark mit arabischen Wörtern durchsetzt. Literarisch überliefert ist das Mozarabische in Gestalt von Versen aus dem 11. und 12. Jh., den sog. *Hargas*, spanisch *Jarcha*. Diese bildeten die Schlussverse der letzten Strophe einer arabischen *Muwassah* (Lob- oder Liebesgedicht in fünf bis sieben Strophen). Sie gelten als älteste Zeugnisse romanischer Lyrik und wurden in hebräischer oder arabischer Schrift geschrieben.

Katalanisch

Das Katalanische entwickelte sich aus dem lokalen Sprechlatein auf beiden Seiten der Pyrenäen. Im 11. Jh. konsolidierte sich das katalanische Kernland im Gebiet von Perpignan, Gerona, Barcelona und Tarragona. Im Zuge der Reconquista breitete sich der katalanische Einfluss nach Süden und Osten aus, im 13. Jh. nahmen die Katalanen Mallorca, Valencia, Alicante, Elche und Murcia ein.

Erste katalanische Namen finden sich im Pyrenäengebiet bereits in lateinischen Urkunden des 9. und 10. Jh., aus dem 11. Jh. gibt es Eidestexte und Urkunden über juristische Streitfälle mit frühkatalanischen Passagen, aus dem 12. Jh. liegen erstmals ganze Texte auf Katalanisch vor. Dazu gehören der Treueeid des Grafen Pere Ramon aus Pallars, das Fragment einer Übersetzung eines gotischen Gesetzbuches sowie die Predigtsammlung *Homilies d'Organyà*. Aus dem 13. Jh. stammen längere historiographische Texte, schließlich entstand durch die zahlreichen Werke des katalanischen Theologen und Philosophen Ramon Llull (1232–1316) eine hochstehende katalanische Kultursprache (Ramon Llull schrieb seine über 250 Werke in lateinischer, katalanischer und arabischer Sprache).

Mit der Ausdehnung des Herrschaftsbereichs des Grafen von Barcelona sowie des nachfolgenden katalanisch-aragonesischen Staatenbundes in den Mittelmeerraum gewann auch die katalanische Sprache zwischen dem 13. und 15. Jh. weiter an Bedeutung. Im 15. Jh. entwickelte sich eine kunstvolle Lyrik und das Katalanische erreichte seinen höchsten kulturellen Glanz, den es erst vier Jahrhunderte später wieder entfalten konnte.

Ende des 15. Jh. kam es zur Vereinigung von Aragón und Kastilien, wobei Kastilien von Anfang an die führende Position einnahm. Das Katalanische verlor zunehmend seine Bedeutung als Literatursprache, während es sich als Rechts-, Amts- und Umgangssprache zunächst behaupten konnte. Im Laufe des 18. Jh. entwickelten die Bourbonen den spanischen Zentralstaat zielstrebig weiter und setzten Spanisch als landesweite Amts- und Unterrichtssprache durch. 1779 wurde sogar die Aufführung von Dramen in katalanischer Sprache verboten. Das 18. Jh. gilt deshalb zu Recht als der Tiefpunkt der katalanischen Sprache und Literatur, als die Zeit der „Decadència".

Erst mit der Romantik erlebte das Katalanische im 19. Jh. eine Renaissance und eine neue Blüte der schönen Literatur, die nun in allen Gattungen Werke von internationaler Bedeutung hervorbrachte. Katalanisch wurde zum Gegenstand linguistischer Forschung. Schon seit dem Mittelalter war das Bewusstsein der Katalanen, eine eigenständige, von anderen iberischen Idiomen abweichende Sprache zu sprechen, stark ausgeprägt. Bereits 1294 wird in einer Urkunde von der *idioma catalorum* gesprochen, der Sprachname *català* ist seit dem 15. Jh. dokumentiert. 1743 erschien die erste katalanische Grammatik.

Der moderne Ausbau der Sprache erfolgte schließlich 1911–32 durch Pompeu Fabra und das *Institut d'Estudis Catalans*. Der dabei festgelegte Standard (IEC) entspricht weitgehend dem katalanischen Dialekt von Barcelona. Daneben wurde von der *Acadèmia Valenciana de la Llengua* ein zweiter Standard (AVL) auf Basis des valencianischen Dialekts entwickelt, der vor allem für das Katalanische der Region Valencia Bedeutung hat. Auf den Balearen wird ein modifizierter IEC-Standard verwendet. In der Republikzeit (1932–39) wurde Katalanisch als zweite Amtssprache neben dem Spanischen anerkannt, im Franco-Regime dagegen fast vollständig aus dem öffentlichen Bereich verbannt. In den Jahrzehnten der Unterdrückung hatte das Katalanische stark an Boden verloren, zumal in dieser Zeit Tausende von Spaniern nach Katalonien und Valencia zugewandert waren, von denen viele das Katalanische nicht erlernen wollten.

Im demokratischen Spanien wurde Katalanisch als Schriftsprache reaktiviert und ist seit 1982 als regionale Amts- und Unterrichtssprache in Katalonien, Valencia und auf den Balearen anerkannt. Dort wird seine Verbreitung in der Verwaltung, im Bildungs- und Gerichtswesen sowie in den Massenmedien gefördert. Nach dem Willen der Befürworter des Katalanischen sollen alle, die im ursprünglichen Verbreitungsgebiet des

Katalanischen leben wollen, diese Sprache zumindest als Zweitsprache beherrschen. In den Schulen des Zentralbereichs der katalanischen Sprache wird mittlerweile fast ausschließlich Katalanisch gesprochen, ebenso in den Ämtern und in vielen Unternehmen.

Der Wortschatz des Katalanischen ist primär durch die sprechlateinischen Erbwörter geprägt, die sowohl gallo- als auch iberoromanischer Herkunft sind. Das iberische, baskische und keltische Substrat findet sich vor allem in Orts- und Gewässernamen, auch das Fränkische und Westgotische hat sich in Ortsnamen, aber auch in Personennamen niedergeschlagen (z.B. *Ramon* < *Raimund*). Der Einfluss des Arabischen ist wesentlich geringer als im Spanischen. Aus dem Mittelalter stammt der französische und okzitanische Beitrag, seit dem 15. Jh. ist das Spanische die Hauptquelle aller Entlehnungen.

In Andorra ist das Katalanische Amtssprache, allerdings wird es nicht verpflichtend im Unterricht verwendet (neben dem Katalanischen sind auch Spanisch, Französisch und Englisch als Schulsprachen zugelassen). In Frankreich wird seit 2007 immerhin die Existenz des Katalanischen als eine Sprache im Department Pyrénées-Orientales anerkannt, es kann dort als Wahlfach an den Gymnasien unterrichtet werden. Eine Anerkennung als regionale Amtssprache ist bisher nicht erfolgt und auch nicht zu erwarten.

Katalanisch wird heute in Spanien in den autonomen Regionen Katalonien und Valencia, in einem östlichen Randstreifen der Provinz Aragón und auf den Balearen gesprochen, in Frankreich im Department Pyrénées-Orientales (Roussillion), im Fürstentum Andorra sowie in der sardischen Stadt Alghero. Die Dialekte gliedern sich in eine östliche und westliche Gruppe, die sich vor allem phonetisch unterscheiden. *Ostkatalanische* Dialekte werden im östlichen Katalonien, im Roussillon, in Andorra, auf den Balearen und in Alghero gesprochen, die *westkatalanischen* in Süd- und Westkatalonien, Valencia sowie im östlichen Aragón.

Katalanisch wird weltweit von etwa 10 Mio. Menschen gesprochen, weitere 2 Mio. können es verstehen. Nach den neuesten vorliegende Daten (Volkszählung 2001 in Spanien, regionale Zählungen) ergeben sich folgende Sprecherzahlen für die einzelnen Sprachgebiete: Katalonien 6 Mio., Valencia 2,4 Mio., Aragón 45 Tsd., Balearen 700 Tsd., Frankreich 125 Tsd., Andorra 50 Tsd., Sardinien 20 Tsd. Nach einer Schätzung der katalanischen *Federació d'Entitats* von 1999 beträgt die Sprecherzahl außerhalb der historischen katalanischen Sprachgebiete rund 350 Tsd. Alle Sprecher des Katalanischen sind zweisprachig (Spanisch, Französisch oder Italienisch). Tabelle 5.53 gibt Auskunft über den Grad der Sprachkompetenz, die Daten stammen von 1991.

Tab 5.53 *Katalanische Sprachkompetenz in der Regionen Katalonien, Valencia und Balearen* (nach Haarmann 2001)*

Kompetenz	Katalonien	Valencia	Balearen
verstehen	94%	77%	89%
sprechen	68%	49%	67%
lesen	68%	24%	55%
schreiben	40%	7%	26%

* Die Prozentsätze beziehen sich auf die Gesamtbevölkerung dieser Regionen.

Aragonesisch

Im 9. Jh. entstanden in den Hochpyrenäen die Grafschaften Aragón, Sobrarbe und Ribagorza, 1035 wurde Aragón zum Königreich erhoben und spielte dann zusammen mit dem westlich angrenzenden Königreich Navarra, mit dem es seit 922 durch Personalunion verbunden war, eine entscheidende Rolle in der Reconquista. Im 12. Jh. wurde Zaragoza zurückerobert und zur neuen Hauptstadt von Aragón erklärt.

Aus dem regionalen Sprechlatein der Pyrenäenregion entwickelte sich seit dem 9. Jh. auf baskischem Substrat das Navarro-Aragonesische (im Folgenden kurz: Aragonesisch), das im ganzen Mittelalter in Navarra und Aragón gesprochen wurde, auch nachdem die politische Verbindung von Navarra und Aragón im Jahre 1134 aufgelöst worden war. 1137 bildete Aragón eine Personalunion mit Katalonien.

Erste vereinzelte aragonesische Wörter tauchen bereits in lateinischen Urkunden des 9. Jh. auf, seit 1198 in Navarra, seit 1258 wurden Urkunden in der romanischen Volkssprache verfasst. Im 13. Jh. wurde das Aragonesische für historische, poetische und religiöse Texte sowie im Rechtswesen verwendet. Im 14. Jh. veranlasste Juan Fernández de Heredia, Großmeister des Johanniterordens, die Übertragung zahlreicher historischer, geographischer und philosophischer Texte ins Aragonesische, darunter auch die Werke von Thukydides, Plutarch und Marco Polo.

Das mittelalterliche Aragonesisch wies gegenüber dem Kastilischen zwar eine Reihe eigenständiger Merkmale in Phonetik (z.B. *fillo*, *onso* statt spanisch *hijo*, *oso* „Sohn" bzw. „Bär"), Morphologie und Lexik auf, dennoch war die Ähnlichkeit der beiden Sprachen groß. Das Spanische der immer mächtiger werdenden kastilischen Dynastie drängte das Aragonesische immer weiter zurück. Dieser Prozess beschleunigte sich noch durch die Vereinigung der Königreiche Kastilien und Aragón am Ende des 15. Jh., bei der Kastilien von Anfang an die Oberhand hatte. So wurde Rioja bereits im 12. und 13. Jh. „kastilisiert", Navarra und Teile Aragóns folgten im 15. Jh., schließlich die aragonesische Hauptstadt Zaragoza im 16. Jh., wobei das aragonesische Substrat dem Spanischen in Navarra und Aragón eine bestimmte Färbung verlieh. Seit dem 16. Jh. wurde Aragonesisch nur noch im Norden Aragóns als Umgangssprache und für bestimmte Formen des volkstümlichen Theaters verwendet.

Das Interesse an der einheimischen Sprache erwachte erst wieder im 19. Jh., 1836 erschien ein erstes umfassendes Wörterbuch. In der Franco-Zeit wurde Aragonesisch als ein Dialekt des Spanischen eingestuft, den die Schüler in der Schule nicht verwenden durften. Durch das Autonomiestatut Aragóns aus dem Jahre 1982 wird die aragonesische Sprache offiziell geschützt und gefördert, was zur Veröffentlichung literarischer Werke und weiterer wissenschaftlichen Studien über die Sprache geführt hat. Aragonesisch wurde aber nicht zur regionalen Amtssprache erklärt.

Es wurden zwei orthographische Standards entwickelt: 1987 der Huesca-Standard des *Consello d'a Fabla Aragonesa*, 2004 der Standard der *Sociedat de Lingüística Aragonesa*, die Mehrheit verwendet den Huesca-Standard. Die 2006 gegründete *Academia de l'Aragonés* hat noch nicht entschieden, welcher der beiden Standards letztlich als Norm eingeführt werden soll.

Heute wird Aragonesisch von etwa 12.000 Menschen im Pyrenäengebiet Nordarago-
niens in den Kreisen Somontano, Jacetania, Sobrarbe und Ribagorza gesprochen, weitere 6.000 (nach anderen Quellen bis zu 30.000) verstehen die Sprache, die sich in die
vier Hauptdialekte Zentral-, Süd-, West- und Ost-Aragonesisch gliedert. Auf institutio-
neller Ebene und in der örtlichen Verwaltung kommt Aragonesisch wegen der fehlenden
Anerkennung als regionale Amtssprache kaum vor. Trotz der Bemühungen mehrerer
sprachfördernder Institutionen ist Aragonesisch auch noch nicht in ein allgemeines Lehr-
programm aufgenommen worden, an einigen wenigen Schulen wird es als Wahlfach unterrichtet. Es gibt einige unregelmäßig erscheinende Magazine, eine spanische Zeitung
hat eine aragonesische Wochenbeilage, die Buchproduktion aller Gattungen (Belletristik,
Fach- und Sachbücher) beträgt etwa zehn Erscheinungen pro Jahr.

Zum Sprachvergleich das „Vaterunser" auf Aragonesisch und Spanisch

Aragonesisch	Spanisch
Pai nuestro, que yes en o cielo,	*Padre nuestro que estás en los cielos,*
satificato siga lo tuyo nombre,	*santificado sea tu nombre.*
vienga ta nusatros lo reino tuyo	*Venga a nosotros tu reino.*
e se faiga la tuya voluntat n'a tierra como n'o cielo.	*Hágase tu voluntad, así en la tierra como en el cielo.*
Da-mos hué lo pan nuestro de cada dia,	*El pan nuestro de cada día dánsole hoy,*
perdona las nuestras faltas	*y perdónanos nuestras deudas,*
como tamien nusatros perdonamos a los que mos faltan,	*así como nosotros perdonamos a nuestros deudores*
no mos dixes cayer en a tentacion	*Y no nos dejes caer en la tentación*
e libera-mos d'o mal. Amen.	*mas líbranos del mal. Amén.*

Asturisch (Asturisch-Leonesisch)

Von dem bereits 722 gegründeten Königreich Asturien ging der erste Widerstand gegen
die Mauren aus. Die Hauptstadt war zunächst Oviedo, nach seiner Rückeroberung wurde León 914 zur neuen Hauptstadt erklärt und war dann 200 Jahre lang die wichtigste
christliche Stadt der Iberischen Halbinsel. Vom König in León hingen zunächst Galici-
en, Portugal und Kastilien ab, Portugal wurde im 12. Jh. von León unabhängig, Kastilien
übernahm im 13. Jh. die politische und kulturelle Vorherrschaft über Galicien und León.

Asturisch-Leonesisch (im Folgenden kurz Asturisch) ist die Weiterentwicklung des
Sprechlateins, das in Asturien zwischen dem Fluss Asón im Westen und dem Eo im
Osten gesprochen wurde. Asturische Einzelwörter tauchten bereits in lateinischen Ur-
kunden des 10. Jh. auf, aus dem auch eine asturische Liste von Käsesorten aus einem
Kloster in León stammt. Vollständig asturisch abgefasste Urkunden liegen ab dem 12. Jh.
vor, aus dem 12. und 13. Jh. stammen vor allem Notariatsurkunden und sog. *Fueros*
(Statuten, verbriefte Sonderrechte), z.B. der Fuero de Avilés von 1150. Literarische Werke
sind aus dem Mittelalter nicht überliefert.

Ab dem 14. Jh. setzte sich das Kastilische in Asturien als Schriftsprache durch, Asturisch hatte nur als Umgangssprache Bestand und zerfiel bald in viele, teils divergente Dia-

lekte. Seit dem 17. Jh. gab es wieder eine nicht sehr umfangreiche asturische Literatur, die orale Tradition umfasste vor allem Balladen und Ritterdichtungen. Erst im 19. Jh. nahm das Interesse an der einheimischen Sprache wieder zu. Juan Junquera Huergo verfasste um 1850 ein erstes Wörterbuch, 1869 eine Grammatik, beide blieben jedoch unveröffentlicht.

Erst 1974 wurde eine einheitliche asturische Orthographie auf Basis der zentralasturischen Dialekte entwickelt, 1976 wurde die erste Grammatik publiziert. 1980 kam es zur Gründung der *Academia de la Llingua Asturiana*, die 1981 einen Vorschlag zur Standardisierung vorlegte. Das spanische Autonomiestatut von 1982 garantiert den Schutz und die Förderung der Sprache, eine Anerkennung als regionale Amtssprache hat das Asturisch-Leonesische in Spanien jedoch bisher nicht erfahren. Es wird in Vor- und Grundschulen gelehrt, in einigen weiterführenden Schulen ist es Wahlfach. Dagegen hat in Portugal das Mirandesische – eine Varietät des Asturisch-Leonesischen – einen offiziellen Status als regionale Amts- und Unterrichtssprache (für Schüler im Alter von 6 bis 16 Jahren ist es Pflichtfach).

Das Asturisch-Leonesische wird heute im Nordwesten Spaniens und in den angrenzenden Gebieten Portugals gesprochen. Die Sprache gliedert sich in drei Hauptdialekte: das eigentliche *Asturische* in der Region Asturien, das *Leonesische* in den Provinzen León, Zamora und Salamanca sowie das *Mirandesische* im Gebiet von Miranda do Douro in Portugal. In Spanien gibt es etwa 100 Tsd. Muttersprachler, in Portugal 15 Tsd. Weitere 450 Tsd. beherrschen Asturisch-Leonesisch als Zweitsprache mit unterschiedlicher Kompetenz, teils auch nur passiv, so dass man insgesamt von fast 600 Tsd. Menschen ausgehen kann, die Asturisch sprechen oder wenigstens verstehen. In den größeren Städten des asturisch-leonesischen Sprachgebiets herrscht das Spanische vor, heute oft auch als Erstsprache.

Zum Sprachvergleich das „Vaterunser" auf Asturisch (Zentraldialekt)

> *Padre nuesu que tas en cielu,*
> *santificáu seya'l to nome.*
> *Amiye'l to reinu,*
> *fáigase la to voluntá lo mesmo na tierra qu'en cielu.*
> *El nuesu pan de tolos díes dánoslo güei*
> *y perdónamos les nueses ofenses*
> *lo mesmo que nós facemos colos que mos faltaren.*
> *Y nun mos dexes cayer na tentación,*
> *y llíbramos del mal. Amen.*

Spanisch (Kastilisch)

Im 9. Jh. entstand im Gebiet des oberen Ebro die Grafschaft Kastilien mit Burgos als Hauptstadt, zunächst als abhängige Grenzmark des leonesischen Königreichs gegenüber den Mauren. Der Name „Kastilien" bedeutet „Burgenland" und ist ein Hinweis auf die vielen Burgen (*castilla < castella*) des wehrhaften Landstrichs. Unter Ferdinand I. 1037 zum Königreich erhoben, wurde Kastilien bald zum wichtigsten Motor der Reconquista.

1230 erfolgte die endgültige staatliche Vereinigung mit León, und Kastilien-León stieg unter kastilischer Dominanz zum mächtigsten Staat der Iberischen Halbinsel auf. 1236 bzw. 1248 wurden die maurischen Hauptstädte Córdoba und Sevilla eingenommen, 1492 war die Reconquista mit der Übernahme von Granada, dem letzten maurischen Staat auf iberischem Boden, endgültig erfolgreich abgeschlossen. Im selben Jahr wurden die Juden, die nicht zum Christentum übertreten wollten, aus Spanien vertrieben, und der Italiener Cristoforo Colombo „entdeckte" im Auftrag der spanischen Krone Amerika. Die *reconquista* ging nahtlos in eine große *conquista* über, Spanien entwickelte sich zur Weltmacht.

Das Kastilische ist die romanische Sprache, die sich aus dem Sprechlatein auf keltischem Substrat und unter baskischer Adstrat-Wirkung in den Tälern des östlichen Kantabrischen Gebirges entwickelt hat. Älteste Belege sind interlineare Glossen in lateinischen Texten, darunter die *Glosas Emilianenses* und *Glosas Silenses* aus dem 11. Jh., die wahrscheinlich aus Rioja stammen. Der Beginn der Glosas Emilianenses ist eine Umschreibung eines lateinischen Textes und lautet: *Conoajutorio de nuestro dueno dueno Christo, dueno Salbatore, qual dueno get ena honore, equal duenno tienet ela mandatjone cono Patre, cono Spiritu Sancto, enos sieculos delosieculos.* „Mit der Hilfe unseres Herrn, des Herrn Christus, des (Herrn) Erlösers, (in) dem die Ehre ist und der die Herrschaft besitzt zusammen mit dem Vater und dem Heiligen Geist, von Ewigkeit zu Ewigkeit." Hier ist schon die typische Diphthongisierung eingetreten: *nuestro < nostrum* „unser", *dueno < dominum* „Herr", *tienet < tenet* „er hält, besitzt", *sieculos < secula < saecula* „Jahrhunderte", *get* [jet] *< est* „ist". Die Präpositionen werden mit den Artikeln (lateinischen Demonstrativa) zusammengezogen: *cono < cum + illo* „mit ihm/dem", *ena < in + illa* „in ihr".

Kastilisch ist zwar nah verwandt mit dem Asturisch-Leonesischen, dennoch hob es sich bereits im 11. Jh. von der Sprache des leonesischen Hofes ab. Aus dem 12. Jh. sind vor allem *fueros* (Statuten zur Regelung kommunaler oder staatlicher Angelegenheiten) überliefert, z.B. der Fuero de Cuenca, im 13. Jh. vermehrt auch andere Urkunden und juristische Texte. Um 1200 entstand die kastilische Volksepik, deren berühmtestes Werk das 1207 verfasste Epos *El Cantar de Mio Cid* ist. Die Sprache der Lyrik ist in Kastilien-León bis zum Beginn des 15. Jh. das Galicische. Im Verlaufe der Reconquista absorbierte das Kastilische das Mozarabische sowie andere iberoromanische Varietäten und verdrängte das Arabische vollständig von der Iberischen Halbinsel.

Unter Alfons dem Weisen (1221–1284) nahm die kastilische Sprache einen einzigartigen Aufstieg. In wenigen Jahrzehnten entstanden im Auftrag und teilweise unter Mitwirkung des Königs juristische, historiographische, wissenschaftliche und didaktische Textsammlungen, die für lange Zeit Modellcharakter besaßen. Schon in dieser Zeit kommt es zur Doppelbezeichnung *lengua castellana* bzw. *español* (< mittellatein. *hispaniolus* „spanisch"). Das 16. Jh. wird durch die großen Dichter Garcilaso de la Vega, Cervantes und Calderón sowie durch den pikaresken Roman (z.B. *Lazarillo von Tormes*) zum *Siglo de Oro* der spanischen Sprache. Der auf Expansion ausgerichtete spanische Einfluss erreicht Italien, Flandern, Afrika, die Kanaren, die Philippinen und vor allem Amerika. Spanisch wird zu einer internationalen Sprache, die Kanaren und große Teile Amerikas werden spanischsprachig. Durch die Vertreibung der Juden gelangte das Spanische nach Nordafrika und ins Osmanische Reich und entwickelte sich dort zum *Judenspanisch* (siehe unten).

Die *Hispanisierung Amerikas* war ein langwieriger Prozess, der immer wieder ins Stocken geriet und bis heute nicht vollständig abgeschlossen ist. Fast 30 Mio. Mittel- und Südamerikaner sprechen nach wie vor eine der vielen indigenen Sprachen als Muttersprache. Zunächst versuchte man, einige große indigene Sprachen (Quechua, Nahuatl, Guanarí) so zu fördern, dass sie zur Missionierung verwendet werden konnten; damit sollten hunderte kleinerer indigener Sprachen überflüssig werden. Dies funktionierte im gewünschten Umfang nur beim Guaraní und teilweise beim Quechua. Schließlich setzte sich jedoch das Ideal der Einheitlichkeit von Staat, Religion und Sprache durch: Als Untertanen der Krone sollten die Indios nicht nur die katholische Religion annehmen, sondern auch die nationale Sprache Kastilisch erlernen. Die Realität war lange Zeit weit von dieser Idealvorstellung entfernt, bis ins 19. Jh. erlernten die meisten Indios nur Rudimente der katholischen Religion und spanischen Sprache. Zu einer breiteren Alphabetisierung und besseren Kenntnis des Spanischen kam es erst nach der Gründung der lateinamerikanischen Nationalstaaten.

Im Mutterland förderte der Staat die Standardisierung der Nationalsprache. Unter dem ersten Bourbonen-König Philipp V. wurde 1713 die *Real Academia Española* gegründet, die das *Diccionario de la lengua castellana* (1726–39), die *Orthographía* (1741) und die *Grammática castellana* (1771) herausgab. 1780 erließ Karl III. ein Dekret, nach dem alle Schüler im Reich ausschließlich nach dem Standard der Academia Española unterrichtet werden mussten. 1931 wurde das Kastilische als Nationalsprache offiziell in die Verfassung aufgenommen, in der Franco-Zeit war es die einzige offizielle Sprache des Landes. Im demokratischen Spanien nach Franco wurden neben dem Spanischen vier weitere Sprachen als regionale Amtssprachen zugelassen: Katalanisch, Galicisch, Aranesisch und Baskisch. Ähnlich wurde es in vielen lateinamerikanischen Staaten gehalten: Neben dem Spanischen sind eine oder mehrere indigene Sprachen als weitere – oft nur regionale – Amtssprachen anerkannt (z.B. in Peru Quechua und Aymara, in Paraguay Guaraní, in Guatemala einige Mayasprachen, in Mexiko 62 indigene Sprachen).

Spanisch ist weltweit relativ einheitlich, die Unterschiede liegen vor allem im Bereich der Phonetik. Der Dialekt von Andalusien fällt wegen seiner abweichenden Aussprache des s-Lautes auf, die lateinamerikanischen Varietäten haben das /ll/ entlateralisiert, also *cabayo* statt *caballo* [kaˈbaʎo] „Pferd", und benutzen *vos* statt *tú* bei der Anrede.

Spanisch wird weltweit von etwa 400 Mio. Menschen als Muttersprache und von weiteren 70 Mio. als Zweitsprache gesprochen. Die Staaten mit den meisten spanischen Muttersprachlern sind Mexiko (102 Mio.), Kolumbien (46 Mio.), erst an dritter Stelle folgt das Mutterland Spanien (42 Mio.), Argentinien (39 Mio.), USA (35 Mio.), Venezuela (28 Mio.) und Peru (24 Mio.). Die Tabelle 5.54 enthält alle Staaten mit einer nennenswerten Zahl von Muttersprachlern oder Zweitsprechern. Die Quellen sind u.a. die Demografía de la lengua española des Instituto Complutense de Estudios Internationales 2006, Eurobarometer 2006, UN-Statistik 2009, Britannica Book of the Year 2003–2009. Davon weichen die in Ethnologue 2009 angegebenen 328 Mio. Muttersprachler deutlich nach unten ab, sie·basieren allerdings auch auf Zählungen, die 15 und teilweise bis zu 25 Jahre alt sind und damit das starke Bevölkerungswachstum vor allem in Lateinamerika nicht berücksichtigen.

Amtssprache ist Spanisch in 21 Staaten sowie in Puerto Rico, einem Außengebiet der USA; die entsprechenden Staaten sind in der Tabelle 5.54 durch Halbfettdruck gekennzeichnet; dazu kommt die Demokratische Arabische Republik Sahara, ein ehemaliges spanisches Kolonialgebiet. In den USA sprechen 42 Mio. Menschen Spanisch als Erst- oder Zweitsprache, es hat einen offiziellen Status in den Bundesstaaten New Mexico, California, Arizona, Florida und Texas. In Marokko und auf den Philippinen ist Spa- nisch eine anerkannte Minderheitensprache.

Tab 5.54 *Anzahl der Spanischsprecher in Mio. nach Staat*

Staat	Bevölkerung gesamt	Spanisch S1	Spanisch S2	Σ Spanisch gesamt
Mexiko	108,4	101,9	6,5	108,4
Kolumbien	45,6	45,2	0,1	45,3
Spanien	47,0	41,0	5,9	46,9
Argentinien	40,5	38,9	1,0	39,9
USA	309,1	34,6	7,1	41,7
Venezuela	28,9	27,9	0,7	28,6
Peru	29,5	23,5	2,0	25,5
Chile	17,1	15,2	1,6	16,8
Ecuador	14,2	13,2	0,7	13,9
Kuba	11,2	11,1	–	11,1
Dominikan. Rep.	10,1	10,0	0,1	10,1
Guatemala	14,0	9,1	3,0	12,1
Honduras	7,9	7,7	0,2	7,9
El Salvador	6,2	6,2	–	6,2
Nicaragua	5,7	5,0	0,6	5,6
Bolivien	10,4	4,4	4,8	9,2
Costa Rica	4,6	4,3	0,1	4,4
Puerto Rico (zu USA)	4,0	3,8	0,2	4,0
Uruguay	3,4	3,3	0,1	3,4
Panama	3,5	2,7	0,5	3,2
Kanada	33,2	0,9	0,1	1,0
Brasilien	196,3	0,5	?5,0	5,5
Frankreich	64,1	0,4	5,7	6,1
Paraguay	6,4	0,5	4,0	4,5
Deutschland	82,4	0,2	2,6	2,8
Großbritannien	60,9	0,1	3,8	3,9
Italien	58,1	0,1	2,0	2,1
Marokko	29,7	–	6,5	6,5
Philippinen	96,1	–	3,0	3,0
Äquatorial-Guinea	1,1	–	1,0	1,0
Portugal	10,7	–	0,7	0,7
Niederlande	16,6	–	0,7	0,7
Rumänien	22,2	–	0,5	0,5
Sonstige Staaten	–	0,9	3,5	4,6
Summe	–	412,6	74,3	486,9

Hinweis: Die Zahlen (in Mio.) sind auf die erste Nachkommastelle gerundet; „–" bedeutet „weniger als 50 Tsd. Sprecher"; S1 = Primärsprecher oder Muttersprachler, S2 = Sekundär- oder Zweitsprecher

Judenspanisch (Sephardisch)

Judenspanisch – auch Sephardisch, Spaniolisch, Ladino, Judezmo oder Hakitia genannt – ist die traditionelle romanische Sprache der sephardischen Juden. Judenspanisch hatte für die Sephardim die gleiche Funktion wie das germanische Jiddisch für die Aschkenasim.

Das im Mittelalter von den Juden in Spanien gesprochene Spanisch unterschied sich kaum von dem der christlichen Bevölkerung. Zur Beschreibung von Begriffen aus dem religiösen Leben dienten wie in den anderen von Juden verwendeten Sprachen hebräische und aramäische Wörter. Nach der Vertreibung der Juden aus Spanien im Jahre 1492 breitete sich das Spanische der Exiljuden über Südosteuropa, den Nahen Osten und Nordafrika aus.

Erst im Exil bildete sich nach und nach eine eigenständige Sprache heraus, die in hebräischer Schrift geschrieben wurde. Die in das osmanische Reich geflüchteten Juden hatten kaum mehr Kontakt zu ihrem Mutterland. Dadurch machte das Judenspanische die progressiven Veränderungen des Spanischen nicht mit, sondern behielt viele archaische Züge. Die stimmhaften Sibilanten blieben erhalten, /ʃ/ wurde nicht zu /x/ velarisiert, z.B. *mujer* „Frau" wurde judenspanisch weiter als [muˈʃer], standardspanisch aber [muˈxer] ausgesprochen. Das Judenspanische nahm auch an der Relatinisierung des spanischen Wortschatzes im *Siglo de Oro* nicht teil. Stattdessen erfuhren Wortschatz und Ausdrucksweise eine deutliche Hebraisierung, die Adstrate der jeweiligen Mehrheitssprachen (Griechisch, Bulgarisch, Türkisch, Arabisch) hatten ihre Auswirkung.

Das Judenspanische wurde zu Beginn des 20. Jh. zunehmend von den Nationalsprachen Türkisch, Griechisch, Bulgarisch und Serbokroatisch verdrängt. Während des Holocaust wurden die sephardischen Juden auf dem Balkan und in Griechenland wie alle anderen Juden verfolgt und ermordet. Auf dem Balkan ist das Judenspanische dadurch fast erloschen, nur noch in Sarajewo und in seiner einstigen Metropole Saloniki gibt es einige wenige Sprecher (die jüdische Bevölkerung in Saloniki betrug vor dem Holocaust 60 Tsd., heute sind es weniger als 1.000). Die Türkei und Israel wurden zum Rückzugsgebiet. In Istanbul wird Judenspanisch heute nur noch von der ältesten Generation gesprochen und nicht mehr an die Kinder weitergegeben, bei den Jüngeren wurde es weitgehend durch das Türkische verdrängt. Viele nordafrikanische Juden flohen nach dem Zweiten Weltkrieg vor dem arabischen Nationalismus nach Israel, mit der Folge, dass auch in Nordafrika kaum noch Judenspanisch gesprochen wird. Doch auch in Israel wird das Judenspanische zunehmend durch das Hebräische verdrängt.

Ursprünglich wurde Judenspanisch mit hebräischen Buchstaben geschrieben und gedruckt. Diese Schreibweise blieb im Nahen Osten und Nordafrika lange die Regel. Vor dem Holocaust wurden auf dem Balkan auch das kyrillische und griechische Alphabet eingesetzt, in der Türkei und auch in Israel wird heute meist die lateinische Schrift verwendet. Wegen der großen geographischen Ausdehnung haben sich verschiedene Dialekte entwickelt. Die Dialekte des Balkans sind stärker durch das Türkische und Griechische beeinflusst, der nordafrikanische Dialekt vor allem durch das Arabische und Französische.

Ethnologue 2009 berichtet 100 Tsd. Sprecher in Israel (Stand 1985) und 8.000 in der Türkei, hauptsächlich in Istanbul (Stand 1976), die aktuellen Zahlen dürften wegen der weiteren Verdrängung der Sprache in beiden Ländern inzwischen deutlich niedriger liegen. Spolsky-Benor 2009 gehen von 30–50 Tsd. Sprechern insgesamt aus. Judenspanisch besitzt nirgendwo einen offiziellen Status oder staatlichen Schutz und wird kaum noch an die nächste Generation weitergegeben. Alle Sprecher sind mindestens zweisprachig. In Israel gibt es einige sephardische Zeitungen, Magazine und Radioprogramme. Insgesamt ist das Judenspanische als stark gefährdete Sprache einzustufen.

Galicisch und Portugiesisch

Die Geschichte des Portugiesischen ist eng verknüpft mit der des nah verwandten Galicischen, beide zusammen heben sich deutlich von den anderen iberoromanischen Sprachen ab. Zur Verwandtschaft des Galicischen und Portugiesischen gibt es zwei Erklärungsmodelle:

- Modell 1: Portugiesisch und Galicisch haben sich aus einem Proto-Galicisch-Portugiesischen entwickelt, das im Gebiet der keltischen *Gallaeci* im Nordwesten der Iberischen Halbinsel zwischen den Flüssen Navia und Minho aus dem dortigen Sprechlatein hervorgegangen ist und durch die Reconquista bis in Gebiete südlich des Minho gebracht wurde. Manche Anhänger dieses Modells betrachten Portugiesisch und Galicisch auch heute noch als die Varietäten *einer* Sprache, bzw. das Galicische als einen Dialekt des Portugiesischen.

- Modell 2: Portugiesisch und Galicisch entwickelten sich aus verschiedenen, aber nah verwandten Formen des Sprechlateins, wodurch es zu einer Entwicklung zweier sehr nah verwandter romanischer Sprachen kam, die im ständigen Austausch miteinander standen.

Für das zweite Modell zweier sprechlateinischer Quellen spricht die Tatsache, dass sich bereits die ältesten Texte linguistisch unterscheiden, z.B. durch die Entsonorisierung der Sibilanten im Galicischen, die im Portugiesischen nicht stattfindet: latein. *gent-* „Volk, Leute" > portugies. *gente*, galic. *xente*. Die Endung der 3. Person Singular im Perfekt unterscheidet sich: latein. *habuit* „er hat gehabt" > portugies. *ouve*, galic. *ouvo*.

Diese und andere Unterschiede wurden in der *galicisch-portugiesischen Literatursprache* nivelliert. Am Ende des 12. Jh. schufen Dichter auf galicisch-portugiesischer Grundlage eine bedeutende Literatursprache, die auf der Iberischen Halbinsel bis zur Mitte des 14. Jh. eine breite Anwendung fand. Galizier, Portugiesen, Kastilier und Leonesen verfassten in dieser Kunstsprache eine umfangreiche Liebeslyrik (*cantigas de amor*), satirische Dichtungen (*cantigas de escárnio*) und Marienlieder (*cantigas de Santa Maria*) auf höchstem sprachlichen Niveau.

Galicisch (Galegisch)

Galicisch (Galizisch, Galegisch) ist die romanische Sprache, die sich aus dem Sprechlatein entwickelt hat, das im Gebiet der keltischen *Gallaeci* (oder Callaeci) im Nordwesten der Iberischen Halbinsel zwischen den Flüssen Navia und Minho (Miño) gesprochen wurde. Trotz der Jahrhunderte dauernden Abhängigkeit Galiziens vom Königreich León konnte sich die galicische Sprache eigenständig entwickeln. Sie ist wesentlich näher mit dem Portugiesischen als mit dem Spanischen verwandt.

Einzelne galicische Wörter und Sätze finden sich in lateinischen Urkunden des 12. Jh., durchgehend galicisch verfasste Urkunden gibt es seit dem 13. Jh. Am Ende des 12. Jh. entwickelte sich auf galicischer und portugiesischer Grundlage eine bedeutende Literatursprache, die bei Galiziern, Portugiesen und Kastiliern bis ins 14. Jh. hinein Anwendung fand (siehe oben). Diese literarische Hochblüte hat die galicische Sprache nie wieder erreichen können.

Im 14. Jh. wurden eine Reihe von kastilischen Texten ins Galicische übersetzt, das nun zunehmend vom Kastilischen beeinflusst wurde. Seit etwa 1400 etablierte sich der kastilische Adel in Galizien, Spanisch verdrängte zunehmend Galicisch als Schriftsprache. Die letzte Notarurkunde in galicischer Sprache stammt aus dem Jahre 1532, Galicisch wurde nur noch mündlich verwendet.

Im 18. Jh. kam es zu einer Rückbesinnung auf die einheimische Sprache, man forderte ihre Verwendung in Schule und Verwaltung. Das 19. Jh. erlebte dann eine Renaissance der galicischen Literatursprache in den Werken von Rosalía de Castro (*Cantares gallegos*), Eduardo Pondal und Curros Enriquez. Ein erstes Wörterbuch erschien 1863, eine Grammatik 1864. Im Jahre 1906 wurde die *Real Academia Gallega* gegründet, um die galicische Sprache und Kultur zu schützen und zu fördern. In der Franco-Zeit war die Verwendung des Galicischen in der Öffentlichkeit verboten. Heute ist das 1971 in Santiago de Compostela gegründete *Instituto da Lingua Galega* die aktivste Institution zur Förderung der Sprache. 1982 wurden orthographische und morphologische Normen erarbeitet, die allerdings nicht allgemein anerkannt werden, da sie die Eigenständigkeit des Galicischen gegenüber dem Portugiesischen betonen, während manche eine stärkere Annäherung an das Portugiesische befürworten.

Durch das spanische Autonomiestatut von 1982 wurde Galicisch als regionale Amtssprache in der Autonomen Gemeinschaft *Galicia* (zu der die Provinzen A Coruña, Lugo, Ourense und Pontevedra gehören) anerkannt. Die Sprecherzahl beträgt etwa 3,5 Mio., wobei unterschiedliche Grade der Sprachbeherrschung bis hin zum nur passiven Sprachverständnis anzunehmen sind. Das Zahlenverhältnis von Muttersprachlern zu Zweitsprechern (zugewanderte Spanier) ist unklar. In Portugal sprechen etwa 15.000 Menschen im Norden der Provinz Trás-os-Montes Galicisch, dort hat es keine offizielle Anerkennung gefunden, sondern wird als ein Dialekt des Portugiesischen betrachtet.

Portugiesisch

Die Keimzelle des späteren Portugal war die Landschaft *Portucale* zwischen Minho und Tejo, die im 9. Jh. durch die Reconquista gewonnen und zur Grafschaft erklärt wurde. Mit der offiziellen Übergabe von Portucale durch Alfons VI. von Kastilien an Heinrich von Burgund wurde 1096/97 die Grafschaft Portucale gewissermaßen ein zweites Mal gegründet. Sie strebte nun danach, die Oberhoheit der Krone von León abzuschütteln, was schließlich 1143 gelang. Portugal wurde zu einem unabhängigen Königreich, das sich wie die anderen christlichen iberischen Reiche für die Reconquista einsetzte. Die Rückeroberung der Gebiete südlich des Mondego bis zur Algarve war 1248 abgeschlossen, damit war das portugiesische Staatsgebiet auf der Iberischen Halbinsel weitgehend festgelegt. Coimbra und Lissabon entwickelten sich zu den politischen, kulturellen und wissenschaftlichen Zentren des Landes, die Gründung der portugiesischen Universität erfolgte 1290.

Vom Anfang des 15. Jh. bis zum 17. Jh. strebte Portugal in einer ständigen wirtschaftlich motivierten *maritimen Expansion* hinaus in die Welt. Die ersten Stationen waren Ceuta, Madeira, die Azoren und Kapverden sowie São Tomé und Príncipe. Nach der Entdeckung Amerikas durch Kolumbus folgte Brasilien. Spanier und Portugiesen hatten 1494 im von Papst Alexander VI. bewirkten *Vertrag von Tordesillas* vereinbart, die Welt längs einer Linie, die dem Längengrad 46°37' West entspricht, in eine östliche portugiesische und eine westliche spanische Hemisphäre aufzuteilen; dadurch „gehörten" Afrika, Asien und der Osten des heutigen Brasiliens den Portugiesen; Spanien bekam die westlich dieser Linie liegenden Gebiete zugesprochen, wodurch sich die heutige Sprachenverteilung in Lateinamerika erklärt. Die weiteren Stationen der Portugiesen waren die Küstengebiete Afrikas, Hormus, die indische Malabarküste, Ceylon, Malakka, Sumatra, Java, Timor und Macao in China.

Ob die *portugiesische Sprache* direkt aus dem Sprechlatein im Gebiet zwischen Minho und Douro, also aus dem Gebiet der späteren Grafschaft Portucale hervorgegangen ist oder von der in Nordwest-Spanien entstandenen galicischen Sprache abstammt, die mit der Reconquista nach Süden vordrang, ist nicht eindeutig feststellbar. Die sprachlichen Unterschiede in den ältesten galicischen und portugiesischen Texten weisen eher auf zwei verschiedene, nah verwandte Quellen hin. Die engen arealen Kontakte der beiden Sprachen können zusätzlich zur Konvergenz beigetragen haben. Auf die vom 12. bis 14. Jh. von Galiziern, Portugiesen und Kastiliern gemeinsam für Liebes- und Marienlieder sowie Satiren verwendete galicisch-portugiesische Literatursprache wurde oben bereits hingewiesen.

Die ältesten im eigentlichen Sinne portugiesischen Texte sind Notarurkunden aus dem 13. Jh., das älteste erhaltene Dokument ist das Testament von Alfons II. aus dem Jahre 1214. Es beginnt mit den Worten: *Eno nome de Deus. Eu rei don Alfonso, pela gracia de Deus rei de Portugal, seendo sano et saluo* ... „Im Namen Gottes. Ich, König Don Alfonso, durch die Gnade Gottes König von Portugal, gesund und wohlauf seiend ..." Im Text des Testaments werden einige Merkmale des frühen Portugiesisch deutlich: der Schwund von intervokalischem /-d-/ und /-l-/, z.B. *sedendo > seendo* „sitzend, seiend", *prode > proe* „Nutzen", *salutem > saude* „Heil, Gesundheit"; die Kontraktion von Präpositionen mit dem Artikel (dem lateinischen Demonstrativum), z.B. *in + illo > eno* „in dem", *per + illam > pela* „durch die". Im Wortschatz finden sich neue deverbale Ableitungen wie *manda*

„Testament" < *mandar* „übergeben", *folgancia* „Ruhe" < *folgar* „sich erholen" < latein. *follicare* „wie ein Blasebalg schnaufen".

Seit der Mitte des 13. Jh. kam durch Anregung der portugiesischen Könige eine rege Übersetzungstätigkeit in Gang. Juristische, historiographische, narrative und religiöse Texte wurden aus dem Kastilischen, Arabischen, Französischen und Lateinischen übertragen und teilweise neugestaltet. Im 15. Jh. entwickelten sich drei wichtige Textgattungen: königliche Chroniken, Entdeckungsberichte sowie die Systematisierung des Zivilrechts (z.B. die *Ordenções Afonsinas* von 1446).

Der jahrhundertelange kastilische Einfluss führte im 16. und 17. Jh. dazu, dass sich einige portugiesische Autoren ganz oder teilweise der kastilischen Sprache bedienten. Andererseits durchlief die portugiesische Schriftsprache eine qualitative Weiterentwicklung und erreichte ihren ersten Höhepunkt in Prosa und Versdichtung, der mit den Namen Sá Miranda, Antonio Ferreira, Luis de Camões oder Diego Bernardo verbunden ist.

Im 16. und 17. Jh. erschienen die ersten Grammatiken und Wörterbücher. Grundlage für alle späteren normativen Wörterbücher wurde das achtbändige *Vocabulário Portugueze Latino* des Franzosen Rafael Bluteau von 1712. 1772 wurde der Besuch der Grundschule mit dem Unterricht von portugiesischer Sprache und Orthographie verpflichtend. Danach hat sich der Staat mit sprachlichen Regelungen zurückgehalten, lediglich die Vereinbarungen zur Vereinheitlichung der Orthographie mit Brasilien und anderen portugiesischsprachigen Ländern wurden und werden vom portugiesischen Staat geführt. In Portugal gibt es keine Sprachakademie wie in Spanien oder Frankreich, die Grammatik, Wortschatz und Orthographie normiert und kontrolliert.

Das Portugiesische in Portugal ist recht einheitlich, wenn sich auch einige Dialekte (portugies. *falar*) festmachen lassen. Die sprachlichen Standards basieren auf den Dialekten der kulturell führenden Städte Coimbra und Lissabon für Portugal (und die afrikanischen portugiesischsprachigen Staaten), Rio de Janeiro und São Paulo für Brasilien. Das Portugiesische in Brasilien weist deutliche Abweichungen vor allem in der Phonetik, aber auch in Morphologie, Syntax und Wortschatz auf. Dazu gehört z.B. die Vokalisierung von /-l/, wie *Brasil* [Brasiu]. Insgesamt neigt das europäische Portugiesisch zur Fortisierung der Konsonanten und zur Schwächung der Vokale bis hin zu Syn- und Apokopen, wohingegen das brasilianische Portugiesisch fast grundsätzlich die Konsonanten lenisiert und die Vokale hebt oder diphthongisiert, jedenfalls deutlich ausspricht, wodurch die spezifische Qualität der nasalen Vokale besonders betont wird.

Die Grammatik des brasilianischen Portugiesisch weicht von dem in Portugal gebräuchlichen Standard nur leicht ab. Auffällig ist der fast allgemein verbreitete Verlust der Personalpronomina der 2. Person Singular und Plural *tu* und *vos*. Während das europäische Portugiesisch nur die *vos*-Form abgeschafft und durch *vocês* ersetzt hat, wurde in Brasilien auch die *tu*-Form durch das Pronomen *você* ersetzt, das mit der 3. Person konjugiert wird. Die Stellung des klitischen Pronomens hat sich geändert, z.B. brasil. *me parece que* statt *parece-me que* „es scheint mir, dass", statt des Infinitivs wird im Brasilianischen häufiger das Gerundium gebraucht. Der Wortschatz des brasilianischen Portugiesisch ist vor allem durch indigene südamerikanische Sprachen (insbesondere Tupí-Sprachen) beeinflusst und erweitert worden, z.B. *jacaré* „Kaiman", *maracujá* oder *ananás*.

Weltweit wird Portugiesisch von etwa 210 Mio. Menschen als *Muttersprache* und weiteren 20–30 Mio. als *Zweitsprache* gesprochen. Der Staat mit den meisten Muttersprachlern ist mit großem Abstand Brasilien (190 Mio.), es folgen Portugal (11 Mio.), Angola (4 Mio.) und Mosambik (500 Tsd.). Viele Zweitsprachler leben in Brasilien (vor allem Einwanderer aus Europa) sowie in den ehemaligen portugiesischen Kolonialgebieten in Afrika (vor allem in Mosambik und Angola). Weitere nennenswerte Sprechergruppen des Portugiesischen gibt es in Namibia, Südafrika, Indien (Daman, Goa) und Luxemburg.

Amtssprache ist Portugiesisch in den acht Staaten Portugal, Brasilien, Angola, Kap Verde, Guinea-Bissau, Mosambik, São Tomé e Príncipe und Osttimor; in Macau (Volksrepublik China) ist es regionale Amtssprache. Äquatorial-Guinea plant die Einführung von Portugiesisch als dritte Amtssprache neben Spanisch und Französisch.

5.12 Grammatische Skizze des Spanischen

Als Beispiel für die Struktur einer modernen romanischen Sprache folgt eine kurze Skizze der spanischen Grammatik mit dem Schwerpunkt auf Morphologie und Morphosyntax. Grundlage der Darstellung ist vor allem Green 1988.

Phonologie und Schrift

Tab 5.55 *Die Konsonantenphoneme des Spanischen*

	bilabial	labio-dental	dental	alveol.	post-alveol.	palatal	velar
Plosive	p, b			t, d			k, g
Affrikaten					tʃ, dʒ		
Frikative	β	f	θ, ð	s			x, ɣ
Nasale	m			n		ɲ	
Laterale				l		ʎ	
Vibranten				r, ɾ			
Approxim.	w					j	

Die Vokale sind /a, e, i, o, u/, die Diphthonge /ai, au, ei, eu, oi/.

Für das Spanische wird das lateinische Alphabet mit dem Zusatzzeichen ñ für den Laut [ɲ] benutzt, das h ist stumm. Es gibt vier Digraphen: ll [ʎ], ch [tʃ], qu [k] und rr [r]. Die wichtigsten sonstigen Unterschiede der spanischen Zeichen-Laut-Korrespondenz im Vergleich zum Deutschen sind in der Tabelle 5.56 zusammengestellt.

Tab 5.56 *Zur Aussprache des Spanischen*

Zeichen	Aussprache
c	[k] vor /a, o, u/, [θ] vor /e, i/
b	[b] im Anlaut, [β] innervokalisch
v	[b] oder [β]
g	[x] vor /e, i/, sonst [g]
j	[x]
y	[j], vokalisch [i]

Der *Akzent* liegt meistens auf der zweitletzten Silbe, bei konsonantischem Auslaut auf der letzen, es sei denn, der finale Konsonant ist /n/ oder /s/. Abweichungen von dieser Grundregel sind häufig, sie werden durch einen Akut gekennzeichnet, z.B. *compré* „ich kaufte", *lámpara* „Lampe".

Nominalmorphologie

Das Spanische hat zwei *Genera*, Maskulinum und Femininum. Das lateinische Neutrum ist wie bei fast allen romanischen Sprachen entfallen. (Allerdings weist der Artikel eine Neutrum-Form auf, die als spanische Innovation aufzufassen ist.) Die beiden *Numeri* sind Singular und Plural. Beim Substantiv und Adjektiv gibt es *keine Kasusunterscheidung*, als funktionaler Ersatz für bestimmte Kasus werden präpositionale Ausdrücke verwendet. Beim Pronomen sind Relikte des Kasussystems vorhanden. Eine weitere für die Morphosyntax relevante Nominalkategorie ist die *Belebtheit*. Das Genus lässt sich bei vielen Substantiven an der Endung ablesen: maskulin sind fast alle Substantive auf /-o, -ón, -l, -r/, feminin fast alle auf /-a, -ad, -ión, -z/.

Pluralbildung

Die Bildung des Plurals erfolgt durch das Suffix /-s/ bei vokalischem, durch /-es/ bei konsonantischem Auslaut. Bei betontem Auslaut auf /-í/ oder /-ú/ ist die Endung ebenfalls /-es/, z.B. *rubí* „Rubin" → Pl. *rubíes*. Substantive, die auf unbetontem /-es, -is, -us/ enden, bleiben im Plural unverändert, z.B. *ómnibus* (Sg. und Pl.).

Artikel

Das Spanische besitzt einen bestimmten und einen unbestimmten Artikel. Der bestimmte stammt vom lateinischen Demonstrativum *ille* „jener", der unbestimmte vom Zahlwort *unus* „ein".

Tab 5.57 *Die spanischen Artikel*

	Sg. m.	Sg. f.	Pl. m.	Pl. f.
bestimmter Artikel	el	la	los	las
unbestimmter Artikel	un	una	unos	unas

Feminine Substantive mit dem Anlaut /a-/ oder /ha-/ haben im Singular aus lautlichen Gründen in der Regel die maskulinen Artikel *el* bzw. *un*, z.B. *el agua* (f.) „das Wasser", aber Pl. *las aguas* „die Gewässer"; *un águila* (f.) „ein Adler", aber *las águilas* „die Adler". (Von dieser Regel gibt es Ausnahmen, wie z.B. *la acción* „die Aktion".) Der unbestimmte Artikel im Plural hat die Bedeutung „einige", z.B. *unas águilas* „einige Adler". Der Artikel kann wie im Deutschen auch isoliert stehen und damit als Demonstrativum gebraucht werden: *mi libro y el de Pedro* „mein Buch und **das** von Pedro".

Vor substantivierten Adjektiven oder Pronomina wird der Artikel *lo* verwendet, z.B. *lo hermoso* „das Schöne", *lo mío* „das Meinige". Man könnte *lo* als Neutrum-Artikel auffassen, obwohl es ein Neutrum sonst im Spanischen nicht gibt. Diese Bildung ist eine spanische Innovation, die nicht vom lateinischen Neutrum stammt, da das späte Sprechlatein das Neutrum bereits gänzlich verloren hatte.

Präpositionale Ausdrücke als Kasusersatz

Wie oben festgestellt, kennt das spanische Substantiv keine Kasus. Die Grundform des Substantivs wird für die Funktionen Subjekt (Nominativ), direktes Objekt (Akkusativ) und Anredeform (Vokativ) verwendet. Ersatz für den Genitiv ist ein präpositionaler Ausdruck mit der Präposition *de* „von", der Dativ wird durch eine präpositionale Fügung mit der Präposition *a* „zu" ersetzt. Dabei kommt es in zwei Fällen zur Kontraktion der Präposition mit dem Artikel: **de+el >del, *a+el > al*.

Das direkte Objekt (Akkusativ) bei Lebewesen wird bei Anwendung des bestimmten Artikels mit der Präposition *a* ausgedrückt (also formal als Dativ), z.B. *he visto el libro* „ich habe das Buch gesehen" (unbelebtes Objekt), aber *he visto al jefe* „ich habe den Chef gesehen" (belebtes Objekt mit bestimmtem Artikel), *buscamos una taquimeca* „wir suchen eine Stenotypistin" (belebtes Objekt mit unbestimmtem Artikel oder Zahlwort).

Adjektiv

Das Adjektiv hat dieselben Kategorien wie das Substantiv, also Genus und Numerus. Es gibt im Spanischen ein- und zweiendige Adjektive. Die einendigen unterscheiden kein Genus, bei den zweiendigen hat das Maskulinum im Singular die Endung /-o/, das Femininum die Endung /-a/. Beispiel: *caro, cara* „teuer, lieb" ist zweiendig, *difícil* „schwierig", *libre* „frei", *belga* „belgisch" sind einendig. Ausnahmen sind die Adjektive auf /-án, -ón, -or/ und konsonantisch auslautende Nationalitätsadjektive, sie bilden feminine Formen auf /-a/, z.B. *burlón* „spaßhaft" → *burlona*, *español* „spanisch" → *española*. Der Plural der Adjektive wird wie bei den Substantiven gebildet.

Das Adjektiv steht mit Genus und Numerus in *Kongruenz* zu seinem Substantiv, das gilt sowohl für den attributiven als auch – anders als im Deutschen – für den prädikativen Gebrauch.

Tab 5.58 *Atrributiver und prädikativer Gebrauch von Adjektiven*

Funktion	Beispiele
attributiv	*el cuarto limpio* „das saubere Zimmer",
	los cuartos limpios „die sauberen Zimmer"
	la cocina limpia „die saubere Küche"
	las cocinas limpias „die sauberen Küchen"
prädikativ	*el cuarto es limpio* „das Zimmer ist sauber"
	las cocinas son limpias „die Küchen sind sauber" etc.

Die *Stellung* des Adjektivs vor oder nach dem Nomen ist – wie im Lateinischen – relativ frei und unterliegt vor allem stilistischen Vorstellungen. Eine generelle Regel lautet: Das Adjektiv steht vor seinem Substantiv, wenn es eine *inhärente* Eigenschaft des Substantivs bezeichnet, bei einer *kontingenten* Eigenschaft steht es dagegen hinter seinem Bezugsnomen.

Tab 5.59 *Inhärente und kontingente Eigenschaften*

Eigenschaft	Beispiele
inhärent	*la blanca nieve* „der weiße Schnee"
	la dulce miel „der süße Honig"
kontingent	*la Iglesia catolica* „die katholische Kirche"
	un traje oscuro „ein dunkler Anzug"

Vor dem Substantiv stehen auch besonders häufig gebrauchte Adjektive wie *bueno* „gut", *malo* „schlecht", *grande* „groß", *pequeño* „klein", oft in abgekürzter Form *buen*, *mal*, *gran*, z.B. *un buen chico* „ein guter Junge". Nachgestellt werden alle drei- und mehrsilbigen Adjektive, attributiv gebrauchte Partizipien und Mehrfachattribute, z.B. *un libro divertido y cautivador* „ein unterhaltsames und fesselndes Buch". Zuweilen macht die Position des Adjektivs auch einen semantischen Unterschied aus, z.B. *un hombre grande* „ein großer (langer) Mann", *un gran hombre* „ein großer (bedeutender) Mann".

Zur Steigerung: Der *Komparativ* wird durch den Vorsatz von *más* (< latein. *magis*) „mehr" gebildet, der *Superlativ* durch Vorsatz von *el más*, der *Elativ* durch die Endung *-ísimo*. Beispiel: *barato* „billig", *más barato* „billiger", *el más barato* „der billigste", *baratísimo* „sehr billig". Manche häufig verwendeten Adjektive haben eine unregelmäßige Steigerung, die in der Regel schon aus dem Lateinischen stammt: z.B. *bueno – mejor – el mejor – óptimo* „gut", *malo – peor – el peor – pésimo* „schlecht", *grande – más grande/mayor – el más grande/el mayor – máximo* „groß".

Das *Adverb* wird durch die Endung *-(a)mente* vom Adjektiv abgeleitet: z.B. *tranquilo* „ruhig" → Adverb *tranquilamente*, *prudente* „klug" → *prudentemente*, *fácil* „leicht" → *fácilmente*. Die Steigerung des Adverbs erfolgt ähnlich wie die des Adjektivs.

Personalpronomen

Das Personalpronomen ist eines der interessantesten Kapitel der spanischen Grammatik, es kann hier nur skizziert werden. Man unterscheidet ein *selbstständiges Pronomen* (betontes, freies Pronomen) und ein *klitisches Objektpronomen* (unbetontes Pronomen).

Betontes Personalpronomen

Das betonte oder freie Personalpronomen (Tabelle 5.60) unterscheidet außer in der 1. und 2. Person Singular auch das Genus (was im Deutschen in den Pluralformen *wir*, *ihr*, *sie* nicht geschieht) und weist in der 3. Person Sg. ein Neutrum bzw. unbelebtes Maskulinum auf. Außerdem gibt es zwei *Höflichkeitsformen* für die Anrede: im Singular *usted* (Abkürzung *Vd.*, wahrscheinlich von *vuestra merced* „Euer Gnaden") und im Plural *ustedes* (*Vds.*), die mit der 3. Person Sg. bzw. Pl. des Verbs verbunden werden (ähnlich wie die höfliche Anrede *Sie* im Deutschen, die allerdings immer mit dem Plural verbunden ist, auch wenn nur eine Person angeredet wird.)

Tab 5.60 *Das betonte Personalpronomen im Spanischen*

	1. Person	2. Person	3. Person	Höfl. Anrede
Singular	yo/mí	tú/ti	él, ella, ello	usted
Plural	nosotros, -as	vosotros, -as	ellos, ellas	ustedes

Bei präpositionalen Verbindungen mit der 1. und 2. Person Singular werden die obliquen Formen *mí* und *ti* verwendet, die vom lateinischen Ablativ stammen: also z.B. *de mí*, *a ti* oder *sin mí* „ohne mich". Die Präposition *con* „mit" kontrahiert mit *mí* und *ti* zu *conmigo* „mit mir" und *contigo* „mit dir". Die übrigen präpositionalen Verbindungen werden regelmäßig gebildet, also *de él*, *para ella*, *de ello*, *sin nosotros/-as* etc.

Außer in der Verbindung mit Präpositionen werden die betonten Personalpronomina in der Subjektfunktion nur benutzt, wenn das Subjekt besonders hervorgehoben ist oder pronominale Subjekte voneinander abgesetzt werden sollen, z.B. *él es español, ella es alemana* „er ist Spanier, sie (dagegen) ist Deutsche".

Anredeformen

Während die Anwendung der Formen der 1. und 3. Person des betonten Personalpronomens in allen regionalen Varietäten des heutigen Spanisch nahezu identisch ist, gibt es deutliche Unterschiede in der Anwendung der 2. Person und der sog. Höflichkeitsform. Dabei handelt es sich um den markantesten Unterschied zwischen europäischem und lateinamerikanischem Spanisch.

Wurde *usted(es)* im mittelalterlichen Kastilischen zur Betonung des Statusunterschiedes zwischen Sprecher und höhergestelltem Adressat eingesetzt, gilt es im neuzeitlichen Spanisch als die neutrale Standardanrede auch unter Gleichgestellten im nicht-familiären Umgang, während im familiären Bereich die Anredeformen *tú/vosotros/-as* verwendet werden. In den letzten Jahrzehnten ist allerdings im Kastilischen eine gewisse Verschiebung zu beobachten (Green 1988: 96–97): *usted(es)* markiert Ehrerbietung und Respekt gegenüber dem Angeredeten, während *tú* auch im nicht-familiären Bereich bei nicht zu großem Alters- oder Statusunterschied verwendet werden kann. Während im Standardspanischen *ustedes* grundsätzlich mit der 3. Person Pl. des Verbs verbunden ist, wird es im westandalusischen und kanarischen Dialekt mit der 2. Person Pl. verbunden, also *ustedes sois* statt standardspanisch *ustedes son* „Sie sind (Pl.)".

Ganz anders ist die Situation im lateinamerikanischen Spanisch: Hier ist *usted(es)* die standardsprachliche und allgemein verbreitete Anredeform, unabhängig von Sprachebene oder Grad der Vertrautheit. So wird die 2. Person Plural *vosotros/-as* im hispanoamerikanischen Sprachraum überhaupt nicht benutzt, sondern stets durch *ustedes* ersetzt, eine der wenigen Regeln, die für ganz Lateinamerika gelten. Doch auch im Singular ist die Anrede in der 2. Person mit *tú* in manchen Gebieten wenig gebräuchlich oder gilt als unhöflich, dann wird *usted* verwendet.

Eine Besonderheit des argentinischen Spanisch, die sich zum Teil auch in Paraguay, Uruguay und Chile wiederfindet und in abgeschwächter Form auch in einigen anderen Regionen Lateinamerikas, z.B. in Guatemala, anzutreffen ist, ist der sog. „voseo". Hierbei wird anstelle des Personalpronomens *tú* in der 2. Person Singular das Pronomen *vos* (von latein. *vos* „ihr") verwendet, das mit dem Verb in der 2. Person Pl. verbunden wird: z.B. *vos sois* „du bist", standardspanisch *tú eres*.

Objektpronomen

Die Grammatik des Objektpronomens ist besonders komplex. Außer den betonten oder freien Pronomina gibt es zur Kennzeichnung direkter und indirekter pronominaler Objekte eine Gruppe unbetonter oder klitischer Pronomina, die von den betonten durch Reduktion abgeleitet wurden (*le, la, lo; les, las, los*) oder lateinische Formen fortsetzen (*me, te; nos, os* < latein. *vos*).

Im Deutschen kann eine Objektphrase direkt durch ein pronominales Objekt ersetzt werden, ohne dass sich das syntaktische Muster des Satzes ändert: *ich sah **Johanna*** → *ich sah **sie***. Im Spanischen ist die Situation anders und komplizierter. Das pronominale Objekt wird *obligatorisch* durch ein klitisches Pronomen ausgedrückt, das nicht an der nominalen Objektposition steht, sondern unmittelbar vor das Verb (bei zusammengesetzten Formen vor das Hilfsverb) rückt. Zusätzlich *kann* das freie Pronomen mit Bezug auf dasselbe Objekt verwendet werden (sog. „Dopplung"), wobei das freie Pronomen allerdings nur eine bestimmte Nuancierung (Betonung, Kontrast, Präzisierung) zum Ausdruck bringt. Das optionale freie Pronomen steht an der üblichen Objektstelle.

Tab 5.61 *Die Anwendung des Objektpronomens*

Beispiel	Übersetzung	Erläuterung
belebtes Objekt		
vi a Juana	ich sah Juana	Ausgangsform des Satzes mit humanem nominalen Objekt
la vi	ich sah sie	neutrale Aussage; obligator. klitisches Pronomen *la* vor dem Verb
la vi a ella	ich sah sie	Dopplung des Objektpronomens; Betonung des Objekts
*vi a ella	–	grammatisch inkorrekt, da das obligator. Objektpronomen fehlt
unbelebtes Objekt		
vi el libro	ich sah das Buch	Satzform mit unbelebtem nominalen Objekt
lo vi	ich sah es	neutrale Aussage; obligator. klitischen Pronomen *lo* vor dem Verb
*vi ello	–	grammatisch inkorrekt, da das obligator. Objektpronomen fehlt

Auch nicht-pronominale *humane* Objekte werden in der Regel durch ein klitisches Pronomen gedoppelt, nicht-pronominale nicht-humane, aber *belebte* Objekte können gedoppelt werden, *unbelebte* Objekte dürfen dagegen nicht gedoppelt werden.

la vi a Juana	ich sah Juana	Dopplung des nicht-pronominalen humanen Objekts durch ein klit. Pronomen
*lo vi el libro	–	grammatisch inkorrekt: das unbelebte Objekt darf nicht gedoppelt werden

Die Dopplung durch das klitische Pronomen bei humanem (auch bei belebtem) Objekt hat im Spanischen eine zunehmende Tendenz, bei manchen Verben ist sie schon obligatorisch geworden: *le gustan a Maria las cerezas* „die Kirschen gefallen (*gustan*) Maria". Hier doppelt das klitische *le* das indirekte Objekt *a Maria*, die Variante ohne Dopplung **gustan a Maria las cerezas* wird als grammatisch inkorrekt empfunden.

Die Formen des klitischen Pronomens

Tab 5.62 *Das klitische Pronomen im Spanischen*

	1. Person	2. Person	3. Person reflexiv	3. Person nicht-reflexiv
Singular	me	te	se	le, la, lo *(siehe unten)*
Plural	nos	os	se	les, las, los *(siehe unten)*

Die Formen des klitischen (unbetonten) Pronomens in der 1. und 2. Person sowie für das reflexive Pronomen gelten für alle Genera und Kasus (direktes oder indirektes Objekt). Dagegen unterscheidet das nicht-reflexive klitische Pronomen der 3. Person die Kategorien direktes/indirektes Objekt (Akkusativ/Dativ), Maskulinum/Femininum sowie – beim maskulinen Pronomen im Akkusativ – die Kategorie belebt/unbelebt. Damit ergeben sich fünf Funktionen in der 3. Person, die aus dem Formenbestand *le, la, lo* gebildet werden, eine eindeutige Zuordnung der fünf Funktionen ist dadurch nicht möglich. Einige Klitika müssen also Mehrfachfunktionen wahrnehmen, wodurch bestimmte Funktionen nicht unterscheidbar sind.

Der konkret verwendete Formensatz der Objektpronomina der 3. Person differiert nach Sprachperiode und Sprachgebiet. Die konservative Variante, die heute noch weitgehend in Lateinamerika in Gebrauch ist, wird als *loismo* bezeichnet, kennzeichnend ist *lo* für den belebten maskulinen Akkusativ. Die vom heutigen europäischen Standard bevorzugte Variante ist der sog. *leismo*, dabei lautet der belebte maskuline Akkusativ *le*. Des Weiteren gibt es eine schon altkastilisch belegte Variante mit einem femininen Dativ *la* statt *le*, sie wird als *laismo* bezeichnet. Diese Variante hat ein niedrigeres Prestige als der *leismo*, dennoch gibt es Tendenzen einer Verbindung von *leismo* und *laismo* zu einer Mischform. Alle Varianten haben ein Eindeutigkeitsdefizit bei der Unterscheidung von Kasus, Genus und Belebtheit (siehe Tabelle 5.63).

Tab 5.63 *Die klitischen nicht-reflexiven Pronomina der 3. Person (nach Green 1988: 107–111)*

	Akk. m. belebt	Akk. m. unbel.	Akk. f.	Dat. m.	Dat. f.	*nicht unterscheidbar sind*
loismo	lo	lo	la	le	le	Belebtheit beim Akk. m., Genus beim Dat.
leismo	le	lo	la	le	le	Genus beim Dat., Kasus beim Maskulinum
laismo	lo	lo	la	le	**la**	Belebtheit beim Akk. m., Kasus beim Fem.
le-/laismo	le	lo	la	le	**la**	die Kasus

Die Pluralbildung erfolgt jeweils durch das Suffix /-s/, es ergeben sich die entsprechenden Pluralformen *les, los, las*. Beim Auftreten von direktem und indirektem Objekt in einem Satz steht – anders als im Deutschen – das indirekte vor dem direkten Objektpronomen: *te lo doy* „ich gebe es dir", *me lo ha dicho* „er hat es mir gesagt". Der Dativ *le(s)* wird vor anlautendem /l-/ durch *se* (< altspanisch *lle* < latein. *illi*) ersetzt: *se lo digo* „ich sage es ihm/ihr/ihnen/Ihnen". Zur Verdeutlichung der gemeinten Person kann das entsprechende freie Pronomen ergänzt werden: *se lo digo a él* „ich sage es ihm", *se lo digo a ustedes* „ich sage es Ihnen (Pl.)".

Verbalmorphologie

Die Kategorien des spanischen Verbs

Das spanische Verb hat die Kategorien Diathese (Aktiv, Passiv), Tempus, Modus, Numerus, Person sowie – im Passiv – Genus. Nach ihrem Bildungstyp werden im Aktiv *einfache* und *zusammengesetzte* Tempora unterschieden. Die Formen der einfachen Tempora werden *synthetisch* gebildet, sie gehen auf entsprechende lateinische Vorgänger zurück. Die Formen der zusammengesetzten Tempora werden *analytisch* gebildet, und zwar durch ein einfaches Tempus des Hilfsverbs *haber* + Partizip Perfekt Passiv. Dadurch steht jedem einfachen Tempus genau ein in die Vergangenheit transponiertes zusammengesetztes Tempus gegenüber.

Kategorie	Realisierung
Modus	Indikativ, Subjunktiv, Imperativ
Diathese	Aktiv, Passiv
Tempus	*einfache Tempora:*
	Präsens, Imperfekt, Histor. Perfekt (*pretérito perfecto simple*),
	Futur I, Konditional I
	zusammengesetzte Tempora:
	Perfekt, Plusquamperfekt, Histor. Perfekt II (*pretérito anterior*),
	Futur II, Konditional II

Da sich im Spanischen einerseits das lateinische Perfekt als synthetisches *pretérito perfecto simple* (historisches Perfekt) fortgesetzt hat, andererseits ein analytisches Perfekt neu ausbildete, gibt es zwei Perfekt-Formen, allerdings mit unterschiedlicher Bedeutung. Diese Situation liegt auch in anderen romanischen Sprachen vor, z.B. im Französischen (*passé simple* und *passé composé*).

Alle Tempora besitzen einen *Indikativ*. Präsens, Imperfekt und Futur sowie die zugehörigen zusammengesetzten Tempora bilden einen *Subjunktiv*, der *Imperativ* ist auf das Präsens beschränkt. Infinite Verbformen sind *Infinitiv*, *Partizip* (Perfekt Passiv) und *Ge-*

rundium (in der Funktion des Partizips Präsens Aktiv). Es gibt drei Konjugationsklassen regelmäßiger Verben, die durch die Endungen des Infinitivs /-ar, -er, -ir/ unterschieden werden. Eine Reihe häufig gebrauchter Verben weist unregelmäßige Formen auf, auf die hier nicht näher eingegangen wird. Die Funktionen der Tempora sind in Tabelle 5.64 zusammengestellt.

Tab 5.64 *Die Funktionen der Tempora im Spanischen*

Tempus	Funktion
Präsens	gegenwärtige Handlungen
Imperfekt	andauernde oder sich wiederholende nicht-abgeschlossene Handlungen der Vergangenheit
Histor. Perfekt	einmalige Handlungen der Vergangenheit
Futur I	Handlungen in der Zukunft
Konditional I	irreale oder konditionale Handlungen der Gegenwart
Perfekt	Handlungen mit Beginn in der Vergangenheit und mit Andauern/Auswirkung in die Gegenwart
Plusquamperfekt	Handlungen der Vorvergangenheit
Futur II	Handlungen, die in der Zukunft bereits Vergangenheit sein werden
Konditional II	irreale oder konditionale Handlungen der Vergangenheit

Die einfachen Verbformen

Tabelle 5.65 enthält die Konjugation der einfachen Tempora der Verben *amar* „lieben", des Hilfsverbs *haber*, das für die Bildung der zusammengesetzten Tempora verwendet wird, sowie von *ser* „sein".

Die Formen der regelmäßigen Verben auf /-er/ und /-ir/ sind denen von *amar* relativ ähnlich. Allerdings wird das Imperfekt anders gebildet: *vender* „verkaufen" → Imperfekt *vendía, vendías* usw.; *recebir* „erhalten" → Imperfekt *recibía, recibías* usw. Für den Subjunktiv des Imperfekts gibt es einen zweiten Formensatz: *amase, amases, amase* usw. Die Verneinung des Imperativs wird durch *no* + Subjunktiv Präsens ausgedrückt.

Tab 5.65 *Spanische Konjugation: Die einfachen Tempora*

		amar „lieben"		*haber* „haben" (Aux.)		*ser* „sein"	
Präsens		Indikativ	Subjunk.	Indikativ	Subjunk.	Indikativ	Subjunk.
Sg.	1.	amo	ame	he	haya	soy	sea
	2.	amas	ames	has	hayas	eres	seas
	3.	ama	ame	ha	haya	es	sea
Pl.	1.	amamos	amemos	hemos	hayamos	somos	seamos
	2.	amáis	améis	habéis	hayáis	sois	seáis
	3.	aman	amen	han	hayan	son	sean
Imperfekt		Indikativ	Subjunk.	Indikativ	Subjunk.	Indikativ	Subjunk.
Sg.	1.	amaba	amara	había	hubiera	era	fuera
	2.	amabas	amaras	habías	hubieras	eras	fueras
	3.	amaba	amara	había	hubiera	era	fuera
Pl.	1.	amábamos	amáramos	habíamos	hubiéramos	éramos	fuéramos
	2.	amabáis	amarais	habíais	hubierais	erais	fuerais
	3.	amaban	amaran	habían	hubieran	eran	fueran
Hist. Perf.		Indikativ		Indikativ		Indikativ	
Sg.	1.	amé		hube		fui	
	2.	amaste		hubiste		fuiste	
	3.	amó		hubo		fue	
Pl.	1.	amamos		hubimos		fuimos	
	2.	amasteis		hubisteis		fuisteis	
	3.	amaron		hubieron		fueron	
Fut. I/ Kond. I		Futur	Kondit.	Futur	Kondit.	Futur	Kondit.
Sg.	1.	amaré	amaría	habré	habría	seré	sería
	2.	amarás	amarías	habrás	habrías	serás	serías
	3.	amará	amaría	habrá	habría	será	sería
Pl.	1.	amaremos	amaríamos	habremos	habríamos	seremos	seríamos
	2.	amaréis	amaríais	habréis	habríais	seréis	seríais
	3.	amarán	amarían	habrán	habrán	serán	serían
Sonstige Formen							
Imperativ Sg.		ama	„liebe!"	he		sé	
Imperativ Pl.		amad	„liebt!"	habed		sed	
Infinitiv		amar	„lieben"	haber		ser	
Gerundium		amando	„liebend"	habendo		siendo	
Partizip		amado	„geliebt"	habido		sido	

Die zusammengesetzten Formen

Die zusammengesetzten Tempora werden durch eine finite Form des Hilfsverbs *haber* + Partizip gebildet (Tabelle 5.66).

Tab 5.66 *Die Bildung der zusammengesetzten Tempora im Spanischen*

Tempus	Modus	Form von *haber*	Form	Übersetzung
Perfekt	Indikativ	Indik. Präsens	*he amado*	ich habe geliebt/ich liebte
	Subjunktiv	Subj. Präsens	*haya amado*	ich möge geliebt haben
Plusquamperf.	Indikativ	Indik. Imperfekt	*había amado*	ich hatte geliebt
	Subjunktiv	Subj. Imperfekt	*hubiera amado*	ich hätte geliebt
Histor. Perf. II	Indikativ	Histor. Perf. I	*hube amado*	ich hatte geliebt (*einmalig*)
Futur II	Indikativ	Futur I	*habré amado*	ich werde geliebt haben
Konditional II	–	Konditional I	*habría amado*	ich würde geliebt haben

Das Passiv

Die Tempora und Modi des Passivs werden rein analytisch durch die entsprechenden Formen von *ser* (zuweilen auch *estar*) + Partizip gebildet, das sich in Numerus und Genus nach dem Subjekt richtet. Der Urheber der Tätigkeit bei einer passiven Satzkonstruktion wird durch die Präposition *por* markiert, nach bestimmten Verben (z.B. *estimar* „schätzen", *querer* „lieben", *acompañar* „begleiten" u.a.) durch die Präposition *de*.

Tab 5.67 *Die Passivbildung im Spanischen*

Tempus	Beispiel	Übersetzung
Präsens	*es amado/-a*	„er/sie wird geliebt"
Imperfekt	*eran amados*	„sie wurden (ständig) geliebt"
Histor. Perfekt	*el toro fue matado*	„der Stier wurde getötet"
Histor. Perfekt	*fue estimado de todos*	„er wurde von allen geschätzt"
Perfekt	*he sido invitado*	„ich bin eingeladen worden"
Plusquamperfekt	*había sido invitado*	„ich war eingeladen worden"

Immer häufiger wird das Passiv durch eine reflexive Verbform wiedergegeben, z.B. *sellos se venden aquí* „hier werden Briefmarken (*sello*) verkauft"; *aquí se habla español* „hier wird Spanisch gesprochen, hier spricht man Spanisch".

Die Verben *ser* und *estar*

Für das deutsche Verb „sein" hat das Spanische zwei Entsprechungen, nämlich *ser* und *estar*, deren Bedeutung klar zu trennen ist. *ser* wird zur Bezeichnung einer inhärenten oder dauerhaften Eigenschaft (Beruf, Religion, Staatsangehörigkeit), des Besitzes, der Herkunft und des Materials verwendet. Dagegen wird durch *estar* ein vorübergehender Zustand oder Aufenthalt beschrieben.

Tab 5.68 *Die Verwendung von* ser *und* estar

Beispiel	Übersetzung
la miel es dulce	„der Honig ist süß"
somos alemanes	„wir sind Deutsche"
los turistas son de Hamburgo	„die Touristen sind aus Hamburg"
mi hermano está muy bien	„meinem Bruder geht es (momentan) sehr gut"
estamos contentos	„wir sind (momentan) zufrieden"
estoy en Hamburgo	„ich bin in Hamburg"

6 | Baltisch

Das Adjektiv „baltisch" hat zwei Bedeutungen: Geographisch und kulturell bezeichnet es das Gebiet der heutigen Staaten Litauen, Lettland und Estland südöstlich des Finnischen Meerbusens, das sog. *Baltikum*. Dazu gehören historisch auch Westpreußen, Ostpreußen und das Memelland, Gebiete, die seit dem Zweiten Weltkrieg Bestandteil Polens bzw. Russlands sind. Linguistisch bezieht sich „baltisch" dagegen auf eine Gruppe indogermanischer Sprachen, die heute nur noch aus dem *Litauischen* und *Lettischen* besteht. Im Folgenden wird „baltisch" ausschließlich in diesem engeren linguistischen Sinne verwendet. – Die Landessprache von Estland, das Estnische, ist eine finno-ugrische Sprache und somit mit den baltischen Sprachen nicht genetisch verwandt. Zwischen Lettland und Estland verläuft also nicht nur eine Sprachengrenze, sondern auch die Grenze zwischen zwei Sprachfamilien, dem Indogermanischen und Uralischen.

Die einst weitverbreiteten baltischen Sprachen bilden einen Primärzweig des Indogermanischen. Etwa 3,5 Mio. Menschen sprechen *Litauisch* als Muttersprache (davon 2,9 Mio. in Litauen, der Rest in Nachbarländern, Westeuropa und in Übersee), rund 2,2 Mio. Sprecher hat das *Lettische*. Beide Sprachen sind die National- und Amtssprachen ihrer Länder. Historisch sind weitere baltische Sprachen bekannt geworden, die inzwischen ausgestorben sind. Dazu gehören *Altpreußisch* (auch *Preußisch* oder *Pruzzisch*, dieser Name bezeichnet ursprünglich ein baltisches Volk und wurde erst später auf die deutschen „Preußen" übertragen), *Kurisch* sowie *Jatwingisch*.

Das älteste Dokument einer baltischen Sprache ist ein altpreußisches Glossar aus dem 14. Jh. Das insgesamt überlieferte Textkorpus des am Ende des 17. Jh. ausgestorbenen Altpreußischen ist klein, es umfasst zwei Glossare, drei Katechismus-Übersetzungen und einige Fragmente. Die ältesten schriftlichen Überlieferungen des Litauischen und Lettischen stammen erst aus dem 16. Jh. Vom Jatwingischen sind einige Wörter erhalten, ansonsten sind Jatwingisch und Kurisch nur durch Toponyme und ihre Substratwirkung greifbar. Konkrete linguistische Merkmale sind kaum bekannt. Trotz des geringen Alters ihrer frühesten Belege sind die baltischen Sprachen für die historisch-vergleichende Linguistik von besonderem Interesse, da sie zahlreiche „archaische" phonologische und morphologische Merkmale des Indogermanischen bewahrt haben, z.B. eine kaum reduzierte Nominalflexion. Dies gilt insbesondere für das Litauische.

Der baltische Sprachraum war einst wesentlich größer, wie man am Verbreitungsgebiet der ausgestorbenen baltischen Sprachen sowie baltischer Orts- und Gewässernamen ablesen kann. Vom 1. Jt. v. Chr. bis ins Mittelalter umfasste er weite Teile Ostpreußens, das nordwestliche Russland sowie das nördliche Weißrussland. Baltische Orts- und Gewässernamen sind von der Weichsel im Westen bis zum Oberlauf der Wolga und am mittleren Dnjepr verbreitet (auch der Flussname „Wolga" ist baltischen Ursprungs). Ein Großteil (über 80%) dieser ehemals baltischen Gebiete ging an Germanen im Westen sowie an Slawen im Osten und Süden verloren.

Sehr frühe Kontakte hatten die Balten zu den ostseefinnischen Ethnien, diese reichen bis ins 2. Jt. v. Chr. zurück. In der ersten Hälfte des 1. Jt. n. Chr. entwickelten sich baltisch-germanische Beziehungen, seit dem Mittelalter waren die baltisch-slawischen Kontakte bedeutend. Insbesondere in der jüngsten Geschichte, in der Litauen und Lettland zur UdSSR gehörten, übte die russische Sprache einen massiven Einfluss auf die baltischen Sprachen aus.

6.1 Die Hypothese der balto-slawischen Einheit

Die besondere Natur der Beziehung zwischen den baltischen und slawischen Sprachen wurde lange diskutiert (eine Übersicht bietet Young 2009). Manche Forscher vertreten die These, dass das Baltische eine besonders nahe verwandtschaftliche Beziehung zum Slawischen hat, so dass man von einem *balto-slawischen* Primärzweig des Indogermanischen sprechen könne. Dies war im 19. Jh. die vorherrschende Meinung, sie wird z.B. auch in Brugmanns *Grundriss* von 1897 vertreten. Andere Forscher verwiesen auf die großen Unterschiede zwischen dem Baltischen und Slawischen und lehnten die Hypothese aus verschiedenen Gründen ab. Eine endgültige Klärung der Frage steht aus.

Die Hypothese einer balto-slawischen Einheit wird durch eine Anzahl exklusiver Gemeinsamkeiten zwischen den baltischen und slawischen Sprachen gestützt:

- Akzentposition und Silbenton stimmen in beiden Familien bis in Details überein
- die gleichartige Entwicklung der indogermanischen syllabischen Resonanten zu /-ir-/ und /-ur-/, mit gleicher Verteilung in beiden Sprachgruppen
- die Endung /-ā/ zur Markierung des Aorists, oft mit der Schwundstufe der Wurzel
- die Bildung eines Partizips Präsens Passiv durch das Formans /-m-/, z.B. litauisch *nešamas*, lettisch *nesams*, altkirchenslawisch *nesomъ* „getragen werdend"
- spezifische Wortbildungstypen: deverbale Nominalbildung durch /-imo/, Agentive auf /-ājo/ und /-iko/, die Bildung denominaler Adjektive durch /-in-/ sowie von Diminutiven auf /-uko/

Außerdem gibt es im lexikalischen Bereich eine Reihe exklusiver baltisch-slawischer Übereinstimmungen. Dazu in Tabelle 6.1 einige lettisch-litauisch-polnische Wortgleichungen (man könnte statt des Polnischen auch andere slawische Sprachen heranziehen).

Zweifel an einer balto-slawischen Einheit äußerte zuerst Meillet 1908, der die Übereinstimmungen für ererbte Archaismen und Parallelentwicklungen in beiden Zweigen hielt. Der Baltist J. Endzelin führte die unstrittigen Gemeinsamkeiten auf Konvergenzen infolge lange andauernder arealer Kontakte zwischen den baltischen und slawischen Sprachen zurück (Endzelin 1911).

Neuere Untersuchungen betonen die unterschiedliche Struktur der beiden Familien: Dem homogenen Slawischen mit nah verwandten Sprachen steht eine relativ heterogene baltische Gruppe gegenüber, die durch markante Isoglossen gegliedert wird. So gibt es einerseits Gemeinsamkeiten zwischen dem Ostbaltischen (Litauisch, Lettisch) und dem Slawischen gegenüber dem Altpreußischen (z.B. die Bildung des Genitivs Singular der o-Stämme auf /-s/), während andere Isoglossen das Westbaltische (Altpreußische) mit dem Slawischen gegenüber dem Ostbaltischen verbinden (z.B. die Form der Possessivadjektive).

Tab 6.1 *Exklusiv baltisch-slawische Wortgleichungen (Holst 2001: 33)*

Lettisch	Litauisch	Polnisch	Bedeutung
roka	rankà	ręka	„Hand"
galva	galva	głowa	„Kopf"
rags	rãgas	róg	„Horn"
ledus	ledas	lód	„Eis"
ezers	ežeras	jezioro	„(der) See"
vãrna	varna	wrona	„Krähe"
liepa	líepa	lipa	„Linde"

Russische Forscher entwickelten in den 1970er Jahren die These, dass das Slawische lediglich eine Untereinheit des Baltischen sei, die sich aus einer alten westbaltischen Sprachform entwickelt habe. Als Alternative wird diskutiert, dass die Vorformen des Baltischen und Slawischen innerhalb des Indogermanischen eine Dialektgruppe gebildet haben, aus der sich das Baltische im Laufe des zweiten vorchristlichen Jahrtausends herausgelöst hat. Die Kernfrage dreht sich also darum, ob die unstrittig vorhandenen exklusiv baltisch-slawischen Gemeinsamkeiten durch Konvergenz entstanden sind oder eine genetische Ursache haben. Es gibt darauf bisher keine allgemein akzeptierte Antwort.

6.2 Sprachliche Charakteristik und interne Gliederung

Die baltische Einheit innerhalb des Indogermanischen wurde 1845 von G. Nesselmann erkannt, das Litauische wurde bereits 1833 von F. Bopp in seine vergleichende indogermanische Grammatik einbezogen und genau untersucht. Die äußeren Grenzen des Baltischen sind auch gegenüber dem Slawischen – unabhängig von der Frage einer baltoslawischen Einheit – klar umrissen.

Die baltischen Sprachen sind durch eine Reihe gemeinsamer Merkmale gekennzeichnet. Dazu gehören

- ein spezifisch baltischer Wortschatz mit einem hohen Anteil indogermanischer Erbwörter
- der Erhalt und Ausbau des indogermanischen Ablauts
- der Einschub eines /k/ vor ein mit einem Sibilanten beginnendes Konsonantencluster (z.B. litauisch *krikštyti* „taufen")
- ein gemeinsames Verbalsystem ohne Unterscheidung des Numerus bei der 3. Person (z.B. litauisch *áuga* „er/sie/es wächst, sie wachsen")
- der Erhalt des indogermanischen Wurzelaorists
- spezifische baltische Diminutiv- und Agentivsuffixe sowie Bildungstypen für Personalnamen.

Trotz dieser Gemeinsamkeiten ist die Rekonstruktion des Protobaltischen problematisch, da vom Altpreußischen – dem einzigen greifbaren Vertreter des Westbaltischen – nur ein wenig umfangreiches und einseitiges Textkorpus überliefert ist und seine grammatische und phonologische Gestalt nur teilweise erfasst werden kann.

Über die interne Klassifikation des Baltischen herrscht weitgehend Konsens, nur die Zuordnung der schwach belegten ausgestorbenen Sprachen Kurisch und Jatwingisch ist erwartungsgemäß nicht geklärt. Man teilt die baltischen Sprachen in Ost- und Westbaltisch ein. Zum *Ostbaltischen* gehören Litauisch und Lettisch sowie möglicherweise auch das Kurische. Zum *Westbaltischen* zählen das Altpreußische, das deutlich von den ostbaltischen Sprachen abweicht, und wahrscheinlich auch das Jatwingische. Kennzeichnende Unterschiede zwischen Ost- und Westbaltisch sind die folgenden (Levin 2003):

- Wortschatz: Zwischen Litauisch und Lettisch gibt es wesentlich mehr Kognate als zwischen einer dieser Sprachen und dem Altpreußischen
- Genussystem: Das westbaltische Altpreußisch hat die drei indogermanischen Genera erhalten, während im Ostbaltischen das Neutrum verloren ging; die Substantive neutralen Geschlechts erhielten im Litauischen und Lettischen meist eine maskuline Endung
- Erhalt des indogermanischen Genitivs auf /-s/ bei den o-Stämmen im Altpreußischen, z.B. altpreußisch *deiwas*, aber litauisch *diẽvo* „des Gottes"
- das Altpreußische bildet die Possessivadjektive wie im Slawischen: *mais, twais, swais* „mein, dein, sein", wogegen im Ostbaltischen eine andere Serie verwendet wird: z.B. lettisch *mans, tavs, savs*.

Die Differenzen zwischen Ost- und Westbaltisch sind wesentlich größer als die zwischen Ost-, West- und Südslawisch, was darauf hinweist, dass die Auflösung der baltischen Ursprache wesentlich früher als die des Urslawischen erfolgt ist (Holst 2001: 24). Die Auftrennung des Ostbaltischen in Litauisch und Lettisch erfolgte im 7. Jh., für das Lettische begann eine schnelle Entwicklung mit analytischen Tendenzen in der Morphologie, während das Litauische wesentlich konservativer blieb. Tabelle 6.2 gibt eine Übersicht über die baltischen Sprachen.

Tab 6.2 *Die Gliederung des Baltischen (Karte 1, Seite 741)*

Spracheinheiten	Einzelsprachen
BALTISCH	
OST	Litauisch (3,5 Mio., mit Zweitsprechern 4 Mio.) (D Aukštaitisch, Žemaitisch) Lettisch (2,2 Mio.) (D Westlettisch, Lettgallisch, Semgallisch †, Selonisch †, Nehrungskurisch) Kurisch (Altkurisch) †
WEST	Altpreußisch (Preußisch, Pruzzisch) † Jatwingisch (Sudauisch) †

6.3 Das Baltische innerhalb des Indogermanischen

Die baltischen Sprachen stehen morphologisch den klassischen indogermanischen Sprachen wie Sanskrit, Griechisch und Lateinisch näher als die anderen modernen europäischen Sprachen. Litauisch kommt von allen lebenden indogermanischen Sprachen dem rekonstruierten Proto-Indogermanischen am nächsten. Die bedeutendsten Neuerungen des baltischen Lautsystems sind bei den Verschlusslauten festzustellen:

- Fortfall der Aspiration, Zusammenfall der aspirierten mit den nicht-aspirierten Plosiven, z.B. *dh > d
- Entrundung der Labiovelare, Zusammenfall der Labiovelare mit den Velaren, z.B. *k^w > k
- Entwicklung der palatalen Plosive zu Sibilanten, z.B. *k' > s oder ʃ

Die letztgenannte Lautänderung bedeutet, dass die baltischen Sprachen zu den sog. *Satem-Sprachen* gehören. Die Tabelle 6.3 gibt Belege für die Entwicklung der indogermanischen Verschlusslaute im Baltischen am Beispiel des Litauischen.

Tab 6.3 *Die baltische Lautverschiebung der Plosive (Mallory-Adams 1997: 47)*

Idg. >	Litauisch	Proto-Idg.	Bedeutung	Litauisch
*p	p	*potis	„Herr"	pàts „selbst"
*t	t	*túh$_x$	„du"	tù
*k	k	*kor-	„Krieg"	kãras
*k'	š	*k'm̥tóm	„hundert"	šim̃tas
*k^w	k	*k^{w}os	„wer"	kàs „wer, was"
*b	b	*dubús	„tief"	dubùs
*d	d	*dei̯u̯os	„Gott"	diẽvas
*g	g	*h$_x$eug-	„wachsen"	áugu
*g'	ž	*g'n̥neh$_x$-	„wissen"	žinóti
*g^w	g	*g^{w}ṓus-	„Kuh"	govs (lett.)
*bh	b	*bhréh₂tēr	„Bruder"	brote (altpreuß.)
*dh	d	*dhuh₂mós	„Rauch"	dúmai
*gh	g	*h₃mighleh₂	„Nebel"	miglà
*g'h	ž	*g'heimeh₂	„Winter"	žiemà
*g^{w}h	g	*g^{w}hormós	„Wärme"	gorme (altpreuß.)

Der indogermanische Erbwortschatz ist im Baltischen weitgehend erhalten geblieben. Dafür einige typische Beispiele in Tabelle 6.4.

Tab 6.4 *Baltischer Erbwortschatz (Holst 2001: 31–32)*

Deutsch	Latein.	Griech.	Sanskrit	Litau.	Lett.	Altpr.	Ur-Idg.
Zahn	dent-	odont-	dántaḥ	**dantìs**	–	dantis	*$h_1$dónt-
Ohr	auris	–	–	**ausìs**	auss	–	*$h_x$óus-
Herz	cord-	kardía	–	**širdìs**	sirds	seyr	*k'r̥d-
Nacht	noct-	nykt-	nakt-	**naktìs**	nakts	–	*nok^{w}t-
Hund	canis	kyōn	śvā	**šuõ**	suns	sunis	*k'(u)u̯ón-
Mann	vir	–	vīráḥ	**výras**	vīrs	wirs	*u̯ih$_x$rós-
Greis, alt	senex	–	sánaḥ	**sēnas**	sens	–	*sénos
Honig	–	méthy	mádhu	**medùs**	medus	meddo	*médhu-

Zum indogermanischen Erbe gehören auch die Personalpronomina der 1. und 2. Person sowie die Zahlwörter für die Zahlen 1–8, 10 und 100. Besonders nahe an der indogermanischen Ursprache ist die Nominalmorphologie des Litauischen, in der sich sieben von den acht indogermanischen Kasus erhalten haben (nur der Ablativ ist fortgefallen) und auch der Dual noch in einigen Formen präsent ist.

6.4 Die ostbaltischen Sprachen

Litauisch

Die Auftrennung des Ostbaltischen in Litauisch und Lettisch erfolgte im 7. Jh. n. Chr., das Litauische nahm eine wesentlich konservativere Entwicklung als das Lettische. Es konnte in Morphologie und Phonologie viele archaische Merkmale bewahren, darunter ein nahezu vollständiges indogermanisches Kasussystem. Dadurch steht Litauisch heute unter allen lebenden Sprachen dem rekonstruierten Proto-Indogermanischen am nächsten.

Die weitere Entwicklung des Litauischen verlief bis zum 16. Jh. schriftlos. Das Kernland der Verbreitung war das heutige Litauen; das im 13. Jh. entstandene Großfürstentum Litauen (Großlitauen) dehnte sich nach Osten ins Gebiet der Kiewer Rus aus. In Teilen des heutigen Weißrusslands war Litauisch lange Zeit die Umgangssprache des Landadels, andererseits wurde in Litauen die altweißrussische Kanzleisprache neben dem Lateinischen bis ins 17. Jh. als Urkundensprache verwendet. Nach Süden schloss sich als Verbreitungsgebiet das spätere Ostpreußen an, das zunächst zum Herzogtum, später zum Königreich Preußen gehörte (Kleinlitauen). Somit entwickelte sich die litauische Sprache in zwei Staaten. 1569 schloss das Großfürstentum Litauen eine Schutzunion mit Polen gegen das vordringende Russland und Schweden, sein Staatsgebiet wurde auf das heutige Litauen reduziert, weite Teile des alten Großfürstentums polonisiert.

Das Litauische lässt sich in zwei Hauptdialekte einteilen: *Žemaitisch* (Niederlitauisch) und *Aukštaitisch* (Oberlitauisch), beide mit diversen Unterdialekten und Mundarten. Während die ersten Schriftdenkmäler meist im innovativeren Žemaitisch verfasst waren, setzte sich später das konservativere Aukštaitisch durch und wurde schließlich in der Form seiner südwestlichen Mundart zur Grundlage des heutigen Sprach- und Schriftstandards.

Im 16. Jh. begann die Entwicklung des Litauischen zur Schriftsprache. Der älteste Text ist ein handschriftliches Gebet in einem lateinischen Traktat von 1503, eine ebenfalls handschriftliche litauische Gebetsammlung ist von 1515 überliefert. In der Folge kann man eine *ostpreußische* (kleinlitauische) und *großlitauische* Schrifttradition unterscheiden. Auslöser für die Verschriftlichung des Litauischen in Ostpreußen war die protestantische Reformation, die von deutschen Pastoren betrieben wurde. Als erstes litauisches Buch erschien 1547 in Ostpreußen die Übersetzung des lutherischen Katechismus in einen südžemaitischen Dialekt mit aukštaitischen Elementen. Weitere Publikationen erschienen in einer zunehmend normalisierten westaukštaitischen Varietät, die dann in D. Kleins lateinisch verfasster *Grammatika Lituanica* von 1653 kodifiziert wurde.

Im Großfürstentum Litauen wurzeln zwei Schrifttraditionen: Die eine hat den *ostaukštaitischen* Dialekt der Hauptstadt Vilnius zur Grundlage, die andere repräsentiert die *zentralaukštaitische* Mundart des Gebietes von Kėdainiai. Letztere diente als Medium für die ersten literarischen Publikationen im Großfürstentum: eine Übersetzung des katholischen Katechismus und einer umfangreichen Predigtsammlung durch M. Daukša in den Jahren 1595 und 1599. Obwohl es sich um Übersetzungsliteratur handelt, war die Sprache natürlich und hatte erheblichen Einfluss auf den weiteren Ausbau des Litauischen. Daukšas Publikationen sind auch die ersten litauischen Texte, in denen der Akzent gekennzeichnet wurde. Sie sind damit von großer Bedeutung für das Studium der historischen Prosodie.

Die starke Polonisierung des litauischen Adels und der Bildungseliten führte im 18. Jh. zu einem Niedergang der zentral- und ostaukštaitischen Schrifttradition, letztere verschwand ganz. Unter der zaristischen Herrschaft (seit 1795) wurde der Schriftgebrauch des Litauischen stark eingeschränkt, die Verwendung der Lateinschrift zeitweise verboten; die Einführung des kyrillischen Alphabets scheiterte jedoch am Widerstand der litauischen Eliten. Trotz dieser Schwierigkeiten konnte sich die litauische Sprache im 19. Jh. erholen, woran die 1803 wiedereröffnete Universität von Vilnius und ihre Institutionen einen erheblichen Anteil hatten. Am Ende des 19. Jh. wurden die Normen der modernen litauischen Standardsprache erarbeitet und schließlich 1901 in einer normativen Grammatik von J. Jablonskis in Tilsit (Ostpreußen) veröffentlicht. Grundlage des modernen Standards war der südwestaukštaitische Dialekt, was mehrere Ursachen hat: die frühe literarische Tradition dieser Varietät im benachbarten Ostpreußen, die Autorität der litauischen Grammatiken des 19. Jh. von A. Schleicher und F. Kurschat, die dieselbe Varietät beschreiben, sowie der normative Einfluss von Zeitschriften wie *Aušra* „Morgenröte" und *Varpas* „Die Glocke", deren Autoren sich mehrheitlich des Südwest-Aukštaitischen bedienten.

Die Schaffung des unabhängigen Litauens (1918) förderte die Entwicklung der litauischen Sprache, die nun als Amtssprache anerkannt war. Es entwickelten sich ein starkes Bildungssystem und ein umfangreiches Schrifttum. Während das Litauische nun in allen Bereichen des öffentlichen und privaten Lebens verwendet wurde, bemühte man sich um die weitere Standardisierung, z.B. durch die Herausgabe eines akademischen Wörterbuchs und normativer Grammatiken. Die fünfzig Jahre sowjetischer Herrschaft (1940–1990) haben durch die systematische Russifizierungspolitik tiefe Spuren hinterlassen. Die öffentlichen Verwendungsbereiche des Litauischen waren stark eingeschränkt, Zweisprachigkeit wurde propagiert und gefördert. Das seit 1990 unabhängige Litauen hat in einem Kraftakt die litauische Sprache entrussifiziert und modernisiert.

Der Kern des litauischen Wortschatzes ist das ererbte indogermanische Vokabular. Seit dem 9. Jh. stand das Litauische in Kontakt mit ostslawischen Sprachen, vom 13. bis 17. Jh. übte die altweißrussische Kanzleisprache im Großfürstentum Litauen ihren Einfluss aus. Der im 14. Jh. beginnende und sich im Zuge der staatlichen Union verstärkende polnische Einfluss auf den litauischen Wortschatz hielt bis zum Anfang des 20. Jh. an. Insgesamt wies das Litauische im 17. und 18. Jh. über 3000 Slawismen auf, die durch die sprachreinigenden Bemühungen im 19. Jh. deutlich reduziert wurden. Die zweitstärkste Entlehnung erfolgte aus dem Deutschen, zunächst aus dem Niederdeutschen der Hanse, später aus dem Hochdeutschen, vor allem in Ostpreußen. Unter der sowjetischen Herrschaft wurde das Litauische sowohl durch direkte Entlehnungen als auch durch Lehnübersetzungen stark russisch überformt. Seit der Unabhängigkeit 1990 wurde die Schicht der russischen Lehnwörter systematisch abgebaut und durch litauische Neologismen ersetzt, gleichzeitig setzte eine starke Anglisierung des Wortschatzes ein.

Seit 1990 ist Litauisch wieder die Amts- und Nationalsprache des unabhängigen Litauens. Insgesamt wird es von etwa 3,5 Mio. Menschen als Muttersprache gesprochen, davon 2,9 Mio. in Litauen selbst, die übrigen Sprecher leben in den Nachbarländern – vor allem in Weißrussland und Polen –, in Westeuropa sowie in Übersee. Litauisch als Zweitsprache beherrschen etwa 500 Tsd. Menschen, vor allem in Litauen lebende Polen und Russen.

Lettisch

Die Trennung des Lettischen vom Litauischen erfolgte etwa im 7. Jh. n. Chr., danach durchlief das Lettische eine wesentlich innovativere Entwicklung als das Litauische. Ursprünglich war Lettisch nur die Sprache des ostbaltischen Stamms der *Lettgallen*, zwischen 1000 und 1500 erfolgte seine Verbreitung auch bei anderen baltischen Stämmen, wie Kuren, Semgallen und Seloniern. Das Liwische – eine uralische (ostseefinnische) Sprache im Norden Lettlands – wurde durch das Lettische weitgehend verdrängt, die Liwen übernahmen einen lettischen Dialekt, den man heute Liwonisch nennt. Die verschiedenen ostbaltischen lettischsprachigen Stämme bildeten schließlich eine kulturelle Einheit, wobei die Lettgallen bis heute eine gewisse Sonderrolle spielen.

Der Anfang der lettischen Schriftkultur im 16. Jh. steht im Zusammenhang mit der Reformation im Baltikum. Vor allem deutsche Pfarrer schufen nach dem Vorbild der

Schreibung des Niederdeutschen eine lettische Orthographie, die zur Übersetzung von Katechismen und anderen religiösen Schriften seit der zweiten Hälfte des 16. Jh. benutzt wurde. 1644 erschien in lateinischer Sprache eine erste Grammatik des Lettischen (*Manuductio ad linguam lettonicam facilis*), 1689 die erste vollständige Bibelübersetzung. Im 19. Jh. gab es erste Versuche zur Annäherung der geschriebenen an die gesprochene Sprache, die schließlich am Ende des 19. Jh. zu umfangreichen Sprachreformen und zur Kodifizierung der lettischen Schriftsprache im Jahre 1908 führten. Parallel zur sprachlichen Standardisierung setzte eine intensive Sammeltätigkeit lettischer Lieder und Volksdichtung ein, die einen Anstoß zur Entwicklung einer lettischen Literatur gab.

Bei den zumeist katholisch gebliebenen Lettgallen – hier war die deutsche Reformation weniger aktiv – entwickelte sich im 18. Jh. eine vom Standard unabhängige Sprach- und Schriftform. 1730 erschien ein katholisches lettgallisches Gesangbuch, seit dem 19. Jh. auch vermehrt weltliche Literatur. Nachdem Lettgallisch in den 1990er Jahren durch das modernisierte Standardlettische zurückgedrängt wurde, erlebt es heute einen neuen Aufschwung.

Während der lettischen Unabhängigkeit 1918–1940 war das Lettische die Amtssprache Lettlands, eine Funktion, die es formal auch nach der Annexion Lettlands durch die Sowjetunion im Jahre 1940 behielt. Faktisch wurde jedoch die zweite Amtssprache Russisch zur eigentlichen Verwaltungssprache, das Lettische hatte eine mehr oder weniger zeremoniale Funktion. Durch eine gezielte Förderung der Einwanderung wurde Lettisch fast zur Minderheitensprache in der Lettischen SSR (1990 sprach gerade noch die Hälfte der Bevölkerung Lettlands Lettisch, in der Hauptstadt Riga nur noch etwa 30%). Nach 1990 versuchte man durch drastische Maßnahmen diesen Zustand wieder rückgängig zu machen. Im Jahre 2010 sprechen wieder 60% der Einwohner Lettlands Lettisch als Muttersprache, weitere 28% beherrschen es als Zweitsprache, alle Schulkinder müssen neben ihrer jeweiligen Muttersprache auch Lettisch lernen. In den größeren Städten und insbesondere in den zur Sowjetzeit entstandenen Trabantenstädten wird jedoch Russisch weiterhin als Verkehrssprache parallel zum Lettischen benutzt.

Der Wortschatz des Lettischen ist primär durch indogermanisches Erbgut, teilweise auch durch exklusiv baltisch-slawische Wörter geprägt. Aus den nördlich benachbarten und teilweise verdrängten ostseefinnischen Sprachen Liwisch und Estnisch wurde erstaunlich wenig entlehnt (eine Ausnahme bildet der liwonische Dialekt), dagegen ist der Anteil der ostslawischen, insbesondere russischen Lehnwörter sehr hoch. Auch das Deutsche – zunächst in der Form der mittelniederdeutschen Hansesprache, später das Neuhochdeutsche – hinterließ deutliche Spuren im Wortschatz, aber auch in der lettischen Formenbildung und Syntax. Auf die Bedeutung der Deutschen bei der Entwicklung der lettischen Schriftsprache wurde schon hingewiesen. Nach 1940 setzte eine starke russische Überformung der Sprache ein, die seit 1990 zügig wieder zurückgeführt wurde. Das Lettische durchlief seitdem eine starke Modernisierung, das russisch-sowjetische Vokabular wurde weitgehend durch Neologismen ersetzt, das Englische gewinnt einen ständig steigenden Einfluss.

Man unterscheidet im Lettischen drei Dialektzonen: das *Liwonische* in der nördlichen Küstenregion, das zentrale *Mittellettische* – die Basis der lettischen Standardsprache – sowie das dem Litauischen am nächsten stehende *Oberlettische* im Osten und Südosten Lettlands.

Lettisch wird heute von etwa 2,2 Mio. Menschen als Muttersprache gesprochen, davon leben 1,4 Mio. in Lettland, von ihnen sind über 500 Tsd. Lettgallen. Etwa 700 Tsd. lettische Staatsbürger sprechen Russisch als Muttersprache, mindestens 500 Tsd. beherrschen Lettisch als Zweitsprache. Außerhalb Lettlands wird Lettisch vor allem in den Nachbarstaaten, aber auch in Westeuropa und Übersee gesprochen. Die größten ausländischen lettischsprachigen Gruppen gibt es in Russland, den USA, Australien, Kanada, Deutschland und Großbritannien.

Nehrungskurisch

Nehrungskurisch ist ein Dialekt des Lettischen, der bis 1945 auf der Kurischen Nehrung (ehemals Ostpreußen) von Fischern gesprochen wurde. Es besteht kein direkter Zusammenhang mit der sog. kurischen Sprache (s.u.).

Lettisch sprechende Gruppen ließen sich vom 14. bis 17. Jh. in Ostpreußen auf der Kurischen Nehrung nieder, sie wurden als *Kursenieki* bezeichnet. Ihre Sprache – das Nehrungskurische – wurde durch das Altpreußische, Nieder- und Hochdeutsche sowie durch žemaitische Dialekte des Litauischen beeinflusst. Wegen dieses starken Fremdeinflusses und der Isolation vom eigentlichen lettischen Sprachgebiet entwickelte sich das Nehrungskurische sehr eigenständig. So zeigten Untersuchungen von 1927, dass nur noch 60% des Vokabulars lettisch waren, 26% waren deutsche Lehnwörter, 13% stammten aus litauischen Dialekten. Dennoch war das Nehrungskurische wechselseitig verständlich mit dem Lettischen, insbesondere mit den südwestlichen Dialekten.

Vor dem 2. Weltkrieg war Nehrungskurisch der Soziolekt unter den Kursenieki-Fischern auf der Kurischen Nehrung, im Kontakt mit Deutschen sprachen sie Hoch- oder Niederdeutsch. Die politischen Ereignisse der ersten Hälfte des 20. Jh. – einschließlich der sowjetischen Besetzung des Baltikums – brachten die Sprache fast zum Erlöschen. 1945 gab es noch 245 Familien, die Nehrungskurisch sprachen. Nach der Vertreibung lebten die Muttersprachler in Deutschland. Im Jahre 2002 waren noch 7 Sprecher bekannt, man muss davon ausgehen, dass dieser lettische Dialekt heute ausgestorben ist.

Kurisch (Altkurisch)

Das Kurische ist eine ausgestorbene baltische Sprache, die nicht mit dem nehrungskurischen Dialekt des Lettischen verwechselt werden darf. Zur Unterscheidung nennt man das Kurische auch *Altkurisch* und das Nehrungskurische *Neukurisch*, was allerdings fälschlich so interpretiert werden kann, dass sich das Neukurische aus dem Altkurischen entwickelt habe.

Aus mittelalterlichen Urkunden und Chroniken geht hervor, dass die Kuren ein selbstständiger baltischer Volksstamm waren. Sie werden z.B. in den *Gesta Danorum* des Saxo Grammaticus (12. Jh.) und von Heinrich von Lettland in seiner *Chronica Livoniae* (13. Jh.) erwähnt. Sie siedelten auf der heute zu Lettland gehörenden Halbinsel Kurland südwestlich der Rigaer Bucht und in der angrenzenden baltischen Küstenzone.

Die Sprache starb im 17. Jh. aus, hinterließ aber ein Substrat in den westlichen Dialekten des Lettischen und Litauischen. Es sind keine schriftlichen Dokumente erhalten, aber einige alte westlitauische Texte zeigen wahrscheinlich kurischen Einfluss. Ob das Kurische eine west- oder ostbaltische Sprache ist, konnte wegen des nur in Namen und in der Substratwirkung greifbaren Sprachmaterials bisher nicht entschieden werden. Das Verbreitungsgebiet und seine areale Nähe zum Lettischen und Litauischen sprechen eher für eine ostbaltische Sprache.

6.5 Die westbaltischen Sprachen

Altpreußisch

Altpreußisch (auch Preußisch, Prußisch oder Pruzzisch) ist die einzige westbaltische Sprache, von der eine – wenn auch geringe und einseitige – schriftliche Überlieferung vorhanden ist. Altpreußische Texte reichen bis ins 14. Jh. zurück und sind somit die ältesten baltischen Dokumente überhaupt, da die schriftliche Überlieferung des Litauischen und Lettischen erst im 16. Jh. einsetzt. Um 1700 war das Altpreußische ausgestorben, die Pruzzen hatten mehrheitlich die deutsche, zum Teil auch die litauische Sprache angenommen.

Der Name der Preußen taucht erstmals bei einem Geographus Bavarus im 9. Jh. in der Form *bruzi* auf, etwas später (965) in einer Reisebeschreibung des arabischen Geographen Ibrahim ibn-Jakub als *burus*. Andere mittelalterliche Texte sprechen von *prussi, pruzzi, prusi, borussi*, deutsche Quellen nennen die Mitglieder des baltischen Stamms *Pruzzen* oder *Prußen*, wovon später die Bezeichnung „Preußen" abgeleitet wurde. Ob mit dem bei Tacitus (58–120 n. Chr.) und Cassiodor (485–580) belegten Ethnonym *aestii* tatsächlich ein westbaltischer Stamm und insbesondere die Pruzzen gemeint waren, ist bisher nicht geklärt. – Die christliche Missionierung der Preußen ging im 10. Jh. von Polen aus, mit ihrer Eingliederung in das Gebiet des Deutschordensstaats im 13. Jh. war die Christianisierung abgeschlossen.

Die schriftliche Überlieferung des Altpreußischen – diese Bezeichnung hat sich in der Fachliteratur durchgesetzt, obwohl „Preußisch" oder „Pruzzisch" sinnvoller wäre – besteht im Wesentlichen aus fünf größeren Texten:

- das älteste altpreußische (und baltische) Sprachdenkmal ist das *Elbingsche Glossar* aus dem 14. Jh. (möglicherweise vom Ende des 13. Jh.). Es enthält ein deutsch-altpreußisches Vokabular von 802 Wörtern. Das Altpreußische dieses Glossars ist im Gegensatz zur Sprachform der späteren Denkmäler kaum vom Deutschen beeinflusst.
- eine Wörterliste – etwa 100 deutsch-altpreußische Entsprechungen – des Mönchs Simon Grunau in seiner *Preußischen Chronik*, die 1517–1526 entstanden ist
- drei Übersetzungen von Luthers Kleinem Katechismus, die auf Anordnung des preußischen Herzogs Albrecht in der Mitte des 16. Jh. entstanden. Katechismus I

und seine korrigierte Version II erschienen im Jahre 1545, Katechismus III im Jahre 1561. Die letzte Fassung ist besonders aufschlussreich: Der altpreußische Text umfasst 56 Seiten und enthält auch Markierungen für Akzente und zur Intonation.

Darüber hinaus gibt es eine Reihe teilweise sehr kurzer Fragmente. Das sog. Basler Fragment (Scherz- oder Trinkvers) stammt aus dem 14. Jh., ein Vaterunser-Fragment aus dem 15. Jh. Die schon erwähnte Preußische Chronik von Grunau enthält einige fragmentarische altpreußische Passagen. Ansonsten kann auf umfangreiches altpreußisches Namensmaterial (Gewässer-, Orts- und Personennamen) zurückgegriffen werden.

Das überlieferte Material weist viele Probleme auf, die eine genauere Kenntnis der altpreußischen Sprache erschweren:

- das Material ist einseitig (nur Glossare und Katechismen)
- die Aufzeichner – deutsche Pastoren – beherrschten das Altpreußische nur mangelhaft
- die Lautung wurde nur unvollkommen nach deutschem Modell wiedergegeben, die Besonderheiten der baltischen Phoneme wurden nicht berücksichtigt
- ein und dasselbe Wort kommt oft in zahlreichen Schreibvarianten vor
- die Denkmäler sind mundartlich uneinheitlich
- der Einfluss des Deutschen ist insbesondere bei den Katechismus-Übersetzungen sehr groß

Trotz dieser Probleme ist das erhaltene Textkorpus von großer Bedeutung für die Erforschung der baltischen Sprachen. (Zu den sprachlichen Unterschieden zwischen west- und ostbaltisch siehe den Abschnitt 6.2.)

Jatwingisch

Jatwingisch (auch Sudawisch) ist eine ausgestorbene westbaltische Sprache, vielleicht sogar ein Dialekt des Altpreußischen. Die Jatwinger waren ein mit den Pruzzen verwandter Stamm, der zwischen Weichsel und Memel siedelte. Nach der Eroberung des Gebietes durch den Deutschritterorden starb die Sprache aus, die Jatwinger wurden von Deutschen, Litauern und Slawen absorbiert.

Jatwingisch war mit dem Altpreußischen nahe verwandt – möglicherweise sogar wechselseitig verständlich –, wie der deutschsprachigen Einleitung des 1. altpreußischen Katechismus von 1545 und späteren Quellen zu entnehmen ist. Jatwingisch hat viele archaische baltische Züge bewahrt, darunter sechs Kasus sowie eine komplexe Verbalmorphologie mit verschiedenen Modi. Jatwingische Lehnwörter sind im Weißrussischen erhalten geblieben, Toponyme in Nordost-Polen und Nordwest-Weißrussland sind jatwingischer Herkunft. Einige kurze jatwingische Phrasen sind in dem Werk *Warhafftige Beschreibung der Sudawen auff Samland* von Hieronymus Meletius aus dem 16. Jh. überliefert.

In den 1970er Jahren wurde angeblich ein jatwingisches Schriftdokument in Weißrussland entdeckt, das eine polnisch-jatwingische Wortliste von 215 Wörtern enthalten soll. Die Fundumstände sind allerdings wenig glaubhaft, so dass die Echtheit des Dokuments, das nur in einer Amateurabschrift vorliegt, nicht bestätigt werden kann.

6.6 Grammatische Skizze des Lettischen

Die folgende Skizze der lettischen Grammatik beschreibt das moderne Standardlettisch, der Schwerpunkt liegt auf der Morphologie und Morphosyntax. Grundlage der Beschreibung ist die lettische Grammatik von J. H. Holst (Holst 2001).

Phonologie

Das Lettische hat fünf Vokalphoneme /i, u, a, ɛ, æ/, wobei /a/ uvular artikuliert wird. In der Schrift fallen /ɛ/ und /æ/ zu <e> zusammen. Die Literatur geht von zwei oder drei Vokalquantitäten (kurz, lang, überlang) aus, die aber bis auf Ausnahmefälle nicht phonemisch sind. /ɔ/ kommt nur in Fremdwörtern vor; geschriebenes <o> hat die Lautwerte /ue, uæ, ɔ/. Diphthonge können als Lautfolge zweier Vokale interpretiert werden. Die lettischen Konsonantenphoneme sind in Tabelle 6.5 zusammengestellt.

Tab 6.5 *Die lettischen Konsonantenphoneme (Holst 2001: 45)*

	labial	alveolar	palatal	velar
Plosive	p, b	t, d	c, ɟ	k, g
Affrikaten		ts, dz	tʃ, dʒ	
Frikative		s, z	ʃ, ʒ	
Nasale	m	n	ɲ	ŋ
Laterale		l	ʎ	
Vibranten		r		
Approximanten	ʋ		j	

In Fremdwörtern tritt zusätzlich das Phonem /x/ auf. Das Lettische verwendet das lateinische Alphabet mit folgenden Zusatzzeichen: <č, ģ, ķ, ļ, ņ, š, ž>; die Vokale können eine Längenmarkierung (Makron) tragen. Die folgende Übersicht zeigt die vom Deutschen wesentlich abweichenden Zeichen-Phonem-Zuordnungen:

Zeichen	c	č	ģ	h	ķ	ļ	ņ	o	š	v	z	ž
Phonem	ts	tʃ	ɟ	x	c [tj]	ʎ	ɲ	ue,o	ʃ	ʋ	z	ʒ

Der *Akzent* liegt wie bei den ostseefinnischen Sprachen oder auch dem Ungarischen – anders als beim Litauischen – fast immer auf der ersten Silbe, hier liegt also wahrscheinlich ein finnisch-ugrischer Einfluss vor.

Das Lettische ist eine *Tonsprache* mit drei Tönen, deren Charakter man als *gedehnt*, *fallend* und *gebrochen* bezeichnet. Als wissenschaftliche Notation wurden dafür vom lettischen Linguisten Janis Endzelin (1873–1961) ā, à und â eingeführt. Faktisch fallen aber der fallende und gebrochene Ton weitgehend zusammen, außerdem scheint die Dauer der Vokale eine mindestens so wichtige Rolle wie der Tonverlauf zu spielen (Holst 2001: 51–66). Der Ton ist zwar semantisch relevant, allerdings gibt es nur wenige Minimalpaare, bei denen ausschließlich der Ton bedeutungsunterscheidend ist, häufig zitiert werden *stāvs* „steil/Stockwerk" und *zāle* „Saal/Gras". Die normale Schrift gibt den Toncharakter nicht an.

Nominalmorphologie

Das Substantiv

Das lettische Substantiv besitzt die Kategorien Genus, Numerus und Kasus. Es gibt keine Artikel.

Kategorie	Realisierung
Genus	Maskulinum, Femininum
Numerus	Singular, Plural
Kasus	Nominativ, Genitiv, Dativ, Akkusativ, Lokativ, Vokativ

Das indogermanische Neutrum ist ebenso wie im Litauischen entfallen (also generell im Ostbaltischen), während es im westbaltischen Altpreußisch erhalten blieb. Der Dual ist im Lettischen völlig verschwunden, während er in einigen archaischen Dialekten des Litauischen noch in Resten vorhanden ist.

Der *Vokativ* ist im Plural identisch mit dem Nominativ, im Singular kann statt seiner auch der Nominativ verwendet werden. Die eigentlichen Vokativformen im Singular sind nicht regelmäßig, meist bestehen sie aus der Wurzel oder dem Stamm des Substantivs. Der sog. *Lokativ* steht nicht nur auf die Frage „wo?", sondern auch auf die Frage „wohin?", er gibt also Ort oder Richtung an (seine Funktionen werden z.B. im Finnischen durch vier Kasus abgedeckt: Inessiv „worin?", Illativ „wo hinein?", Adessiv „bei wem/was?" und Allativ „wohin?"). Im älteren Lettisch existierte wie im Litauischen ein *Instrumental*, der noch in einigen Dialekten, aber nicht im Standardlettischen erhalten geblieben ist. Er wurde durch präpositionale Ausdrücke ersetzt.

Maskulina enden bis auf wenige Ausnahmen immer auf /-s, -is, -us/, Feminina meist auf /-a, -e/, einige auch auf /-s/, z.B. *govs* „Kuh" oder *pils* „Burg". Das Deklinationsschema der Substantive richtet sich zunächst nach dem Genus, dann nach dem Stammauslaut oder Themavokal. Die maskulinen Substantive werden in eine a-, u- oder i-Klasse, die femininen in eine a-, e- oder i-Klasse eingeteilt. Damit ergeben sich sechs Deklinations-Klassen (Tabelle 6.6).

Tab 6.6 *Die lettische Deklination (Holst 2001: 106–121)*

		Mask. a	Mask. u	Mask. i	Fem. a	Fem. e	Fem. i
		„Berg"	„Markt"	„Messer"	„Gesicht"	„Biene"	„Volk"
Sg.	Nom.	kaln-s	tirg-us	naz-is	sej-a	bit-e	cilt-s
	Gen.	kaln-a	tirg-us	**naž-a**	sej-as	bit-es	cilt-s
	Dat.	kaln-am	tirg-um	naz-im	sej-ai	bit-ei	cilt-ij
	Akk.	kaln-u	tirg-u	naz-i	sej-u	bit-i	cilt-i
	Lok.	laln-ā	tirg-ū	naz-ī	sej-ā	bit-ē	cilt-ī
Pl.	Nom.	kaln-i	tirg-i	**naž-i**	sej-as	bit-es	cilt-is
	Gen.	kaln-u	tirg-u	**naž-u**	sej-u	**biš-u**	**cilš-u**
	Dat.	kaln-iem	tirg-iem	**naž-iem**	sej-ām	bit-ēm	cilt-īm
	Akk.	kaln-us	tirg-us	**naž-us**	sej-as	bit-es	cilt-is
	Lok.	kaln-os	tirg-os	**naž-os**	sej-ās	bit-ēs	cilt-īs

In der maskulinen i-Klasse kommt es im Genitiv Singular sowie im gesamten Plural, in den femininen e- und i-Klassen im Genitiv Plural in der Regel zu einer *Palatalisierung* des letzten Wurzelkonsonanten (manchmal der beiden letzten Konsonanten). Die entsprechenden Kasus sind in Tabelle 6.6 halbfett hervorgehoben. Dabei finden folgende Alternationen statt:

Original	ķ	ġ	z	l	n	c	b	p	v	s	t	zn
Alternation	ķ	ġ	ž	ļ	ņ	č	bj	pj	vj	š	š	žņ

Die Konsonanten <ķ> und <ġ> werden als bereits palatalisierte Laute nicht weiter verändert. Eine Ausnahme stellen u.a. folgende Substantive dar, die keine Alternation zeigen: *mute* „Mund", *acs* „Auge", *auss* „Ohr", *balss* „Stimme", *debess* „Himmel", *kūts* „Stall", *pirts* „Sauna", *valsts* „Staat", *vēsts* „Nachricht" und *zoss* „Gans" (die Liste ist nicht vollständig).

Neben den konsonantischen Alternationen gibt es in einzelnen Kasus Quantitäts-Alternationen bei den Vokalen, die im Schriftbild nicht erkennbar sind, z.B. in der maskulinen a-Klasse Nom. *lauks* /lauːks/ „das Feld", aber Dat. *laukam* /laukam/ „dem Feld".

Das Adjektiv

Das lettische Adjektiv besitzt zusätzlich zu den Kategorien des Substantivs (Genus, Numerus, Kasus) die Kategorien *Definitheit* (indefinit, definit) und *Komparationsstufe* (Positiv, Komparativ). Während *tornis* „der Turm" oder „ein Turm" bedeuten kann (einen Artikel gibt es ja im Lettischen nicht), ist bei der Anwendung eines attributiven Adjektivs der Unterschied zwischen indefiniter und definiter Form morphologisch am Adjektiv markiert, genauer: Die indefinite Form ist die unmarkierte Grundform, die definite die markierte Form. Der Definit-Marker /-ai-, -aj-/ wird zwischen Stamm und Flexionsendung eingeschoben, allerdings kontrahiert er in vielen Kasus mit der Endung.

augsts tornis	„ein hoher Turm" (indefinite unmarkierte Form des Adjektivs)
augst-ai-s tornis	„der hohe Turm" (definite Form des Adjektivs)

Das Adjektiv hat nur eine Deklinationsklasse. Als Paradigma werden in der Tabelle 6.7 die Formen von *labs* „gut" aufgeführt.

Tab 6.7 *Die Deklination des lettischen Adjektivs*

		Indefinit		Definit	
		Mask.	**Fem.**	**Mask.**	**Fem.**
Sg.	Nom.	lab–s	lab–a	lab–ai–s	lab–ā
	Gen.	lab–a	lab–as	lab–ā	lab–ās
	Dat.	lab–am	lab–ai	lab–aj–am	lab–aj–ai
	Akk.	lab–u	lab–u	lab–o	lab–o
	Lok	lab–ā	lab–ā	lab–aj–ā	lab–aj–ā
Pl.	Nom.	lab–i	lab–as	lab–ie	lab–ās
	Gen.	lab–u	lab–u	lab–o	lab–o
	Dat.	lab–iem	lab–ām	lab–aj–iem	lab–aj–ām
	Akk.	lab–us	lab–as	lab–os	lab–ās
	Lok.	lab–os	lab–ās	lab–aj–os	lab–aj–ās

Die Steigerung des Adjektivs

Der *Komparativ* wird aus dem jeweiligen Positiv durch das Steigerungs-Suffix /-āk-/ gebildet, das direkt am Stamm des Adjektivs angefügt wird. Im Gegensatz zum Definitmarker bleibt das Steigerungs-Suffix in allen Formen unverändert, es handelt sich also um eine agglutinative Bildung; z.B. lauten die komparativen Formen des indefiniten Maskulinums *lab-āk-s, lab-āk-a* „ein größerer, eines größeren" usw., die des definiten Femininums *lab-āk-ā, lab-āk-ās, lab-āk-aj-ai* „die größere, der größeren (Gen.), der größeren (Dat.)" usw. Die Bildung des Komparativs – die übrigens von der des Litauischen deutlich abweicht – ist sicherlich kein indogermanisches Erbe, sondern eine lettische Innovation unter dem Einfluss uralischer (ostseefinnischer) Sprachen.

Der *Superlativ* wird aus dem Komparativ durch das Präfix *vis* gebildet, wobei der Akzent auf der ersten Silbe des Komparativs erhalten bleibt, z.B. wird aus dem Komparativ *labākais* „der bessere" der Superlativ *vislabākais* „der beste". Interessant ist bei der Bildung von Komparativ und Superlativ das Zusammenspiel agglutinativer und flektierender Bildungsweisen. Damit sieht die Struktur des lettischen Adjektivs wie folgt aus:

[Superlativ-Präfix] + Stamm + [Steigerungs-Suffix] + [Definit-Marker] + Flexionsendung

wobei in der Endung die Funktionen Genus, Numerus und Kasus sowie – bei Kontraktion – auch die der Definitheit ausdrückt wird (sog. Portmanteaumorphem). Im Lettischen fehlen die üblichen indogermanischen unregelmäßigen Steigerungen wie deutsch *gut – besser – am besten* bzw. lateinisch *bonus – melior – optimus*.

Adverbien

Die *Adverbien* werden im Positiv durch die Suffixe /-i, -u, -ām/ gebildet, das konkrete Suffix muss lexikalisch erfasst werden, da es keine Regeln dafür gibt, wann welches Suffix verwendet wird. Beispiele: *lab-s* „gut" → Adverb *lab-i*, *vēl-s* „spät" → *vēl-u*, *lēn-s* „langsam" → *lēn-ām* oder *lēn-i* (die Bildung ist also nicht eindeutig). Bei den Suffixen der Adverbbildung handelt es sich wahrscheinlich um Relikte des alten Instrumentals. Die Steigerung der Adverbien wird in der Form „Stamm + Steigerungs-Suffix /-āk/" gebildet, z.B. *lab-āk* „besser".

Zahlwörter

Die lettischen Zahlwörter sind – außer für 9 – indogermanisches Erbgut. Für 1–5 lauten sie *viens, divi, trīs, četri, pieci*, für 6–10 *seši, septiņi, astoņi, deviņi* und *desmit*. Die Zahlwörter *viens* bis *deviņi* werden in Kasus und Genus dekliniert (*viens* im Singular, die anderen im Plural), die Formen entsprechen denen der indefiniten Adjektivformen.

Präpositionen und Postpositionen

Im Lettischen werden in der Regel *Präpositionen* verwendet, es gibt aber auch einige *Postpositionen*. (Typologisch ist das Lettische als Präpositionalsprache einzuordnen.) Die wenigen Postpositionen – z.B. *dēļ* und *pēc*, beide mit der Bedeutung „wegen" – regieren immer den Genitiv. Bei den Präpositionen stehen pluralische Nomina immer im Dativ, singularische Nomina stehen je nach Präposition im Genitiv, Dativ oder Akkusativ. Ein solcher vom Numerus abhängiger Kasuswechsel ist typologisch sehr ungewöhnlich.

Tab 6.8 *Die Kasusverteilung bei Präpositionen und Postpositionen*

Prä-/Postposition	Nomen im ...	Kasus
Präposition	Plural	immer Dativ
Präposition	Singular	Genitiv, Dativ oder Akkusativ
Postposition	Singular oder Plural	immer Genitiv

Bei singularischem Nomen stehen mit dem

- **Genitiv**: *aiz* „hinter", *bez* „ohne", *no* „von, aus", *pirms* „vor", *zem* „unter"
- **Dativ**: *blakus* „neben", *līdz* „bis", *pa* „gemäß"
- **Akkusativ**: *ar* „mit", *pa* „in, auf" (Ort und Richtung), *pret* „gegen", *starp* „zwischen"

Dazu einige Beispiele:

Beispiel	Übersetzung	Erklärung
bez naudas	„ohne Geld"	*bez* regiert im Sg. den Gen.
bez problēmām	„ohne Probleme"	plural. Nomen steht immer im Dat.
ar draugu	„mit dem Freund"	*ar* regiert im Sg. den Akk.
ar draugiem	„mit den Freunden"	plural. Nomen steht immer im Dat.
draugu pēc	„wegen der Freunde"	Postpositionen immer mit dem Gen.

Nominalphrasen

Die meisten Erweiterungen des einfachen Substantivs – attributive Adjektive, Pronomina und Genitive – stehen im Lettischen *vor* ihrem Bezugsnomen, attributive Präpositionalphrasen (Präposition + Nominalphrase) stehen allerdings *nach* ihrem Bezugsnomen. Das attributive Adjektiv stimmt in Genus, Numerus und Kasus mit seinem Bezugsnomen überein, es besteht also volle Kongruenz. Bei der Kombination von pronominalem und adjektivischem Attribut steht das Pronomen vor dem Adjektiv. In Tabelle 6.9 sind einige Beispiele aufgeführt.

Tab 6.9 *Lettische Nominalphrasen (Holst 2001: 195–204)*

Beispiel	Bedeutung	Kasus/Numerus/Definitheit
veca māja	„ein altes (*veca*) Haus (*māja*)"	Nom. Sg. f. indefinit
vecas māja	„das alte Haus"	Nom. Sg. f. definit
vecās mājās	„in alten Häusern"	Lok. Pl. f. indefinit
vecajās mājās	„in den alten Häusern"	Lok. Pl. f. definit
vecakājām mājām	„den älteren Häusern"	Dat. Pl. f. definit Komparativ
mana māja	„mein (*mana*) Haus"	Nom. Sg. f. (Possessivadjektiv)
tā māja	„jenes (*tā*) Haus"	Nom. Sg. f. (Demonstrativum)
tā vecā māja	„jenes alte Haus"	Nom. Sg. f. (Demonst. + Attr.)
mana vecā māja	„mein altes Haus"	Nom. Sg. f.

Eine weitere wichtige Ergänzung einer Nominalphrase (NP) ist eine *NP im Genitiv*, das sog. Genitivattribut. Auch dieses steht – anders als üblicherweise im Deutschen – vor dem Bezugsnomen. Die Genitive der Personalpronomina werden als Ersatz für die fehlenden Possessivadjektive verwendet (Beispiele in Tabelle 6.10).

Tab 6.10 *Genitiv-Attribute*

Beispiel	Übersetzung und Erklärung
braḷa māja	„das Haus (*māja*) des Bruders (*braḷa*, Gen. Sg.)"
draugu dārzā	„im Garten (*dārzā*, Lok.) der Freunde (*draugu*, Gen. Pl.)"
manas jaunākās māsas māja	„das Haus meiner jüngeren (*jaunākās*) Schwester (*māsas*)"
viṇa roka	„seine Hand" (*viṇa* ist der Gen. von *viṇš* „er")
mūsu rokas	„unsere Hände"

Eine Ausnahme bilden attributive Präpositionalphrasen: Sie stehen – wie im Deutschen – *hinter* der Nominalphrase, die sie näher bestimmen.

Tab 6.11 *Attributive Nominalphrasen*

Beispiel	Übersetzung und Erklärung
mājā ar sakanajām durvim	„im Haus (*mājā* Lok.) mit (*ar*) der roten (*sakanajām*) Tür"
galds blakus logam	„der Tisch (*galds*) neben (*blakus*) dem Fenster (*logam*)"
skaista meitene ar blondiem matiem	„ein schönes (*skaista*) Mädchen mit blonden Haaren"

Die wichtigsten Bildungsgesetze für lettische Nominalphrasen lassen sich generativ wie folgt zusammenfassen (NP Nominalphrase, PP Präpositionalphrase, NP_GEN Nominalphrase im Genitiv):

- Substantiv → NP
- Präposition + NP → PP
- Adjektiv + NP → NP
- NP_GEN + NP → NP
- NP + PP → NP

Pronomina

Das lettische Personalpronomen ist voll deklinierbar, in der 3. Person wird im Singular und Plural das Genus unterschieden (Tabelle 6.12).

Tab 6.12 *Das lettische Personalpronomen*

		1. Person	2. Person	3. Pers. m.	3. Pers. f.
Sg.	Nom.	es	tu	viņš	viņa
	Gen.	manis	tevis	viņa	viņas
	Dat.	man	tev	viņam	viņai
	Akk.	mani	tevi	viņu	viņu
	Lok.	manī	tevī	viņa	viņā
Pl.	Nom.	mēs	jūs	viņi	viņas
	Gen.	mūsu	jūsu	viņu	viņu
	Dat.	mums	jums	viņiem	viņām
	Akk.	mūs	jūs	viņus	viņas
	Lok.	mūsos	jūsos	viņos	viņās

Die Flexion der Personalpronomina der 3. Person entspricht der üblichen Nominalflexion, die Pronomina der 1. und 2. Person haben eigene Formen herausgebildet. In den Pluralformen kann man einen Pluralmarker /-s-/ isolieren.

Die *Possessivadjektive* lauten *mans* „mein", *tavs* „dein" und *savs* „sein eigener" (reflexiv), diese Formen werden wie indefinite Adjektive dekliniert. Die anderen Formen (z.B. „unser") werden durch die Genitive des Personalpronomens ersetzt.

Die *Demonstrativa* lauten *tas, tā* „jener, jene", *šis, šī* „dieser, diese", das Identitätspronomen *pats, pati* „selber, selbst" (zur Deklination siehe Holst 2001: 130–131). Das wichtigste *Fragepronomen* ist *kas* „wer, was" (es ist typologisch äußerst selten, dass ein und dasselbe Fragepronomen für Personen und Sachen verwendet wird; im Lettischen und Litauischen ist dies eine Folge des Zusammenfalls von Maskulinum und Neutrum zu *einer* Form mit maskuliner Endung). Die Kasus lauten: *kā* „wessen", *kam* „wem", *ko* „wen, was".

Verbalmorphologie

Das lettische Verb besitzt die Kategorien Diathese, Tempus, Modus, Numerus, Person und Genus.

Kategorie	Realisierung
Diathese	Aktiv, Passiv
Tempus	*einfach*: Präsens, Präteritum, Futur (I);
	zusammengesetzt: Perfekt, Plusquamperfekt, Futur II
Modus	Indikativ, Imperativ
Numerus	Singular, Plural
Person	1., 2., 3. Person
Genus	Maskulinum, Femininum

Der Indikativ kommt in allen Tempora vor, der Imperativ nur im Präsens Aktiv mit der 2. Person Singular und Plural. Die Tempora Präsens, Präteritum und Futur im Aktiv sind „einfache Tempora", sie werden *synthetisch* gebildet; alle anderen Tempora und sämtliche Formen des Passivs werden *analytisch* mittels Hilfsverb und Partizip gebildet. Die Partizipien unterscheiden dann auch das Genus und Numerus des Subjekts.

Infinite Verbformen sind u.a. Infinitiv, Verbalsubstantiv, Konditionalform, vier Partizipien (Präsens und Perfekt, jeweils Aktiv und Passiv) sowie ein Gerundialpartizip.

Die Bildung der einfachen Tempora

Eine finite lettische Verbform hat folgende Struktur:

Stamm – [Hiatustilger] – [Tempussuffix] – [Charaktervokal] – Personalendung

Der Hiatustilger ist /-j-/, er verhindert das Zusammentreffen zweier Vokale, z.B. **meklē-u > meklē-j-u* „ich suche". Das Tempussuffix /-s-, -š-/ kennzeichnet nur das Futur, während Präsens und Präteritum keinen besonderen Tempusmarker besitzen. Der sog. Charaktervokal hat keine semantische Funktion, er dient zur Differenzierung sonst identischer Verbformen. Die Endung enthält die Information über Person und Numerus: 1. Sg. /-u/, 2. Sg. /-i, -ø/, 1. Pl. /-m/, 2. Pl. /-t/; die Formen der 3. Personen sind endungslos und damit im Singular und Plural identisch. Der Imperativ Sg. ist mit der 2. Person Sg. Präsens identisch, der Imperativ Pl. hat die Endung /-iet/.

Man kann die lettischen Verbstämme nach ihrem Stammauslaut in eine *vokalische* und eine *konsonantische* Klasse einteilen. Die konkrete Formenbildung ist damit noch nicht erfasst, die vokalischen Stämme werden in vier, die konsonantischen in fünf Untergruppen mit kleinen Unterschieden in der Formenbildung untergliedert (diese Details der Verbalmorphologie werden hier nicht behandelt, vgl. Holst 2001: 135–183). Die konkrete Formenbildung ist durch die vier *Stammformen* eines Verbs weitgehend festgelegt. Dazu werden im Lettischen der Infinitiv, die 1. und 2. Sg. Präsens sowie die 1. Sg. Präteritum herangezogen. Die Bildung des Futurs ist weitgehend regelmäßig.

Auffällig ist im Lettischen die Formengleichheit der 3. Person im Singular und Plural aller synthetischer Tempora bei allen Verben. Wie schon erwähnt, stimmt auch der Imperativ Sg. mit der 2. Sg. Präsens überein. Es gibt also insgesamt nur 16 unterschiedliche synthetische Verbformen: jeweils fünf für die einfachen Tempora Präsens, Präteritum und Futur im Aktiv sowie den Imperativ Plural. Bei pronominalem Subjekt wird das entsprechende Personalpronomen in der Regel vor der finiten Verbalform aufgeführt, z.B. *es runāju* „ich spreche", allerdings können die Pronomina der 1. und 2. Person auch ausnahmsweise entfallen. In der Darstellung der Paradigmen in den Tabellen 6.13–15 werden die Pronomina nicht angegeben.

Tab 6.13 *Lettische Konjugation: vokalischer Stammauslaut – runāt „sprechen" (Holst 2001: 137)*

		Präsens	Präterit.	Futur	Imperativ
Sg.	1.	runāju	runāju	runāšu	–
	2.	runā	runāji	runāsi	runā
Pl.	1.	runājam	runājām	runāsim	–
	2.	runājat	runājāt	runāsit	runājiet
Sg./Pl.	3.	runā	runāja	runās	

Bei konsonantischem Stammauslaut spielt die von der Nominalflexion schon bekannte Alternation des Stammauslauts – in der Regel eine Palatalisierung – eine wichtige Rolle. Welche Formen von der Alternation erfasst werden, wird durch die Stammformen festgelegt; z.B. lauten die Stammformen von *nākt* „kommen" *nākt – nāku – nāc – nācu*. Daraus folgt, dass die 2. Sg. Präsens und das gesamte Präteritum alternieren.

Tab 6.14 *Lettische Konjugation: konsonantischer Stammauslaut – nākt „kommen" (Holst 2001: 161)*

		Präsens	Präterit.	Futur	Imperativ
Sg.	1.	nāku	**nācu**	nākšu	–
	2.	**nāc**	**nāci**	nāksi	**nāc**
Pl.	1.	nākam	**nācām**	nāksim	–
	2.	nākat	**nācāt**	nāksit	**nāciet**
Sg./Pl.	3.	nāk	**nāca**	nāks	–

Manche Verben mit konsonantischem Stammauslaut haben zusätzlich zu der Alternation des auslautenden Stammkonsonanten eine sonst im Lettischen nicht vorkommende Alternation des Stammvokals (also einen Ablaut) im Präsens, z.B. *tikt – tieku – tiec – tiku* „bekommen, werden". Dieses Verb wird auch als Hilfsverb bei der Bildung des Passivs verwendet.

Tab 6.15 *Lettische Konjugation: konsonantischer Stamm mit vokalischer Alternation im Präsens – tikt „bekommen, werden"*

		Präsens	**Präteritum**	**Futur**	**Imperativ**
Sg.	1.	**tieku**	tiku	tikšu	–
	2.	**tiec**	tiki	tiksi	**tic**
Pl.	1.	**tiekam**	tika	tiksim	–
	2.	**tiekat**	tikām	tiksit	**ticiet**
Sg./Pl.	3.	**tiek**	tikāt	tika	–

Das unregelmäßige Verb *būt* „sein" hat die suppletiven Stammformen *būt – esmu – esi – biju*; es wird auch für die Bildung der zusammengesetzten Tempora verwendet (Tabelle 6.16).

Tab 6.16 *Lettische Konjugation: būt „sein" (Holst 2001: 172)*

		Präsens	**Präteritum**	**Futur**	**Imperativ**
Sg.	1.	esmu	biju	būšu	–
	2.	esi	biji	būsi	esi
Pl.	1.	esam	bijām	būsim	–
	2.	esat	bijāt	būsit	esiet
Sg./Pl.	3.	ir	bija	būs	–

Die Bildung der zusammengesetzten Tempora im Aktiv

Die Tempora Perfekt, Plusquamperfekt und Futur II werden analytisch gebildet. Dazu werden die finiten Formen des Hilfsverbs *būt* „sein" (vgl. Tabelle 6.16) in den Tempora Präsens, Präteritum bzw. Futur mit dem Partizip Perfekt Aktiv (PPA) verbunden. Das PPA wird aus der 1. Sg. Präteritum – also aus der 4. Stammform – abgeleitet, die vier Formen des Nominativs sind in Tabelle 6.17 aufgeführt.

Tab 6.17 *Das Partizip Perfekt Aktiv im Nominativ (Holst 2001: 181)*

	Maskulinum	Femininum
Singular	runā-j-is	runā-j-us-i
Plural	runā-j-uš-i	runā-j-uš-as

Der Konditionalis wird durch die unveränderliche Konditionalform *būtu* + PPA gebildet. Dann ist zwar nicht die Person, aber durch die Form des PPA Numerus und Genus des Subjekts unterscheidbar. Die Bildung der zusammengesetzten Tempora ist am Beispiel *runāt* „sprechen" in Tabelle 6.18 zusammengefasst.

Tab 6.18 *Die Bildung der zusammengesetzten Tempora im Lettischen (Holst 2001: 204–205)*

Tempus	Form	Bedeutung
Perfekt	esmu runājis/-usi	„ich (m./f.) habe gesprochen"
	esi runājis/-usi	„du (m./f.) hast gesprochen"
	ir runājis/-usi	„er/sie hat gesprochen"
	esam runājuši/-ušas	„wir (m.*/f.) haben gesprochen"
	esat runājuši/-ušas	„ihr (m.*/f.) habt gesprochen"
	ir runājuši/-ušas	„sie (m.*/f.) haben gesprochen"
Plusqperf.	biju runājis	„ich (m.) hatte gesprochen"
Futur II	būšu runājis	„ich (m.) werde gesprochen haben"
Konditional	būtu runājis	„ich (m.) hätte/du (m.) hättest/er hätte gesprochen"
	būtu runājušas	„wir hätten/ihr hättet/sie hätten gesprochen (f.)"

Abkürzung: m.* = Männer oder eine gemischte Gruppe von Männern und Frauen

Die Bildung des Passivs

Zur Bildung des Passivs werden die finiten Formen des Verbs *tikt* „bekommen, werden" (siehe Tabelle 6.15) mit dem Partizip Perfekt Passiv (PPP) verbunden. Dessen Nominativformen lauten z.B. vom Verb *mīlēt* „lieben":

Tab 6.19 *Das Partizip Perfekt Passiv im Nominativ*

	Maskulinum	Femininum
Singular	mīlēt-s	mīlēt-a
Plural	mīlēt-i	mīlēt-as

Tab 6.20 *Lettische Konjugation: Die Bildung des Passivs – mīlēt „lieben" (Holst 2001: 205–207)*

Tempus	Form	Bedeutung
Präsens	tieku mīlēts/-a	„ich (m./f.) werde geliebt"
	tiec mīlēts/-a	„du (m./f.) wirst geliebt"
	tiek mīlēts/-a	„er/sie wird geliebt"
	tiekam mīlēti/-as	„wir (m.*/f.) werden geliebt"
	tikat mīlēti/-as	„ihr (m.*/f.) werdet geliebt"
	tiek mīlēti/-as	„sie (m.*/f.) werden geliebt"
Präteritum	tiku mīlēts	„ich (m.) wurde geliebt"
Futur	tikšu mīlēts	„ich (m.) werde geliebt werden"
Perfekt	esmu ticis mīlēts	„ich (m.) bin geliebt worden"
Plusqperf.	biju ticis mīlēts	„ich (m.) war geliebt worden"
Futur II	būšu ticis mīlēts	„ich (m.) werde geliebt worden sein"

Abkürzung: m.* = Männer oder eine gemischte Gruppe von Männern und Frauen

Bemerkungen zur Syntax

Die normale Stellung des einfachen lettischen Satzes ist SVO. Das direkte Objekt kann zur Fokussierung vorgezogen werden (O_FOK VS), ein pronominales Objekt steht gewöhnlich vor dem Verb (SO_PRON V). Das Lettische ist eine Nominativ-Akkusativ-Sprache, d.h. das Subjekt steht im Nominativ (unabhängig davon, ob das Verb transitiv oder intransitiv ist), das direkte Objekt im Akkusativ, das indirekte im Dativ.

Tab 6.21 *Beispiele zur Satzstellung im Lettischen*

Beispiel	Übersetzung/Satzstellung
Juris mīl Baibu	„Juris liebt Baiba" (SVO)
Baiba mīl Juri	„Baiba liebt Juris" (SVO)
Baibu mīl Juris	„Juris liebt Baiba (und keine andere)" (O_FOK VS)
es tevi mīlu	„Ich liebe dich" (SO_PRON V)
Juris dod Baibai grāmatu	„Juris gibt Baiba (Dat.) ein/das Buch." (SVO_INDIR O_DIR)

Das Prädikatsnomen richtet sich – anders als im Deutschen – in Genus und Numerus nach dem Subjekt:

Beispiel	Übersetzung und Erklärung
vakar laiks bija slikts	„Gestern (*vakar*) war das Wetter (*laiks*) schlecht."
vīreši ir klusi	„Die Männer sind still (*klusi*)."
sievietes ir klusas	„Die Frauen sind still (*klusas*)."

Bei Nebensätzen gibt es keine Umstellung der Satzteile, wie sie im Deutschen üblich ist:

Beispiel	Übersetzung
viņa viņu nemīl	„Sie liebt ihn nicht." (*ne*- Negationspräfix)
visi zina, ka viņa viņu nemīl	„Alle wissen, dass sie ihn nicht liebt."

Die Beispiele zur Syntax stammen aus Holst 2001: 207–212.

7 | Slawisch

Mit etwa 320 Mio. Muttersprachlern ist das Slawische ein bedeutender Primärzweig des Indogermanischen. Die mit Abstand sprecherreichste slawische Sprache ist das *Russische* mit rund 160 Mio. Erstsprechern sowie etwa 100 Mio. Zweitsprechern. Nach der Sprecherzahl folgen *Polnisch* mit 55 Mio. und *Ukrainisch* mit 40 Mio. Sprechern. Fast alle größeren slawischen Sprachen sind die Nationalsprachen ihrer jeweiligen Länder.

Die slawischen Sprachen sind aus einer gemeinsamen Protosprache entstanden, die man *Urslawisch* oder *Protoslawisch* nennt und der die älteste slawische Schriftsprache, das bis ins 9. Jh. zurückreichende *Altkirchenslawische*, zeitlich und sprachlich am nächsten kommt. Man nimmt an, dass die Ausgliederung des Urslawischen aus dem Indogermanischen vor etwa 3000 Jahren erfolgt ist. Das Slawische ist besonders nahe mit dem Baltischen verwandt, manche Forscher gehen von einer *balto-slawischen Einheit* innerhalb des Indogermanischen aus. Diese nicht von allen Fachleuten geteilte Hypothese wurde im Abschnitt 6.1 genauer untersucht.

Das Slawische wird in *drei Hauptzweige* eingeteilt: Ost-, West- und Südslawisch. Diese Zweige haben sich in der Mitte des 1. Jt. n. Chr. aus dem Urslawischen entwickelt, danach kam es durch Migrationen zur Ausdifferenzierung der heutigen Einzelsprachen. Die slawischen Sprachen bilden eine relativ homogene Sprachfamilie, vergleichbar mit den romanischen Sprachen.

Im slawischen Sprachraum werden bzw. wurden drei *alphabetische Schriftsysteme* verwendet: glagolitisch, kyrillisch und lateinisch. Das von Kyrill um 860 entwickelte eigenständige *glagolitische Alphabet* wurde seit dem 10. Jh. durch die in Ostbulgarien aus griechischen Majuskeln entstandene sog. *kyrillische Schrift* zurückgedrängt und schließlich abgelöst. Die Religion der Sprecher und die verwendete Schriftform korrelieren: Die orthodoxen Christen verwenden die kyrillische Schrift (für das Russische, Weißrussische, Ukrainische, Serbische, Bulgarische und Mazedonische), die katholischen und protestantischen Christen sowie die muslimischen Bosnier nutzen die Lateinschrift (für das Polnische, Sorbische, Tschechische, Slowakische, Slowenische, Kroatische und Bosnische).

7.1 Urheimat, interne Gliederung und Verbreitung

Urheimat und Ausgliederung

Wie oben erwähnt, ist die Abtrennung des Slawischen aus dem Indogermanischen vor etwa 3000 Jahren erfolgt. Es ist sehr schwierig, über das Verbreitungsgebiet des frühen Urslawischen – die sog. *slawische Urheimat* – konkrete Aussagen zu machen. Die ersten historischen Quellen, die sich eindeutig auf slawische Stämme beziehen, stammen aus dem 6. Jh. n. Chr. (Jordanes in seiner Gotengeschichte, um 550). Danach hatten sich die Slawen bereits in mehrere Zweige mit unterschiedlichen Siedlungsgebieten und wohl auch differierenden Sprachformen aufgespalten, Jordanes schreibt von *Venetern* (Wenden?), *Sklawen* und *Anten*.

Allgemein wird heute angenommen, dass die Aufspaltung des Slawischen in die drei Hauptzweige in der Mitte des 1. Jt. n. Chr. begonnen hat. (N. Trunte 2005: 14 geht von einer etwas späteren Entwicklung aus und setzt die Entstehung slawischer Einzelsprachen erst um 800 n. Chr. an.) Als Kern des Siedlungsgebiets der Slawen in der letzten Phase ihrer sprachlichen Einheit gilt die historische Landschaft *Wolhynien* (Zentral- und Westukraine, Südwest-Weißrussland, Ostpolen). Dieses Gebiet wird im Norden durch die Pripjet-Sümpfe, im Westen durch die Karpaten und den Oberlauf der Weichsel und im Osten durch den Mittellauf des Dnjepr begrenzt. Im Süden wurde es durch einige nicht-slawische Völker (Iranier, Goten, Hunnen) vom Schwarzen Meer getrennt. Belegt wird diese „späte Urheimat" vor allem durch die Verbreitung von Gewässernamen eindeutig slawischer Herkunft. In diesem Gebiet kamen die frühen Slawen in Kontakt mit Germanen (Goten) und Iraniern (Skythen, Sarmaten, Alanen).

Der Zusammenbruch des hunnischen Attilareiches im Jahre 453 hinterließ in Mittel- und Südosteuropa ein Machtvakuum, das die Slawen zu nutzen wussten. Sie stießen in großer Zahl in das Gebiet südlich der Karpaten und auf den Balkan vor, im Westen gelangten sie bis zur unteren Elbe. Andere slawische Gruppen wandten sich nach Norden und Osten und drangen in baltische und finnisch-ugrische Gebiete ein.

Durch die Migration der Slawen in Gebiete mit nicht-slawischer Vorbevölkerung kam es zu vielfältigen Kontakten und Assimilationsprozessen mit unterschiedlichen Ergebnissen. In vielen Gebieten konnten sich die Slawen mit ihrer Sprache durchsetzen, was ihre heutige weite Verbreitung in Ost-, Mittel- und Südosteuropa belegt, in anderen Gebieten assimilierten sie sich an die dortige Bevölkerung oder wurden von später vordringenden Völkern wieder verdrängt. Die östlichen Slawen hatten frühe Kontakte mit finno-ugrischen und baltischen Völkern, die im Westen bis über die Elbe vorgedrungenen Slawen wurden später im Zuge der deutschen Ostkolonisation absorbiert. In Rumänien assimilierten sich die Slawen an die romanischsprachige Bevölkerung und nahmen deren Sprache an, im Gebiet des heutigen Ungarn wurden sie weitgehend magyarisiert. Die letzte große Phase der slawischen Expansion war die Kolonisierung Sibiriens durch Russland, wodurch das Slawische (insbesondere das Russische) bis an die Pazifikküste vordrang und zahlreiche altsibirische, turkische und tungusische Sprachen in Rückzugsgebiete abdrängte oder absorbierte.

Interne Gliederung

Die heute allgemein übliche Dreiteilung in Ost-, West- und Südslawisch geht auf den Beginn des 19. Jh. zurück. Zum *Ostslawischen* gehören Russisch, Weißrussisch und Ukrainisch, zum *Westslawischen* Polnisch, Nieder- und Obersorbisch, Tschechisch und Slowakisch, zum *Südslawischen* Bulgarisch, Mazedonisch, Slowenisch sowie Serbisch, Kroatisch und Bosnisch. Darüber hinaus gibt es eine Reihe slawischer Klein- und Regionalsprachen, die entweder als Dialekte der genannten größeren Sprachen eingeordnet oder auch als eigenständige Sprachen betrachtet werden.

Während das Ostslawische relativ einheitlich ist – die Ausdifferenzierung der Einzelsprachen erfolgte erst spät –, lässt das Westslawische eine dreifache Untergliederung in das *Lechische* (Polnisch sowie die elb- und ostseeslawischen Sprachen), *Sorbische* und *Tschechisch-Slowakische* zu. Das Südslawische gliedert sich in eine *westliche* Untereinheit (Slowenisch und Serbisch-Kroatisch-Bosnisch) sowie in eine *östliche* (Bulgarisch und Mazedonisch). Die Klassifikation in Tabelle 7.1 – einschließlich der Einschätzung von slawischen Varietäten als „Sprachen" – basiert im Wesentlichen auf Rehder 1998 und Sussex-Cubberley 2006.

Tab 7.1 *Interne Klassifikation der slawischen Sprachen (Karte 1, Seite 741)*

Spracheinheiten	Einzelsprachen
SLAWISCH	
OSTSLAWISCH	Altostslawisch †
	Russisch (160 Mio., mit S2 250 Mio.)
	Ukrainisch (40 Mio., mit S2 47 Mio.)
	Weißrussisch (8 Mio.)
	Russinisch (Ruthenisch) (800 Tsd.)
	Westpolessisch (Polessisch) (> 1 Mio.)
WESTSLAWISCH	
LECHISCH	
POLNISCH	**Polnisch** (55 Mio.)
ELB-OSTSEE-SLAWISCH	
KASCHUB.-SLOWINZ.	Kaschubisch (50 Tsd., ethnisch 150 Tsd.)
	Slowinzisch †
OSTSEESLAWISCH	Pomoranisch (Ostseeslawisch) †
ELBSLAWISCH	Polabisch (Elbslawisch, Drewanisch) †
SORBISCH	Niedersorbisch (7.000)
	Obersorbisch (13.000)
TSCHECH.-SLOWAKISCH	**Tschechisch** (12 Mio.)
	Slowakisch (6 Mio.)
SÜDSLAWISCH	
WEST	
SLOWENISCH	**Slowenisch** (2,2 Mio.)
	Resianisch (1.500)
SERBO-KROATISCH	**Serbisch** (10 Mio.)
	Kroatisch (7 Mio.)
	Burgenlandkroatisch (20.000)
	Moliseslawisch (3.000–5.000)
	Bosnisch (Bosniakisch) (2,6 Mio.)
OST	Altkirchenslawisch (Altbulgarisch) †
	Bulgarisch (9 Mio.) (inkl. Pomakisch)
	Banater Bulgarisch (20.000)
	Mazedonisch (2 Mio.)

Standardsprachen und Kleinschriftsprachen

Es ist in der Slawistik üblich, slawische Sprachen in *Standardsprachen* – wobei soziolinguistische, soziokulturelle und staatlich-politische Kriterien eine Rolle spielen – sowie in *Mikroliteratur-* oder *Kleinschriftsprachen* einzuteilen. Von manchen Forschern werden diese Klein- und Regionalsprachen zum Teil nur als Dialekte oder Varietäten von Standardsprachen aufgefasst. Die Standardsprachen sind nach dem Zerfall Jugoslawiens und der Aufteilung der Tschechoslowakei exakt die slawischen Sprachen mit dem Status einer Nationalsprache. In diesem Sinne sind

- **Slawische Standard- und Nationalsprachen**: Russisch, Ukrainisch, Weißrussisch, Polnisch, Tschechisch, Slowakisch, Slowenisch, Serbisch, Kroatisch, Bosnisch, Bulgarisch und Mazedonisch.
- **Kleinschrift- oder Mikroliteratursprachen**: Russinisch, Westpolessisch, Kaschubisch, Nieder- und Obersorbisch, Resianisch, Burgenland-Kroatisch, Moliseslawisch und Banater Bulgarisch.

Bosnisch, Kroatisch und Serbisch sind linguistisch weitgehend identisch, sie stellen also trotz kleinerer Unterschiede im Prinzip eine einzige Sprache dar, das „Serbokroatische". Ihre Trennung hat im Wesentlichen staatlich-politische Gründe. Seit 2007 wird auch das in Montenegro verwendete Serbisch in der Verfassung des neugegründeten Staates Montenegro als eigenständige Nationalsprache „Montenegrinisch" definiert.

Ausgestorbene slawische Sprachen

Die wichtigste ausgestorbene slawische Sprache ist das zum südslawischen Zweig gehörende *Altkirchenslawisch*, das in etwa 30 Handschriften und einem Dutzend Inschriften des 9. und 10. Jh. belegt ist. Vor allem anhand des Altkirchenslawischen lässt sich das späte Urslawische weitgehend erschließen. Als Weiterentwicklungen des Altkirchenslawischen entstanden durch lokale Einflüsse und bewusste Normierungsansätze sog. *Redaktionen*, z.B. die bulgarische, serbische, russische, kroatische und tschechische Form des *Kirchenslawischen*. Diese Redaktionen spielten bis in die Neuzeit hinein eine wichtige Rolle in den orthodox geprägten slawischen Gebieten, heute wird dagegen das russisch geprägte *Neukirchenslawische* in fast allen slawisch-orthodoxen Kirchen als Liturgiesprache verwendet. Eine weitere Quelle für die Rekonstruktion des Urslawischen ist das *Altostslawische*, eine vom 10. bis 14. Jh. vor allem in der Kiewer Rus benutzte Sprache, aus der sich die ostslawischen Sprachen entwickelt haben.

Im Zuge der deutschen Ostkolonisation wurde eine größere Zahl westslawischer Völker assimiliert oder verdrängt, ihre Sprachen starben aus. Dies betraf zunächst die Sprachen der slawischen Stämme zwischen Elbe und Oder sowie auf der Insel Rügen, die bis zum Beginn des 15. Jh. gesprochen wurden, dann das *Polabische* an der unteren Elbe, das in der ersten Hälfte des 18. Jh. ausstarb, das *Ostseeslawische*, dessen östliche Dialekte erst im 19. Jh. untergingen, sowie das bis 1945 in Hinterpommern gesprochene *Slowinzische*, während sich das nah verwandte *Kaschubische* bis heute halten konnte.

Die heutige Verbreitung der slawischen Sprachen

Tabelle 7.2 gibt einen Überblick über die Sprecherzahlen und Hauptverbreitungsgebiete der modernen slawischen Sprachen.

Tab 7.2 *Sprecherzahlen und Verbreitungsgebiete slawischer Sprachen*

Sprache	Sprecherzahl	Hauptverbreitungsgebiet
Ostslawisch		
Russisch	160.000.000	**Russland**, Weißrussland, Ukraine, Lettland, Estland; Kasachstan, Kirgistan; Staaten der ehem. Sowjetunion
Ukrainisch	40.000.000	**Ukraine**, Russland, Weißrussland, Moldawien, Slowakei, Rumänien; Kasachstan
Weißrussisch	8.000.000	**Weißrussland**, Russland, Ukraine, Polen, Baltikum
Russinisch	ca. 800.000	Ukraine (Karpatengebiet), Nordost-Slowakei, Süd-Polen; Serbien (Vojvodina), Kroatien (Slawonien)
Westpolessisch	ca. 1.000.000	Grenzland Ukraine – Weißrussland
Westslawisch		
Polnisch	55.000.000	**Polen**, Weißrussland, Ukraine, Litauen, Tschechien
Kaschubisch	50.000	Polen (westlich und südlich von Danzig)
Niedersorbisch	7.000	Deutschland (Niederlausitz, Umgebung von Cottbus)
Obersorbisch	13.000	Deutschland (Oberlausitz, Umgebung von Bautzen)
Tschechisch	12.000.000	**Tschechien**, Slowakei, Österreich, Rumänien
Slowakisch	6.000.000	**Slowakei**, Serbien, Ungarn, Rumänien, Tschechien
Südslawisch		
Slowenisch	2.200.000	**Slowenien**, Österreich (Südkärnten), Italien, West-Ungarn
Resianisch	1.500	Italien (Provinz Udine im Resia-Tal)
Serbisch	10.000.000	**Serbien, Montenegro, Bosnien & Herzegowina, Kosovo, Kroatien, Mazedonien**, Ungarn, Slowenien
Kroatisch	7.000.000	**Kroatien, Montenegro, Bosnien & Herzegowina, Serbien**
Burgenlandkroatisch	20.000	Österreich (Burgenland, Wien), Ungarn, Slowakei
Moliseslawisch	3.000	Italien (Region Molise)
Bosnisch	2.600.000	**Bosnien & Herzegowina, Montenegro, Kosovo**, Serbien
Bulgarisch	9.000.000	**Bulgarien**, Ukraine, Moldawien, Mazedonien, Griechenland, Serbien, Rumänien, Türkei
Banater Bulgarisch	20.000	Rumänien (Banat)
Mazedonisch	2.000.000	**Mazedonien**, Griechenland, Bulgarien, Albanien, Kosovo

Halbfettdruck: in diesem Staat ist die jeweilige Sprache Amtssprache bzw. regionale Amtssprache.

Etliche slawische Sprachen sind durch Migrationen der letzten Jahrzehnte auch in West-europa, Nord- und Südamerika sowie in Australien mit nennenswerten Sprecherzahlen vertreten.

7.2 Das Urslawische

Das Urslawische oder Protoslawische ist die hypothetisch erschlossene Sprachform, aus der sich alle slawischen Sprachen entwickelt haben. Man unterscheidet ein frühes und spätes Urslawisch. Das *späte Urslawisch* ist die einheitliche slawische Sprache vor ihrer Aufgliederung in die einzelnen Zweige etwa in der ersten Hälfte des 1. Jt. n. Chr., diese Periode wird mit einem vieldiskutierten Begriff auch als *Gemeinslawisch* bezeichnet. Die älteren Formen des Slawischen nach seiner Herauslösung aus dem Proto-Indogerma-nischen nennt man dagegen *frühes Urslawisch* (1. Jt. v. Chr.). Für die Entwicklung der sla-wischen Sprachfamilie sind also folgende Übergänge anzusetzen: Proto-Indogermanisch → Proto-Balto-Slawisch (falls man diese Einheit als gegeben ansieht) → frühes Urslawisch → spätes Urslawisch → Entwicklung der drei slawischen Hauptzweige Ost-, West- und Südslawisch → Bildung von Unterzweigen (z.B. westliches und östliches Südslawisch) → Herausbildung der Einzelsprachen. Erwartungsgemäß lässt sich das späte Urslawisch wegen seiner zeitlichen Nähe zum Altkirchenslawischen wesentlich sicherer rekonstru-ieren als die älteren Sprachzustände.

Lexikalischer Vergleich

In Tabelle 7.3 sind einige slawische Wortgleichungen (Körperteile, Verwandtschaftsbe-zeichnungen) mit den rekonstruierten urslawischen Formen (zweitletzte Spalte) und der entsprechenden indogermanischen Wortwurzel (letzte Spalte) zusammengestellt. Die Beispiele zeigen die enge Verwandtschaft der slawischen Sprachen untereinander, insbe-sondere innerhalb der drei Hauptzweige. Die in kyrillischer Schrift geschriebenen Spra-chen (Russisch, Ukrainisch, Bulgarisch, Altkirchenslawisch) werden transkribiert.

Tab 7.3 *Slawische Wortgleichungen*

Deutsch	Russ.	Ukrain.	Poln.	Tschech.	O.Sorb.	Slowen.	Serb.	Bulgar.	AKS	Urslaw.	Ur-Idg.
Kopf	golova	holova	głowa	hlava	hłowa	glava	glava	glava	glava	*golva	–
Auge	oko	oko	oko	oko	woko	oko	oko	oko	oko	*oko	*h₃kʷ-
Ohr	ucho	vucho	ucho	ucho	wucho	uho	uho	uho	uxo	*uxo	*hₓóus-
Nase	nos	nis	nos	nos	nós	nos	nos	nos	–	*nosŭ	*hₓnás-
Hand, Arm	ruka	ruka	ręka	ruka	ruka	roka	ruka	răka	rǫka	*rǫka	–
Fuß, Bein	noga	noha	noga	noha	noha	noga	noga	noga	noga	*noga	*h₃nógh-
Herz	serdce	serce	serce	srdce	–	srce	srce	sărce	srŭdĭce	*sĭrdĭce	*kʼr̥d-

Deutsch	Russ.	Ukrain.	Poln.	Tschch.	O.Sorb.	Slowen.	Serb.	Bulgar.	AKS	Urslaw.	Ur-Idg.
Schwester	sestra	sestra	siostra	sestra	sotra	sestra	sestra	sestra	sestra	*sestra	*su̯ésōr
Bruder	brat	brat	brat	bratr	bratr	brat	brat	brat	bratrŭ	*bratrŭ	*bhréh₂tēr
Tochter	doč(er)'	dočka	córka	dcera	dźowka	–	ćerka		dăšterja	dŭšti	*dŭkti	*dhugh₂tēr
Sohn	syn	syn	syn	syn	syn	sin	sin	sin	synŭ	*synŭ	*sūnú-

Abkürzungen: AKS Altkirchenslawisch, O.Sorb. Obersorbisch. ĭ wird statt ь, ŭ statt ъ verwendet.

Die urslawische Lautverschiebung

Die bedeutendsten Neuerungen des slawischen Lautsystems sind bei den Verschlusslauten festzustellen, sie gleichen den Veränderungen im Baltischen:

- Fortfall der Aspiration, Zusammenfall der aspirierten mit den nicht-aspirierten Plosiven, z.B. *bh > b
- Entrundung der Labiovelare, Zusammenfall der Labiovelare mit den einfachen Velaren, z.B. *kʷ > k
- Entwicklung der palatalisierten Plosive zu Sibilanten, *k' > s, *g' > z (*Satem-Eigenschaft*)
- Zusammen mit dem Baltischen und Indoiranischen unterliegt das Slawische der sog. *ruki*-Regel: Nach /r, u, k, i/ wird indogermanisches /*s/ zu /š/ oder /x/ (Allerdings wird die ruki-Regel im Slawischen und Baltischen nicht so konsequent eingehalten wie im Indoiranischen.)

Diese Lautänderungen sind wahrscheinlich schon für das frühe Urslawische charakteristisch. Die Tabelle 7.4 gibt Belege für die Entwicklung einiger indogermanischen Verschlusslaute im Slawischen. Zur Darstellung der slawischen Form wird das Altkirchenslawische herangezogen.

Tab 7.4 *Die slawische Lautverschiebung (Mallory-Adams 1997: 525)*

Idg. >	Slaw.	Ur.-Idg.	Bedeutung	Altkirchenslaw.
*bh	b	*bhréh₂tēr	„Bruder"	bratrŭ
*dh	d	*dhuh₂mós	„Rauch"	dymŭ
*gh	g	*ghórdhos	„Einfriedung"	gradŭ „Stadt"
*kʷ	k	*wḷkʷos	„Wolf"	vlĭkŭ
*gʷ	g	*gʷóu-	„Kuh"	govędo
*k'	s	*k'ṛd	„Herz"	srĭd-ice
*g'	z	*g'ómbhos	„Zahn, Pflock"	zǫbŭ
*s	s	*seh₁-	„säen"	sě-ti
*s	š	*pise-	„stoßen"	pĭšǫ (ruki-Regel)
*s	x	*hₓóus-	„Ohr"	uxo (ruki-Regel)

Zur Schreibweise: ĭ statt ь, ŭ statt ъ

Das urslawische Lautsystem

Im frühen Urslawischen gab es die Vokale /i, u, e, å/, die in kurzer und langer Form auftraten. Beim Übergang zum späten Urslawischen entwickelte sich aus jeder Kurz- und Langform ein eigener Vokal: i: > i, u: > y, e: > ě, å: > a; i > ĭ (ь), u > ŭ (ъ), e > e, å > o. Zusätzlich entstanden die nasalierten Vokale /ę, ǫ/. Weitere Vokale ergaben sich bei der Monophthongisierung von Diphthongen: eu > (j)u, ei > i, åi > ě, åu > u.

Die rekonstruierten Konsonantenphoneme des späten Urslawischen sind in Tabelle 7.5 dargestellt.

Tab 7.5 *Die späturslawischen Konsonantenphoneme (Sussex-Cubberley 2006: 137)*

	bilabial	labio-dental	alveolar	post-alveolar	palatal	velar
Plosive	p, b		t, d			k, g
Frikative		v	s, z	ʃ (š), ʒ (ž)		x
Affrikaten			ts (c), dz (ʒ)	tʃ (č), dʒ (ǯ)		
Nasale	m		n			
Liquiden			l, r		j	

In Klammern stehen die in der Slawistik üblichen Zeichen.

Zusätzlich gibt es die palatalisierten Alveolare /t', d', s', n', l', r'/. Die späturslawischen Phoneme sind mit denen des Altkirchenslawischen nahezu identisch (Huntley 1993: 126 ff.).

Silbenharmonie, Liquidametathese und Volltönigkeit

Beim Übergang vom frühen zum späten Urslawischen bzw. zur Phase der Aufgliederung in die drei Hauptzweige sind mehrere lautliche Tendenzen wirksam, darunter die sog. *Silbenharmonie*, die in bestimmten Konstellationen zu einer Palatalisierung führte, sowie die *Liquidametathese* (im Süd- und Westslawischen) und die *Volltönigkeit* im Ostslawischen.

Die Silbenharmonie bewirkte bei Velar + Vordervokal /ě, i/ die Palatalisierung: *k > c, *g > ʒ (> z), *x > s (ost- und südslawisch) bzw. *x > š (westslawisch), z.B. *kělŭ > cělŭ „ganz", *gělo > ʒělo „sehr". Allerdings gibt es auch Ausnahmen von dieser Regel, insbesondere im Altrussischen.

Eine weitere Lautveränderung ist die sog. *Liquidametathese* und *Volltönigkeit* (Pleophonie). Dabei wurde urslawisch *KORK zu südslawisch (inkl. Tschechisch und Slowakisch) KRAK, zu polnisch KROK und ostslawisch zu KOROK, im Elb- und Ostseeslawischen blieb teilweise KORK bzw. KARK erhalten. (Hier steht K für einen beliebigen Konsonanten, R für die Liquida r/l, O für o/e, A für a/ě.) Im West- und Südslawischen erfährt die Lautfolge OR also eine Metathese, im Ostslawischen wird durch einen zusätzlichen Vokal eine weitere volltönige Silbe erzeugt.

Tab 7.6 *Liquidametathese und Volltönigkeit (Janda 2009: 974–977)*

Deutsch	Urslawisch *KORK	Altkirchsl. KRAK	Polnisch KROK	Russisch KOROK
Stadt, Burg	*gordŭ	gradŭ	gród	gorod
Kopf	*golva	glava	głowa	golova
Ufer	*bergŭ	brĕgŭ	brzeg	bereg
Milch	*melko	mlĕko	mleko	moloko

Eine Erhöhung der Sonorität wurde durch die Übergänge *KVK > KV und *V > KV erzielt, also durch den Verlust von silbenfinalen Konsonanten und die Prothese von Konsonanten vor anlautenden Vokalen, z.B. *sūnus > synŭ „Sohn", *esti > jestī „ist".

Die urslawischen Konsonantengruppen *tj und *dj entwickelten sich im westlichen Südslawischen zu *ć /*ʒ́, im östlichen Südslawischen zu *šť/*žd', im Westslawischen zu *c/*ʒ und im Ostslawischen zu *č/*ʒ. Für die Darstellung weiterer slawischer Lautveränderungen wird auf Sussex-Cubberley 2006, Schenker 1993 und Andersen 1998 verwiesen.

Nominalmorphologie

Die Morphologie des Urslawischen ist mit einer Fülle von Morphemen (Endungen) sowie Ableitungs- und Wortbildungsaffixen hoch synthetisch. Während sich die Deklination des frühen Urslawischen wie im Proto-Indogermanischen primär nach dem Stammauslaut richtete, wurde die Deklinationsform schon im späten Urslawischen stärker durch das Genus des Nomens bestimmt, eine Tendenz, die sich im Altkirchenslawischen und vor allem in den späteren slawischen Einzelsprachen immer mehr durchsetzte. Die nominalen Kategorien des Urslawischen sind Genus, Numerus, Kasus und Definitheit.

Kategorie	Realisierung
Genus	Maskulinum, Femininum, Neutrum
Numerus	Singular, Plural, Dual
Kasus	Nominativ, Genitiv, Dativ, Akkusativ, Vokativ, Lokativ, Instrumental
Definitheit	indefinit, definit (nur bei Adjektiven)

Das Urslawische besaß die *Genera* Maskulinum, Femininum und Neutrum sowie die *Numeri* Singular, Plural und Dual (letzterer mit reduziertem Kasusbestand), alle modernen slawischen Sprachen außer dem Sorbischen und Slowenischen haben den Dual jedoch verloren. Das indogermanische *Kasussystem* blieb im Urslawischen und auch in den meisten slawischen Einzelsprachen weitgehend erhalten, nur der Ablativ und Genitiv fielen formal und funktional zusammen, es blieben also sieben Kasus übrig. Die Kasusunterscheidungen gingen im Bulgarischen und Mazedonischen nach und nach verloren, der Vokativ verschwand in den meisten Sprachen als eigenständiger Kasus und wurde durch den Nominativ ersetzt. Zusätzlich zu den drei Genera entwickelte sich bei maskulinen Nomina die Kategorie der *Belebtheit*, die morphologisch meist daran erkennbar wird, dass der Akkusativ Singular bei belebten Nomina durch den Genitiv Singular gebildet wird.

Das *Adjektiv* entwickelte die zusätzliche Kategorie der *Definitheit*, die durch eine Langform zum Ausdruck gebracht wurde, während die nicht markierte Kurzform für den indefiniten Fall steht (so noch im Slowenischen und Serbisch-Kroatisch-Bosnischen). Im Polnischen, Tschechischen und Russischen wurden die Kurzformen auf den prädikativen Gebrauch beschränkt, im Bulgarischen und Mazedonischen haben sich nur die Kurzformen erhalten, Definitheit wird durch einen angehängten Artikel zum Ausdruck gebracht.

Verbalmorphologie

Für das urslawische Verbalsystem ist die Dreistämmigkeit von Präsens-, Infinitiv- und Imperfektstamm als Grundlage des Flexionsparadigmas charakteristisch, sie findet sich noch im Altkirchenslawischen, während sie später auf eine Zweistämmigkeit (meist Präsens- und Infinitivstamm) reduziert wurde. Das slawische Imperfekt ist eine exklusiv slawische Neuerung, die auch im Baltischen keine Parallele hat. Das urindogermanische Imperfekt wurde im Slawischen als Aorist fortgesetzt, der sich heute noch in den südslawischen Sprachen erhalten hat. Der indogermanische Optativ wurde zum Imperativ.

Kennzeichnend für das Slawische ist das *Aspektsystem*, wobei die Kennzeichnung des imperfektiven und perfektiven Aspekts zunächst durch die Gegenüberstellung von Imperfekt- und Aoristformen (also durch die Formen *eines* Verbs) erfolgte. Erst später wurde das Aspektsystem durch Methoden der Wortbildung mittels Präfixen und Suffixen systematisch ausgebaut. So bildeten sich Paare von Verben für die beiden Aspekte mit gleicher Grundbedeutung.

Von den indogermanischen Verbalkategorien gingen im Slawischen Medium und Passiv, der Modus Subjunktiv und das Tempus Perfekt bis auf kleine Relikte verloren. Neue analytische (periphrastische) Bildungen übernahmen den Ausdruck weiterer Tempora (z.B. Perfekt, Futur), Modi (z.B. Konditional) sowie des neuen Passivs. Die ursprünglich auf die Fortsetzer athematischer Verben beschränkte Endung /-mĭ/ der 1. Person Singular Präsens fand als /-m/ im Süd- und Westslawischen weite Verbreitung.

7.3 Das Altkirchenslawische

Das Altkirchenslawische ist die Sprache einer relativ kleinen Gruppe von Texten, die auf die Übersetzungen der Brüder Konstantin (bekannter unter dem Namen Kyrill) und Method für ihre Slawenmission in Mähren im 9. Jh. zurückgehen. Die Texte sind hauptsächlich in einem von Kyrill entwickelten slawischen Alphabet, der sog. *glagolitischen* Schrift verfasst, ihre Sprache ist das Südslawische der Region von Thessaloniki.

Die mährische Mission der Brüder Konstantin (Kyrill) und Method

Die gelehrten Brüder Method (um 815–885) und Konstantin (826/7–869) – letzterer nahm kurz vor seinem Tod in Rom den Mönchsnamen Kyrill an, unter dem er heute allgemein bekannt ist – wurden 863 vom byzantinischen Kaiser Michael III. mit der Mission der Slawen im Großmährischen Reich des Fürsten Rastislaw betraut, der eine entsprechende Bitte an den byzantinischen Kaiser gerichtet hatte. Das Großmährisches Reich (833–907) war die erste größere slawische Reichsgründung, sein Gebiet umfasste das heutige Mähren (östliches Tschechien), die Slowakei sowie angrenzende Teile Ungarns. Konstantin schuf zusammen mit seinem älteren Bruder Method das erste slawische Alphabet (siehe unten) und übersetzte die Evangelien sowie wichtige liturgische Texte aus dem Griechischen in seine südslawische Muttersprache. 863 brachen die Missionare nach Mähren auf, wo sie eine erfolgreiche, sich bald bis Pannonien erstreckende Missionsarbeit unter der slawischen Bevölkerung einleiteten. (Offensichtlich verstanden die zu den Westslawen zählenden Mähren die südslawischen Evangelienübersetzungen.) Es muss ergänzt werden, dass Kyrill 868 in Rom die Anerkennung des Altkirchenslawischen als offizielle Liturgiesprache durch Papst Hadrian II. erreichte, allerdings wurde dieser Status schon 880 von Papst Marinus I. wieder aufgehoben.

Das glagolitische und kyrillische Alphabet

Das von Kyrill im 9. Jh. geschaffene erste slawische Alphabet ist – was die Zeichen angeht – eine Originalschöpfung, wenn auch für einen Teil der Zeichen griechische oder orientalische Buchstaben Pate standen. Dadurch konnten die Bedürfnisse des slawischen Lautbestandes nahezu vollständig abgedeckt werden. Die Bezeichnung *glagolitisch* für diese Schrift geht auf das altkirchenslawische Verb *glagolati* „sprechen" (möglicherweise in der speziellen Bedeutung „die Messe lesen") zurück und ist erst später in Kroatien entstanden. Nach der Vertreibung der Methodschüler aus Mähren unter Sventopluk, dem Neffen und Nachfolger Rastislaws, der gezwungen war, sich wieder stärker an die Franken und damit an die westliche Kirche anzulehnen, konnte die slawische Schrift als sog. *runde Glagolica* in Westbulgarien (Zentrum Ohrid, heute in Mazedonien) fortleben, in Kroatien entwickelte sich die Form der sog. *eckigen Glagolica*.

In Ostbulgarien (Zentrum Preslav) kam dagegen im 10. und 11. Jh. das auf griechischen Majuskeln basierende sog. *kyrillische Alphabet* in Gebrauch, das dann zunehmend die

Glagolica verdrängte (von der Glagolica wurden fünf Zeichen zur Darstellung spezifisch slawischer Laute übernommen). Lediglich in Kroatien – in Istrien und auf der Insel Krk – konnte sie sich bis zum Anfang des 19. Jh. halten. Der Name „kyrillisch" ist irreführend, da Kyrill mit der Entwicklung dieser Schriftform nichts zu tun hat. Man nimmt an, dass sie zu Ehren des Slawenapostels so genannt wurde. Die Zuschreibung an Kliment von Ohrid (um 840–916), einen Kyrill-Schüler, ist zwar weit verbreitet, jedoch legendär und nicht zu beweisen; stattdessen hat er die glagolitische Schrift reformiert. Es ist unbestritten, dass die Glagolica für den altkirchenslawischen Textbestand mit Abstand die wichtigere Schriftform ist, wenn auch einige Texte nur in kyrillischer Form vorliegen.

Tab 7.7 *Das kyrillische (russische) Alphabet*

1	А	Б	Г	Д	Е	Ё	Э	Є	Ж	З	И	Й	К	Л	М	Н	О	П	Р	С	Т	У	Ф	Х	Ц	Ч	Ш	Щ	Ъ	Ь	Ю	Я
2	а	б	г	д	е	ё	э	є	ж	з	и	й	к	л	м	н	о	п	р	с	т	у	ф	х	ц	ч	ш	щ	ъ	ь	ю	я
3	a	b	g	d	e	joė	jė		ž	z	i	j	k	l	m	n	o	p	r	s	t	u	f	ch	c	č	š	šč	ŭ	ĭ	ju	ja
4	А	В	Г	Δ	Е	Е	Е	Е	–	Z	Н	Н	К	Λ	М	N	О	П	Р	Σ	Т	Υ	Φ	Х	–	–	–	–	–	–	–	–

Erläuterungen: 1 und 2 kyrillisches Alphabet, 3 Transliteration, 4 griechisches Alphabet

Neben den großen und kleinen kyrillischen Druckbuchstaben und der Transliteration sind die griechischen Majuskeln angegeben, auf die sich die kyrillischen Zeichen weitgehend zurückführen lassen. Die Zeichen Ж, Ц, Ч, Ш und Щ sind glagolitischen Ursprungs, wobei Ш ursprünglich semitischer Herkunft ist (hebräisches *Schin*).

Das altkirchenslawische Textkorpus

Das Textkorpus des Altkirchenslawischen umfasst keine Originale aus der Zeit der Mährenmission im 9. Jh., sondern lediglich spätere Abschriften aus dem 10. oder 11. Jh., die zum Teil bereits lokale sprachliche Färbungen zeigen. Neben der Übersetzung der vier Evangelien (Tetraevangelien) und der Evangelientexte, die in den Gottesdiensten verlesen werden (Aprakos-Evangelien) sowie einem Psalter sind auch liturgische und homiletische Texte sowie Heiligenviten überliefert. Durch Neufunde im Katharinenkloster auf dem Sinai konnte der Textbestand seit den 1970er Jahren erheblich erweitert werden. Die bedeutendsten Denkmäler sind in Tabelle 7.8 zusammengestellt.

Tab 7.8 *Der Kanon des Altkirchenslawischen (nach Trunte 2005: 28–36)*

Bezeichnung	Entstehung	Herkunft	Schrift/Umfang
Tetraevangelien			
Codex Zographensis	10./11. Jh.	Mazedonien	glagol., 288 Blatt
Codex Marianus	11. Jh.	Mazedonien	glagol., 174 Blatt
Zographos-Palimpsest	11. Jh.	Mazedonien	glagol.
Aprakos-Evangelien			
Codex Assemanianus	10./11. Jh.	Mazedonien	glagol., 158 Blatt
Vatikan. Palimpsest	10./11. Jh.	Ostbulgarien	kyrill.
Fragmentum Sinaiticum	11. Jh.	Mazedonien	glagol., Palimpsest
Ochrider Blätter	11. Jh.	Mazedonien	glagol., Fragment
Sava-Evangelion	11. Jh.	Ostbulgarien	kyrill., 129 Blatt
Nowgoroder Blätter	11. Jh.	Russland	kyrill.
Bojana-Palimpsest	11. Jh.	Westbulgarien	glagol.
Psalterium			
Psalterium Sinaiticum	11. Jh.	Mazedonien	glagol., 177 Blatt
Missalia			
Kiewer Blätter	10. Jh.	Pannonien	glagol.
Missale Sinaiticum	11. Jh.	Mazedonien (?)	glagol.
Sonstige			
Euchologium Sinaiticum	11. Jh.	Mazedonien (?)	glagol., 109 Blatt
Codex Suprasliensis	10./11. Jh.	Ostbulgarien	kyrill., 570 Blatt
Glagolita Clozianus	11. Jh.	Mazedonien	glagol., 14 Blatt

Diese Liste lässt sich durch einige kleinere Texte und Fragmente sowie eine Reihe altbulgarischer Inschriften aus dem 9. und 10. Jh. ergänzen.

Wortschatz

Der altkirchenslawische Grundwortschatz ist zunächst weitgehend identisch mit dem Wortschatz des Südslawischen in der regionalen Variante von Thessaloniki, der sich kaum von dem anderer slawischer Sprachen des Mittelalters unterschied. Zur Wiedergabe der christlichen Lehre und als Kirchensprache war diese Sprachform lexikalisch nicht vorbereitet. So kam es zu einem starken griechischen Einfluss. Viele slawische Wörter bekamen eine zusätzliche christliche Bedeutung, z.B. *duchŭ* „Hauch, Atem" > „göttlicher Geist". Durch Lehnprägungen nach griechischem Vorbild und direkte Entlehnungen – vor allem christlicher Termini – wurde der Wortschatz beträchtlich erweitert, z.B. *diavolŭ* < griech. *diábolos* „Teufel", *ierei* < griech. *hiereús* „Priester". Durch die Vermittlung über das Griechische gelangten auch hebräische und lateinische Wörter ins Slawische. Dagegen war der direkte Einfluss der romanischen Sprachen, des Deutschen oder der Turksprachen eher gering.

Kirchenslawische Redaktionen

Erste Veränderungen erfuhr das Altkirchenslawische bereits durch die Verlagerungen aus seinem südslawischen Entstehungsraum in das westslawische Mähren und Pannonien. Seine weitere Ausdehnung als Missions- und Kirchensprache nach Dalmatien, Mazedonien, Bulgarien, Serbien und schließlich in das Gebiet der Ostslawen (Kiewer Rus) führte zu jeweils unterschiedlichen Modifikationen im gesamten Sprachsystem, insbesondere der Phonologie und Morphologie. Der regionale Einfluss lässt sich bereits bei einigen altkirchenslawischen Denkmälern erkennen.

In der Folgezeit wurde der Abstand der kirchenslawischen Varianten untereinander und zum Altkirchenslawischen immer größer. Es entstanden lokale Varietäten, die man in der Slawistik als *Redaktionen* bezeichnet. Die fünf Hauptredaktionen sind Bulgarisch-, Russisch-, Serbisch-, Kroatisch- und Tschechisch-Kirchenslawisch. Eine bis in die Gegenwart reichende Kontinuität des Kirchenslawischen blieb nur in den orthodoxen Ländern erhalten, während sie in den katholischen Ländern abbrach. So erlosch die tschechische Redaktion bereits um 1100, die kroatische Redaktion (auch glagolitisch genannt) konnte sich trotz des Verbotes durch den Papst noch in einigen liturgischen Büchern bis ins frühe 20. Jh. halten.

In den orthodoxen Kirchen setzte sich im 16. und 17. Jh. zunehmend die russische Redaktion gegenüber der bulgarischen und serbischen durch, was durch lexikalische und grammatische Standardwerke auf russisch-kirchensprachlicher Basis vorangetrieben wurde. Unter dem Patriarchen Nikon wurde seit 1652 schließlich die im Wesentlichen bis heute für den gesamten slawisch-orthodoxen Bereich gültige Norm des *Neukirchenslawischen* festgelegt.

7.4 Grammatische Skizze des Altkirchenslawischen

Der Phonembestand des Altkirchenslawischen entspricht weitgehend dem des späten Urslawischen, vgl. Abschnitt 7.2. Statt /ъ/ wird hier <ŭ> geschrieben, statt /ь/ <ĭ> (vgl. z.B. Andersen 1998). Als Grundlage für diese grammatische Skizze dienen vor allem Sussex-Cubberley 2006, Huntley 1993 und Andersen 1998.

Nominalmorphologie

Das Substantiv hat die Kategorien Genus, Numerus und Kasus. Maskuline Substantive besitzen zusätzlich die Kategorie der Belebtheit, die sich in der Formenbildung des Akkusativs bemerkbar macht.

Kategorie	Realisierung
Genus	Maskulinum, Femininum, Neutrum
Numerus	Singular, Plural, Dual
Kasus	Nominativ, Genitiv, Dativ, Akkusativ, Vokativ, Lokativ, Instrumental
Belebtheit	belebt, unbelebt

Der Akkusativ Singular maskuliner Substantive besitzt entweder dieselbe Form wie der Nominativ Singular oder wie der Genitiv Singular. Vereinfacht ausgedrückt wird bei *belebten* maskulinen Substantiven die Genitivform, bei unbelebten die Nominativform für den Akkusativ verwendet. Tatsächlich ist die Situation nicht ganz so eindeutig, da bei Bezeichnungen für Tiere in rund 70%, für Kinder, Dämonen und Geister in etwa 90% aller Fälle die „unbelebte" Nominativform verwendet wird (Huntley 1993: 137). Der Vokativ wird nur im Singular unterschieden, sonst ist er gleich dem Nominativ. Im Dual gibt es nur drei formal unterschiedliche Kasus: Nominativ-Akkusativ, Genitiv-Lokativ und Dativ-Instrumental.

Es gibt fünf Deklinationsschemata, die nach der Endung des Genitivs Singular unterschieden werden: a-, y-, i-, u- und e-Deklination (Paradigmata in den Tabellen 7.9 und 7.10).

Tab 7.9 *Die Deklination im Altkirchenslawischen: a-Stamm (Huntley 1993: 139)*

Stamm Beispiel		-a rabŭ *m.*	-a mǫžĭ *m.*	-a město *n.*	-a srĭdĭce *n.*
Bedeutung		„Sklave"	„Mann"	„Platz"	„Herz"
Sg.	Nom.	rabŭ	mǫžĭ	město	srĭdĭce
	Gen.	raba	mǫža	města	srĭdĭca
	Dat.	rabu	mǫžu	městu	srĭdĭcu
	Akk.	= Gen.	= Gen.	město	srĭdĭce
	Inst.	rabomĭ	mǫžemĭ	městomĭ	srĭdĭcemĭ
	Lok.	rabě	mǫžĭ	městě	srĭdĭci
	Vok.	rabe	mǫžu	–	–
Pl.	Nom.	rabi	mǫžĭ	města	srĭdĭca
	Gen.	rabŭ	mǫžĭ	městŭ	srĭdĭcĭ
	Dat.	rabomŭ	mǫžemŭ	městomŭ	srĭdĭcemŭ
	Akk.	raby	mǫžę	města	srĭdĭca
	Inst.	raby	mǫžĭ	městy	srĭdĭci
	Lok.	raběxŭ	mǫžixŭ	městěxŭ	srĭdĭcixŭ
Du.	Nom.-Akk.	raba	mǫža	městě	srĭdĭci
	Gen.-Lok.	rabu	mǫžu	městu	srĭdĭcu
	Dat.-Inst.	raboma	mǫžema	městoma	srĭdĭcema

Tab 7.10 *Die Deklination im Altkirchenslawischen: sonstige Stämme (Huntley 1993: 140–142)*

Stamm Beispiel		-y žena f.	-i kostĭ f.	-u synŭ m.	-e dĭnĭ m.
Bedeutung		„Frau"	„Knochen"	„Sohn"	„Tag"
Sg.	Nom.	žena	kostĭ	synŭ	dĭnĭ
	Gen.	ženy	kosti	synu	dĭne
	Dat.	ženě	kosti	synovi	dĭni
	Akk.	ženǫ	kostĭ	synŭ	dĭnĭ
	Inst.	ženojǫ	kostĭjǫ	synomĭ	dĭnĭmĭ
	Lok.	ženě	kosti	synu	dĭne
	Vok.	ženo	kosti	synu	–
Pl.	Nom.	ženy	kosti	synove	dĭne
	Gen.	ženŭ	kostĭjĭ	synovŭ	dĭnŭ
	Dat.	ženamŭ	kostĭmŭ	synomŭ	dĭnĭmŭ
	Akk.	ženy	kosti	syny	dĭni
	Inst.	ženami	kostĭmi	synŭmi	dĭnĭmi
	Lok.	ženaxŭ	kostĭxŭ	synoxŭ	dĭnĭxŭ
Du.	Nom.-Akk.	ženě	kosti	syny	dĭni
	Gen.-Lok.	ženu	kostĭju	synovu	dĭnu
	Dat.-Inst.	ženama	kostĭma	synŭma	dĭnĭma

Bei der a- und y-Deklination wird zusätzlich ein *harter* und ein *weicher* Typus unterschieden: Beim weichen Typus ist der Stammauslaut ein palatalisierter Konsonant, beim harten nicht. Bei den angeführten Beispielen gehören *rab-ŭ*, *měst-o* und *žen-a* zum harten Typus, *mǫž-ĭ* und *srĭdĭc-e* zum weichen Typus. Substantive mit unregelmäßiger Deklination werden hier nicht behandelt (dazu siehe Huntley 1993: 138–143).

Adjektiv

Das Adjektiv kennt zwei Formen: eine *Kurzform* mit *indefiniter* Bedeutung „eine neue Stadt" und eine *Langform* mit *definiter* Bedeutung „die neue Stadt". Die Langform ist aus der Kurzform des Adjektivs und dem Pronomen **jĭ* < urslaw. **ju*, also urslaw. **nawu+ju* zusammengesetzt. Die Kurzform wird im Maskulinum und Neutrum nach der a-Deklination, im Femininum nach der y-Deklination der Substantive dekliniert. Die Langform besitzt eine „pronominale" Deklination, alle Formen werden mit einem Suffix /-j-/ gebildet. Tabellen 7.11 und 7.12 zeigen die Deklination des Adjekrivs *novŭ* „neu" in der Kurz- und Langform.

Tab 7.11 *Die Deklination der Kurzform des Adjektivs (Huntley 1993: 145–148)*

Kurzform		Maskulinum	Neutrum	Femininum
Sg.	Nom.	novŭ	novo	nova
	Gen.	nova/novŭ	nova	novy
	Dat.	novu	novu	nově
	Akk.	nova	novo	novǫ
	Inst.	novomĭ	novomĭ	novojǫ
	Lok.	nově	nově	nově
Pl.	Nom.	novi	nova	novy
	Gen.	novŭ	novŭ	novŭ
	Dat.	novomŭ	novomŭ	novamŭ
	Akk.	novy	nova	novy
	Inst.	novy	novy	novami
	Lok.	nověxŭ	nověxŭ	novaxŭ
Du.	Nom.-Akk.	nova	nově	nově
	Gen.-Lok.	novu	novu	novu
	Dat.-Inst.	novoma	novoma	novama

Tab 7.12 *Die Deklination der Langform des Adjektivs (Huntley 1993: 145–148)*

Langform		Maskulinum	Neutrum	Femininum
Sg.	Nom.	novŭjĭ	novoje	novaja
	Gen.	novŭjĭ	novajego	novyję
	Dat.	novujemu	novujemu	nověji
	Akk.	novŭjĭ	novoje	novǫjǫ
	Inst.	novyjimĭ	novyjimĭ	novǫjǫ
	Lok.	novějemĭ	novějemĭ	nověji
Pl.	Nom.	noviji	novaja	novyję
	Gen.	novyjixŭ	novyjixŭ	novyjixŭ
	Dat.	novyjimŭ	novyjimŭ	novyjimŭ
	Akk.	novyję	novaja	novyję
	Inst.	novijimi	novijimi	novijimi
	Lok.	novyjixŭ	novyjixŭ	novyjixŭ
Du.	Nom.-Akk.	novaja	nověji	nověji
	Gen.-Lok.	novuju	novuju	novuju
	Dat.-Inst.	novyjima	novyjima	novyjima

Die *Steigerung* erfolgt durch das Suffix /-ěj-/, z.B. *nov-ěj-i* „neuer". Einige Adjektive haben eine unregelmäßige Steigerung. (Zur Deklination der Komparative und zur unregelmäßigen Steigerung siehe Huntley 1993: 145–148).

Pronomina

Das Altkirchenslawische besitzt Personalpronomina der 1. und 2. Person, die 3. Person wird durch das Demonstrativum *onŭ* „dieser" ersetzt, dessen oblique Formen auf uridg. **is, *jos* zurückgehen. Die Personalpronomina sind in allen drei Numeri und Kasus deklinierbar, die 3. Person unterscheidet zusätzlich das Genus. Tabelle 7.13 enthält die Personalpronomina der 1. und 2. Person sowie das reflexive Pronomen der 3. Person, Tabelle 7.14 die Deklination der Demonstrativa *onŭ* „dieser; er" und *tŭ* „jener". Die angegebenen zusätzlichen Kurzformen der Personalpronomina im Dativ und Akkusativ werden klitisch verwendet.

Tab 7.13 *Das altkirchenslawische Personalpronomen (Andersen 1998: 439–442, Huntley 1993: 143–145)*

Personalpronomen		1. Person	2. Person	3. Pers. reflexiv
Sg.	Nom.	azŭ	ty	–
	Gen.	mene	tebe	sebe
	Dat.	měně, mi	tebě, ti	sebě, si
	Akk.	mene, mę	tebe, tę	sebe, sę
	Inst.	mŭnojǫ	tobojǫ	sobojǫ
	Lok.	měně	tebě	sebě
Pl.	Nom.	my	vy	–
	Gen.-Lok.	nasŭ	vasŭ	–
	Dat.	namŭ, ny	vamŭ, ny	–
	Akk.	našŭ, ny	vašŭ, vy	–
	Inst.	nami	vami	–
Du.	Nom	vě	va/vy	–
	Gen.-Lok.	naju	vaju	–
	Dat.-Inst.	nama	vama	–
	Akk.	na, ny	va, vy	–

Ein Hinweis zum Nom. Sg. 1. Person *azŭ* „ich": Der fehlende j-Vorschlag bei *azŭ* ist eine sekundäre bulgarische Eigenheit. Die entsprechenden Formen in den anderen slawischen Sprachen – auch im nah verwandten Mazedonischen – reflektieren gemeinslaw. **jazŭ* < urslaw. **ēzu(n)* < urbaltoslaw. **ēžun* < uridg. **egʰ₂om*.

Tab 7.14 *Altkirchenslawische Demonstrativpronomina (Andersen 1998: 439–442,*
Huntley 1993: 143–145)

Demonstrativa		onŭ „dieser; er"			tŭ „jener"		
		m.	**n.**	**f.**	**m.**	**n.**	**f.**
Sg.	Nom.	onŭ	ono	ona	tŭ	to	ta
	Gen.	jego	jego	jeję	togo	togo	toję
	Dat.	jemu	jemu	jeji	tomu	tomu	toji
	Akk.	jĭ	jě	jǫ	togo	to	tǫ
	Inst.	jimĭ	jimĭ	jejǫ	těmĭ	těmĭ	tojǫ
	Lok.	jemĭ	jemĭ	jeji	tomĭ	tomĭ	toji
Pl.	Nom.	oni	ona	ony	ti	ta	ty
	Gen.-Lok.	jixŭ	jixŭ	jixŭ	těxŭ	těxŭ	těxŭ
	Dat.	jimŭ	jimŭ	jimŭ	těmŭ	těmŭ	těmŭ
	Akk.	ję	ja	ję	ty	ta	ty
	Inst.	jimi	jimi	jimi	těmi	těmi	těmi
Du.	Nom	ona	oně	oně	ta	tě	tě
	Gen.-Lok.	jeju	jeju	jeju	toju	toju	toju
	Dat.-Inst.	jima	jima	jima	těma	těma	těma
	Akk.	ja	ji	ję	ta	tě	tě

Das Interrogativpronomen lautet *kŭto* „wer" und *čĭto* „was". Es ist voll deklinierbar: *kogo/česo*
„wessen", *komu/česomu* „wem", *kogo/čĭto* „wen/was", *cěmĭ/čimĭ* „durch wen/was" und *komĭ/*
čemĭ „bei wem".

Verbalmorphologie

Zu den slawischen Neuerungen in der Verbalmorphologie gegenüber dem Proto-Indogermanischen siehe den Abschnitt 7.2. Das altkirchenslawische Verb hat die Kategorien
Diathese, Modus, Aspekt, Tempus, Numerus und Person.

Kategorie	Realisierung
Diathese	Aktiv, Passiv
Modus	Indikativ, Imperativ, Konditional
Tempus	Präsens, Imperfekt, Aorist (mehrere Formen);
	Perfekt, Plusquamperfekt I und II, Futur II
Aspekt	perfektiv, imperfektiv
Numerus	Singular, Dual, Plural
Person	1., 2., und 3. Person

Die Tempora Präsens, Aorist und Imperfekt des Aktivs werden synthetisch gebildet („einfache Tempora"), die übrigen Tempora des Aktivs und die Formen des Passivs dagegen analytisch („zusammengesetzte Tempora"). An infiniten Verbformen gibt es vier Partizipien, Verbalsubstantiv, Infinitiv, Supinum und ein sog. Verbaladverb.

Der Ausbau eines *systematischen Aspektsystems* ist das charakteristische Merkmal der slawischen Sprachen. Die Kategorie Aspekt ist eine Eigenschaft des Verbums selbst. Alle Verben sind entweder *perfektiv* oder *imperfektiv*. Dabei kennzeichnet der perfektive Aspekt eine zeitlich begrenzte oder vollendete Handlung, der imperfektive Aspekt eine Handlung, die in ihrem Ablauf – in ihrer Fortdauer oder Wiederholung – betrachtet wird.

Einfache Verben – ohne aspektverändernde Präfixe und Suffixe – sind in der Regel imperfektiv, zu den wenigen perfektiven Ausnahmen einfacher Verben gehören z.B. *dati* „geben" oder *jęti* „nehmen". Die einfachen imperfektiven Verben werden durch *Präfixe* zu perfektiven Verben. Beispiel: Aus dem imperfektiven Verb *tvoriti* „tun" werden durch Präfixe die perfektiven Verben *prě-tvoriti* „ändern", *ras-tvoriti* „auflösen", *sŭ-tvoriti* „herstellen". Manche Präfixe drücken dabei eine Bedeutungsänderung aus, andere nur die Aspektänderung imperfektiv > perfektiv. Aus perfektiven Verben – seien sie „einfach" wie *dati* „geben" oder abgeleitet wie *konĭčiti* „beenden" (von *konĭcĭ* „enden") – werden durch Suffixe imperfektive Entsprechungen gleicher Grundbedeutung gebildet.

Tab 7.15 *Die Bildung imperfektiver Verben aus perfektiven (Huntley 1993: 154–155)*

Bedeutung	perfektiv	imperfektiv	
geben	*dati*	*da-ja-ti*	
nehmen	*jęti*	*jĭ-ma-ti*	
beenden	*konĭčiti*	*konĭč-a-ti*	
abschließen	*zatvoriti*	*zatvar'ati*	
anschauen	*vŭzĭrěti*	*vĭzirati*	

Dass ein Verb durch eine Vorsilbe von einem imperfektiven Charakter zu einem perfektiven Charakter wechselt, ist auch in anderen Sprachen nicht unüblich, z.B. im Deutschen *essen* (imperfektiv), aber *auf-essen* (perfektiv).

Das Altkirchenslawische besitzt die drei Verbalstämme Präsens-, Infinitiv- und Imperfektstamm, aus denen die Tempora und infiniten Verbformen gebildet werden.

Tab 7.16 *Die Bildung der Tempora und infiniten Formen aus den drei Stämmen (Hock 1998: 42)*

Stamm	davon gebildete Tempora und Formen
Präsensstamm	Präsens, Imperativ, Partizip Präsens Aktiv und Passiv
Infinitivstamm	Aorist, Partizip Präteritum Aktiv und Passiv, Verbalsubstantiv, Infinitiv, Supinum
Imperfektstamm	Imperfekt

In Tabelle 7.17 ist die Bildung der einfachen Tempora am Beispiel des Verbums *nes-* „tragen" dargestellt (konsonantischer Stamm). Der Aorist existiert bei manchen Verben in zwei Formen, einem älteren sigmatischen Aorist I sowie einem jüngeren erweiterten Aorist II.

Tab 7.17 *Die Bildung der einfachen Tempora (Huntley 1993: 157–161, Andersen 1998: 444–447)*

		Präsens	Aorist I sigmatisch	Aorist II erweitert	Imperfekt	Imperativ
Sg.	1.	nesǫ	něsŭ	nesoxŭ	neséaxŭ	–
	2.	neseši	nese	nese	neséaše	nesi
	3.	nesetŭ	nese	nese	neséaše	nesi
Du.	1.	nesevě	něsově	nesoxově	neséaxově	nesěvě
	2.	neseta	něsta	nesosta	neséašeta	nesěta
	3.	nesete	něste	nesoste	neséašete	–
Pl.	1.	nesemŭ	něsomŭ	nesoxomŭ	neséaxomŭ	nesěmŭ
	2.	nesete	něste	nesoste	neséašete	nesěte
	3.	nesǫtŭ	něsę	nesošę	neséaxǫ	–

Für die Bildung der Formen des Perfekts und der beiden Plusquamperfekte wird das Partizip Perfekt Aktiv (resultatives Partizip) *neslŭ* „getragen habend" mit den einfachen Tempora Präsens, Aorist und Imperfekt des Hilfsverbs *byti* „sein" kombiniert.

Tab 7.18 *Die Bildung der zusammengesetzten Tempora (Andersen 1998: 443)*

Tempus	Form	Bedeutung
Perfekt	neslŭ jestŭ	„er hat getragen"
Plusquamperfekt I	neslŭ bě	„er hatte getragen"
Plusquamperfekt II	neslŭ běaše	„er hatte getragen"

7.5 Die ostslawischen Sprachen

Bis zur Mitte des 13. Jh. bildete das Ostslawische eine sprachliche Einheit, deren Sprachgebiet im Wesentlichen die Kiewer Rus war. Aus dieser Einheit entstanden das Russische, Ukrainische und Weißrussische. Ostslawische Kleinschriftsprachen sind das Russinische, das auf ukrainischen Dialekten basiert, sowie das Westpolessische, eine Übergangsform zwischen dem Weißrussischen und Ukrainischen.

Russisch

Die ältesten ostslawischen Texte stammen aus dem 11. Jh., das sog. Ostromir-Evangelium von 1056/57. Es handelt sich dabei um Abschriften altkirchensprachlicher Originale, die aber bereits einen ostslawischen Einfluss aufweisen und deswegen nicht mehr der altkirchensprachlichen Literatur zugeordnet werden. Dadurch erfolgten die ersten Schritte auf dem Weg zum Russisch-Kirchenslawischen.

Ab dem 12. Jh. sind ostslawische Gebrauchstexte überliefert, die kaum noch kirchensprachliches Sondergut aufweisen. Hierbei handelt es sich vor allem um Urkunden und Rechtstexte. Eine besondere Bedeutung haben die sog. *Birkenrindenurkunden* aus Nowgorod (12.-15. Jh.), die auch einen Einblick in die private Korrespondenz des russischen Spätmittelalters erlauben. Der Altnowgoroder Dialekt weist gegenüber dem eigentlichen Altostslawischen einige sprachliche Unterschiede auf, sog. *Naugardismen*, die sich z.T. im Nordwestrussischen bis heute erhalten haben.

Strittig und bisher ungeklärt ist die Frage, wie groß die jeweiligen Anteile des Russisch-Kirchenslawischen bzw. der einheimischen ostslawischen Tradition an der Entwicklung der späteren russischen Standardsprache waren. Das Spektrum des altrussischen Schrifttums reicht von rein kirchenslawischen religiösen Texten über kirchenslawische Textformen mit erheblichem ostslawischen Einfluss (z.B. Chroniken) bis hin zu den genannten rein ostslawischen Gebrauchstexten. Ob man aus dieser schriftsprachlichen Situation auf eine kirchensprachlich-altrussische Diglossie der gebildeten Bevölkerung schließen darf, ist umstritten.

Im 14. und 15. Jh. wurde das Russisch-Kirchenslawische reformiert und wieder verstärkt an südslawische Vorbilder angeglichen, wodurch es sich vom Ostslawischen absetzte. Im 17. Jh. gewann das Ostslawische der Gebrauchstexte zunehmend die Oberhand. Nach einer weiteren Reform des Russisch-Kirchenslawischen verlor dieses immer mehr die Funktion einer allgemeinen Schriftsprache.

Im Zuge der Reformen Peters I. drangen zahlreiche westeuropäische Begriffe in die russische Sprache ein, der Schwerpunkt des Schrifttums verlagerte sich nun eindeutig in den säkularen Bereich. Allmählich bildete sich eine vom Kirchenslawischen deutlich getrennte russische Standardsprache heraus. Schließlich setzte sich um 1800 der „neue Stil" Karamsins und seiner Anhänger durch, der durch einen eindeutigen Satzbau nach französischem Vorbild und die Vermeidung von kirchenslawischen Archaismen geprägt ist. Manche sehen in diesem Stil einen klaren Bruch mit der bisherigen Entwicklung der russischen Sprache. Die Weiterentwicklung des „neuen Stils" zum „einfachen Stil" Puschkins wird von vielen als der eigentliche Beginn der modernen russischen Standardsprache im frühen 19. Jh. betrachtet.

Die Oktoberrevolution und die kommunistische Periode hatten einen geringeren Einfluss auf die russische Sprache, als man erwarten könnte. Der Einfluss äußerte sich vor allem durch zahlreiche Abkürzungen und die Entwicklung einer spezifischen Politsprache, die sich auch auf die benachbarten slawischen Sprachen auswirkte. Durch die Alphabetisierung breiter Schichten seit den 1920er Jahren vergrößerte sich die soziale Basis der Standardsprache erheblich. Die Entwicklung der Nachsowjetzeit kann noch nicht abschließend beurteilt werden. Neben dem massiven Eindringen von Anglizismen wird ein Zerfall bisheriger Sprachnormen beklagt, z.B. die zunehmende Verwendung von Wörtern aus niedrigeren Sprachschichten (dem sog. Substandard) in den Medien, aber auch das Wiederaufgreifen von überwunden geglaubten Archaismen.

Das Russische wird heute von etwa 160 Mio. Menschen als *Muttersprache* gesprochen (weltweit Rang 8), davon 125 Mio. in Russland, von weiteren 25–30 Mio. in den ehemals zur Sowjetunion gehörenden Staaten. Von den etwa 7 Mio. Migranten mit russischer Muttersprache leben 3 Mio. in Deutschland, etwa eine Mio. in Israel und 700 Tsd. in den USA. Geschätzte 80–100 Mio. Menschen beherrschen Russisch als Zweit- oder Verkehrssprache; dazu gehört vor allem die Bevölkerung Russlands und der ehemaligen Sowjetunion mit nicht-russischer Muttersprache.

Russisch ist *Amtssprache* in Russland, Weißrussland (zusammen mit dem Weißrussischen) und offizielle Sprache in Kasachstan und Kirgisistan (mit dem Kasachischen bzw. dem Kirgisischen als Amtssprache) sowie in der zur Ukraine gehörenden Autonomen Krim-Republik (dort zusammen mit dem Ukrainischen und Krimtatarischen). In manchen Verwaltungsbezirken der Südostukraine ist Russisch regionale Amtssprache, wobei dieser Status politisch umstritten ist. Es ist auch Amtssprache in den separatistischen, von Russland dominierten Regionen Transnistrien (zusammen mit Moldawisch und Ukrainisch), Südossetien (zusammen mit dem Ossetischen) sowie in Abchasien (zusammen mit dem Abchasischen).

Ukrainisch

Der endgültige Zerfall der Kiewer Rus im Jahre 1240 – Zerstörung von Kiew durch die Mongolen unter Batu – führte auch zur Auflösung der altostslawischen Spracheinheit. Im 14. und 15. Jh. war die sprachliche Situation im Gebiet der heutigen Ukraine zweigeteilt: Einerseits existierte eine ukrainische Redaktion des Kirchenslawischen für religiöse Texte, andererseits eine Kanzleisprache *rus'ka mova* mit eindeutigen Zügen der ukrainischen und weißrussischen Volkssprache für Gebrauchstexte (Urkunden, Verträge, Geschäftstexte).

Die Ukraine gelangte ab dem 16. Jh. in den polnisch-litauischen Herrschaftsbereich. Seit Mitte des 16. Jh. wurde von jesuitischen Missionaren auch für religiöse katholische Texte die ukrainisch-weißrussische Kanzleisprache benutzt. Die Reaktion der Orthodoxen war die Schaffung einer neuen schriftsprachlichen Variante *prosta mova*, die eine Synthese aus dem Ukrainisch-Kirchenslawischen, der Kanzleisprache sowie der ukrainischen Volkssprache darstellt.

Nach der Teilung der Ukraine im Jahre 1667 – der Westen blieb unter polnischer Herrschaft, der Osten kam unter russische Oberhoheit – geriet die ukrainische Sprache zunehmend unter russischen Einfluss, der Ende des 18. Jh. fast die ganze Ukraine außer Galizien erfasst hatte. Umso erstaunlicher ist es, dass sich seit 1800 eine neue ukrainische Literatursprache auf der Grundlage von Volkssprache und Volksdichtung entwickeln konnte. Besondere Bedeutung erlangte ab Mitte des 19. Jh. die ukrainische Literatursprache auf galizischer Dialektbasis.

Diskriminierende Erlasse der russischen Regierung in den Jahren 1863 und 1876 führten außerhalb Galiziens zu einer drastischen Einschränkung des Ukrainischen in Literatur, Schule und Öffentlichkeit. Von den Russen wurde die Existenz einer eigenständigen ukrainischen Sprache bestritten, sie wurde als ein vom Polnischen verderbter russischer Dialekt abgetan. Diese Einschränkungen entfielen 1906 und das Ukrainische konnte nach und nach alle Funktionen einer Standardsprache zurückgewinnen.

Mit der Gründung der ukrainischen Volksrepublik im Jahre 1918 wurde Ukrainisch erstmals zur Staatssprache, dies änderte sich auch später in der Ukrainischen Sowjetrepublik nicht. Dennoch dominierte die russische Sprache in der Sowjetzeit als Verkehrssprache alle wissenschaftlichen und literarischen Arbeiten sowie die Massenmedien in der Ukraine, was bis heute starke Spuren in der ukrainischen Umgangssprache hinterlassen hat.

Mit der Unabhängigkeit der Ukraine im Jahre 1991 wurde Ukrainisch zur Amtssprache des neuen Staates erklärt. Über die Frage der Amtssprache gab es heftige Debatten, da je nach Quelle etwa 20–35% der Bevölkerung der Ukraine Russen sind. Die russische Sprache dominiert als Muttersprache im Osten und Süden der Ukraine (auch bei ethnischen Ukrainern) und wird als Sprache des alltäglichen Gebrauchs in den meisten Großstädten des Landes benutzt, inklusive Kiew. Der Westen des Landes ist dagegen überwiegend ukrainischsprachig, wobei auch dort viele Bewohner sehr gute russische Sprachkenntnisse haben.

Seit der Unabhängigkeit verschoben sich diese Verhältnisse leicht zugunsten des Ukrainischen, das nun im ganzen Land Pflichtfach und zunehmend auch Unterrichtssprache an den Schulen ist. An vielen ukrainischen Hochschulen, insbesondere im technischen Bereich, findet der Unterricht jedoch mangels ukrainischer Fachliteratur noch immer überwiegend in russischer Sprache statt. Die Grundlage der sprachlichen Ukrainisierung stellen die Schulen und Hochschulen dar, auch die ukrainischsprachige Erziehung in den Kindergärten ist von Bedeutung. Zahlreiche Institutionen, Organisationen und Zeitschriften beteiligen sich aktiv an der Pflege der Sprachkultur. Insbesondere bei den jungen Menschen gewinnt das Ukrainische an Popularität.

Die Sprachenfrage ist in der ukrainischen Politik ein ständiges Streitthema. Die in der Ukraine lebenden Menschen mit russischer Muttersprache treten für die völlige Gleichberechtigung der russischen Sprache mit dem Ukrainischen und seine Anerkennung als zweite Amtssprache ein, was von den national-ukrainischen Politikern und Parteien abgelehnt wird. Einige Verwaltungsbezirke und Kommunen führten die russische Sprache als regionale Amtssprache in eigener Regie ein.

Knapp 40 Mio. Menschen sprechen Ukrainisch als Muttersprache, davon bis zu 35 Mio. in der Ukraine, die übrigen vor allem in Russland und in den Staaten der ehemaligen Sowjetunion. Die Zahl der Zweitsprecher wird auf 5–10 Mio. geschätzt. Ukrainisch wird mit einem kyrillischen Alphabet geschrieben, das in einigen Buchstaben von der russischen Version abweicht.

Russinisch

Im Karpatengebiet der Ukraine, in Ungarn und in der späteren Slowakei gab es bereits im 19. Jh. Bestrebungen zu einer eigenen Schriftsprache, die zwar auch auf den örtlichen ukrainischen Dialekten beruhte, sich aber von der ukrainischen Standardsprache deutlich unterschied. Diese Bestrebungen haben ab dem Ende der 1980er Jahre wieder zugenommen, ihr Ergebnis war die Kodifizierung der *karpato-russinischen* Sprache auf der Grundlage des Dialekts von Zemplin. Stärker abweichend ist die *jugoslawo-russinische* Sprache in der Vojvodina, die auch auf einem ukrainischen Dialekt beruht. Insgesamt sprechen etwa 800 Tsd. Menschen Karpato-Russinisch, während Jugoslawo-Russinisch nur von etwa 30 Tsd. gesprochen wird.

Unterschiede zwischen dem Russischen und Ukrainischen

Ukrainisch unterscheidet sich in Wortschatz, Phonologie und Syntax vom Russischen und hat darüber hinaus viele Lehnwörter aus dem Polnischen übernommen. Die folgenden russisch-ukrainischen Unterschiede sind im Bereich der Phonetik feststellbar:

- Itavismus: Die Vokale /e/ und /o/ werden in geschlossenen Silben zu /i/, z.B. russ. *L'vov* – ukrain. *L'viv* „(die Stadt) Lemberg", russ. *koška* – ukrain. *kiška* „Katze"
- Ikavismus: Der „jat"-Laut /je/ wird zu /i/, z.B. russ. *mjed'* – ukrain. *mid'* „Kupfer"
- keine Palatalisierung vor /e/, z.B. russ. *vjesná* – ukrain. *vesna* „Frühling"
- Verschmelzung der altslawischen Laute /i/ und /y/ zu /y/, z.B. russ. *pívo* – ukrain. *pyvo* „Bier"
- Entwicklung von /g/ zu /h/, z.B. russ. *galavá* – ukrain. *holova* „Kopf"

Weißrussisch

Auch in den westlichen Gebieten der Kiewer Rus entstand im 11. Jh. ein kirchenslawisches Schrifttum, das zunächst vor allem aus der Übernahme von altkirchenslawischen Evangelienübersetzungen bestand und im 12. Jh. durch religiös-belehrende Originalwerke ergänzt wurde. Im 14. und 15. Jh. drangen immer mehr weißrussische Elemente in das Kirchenslawische ein, das sich dadurch zur weißrussischen Redaktion des Kirchenslawischen entwickelte. In dieser Sprachform veröffentlichte F. Skaryna 1517-19 eine Bibelübersetzung.

Seit Mitte des 16. Jh. war die Anwendung des Kirchenslawischen auf die Liturgie der orthodoxen und griechisch-katholischen (mit Rom unierten) Kirche in Weißrussland beschränkt. Für weltliche Funktionen wurde im Großfürstentum Litauen (es umfasste das heutige Litauen, Weißrussland, die Ukraine und westliche Randgebiete Russlands) vom 14. bis 17. Jh. nicht das Kirchenslawische, sondern die altweißrussische (Kanzlei-)Sprache verwendet, die als offizielle Amts- und Urkundensprache Litauens festgelegt war. Ihre Funktionen gingen jedoch weit über die einer reinen Kanzleisprache hinaus, sie fungierte auch als Sprache der Chroniken, der schönen Literatur, von Memoiren und Fachprosa, sie wurde sogar zunehmend für religiöse Texte verwendet (was den Wirkungsbereich des Weißrussisch-Kirchenslawischen weiter einschränkte). So erschienen in weißrussischer Sprache 1562 ein Katechismus und 1574 ein Neues Testament. Die Grundlage der weißrussischen Schriftsprache war eine interdialektale Mischsprache, die sog. Wilnaer Koine. 1696 verbot der Warschauer Reichstag – Litauen war 1569 eine Realunion mit Polen eingegangen – die weitere Verwendung der weißrussischen Schriftsprache im polnisch-litauischen Staat und damit auch im weißrussischen Gebiet.

Im 18. und 19. Jh. wurde Weißrussisch als gesprochene Sprache von der Landbevölkerung, den städtischen Handwerkern und dem weißrussischen Kleinadel weiter verwendet. Im 19. Jh. wurde es als Schriftsprache wiederbelebt, es entstanden erste literarische Werke, die ab 1906 legal gedruckt werden konnten. Die grammatischen, orthographischen und lexikalischen Normen der neuen weißrussischen Standardsprache wurden durch normative Grammatiken und Wörterbücher in den 1920er Jahren festgelegt. Die polnischen und russischen Lehn- und Fremdwörter wurden bis 1933 (im westlichen polnischen Teil Weißrusslands bis 1939) durch weißrussische Dialektwörter ersetzt, eine weißrussische Sprachplanung konnte in diesen Jahren unabhängig tätig sein. Es gab auch eine auf der tschechischen bzw. polnischen Orthographie basierende Lateinschrift, die sog. *Łacinka*. Nach 1933 (im Westen 1939) wurde das Russische zwangsweise zur primären Quelle für den Ausbau der weißrussischen Sprache. Die Folge war eine massive Russifizierung der weißrussischen Orthographie, Morphologie, Wortbildung, Lexik und Syntax, die auch nach der Unabhängigkeit Weißrusslands 1991 kaum reduziert werden konnte.

1991 wurde Weißrussisch die offizielle Amtssprache des unabhängigen neuen Staates. Die kurze Phase einer national-kulturellen Wiederbelebung und einer eigenständigen weißrussischen Sprachplanung (1991–95) wurde durch die russophile Politik der autoritären weißrussischen Regierung abrupt beendet. Die weißrussische Sprache erlebt seitdem eine erneute Periode intensiver Russifizierung und Diskriminierung im öffentlichen Bereich. Im Mai 1995 wurde das Russische durch eine Volksabstimmung zur gleichrangigen Amtssprache Weißrusslands erklärt, Russisch ist längst zur alles dominierenden Sprache geworden, bis in den privaten Bereich hinein. Die eigene Standardsprache wird nur von einer dünnen Schicht der städtischen Intelligenz getragen, die weniger Gebildeten verwenden eine weißrussisch-russische Mischsprache, die verächtlich als *trasjanka* „Viehfutter" bezeichnet wird. Die Landbevölkerung spricht weißrussische Dialekte mit stark russifiziertem Wortschatz.

Offiziell hat das Weißrussische etwa 8 Mio. Muttersprachler, das entspricht dem weißrussischen Anteil der Bevölkerung des Staates (insgesamt 9,5 Mio.). Jedoch hatten laut Umfragen im Jahre 1989 nur noch 3,6 Mio. Weißrussen eine aktive oder passive Kompetenz in ihrer Ethnosprache. Dadurch ist eine asymmetrische Zweisprachigkeit entstanden: Fast alle Weißrussen sprechen Russisch, kaum ein Russe in Weißrussland spricht jedoch Weißrussisch. Im Bildungssystem ist das Weißrussische kaum verankert, im Sommer 2003 wurde gegen starken Widerstand der Schüler und Lehrer das einzige Gymnasium mit weißrussischer Unterrichtssprache geschlossen. Durch den politischen Russifizierungsdruck, die asymmetrische russisch-weißrussische Zweisprachigkeit und die Überfremdung der weißrussischen Sprache ist deren Eigenständigkeit und damit weitere Existenz hochgradig gefährdet.

7.6 Die westslawischen Sprachen

Die westslawischen Sprachen gliedern sich in drei Untergruppen: *Lechisch* mit dem Polnischen und den elb-ostsee-slawischen Sprachen (Polabisch, Pomoranisch, Kaschubisch), *Sorbisch* (Ober- und Niedersorbisch) sowie *Tschechisch-Slowakisch*.

Tab 7.19 *Die Gliederung des Westslawischen*

Spracheinheiten	Einzelsprachen
WESTSLAWISCH	
LECHISCH	
POLNISCH	**Polnisch** (55 Mio.)
ELB-OSTSEE-SLAWISCH	
KASCHUB.-SLOWINZISCH	Kaschubisch (50 Tsd., ethnisch 150 Tsd.)
	Slowinzisch †
OSTSEESLAWISCH	Pomoranisch (Ostseeslawisch) †
ELBSLAWISCH	Polabisch (Elbslawisch, Drewanisch) †
SORBISCH	Niedersorbisch (7.000)
	Obersorbisch (13.000)
TSCHECH.-SLOWAKISCH	**Tschechisch** (12 Mio.)
	Slowakisch (6 Mio.)

Die Tabelle 7.20 zeigt anhand einiger Wortgleichungen die nahe Verwandtschaft der westslawischen Sprachen untereinander.

Tab 7.20 *Westslawische Wortgleichungen*

Deutsch	Tschech.	Slowak.	O.Sorb.	N.Sorb.	Poln.	Kaschub.	Polab.
Mensch	člověk	clovek	člowjek	cłowejk	człowiek	człowiek	clawak
Bruder	bratr	brat	bratr	bratš	brat	brat	brot
Schwester	sestra	sestra	sotra	sotša	siostra	sostra	sestra
Hand	ruka	ručné	ruka	ruka	ręka	rãka	ręka
Fisch	ryba	ryby	ryba	ryba	ryba	rëba	raibo
Tag	den	deň	dźeń	źeń	dzień	dzéń	dan
Sommer	léto	leto	lěćo	lěše	lato	lato	ljutü
Winter	zima	zime	zyma	zyma	zima	zëma	zaima
Wasser	voda	voda	woda	wóda	woda	wòda	wôda
Schnee	sníh	sneh	sněh	sněg	śnieg	sniég	sneg

Polnisch

Mit insgesamt 55 Mio. Muttersprachlern ist das Polnische nach dem Russischen die zweitgrößte slawische Sprache. Es bildet zusammen mit den elb- und ostseeslawischen Sprachen (die bis auf das Kaschubische alle ausgestorben sind) den *lechischen* Zweig des Westslawischen. Die Geschichte der polnischen Sprache wird in vier Perioden eingeteilt: vorschriftliches Polnisch (bis zum 12. Jh.), Altpolnisch (12. Jh. – 1500), Mittelpolnisch (1500 – 2. Hälfte des 18. Jh.) und Neupolnisch.

Die vorschriftliche Phase ist durch entscheidende Lautveränderungen gegenüber dem Urslawischen geprägt, darunter die Entwicklung eines polnischen Umlauts, die Vollvokalisierung der Jerlaute /ь, ъ/ und die Herausbildung der Palatalitätskorrelation im Konsonantensystem. In dieser Phase kam es auch zur Gründung des polnischen Staates und zur Übernahme des Christentums, wodurch erstmals lateinische Lehnwörter im Polnischen auftreten.

Die schriftliche Phase des Polnischen beginnt mit polnischen Namen und Glossen in lateinischen Texten. Am bedeutendsten ist die Gnesener Bulle des Papstes Innozenz II. von 1136, die 400 polnische Namen von Ortschaften und Personen enthält. Den ersten vollständigen polnischen Satz fand man in einer Chronik des Klosters Heinrichau bei Breslau. Bedeutende altpolnische Sprachdenkmäler sind die Heiligenkreuz-Predigten aus dem 14. Jh., das religiöse Lied *Bogurodzica* „Gottesmutter" (15. Jh.), die Gnesener Predigten sowie weitere religiöse und weltliche Denkmäler aus dem 15. und frühen 16. Jh., teilweise handelt es sich auch um Übersetzungen lateinischer religiöser Texte. Diese altpolnischen Denkmäler zeigen eine weitere sprachliche Entwicklung, z.B. die Affrikatisierung von /t'/ und /d'/, die Entstehung des frikativen /ř/ aus /r'/, den Zusammenfall des vorderen und hinteren Nasalvokals zu /ą/, die Entpalatalisierung von /š', ž'/ und anderen Palatallauten sowie in der Morphologie den Verlust von Aorist, Imperfekt und Dual.

Um 1500 wird der Beginn der mittelpolnischen Periode durch kulturelle Neuerungen wie die Einführung des Buchdrucks sowie durch die zunehmende Emanzipation des Polnischen vom Lateinischen eingeleitet, wobei das Lateinische allerdings auch weiterhin den Kulturwortschatz des Polnischen maßgeblich prägt. Im 16. und frühen 17. Jh. blühte eine einheitliche polnische Schrift- und Literatursprache, die sich auf der Grundlage von Dialekten entwickelt hatte, die in der Gegend von Posen und Gnesen im Westen Polens (Großpolen) gesprochen wurden. (Andere Theorien sehen ihre Entstehung eher in Kleinpolen mit dem Zentrum Krakau.) Aus dem 16. Jh. stammen die Chroniken und Biographien von M. Bielski sowie die Prosaschriften von M. Rej, Werke auf hohem sprachlichem Niveau. Das erste bedeutende lateinisch-polnische Wörterbuch wurde 1564 veröffentlicht, die erste Grammatik des Polnischen *Polonicae grammatices institutio* im Jahre 1568. Mitte des 17. Jh. dehnte sich der polnische Sprachbereich bis in die östlichen Gebiete des polnisch-litauischen Großreichs aus. Durch die Polonisierung des litauischen und weißrussischen Adels gelangten entsprechende phonetische und lexikalische Elemente ins Polnische, dabei entstand das sog. *Ostrandpolnische*, eine Sprachvariante, die lange ein hohes Prestige genoss. Die literarische Entwicklung des Polnischen geriet aber zunehmend unter französischen Einfluss und verlor ihre Unabhängigkeit.

Der Beginn des Neupolnischen kann in der 2. Hälfte des 18. Jh. angesetzt werden. Damit begann eine Phase der Rückbesinnung auf polnische Traditionen, der Sprachreinigung und der erneuten Standardisierung. Die so gefestigte Position der polnischen Schrift- und Literatursprache konnte auch durch die Germanisierungs- und Russifizierungstendenzen des 19. Jh. nicht mehr erschüttert werden.

Das polnische Sprachgebiet gliedert sich in zwei dialektale Großzonen: in die sog. *masurierenden* Dialekte – /ż, cz, sz, dż/ werden dabei durch /z, c, s, dz/ ersetzt – und *nicht-masurierende* Dialekte. Zu den masurierenden gehören der schlesische, kleinpolnische, masowische, masurische und podlachische Dialekt, zu den nicht-masurierenden der großpolnische, kujawische, kulm-dobrinsche Dialekt sowie die Mischdialekte in Westpolen, die sich nach 1945 entwickelt haben.

Insgesamt sprechen heute (2010) etwa 55 Mio. Menschen Polnisch als Muttersprache, davon rund 37 Mio. in Polen. Die Zahl der Auslandspolen beträgt 15–18 Mio. Sie verteilen sich wie folgt: USA 8 Mio. (nach anderen Quellen deutlich weniger), Deutschland 2 Mio., Brasilien 1 Mio., Frankreich 1 Mio., Großbritannien 800 Tsd., Kanada 600 Tsd., Weißrussland 500 Tsd., Ukraine 500 Tsd., Litauen 250 Tsd., Australien 150 Tsd., Argentinien 150 Tsd., Russland 100 Tsd., Tschechien 100 Tsd. und Kasachstan 60 Tsd. In welchem Umfang das Polnische bei den Auslandspolen noch gesprochen und an die Folgegeneration weitergegeben wird, ist schwer einzuschätzen. Den Schutz als Minderheitensprache genießt das Polnische in der Ukraine, in Tschechien, in der Slowakei und in Rumänien.

Elb- und Ostseeslawisch

Seit dem 7. oder 8. Jh. waren slawische Stämme nach Nordwesten und Westen in die Gebiete zwischen der unteren Weichsel und unteren Elbe und darüber hinaus bis in das Hannoversche Wendland vorgedrungen, so dass sie schließlich den gesamten Raum vom östlichen Holstein und Niedersachsen über Mecklenburg und Vorpommern bis nach Hinterpommern besiedelten. Die Dialekte oder Sprachen dieser Stämme fasst man unter der Bezeichnung *elb- und ostseeslawische Sprachen* zusammen. Sie bilden zusammen mit dem Polnischen den lechischen oder nördlichen Zweig des Westslawischen.

Die Dialekte des Elb-Ostsee-Slawischen gliedern sich in drei Untergruppen: *Elbslawisch* (Polabisch), *Ostseeslawisch* (Pomoranisch) und *Kaschubisch-Slowinzisch*. Alle diese Varietäten sind mit Ausnahme des Kaschubischen ausgestorben. Hauptmerkmale der lechischen Sprachen sind:

- Erhaltung der späturslawischen Nasalvokale
- Bewahrung des /g/ als Verschlusslaut, also keine Wandlung zu /h/
- Erhaltung des /dz/ (aus urslawisch /*dj/)
- Wandel des Jatlautes /ě/ zu /a/ sowie von /ę/ zu /ǫ/ vor nicht-palatalisierten Vorderzungen-Konsonanten.

Polabisch

Die Elbslawen ließen sich an der Elbe und ihrem Unterlauf nieder, zu ihnen gehörten die Stämme der Obodriten, Wagrier und Polabier, der Name der letzteren ist heute zur Gesamtbezeichnung dieser Gruppe geworden (*po Laba* „an der Elbe"). Die elbslawischen Varietäten hielten sich bis zum Ende des 17. Jh., zu Beginn des 18. Jh. erlosch diese Sprache auch im Drawehn-Gebiet bei Uelzen und Lüneburg.

Erhalten sind aus dem frühen 18. Jh. ein *Vocabularium Venedicum* (deutsch-elbslawisch), eine *Chronica Venedica* (mit einem Wörterbuch und Textfragmenten), ein französisch-elbslawisches Wörterbuch mit dem irreführenden Titel *Vocabulaire Vandale* sowie Fragmente von Gebeten und ein Hochzeitslied, insgesamt etwa 3000 polabische Wörter in unterschiedlichen Dialektversionen. Diese letzte Form des Elbslawischen ist bereits stark germanisiert (25% des Wortschatzes sind deutsch), die Aufzeichnungen sind unzuverlässig und nicht eindeutig, so dass die Rekonstruktion authentischer elbslawischer Wortformen sehr schwierig ist. Dennoch kann man eine Reihe lautlicher Besonderheiten herausarbeiten, darunter das Nichteintreten der Liquidametathese, z.B. *gorχ* < *grachŭ „Erbse" oder der Wandel von silbischem /ḷ/ zu /åu/, z.B. *våuk* < *vḷ'kŭ „Wolf". Es lassen sich drei elbslawische Dialektformen unterscheiden: der Dialekt von Wustrow, von Sühten und von Lüchow-Dannenberg.

Pomoranisch

Der ostseeslawische oder pomoranische Sprachraum (*pomoranisch* < *po mor'e* „am Meer") erstreckte sich entlang der Ostsee von der Trave im Westen bis zur unteren Weichsel im Osten, er umfasste also Mecklenburg, Vorpommern und das heute polnische Hinterpommern. Das Gebiet wurde von Westen her germanisiert, so dass die westpomoranischen Dialekte schon früh ausstarben (12.–15. Jh.), während die ostpomoranischen vom 16. bis 19. Jh. untergingen.

Die Pomoraner haben keine geschriebenen Texte hinterlassen, die Rekonstruktion ihrer Sprache stützt sich auf deutsche Aufzeichnungen (meist in lateinischer Sprache) von Vor- und Beinamen sowie auf Toponyme und Hydronyme. Die ersten Hinweise auf pomoranisches Sprachgut stammen aus dem 10./11. Jh., die meisten aus dem 12. und 13. Jh. Das beschränkte Quellenmaterial erlaubt nur eine Rekonstruktion der phonetischen Merkmale sowie des Teils des Wortschatzes, der sich aus dem Namenmaterial rekonstruieren lässt. Die Morphologie des Pomoranischen ist kaum erschließbar.

Die pomoranischen Varietäten haben einen Übergangs- oder Brückencharakter: Die westlichen weisen mehr Gemeinsamkeiten mit dem Polabischen auf, die östlichen mit dem Slowinzischen, Kaschubischen und Polnischen. Insgesamt trägt das Pomoranische deutliche Merkmale einer Randsprache (hier der westslawisch-lechischen Peripherie): abgeschwächte phonetische Wandlungsprozesse, Archaismen in Wortschatz und Wortbildung sowie eine nur geringe Neigung zu Innovationen.

Kaschubisch

Das Kaschubische ist die einzige überlebende elb-ostsee-slawische Sprache. Von den 150 Tsd. ethnischen Kaschuben, die im heutigen Polen in der „Kaschubei" westlich und südwestlich von Danzig leben, sprechen noch etwa 50 Tsd. aktiv ihre Muttersprache, viele Kaschuben haben nur noch eine passive Sprachkompetenz.

Die Kaschuben sind sich ihrer kulturellen und sprachlichen Sonderstellung innerhalb Polens durchaus bewusst, dennoch halten sie sich selbst nicht nur im staatsbürgerlichen, sondern auch im ethnischen Sinne für Polen, separatistische Tendenzen hat es bei ihnen nie gegeben. Sie bewohnen die Landkreise Puck (Putzig), Wejherowo (Neustadt), Kartuzy (Karthaus), Kościerzyna (Berent) und den nördlichen Teil des Kreises Chojnice (Konitz) sowie etliche Dörfer im Landkreis Bytów (Bütow). Weitere Zentren sind in den Kreisen Lębork (Lauenburg) und Słupsk (Stolp) nach dem Zweiten Weltkrieg entstanden.

Das Kaschubische wird von den meisten Polen – auch von polnischen Dialektologen – nicht als eigenständige Sprache, sondern als ein polnischer Dialekt eingeschätzt. Der Grund liegt einerseits in der sprachlichen Nähe (die durch polnische Überformung des Kaschubischen noch größer geworden ist), andererseits in der Tatsache, dass die Kaschuben einen integralen Bestandteil des polnischen Volkes bilden. Durch seine weitgehende Beschränkung auf die mündliche Kommunikation funktioniert das Kaschubische letztlich wie ein Dialekt. Die Sprache des öffentlichen Lebens ist auch in der Kaschubei nahezu ausschließlich das Polnische, auch die Gottesdienste werden in polnischer Sprache gehalten.

Kaschubische Sprachmerkmale sind bereits in Schriften aus dem 15. Jh. zu finden (Notizen in Kirchenbüchern), aus dem 16. Jh. stammen Teilübersetzungen der Bibel, Predigten und kirchliche Gesangsbücher. Dennoch ist das Kaschubische bis heute primär eine nur gesprochene Sprache geblieben. Seit dem 19. Jh. versuchten Literaten und Dichter eine Schrift- und Literatursprache zu entwickeln. Bedeutsam sind die Arbeiten von F. Ceynowa (1817–1881), der für seine folkloristischen, religiösen, medizinischen und sprachwissenschaftlichen Texte eine Schriftform schuf, ihm folgten H. Derdowski, A. Majkowski und die Autoren der Zeitschrift Zrzesz Kaszëbskô „Kaschubischer Verein".

Nach 1945 konnte sich die kaschubische Sprache und Literatur trotz gewisser Hindernisse von polnischer Seite weiterentwickeln, es erschienen kaschubische Märchensammlungen, Predigttexte und Anthologien, 1993 eine Übersetzung des Neuen Testaments, an der gesamten Bibel wird gearbeitet. F. Lorentz erforschte und beschrieb die kaschubische Grammatik (drei Bände 1958-62), eine Orthographie erschien 1975, eine weitere Grammatik 1981. B. Sychta erstellte ein siebenbändiges Dialektwörterbuch (1967-76), 1981/82 erschienen ein polnisch-kaschubisches und kaschubisch-polnisches Wörterbuch. 2000 wurde eine Fibel für den Grundschulunterricht herausgegeben.

Heute werden die Bestrebungen kaschubischer Intellektueller, das Kaschubische zu einer Standardsprache auszubauen, vom polnischen Staat nicht mehr behindert, sondern geduldet und bis zu einem gewissen Grade auch gefördert. Kaschubisch wird an einigen wenigen Schulen unterrichtet, es gibt Radio- und Fernsehsendungen. Seit 2005 kann an einigen Schulen das Abitur in kaschubischer Sprache abgelegt werden.

Der Wortschatz des Kaschubischen besteht im Kern aus slawischen Erbwörtern, Entlehnungen stammen vor allem aus dem Polnischen, aber auch aus dem Russischen und Tschechischen. Der Anteil von Wörtern deutscher Herkunft beträgt etwa 5%, z.B. *dachlón* „Tagelohn", *gardina* „Gardine" oder *pucowac* „putzen". Die Nominalflexion hat sieben Kasus, das Genus ist bestimmend für den Deklinationstyp. Beim Pronomen sind noch duale Formen erhalten, die aber in pluraler Bedeutung verwendet werden, während die eigentlichen Pluralformen als Höflichkeitsform dienen.

Slowinzisch

Der Begriff „Slowinzen" ist eine Neuprägung aus dem 19. Jh. Er bezeichnet eine winzige Gruppe slawisch sprechender Protestanten in gut zehn Dörfern an den Seen Łeba und Gardno. Ihre Sprache, das Slowinzische, ist so nah mit dem Kaschubischen verwandt, dass es von einigen Forschern als ein nach Nordwesten vorgeschobener kaschubischer Dialekt aufgefasst wird. Andererseits konnte das Slowinzische durch seine isolierte Lage im deutschsprachigen Umfeld auch eine gewisse Eigenständigkeit entwickeln (Neigung zur Diphthongierung, Verschiebung der Vokalartikulation nach vorn u.a.). Andere Merkmale deuten darauf hin, dass das Slowinzische eine Brückenfunktion zu den östlichen pomoranischen Dialekten einnimmt.

Anfang des 20. Jh. wurde der Wortschatz des Slowinzischen von F. Lorentz wissenschaftlich erfasst und seine Grammatik gründlich erforscht. Auch eine Sammlung folkloristischer Texte wurde publiziert. Die Reste der slowinzischen Bevölkerung haben ihre Dörfer nach 1945 verlassen und sind nach Deutschland übergesiedelt. In den 1950er Jahren ist das Slowinzische ausgestorben.

Das Slowinzische war eine besonders archaische slawische Sprache, in der sich einige Besonderheiten erhalten hatten, die die meisten westslawischen Sprachen verloren hatten, z.B. ein freier Akzent. Daneben stand es aber auch unter starkem Einfluss des Deutschen (Niederdeutschen), der sich im Wortschatz, aber auch in der Syntax auswirkte.

Sorbisch

Die sorbischen Sprachen – Obersorbisch und Niedersorbisch (Wendisch) – bilden eine Untergruppe des Westslawischen, die sprachlich und geographisch zwischen den lechischen Sprachen (Polnisch, Elb-Ostsee-Slawisch) sowie dem Tschechischen und Slowakischen angesiedelt ist. Die sorbischen Sprachen sind die einzigen slawischen Idiome, die im heutigen Deutschland verbreitet sind. Der Einfluss des Deutschen wird auf allen Sprachebenen deutlich. Alle Sorbischsprecher sind heute zweisprachig, viele ethnische Sorben haben ihre angestammte slawische Sprache zugunsten des Deutschen aufgegeben.

Die heutige Situation

Aus verschiedenen Erhebungen und Hochrechnungen der letzten beiden Jahrzehnte geht hervor, dass nur noch etwa 7.000 Sorben Niedersorbisch und etwa 13.000 Obersorbisch aktiv beherrschen. Das Obersorbische wird in seinem Kerngebiet, der katholischen Oberlausitz im Dreieck Bautzen-Hoyerswerda-Kamenz, auch noch außerhalb der Familie als Umgangssprache verwendet, das Niedersorbische fast nur noch im privaten Umfeld. Insgesamt 60 Tsd. Menschen bezeichnen sich – unabhängig von ihrer Sprachkompetenz – als Sorben, davon leben 40 Tsd. in Sachsen, 20 Tsd. in Brandenburg. Nach Erhebungen aus den 1950er Jahren betrug die Zahl der Sprecher damals noch über 80.000. Insbesondere das Niedersorbische muss als stark gefährdet gelten, da es schon seit Jahrzehnten kaum noch an die nächste Generation weitergegeben wird, während das Obersorbische noch vitaler ist und eine größere Überlebenschance besitzt.

Das sorbische Sprachgebiet – die Ober- und Niederlausitz in den Bundesländern Sachsen und Brandenburg – besteht heute aus mehreren Sprachinseln in deutschsprachiger Umgebung, es ist also nicht mehr zusammenhängend. Die sorbischen Sprachen sind die westlichsten Überbleibsel eines westslawischen Dialektkontinuums, das einst bis an die Elbe reichte. Man unterscheidet ober- und niedersorbische Dialekte sowie Übergangsmundarten. Auf der Basis dieser Dialekte haben sich zwei Schriftsprachen mit eigenem Standard entwickelt, das Obersorbische und das Niedersorbische (Wendische).

Diese sind als Minderheitensprachen auf Landesebene gesetzlich geschützt und werden staatlich gefördert. Auf Bundesebene sind sie als Minderheitensprachen im Sinne der EU-Charta anerkannt (vergleichbar mit dem Dänischen, Friesischen und Romani). Auf Landesebene besitzen sie einen offiziellen Status, der das Recht auf zweisprachige Straßen- und Ortsschilder, auf Sprachunterricht und in Sachsen auch das Recht auf die Verwendung des Sorbischen in Ämtern und vor Gericht einschließt. Die Belange des sorbischen Volkes und seiner Sprache werden gemäß dem Einigungsvertrag gemeinsam vom Bund und von den Ländern Sachsen und Brandenburg durch die Stiftung *Załož ba za serbski lud* „Stiftung für das sorbische Volk" gefördert.

Zur Sprachgeschichte

Im späten Mittelalter und in der frühen Neuzeit war das Sorbische einerseits wesentlich weiter verbreitet als im 19. Jh. oder gar heute, andererseits war es der deutschen Sprache fast überall rechtlich untergeordnet. Das belegen Hinweise im Sachsenspiegel und Sprachverbote: 1293 wurde das Sorbische in Bernburg (Saale) vor Gericht verboten, 1327 in Altenburg, Zwickau und Leipzig, 1424 in Meißen. Weiterhin gab es in vielen städtischen Zünften die Vorschrift, nur deutschsprachige Mitglieder aufzunehmen. Nur das Kerngebiet der Milzener und Lusitzer, zwei der ursprünglich etwa zwanzig sorbischen Stämme, die im Gebiet der heutigen Lausitz lebten, war von deutschsprachiger Neusiedlung und rechtlichen Beschränkungen weniger betroffen. Die Sprecherzahl wuchs dort im 17. Jh. auf über 300 Tsd. an.

Die Überlieferungsgeschichte des Sorbischen setzt erst im 16. Jh. im Zuge der Reformation ein. Das älteste schriftlich überlieferte Sprachdenkmal ist der „Burger Eydt Wendisch", ein Bürgereid der Stadt Bautzen aus dem Jahr 1532. Von 1548 ist eine handschriftliche Übersetzung des Neuen Testaments ins Niedersorbische überliefert, das erste niedersorbische Druckwerk erschien 1574, das erste obersorbische 1597. Die frühen sorbischen Texte waren in den Dialekten ihrer Autoren oder ihrer Zielgruppe verfasst. Erst im Laufe der Zeit entwickelten sich drei sorbische Schriftstandards:

- ein niedersorbischer Standard auf Basis des Cottbuser Dialekts,
- ein obersorbisch-katholischer Standard auf Basis des Dialekts von Wittichenau,
- ein obersorbisch-protestantischer Standard auf Basis des Bautzener Dialekts

Im 19. Jh. wurden die beiden obersorbischen Varianten zu einer einheitlichen obersorbischen Schriftsprache zusammengefasst. Damals war besonders in Preußen die Eindeutschungspolitik sehr repressiv, nur in wenigen Gebieten, vor allem in der Lausitz, konnte sich die sorbische Sprache halten. Dies trifft in besonderem Maße auf den katholischen Teil des Siedlungsgebietes in der Oberlausitz zu, wo die Assimilation des Sorbischen und damit der Sprachverlust im Gegensatz zum größeren evangelisch-sorbischen Gebiet langsamer erfolgte.

Trotz der starken politischen Widerstände begann im 19. Jh. eine Emanzipation des Sorbischen von der deutschen Sprache durch eine intensive Kultivierung der Standardsprachen. Damit verbunden war ein Wechsel der Druckschrift von der „deutschen" Fraktur zur Antiqua mit gleichzeitiger Übernahme diakritischer Zeichen nach tschechischem und polnischem Vorbild. Ziel waren die Förderung der Sprachverwendung in Sachprosa und Literatur, ein allgemeiner Ausbau der Sprache, die Ersetzung der zahlreichen Germanismen durch slawisches Wortgut sowie eine strenge „slawische" Normierung der Grammatik. Diese Form der Sprachkultivierung betraf vor allem die beiden Standards (am stärksten den obersorbischen), während die Dialekte wegen ihres niedrigen Prestiges kaum berücksichtigt wurden. Das war für den Spracherhalt nicht förderlich, da die örtliche Mundart die natürliche Existenzform des Sorbischen darstellte und die Standardsprachen oft nur passiv beherrscht wurden.

1912 wurde in Hoyerswerda die *Domowina*, der „Bund Lausitzer Sorben" als Dachverband sorbischer Vereine mit Sitz in Bautzen gegründet. Schon in der Weimarer Republik, besonders aber im Dritten Reich wurde die sorbische Sprache und Kultur durch Gerichtsurteile, Verbote, Zwangsgermanisierung und dergl. unterdrückt, 1936 verboten die Nationalsozialisten die Domowina, 1937 wurde sie enteignet. Während des Zweiten Weltkriegs wurden sorbische Patrioten zwangsweise ausgesiedelt.

Nach 1945

In der DDR wurde die sorbische Sprache und Kultur stark gefördert, Erhaltung und Kultivierung der sorbischen Sprache hatten eine hohe Priorität. Zur Erreichung dieser Ziele wurden verschiedene Institutionen geschaffen: Schon 1945 wurde die Domowina wieder neu gegründet, ein sorbisches Schulwesen wurde eingerichtet, Sprachkommissionen gebildet, Universitätsinstitute und Einrichtungen für die Lehrerbildung geschaffen. Die Sorben erhielten das Recht auf Zweisprachigkeit (Straßenschilder, Ortsschilder, Sprachunterricht, eigene Zeitungen). Aufgrund ihrer Wohltaten erwartete die DDR-Führung das politische Wohlverhalten der Sorben, was zu Spannungen führte, da ein Großteil der Sorben die politische Ausrichtung der DDR nicht mittrug und insbesondere den antikirchlichen Kurs von Staat und Partei, aber auch die Kollektivierung der Landwirtschaft ablehnte. Der Versuch, durch eine gemeinsame Dachsprache das Ober- und Niedersorbische – bei starker Dominanz des Obersorbischen – zu einigen, war nicht erfolgreich, er führte aber in der niedersorbischen Bevölkerung zu einer Verringerung der Akzeptanz ihrer Muttersprache. Seit der Wende werden die Besonderheiten der beiden Standards wieder stärker betont.

Heutzutage (2010) wird an 25 Grundschulen und mehreren weiterführenden Schulen Sorbisch unterrichtet, teilweise ist es Pflichtfach. An vielen Schulen wird der Unterricht in sorbischer Sprache abgehalten. Es erscheinen die obersorbische Tageszeitung *Serbske Nowiny*, eine niedersorbische Wochenzeitung und religiöse Wochenschriften. Mehrere Kultur- und Jugendzeitungen werden herausgegeben, die regionalen öffentlich-rechtlichen Rundfunkanstalten senden täglich mehrere Stunden Hörfunk sowie monatlich ein kurzes Fernsehmagazin in sorbischer Sprache.

Bestandsaufnahme und Zukunft

Insgesamt hat sich die Lage des Sorbischen seit der Mitte des 19. Jh. ständig verschlechtert: Die Sprecherzahlen gingen kontinuierlich zurück, im frühen 20. Jh. ging die sorbische Einsprachigkeit verloren, das Niedersorbische verlor die „Muttersprachlichkeit", da es in der zweiten Hälfte des 20. Jh. nicht mehr an die nächste Generation weitergegeben wurde, die Funktionalität des Sorbischen – insbesondere des Niedersorbischen – wurde stark eingeschränkt. Auch die geschilderten positiven Gegenmaßnahmen seit 1945 haben diesen Niedergang nicht aufhalten, sondern nur verlangsamen können.

Die im 19. Jh. beginnende puristische Kultivierung der Sprachstandards, die in der DDR-Zeit ihre Fortsetzung und Verstärkung fand, ist den heutigen Problemen – Niedergang der Sprecherzahl, niedriges Prestige, durchgängige Zweisprachigkeit mit Dominanz des Deutschen, überall präsente deutsche Medien, eine rasante Entwicklung des Wortschatzes insbesondere unter englischem Einfluss – längst nicht mehr angemessen. Heute geht es weniger um Sprachkultivierung der Standards als um Spracherhalt des Sorbischen gleich welcher Form. Die Ziele sind zunächst einmal die Sicherung der Substanz und die Verbreiterung der Sprachbeherrschung, auch bei den nicht-muttersprachlichen Sorben. Dies kann vor allem durch eine stärkere Nutzung der Medien inklusive des Internets erreicht werden. Wichtig wäre eine Toleranz in der Sprachkodifizierung, was eine größere Gewichtung der gesprochenen Sprache und der Dialekte zuließe, der eigentlichen Lebensgrundlage des Sorbischen.

Tschechisch

Das Tschechische wird von rund 12 Mio. Menschen als Muttersprache gesprochen, von denen etwa 10 Mio. in der Tschechischen Republik leben. Der seit 1993 von der Slowakei getrennte Staat besteht aus den Landesteilen Böhmen, Mähren und Mährisch-Schlesien. Das Tschechische ist am nächsten mit dem Slowakischen verwandt, mit dem es wechselseitig verständlich ist. Dagegen ist der Abstand zwischen der tschechischen Schrift- und Hochsprache und dem in weiten Teilen des Landes als Alltagssprache verwendeten Gemeintschechischen (*obecná čeština*) durchaus beachtlich.

Die erste slawische Schriftsprache im heutigen tschechischen Sprachgebiet war das ab 863 von den Brüdern Konstantin (Kyrill) und Method in Großmähren eingeführte glagolitisch geschriebene Altkirchenslawisch (vgl. Abschnitt 7.3). Da die Tschechen sich danach zur westlichen (römischen) Kirche ausrichteten, konnte sich keine tschechisch geprägte kirchenslawische Sprache entwickeln, allerdings bereicherten religiöse Termini des Altkirchenslawischen das Urtschechische.

Man gliedert das Tschechische in *Urtschechisch* (Ende des 10. Jh. bis Mitte 12. Jh.), *Alttschechisch* (Mitte 12. Jh. bis 15. Jh.), *Mitteltschechisch* (16–18. Jh.) und *Neutschechisch*. Die Ausgliederung des Tschechischen aus dem Späturslawischen begann erst im 9. Jh. und war mit dem Abbau der Jerlaute /ъ, ь/ Ende des 10. Jh. abgeschlossen. Vom Urtschechischen sind nur Namen und Glossen in lateinischen Texten überliefert, erst seit der 2. Hälfte des 13. Jh. gibt es zusammenhängende Texte.

Im 13. Jh. entstand eine tschechische Schrift- und Literatursprache, bereits im 14. Jh. wurden Teile der Bibel ins Tschechische übersetzt. Jan Hus (1369–1415) reformierte um 1400 die tschechische Schriftsprache und überarbeitete die bisherigen Bibelübersetzungen. 1475 wurde erstmals das Neue Testament auf Tschechisch gedruckt, 1488 die gesamte Bibel. Die klassische tschechische Bibelübersetzung, die sog. Kralitzer Bibel, erschien jedoch erst 1579–94 in sechs Teilen im Druck.

Im Gegensatz zum vollständigen Umbau des phonologischen Systems weist das morphologische System des Alttschechischen gegenüber dem Urslawischen nur geringere Änderungen auf. Die Deklination nach Stammtypen wurde durch eine genusbezogene ersetzt, die Kategorie der Belebtheit ausgebaut, die Systematisierung des Aspektsystems brachte um 1400 den Verlust von Aorist und Imperfekt mit sich, im 15. Jh. ging der Dual verloren. Die Syntax war im 14./15. Jh. noch nicht stabilisiert, es gab eine Fülle unterschiedlicher Satztypen.

Im Humanismus wurde der Wortschatz durch lateinische und griechische Fremd- und Lehnwörter erweitert, worauf der Sprachpurismus der Barockzeit überreagierte. Die sprachliche Erneuerung des Tschechischen im 19. Jh. führte wieder zu einem ausgewogenen Sprachstil. 1880 bekam das Tschechische in Böhmen und Mähren den Status einer Amtssprache.

Als Kultur- und Literatursprache beeinflusste es seine westslawischen Nachbarsprachen Slowakisch, Sorbisch und Polnisch. Während sich das Tschechische in der Vergangenheit vor allem an der Prestigesprache Latein und der Konkurrenzsprache Deutsch orientierte, ist heute vor allem der Einfluss des Englischen sowie der europäischen Integration wirksam.

Die Varietäten des Tschechischen können nach funktionalen, sozialen und territorialen Anwendungsbereichen gegliedert werden. Der Hauptunterschied liegt zwischen den Standard- und Substandardvarietäten. Der Standard gliedert sich in eine geschriebene und eine – im Alltag wenig verwendete – gesprochene Hochsprache mit mehreren Funktionalstilen (z.B. für Literatur, Wissenschaft, Publizistik). Zu den tschechischen *Substandards* gehören folgende Varietäten:

- die überregionale Umgangssprache (*běžná mluva*), die einen inoffiziellen, spontanen Sprachgebrauch ermöglicht; ihre Verwendung ist dynamisch und unterliegt weit geringerer Normierung als die der Hochsprache
- das Gemeintschechische (*obecná čeština*), das heute in ganz Böhmen und im westlichen Mähren die wichtigste Konversationssprache des Alltags ist
- territoriale Dialekte. Sie sind in Böhmen durch das Gemeintschechische weitgehend nivelliert worden, in den ländlichen Gegenden Mährens sind sie jedoch noch vorhanden (Zentral-, Südost- und Nordostmährisch); zum Lachischen siehe unten
- diverse Soziolekte: Slang, Argot

Lachisch

Das Lachische ist eine sprachliche Mischform, die auf tschechisch-polnischen Übergangsdialekten basiert, die in Polnisch- und Tschechisch-Schlesien gesprochen werden. Von tschechischen Forschern wird Lachisch als tschechischer Dialekt, von polnischen als polnische Mundart eingestuft. Eine gewisse Eigenständigkeit erhielt das Lachische durch den Versuch, es als Literatursprache auszubauen, die eine Brücke zwischen dem Tschechischen und Polnischen darstellen sollte (Duličenko 2002: 287–290). Die wichtigste Persönlichkeit der lachischen Literatur war der Dichter Ervín Goj (1905–1989), der unter dem Pseudonym Óndra Łysohorsky publizierte und 1934 seinen ersten lachischen Gedichtband veröffentlichte. Diese literarischen Bemühungen in lachischer Sprache wurden abrupt durch den Zweiten Weltkrieg unterbrochen und konnten sich auch nach dem Krieg nur mühsam gegen die tschechische Regierung behaupten, die separatistische Motive vermutete. Die meisten Werke Łysohorskys konnten zunächst nur in Übersetzungen erscheinen, erst 1988/89 erschien eine Gesamtausgabe seiner lachischen Gedichte.

Die lachischen Mundarten gliedern sich in drei Dialektgruppen: Troppauer Lachisch, Ostrauer Lachisch (die Basis für die lachische Literatursprache) und Mährisch-Lachisch. Einige wesentliche sprachliche Unterschiede zum Tschechischen sind die fehlende Unterscheidung von Lang- und Kurzvokalen, Laute wie z.B. *dz*, *dž* und *ł*, die durchgehende Betonung auf der vorletzten statt auf der ersten Silbe sowie einige Unterschiede in der Nominal- und Verbalmorphologie.

Ob man das Lachische als eine „slawische Kleinschriftsprache" einstufen kann, ist unklar. Es gibt weder ein Wörterbuch noch eine normative Grammatik. P. Rehder bezeichnet Lachisch als „schlesischen Dialekt in Polen und Tschechien", dessen Charakter als Kleinschriftsprache – den A. Duličenko ursprünglich vertreten hatte – nun aufgegeben wurde (Rehder 1998: 13). R. Rothstein stuft das Lachische als einen literarischen Idiolekt des Dichters Łysohorsky ein (Rothstein 1993: 756), R. Sussex und P. Cubberley betrachten es als einen tschechischen Dialekt (Sussex-Cubberley 2006: 6 und 533–535).

Slowakisch

Slowakisch wird von etwa 6 Mio. Muttersprachlern gesprochen, davon leben fast 5 Mio. in dem seit 1993 wieder eigenständigen Staat Slowakei, dessen Amts- und Nationalsprache das Slowakische ist. Etwa eine Mio. Auslandsslowaken leben in Nordamerika, kleinere Sprachgruppen gibt es in Ungarn, Rumänien, Serbien und Tschechien. Der nächste Verwandte des Slowakischen ist das Tschechische, mit dem es wechselseitig verständlich ist und von Anfang an in Kontakt stand. Im Gegensatz zum Tschechischen hat sich eine slowakische Sprachkodifikation erst spät (im 19. Jh.) durchgesetzt. Das Slowakische besitzt eine unkomplizierte slawische Morphologie, in der Phonologie weist es im Vergleich zum Tschechischen einige archaische Züge auf.

Die Ausgliederung des Slowakischen aus dem (westlichen) Späturslawischen erfolgte im 10. Jh., und zwar direkt, also ohne den „Umweg" über eine tschechisch-slowakische Einheitsphase, wie früher angenommen wurde. Die interne Differenzierung in einen west-, mittel- und ostslowakischen Makrodialekt war auch bereits im Urslowakischen vorhanden. Vom 15. bis 18. Jh. fungierte in der Slowakei das Tschechische — angereichert durch slowakische Elemente — als überregionale Schrift- und Kultursprache, wodurch die zunächst nur mündlich verwendete slowakische Sprache vor allem im Wortschatz stark tschechisch beeinflusst wurde. Erstaunlich ist aber auch die große Zahl der Germanismen (z.B. *richtár, jarmark, handlovat'*) und Ungarismen, die Eingang ins Slowakische fanden. Im 16. Jh. bildeten sich aus den drei Makrodialekten drei slowakische regionale Kultursprachen (West-, Mittel- und Ostslowakisch) heraus, die für administrative und juristische Gebrauchstexte auch schriftlich verwendet wurden. In der ersten Hälfte des 18. Jh. wurde die westslowakische Varietät als Schriftsprache wahrgenommen, in der zweiten Hälfte wurde sie zur gesprochenen Kultursprache der meisten Slowaken. Allerdings wurde in protestantischen Kreisen im 18. Jh. auch das Tschechische der Kralitzer Bibel als Umgangssprache verwendet.

Auf Basis der westslowakischen Kultursprache erfolgte Ende des 18. Jh. eine erste Kodifikation eines slowakischen Schriftstandards (A. Bernolák 1787), die sich allerdings nur kurze Zeit behaupten konnte. Der zweite Kodifikationsversuch auf Basis des mittelslowakischen Makrodialekts in den 1840er Jahren durch L. Štúr war schließlich erfolgreich. Der eigentliche Ausbau der Normierung und Standardisierung fand erst im 20. Jh. statt. Wichtige Meilensteine sind das Handbuch des Slowakischen von 1902, umfassende slowakische Wörterbücher, normative Grammatiken und die Orthographieregeln von 1931. Nach 1945 konnte sich das Slowakische trotz der staatlichen Gemeinschaft mit den Tschechen als Sprache der Medien, Verwaltung, Wissenschaft und Kultur entfalten. Es wurden Slowakisch-Lehrstühle an den Hochschulen eingerichtet, die Akademie der Wissenschaften gründete ein Institut zur Erforschung der slowakischen Sprache, das umfangreiche wissenschaftliche Wörterbücher veröffentlichte.

Welche Richtung das Slowakische nach der Etablierung des eigenen Staats einschlägt, ist noch nicht genau erkennbar. Sicherlich findet eine deutlichere Absetzung vom Tschechischen statt, die staatlich normierte slowakische Einheitssprache gilt als wichtige Stütze der nationalen Identifikation. Die Assimilationsprozesse zwischen dem Slowakischen und Tschechischen vor allem im phonologischen Bereich brachen ab. Die slowakische Morphologie ist stabil und leistet auch die Integration von Fremdwörtern (vor allem englischen), die zunehmend den slowakischen Wortschatz bereichern. Man kann feststellen, dass sich das Slowakische als eigenständige europäische Kultur- und Literatursprache neben dem Tschechischen etablieren konnte.

7.7 Die südslawischen Sprachen

Das Südslawische gliedert sich in eine *westliche* Untergruppe, die aus dem Slowenischen sowie der serbokroatischen Gruppe Kroatisch, Serbisch und Bosnisch besteht, und eine *östliche* Untergruppe, die das Bulgarische und Mazedonische bilden. Aus diesem Umfeld stammt auch das Altkirchenslawische. Südslawische Kleinschriftsprachen sind das zum Slowenischen gehörende Resianisch sowie Moliseslawisch und Burgenlandkroatisch, die man als kroatische Varietäten auffassen kann.

Tab 7.21 *Die Gliederung des Südslawischen*

Spracheinheiten	Einzelsprachen
SÜDSLAWISCH	
WEST	
SLOWENISCH	**Slowenisch** (2,2 Mio.)
	Resianisch (1.500)
SERBO-KROATISCH	**Serbisch** (10 Mio.) (inkl. Montenegrinisch)
	Kroatisch (7 Mio.)
	Burgenlandkroatisch (20.000)
	Moliseslawisch (3.000–5.000)
	Bosnisch (Bosniakisch) (2,6 Mio.)
OST	Altkirchenslawisch (Altbulgarisch) †
	Bulgarisch (9 Mio.) (inkl. Pomakisch)
	Banater Bulgarisch (20.000)
	Mazedonisch (2 Mio.)

Slowenisch

Slowenisch wird als Muttersprache von etwa 2,2 Mio. Slowenen gesprochen, davon leben rund 1,7 Mio. in der seit 1991 unabhängigen Republik Slowenien, die vorher Bestandteil der Föderativen Republik Jugoslawien war. Darüber hinaus wird es noch in Teilen Österreichs (Kärnten, Steiermark), in Italien (Gebiet um Görz, Resia-Tal, Collio,

Triest) sowie in Westungarn (Komitat Vas) gesprochen. Schwer einschätzbar ist die Anzahl slowenischer Emigranten in Westeuropa, Nord- und Südamerika sowie in Australien, die ihre Muttersprache bewahrt haben. Eine Besonderheit ist das *Resianische*, eine
slowenische Varietät in Friaul (im Resiatal) mit etwa 1.500 Sprechern, die eine eigene
Schriftsprache entwickelt hat.

Das älteste Dokument einer slowenischen Sprachform sind die *Freisinger Denkmäler*,
die um das Jahr 1000 entstanden sind und aus zwei Beichtformeln sowie einer Beicht-
unterweisung bestehen, deren slawische Sprache bereits deutlich slowenische Züge trägt;
die Schreibung erfolgte nach althochdeutschem Vorbild. Allerdings kann man dieses al-
leinstehende Dokument nicht als den Beginn einer slowenischen Schrifttradition betrachten.

Erst in der zweiten Hälfte des 16. Jh. kommt es im Zusammenhang mit der Reformation zur Herausbildung einer slowenischen Schriftsprache auf Basis des Krainer Dialekts,
in der in einem halben Jahrhundert eine überraschende Fülle an Texten verfasst wurden:
1550 publizierte P. Trúbar einen protestantischen Katechismus und ein Abecedarium,
1557 übersetzte er das Neue Testament und 1564 die slowenische Kirchenordnung. Bereits 1584 folgte J. Dàlmatin mit der slowenischen Gesamtbibel, ebenfalls 1584 publizierte A. Bóhorič die erste slowenische Grammatik (in lateinischer Sprache), schließlich
brachte H. Megiser 1592 sein deutsch-lateinisch-slowenisch-italienisches Wörterbuch
heraus.

Die Gegenreformation schränkte den Gebrauch der protestantisch geprägten Schriftsprache stark ein, die slowenische Sprache verlor wieder weitgehend ihre Schriftlichkeit
und wurde auf die Funktion einer stark dialektal gegliederten Umgangssprache reduziert. Erst Ende des 18. Jh. erfolgte ein neuer Ansatz für eine slowenische Schriftsprache:
1768 erschien eine „Crainerische Grammatik", 1784–1802 eine katholische Bibelübersetzung, 1808 eine umfassende „Grammatik der Slavischen Sprache in Krain, Kärnten und
Steyermark" von J. Kopitar, die eine große Nachwirkung besaß. In den 1840er Jahren
wurden die Probleme der Sprachnormierung zufriedenstellend gelöst.

Durch die Anknüpfung an die Schrifttradition des 16. Jh. erhielt die slowenische Standardsprache einen konservativen Grundzug, der sie bis heute von der gesprochenen Sprache unterscheidet. Das lyrische Werk des größten slowenischen Dichters F. Prešéren
(1800–1849) zeigt die sprachlich-poetischen Möglichkeiten des neuen Schriftstandards.
Die sprachpflegerische Arbeit des 19. Jh. schloss mit einem zweibändigen slowenisch-
deutschen Wörterbuch (1894/95) und einer slowenischen Orthographie (1899).

Im 20. Jh. wurde der slowenische Sprachstandard in Wissenschaft, Literatur und Publizistik weiter gepflegt, trotz zeitweise erheblichen Drucks durch das Serbokroatische
im jugoslawischen Staat. 1970–91 erschien das große fünfbändige Akademie-Wörter-
buch, das den aktuellen Status der Sprache dokumentiert. Ähnlich wie im Tschechischen
hat sich die slowenische Umgangssprache – in der Funktion vergleichbar mit der tschechischen *obecná čeština* – eigenständig weiterentwickelt und weiter vom Standard entfernt. Dennoch ist die slowenische Standardsprache im heutigen öffentlichen Leben Slo-
weniens fest verankert, ihr gesellschaftlicher Anspruch ist umfassend und ihre Geltung
uneingeschränkt. Sie ist damit trotz ihrer relativ geringen Sprecherzahl eine wichtige
Kultursprache Europas.

Das Slowenische weist eine starke dialektale Gliederung in sieben Hauptgruppen auf: Kärntner Dialekte, Primorski (Küstendialekte), Rovtar-Dialekte, Oberkrainerisch, Unterkrainerisch, Steirisch und Pannonisch. Der in Kärnten gesprochene Dialekt gilt als besonders archaisch.

Das serbisch-kroatische Sprachsystem

Die Dialekte des gesamten serbisch-kroatischen Sprachraums — zu dem heute die nationalen Standardsprachen Serbisch, Kroatisch und Bosnisch gehören — lassen sich in drei Makrogruppen einteilen, die man üblicherweise nach der Form des jeweiligen Fragepronomens „was" — *što*, *ča* oder *kaj* — als *štokawische*, *čakawische* oder *kajkawische* Dialekte bezeichnet. Dabei umfassen diese Dialekte folgende Gebiete.

- **Štokawisch**: Serbien (inklusive der Vojvodina), nördliches Kosovo, Montenegro, Bosnien-Herzegowina, Süd- und Ostkroatien
- **Čakawisch**: die dalmatinische Küste Kroatiens mit den vorgelagerten Inseln von Istrien bis Pelješac
- **Kajkawisch**: in Kroatien das Gebiet um Zagreb, von Karlovac über Siask, Koprivnica, Varaždin bis an die slowenische Grenze

Das štokawische Sprachgebiet ist also mit Abstand das größte und durchdringt zum Teil auch das čakawische, das nicht mehr zusammenhängend ist. Außerhalb Kroatiens sind alle Dialekte des Sprachgebiets štokawisch. Entweder als Untergruppe des Štokawischen oder als eigene vierte Gruppe kann man das südöstliche *Torlakische* (Prizren-Timok-Dialekt) auffassen, das sich vom Štokawischen durch Archaismen und Balkanismen abhebt und eine Übergangszone zum Bulgarischen und Mazedonischen bildet.

Durch die ältesten und wichtigsten Isoglossenbündel lässt sich einerseits das gesamte serbisch-kroatische Sprachgebiet gegenüber dem Bulgarischen und Mazedonischen abgrenzen, andererseits die štokawische und čakawische Dialektzone gegenüber dem Kajkawischen und Slowenischen. (Die Grenzziehung zum östlichen Südslawischen ist also eindeutig, gegenüber dem Slowenischen nicht, da das Kajkawische wichtige Merkmale mit dem Slowenischen teilt.)

Eine weitere Gliederungsmöglichkeit des serbisch-kroatischen Sprachraums, deren Isoglossen quer zu den Hauptdialekten verlaufen, ist durch die jeweilige Vertretung des urslawischen /ě/ („Jat") gegeben, die /i/, /e/ oder /ije/ sein kann; danach spricht man von *ekawischen*, *ikawischen* und *ijekawischen* Dialektformen. Während das Štokawische im Norden und Südosten Serbiens ekawisch ist, gehören die zentralen štokawischen Gebiete zum Ijekawischen. Im čakawischen Gebiet ist nur die Dialektform der süddalmatischen Insel Lastovo ijekawisch, während das Kajkawische keine ijekawischen Unterdialekte hat.

Durch umfangreiche Migrationsbewegungen innerhalb des serbisch-kroatischen Dialektraums seit dem 14./15. Jh. (vor allem durch die Flucht vor den Türken nach Norden) kam es zu zahlreichen Überlagerungen, Durchmischungen und Ausweitungen ursprünglicher Dialektzonen. Die starke Ausdehnung insbesondere des štokawisch-ijekawischen Dialekts schuf eine günstige Grundlage für die Herausbildung der *serbokroatischen* Standardsprache im späten 19. Jh.

Serbokroatisch

Serbokroatisch war in der Föderativen Republik Jugoslawien bis zu deren Zerfall im Jahre 1991 gemeinsame Schrift- und Standardsprache für etwa 15 Mio. Serben, Montenegriner, Kroaten und Bosnier, dazu kamen die entsprechenden Minderheiten in Rumänien, Ungarn, Österreich und der Türkei sowie die Emigranten in Westeuropa, Nord- und Südamerika und Australien. Serbokroatisch war in der Ersten (1918–41) und Zweiten Republik Jugoslawien (1945–91) die Hauptverkehrssprache, die auch von den Slowenen und Mazedonen sowie von den Minderheiten gesprochen und im Schulunterricht erlernt wurde.

Serbokroatisch existierte in zwei Varietäten: einer westlichen kroatischen mit dem Zentrum Zagreb, für die das lateinische Alphabet benutzt wurde, sowie in einer östlichen serbischen mit den Zentren Belgrad und Novi Sad, die primär mit dem kyrillischen, aber auch mit dem lateinischen Alphabet geschrieben wurde. In Bosnien-Herzegowina mit den Zentren Sarajewo und Mostar wurden beide Varietäten nebeneinander und auch „vermischt" benutzt.

Die neuen Sprachstandards des Kroatischen, Serbischen und Bosnischen sind sowohl grammatisch als auch lexikalisch so ähnlich, dass eine wechselseitige Verständigung zwischen Kroaten, Serben und Bosniern weiterhin mühelos möglich ist. Man könnte deswegen aus linguistischen Gründen Kroatisch, Serbisch und Bosnisch als nationale Varietäten der plurizentrischen Sprache Serbokroatisch auffassen.

Kroatisch

Kroatisch wird heute von etwa 7 Mio. Menschen als Muttersprache gesprochen, davon etwa 4,3 Mio. im seit 1991 eigenständigen, katholisch geprägten Kroatien. Darüber hinaus gibt es muttersprachliche Sprecher in Bosnien-Herzegowina und in der Vojvodina (Serbien), unter kroatischen Zuwanderern aus jugoslawischer Zeit in Slowenien sowie in Österreich (Burgenland-Kroatisch) und Italien (Moliseslawisch). Kroatischsprechende Emigranten leben vor allem in Mitteleuropa (Deutschland, Österreich, Schweiz), Nord- und Südamerika sowie in Australien. Kroatisch ist die Amts- und Nationalsprache Kroatiens, eine der drei Amtssprachen in Bosnien-Herzegowina, regionale Amtssprache in Montenegro sowie eine der sechs offiziellen Minderheitensprachen in der Vojvodina in Serbien. Kroatisch wird in lateinischer Schrift mit einigen Diakritika geschrieben.

Auf dem Gebiet des heutigen Kroatiens sind seit dem 11. Jh. slawische Schriftdenkmäler überliefert. Eines der ältesten und bedeutendsten ist die Tafel von Baška auf der Insel Krk in glagolitischer Schrift (um 1100). Aus der kroatischen Küstenregion gibt es ein umfangreiches religiös-theologisches Schrifttum in *kroatisch-kirchenslawischer* Redaktion, das in der kroatischen („eckigen") Variante der glagolitischen Schrift verfasst wurde. Höhepunkt dieser Tradition sind prächtige handschriftliche Messbücher, Breviere und weltliche Sammelbände aus dem 14. und 15. Jh. 1483 wurde als erstes kroatisches Druckwerk ein glagolitisches Missale in Wien gedruckt. Das kirchensprachlich-glagolitische Schrifttum hielt sich vereinzelt bis ins 19. Jh. (Parallel gab es in Kroatien eine Jahrhunderte währende lateinischsprachige Tradition im religiös-kirchlichen Schrifttum.)

In *čakawischer* Schriftsprache ist vor allem Lyrik aus der Zeit vom 16. bis 18. Jh. überliefert, als Regionalsprache hat sich das Čakawische an der dalmatischen Küste bis in die Gegenwart gehalten. *Kajkavische* Literatur (Lyrik und Prosa) wurde in Binnenkroatien geschaffen, das Kajkawische blieb die Schriftsprache Zagrebs bis 1836. Ab dem 17. Jh. wurde *štokawisches* Schrifttum zunächst durch bosnisch-kroatische Franziskaner eingeführt. Štokawische Literatur und Volksdichtung (Heldenepik und Volkslieder) wurde vor allem in Dalmatien mit dem Zentrum Dubrovnik gepflegt. Man kann also feststellen, dass alle drei serbisch-kroatischen Dialektformen eine literarische Tradition auf kroatischem Boden entwickelt haben.

Die Entstehung und Entwicklung der autonomen *neuštokawisch-ijekawischen Standardsprache* der Gegenwart wird kontrovers diskutiert. Der Übernahme des Štokawischen in Zagreb (1836) und der bewussten kroatisch-serbischen Sprachannäherung im späten 19. Jh. folgte eine über 100-jährige Periode des Serbokroatischen oder Kroatoserbischen als gemeinsamer Standardsprache der Kroaten, Serben, Montenegriner und Bosnier. Diese Periode wird heute in Kroatien als eine Phase sprachlicher Fremdbestimmung betrachtet, die die Möglichkeiten der Entwicklung eines eigenständigen kroatischen Standards untergraben hat. Ansätze zu einem eigenen Standard werden im frühen 19. Jh., teilweise schon wesentlich früher gesehen. Fakt ist, dass diese Ansätze nicht realisiert wurden. Die heutige kroatische Standardsprache auf neuštokawisch-ijekawischer Basis wird zielstrebig gepflegt und ausgebaut. Diskutiert wird die Übernahme spezieller westštokawischer Merkmale, aber auch čakawischer und kajkawischer dialektaler Elemente, was das Kroatische noch deutlicher vom serbischen Standard abheben würde.

Serbisch

Serbisch wird insgesamt von etwa 10 Mio. Menschen als Muttersprache gesprochen, davon leben ca. 6,2 Mio. in Serbien, weitere 2 Mio. in den ebenfalls zum früheren Jugoslawien gehörenden Staaten Montenegro, Bosnien-Herzegowina, Kroatien, Mazedonien, Kosovo und Slowenien. In Westeuropa, Australien und in den USA existiert eine große serbische Diaspora von etwa 3,5 Mio. Menschen, zuverlässige statistische Aussagen über den Umfang der Sprachkompetenz der serbischen Emigranten sind allerdings kaum möglich. Nach der neuen serbischen Verfassung von 2006 wird das Serbische offiziell in kyrillischer Schrift geschrieben, wobei aber im Alltag und in den Medien auch das lateinische Alphabet weit verbreitet ist. Das Serbische ist National- und Amtssprache in Serbien, Amtssprache in Montenegro (dort wird es neuerdings als „Montenegrinisch" bezeichnet), Bosnien-Herzegowina (zusammen mit dem Bosnischen und Kroatischen), regional in Kroatien, im Kososvo und in Mazedonien. Anerkannte Minderheitensprache ist es in Slowenien, Ungarn und der Slowakei.

In dem Gebiet des mittelalterlichen Serbien war als Schriftsprache zunächst das *Kirchenslawische in der serbischen Redaktion* verbreitet. Die kirchenslawischen Dokumente (das Miroslaw-Evangelium aus dem 12. Jh., liturgische Texte, Hymnen, theologische und homiletische Schriften, Herrscher- und Bischofsviten) wurden in kyrillischer Schrift verfasst. (Die Glagolica war in Serbien – im Gegensatz zu Kroatien – bereits früh von der Kyrillica verdrängt worden.)

Schon früh wurde auch die *štokawische Volkssprache* schriftlich verwendet (ebenfalls in kyrillischer Schrift). Die volkssprachlichen Texte hatten zunächst überwiegend administrative und juristische Funktionen, waren also im Wesentlichen Gebrauchstexte. An ihnen wird die Entwicklung des štokawischen Dialekts bis zum Ende des 15. Jh. deutlich (Zusammenfall von /y/ und /i/ zu /i/, Schwund der Jerlaute /ъ, ь/ bzw. ihre Entwicklung zu /a/, die unterschiedliche Entwicklung des Jatlautes /ě/, der Umbau der Deklinations- und Konjugationstypen u.a.). Ein letzter Höhepunkt der mittelalterlichen štokawischen Literatur waren die mystischen Werke des bulgarischen Emigranten G. Camblak. 1494 wurde in Montenegro das erste serbischsprachige Buch gedruckt, ein liturgisches Kultbuch nach den acht Kirchentönen (sog. Oktoich).

Die Ausdehnung des Osmanischen Reiches im späten 14. und 15. Jh. beendete die Existenz des serbischen Staates. Die Pflege der serbischen Schriftsprache war für Jahrhunderte stark eingeschränkt bzw. unmöglich. Nur als Umgangssprache des Volkes konnte das Serbische überleben. Es entstand eine mündlich tradierte Volks- und Heldenepik, die vor allem der Verarbeitung der Niederlagen gegen die Türken diente (die wichtigste Episode war die Schlacht auf dem Amselfeld 1389). Durch diese Volksepik und durch die Unterstützung der orthodoxen Kirche konnte sich die nationale serbische Identität auch in osmanischer Zeit erhalten.

Größere Bevölkerungsteile Serbiens waren vor den Türken in die damals ungarische Vojvodina geflohen. Dort bildete sich seit dem Ende des 17. Jh. ein serbisches Bürgertum aus. Zur Unterstützung und Sicherung seiner orthodoxen Religion wurden im 18. Jh. Literatur und Lehrer aus Russland herangezogen, die das Russisch-Kirchenslawische mitbrachten, was zum baldigen Ende der Verwendung des Serbisch-Kirchenslawischen führte. Aus dem Russisch-Kirchenslawischen und štokawischen Elementen bildete sich ab Mitte des 18. Jh. eine Schriftsprache der städtischen Bevölkerung in der Vojvodina, das sog. *Slawenoserbische*, das für Übersetzungen, aber auch für eigenständige Prosa und Lyrik Verwendung fand.

Zu Beginn des 19. Jh. gab es also mindestens drei serbische Schriftsprachen: das Russisch-Kirchenslawische der orthodoxen Kirche, das Slawenoserbische des städtischen Bürgertums in der Vojvodina und die inzwischen auch schriftlich festgehaltene, aber nicht standardisierte štokawische Volkssprache der ländlichen Bevölkerung. In dieser Situation schuf Vuk S. Karadžić ab 1813 unter Mithilfe des slowenischen Linguisten J. Kopitar in Wien auf der Grundlage seines ostherzegowinischen neuštokawisch-ijekawischen Heimatdialekts eine moderne serbische Schrift- und Standardsprache, die durch eine konsequente Ablehnung der slawenoserbischen „Mischsprache" gekennzeichnet war. Aus diesem Modell entwickelte sich schließlich der *serbokroatische Stan-*

dard, den Serben, Kroaten und Bosnier über 100 Jahre gemeinsam verwendeten (siehe oben).

Nach dem Zerfall Jugoslawiens wurde auch von den Serben das serbokroatische Modell aufgegeben. Stattdessen ist die heutige serbische Standardsprache das Neuštokawische in der ekawischen Form in Serbien und in der ijekawischen Form in Montenegro. Innerhalb des Serbischen lassen sich genauer vier Dialektgruppen unterscheiden, die alle zum štokawischen Makrodialekt gehören:

- die weiteste Verbreitung hat der *ostherzegowinische ijekawische Dialekt*, der sich von Westmontenegro und Westserbien über ganz Bosnien und die Herzegowina bis zum östlichen Slawonien und südlichen Kroatien erstreckt; er entspricht dem von Vuk S. Karadžić entworfenen Standard, in dem eine reichhaltige serbische (und kroatische) Literatur entstanden ist
- der sich südlich anschließende ebenfalls *ijekawische Zeta-Lovćen-Dialekt* erstreckt sich im Süden und Osten Montenegros bis in den südlichen Sandžak
- der *ekawische Dialekt*, der sich in Serbien von der Vojvodina über die Šumadija bis zur Resava und ins nördliche Kosovo erstreckt und sich vor allem durch prosodische Merkmale unterscheidet (aus ihm hat sich der Belgrader Standard entwickelt)
- die süd- und südostserbischen *torlakischen Dialekte* an der mazedonischen und bulgarischen Grenze (Prizren, Morava, Timok); sie sind altštokawisch-ekawisch geprägt und zeigen Archaismen und Balkanismen.

Montenegrinisch

Die Amtssprache des seit 2006 unabhängigen Montenegros ist laut der Verfassung von 2007 *Montenegrinisch*. Während außerhalb Montenegros die in Montenegro verwendete Schriftsprache allgemein als Teil des ijekawischen Serbisch betrachtet wird, gibt es innerhalb Montenegros trotz der Verfassungsentscheidung unterschiedliche Standpunkte:

- Montenegrinisch als integraler Bestandteil des ijekawischen Serbisch. Die Vertreter dieser Richtung streben eine möglichst einheitliche Kodifikation des ijekawischen Serbischen an, die auch in Montenegro volle Geltung haben soll. Dieser Standpunkt wird auch vom größten Teil der montenegrinischen Sprachwissenschaftler vertreten.
- Montenegrinisch als nationale Varietät und somit eigenständige Sprache. Die Vertreter dieses Standpunkts gehen davon aus, dass sich schon zur Zeit des ehemaligen Jugoslawiens in den einzelnen Teilrepubliken des serbokroatischen Sprachgebietes eigene republikspezifische Standardvarietäten gebildet haben. Demzufolge habe das Montenegrinische das gleiche Recht auf Eigenständigkeit wie Serbisch, Kroatisch und Bosnisch. Diesen Standpunkt vertreten eine Minderheit der montenegrinischen Sprachwissenschaftler sowie die Mehrheit der montenegrinischen Politiker.

Es gibt auch einen Versuch, das Montenegrinische neu zu kodifizieren – einschließlich der Kreation einiger neuer Zeichen –, so dass es sich deutlich von der bisher in Montenegro verwendeten serbischen Schriftsprache absetzen würde. Dieser extreme Ansatz findet jedoch bisher weder in der montenegrinischen Sprachwissenschaft noch in der Politik Unterstützung.

Bosnisch

Der seit 1992 unabhängige Staat *Bosnien und Herzegowina* wurde nach einem dreijährigen Bürgerkrieg 1992–1995 gemäß dem Abkommen von Dayton in zwei Teilstaaten gegliedert, die Föderation Bosnien-Herzegowina sowie die Republik Srspka. Die Bevölkerung des Staates besteht aus katholischen bosnischen Kroaten, orthodoxen bosnischen Serben und bosnischen Muslimen (Bosniaken). Nach den ethnischen Säuberungen des Bosnienkrieges leben die bosnischen Serben nahezu ausschließlich in der Republik Srpska, die bosnischen Kroaten und Muslime in der Föderation Bosnien-Herzegowina. Die Gesamtbevölkerung des künstlichen Staates beträgt etwa 4,5 Mio., davon sind 48% muslimische Bosniaken, 37% bosnische Serben und 14% bosnische Kroaten.

Die Bewohner der ehemaligen jugoslawischen Teilrepublik Bosnien und Herzegowina – Kroaten, Serben und Muslime – sprachen bis 1992 ein einheitliches Serbokroatisch ijekawischer Ausrichtung, wobei die Sprache der Muslime zahlreiche Turzismen (türkische oder über das Türkische vermittelte arabische und persische Wörter) enthielt. Nach dem Zerfall Jugoslawiens und der Unabhängigkeit im nunmehr wenigstens oberflächlich befriedeten Staat werden in Bosnien-Herzegowina drei Sprachstandards verwendet: Die bosnischen Kroaten haben sich ganz dem kroatischen Standard Kroatiens angeschlossen, die bosnischen Serben verwenden mehrheitlich einen ijekawischen serbischen Standard, teilweise richten sie sich aber auch nach dem ekawischen Standard Belgrads aus (entgegen der eigenen regionalen Dialektgrundlage), während die muslimischen Bosnier letztlich den serbokroatischen Standard fortsetzen, der vor allem lexikalisch durch die genannten Turzismen gekennzeichnet ist. Für diese Sprache der bosnischen Muslime (Bosniaken) setzte sich der etwas irreführende Name *Bosnisch* (*bòsanskī jèzik*) durch, eindeutiger ist die seltener verwendete Bezeichnung *Bosniakisch*.

Bosnisch oder Bosniakisch ist heute die im muslimischen Teil von Bosnien-Herzegowina mit dem Zentrum Sarajewo propagierte und in Schulen, Medien und Ämtern vorgeschriebene Sprache. Das Bosnische befindet sich auf dem Weg zur Standardsprachlichkeit, ohne sie schon ganz erreicht zu haben. Falls das instabile Staatsgebilde Bosnien-Herzegowina Bestand hat, werden in diesem Staat drei gleichberechtigte Sprachstandards auf neuštokawisch-ijekawischer Grundlage nebeneinander bestehen, bei voller wechselseitiger Verständlichkeit zwischen den Sprechern dieser Sprachen.

Die wichtigen Schritte der Standardisierung des Bosnischen sind die Herausgabe von normativen Grammatiken, Orthographien und Wörterbüchern. Eine vollständige zweibändige arabisch-bosnischen *Koranausgabe* ist bereits erschienen. Die erste und bisher einzige *Orthographielehre* von S. Halilović erschien 1996. Sie ist ausdrücklich für Bosniaken bestimmt, zeigt jedoch in der grundsätzlich phonetischen Orthographie, in Groß-

und Kleinschreibung, Worttrennung, Zeichensetzung etc. keine auffälligen Neuerungen gegenüber der bisherigen serbokroatischen Praxis. Weiterhin sind das kyrillische und lateinische Alphabet zugelassen, wobei das lateinische als das „häufiger verwendete" bezeichnet wird. In der Praxis wird das kyrillische Alphabet für das Bosnische kaum noch verwendet.

1992 (in 4. Auflage 1996) erschien ein *Wörterbuch* von A. Isaković, das im Wesentlichen eine Sammlung von Turzismen enthält, daneben aber auch typische Kroatismen und Serbismen, worin sich ein toleranter Normierungsansatz des Bosnischen zeigt. Ein zweites Wörterbuch von D. Jahić erschien 1999, es enthält eine wertvolle Sammlung von Turzismen, Dialektismen und Provinzialismen des bosniakischen Schrifttums. 1994 erschien eine *Schulgrammatik* von H. Vajzović und H. Zvrko, die die bosniakische Phonologie, Morphologie und Syntax normativ darstellt, aber auch typische kroatische und serbische Merkmale aufführt. Das Belegmaterial stammt vorwiegend aus dem bosniakischen Schrifttum und dem niederen muslimischen Stadtmilieu. 2000 wurde eine zweite wissenschaftlich angelegte Grammatik von einem Autorenkollektiv herausgegeben, die auch die serbischen und kroatischen Varianten zulässt.

Bei allen Bemühungen einzelner Wissenschaftler um einen bosnischen Sprachstandard in den letzten beiden Jahrzehnten – einschließlich der Konstruktion einer tausendjährigen bosnischen Sprachgeschichte, die eher dem Reich der Fantasie zuzuordnen ist – fehlt bis heute die Einrichtung einer staatlichen oder universitären Institution zur wissenschaftlichen Pflege und Normierung der bosnischen Sprache. In den Massenmedien ist die Sprachenfrage nach anfänglichem großen Interesse eher wieder in den Hintergrund gerückt.

Das Bosnische wird insgesamt von etwa 2,6 Mio. Menschen als Muttersprache gesprochen. Davon leben ca. 2,2 Mio. in Bosnien-Herzegowina, etwa 200 Tsd. in Serbien, Montenegro und Kroatien sowie geschätzte 150 Tsd. in der Diaspora in Westeuropa und den USA. Auch in die Türkei sind einige zehntausend Bosniaken emigriert. Bosnisch ist Amtssprache in Bosnien-Herzegowina (zusammen mit dem Kroatischen und Serbischen) sowie regionale Amtssprache in Montenegro und im Kosovo.

Bulgarisch

Bulgarisch wird heute als Muttersprache von etwa 9 Mio. Menschen gesprochen, davon leben 7 Mio. in Bulgarien. Bulgarischsprechende Minderheiten gibt es in Moldawien (400 Tsd.), in der Türkei (300 Tsd.), in der südlichen Ukraine (200 Tsd.), in Serbien (60 Tsd.), in Rumänien, Mazedonien und Griechenland. Bulgarisch ist als National- und Amtssprache in der bulgarischen Verfassung verankert. Ethnisch ist Bulgarien nicht homogen: Die Bulgaren machen 90% der Gesamtbevölkerung von 7,7 Mio. aus, größere Minderheiten sind vor allem Roma und Türken.

Das Bulgarische bildet zusammen mit dem Mazedonischen den östlichen Zweig des Südslawischen. Die sprachlichen Unterschiede gegenüber den westlichen südslawischen Sprachen – Slowenisch, Serbisch, Kroatisch, Bosnisch – sind zum größten Teil die Folge der spätmittelalterlichen „Balkanisierung" dieser Region. Davon sind außer Bulgarisch und Mazedonisch auch der torlakische Dialekt des Serbischen, Albanisch, Rumänisch samt den Satellitensprachen Aromunisch und Meglenorumänisch sowie teilweise das Neugriechische betroffen (vgl. Abschnitt 1.7). Merkmale der „Balkanisierung" des Bulgarischen sind u.a. die Aufgabe der Quantitätsopposition bei den Vokalen, der Verlust des Infinitivs sowie die Einführung eines Narrativs und des nachgestellten Artikels. Während in den übrigen Sprachen des Balkansprachbundes Dativ und Genitiv zusammenfielen, kam es im Bulgarischen und Mazedonischen zu einem völligen Verlust der Kasusflexion (von einigen Vokativformen bei Männernamen abgesehen).

Auf der Grundlage des Altbulgarischen (9.–11. Jh.) haben die Slawenmissionare und Brüder Konstantin (Kyrill) und Method im 9. Jh. den altkirchenslawischen Schriftstandard entwickelt, dessen Texte in der ebenfalls von Konstantin geschaffenen glagolitischen Schrift verfasst waren (vgl. Abschnitt 7.3). Dadurch ist das Altbulgarische – als Schriftstandard identisch mit dem Altkirchenslawischen – die älteste schriftlich belegte slawische Sprache. In dieses Goldene Zeitalter der bulgarischen Kultur fällt auch die Entstehung des kyrillischen Alphabets am Hofe der bulgarischen Zaren in Preslaw Mitte des 10. Jh. Ein weiteres Zentrum bildete das westbulgarische Ohrid (heute gehört es zu Mazedonien), in dem ein Großteil der altbulgarischen Literatur entstand.

Die Periode der mittelbulgarischen Sprache, die faktisch die bulgarische Redaktion des Kirchenslawischen darstellt, umfasst die Zeit von der Restaurierung des bulgarischen Reichs bis zu dessen Unterwerfung durch die osmanischen Türken (12.–14. Jh.). Die mittelbulgarische Sprache – mit den in der „Orthographie von Tarnowo" festgelegten grammatischen Regeln – hatte Auswirkungen auf die weitere Entwicklung der kirchenslawischen Sprache in Russland (man spricht vom „zweiten südslawischen Einfluss"). Die mittelbulgarischen Denkmäler zeigen im Ansatz bereits viele der sprachlichen Entwicklungen, die sich in der Volkssprache bereits durchgesetzt hatten und die dann im Neubulgarischen auch schriftlich greifbar werden. Dazu gehören der Verlust der Nominalflexion, der synthetischen Steigerung von Adjektiven sowie des Infinitivs, die Einführung des nachgestellten Artikels und der Neuausbau der Tempora und Modi in der Verbalmorphologie. Phonologisch ist der Übergang von /ę/ und teilweise auch /ь/ zu /e/, von /ǫ/ und /ъ/ zu /ǎ/ zu nennen.

Die fünfhundertjährige Türkenherrschaft (1393–1878) über Bulgarien beeinträchtigte die Weiterentwicklung der bulgarischen Sprache in hohem Maße. Sogar das Bulgarisch-Kirchenslawische der orthodoxen Liturgie musste teilweise dem Griechischen weichen. Die Masse der Bevölkerung bestand aus Analphabeten, viele Bulgaren traten zum Islam über und nahmen die türkische Sprache an, die Mehrzahl der Bulgaren blieb jedoch christlich. Die Entwicklung einer bulgarischen Literatursprache stagnierte. Zu den wenigen Lichtblicken gehören die vom 16. Jh. an in Bulgarien kursierenden *Damaskine*, das sind Übersetzungen religiöser Texte aus der griechischsprachigen Predigtsammlung des Damaskenos Studites († 1577). Sie sind in einer volkstümlichen neubulgarischen Sprache verfasst, der Einfluss des Kirchenslawischen ist jedoch noch groß.

Erst seit dem Anfang des 19. Jh. in der Epoche der bulgarischen „Wiedergeburt" begann die allmähliche Entwicklung eines neuen bulgarischen Standards, und zwar auf Grundlage der Volkssprache. Der Grundwortschatz blieb altbulgarisch, abstrakte Begriffe wurden vor allem aus dem Russischen entlehnt. 1824 erschien die erste bulgarische

Sprachfibel von Petar Beron, 1861 eine Sammlung bulgarischer Volkslieder der Brüder Miladinowi. Erst im letzten Drittel des 19. Jh. gelang es, die bulgarische Schriftsprache soweit zu normieren, dass man von einem Sprachstandard sprechen kann. Die Modernisierung im neugegründeten unabhängigen Bulgarien (1878) fand ihren Ausdruck in wissenschaftlichen, publizistischen und literarischen Werken. Bei der Herausbildung des Schriftstandards spielten die nordöstlichen (balkanischen) Dialekte eine wichtige Rolle, im 20. Jh. nahm der Einfluss der westlichen Dialekte zu.

Die bulgarischen Dialekte sind in den letzten hundert Jahren umfassend erforscht und dokumentiert worden. Traditionell werden sie nach der Umformung des altbulgarischen /ě/ (Jat) in zwei Hauptgruppen unterteilt: in eine westliche, bei der /ě/ grundsätzlich zu /e/ wurde, sowie in eine östliche, in der /ě/ je nach Lautumgebung zu /ja/ oder /e/ wurde. Die Hauptgruppen gliedern sich in folgende Dialekte, die durch bestimmte phonetische Merkmale zu charakterisieren sind: 1. nordöstlich (moesisch und balkanisch), 2. südöstlich oder rupzisch (Rhodopenmundarten und die ostrupzischen Dialekte der thrakischen Ebene), 3. nordwestlich und 4. südwestlich (Hill 1998: 321–322).

Mazedonisch

Mazedonisch (auch Makedonisch) wird von etwa 2 Mio. Menschen als Muttersprache gesprochen, davon leben ca. 1,3 Mio. im seit 1991 unabhängigen Mazedonien. Mazedonische Sprachinseln gibt es in Bulgarien (150 Tsd. Sprecher), Griechenland (250 Tsd.) und Albanien (150 Tsd.). Durch jüngere Migrationen leben größere Sprechergruppen auch in Nordamerika, Australien sowie in Deutschland. Die mazedonische Standardsprache ist die in der Verfassung verankerte National- und Amtssprache der Republik Mazedonien (Hauptstadt Skopje, historisches kulturelles Zentrum Ohrid), als Schrift wird das kyrillische Alphabet in einer serbischen Ausprägung verwendet. (Der Anteil der Mazedonier an der Gesamtbevölkerung Mazedoniens beträgt etwa 65%, der der albanischen Bevölkerung 25%, kleinere Minderheiten sind Türken, Roma, Serben, Bosniaken und Aromunen.)

Die *Schreibweise* für den Volks-, Länder- und Sprachennamen ist in der deutschsprachigen Literatur unterschiedlich, sowohl „Mazedonisch" als auch „Makedonisch" sind verbreitet. Nach der Liste des Ständigen Ausschusses für geographische Namen (Stand 2008) des Bundesamtes für Kartographie und Geodäsie lauten die offiziellen deutschsprachigen Bezeichnungen „Mazedonien", „Mazedonier" und „mazedonisch". Diese Schreibweise wird auch in diesem Buch für Land, Volk und Sprache verwendet, obwohl die Selbstbezeichnung des Staates „Republik Makedonien (Македонија)" lautet und auch ein Teil der deutschsprachigen Slawistik eher für „makedonisch" plädiert. – Die nichtslawische, aber indogermanische antike Sprache der Makedonen (vgl. Abschnitt 10.3) wird dagegen in diesem Buch als „Makedonisch" bezeichnet (so auch Der Neue Pauly, Band 7: 750–751). Im heutigen Griechenland bezieht sich „makedonisch" auf die *griechische* Region Makedonien, während die Verwendung von „makedonisch" als Namen für eine nicht-griechische Sprache als Angriff auf die nationale Identität der griechischen Makedonier gilt. Deswegen lautet die von den Griechen in der EU zur Unterscheidung durchgesetzte offizielle Bezeichnung der Republik Mazedonien (in der deutschen Fassung) „ehemalige jugoslawische Republik Mazedonien".

Das Mazedonische bildet zusammen mit dem nah verwandten Bulgarischen den östlichen Zweig des Südslawischen. Es hat also ebenfalls die spätmittelalterliche „Balkanisierung" durchlaufen – z.B. Verlust des Infinitivs, Ausbildung postponierter Artikel – und gehört zum Sprachbund der Balkansprachen (vgl. Abschnitt 1.7). Wie das Bulgarische hat auch das Mazedonische die Kasusflexion vollständig verloren. Von bulgarischer Seite wird das Mazedonische nach wie vor als ein westbulgarischer Dialekt und nicht als eigenständige Sprache betrachtet, die wechselseitige Verständigung zwischen Sprechern der beiden Sprachen ist problemlos. In der Republik Mazedonien werden hingegen heute alle slawischen Varietäten der historisch-geographischen Region Makedonien als „Mazedonisch" klassifiziert und unter dem Dach der mazedonischen Standardsprache zusammengefasst, so dass hier „Mazedonisch" synonym zu „Südslawisch auf dem Gebiet der historisch-geographischen Region Makedonien" gebraucht wird.

Im Nordwesten der griechischen Region Makedonien gibt es eine Minderheit, die ostsüdslawische Varietäten spricht, die von den meisten Slawisten dem Mazedonischen zugerechnet werden (sog. „Ägäis-Mazedonisch"). Die moderne mazedonische Standardsprache ist dort jedoch nicht gebräuchlich, so dass es sich um eine „dachlose Außenmundart" handelt. In Griechenland werden diese Varietäten gewöhnlich als „Slawomazedonisch", „Bulgaromazedonisch" oder einfach als „Slawisch" bezeichnet.

Während man die Vorgängerformen des Mazedonischen vor dem 19. Jh. als ostsüdslawische (oder auch bulgarische) Varietäten einordnen kann, beginnt im 19. Jh. die eigentliche Vorgeschichte der mazedonischen Schriftsprache mit einigen Publikationen in regionalen mazedonischen Dialekten. 1903 publizierte K. Misirkov seine Schrift *Za makedonckite raboti* „Über mazedonische Probleme", die im Wesentlichen die Form der heutigen Standardsprache vorwegnimmt. Dieses Werk wurde wegen seines national-mazedonischen Gedankenguts umgehend verboten und konnte somit auch keine größere Wirkung entfalten. In der Zeit zwischen den beiden Weltkriegen war Mazedonien Bestandteil des Königreichs Jugoslawien, seine Sprache wurde als ein südserbischer (!) Dialekt eingestuft. Dennoch konnten in dieser Zeit einige Werke in mazedonischer Sprache erscheinen, was als Vorbereitung der nun sehr rasch folgenden Standardisierung angesehen wird.

Die moderne mazedonische Schriftsprache wurde schließlich 1944 im südserbischen Kloster Prohor Pčinski offiziell zur Standardsprache der Mazedonier erklärt und in der mazedonischen Teilrepublik der Föderativen Republik Jugoslawien sofort konsequent gefördert und gepflegt. Damals begann auch die Ablehnung des Mazedonischen als eigenständige Sprache seitens der Bulgaren, die das Mazedonische von Anfang an als westbulgarischen Dialekt betrachteten. Davon unberührt konnte sich das Mazedonische in allen Bereichen der Kommunikation und des öffentlichen Lebens in Mazedonien durchsetzen. Auch von der Fachwissenschaft wurde es als eigenständiger Sprachstandard anerkannt. Dazu verhalfen der Aufbau einer grammatischen Terminologie in Anlehnung an die serbische, Werke zur Orthographie, eine normative Grammatik und ein dreibändiges Wörterbuch. Das *Institut na Makedonskiot Jazik* widmet sich allen Fragen der mazedonischen Sprachkultur.

Als Literatursprache etablierte sich das Mazedonische durch schon früh erschienene Lyriksammlungen, deren Werke sich zunächst an die mazedonische Volkslyrik anlehnten, inzwischen aber offen sind für alle wichtigen literarischen Strömungen. Der erste mazedonische Roman erschien 1953, auch das Drama fand erste interessante Ansätze. Seit der Unabhängigkeit nach dem Ende Tito-Jugoslawiens konnte die mazedonische Sprache auch die letzten Bereiche abdecken, die vorher dem Serbokroatischen vorbehalten waren: Militärwesen, Luftfahrt und Diplomatie.

Die Dialekte des Mazedonischen werden in eine westliche und eine östliche Gruppe eingeteilt, die geographische Grenze sind die Flüsse Vardav und Crna. Unterscheidungsmerkmale sind der Akzent und die Entwicklung der Nasalvokale, der Jer-Laute /ъ, ь/ sowie des Artikelsystems. Die zentralen Dialekte der westlichen Gruppe bilden die Grundlage des modernen Sprachstandards.

8 | Albanisch

Das Albanische stellt als Einzelsprache einen Primärzweig des Indogermanischen dar, es ist also mit keiner anderen indogermanischen Sprache näher verwandt. Allerdings nehmen manche Forscher an, dass es ein Nachfolger des *Illyrischen* ist, einer antiken indogermanischen Sprache im Westen der Balkanhalbinsel (vgl. Abschnitt 10.3). Diese Hypothese lässt sich jedoch wegen der minimalen Überlieferung des Illyrischen kaum linguistisch belegen. Das Albanische hat zwei Hauptdialekte, *Toskisch* im Süden und *Gegisch* im Norden des albanischen Sprachareals auf dem westlichen Balkan; die Standardsprache basiert im Wesentlichen auf dem toskischen Dialekt. Die schriftliche Überlieferung des Albanischen beginnt erst im 15. Jh. n. Chr.

Manche Fachleute halten die Unterschiede zwischen den Varietäten des Albanischen für so groß, dass sie sie als separate Sprachen betrachten; danach bestünde die albanische Unterfamilie des Indogermanischen aus dem Gegischen, Toskischen sowie einigen Varietäten der albanischen Diaspora.

8.1 Verbreitung, Herkunft und Überlieferung

Verbreitung

Albanisch wird heute von etwa 6,5 Mio. Menschen in einem zusammenhängenden ethnolinguistischen Gebiet auf dem westlichen Balkan als Muttersprache gesprochen. Dieses Gebiet verteilt sich auf sechs Staaten:

- *Albanien* (3,1 Mio. Sprecher)
- *Kosovo* (2 Mio. Sprecher, 90% der Bevölkerung des Kosovo sind Albaner)
- *Mazedonien*: in einem Streifen von Kumanovo bis Struga im nordwestlichen Mazedonien (500 Tsd. Sprecher, 25% der Bevölkerung Mazedoniens sind Albaner)
- *Serbien*: in den südserbischen Distrikten Medveda, Preševo und Bujonovac
- *Montenegro*: im südlichen und südwestlichen Landesteil
- *Griechenland*: in der nördlichen Küstenregion von Epirus (die dort lebenden Albaner werden Çamen genannt)

Albanisch ist Amtssprache in Albanien und im Kosovo (dort zusammen mit dem Serbischen) sowie mit Einschränkungen in Mazedonien (neben dem Mazedonischen) und in Montenegro (zusammen mit dem Serbischen, Kroatischen und Bosnischen).

In mehreren Wellen verbreitete sich das Albanische auf dem Balkan, nach Süditalien und schließlich in viele Staaten Europas sowie nach Nordamerika:

- als Folge von Migrationen im 14. Jh., die vor allem ökonomische Gründe hatten, leben Nachfahren der Albaner verstreut im südlichen Griechenland (Peloponnes, Attika, Böotien, Ägäische Inseln); diese Albaner werden *Arvaniten* genannt, ihre Sprachvarietät *Arvanitika*
- durch Migrationen im 15./16. Jh. aus politischen und religiösen Gründen (Flucht vor der türkisch-islamischen Okkupation) entstanden albanische Siedlungsgebiete in Süditalien und Sizilien; diese Albaner nennen sich *Arbëresh*, ihre Sprachvarietät *Arbëreshë* (sie wird auch als *Italoalbanisch* bezeichnet)
- weitere kleine ältere albanische Sprachinseln existieren in Kroatien (bei Zadar, das sog. *Arbanasi-Albanisch* mit wenigen Hundert Sprechern), in Serbien (im Sandschak), in Zentralmazedonien, im südöstlichen Bulgarien, in der europäischen Türkei und in der Ukraine
- im 20. Jh. setzte sich die Emigration von Albanern in mehreren Schüben fort, bevorzugte Ziele waren die USA und Kanada, aber auch etliche europäische Länder (Italien, Griechenland, Deutschland, die Schweiz und Schweden) sowie die Türkei.

Die genauen Sprecherzahlen des Albanischen in den Außengebieten sind schwer festzustellen, meist werden zu hohe veraltete Zahlen genannt (z.B. Ethnologue 2009). In Süditalien und Sizilien gehen Forscher von mehreren Zehntausend Sprechern aus (Breu 2002), in Südgriechenland ist die Zahl im 20. Jh. bis auf wenige Tausend in abgelegenen Ortschaften Euböas und Böotiens zurückgegangen, alle Sprecher sind zweisprachig (Demiraj 2002). Insbesondere die jüngere Generation hat die Muttersprache zugunsten des Italienischen bzw. Griechischen aufgegeben.

Dialekte

Wie oben schon erwähnt, gliedert sich das Albanische in zwei Hauptdialekte: das *Gegische* im Norden und das *Toskische* im Süden. Beide Dialekte zerfallen in eine Vielzahl von regionalen Unterdialekten. Die traditionelle geographische Grenzlinie zwischen diesen Dialektgebieten ist der zentralalbanische Fluss Shkumbin. Gegisch und Toskisch unterscheiden sich in wichtigen phonologischen und einigen morphologischen Merkmalen:

- im Gegischen existieren nasalierte Vokale, im Toskischen nicht, z.B. tosk. *pe*, geg. *pẽ* „Faden". Dadurch wird das gegische Vokalsystem insgesamt komplexer (12 Vokalphoneme) als das toskische mit sieben Vokalen. Dagegen sind die Konsonantensysteme etwa gleich.
- intervokalisches /n/ bleibt im Gegischen erhalten, im Toskischen wird es zu /r/, z.B. geg. *vena*, tosk. *vera* „Wein"
- initiales /vo-/ im Gegischen korrespondiert mit toskischem /va-/, z.B. geg. *votër*, tosk. *vatër* „Herd"
- der wichtigste morphologische Unterschied ist der Verlust des Infinitivs im Toskischen
- auch die Bildung analytischer Tempora kann unterschiedlich sein; so wird das Futur im Gegischen mit dem Hilfsverb „haben" + Infinitiv, im Toskischen (und dem

Standardalbanischen) mit der Partikel *do* + Konjunktiv gebildet. Beispiel: geg. *kam me shkue*, tosk. *do të shkoj* „ich werde gehen".

Die genannten Lautunterschiede sind bereits relativ alt, da nur albanische Erbwörter sowie altgriechische und lateinische Lehnwörter betroffen sind, während etwa die jüngere slawische Lehnwortschicht nicht erfasst wurde. Trotz dieser Unterschiede ist die Verständigung zwischen Sprechern der beiden Hauptdialekte nicht wesentlich erschwert, zumal der überwiegende Teil des Wortschatzes – abgesehen von den genannten phonologischen Unterschieden – bei beiden Dialekten übereinstimmt.

Die beiden alten Außenvarietäten des Albanischen – das *Arvanitika* in Südgriechenland und das *Arbëreshë* in Süditalien – gehören zum toskischen Dialekt, da die Vorfahren der heutigen Sprecher meist aus dem Süden Albaniens stammten. Die archaischen Merkmale und die Jahrhunderte lange getrennte Entwicklung unter dem starken Einfluss des Griechischen bzw. Italienischen machen eine Kommunikation zwischen Sprechern des albanischen Kernlandes und der Diaspora fast unmöglich. Deswegen werden Arvanitika und Arbëreshë von einigen Spezialisten als eigenständige Sprachen klassifiziert. Die dialektale Diversität des Albanischen wird zusätzlich durch religiöse (die Albaner sind muslimisch, orthodox oder katholisch), kulturelle und politische Faktoren überlagert, die alle eine nicht unerhebliche Auswirkung auf die sprachliche Entwicklung haben.

Die illyrische Hypothese

Albanisch wurde in F. Bopps Untersuchung „Über das Albanesische in seinen verwandtschaftlichen Beziehungen" aus dem Jahre 1854 eindeutig als indogermanisch identifiziert. Bopp stellte auch fest, dass das Albanische keine engeren Beziehungen zu anderen indogermanischen Sprachen hat, sondern wie auch das Griechische und Armenische als Einzelsprache einen eigenen Primärzweig des Indogermanischen bildet.

Die Frage nach der Urheimat des Albanischen sowie nach seiner sprachlichen Genese sind eng miteinander verknüpft. Es ist eine allgemein akzeptierte Ansicht, dass die Vorläufer der Albaner bereits in griechisch-römischer Zeit im Westen der Balkanhalbinsel ansässig waren. Damit ist die ebenfalls mehrheitlich vertretene, aber dennoch strittige Hypothese verträglich, dass die albanische Sprache ein Nachfolger des Illyrischen – oder genauer – eines illyrischen Dialekts sei. Eine weniger häufig vertretene und weniger plausible Alternative ist die Abstammung des Albanischen vom Thrakischen, das eher im Osten des Balkans zu lokalisieren ist. Beide Theorien haben das Problem, dass die genannten antiken Sprachen nur äußerst dürftig belegt sind (vgl. Abschnitt 10.3) und diese Hypothesen daher kaum mit linguistischen Mitteln verlässlich überprüfbar sind.

Aber auch ohne direkte linguistische Belege kann man die illyrische Hypothese schon aus historisch-geographischen Gründen vertreten. Die Illyrer sind der Überlieferung nach das einzige größere Volk, das in der klassischen Antike auf dem westlichen Balkan ansässig war. Daher ist folgendes Szenario denkbar: Jahrhundertelange Kontakte mit den Römern führten bei den an der adriatischen Küste ansässigen Illyrern schließlich zur Übernahme römischer Kultur und Sprache (woraus sich später die dalmatische Sprache entwickelte). Dagegen bewahrten andere Stämme im westbalkanischen Binnenland ihre illyrische Sprache, standen aber im regen Austausch mit ihren inzwischen romanisierten Nachbarn an der Küste. So entwickelte sich im nördlichen Bergland des heutigen Albaniens der Kern des albanischen Volkes und mit ihm die albanische Sprache. Die frühen intensiven Kontakte mit den Römern und romanisierten Illyrern schlugen sich in über 600 lateinischen Lehnwörtern und mehreren romanischen Wortbildungselementen nieder.

Die Herausbildung des eigentlichen Albanischen wird im 5. oder 6. Jh. n. Chr. angesetzt, jedenfalls vor dem Auftreten der Slawen auf dem Balkan, da die Aufspaltung in den gegischen und toskischen Dialekt bereits vor diesem Zeitpunkt erfolgt ist. Die Rekonstruktion des „Uralbanischen" erweist sich als schwierig, da die frühesten schriftlichen Belege des Albanischen erst aus dem 15. Jh. stammen. Dennoch konnte eine über 150-jährige Forschungsarbeit das eindeutig indogermanische Erbe dieser Sprache – phonologisch, morphologisch und lexikalisch – klar herausarbeiten.

Überlieferung

Das älteste erhaltene Druckwerk des Albanischen ist ein im gegischen Dialekt verfasstes Missale von G. Buzuku aus dem Jahre 1555. Es gibt mehrere Hinweise, dass es sich dabei nicht um das älteste albanische Buch handeln kann. So stellte der Erzbischof Broccardus von Antivari (heute in Montenegro) bereits im Jahre 1332 in einem lateinischen Traktat fest, dass das Albanische eine ganz andere Sprache als das Lateinische sei und „die Bücher in dieser Sprache" generell in lateinischer Schrift geschrieben werden. Leider ist von diesen Werken aus dem 14. Jh. nichts erhalten geblieben. Aus dem 15. Jh. sind einige albanische Sätze überliefert, darunter die berühmte Taufformel des albanischen Erzbischofs Pal Engjëlli von Durrës aus dem Jahre 1462: *Un të paghësont pr emënit atit e t birit e t spertit senit.* „Ich taufe dich im Namen des Vaters und des Sohnes und des Heiligen Geistes."

Der aus Köln stammende Jerusalem-Pilger Arnold von Harff, der auch Albanien durchquerte, erstellte in seinem Reisebericht aus dem Jahre 1496 eine kurze albanisch-deutsche Wortliste. Die in den folgenden Jahrhunderten wenig gepflegte albanische Schriftkultur ist bis zur ersten Hälfte des 19. Jh. vor allem religiösen Charakters. Dabei bedienten sich die Autoren ihrer jeweiligen Mundart, die lokalen Schrifttraditionen waren eng durch die religiöse Tradition bestimmt. Die katholischen Albaner bedienten sich der lateinischen Schrift, die orthodoxen verwendeten die griechische Schrift und die Muslime die arabische.

Normierung

In der zweiten Hälfte des 19. Jh. gab es die ersten ernsthaften Versuche zur Kodifizierung einer Schriftsprache, dabei wurden aber die Dialekt- und Religionsgrenzen noch nicht überschritten. So veröffentlichte z.B. K. Kristofordhi eine Übersetzung des Neuen Testaments in den südgegischen Dialekt in lateinischer Schrift (1872), wenig später eine Übersetzung in die nordtoskische Mundart in griechischer Schrift. Trotz der verstärkten Bemühungen um eine Vereinheitlichung konnten wirkliche Erfolge erst kurz vor der Unabhängigkeit Albaniens im Jahre 1912 erzielt werden.

1908 trafen sich albanische Intellektuelle aus allen Teilen des Landes zum Kongress von Monastir, dem heutigen Bitola in Mazedonien. Auf dieser Versammlung wurde beschlossen, dass für die albanische Sprache zukünftig ausschließlich die lateinische Schrift verwendet werden soll. Man einigte sich auf eine streng phonetische Schreibweise mit nur zwei Sonderzeichen <ç> und <ë>. Alle anderen Laute des Albanischen, die keine Entsprechung im lateinischen Alphabet haben, werden durch Digraphen dargestellt. Diese zukunftweisenden orthographischen Regelungen sind bis heute gültig.

Nach der Einigung auf eine gemeinsame Schrift gab es große Probleme bei der Verständigung auf eine einheitliche Sprachnorm, die für die staatliche Verwaltung und Ausbildung immer dringlicher wurde. Ein Versuch in den 1920er Jahren, das Südgegische zur Norm zu erklären, scheiterte nach wenigen Jahren. Unter den Schriftstellern wurde die Dialektliteratur – jetzt allerdings in lateinischer Schrift – weiter gepflegt. Erst nach dem Zweiten Weltkrieg wurde die Grundlage der heutigen Sprachnorm vorbereitet. Das kommunistische Regime bestimmte im Jahre 1950 das Toskische per Dekret zur Sprachnorm und Amtssprache, während die schriftsprachliche Variante des Südgegischen in Nordalbanien weiter als Unterrichts- und Literatursprache verwendet werden durfte.

In den 1960er Jahren erarbeitete eine gemischte Kommission aus Albanien und dem Kosovo im Zusammenwirken mit dem Institut für Sprach- und Literaturwissenschaft der Universität Tirana Normen für eine einheitliche Schriftsprache, die 1972 staatlich festgeschrieben wurden. Die phonematische und grammatische Form dieses Standards ist fast ausschließlich nordtoskisch, während in der Lexik auch das Südgegische stärker berücksichtigt wird. Gegen diese Normierung haben vor allem Exilalbaner Widerstand geleistet, die sich weiterhin der südgegischen Literatursprache verpflichtet fühlten.

Heute hat sich die 1972 verordnete albanische Schriftsprache in allen Bereichen des öffentlichen Lebens (Verwaltung, Ausbildung, Kultur, Wissenschaft, Medien) in Albanien und im Kosovo, aber auch bei den Albanern in Montenegro und Mazedonien durchgesetzt. Auf Basis der Schriftsprache entwickelte sich eine mündliche Hochsprache, die inzwischen in weiten Kreisen der gebildeten Schichten verwendet wird.

8.2 Sprachliche Charakteristik und Lautverschiebung

Sowohl in der Nominal- und Verbalmorphologie als auch in der Lexik zeigt das Albanische einen eindeutig indogermanischen Charakter. Andererseits ist es – zusammen mit dem Rumänischen, Bulgarischen, Mazedonischen und Griechischen – ein Mitglied des Balkan-Sprachenbunds (vgl. Abschnitt 1.7). Die Merkmale der „Balkanisierung" sind im Albanischen der postponierte bestimmte Artikel, der Verlust des Infinitivs (im Toskischen), die analytische Bildung des Futurs sowie die pronominale Dopplung des Objekts.

Das heutige Albanisch kann als synthetisch-analytischer Mischtyp beschrieben werden. Neben der ererbten und neuentwickelten synthetischen Formenbildung gibt es sowohl in der Verbal- als auch Nominalmorphologie zahlreiche analytische Bildungen, z.B.

bei der Formation von Perfekt und Futur sowie der zahlreichen Modi, aber auch bei den häufig anstelle synthetischer Kasus verwendeten präpositionalen Konstruktionen.

Der Wortschatz des Albanischen weist neben der indogermanischen Erbwortschicht und einem kleinen vorrömischen (vorindogermanischen?) Substrat von etwa 50 Wörtern (zum Teil gemeinsam mit dem Rumänischen) einen großen Anteil an Lehnwörtern auf:

- in der Phase der Sprachgenese (2. Jh. v. Chr. – 5. Jh. n. Chr.) war der Einfluss des Lateinischen besonders groß, wie über 600 Lehnwörter aus allen Sprachbereichen (Alltagsleben, Verwandtschaft, Körperteile, Kultur) beweisen: z.B. alban. *are* „gepflügtes Land" < latein. *arare* „pflügen", *fëneshtër* < *fenestra* „Fenster", *shkolla* < *schola* „Schule", *faqe* < *facies* „Gesicht"
- Lehnwörter aus dem Altgriechischen sind weniger zahlreich; erst ab der mittelgriechischen Periode wurde der griechische Einfluss größer. Hierzu gehören vor allem Wörter aus der orthodoxen Terminologie, z.B. *konë* „Ikone", *munështir* „Kloster"
- seit dem 7./8. Jh. wurden südslawische Wörter entlehnt, neuere slawische Entlehnungen stammen meist aus dem Serbischen
- die albanischen Küstenmundarten wurden seit dem 12. Jh. vom venezianischen Dialekt des Italienischen beeinflusst
- seit dem 15. Jh. stand das Albanische im intensiven Kontakt mit dem Türkischen, was insbesondere den religiösen (muslimischen) Wortschatz betraf, z.B. *xhami* „Moschee".

Die albanische Lautverschiebung

Die bedeutendsten Neuerungen des albanischen Lautsystems gegenüber dem Indogermanischen sind bei den Verschlusslauten festzustellen:

- Fortfall der Aspiration, Zusammenfall der aspirierten mit den nicht-aspirierten Plosiven, z.B. *bh > b
- Entrundung der Labiovelare, Zusammenfall der Labiovelare mit den einfachen Velaren, z.B. *k^w > k, *g^w > g, *$g^w h$ > g; vor den Vokalen /i, e/ wurden sie zu Sibilanten: *k^w > s, *g^w > z, *$g^w h$ > z
- Entwicklung der palatalisierten Velare zu Dentalen bzw. zu Alveolaren: *k' > θ, *g' > ð, *g'h > d
- indogermanisches *s wird zu gj, sh, d oder ø.

Die Tabelle 8.1 gibt Belege für die Entwicklung einiger indogermanischer Verschlusslaute im Albanischen.

Tab 8.1 *Die albanische Lautverschiebung (Mallory-Adams 1997: 10)*

Idg. >	Alban.	Ur-Idg.	Bedeutung	Albanisch
*bh	b	*bhak'eh$_2$	„Bohne"	bathë
*dh	d	*dhég^{w}hō	„verbrennen"	djeg
*gh	g	*ghórdhos	„Einfriedung"	gardh
*k^w	k ~ s	*k^{w}eh$_x$sleh$_2$	„Husten"	kollë
		*penk^{w}e	„fünf"	pesë
*g^w	g ~ z	*g^{w}r̥	„Stein"	gur
		*g^{w}ērh$_x$u	„Schwere"	zor
*k'	th	*bhak'eh$_2$	„Bohne"	bathë
*g'	z	*g'ombhos	„Zahn, Pflock"	dhëmb
*g'h	d	*g'hr̥sdhi	„Getreide"	drithë
*s	gj ~ sh ~ ø	*sek's-tis	„sechs"	gjashtë
		*septm̥-tis	„sieben"	shtatë
		*h$_1$ésmi	„(ich) bin"	jam

8.3 Grammatische Skizze des Albanischen

Phonologie

Die Vokalphoneme des Standard-Albanischen und Toskischen sind /i, y, u, a, ɛ, ə, ɔ/. Das Gegische hat darüber hinaus fünf nasalierte Vokale. Tabelle 8.2 zeigt die Konsonantenphoneme des Standard-Albanischen.

Tab 8.2 *Die Konsonantenphoneme des Standard-Albanischen (Demiraj 1998: 486–489)*

	bilab.	labio-dental	dental	alveol.	post-alveol.	palat.	velar	glottal
Plosive	p, b			t, d		c, ɟ	k, g	
Frikative		f, v	θ, ð	s, z	ʃ, ʒ			h
Affrikaten				ts, dz	tʃ, dʒ			
Nasale	m			n		ɲ		
Vibranten				ɾ, r				
Approxim.						j		
Laterale				l, ł				

Das Gegische hat darüber hinaus noch die Phoneme /ɹ, n̪, ŋ/.

Alphabet

Das 1908 in Monastir vereinbarte lateinische Alphabet zur Schreibung des Albanischen zeigt eine streng phonetische Schreibweise mit nur zwei Sonderzeichen <ç, ë>, alle anderen Laute der albanischen Schriftsprache, die keine Entsprechung im lateinischen Alphabet haben, werden durch Digraphen dargestellt.

Tab 8.3 *Albanische Buchstaben und Digraphen mit ihrem Lautwert*

Zeichen	c	ç	dh	ë	gj	ll	nj	q	r	rr	sh	th	x	xh	y	z	zh
Lautwert	ʦ	ʧ	ð	œ/ə	ɟ	ɫ	ɲ	c	ɾ	r	ʃ	θ	ʣ	ʤ	y	z	ʒ

Die nicht aufgeführten Konsonanten werden ähnlich wie im Deutschen ausgesprochen.

Nominalmorphologie

Das albanische Nomen hat die Kategorien Genus, Numerus, Kasus und Definitheit.

Kategorie	Realisierung
Genus	Maskulinum, Femininum, Neutrum
Numerus	Singular, Plural
Kasus	Nominativ, Genitiv-Dativ, Akkusativ, Ablativ
Definitheit	definit, indefinit

Vom Neutrum sind nur noch Spuren erhalten: Beim definiten Singular sind im Neutrum der Nominativ und Akkusativ identisch, während sich diese Kasus im definiten Maskulinum und Femininum unterscheiden. Der Dual ist spurlos verschwunden. Zur Pluralbildung werden manchmal Stammvarianten herangezogen, z.B. Singular/Plural *ujk/ujq* „Wolf", *dash/desh* „Widder", *plak/pleq* „alt". Bei der Bildung des Pluralstammes spielen Umlaut (wie im Deutschen *Wolf/Wölfe*) und Palatalisierung des letzten Stammkonsonanten (wie in slawischen und baltischen Sprachen) eine wesentliche Rolle.

Die synthetischen Kasus des Substantivs sind Nominativ, Genitiv-Dativ, Akkusativ und Ablativ. Im Singular stimmt der Genitiv-Dativ mit dem Ablativ überein, auch im Plural werden die Ablativformen heute meist auch durch den Genitiv-Dativ ersetzt. In der definiten Deklination verschmelzen die (indefiniten) Kasusendungen mit den postponierten Artikeln. Die Stammendung ist in der Regel am definiten Nominativ Singular zu erkennen. Substantive mit dem Auslaut /-i/ oder /-u/ im definiten Nominativ Singular sind meist maskulin, diejenigen mit dem Auslaut /-a/ meist feminin. Tabelle 8.4 enthält drei Deklinationsbeispiele.

Tab 8.4 *Die albanische Deklination (Demiraj 1998: 489–493)*

		mal m. „Berg"		*fushë* f. „Feld"		*ujë* n. „Wasser"	
		indef.	definit	indef.	definit	indef.	definit
Sg.	Nom.	mal	mali	fushë	fusha	ujë	ujëtë
	Gen.-Dat.	mali	malit	fushe	fushësë	uji	ujit
	Akk	mal	malnë	fushë	fushënë	ujë	ujëtë
	Abl.	mali	malit	fushe	fushësë	uji	ujit
Pl.	Nom.	male	malet	fusha	fushat	ujëra	ujërat(ë)
	Gen.-Dat.	maleve	malevet	fushave	fushavet	ujërave	ujëravet
	Akk.	male	malet	fusha	fushat	ujëra	ujërat(ë)
	Abl.	malesh	maleshit	fushash	fushashit	ujërash	ujë

Präponierte Artikel

Eine Innovation innerhalb der albanischen Sprache stellen die präponierten Artikel dar. Sie werden zum einen bei der Verbindung eines Nomens mit einem Genitiv verwendet, zum andern bei einer Reihe von Adjektiven in attributiver Stellung. Sie sind nach Kasus, Numerus, Genus und Definitheit deklinabel, der konkrete Formenumfang ist allerdings auf i/e/të/së begrenzt.

Tab 8.5 *Die präponierten Artikel im Albanischen (Demiraj 1998: 492)*

	Sg. Maskulinum		Sg. Femininum		Plural	
	indef.	defin.	indef.	defin.	indef.	defin.
Nom.	i	i	e	e	të	e
Gen.-Dat.	të	të	të	së	të	të
Akk.	të	e	të	e	të	e

Genitivkonstruktion

Die Genitivkonstruktion hat die Form NOMEN – PRÄPONIERTER ARTIKEL – NOMEN$_{GEN-DAT}$, wobei sich der präponierte Artikel in Genus, Numerus, Kasus und Definitheit nach dem Bezugsnomen richtet. Tabelle 8.6 enthält einige Beispiele zur Genitivverbindung.

Tab 8.6 *Beispiele für die Genitivverbindung*

Beispiel	Übersetzung
libri i nxënësit	das Buch (Nom.) des Schülers (*libri* m.)
librit të nxënësit	dem Buch des Schülers
librat e nxënësit	die Bücher (Nom./Akk.) des Schülers
fletorja e nxënësit	das Heft (Nom.) des Schülers (*fletorja* f.)
fletorës së nxënësit	dem Heft des Schülers
fletoret e nxënësit	die Hefte (Nom./Akk.) des Schülers

Attributive Adjektive

Attributive Adjektive stehen im Albanischen hinter ihrem Bezugsnomen. Es gibt zwei Klassen von Adjektiven: Adjektive *mit* und *ohne* präponiertem Artikel, z.B. erfordert *mirë* „gut" einen präponierten Artikel, *shqiptar* „albanisch" nicht. Einen präponierten Artikel besitzen die Adjektive mit den Endungen /-ë, -ët, -t, -të, -shëm, -m, -em, -më/, außerdem alle aus einem Partizip abgeleitete Adjektive. Adjektive mit den Endungen /-ak, -ar, -ant, -an, -ez, -ik, -ist, -iv, -or, -osh, -sor, -tar, -tor, -s/ sind artikellos. Die Konstruktion hat die Form NOMEN – [ARTIKEL] – ADJEKTIV. Die Adjektive selbst werden nicht dekliniert, nur Genus und Numerus können markiert werden. Dagegen richtet sich der präponierte Artikel wie bei der Genitivkonstruktion in Genus, Numerus, Kasus und Definitheit nach dem Bezugsnomen. Beispiele sind in den Tabellen 8.7 und 8.8 zusammengestellt.

Tab 8.7 *Beispiele für adjektivische Attribute ohne präponierten Artikel*

Beispiel	Übersetzung
një qytet shqiptar	eine (*një*) albanische Stadt (*qytet*) (Nom. Sg. m. indef.)
qyteti shqiptar	die albanische Stadt (Nom. Sg. m. def.)
një shkollë shqiptare	eine albanische Schule (Nom. Sg. f. indef.)
shkolla shqiptare	die albanische Schule (*shkolla*) (Nom. Sg. f. def.)
shkolla shqiptare	albanische Schulen (Nom. Pl. f. indef.)
shkollat shqiptare	die albanischen Schulen (Nom. Pl. f. def.)

Tab 8.8 *Deklination mit adjektivischen Attributen, die einen präponierten Artikel benötigen*

Beispiel	Übersetzung
një shok i mirë	ein guter Freund (*shok*) (Nom. Sg. m. indef.)
një shoku të mirë	einem guten Freund (Dat. Sg. m. indef.)
një shok të mirë	einen guten Freund (Akk. Sg. m. indef.)
shokë të mirë	gute Freunde (Nom./Akk. Pl. m. indef.)
shokëve të mirë	(den) guten Freunden (Dat. Pl. m. indef.+def.)
shoku i mirë	der gute Freund (Nom. Sg. m. def.)
shokut të mirë	dem guten Freund (Dat. Sg. m. def.)
shokun e mirë	den guten Freund (Akk. Sg. m. def.)
shokët e mirë	die guten Freunde (Nom./Akk. Pl. m. def.)
një shoqe e mirë	eine gute Freundin (*shoqe*) (Nom. Sg. f. indef.)
shoqja e mirë	die gute Freundin (Nom. Sg. f. def.)
shoqes së mirë	der guten Freundin (Dat. Sg. f. def.)
shoqen e mirë	die gute Freundin (Akk. Sg. f. def.)
shoqe të mira	gute Freundinnen (Nom./Akk. Pl. f. indef.)
shoqet e mira	die guten Freundinnen (Nom./Akk. Pl. f. def.)
shoqeve të mira	(den) guten Freundinnen (Dat. Pl. f. indef.+def.)

Auch im prädikativen Gebrauch muss der präponierte Artikel verwendet werden, z.B. *moti është i mirë* „das Wetter ist gut".

Verbalmorphologie

Das albanische Verb ist äußerst formenreich. Die verbalen Kategorien sind Tempus, Modus, Diathese, Aspekt, Numerus und Person.

Kategorie	Realisierung
Tempus	Präsens, Imperfekt, Aorist; Perfekt, Plusquamperfekt, Aorist II, Futur, Futur-Imperfekt, Futur-Perfekt, Futur-Plusquamperfekt
Modus	Indikativ, Admirativ, Konjunktiv, Konditional, Optativ, Imperativ
Diathese	Aktiv, Mediopassiv (inkl. Reflexivität und Reziprozität)
Aspekt	imperfektiv, perfektiv

Die Funktionen der Vergangenheitstempora entsprechen dem üblichen Schema: das *Imperfekt* stellt eine Handlung der Vergangenheit in der Wiederholung oder im Verlauf dar, der *Aorist* eine abgeschlossene Handlung der Vergangenheit, das *Perfekt* eine Handlung der Vergangenheit, deren Wirkung bis in die Gegenwart andauert. Das sog. Futur-Perfekt entspricht dem Futur II, die beiden anderen Futur-Tempora haben konjunktivische Bedeutung: z.B. Futur-Imperfekt *do të kërkoja* „ich würde suchen", Futur-Plusquamperfekt *do të kisha kërkuar* „ich würde gesucht haben".

Eine albanische Besonderheit ist der Modus *Admirativ*, durch den der Sprecher seine Verwunderung über eine Handlung zum Ausdruck bringen kann: *e, unë paskam miq!* „oh, ich habe ja Gäste!" (Admirativ Präsens). Durch den Admirativ können auch Gerüchte oder Zweifel an der geschilderten Handlung ausgedrückt werden. Nur der Indikativ besitzt alle 10 Tempora. Konjunktiv und Admirativ haben Präsens, Imperfekt, Perfekt und Plusquamperfekt, die anderen Modi nur Präsens und Perfekt. Der Imperativ ist auf das Präsens und die 2. Person beschränkt.

Das Mediopassiv kann auch reflexive und reziproke Handlungen beschreiben; sehr viele albanische Verben mit passiven Formen haben aktive Bedeutung (sog. Deponentien). Der imperfektive Aspekt einer Handlung wird durch die Partikel *po* ausgedrückt, z.B. *punoj* „ich arbeite" (neutral oder perfektiv), *po punoj* „ich arbeite gerade". Diese Konstruktion ist nur im Präsens und Imperfekt möglich. Tabelle 8.9 enthält die Formen des Indikativs Präsens Aktiv.

Tab 8.9 *Albanische Konjugation: Indikativ Präsens Aktiv von* kërkoj „ich suche"

	Singular		**Plural**	
1.	*unë kërkoj*	„ich suche"	*na kërkojmë*	„wir suchen"
2.	*ti kërkon*	„du suchst"	*ju kërkoni*	„ihr sucht"
3.	*ai/ajo kërkon*	„er/sie sucht"	*ata/ato kërkjnë*	„sie suchen"

Die in der Tabelle 8.9 angeführten Personalpronomina können, müssen aber nicht verwendet werden, z.B. *na kërkojmë* oder einfach *kërkojmë* „wir suchen". Insgesamt ist der Einsatz der Pronomina bei finiten Verbformen im Albanischen seltener als im Deutschen, eine besondere Betonung des Subjekts ist damit nicht verbunden. Als Ersatz für die Personalpronomina der 3. Person werden wie in vielen indogermanischen Sprachen auch im Albanischen Demonstrativa verwendet, *ai/ajo* „er/sie", *ata/ato* „sie (m. und f. Pl.).

Für die Bildung der analytischen Verbformen werden die Hilfsverben *kam* „haben" und *jam* „sein" verwendet. Ihre Konjugation im Indikativ Präsens lautet:

Tab 8.10 *Die albanischen Hilofsverben im Indikativ Präsens*

„haben"	*kam, ke, ka; kemi, keni, kanë;*	Partizip Perfekt *patur*
„sein"	*jam, je, ështe; jemi, jeni, janë;*	Partizip Perfekt *qenë*

In der Tabelle 8.11 ist die Bildung der Tempora und Modi zusammengefasst, Vollständigkeit wurde nicht angestrebt. Das Paradigma lautet *kërkoj* „ich suche" mit dem Partizip Perfekt *kërkuar*. Die Reihenfolge der finiten Verbformen bzw. Endungen ist jeweils die 1., 2. und 3. Singular; 1., 2. und 3. Plural.

Tab 8.11 *Albanische Konjugation: Die Bildung der Tempora (L. Campbell 1991: 40–42)*

AKTIV	Formenbildung
Indikativ	
Präsens	*kërko-j, -n, -n; kërko-jme, -ni, -jnë*
Imperfekt	*kërko-ja, -je, -nte; kërko-nim, -nit, -nin*
Aorist	*kërko-va, -ve, -i; kërku-am, -at, -an*
Perfekt	Präsens von „haben" + Part. Perf.: *kam kërkuar* **etc.**
Plusquamperf.	Imperfekt von „haben" + Part. Perf.: *kisha kërkuar* etc.
Aorist II	Aorist von „haben" + Part. Perf.: *pata kërkuar* etc.
Futur	*do* + Konj. Präsens: *do të kerkoj* etc. (siehe unten)
Futur Imperf.	*do* + Konj. Imperfekt: *do të kërkoja* etc. (siehe unten)
Futur Perfekt	*do* + Konj. Präs. von „haben" + Part. Perf.: *do të kem kërkuar* etc.
Futur Plusqpfkt.	*do* + Konj. Imperfekt von „haben" + Part. Perf.: *do të kisha kërkuar* etc.
Konjunktiv	
Präsens	*të kërko-j, -sh, -jë; të kërko-jme, -ni, -jnë*
Imperfekt	*të* + Indik. Imperfekt: *të kerkoja* **etc.**
Perfekt	Konj. Präsens von „haben" + Part. Perf.: *të kem kërkuar* etc.
Plusquamperf.	Konj. Imperf. von „haben" + Part. Perf.: *të kisha kërkuar* etc.
Admirativ	
Präsens	Stamm des Part. Perf. mit modifiz. Präsens von „haben" als Endung: *kërkua-kam, -ke, -ka; kërkua-kemi, -keni, -kan*
Imperfekt	Stamm des Part. Perf. mit modifiz. Imperf. von „haben" als Endung: *kërkua-kësha, -këshe, -kësh; kërkua-këshim, -këshit, -këshin*
Perfekt	Admirativ Präsens von „haben" + Part. Perf.: *paskam kërkuar* etc.
Plusquamperf.	Admirativ Imperf. von „haben" + Part. Perf.: *paskësha kërkuar* etc.
Optativ	
Präsens	*kërko-fsha, - fsh, -ftë; kërko-fshim, - fshi, -fshin*
Imperativ	
Präsens	Sg. *kërko!* Pl. *kërkoni!*

PASSIV	Formenbildung
Indikativ	
Präsens	*kërko-hem, -hesh, -et; kërko-hemi, -heni, -hen*
Imperfekt	*kërko-hesha, -heshe,* etc.
Aorist	*u kërko-va, -ve, u kërk-ua; u kërku-am, -at, -an*
Perfekt	Präsens von „sein" + Part. Perf.: *jam kërkuar* etc.
Plusquamperf.	Imperfekt von „sein" + Part. Perf: *isha kërkuar* etc.

Die Verneinung wird in Aussagen durch *nuk* oder enklitisches *s'* ausgedrückt, in Befehlssätzen durch *mos*, z.B. *ai sot nuk punon* oder *ai sot s'punon* „er arbeitet heute nicht"; *mos puno sot!* „arbeite heute nicht!". Auch formal doppelte Verneinung ist im Albanischen möglich, z.B. *s'punon kurrë* „er/sie arbeitet nie" oder auch „du arbeitest nie".

9 | Griechisch

Die griechische Sprache stellt — wie das Albanische und Armenische — als Einzelsprache einen eigenen Primärzweig des Indogermanischen dar. (Es ist allerdings nicht ausgeschlossen, dass das nur äußerst dürftig belegte Makedonische eine Schwestersprache des Griechischen ist, vgl. Abschnitt 10.3). Von der im mykenischen Hellas in der Mitte des 2. Jt. v. Chr. verwendeten Sprache führt eine mehr oder weniger kontinuierliche Entwicklung zum Griechischen des 21. Jh., beide Varietäten sind bei allen Unterschieden lediglich verschiedene historische Stufen ein und derselben Sprache. Das Griechische weist eine fast 3500-jährige Schrifttradition auf und übertrifft damit sogar das Chinesische um einige Jahrhunderte; nur das Ägyptisch-Koptische kann auf eine noch längere Schrift- und Sprachtradition zurückblicken.

Die abendländische Kultur wurde maßgeblich durch die Sprache und Kultur des antiken Griechenlands geprägt. In griechischer Sprache beginnt die europäische Literatur, Philosophie und Wissenschaft. Bedeutende Werke der Weltliteratur wie die homerischen Epen Ilias und Odyssee, die großen Dramen eines Aischylos, Sophokles und Euripides, die Komödien des Aristophanes, die philosophischen Schriften der Vorsokratiker, von Platon und Aristoteles oder das Neue Testament sind auf Griechisch verfasst. Die Rückbesinnung auf das im Westen fast vergessene Griechisch — ausgelöst unter anderem durch die Flucht vieler Byzantiner in den Westen nach dem Fall Konstantinopels im Jahre 1453 — war eine der Hauptquellen der europäischen Renaissance und des Humanismus. In zahlreichen Lehn- und Fremdwörtern ist das Griechische in vielen Sprachen lebendig, zusammen mit dem Lateinischen bildet es die Grundlage der modernen globalen Wissenschaftssprache und insbesondere der medizinischen Fachsprache.

Das heutige Griechisch ist die Amtssprache Griechenlands (mit etwa 10,7 Mio. Muttersprachlern) und der Republik Zypern (ca. 700 Tsd. Sprecher). Außerdem ist es in einigen Gemeinden in Südalbanien und Süditalien, in denen griechische Bevölkerungsgruppen leben, als lokale Amts- oder Schulsprache zugelassen. Weitere griechischsprachige Gruppen, die auf die antike griechische Kolonisation zurückgehen, gibt es im ägyptischen Alexandria und im Bereich der Krim nördlich des Schwarzen Meeres. Um 1900 lebten auf dem Gebiet der heutigen Türkei etwa 1,5 Mio. Griechen, heute sind es infolge der ethnischen Säuberungen der 1920er Jahre nur noch 4.000.

In modernen Zeiten emigrierten Griechen in viele Länder Europas (vor allem nach Deutschland und Großbritannien), nach Australien (mit einem Schwerpunkt um Melbourne) und nach Nordamerika (griechische Zentren sind New York, Chicago, Ohio, Florida und Toronto) und bildeten so die hellenische Diaspora. Zusammen mit den nach Übersee und in europäische Länder ausgewanderten Griechen und Zyprioten sprechen heute weltweit etwa 12 Mio. Menschen Griechisch als Muttersprache. Als Zweitsprache wird es vor allem von den Minderheiten in Griechenland verwendet (Türken, Mazedonier, Bulgaren, Aromunen, Albaner, Armenier und Roma, zusammen etwa 500 Tsd.), aber auch von den Nachfolgegenerationen emigrierter Griechen in der weltweiten hellenischen Diaspora.

9.1 Sprach- und Schriftgeschichte

Ethnogenese und Vorgeschichte

Mit den sog. Kurgan-Migrationen im 4. Jt. und Anfang des 3. Jt. gelangten Indogermanen nach Südosteuropa. Dort bildeten sie im Kontakt mit der kulturell höher stehenden ansässigen vorindogermanischen Bevölkerung, die von den Griechen ohne genauere Differenzierung „Pelasger" genannt wurde, ihr eigentliches „Griechentum" aus. Die frühere Theorie, dass „die Griechen" in mehreren Wellen von Norden her im 2. Jt. nach Griechenland „eingedrungen" seien, wird heute kaum noch vertreten. Der Prozess der griechischen Ethnogenese fand erst auf griechischem Boden statt und war am Ende des 3. Jt. oder zu Beginn des 2. Jt. weitgehend abgeschlossen.

Sprachlich ist dieser vorgeschichtliche Überlagerungsprozess an einem umfangreichen altmediterranen vorindogermanischen Substrat im griechischen Wortschatz zu erkennen, wozu z.B. Wörter wie *árōma* „Duftstoff", *elaía* > latein. *oliva* „Olive", *oȋnos* > latein. *vinum* „Wein", *hyákinthos* „Hyazinthe" oder *kypárissos* „Zypresse" gehören, die vom Griechischen weiter ins Latein und von dort in viele europäische Sprachen gewandert sind. Deutliche Indikatoren für eine vorindogermanische Wortschicht sind bestimmte „ungriechische" Suffixe wie /-nth-/ und /-ss-/, z.B. in *hyákinthos* oder *kypárissos*, vor allem aber in vielen Ortsnamen (z.B. *Korinthos, Knossos*).

Sprachperioden

Griechisch wurde im Laufe seiner Geschichte in drei Schriftformen geschrieben. Vom 15. bis 12. Jh. v. Chr. in der in Kreta entstandenen Silbenschrift *Linear B*, vom 11. bis 3. Jh. speziell auf Zypern in der *kyprischen Silbenschrift*, in der auch nicht-griechische (sog. eteokyprische) Texte verfasst wurden. Beide Schriftsysteme waren nur bedingt für eine indogermanische Sprache geeignet, da sie nur Vokale und offene Silben wiedergeben. Ab dem 8. Jh. v. Chr. wurde das Griechische in der von den Phöniziern übernommenen und um Vokalzeichen erweiterten *griechischen Alphabetschrift* geschrieben. Die Perioden der griechischen Sprache sind in Tabelle 9.1 zusammengefasst.

Tab 9.1 *Die Perioden der griechischen Sprache*

Sprachperiode	Datierung	Schrift
Mykenisches Griechisch	15. – 12. Jh. v. Chr.	Linear B Silbenschrift
Kyprisches Griechisch	11. – 3. Jh. v. Chr.	Kyprische Silbenschrift
Altgriechisch	800 v. Chr. – 600 n. Chr.	Griechisches Alphabet
Klassisches Altgriech.	800 v. Chr. – 300 v. Chr.	
Hellenistisches Griech.	300 v. Chr. – 300 n. Chr.	
Spätantikes Griech.	300–600 n. Chr.	
Mittelgriechisch	600–1500 n. Chr.	
Neugriechisch	seit 1500 n. Chr	

Mykenisches Griechisch und Linear B

Die ältesten schriftlichen Zeugnisse der griechischen Sprache sind – wie oben schon erwähnt – in der Linear B-Schrift geschrieben, einer Weiterentwicklung der auf Kreta verwendeten Linear A-Schrift. Sie wurde erst 1952 von M. Ventris unter Mitwirkung von J. Chadwick entziffert, frühere Versuche sind gescheitert oder haben nur Detailresultate erbracht. Es war durchaus überraschend, dass die zunächst auf Kreta gefundenen Linear B-Tafeln in einer frühen Version der griechischen Sprache verfasst wurden. Die Linear B-Funde sind auf den Zeitraum vom 15. bis 12. Jh. und auf drei Regionen konzentriert: die Paläste von Kreta, der Peloponnes mit Mykene, Tiryns und Pylos, außerdem Mittelgriechenland mit Eleusis, Theben und Orchomenos. Sämtliche Fundorte gehören zum Bereich der spätbronzezeitlichen mykenischen Kultur, die Sprache kann also als *mykenisches Griechisch* bezeichnet werden. Ein früher Einzelfund mit dem Namen *Kharokʷ(o)s* (Χάροψ) aus der Umgebung von Olympia wird auf ca. 1650 v. Chr. datiert (Meier-Brügger 2010: 151).

Die erhaltenen Schriftträger sind Tontafeln, Siegel oder Vasen. Die ungebrannten Tontafeln wurden in speziellen Archivräumen aufbewahrt, die infolge von Bränden teilweise erhalten geblieben sind. In Linear B wurden ausschließlich stichwortartige Verwaltungstexte verfasst, also Anordnungen, Bestandsaufnahmen, Zuweisungen von Personen, Tieren oder Gütern, die Bilanzen von Außenständen und Fehlbeträgen. Der Gültigkeitszeitraum dieser auf Tontafeln geführten Buchhaltung übersteigt kaum ein Jahr (möglicherweise wurden für Zusammenfassungen und längerfristige Aufzeichnungen andere Schreibmaterialien verwendet, die nicht erhalten geblieben sind). Es gibt keine historischen oder gar literarischen Linear B-Texte. Der Schwerpunkt der Schriftfunde liegt von 1420–1300 in Knossos und Pylos, danach in Mykene, Theben und Pylos. Mit dem Untergang der mykenischen Palastkultur am Ende des 12. Jh. verschwand auch die Linear B-Schrift.

Tab 9.2 *Die Perioden und Hauptfundorte der Linear B-Texte*

Periode	Zeitraum	Fundorte
Ende Spätminoisch II	1420–1400	Knossos (ein Text)
Ende Spätminoisch III A	1375–1350	Knossos, Pylos
Anfang Spätminoisch III B	um 1280	Theben, Mykene, Knossos
Ende Spätminoisch III B	1220–1180	Pylos, Mykene, Tiryns

Linear B ist eine Silbenschrift mit 91 Silbenzeichen vom Typ V, KV und KwV. Es gibt fünf Vokalzeichen für /a, e, i, o, u/, zwei Diphthongzeichen für /ai, au/, 60 KV-Zeichen (siehe Tabelle 9.3), sechs Zeichen für die komplexeren Kombinationen /pte, twe, two, dwe, dwo, nwa/, sowie 18 bisher unentzifferte Silbenzeichen. Für die in Tabelle 9.3 unterstrichenen Silben existieren jeweils zwei Zeichen, für /ra/ drei.

Tab 9.3 *Der Zeichenbestand des Linear B - Syllabars*

	Ka	Ke	Ki	Ko	Ku
p-	pa	pe	pi	po	<u>pu</u>
t-	<u>ta</u>	te	ti	to	tu
d-	da	de	di	do	du
k-	ka	ke	ki	ko	ku
q-	qa	qe	qi	qo	–
j-	ja	je	–	jo	–
w-	wa	we	wi	wo	–
m-	ma	me	mi	mo	mu
n-	na	ne	ni	no	nu
r-	<u>ra</u>	re	ri	<u>ro</u>	ru
s-	sa	se	si	so	su
z-	za	ze	–	zo	–
h-	ha	–	–	–	–

Neben den phonetischen Zeichen gibt es etliche Logogramme, Maß- und Gewichtszeichen sowie Zahlzeichen für die Dezimaleinheiten von 1 bis 10.000. Als Worttrenner wurde systematisch ein senkrechter Strich verwendet, was die Entzifferung erleichtert hat.

Das offensichtlich aus Linear A – also aus einer Schrift für die nicht-indogermanische minoische Sprache – weiterentwickelte Linear B war für das Schreiben des Griechischen nur bedingt geeignet. So können Konsonantenhäufungen wie /kn/, /mn/, /ktr/ etc. nicht korrekt wiedergegeben werden, die Lösung ist entweder der Verlust von Konsonanten oder eine Schreibung mit eingeschobenen Füllvokalen. Zwischen /r/ und /l/ wurde nicht unterschieden, ebenfalls nicht zwischen Kurz- und Langvokal. Konsonanten am Wortende fielen meist aus, Doppelkonsonanz, Aspiration und Labialisierung wurden nicht berücksichtigt. Beispiele zur Linear B-Schreibung enthält Tabelle 9.4.

An den aufgeführten Beispielen werden nicht nur die Defizite bei der Verwendung der Linear B-Silbenschrift für die griechische Sprache deutlich, sondern auch wichtige phonologische Unterschiede zwischen dem mykenischen und klassischen Griechisch:

- urgriechisches /*ā/ ist noch erhalten geblieben, später wird es zu /ɛ/ <η> (vgl. *a-ta-na, da-mo*)
- Vokalkontraktionen wie /oe/ > /u/ sind noch nicht eingetreten (vgl. *do-e-ro*)
- urgriechisches /*w/ (sog. Digamma) ist erhalten geblieben (vgl. *wa-na-ka, wo-no*)
- die indogermanischen Labiovelare sind in der Regel erhalten geblieben, sie werden durch /q/ wiedergegeben (vgl. *su-qo-ta, qa-si-re-u, qe*); die Labiovelare wandeln sich im klassischen Griechisch je nach Umgebung zu /p, b, t, d/

Tab 9.4 *Beispiele zur Linear B-Schreibung (Hiller-Panagl 1976)*

Linear B	Griechisch	Kommentare zur Schreibung
pu-ro	*Pýlos*	/r/ ~ /l/; Entfall des Schlusskonsonanten
pa-i-to	*Phaistós*	nicht-aspiriertes /p/, Fortfall von /s/ vor /t/
ko-no-so	*Knōs(s)ós*	Pleneschreibung für /kn/
a-re-ku-tu-ru-wo	*Alektryōn*	Pleneschreibung für /ktr/, /r/ ~ /l/
te-se-u	*Thēseús*	nicht-aspiriertes /t/
a-ko-ro	*agrós „Acker"*	Pleneschreibung für /gr/, /k/ ~ /g/
wo-no	*oînos „Wein"*	Entfall des /i/ im Diphthong; /w/ erhalten
wa-na-ka	*ánax „Fürst"*	/w/ (Digamma) noch erhalten
e-ra-wa	*elaía „Olive"*	/w/ erhalten, /r/ ~ /l/
su-qo-ta	*sybótes „Sauhirt"*	Labiovelar /*kʷ/ erhalten, als <q-> geschrieben
qa-si-re-u	*basileús „König"*	*idem*
qe	*te „und"*	*idem*
a-ta-na	*Athḗnē*	Erhalt des urgriech. /*ā/, fehlende Aspiration
da-mo	*dēmos „Volk"*	*idem*
do-e-ro	*doũlos „Sklave"*	noch keine Kontraktion /oe/ > /ū/; /r/ ~ /l/

Die griechische Alphabetschrift

Seit dem 8. Jh. v. Chr. wurde das Griechische in der *griechischen Alphabetschrift* geschrieben, die eine Modifikation eines nordwestsemitischen („phönizischen") Konsonantenalphabets darstellt. Dabei wurden semitische Konsonantenzeichen, die man im Griechischen nicht benötigte (da es die entsprechenden Laute nicht gab), zu Vokalzeichen umgedeutet. Damit gelang den Griechen der schrifthistorisch bedeutende Übergang vom Konsonantenalphabet zum vollständigen Alphabet, das dann zur Grundlage für die etruskische, lateinische und kyrillische Schrift wurde.

Anfangs gab es mehrere Varianten des Alphabets in Griechenland, aber das ionische oder milesische setzte sich im 5. Jh. v. Chr. fast im gesamten griechischsprachigen Raum durch. Dabei wurden nicht mehr benötigte Buchstaben wie Digamma, Koppa und Zeichen für semitische s-Laute aufgegeben. Die griechischen Alphabete wurden in klassischer Zeit mit den 24 Majuskeln ohne Wortzwischenräume und Satzzeichen geschrieben, zunächst von rechts nach links, dann bustrophedon (furchenwendig „wie der Ochse pflügt"), mit der Einführung des milesischen Alphabets in Athen etwa 430 v. Chr. schließlich von links nach rechts. Seit dieser Zeit hat sich das griechische Majuskel-Alphabet bis heute kaum verändert.

Das etruskische und lateinische Alphabet leitete sich nicht vom milesischen, sondern von einer in Süditalien benutzten westgriechischen Alphabetvariante ab, in der beispielsweise <χ> für /ks/ stand und nicht wie im milesischen für /kʰ/.

Mit den phonologischen Veränderungen in der Zeit des Hellenismus wurden verschiedene diakritische Zeichen eingeführt, um den tonalen Akzent, der für das Verständnis der klassischen Dichtung entscheidend war, zu konservieren. Es handelt sich um die drei Akzente *Akut*, *Gravis* und *Zirkumflex* (z.B. ά, ὰ, ᾶ) sowie um die beiden Hauchzeichen *Spiritus lenis* (auf jedem wortinitialen Vokal, z.B. ἀ) und *Spiritus asper* zur Kennzeichnung der Behauchung wortinitialer Vokale und des /r/ (z.B. ἁ- /ha-/, ῥ- /rh-/). In byzantinischer Zeit kam das sog. *Iota subscriptum* (untergesetztes Iota) hinzu (z.B. ᾳ, ῃ und ῳ), dabei handelt es sich ursprünglich um das /i/ in den Langdiphthongen αι, ηι und ωι, das aber schon in klassischer Zeit verstummt war. Die griechischen Minuskeln (Kleinbuchstaben) wurden vermutlich erst im 9. Jh. n. Chr. entwickelt, in der gesamten Antike waren ausschließlich griechische Majuskeln (Großbuchstaben) verwendet worden. Die heute für das Altgriechische gebrauchten *Satzzeichen* wurden ebenfalls erst im 9. Jh. n. Chr. eingeführt: Komma, Punkt und Doppelpunkt werden wie im Deutschen gebraucht, das Semikolon (;) schließt einen Fragesatz ab.

In Tabelle 9.5 sind die Zeichennamen, Majuskeln und Minuskeln des griechischen Alphabets mit lateinischer Transkription (T) sowie ihrem Lautwert (L) zusammengestellt.

Tab 9.5 *Das klassische griechische Alphabet, seine Umschrift und Lautwerte*

Name	Zeichen		T	L	Name	Zeichen		T	L
Alpha	A	α	a	a	Ny	N	ν	n	n
Beta	B	β	b	b	Xi	Ξ	ξ	x	ks
Gamma	Γ	γ	g	g	Omikron	O	o	o	ŏ
Delta	Δ	δ	d	d	Pi	Π	π	p	p
Epsilon	E	ε	e	ĕ	Rho	R	ρ	r	r
Zeta	Z	ζ	z	dz	Sigma	Σ	σ, ς	s	s
Eta	H	η	ē	ε:	Tau	T	τ	t	t
Theta	Θ	θ	th	tʰ	Ypsilon	Y	υ	y, u	y, u
Iota	I	ι	i	i	Phi	Φ	φ	ph	pʰ
Kappa	K	κ	k	k	Chi	X	χ	ch	x
Lambda	Λ	λ	l	l	Psi	Ψ	ψ	ps	ps
My	M	μ	m	m	Omega	Ω	ω	ō	ɔ:

Abküzungen: T lateinische Umschrift, L Lautwert.

σ wird am Wortanfang und im Wortinneren, ς im Wortauslaut verwendet. Die Aussprache des Z, ζ ist nicht völlig gesichert. Statt [dz] sind auch [ds] oder [sd] möglich.

Transkription

Tabelle 9.5 gibt die übliche lateinische Transkription des griechischen Alphabets wieder, wie sie auch in diesem Buch verwendet wird. ου, αυ und ευ werden als <ou>, <au> bzw. <eu> transkribiert, die Lautwerte sind [ū], [aυ] bzw. [ɔɪ]. Außerhalb der Diphthonge wird υ als <y> transkribiert und hat den Lautwert [y]. Die griechische Schrift verwendet die Digraphen γγ, γκ und γχ, sie werden als <ng>, <nk> bzw. <nch> transkribiert und als [ŋ], [nk] bzw. [nx] ausgesprochen.

Die drei griechischen Akzente Akut (á), Gravis (à) und Zirkumflex (ã) werden in die Umschrift übernommen, beim Zirkumflex wird zur Vereinfachung das Makron bei ē (η) und ō (ω) fortgelassen, ő steht also für ὤ, õ für ῶ. Der Spiritus asper wird als <h> transkribiert, Spiritus lenis und Iota subscriptum entfallen in der Umschrift.

Das klassische Altgriechisch und seine Dialekte

Gegen Ende der sog. dunklen Jahrhunderte, vermutlich um 800 v. Chr., übernahmen die Griechen die phönizische Konsonantenschrift und formten sie zu einem Vollalphabet um. Das klassische Altgriechisch beginnt mit den frühesten literarischen Werken: den homerischen Epen Ilias und Odyssee, deren Entstehungszeit aber immer noch umstritten ist. Meistens werden sie ins 8. Jh. v. Chr. datiert. Danach entfaltete sich die klassische griechische Literatur der Epen, Tragödien, Komödien und der Lyrik, die griechische Sprache fand auch in zahlreichen philosophischen und anderen Prosawerken Verwendung.

Zu Beginn seiner klassischen Überlieferung ist das Griechische allerdings keine einheitliche Sprache, sondern zerfällt in zahlreiche Regionaldialekte, die sich in folgende Hauptgruppen einteilen lassen (Rix 1992: 3–5):

- *Dorisch*: Lakonien, Messenien, Argos, Korinth, Megara, Kreta, Melos, Thera, Kyrene, Rhodos, Sizilien
- *Nordwestgriechisch*: Phokis (mit Delphi), Aetolien, Lokris, Epirus; Achaia, Elis
- *Äolisch*: Lesbos, kleinasiat. Aeolis, Thessalien, Boiotien
- *Arkadisch-Kyprisch*: Arkadien, Zypern
- *Ionisch-Attisch*: Kleinasien, Insel-Ionisch, Euböa, Attika (mit Athen)

Für bestimmte literarische Gattungen bildeten sich spezifische Kunstsprachen auf Basis der regionalen Dialekte heraus:

- die auf dem Dorischen basierende Sprache der Chorlyrik (z.B. bei Pindar, Chorpartien der Tragödien)
- die auf dem Lesbischen basierende Sprache der Lyrik (z.B. bei Sappho und Alkaios)
- Ionisch – mit äolischen Bestandteilen sowie umgedeuteten und umgebildeten Wörtern und Formen durchsetzt – wird zur Sprache der Epik

- Ionisch mit Einflüssen der epischen Kunstsprache wird zur Sprache von Epigramm, Elegie und Iambos
- Attisch mit epischen Einflüssen wird für die Dialogpartien der Tragödien verwendet. Als Sprache der Prosaliteratur (z.B. bei Herodot) wird das Ionische im 5./4. Jh. vom Attischen abgelöst

Eine Positionierung des Mykenischen im Rahmen dieser Dialekte ist bisher nicht gelungen, eine ältere Vorstufe zu einem der Dialekte des 1. Jt. v. Chr. ist es sicherlich nicht, eine besondere Nähe scheint aber zum späteren Arkadisch-Kyprischen zu bestehen. Zur Frage, ob das Makedonische als griechischer Dialekt aufgefasst werden kann, vgl. Abschnitt 10.3.

Hellenistisches Griechisch (Koine)

Seit dem 5. Jh. v. Chr. wurde die divergierende Dialektentwicklung durch die Bildung größerer politischer Einheiten von einer Tendenz zu größeren Sprachräumen abgelöst. Die politische, wirtschaftliche und kulturelle Vormachtstellung Athens im 5. Jh. v. Chr. machte den dort gesprochenen attischen Dialekt — allerdings ohne seine spezifisch attischen Merkmale (z.B. /tt/ statt /ss/, die sog. attische Deklination) — zur Grundlage einer überregionalen Gemeinsprache, einer griechischen *Koine* (griech. *koinê [glóssa]* „die gemeinsame [Sprache]"), die Ende des 4. Jh. v. Chr. zur Lingua franca im Reich Alexanders des Großen aufstieg. Die alten Dialekte kamen zunächst in der Schriftsprache, dann auch in der gesprochenen Sprache außer Gebrauch, es wurde nur noch die Koine verwendet. Nur der alte lakonische Dialekt — modern Tsakonisch genannt — konnte sich bis heute erhalten.

Als Sprache des Neuen Testaments hatte das hellenistische Griechisch eine große Bedeutung bei der Ausbreitung des Christentums. Auch im Römischen Reich blieb Griechisch neben dem Lateinischen Amtssprache, dies auch aufgrund der kulturellen Abhängigkeit der Römer von den Griechen.

Mittelgriechisch (Byzantinisch)

In der Osthälfte des Reiches war Griechisch in der Form der Koine bereits seit dem Hellenismus die dominierende Sprache. Unter dem Einfluss fremder Sprachen erfolgten gegenüber dem Attischen einige weitere Vereinfachungen in der Grammatik und im Lautbestand. Dies führte in der Gegenbewegung immer wieder bis in die moderne Zeit hinein zu Bemühungen um eine „Reinigung" der griechischen Sprache, womit ein Rückgriff auf das klassische Attisch gemeint war.

Die Aussprache des Griechischen hatte sich am Ende der Antike bereits stark verändert, was besonders die Vokale und Diphthonge betraf (die Unterscheidung zwischen Lang- und Kurzvokalen verschwand und acht Vokale bzw. Diphthonge fielen in der Aussprache zu einem langen /i/ zusammen, eine Erscheinung, die als Itazismus bezeichnet wird). Spätestens um 700 ähnelte die Aussprache schon sehr der des heutigen Griechisch, seit dem 10. Jh. ist sie mit ihr praktisch identisch. Die Veränderung der Aussprache führte in der alltäglichen Sprache zu starken Vereinfachungen der nominalen und verbalen Flexionsbildung, da viele Endungen lautlich nicht mehr unterscheidbar waren. Die meisten literarischen Werke der byzantinischen Zeit sind jedoch in einer dem Altgriechischen (Attischen) angenäherten Sprachform verfasst.

Neugriechisch

1453 eroberten die osmanischen Türken Byzanz und löschten damit das byzantinische Reich endgültig aus. Die Griechen konnten ihre Sprache auch als Bewohner des Osmanischen Reiches beibehalten, außerdem war das Griechische weiterhin als Sprache der orthodoxen Kirche verbreitet. Der Verlust des Status als Amts- und Verwaltungssprache führte jedoch dazu, dass das Griechische erneut einem Wandel unterworfen wurde, vor allem geprägt durch die Tendenz zur Vereinfachung der komplexen klassischen morphologischen Struktur. Der Einfluss fremder Sprachen auf dem Balkan – Slawisch, Türkisch, Albanisch – führte zu einer „Balkanisierung" der neugriechischen Sprache, die in ihrer Struktur in wesentlichen Teilen umgebaut wurde. Dazu gehören der Verlust von Infinitiv und Perfekt sowie die verstärkte Tendenz zur Bildung analytischer Verbalformen als Ersatz für synthetische Formen.

Nach dem Befreiungskampf und der Gründung des modernen Staates Griechenland 1829/30 wurde die sog. *Katharevusa* („die reine Sprache") die offizielle Unterrichts- und Amtssprache. Dabei handelt es sich um eine künstlich geschaffene Hochsprache, die sich zunehmend am klassischen Attisch orientierte. Daneben existierte als Umgangssprache die *Dimotiki* (Volkssprache), die letztlich auf die hellenistische Koine zurückzuführen ist.

Die Koexistenz der Hoch- und Schriftsprache Katharevusa mit der nur mündlich verwendeten Volkssprache Dimotiki – eine sog. Diglossie – führte vor allem im Bildungsbereich zu großen Problemen; die Katharevusa musste gewissermaßen als Fremdsprache erlernt werden, die Dimotiki besaß keine offizielle Schriftform. Die zahlreichen vergeblichen Gesetzesinitiativen im Laufe des 20. Jh. zur Etablierung einer Volkssprache in einer Schriftform, die auch für die Verwaltung und Wissenschaft verbindlich ist, hatten erst 1976 Erfolg. In der neugriechischen Literatur war die Entscheidung für die Volkssprache allerdings schon im 19. Jh. im Bereich der Lyrik und zu Beginn des 20. Jh. auch in der Prosa gefallen. Die moderne griechische Standardsprache ist im Wesentlichen die Dimotiki, allerdings mit signifikanten Übernahmen aus der Katharevusa, die die Morphologie, Syntax, Aussprache und das Lexikon betreffen. Die orthodoxe Kirche und einige sprachpuristische Kreise halten für den schriftlichen Gebrauch allerdings weiterhin an der Katharevusa fest.

Obwohl sich die Aussprache des Griechischen im Verlauf der Jahrtausende vielfach geändert hat, blieb die Orthographie der Alphabetschrift weitgehend unverändert, auch der Itazismus findet im Schriftbild keine Entsprechung. Die in hellenistischer Zeit eingeführten Akzente Akut, Gravis und Zirkumflex und die Zeichen für Hauchlaute (Spiritus asper für anlautendes /h-/ und Spiritus lenis für anlautenden Vokal) wurden noch bis vor Kurzem verwendet. Erst 1982 wurden die Spiritus abgeschafft und die Akzente durch ein einziges Zeichen, den sog. Tonos ersetzt, der die betonte Silbe anzeigt. Insbesondere literarische Texte werden jedoch bis heute oft noch mit Spiritus und Akzenten gedruckt.

Die regionalen Dialekte des Griechischen spielen heute wegen der weiten Verbreitung der Standardsprache von wenigen Ausnahmen abgesehen nur noch eine untergeordnete Rolle. Die primäre Gliederung ist eine Nord-Süd-Einteilung, wobei die wenig gegliederte nordgriechische Dialektgruppe allen anderen südgriechischen Dialekten gegenübersteht. Die Hauptdialekte sind:

- die *nordgriechische Dialektgruppe* auf dem griechischen Festland nördlich einer Linie Kithairon-Chalkida, in Nord-Euböa und auf den nördlichen Sporaden, auf Thasos, Samothrake, Lemnos, Lesbos und Samos; diese Dialekte werden auch von den griechischen Minderheiten in den angrenzenden Staaten Albanien, Mazedonien und Bulgarien gesprochen; zur nordgriechischen Dialektgruppe gehört auch die archaische Mundart der *Sarakatsanen* in Nordgriechenland, Bulgarien und Rumänien
- *Peloponnesisch-Ionisch* auf dem Peloponnes, in Attika, Teilen Böotiens und Euböas sowie auf den Ionischen Inseln; dieser Dialekt ist die Grundlage für die moderne Standardsprache
- *Alt-Athenisch*: vereinzelt im Gebiet von Megara und Kymi sowie auf Ägina; steht dem noch existenten Dialekt der Halbinsel *Mani* auf dem Peloponnes nahe, der sich unter den Nachfahren maniotischer Auswanderer im korsischen Cargèse bis ins 20. Jh. halten konnte
- *Südostgriechisch*: Dodekanes, Chios, Ikaria
- *Zypriotisch*: Zypern
- *Kretisch-Kykladisch*: Kreta, Kykladen
- *Tsakonisch*: ein direkter Nachfolger des Lakonischen (östlicher Peloponnes bei Leonidi)
- *Pontisch*: früher entlang der gesamten Küste des Schwarzen Meeres gesprochen, nach 1923 durch Migration in verschiedenen Teilen Griechenlands verbreitet
- *Kappadokisch* wurde bis 1923 in Zentralanatolien gesprochen, im Zuge der Vertreibung der Griechen aus Anatolien ist es erloschen; Pontisch und Kappadokisch sind stark vom Ionischen beeinflusst
- *Griko*, auch *Katoitaliotika* (Unteritalienisch), wird von weniger als 20.000 Menschen gesprochen; es gibt zwei Dialekte: *Kalabrisch* in der Umgebung der Stadt Bova in Kalabrien sowie *Salentinisch* südlich von Lecce im Salento. Griko ist stark vom dorischen Dialekt des Altgriechischen beeinflusst; man verwendet die lateinische Schrift
- *Jevanisch* oder *Jüdisch-Griechisch*: eine auf der mittelgriechischen Koine basierende, stark mit hebräischen Begriffen durchsetzte und im ganzen Osmanischen Reich verbreitete Varietät. Jevanisch starb im 20. Jh. aus (seine Sprecher – soweit sie nicht Opfer des Holocaust wurden – assimilierten sich sprachlich an das Sephardische, Hebräische, Türkische oder Standardgriechische).

Mit Ausnahme des Tsakonischen sind die modernen griechischen Dialekte keine direkten Nachfolger antiker Dialekte. Zypriotisch, Tsakonisch, Pontisch und das ausgestorbene Jevanisch weichen von den übrigen Varietäten und dem Standard so weit ab, dass sie von manchen Forschern als separate Sprachen betrachtet werden.

9.2 Die Stellung des Griechischen innerhalb des Indogermanischen

Obwohl gerade im Griechischen zahlreiche Merkmale des Urindogermanischen konserviert wurden, ist es andererseits durch spezifische phonologische und morphologische Eigenschaften gekennzeichnet, die es mit keiner anderen indogermanischen Sprache teilt (Rix 1992: 7–8). Zu den *phonologischen Alleinstellungsmerkmalen* des Griechischen gehören:

- der Ersatz von anlautendem indogermanischen /*i̯/ durch /h/, z.B. idg. *i̯ēkʷr̥ > griech. *hēpar* „Leber"
- konsequenter Ersatz der ursprachlichen Laryngale durch die Vokale /a, e, o/, z.B. *h₁es- > es- „sein", *h₂owis > o(w)ĭs „Schaf"
- die Beschränkung der Konsonanten im Wortauslaut auf /r, n, s/
- die spezifische Transformation der idg. Lautgruppe Plosiv + /i̯/ > Plosiv + /t/, z.B. /*pi̯/, /*bhi̯/ > /pt/

Das Griechische ist u.a. durch folgende *morphologische Besonderheiten* gekennzeichnet:

- ein spezifischer Kasussynkretismus der Nominalflexion
- synthetische Formen für Aorist und Futur in Aktiv, Medium und Passiv
- Ersatz der indogermanischen Lokativendung /*-su/ durch /-si/ im Dativ Plural
- das Superlativsuffix -*tato*
- die weitgehende Angleichung der Flexion von Demonstrativ- und Relativpronomen
- die Angleichung der ursprünglich athematischen a-Deklination an die thematische o-Deklination
- im Medium Endungen der Form -*sthe*, -*sthō*, -*sthai*
- -k- als Stammbildungssuffix des Perfekt Aktiv
- -*thē*- (-θη-) als Bildungssuffix im Aorist und Futur Passiv.

Die griechische Lautverschiebung

Die wesentlichen Lautveränderungen des Griechischen gegenüber dem Indogermanischen sind die folgenden:

- die stimmhaften Aspiranten werden zu stimmlosen (*bh > ph, *dh > th, *gh > kh)
- die Palatalisierung der Velare entfällt (*k' > k, g' > g etc.); Griechisch ist also eine *Satem*-Sprache
- Labiovelare werden zu labialen oder alveolaren Plosiven (*kʷ > p/t, *gʷ > b/d etc.); im Mykenischen sind die Labiovelare noch weitgehend erhalten (siehe oben)
- idg. /*w/ entfällt; es ist aber im Mykenischen als /w/ und in frühen griechischen Dialekten noch als „Digamma" erhalten
- idg. /*s/ wird zu /h/, bleibt als /s/ erhalten oder entfällt ganz
- anlautendes idg. /*i̯/ wird zu /h/ oder /z/
- die silbischen Liquiden werden vokalisiert: *n̥ und *m̥ > a, *l̥ > al, r̥ > ar.

Alle anderen indogermanischen Laute blieben im Wesentlichen erhalten. In Tabelle 9.6 sind Beispiele für die wichtigsten Lautveränderungen zusammengestellt.

Tab 9.6 *Die griechische Lautverschiebung (Mallory 1997: 242)*

Idg. >	Griech.	Ur-Idg.	Bedeutung	Griech.	Transliteration
*bh	ph	*bhréh₂tēr	„Bruder"	φρατρία	phrātría „Phratrie"
*dh	th	*dhur-	„Tür"	θύρα	thýra
*gh	kh	*h₃mighleh₂	„Nebel"	ὀμίχλη	omíchlē
*kʷ	p ~ t	*leikʷ-	„lassen"	λείπ-	leíp-
		*kʷis	„wer?"	τίς	tís
*gʷ	b ~ d	*gʷou-	„Kuh"	βοῦς	boûs
		*gʷelbh-	„Gebärmutter"	δελφύς	delphýs
*gʷh	ph ~ th	*gʷhóno-	„das Schlagen"	φόνος	phónos „Mord"
		*gʷhermo-	„warm"	θερμός	thermós
*k'	k	*dék'm̥	„zehn"	δέκα	déka
*g'	g	*g'onu-	„Knie"	γόνυ	góny
*g'h	kh	*g'heimen-	„Winter"	χεῖμα	cheîma
*s	h ~ ø ~ s	*septm̥	„sieben"	ἑπτά	heptá
		*pesos	„Penis"	πέος	péos
		*pesos	„Penis"	πέος	péos
*i̯	h ~ z	*i̯ag'-	„(Ehr)furcht"	ἅζομαι	házomai „s. scheuen"
		*i̯ugóm	„Joch"	ζυγόν	zygón
*u̯	*w > ø	*u̯oíno-	„Wein"	οἶνος	oînos

9.3 Grammatische Skizze des Altgriechischen

Die folgende grammatische Skizze basiert auf Rix 1992, Hoenigswald 1998, Woodard 2004, Bornemann-Risch 1978 und Leggewie 1981. Behandelt wird das klassische Altgriechisch in seiner attischen Ausprägung, wie es auch dem Unterricht an deutschen Gymnasien zugrunde liegt. Die Besonderheiten des homerischen Griechisch oder anderer Dialekte werden nicht behandelt.

Dieser Abschnitt ist nicht zum Erlernen der altgriechischen Sprache in ihrem originalen Schriftbild konzipiert, sondern soll – wie bei allen grammatischen Kurzdarstellungen in diesem Buch – einen Überblick über die Phonologie, Morphologie und Morphosyntax bieten, und zwar auch für die Leser, die das griechische Alphabet nicht beherrschen. Deswegen werden die griechischen Formen und Morpheme in der üblichen lateinischen Transkription dargestellt (vgl. Abschnitt 9.1 „Das griechische Alphabet", insbesondere Tabelle 9.5). Wie bei allen anderen Sprachen auch wird – bis auf wenige Ausnahmen – auf die Angabe der Originalschreibweise verzichtet, trotz der Tatsache, dass dadurch in geringem Umfang Informationen der Originalschrift verloren gehen (Iota subscriptum, Spiritus lenis). Die Akzente des griechischen Originals werden in vollem Umfang in die Umschrift übernommen.

Zur Sprachtypologie

Das *Altgriechische* besitzt eine reiche Derivations- und Flexionsmorphologie, in der viele Kategorien der indogermanischen Ursprache erhalten geblieben sind. Insbesondere die griechische Verbalmorphologie ist äußerst komplex, dabei werden die Verbalformen nahezu ausschließlich synthetisch gebildet. Die Flexion erfolgt primär durch Suffixe, für einige Funktionen werden auch Präfixe verwendet (Augment, Reduplikation).

In der Nominal- und Verbalmorphologie sind sowohl die *thematischen* als auch *athematischen* Bildungsweisen vertreten. Bei der thematischen Flexion steht zwischen Stammauslaut und Flexionssuffix ein sog. Themavokal /e/ oder /o/, der häufig mit dem Flexionssuffix zu einer Endung verschmilzt. Bei der Verbalflexion sind die (relativ wenigen) athematischen Stämme an der Personalendung /-mi/ in der 1. Person Singular Präsens Aktiv zu erkennen, während die thematisch deklinierten die Endung /-ō/ besitzen. In der Nominalflexion sind die o-Stämme thematisch, während die ā-Stämme ursprünglich athematisch waren, sich in der Flexion aber zunehmend an die o-Deklination angepasst haben. Die auf einen Konsonanten auslautenden Stämme sind athematisch.

Die indogermanische Grundsprache kannte einen *quantitiven* Ablaut (*Schwundstufe – Vollstufe – Dehnstufe*) und einen *qualitativen* e/o-Ablaut, woraus sich die fünf Ablautstufen e, o, ē, ō und ∅ (für die Schwundstufe) ergeben. Auch im Altgriechischen spielt der Ablaut bei Wortbildung und Flexion eine große Rolle, wie die Beispiele in Tabelle 9.7 deutlich machen. Das griechische Adjektiv *eupátōr* bedeutet „einen guten Vater habend, edel", es wurde auch als Beiname für Könige verwendet.

Tab 9.7 *Wortbildung durch Ablaut im Altgriechischen*

e-Stufe	o-Stufe	Schwundstufe	ē-Stufe	ō-Stufe
patéra	eupátora	patrós	patḗr	eupátōr
„(den) Vater"	„edel" (Akk.)	„(des) Vaters"	„(der) Vater"	„edel" (Nom.)
phérō	phóros	díphros	–	phṓr
„ich trage"	„Abgabe, Steuer"	„Tragestuhl"		„Dieb"
leípō	léloipa	lipeĩn	–	–
„ich lasse"	„ich habe gelassen"	„gelassen haben"		

Phonologie

Das Altgriechische hat 12 *Vokalphoneme*, die Quantität ist bedeutungsunterscheidend.

Tab 9.8 *Die altgriechischen Vokalphoneme*

Phonem	a	a:	o	u:	ɔ:	e	e:	ɛ:	i	i:	y	y:
Graphem	α	α	o	ου	ω	ε	ει	η	ι	ι	υ	υ
Umschrift	a	ā	o	ou	ō	e	ei	ē	i	ī	y	ȳ

Aus den Vokalen bildeten sich zahlreiche Diphthonge, deren zweiter Bestandteil stets /i/ oder /u/ ist (z.B. /ai, oi, yi, au, eu/). Bei den drei Diphthongen mit langem Anlaut /āi, ōi, ēi/ schwand zur klassischen Zeit der /i/-Laut, die historische Herkunft dieser Langvokale aus Diphthongen wurde seit byzantinischer Zeit durch das sog. Iota subscriptum markiert (ᾳ, ῳ, ῃ), das hier in der Umschrift nicht wiedergegeben wird.

Tabelle 9.9 fasst die Konsonantenphoneme des klassischen Griechisch zusammen, neben den Phonemen ist ihre Realisierung durch die Buchstaben des griechischen Alphabets angegeben. Die Aussprache des ζ ist nicht völlig geklärt, sie war jedenfalls nicht [ts]; neben [dz] ist auch [zd] oder [sd] möglich. Der *Vibrant* /r/ (ρ) tritt auch in der Variante /rh/ [ṛ] auf. ς ist die wortfinale Darstellung von /s/, im Wortinnern und am Wortanfang wird σ verwendet. Im Anlaut gab es ein /h-/, das ab dem 3. Jh. v. Chr. durch den Spiritus asper wiedergegeben wurde (z.B. ἁ- /ha-/), während der Spiritus lenis den nichtbehauchten vokalischen Anlaut kennzeichnet (z.B. ἀ- /a-/), der in der Umschrift nicht wiedergegeben wird.

Tab 9.9 *Die Konsonantenphoneme des klassischen Altgriechisch (Woodard 2004: 616)*

	bilabial		dental/ alveolar		velar		glottal
Plosive							
stl.	p	π	t	τ	k	κ	
sth.	b	β	d	δ	g	γ	
stl.-asp.	p^h	φ	t^h	θ	k^h	χ	
Affrikaten	ps	ψ	dz	ζ	ks	ξ	
Frikative			s	σ, ς			h
Nasale	m	μ	n	ν			
Vibrant			r	ρ			
Approximant			l	λ			

Abkürzungen: stl. stimmlos, sth. stimmhaft, asp. aspiriert.

Tonalität und Akzent

Der altgriechische Akzent war nicht − wie z.B. der Akzent im Deutschen − durch eine größere Schallfülle gekennzeichnet (sog. Druckakzent), sondern durch die Tonhöhe (tonaler Akzent). Ein Akzent konnte im Altgriechischen auf eine der drei letzten Silben eines Wortes fallen, die akzentuierte Silbe wurde mit einem höheren Ton als die umgebenden Silben gesprochen.

Als der tonale Akzent zu Beginn der hellenistischen Zeit durch einen Druckakzent verdrängt wurde, begann man, durch Akzentzeichen die Tonalität des Altgriechischen zu konservieren. Dabei bezeichnete der Akut den Hochton, der Zirkumflex bei langen Silben den hoch beginnenden, dann fallenden Ton, der Gravis vermutlich einen fallenden Ton. Die gesamte altgriechische (Vers-)Dichtung und Metrik beruhte nicht wie im Deutschen auf dem Kontrast zwischen betonten und unbetonten Silben, sondern ausschließlich auf der Quantitätsopposition der Silben.

Nominalmorphologie

Die altgriechische Nominalmorphologie besitzt drei Genera, drei Numeri und fünf Kasus:

Kategorie	Realisierungen
Genus	Maskulinum, Femininum, Neutrum
Numerus	Singular, Dual, Plural
Kasus	Nominativ, Genitiv, Dativ, Akkusativ, Vokativ

Das *Genus* wird nicht notwendig durch das natürliche Geschlecht determiniert, eine Bezeichnung für unbelebte Objekte kann maskulines, feminines oder neutrales Genus besitzen. Dennoch kann als allgemeine Regel festgehalten werden: Männliche Personen und Wesen, Flüsse und Winde sind maskulin, weibliche Personen und Wesen, Bäume, Länder, Inseln und Städte sind feminin. Der *Dual* ist bereits im homerischen Griechisch instabil und wurde später weitgehend durch den Plural verdrängt.

Die *Kasus* sind im Griechischen auf die genannten fünf reduziert worden. Es gibt im mykenischen und homerischen Griechisch einige Reste des indogermanischen Instrumentals auf die Endung /-phi/, ebenso Relikte eines Lokativs, z.B. *oíkoi* „zu Hause". Ansonsten verteilten sich die Funktionen der indogermanischen Kasus Lokativ, Instrumental und Ablativ auf die griechischen Genitiv und Dativ. Der Vokativ ist im Plural immer gleich dem Nominativ, im Singular meistens (mit Ausnahme der o-Deklination). Bei den Neutra sind Nominativ und Akkusativ in allen Deklinationen identisch, der Nominativ/Akkusativ Plural hat die Endung /-a/. Dass der Plural der neutralen Substantive ein *Kollektivum* ist, wird daran deutlich, dass die zugehörigen Prädikate im Singular stehen, z.B. *tà ástra lámpei* „die Sterne leuchten" (hier ist *ástra* „Sterne" Plural Neutrum, das Verb *lámpei* „er/sie/es leuchtet" steht im Singular).

Das Griechische hat – im Gegensatz z.B. zum Lateinischen – einen bestimmten Artikel, der in allen Kasus (außer dem Vokativ), Genera und Numeri dekliniert wird (Tabelle 9.10). Er hat sich aus einem früheren Demonstrativum entwickelt. Der Artikel gibt dem Nomen die definite Bedeutung, das artikellose Nomen hat indefinite Bedeutung: *ho phílos* „der Freund", *phílos* „(ein) Freund".

Tab 9.10 *Der altgriechische Artikel*

	Singular			Plural			Dual
	m.	f.	n.	m.	f.	n.	m./f./n.
Nom.	ho	hē	tó	hoi	hai	tá	tṓ
Gen.	toū	tēs	toū	tȭn	tȭn	tȭn	toȋn
Dat.	tȭ	tē	tȭ	toȋs	taȋs	toȋs	toȋn
Akk.	tón	tḗn	tó	toús	tás	tá	tṓ

Die drei Deklinationsschemata

Das Altgriechische besitzt für Substantive und Adjektive drei Deklinationsklassen, die nach dem Stammauslaut eingeteilt werden: o-, ā- und konsonantische Deklination. Beispiele zur Deklination sind in den Tabellen 9.11 und 9.12 zusammengefasst.

Tab 9.11 *Die altgriechische Deklination: vokalische Stämme (nach Bornemann-Risch 1978: 28–53)*

		phílos m.	dôron n.	máchē f.	theā́ f.
Bedeutung		„Freund"	„Geschenk"	„Kampf"	„Göttin"
Stamm		philo-	dōro-	machā-	theā-
Sg.	Nom.	phíl-os	dôr-on	mách-ē	the-ā́
	Gen.	phíl-ou	dôr-ou	mách-ēs	the-ās
	Dat.	phíl-ō	dôr-ō	mách-ē	the-ā́
	Akk.	phíl-on	dôr-on	mách-ēn	the-ā́n
Pl.	Nom.	phíl-oi	dôr-a	mách-ai	the-aí
	Gen.	phíl-ōn	dôr-ōn	mach-ōn	the-ōn
	Dat.	phíl-ois	dôr-ois	mách-ais	the-aîs
	Akk.	phíl-ous	dôr-a	mách-ās	the-ā́s

Tab 9.12 *Die altgriechische Deklination: konsonantische Stämme (nach Bornemann-Risch 1978: 28–53)*

		háls m.	pínax m.	odoús m.	sôma n.
Bedeutung		„Salz"	„Tafel"	„Zahn"	„Körper"
Stamm		hal-	pinak-	odont-	sōmat-
Sg.	Nom.	hál-s	pínax	odoús	sôma
	Gen.	halós	pínak-os	odónt-os	sômat-os
	Dat.	hal-í	pínak-i	odónt-i	sômat-i
	Akk.	hál-a	pínak-a	odónt-a	sôma
Pl.	Nom.	hál-es	pínak-es	odónt-es	sômat-a
	Gen.	hal-ōn	pínak-ōn	odónt-ōn	sōmát-ōn
	Dat.	hal-sí(n)	pínaxi(n)	odoûsi(n)	sôma-si(n)
	Akk.	hál-as	pínak-as	odónt-as	sômat-a

Der Vokativ Singular der Maskulina der o-Deklination hat die Endung /-e/, z.B. ō *phíle!* „o Freund!", sonst ist der Vokativ weitgehend mit dem Nominativ formal identisch. Die scheinbar „unregelmäßigen" Formen der konsonantischen Deklination im Nominativ Singular und Dativ Plural entstehen durch Kontraktion (z.B. *odoús* < **odont-s*, *odoûsi* < **odont-si*) bzw. durch die Anwendung von Schreibvarianten, etwa <x> für /ks/ (z.B. *pínax* < **pinak-s*; *pínaxi* < **pinak-si*).

Die angegebenen Beispiele geben nur einige Deklinationstypen wieder. Es gibt zahlreiche Ausnahmen und Abweichungen, das Endungsschema ist aber im Wesentlichen konstant.

Der Dual beim Nomen

Neben dem Singular und Plural sind im Altgriechischen noch Reste des Duals erhalten. Der Dual hat nur zwei unterschiedliche Kasusformen, eine für Nominativ, Akkusativ und Vokativ, die andere für Genitiv und Dativ, der Artikel hat in allen Genera die Formen *tṓ* (Nom.+Akk.) und *toῖn* (Gen.+Dat.).

Tab 9.13 *Der altgriechische Dual (Leggewie 1981: 70–71)*

Deklination	Nom.-Akk.	Gen.-Dat.
o-Deklination	tṓ phíl-ō	toῖn phíl-oin
a-Deklination	tṓ chór-ā	toῖn chór-ain
kons. Deklination	tṓ pínak-e	toῖn pinák-oin

Schon im frühen Altgriechisch wird der Dual immer häufiger durch den Plural ausgedrückt, eine Entwicklung, die bei Homer beginnt und in der hellenistischen Koine zum Abschluss kommt. Das Attische und andere Dialekte haben den Dual länger bewahrt.

Die Funktionen der Kasus

Die Funktionen der griechischen Kasus stimmen nur zum Teil mit denen der deutschen überein, insbesondere Genitiv und Dativ haben – als Erben der indogermanischen Kasus Ablativ, Lokativ und Instrumental – einige besondere Funktionen. Tabelle 9.14 zeigt einige wichtige Funktionen der griechischen Kasus, Vollständigkeit ist nicht angestrebt.

Adjektive und Adverbien

Adjektive werden entweder nach der o-/a-Deklination oder nach der konsonantischen Deklination flektiert. Erstere enden im Maskulinum auf /-os/, im Femininum auf /-a/ oder /-ē/, im Neutrum auf /-on/, z.B. *néos, néa, néon* „neu". Adjektive der 3. Deklination haben entweder drei Endungen (für jedes Genus eine), zwei Endungen (eine für Maskulinum und Femininum, die zweite für das Neutrum) oder eine Endung für alle Genera. Die Adjektive (der 3. Deklination) mit drei Endungen werden im Maskulinum und Neutrum konsonantisch dekliniert, im Femininum nach der a-Deklination, z.B. *pās, pāsa, pān* „ganz". Die Adjektive mit zwei oder einer Endung werden konsonantisch dekliniert, z.B. *saphḗs, saphés* „klar, deutlich", Gen. *saphoûs*, Dat. *sapheῖ*, Akk. *saphē/saphés*. Es gibt nur wenige Adjektive mit einer Endung, z.B. *mákar* „glückselig". Die Partizipien werden teils nach der a-/o-Deklination, teils konsonantisch dekliniert (vgl. „Verbalmorphologie").

Tab 9.14 *Die Funktionen der altgriechischen Kasus*

Kasus/Funktion	Beispiel
Nominativ	
Subjekt	*ho **órnis** ā́dei* „der Vogel singt"
Prädikatsnomen	*ho nómos **kýrios** toū dḗmou estín* „das Gesetz ist der Herr d. Volkes"
Genitiv	
Besitzer	*hē **toū phílou** oikía* „das Haus des Freundes"
Partitiv	***oínou** pínein* „vom Wein trinken"
„Subjekt"	*hē **tēs mētròs** agápē* „die Liebe der Mutter" (Mutter als Subjekt)
Objekt	*ho póthos **tēs patrídos*** „die Sehnsucht nach dem Vaterland"
Separativ	*eleútheros **douleías*** „frei von Knechtschaft"
Dativ	
indir. Objekt	*phílos **tō phílō** pisteúei* „ein Freund vertraut dem Freund"
Instrumental	***toīs ophthalmoīs** horān* „mit den Augen sehen"
Art u. Weise	***toútō tō trópō*** „auf diese Weise, so"
Grund	*hḗdomai **tē níkē*** „ich freue mich des Sieges (über den Sieg)"
Lokativ/Tempor.	***taútē hēmérā*** „an diesem Tage"
Akkusativ	
direktes Objekt	*ho phílos **tòn phílon** stérgei* „der Freund liebt den Freund"
Ausdehnung	*ho phílos **déka hēméras** émeine* „der Freund blieb 10 Tage"
Bezug	***tēn psychèn** noseīn* „an der Seele krank sein"
Vokativ	
Anrede	***kýrie** eléēson* „Herr, erbarme dich"

Attributiv gebrauchte Adjektive kongruieren mit ihrem Bezugsnomen in Genus, Numerus und Kasus. Attribute – sowohl adjektivische wie Genitivattribute – stehen entweder zwischen Artikel und Substantiv oder werden mit Wiederaufnahme des Artikels dem Substantiv nachgestellt: *ho agathòs phílos* oder *ho phílos ho agathós* „der gute Freund"; *hoi tōn phílōn lógoi* oder *hoi lógoi hoi tōn phílōn* „die Worte der Freunde". Prädikativ gebrauchte Adjektive stimmen in Numerus und Genus mit dem Subjekt überein; dies gilt auch dann, wenn die Kopula bei einem Neutrum im Plural eine singulare Form aufweist, z.B. *ta ástra kalá estín* „die Sterne (*ástra*, Pl. n.) sind schön (*kalá*, Pl. n.)", während die Kopula *estín* im Singular steht.

Die *Steigerung* wird bei den meisten Adjektiven mit den Suffixen /-teros/ für den Komparativ und /-tatos/ für den Superlativ gebildet, z.B. *pistós* „treu", *pistó-teros* „treuer", *pistó-tatos* „der treueste". Einige häufig gebrauchte Adjektive haben eine unregelmäßige Steigerung, z.B. *mégas* „groß", *agathós* „gut", *óligos* „wenig", *polýs* „viel".

Adverbien werden von Adjektiven durch Suffigierung von /-ōs/ an die Wurzel abgeleitet, z.B. *soph-ós* „weise" > Adverb *soph-ōs*. Das Adverb zum Komparativ wird durch den Akkusativ Singular Neutrum gebildet, zum Superlativ durch den Akkusativ Plural Neutrum, z.B. *sophōteron* bzw. *sophōtata*.

Pronomina

Bei den obliquen Formen des Personalpronomens gibt es im Singular in der 1. und 2. Person betonte und unbetonte Formen. Die betonten stehen nur bei ausdrücklicher Hervorhebung (z.B. bei Gegenüberstellungen *ouk emé, allà sé* „nicht mich, sondern dich") und nach Präpositionen, z.B. *perì emoū* „um mich herum". Die obliquen Kasus der 3. Person werden durch die Formen des Demonstrativums *autós* ersetzt; im Nominativ bedeutet *autós* „er selbst" (Tabelle 9.15).

Tab 9.15 *Das altgriechische Personalpronomen*

	Kasus	1. Person	2. Person	3. P. m.	3. P. f.	3. P. n.
Sg.	Nom.	egó	sý	(autós	autḗ	autó)
	Gen.	emoū, mou	soū, sou	autoū	autēs	autoū
	Dat.	emoí, moi	soí, soi	autō	autē	autō
	Akk.	emé, me	sé, se	autón	autḗn	autó
Pl.	Nom.	hēmeîs	hymeîs	(autoí	autaí	autá)
	Gen.	hēmōn	hymōn	autōn	autōn	autōn
	Dat.	hēmîn	hymîn	autoîs	autaîs	autoîs
	Akk.	hēmās	hymās	autoús	autás	autá

Weitere Pronomina sind das reflexive Personalpronomen (auch in der 1. und 2. Person) und das Possessivpronomen *emós* „mein", *sos* „dein", *hēméteros* „unser", *hyméteros* „euer" (wird wie ein Nomen der o-/a-Deklination dekliniert). Die Demonstrativa sind *hóde, hḗde, tóde* „der da, dieser (hier)", *hoūtos, haútē, toūto* „dieser" und *ekeînos, ekeínē, ekeîno* „jener". Das Relativpronomen *hós, hḗ, hó* wird wie der Artikel dekliniert.

Das substantivische und adjektivische Interrogativpronomen lautet *tís* „wer", *tí* „was (Nom.+Akk.)", *tínos* „wessen?", *tíni* „wem", *tína* „wen?". Die Pluralformen sind Nom. *tinés* (m./f.), *tiná* (n.); Gen. *tinōn*, Dat. *tisín* und Akk. *tinás* (m./f.), *tiná* (n.).

Numeralia

Das griechische Zahlwortsystem ist streng dezimal, die Zahlwörter gehören zum indogermanischen Erbgut. Verbindungen zwischen Zahlen werden oft durch die Konjunktion *kai* „und" hergestellt. In den Tabellen 9.16 und 9.17 sind die griechischen Kardinal- und Ordinalzahlen aufgeführt.

Tab 9.16 *Die altgriechischen Kardinal- und Ordinalzahlen 1–20*

Nr	Kardinal	Ordinal	Nr	Kardinal	Ordinal
1	heîs, mía, hén	prõtos	11	héndeka	hendékatos
2	dýo	deúteros	12	dṓdeka	dōdékatos
3	treîs, tría	trítos	13	treîs kaì déka	trítos kaì dékatos
4	téttares, téttara	tétartos	14	téttares kaì déka	tétartos kaì dékatos
5	pénte	pémptos	15	pentekaídeka	pémptos kaì dékatos
6	héx	héktos	16	hekkaídeka	héktos kaì dékatos
7	heptá	hébdomos	17	heptakaídeka	hébdomos kaì dékatos
8	oktṓ	ógdoos	18	oktōkaídeka	ógdoos kaì dékatos
9	ennéa	énatos	19	enneakaídeka	énatos kaì dékatos
10	déka	dékatos	20	eíkosin	eikostós

Tab 9.17 *Die altgriechischen Kardinal- und Ordinalzahlen: Zehner und Hunderter*

Nr	Kardinal	Ordinal	Nr	Kardinal	Ordinal
10	déka	dékatos	100	hekatón	hekatostós
20	eíkosin	eikostós	200	diākósioi	diakosiostós
30	triākonta	triākostós	300	triākósioi	triakosiostós
40	tettarákonta	tettarakostós	400	tetrakósioi	tetrakosiostós
50	pentēkonta	pentēkostós	500	pentakósioi	pentakosiostós
60	hexēkonta	hexēkostós	600	hexakósioi	hexakosiostós
70	hebdomēkonta	hebdomēkostós	700	heptakósioi	heptakosiostós
80	ogdoēkonta	ogdoēkostós	800	oktakósioi	oktakosiostós
90	enenēkonta	enenēkostós	900	enakósioi	enakosiostós
100	hekatón	hekatostós	1000	chílioi	chīliostós

Die Kardinalzahlen 1–4, die Hunderter 200–900, 1000 und alle Ordinalzahlen sind deklinierbar. Die Bildung größerer Kardinalzahlen ist im Griechischen nicht so strikt geregelt wie z.B. im Deutschen, die Reihenfolge der Einer/Zehner/Hunderter kann aufsteigend oder fallend sein. Die Regel lautet: Bei aufsteigender Folge Einer/Zehner/Hunderter *müssen* die Einzelzahlen mit *kai* „und" verbunden werden, bei fallender Reihenfolge kann *kai* verwendet werden, muss aber nicht. Dazu ein Beispiel in allen drei Varianten:

435 *tetrakósioi triákonta pénte* **oder** *tetrakósioi kaì triákonta kaì pénte* **oder** *pénte kaì triákonta kaì tetrakósioi.*

Die Ordinalzahlen 11.–19. werden in der Form „ordinaler Einer + *kaì dékatos*" gebildet, z.B. 15. *pémptos kaì dékatos*; die Zehner 20.–90. durch Ersatz der Kardinalendung /-konta/ durch die Ordinalendung /-kostós/, z.B. 50. *pentēkostós*; bei den Hundertern (100.–900.) wird die Kardinalendung /-osioi/ durch die Ordinalendung /-kosiostós/ ersetzt, z.B. *pentakosiostós* „der 500." Die Zusammensetzung zu größeren Zahlen erfolgt genauso wie bei den Ordinalia, z.B. 435. *tetrakosiostòs triākostòs pémptos.*

Verbalmorphologie

Das altgriechische Verb hat die Kategorien Diathese, Modus, Tempus, Numerus und Person.

Kategorien	Realisierung
Diathese	Aktiv, Medium, Passiv
Modus	Indikativ, Konjunktiv, Optativ, Imperativ
Tempus	Präsens, Imperfekt, Futur; Aorist;
	Perfekt, Plusquamperfekt, Futur II
Numerus	Singular, Dual, Plural

Außer den finiten Verbformen gibt es 12 Partizipien und zwei Verbaladjektive, die nach Genus, Numerus und Kasus dekliniert werden, sowie 12 Infinitive. Damit hat das Griechische eine der komplexesten Verbalmorphologien aller indogermanischen Sprachen.

Indogermanisches Erbe und Innovationen

Die Komplexität des griechischen Verbums ergibt sich zu einem großen Teil aus dem indogermanischen Erbgut, zusätzlich wurden einige Verbalkategorien weiter ausgebaut, z.B. entstanden ein Passiv sowie neue Tempora wie Futur und Plusquamperfekt. Eine wesentliche Änderung gegenüber dem Indogermanischen ist die *Umdeutung des aspektualen Systems in ein Tempussystem*, insbesondere im Indikativ. Während die nicht-indikativischen Modi (Konjunktiv und Optativ) in den „Tempora" Präsens/Aorist/Perfekt die ursprüngliche Aspektopposition imperfektiv/perfektiv/stativ im Wesentlichen beibehalten haben, setzte sich im Indikativ eine stärker temporal geprägte Opposition Gegenwart/Präteritum/Resultativ (Handlung der Vergangenheit mit Auswirkung in der Gegenwart) durch, wobei allerdings der Aspekt noch immer von Bedeutung ist.

Das indogermanische Ablautsystem spielt auch bei der Formenbildung des Verbums eine wichtige Rolle. Die ebenfalls schon als ursprachlich vorhandene Reduplikation dient auch im Griechischen zur Bildung des Perfekts (manchmal auch des Präsens), das Augment-Präfix /e-/ wird zur Bildung von Vergangenheitstempora (Imperfekt, Aorist und Plusquamperfekt) verwendet. Die beiden Grundtypen der Konjugation – thematisch und athematisch – sind auch im Griechischen erhalten, man erkennt die thematischen Verben an der Endung /-ō/ in der 1. Person Singular Indikativ Präsens Aktiv, während die athematischen Verben – deren Anzahl wesentlich geringer als die der thematischen ist – in dieser Form die Endung /-mi/ aufweisen.

Tempusstämme und Stammformen

Die griechischen Verben besitzen sechs Stämme, aus denen die finiten und infiniten Formen der einzelnen Tempora gebildet werden. Dementsprechend gibt es sechs Stammformen, aus denen im Prinzip alle anderen Formen ableitbar sind. Die Stammformen sind jeweils die 1. Person Singular Indikativ Präsens, Futur, Aorist und Perfekt im Aktiv sowie Perfekt und Aorist im Passiv. Tabelle 9.18 zeigt die Stämme und Stammformen des Verbs *paideúein* „erziehen", das wegen seiner Regelmäßigkeit in vielen griechischen Grammatiken als Grundparadigma verwendet wird. Zu jeder Stammform ist ihr Geltungsbereich (Tempora, Diathese) angegeben.

Tab 9.18 *Stämme, Stammformen und zugehörige Tempora*

Stamm	Stammform	1. Sg. Ind.	Geltungsbereich der Stammform
Präsensstamm	*paideú-ō*	Präsens Akt.	Präsens, Imperfekt
Futurstamm	*paideú-s-ō*	Futur Akt.	Futur Akt./Med.
Aoriststamm	*e-paídeu-s-a*	Aorist Akt.	Aorist Akt./Med.
Perfektstamm	*pe-paídeu-k-a*	Perfekt Akt.	Perfekt, Plqperf. Akt.
Perfekt-Passiv-St.	*pe-paídeu-mai*	Perfekt Pass.	Perfekt, Plqperf. Med./Pass.
Aorist-Passiv-St.	*e-paideú-thē-n*	Aorist Pass.	Aorist, Futur Passiv

Der Marker für den Futurstamm ist /-s-/, der Perfektstamm hat das Tempuszeichen /-k-/, der Aorist-Passiv-Stamm ist durch /-thē- (-θη-)/ markiert. Das Augment /e-/ (im Aorist) und die Reduplikation /pe-/ (im Perfekt) werden unten behandelt.

Die Haupteinteilung der griechischen Konjugationstypen betrifft den Unterschied zwischen *thematischer* und *athematischer* Konjugation. In der thematischen Konjugation werden Verben mit vokalischem und konsonantischem Stammauslaut unterschieden, diese Gruppen zerfallen jeweils in mehrere Unterklassen. In Tabelle 9.19 sind einige typische Beispiele mit ihren Stammformen zusammengestellt.

Tab 9.19 *Altgriechische Stammformen*

Nr	Infinitiv	Bedeutung	Stammformen
1	paideúein	„erziehen"	paideúō, paideúsō, epaídeusa, pepaídeuka; pepaídeumai, epaideúthēn
2	poieín	„machen"	poiō, poiḗsō, epoíēsa, pepoíēka; pepoíēmai, epoiḗthēn
3	krýptein	„verbergen"	krýptō, krýpsō, ékrypsa, kékrypha; kékrymmai, ekrýphtēn
4	speírein	„säen"	speírō, sperō, épeira, ésparka; ésparmai, espárēn
5	bállein	„werfen"	bállō, balō, ébalon, béblēka; béblēmai, eblḗthēn
6	baínein	„gehen"	baínō, bḗsomai, ébēn, bébēka
7	pínein	„trinken"	pínō, píomai, épion, pépōka; pépomai, epóthēn
8	didáskein	„lehren"	didáskō, didáxō, edídaxa, dedídacha; dedídagmai, edidáchthēn
9	esthíein	„essen"	esthíō, édomai, éphagon, edḗdoka; edédesmai, ēdésthēn
10	didónai	„geben"	dídōmi, dṓsō, édōka, dédōka; dédomai, edóthēn
11	deiknýnai	„zeigen"	deíknymi, deíxō, édeixa, dédeicha; dédeigmai, edeíchthēn

Die Beispiele in Tabelle 9.19 stellen einen kleinen Querschnitt durch die griechischen Verbklassen dar. Die Verben Nr. 10 und 11 gehören zur athematischen Konjugation, alle anderen werden thematisch flektiert. Bei Nr. 6 ist der Präsensstamm durch /-n-/ erweitert, bei Nr. 8 durch /-sk-/; Nr. 10 bildet den Präsensstamm *di-dō-* durch Reduplikation. Diese Bildungstypen gehen bereits auf entsprechende indogermanische Wurzelformen zurück (vgl. Abschnitt 2.8). Nr. 5, 7, 9 und 10 bilden einen sog. *starken* Aorist Aktiv, Nr. 6 einen *Wurzelaorist*, die übrigen einen *schwachen* Aorist mit dem Tempuszeichen /-sa-/.

Personalendungen

Die griechischen Tempora werden in Haupt- und Nebentempora eingeteilt. *Nebentempora* sind solche, die ein Augment-Präfix besitzen (siehe unten), die übrigen werden als *Haupttempora* bezeichnet.

Tab 9.20 *Haupt- und Nebentempora im Altgriechischen*

Tempustyp	Tempora
Haupttempus	Präsens, Futur (I), Perfekt, Futur II
Nebentempus	Imperfekt, Aorist, Plusquamperfekt

Die Personalendungen der Verbalflexion werden in *primäre* und *sekundäre* sowie in *Imperativendungen* eingeteilt. Die primären und sekundären Endungen haben folgende Geltungsbereiche:

Tab 9.21 *Geltungsbereiche der Personalendungen*

Endungstyp	Geltungsbereich
primäre Endungen	Indikativ der Haupttempora; alle Konjunktive
sekundäre Endungen	Indikativ der Nebentempora; alle Optative
Imperativendungen	alle Imperative

In Tabelle 9.22 sind die primären, sekundären und Imperativ-Endungen des Aktivs und Mediums zusammengestellt. Die *Passivformen* sind mit denen des Mediums in den Tempora Präsens, Imperfekt, Perfekt, Plusquamperfekt und Futur II identisch (sog. Mediopassiv), eigene Formen werden im Passiv nur vom Futur (mit medialen Personalendungen) und im Aorist (mit aktiven Personalendungen) gebildet.

Tab 9.22 *Die Personalendungen des altgriechischen Verbums*

		Aktiv			Medium		
		primär	sekundär	Imperativ	primär	sekundär	Imperativ
Sg.	1.	-ō, -mi	-n, -a, -mi	—	-mai	-mēn	—
	2.	-s	-s	-ø, -thi	-sai	-so	-so
	3.	-si/-ei	-ø	-tō	-tai	-to	-sthō
Pl.	1.	-men	-men	—	-metha	-metha	—
	2.	-te	-te	-te	-sthe	-sthe	-sthe
	3.	-nsi	-n/-san	-ntōn	-ntai	-nto	-sthōn
Du.	2.	-ton	-ton	-ton	-sthon	-sthon	-sthon
	3.	-ton	-tēn	-tōn	-sthon	-stēn	-sthōn

Die Flexionsformen der 1. Person Dual sind mit denen der 1. Person Plural identisch. Die primären Endungen in der 1. Person Singular Aktiv (-ō, -mi) unterscheiden die thematischen und athematischen Verben, die angeführte Sekundärendung /-mi/ wird im Optativ verwendet.

Eine finite altgriechische Verbform hat folgende Struktur (die Komponenten in Klammern sind optional):

[Augment] – [Reduplikations-Präfix] – Tempus-Stamm – [Themavokal] – [Modusmarker] – Personalendung

Das *Augment*-Präfix steht in den Indikativen der sog. Nebentempora Imperfekt, Aorist und Plusquamperfekt. Vor einem Konsonant ist das Augment ein /e-/, z.B. *paideúō* „ich erziehe" > Aorist *e-paídeusa* „ich erzog". Bei anlautendem Vokal bewirkt das Augment lediglich eine Dehnung des Vokals, /a/ > /ē/, /o/ > /ō/ etc., z.B. *ágō* „ich führe" > Imperfekt *ēgon* „ich führte".

Die *Reduplikation* findet in den Tempora der Perfektstämme statt (Perfekt, Plusquamperfekt, Futur II). Vor einfachem konsonantischen Anlaut (außer /r/) und vor der anlautenden Kombination Konsonant + Liquida bildet der anlautende Konsonant + /e/ das Reduplikationspräfix, z.B. *pe-paídeuka* „ich habe erzogen" oder *gé-grapha* „ich habe geschrieben". In den meisten anderen Fällen gleicht die Reduplikation formal dem Augment, z.B. *ágō* „ich führe" > Perfekt *ēcha* „ich habe geführt", *strateúō* „ich ziehe zu Felde" > Perfekt *e-stráteuka* „ich bin zu Felde gezogen".

Der *Themavokal* bei den thematisch konjugierten Verben ist /-e-/ oder /-o-/, er verschmilzt in der Regel mit dem folgenden Modusmarker oder der Personalendung. Die Modi werden durch sog. *Modusmarker* gekennzeichnet. Der neutrale Modus Indikativ hat keine besondere Kennzeichnung, der Konjunktiv wird durch /ē, ō/ markiert (bei den thematischen Stämmen ist das der gedehnte Themavokal; bei athematischen Verben ein zusätzliches Suffix). Der Modusmarker des Optativs ist ein /i/ bei den thematischen, ein /iē/ bei den athematischen Verben. In Tabelle 9.23 sind die Bildungstypen der Modi zusammengefasst.

Tab 9.23 *Die Bildung der Modi im Altgriechischen*

	Indikativ	**Konjunktiv**	**Optativ**
Präs. Akt. 1. Pl.	paideú-o-men	paideú-ō-men	paideú-o-i-men
Präs. Akt. 2. Pl.	paideú-e-te	paideú-ē-te	paideú-o-i-te
Präs. Akt. 1. Sg.	dídō-mi	did-ō	did-o-íē-n

Das altgriechische Verbalparadigma

Die Tabellen 9.24–28 enthalten ein vollständiges Konjugationsparadigma des Verbums *paideúein* „erziehen". Die Formen der Tempora Präsens, Imperfekt, Perfekt und Plusquamperfekt sind im Passiv und Medium identisch. Eigene Passivformen haben nur Futur (mit medialen Endungen) und Aorist (mit aktivischen Endungen). Das Verb *paideúein* bildet einen sog. schwachen Aorist mit dem Tempuszeichen /-sa-/ aus. Die Formen des starken Aorists und Wurzelaorists sind unten zusammengestellt.

Tab 9.24 *Altgriechische Konjugation: Präsens, Imperfekt und Futur Aktiv*

AKTIV					
Präsens		Indikativ	Konjunktiv	Optativ	Imperativ
Sg.	1.	paideú-ō	paideú-ō	paideú-oimi	–
	2.	paideú-eis	paideú-ḗs	paideú-ois	paídeu-e
	3.	paideú-ei	paideú-ḗ	paideú-oi	paideu-étō
Pl.	1.	paideú-omen	paideú-ōmen	paideú-oimen	–
	2.	paideú-ete	paideú-ēte	paideú-oite	paideú-ete
	3.	paideú-ousin	paideú-ōsin	paideú-oien	paideu-óntōn
Infinitiv		paideú-ein			
Partizip		paideúōn, paideúousa, paideûon			
Imperfekt		Indikativ			
Sg.	1.	e-paídeu-on			
	2.	e-paídeu-es			
	3.	e-paídeu-e			
Pl.	1.	e-paideú-omen			
	2.	e-paídeu-ete			
	3.	e-paídeu-on			
Futur		Indikativ		Optativ	
Sg.	1.	paideú-s-ō		paideú-s-oimi	
	2.	paideú-s-eis		paideú-s-ois	
	3.	paideú-s-ei		paideú-s-oi	
Pl.	1.	paideú-s-omen		paideú-s-oi-men	
	2.	paideú-s-ete		paideú-s-oi-te	
	3.	paideú-s-ousin		paideú-s-oi-en	
Infinitiv	paideúsein				
Partizip	paideúsōn, paideúsousa, paideûsōn				

Tab 9.25 *Altgriechische Konjugation: Aorist, Perfekt und Plusquamperfekt Aktiv*

AKTIV					
Aorist		**Indikativ**	**Konjunktiv**	**Optativ**	**Imperativ**
Sg.	1.	e-paídeu-sa	paideú-sō	paideú-s-ai-mi	–
	2.	e-paídeu-sas	paideú-sēs	paideú-s-ai-s	paídeu-son
	3.	e-paídeu-sen	paideú-sē	paideú-s-ai	paideu-sátō
Pl.	1.	e-paideú-samen	paideú-sōmen	paideú-s-ai-men	–
	2.	e-paideú-sate	paideú-sēte	paideú-s-ai-te	paideú-sate
	3.	e-paídeu-san	paideú-sōsin	paideú-s-ai-en	paideu-sántōn

Infinitiv	paideũsai
Partizip	paideúsās, paideúsāsa, paideũsan

Perfekt		**Indikativ**	**Konjunktiv**	**Optativ**
Sg.	1.	pe-paídeu-ka	pe-paideú-kō	pe-paideú-koimi
	2.	pe-paídeu-kas	pe-paideú-kēs	pe-paideú-kois
	3.	pe-paídeu-ken	pe-paideú-kē	pe-paideú-koi
Pl.	1	pe-paideú-kamen	pe-paideú-kōmen	pe-paideú-koimen
	2.	pe-paideú-kate	pe-paideú-kēte	pe-paideú-koite
	3.	pe-paídeu-kāsin	pe-paideú-kōsin	pe-paideú-koien

Infinitiv	pepaideukénai
Partizip	pepaideukṓs, pepaideukuĩa, pepaideukós

Plusqperf.		**Indikativ**
Sg.	1.	e-pe-paideú-kein
	2.	e-pe-paideú-keis
	3.	e-pe-paideú-kei
Pl.	1.	e-pe-paideú-kemen
	2.	e-pe-paideú-kete
	3.	e-pe-paideú-kesan

Tab 9.26 *Altgriechische Konjugation: Präsens, Imperfekt und Futur Medium*

MEDIUM					
Präsens		Indikativ	Konjunktiv	Optativ	Imperativ
Sg.	1.	paideú-omai	paideú-ōmai	paideu-oí-mēn	–
	2.	paideú-ḗ (-ei)	paideú-ḗ	paideú-oi-o	paideú-ou
	3.	paideú-etai	paideú-ētai	paideú-oi-to	paideu-ésthō
Pl.	1.	paideu-ómetha	paideu-ṓmetha	paideú-oi-metha	–
	2.	paideú-esthe	paideú-ēsthe	paideú-oi-sthe	paideú-esthe
	3.	paideú-ontai	paideú-ōntai	paideú-ésthōn	paideu-ésthōn
Infinitiv		paideú-esthai			
Partizip		paideuómenos, paideuoménē, paideuómenon			
Imperfekt		Indikativ			
Sg.	1.	e-paideu-ómēn			
	2.	e-paideú-ou			
	3.	e-paideú-eto			
Pl.	1.	e-paideu-ómetha			
	2.	e-paideú-esthe			
	3.	e-paideú-onto			
Futur		Indikativ		Optativ	
Sg.	1.	paideú-s-omai		paideu-s-oí-mēn	
	2.	paideú-s-ē (-ei)		paideú-s-oi-o	
	3.	paideú-s-etai		paideú-s-oi-to	
Pl.	1.	paideu-s-ómetha		paideu-s-oí-metha	
	2.	paideú-s-esthe		paideú-s-oi-sthe	
	3.	paideú-s-ontai		paideú-s-oi-nto	
Infinitiv		paideúsesthai			
Partizip		paideusómenos, paideusoménē, paideusómenon			

Tab 9.27 *Altgriechische Konjugation: Aorist, Perfekt und Plusquamperfekt Medium*

MEDIUM					
Aorist		**Indikativ**	**Konjunktiv**	**Optativ**	**Imperativ**
Sg.	1.	e-paideu-sámēn	paideú-sōmai	paideu-s-aí-mēn	–
	2.	e-paideú-sō	paideú-sē	paideú-s-ai-o	paídeu-sai
	3.	e-paideú-sato	paideú-sētai	paideú-s-ai-to	paídeu-sásthō
Pl.	1.	e-paideu-sámetha	paideu-sṓmetha	paideu-s-aí-metha	–
	2.	e-paideú-sasthe	paideú-sēsthe	paideú-s-ai-sthe	paideú-sasthe
	3.	e-paideú-santo	paideú-sōntai	paideú-s-ai-nto	paideu-sásthōn
Infinitiv		paideúsasthai			
Partizip		paideusámenos, paideusaménē, paideusámenon			
Perfekt		**Indikativ**	**Konjunktiv**	**Optativ**	**Imperativ**
Sg.	1.	pe-paídeu-mai	*Ersatz:*	*Ersatz:*	–
	2.	pe-paídeu-sai	Part. Perf. Med.	Part. Perf. Med.	pepaídeu-so
	3.	pe-paídeu-tai	+ Konj. von *eimí*	+ Opt. von *eimí*	pepaideú-sthō
Pl.	1	pe-paideú-metha	„sein"	„sein"	–
	2.	pe-paídeu-sthe			pepaídeu-sthe
	3.	pe-paídeu-ntai			pepaideú-sthōn
Infinitiv		pepaideûsthai			
Partizip		pepaideuménos, pepaideuménē, pepaideuménon			
Plusqperf.		**Indikativ**			
Sg.	1.	e-pe-paideú-mēn			
	2.	e-pe-paídeu-so			
	3.	e-pe-paídeu-to			
Pl.	1.	e-pe-paideú-metha			
	2.	e-pe-paídeu-sthe			
	3.	e-pe-paídeu-nto			

Tab 9.28 *Altgriechische Konjugation: Futur und Aorist Passiv*

PASSIV			
Futur		**Indikativ**	**Optativ**
Sg.	1.	paideu-thḗ-somai	paideu-thē-s-oí-mēn
	2.	paideu-thḗ-sē	paideu-thḗ-s-oi-o
	3.	paideu-thḗ-setai	paideu-thḗ-s-oi-to
Pl.	1.	paideu-thē-sómetha	paideu-thḗ-s-oí-metha
	2.	paideu-thḗ-sesthe	paideu-thḗ-s-oi-sthe
	3.	paideu-thḗ-sontai	paideu-thḗ-s-oi-nto

Infinitiv	paideuthḗsesthai
Partizip	paideuthē sómenos, -ē, -on

Aorist		**Indikativ**	**Konjunktiv**	**Optativ**	**Imperativ**
Sg.	1.	e-paideú-thē-n	paideu-thō	paideu-theíē-n	—
	2.	e-paideú-thē-s	paideu-thḗs	paideu-theíē-s	paideú-thēti
	3.	e-paideú-thē	paideu-thē̄	paideu-theíē	paideu-thḗtō
Pl.	1.	e-paideú-thē-men	paideu-thōmen	paideu-theĩ-men	—
	2.	e-paideú-thē-te	paideu-thē̄te	paideu-theĩ-te	paideú-thēte
	3.	e-paideú-thē-san	paideu-thōsin	paideu-theĩ-en	paideu-théntōn

Infinitiv	paideuthēnai
Partizip	paideutheís, paideutheĩsa, paideuthén

Futur II

Das selten verwendete Futur II wird im Aktiv mit dem Partizip Perfekt Aktiv + dem Futur von *eimí* „sein" gebildet, also *pepaideukṑs ésomai, ésē, éstai; esómetha, ésesthe, ésontai*. Im Medium und Passiv lauten die Formen *pepaideú-somai, pepaideú-sē* u.s.w. (Endungen wie im Futur Medium).

Der starke Aorist

Das als Haupt-Paradigma verwendete Verb *paideúein* „erziehen" bildet wie die meisten griechischen Verben einen schwachen Aorist aus, der durch das Tempuszeichen /-sa-/ gekennzeichnet ist. Es gibt aber auch etliche Verben mit einem starken Aorist, der ohne Tempuszeichen gebildet wird. Die Endungen entsprechen im Indikativ denen des Imperfekts, in den übrigen Formen denen des Präsens. Als Paradigma dient das Verbum *bállein* „werfen" (Tabelle 9.29).

Tab 9.29 *Der starke Aorist im Aktiv und Medium*

Aorist Aktiv		Indikativ	Konjunktiv	Optativ	Imperativ
Sg.	1.	ébalon	bálō	báloimi	–
	2.	ébales	bálēs	bálois	bále
	3.	ébale	bálē	báloi	balétō
Pl.	1.	ebálomen	bálōmen	báloimen	–
	2.	ebálete	bálēte	báloite	bálete
	3.	ébalon	bálōsi(n)	báloien	balóntōn

Infinitiv	baleĩn
Partizip	balṓn, baloũsa, balón

Aorist Passiv		Indikativ	Konjunktiv	Optativ	Imperativ
Sg.	1.	ebalómēn	bálōmai	baloímēn	–
	2.	ebálou	bálē	báloio	baloũ
	3.	ebáleto	bálētai	báloito	balésthō
Pl.	1.	ebalómetha	balṓmetha	baloímetha	–
	2.	ebálesthe	bálēsthe	báloisthe	bálesthe
	3.	ebálonto	bálōntai	báloito	balésthōn

Infinitiv	balésthai
Partizip	balómenos, baloménē, balómenon

Wurzelaorist

Beim Wurzelaorist werden Moduszeichen und Personalendung ohne Tempuszeichen unmittelbar an die Verbwurzel angefügt, die mit dem Aorist-Stamm identisch ist. Als Paradigma für einen Wurzelaorist dient das Verb *baínein* „gehen", es hat die Aorist-Stammform *ébēn*.

Tab 9.30 *Der Wurzelaorist im Aktiv*

Aorist		Indikativ	Konjunktiv	Optativ	Imperativ
Sg.	1.	ébēn	bõ	baíēn	—
	2.	ébēs	bẽs	baíēs	bẽthi
	3.	ébē	bẽ	baíē	bẽthō
Pl.	1.	ébēmen	bõmen	baĩmen	—
	2.	ébēte	bẽte	baĩte	bẽte
	3.	ébēsan	bõsi(n)	baĩen	bántōn
Infinitiv		bẽnai			
Partizip		bás, bãsa, bán			

Die Formen von εἶναι (eīnai) „sein"

Das Verb εἶναι (eīnai) „sein" hat den Präsensstamm *es-* und gehört zu den athematischen Verben. In Tabelle 9.31 ist die Konjugation im Präsens und Imperfekt dargestellt.

Tab 9.31 *Präsens, Imperfekt und Futur von εἶναι (eīnai) „sein"*

		Indikativ Präsens		Konjunktiv Präsens		Optativ Präsens		Imperativ Präsens	
Sg.	1.	εἰμί	eimí	ὦ	ō̃	εἴη-ν	eíē-n	—	—
	2.	εἶ	eĩ	ᾖς	ē̃s	εἴη-ς	eíē-s	ἴσ-θι	ís-thi
	3.	ἐστίν	estín	ᾖ	ē̃	εἴη	eíē	ἔσ-τω	és-tō
Pl.	1.	ἐσμέν	esmén	ὦμεν	ō̃men	εἶ-μεν	eĩ-men	—	—
	2.	ἐστέ	esté	ἦτε	ē̃te	εἶ-τε	eĩ-te	ἔσ-τε	és-te
	3.	εἰσίν	eisín	ὦσιν	ō̃sin	εἶ-εν	eĩ-en	ἔσ-των	és-tōn
		Imperfekt		**Futur**					
Sg.	1.	ἦ(ν)	ē̃(n)	ἔσομαι	ésomai				
	2.	ἦσθα	ē̃stha	ἔσῃ	ésē				
	3.	ἦν	ē̃n	ἔσται	éstai				
Pl.	1.	ἦμεν	ē̃men	ἐσόμεθα	esómetha				
	2.	ἦ(σ)τε	ē̃(s)te	ἔσεσθε	ésesthe				
	3.	ἦσαν	ē̃men	ἔσονται	ésontai				

Die Formen des Indikativ Präsens sind als Kopula enklitisch, sie verlieren ihren Akzent. Als Vollverb in der Bedeutung „existieren" behalten die Formen ihren Akzent, die 3. Sg. lautet als Vollverb ἔστι (ésti) und steht vor dem Subjekt, z.B. ésti theós „es gibt einen Gott". Das Partizip Präsens lautet ὤν (ṓn), οὖσα (oũsa), ὄν (ón).

Der Dual beim Verbum

Der Dual bildet nur Formen für die 2. und 3. Person aus, für die Formen der 1. Person Dual „wir beide" wurden die Pluralformen der 1. Person verwendet. Die Personalendungen im Dual sind oben bereits zusammengestellt worden. Tabelle 9.32 enthält die wichtigsten Dualformen.

Tab 9.32 *Die Dualformen des altgriechischen Verbums (Bornemann-Risch 1978: 155–156)*

Diathese	Tempus	Modus	2. P. Dual	3. P. Dual
Aktiv	Präsens	Indikativ	paideú-e-ton	paideú-e-ton
		Konjunktiv	paideú-ē-ton	paideú-ē-ton
		Optativ	paideú-oi-ton	paideu-oí-tēn
		Imperativ	paideú-e-ton	paideu-é-tōn
	Imperf.	Indikativ	e-paideú-e-ton	e-paideu-é-tēn
	Aorist	Indikativ	e-paideú-sa-ton	e-paideu-sá-tēn
Med.-Pass.	Präsens	Indikativ	paideú-e-sthon	paideú-e-sthon
	Imperf.	Indikativ	e-paideú-e-sthon	e-paideu-é-sthēn
	Perfekt	Indikativ	pe-paídeu-sthon	pe-paídeu-sthon
	Plusqpf.	Indikativ	e-pe-paídeu-sthon	e-pe-paideú-sthēn
Medium	Aorist	Indikativ	e-paideú-sa-sthon	e-paideu-sá-sthēn
Passiv	Aorist	Indikativ	e-paideútē-ton	e-paideuthḗ-tēn

Auch für den Dual des Verbs gilt das vorher zum nominalen Dual Gesagte: Der Dual wurde im Altgriechischen – beginnend mit der homerischen Periode – zunehmend durch den Plural verdrängt, nur einige Dialekte haben ihn länger bewahrt.

9.4 Grammatische Skizze des Neugriechischen

Die Geschichte der Entwicklung des Neugriechischen und seiner Dialekte sowie der Sprachformen *Dimotiki* („Volkssprache") und *Katharevusa* („reine Sprache") wurde in Abschnitt 9.1 behandelt. Im vorliegenden Abschnitt geht es um die Grammatik der neugriechischen Standardsprache, die nach zahlreichen vergeblichen Versuchen im Laufe des

20. Jh. erst 1976 als Schriftsprache etabliert wurde und seitdem auch für Verwaltung, Bildungssystem und Wissenschaft verbindlich ist.

Die moderne griechische Standardsprache ist im Kern die aus der hellenistischen Koine entwickelte Dimotiki, allerdings mit signifikanten morphologischen, syntaktischen, phonetischen und lexikalischen Anleihen aus der sich am klassischen attischen Vorbild orientierenden Hochsprache Katharevusa. Die orthodoxe Kirche und einige konservative Kreise halten für den schriftlichen Gebrauch weiterhin an der Katharevusa fest. In der neugriechischen Literatur war die Entscheidung für die Dimotiki allerdings schon im 19. Jh. gefallen.

Das Neugriechische hat trotz aller Veränderungen den Charakter einer stark flektierenden Sprache bewahrt. Dabei wurden gegenüber dem Altgriechischen synthetische Formen teilweise durch analytisch (periphrastisch) gebildete Formen ersetzt (Futur, Perfekt), andere Formen gingen ganz verloren (Dativ, Infinitiv, Optativ). Neugriechisch ist aber eine der wenigen indogermanischen Sprachen, die eine synthetische Bildung der Passivformen beibehalten haben. Im Verbalsystem spielt der Aspekt eine zentrale Rolle, die Unterscheidung perfektiver, imperfektiver und resultativer Formen wurde systematisiert.

Die folgende grammatische Skizze basiert vor allem auf Ruge 2002. Als Bezeichnungen für die Aspekte und Tempora wurden jedoch die in der Indogermanistik üblichen verwendet, die spezielleren Bezeichnungen der neugriechischen Grammatik werden erklärt.

Transkription und Aussprache der Buchstaben im Neugriechischen

Obwohl sich die Aussprache des Griechischen seit der Einführung des Alphabets im 8. Jh. v. Chr. vielfach geändert hat, blieb die Orthographie seit 403 v. Chr. weitgehend unverändert. Die in hellenistischer Zeit eingeführten Akzente Akut, Gravis und Zirkumflex und die Zeichen für Hauchlaute (Spiritus asper für anlautendes /h-/ und Spiritus lenis für anlautenden Vokal) wurden noch bis vor Kurzem verwendet. Erst 1982 wurden die Spiritus abgeschafft und die Akzente durch ein einziges Zeichen, den sog. *Tonos* ersetzt, der die betonte Silbe anzeigt.

Die Darstellung der neugriechischen Wörter und Formen erfolgt hier *orthographisch* (also nicht phonetisch) mit denselben Transkriptionsregeln wie für das Altgriechische (vgl. Abschnitt 9.1, insbesondere Tabelle 9.5). Die altgriechischen Akzente entfallen und werden durch den neugriechischen Tonos in Form eines Akuts ersetzt. Tabelle 9.33 gibt eine Übersicht über die Transkription (T) und Aussprache (A) der im Neugriechischen verwendeten Buchstaben und Digraphen.

Tab 9.33 *Transkription und Aussprache des neugriechischen Alphabets*

G	T	A	G	T	A	G	T	A
α	a	a	μ	m	m	ζ	z	z
αυ	au	av	π	p	p	ψ	ps	ps
αι	ai	ɛ	β	b	v	ξ	x	ks
ɛ	e	ɛ	φ	ph	f	μπ	mp	b
ɛυ	eu	ev	ν	n	n	ντ	nt	d
ɛι	ei	i	τ	t	t	γγ	gg	g, ŋg
ι	i	i	δ	d	ð	γκ	gk	g, ŋg
η	ē	i	θ	th	θ	γχ	gch	ŋx, ŋç
οι	oi	i	κ	k	k	τσ	ts	ts
υ	y	i	γ	g	ɣ, ʝ	τζ	tz	dz
υι	yi	i	χ	ch	x, ç			
ο	o	ɔ	λ	l	l			
ω	ō	ɔ	ρ	r	r, ɾ			
ου	ou	u	σ (ς)	s	s, z			

Abkürzungen: G neugriechischer Buchstabe oder Digraph, T Transkription, A Aussprache

---

In Tabelle 9.33 wird nur die Grundaussprache der Zeichen und Digraphen wiedergegeben. Zur Palatalisierung von Konsonanten vor den Vorderzungenvokalen /ɛ, i/ und den Auswirkungen der Sandhi-Regeln auf die Aussprache siehe den folgenden Abschnitt.

Phonologie

Das Phoneminventar des Neugriechischen besteht weitgehend unverändert seit dem 11. Jh. n. Chr., die entscheidenden Veränderungen fanden bereits in hellenistischer Zeit statt. Die wesentlichen Unterschiede zum Altgriechischen sind:

- die stimmlosen aspirierten Laute /pʰ, tʰ, kʰ/ wurden zu stimmlosen Frikativen /f, θ, x ~ ç/
- die stimmhaften Plosive /b, d, g/ wurden zu stimmhaften Frikativen /v, ð, ɣ ~ ʝ/
- die Vokale und Diphthonge /ɛ:, y, e:, oi, ei, yi/ wurden sämtlich zu /i/ (Itazismus)
- /ai/ wurde zu /ɛ/, /au/ zu /av/, /eu/ zu /ev/
- der musikalische altgriechische Akzent wurde durch den Druckakzent ersetzt

Alle diese Veränderungen fanden im Schriftbild keinen Ausdruck. Das Neugriechische hat die fünf *Vokale* /i, ε, u, ɔ, a/, die Vokallänge ist im Gegensatz zum Altgriechischen nicht phonemisch.

Das Neugriechische besitzt das in Tabelle 9.34 zusammengefasste *Konsonanteninventar*. Die eingeklammerten Laute sind Allophone.

Tab 9.34 *Die Konsonantenphoneme des Neugriechischen*

	bilabial	labio-dental	dental	alveolar	palatal	velar
Plosive	p, b			t, d		k, g
Frikative		f, v	θ, ð	s, z	(ç, ʝ)	x, ɣ
Nasale	m	(ɱ)		n		(ŋ)
Vibranten				r		
Approxim.				l	j	

Bemerkungen: [ɱ] ist *Allophon* von /m/ vor /v, f/, [ŋ] ist Allophon von /n/ vor Velaren und Palatalen (Schreibung durch <γ>); [ç, ʝ] sind Allophone von /x/ bzw. /ɣ/ vor /ε, i/. Die velaren Plosive /k, g/ werden vor den Vorderzungenvokalen /ε, i/ *palatalisiert*, also zu /kʲ, gʲ/. Die stimmhaften Plosive /b, d, g/ sind selten geworden, sie werden durch die Digraphen <μπ, ντ, γκ> woedergegeben, die als <mp, nt, gk> transkribiert werden.

Sandhi

Sandhi – die phonetische Veränderung von Lauten an Wort- oder Morphemgrenzen – spielt im Neugriechischen eine wesentliche Rolle. Wichtige Sandhi-Regeln sind:

- /n/ wird vor einem Bilabial zu /m/ oder entfällt, z.B. *tēn pólē* /tin pɔli/ → [timbɔli] „die Stadt (Akk.)"
- /m/ wird vor Labiodental zu /ɱ/, z.B. *émbolo* /εmvɔlɔ/ → [εɱvɔlɔ] „Zapfen"
- stimmlose Plosive und Affrikaten werden nach Nasalen stimmhaft, z.B. *stēn psychē* /stin psiçi/ → [stimbziçi] „in der Seele"
- zwei gleiche Vokale oder Konsonanten verschmelzen zu einem: *ta átoma* /ta atɔma/ → [ta:tɔma] „die Personen", *o gios sou* /ɔ jɔs su/ → [ɔjɔsu] „dein Sohn"

Nominalmorphologie

Die drei altgriechischen (indogermanischen) Genera Maskulinum, Femininum und Neutrum sind im Neugriechischen erhalten geblieben. Der Dual ging schon in hellenistischer Zeit verloren. Das bereits im Altgriechischen gegenüber der Protosprache vereinfachte Kasussystem wurde durch den Wegfall des Dativs auf die vier Kasus Nominativ, Vokativ, Akkusativ und Genitiv reduziert. Der Dativ wird in der Regel durch präpositionale Ausdrücke mit dem Akkusativ ersetzt.

Kategorie	Realisierung
Genus	Maskulinum, Femininum, Neutrum
Numerus	Singular, Plural
Kasus	Nominativ, Vokativ, Akkusativ, Genitiv

Artikel

Das Neugriechische setzt den bestimmten altgriechischen Artikel als *o, ē, to* fort. Aus dem Zahlwort für „ein(s)" hat sich ein unbestimmter Artikel *énas, mia, éna* entwickelt. Die Artikel richten sich in Genus, Numerus und Kasus nach ihrem Bezugsnomen. Tabelle 9.35 enthält die Deklination beider Artikel.

Tab 9.35 *Die neugriechischen Artikel*

		Bestimmter Artikel			Unbestimmter Artikel		
		m.	f.	n.	m.	f.	n.
Sg.	Nom.	o	ē	to	énas	mia	éna
	Gen.	tou	tēs	tou	enós	mias	enós
	Akk.	to(n)	tē(n)	to	éna	enós	éna
Pl.	Nom.	oi	oi	ta			
	Gen.	tōn	tōn	tōn			
	Akk.	tous	tis	ta			

Deklination des Nomens

Man unterscheidet im Neugriechischen im Wesentlichen vier Deklinationstypen:

- 1. die Deklination der „7 Formen" (in denen sich für jede Kasus-Numerus-Kombination mit Ausnahme von Nom. und Vok. Plural eine unterschiedliche Form ergibt)
- 2. die Deklination der Maskulina mit der Endung /-s/ im Nom. Singular
- 3. die Deklination der Feminina mit der Endung /-s/ im Gen. Singular
- 4. die Deklination der Neutra

Tabelle 9.36 bietet Paradigmata dieser Deklinationstypen. Im Plural ist der Vokativ immer identisch mit dem Nominativ.

Tab 9.36 *Die neugriechische Deklination*

Deklination:		Typ 1 aderphós m.	Typ 2 ántras m.	Typ 3 pólē f.	Typ 4 théatro n.
		„Bruder"	„Mann"	„Stadt"	„Theater"
Sg.	Nom.	aderph-ós	ántr-as	pól-ē	théatr-o
	Gen.	aderph-oú	ántr-a	pól-ēs	théatr-ou
	Akk.	aderph-ó	ántr-a	pól-ē	théatr-o
	Vok.	aderph-é	ántr-a	pól-ē	théatr-o
Pl.	Nom.	aderph-oí	ántr-es	pól-eis	théatr-a
	Gen.	aderph-ṓn	ántr-ōn	pól-eōn	théatr-ōn
	Akk.	aderph-oús	ántr-es	pól-eis	théatr-a

Adjektive

Adjektive werden im Wesentlichen wie die Substantive dekliniert. Es gibt nach den Endungen im Nom. Sg. drei Typen: 1. *megálos, megálē, megálo* „groß" (Deklination wie *aderphós, pólē* bzw. *théatro*), 2. *epimelḗs* (m./f.), *epimelés* (n.) „fleißig" sowie 3. *pachýs, pachiá, pachý* „fett". Auf die Darstellung der leicht abweichenden Deklinationen beim 2. und 3. Typ wird hier verzichtet.

Die Steigerung der Adjektive erfolgt in der Regel analytisch, z.B. *ōraíos* „schön" (Positiv), *pio ōraíos* „schöner" (Komparativ), *o pio ōraíos* „der schönste" (Superlativ) und *polý ōraíos* „sehr schön" (Elativ). Daneben gibt es die traditionellen synthetischen Formen *ōraióteros* „schöner" (Komparativ) und *o ōraiótatos* „der schönste" (Superlativ) bzw. *ōraiótatos* „sehr schön" (Elativ). Das Adjektiv kongruiert mit seinem Bezugsnomen in Numerus, Genus und Kasus.

Personalpronomen

Das Neugriechische unterscheidet starke und schwache Personalpronomina. Die starken werden nur zur besonderen Betonung, zur Hervorhebung von Gegensätzen oder zusammen mit Präpositionen verwendet. Die schwachen Pronomina treten sehr viel häufiger auf, allerdings nicht im Nominativ der 1. und 2. Person; in der 3. Person kommen sie nur in feststehenden Ausdrücken vor. Als Höflichkeitsform der Anrede dient die 2. Person Plural. Das Pronomen für die 2. Person Plural ist eine Neubildung, da das originale Pronomen **ymeís* wegen des Itazismus lautlich nicht mehr vom Pronomen der 1. Person Plural zu unterscheiden war. Die Deklination der Personalpronomina ist in Tabelle 9.37 zusammengefasst, in der ersten Zeile jeweils die starken, darunter die schwachen Pronomina.

Tab 9.37 *Die neugriechischen Personalpronomina*

		1. Person	2. Person	3. Person m./f./n.
Sg.	Nom.	egṓ	esý	aut-ós, -ḗ, -ó
		–	–	tos, tē, to
	Gen.	eména	eséna	aut-oú, -ḗs, -oú
		mou	sou	tou, tēs, tou
	Akk.	eména	eséna	aut-ón, -ḗ(n), -ó
		me	se	ton, tē(n), to
Pl.	Nom.	(e)meís	(e)seís	aut-oí, -és, -á
		–	–	toi, tes, ta
	Gen.	emás	esás	autṓn
		mas	sas	tous
	Akk.	emás	esás	aut-oús, -és, -á
		mas	sas	tous, tis/tes, ta

Verbalmorphologie

Die Veränderungen gegenüber dem Altgriechischen

In der Verbalmorphologie sind die Unterschiede des Neugriechischen zum Altgriechischen besonders deutlich. Folgende wesentliche Veränderungen haben stattgefunden:

- Verlust des *Infinitivs* (ein typisches Merkmal des Balkan-Sprachbundes, vgl. Abschnitt 1.7); der Infinitiv wird durch Nebensätze ersetzt, z.B. „ich will kommen" → „ich will, dass ich komme"
- Verlust des *Optativs*; er wird durch eine Konstruktion mit den Partikeln *na* oder *as* ersetzt
- Verlust des *Duals* bereits in der hellenistischen Zeit; Ersatz durch den Plural
- Verlust der Diathese *Medium*; Ersatz durch ein Passiv mit teilweise medialer (reflexiver) Bedeutung
- Ausbildung eines analytischen *Futurs* mithilfe der Partikel *tha*, die aus *thélō na ...* „ich will, dass ..." entstanden ist
- Reduzierung der zahlreichen altgriechischen Partizipien auf das Partizip Perfekt Passiv (Endung *-menos*) und das sog. Gerundium (mit der Funktion eines Partizips Präsens Aktiv)
- Verlust der Imperative der 3. Person (mit wenigen Ausnahmen wie *zétō* „er lebe (hoch)", *éstō* „er sei")

- Reduzierung der Reduplikation im Perfekt auf Ausnahmefälle
- Reduzierung des Augments in den Tempora der Vergangenheit auf die Fälle, wo es betont ist
- Verlust des altgriechischen synthetischen Perfekts; Neuentwicklung eines analytischen (periphrastischen) Perfekts mit dem Hilfsverb *échō* „ich habe" und einer unveränderlichen infiniten Verbform, dem sog. *Aparemphato*
- Ausbildung eines systematischen Aspektsystems mit drei Aspekten in allen drei Zeitstufen (siehe unten)

Die Kategorien des neugriechischen Verbs

Das neugriechische Verb hat die Kategorien Aspekt, Zeitstufe, Modus, Diathese, Numerus und Person.

Kategorie	Realisierung
Aspekt	perfektiv, imperfektiv, resultativ
Zeitstufe	Gegenwart, Vergangenheit, Zukunft
Modus	Indikativ, Konjunktiv (hypotaktische Form), Imperativ; Konditional, Potential
Diathese	Aktiv, Passiv (Mediopassiv)
Numerus	Singular, Plural
Person	1., 2., 3. Person

Im Neugriechischen kann jede der drei Zeitstufen Vergangenheit, Gegenwart und Zukunft in allen drei Aspekten *perfektiv* (abgeschlossene punktuelle Handlung), *imperfektiv* (im Verlauf befindliche, unabgeschlossene andauernde Handlung) und *resultativ* (als Ergebnis einer Handlung) realisiert werden. Eine Einschränkung gilt für das Tempus der Gegenwart, das prinzipiell keine perfektive Handlung beschreibt.

Tempora

Als neugriechisches *Tempus* kann die Kombination aus Aspekt und Zeitstufe eingeführt werden:

Tab 9.38 *Die neugriechischen „Tempora"*

	imperfektiv paratatisch	perfektiv aoristisch	resultativ perfektisch
Gegenwart	Präsens	–	Perfekt
Vergangenheit	Imperfekt (Paratatikos)	Aorist	Plusquamperfekt
Zukunft	imperfektives Futur	perfektives Futur	vollendetes Futur

Paratatisch, aoristisch bzw. *perfektivisch* sind die in der neugriechischen Grammatik üblichen Bezeichnungen für die Aspekte imperfektiv, perfektiv bzw. resultativ.

Stämme und Stammformen

Die Bildung der finiten Verbformen erfolgt von drei Stämmen: dem *Präsensstamm*, dem *Aorist-Aktiv-Stamm* sowie dem *Aorist-Passiv-Stamm*. Darüber hinaus gibt es einen *Perfekt-Passiv-Stamm* zur Bildung des Partizips Perfekt Passiv. Diese Stämme sind den Stammformen zu entnehmen, die vom Verb *gráphō* „ich schreibe" wie folgt lauten:

Tab 9.39 *Die neugriechischen Stammformen*

Präsens Aktiv	Aorist Aktiv	Aorist Passiv	Part. Perf. Pass.
1. **gráph**-ō	2. é-**graps**a	3. **grápht**-ēka	4. **gram**-ménos
„ich schreibe"	„ich schrieb"	„ich wurde geschr."	„geschrieben"

Die Stämme sind halbfett gedruckt.

Infinite Formen

Das Neugriechische besitzt drei infinite Formen:

1. das *Aparemphato*, das zur Bildung der Perfekt-Formen verwendet wird; es ist identisch mit der 3. Person Sg. des sog. Konjunktiv Aorist, der vom Aorist-Stamm gebildet wird (siehe unten),
2. das *Partizip Perfekt Passiv*; es entspricht der 4. Stammform und ist voll deklinierbar; z.B. *gramm

énos* „geschrieben",
3. das sog. *Gerundium*; es wird vom Präsensstamm durch die Endung *-ontas* gebildet und ist unveränderlich; es entspricht in seiner Funktion einem deutschen Partizip Präsens Aktiv, z.B. *gráphontas* „schreibend".

Die Bildung der finiten Verbformen

Bei den finiten Verbalformen sind *synthetische* und *analytische* Tempora zu unterscheiden. Synthetisch werden Präsens, Imperfekt, Aorist sowie der sog. Konjunktiv Aorist gebildet, sowohl im Aktiv als auch im Passiv. Alle anderen Tempora sind analytisch bzw. „zusammengesetzt". Es gibt vier Serien von Personalendungen (Tabelle 9.40):

Tab 9.40 *Die Serien der Personalendungen im Neugriechischen*

Serie	Anwendung bei
Serie A	Präsens Aktiv; Konjunktiv Aorist im Aktiv und Passiv
Serie B	Imperfekt Aktiv; Aorist im Aktiv und Passiv
Serie C	Präsens Passiv
Serie D	Imperfekt Passiv

Auffällig sind die „aktiven" Endungen beim Aorist im Passiv, sie sind ein Erbe der aktivischen Endungen des Aorists Passiv im Altgriechischen (siehe Abschnitt 9.3). Die Tabellen 9.41 und 9.42 geben eine Übersicht über die Bildung der synthetischen und analytischen Verbformen am Beispiel des Verbs *gráphō* „ich schreibe". Das Augment *é-* der Tempora Imperfekt und Aorist tritt nur in Erscheinung, wenn es betont ist. Ein weiteres wesentliches Merkmal zur Charakterisierung der einzelnen Tempora ist die Position des Akzents.

Tab 9.41 *Die Bildung der Tempora im Neugriechischen: Aktiv (nach Ruge 2002: 58–67)*

Aktiv	Formenbildung	Beispiel	Bedeutung
Präsens	Präsensstamm + A-Endungen	*gráphō*	„ich schreibe"
Imperfekt	[Aug] + Präsensstamm + B-Endungen	*égrapha*	„schrieb (dauernd)"
Konjunk. Aorist	Aorist-Aktiv-Stamm + A-Endungen	*grápsō*	„(dass) ... schrieb"
Aorist	[Aug] + Aorist-Akt.-Stamm + B-End.	*égrapsa*	„schrieb"
imperfektives Futur	*tha* + Präsens Akt.	*tha gráphō*	„werde (ständig) schreiben"
Konditional I	*tha* + Imperfekt Akt.	*tha égrapha*	„würde schreiben"
perfektives Futur	*tha* + Konj. Aorist Akt.	*tha grápsō*	„werde (einmal) schreiben"
Potentialis	*tha* + Aorist Akt.	*tha égrapsa*	„habe wahrscheinlich geschrieben"
Perfekt	Präsens von *échō* + Aparemphato Akt.	*échō grápsei*	„habe geschrieben"
Plusquamperfekt	Imperfekt von *échō* + Aparemphato Akt.	*eícha grápsei*	„hatte geschrieben"
exaktes Futur	*tha* + Präs. von *échō* + Aparemphato Akt.	*tha échō grápsei*	„werde geschrieben haben"
Konditional II	*tha* + Impf. von *échō* + Aparemphato Akt.	*tha eícha grápsei*	„würde geschrieben haben"

Tab 9.42 *Die Bildung der Tempora im Neugriechischen: Passiv (nach Ruge 2002: 58–67)*

Passiv	Formenbildung	Beispiel	Bedeutung
Präsens	Präsensstamm + C-Endungen	*gráphomai*	„werde geschrieben"
Imperfekt	Präsensstamm + D-Endungen	*graphómoun*	„wurde (dauernd) geschrieben"
Konj. Aorist	Aorist-Passiv-Stamm + A-Endungen	*graphtó*	„(dass) ... geschrieben wurde"
Aorist	Aorist-Passiv-Stamm + B-Endungen	*gráphtēka*	„wurde geschrieben"
imperfektives Futur	*tha* + Präsens Pass.	*tha gráphomai*	„werde geschrieben werden"
Konditional I	*tha* + Imperfekt Pass.	*tha graphómoun*	„würde geschrieben werden"
perfektives Futur	*tha* + Konj. Aorist Pass.	*tha graphtó*	„werde geschrieben werden"
Potentialis	*tha* + Aorist Pass.	*tha gráphtēka*	„werde wahrscheinl. geschrieben sein"
Perfekt	Präsens von *échō* + Aparemphato Pass.	*échō graphteí*	„bin geschrieben worden"
Plusquamperfekt	Imperfekt von *échō* + Aparemphato Pass.	*eícha graphteí*	„war geschrieben worden"
exaktes Futur	*tha* + Präs. von *échō* + Aparemphato Pass.	*tha échō graphteí*	„werde geschrieben worden sein"
Konditional II	*tha* + Impf. von *échō* + Aparemphato Pass.	*tha eícha graphteí*	„würde geschrieben worden sein"

Paradigma

Die Tabellen 9.43 und 9.44 zeigen die Konjugation der vier synthetisch gebildeten Tempora sowie des Perfekts und Plusquamperfekts vom Verb *gráphō* „ich schreibe" im Aktiv und Passiv.

Tab 9.43 *Die neugriechische Konjugation: Präsens, Imperfekt und Konjunktiv Aorist (Ruge 2002: 63–65)*

Aktiv		Präsens	Imperfekt	Konj. Aorist
Sg.	1.	gráphō	égrapha	grápsō
	2.	grápheis	égraphes	grápseis
	3.	gráphei	égraphe	grápsei
Pl.	1.	gráphoume	gráphame	grápsoume
	2.	gráphete	gráphate	grápsete
	3.	gráphoun	égraphan	grápsoun

Passiv		Präsens	Imperfekt	Konj. Aorist
Sg.	1.	gráphomai	graphómoun	graphtó
	2.	gráphesai	graphósoun	graphteís
	3.	gráphetai	graphótan	graphteí
Pl.	1.	graphómaste	graphómastan	graphtoúme
	2.	grápheste	graphósastan	graphteíte
	3.	gránphontai	graphóntan	graphtoún

Tab 9.44 *Die neugriechische Konjugation: Aorist, Perfekt und Plusquamperfekt (Ruge 2002: 63–65)*

Aktiv		Aorist	Perfekt	Plusqperfekt.
Sg.	1.	égrapsa	échō grápsei	eícha grápsei
	2.	égrapses	écheis g.	eíches g.
	3.	égrapse	échei g.	eíche g.
Pl.	1.	grápsame	échoume g.	eíchame g.
	2.	grápsate	échete g.	eíchate g.
	3.	égrapsan	échoun g.	eíchan g.

Passiv		Aorist	Perfekt	Plusqperfekt.
Sg.	1.	gráphtēka	échō graphteí	eícha graphteí
	2.	gráphtēkes	écheis g.	eíches g.
	3.	graphtēke	échei g.	eíche g.
Pl.	1.	graphtēkame	échoume g.	eíchame g.
	2.	graphtēkate	échete g.	eíchate g.
	3.	gráphtēkan	échoun g.	eíchan g.

Imperativ

Die Imperative sind nur noch in der 2. Person Singular und Plural erhalten; sie lauten:

Tab 9.45 *Die Imperative im Neugriechischen*

	Präsens	Aorist	Perfekt
Aktiv	gráphe, gráphete	grápse, gráps(e)te	éche grápsei, échete grápsei
Passiv	gráphou, grápheste	grápsou, graphteíte	éche graphteí, échete graphteí

Der hier beschriebene Konjugationstyp wird als *Normalkonjugation* bezeichnet; daneben gibt es drei weitere Konjugationstypen: Vokalstammkonjugation, ás-Konjugation sowie eís-Konjugation (Ruge 2002: 68–69). Auf diese und die zahlreichen unregelmäßigen Stammbildungen des Neugriechischen wird hier nicht eingegangen.

10 | Indogermanische Restsprachen

Aus Südeuropa und Kleinasien sind aus dem Altertum einige ausgestorbene, sehr dürftig überlieferte indogermanische Sprachen bekannt, die keinem Primärzweig des Indogermanischen zugeordnet werden können. Diese Sprachen – sie werden auch *Rest-* oder *Trümmersprachen* genannt – sind bestenfalls durch Inschriften, oft auch nur durch Glossen (Einzelwörter in anderssprachigen Texten) oder Namen (Gewässer-, Orts- und Personennamen) überliefert. Insgesamt lassen sich nach heutigem Kenntnisstand folgende Sprachen dieser Kategorie zuordnen:

- auf der Iberischen Halbinsel *Lusitanisch*
- auf der italienischen Halbinsel im Norden *Venetisch* und im Süden *Messapisch*
- auf Sizilien *Sikulisch* und *Elymisch*
- auf der Balkanhalbinsel *Illyrisch, Thrakisch, Dakisch* und *Makedonisch*
- in Kleinasien *Phrygisch*

Unklar ist der Status des *Ligurischen*, der Sprache eines an der Mittelmeerküste zwischen Pyrenäen und Etrurien verbreiteten vorrömischen Volkes. Das Material ist so dürftig, dass eine Entscheidung, ob es sich um eine indogermanische Sprache handelt oder nicht, nicht möglich ist. Fraglich ist die Existenz einer von J. Corominas *Sorothaptisch* genannten indogermanischen Sprache, die auf der Iberischen Halbinsel und in Südfrankreich verbreitet gewesen sein soll und seiner Meinung nach weder italisch noch keltisch ist.

In diesem Kapitel werden *nicht* die Trümmer- oder Korpussprachen behandelt, die trotz einer dürftigen Quellenlage eindeutig einem der größeren Zweige des Indogermanischen zugeordnet werden können, z.B. Lepontisch, Gallisch, Galatisch und Keltiberisch, die zweifelsfrei zum Keltischen gehören (vgl. Kapitel 4), sowie eine Reihe eindeutig italischer Sprachen, die vom Lateinischen absorbiert wurden, z.B. Faliskisch, Oskisch und Umbrisch (vgl. Kapitel 5). Einen Sonderfall stellt das *Piktische* in Nordschottland dar, das heute von der Mehrheit der Forscher als keltisch klassifiziert wird, während andere Wissenschaftler es nicht einmal für indogermanisch halten.

10.1 Iberische Halbinsel und Südfrankreich

Lusitanisch

Lusitanisch – nicht zu verwechseln mit dem nicht-indogermanischen Südlusitanischen oder Tartessischen – ist in den ersten nachchristlichen Jahrhunderten auf der Iberischen Halbinsel belegt. Die wenigen erhaltenen Inschriften aus dem 1. und 2. Jh. n. Chr. sind vollständig in lateinischer Schrift geschrieben und stammen aus Portugal und dem angrenzenden westlichen Spanien. Die drei längsten sind aus Cabeço das Fráguas, Arroyo de Cáceres und Lamas de Moledo; sie enthalten zwischen 15 und 35 Wörter, darunter indogermanisch zu deutende Bezeichnungen für „Schaf", „Lamm", „Schwein" und „Stier" sowie einige Götternamen. Man kann diese Inschriften den historisch bekannten Lusitanern zuordnen, die kulturell den Keltiberern nahe standen und sich nach hartem Widerstand 139 v. Chr. den Römern unterwerfen mussten. Dass das Lusitanische mit Sicherheit zum Indogermanischen gehört, soll an der Inschrift aus Lamas de Moledo aufgezeigt werden.

Tab 10.1 *Lusitanische Inschrift aus Lamas de Moledo (nach Clackson 2007: 3–4)*

Inschrift	Erläuterung
RVFINVS . ET TIRO SCRIP/SERUNT	die ersten vier Wörter *Rufinus et Tiro scripserunt* sind lateinisch und heißen: „Rufinus und Tiro schrieben (folgendes)"
VEAMINICORI	Nom. Pl. „die Veaminicorer"
DOENTI	idg. Verbform 3. Pl. mit Endung *-enti*; Wurzel *do-* „geben", also „sie geben, opfern"
ANGOM	Akk. Sg., die Opfergabe; *angom* ~ latein. *agnum* „Lamm"
LAMATICOM	Akk. Sg., eine Opfergabe
CRVCEAIMAGA	?
REAICOI. PETRANIOI. T	*reaicoi, petranioi* Dat. Sg.: die göttl. Empfänger der Opfergaben
ADOM PORGOM. IOVEAI	*adom, porgom* Akk. Sg.; *porgom* ~ latein. *porcum* „Schwein"
CAELOBRIGOI	*ioveai, caelobrigoi* Dat. Sg., Opferempfänger

Der Inhalt der Inschrift lässt sich also etwa wie folgt wiedergeben: „Rufus und Tiro schrieben: die Veaminicorer geben (opfern) Lamm [...] dem Reaicos (und dem) Petranios (sowie) [...] (und) Schwein der Iovea (und dem) Caelobrigos." Diese Interpretation basiert vollständig auf der Identifikation des Lusitanischen als indogermanische Sprache (und natürlich auf der Kenntnis zahlloser Opferformeln in diversen antiken Sprachen).

Es ist eher unwahrscheinlich, dass das sicherlich indogermanische Lusitanisch zur keltischen Sprachgruppe gehört. Dagegen sprechen u.a. der Erhalt des anlautenden indogermanischen /*p-/ (z.B. in *porgom*) sowie das Wort *indi* „und". Die Nähe zum Lateinischen scheint relativ groß zu sein. (Literatur: Tovar 1964, Price 1998: 310.)

Sorothaptisch

Als *Sorothaptisch* bezeichnete J. Corominas eine Sprache auf einigen Votivtafeln aus Südwestfrankreich, die aus einem Thermalbad bei Amélie-les-Baines in der Nähe von Arles stammen und ins 2. Jh. n. Chr. datiert werden. Das Wort *sorothaptique* ist ein französischer Neologismus für *Champs d'Urnes*: Zu Grunde liegen griechisch *sōrós* „Anhäufung" und *táphos* „Grab", gemeint ist eine „Anhäufung von Gräbern", ein „Urnenfeld" – *sorothaptisch* bedeutet also „zur Urnenfelderkultur gehörend".

Die Sorothaptisch genannte Sprache zeigt nach Corominas neben lateinischen Elementen Züge einer älteren Sprachschicht, die nicht keltisch sein kann, aber wahrscheinlich indogermanisch ist (Corominas 1975). Corominas vertritt die Auffassung, dass vor der Verbreitung der keltischen Kultur in Westeuropa frühe Vertreter einer indogermanischen Kultur – die Träger der Urnenfelderkultur (1300–800 v. Chr.) – vom Balkan her nach Westeuropa und auf die Iberische Halbinsel gelangt seien. Er wendet den Begriff „sorothaptisch" auch auf andere vorkeltische indogermanische Sprachrelikte in diesem Gebiet an, ebenso auf gewisse Ortsnamen in Spanien und auf bestimmte Lehnwortschichten im Baskischen und in ibero-romanischen Sprachen. Eine nennenswerte fachliche Beachtung hat die „sorothaptische Hypothese" nicht gefunden.

Ligurisch

Die Ligurer – der Name ist eine ursprünglich griechische Bezeichnung, die von den Römern übernommen wurde – siedelten im 3. Jh. v. Chr. in dem Gebiet an der nördlichen Mittelmeerküste zwischen den Pyrenäen und Etrurien. Sie waren kulturell und möglicherweise auch sprachlich dem Einfluss der Kelten ausgesetzt. Die Sprache der Ligurer ist äußerst spärlich durch einige Orts-, Gewässer- und Personennamen sowie wenige Glossen in lateinischen Texten belegt, einen zusammenhängenden ligurischen Text gibt es nicht. Typisch für Personennamen aus dem ligurischen Gebiet sind die Suffixe *-aninus* und *-elius*, während Fluss- und Ortsnamen die Endungen *-asca* und *-usco* aufweisen. Diese Merkmale lassen sich keiner Sprache oder Sprachgruppe zuordnen. Somit ist nicht zu klären, ob das Ligurische zum Indogermanischen gehört oder nicht. (Literatur: Price 1998: 229, DNP Vol 7: 188–189.)

Das antike Ligurisch ist nicht mit der gallo-romanischen Varietät *Ligurisch* zu verwechseln, die heute in Ligurien und in Südfrankreich gesprochen und als norditalienischer Dialekt eingeordnet wird.

10.2 Italien und Sizilien

Venetisch

Die Veneter waren die Träger der oberitalienischen Este-Kultur (900–200 v. Chr.), einer Nachfolgerin der in ganz Italien verbreiteten spätbronzezeitlichen Villanova-Kultur. Die Sprache der Veneter ist durch 270 kurze Votiv- und Grabinschriften bekannt, die im Zeitraum von 550–100 v. Chr. verfasst wurden. Im 1. Jh. v. Chr. starb das Venetische aus bzw. wurde vom Lateinischen vollständig absorbiert. (Venetisch ist nicht mit dem venetischen Dialekt des Italienischen zu verwechseln.)

Die Hauptfundorte venetischer Inschriften sind Este (120 Inschriften), Padua (ca. 20) und Lágole di Cadore im oberen Piavetal (ca. 70); nach Westen reichen Einzelfunde bis Vicenza, nach Norden bis ins Gailtal und nach Osten bis an den Isonzo im heutigen Slowenien.

Nur die jüngsten venetischen Texte (150–100 v. Chr.) sind in lateinischer Schrift verfasst, alle anderen im sog. *venetischen Alphabet*, das im 6. Jh. von einem nordetruskischen Alphabet abgeleitet wurde. Die Lesung einiger Buchstaben ist nicht gesichert und wird unterschiedlich gehandhabt, z.B. *donasto* oder *zonasto*, *mego* oder *meχo*. Bei der venetischen Schrift wurde die etruskische Silbentrennung durch Punkte in eigenartiger Weise umgestaltet: anlautende Vokale vor Konsonanten, die zweiten Vokale von Diphthongen sowie Konsonanten im Silbenauslaut wurden zwischen zwei Punkte gesetzt, z.B. .A.RIIUN.S., ŚA.I.NATE.I., DONA.S.TO. Dadurch wurde die Lesbarkeit der ansonsten ohne Worttrenner oder Wortzwischenraum geschriebenen Texte wesentlich erleichtert.

Es gibt einen einzigen umfangreicheren venetischen Text auf einer Bronzetafel, der aber bisher noch nicht befriedigend ediert und analysiert wurde. Alle anderen Texte sind kurz und formelhaft und bestehen aus maximal zehn Wörtern. Es handelt sich um Votivinschriften auf Kapitellen, kleinen Bronzeplatten und Schöpfkellen, um Grabinschriften auf Stelen, Cippen und Urnen aus Bronze und Ton; eine Gruppe venetischer Texte stammt aus der Schreibschule des Reitia-Tempels in Este und enthält Alphabetreihen sowie orthographische Übungen.

Die formelhaften Kurztexte sind sicher segmentiert (in Einzelwörter zerlegt) und weitgehend gedeutet. Lautstand und Flexion entsprechen einer indogermanischen Sprache frühen Typs, wie das folgende Sprachbeispiel in Tabelle 10.2 zeigt (zitiert nach DNP Vol 12/2: 10, die Wortzwischenräume sind nicht original):

Tab 10.2 *Venetischer Votivtext*

Votivtext der Alphabettafel Es 25
MEGO DONA.S.TO VO.L.TIIOMNO.S. IIUVA.N.T.S .A.RIIUN.S. ŚA.I.NATE.I. RE.I.TIIA.I.
latein. *me donavit Voltiomnus Iuvantius Ariunius Sainatae Reitiae*
„mich schenkte Voltiomnos Iuvantios Ariunios der (Göttin) Sainas Reitia"

Erläuterung

mego „mich" ist der Akk. des Personalpronomens der 1. Person, *donasto* „er schenkte" wird als s-Aorist mit der medialen Endung /-sto/ der 3. Person Sg. interpretiert, *Śainatei* und *Reitiiai* sind Dative, Reitia ist der Name, Sainas ein Epitheton der venetischen Hauptgöttin. Der Personenname des Stifters *Voltiomnos Iuvants Ariuns* (Nom. auf /-(o)s/) ist dreiteilig, der erste Bestandteil ist wahrscheinlich der Individualname, die beiden anderen bezeichnen die Familie.

Der indogermanische Charakter des Venetischen wird auch an Wörtern wie venet. *ego* ~ latein. *ego* „ich", *vhraterei* ~ latein. *frātri* „dem Bruder", *ke* ~ latein. *-que* „und", *ekvon* ~ latein. *equus* „Pferd" und *teuta* < idg. *teuteha- „Volk" deutlich. Damit stellt sich auch die

Frage der Verwandtschaft des Venetischen innerhalb des Indogermanischen. Die Hypothese, dass es mit dem fast nur in Ortsnamen belegten Illyrischen verwandt sei, fand keine nennenswerte Akzeptanz und wird heute nicht mehr vertreten. Dagegen findet die italische Hypothese nach wie vor Zustimmung. Dabei wird das Venetische als ein dritter Zweig des Italischen neben dem Latino-Faliskischen und Oskisch-Umbrischen angesehen (vgl. Kapitel 5). Die aufgeführten Beispiele scheinen durchaus mit der italischen Hypothese kompatibel.

Dennoch spricht Einiges für einen unabhängigen venetischen Zweig innerhalb des Indogermanischen: Die venetische Opposition *ego/mego* „ich/mich" weicht — was den Akkusativ betrifft — deutlich vom lateinischen *ego/me* ab, während es dem gotischen (also germanischen) *ik/mik* gleicht. Eine weitere auffällige germanische Parallele ist venet. *selboisselboi* „sich selber", was mit althochdeutsch *selbo selbo* übereinstimmt. Insgesamt reichen aber weder die italischen noch die germanischen Übereinstimmungen aus, um das Venetische einer der beiden Familien zuzurechnen, es scheint sich dabei eher um Konvergenzphänomene auf Grund arealer Kontakte zu handeln. Man sollte das Venetische also als einen eigenständigen Primärzweig des Indogermanischen betrachten, der wahrscheinlich ursprünglich wesentlich weiter nach Norden reichte, als das Fundgebiet der Inschriften erkennen lässt. (Literatur: Untermann 1980, Mallory-Adams 1997: 620–622, DNP Vol 12/2: 9–13.)

Messapisch

Das Messapische ist die vorrömische Sprache der Stämme der Daunier, Peuketier, Japyger und Sal(l)entiner, die im heutigen Apulien — den antiken Regionen Apulia und Calabria — ansässig waren. Der moderne Name „messapisch" bezieht sich auf ein Volk der „Messapier", das in der Antike teils mit den Japygern oder den Sallentinern gleichgesetzt, teils als eine eigenständige Ethnie im antiken Apulien betrachtet wurde.

Messapisch ist durch 250 — nach anderer Zählweise 600 — meist sehr kurze Inschriften und durch einige wenige Glossen belegt. Die Inschriften stammen aus dem Zeitraum vom 6. bis 1. Jh. v. Chr. und sind alle im griechischen Alphabet der Stadt Tarent geschrieben, das um einige Sonderzeichen erweitert wurde. Die Fundorte liegen weit verstreut in der antiken Region Apulia, dichter gehäuft auf der sallentinischen Halbinsel mit Schwerpunkten in den Orten Ceglie, Oria, Lecce, Alezio und Vaste. Die meisten messapischen Inschriften sind heute im Museum von Tarent zusammengefasst.

Es gibt einige „längere" messapische Texte mit bis zu 20 Wörtern, die jedoch nicht mehr im Original vorliegen. Erhalten sind kurze Grabinschriften — meist nur mit dem Namen des Toten — sowie Besitzerangaben auf verschiedenen Objekten. Bei dieser dürftigen Fundlage stellte die Entdeckung der Grotta della Poesia an der Küste bei Lecce in den 1980er Jahren eine epigraphische Sensation dar: Ihre Wände sind mit zahllosen, allerdings schwer zugänglichen messapischen Votivinschriften bedeckt. Die wissenschaftliche Edition dieser Texte steht noch aus.

Obwohl messapische Inschriften, die nur Namen beinhalten, die große Mehrheit darstellen und die Deutung der etwas längeren Texte noch immer sehr lückenhaft ist, steht doch auf Grund der vorhandenen Informationen zweifelsfrei fest, dass das Messapische eine indogermanische Sprache ist. Dazu einige Belege:

Tab 10.3 *Etymologische Interpretation messapischer Wörter*

Messapisch	Übersetzung	Erläuterung
klaohi zis venas	„höre Zeus, Venus!"	*klaohi* < idg. **k'leu-* „hören"
penke	„fünf"	< idg. **penkʷe* „fünf"
barzidihe	„Birke"	< idg. **bherh₂g'os* „Birke"

Für die Flexion und Wortbildung des Nomens konnten aus den zahlreich belegten messapischen Personennamen einige Daten gewonnen werden, als Verbformen sind u.a. der schon erwähnte Imperativ *klaohi* „höre!" sowie *apistathi* und *ligaves* belegt, die indogermanisch interpretiert werden können. Zum Namen der Göttin *damatra* „Demeter" gibt es das abgeleitete Adjektiv *damatria*, ähnlich ist *aproditia* gebildet.

Antike Migrationssagen sowie auffällige Parallelen zwischen messapischen und illyrischen Eigennamen begründeten und unterstützten die These, dass das Messapische mit dem Illyrischen verwandt sei. Da „das Illyrische" nur in Personen-, Orts- und Gewässernamen greifbar wird, ist diese Aussage allerdings eigentlich gegenstandslos, vor allem in der überspitzten Form, dass das Messapische der bestbelegte illyrische Dialekt sei. Dennoch sind die Beziehungen des Messapischen zur östlichen Adria nicht wegzudiskutieren. So soll nach antiken Berichten der Stamm der Messapisch sprechenden Peuketier auch an der östlichen Adriaküste ansässig gewesen sein. Beispiele für typische messapisch-illyrische Namensparallelen sind messapisch *Dazes*, *Ladi-* und *Plator* ~ illyrisch *Dazios*, *Laidias* und *Platōr*. Der messapische Personenname *Apulus* tritt auch als illyrischer Name auf, umgekehrt finden der illyrische Personenname *Dalmata* und die Ortsnamen *Dalmantas* sowie *Dalmana* im Messapischen als *Dalmathus* eine Entsprechung.

Während die Beziehungen des Messapischen zur östlichen Seite der Adria also unstrittig sind – unabhängig davon, wie man die Beziehung zum Sprachphantom „Illyrisch" einschätzt –, kann eine nähere Verwandtschaft zum Italischen ausgeschlossen werden, da es dafür bisher nicht den geringsten Hinweis gibt. (Literatur: de Simone 1972, Price 1998: 323–324, Mallory-Adams 1997: 378–379, DNP Vol 8: 50–51.)

Elymisch

Elymisch ist eine vorgriechische Sprache aus Westsizilien. Die Quellen sind sehr dürftig: Orts- und Personennamen, einige Münzlegenden aus Eryx und Segesta (5. Jh. v. Chr.) und 300 Graffiti auf Keramik aus Segesta (8. bis 6. Jh.), die erst 1960 bekannt geworden sind. Alle elymischen Inschriften sind in griechischer Schrift geschrieben. Die sehr kurzen Keramikaufschriften aus Segesta bestehen in der Regel nur aus ein bis drei Buchstaben. Die etwas längeren Inschriften sind Weihinschriften, die den Namen des Adressaten im Dativ zeigen, manchmal gefolgt von „ich bin". Die einzige vollständige Inschrift befindet sich auf der sog. *Montedoro-Vase*, sie wurde südwestlich von Palermo in einer Nekropole gefunden und enthält eine ähnliche Aussage, die versuchsweise als „ich (das Gefäß) bin (eine Gabe) für Ata Tuka" übersetzt wurde.

Das Elymische ist mit hoher Wahrscheinlichkeit indogermanisch, wie der Dativ Singular auf *-ai* und der Dativ Plural auf *-ib* sowie das Wort *emi* in der Bedeutung „ich bin" nahelegen. Die Zuordnung zum italischen Zweig ist strittig. Eine nähere Verwandtschaft mit dem Sikulischen (siehe unten) ist nicht ausgeschlossen. Frühere Versuche, das Elymische mit dem Ligurischen oder dem Illyrischen in Verbindung zu bringen, müssen als gescheitert gelten. (Literatur: Schmoll 1958, Price 1998: 136, DNP Vol 3: 1002–1003.)

Sikulisch

Die Sikuler oder Sikeler, die der Insel Sizilien den Namen gaben, lebten in vorgriechischer Zeit vor allem in Ostsizilien. Im 8. Jh. v. Chr. wurden sie durch die griechische Kolonisation ins Innere der Insel verdrängt. Abgesehen von etwa 100 Glossen in griechischen und lateinischen Texten, die als sikulisch bezeichnet wurden, und einigen sehr kurzen Inschriften – von denen nur wenige sicher als sikulisch bezeichnet werden können – beruht die Kenntnis der sikulischen Sprache auf vier Inschriften in griechischer Schrift.

Die längste sikulische Inschrift befindet sich auf einer Tonvase aus dem 5. oder 4. Jh., die 1824 in Centuripe aufgefunden wurde und heute zum Bestand des Badischen Landesmuseums Karlsruhe gehört. Die Inschrift besteht aus 99 Buchstaben. Weitere größere Inschriften mit jeweils etwa 50 Buchstaben befinden sich auf einer Stele aus Sciri bei Caltagirone, einem Steinblock aus Mendolito und einer Vase aus Montagna di Marzo.

Obwohl diese Inschriften immer noch fast unverständlich geblieben sind, wird die sikulische Sprache heute von der Mehrheit der Forscher als indogermanisch eingestuft. Eine nähere Verwandtschaft mit dem Italischen wird trotz einiger Parallelen sowohl zum Oskisch-Umbrischen (z.B. die sikul. Perfektendung *-ed*) als auch zum Lateinischen (z.B. sikul. *iam* zu lat. *eam* „diese (Akkusativ Sg.)", sikul. *dankalon* zu lat. *falcula* „Sichel", sikul. *moiton* zu lat. *mutuum* „Gegengabe") als eher unwahrscheinlich eingeschätzt, obwohl nach einigen antiken Herkunftssagen die Sikuler ursprünglich aus Mittelitalien stammen sollen. Eine Beziehung zum Elymischen kann vermutet werden, ist aber bisher nicht nachgewiesen. (Literatur: Schmoll 1961, Price 1998: 430–431, DNP Vol 11: 542–543.)

10.3 Der Balkan

Illyrisch

Das Illyrische ist eine äußerst schwach belegte Sprache auf der westlichen Balkanhalbinsel, die im Gebiet der antiken Illyria, der späteren römischen Provinz Illyricum gesprochen wurde. Die Illyrer bildeten einen lockeren Stammesverband – dazu gehörten u.a. Parthiner, Taulantier, Dassareten und Penesten –, der auf dem Gebiet der heutigen Staaten

Albanien, Bosnien und Kroatien ansässig war. Allerdings legen die ältesten historischen Überlieferungen sowie die Verteilung der illyrischen Ortsnamen eher nahe, dass die Illyrer als ethnolinguistische Gruppe nur den südlichen Teil der Illyria besiedelten. Zu diesem illyrischen Kerngebiet gehört die südostadriatische Küste nördlich und südlich von Dyrrhachion (heute Durrës in Albanien) und landeinwärts ein Gebiet bis zum Lychnitis-See (heute der Ohrid-See in Mazedonien). Im Norden der Illyria wohnten dagegen sehr unterschiedliche Stämme, die nicht im eigentlichen Sinne als illyrisch zu bezeichnen sind.

Eine sog. pan-illyrische Hypothese wurde von einigen Linguisten und Prähistorikern vertreten, die die Illyrer mit den Trägern der zentralen Urnenfelderkultur identifizierten, obwohl gerade die Merkmale dieser Kultur im illyrischen Kernland auf dem Balkan nicht zu finden sind (allenfalls in Slowenien). Durch diese Gleichsetzung wurden die Illyrer in weiten Teilen Zentral- und Osteuropas lokalisiert, sogar Irland wurde der illyrischen Einflusszone zugeordnet. Fast alle Gewässernamen in diesem Raum galten als „illyrisch". Es muss kaum erwähnt werden, dass diese Hypothese heute als vollständig überholt gelten darf, obwohl sie in populären Darstellungen öfter noch Anklang findet.

Das Illyrische ist außer in sehr wenigen Glossen in griechischen Texten (z.B. *sabaia* „bierartiges Getränk", *sybina* „Jagdspieß", *mantia* „Maulbeere", *rhinós* „Nebel") ausschließlich durch Eigennamen belegt, mit einem Schwerpunkt auf den Personennamen. Es gibt also keine einzige auch noch so kurze illyrische Inschrift, keinen einzigen überlieferten illyrischen Satz. (Der berühmte Ring von Kalaja Dalmaçes in Albanien mit der angeblich illyrischen Aufschrift *ana oēthē iser* stellte sich als byzantinisch heraus.)

Die Annahme einer näheren Beziehung des Illyrischen zum süditalienischen Messapischen ist weit verbreitet und nicht unplausibel (vgl. Abschnitt 10.2), wenn auch bei der dürftigen Überlieferung des Messapischen und der noch dürftigeren des Illyrischen kaum genetische Aussagen gemacht werden können. Es ist auch nicht ausgeschlossen und auf Grund der historisch-geographischen Situation durchaus denkbar, dass das Albanische eine Nachfolgesprache des Illyrischen oder eines seiner Dialekte darstellt, bzw. dass das Illyrische zumindest bei der Entstehung des Albanischen eine gewisse Rolle gespielt hat (vgl. Kapitel 8). Linguistisch konnte diese Hypothese nicht belegt werden, da ein ernsthafter Vergleich der illyrischen Namen und Glossen mit dem erst seit dem 15. Jh. schriftlich belegten Albanischen kaum durchführbar ist. (Ein Hinweis ist vielleicht das als Glosse belegte illyrische *rhinós* „Nebel", das mit dem altgegischen *ren* „Wolke" übereinstimmt.)

Nun ist es bei der dürftigen Quellenlage fast erstaunlich, dass das Illyrische von den meisten Forschern als indogermanisch eingestuft wird. Die Analyse der Personen- und Ortsnamen lässt in einigen Fällen indogermanisches Erbgut erkennen, wobei natürlich immer die Möglichkeit der Entlehnung aus einer anderen Sprache besteht. So kann der weibliche Personen- und Stammesname *Teuta* auf ursprachlich **teuteh*$_a$ „Volk" zurückgeführt werden, das in vielen indogermanischen Sprachen vertreten ist, z.B. auch im Wort *deutsch*. Einige Personennamen wurden – ähnlich wie im Lateinischen – auf der Basis von indogermanischen Numeralen gebildet, z.B. *Tritanus*, *Tritano* oder *Sestus*, *Sextus*, *Sexto* (hier ist natürlich auch eine Übernahme lateinischer Namen denkbar). Der Königsname *Genthios* geht – wie das lateinische *gens* „Sippe, Stamm" – auf indogermanisch **ǵenh₁*- „geboren sein" zurück, womit das Illyrische eine Kentum-Sprache wäre, andere Namensformen scheinen eher die Satem-Eigenschaft zu belegen, was zeigt, auf welch unsicherem Boden die Analyse des Illyrischen steht. Der Ortsname *Asamum* wurde auf indogermanisch **haek'* „scharf" zurückgeführt, das auch in altindisch *asman* „Stein, Fels" enthalten ist; diese Deutung erfährt dadurch eine Unterstützung, dass *Asamum* im Mittelalter als *Lapida* bezeichnet wurde, was mit dem lateinischen *lapidia* „die Steinige" zusammenhängt.

Man hat auch versucht, aus dem illyrischen Namenmaterial mit Vorbehalt einige Lautgesetze abzuleiten: dabei werden ursprachlich /*g/ und /*gh/ zu illyrisch /g/; silbisches /*r̥, *l̥/ > /ur, ul/, /*o/ > /a/; die Labiovelare wurden delabialisiert, von den ursprachlichen Diphthongen blieben nur /ai, au, eu/ erhalten. (Literatur: Krahe 1964, Mallory-Adams 1997: 287–289, DNP Vol 2: 422.)

Thrakisch

Thrakisch ist die Sprache der Thraker, der antiken Bewohner weiter Teile des südöstlichen Balkans. Die klassischen Geographen und Autoren sind sich bei der genauen Lokalisation einer Landschaft Thrakien uneinig. Der Kern dieses Gebiets umfasste jedenfalls das moderne Bulgarien, das türkische Westthrazien sowie die ägäischen Inseln Thasos und Samothrake. Das Dakische wurde lange Zeit als ein thrakischer Dialekt angesehen; genauere Untersuchungen belegen dagegen seine Eigenständigkeit.

Die Thraker sind bei Homer Verbündete der Trojaner, Herodot hielt sie nach den Indern für das zweitgrößte Volk. Thrakien hatte viele Invasionen zu ertragen, u.a. die griechische Kolonisation, iranische Steppenvölker und die Perser der Achämenidenzeit. Im 5. Jh. v. Chr. konnte sich unter *Odrysae* ein thrakischer Staat bilden, der aber von den Makedonen bereits im 4. Jh. unterworfen und aufgelöst wurde. Seit dem 2. Jh. v. Chr. kontrollierte Rom immer größere Teile Thrakiens, 46 n. Chr. wurde die römische Provinz Thracia etabliert. Am Ende der römischen Herrschaft wurde Thrakien zum Durchmarschgebiet aller möglichen Völker und Stämme, seit dem 6. Jh. drangen Slawen in das Gebiet ein und siedelten sich dauerhaft dort an, wodurch der Untergang der thrakischen Sprache besiegelt war, die nachweislich im Binnenland noch bis ins 6. Jh. n. Chr. gesprochen wurde. Einige thrakische Ortsnamen überlebten die griechische und römische Zeit und konnten sich bis heute halten, z.B. *Pulpuldeva*, das heutige *Plovdiv* in Bulgarien.

Die Überlieferungssituation der thrakischen Sprache ist trotz ihrer langen Lebensdauer bis ins 6. Jh. n. Chr. dürftig, wenn auch wesentlich besser als beim Illyrischen. Bekannt ist das Thrakische durch Glossen in griechischen Texten (u.a. bei Hesych), von denen etwa 30 mit Sicherheit als thrakisch gelten können, durch zahlreiche Orts- und Personennamen sowie durch eine Reihe von frühen Inschriften in griechischer Schrift aus dem 6. und 5. Jh. v. Chr. (z.B eine Grabinschrift aus K'olme in Nordostbulgarien und eine Ringinschrift aus Ezerovo in Südostbulgarien). Der Ertrag dieser Inschriften für die Kenntnis der thrakischen Sprache ist allerdings gering, da Probleme beim Lesen, bei der Worttrennung und der Deutung der Texte bisher eine Übersetzung verhindert haben, die allgemeine Zustimmung gefunden hätte.

Thrakische Orts- und Personennamen sind seit dem 6. Jh. v. Chr. bezeugt, einzelne Namen sind in der antiken Literatur erstaunlich oft belegt, z.B. die Personennamen

Bithys (360 mal), *Tērēs* (132 mal) oder *Zeuthēs* (115 mal). Auch die Grundwörter (Endungen) mancher Orts- und Flussnamen kommen gehäuft vor und sind für das Thrakische charakteristisch, z.B. *-para* „Siedlung", *-bria* „Stadt", *-diza* „Festung", *-sara* „Fluss". Der Schwerpunkt der Erforschung des Thrakischen liegt auf der etymologischen Untersuchung der Eigennamen (dazu Beispiele in Tabelle 10.4).

Tab 10.4 *Die Etymologie thrakischer Eigennamen*

Thrakisch	Erläuterung
Diazenis (~ Diogenes)	*dia ~ dio* < idg. **diwo* „Gott";
	zenis < **ǵ'enh₁* „geboren sein"
Rēsos (mythischer König)	< idg. **h₃reǵ's* „König" ~ latein. *rēx* „König"
Esbenus (Name)	< idg. **h₁ek'ʷos* „Pferd" ~ latein. *equus* „Pferd"
Arzos (Fluss)	< idg. **h₂rǵ'os* „weiß" ~ latein. *arg-entum* „Silber"
Bébrykes „Biber-Stamm"	< idg. **bhébhrus* „Biber" ~ latein. *fiber* „Biber"
-diza „Festung"	< idg. **dheig'h* „bauen" ~ griech. *teîchos* „Mauer"

Aus diesen und ähnlichen Beispielen lassen sich einige thrakische Lautgesetze ableiten:

- idg. /*ǵ'/ > thrak. /z/ (*Satem-Eigenschaft*)
- idg. /*kʷ/ > thrak. /b/: Develarisierung der Labiovelare
- idg. /*bh/ > thrak. /b/: Deaspiration der stimmhaften Aspiratae

Insbesondere zeigen diese Untersuchungen ohne Zweifel, dass das Thrakische eine indogermanische Sprache ist, innerhalb des Indogermanischen gehört es zur *Satem-Gruppe*. (Literatur: Polomé 1982, Mallory-Adams 1997: 575–577, Duridanov 2002: 967–970.)

Päonisch

Die Päonen sind u.a. bei Homer, Herodot, Thukydides und Polybios bezeugt, ihr Siedlungsgebiet war der Mittellauf des Axios (heute Vardas) und der Unterlauf des Astibos (heute Bregalnica). Die Päonen wurden früher meist zu den Illyrern gerechnet, wofür es allerdings kein antikes Zeugnis gibt. Heute wird die päonische Varietät eher als ein *thrakischer Dialekt* aufgefasst, was aber phonologisch nicht unproblematisch ist. Die erhaltenen Sprachreste bestehen aus einigen Stammes-, Personen-, Orts- und Gewässernamen, einem Gottesnamen (*Dýalos*) und einer griechischen Glosse (*mónapos* „Wisent" < idg. **mono-* „Nacken, Hals").

Die geographischen Namen können teilweise indogermanisch etymologisiert werden: *Amydōn* < idg. **ambhi-udōn* „um das Wasser herum"; *Astibos* < idg. **apsa* „Espe" + **thibos* „Sumpf"; *Stoboi* < idg. **stobhos* „Stein". Die Personennamen (meist Königsnamen) konnten bisher nicht gedeutet werden. (Literatur: Duridanov 2002: 961–962.)

Die Geten sind nach Strabo ein thrakischer Stamm; eine Ansicht, die auch heute meist vertreten wird. Sie siedelten im östlichen Teil Thrakiens südlich des Donaudeltas. Vor allem rumänische Forscher halten das Getische eher für einen dakischen Dialekt, die Mehrheit der Fachleute geht von einer *thrakischen* Varietät aus. Ovid (43 v. Chr. – 17 n. Chr.) hat nach eigener Angabe in seiner Exilzeit am Schwarzen Meer (ab 8 n. Chr.) einen Gedichtband auf Getisch verfasst (*Getico scripsi libellum sermone*), der spurlos verschwunden ist. (Literatur: DNP Vol 4, 1025–27.)

Dakisch

Die Daker waren ein nach antiken Zeugnissen (Herodot, Thukydides) eng mit den Thrakern verwandtes Volk, das im heutigen Rumänien, im Osten Ungarns sowie in der Dobrudscha siedelte. Vom sich südlich anschließenden Thrakien war Dakien durch die Donau getrennt. Die dakische Bevölkerung war schon früh der Romanisierung ausgesetzt, das Sprechlatein der Provinz Dacia entwickelte sich auf dakischem Substrat zum Rumänischen (vgl. Abschnitt 5.7).

Die Überlieferung der dakischen Sprache ist wesentlich dürftiger als die des Thrakischen. Erhalten sind Synonymlisten dakischer Pflanzennamen bei Pedanius Dioskurides (1. Jh. n. Chr.) und Pseudoapuleius (3./4. Jh. n. Chr.) (z.B. *adila* „Natterwurz", *amalusta* „Kamille" oder *dyn* „Brennnessel"), einige wenige Glossen in griechischen Texten sowie eine einzige Inschrift aus Grădiştea mit den drei Wörtern *decebalus per scorilo* „Decebal, Sohn des Scorilo" (*per* < idg. **puu̯ero* „Knabe" ~ latein. *puer*). Ansonsten ist man auf Personen- und Ortsnamen angewiesen, deren Etymologie in mancherlei Hinsicht als unsicher gelten muss. Ein dakischer Ursprung wird bei etwa 150 rumänischen Wörtern vermutet, die sich weder romanisch noch slawisch oder ungarisch erklären lassen, z.B. rumän. *mal* „Berg" (~ alban. *mal*) oder *mare* „groß". Allerdings können solche Wörter auch aus einer vor-indogermanischen Sprachschicht des Balkan stammen und müssen nicht zwingend dakischer Herkunft sein.

Dakisch wurde lange Zeit als nah verwandt mit dem Thrakischen oder sogar als thrakischer Dialekt angesehen, was in der Bezeichnung „Thrakisch-Dakisch" zum Ausdruck kam. Diese Einschätzung ist sicherlich geographisch plausibel und wird auch von antiken Autoren teilweise gestützt. Da beide Sprachen jedoch fast nur durch Namenmaterial belegt sind, ist eine sichere genetische Aussage kaum möglich.

Genauere Untersuchungen (z.B. Detschew 1957) zeigten, dass die Ortsnamen nördlich der Donau – also im dakischen Gebiet – große Abweichungen gegenüber den thrakischen südlich der Donau aufweisen. So fehlen im Dakischen die typischen thrakischen toponymischen Elemente *-para* „Siedlung", *-diza* „befestigte Siedlung", *-bria* „Stadt" völlig, lediglich das thrakische Element *-sara* „Fluss" ist auch dakisch belegt. Von insgesamt 3000 aus dem Namensmaterial des Ostbalkan gewonnenen Wortwurzeln kommen nur 36 sowohl nördlich als auch südlich der Donau vor. Nach Untersuchungen von Duridanov 1987 sind 13 toponymische Wortelemente exklusiv thrakisch (darunter die genannten *-para, -bria, -diza*), andererseits sind acht geographische Namenselemente ausschließlich dakisch (*-aba, -auras* „Fluss", *mariska, tibas, lugas* „Sumpfgebiet"; *mal* „Hügel"; *karpa* „Fels" > *Karpaten*; *medas* „Waldgebiet"; *-dava* „Stadt"). Diese deutlichen Unterschiede machen es wahrscheinlich, im Dakischen eher eine eigenständige Sprache zu sehen. Ob sie innerhalb des Indogermanischen einen eigenen Primärzweig darstellt oder doch näher mit dem Thrakischen verwandt ist, lässt sich bei der dürftigen Belegsituation nicht sicher entscheiden.

Etwa 20–25 indogermanische Etymologien für dakische Personen-, Orts- und Pflanzennamen können als einigermaßen sicher gelten, so dass das Dakische als indogermanische Sprache bestätigt ist. Im Folgenden werden einige dieser Etymologien dargestellt.

Axíopa war eine dakische Stadt an der Mündung des *Axíos*. Der Flussname *Axíos* kann auf idg. **n̥-ks(e)i* „nicht leuchtend, schwarz" (~ awest. *axšēna* „dunkelfarbig") zurückgeführt werden, das zweite Namenselement *-opa* auf idg. **u̯op-* „Fluss, Gewässer" (~ litauisch *ùpė* „Fluss"). Also ergibt sich für *Axíopa* die Bedeutung „(Stadt am) schwarzen Wasser". Diese Etymologie wird durch den modernen bulgarischen Namen von *Axíopa* bestätigt, der *Cernavoda* „schwarzes Wasser" lautet und damit den 2500 Jahre alten dakischen Namen in seiner Bedeutung fortsetzt.

Das dakische Orts- und Flussnamensuffix *-sara*, das auch im Thrakischen verbreitet ist, findet sich in dakischen Städtenamen wie *Dausara* oder *Saprasara*. Es kann möglicherweise auf idg. **sorā* „flüssig" (~ latein. *sērum* „Flüssigkeit") zurückgeführt werden, es hat also im Dakischen und Thrakischen die Bedeutung „Fluss". Die Namen *Aizis, Aizisis, Azisis* stammen vielleicht von idg. **h₂eig's* „Ziege" (~ griech. *aix*), während die Ortsnamen *Bersovia, Berzobis* von idg. **bherh₂g'os* „Birke" ableitbar sind.

Man erkennt schon an diesen wenigen Beispielen, dass wirklich sichere Etymologisierungen kaum möglich sind. Dennoch hat man ähnlich wie beim Thrakischen mit Vorbehalt einige Lautgesetze aufgestellt. Dazu gehören die Deaspiration der indogermanischen stimmhaften Aspiratae, die Entwicklung der palatalen Velare zu Sibilanten (danach ist das Dakische eine *Satem-Sprache*) sowie einige Veränderungen im Vokalismus, z.B. /*o/ > /a/, betontes /*e/ > /ie, ia/, /*ē/ > /a/. (Literatur: Polomé 1982, Mallory-Adams 1997: 145–147, Duridanov 2002: 943–946.)

Moesisch oder Mysisch

Die Moesier (lateinische Bezeichnung) oder Mysier (griechische Bezeichnung) siedelten südlich der Donau im Gebiet des heutigen Serbien, in Teilen Bulgariens und in der Dobrudscha. Im Jahre 15 n. Chr. wurde die römische Provinz Moesia eingerichtet. Das Moesische wird meistens als *dakischer Dialekt* eingestuft, man spricht auch von Dako-Moesisch, andere betrachten das Moesische zusammen mit dem Dakischen und Getischen als Dialekte des Thrakischen. Die moesische Überlieferung beschränkt sich auf einige Orts- und Gewässernamen, darunter *Arsaza, Clevora, Medika* und *Ereta*, deren etymologische Deutung problematisch ist.

Makedonisch

Makedonisch ist die Sprache des antiken Volks der Makedonier. Das Kerngebiet des makedonischen Staates waren die Ebenen östlich und nördlich des Olympos-Massivs. Von dort expandierten die Makedonier seit dem 7. Jh. v. Chr., die größte Ausdehnung hatte das makedonische Reich im 4. Jh. v. Chr. unter Philipp II. (reg. 359–336 v. Chr.) und seinem Sohn Alexander dem Großen (reg. 336–323 v. Chr.). Das makedonische Sprachgebiet grenzte im Süden an das griechische, im Westen an das illyrische und im Norden und Osten an das thrakische.

Über den Charakter und die genauen Verwandtschaftsverhältnisse des Makedonischen – das nicht mit der südslawischen Sprache Mazedonisch verwechselt werden darf (vgl. Kapitel 7) – ist ein verlässliches Urteil kaum möglich, da seine Überlieferung äußerst dürftig ist. Insbesondere die Art der Beziehung des Makedonischen zum Griechischen wurde und wird kontrovers diskutiert.

Das erhaltene Material besteht aus einigen wenigen erst vor Kurzem gefundenen Inschriften, die möglicherweise makedonisch verfasst sind (eine wissenschaftliche Edition steht noch aus), einigen Münzinschriften sowie knapp 140 Glossen aus der Sammlung des makedonischen Lexiko- und Glossographen *Amerias* (seine Lebensdaten sind unbekannt, er wirkte in alexandrinischer Zeit), bei denen allerdings nicht sicher ist, ob sie alle makedonisches Wortgut darstellen. Ansonsten ist man auf Personennamen und Toponyme aus Makedonien angewiesen.

Man kann das überlieferte makedonische Sprachgut in drei Gruppen einteilen: 1. Wörter mit gleich- oder ähnlich lautenden griechischen Entsprechungen, 2. Namen und Wörter, die man mit Hilfe des Griechischen deuten kann, 3. Wörter und Namen ohne erkennbaren Bezug zum Griechischen.

Tab 10.5 *Makedonische Wörter und Namen mit griechischen Entsprechungen*

Makedonisch	griechische Entsprechung
sautoria „Rettung"	*sōtería* „Heil, Rettung"
indea „Mittag"	*éndios* „mittäglich"
akrounoi „Grenzstein"	*ákron* „Spitze, Ende"
argipous „Adler"	*argípous* (homerisch) „schnellfüßig"
danon „Tod"	*thánatos* „Tod"
kebala „Kopf"	*kephalḗ* „Kopf"
abroutes „Augenbraue"	*ophrýs* „Augenbraue, Stirn, Anhöhe"
adē „Himmel"	*aithḗr* „Äther, Himmel"
klinotrochon „Ahorn"	*glínos* „Ahorn"
hetairoi „Gardemitglieder"	*hetaîros* „Gefährte"
agēma „Elitetruppe"	*ágēma* „Zug"
Bilippos (Name)	*Phílippos*
Bernika (Name)	**Phereníkē*

Innerhalb der Gruppe mit griechischen Entsprechungen ist die Unterscheidung von Lehnwörtern und makedonischen Erbwörtern oft schwierig, die Bewertungen fallen unterschiedlich aus. Namen wie *Bílippos* oder *Bereníka* sind sicherlich nur oberflächlich makedonisierte Bildungen. An den Beispielen wird deutlich, dass makedonisches /b, d, g/ griechischem /pʰ, tʰ, kʰ/ entspricht.

Zu den griechischen bzw. griechisch deutbaren Namen gehören z.B. die Personennamen *Alexandros* (in weiblicher Form schon mykenisch als *a-re-ka-sa-da-ra* belegt) und *Ptolemaios*, der Ortsname *Eidomenē* oder der Flussname *Haliakmōn*. Wörter ohne erkennbaren Bezug zum Griechischen sind z.B. *abagna* „Rose", *aliza* „Erle, Weißpappel", *axos* „Holz" oder *goda* „Eingeweide". Die meisten dieser Wörter haben jedoch eine indogermanische Etymologie.

Während es trotz des geringen Sprachmaterials unstrittig ist, dass das Makedonische eine indogermanische Sprache darstellt, gehen die Ansichten über die Position des Makedonischen innerhalb des Indogermanischen erheblich auseinander. Folgende Hypothesen wurden oder werden diskutiert:

- das Makedonische bildet einen eigenständigen Primärzweig und ist mit keiner anderen indogermanischen Sprache näher verwandt
- Verwandtschaft mit dem Illyrischen, starker griechischer Einfluss
- Verwandtschaft mit dem Thrakischen, starker griechischer Einfluss
- Verwandtschaft mit dem Griechischen (Schwestersprache oder Dialekt)

Während die illyrische und thrakische Hypothese heute kaum noch Beachtung finden, wird auf Grund des gemeinsamen Wortmaterials mehrheitlich eine nähere Verwandtschaft mit dem Griechischen angenommen, obwohl der Lehnwortanteil der makedonischen Überlieferung sicherlich sehr hoch ist. Für eine völlige Eigenständigkeit des Makedonischen gibt es zu wenige Hinweise, was an der Dürftigkeit des überlieferten Materials liegen kann.

Wenn das Makedonische mit dem Griechischen näher verwandt ist, kann es eine eigenständige Schwestersprache oder ein Dialekt des Griechischen sein. In der Tat spricht nach Ansicht mehrerer Autoren die vorherrschende griechische Prägung des makedonischen Namensgutes und Wortschatzes trotz der Problematik der Entlehnungen am ehesten für einen altertümlichen griechischen Dialekt, der sich früh von den anderen Dialekten abgesondert hat und durch den Einfluss von Substraten und Nachbarsprachen seine besondere Ausformung erhielt. Die nicht mit dem Griechischen in Einklang zu bringenden Wörter und Namen könnten dann einem vormakedonischen Substrat oder dem Einfluss der Nachbarsprachen Illyrisch und Thrakisch zugeordnet werden. Eine solche These hebt auch den scheinbaren Unterschied zwischen „Schwestersprache" und „Dialekt" auf, da sich ein früh abgespaltener Dialekt in fremder Umgebung im Laufe mehrerer Jahrhunderte nahezu zwingend zu einer eigenständigen Sprache entwickelt. Man sollte allerdings auch nicht außer Acht lassen, dass das überlieferte Glossenmaterial aus einer Zeit stammt, als das Makedonische schon stark vom Griechischen überfremdet war. Fazit: Es ist durchaus plausibel, dass das Makedonische eine Schwestersprache des Griechischen war, letztlich belegbar ist diese Aussage angesichts der Dürftigkeit des überlieferten Materials jedoch nicht.

In einem schon früh beginnenden Prozess, der zunächst die herrschende Klasse Makedoniens, später die gesamte Bevölkerung erfasste, wurde das Makedonische immer stärker vom Griechischen überformt, bis es schließlich in hellenistischer Zeit ganz vom Griechischen absorbiert wurde. (Literatur: Brixhe-Panayotu 1994, Mallory-Adams 1997: 361, DNP Vol 7: 750–752.)

10.4 Anatolien

Phrygisch

Das Phrygische ist die Sprache des in historischer Zeit in Kleinasien ansässigen Volkes der Phryger. Diese sind wahrscheinlich im 12. Jh. v. Chr. – nach anderen Forschern erst ein oder zwei Jahrhunderte später – aus Makedonien oder Thrakien nach Kleinasien eingewandert, worüber von mehreren antiken Autoren berichtet wird (Herodot VII,73, Strabo 7.3.2). Die Phryger wurden namengebend für die historische Landschaft Phrygien im westlichen Zentralkleinasien, die vorher zum hethitischen Großreich gehört hatte. Den Phrygern gelang es also, das von den Hethitern hinterlassene Machtvakuum zu nutzen. In der Ilias sind sie Verbündete und Nachbarn der Trojaner. Die bedeutendste Stadt Phrygiens war Gordion, im Hauptkultort Pessinus wurde die anatolische Göttin Kybele verehrt. Phrygien grenzte im Osten an Kappadokien, im Süden an Pisidien und Lykaonien, im Westen an Lydien, im Nordwesten an Bithynien und Paphlagonien.

Im 9. Jh. v. Chr. wurde ein Phrygisches Reich gegründet, das schon bald diplomatische Kontakte mit Assur, Urartu und Delphi aufnahm und eine durchaus eigenständige Kultur entwickelte. Im 8. Jh. unter Midas II. hatte es seine größte Ausdehnung erreicht. Es umfasste außer dem phrygischen Kernland sowohl Lydien als auch das gesamte Gebiet bis zum oberen Halys. (Midas II regierte 738–696; im Mythos hatte er den Wunsch geäußert, dass alles zu Gold werden solle, was er berührt; Dionysos erfüllte ihm fatalerweise diesen Wunsch.) Im Jahre 696 fielen die iranischen Kimmerier ein und zerstörten das Phrygische Reich. Seit dem Ende des 7. Jh. war Phrygien unter lydischer Kontrolle, von 546–334 v. Chr. gehörte es zum Perserreich. Im 3. Jh. v. Chr. wurden von Antiochos I. Kelten (Galater) im östlichen Teil Phrygiens angesiedelt, der westliche Teil wurde von Pergamon annektiert. Seit dem 2. Jh. v. Chr. stand Phrygien unter römischer Herrschaft. Auch ohne staatliche Eigenständigkeit und gegen den Einfluss der Eroberer konnten die Phryger ihre Kultur, Sprache und Religion lange behaupten.

Phrygisch ist nur als Trümmer- oder Restsprache überliefert, allerdings ist die Situation besser als bei den altbalkanischen Sprachen Illyrisch, Thrakisch, Dakisch und Makedonisch, da immerhin 350 Inschriften und etliche Glossen erhalten sind (darunter die berühmte bei Herodot II,2 *bekos* „Brot", womit das Phrygische als älteste Sprache der Welt galt, da dieses Wort von einem Kind geäußert wurde, das man ohne jeden Kontakt zu anderen Menschen hatte aufwachsen lassen). Weitere Quellen sind phrygische Personennamen und Toponyme. Das in hellenistischer Zeit von einigen Autoren (Kleitarch von Ägina, Neoptolemos von Parion und Thoas aus Ithaka) gesammelte phrygische Sprachgut ist vollständig verloren gegangen.

Das Phrygische besitzt zwei nicht-kontinuierliche Sprach- und Überlieferungsperioden: *Altphrygisch* mit Zeugnissen vom 8. Jh. bis zum Ende des 4. Jh. v. Chr. mit einem Schwerpunkt in der vorpersischen Zeit, *Spätphrygisch* mit Zeugnissen aus dem 1.–4. Jh. n. Chr. Zwischen den meisten Texten des Alt- und Spätphrygischen klafft also eine zeitliche Lücke von 600 Jahren, so dass es kaum verwundert, wenn die beiden Sprachstufen deutliche Unterschiede aufweisen.

Das Altphrygische ist durch 250 Inschriften belegt – darunter einige große Felsinschriften, die längste hat 285 Buchstaben –, die in einer dem griechischen Alphabet sehr ähnlichen *phrygischen Schrift* verfasst sind. Zugrunde liegt nicht die ionische (milesische) Form des griechischen Alphabets, die später zum Standard wurde, sondern eine westgriechische Variante mit dem Zeichen Ψ für χ /kh/. Das phrygische Alphabet ist fast identisch mit der Schrift der Lemnos-Stele (7./6. Jh. v. Chr.), deren Sprache mit dem Etruskischen verwandt ist. Die Fundorte altphrygischer Inschriften verteilen sich auf ein Gebiet, das weit über die Grenzen des eigentlichen Phrygiens hinausgeht: von Üyücek in Westphrygien bis nach Pazarlı südlich von Çorum und dem historischen Tyana an der kilikischen Pforte; im Süden umfasst es das nördliche Lykien (Popko 2008: 131).

Die spätphrygische Periode ist durch über 100 im griechischen Alphabet verfasste Inschriften belegt, die sich meistens im griechischsprachigen Kontext auf Grabsteinen finden. Dabei handelt es sich um Fluchformeln gegen Plünderung und sonstige Beschädigung der Gräber. Der Fundbereich konzentrierte sich im Gegensatz zu dem der altphrygischen Inschriften auf Phrygien selbst.

Die Deutung insbesondere der altphrygischen Inschriften bereitet erhebliche Schwierigkeiten, oft hilft nur die etymologische Methode weiter. Dennoch ist Phrygisch ohne Zweifel eine indogermanische Sprache, wie man an etlichen eindeutigen Etymologien erkennen kann, z.B. *matar* < idg. *meh_1ter „Mutter", *podas* „Füße (Akk.)" < idg. *pod- „Fuß", *zemelen* „Mensch, Irdischer" < idg. *$dheg'h\bar{o}m$ „Erde" (~latein. *humus* „Erde", verwandt letztlich auch *homo* „Mensch").

Trotz der geographischen Nähe hat das Phrygische keine besondere Beziehung zu den anatolischen Sprachen (vgl. Kapitel 11), allerdings auffällige Gemeinsamkeiten mit dem Griechischen. Dazu zwei Beispiele aus dem Wortschatz: phryg. *onoman* ~ griech. *ónoma* „Name"; phryg. *Midai lavagtaei vanaktei* „Midas, dem Heerführer (und) König" (Dat. Sg.), das mit mykenisch *ra-wa-ke-ta*, griech. *lagétas* „Heerführer" sowie mykenisch *wa-na-ka*, griech. *wánax* > *ánax* „König" übereinstimmt.

Folgende Merkmale sind charakteristisch für die phrygische Sprache:

- Entpalatalisierung der idg. palatalen Plosive, z.B. phryg. *Akmonia* (Ortsname) < idg. *$ak'mon$ „Stein" (~ altindisch *aśman* „Stein"), das Phrygische ist demnach eine Kentum-Sprache
- Entlabialisierung der idg. Labiovelare, z.B. phryg. *ke* „und" ~ latein. *-que*, griech. *te*
- Reste des Ablauts in der Deklination, z.B. *matar/materan* „Mutter (Nom./Akk.)"
- Vorhandensein des Augments wie im Griechischen, z.B. *e-daes* „er stellte" (Präteritum)

- Bildung des Partizips Perfekt Passiv wie im Griechischen auf *-menos* mit gleichzeitiger Reduplikation, z.B. *tetikmenos* „verurteilt" (Semantik unsicher)
- Relativpronomen *ios* ~ griech. *hós*
- Pronomen *auto* „selbst" ~ griech. *autós*

Die lexikalischen Gemeinsamkeiten sowie mehrere linguistische Merkmale — das Relativpronomen, das Pronomen *auto*, ein Partizip auf *-meno*, Augment — weisen auf die Nähe des Phrygischen zum Griechischen hin (das allerdings im Gegensatz zum Phrygischen eine Satem-Sprache ist). Ob man daraus eine genetische Untereinheit Griechisch-Phrygisch (eventuell mit dem Einschluss des Armenischen) ableiten kann, ist eher fraglich. Die Situation ist wohl ähnlich wie beim Baltischen und Slawischen (vgl. Abschnitt 6.1): Die Vorformen des Griechischen und Phrygischen (eventuell zusammen mit dem Armenischen) bildeten innerhalb des späten Indogermanischen eine Dialektgruppe, aber die Sprachen haben sich im Laufe des 3. Jt. eigenständig und unabhängig aus der Ursprache herausgelöst und sich erst in ihren frühen Verbreitungsgebieten auf Basis der jeweiligen Substrate zum Griechischen, Phrygischen oder Armenischen entwickelt. Eine wechselseitige Beeinflussung war sicherlich im 2. Jt. möglich, als das Phrygische in nahem arealen Kontakt mit dem Griechischen und Makedonischen stand.

Die Nachbarsprachen Thrakisch (vor der Migration nach Kleinasien) und das keltische Galatisch haben keine erkennbaren Spuren im Phrygischen hinterlassen (insbesondere die früher diskutierte These einer phrygisch-thrakischen Verwandtschaft gilt als überholt). Seit Beginn der hellenistischen Zeit ist jedoch der Einfluss des Griechischen immer größer geworden, was auch in den spätphrygischen Schriftzeugnissen deutlich wird. Als lebende (gesprochene) Sprache ist Phrygisch zuletzt im 5. Jh. n. Chr. in der patristischen Literatur bezeugt. (Literatur: Brixhe 2004, Mallory-Adams 1997: 418–420, Popko 2008: 127–134.)

11 | Anatolisch

Der Begriff *anatolische Sprachen* bezeichnet in einem weiten, geographischen Sinne alle Sprachen, die in Anatolien oder Kleinasien verbreitet waren oder sind. In einem engeren, hier ausschließlich gemeinten Sinne handelt es sich um eine genetisch verwandte Gruppe bestimmter *indogermanischer* Sprachen, die im 2. und 1. Jt. v. Chr. in Anatolien und im angrenzenden Nordsyrien bezeugt sind. Die anatolischen Sprachen bilden einen Primärzweig des Indogermanischen.

Die historisch bedeutsamste anatolische Sprache ist das *Hethitische*, das seit dem 16. Jh. v. Chr. in mesopotamischer Keilschrift überliefert wurde und damit die älteste schriftlich belegte indogermanische Sprache überhaupt ist. Eine noch ältere hethitische Nebenüberlieferung (Namen, einzelne Wörter) liegt in den altassyrischen Texten aus den assyrischen Handelskolonien in Kleinasien vor, die bis ins 18. Jh. zurückreicht. Neben dem Hethitischen ist das ebenfalls seit dem 16. Jh. belegte *Luwische* zu nennen, das sowohl in Keilschrift als auch in einer spezifischen luwischen Hieroglyphenschrift geschrieben wurde und in dieser Form bis etwa 700 v. Chr. in Anatolien und Nordsyrien verbreitet war. *Palaisch* ist wie Hethitisch und Luwisch ebenfalls im 2. Jt. belegt, während die übrigen anatolischen Sprachen – *Lydisch, Lykisch, Karisch* und *Sidetisch* – aus dem 1. vorchristlichen Jahrtausend stammen. Nur das *Pisidische*, ein Nachfolger des Luwischen, ist in nachchristlicher Zeit belegt (3. Jh. n. Chr.). Zur Schreibung der anatolischen Sprachen wurden mehrere Schriftsysteme verwendet: die mesopotamische Keilschrift, luwische Hieroglyphen sowie verschiedene Alphabete.

Im 2. Jt. v. Chr. waren die anatolischen Sprachen von der ägäischen Küste bis zum Euphrat verbreitet. Im 1. Jt. wurden sie nach und nach zuerst durch das Phrygische, später vor allem durch das Griechische in die schwer zugänglichen Gebiete des Taurosgebirges nach Pisidien, Lykaonien und Isaurien zurückgedrängt, wo sie sich bis zur Kaiserzeit, vereinzelt sogar bis in die frühbyzantinische Zeit halten konnten. Andererseits dehnte sich das Anatolische (in Form des Luwischen) seit dem 13. Jh. nach Nordsyrien aus, wo es bis zum Anfang des 7. Jh. v. Chr. belegt ist.

Außer den anatolischen Sprachen sind aus dem Altertum in Kleinasien drei nicht-indogermanische Sprachen überliefert: das isolierte *Hattische* sowie die beiden miteinander verwandten Sprachen *Hurritisch* und *Urartäisch*. Insbesondere Hattisch und Hurritisch hatten Einfluss auf die Entwicklung der älteren anatolischen Sprachen. Indogermanische Sprachen Altanatoliens, die nicht zum anatolischen Zweig gehören, sind *Phrygisch* (vgl. Abschnitt 10.4), *Griechisch* (vgl. Kapitel 9), *Armenisch* (vgl. Kapitel 12), das zum Keltischen gehörende *Galatische* (vgl. Kapitel 4) sowie die iranischen Sprachen *Persisch, Kimmerisch* und *Skythisch* (vgl. Kapitel 14).

11.1 Einleitung

Die Entdeckung des Hethitischen

1893 wurden beim zentralanatolischen Dorf Boğazköy (heute Boğazkale) von französischen Archäologen 14 Tontafeln in mesopotamischer Keilschrift, aber einer unbekannten Sprache entdeckt. Die ersten Veröffentlichungen darüber blieben weitgehend unbeachtet. 1902 vermutete der Norweger J. A. Knudtzon, dass die Texte in einer indogermanischen Sprache abgefasst worden seien, er konnte diese These aber nicht ausreichend begründen.

Weitere Grabungen durch H. Winkler in Boğazköy in den Jahren 1905–07 brachten schließlich tausende solcher Tafeln ans Licht. Der Tscheche B. Hrozný kam 1915 nach längeren Untersuchungen zu dem Schluss, dass es sich dabei um eine *indogermanische* Sprache handelt. Der Fundort der Archive war Hattuša, die Hauptstadt der Hethiter; die Sprache wurde „Hethitisch" genannt, wobei das biblische Namensvorbild entscheidend war (die Eigenbezeichnung war *nešili*). 1917 veröffentlichte Hrozný „Die Sprache der Hethiter, ihr Bau und ihre Zugehörigkeit zum indogermanischen Sprachstamm". Indogermanische Merkmale stellte Hrozný in der Nominal- und Verbalmorphologie fest, darunter eine Nominativendung /-s/, einen Akkusativ auf /-n/ sowie die Personalendungen /-ti/ und /-nti/ in der 3. Person Singular bzw. Plural. Darüber hinaus konnten eine Reihe hethitischer Wörter eindeutig als indogermanisch nachgewiesen werden.

Es dauerte noch einige Jahre, bis die Zugehörigkeit des Hethitischen zum Indogermanischen allgemein anerkannt wurde. Der Grund war der besondere Charakter der neuentdeckten Sprache, die in wichtigen Merkmalen von den bekannten indogermanischen Sprachen abwich. Auch der Wortschatz war zu einem beachtlichen Teil nicht-indogermanisch; die phonetische Lesung vieler Wörter war nicht möglich, da sie durch Logogramme der mesopotamischen Keilschrift wiedergegeben wurden. – Es stellte sich später heraus, dass das Hethitische nur *ein* Vertreter einer ganzen Gruppe verwandter, im 2. und 1. vorchristlichen Jt. in Anatolien gesprochener indogermanischen Sprachen ist, die man schließlich *anatolisch* nannte.

Die Position der anatolischen Sprachen innerhalb des Indogermanischen

Die sprachlichen Besonderheiten des Anatolischen – darunter der partielle Erhalt indogermanischer Laryngale, die Opposition belebt/unbelebt statt der üblichen drei Genera, die Ausbildung einer sonst nicht bekannten Konjugationsklasse mit abweichenden Personalendungen, das Fehlen diverser Ausdrucksformen der Verbalmorphologie wie Dual, Optativ, Konjunktiv, Perfekt, Futur etc. – zeigen, dass das Anatolische innerhalb des Indogermanischen eine Sonderrolle einnimmt. Für die Erklärung dieser Sonderposition werden unterschiedliche Ansätze herangezogen, deren Extremstandpunkte sich folgendermaßen beschreiben lassen:

- **Erklärungsmodell A:** *Sehr frühe Abspaltung* – Das Anatolische zeige wegen seiner sehr frühen Abspaltung vom Proto-Indogermanischen einen archaischen Zustand; erst nach der Abspaltung des Anatolischen haben sich in der späteren gemein-indogermanischen Phase die Merkmale herausgebildet, die dem Anatolischen zu fehlen scheinen: Umprägung der Laryngale, drei grammatische Genera, die volle Entwicklung der Verbalmorphologie, wie sie im Indoiranischen oder Griechischen vorliegt. – Dieser Ansatz entspricht der *indo-hethitischen Hypothese*, die zuerst 1926 von Edgar H. Sturtevant vertreten wurde und die von einer sehr frühen Abspaltung des Anatolischen im 7. Jt. ausgeht; er ist die logische Folge der Hypothese einer anatolischen Urheimat des Indogermanischen (vgl. Abschnitt 2.3), die ebenfalls eine sehr frühe Trennung des Anatolischen von den übrigen Sprachen voraussetzt.

- **Erklärungsmodell B:** *Verlust und Innovation* – Das Anatolische habe sich weitgehend gemeinsam mit den übrigen „Dialekten" innerhalb der Protosprache entwickelt; die gemein-indogermanischen Merkmale seien jedoch nach der Abspaltung des Anatolischen durch langzeitige Kontakte mit typologisch fremden Sprachen auf dem Weg nach Anatolien oder in Anatolien selbst nach und nach verloren gegangen. Andere abweichende Merkmale seien als Innovationen des Anatolischen zu erklären.

Wie so oft, scheint auch in dieser Frage die „Wahrheit" irgendwo in der Mitte der extremen Alternativen zu liegen. Eine frühere Abspaltung – wenn auch keine extrem frühe – scheint aus verschiedenen Gründen wahrscheinlich. Die meisten modernen phylogenetischen Untersuchungen kommen zu diesem Ergebnis, unabhängig von der Auswahl des Datenmaterials, der Methode und von der resultierenden Gesamtstruktur. (Eine Ausnahme ist eine phylogenetische Untersuchung von H. J. Holm auf Basis der indogermanischen Verben, die eine relativ späte Abspaltung des Anatolischen zusammen mit dem Griechischen, Albanischen, Armenischen und Indoiranischen ergeben hat; vgl. Holm 2007.)

   Die anatolischen Sprachen waren sicherlich dem erheblichen Einfluss nicht-indogermanischer, wahrscheinlich kaukasischer Sprachen ausgesetzt, so dass ein partieller Verlust von gemein-indogermanischen Merkmalen nicht unwahrscheinlich ist. Bei genauerem Studium stellten sich die Besonderheiten des Anatolischen dann doch nicht als so gravierend heraus, dass sie eine extrem frühe Abspaltung begründen könnten. Auch in anderen Zweigen haben durchaus ähnliche Entwicklungen schon in frühen Phasen eingesetzt. Jedenfalls ist heute die Tendenz groß, das Anatolische als einen „normalen" Primärzweig des Indogermanischen parallel zum Indoiranischen, Griechischen, Keltischen etc. aufzufassen und nicht als eigenständigen Primärzeig, dem alle übrigen Zweige als Einheit gegenüberstehen, wie es die indo-hethitische Hypothese fordert (vgl. Puhvel 1991). Anders ausgedrückt: Die indo-hethitische Hypothese hat heute nur noch wenige Verfechter. Entsprechend wenig Unterstützung findet die These einer anatolischen Urheimat, da sie chronologisch die extrem frühe Trennung des Anatolischen vom Rest voraussetzt.

Herkunft und Ethnogenese der indogermanischen Anatolier

Legt man die hier favorisierte Kurgan-Hypothese zugrunde (vgl. Abschnitt 2.3), erreichten die Proto-Indogermanen im 5. Jt. mit der ersten Migrationswelle der Kurgan-Kultur das Gebiet nordwestlich des Schwarzen Meeres. Von dort sind indogermanische Gruppen spätestens am Ende des 3. Jt. nach Kleinasien gelangt, wo sie bald in intensiven Kontakt mit der kulturell hochstehenden, nicht-indogermanischen einheimischen Bevölkerung kamen. Die engen kulturellen Beziehungen der indogermanischen *Proto-Hethiter* zu den einheimischen *Hattiern* führten zur Ausbildung eines „hethitischen" Volkes, die eigentliche Ethnogenese der Hethiter fand also erst in Anatolien statt.

Die ursprüngliche kulturelle Überlegenheit der Hattier spiegelt sich in der Entlehnung hattischer Begriffe aus den Bereichen der Verwaltung, des Königtums und vor allem der Religion in die hethitische Sprache, welche sich schließlich aber nach Übernahme der mesopotamischen Keilschrift im 16. Jh. in Zentralanatolien als Kanzlei- und Handelssprache durchsetzen konnte und die hattische Sprache bald völlig absorbierte. Die große Bedeutung der Hattier für die Hethiter lässt sich auch daran ablesen, dass sie deren Landesnamen Ḫatti für das eigene Reich übernahmen. Eine ähnliche kulturelle Symbiose gingen wenig später die *Luwier* mit den *Hurritern* in Südostanatolien und Nordsysrien ein, hurritisches Kultur- und Sprachgut gelangte vor allem über luwische Vermittlung ins hethitische Reich, das hurritische Pantheon verdrängte sogar weitgehend die alten hethitischen Götter.

Wenn auch die Ethnogenese der Hethiter, Luwier und anderer anatolischer Völker ein Prozess war, der sich im Wesentlichen in Anatolien abgespielt hat, ist dennoch die Frage interessant, wann und auf welchem Wege die Proto-Anatolier nach Kleinasien gelangt sind. Geht man von der Kurgan-Hypothese aus, sind prinzipiell zwei Einwanderungswege möglich: ein westlicher über den Balkan und ein östlicher durch den Kaukasus. Für beide Theorien sprechen einige Argumente, deren Gewichtung letztlich darüber entscheidet, welche These bevorzugt wird. Bei einer Zuwanderung über den Balkan könnte man bestimmte Zerstörungshorizonte in Nordwestanatolien in der Zeit 2200–2000 v. Chr. (z.B. auch die Zerstörung von Troia II) oder auch 2600 v. Chr. mit dem Eindringen der Indogermanen assoziieren. Beweise dafür, dass diese Zerstörungen das Werk der Proto-Anatolier waren, gibt es freilich nicht. Größere kulturelle Umwälzungen sind in der zweiten Hälfte des 3. Jt. in Kleinasien nicht zu beobachten.

Als Argument für eine Einwanderung über den Kaukasus wurden die sprachlichen Besonderheiten des Anatolischen angeführt, da die Proto-Anatolier bei einer östlichen Einwanderung länger von den übrigen Indogermanen getrennt gewesen seien und intensive Kontakte mit kaukasischen Völkern hatten, bevor sie nach Anatolien gelangten (Mallory-Adams 1997: 12–17). Als archäologische Verbindung zwischen dem Gebiet nordöstlich des Schwarzen Meeres und Zentralanatolien können bestimmte Kammergrabtypen aus der 2. Hälfte des 3. Jt. angesehen werden, die man als frühhethitische Prinzengräber interpretieren wollte. Die Mehrheit der Forscher geht heute jedoch eher von einer westlichen Zuwanderung über den Balkan aus, wobei ein zeitlicher Ansatz in der Mitte des 3. Jt. favorisiert wird, um genügend Zeit für die Entwicklung der anatolischen Einzelsprachen zu lassen.

Völlig anders stellt sich die Situation dar, wenn man Anatolien gemäß der anatolischen Hypothese als Urheimat der Indogermanen betrachtet, die von dort bereits im 7. Jt. nach Westen aufgebrochen seien und die erste landwirtschaftliche Kultur nach Europa gebracht haben. Dann wären die Proto-Anatolier als indogermanische Restbevölkerung in Kleinasien zurückgeblieben. Dies wirft allerdings mehrere Fragen auf, z.B. wie das Verhältnis der Hethiter zu den Hattiern zu interpretieren ist. Schwerwiegender ist das Problem, dass sich bestimmte kulturelle Errungenschaften wie die Verwendung von Jochtieren und Pferden, die Erfindung von Rad und Wagen erst *nach* dem angenommenen frühen Auszug der Mehrheit der Indogermanen aus Anatolien entwickelt haben, obwohl die Bezeichnungen für diese neuen Techniken zum gemein-indogermanischen und auch anatolischen Wortschatz gehören. Das wiederum spricht dafür, dass sich die indogermanische Gemeinschaft erst nach dem Auftreten dieser Techniken aufgelöst hat (vgl. Abschnitt 2.3).

11.2 Überlieferung und Klassifikation der anatolischen Sprachen

Überlieferung und Verbreitung

Nach ihrem Alter kann man die anatolischen Sprachen in zwei Untergruppen gliedern: die Sprachen des 2. und die des 1. vorchristlichen Jahrtausends, dazu kommt als einzige nachchristlich belegte Sprachform das Pisidische. Die Verbindung zwischen diesen Gruppen stellt das Luwische in seiner hieroglyphischen Variante dar, das vom 15. Jh. bis ins 7. Jh. v. Chr. in weiten Teilen Anatoliens und in Nordsyrien verbreitet war. Vor allem die älteren karischen Zeugnisse stammen im Wesentlichen von Grabinschriften aus Ägypten, die von karischen Söldnern dort im 7. und 6. Jh. v. Chr. hinterlassen wurden. Belegzeiträume, Schriften und Überlieferungsumfang der anatolischen Sprachen sind sehr unterschiedlich, die Tabelle 11.1 gibt darüber eine Übersicht.

Tab 11.1 *Verbreitungsgebiet, Überlieferung und Schrift der anatolischen Sprachen*

Sprache	Periode	Schrift	Überlieferung	Hauptverbreitung
Hethitisch	16.–13. Jh.	Keilschrift	umfangreiche Archive	Zentral- und Nordanatolien
Palaisch	16.–15. Jh.	Keilschrift	Rituale in hethit. Texten	Nordanatolien
Luwisch	16.–13. Jh.	Keilschrift	Rituale in hethit. Texten	Süd- und Südwestanatolien
	15.–7. Jh.	luw. Hieroglyphen	ca. 260 Inschriften	Anatolien, Nordsyrien
Lydisch	8.–3. Jh.	ostgriech. Alphabet	ca. 100 Inschriften	Lydien (Westanatolien)
Karisch	8.–3. Jh.	karisches Alphabet	ca. 200 Inschriften	Karien; Ägypten
Lykisch	5.–4. Jh.	lykisches Alphabet	ca. 200 Inschriften	Lykien (Südwestanatolien)
Sidetisch	3.–2. Jh.	sidetisches Alphabet	8 Inschriften	Pamphylien (Südanatolien)
Pisidisch	3. Jh. n. Chr.	griech. Alphabet	ca. 20 Grabinschriften	Pisidien (Südanatolien)

Klassifikation

Die anatolischen Sprachen gliedern sich nach linguistischen Kriterien zunächst in das *Zentralanatolische*, das nur aus dem Hethitischen besteht, und in das *Westanatolische*, zu dem alle anderen Sprachen gehören. Das Westanatolische ist gegenüber dem Hethitischen durch gemeinsame Neuerungen gekennzeichnet, z.B. durch den Lautwandel /e/ > /a/ und /ē/ > /ī/, die Ausbreitung des sog. *Mutationssuffixes* /-i-/ in der Nominalflexion (das in manchen Kasus zwischen Stamm und Endung tritt und so scheinbar zu einer Mutation des Stammauslautes führt) sowie durch eine weitgehende Vereinheitlichung der Endungen der beiden anatolischen Konjugationsklassen. Die Trennung des Westanatolischen und Hethitischen muss schon vor dem 18. Jh. v. Chr. erfolgt sein, wie luwische und hethitische Personennamen und Appellativa in den altassyrischen Texten von Kaneš (heute Kültepe bei Kayseri) belegen. Das wiederum bedeutet, dass das Gemeinanatolische in der Mitte, spätestens jedoch am Ende des 3. Jt. anzusetzen ist.

Die Hauptsprache des westanatolischen Zweigs ist das *Luwische*, das sich von West- und Südanatolien immer weiter nach Südostanatolien und Nordsyrien ausgedehnt hat. Besonders nah verwandt mit dem Luwischen scheint das nur dürftig überlieferte *Pisidische* zu sein, auch das *Lykische* wird zur luwischen Untergruppe des Westanatolischen gerechnet, während *Karisch* und *Sidetisch* wohl eigenständiger sind, soweit das geringe Material überhaupt eine fundierte Aussage zulässt. Neben den genannten Sprachen gehören noch die beiden Einzelsprachen *Palaisch* und *Lydisch* zum Westanatolischen, wobei das Palaische dem Luwischen möglicherweise etwas näher steht als das Lydische. In Tabelle 11.2 sind diese Überlegungen zu einer Gliederung der anatolischen Sprachen zusammengefasst.

Tab 11.2 *Klassifikation der anatolischen Sprachen (Luraghi 1998: 169)*

Spracheinheiten	Einzelsprachen
ANATOLISCH †	
ZENTRALANATOLISCH	Hethitisch †
WESTANATOLISCH	
LYDISCH	Lydisch †
PALAISCH	Palaisch †
LUWISCH-KARISCH	
LUWISCH-LYKISCH	Luwisch † (V Keilschrift-Luw., Hieroglyphen-Luw.)
	Lykisch † (V Lykisch A, Lykisch B = Milyisch)
	Pisidisch †
KARISCH	Karisch †
SIDETISCH	Sidetisch †

Von einigen Forschern werden *Keilschrift-Luwisch* und *Hieroglyphen-Luwisch* als separate Sprachen betrachtet. Die meisten sehen in ihnen die Varietäten *einer* Sprache, da die sprachlichen Unterschiede gering sind und vor allem durch frühere falsche Lesungen der luwischen Hieroglyphen überbetont wurden. Manche Forscher billigen auch den beiden lykischen Varietäten Lykisch A und B einen eigenständigen Sprachstatus zu und nennen Lykisch B dann *Milyisch*.

11.3 Hethitische Sprache und Schrift

Hethitisch ist die in mesopotamischer Keilschrift geschriebene Sprache des in Kleinasien im 2. Jt. v. Chr. politisch führenden Volkes der Hethiter. Die heute üblichen Bezeichnungen „Hethiter" und „Hethitisch" sind moderne Prägungen, die auf die biblische Bezeichnung *hittim* zurückgehen. Damit waren in der Bibel (z.B. Richter 1,26 oder Genesis 23,10) die in Syrien ansässigen Luwier des 1. Jt. v. Chr. gemeint, die auch in Kanaan in Erscheinung traten und dort Kontakt mit den Juden hatten. Die Hethiter selbst benannten ihre Sprache nach ihrer ersten Residenzstadt Neša (Kaneš, heute Kültepe bei Kayseri) *nešum-nili* „nešisch". Sich selbst bezeichneten sie nach dem Namen ihrer Hauptstadt als „Leute von Hattuša", was wiederum auf die schon vor den Hethitern in Kleinasien ansässigen nicht-indogermanischen Hattier zurückgeht. Auch die Akkader bezeichneten das Hethiterland als „Land Ḫatti", die Ägypter als *ḫt3* (die Vokale wurden im Ägyptischen nicht wiedergegeben, 3 ist der ägyptische Konsonant /ʔ/).

Nach Umfang und thematischer Vielfalt des Textkorpus sowie dem Grad seiner seit 1915 erfolgenden philologischen Aufarbeitung ist das Hethitische die bedeutendste anatolische Sprache, obwohl ihr Belegzeitraum – vom 16. Jh. bis zum Ende des 13. Jh. – nur etwa 400 Jahre umfasst und damit weit hinter dem des Luwischen zurückbleibt, das fast 1000 Jahre lang bezeugt ist (sogar 2000 Jahre, wenn man das Pisidische als einen späten luwischen Dialekt betrachtet). Nicht unwichtig für das Hethitische (und Luwische) ist die Nebenüberlieferung in altassyrischen Keilschrifttexten aus dem 18. Jh. v. Chr., vor allem aus der assyrischen Handelskolonie Kaneš.

Der mit Abstand wichtigste Fundort für die in mesopotamischer Keilschrift geschriebenen hethitischen Texte ist die Hauptstadt Hattuša beim zentralanatolischen Dorf Boğazkale (früher Boğazköy). In zahlreichen Ausgrabungskampagnen unter deutscher Leitung – 1906/07, 1911/12, 1931–39, seit 1952 kontinuierlich – wurden umfangreiche Archive mit Tausenden von Tontafeln entdeckt. Weitere Fundorte hethitischer Texte sind die anatolischen Orte Maşat, Kuşaklı und Ortaköy sowie die syrischen Stätten Ugarit und Emar. Die Texte wurden im Zeitraum vom 16. Jh. bis zum Ende des 13. Jh. verfasst, um 1200 ging das Hethiterreich und mit ihm die hethitische Sprache plötzlich unter, was man auf die Angriffe der sog. Seevölker zurückführt, von denen der gesamte östliche Mittelmeerraum betroffen war.

Das Inhaltsspektrum der hethitischen Texte ist außergewöhnlich groß. Dazu gehören historiographische Texte, Staatsverträge, diplomatische Korrespondenz, administrative und technische Literatur (Gesetze, Erlasse, Anweisungen an Beamte, Eide, Urkunden, Bibliothekskataloge, Vokabulare, hippologische und medizinische Texte), Weisheitsliteratur, Mythen sowie eine umfangreiche religiöse Literatur (Kultanweisungen, Rituale, Beschwörungen, Orakel, Omina und Gebete). Die hethitischen Sprachdenkmäler werden in *drei Perioden* eingeteilt:

- *Althethitisch* (16. Jh.)
- *Mittelhethitisch* (Anfang 15. bis Mitte 14. Jh.)
- *Junghethitisch* (Mitte 14. bis Ende 13. Jh.)

Diese Einteilung ist das Ergebnis sorgfältiger paläographischer Untersuchungen der für das Hethitische verwendeten Keilschrift. Trotz der relativ kurzen Überlieferungsperiode ist eine Entwicklung der hethitischen Sprache deutlich erkennbar. Die Veränderungen betreffen die Morphologie sowie die Stammbildung des Nomens und Verbs. Die hethitische Nebenüberlieferung in den altassyrischen Texten des 18. Jh. zeigt, dass diese Entwicklung schon früher begonnen hatte. Trotz vieler Neuerungen hat das Hethitische ein umfangreiches indogermanisches Erbe bewahrt.

Wortschatz

Da in der hethitischen Keilschrift viele Wörter aus dem Grundwortschatz mit Logogrammen wiedergegeben wurden, ist ihre hethitische Lautung oft nicht bekannt. Die phonetisch (syllabisch) geschriebenen „lesbaren" Wörter des hethitischen Grundwortschatzes können zu einem überwiegenden Teil (über 80%) als indogermanisch gedeutet werden. Einige hethitisch-indogermanische Wortgleichungen sind in der Tabelle 11.3 dargestellt. Wo hethitische Entsprechungen fehlen, sind zur Ergänzung luwische angeführt (*hluw* Hieroglyphen-Luwisch, *kluw* Keilschrift-Luwisch).

Obwohl Mehrsprachigkeit im Kleinasien des 2. Jt. v. Chr. weit verbreitet war und insbesondere am Herrschersitz in Hattuša nach Ausweis der Archive auch nicht-anatolische Sprachen wie Hattisch, Hurritisch und Akkadisch verwendet wurden, hat doch – entgegen früherer Ansichten – vor allem das verwandte Luwische den größten Einfluss auf den hethitischen Wortschatz gehabt, ein Einfluss, der vom 16. bis 13. Jh. ständig zunahm. Auf luwische Vermittlung gehen auch die meisten hurritischen Lehnwörter sowie die mykenischen Eigennamen im Hethitischen zurück, z.B. mykenisch *Etewoklewes* > luwisch und hethitisch *Tawaglawa*.

Tab 11.3 *Indogermanische Wortgleichungen mit hethitisch-luwischen Komponenten
(nach Pokorny 1959, Mallory-Adams 1997)*

Deutsch	Hethitisch	Sanskrit	Griechisch	Lateinisch	Gotisch	Proto-Idg.
Tochter	tuwatra- (hluw)	duhitár-	thygátēr	futír (*osk*)	daúhtar	*dhugh₂tér
Herz	kēr	—	kardíā	cord-	haírtō	*k'r̥d-
Knie	gēnu	jánu	góny	genū	kniu	*g'enu
Fuß	pad(a)-	pád-	pod-	ped-	fōtus	*pod-, *ped-
Horn	karaun-	śṙ̥nga-	kéras	cornu	haúrn	*k'er̥(s)(nom)
Zahn	(adant-)	dánt-	odónt-	dent-	tunþus	*h₁edónt-
Träne	ishahru-	áśru-	dákry(ma)	lacrima	tagr	*(d)h₂ék'ru-
Aue (Schaf)	hawi (*kluw*)	ávi-	ó(w)is	ovis	awi-	*h₂óu̯is
Kuh	wawa (*hluw*)	gáu-	būs, bōs	bōs	chuo (*ahd*)	*gʷōu(s)
(Pferd)	azu- (*hluw*)	áśva-	híppos	equus	aíhu-s	*h₁ék'u̯os
Hund	kun-	śun-	kyn-	canis	hunds	*k'(u)u̯ón
Name	lāman	náma-	ónoma	nōmen	namō	*h₁enómn̥
Nacht	nekuz (*Gen.*)	nákt-	nykt-	noct-	nahts	*nokʷt-
Wasser	wātar	udán-	hýdor	utur (*umbr*)	watō	*u̯odr̥
Feuer	pahhur	—	pȳr	pir (*umbr*)	fiur (*ahd*)	*péh₂ur̥
(Erde)	tēkan	kṣam-	chthōn	humus	—	*dhég'hōm
(Baum, Holz)	tāru	dáru-	dóry	—	triu	*dóru
neu	nēwas	náva-	né(w)os	novus	niujis	*néu̯os
ich	ūk	ahám	egṓ	ego	ik	*h₁eg'(om)
du	zik	tvám	sý, tý	tū	þu	*tuh_x
wer?	kuiš	(ka-)	tís	quis	(hu̯as)	*kʷis
ist	ēszi	ásti	estí	est	ist	*h₁esti
essen	ēd-	ád-	ed-	ed-	it-	*h₁ed-
zwei	tūwa- (*hluw*)	dvá	dýo	duo	twai	*du̯éh₃u
drei	teri-	tráyas	treīs	trēs	þreis	*trei̯es
sieben	siptam-	saptá	heptá	septem	sibun	*septm̥

Tab 11.4 *Lehnwörter im Hethitischen (Rieken 2005: 120)*

Hethitisch	Bedeutung	Herkunft	Originalwort
tuppi-	„Tontafel"	Akkadisch	*ṭuppu*
wartanna-	„Wendung"	Mitanni	*wartanna* (hippologischer Begriff)
zalla-	„Trab"	Luwisch	*car-/cal-*
zuḫrit-	„Gras"	Hurritisch	*zuḫri*
ēzzan taru	„Kleinigkeit"	Akkadisch	*ḫāmū u ḫuṣābu* „Streu und Kleinholz"

Beim letzten Beispiel handelt es sich um eine Lehnübersetzung aus dem Akkadischen. Die Lehnwörter behielten im Hethitischen häufig ihre ursprünglichen fremdsprachigen Flexionsformen bei.

Die hethitische Keilschrift

Die erhaltenen hethitischen Texte wurden von professionellen Schreibern auf Tontafeln geschrieben (mit Griffeln eingedrückt), die Tafeln wurden dann zur Konservierung gebrannt (anders als bei den Linear B-Tafeln, die im ungebrannten Zustand blieben und nur durch Brandkatastrophen in den Palastarchiven „ungewollt" konserviert wurden).

Das Schriftsystem ist die mesopotamische Keilschrift der ersten Hälfte des 2. Jt., die wahrscheinlich über Nordsyrien durch akkadische Schreiberschulen vermittelt und zu Beginn des Alten Reichs im 17. Jh. von den Hethitern übernommen wurde. Die in Hattuša und anderen hethitischen Orten benutzten Keilschriftzeichen entsprechen der *altbabylonischen* Schriftform; dagegen hat die von den Assyrern im 18. Jh. in den kleinasiatischen Handelskolonien verwendete *altassyrische* Keilschriftform keine Spuren im hethitischen Schriftsystem hinterlassen.

Das Keilschriftsystem besteht aus Logogrammen, die auch als Determinative verwendet werden, sowie aus phonetischen Silbenzeichen der Form V (a, e, i, u), KV, VK und in geringem Umfang KVK. Die Logogramme werden nach ihrem hauptsächlichen sprachlichen Kontext als *Sumerogramme* oder *Akkadogramme* bezeichnet (per Definition sind Logogramme allerdings sprachunabhängige Zeichen). In der Transkription werden die Silbenzeichen durch kleine lateinische Buchstaben wiedergegeben und die Silben eines Wortes durch einen Bindestrich voneinander getrennt. Sumerogramme gibt man durch das entsprechende sumerische Wort in lateinischen Versalien, Akkadogramme als kursivierte Versalien wieder. Logogramme, die als Determinative dem Bezugswort vorangestellt sind, werden in der Umschrift hochgestellt. Logogramme können durch ein phonetisches Komplement präzisiert werden oder eine phonetisch geschriebene Flexionsendung erhalten. Dazu einige Beispiele:

- **silbische Schreibung**: at-ta-aš /attaš/ „Vater", e-eš-zi /ēszi/ „ist"
- **Sumerogramme**: LUGAL „König", DINGIR „Gott", KIŠIB „Siegel", LÚ „Mann",

DUMU „Sohn", UR.SAG „Held", GAL „groß", UKÙ „Mann", KUR „Land", URU „Stadt", GU₄ „Kuh", GIŠ „Holz", ^{DINGIR}UTU „Himmel" (mit dem Determinativ DINGIR „Gott, göttlich")

- **Akkadogramme**: *BI-IB-RU* „vogelförmiger Rhyton" (< akkad. *bibrû* „Vogelart; Gefäß in Vogelform" < sumer. *bibra* mit denselben Bedeutungen); *QA-TAM-MA* „wie folgt, genauso wie" < akkad. *qātamma* „genauso wie, in derselben Art und Weise"
- **Determinative**: ^{NA4}KIŠIB „(steinernes) Siegel" (NA₄ ist das Sumerogramm für „Stein", das hier als Determinativ verwendet wird, KIŠIB Sumerogramm für „Siegel"); ^{URU}ḫa-at-ti „Stadt/Land Ḫatti" (URU ist das hier als Determinativ verwendete Sumerogramm für „Stadt")
- **phonetische Flexionsendung**: DINGIR^{*LIM*}-na-aš „des Gottes"; DINGIR ist das Sumerogramm für „Gott", *LIM* ein phonetisches Komplement im akkadischen Text, das den Genitiv bezeichnet (< akkad. *ilim* „des Gottes"); diese sumero-akkadische Wortkombination wurde als Ganzes ins Hethitische übernommen und dann mit dem hethitischen Genitivsuffix /-na-aš/ phonetisch-grammatisch ergänzt; hethitische Lesung /šiunaš/ „des Gottes".

Typisch hethitisch ist die Verwendung von Akkadogrammen als Kasussuffix: *ŠA* akkad. *ša* „der eine von" für den Genitiv, *I-NA* akkad. *ina* „in" für den Dativ-Lokativ und Allativ bei Neutra, *A-NA* akkad. *ana* „zu" für den Dativ bei belebten Wesen, *IŠ-TU* akkad. *ištu* „von, durch" für den Ablativ und Instrumental.

Es besteht kein Zweifel daran, dass alle Sumero- und Akkadogramme hethitisch gelesen und ausgesprochen wurden, darauf weist explizit auch die Verwendung phonetischer Komplemente und Flexionsendungen hin. Die Determinative wurden wie bei anderen Schriftsystemen, die solche Deutezeichen benutzen, nicht mitgelesen.

Textbeispiel 1: Äußerer Ring eines Siegels von König Šuppiluliuma I. (der Innenraum ist in luwischer Hieroglyphenschrift beschrieben): ^{NA4}KIŠIB ^{LÚ}šu-up-pí-lu-li-u-ma LUGAL GAL UR.SAG DUMU ^{LÚ}du-ut-ḫa-li-ya LUGAL GAL UR.SAG „Siegel (aus Stein) (des) Šuppiluliuma, Großkönig, Held, Sohn (des) Dutḫaliya, Großkönig, Held".

Textbeispiel 2: UM-MA ta-ba-ar-na NIR.GÁL LUGAL.GAL LUGAL KUR ^{URU}ḫa-at-ti „So (spricht) Tabarnas [ein Titel] Muwatallis, der Großkönig, der König des Landes Ḫatti". Außer dem Titel *Tabarnas* des hethitischen Königs *Muwatallis*, dessen Name logographisch als NIR.GÁL geschrieben wird, und der Landesbezeichnung Ḫatti „Hethiterreich" werden nur Logogramme verwendet. Bei *UM-MA* handelt es sich um ein Akkadogramm von akkad. *umma* „so (sprach)", das die wörtliche Rede einleitet.

In den 400 dokumentierten Jahren der Verwendung der hethitischen Keilschrift hat es keine dramatischen Änderungen im Schreibstil gegeben. Dennoch ist es den Forschern gelungen, anhand kleiner Veränderungen des Duktus und der äußeren Form der Tontafeln eine chronologische Zuordnung der Tafeln zur alt-, mittel- oder junghethitischen Periode vorzunehmen. Diese paläographische Methode hat inzwischen eine hohe Zuverlässigkeit und Genauigkeit erreicht.

11.4 Grammatische Skizze des Hethitischen

Die folgende grammatische Skizze basiert vor allem auf Watkins 2004 und Rieken 2005. Das Hethitische ist eine meist durch Endungen flektierende Sprache, deren Flexion teilweise vom Ablaut der Wurzel gestützt wird. Für die Derivation (Wortableitungen) werden ebenfalls hauptsächlich Suffixe verwendet, Ablaut und Reduplikation können unterstützend hinzutreten.

Die hethitische Lautverschiebung

Die wesentlichen Lautveränderungen des Hethitischen gegenüber dem Indogermanischen sind die folgenden:

- die stimmhaften Aspiranten werden zu stimmlosen nicht-aspirierten Plosiven (*bh > p, *dh > t)
- die Palatalisierung der Velare entfällt (*k' > k, *g' > g etc.), z.B. idg. *k'r̥d- > hethit. kēr „Herz"; Hethitisch ist also eine *Kentum-Sprache* (im Gegensatz zum Luwischen)
- zwei der drei Laryngale bleiben – im Gegensatz zu allen anderen indogermanischen Sprachen – im Hethitischen erhalten (*h₁ > ø; *h₂, *h₃ > ḫ oder ḫḫ)
- die indogermanischen Labiovelare bleiben als solche erhalten (*kʷ, *gʷ > kw/ku); die silbischen Liquide werden vokalisiert: *n̥ > an, *l̥ > al, *r̥ > ar
- idg. *o > a/ā, *ō > ā.

Alle anderen proto-indogermanischen Laute bleiben im Wesentlichen erhalten. In der Tabelle 11.5 sind Belege für die wichtigsten Lautverschiebungen zusammengestellt. Die hier am Beispiel des Hethitischen dargestellten Lautverschiebungen gelten weitgehend auch für die anderen anatolischen Sprachen.

Phonologie

Da die Hethiter eine Form der akkadischen Keilschrift verwendeten, lässt sich die exakte Phonetik nicht mehr feststellen (vgl. Abschnitt 11.3). Jedoch können mit etymologischen Mitteln und durch Schreibvarianten innerhalb des Hethitischen einige Aussagen getroffen werden. Ein besonderes Merkmal des Hethitischen und anderer anatolischer Sprachen ist der teilweise Erhalt der ursprachlichen Laryngale, die in allen anderen Sprachzweigen entfallen sind, wobei in der Regel lautliche Transformationen eintraten (vgl. Abschnitt 2.5). Tabelle 11.6 zeigt die Konsonantenphoneme des Hethitischen.

Tab 11.5 *Die hethitische Lautverschiebung (Mallory-Adams 1997: 14)*

Idg. >	Hethit.	Ur-Idg.	Bedeutung	Hethitisch
*bh	p	*nébhes-	„Wolke, Himmel"	nēpis „Himmel"
*dh	t	*dhurh$_x$-	„Pfosten, Stiel"	tūriye „Haken"
*g	k	*i̯ugom	„Joch"	yukan
*k^w	kw	*k^{w}is	„wer?"	kuiš
*g^w	kw	*g^{w}enh$_x$-	„Frau"	kuinna
*g^{w}h	kw	*g^{w}hēn-	„Schlag"	kuēn- „töten"
*k'	k	*k'u̯on-	„Hund"	kun-
*g'	g, k	*g'enu-	„Knie"	gēnu
*g'h	k	*g'hesr̥-	„Hand"	kissar
*s	š	*k^{w}is	„wer?"	kuiš
*i̯	y	*i̯ugom	„Joch"	yukan
*n̥	an	*n̥sos	„uns"	anzāš
*r̥	ar	*k'r̥d-	„Herz"	kēr, kard-
*o	ā	*u̯ódr̥-	„Wasser"	wātar
*h$_1$	ø	*h$_1$es-	„sein"	es-
*h$_2$	ḫ	*h$_2$érg'i	„weiß"	ḫarki-
*h$_3$	ḫ	*h$_3$éron-	„Adler"	ḫāran-

Tab 11.6 *Die Konsonantenphoneme des Hethitischen (Watkins 2004: 556)*

	bilabial	alveolar	palatal	velar	labiovelar
Plosive	p, b	t, d		k, g	k^w (ku)
Nasale	m	n			
Affrikaten		ts (z)			
Frikative		s (š)		x (ḫ)	
Vibranten		r			
Approximanten	w	l	j (y)		

In Klammern sind die üblichen Umschriften der Phoneme angegeben, wenn sie von der Phonemdarstellung abweichen. Als Erbe der indogermanischen Laryngale /*h$_2$, *h$_3$/ gilt der Frikativ /x/, transkribiert als <ḫ>. Der Opposition stimmlos/stimmhaft, die die Keilschrift bietet, liegt im Hethitischen eher der Gegensatz zwischen Doppel- und Einfachschreibung intervokalischer Konsonanten zu Grunde. /kʷ/ (transkribiert <ku>) ist ein Allophon von /gʷ/.

Die *Vokale* sind /i, e, a, u; ī, ē, ā, ū/, die Vokalquantität ist phonemisch. Besonders im Althethitischen wurden Langvokale durch Pleneschreibung zum Ausdruck gebracht, z.B. *ga-a-an-ki* „sie hängen"; es gibt aber auch die einfache Schreibweise *ga-an-ki*. Die Evidenz für das kurze /e/ ist gering. Ein /o/ ist nicht in der Schreibung belegt, da es in der akkadischen Keilschrift nicht vorkommt, allerdings gibt es Hinweise darauf, dass [o] als ein ursprüngliches Allophon von /u/ bereits einen marginalen Phonemstatus erlangt hat (Rieken 2005: 85).

Nominalmorphologie

Das Hethitische hat die nominalen Kategorien Genus, Numerus und Kasus. Die Ausformungen dieser Kategorien unterscheiden sich von denen anderer früher indogermanischer Sprachen. Statt der üblichen drei Genera besitzt das Hethitische nur zwei, nämlich *Genus commune* und *Neutrum*. In der Deklination werden die Genera nur im Nominativ und Akkusativ unterschieden, im Neutrum haben Nominativ und Akkusativ dieselben Formen.

Kategorie	Realisierung
Genus	Genus commune (c.), Neutrum (n.)
Numerus	Singular, Plural, Kollektivum (Kol.)
Kasus	Nominativ, Akkusativ, Vokativ, Genitiv, Dativ-Lokativ, Allativ, Ablativ, Instrumental

Die Bezeichnung Genus commune stammt noch aus einer Zeit, in der man die heute weitgehend überholte These vertrat, dass im Hethitischen Femininum und Maskulinum zu einem gemeinsamen Genus verschmolzen seien. Heute geht man davon aus, dass das Hethitische eine ältere Unterscheidung beibehalten hat, nämlich die ursprüngliche indogermanische Opposition *belebt/unbelebt*.

Das Kasussystem hat weitgehend die ererbten indogermanischen Kasus erhalten, der *Allativ* ist jedoch eine Neubildung, die in den anderen frühen indogermanischen Sprachen nicht vorkommt. Dativ und Lokativ sind zu einem Kasus zusammengefallen. Insgesamt werden acht Kasus unterschieden.

Der indogermanische Numerus Dual entfällt im Hethitischen, dagegen gibt es ein sog. *Kollektivum*. Plural und Kollektivum unterscheiden sich ebenfalls nur im Nominativ und Akkusativ. Die Nomina communia bilden in der Regel den Plural, die Neutra das Kollektivum; von dieser Regel gibt es Ausnahmen. Tabelle 11.7 enthält sämtliche belegten Kasusendungen.

Tab 11.7 *Die hethitische Deklination: Kasusendungen (Rieken 2005: 88–89)*

Kasus/Genus	Singular	Plural	Kollektiv
Nom. c.	-š, -ø	-eš	—
Akk. c.	-n	-uš	—
Nom./Akk. n.	-ø, -n	—	-a, -i, -ø
Vok. c.	-ø, -i, -e, -a	-eš	-eš
Gen.	-aš, -š	-aš, -an	-aš, -an
Dat.-Lok.	-i, -ya, -ø	-aš	-aš
Allativ	-a	-aš	-aš
Abl.	-az, -anza	-az, -anza	-az, -anza
Inst.	-it, -t	-it, -t	-it, -t

Abkürzung: c. = Genus commune (entspricht der Kategorie „belebt")

Tabelle 11.8 zeigt als Beispiel die Deklination von *kunna-* „recht, richtig, günstig" (a-Stamm) und *ḫūmant-* „all, jeder, ganz" (konsonantischer Stamm). Adjektive und Substantive haben dieselben Kasusendungen.

Tab 11.8 *Die hethitische Deklination: Paradigmata (Rieken 2005: 91)*

Kasus/Genus	Singular	Plural	Singular	Plural
	kunna- „recht, günstig"		*ḫūmant-* „all, jeder, ganz"	
Nom. c.	kunnaš	kunneš	ḫūmanz	ḫūmanteš
Akk. c.	kunnan	kunnuš	ḫūmantan	ḫūmantuš
Nom./Akk. n.	kunnan	kunna (Koll.)	ḫūman	ḫūmanta
Vok. c.	kunna	kunneš	ḫūmanti	ḫūmanteš
Gen.	kunnaš	kunnaš	ḫūmantaš	ḫūmantaš
Dat.-Lok.	kunni	kunnaš	ḫūmanti	ḫūmantaš
Allativ	kunna	kunnaš	ḫūmanta	ḫūmanaš
Abl.	kunnaz	kunnaz	ḫūmantaz	ḫūmantaz
Inst.	kunnit	kunnit	ḫūmantit	ḫūmantit

Abkürzung: c. = Genus commune (entspricht der Kategorie „belebt")

Im Ablativ und Instrumental wird kein Numerus unterschieden, beim Vokativ, Genitiv und Dativ-Lokativ fallen Plural und Kollektiv zusammen. Der Allativ Singular wird nur von Sachbezeichnungen gebildet, mittelhethitisch tritt zunehmend der Dativ-Lokativ auf /-i/ an seine Stelle, im Junghethitischen kommt er kaum noch vor.

Pronomina

Das Hethitische besitzt

- selbstständige Personalpronomina der 1. und 2. Person
- enklitische Personalpronomina mit zwei komplementären Paradigmen
- enklitische Possessivpronomina
- drei deiktische Pronomina mit unterschiedlichen Graden der Nähe
- ein Interrogativ-Relativ-Pronomen

Selbstständiges Personalpronomen. Das selbstständige Personalpronomen (Tabelle 11.9) dient der besonderen Hervorhebung oder Emphase. Die Formen des Akkusativs und Dativ-Lokativs sind identisch. Von mittelhethitischer Zeit an werden zunehmend die Formen von Akkusativ-Dativ-Lokativ mit denen des Nominativs vertauscht.

Tab 11.9 *Das selbstständige Personalpronomen (Rieken 2005: 92)*

Kasus	1. Singular	2. Singular	1. Plural	2. Plural
Nom.	ūk	zik	wēš	šumēš
Akk.	ammuk	tuk	anzāš	šumāš
Gen.	ammēl	tuēl	anzēl	šumēl
Dat.-Lok.	ammuk	tuk	anzāš	šumāš
Abl.	ammēdaz	tuedaz	anzēdaz	šumēdaz

Enklitisches Personalpronomen. In nicht-emphatischer Funktion werden enklitische Personalpronomina verwendet. Deren Formen basieren auf zwei komplementären Stämmen. Die Formen des nur in der 3. Person vertretenen Sekundärstamms *-a-* sind in der Tabelle 11.10 kursiviert. Bei transitiven Verben entfällt das enklitische Subjektpronomen.

Tab 11.10 *Das enklitische Personalpronomen (Rieken 2005: 93)*

Kasus	1. Sg.	2. Sg.	3. Sg	1. Pl.	2. Pl.	3. Pl.
Nom. c.	–	–	*-aš*	–	–	*-e/-at*
Nom.-Akk. n.	–	–	*-at*	–	–	*-e/-at*
Akk. c.	-mmu	-tta	*-an*	-nnaš	-šmaš	*-uš/-aš*
Dat.-Lok.	-mmu	-tta	-šše/-šši	-nnaš	-šmaš	-šmaš

Possessivpronomen. Die Possessivpronomina sind ebenfalls enklitisch und voll deklinabel. Sie werden an Substantive angefügt, mit denen sie in Kasus und Numerus kongruieren. Sie können auch mit bestimmten Adverbien kombiniert werden. Im Nom. c. lauten die Formen: 1. Sg. *-mmiš*, 2. Sg. *-ttiš*, 3. Sg. *-ššiš*; 1. Pl. *-ššumiš*, 2. und 3. Pl. *-šmiš*. Es gibt alternative Formen mit einem /-a-/ anstelle des /-i-/. Die Doppelkonsonanz im Anlaut kommt graphisch oft nicht zum Ausdruck. In Tabelle 11.11 wird als Beispiel die Deklination des Pronomens der 3. Person angegeben.

Tab 11.11 *Die Deklination des hethitischen Possessivpronomens der 3. Person (Rieken 2005: 94)*

Kasus	Singular	Plural
Nom. c.	-ššiš, -ššeš	-ššeš
Akk. c.	-ššan, -ššin	-ššuš
Nom.-Akk. n.	-ššet, -ššit	-ššet, -ššit
Vok. c.	-šši	—
Gen.	-ššaš	-ššan
Dat.-Lok.	-šši	-ššaš
Allativ	-šša	-ššaš
Abl.-Instr.	-ššit, -ššet	-ššit, -ššet

Demonstrativpronomen. Das Hethitische hat drei Demonstrativa oder deiktische Pronomina, die eine unterschiedliche Entfernung zum Bezeichneten ausdrücken. Sie lauten im Nom. Sg. c. *kāš* „dieser/diese", *apāš* „der/die (da)" und *aši* „jener/jene". Alle drei sind voll deklinierbar, nicht alle Formen sind belegt (Tabelle 11.12).

Tab 11.12 *Die hethitischen Demonstrativpronomina (Rieken 2005: 95)*

Kasus	kāš „dieser"		apāš „der da"		aši „jener"	
	Sg.	Pl.	Sg.	Pl.	Sg.	Pl.
Nom. c.	kāš	kē, kēuš	apāš	apē	aši	e
Akk. c.	kūn	kūš	apūn	apūš	uni	—
Nom.-Akk. n.	kī, kē	kē, kī	apāt	apē	eni, ini	—
Gen.	kēl	kēnzan	apēl	apenzan	—	—
Dat.-Lok.	kēdani, kēt(i)	kēdaš	apēdani, apēt(i)	apēdaš	edani, edi	edaš
Abl.	kēz(za), kēzzi	kēz(za), kēzzi	apēz(za)	apēz(za)	edaz(za), edez	edaz(za), edez
Inst.	kēdanda	kēdanda	apēdana	apēdana	—	—

Interrogativ- und Relativpronomen. Zwischen substantivischem und adjektivischem Fragepronomen sowie dem Relativpronomen wird im Hethitischen nicht unterschieden (siehe Tabelle 11.13).

Tab 11.13 *Das hethitische Interrogativ- und Relativpronomen (Rieken 2005: 96)*

Kasus	Singular	Plural
Nom. c.	kuiš	kuieš, kueš
Akk. c.	kuin	kuiuš, kueuš, kuieš
Nom.-Akk. n.	kuit	kue
Gen.	kuēl	–
Dat.-Lok.	kuedani	kuedaš
Abl.	kuēz(za)	kuēz(za)

Verbalmorphologie

Das hethitische Verbum besitzt die Kategorien Diathese, Modus, Tempus, Numerus und Person.

Kategorie	Realisierung
Diathese	Aktiv, Mediopassiv
Modus	Indikativ, Voluntativ (1. Person), Imperativ (2. und 3. Person)
Tempus	Präsens (Gegenwart, Zukunft, histor. Präsens), Präteritum
Numerus	Singular, Plural
Person	1., 2. und 3. Person

Von den Verben lassen sich vier Verbalnomina ableiten: Verbalsubstantiv, Infinitiv, Supinum und Partizip. Zusätzlich zu den synthetischen Verbformen können mit Hilfe von Partikeln (z.B. *man* für den Irrealis), durch periphrastische Konstruktionen und Derivationen weitere analytische Verbformen gebildet werden.

Insbesondere in den Kategorien Tempus und Modus ist die Morphologie des Hethitischen im Vergleich zur indogermanischen Ursprache stark reduziert. Auch der Dual ist spurlos entfallen. Diese markanten Unterschiede im Vergleich zu anderen frühen indogermanischen Sprachen – Sanskrit, Avestisch, Griechisch, Lateinisch – haben dazu geführt, dem Anatolischen einen Sonderstatus innerhalb des Indogermanischen einzuräumen (siehe oben).

Man unterscheidet im Hethitischen nach der Endung der 1. Person Singular Indikativ Aktiv zwei Konjugationsklassen, die *mi-Konjugation* und die *ḫḫi-Konjugation*. In den Pluralformen des Aktivs sowie im Mediopassiv sind die beiden Konjugationen identisch. In Tabelle 11.14 sind die Endungen der regelmäßigen Verben dargestellt.

Tab 11.14 *Die Konjugationsendungen im Hethitischen (Watkins 2004: 563–568, Rieken 2005: 97–101)*

Aktiv		Indik. Präsens		Indik. Präteritum		Imperativ/
		mi	ḫḫi	mi	ḫḫi	Voluntativ
Sg.	1.	-mi	-ḫḫi	-(n)un	-ḫḫun	-(al)lu
	2.	-ši	-ti	-š/-ta	-(š)ta	-ø/-i/-t
	3	-tsi	-i	-ta	-š/-iš	-(t)u
Pl.	1.	-wēni/-wāni		-wen		-wēni
	2.	-tteni/-ttani		-tten		-tten
	3.	-anzi		-ir		-antu

Mediopassiv		Indik. Präsens	Indik. Präteritum	Imperativ/ Voluntativ
Sg.	1.	-ḫḫa(ḫa)(ri)	-ḫḫa(ḫa)t(i)	-ḫḫa(ḫa)ru
	2.	-tta(ri)	-ttat(i)	-ḫut(i)
	3	-a/-tta(ri)	-at/-ttat	-(tt)aru
Pl.	1.	-wašta(ri)	-waštat(i)	-waštat(i)
	2.	-dduma(ri)	-ddumat(i)	-ddumat(i)
	3.	-anta(ri)	-antat(i)	-antaru

Die Belege für die *ḫḫi*-Konjugation sind in den anderen anatolischen Sprachen eher spärlich, so dass von einigen Forschern angenommen wird, dass es sich dabei um eine hethitische Innovation und kein gesamtanatolisches Merkmal handelt (Szemerényi 1990: 260-262).

Neben Verben, deren Stamm in allen Tempora unveränderlich bleibt, gibt es solche mit Alternationen des Stamms im Präsens und Präteritum. Dabei handelt es sich um eine Änderung des Wurzelvokals, also um einen Ablaut (z.B. *ēš-/aš-* „sein", *kuen-/kun-* „töten") oder eine Nasalierung. Einige Verben sind Media tantum, besitzen also nur die Formen des Mediopassivs mit aktivischer Bedeutung, z.B. *ar-* „stehen". Das Partizip wird durch die Endung *-ant* am Verbstamm gebildet, die Flexion entspricht der von *ḫumant-* (siehe Tabelle 11.8). Für die Bildung der anderen Verbalnomina wird auf die genannte Literatur verwiesen.

Bemerkungen zur Syntax

Die hethitische Syntax ist im Ganzen einfach und entspricht weitgehend der anderer früher indogermanischer Sprachen. Die Konstituentenfolge im unmarkierten Satz ist SOV, wobei insbesondere die satzfinale Position des Prädikats in allen Satzformen erhalten bleibt. Attributives Adjektiv und das Genitivattribut stehen *vor* dem Bezugsnomen. Zwischen Nomen und adjektivischem Attribut herrscht Kongruenz in Genus, Numerus und Kasus, zwischen Subjekt und Prädikat in Genus und Numerus, allerdings ist diese Kongruenz nicht so zwingend wie z.B. im Lateinischen oder Griechischen.

Typisch für das Hethitische und andere anatolische Sprachen sind ganze Ketten von satzeinleitenden Partikeln, an die auch enklitische Personalpronomina angehängt werden können. Die Funktionen dieser Partikel sind Einleitung einer wörtlichen Rede, die Koordinierung mit dem Gedanken des Vorsatzes (Konjunktion), Gewinnung der Aufmerksamkeit des Zuhörers/Lesers etc.

Ein anderes besonderes Merkmal des Hethitischen ist eine „quasi-ergative" Konstruktion: Ein Neutrum kann nicht im Nominativ Subjekt eines transitiven Verbs sein, stattdessen wird der Ablativ auf *-anza* verwendet. Dieses Phänomen kann man „Split-Ergativität" nennen. Dazu ein Beispiel:

Hethit.	*un-wa-mu*	*apāt*	*wātar*	*pesten,*	*witenanza*	*ēšar*	*parkunuzi*
Analyse	*Partikel*-mir	das	Wasser	gib (Imper.),	Wasser (Abl.)	Blut	es-reinigt
Übers.	„Gib mir das Wasser (da), Wasser reinigt das Blut(vergießen)."						

Abschließend ein etwas längerer hethitischer Beispielsatz:

an-da-ma-za pa-aḫ-ḫu-n-e-na-aš-ša u-da-ni-i me-ik-ki na-aḫ-ḫa-an-te-eš e-eš-tin
Transkription: *anda-ma-za paḫḫwenas-a uddani mekki naḫḫanteš ešten*
„Weiterhin: seid äußerst vorsichtig in der Beschwörung (?) des Feuers"

Analyse und Erläuterung

anda-ma-za einleitende Partikeln, *paḫḫwenas-a* Gen. von *paḫḫur* „Feuer" mit angehängter emphatischer Partikel, *uddani* ein Dat.-Lok. „Wort, Beschwörung, Angelegenheit", *mekki* Adverb „sehr", *naḫḫanteš* Partizip von einem Verb der Bedeutung „fürchten, vorsichtig sein", *ešten* Imperativ 2. Pl. von *ēš-* „sein"

11.5 Die luwischen Sprachen

Die Bevölkerung des hethitischen Großreichs war multiethnisch. Außer dem namengebenden Volk der Hethiter umfasste sie andere Völker mit einer anatolischen Sprache, darunter die Palaier und als bedeutendste Gruppe die Luwier, die möglicherweise sogar die Bevölkerungsmehrheit ausmachten. Sicherlich gehörten auch nicht-indogermanische Gruppen zur Reichsbevölkerung, deren Sprache außer dem Hattischen und Hurritischen nicht überliefert wurde. Die Bezeichnung „luwisch" stammt vom gleichbedeutenden hethitischen Adjektiv *luwili*.

Zur Gruppe der luwischen Sprachen gehören:

- *Luwisch* in den Varietäten *Keilschrift-Luwisch* (16.–13. Jh. v. Chr.) und *Hieroglyphen-Luwisch* (15.–7. Jh. v. Chr.)
- *Lykisch* (5. und 4. Jh. v. Chr.) in den Varietäten *Lykisch A* und *Lykisch B* (*Milyisch*)
- *Pisidisch* (3. Jh. n. Chr.)

Berücksichtigt man die Nebenüberlieferung des Luwischen in den altassyrischen Texten von Kaneš aus dem 18. Jh. v. Chr. und die Hinweise in byzantinischen Texten des 5. und 6. Jh. n. Chr., sind luwische Sprachen fast 2300 Jahre lang bezeugt, wenn auch mit zeitlichen Lücken.

Der luwische Sprachraum umfasste im 2. Jt. nach Aussagen der hethitischen Überlieferung und der Verbreitung hieroglyphen-luwischer Inschriften aus dem 13.–11. Jh. den gesamten Westen, Süden und Südosten Kleinasiens. Im Zuge der Bildung des hethitischen Großreichs im 14. Jh. dehnte sich das (Hieroglyphen-)Luwische nach Nordsyrien aus, wo es bis ins frühe 7. Jh. v. Chr. die Sprache der politischen Führungsschicht in den hethitischen Nachfolgestaaten war.

Im 1. Jt. wurde das Luwische in Anatolien vom Phrygischen, Lydischen und vor allem vom Griechischen stetig zurückgedrängt, konnte sich aber in Rückzugsgebieten des Taurosgebirges bis in die römische Kaiserzeit und frühbyzantinische Zeit halten. In Nordsyrien wurde es nach der Eroberung der hethitischen Nachfolgestaaten durch die Assyrer vom Aramäischen verdrängt.

Sprachliche Charakteristik der luwischen Sprachen

Die luwischen Sprachen bilden zusammen mit dem Lydischen, Palaischen, Karischen und Sidetischen das Westanatolische, wobei Luwisch den drei letztgenannten Sprachen näher steht als dem Lydischen. Nach Ausweis der altassyrischen Nebenüberlieferung hat sich das „Urluwische" am Ende des 3. Jt., spätestens am Anfang des 2. Jt. herausgebildet. Es ist durch folgende Neuerungen gekennzeichnet (Starke 1999: 531–532):

- der idg. Labiovelar /*gʷ/, der im Uranatolischen erhalten blieb, wurde auf seinen labialen Anteil /w/ reduziert, z.B. idg. *gʷenh$_x$- „Frau" > hethitisch *kuinna*, lydisch *kāna*, aber luwisch *wāna*; idg. *gʷṓus „Kuh" > luwisch *wawa-*
- die palatalisierten Velare wurden zu Sibilanten, z.B. idg. *k̑r̥d- > hethit. *kēr* „Herz", aber luwisch *zart*, das Luwische ist also im Gegensatz zum Hethitischen eine *Satem-Sprache*
- Abfall auslautender Plosive nach Vokal, z.B. idg. *kʷid „was?" > hethit. *kuit*, lydisch *qid*, aber luwisch *kwi*, lykisch *ti*
- Ausweitung des sog. Mutationssuffixes -*i*- auf konsonantische Substantive, z.B. luwisch *ḫarran-i-s* „Adler" ~ hethitisch *ḫaran-*
- der Schwund von auslautendem postvokalischen /s/; Schwund von /n/ nach /i/, was zu einem Zusammenfall von Kasusformen führte
- gänzlicher Fortfall der *ḫḫi*-Konjugation

Trotz der Gemeinsamkeiten von Luwisch, Lykisch und Pisidisch sind die Unterschiede im Einzelnen so groß, dass bisher eine konsistente Rekonstruktion des Urluwischen nicht gelungen ist. Dazu trägt natürlich auch der immer noch geringe Kenntnisstand insbesondere des Lykischen bei.

Die Ausgliederung der Einzelsprachen

Die genaue genetische Beziehung der drei Sprachen zueinander ist nicht endgültig geklärt: Während das Pisidische als direkte Fortsetzung eines hieroglyphen-luwischen Dialekts in Frage kommt, gilt das für das Lykische nicht. Nach Starke 1999: 532 hat sich das Lykische als der morphologisch altertümlichste Vertreter der luwischen Sprachgruppe am frühesten aus dem Urluwischen ausgegliedert, was durch die spezifischen Kasusendungen des Lykischen im Vergleich zum Keilschrift- und Hieroglyphen-Luwischen deutlich wird.

Keilschrift- und Hieroglyphen-Luwisch haben sich spätestens im 17. Jh. getrennt, was man an der Aufgabe des Genitivs im Keilschrift-Luwischen zugunsten eines sog. *Zugehörigkeitsadjektivs* mit der Endung /-ssa/ belegen kann (statt „das Haus Gottes" heißt es „das göttliche Haus"), während das Hieroglyphen-Luwische den urluwischen Genitiv bewahrt hat. Spezifisch hieroglyphen-luwisch ist auch der fakultative Wechsel /t, d, l, n/ > /r/, z.B. *īdi* > *īri* „er geht" oder *wala-* > *wara-* „sterben". Die Position des Lykisch B (Milyisch) wird unterschiedlich als Dialekt des (Standard-)Lykischen oder als eigenständige, dem Hieroglyphen-Luwischen nahe stehende Sprache eingeschätzt.

Keilschrift-Luwisch

Das sog. Keilschrift-Luwische ist eine Dialektvariante des Luwischen, die ihre Bezeichnung daher erhielt, dass die Texte in mesopotamischer Keilschrift verfasst sind (im Gegensatz zum Hieroglyphen-Luwisch, das in einer speziellen luwischen Hieroglyphenschrift geschrieben wurde, siehe unten).

Die für das Keilschrift-Luwische verwendete Keilschriftform ist im Wesentlichen mit der hethitischen Variante identisch (vgl. Abschnitt 11.3). Logogramme sind allerdings seltener als im Hethitischen. Zur Markierung der Vokallänge wird die Pleneschreibung verwendet (Wiederholung von Vokalen, die bereits im Silbenzeichen enthalten sind); eine luwische Besonderheit ist die Pleneschreibung am Wortanfang, z.B. *i-i-ti* /īdi/ „er geht", *a-an-ta* /ānda/ „hinein". Der Kontrast einfacher und geminierter intervokalischer Konsonanten wird im Schriftbild meist wiedergegeben.

Keilschrift-Luwisch liegt abgesehen von zwei Brieffragmenten ausschließlich in Form von Kultgesängen und magisch-rituellen Beschwörungen vor, die integraler Bestandteil ansonsten hethitisch verfasster Festbeschreibungen und Rituale sind. Die Texte wurden im 16. und 15. Jh. original niedergeschrieben, Abschriften stammen aus dem 14. und 13. Jh., der einzige Fundort ist Hattuša.

Die luwischen Verfasser der Ritualtexte stammten nach hethitischen Angaben aus Landschaften, die man West-, Süd- und Südostanatolien zuordnen kann, was bedeutet, dass das Verbreitungsgebiet des Keilschrift-Luwischen mit dem des Hieroglyphen-Luwischen weitgehend identisch war. In Anbetracht dieser Tatsache und im Hinblick auf die geringen sprachlichen Unterschiede stellen die beiden Varietäten des Luwischen offensichtlich keine regionalen Dialekte sondern eher Soziolekte mit unterschiedlichen Funktionen dar. Das Keilschrift-Luwische ist dabei ganz auf einen speziellen kultischen Anwendungsbereich begrenzt.

Die dialektale Zuordnung der luwischen Nebenüberlieferung in den altassyrischen Texten des 18. Jh. sowie der luwischen Elemente (Lehnwörter, Eigennamen) in hethitischen Texten ist nicht gesichert, sie wird normalerweise dem Keilschrift-Luwischen zugerechnet. Nach 1200 v. Chr. ist das Keilschrift-Luwische nicht mehr greifbar, das Pisidische scheidet aus linguistischen Gründen als eine Fortsetzung dieser Varietät aus.

Bereits 1919 erkannte E. Forrer in den keilschrift-luwischen Texten eine mit dem Hethitischen zwar nah verwandte, aber doch eigenständige Sprache. Entscheidende Fortschritte im Verständnis des Keilschrift-Luwischen wurden jedoch erst nach dem Zweiten Weltkrieg durch die Publikation und Analyse größerer Textgruppen gemacht, zu nennen sind vor allem die Forscher B. Rosenkranz, H. Otten und E. Laroche. Eine neue Ära wurde durch die vorbildliche Neupublikation des keilschrift-luwischen Textkorpus durch F. Starke (Starke 1985) eingeleitet. Abschnitt 11.6 bietet eine grammatische Skizze des Luwischen.

Die luwische Hieroglyphenschrift

Die in Anatolien und in Nordsyrien im Zeitraum vom 15. bis 7. Jh. v. Chr. verbreitete Hieroglyphenschrift trug bis in die 1970er Jahre die falsche Bezeichnung „hethitische Hieroglyphen". Man nahm an, dass die zu Grunde liegende Sprache das Hethitische sei. Erst durch Fortschritte in der Zeichendeutung wurde endgültig klar, dass die in dieser Schrift dargestellte Sprache nicht das Hethitische, sondern ein Dialekt des Luwischen ist. Für diese Sprache wurde die Schrift von den Luwiern neu entwickelt, eine externe Herkunft kann trotz mancher Zeichenähnlichkeit zu anderen Schriftsystemen heute ausgeschlossen werden (Payne 2010: 5–10).

Die äußere Form der Schrift war im 2. Jt. noch sehr bildhaft, im 1. Jt. wurde sie zunehmend abstrakt-linear. Die Schriftrichtung ist teils rechtsläufig, teils linksläufig, ansonsten Zeile für Zeile abwechselnd rechts- und linksläufig, also „bustrophedon", der Einsatz von Worttrennern erfolgt nur unsystematisch. Das luwische Schriftsystem umfasst etwa 350 Zeichen und besteht zu über 75% aus *Logogrammen*, die auch als Determinative verwendet werden können, sowie aus etwa 80 *Silbenzeichen* der Form V /a, i, u/, KV und vereinzelt KVKV (z.B. *tara*). Die Logogramme, die man in der Transkription durch lateinische Bezeichnungen wiedergibt, z.B. das Zeichen <Rindskopf> als BOS „Rind", sind die primären Zeichen, von ihnen wurden nach dem akrophonischen Prinzip die phonetischen Silbenzeichen erst nach und nach abgeleitet, z.B. der Silbenwert *ta* von luwisch *targanua* „Esel".

Im 2. Jt. überwog die Verwendung von Logogrammen – dabei entfielen auch weitgehend die nur silbisch darstellbaren Flexionsendungen –, während im 1. Jt. der syllabisch geschriebene Anteil immer größer wurde. (Von dieser Regel gibt es Ausnahmen, z.B. die Inschrift auf einer Silberschale aus dem 15. Jh., die im Wesentlichen syllabisch ist und in der auch die Flexionsendungen geschrieben wurden.) Es ist gut denkbar, dass die fast ganz logographisch geschriebenen frühen Felsinschriften auch „hethitisch" gelesen und ausgesprochen wurden. Homophone Silbenzeichen werden in der Transkription wie bei der Keilschrift durch Akzente und Indizes unterschieden, z.B. *ta, tá, tà, ta₃, ta₄*. Pleneschreibungen wie bei der Keilschrift werden nicht verwendet, allerdings können aus ästhetischen Gründen zusätzliche Vokalzeichen eingefügt werden, um Lücken im Schriftbild zu vermeiden.

Die Lesbarkeit der altluwischen Hieroglyphenschrift und das Verständnis der Texte wird nicht nur durch den großen Anteil an Logogrammen und die fehlenden Endungen eingeschränkt, sondern auch durch die Doppeldeutigkeit vieler Silbenzeichen, bei denen häufig /Ka/ und /Ki/ nicht unterschieden wurde. Erst in spätluwischer Zeit wurde hier durch Differenzierung Abhilfe geschaffen. Auch die Opposition stimmlos-stimmhaft wurde graphisch nicht dargestellt, vorkonsonantisches /n/ entfiel, z.B. *a-mi-za* für *aminza*. Dennoch konnte die Lesbarkeit hieroglyphen-luwischer Texte in den letzten Jahrzehnten deutlich gesteigert werden, da die Struktur der luwischen Morphologie und Wortbildung immer besser verstanden wurde. So liest man z.B. *á-za-tu* als *aztu* „er soll essen", dagegen *á-ta-tu* als *adantu* „sie sollen essen" (die Akzente unterscheiden hier nur homophone Silbenzeichen).

Die Verwendung von Logogrammen und Silbenzeichen ergibt ähnlich wie in anderen Wort-Silben-Schriften Schreibvarianten für ein und dasselbe Wort, hier am Beispiel des luwischen Wortes *wawīs* „Kuh" dargestellt:

- BOS – Schreibung nur mit dem Logogramm, typisch für die älteren Texte aus dem 2. Jt. (Logogramme werden in der Umschrift durch lateinische Bezeichnungen wiedergegeben)
- *wa/i-wa/i-sa* – rein phonetisch durch Silbenzeichen, typisch für die jüngeren Texte aus dem 1. Jt. (der Vokalismus beim Silbenzeichen *wa/i* ist nicht eindeutig)
- BOS-*wa/i-sa* – als Logogramm mit einem phonetischen Komplement (Ergänzung durch einen Teil der Silbenzeichen), welches die Aussprache des Logogramms verdeutlicht
- BOS *wa/i-wa/i-sa* – Silbenschrift mit vorangestelltem Logogramm, welches als Determinativ fungiert und anzeigt, wie die Bedeutung der folgenden Silben genau festzulegen ist

Vom 12. bis 7. Jh. war die luwische Hieroglyphenschrift das verbindende nationale Symbol der Luwier in Anatolien und Nordsyrien. Sie konnte sich gegen die traditionelle Keilschrift und die neuen praktischen Alphabetschriften behaupten. Der Untergang der luwischen Stadtstaaten in Syrien und Kleinasien bedeutete auch das Ende der luwischen Hieroglyphenschrift. Tabelle 11.15 zeigt den Zeichenbestand des luwischen Syllabars.

Tab 11.15 *Das luwische Syllabar (Payne 2010: 14)*

V	hV	kV	lV	mV	nV	pV	rV	sV	tV	wV	zV
a, á	ha, há	ka	la, la/i/u	ma	na	pa	ra/i	sa_{1-8}	ta_{1-5}	wa/i	za
i_{1-5}	hi	ki	li, la/i/u	mi	ni, ní	pi	ra/i	si	ti	wa/i	zi
u	hu	ku	la/i/u	mu	nu, nú	pu	ru	su	tu, tú	–	zu

Auffällig sind die vielen Zeichen mit den Silbenwerten *ta*, *sa* und *i* (vgl. Tabelle 11.15), wohinter sich möglicherweise unterschiedliche Laute verbergen könnten. Bei den Zeichen *ra/i*, *wa/i* und *la/i/u* konnte durch den Vergleich mit dem Keilschrift-Luwischen die Mehrdeutigkeit im Vokalismus teilweise aufgehoben werden.

Die Entzifferung der schon im 18. Jh. bekannt gewordenen luwischen Hieroglyphen erfolgte im Wesentlichen in den Jahren 1930–50 (zu nennen sind besonders die Forscher P. Meriggi, I. J. Gelb, E. Forrer und H. T. Bossert). 1947 fand Bossert am Hügel Karatepe im östlichen Kilikien eine lange Inschrift vom Ende des 8. Jh. v. Chr., die sich bald als luwisch-phönizische Bilingue herausstellte. Sie bestätigte in eindrucksvoller Weise die weitgehende Korrektheit der Lesungen der beiden vorangegangenen Jahrzehnte und beflügelte das Interesse an der luwischen Schrift und Sprache. In den 1970er Jahren führten weitere intensive Forschungen (J. D. Hawkins, A. Morpurgo Davies, G. Neumann u.a.) zu einer Revision der Lesung einiger wichtiger Silbenzeichen, wodurch der luwische Charakter der zu Grunde liegenden Sprache endgültig geklärt wurde.

Hieroglyphen-Luwisch

Das Hieroglyphen-Luwische – manchmal auch Bildluwisch genannt – ist die Sprachvariante des Luwischen, die in der speziell für dieses Idiom geschaffenen Hieroglyphenschrift geschrieben wurde. Es unterscheidet sich sprachlich nur geringfügig von der keilschriftlichen Varietät, konnte sich aber im Gegensatz zu diesem über das Ende des hethitischen Großreichs hinaus bis zum Beginn des 7. Jh. halten. Die wohl weitgehend identischen Sprachgebiete der beiden luwischen Varietäten legen es nahe, nicht von regionalen Dialekten, sondern eher von Soziolekten auszugehen, wobei das Keilschrift-Luwische ganz auf eine rituelle Funktion in der Hauptstadt des hethitischen Reichs beschränkt war, während die hieroglyphischen Texte eine große thematische Spannweite und räumliche Verbreitung aufweisen.

Der hieroglyphen-luwische Sprachraum umfasste zunächst West- und Südanatolien, dann im Zuge der Ausdehnung des Hethiterreichs seit dem 14. Jh. auch Südostanatolien und Nordsyrien. Die weite Verbreitung des Luwischen könnte die Hypothese stützen, dass Luwisch in der Spätphase des Hethiterreichs die eigentliche Alltags- und Umgangssprache des Volkes war, während das Hethitische eine eher auf Zentralanatolien begrenzte „Kanzlei- und Diplomatensprache" darstellte. Allerdings gibt es für diese Hypothese kaum belastbare Belege.

Im Jahre 1995 wurde bei Grabungen in *Troia* ein hieroglyphen-luwisches bronzenes bikonvexes Siegel aus der zweiten Hälfte des 12. Jh. v. Chr. (Troia VIIb) entdeckt, der erste prähistorische Schriftfund in Troia überhaupt. Das Siegel ist beidseitig mit luwischen Hieroglyphen beschriftet, auf der Vorderseite ist der Titel „Schreiber" zu lesen, der folgende Name ist nicht mehr lesbar; auf der Rückseite ist das luwische Wort für „Frau" erkennbar. Es handelt sich also um ein Siegel mit einer „Männerseite" und einer „Frauenseite". Das Siegel führte zu Spekulationen, ob auch in Troia im 12. Jh. Luwisch gesprochen worden sei; eher ist anzunehmen, dass politische oder ökonomische Kontakte zwischen Troia und den Luwiern bestanden, was auch schon vor dem Siegelfund angenommen wurde.

Hieroglyphen-Luwisch ist in 260 Inschriften auf Felsen, Stelen und Orthostaten überliefert und übertrifft damit sowohl an Umfang als auch Vielfalt der Themen bei Weitem die keilschriftliche Variante. Nach dem Hethitischen ist Luwisch somit die bestüberlieferte und auch philologisch bestbekannte anatolische Sprache, sein Überlieferungszeitraum vom 15. bis 7. Jh. v. Chr. – rund 800 Jahre, ohne Nebenüberlieferung und Nachfolgesprachen gerechnet – übertrifft den des Hethitischen bei Weitem.

Das älteste Zeugnis ist neben Siegelaufschriften mit Einzellogogrammen eine Inschrift auf einer in Ankara aufbewahrten Silberschale aus dem 15. Jh., deren Fundort allerdings unbekannt ist. Unter den etwa 40 Inschriften des 14. und 13. Jh. treten die von Yalburt, Emirgazi und Boğazkale auf Grund ihres Umfangs und historischen Inhalts hervor. Der Großteil der luwischen Inschriften stammt jedoch aus der Zeit nach dem Zusammenbruch des hethitischen Großreichs, also aus dem 12.–7. Jh. v. Chr. Den Schwerpunkt bildet die Periode vom 10.–8. Jh., aus dieser Zeit sind 220 Inschriften aus Süd- und Südostanatolien sowie Nordsyrien überliefert, darunter die berühmte 1947 von Bossert im kilikischen Karatepe gefundene luwisch-phönizische Bilingue, eine weitere wurde 1986 in Ivriz bei Ereğli entdeckt.

Die Verfasser der Inschriften sind Könige, Kleinkönige, Fürsten und Adelige. Der Inhalt ist zumeist historisch-autobiographisch mit Angaben zur Bautätigkeit, Berichten über Feldzüge, innerdynastische Auseinandersetzungen und Prinzenerziehung. Daneben gibt es Kaufurkunden für Ländereien, Vertragsurkunden sowie Weih- und Grabinschriften. Auf Bleistreifen (neben den nicht erhaltenen Holztafeln wohl das Hauptmedium im 1. Jt.) sind einige wenige Briefe und Wirtschaftsurkunden erhalten. Das inschriftliche Material wird ergänzt durch die luwische Nebenüberlieferung innerhalb und außerhalb Kleinasiens in aramäischen und phönizischen Inschriften sowie in neuassyrischen, neubabylonischen und urartäischen Texten. Die Überlieferung des Hieroglyphen-Luwischen brach mit der Eroberung der hethitischen Nachfolgestaaten in Südanatolien und Nordsyrien durch die Assyrer um 700 v. Chr. ab (Popko 2008: 78–89, Starke 1999: 529–530). Abschnitt 11.6 bietet eine grammatische Skizze des Luwischen.

Lykisch

Lykisch war die autochthone Sprache des südanatolischen Lykien zumindest in der Mitte und zweiten Hälfte des 1. Jt. v. Chr. Die hethitische Bezeichnung *Lukka-Land* aus der Zeit des hethitischen Großreichs bezog sich eindeutig auf Lykien, wie aus der hieroglyphen-luwischen Inschrift von Yalburt hervorgeht. Es ist durchaus wahrscheinlich, dass auf der lykischen Halbinsel auch schon im 2. Jt. v. Chr. eine frühe Form des erst im 5. Jh. v. Chr. in Inschriften greifbaren Lykisch gesprochen wurde.

Das Lykische hat eine Reihe von Merkmalen und Neuerungen mit dem Luwischen gemeinsam, weswegen man es zusammen mit dem Pisidischen zur Untergruppe der luwischen Sprachen rechnet. Allerdings gibt es auch genügend gravierende Unterschiede, so dass das Lykische wohl nicht als direkte Fortsetzung eines luwischen Dialekts angesehen werden kann. Die Unterschiede der drei luwischen Sprachen und ihr noch immer geringer Kenntnisstand machten eine konsistente Rekonstruktion des Urluwischen bisher unmöglich. Nach Starke 1999: 532 hat sich das Lykische nach dem Ausweis seiner altertümlichen Morphologie als erste Sprache aus dem Urluwischen ausgegliedert.

Die ganz auf Lykien beschränkte Überlieferung der lykischen Sprache setzt im 5. Jh. v. Chr. ein und bricht mit der Eroberung Lykiens durch Alexander den Großen im Jahre 334 v. Chr. ab. Das Lykische dürfte aber bis in die römische Kaiserzeit hinein gesprochen worden sein. Die *lykische Schrift* ist eine Ableitung oder Parallelentwicklung des griechischen Alphabets, die genaue Beziehung zueinander konnte bisher nicht geklärt werden. Die Schreibrichtung ist von rechts nach links, der Gebrauch von Worttrennern ist häufig, aber nicht konsistent. Die Lesung der etwa 30 Zeichen (mit Varianten wesentlich mehr) ist nicht in jedem Falle geklärt und unstrittig.

Hauptfundorte der lykischen Inschriften sind Xanthos, Telmessos, Tlos, Pinara, Myra, Limyra und Kızılca bei Elmalı. Gefunden wurden bisher fast 180 Steininschriften, darunter acht lykisch-griechische Bilinguen sowie eine lykisch-griechisch-aramäische Trilingue vom Letoon bei Xanthos. Dazu kommen rund 200 Münzlegenden mit Personen- und Ortsnamen sowie einige kurze Gefäßaufschriften und Graffiti. Abgesehen von einigen Weihinschriften und zwei Erlassen (dazu gehört auch die erwähnte Trilingue) stammen die Inschriften von Grabdenkmälern der lokalen Dynasten und ihrer Angehörigen.

Die meisten Inschriften sind kurz und stereotyp, die wenigen längeren geben Einblick in Bestattungssitten, gesellschaftliche Verhältnisse, militärische Konflikte, Bautätigkeit und Kultregeln. Die beiden wichtigsten bisher gefundenen Inschriften sind die lange Inschrift auf einer Stele in Xanthos (250 Zeilen), die eine ausführliche Beschreibung der Kriegs- und Bauaktivitäten der lokalen Dynastie zur Zeit des Peloponnesischen Krieges bietet, sowie die genannte Trilingue aus dem wenige Kilometer von Xanthos entfernt liegenden Letoon, in der die Gründung und Regeln eines Kults der Göttin Leto beschrieben werden. Gerade die 41-zeilige, im Jahre 1974 entdeckte Trilingue hat das Verständnis der lykischen Sprache wesentlich gefördert. Dagegen ist die große Xanthos-Inschrift immer noch schwer deutbar, da die Kenntnis des lykischen Wortschatzes noch zu gering ist.

In zwei ebenfalls in lykischer Schrift verfassten Inschriften – die eine ist der Schluss-teil der genannten Xanthos-Inschrift (105 Zeilen), die andere hat 9 Zeilen und stammt aus Kaş (lykisch Habesa, griechisch Antiphellos) – liegt eine vom (Standard-)Lykischen abweichende Sprachform vor, deren genaue Beziehung zum Lykischen noch nicht ge-klärt werden konnte. Diese Varietät nennt man *Lykisch B* oder *Milyisch* (das Standard-Lykische heißt dann zur Unterscheidung *Lykisch A*).

Die Einschätzung von Lykisch B oder Milyisch ist strittig: Teils wird es als Dialekt des Lykischen angesehen (z.B. Melchert 2004: 591–92), teils als eine nah verwandte, aber eigenständige luwische Sprache (z.B. Starke 1999: 528–534). Im Vergleich zum Standard-Lykischen hat Lykisch B archaischere Züge, wodurch es dem Luwischen näher steht. Die beiden Texte liegen offensichtlich in Versform vor, was zu der Vermutung geführt hat, dass Lykisch B eine ältere Sprachstufe des Lykischen ist, die man speziell für litera-rische Zwecke auch noch im 4. Jh. verwendet hat. Diese Deutung ist aber umstritten.

Sprachliche Kurzcharakteristik des Lykischen

Phonologie

Tab 11.16 *Die Konsonantenphoneme des Lykischen (Melchert 2004: 592)*

	bilabial	dental	alveolar	palatal	velar
Plosive	p		t	c	k
Nasale	m		n		
Affrikaten			ts		
Frikative	β	ð	s		ɣ, x
Vibranten			r		
Approximanten	w			j (y)	
Laterale			l		

Tabelle 11.16 gibt die lykischen Konsonantenphoneme wieder. Zusätzlich hat das Mily-ische die Laute /kʷ, θ, h/, wobei die Rekonstruktion von /kʷ/ unsicher ist. Die Nasale /m, n/ besitzen offensichtlich Allophone, die mit /m̃, ñ/ transkribiert werden, ihr ge-nauer Lautwert ist aber nicht bekannt. Die ursprüngliche Vermutung, es handle sich um silbenbildende Sonoranten, war nicht haltbar, da sie auch im Abschluss einer Silbe mit Vokal auftreten. Zu den vier Vokalen /a, i, u, e/ gibt es nasalierte Entsprechungen /ã, ĩ, ũ, ẽ/, von denen allerdings nur /ã/ und /ẽ/ in der lykischen Schrift differenziert werden. Eine ausführliche Diskussion der lykischen Phonologie bietet Melchert 2004: 592–596.

Nominalmorphologie

Die nominalen Kategorien sind denen des Hethitischen und Luwischen sehr ähnlich: zwei Numeri (Singular und Plural), zwei Genera (Commune/Neutrum oder belebt/unbelebt). Die belebten Nomina können außer dem normalen Plural wie im Luwischen auch einen Kollektivplural bilden. Es sind fünf Kasus belegt: Nominativ, Akkusativ, Genitiv, Dativ-Lokativ, Ablativ-Instrumental; möglicherweise gibt es einen vom Dativ abweichenden Lokativ, z.B. *ladi* „für die Frau", *xupa* „im Grab". Bei den unbelebten Nomina sind Nominativ und Akkusativ identisch, der Ablativ-Instrumental hat im Singular und Plural dieselben Formen.

Die Genitiv-Konstruktion erfolgt ähnlich wie im Luwischen mit Hilfe relationaler Adjektive (sie werden mit dem Suffix *-ahe* gebildet), die mit dem Bezugsnomen in Genus und Kasus kongruieren, z.B. *mahanahe-* „göttlich, des Gottes, der Götter". Fast alle belebten Nomina fügen im Nominativ und Akkusativ nach dem Stamm das sog. Mutationssuffix /-i-/ ein, das bei Stammauslaut /-e/ mit diesem zu /-i-/ verschmilzt.

Pronomina

Belegt ist das Personalpronomen der 1. Person *amu* „ich, mich", das Demonstrativum *ebe* „der (da)" (vgl. hethitisch *apaš* und luwisch *apa-*) sowie das Frage- und Relativpronomen *ti* (< *$k^w$is) „wer?".

Verbalmorphologie

Das Verbalparadigma ist nur unvollständig bekannt, die Kategorien stimmen — soweit das erkennbar ist — mit denen des Hethitischen und Luwischen überein: zwei Tempora (Präsens-Futur und Präteritum), zwei Modi (Indikativ und Imperativ), drei Personen und zwei Numeri (Singular und Plural). Für die *ḫḫi*-Konjugation und ein wahrscheinlich vorhandenes Mediopassiv gibt es kaum Belege. Das Partizip wird durch die Endung *-ima* am Verbstamm gebildet.

Syntax

Die Wortfolge im lykischen Satz weicht überraschend von der der anderen anatolischen Sprachen (SOV) ab. Im Lykischen scheint die unmarkierte Folge VSO zu sein, die aber unter nicht ganz klaren Umständen häufig in OVS transformiert wird. Demonstrativum und attributives Adjektiv stehen vor dem Bezugsnomen, allerdings kann das Adjektiv gerade als Genitiversatz (Bezugsadjektiv auf *-ahe*) auch dahinter stehen. Es gibt nur Präpositionen, keine Postpositionen. Durch die Partikel *se* „und" werden Sätze koordiniert, Folgesätze werden durch *me* „und dann" eingeleitet.

Der lykische Wortschatz ist nur zu einem geringen Teil bekannt, deswegen sind quantitative Aussagen problematisch. Man kann aber davon ausgehen, dass auch im Lykischen wie im Hethitischen und Luwischen etwa 75–80% aller Wörter zum indogermanischen Erbwortschatz gehören. Die bisher erkannten Lehnwörter stammen meist aus dem Griechischen, z.B. *sstala-* „Stele", *trijer-* „Trireme, Dreiruderer", einige aus dem Iranischen (Altpersischen), z.B. *xssadrapa-* „Satrap".

Pisidisch und verwandte Dialekte

Als ein später Nachfolger des Hieroglyphen-Luwischen kann das *Pisidische* gelten, die Sprache von 21 sehr kurzen Grabinschriften aus dem 3. Jh. n. Chr., die man zwischen dem Beyşehir- und Eğridir-See in der historischen Landschaft Ost-Pisidien gefunden hat. Der Sprachname „pisidisch" folgt der antiken Bezeichnung *pisidikè glôtta* bei Strabon. Die pisidischen Inschriften enthalten nur Personennamen in den Kasus Nominativ, Genitiv (Patronym) und Dativ. Die Namen sind eindeutig luwischer Prägung, die Kasusendungen ebenfalls.

Zum Pisidischen ist wohl auch das sog. *Lykaonische* zu rechnen, das laut Apostelgeschichte (Apg. 14,11) im 1. Jh. n. Chr. im nur 100 Kilometer entfernten Lystra gesprochen wurde. Auch die Personennamen in den auf Griechisch verfassten Grabinschriften der einheimischen Bevölkerung in Kilikien, Lykaonien und Isaurien im Zeitraum vom 1.–6. Jh. n. Chr. sind sprachlich hier einzuordnen. Kirchengeschichtliche Quellen deuten darauf hin, dass diese späten Nachfolgeidiome des Luwischen in den abgelegenen Provinzen Isaurien und Lykaonien noch bis ins 6. Jh. n. Chr. lebendig waren.

11.6 Grammatische Skizze des Luwischen

Diese Skizze basiert auf Payne 2010 und Melchert 2004: 576–584. Den Schwerpunkt bildet das Hieroglyphen-Luwische, auf einige wesentliche Unterschiede des Keilschrift-Luwischen wird hingewiesen.

Phonologie

Die Tabelle 11.17 stellt das luwische Konsonanteninventar dar, wie es aus den beiden Schriftformen rekonstruiert werden konnte, hierbei ist die keilschriftliche Überlieferung zum Teil eindeutiger als die hieroglyphische (das gilt vor allem für den Vokalismus). Die Existenz weiterer Konsonanten, welche in den Schriften nicht unterschieden werden, ist nicht auszuschließen. Bei den als <h> transkribierten Lauten handelt es sich wahrscheinlich um velare Frikative /x, ɣ/, möglich sind aber auch pharyngale Frikative /ħ, ʕ/. Die im Keilschrift-Luwischen übliche Unterscheidung von <š> und <s> findet im Hieroglyphen-Luwischen keine Entsprechung, so dass beide Zeichen wohl denselben stimmlosen s-Laut bezeichnen. Die Affrikate /ts/ wird als <z> transkribiert.

Tab 11.17 *Die Konsonantenphoneme des Luwischen (Melchert 2004: 579)*

	bilabial	alveolar	palatal	velar
Plosive	p, b	t, d		k, g
Nasale	m	n		
Affrikaten		ts (z)		
Frikative		s		x, ɣ
Vibranten		r		
Approximanten	w		j (y)	
Laterale		l		

Speziell für das Hieroglyphen-Luwische sind folgende Besonderheiten festzuhalten: der Rhotazismus /t, d, l, n/ > /r/, z.B. *tatis* > *taris* „der Vater" oder *wala-* > *wara-* „sterben"; Konsonanten am Wortende gehen verloren, anlautendes /a-/ kann entfallen, Suffixe werden synkopiert: *-iya* > *-i*, *-uwa* > *-u*. Bei aufeinanderstoßenden Alveolaren kann der erste sibiliert werden, z.B. **ad-tuwari* > *aztuwari* „ihr esst".

Das Luwische besitzt nur die drei *Vokale* /a, i, u/. Sie kommen als Kurz- und Langvokale vor, die Quantität ist aber nicht bedeutungsrelevant.

Nominalmorphologie

Statt der üblichen drei Genera hat das Luwische − wie auch das Hethitische und andere anatolische Sprachen − ein *Genus commune* (c.) und ein *Neutrum*, die der Opposition *belebt/unbelebt* entsprechen. Numeri sind Singular und Plural, einen Dual gibt es nicht; belebte Substantive können neben dem „normalen" Plural auch einen *Kollektivplural* bilden. Das Luwische hat fünf Kasus: Nominativ (auch in der Funktion des Vokativs), Akkusativ, Genitiv, Dativ-Lokativ und Ablativ-Instrumental, die die üblichen Funktionen wahrnehmen. Beim Neutrum sind Nominativ und Akkusativ identisch, im Plural gilt das auch für das Genus commune. In Tabelle 11.18 sind die luwischen Kasusendungen zusammengefasst.

Tab 11.18 *Die Kasusendungen im Luwischen (Payne 2010: 21)*

Kasus	Singular	Plural
Nom. c.	-s	-nzi
Akk. c.	-n, -an	-nzi
Nom./Akk. n.	-n, -ø	-a, -aya
Gen.	-(a)s, -(a)si	—
Dat.-Lok.	-i, -iya; -a, -an	-anza
Abl.-Inst.	-ati	-ati

Da die Hieroglyphenschrift keine finalen Konsonanten darstellen kann, wird das Nominativ-*s* als eines der Zeichen <sa$_{1-8}$> und das Akkusativ-*n* als <na> wiedergegeben. Der Nom.-Akk. Sg. n. wird meist durch eine Partikel *-sa/-za* erweitert.

Beim *Genitiv* weichen die beiden luwischen Dialekte stärker voneinander ab. Nur das Hieroglyphen-Luwische besitzt eine Kasusendung für den Genitiv (aber auch nur im Singular), im Keilschrift-Luwischen und im Plural des Hieroglyphen-Luwischen wird der Genitiv durch das sog. *Zugehörigkeits-* oder *Possessivadjektiv* ersetzt. Zu dessen Bildung wird an den Stamm des Substantivs ein adjektivierendes Morphem *-asa/i-* angehängt. Das so gebildete denominale Adjektiv kongruiert mit seinem Nomen in Genus, Kasus und Numerus, kann aber nicht den Numerus des Besitzers ausdrücken (statt „die Götter des Vaters/der Väter" heißt es einheitlich „die väterlichen Götter"). Diese Konstruktion erfolgt im Hieroglyphen-Luwischen im Plural zwingend, im Singular wird in der Regel der Genitiv verwendet, z.B. *tatis masaninzi* „des Vaters Götter" (mit dem Genitiv *tatis* von *tata/i-* „Vater") oder *tatasinzi masaninzi* „die väterlichen Götter" (mit dem von *tata/i-* gebildeten Possessivadjektiv *tata-sa/i-* „väterlich").

Eine besondere Eigenschaft der luwischen Nominalflexion ist die sog. *i-Mutation* (in der Literatur auch *i-Motion* genannt, obwohl kein Genuswechsel stattfindet). Darunter versteht man das Phänomen, dass bei vielen Nomina des Genus commune zwischen Stamm und Kasusendung im Nominativ und Akkusativ ein /-i-/ eingeschoben werden muss. Dadurch wird häufig der originale Stammauslaut überdeckt, denn die a-Stämme verlieren ihren Stammauslaut vor dem Mutations-i und wirken dadurch wie Nomina einer gemischten a/i-Deklination (sie „mutieren" also scheinbar zu einem gemischten Stammtyp). Das Auftreten der i-Mutation wird in der Hieroglyphenschrift oft dadurch verschleiert, dass einige häufige Silbenzeichen sowohl den Vokal /a/ als auch /i/ ausdrücken (z.B. *ra/i, wa/i, la/i/u*).

In Tabelle 11.19 wird die Deklination von drei Substantiven und einem Adjektiv dargestellt. Die meisten Formen sind original belegt. Während *tata/i-* „Vater" der i-Mutation unterliegt, bleibt *huha-* „Großvater" unverändert. Bei *tata/i-* „Vater" ist im Nominativ Sg. sowie im Dativ-Lokativ Pl. der Lautwandel /t/ > /r/ (sog. Rhotazismus) möglich. Die Deklination der Adjektive erfolgt mit denselben Endungen wie die der Substantive.

Tab 11.19 *Die luwische Deklination (Payne 2010: 22–23)*

	huha- c.	tata/i- c.	kuwalan- n.	tati(ya)-
	„Großvater"	„Vater"	„Heer"	„väterlich"
Sg.				
Nom. c.	huhas	tatis, taris	–	tatis
Akk. c.	huhan	tatin	–	tatin
Nom./Akk. n.	–	–	kuwalanza	tatiyanza
Gen.	huhasi	tatasi	kuwalanas	tatiyas
Dat.-Lok.	huha	tati	kuwalani	tati
Abl.-Inst.	huhati	tatati	kuwalanati	tatiyati
Pl.				
Nom./Akk. c.	huhanzi	tatinzi	–	tatinzi
Nom./Akk. n.	–	–	kuwalana	tatiya
Dat.-Lok.	huhanza	tatanza	kuwalanza	tatiyanza
Abl.-Inst.	huhati	tatati	kuwanalati	tatyati

Pronomina

Die selbstständigen Personalpronomina für die 1. und 2. Person gehören zum indoger-manischen Erbgut des Luwischen. Sie sind deklinabel, es sind aber nicht alle Kasus be-legt. Die Pronomina der 3. Person sind enklitisch (Tabelle 11.20).

Tab 11.20 *Das luwische Personalpronomen (Payne 2010: 24–25)*

Kasus	1. Sg.	2. Sg.	3. Sg.	1. Pl.	2. Pl.	3. Pl.
Nom.	amu/mu	ti	-as/-ata	anzunz(a)	unzunz(a)	-ata
Akk.	amu	tu	-an/-ata	–	–	-ata
Dat.-Lok.	amu	tu	-tu	–	–	-manza
Abl.-Inst.	–	tuwati	–	–	unzati	–

Da die finite Verbform (siehe unten) bereits die Person des Subjekts bestimmt, bedeutet der Einsatz des selbstständigen Personalpronomens die Emphase des pronominalen Sub-jekts. Sätze mit dem Verb *as-* „sein" mit einem Subjekt in der 1. oder 2. Person erfordern das entsprechende (enklitische) Reflexivpronomen. Die Formen lauten 1. Sg. *-mi*, 2. Sg. *-ti*; 1. Pl. *-anza*, 2. Pl. *-manza*.

In der 3. Person tritt das Demonstrativum *apa-* „der (da)" an die Stelle des selbststän-digen Personalpronomens (siehe Tabelle 11.22). Die Enklitika der 1. und 2. Person lauten in allen Kasus im Singular 1. *-mu*, 2. *-ti* oder *-tu*, im Plural 1. *-anza*, 2. *-manza*. Die Formen *-tu*, *-ti*, *-ata* können unter dem Einfluss des Rhotazismus auch als *-ru*, *-ri*, *-ara* erscheinen.

Possessivpronomina existieren für die 1. und 2. Person, als Ersatz für die der 3. Person wird der Genitiv des Demonstrativums *apas*, also *apasi* verwendet (statt „sein Haus" also „das Haus dessen"). Das Luwische besitzt zwei Demonstrativpronomina, *zas* „dieser" und das schon erwähnte *apas* „jener, der da". Das Interrogativpronomen *kwis* „wer?" dient gleichzeitig als Relativpronomen, mit der Endung /-ha/ wird es zum Indefinitpronomen, z.B. *kwis-ha* „irgendeiner". In Tabelle 11.21 sind alle belegten Formen des Possessivpronomens, in Tabelle 11.22 die Formen der beiden Demonstrativpronomina, des Interrogativ- sowie des Indefinitpronomens aufgeführt.

Tab 11.21 *Das luwische Possessivpronomen (Payne 2010: 26)*

Kasus		1. Sg.	2. Pl.	1. Pl.	2. Pl.
Sg.	Nom. c.	amis	tuwis	anzis	unzis
	Akk. c.	amin	tuwin	—	unzin
	Nom./Akk. n.	aman-za	—	—	—
	Dat.-Lok.	ami	—	—	—
	Abl.-Inst	amiyati	tuwati	anziyati	unzati
Pl.	Nom./Akk. c.	aminzi			
	Nom./Akk. n.	ama	—	anzaya	—
	Dat.-Lok.	amiyanza	—	—	—

Tab 11.22 *Das luwische Demonstrativ-, Interrogativ- und Indefinitpronomen (Payne 2010: 26–28)*

Kasus		„jener"	„dieser?"	„wer"	„irgendeiner"
Sg.	Nom. c.	apas, -is	zas	kwis	kwis-ha
	Akk. c.	apan, -in	zan	kwin	kwin-ha
	Nom./Akk. n.	apa	za	kwa(n)-za	kwa(n)-za-ha
	Gen.	apasi	zasi	—	—
	Dat.-Lok.	apati	zati	kwati	kwati-ha
	Abl.-Inst	apin	zin	*kwati	*kwati-ha
Pl.	Nom./Akk. c.	apanzi	zanzi	kwinzi	kwinzi-ha
	Nom./Akk. n.	apaya	zaya	kwaya	kwaya-ha
	Dat.-Lok.	apatanza	zat(iy)anza	kwatanza	*kwatanza-ha

Indefinitpronomina können auch durch Dopplung der Fragepronomina gebildet werden, also *kwis kwis* oder *kwis ima kwis* „wer auch immer".

Numeralia

Die Schrift zeigt ein klares Dezimalsystem mit folgenden Zeichen für die Dezimaleinheiten:

1	10	100	1000
|	–	𐌗	<

Die Zahlen werden daraus auf additive Art gebildet, wobei mit der größten Einheit begonnen wird, z.B. wird 3214 als <<<𐌗𐌗– |||| geschrieben. Da die Zahlen meist durch Zahlzeichen wiedergegeben wurden, sind nur drei Zahlwörter bekannt: *tuwa/i-* „zwei", *tari-* „drei" und *nu(wi)(n)za-* „neun"; diese sind eindeutig indogermanischen Ursprungs. Ordinalzahlen und Brüche wurden möglicherweise durch das Suffix *-ti* gebildet, die Belege sind unsicher.

Verbalmorphologie

Das luwische Verb hat die Kategorien Diathese, Tempus, Modus, Numerus und Person.

Kategorie	Realisierung
Diathese	Aktiv, Mediopassiv
Tempus	Präsens-Futur, Präteritum
Modus	Indikativ, Imperativ
Numerus	Singular, Plural
Person	1., 2. und 3. Person

Die meisten finiten Verbformen sind nur im Aktiv belegt, mediopassive Formen sind nur vereinzelt bezeugt. Die Modi Optativ und Konjunktiv fehlen, ebenso die Tempora Futur oder Perfekt. Das Präsens übernimmt auch die Funktion eines Futurs. Insgesamt ist das Verbalsystem dem des Hethitischen sehr ähnlich, das Luwische besitzt allerdings nur den einen Konjugationstyp, der der hethitischen *mi*-Konjugation entspricht. Von der *ḫi*-Konjugation sind höchstens Spuren erhalten. Tabelle 11.23 gibt die belegten Personalendungen des luwischen Verbs wieder.

Tab 11.23 *Die Personalendungen des luwischen Verbs (Payne 2010: 30–31)*

Aktiv		Präsens	Präteritum	Imperativ
Sg.	1.	-wi	-ha	—
	2.	-si; -tis	-ta	-ø
	3.	-ti, -ri, -i, -ia	-ta(r)	-tu
Pl.	1.	-mina (?)	-han (?)	—
	2.	-tani	-tan	-ranu
	3.	-nti	-nta	-ntu
Mediopassiv		Präsens	Präteritum	Imperativ
Sg.	1.	—	-hasi	—
	3.	-ati, -ari	-(t)asi	-aru
Pl.	3.	—	-antasi	—

Das luwische Verb hat fünf infinite Formen:

Tab 11.24 *Die infiniten Formen des luwischen Verbs (Payne 2010: 30–31)*

Infinite Form	Endung
Partzip Aktiv	-ant(i)
Partizip Passiv	-ama/i
Infinitiv	-una
Gerundivum	-min(a)
Verbalnomen	-ur

Die meisten luwischen Verben sind in nur wenigen Formen bezeugt, eine Ausnahme bildet das Verbum *izi(ya)*- „machen". Tabelle 11.25 enthält alle bekannten Formen.

Tab 11.25 *Die belegten Formen des luwischen Verbs* izi(ya)- *„machen" (Payne 2010: 31)*

Aktiv		Präsens	Präteritum	Imperativ
Sg.	1.	izi(ya)wi	izi(ya)ha	—
	3.	izi(ya)ti, iziri	izi(ya)ta	izi(ya)tu
Pl.	1.	iziyamin	—	—
	3.	—	iziyanta	iziyantu
Mediopassiv		Präsens	Präteritum	Imperativ
Sg.	3.	iziyati, iziyari	—	iziyaru

Bemerkungen zur Syntax

Die unmarkierte *Wortfolge* ist SOV, jedenfalls steht das Verb meist am Satzende und das Subjekt in der Regel vor dem Objekt. Vor dem Subjekt stehen im luwischen Satz – wie im Hethitischen – fast immer eine Kette von Partikeln, deren Anordnung festgelegt ist: 1. Konjunktion *a-* „und dann", 2. konnektive Partikel *-ha* „und" oder *-pa* „aber, jedoch", 3. die quotative Partikel *-wa* (zum Ausdruck der wörtlichen Rede), 4. die enklitischen Pronomina (wobei der Dativ dem Nominativ oder Akkusativ vorangeht) sowie 5. die Lokativpartikel *-ta* bei Verben der Bewegung. Natürlich müssen nicht in jedem Satz alle Partikel der Kette auftreten. Genitive und attributive Adjektive stehen in der Regel vor ihrem Bezugsnomen.

Das Luwische hat *Postpositionen* und keine Präpositionen. Alle Postpositionen bis auf eine stehen mit dem Dativ-Lokativ, z.B. *anan* „unter", *anta* „in", *apani* „hinter, nach", *hanti* „vor", *kumapi* „zusammen mit", *sara* „oberhalb von", *tawiyani* „gegen"; als einzige Ausnahme steht *arha* „von ... weg" mit dem Ablativ.

Die *Negation* einer Aussage wird durch die Negativpartikel *na(wa)* (logographisch NEG$_2$) mit dem Indikativ ausgedrückt, Verbote durch *ni(s)* (NEG$_3$) ebenfalls mit dem Indikativ. Doppelte Verneinungen (mit einfacher Bedeutung) sind möglich. Die Position der Negativpartikel ist relativ frei, allerdings steht sie meist vor dem Verb.

Kongruenz: Das attributive Adjektiv kongruiert in Genus, Numerus und Kasus mit seinem Bezugsnomen, das gilt auch für Possessivadjektive. Die finite Verbform kongruiert mit dem Subjekt im Numerus; bei mehreren Subjekten im Singular oder bei einem Neutrum-Subjekt im Plural kann das Verb im Singular oder Plural stehen.

11.7 Die übrigen westanatolischen Sprachen

Palaisch

Palaisch ist die Sprache des nordwestlich des Halys in Paphlagonien gelegenen Landes *Palā* oder *Plā* (keilschriftlich *pa-la-a*), dessen Name in der griechischen Landschaftsbezeichnung *Blaёne* fortlebt. *Palā* ist neben Hatti und Luwiya einer der drei Landesteile des hethitischen Reichs. Die Sprachbenennung folgt der hethitischen Bezeichnung *plaum-nili*, die genauer als „pläisch" zu übertragen wäre. Die Ausdehnung des palaischen Sprachgebietes im 16. und 15. Jh. ist ungewiss, da Palā bereits am Ende des 16. Jh. an die wahrscheinlich nicht-indogermanischen Kaškäer verloren ging, die den hethitischen Staat ständig an seiner Nordgrenze bedrohten. Erst in der zweiten Hälfte des 14. Jh. wurde das Gebiet von den Hethitern zurückerobert, da war das Palaische wahrscheinlich schon ausgestorben.

Das knappe Dutzend der nur fragmentarisch erhaltenen palaischen Texte ist in hethitischer Keilschrift geschrieben, die Texte stammen alle aus dem 16. und 15. Jh. aus den Archiven der hethitischen Hauptstadt Hattuša und enthalten rituelle Opferlieder für den Kult palaischer Götter – insbesondere für den Hauptgott Zaparfa oder Ziparfa –, die auch in den Tempeln der Hauptstadt verehrt wurden. In drei Ritualtexten kommen neben palaischen auch keilschrift-luwische Sprüche vor, was möglicherweise auf eine besondere Beziehung zwischen Palaiern und Luwiern schließen lässt.

Das Palaische gehört zum westanatolischen Zweig und steht dort zusammen mit dem Karischen und Sidetischen der luwischen Sprachgruppe näher als dem Lydischen. Palaisch-luwische Gemeinsamkeiten sind der Lautwechsel /ls/ > /lz/, die Bildung des Partizips auf /-amma/ und des Infinitivs auf /-una/. Auch das Palaische hat ein Adjektivierungsmorphem für Substantive, wodurch Genitive ersetzt werden können.

Die für das Palaische verwendete Form der Keilschrift ist im Wesentlichen identisch mit der hethitischen, auch in palaischen Texten wird durch Pleneschreibung die Vokallänge markiert. Es gibt zwei wichtige Besonderheiten: das fast völlige Fehlen von Logogrammen (was dadurch begründet sein könnte, dass Palaisch für die Hethiter, die den Kult vollzogen, eine Fremdsprache war, der Kulttext aber vollständig palaisch inkantiert werden musste); die zweite Besonderheit sind Zeichen mit einem Phonem /f/ (oder /v/), das im Hethitischen nicht vorkommt. Die Worttrennung durch Zwischenräume ist der Regelfall, auch Paragraphen werden abgetrennt.

E. Forrer erkannte bereits 1919, dass in den palaischen Texten eine eigenständige Sprache vorliegt, die mit dem Hethitischen verwandt ist, die also wie das Hethitische zu den später so genannten anatolischen Sprachen gehört. Größere Fortschritte im Verständnis der Sprache machte erst H. Otten 1944, der den Status des Palaischen innerhalb der anatolischen Sprachen genauer definierte. Die beiden wichtigsten neueren Arbeiten hierzu sind A. Kammenhuber 1959 und O. Carruba 1970. Seit über 40 Jahren sind keine neuen palaischen Texte gefunden worden.

Grammatische Skizze des Palaischen

Phonologie

Tab 11.26 *Die Konsonantenphoneme des Palaischen (Melchert 2004: 586)*

	labial	alveolar	velar	post-alv.	palatal	pharyng.
Plosive	p, b	t, d	k, g			
Nasale	m	n				
Affrikaten		ts				
Frikative	f	s	ɣ, x	ʒ		ħ, ʕ
Vibranten		r				
Approxim.	w	l			j (y)	

Tabelle 11.26 gibt die palaischen Konsonantenphoneme wieder. /ɣ, x/ sind die Reflexe des indogermanischen Laryngals /*h₂/, sie werden als <ḫ> oder <ḫḫ> transkribiert. Das Phonem /ʒ/ bezeichnet einen weichen palatalen Frikativ, der sich nach Melchert 2004: 587 aus indogermanisch /*h₂y/ entwickelt haben soll. Das Palaische hat (mindestens) die

drei Vokale /a, i, u/ in Kurz- und Langform. Die Existenz eines Phonems /e/ bzw. /e:/ ist umstritten.

Nominalmorphologie

Das Nomen unterscheidet zwei Numeri (Singular, Plural), zwei Genera (belebt/unbelebt bzw. Genus commune/Neutrum) und die sechs Kasus Nominativ, Vokativ, Akkusativ, Genitiv, Dativ und Lokativ. Die letzten beiden fallen im Plural zusammen, Nominativ und Akkusativ sind bei unbelebten Nomina wie üblich identisch, der Vokativ ist im Singular endungslos, im Plural fällt er mit dem Nominativ zusammen. Die Kasusendungen sind alle indogermanisch zu deuten, sie haben große Ähnlichkeit mit den hethitischen (Tabelle 11.27).

Tab 11.27 *Die palaischen Kasusendungen (Melchert 2004: 588, Popko 2008: 63)*

Kasus	Singular	Plural
Nom. c.	-s	-es, -as
Akk. c.	-n	?
Nom.-Akk. n.	-ø, -an	-a
Gen.	-as	?
Dat.	-i, -ai	-as
Lok.	-a	-as
Vok.	-ø	-es, -as

Es wird vermutet, dass es auch im Palaischen einen Ablativ-Instrumental gegeben hat, bisher wurde dafür jedoch kein Beleg gefunden. Der Genitiv kann direkt als Kasus oder indirekt mittels Zugehörigkeitsadjektiv ausgedrückt werden, das durch das Suffix /-ga/ (entsprechend luwischem /-ssa/) von einem Substantiv gebildet wird, z.B. *giun-ga* „zum Knie gehörend".

Pronomen

Sicher belegt sind das Interrogativ-Relativ-Pronomen *kui* „wer?" sowie die Demonstrativa *apā* „jener" (vgl. luwisch *apa*, hethitisch *apaš*) und *kā* „dieser".

Verbalmorphologie

Das palaische Verb hat dieselben Kategorien und Ausdrucksformen wie das luwische und hethitische Verb: zwei Numeri (Singular, Plural), drei Personen, zwei Tempora (Präsens-Futur, Präteritum), zwei Modi (Indikativ, Imperativ) sowie die Diathesen

Aktiv und Mediopassiv. Letzteres ist nur in Form von *Media tantum* bezeugt (mediopassive Formen mit aktiver Bedeutung), insgesamt ist das Verbparadigma nur sehr unvollständig belegt, was bei der vorliegenden Quellenlage nicht verwunderlich ist. Imperfektiver und durativer Aspekt können durch Stammänderungen mittels Suffixen ausgedrückt werden, die auch aus dem Luwischen bekannt sind.

Die Personalendungen sind denen des Luwischen ähnlich. Der Infinitiv wird auf /-una/ gebildet, z.B. *aḫuna* „trinken". Es gibt zwei Partizipien: Das erste auf /-ant/ entspricht dem indogermanischen Partizip Präsens Aktiv, das sonst in den anatolischen Sprachen in dieser Funktion nicht belegt ist; das zweite auf /-amma/ (vgl. Luwisch und Hethitisch). Die genaue Bedeutung der Partizipien ist unklar.

Syntax

Die Wortfolge im Satz ist relativ frei, der unmarkierte Satz hat die Grundfolge SOV, die in den meisten anatolischen Sprachen vorherrscht. Nahezu jeder Satzteil kann jedoch zwecks Emphase an den Anfang des Satzes gestellt werden.

Es gibt keine sicheren Belege für die Koordination von Sätzen durch eine Konjunktion wie „und", auch Nominalphrasen stehen unverbunden nebeneinander. Die enklitischen Konjunktionen *-ku* und *-ḫa* bedeuten wahrscheinlich „also" und drücken eine Folgebeziehung aus. Die einzige unterordnende Konjunktion *mān* „wenn immer, wenn" ist identisch mit der hethitischen Konjunktion *mān*.

Es herrscht Kongruenz in Genus, Numerus und Kasus zwischen adjektivischem Attribut und Nomen, sowie in Genus und Numerus zwischen Subjekt und Prädikat. Wie auch sonst indogermanisch üblich, haben pluralische Neutra ein Prädikat im Singular, z.B. *tilila ḫāri* „die Tilil (eine Nahrung) sind warm", das Verb steht in der 3. Person Singular, *tilila* ist Nominativ Plural Neutrum. Bei mehreren singularischen Subjekten steht das Prädikat wie in anderen anatolischen Sprachen im Singular, z.B. *lukīt-ku tabarnas tawannannas* „der König (und) die Königin haben dann auch verteilt", *lukīt* ist 3. Person Singular Präteritum. Die Bezeichnung (Titel) für „König" und „Königin" sind hethitische Lehnwörter im Palaischen.

Lydisch

Die historische westanatolische Landschaft Lydien grenzte an Mysien, Phrygien und Karien, das politische und kulturelle Zentrum war Sardes. Im 7. und 6. Jh. v. Chr. hatte das lydische Reich seine größte Ausdehnung, der mächtigste und bekannteste König war Kroisos (Regierungszeit 560–547 v. Chr.), der einen Angriff gegen die Perser wagte und dabei sein Reich verlor (Herodot I, 6–94). Von 547 bis 334 war Lydien persische Satrapie mit einer weitgehenden Selbstverwaltung, seit 133 v. Chr. gehörte es zum Römischen Reich.

Das Lydische ist eine anatolische Sprache, die in einer eigenen Alphabetschrift aus dem 8.–3. Jh. v. Chr. überliefert ist. Erhalten sind etwas mehr als 100 Inschriften, Graffiti, Münz- und Siegelaufschriften vom Ende des 8. Jh. bis zum 3. Jh. v. Chr., nur etwa 30 bestehen aus mehr als einigen Wörtern; längere Inschriften sind auf das 5. und 4. Jh. beschränkt. In hethitischen oder luwischen Texten ist kein lydisches Sprachgut enthalten. Über die Verbreitung des Lydischen bzw. seines Vorgängers im 2. Jt. ist nichts bekannt, die spätere Landschaft Lydien gehörte zum luwischsprachigen Bereich.

Der Hauptfundort der meist auf Stein geschriebenen Inschriften ist die lydische Hauptstadt Sardes, weitere Einzelfunde stammen aus dem Kaystros- und Hermostal, aus Smyrna/Bayraklı, Ephesos und dem karischen Aphrodisias. Die Mehrheit der Texte sind Grabinschriften, auch einige Erlasse sind überliefert. Den Kern des lydischen Korpus bilden sechs längere auf Stelen angebrachte Grab- und Weihinschriften, einige davon in metrischer Form mit Endreim. Insgesamt vier Bilinguen sind erhalten, zwei lydisch-griechische und zwei lydisch-aramäische, die zu einer rudimentären Kenntnis der lydischen Grammatik beitrugen. Ergänzt wird das epigraphische Material durch etwa 50 Glossen bei griechischen Autoren.

Die alphabetische lydische Schrift ist eine Ableitung oder Parallelentwicklung des (ost-)griechischen Alphabets, die genaue Beziehung ist nach wie vor unklar. Die Schreibrichtung ist in der Regel von rechts nach links, in älteren Texten teilweise auch von links nach rechts. Worttrenner wurden unregelmäßig verwendet. Die genaue lautliche Deutung ist bei einigen der insgesamt 26 Zeichen noch umstritten.

Das Verständnis der lydischen Sprache ist nach wie vor relativ gering. Zwar ist die grammatische Struktur der Sätze durchschaubar, etliche Nominal- und Verbalformen konnten identifiziert werden, dagegen mangelt es bei der inhaltlichen Interpretation der Texte, das Verständnis gerade auch der längeren Inschriften ist äußerst gering. Hierbei wird das Fehlen einer großen Bilingue deutlich, wie sie für das zeitgenössische Lykische in der Letoon-Trilingue vorliegt.

Die frühere Annahme, dass der anatolische Charakter des Lydischen erst durch Konvergenz auf Grund des arealen Kontakts mit anatolischen Sprachen entstanden sei, wird heute nicht mehr vertreten. Das Lydische gehört zweifelsfrei genetisch zum Anatolischen, genauer zum westanatolischen Zweig, und nimmt darin eine Sonderposition ein, da die übrigen Sprachen dieses Zweigs – Palaisch, Lykisch, Karisch, Sidetisch – alle näher mit dem Luwischen verwandt sind als das Lydische. Sprachlich wird diese Sonderstellung innerhalb des Westanatolischen durch mehrere Merkmale deutlich:

- Schwund des Laryngalreflexes, z.B. lydisch *eśa* : keilschrift-luwisch *ḫamsa*, hethitisch *ḫasa* „Enkel"
- Schwund des vokalischen Auslauts, z.B. bei der Endung der 3. Sg. Präsens lydisch -t/-d < westanatolisch *-ti
- Lautwandel /*uwa/ > /o/, z.B. lydisch *kod* „wie" < westanatol. *kuwad* „was, wie"
- konditionierter Lautwandel /*d, *t/ > /l, ʎ/, z.B. bei der Endung der 3. Sg. Präteritum /-l/ statt *-da, -ta
- Kasusendung Nom.-Akk. Sg. Neutrum -d; Dativ Sg. commune /-ʎ/
- Die Flexion des Lydischen erscheint im Vergleich zu den anderen anatolischen Sprachen noch weiter reduziert.

Grammatische Skizze des Lydischen

Phonologie

Tab 11.28 *Die Konsonantenphoneme des Lydischen (Melchert 2004: 603–604)*

	labial	alveolar	velar	labiovelar	palatal
Plosive	p	t	k	kʷ	
Nasale	m	n, (v)			
Affrikaten		ts, dz			
Frikative	f, v	s, ð			ç
Vibranten		r			
Approxim.		l			y, ʎ

Tabelle 11.28 enthält die lydischen Konsonantenphoneme. Transkription: /ð/ ~ d, /kʷ/ ~ q, /ç/ ~ s, /ʎ/ ~ λ, /dz/ ~ c. Der genaue Wert des mit v transkribierten Zeichens ist unklar, es handelt sich jedenfalls um einen Nasal. Das Lydische hat fünf *Vokale* /a, e, i, o, u/, zusätzlich zwei nasalierte Vokale unbekannter Artikulation, die mit ã und ẽ transkribiert werden. /e, o, ẽ, ã/ kommen wahrscheinlich nur in betonten Silben vor.

Nominalmorphologie

Die nominalen Kategorien sind Numerus (Singular, Plural), Genus (belebt/unbelebt bzw. Genus commune/Neutrum) sowie Kasus. Sicher belegt sind Nominativ, Akkusativ und Dativ-Lokativ. Wie üblich fallen Nominativ und Akkusativ bei den Neutra zusammen.

Der Genitiv wird vollständig durch die in den westanatolischen Sprachen üblichen Zugehörigkeitsadjektive ersetzt, die in Kasus, Numerus und Genus mit dem Bezugsnomen kongruieren, z.B. *siuvala/i* „göttlich, des Gottes, der Götter". Auch das Lydische besitzt das westanatolische Motionssuffix *-i-* in der Nominalflexion, allerdings ist es wesentlich weniger verbreitet als im Luwischen und Lykischen.

Pronomina

Belegt ist bei den Personalpronomina *amū* „ich, mich" mit dem üblichen anatolischen u-Vokalismus. Das Demonstrativum *bi-* (verwandt mit luwisch *apa*, palaisch *apā*, lykisch *ebe*) tritt an die Stelle eines Pronomens der 3. Person „er, sie (f.), es; sie (pl.)". Ein deiktisches Pronomen unbekannter Herkunft ist *es-* „dieser". Weitere Demonstrativa sind *os-*, *āna* und *ēna*.

Verbalmorphologie

Das lydische Verb hat drei Personen und zwei Tempora (Präsens-Futur, Präteritum). Belege für ein Mediopassiv und einen vom Indikativ abweichenden Imperativ sind unsicher. Während in der 1. Person Singular und Plural unterschieden werden (im Präteritum hat die 1. Sg. die Endung /-v/, die 1. Pl. die Endung /-vv/), fallen die Singular- und Pluralformen in der 3. Person zusammen: Im Präsens-Futur lautet die Endung /-t/ oder /-d/, im Präteritum /-l/. Sichere Belege für Formen in der 2. Person gibt es nicht. Der Infinitiv scheint auch die Endung /-l/ zu besitzen, abweichend von der üblichen westanatolischen Infinitivendung *-una*. Der Status verschiedener vorgeschlagener Partizipien ist ungesichert.

Syntax

Die unmarkierte Wortordnung im Satz ist SOV, allerdings können zur Emphase fast alle Satzteile an den Anfang des Satzes gestellt werden, eine Position des Objekts nach dem Verb ist auch möglich. Relativsätze werden normalerweise vorangestellt und mit dem Hauptsatz durch ein resumptives Pronomen verbunden. Adjektive stehen meist vor ihrem Bezugsnomen, mit dem sie in Genus, Numerus und Kasus kongruieren. Das Lydische scheint Postpositionen zu verwenden, belegt ist *dāv* „von ... her". Die Konjunktion *ak-* „und dann" verbindet konsekutive Sätze, *buk* „oder" Sätze und Nominalphrasen, das enklitische *-k* „und" nur Nominalphrasen.

Karisch

Die südwestanatolische Landschaft Karien grenzte im Norden an Lydien, im Osten an Lykien und Phrygien; ihre Hauptstadt war Mylassa, später Halikarnassos. Der Name „Karien" taucht bereits in hethitischen Quellen um 1400 v. Chr. als *karkisa* auf, im 13. Jh. erschien die Variante *karkija*, die als altpersisch *karka* und aramäisch *krk* fortgesetzt wurde. Die karische Sprache ist durch etwa 200 Inschriften, die in einem eigenen karischen Alphabet verfasst sind, in der Zeit vom 8. Jh. bis zum 3. Jh. v. Chr. bezeugt.

Nur wenige Dutzend dieser meist sehr kurzen und fragmentarischen Inschriften stammen aus Karien selbst bzw. aus dem angrenzenden Lydien. Die vor allem in Kaunos, aber auch in Hyllarima und Sinuri gefundenen Inschriften datieren ins 4. und 3. Jh. v. Chr., eine fragmentarische karisch-griechische Bilingue aus dem 6. Jh. stammt aus Athen. Der weitaus größte Teil karischer Inschriften wurde jedoch in *Ägypten* entdeckt. Die kurzen, meist nur aus Personennamen bestehenden Grabinschriften oder Graffiti wurden dort von karischen Söldnern in der Zeit vom 7. bis 4. Jh. hinterlassen. Die Hauptfundorte sind Memphis, Abydos und Abu Simbel, in Memphis gab es einen ganzen karischen Stadtteil *Karikon*, wo die Söldner mit ihren Familien lebten. Neben der epigraphischen Überlieferung kann man auf karische Personen- und Ortsnamen sowie auf einige wenige Glossen in griechischen Texten zurückgreifen (Popko 2008: 103–108, Vittmann 2003: 155–179).

Erst 1990 wurde bei der Entzifferung des karischen Alphabets ein wesentlicher Durchbruch erzielt (siehe unten), durch den die vermutete Zugehörigkeit des Karischen zum Anatolischen endgültig bewiesen werden konnte. 1996 gelang in Kaunos türkischen Archäologen der sensationelle Fund einer längeren karisch-griechischen (Quasi-)Bilingue aus dem 4. Jh., die bereits 1997 von P. Frei und C. Marek veröffentlicht wurde. Dieser Fund bot eine neue Grundlage für das Studium der karischen Sprache, wenn auch die griechische Fassung eine eher freie Paraphrase des karischen Textes darstellt. Dennoch ist man noch nicht zu einer vollständigen Deutung des nun relativ sicher lesbaren karischen Textkorpus gelangt, die Übersetzungen und Interpretationen der längeren Texte haben noch keine allseits akzeptierte Form gefunden.

Die karische Schrift

Die karische Schrift steht sicherlich in Verbindung zur griechischen, die genaue Art dieser Beziehung ist aber ungeklärt. Es kann sich sowohl um eine Ableitung vom griechischen Alphabet als auch um eine weitgehend unabhängige Parallelentwicklung handeln. Das hohe Alter der ältesten karischen Inschriften (8. Jh.) und die geringe Übereinstimmung in den Zeichenformen – die bei gleicher Form oft völlig unterschiedliche Lautwerte haben, wie sich erst spät herausgestellt hat – sprechen eher für eine eigenständige Entwicklung. Die Schreibrichtung ist in den älteren Texten aus Ägypten meist von rechts nach links, in den jüngeren aus Karien und Lydien in der Regel von links nach rechts. Worttrenner wurden nur äußerst selten verwendet.

Die *Entzifferung* der karischen Schrift war eine langwierige und schwierige Aufgabe. Auf Pionierarbeiten von A. H. Sayce am Ende des 19. Jh. folgten mehrere Ansätze in die falsche Richtung: Wegen der mit Varianten relativ hohen Zeichenzahl (etwa 45) versuchte man, die karische Schrift als syllabisches oder semi-syllabisches System zu interpretieren. Da dies nicht zum erwünschten Erfolg führte, lag das Thema etliche Jahrzehnte brach. Der russische Sprachwissenschaftler V. Shevoroshkin (Ševoroškin) konnte schließlich 1965 den Nachweis führen, dass die karische Schrift ein Alphabet darstellt. Die lautliche Deutung der Zeichen war jedoch noch immer nicht vorangekommen, wie die Diskrepanz zwischen den karischen Personennamen in griechischen Glossen und ihrer Lesung in den karischen Inschriften deutlich erkennen ließ.

Erst 1981 gelang J. Ray der entscheidende Durchbruch, als er die zweisprachigen karisch-ägyptischen quasi-bilingualen Grabinschriften auswertete und dadurch teilweise zu völlig neuen Lautwerten kam, andererseits aber auch einige bisherige Werte bestätigen konnte. Bis 1990 wurde das System von J. Ray, I.-J. Adiego und D. Schürr verfeinert und ausgebaut. Dieses sog. Ray-Adiego-Schürr-System (Schürr 1992) ermöglichte eine konsistente Lesung karischer Eigennamen auf Inschriften und in griechischen Texten (z.B. *arliš* – Arlissis, *arliom* – Arliomos, *kbiom* – Kebiomos, *luxse* – Lykses, *kiλara* – Kildara) und wurde von der 1996 gefundenen großen Kaunos-Bilingue weitgehend bestätigt.

Bemerkungen zur karischen Grammatik

Phonologie

Trotz der Erfolge der neuen lautlichen Deutung der Schriftzeichen ist in der karischen Phonologie nach wie vor Vieles ungeklärt (Melchert 2004: 611). Gesichert ist die Serie stimmloser Plosive /p, t, k/, die auch so transkribiert werden. Welche Unterschiede bei den drei mit <k, q, x> transkribierten Lauten bestehen, ist unklar. Die mit <b, d> transkribierten Laute bezeichnen wohl eher Frikative als die stimmhaften Entsprechungen zu /p, t/.

Drei Sibilanten werden mit <š, ś, s> transkribiert; <š> bezeichnet einen palatalen oder palatalisierten Sibilant, <ś> setzt uranatolisches /*ss/ fort (zum Beispiel beim Adjektivierungsmorphem), die Lautung des dritten Sibilanten <s> ist unklar. Der mit <τ> transkribierte Laut ist wahrscheinlich eine Affrikate. Die vier Sonoranten /m, n, r, l/ sind gesichert, ein weiterer mit <λ> transkribierter kontrastiert mit /l/.

Im Karischen gibt es die fünf Vokale /i, u, e, o, a/, die auch so transkribiert werden, wobei <e> und <o> wahrscheinlich Langvokale darstellen, wie aus griechischen Übertragungen karischer Eigennamen hervorgeht. Der Laut /u/ wird durch fünf verschiedene Zeichen dargestellt, die man als <u, ú, ù, ü, w> transkribiert. Ob sich lautliche Unterschiede hinter diesen unterschiedlichen Zeichen verbergen, ist ungeklärt. In den karischen Texten aus Ägypten wurden die Vokale häufig ausgelassen, sicherlich eine Folge der vokallosen ägyptischen Schrift.

Morphologie und Syntax

Bisher sind nur Fragmente einer karischen Morphologie zu erkennen, die Verbalmorphologie liegt noch weitgehend im Dunkeln, da bisher nur wenige finite Verbformen identifiziert wurden: *wb-t* „er gibt, weiht" – das lykische *ube-* bedeutet dasselbe –, *bin-t* „er opfert", *bin-q* „ich opferte", *tbe-ś* „er legte, machte".

Auch zum Nomen lässt sich kaum mehr sagen. Der Nominativ Singular commune scheint endungslos zu sein, der Akkusativ hat die Endung /-n/, der Dativ die Endungen /-e/ oder /-o/, z.B. *trude* „dem Tarḫunt"; diese Endungen wurden durch die Kaunos-Bilingue bestätigt. Der Genitiv scheint vollständig durch das übliche westanatolische Zugehörigkeitsadjektiv ersetzt zu sein, dessen Bildungssuffix /-ś-/ mit dem luwischen /-ssa-/ korrespondiert. Die Kaunos-Bilingue bietet *kbd-un-* „kaunisch, von Kaunos", wobei das Morphem /-un/, das Adjektive von Ortsnamen bildet, mit dem gleichbedeutenden luwischen Suffix /-wann(i)/ verwandt ist.

Der Stamm *s(a)n-* wird als Demonstrativum gedeutet. Das enklitische *-xi* ist inzwischen ziemlich sicher als Relativpronomen identifiziert worden (< idg. *k^wi-* „welcher"). Zusätzlich soll *-xi* die Funktion eines Definitheitsmarkers für Nominalphrasen besitzen. Eine koordinierende Konjunktion ist *sb* „und", das mit dem lykischen *sebe* korrespondiert.

Sidetisch

Side war das kulturelle und politische Zentrum der historischen südanatolischen Landschaft Pamphylien. Es war bereits in hethitischer Zeit besiedelt, wie der Fund eines späthethitischen Basaltkessels beweist. Von den Griechen wurde Side im 7. Jh. v. Chr. von Kyme aus kolonisiert, durch seine Hafenlage kam es in hellenistischer und römischer Zeit zu großer Blüte.

Bis in die späthellenistische Zeit hinein wurde von der einheimischen sidetischen Bevölkerung und auch im pamphylischen Umland eine anatolische Sprache, das Sidetische gesprochen, worüber Arrian (Anabasis I 26,4) berichtet. Das sidetische Alphabet mit 26 Zeichen entstand im 7. oder 6. Jh. v. Chr. auf Grundlage einer griechischen Kursive. Es zeigt einen ähnlich großen Abstand zu seinem Mutteralphabet wie das karische. Die Schreibrichtung ist von rechts nach links.

Bis heute sind neben zahlreichen Münzaufschriften (5.–3. Jh.) lediglich sechs oder sieben meist kurze Weihinschriften und eine Gefäßaufschrift aus dem 3. und 2. Jh. v. Chr. überliefert. Von den sechs Inschriften sind zwei sidetisch-griechische Bilinguen, die einen gewissen Einblick in das Sidetische ermöglichten. Darüber hinaus sind sidetische Glossen und Notizen des aus Side stammenden Arztes Mnemon (3. Jh. v. Chr.) in einem medizinischen Handbuch zu erwähnen.

Die erhaltenen Inschriften sind sehr kurz und enthalten überwiegend Personennamen. Dabei steht der Vatername im Genitiv mit der Flexionsendung *-(a)s*, es wird also nicht das sonst westanatolisch übliche Zugehörigkeitsadjektiv verwendet. Der Dativ Plural hat die Endung *-a*, z.B. *maśara* „den Göttern" (verwandt mit luwisch *massana* „Gott"), der Akkusativ Plural endet auf *-as*, z.B. *malwadas* „Dankesgaben" (möglicherweise verwandt mit hethitisch *malduwar* „Opferung"). Trotz des äußerst spärlichen Materials scheint es heute sicher zu sein, dass das Sidetische eine näher mit dem Luwischen verwandte anatolische Sprache ist.

Auf das Sidetische werden bestimmte Fremdeinflüsse im pamphylischen Dialekt des Griechischen zurückgeführt, darunter der Lautwandel /d/ > /l/ oder /r/, der Verlust von intervokalischem /g/ sowie von /i/ vor /l/ und von /n/ vor Dentalen und im Auslaut. Aus der standard-griechischen Lautgruppe /-sp-/ wurde pamphylisch /-stw-/, z.B. pamphyl. *estwediius* „aspendisch".

12 | Armenisch

Die armenische Sprache bildet als Einzelsprache wie das Griechische und Albanische einen eigenen Primärzweig des Indogermanischen, sie ist also mit keiner anderen indogermanischen Sprache genetisch näher verwandt. Allerdings gibt es im Wortschatz und in der Morphologie besondere Gemeinsamkeiten des Armenischen mit dem Griechischen und Indoiranischen, so dass diese drei Sprachen früher eine Dialektgruppe innerhalb der indogermanischen Protosprache gebildet haben könnten (Clackson 2004: 922). In historischer Zeit haben vor allem verschiedene iranische Sprachen einen großen Einfluss auf das Armenische genommen, der sich in zahlreichen Lehnwörtern niedergeschlagen hat. Das führte in der Frühzeit der Indogermanistik dazu, dass das Armenische selbst fälschlich als eine iranische Sprache eingeordnet wurde. Insgesamt waren die Fremdeinflüsse so groß, dass nur etwa 500 armenische Wörter zum indogermanischen Erbwortschatz gehören, die seit ursprachlicher Zeit komplizierte Lautveränderungen durchlaufen haben, wie z.B. indogermanisch *$du̯ō$ > armenisch *erku* „zwei".

Das historische Siedlungsgebiet der Armenier ist der südliche Kaukasus und Ostanatolien, es deckt sich weitgehend mit dem Reichsgebiet der nicht-indogermanischen *Urartäer* (9.–6. Jh. v. Chr.), die in diesem Raum als Vorgänger der Armenier angesehen werden können. Die heutige armenische Hauptstadt *Eriwan* ist eine urartäische Gründung mit dem ursprünglichen Namen *Erebuni*. Man geht davon aus, dass die Proto-Armenier im Verlauf der ersten Hälfte des 2. Jt. v. Chr. in diese Region eingewandert sind, sich dort mit der ansässigen kaukasischen Bevölkerung vermischt und zum armenischen Volk entwickelt haben. Während dieser Akkulturation entstand aus dem Proto-Armenischen unter Einfluss des kaukasischen Substrats die armenische Sprache, die schließlich die einheimische urartäische Sprache völlig verdrängte. Die schriftliche Überlieferung des Armenischen beginnt erst im 5. Jh. n. Chr., und zwar in einer speziell für die armenische Sprache entwickelten Alphabetschrift.

Man unterscheidet die beiden Hauptperioden Altarmenisch und Neuarmenisch. Das *Altarmenische* – auch *klassisches Armenisch*, auf armenisch *Grabar* – ist die seit dem 5. Jh. n. Chr. im armenischen Alphabet belegte Sprachstufe. Als Literatursprache wurde es noch bis ins 19. Jh. genutzt, im kirchlichen Bereich ist es bis heute in Gebrauch. In dieser Sprachform ist eine reichhaltige theologische, philosophische, historiographische, lyrische und epische Literatur überliefert. Seit dem Beginn des 19. Jh. entwickelte sich die *neuarmenische Schriftsprache*, die näher am mündlichen Sprachgebrauch orientiert ist. Das Armenische gliedert sich heute in zwei Hauptdialektgruppen, deren Varietäten allerdings wechselseitig verständlich sind: Ostarmenisch und Westarmenisch. *Ostarmenisch* (Areweljan Hajeren) ist die Amtssprache der Republik Armenien sowie der von Armenien besetzten, international nicht anerkannten Republik Bergkarabach, es wird auch von der armenischen Gemeinschaft in Georgien, in Russland und in einigen weiteren Ländern der ehemaligen Sowjetunion sowie im Iran gesprochen. Das *Westarmenische* (Arewmtjan Hajeren) war ursprünglich in Anatolien beheimatet, nach dem Völkermord an den Armeniern im Osmanischen Reich 1915/16 wird es fast nur noch in der armenischen Diaspora verwendet.

Die Gesamtzahl der Sprecher des Armenischen – fast alle sind Muttersprachler – wird auf etwa 6,5 Mio. geschätzt, davon leben rund 3 Mio. in Armenien (mit abnehmender Tendenz) und 150 Tsd. in Bergkarabach. Nach Ethnologue 2009 sind in den folgenden Staaten größere armenische Sprechergemeinschaften vertreten: Russland 1,1 Mio., Georgien 450 Tsd., Syrien 320 Tsd., Libanon 235 Tsd., USA 220 Tsd., Iran 170 Tsd., Ukraine 100 Tsd., Frankreich 70 Tsd., Irak 60 Tsd., Türkei 40 Tsd., Kanada 35 Tsd., Deutschland 35 Tsd., Griechenland 20 Tsd. und Kasachstan 20 Tsd. Mit Sprecherzahlen unter 10 Tsd. werden aufgeführt: Jordanien, Israel, Kirgisistan, Zypern, Ungarn und Rumänien. Die greifbaren Zahlen addieren sich auf etwas über 6 Mio. Sprecher. Berücksichtigt man, dass manche Angaben in Ethnologue über 10 Jahre alt sind, könnte die eingangs als Schätzung angegebene Zahl gültig sein.

12.1 Herkunft, Ethnogenese und historische Entwicklung

Herkunft

Herodot nennt die Armenier Abkömmlinge der Phryger (Historien VII, 73). Die Annahme einer besonderen Verwandtschaft zwischen dem Phrygischen und Armenischen hat sich auch in der Sprachwissenschaft lange gehalten. Neuere Untersuchungen zum nur dürftig belegten Phrygischen (vgl. Abschnitt 10.4) konnten diese These jedoch nicht bestätigen, so dass insbesondere eine Abstammung des Armenischen vom Phrygischen unwahrscheinlich ist.

Manche armenische Wissenschaftler vermuten den Ursprung ihres Volkes im ostanatolischen Land *Hajasa* (beim heutigen Erzurum und Erzincan gelegen), das in hethitischen Urkunden des 14. Jh. belegt ist und dessen Name an die armenische Eigenbezeichnung ihres Landes *Hajastan* anklingt. In der internationalen Wissenschaft fand die Hypothese eines autochthonen Ursprungs der Armenier keine Anerkennung. Es herrscht heute vielmehr ein weitgehender Konsens darüber, dass die Armenier im Laufe der ersten Hälfte des 1. Jt. v. Chr. in ihre historischen Siedlungsgebiete eingewandert sind. Strittig sind allerdings Weg und Zeitrahmen dieser Einwanderung.

Bei der Zuwanderungsroute gibt es zwei Möglichkeiten: von Norden über den Kaukasus oder von Westen über den Balkan. Nach der Hypothese von I. Diakonoff sind die Proto-Armenier aus der Balkanregion nach Kleinasien eingewandert und dort nach Ostanatolien und in den Südkaukasus gelangt. Diakonoff identifiziert die Proto-Armenier dabei mit den *Muški*, einer Gruppe der sog. *Seevölker*, die um 1200 v. Chr. unter anderem den Zusammenbruch des hethitischen Großreiches herbeigeführt hatten (Mallory-Adams 1997: 30).

Ethnogenese

Wie schon erwähnt, deckt sich das frühe historische Siedlungsgebiet der Armenier im Wesentlichen mit dem Reichsgebiet der Urartäer. In einer Inschrift des urartäischen Königs Sardure I. aus der Mitte des 8. Jh. wird ein Land *Arme/Armini* erwähnt, das mit seiner Hauptstadt *Nihrija*, die aus hethitischen und assyrischen Quellen bekannt ist, südwestlich des Van-Sees lokalisiert werden kann. Von Arme bzw. Armini leitet sich die persische Bezeichnung *Armina* für Armenien ab, die in der persischen Fassung der Behistun-Inschrift des Perserkönigs Dareios aus dem Jahre 520/519 v. Chr. verwendet wurde. Die Entsprechung im elamischen Text der Trilingue lautet *Harminuja*, im babylonischen Text dagegen *Uraštu*, was die geographische Identität dieser Begriffe in achämenidischer Zeit nahelegt. Die Griechen übernahmen das Ethnonym als *Armenioi*, es tritt erstmals bei Hekataios von Milet um 500 v. Chr. auf, danach vielfach bei Herodot im 5. Jh. mit der Lokalisierung am Oberlauf des Euphrats.

Auf Grundlage dieser frühen Belege für eine Präsenz der Armenier im Gebiet des Van-Sees kann man vermuten, dass die Proto-Armenier schon im 8. Jh. v. Chr. in das Gebiet des Staates Urartu eingewandert sind und sich in dieser Region ansiedelten (Popko 2008: 142–145), wenngleich es dafür keinerlei archäologische Beweise gibt. Die Zuwanderer nahmen weitgehend die Kultur der ansässigen urartäischen Bevölkerung an, konnten aber ihr proto-armenisches Spracherbe auf Basis des kaukasischen Substrats zur armenischen Sprache weiterentwickeln. In der Endphase des urartäischen Reiches um 600 v. Chr. hatten die Armenier schon eine gewisse politische Selbstständigkeit erreicht. Die urartäische Sprache wurde – wahrscheinlich nach einer längeren Periode der Zweisprachigkeit – vom Armenischen absorbiert. Die eigentliche Ethnogenese der Armenier fand also letztlich im Südkaukasus und in Ostanatolien durch eine kulturelle Vermischung der Proto-Armenier – woher sie auch immer kamen – mit der ansässigen anatolisch-kaukasischen Bevölkerung statt.

Historische Entwicklung

Xenophon (etwa 426–355 v. Chr.) berichtet in seiner Kyroupaideia, dass bereits im 6. Jh. ein weitgehend autonomer armenischer Staat unter medischer Oberherrschaft bestanden habe. Im persischen Großreich (546–331 v. Chr.) gehörte Armenien zur 13. Satrapie mit der Hauptstadt Van. In dieser Zeit konnten die Armenier ihr Siedlungsgebiet immer mehr nach Norden bis in den Südkaukasus und nach Osten ausweiten. In der Diadochenzeit gehörte Armenien zur Interessenssphäre der Seleukiden. Nach der Niederlage der Seleukiden gegen die Römer im Jahr 188 v. Chr. rief sich Artaxias zum König von Armenien aus. Seine Nachkommen, die Artaxiden, festigten die Unabhängigkeit des armenischen Königreichs. Von 95 bis 55 v. Chr. erreichte die Macht des Artaxidenstaates ihren Höhepunkt unter König Tigranes II., der zeitweise sogar das ehemalige seleukidische Kernland Syrien kontrollierte.

Den iranischen Parthern gelang es, Vertreter des eigenen Herrscherhauses der Arsakiden auf den armenischen Thron zu setzen. Mitte des 3. Jh. n. Chr. geriet Armenien unter den Einfluss der Sassaniden. Nachdem Diokletian die Sassaniden 297 (oder 298) besiegt hatte, mussten diese die Oberhoheit über Armenien aufgeben. Trdat III. aus dem Haus der Arsakiden bestieg 298 den armenischen Thron und erklärte im Jahre 301 (nach anderen Quellen 314 n. Chr.) das Christentum zur Staatsreligion. Armenien wurde so der *erste christliche Staat*. Nach einer relativ kurzen Periode der politischen Unabhängigkeit wurde Armenien im 6. Jh. vom byzantinischen Reich annektiert, kam aber bereits im 7. Jh. unter den Einfluss arabisch-islamischer Machthaber. Dennoch konnte es seine christliche Kultur und auch eine weitgehende politische Autonomie bewahren.

Mit dem Zerfall der Bagratiden-Dynastie im 11. Jh. beginnt die 1000-jährige Geschichte der *armenischen Diaspora*. Viele Armenier zogen ins südanatolische Kilikien und gründeten dort ein neues armenisches Königreich (1080–1375). Von dort emigrierten später unter dem Druck der Seldschuken große Gruppen auf die Krim, nach Russland, Rumänien und Moldawien. 1604 deportierte der persische Shah Abbas der Große zahlreiche Armenier zum Aufbau seiner neuen Hauptstadt Isfahan. (Von der persischen Diaspora gingen später weitere Migrationen nach Indien, Singapur, Indonesien und Australien.) Die antiarmenischen Pogrome in Russland am Ende des 19. Jh. lösten eine Emigrationswelle in Richtung Westeuropa aus. Die größte Katastrophe war der türkische Genozid am armenischen Volk, der bereits im 19. Jh. begann und in den Massakern und Massendeportationen der Jahre 1915/16 kulminierte, denen über eine Million Armenier zum Opfer fielen. Die Überlebenden retteten sich in die Staaten des Nahen und Mittleren Ostens.

Nach einer volkstümlichen armenischen Redensart haben die Armenier trotz aller historischen Katastrophen ihre kulturelle Eigenständigkeit mit „38 Soldaten" erfolgreich verteidigen können. Gemeint sind die 38 Buchstaben des armenischen Alphabets, das – zusammen mit der armenischen Sprache – für die Armenier das wichtigste Symbol der nationalen Identifikation ist. Der seit 1991 unabhängige Staat Armenien bietet erstmals seit Jahrhunderten auch eine politische Sicherheit.

12.2 Sprache und Schrift

Die Position des Armenischen im Indogermanischen

Wie oben schon erwähnt, hat das Armenische einige exklusive Gemeinsamkeiten mit dem Griechischen und den indoiranischen Sprachen. Dazu gehören die Verwendung eines Augments *e- zur Kennzeichnung von Vergangenheitsformen, z.B. armenisch *e-ber* „er trug", aber auch die Bildung des Instrumentals durch das Morphem *-bhi(s) und die Prohibitivpartikel *mē. Das heißt aber nicht, dass diese drei Zweige des Indogermanischen eine genetische Einheit darstellen. Vielmehr ist davon auszugehen, dass ihre Protoformen vor ihrer unabhängigen Herauslösung aus der indogermanischen Protosprache eine Dialektgruppe gebildet haben. Zu den geographisch benachbarten anatolischen Sprachen bestehen bis auf den Erhalt einiger ursprachlicher Laryngale keine näheren Beziehungen.

Erst 1875 erkannte H. Hübschmann die korrekte Position des Armenischen als eigenständigen Primärzweig des Indogermanischen, die er in seiner Arbeit „Über die Stellung des Armenischen im Kreise der indogermanischen Sprachen" darlegte. Vorher wurde es meist als iranische Sprache eingestuft, weil man die große Zahl der iranischen Lehnwörter fälschlich zum Erbwortschatz des Armenischen rechnete. Schließlich stellte sich heraus, dass nur wenige Wörter des Armenischen (etwa 500) zum indogermanischen Erbe gehören. Diese durchliefen dabei eine Reihe komplizierter Lautveränderungen, die ihre indogermanische Herkunft zunächst verschleierten.

Sprachliche Charakteristik

Die *Phonologie* des Armenischen hat im Bereich der Plosive Ähnlichkeit mit der griechischen: Auch das Armenische hat die Dreiteilung der Plosive, z.B. /p, b, pʰ/. Allerdings ist die genaue Lautung im Altarmenischen nicht völlig geklärt. Darüber hinaus weist das Armenische zahlreiche palatalisierte Laute auf. *Morphologisch* ist das Armenische durch den Umbau der Nominalflexion mit Neubildung der meisten Kasus und durch einen stark ausgeprägten Kasussynkretismus gekennzeichnet, das Genus ging als Kategorie verloren. Das Verb zeigt einige auffällige Übereinstimmungen mit dem Griechischen, wie die Neubildung von Imperfekt und Aorist sowie Reste des Augments. Dennoch sind die Unterschiede groß: Das Armenische hat kein synthetisches Perfekt und Futur, der Optativ ist entfallen.

Armenische Lautverschiebung

Die wesentlichen Lautveränderungen des klassischen Armenischen gegenüber dem Indogermanischen sind die folgenden:

- die stimmhaften aspirierten Plosive wurden zu stimmhaften nicht-aspirierten Plosiven (*dh > d etc.)
- die stimmlosen Plosive wurden zu aspirierten stimmlosen Plosiven (*t > tʰ, dargestellt t', etc.)
- die stimmhaften Plosive wurden zu stimmlosen (*d > t etc.)
- die palatalisierten Velare wurden zu Sibilanten und Affrikaten (*k' > s, *g' > c etc.), das Armenische ist also eine *Satem-Sprache*
- zwei ursprachliche Laryngale blieben zumindest in einigen Fällen erhalten (*h₂, *h₃ > h oder ø)
- die indogermanischen Labiovelare verloren ihre labiale Komponente und wurden aspiriert (*kʷ > kʰ)
- spezifisch armenisch ist der Wandel *du̯ > /erk/, z.B. *du̯ō > *erku* „zwei"

Alle anderen proto-indogermanischen Konsonanten blieben im Wesentlichen erhalten. In Tabelle 12.1 sind Beispiele für die wichtigsten Lautverschiebungen zusammengestellt. Etliche ursprachliche Phoneme haben im Armenischen mehrere Entsprechungen.

Tab 12.1 *Die armenische Lautverschiebung (Mallory-Adams 1997: 28)*

Idg. >	Armen.	Proto-Idg.	Bedeutung	Armenisch
*p	pʻ	*pétetro-	„Feder"	pʻetur
	h	*ponthₓ-	„Weg"	hun „Furt"
	ø	*pod-	„Fuß"	otn
*t	tʻ	*tórsos	„Dörrplatz"	tʻaṙ
	d	*mr̥tos	„sterblich"	mard „Mensch"
	y	*ph₂tḗr	„Vater"	hayr
*k	kʻ ~ g	*h₂erk-	„festhalten"	argel „Gefängnis"
*bh	b	*bhere/o-	„bringen"	bere-
*dh	d	*dhur	„Tür, Tor"	durk
*b	p	*steibe/o-	„stoßen"	stipe-
*d	t	*dóh₃rom	„Geschenk"	tur
*g	k	*ger-	„Kranich"	krunk
*kʷ	kʻ	*leikʷ-	„verlassen"	lkʻane-
*gʷ	k	*gʷenhₓ-	„Frau"	kin
*gʷh	g ~ ǰ	*gʷhermos	„warm"	ǰerm
*kʻ	s	*kʻr̥d-	„Herz"	sirt
*gʻ	c ~ t	*gʻónu	„Knie"	cunr
*gʻh	j	*gʻhésr̥	„Hand"	jeṙn
*s	h	*sénos	„alt"	hin
	ø	*sál-	„Salz"	ał
*u̯	g	*u̯aílos	„Wolf"	gayl
*h₁	ø	*h₁esmi	„ich bin"	em
*h₂	h	*h₂eúh₂os	„Großvater"	haw
	ø	*h₂r̥̥tkʻos	„Bär"	arǰ
*h₃	h	*h₃od-	„Geruch"	hot
	ø	*h₃or-	„Vogel"	oror „Möwe"

Sonderzeichen in der armenischen Transkription: kʻ, tʻ, pʻ bezeichnen stimmlose aspirierte Plosive, ǰ steht für eine stimmhafte alveo-palatale Affrikate, ṙ ist ein stimmhafter apico-alveolarer r-Laut (Trill).

Wortschatz

Der armenische Wortschatz setzt sich neben den erwähnten etwa 500 Erbwörtern aus Lehnwörtern hurritischer, urartäischer, syrisch-aramäischer, mitteliranischer (parthischer und sassanidischer), griechischer, lateinischer, neuiranischer und russischer Herkunft zusammen. Armenische Lehnwörter aus dem kaukasischen Substrat sind z.B. *xnjor* „Apfel(baum)" < hurrit. *hinzuri*, *maxr(i)* „Tanne" < hurrit. *māhri*, *ułt* „Kamel" < hurrit. *ułtu* oder *cov* „See" < urartäisch *sua*.

Am bedeutendsten ist der Anteil des Parthischen, von dem sogar Wörter des Grundwortschatzes wie *anapat* „Wüste", *paštem* „ich verehre", *ma(r)h* „Tod", *ašxarh* „Welt" oder *bag-* „Gott" entlehnt wurden, geringer fiel der Einfluss in der sassanidischen Zeit aus. Insgesamt gehen über 1.000 Wörter (ohne Ableitungen und Zusammensetzungen gerechnet) auf iranische Sprachen zurück. Dazu gehören nicht nur Substantive, Verben und Adjektive, sondern auch Präpositionen und verschiedene Ableitungssuffixe. Der Umfang des iranischen Einflusses auf das Armenische entspricht mindestens dem des normannischen Französisch auf das Englische.

Das Griechische und Syrische ist mit zahlreichen Lehnwörtern insbesondere aus dem christlichen Bereich vertreten, der Anteil des Lateinischen ist dagegen nur gering. In zaristischer und sowjetischer Zeit sind mehr als 3.000 Lehnwörter aus dem Russischen übernommen worden, manche dieser Wörter hatte das Russische vorher aus anderen europäischen Sprachen entlehnt. Nach dem Zerfall der Sowjetunion und der Unabhängigkeit Armeniens wurde das armenische Lexikon vom Ballast der Sowjetismen befreit, dafür ist der Anteil der Anglizismen unaufhaltsam gestiegen.

Die armenische Schrift

Aus den Aufzeichnungen des armenischen Historikers Moses von Chorēn (5. Jh. n. Chr.) lässt sich entnehmen, dass die armenische Sprache bis zum Beginn des 5. Jh. in einigen Gegenden mit griechischen, sassanidisch-persischen und syrischen Buchstaben geschrieben wurde, von diesen Texten ist jedoch nichts erhalten geblieben.

Im frühen 5. Jh. n. Chr. (genannt werden die Jahre 406/407) entwickelte der Priester und spätere Heilige *Mesrop Maštoc'* eine *Alphabetschrift* für die Verschriftung der armenischen Sprache, die sich im Prinzip bis heute unverändert erhalten hat, wenn auch die Zeichenformen eine Entwicklung durchlaufen haben. Das armenische Alphabet enthielt ursprünglich 36 Zeichen und wurde im Mittelalter um zwei weitere auf 38 Buchstaben erweitert. Die Frage der Beziehung der armenischen Schrift zu anderen Alphabetschriften wurde intensiv und strittig diskutiert. Heute scheint sich die Meinung durchzusetzen, dass das mesropische Alphabet am stärksten vom *griechischen* beeinflusst wurde. Als Gründe werden genannt

* die Schreibrichtung ist von links nach rechts wie im Griechischen, während die semitischen Alphabete meist von rechts nach links geschrieben wurden

- die Buchstabenfolge a, b, g, e, z, ē, … entspricht weitgehend der griechischen
- einige Buchstaben stimmen auch in der Form mit entsprechenden griechischen Kursivbuchstaben überein
- das Phonem /u/ wird ähnlich wie im Griechischen durch einen Digraphen <ow> wiedergegeben

Manche Zeichen lassen jedoch auch eine Herkunft aus einem semitischen Alphabet vermuten. Der große Vorteil des armenischen Alphabets ist seine Fähigkeit, die Phoneme des klassischen Armenischen eindeutig wiederzugeben.

Nach der Entwicklung dieser Schrift übersetzte Mesrop die Bibel aus dem Griechischen ins Armenische, wodurch er den klassischen armenischen Sprachstandard schuf, der zum Modell für die gesamte klassische armenische Literatur bis ins 19. Jh. hinein wurde. Schon im 5. Jh. entstanden zahlreiche weitere Übersetzungen und erste armenische Originaltexte. Die ältesten erhaltenen Texte sind jedoch Inschriften. Die beiden ältesten sind eine Steininschrift in der Kirchenruine von *Tekor* (heute *Digor* in der osttürkischen Provinz Karst) sowie eine Inschrift auf einem Fußbodenmosaik in einer armenischen Kirche in Jerusalem, beide stammen vom Ende des 5. oder Anfang des 6. Jh. Das älteste vollständig erhaltene Manuskript ist ein Evangelium, das im Jahre 887 kopiert wurde. Es gibt jedoch etliche ältere Fragmente und Palimpseste sowie einen Papyrus. Alle älteren Texte sind ausschließlich in Großbuchstaben geschrieben, die armenischen Kleinbuchstaben entstanden erst im 11. Jh.

Das klassische armenische Schrifttum umfasst einen großen Korpus christlicher Literatur, aber auch zahlreiche philosophische, historiographische und wissenschaftliche Werke aller Fachrichtungen. Eine große Sammlung von über 15.000 antiken und mittelalterlichen armenischen Handschriften wird im sog. *Matenadaran* in Eriwan aufbewahrt.

12.3 Grammatische Skizze des klassischen Armenisch

Die folgende grammatische Skizze basiert vor allem auf Clackson 2004, Ajello 1998 und Klein 2007.

Phonologie

Das Armenische besitzt 29 konsonantische und 7 vokalische Phoneme. Die armenische Schrift wird in der Linguistik mit einem speziellen System transkribiert, das auch hier angewendet wird (Clackson 2004: 924). Für die Phoneme, bei denen Transkriptionszeichen und IPA-Zeichen nicht übereinstimmen, ist die IPA-Bezeichnung in eckigen Klammern angegeben.

Tab 12.2 *Die Konsonantenphoneme des klassischen Armenisch (nach Clackson 2004: 925)*

		labial	alveolar	post-alveolar	palatal	velar	glottal
Plosive	stl.	p	t	č [tʃ]		k	
	sth.	b	d	ǰ [dʒ]		g	
	asp.	pʻ [pʰ]	tʻ [tʰ]	čʻ [tʃʰ]		kʻ [kʰ]	
Affrikaten	stl.		c [ts]	č [tʃ]			
	sth.		j [dz]	ǰ [dʒ]			
	asp.		cʻ [tsʰ]	čʻ [tʃʰ]			
Frikative	stl.		s	š [ʃ]		x	h
	sth.	v	z	ž [ʒ]			
Nasale		m	n				
Liquide			r, ř, l		ł [ʎ]		
Gleitlaute					y [j]		

Abkürzungen: stl. stimmlos, sth. stimmhaft, asp. aspiriert

/ř/ bezeichnet einen gerollten alveolaren r-Laut (Trill). Die Deutung von /p, t, k/ als stimmlose bzw. von /b, d, g/ als stimmhafte Plosive im Altarmenischen ist nicht unproblematisch. Im modernen Westarmenischen ist diese Zuordnung genau umgekehrt, und es ist unwahrscheinlich, wenn nicht gar unmöglich, dass ein simultaner Lautwechsel „über Kreuz" stattgefunden hat. Dies spricht dafür, dass diese Laute im Altarmenischen anders artikuliert wurden (dazu Clackson 2004: 925–926).

Das Armenische hat die sieben *Vokale* /i, ɛ, e, ə, a, o, u/, wobei /ɛ/ als <ê> dargestellt wird (teilweise wird /u/ in der Literatur auch als <ow> transkribiert, ich folge hier Klein und Ajello und transkribiere <u>). Wichtig ist die armenische *Vokalalternation*, durch die sich der Vokalwert in Abhängigkeit davon unterscheidet, ob die zugehörige Silbe betont oder unbetont ist. Der Akzent liegt fast immer auf der letzten Silbe. Vokalalternationen sind sowohl bei der Derivation als auch bei der Flexion von Bedeutung. In Tabelle 12.3 sind die Vokalalternationen zusammengefasst, Tabelle 12.4 enthält dazu einige typische Beispiele.

Tab 12.3 *Armenische Vokalalternation (Clackson 2004: 927)*

Art der Silbe	Vokalalternation				
Betonte Silbe	i	u	ê	oy	ea
Unbetonte Silbe	ə	ə	i	u	e

Tab 12.4 *Beispiele zur Vokalalternation im Armenischen*

Altern.	betonte Silbe	unbetonte Silbe
i ~ ə	*hin* „alt"	dazu der Genitiv *hnoy* /hənoy/
u ~ ə	*sut* „falsch"	abgeleitetes Verb *stem* /sətem/ „ich lüge"
ê ~ i	*angêt* „nicht wissend"	*gitem* „ich weiß"
oy ~ u	*yoys* „Hoffnung"	*yusoy* „der Hoffnung" (Genitiv)

Nominalmorphologie

Das armenische Nomen hat die Kategorien Numerus und Kasus; das indogermanische Genus ist entfallen, das gilt auch für das Personalpronomen. Allerdings besitzt das Frage- und Indefinitpronomen die Opposition human/nicht-human.

Kategorie	Realisierung
Numerus	Singular, Plural
Kasus	Nominativ, Akkusativ, Genitiv-Dativ, Lokativ, Ablativ, Instrumental

Der Vokativ wird durch den Nominativ ausgedrückt. Bei den Pronomina gibt es separate Formen für den Genitiv und Dativ, also insgesamt sieben Kasus. In der Deklination fallen einige Kasus formal zusammen, der sog. *Kasussynkretismus* ist im Armenischen stark ausgeprägt:

- Akkusativ = Nominativ im Singular
- Akkusativ = Lokativ im Plural
- Genitiv-Dativ = Ablativ im Plural
- Genitiv-Dativ = Lokativ im Singular (weitgehend)

Während im Plural in allen Deklinationstypen dieselben Kasusendungen verwendet werden, sind sie im Singular variabel und hängen vom Deklinationstyp ab. Die Pluralendungen lauten: Nom. /-kʻ/, Akk. und Lok. /-s/, Gen.-Dat. und Abl. /-cʻ/, Inst. /-wkʻ, -vkʻ, -bkʻ/. Der Instrumental hat im Singular die Endungen /-w, -v, -b/, die im Plural durch das Pluralsuffix /-kʻ/ erweitert werden (es handelt sich also offensichtlich um eine Neubildung).

Es gibt drei Hauptmuster der Deklination:

- invariabler Stamm: a-, i-, o- und u-Deklination
- gemischter Typus: wo- und ea-Deklination
- variabler Stamm: r-, ł- und n-Deklination

Zu diesen Deklinationstypen sind Beispiele in den Tabellen 12.5 und 12.6 zusammengestellt.

Tab 12.5 *Die armenische Deklination: vokalische und gemischte Stämme (Clackson 2004: 930–931)*

Stamm:		a	i	o	u	wo
		„Jahr"	„Herz"	„Pferd"	„Rat"	„Sohn"
Sg.	Nom./Akk.	am	sirt	ji	xrat	ordi
	Gen.-Dat./Lok.	ami	srti	jioy	xratu	ordwoy/-i
	Abl.	amê	srtê	jioy	xrat(u)ê	ordwoy
	Inst.	amaw	srtiw	jiov	xratu	ordwov
Pl.	Nom.	amkʻ	sirtkʻ	jikʻ	xratkʻ	ordikʻ
	Akk./Lok.	ams	sirts	jis	xrats	ordis
	Gen.-Dat./Abl.	amcʻ	srticʻ	jiocʻ	xratucʻ	ordwocʻ
	Inst.	amawkʻ	srtiwkʻ	jiovkʻ	xratukʻ	ordwovkʻ

Tab 12.6 *Die armenische Deklination: konsonantische Stämme (Clackson 2004: 931)*

Stamm:		r	ł	n	n
		„Knochen"	„Stern"	„Finger"	„Blut"
Sg.	Nom./Akk.	oskr	astł	matn	ariwn
	Gen.-Dat./Lok.	osker	asteł	matin	arean
	Abl.	oskerê	astełê	matnê	arenê
	Inst.	oskerb	astełb	matamb	areamb
Pl.	Nom.	oskerkʻ	astełkʻ	matunkʻ	ariwnkʻ
	Akk./Lok.	oskers	astełs	matuns	ariwns
	Gen.-Dat./Abl.	oskeracʻ	astełacʻ	matancʻ	areancʻ
	Inst.	oskerbkʻ	astełbkʻ	matambkʻ	areambkʻ

Pronomina

Wie oben schon erwähnt, werden beim Pronomen im Gegensatz zum Nomen Genitiv und Dativ als separate Kasus unterschieden. Während die Kasusendungen der Personalpronomina von denen des Nomens abweichen, sind die Endungen der übrigen Pronomina den nominalen sehr ähnlich. In Tabelle 12.7 sind die Personalpronomina (1. und 2. Person) aufgeführt, als Ersatz für die fehlenden Personalpronomina der 3. Person das anaphorische Pronomen *na* „dieser/diese".

Tab 12.7 *Das armenische Personalpronomen (Clackson 2004: 932; Ajello 1998: 218–219)*

Kasus	1. Sg.	2. Sg.	3. Sg.	1. Pl.	2. Pl.	3. Pl.
Nom.	es	du	na	mekʿ	dukʿ	nokʿa
Akk.	is	kʿo	na	mez	jez	nosa
Gen.	im	kʿez	nora	mer	jer	nocʿa
Dat.	inj	kʿez	nma	mez	jez	nocʿa
Lok.	is	kʿez	nma	mez	jez	nosa
Abl.	inên	kʿên	nmanê	mênǰ	jênǰ	nocʿanê
Inst.	inew	kʿew	novaw	mwekʿ	jewkʿ	nokʿawkʿ

Das substantivische Fragepronomen (Tabelle 12.8) unterscheidet in allen Kasus zwischen Personen und Sachen, es zeigt also einen Rest der indogermanischen Genus-Opposition belebt/unbelebt.

Tab 12.8 *Das armenische Interrogativpronomen (Ajello 1998: 216–217)*

Kasus	Personen	Sachen
Nom./Akk	ov, o „wer?/wen?"	zi, zinčʿ „was?"
Gen.	oyr	êr
Dat.-Lok.	um	him, im
Abl.	um(m)ê	imê
Inst.	orov	iw

Von den anaphorischen Pronomina *sa* „dieser hier", *da* „jener da" und *na* „der da" sind die suffigierten *bestimmten Artikel* -s, -d,- n abgeleitet, z.B. *ogi* „Geist", *ogi-s* „der Geist", *matunkʿ* „Finger", *matunkʿ-s* „die Finger". Als nachgestellter unbestimmter Artikel wird das Zahlwort *mi* „ein" verwendet, z.B. *ogi mi* „ein Geist".

Numeralia

Das Zahlensystem des Armenischen ist dezimal. Die Zahlen 1–16, die Zehner, Hunderter sowie 1.000 und 10.000 werden durch *ein* Wort ausgedrückt, alle anderen Zahlen werden aus mehreren Wörtern zusammengesetzt. Dabei geht die größere Einheit der kleineren meist voran (allerdings nicht im Bereich 11–19); die Komponenten können durch *ew* „und" verbunden werden. Die Zahlwörter gehören mit Ausnahme von *hariwr* „hundert" zum indogermanischen Erbwortschatz, wirken aber sehr fremd, da sie starke Lautveränderungen durchlaufen haben (zur Herleitung der armenischen Numeralia aus dem Indogermanischen vgl. Klein 2007: 1067–68). *hazar* „1000" und *bewr* „10.000" sind iranische Lehnwörter. Die Zehner werden durch die Endung *-sun* gebildet. Die Zahlwörter für 1–4 sind voll deklinabel. In Tabelle 12.9 sind die armenischen Kardinalzahlen zusammengestellt.

Tab 12.9 *Die armenischen Kardinalzahlen (nach Klein 2007: 1067–1069)*

1	mi	11	metasan	10	tasn	100	hariwr
2	erku	12	erkotasan	20	kʻsan	200	erkeriwr
3	erekʻ	13	erekʻtasan	30	eresun	300	erekʻhariwr
4	čʻorkʻ	14	čʻorekʻtasan	40	kʻařasun	400	čʻorekʻhariwr
5	hing	15	hingetasan	50	yisun	500	hinghariwr
6	vecʻ	16	veštasan	60	vatʻsun	600	vecʻhariwr
7	ewtʻn	17	ewtʻn ew tasn	70	ewtʻanasun	700	ewtʻnhariwr
8	utʻ	18	utʻ ew tasn	80	utʻsun	800	utʻnhariwr
9	inn	19	inn ew tasn	90	innsun	900	innhawiwr
10	tasn	20	kʻsan	100	hariwr	1000	hazar

Zahlenbeispiel: 1345 = *hazar erekʻhariwr kařasun ew hing.*

Verbalmorphologie

Das armenische Verb hat die Kategorien Tempus, Modus, Diathese, Numerus und Person.

Kategorie	Realisierung
Tempus	Präsens, Imperfekt, Aorist
Modus	Indikativ, Subjunktiv, Imperativ (nur 2. Person)
Diathese	Aktiv, Mediopassiv
Numerus	Singular, Plural

Die ursprachlichen Tempora Futur und Perfekt, der Modus Optativ und der Numerus Dual sind nicht erhalten geblieben. Präsens und Aorist besitzen alle drei Modi, das Imperfekt nur einen Indikativ. Man unterscheidet einen *Präsens-* und einen *Aoriststamm*, von denen jeweils eine Gruppe von Tempora, Modi und nominalen Verbformen gebildet werden (Tabelle 12.10).

Tab 12.10 *Bildung der Tempora, Modi und infiniter Formen vom Präsens- und Aoriststamm*

Stamm	davon werden gebildet
Präsensstamm	Indikativ, Subjunktiv, Imperativ Präsens; Imperfekt; Infinitiv
Aoriststamm	Indikativ, Subjunktiv, Imperativ Aorist; Partizip

Die Opposition zwischen Präsens- und Aoriststamm ist *aspektuell*: Der Präsensstamm drückt einen *imperfektiven*, der Aoriststamm einen *perfektiven* Aspekt aus. Für Handlungen in der Zukunft wird in der Regel der Subjunktiv Präsens oder Subjunktiv Aorist verwendet. Der Imperativ Präsens wird nur als Prohibitiv mit der Negationspartikel *mi* eingesetzt, während der Imperativ Aorist nur positiv gebraucht wird.

Die Art der Markierung der *Diathese* (Aktiv/Mediopassiv) ist eine armenische Innovation. Im Präsens bewirkt bei den Verben mit dem Stammauslaut /e/ die Änderung des Stammvokals in /i/ den Übergang vom Aktiv zum Mediopassiv, z.B. *berem* „ich trage", aber *berim* „ich werde getragen". Bei den Verben der anderen Stämme (i-, a- und u-Stämme) bleibt die Diathese im Präsens unmarkiert, die Präsensformen dieser Verben können also sowohl eine aktive wie eine mediopassive Bedeutung haben, z.B. *ařnum* „ich nehme/werde genommen". Im Imperfekt entfällt die Markierung der Diathese bei allen Stämmen, z.B. *berei* „ich trug/wurde getragen". Im Aorist gibt es unterschiedliche Personalendungen zur Kennzeichnung von Aktiv und Mediopassiv, z.B. *beri* „ich trug", *beray* „ich wurde getragen". Die Tabelle 12.11 enthält die wichtigsten finiten Verbalformen des Verbums *berem* „tragen" (Präsensstamm *bere-*, Aoriststamm *ber-*).

Man beachte die Identität der Formen des Imperfekts im Aktiv und Mediopassiv. Im Aorist erhalten solche Formen ein *Augment* e-, die ohne Augment einsilbig wären, z.B. **ber > e-ber* „er/sie/es trug". Der *Subjunktiv Präsens* wird durch das Suffix /-icʻ-/ gebildet, also Subjunktiv Präsens Aktiv *ber-icʻ-em*, Subjunktiv Präsens Mediopassiv *ber-icʻ-im* usw. Die *Imperative* lauten im Präsens Aktiv *ber-er* „trage" im Präsens Mediopassiv *ber-ir* „werde getragen" (im Plural sind Imperativ und Indikativ identisch); im Aorist Aktiv Sg./Pl. *ber/ber-êkʻ*, Aorist Mediopassiv Sg./Pl. *ber-ir/ber-arukʻ*.

Der Infinitiv wird durch das Suffix /-l/ am Präsensstamm markiert, z.B. *bere-l* „tragen". Ein Partizip der Vergangenheit wird durch die Endung /-eal/ am Aoriststamm gebildet, z.B. *ber-eal* „getragen habend". Darüber hinaus gibt es weitere Verbaladjektive.

Tab 12.11 *Die armenische Konjugation (nach Klein 2007: 1069–1077)*

Aktiv		Präsens Indikativ	Imperfekt Indikativ	Aorist Indikativ	Aorist Subjunk.
Sg.	1.	berem	berei	beri	beric'
	2.	beres	bereir	berer	berc'es
	3.	berê	berêr	e-ber	berc'ê
Pl.	1.	beremk'	bereak'	berak'	berc'uk'
	2.	berêk'	bereik'	berêk'	berjik'
	3.	beren	berein	berin	berc'en
Mediopassiv		**Präsens** Indikativ	**Imperfekt** Indikativ	**Aorist** Indikativ	**Aorist** Subjunk.
Sg.	1.	berim	berei	beray	berayc'
	2.	beris	bereir	berar	berc'is
	3.	beri	berêr	beraw	berc'i
Pl.	1.	berimk'	bereak'	berak'	berc'uk'
	2.	berik'	bereik'	berayk'	berjik'
	3.	berin	berein	beran	berc'in

Bemerkungen zur Syntax

Die *Wortfolge* ist im klassischen Armenisch relativ frei, sie hat eher pragmatische als syntaktische Funktion. Die unmarkierte Wortordnung ist SVO, die markierte SOV. Bei gleichzeitigem indirekten Objekt I sind SVIO, SVOI und SOVI möglich (Ajello 1993: 223–224). In der klassischen narrativen Prosa steht das Verb häufig satzeinleitend. Dagegen hat sich das moderne Armenisch zu einer streng kopffinalen Sprache entwickelt.

Im klassischen Armenisch steht das attributive Adjektiv in der Regel vor dem Kopfnomen, ein Genitivattribut dahinter; es werden *Präpositionen*, keine Postpositionen verwendet. In Nominalphrasen kann die Präposition vor mehreren Komponenten dieser Phrase auftreten, z.B. *ənd awursn ənd aynosik* lit. „in Tagen, in jenen", also „in jenen Tagen". Manche Präpositionen können mit mehreren Kasus verbunden werden, wobei sich unterschiedliche Bedeutungen ergeben (siehe Tabelle 12.12).

Tab 12.12 *Armenische Präpositionen (Ajello 1998: 222)*

Präpos.	zugehöriger Kasus und Bedeutung
ař	*Akk.* „gegen"/ *Lok.* „nahe bei" / *Gen.* „wegen"
ənd	*Akk.* „durch"/ *Inst.* „unter"/ *Lok.-Dat* „mit"/ *Gen.* „anstelle von"
z	*Akk.* direktes Objekt/ *Abl.* „wegen"/ *Lok.* „gegen"/
	Inst. „unter Berücksichtigung von"
i/y	*Akk.* „in"/ *Lok.* „unter" / *Abl.* „von"

Im Prinzip besteht zwischen dem Adjektivattribut und seinem Kopfnomen *Kongruenz* in Kasus und Numerus. Diese Regel wird im Armenischen allerdings selten konsequent eingehalten. Folgende komplexere Regel kommt der sprachlichen Realität näher:

- attributive Adjektive, die hinter dem Kopfnomen stehen, zeigen Kongruenz (hinter dem Kopfnomen stehende Adjektive sind aber eher die Ausnahme)
- einsilbige Adjektive vor dem Kopfnomen zeigen Kongruenz, es sei denn, das Nomen steht im Nominativ, Akkusativ oder Lokativ Plural

Aber auch von dieser Regel gibt es zahlreiche Abweichungen. Durchaus häufig sind Fälle *partieller Kongruenz* im Kasus, aber nicht im Numerus, z.B. *mecaw* (Inst. Sg.) *zarmanaleawkʻ* (Inst. Pl.) „mit großen Verwunderungen". Im modernen Armenisch trägt in der Regel nur noch eine Komponente einer Nominalphrase die Kasus-Numerus-Markierung.

13 | Tocharisch

Tocharisch ist die Bezeichnung für zwei verwandte, ausgestorbene indogermanische Sprachen, die durch Dokumente bekannt geworden sind, die man in Oasen nördlich der Taklamakan-Wüste in der westchinesischen Provinz Xinjiang (Chinesisch-Turkestan) gefunden hat. Die beiden Sprachen bezeichnet man als *Tocharisch A* und *Tocharisch B*, in der deutschen Fachwissenschaft auch als *Osttocharisch* und *Westtocharisch*.

13.1 Die Entdeckung der tocharischen Manuskripte

Tocharisch A und B

Tocharisch ist aus Manuskripten bekannt, die bei mehreren archäologischen Turkestan-Expeditionen in den beiden letzten Jahrzehnten vor dem Ersten Weltkrieg entdeckt wurden, insbesondere durch die Missionen des Briten A. Stein, des Deutschen A. von le Coq und des Franzosen P. Pelliot. Zusätzlich zu einer Fülle von mitteliranischen Dokumenten (vgl. Abschnitte 14.15–17) brachten sie Texte in einer unbekannten Sprache mit, die in der zentralasiatischen Variante der Brāhmī-Schrift verfasst waren (vgl. Abschnitt 14.6).

1908 identifizierten die deutschen Sprachforscher E. Sieg und W. Siegling das den Texten zugrunde liegende Idiom eindeutig als *indogermanische*, aber *nicht-indoiranische* Sprache, die sie zunächst als „indoskythisch" bezeichneten (Sieg-Siegling 1908). Auch die beiden Sprachformen A und B wurden von Sieg und Siegling bereits unterschieden. Die Manuskripte konnten auf die Zeit vom 6. bis 8. Jh. n. Chr. datiert werden, sie stammen fast alle aus Klosterruinen an der nördlichen Route der Seidenstraße.

Die Texte der Tocharisch A genannten Sprache stammen aus *Turfan* und *Qarašahr* (Yanqi) sowie aus Klöstern zwischen diesen Oasen. Sie haben ausschließlich buddhistisch-religiöse Inhalte und sind zum größten Teil Übersetzungen oder Adaptionen von Sanskrit-Texten. Die Tocharisch B-Texte hat man weiter westlich entlang der nördlichen Seidenstraße von *Aqsu* über *Kuča* bis *Turfan* gefunden (das östliche Fundgebiet der B-Texte deckt sich mit dem der A-Texte). Die B-Texte bieten neben religiösen auch eher weltliche Gattungen, wie etwa Klosterberichte, Karawanenpässe, Handelsdokumente, medizinische Texte und sogar ein einzelnes Liebesgedicht. Dies spricht dafür, dass Tocharisch B zur Zeit der Entstehung dieser Texte noch eine lebende Sprache war, die zumindest von einem Teil der an der Seidenstraße ansässigen Bevölkerung verwendet wurde.

Von einigen Forschern werden Fremdwörter und Suffixe in Prakrit-Texten aus *Loulan* (auch *Kroran*, im Inneren der östlichen Taklamakan-Wüste), die aus dem 3. Jh. n. Chr. stammen, mit dem Tocharischen in Verbindung gebracht. Manche Forscher sprechen sogar von einer Variante *Tocharisch C*. Das erhaltene Material ist jedoch zu dürftig, um diese Hypothese seriös beurteilen zu können (vg. Mallory-Mair 2000: 277–279).

Tocharisch A ist eine sehr einheitliche Sprache, die zur Zeit der Niederschrift der Texte wahrscheinlich schon ausgestorben war, sie diente als eine Art *Liturgiesprache* für die Sprecher von Tocharisch B und des Alttürkischen (Altuigurischen). Dagegen zeigt Tocharisch B Unterschiede auf vielen Ebenen. Man kann sie auf der Basis von phonologischen und morphologischen Merkmalen in einen westlichen, zentralen und östlichen Dialekt einteilen, allerdings ist nicht ganz klar, ob es sich dabei wirklich um regionale Dialekte oder um chronologisch bzw. soziolinguistisch bedingte Unterschiede handelt. Jedenfalls ist Tocharisch B in jeder Hinsicht die „lebendigere" der beiden Sprachen. Insgesamt wurden seit 1890 etwa 5.000 tocharische Manuskriptseiten – fast alles Fragmente – gefunden, sie werden vor allem in Paris, Berlin und London aufbewahrt. Zusätzlich gibt es etwa 70 kurze tocharische Inschriften und Graffiti. Der lexikalische Bestand des Tocharischen beträgt etwa 4.500 bis 5.000 Wörter.

Die Sprecher des Tocharischen

Die Sprecher des Tocharischen spielten eine wichtige Rolle in der buddhistischen Kultur Zentralasiens, ihre ethnische Identität bleibt dennoch unbekannt. Der Name „Tocharer" beruht hauptsächlich auf der Wortform *twγry* (oder *toχri*) im Kolophon einer altuigurischen Handschrift, aber sowohl die Lesung dieses Wortes als auch die Art seiner Beziehung zu den Sprechern des Tocharischen sind umstritten. Andererseits kann es als sicher gelten, dass die Tocharisch-Sprecher *nicht* die „Tocharer" des Altertums waren, die bei griechischen und römischen Autoren (Strabon, Plinius, Ptolemaios) als *Tocharoi* bzw. *Tochari* und im Sanskrit als *Tukhāra* erscheinen und die zu den Stämmen gehören, die im 1. Jh. v. Chr. den Griechenstaat in Baktrien zerschlugen.

Bestimmte Personendarstellungen in buddhistischen Höhlen entlang der Seidenstraße zeigen einen hochgewachsenen, hellhaarigen und europiden Typus; sie wurden ohne seriöse Anhaltspunkte bald mit den „Tocharern" identifiziert. In den 1990er Jahren machte die Entdeckung rothaariger, „europäisch" aussehender Mumien im Tarimbecken Schlagzeilen (Mallory-Mair 2000), allerdings ist völlig ungewiss, welche Sprache die nach ihrem Tod Mumifizierten zu ihren Lebzeiten gesprochen haben und in welcher Beziehung sie zu den Sprechern des Tocharischen standen, zumal die Mumien zumeist wesentlich älter als die Texte der tocharischen Überlieferung sind. Jedenfalls ist klar, dass nach allen oben diskutierten Urheimatmodellen (vgl. Abschnitt 2.3) die „Tocharer" von Westen her in ihre zentralasiatischen Wohnsitze eingewandert sein müssen. Ob sie etwas mit den Trägern der sog. *Afanasjewo-Kultur* zu tun haben, wie vermutet wurde, ist kaum je zu entscheiden, da diese schriftlose Kultur des 4. und 3. Jt. v. Chr., die im Altaigebiet und Minusinsker Becken lokalisiert wird, zu den Sprechern von Tocharisch B einen zeitlichen Abstand von über 3.000 Jahren hat.

Am Ende des 1. Jt. n. Chr. gaben die Tocharisch-Sprecher ihre Sprache auf und wechselten zum Alttürkischen. Tocharische Texte wurden aber noch bis ins 12. Jh. kopiert.

13.2 Tocharisch als indogermanische Sprache

Die Position innerhalb des Indogermanischen

Ganz offensichtlich ist das Tocharische nicht näher mit den benachbarten indoarischen Sprachen verwandt (was schon von Sieg und Siegling 1908 erkannt wurde), einige morphologische Besonderheiten wie das r-Mediopassiv verweisen eher auf das Keltische oder Italische, was dazu geführt hat, die Frage einer näheren Verwandtschaft des Tocharischen mit westlichen indogermanischen Sprachgruppen zu untersuchen. Trotz mancher Parallelen ist jedoch die Eigenständigkeit des Tocharischen als ein *Primärzweig* des Indogermanischen allgemein anerkannt.

Die tocharischen Sprachen sind *Kentum-Sprachen*, das für diese Einordnung maßgebliche Zahlwort für „hundert" heißt tocharisch A *känt*, B *kante*. Die Erkenntnis, dass die „östlichen" Sprachen Tocharisch und auch Hethitisch Kentum-Sprachen sind – ein Merkmal, das man ursprünglich mit den „westlichen" indogermanischen Sprachen assoziierte –, hat die Relevanz der Kentum-Satem-Einteilung stark relativiert.

Der Abstand zwischen Tocharisch A und B

Zuweilen werden Tocharisch A und B als Dialekte *einer* Sprache bezeichnet. Man muss aber davon ausgehen, dass es sich um Sprachen gehandelt hat, die etwa denselben Abstand besaßen wie Italienisch und Rumänisch. Die gemeinsame Vorgängersprache, das Proto- oder Gemeintocharische, ist in den letzten vorchristlichen Jahrhunderten anzusetzen. In Tabelle 13.1 werden einige Verwandtschaftsbezeichnungen und die Grundzahlwörter in Tocharisch A und B verglichen, daneben ist die rekonstruierte ursprachliche Wortform angegeben. Übrigens sind auch die deutschen Entsprechungen sämtlich Kognate.

Der Abstand zwischen den beiden Sprachen wird dadurch besonders deutlich, dass für viele elementare Begriffe ganz unterschiedliche Wörter verwendet werden, z.B. tocharisch A/B *mrāc/āśce* „Kopf", *śāku/matsi* „Haar", *pāccās/saiwai* „richtig", *śwal/mīsa* „Fleisch", *napeṃ/śaumo* „Mann" oder *tsmār/witsako* „Wurzel".

Bei allen lexikalischen und phonologischen Unterschieden sind Tocharisch A und B strukturell sehr ähnlich: Sie sind beide streng kopffinal, die unmarkierte Wortordnung ist SOV, sie haben beide eine agglutinierende Nominalflexion mit Suffixen, und in der Verbalmorphologie spielt der Aspekt eine zentrale Rolle.

Tab 13.1 *Lexikalischer Vergleich Tocharisch A und B (Mallory-Mair 2000: 275)*

Deutsch	Tocharisch A	Tocharisch B	Ur-Idg.
Vater	pācar	pācer	*ph₂tḗr
Mutter	mācar	mācer	*meh₂tḗr
Bruder	pracar	procer	*bhréh₂tēr
Schwester	şar	şer	*su̯ésōr
Tochter	ckācar	tkācer	*dhugh₂tḗr
ein(s)	sas	şe	*sem-s
zwei	wu	wi	*du̯ōu
drei	tre	trai	*trei̯es
vier	śtwar	śtwer	*ku̯etu̯ór
fünf	päñ	piś	*pénku̯e
sechs	şäk	şkas	*sek's, *su̯ek's
sieben	şpät	şukt	*septm̥
acht	okät	okt	*ok'tṓ
neun	ñu	ñu	*h₁néu̯n̥
zehn	śäk	śak	*dék'm̥
zwanzig	wiki	ikäṃ	*wīk'm̥tih₁
hundert	känt	kante	*k'm̥tóm

Die Lautwerte der spezifisch tocharischen Transkription: c [t͡ɕ], ş [ʃ], ñ [ɲ], ś [s]

Die tocharische Lautverschiebung

Der Charakter der tocharischen Lautverschiebung gegenüber dem Proto-Indogermanischen konnte in den letzten Jahrzehnten weitgehend geklärt werden. Die wesentlichen Lautveränderungen des Tocharischen sind die folgenden:

- die indogermanische Serie der stimmlosen, stimmhaften und stimmhaft-aspirierten Plosive sind zu einem einzigen stimmlos-unaspirierten Laut zusammengefallen (*k, *g, *gh > k etc.)
- die palatalisierten Velare wurden entpalatalisiert (*k' > k etc.), Tocharisch ist also eine *Kentum-Sprache*
- die Labiovelare blieben erhalten oder wurden entlabialisiert (*kʷ > kw, ku oder k)
- sekundär wurden durch Palatalisierung Allophone geschaffen, die in der Folge phonemisch wurden, z.B. k > ś, s > ş [ʃ], l > ly [ʎ], n > ñ [ɲ]
- die Vokale durchliefen viele Änderungen, die kontrastierende Quantität ging in Tocharisch B verloren

Überraschend ist die Erkenntnis, dass die zur Zeit der Niederschrift lebende Sprache Tocharisch B die phonologisch konservativere ist, was insbesondere für den westlichen Dialekt gilt. Tabelle 13.2 enthält Belege zur tocharischen Lautverschiebung.

Tab 13.2 *Die tocharische Lautverschiebung (Mallory-Adams 1997: 592)*

Idg. >	Tochar.	Ur-Idg.	Bedeutung	Tochar. B	Bedeutung
*p	p	*ph₂tér	„Vater"	pācer	„Vater"
*t	t	*treies	„drei"	trai	„drei"
*k	k, ś	*leuk-	„scheinen"	luk-	„scheinen"
		*kēuke/o-	„rufen"	śauśäṃ	„ruft auf"
*b	p	*dhubros	„tief"	tapre	„hoch"
*d	t, ts	*duhₓeh₂-	„verbrennen"	twā-	„anzünden"
		*deme/o-	„bauen"	tsäm-	„wachsen"
*g	k, ś	*leg-	„sammeln"	läk-	„schauen"
		*gerōn-	„alt"	śrān	„alt"
*bh	p	*bher-	„tragen"	pär-	„tragen"
*dh	t, ts	*dhwóros	„Tor"	twere	„Tor"
		*dheig'h-	„formen"	tsik	„bauen"
*gh	k, ś	*loghos	„Liege"	leke	„Bett"
		*leghe/o	„liegen"	lyaśäm	„liegt"
*kʷ	kʷ, k, ś	*sokʷos	„Saft"	sekwe	„Eiter"
		*kʷekʷlóm	„Rad"	kokale	„Streitwagen"
		*kʷetu̯ór	„vier"	śtwer	„vier"
*gʷ	kʷ, k, ś	*gʷéneh₂	„Frau"	śana	„Ehefrau"
		*gʷóu-	„Kuh"	keu	„Kuh"
*gʷh	kʷ, k, ś	*gʷhṇ-sk'e-	„schlagen"	käsk-	„s. verstreuen"
*k'	k, ś	*k'ṃtóm	„hundert"	kante	„hundert"
		*k'euke/o-	„rufen"	śauśäṃ	„ruft auf"
*g'	k, ś	*g'ónu	„Knie"	keni	„Knie"
		*g'énu	„Kinn"	ānweṃ (A)	„Kinnbacken"
*g'h	k, ś	*g'hu̯ónos	„Klang"	kene	„Melodie"
		*g'hu̯erie̯-	„jagen"	śeritsi	„jagen"
*n	n, ñ	*nū	„jetzt"	no	„jedoch"
		*néu̯os	„neu"	ñuwe	„neu"

Spezielle Lautwerte der tocharischen Transkription: c [tʃ], ṣ [ʃ], ä [ɨ], ñ [ɲ].

13.3 Grammatische Skizze des Tocharischen

Die folgende grammatische Skizze des Tocharischen basiert auf Winter 1998, Kim 2009 und Fortson 2010. Die Abkürzungen „A" und „B" bei den Beispielen stehen für „Tocharisch A" bzw. „Tocharisch B".

Das Phoneminventar

Aus den Beispielen zur Lautverschiebung geht das Inventar der tocharischen Konsonanten- und Vokalphoneme bereits weitgehend hervor. Es wird in Tabelle 13.3 noch einmal zusammengefasst, bei Sonderzeichen der tocharischen Umschrift ist der vermutliche Lautwert notiert.

Tab 13.3 *Die Konsonantenphoneme des Tocharischen (nach Winter 156–157)*

	bilabial	alveolar	post-alv.	palatal	velar
Plosive	p, py [pʲ]	t			k, ky [kʲ]
Affrikaten		ts, tsy [tsʲ]	c [tʃ]		
Frikative		s	ś, ṣ [ʃ]		
Nasale	m	n		ñ [ɲ]	ṃ [ŋ]
Vibranten		r			
Laterale		l		ly [ʎ]	
Halbvokale	w			y [j]	

Die wichtigste innertocharische Lautveränderung war eine durchgehende *Palatalisierung* von Konsonanten vor den gemeintocharischen Vokalen /*e/ und /*i/. Dabei entwickelten sich t > c [tʃ], k > ś [ʃ] (die phonetische Deutung ist nicht ganz gesichert), l > ly [ʎ], n > ñ [ɲ] und w > y [j]. Für Konsonantencluster gibt es komplexere Regeln, z.B. st > śś oder śc. Die tocharischen Vokale sind /i, e, a, o, u, ä [ɨ]/; Tocharisch A hat zusätzlich die Langvokale /ē, ā, ō/.

Bemerkungen zur Schrift

Die für das Tocharische verwendete Brāhmī-Silbenschrift hat keine Zeichen, um Labiovelare wie z.B. /kʷ/ oder (in Tocharisch B) die Diphthonge /ew, ow, aw, ay/ darzustellen. Andererseits bestand die Möglichkeit, spezifische Sanskrit-Phoneme wie /v/, /h/, stimmhafte, stimmlose und aspirierte Plosive sowie Retroflexe wiederzugeben, was allerdings nur bei Entlehnungen aus indoarischen Sprachen geschah. Eine Innovation der tocharischen Schrift sind die sog. *Fremdzeichen*, mit denen die Kombination Konsonant + /ɨ/ <ä> geschrieben wird. Ein zweiter Vokal kann in ein Brāhmī-Zeichen durch Ligatur eingebunden werden, z.B. <kse + u> *kʹuse* „wer, was?".

Nominalmorphologie

Das tocharische Nomen hat die Kategorien Genus, Numerus und Kasus.

Kategorie	Realisierung
Genus	Maskulinum, Femininum, alternierendes Genus
Numerus	Singular, Dual, Plural
Kasus	*primär:* Nominativ, Obliquus (Akkusativ), Genitiv
	sekundär: Ablativ, Dativ-Allativ, Instrumental, Perlativ, Lokativ, Komitativ, Kausal, Proximativ

Eine Besonderheit sind Nomina mit *alternierendem Genus*. Sie sind im Singular maskulin, im Plural feminin, z.B. tocharisch B *säs oko* „diese Frucht" (maskulin), *toṣ okontu* „diese Früchte" (feminin). Man nimmt an, dass diese Nomina auf indogermanische Neutra zurückzuführen sind. Bei den Pronomina sind Spuren des Neutrums erhalten.

Es gibt unterschiedliche Dualendungen, je nachdem ob es sich um ein natürliches Paar oder um eine zufällige Zweizahl handelt, z.B. B *aśäm* „beide Augen", *peṃ* „beide Füße", aber *wī pwāri* „zwei Feuer". Man kann den Dual bei natürlichen Paaren auch als einen weiteren Numerus „Paral" auffassen.

Die drei *primären Kasus* stellen indogermanisches Erbgut da. Die *sekundären Kasus* werden agglutinativ durch Suffixe (Postpositionen) am Obliquus Singular bzw. Plural gebildet. Die Suffixe für Singular und Plural sind bei gleichem Kasus identisch, z.B. tochar. B Perlativ Sg. *pātär-sa* „durch den Vater", Pl. *pācera-sa* „durch die Väter". Bei Nominalphrasen erhält nur das letzte Wort die Kasuspostposition, z.B. tochar. B *kektseñ reki palsko-sa* „mit Körper, Wort (und) Geist" (hier stehen *kektseñ* und *reki* im Obliquus, die Perlativendung *-sa* wird nur an das letzte Wort angehängt). Diese Erscheinung nennt man *Gruppenflexion*. Die Morpheme der sekundären Kasusbildung unterscheiden sich deutlich in den beiden Sprachen (Tabelle 13.4), sie sind also nach-gemeintocharische Neubildungen, die auf unterschiedliche turksprachliche Vorbilder zurückgehen.

Tab 13.4 *Die tocharischen Kasuspostpositionen der sekundären Kasus (Winter 1998: 160)*

Sekundärer Kasus	Tochar. A	Tochar. B
Ablativ	-äṣ	-meṃ
Dativ-Allativ	-ac	-śc
Instrumental	-yo	–
Perlativ	-ā	-sa
Lokativ	-aṃ	-ne
Komitativ	-aśśäl	-mpa
Kausal	–	-ñ
Proximativ	–	-spe

Tabelle 13.5 zeigt die Deklinationsparadigmata tocharisch B *pācer* „Vater" und tocharisch A *k'uli* „Frau".

Tab 13.5 *Die tocharische Deklination (Fortson 2010: 407)*

Kasus	Tochar. B Singular	Tochar. B Plural	Tochar. A Singular	Tochar. A Plural
Nom.	pācer	pācera	k'uli	k'ulewāñ
Gen.	pātri	paceraṃts	k'uleyis	k'ulewāśśi
Obliquus	pātär	pācera	k'ule	k'ulewās
Abl.	pātär-meṃ	pācera-meṃ	k'uley-äs	k'ulewās-äṣ
Dat.-Allativ	pātär-śc	pācera-śc	k'uley-ac	k'ulewās-ac
Inst.	–	–	k'ule-yo	k'ulewās-yo
Lok.	pātär-ne	pācera-ne	k'uley-aṃ	k'ulewās-aṃ
Perlativ	pātär-sa	pācera-sa	k'uley-ā	k'ulewās-ā
Komitativ	pātär-mpa	pācera-mpa	k'uley-aśśäl	k'ulewās-aśśäl
Kausal	pātär-ñ	pācera-ñ	–	–

Pronomina

Das deiktische Pronomen (Demonstrativum) lautet tocharisch B *se, sā, te* „dieser, diese, dieses", es besitzt also im Gegensatz zum Nomen ein Neutrum und ist unmittelbar vergleichbar mit griechisch *ho, hē, to*. Tabelle 13.6 zeigt die rekonstruierten gemeintocharischen Formen des deiktischen Pronomens.

Tab 13.6 *Das gemeintocharische deiktische Pronomen (Winter 1998: 161–162)*

		Maskulinum „dieser"	Femininum „diese"	Neutrum „dieses"
Sg.	Nom.	*se, *sɨ	*sa	*te, *tɨ
	Akk.	*cē	*ta	*te, *tɨ
	Gen.	*cɨpɨ	*tay	*tense
Pl.	Nom.	*cēy	*tōy	–
	Akk.	*cēns	*tōns	–
	Gen.	?	?	–

Das tocharische Personalpronomen (Tabelle 13.7) hat die auffällige Eigenschaft der Genus-Unterscheidung in der 1. Person Singular, z.B. tocharisch B *ñāś* „ich (m.)", *ñiś* „ich (f.)".

Tab 13.7 *Das tocharische Personalpronomen (Tocharisch B) (Winter 1998: 164)*

	1. Sg.	2. Sg.	1. Du.	2. Du.	1. Pl.	2. Pl.
Nom.	ñäś/ñiś	tuwe	wene	yene	wes	yes
Obliquus	ñäś/ñiś	ci	wene	yene	wes	yes
Gen.	ñi	tañ	–	–	–	–

Numeralia

Die Zahlwörter für die Einer 1–9 und die Zehner 10–90 sowie für 100 sind in beiden tocharischen Sprachen gut belegt, so dass gemeintocharische Formen rekonstruiert werden können. Sämtliche Zahlwörter gehen erkennbar auf indogermanische Wurzeln zurück. Die Numeralia für die Zahlen 1–4 unterscheiden das Genus Maskulinum oder Femininum, die übrigen sind unveränderlich. In Tabelle 13.8 sind die belegten Zahlwörter in Tocharisch A und B sowie die rekonstruierten gemeintocharischen Formen gegenübergestellt.

Tab 13.8 *Die tocharischen Kardinalzahlen (nach Winter 1998: 162–163)*

Nr		Tochar. A	Tochar. B	Gemeintocharisch
1	m.	sas	ṣes	*ṣēs
	f.	säṃ	sana	*sɨna
2	m.	wu	wu	*wu
	f.	we	wi	*wey
3	m.	tre	trai	*treyɨ
	f.	tri	tarya	*tɨrya
4	m.	śtwar	śtwer	*śɨtwerɨ
	f.	–	śtwāra	*śɨtwara
5		päñ	piś	*pɨñśɨ
6		ṣäk	–	*śɨkɨ
7		ṣpät	–	*śɨptɨ
8		okät	okt	*oktɨ
9		ñu	ñu	*nɨwɨ
10		śäk	śak	*ćɨkɨ
20		wiki	ikäṃ	?
30		–	täryāka	*tɨryaka
40		śtwarāk	śtwārka	*śɨtwaraka
50		–	piśāka	*pɨñśaka
60		säksak	ṣkaska	*śɨkɨska
70		ṣäptuk	ṣuktanka	*śɨptɨnka
80		oktuk	–	*oktuka
90		–	ñumka	*nɨwɨmka
100		känt	kante	*kɨnte

Für die Kardinalzahlen 11–19 existieren keine sicheren Belege. Die Ordinalzahlen sind teilweise bekannt: tochar. B *pärweṣe* „der Erste", für die Ordinalia 2.–9. und 20. ist das Suffix /-(n)te/ belegt, z.B. tochar. B *ikante* „der Zwanzigste".

Verbalmorphologie

Das tocharische Verb hat eine Reihe von Besonderheiten entwickelt, andererseits aber durchaus archaische Züge bewahrt, wie z.B. die Diathese Aktiv/Mediopassiv, die Kategorie Aspekt, den Dual und die Opposition thematisch/athematisch. Dadurch spielt das Tocharische eine wichtige Rolle bei der Rekonstruktion des indogermanischen Verbalsystems. Das tocharische Verb besitzt die folgenden Kategorien:

Kategorie	Realisierung
Diathese	Aktiv/Mediopassiv
Aspekt	durativ/nicht-durativ (imperfektiv/perfektiv)
Tempora	Präsens, Imperfekt, Subjunktiv, Präteritum
Modus	Indikativ, Optativ, Imperativ
Numerus	Singular, Dual, Plural
Person	1., 2., und 3. Person

Die vier Tempora lassen sich als Kombination der Zeitstufen und des Aspekts interpretieren (Tabelle 13.9).

Tab 13.9 *Die „Tempora" des Tocharischen*

Aspekt	Nicht-Vergangenheit	Vergangenheit
durativ	Präsens	Imperfekt
nicht-durativ	Subjunktiv	Präteritum

„Subjunktiv" ist in der tocharischen Grammatik also nicht die Bezeichnung für einen Modus ähnlich dem Konjunktiv, sondern drückt eine nicht-durative Handlung in der Nicht-Vergangenheit aus, d.h. eine punktuelle Handlung in der Gegenwart oder Zukunft. Der sog. Optativ beschreibt häufig irreale Situationen, seltener Wunsch oder Möglichkeit.

Grundform und „Kausativ"

Kennzeichnend für das tocharische Verbalsystem ist die Existenz von Verbpaaren, bei denen einer *Grundform* des Verbs ein daraus abgeleiteter sog. *Kausativ* gegenübersteht. Als Ableitungssuffix dient meist das gemeintocharische Suffix *-ske (vom indogermanischen Stammbildungssuffix *-sk'e-, vgl. Abschnitt 2.8), das in Tocharisch B die Formen /-ske, -ṣṣə,

-s/ und in Tocharisch A die Formen /-sa, -ṣ/ annimmt. Nicht zu jeder Grundform existiert ein „Kausativ". Die Bedeutung der „Kausative" kann in drei Klassen eingeordnet werden:

- 1. Kein erkennbarer Unterschied zur Grundform, z.B. tochar. B „Kausativ" *taläṣṣäṃ* „er hebt empor", die Grundform *tallaṃ* hat dieselbe Bedeutung.
- 2. Wenn die Grundform intransitiv ist, hat der „Kausativ" häufig eine transitive Bedeutung, z.B. tochar. B *tsälpetär* „ist getilgt, gebüßt", dazu der „Kausativ" *tsälpäṣṣäṃ* „er tilgt, büßt" (allerdings steht hier die Grundform im Mediopassiv, der „Kausativ" im Aktiv).
- 3. Der „Kausativ" hat eine tatsächlich kausative Bedeutung, z.B. tochar. B *kärsanaṃ* „er weiß", Kausativ *śarsäṣṣäṃ* „er veranlasst zu wissen, er informiert".

Verbalstämme

Das tocharische Verb hat drei Stämme: Präsens-, Subjunktiv- und Präteritumstamm. Von den Stämmen werden die folgenden Formen gebildet (Tabelle 13.10).

Tab 13.10 *Die Bildung der Tempora von den Tempusstämmen*

Stamm	davon werden gebildet
Präsensstamm	Präsens, Imperfekt, Partizip Präsens
Subjunktivstamm	Subjunktiv, Optativ
Präteritumstamm	Präteritum, Partizip des Präteritums

Beispiel: B *klyaus-* „hören", Präsens *klyauṣäṃ* „er hört", Subjunktiv *klyṣäṃ* „er würde hören", Präteritum *klyauṣāsa* „er hörte".

Die tocharischen Präsensstämme werden nach ihrem Bildungstyp in die Klassen I bis XII eingeteilt, die meisten setzen indogermanische Bildungstypen fort (Tabelle 13.11).

Tab 13.11 *Die wichtigsten Bildungstypen tocharischer Präsensstämme (nach Fortson 2010: 408)*

Kl.	Bildungstyp	Beispiel
I	athemat. Wurzelpräsens	A *swiñc* „(Blumen) regnen herab" < idg. *suh_2-enti*
II	themat. Wurzelpräsens	B *akem* „wir führen" < idg. *h_2eg'-o-mes*
III	Mediopassiv auf -o	B *lipetär* < *lip-o-* „ist übrig geblieben"
IV	Mediopassiv auf -o	B *osotär* < *as-o-* „trocknet"
VI	Suffix -nā	AB *mus-nā-tär* „er hebt hoch"
VII	Nasalinfix	B *pi-n-keṃ* „sie malen"
VIII	Suffix -se/-so	B *näm-se-ñc* „sie beugen sich nieder"
IX	Suffix -ske/-sko	B *ai-sk-au* „ich gebe"
XII	Denominativbildung	B *lareñ-ñe-ntär* „sie lieben" < B *lareñ* „lieb"

Das Imperfekt wird in Tocharisch B durch den Vokal /-i-/, in Tocharisch A durch /-a-/ vor der Personalendung gekennzeichnet, z.B. tochar. B Präsens *klyauṣ-ä-ṃ* „er hört" → Imperfekt *klyauṣ-i-ṃ* „er hörte".

Die Erscheinung, dass sich der Subjunktivstamm vom Präsensstamm unterscheidet, teilt das Tocharische mit dem Italischen und Keltischen, z.B. lateinisch Präsens Indikativ *attingit* „er berührt", archaischer Subjunktiv *attigat* „er berühre". Das Präteritum setzt den indogermanischen Aorist fort, einige Partizipien gehen allerdings auf das Perfekt zurück, das das Tocharische ansonsten verloren hat.

Personalendungen

Die tocharischen Personalendungen sind indogermanisches Erbgut, wenn auch noch nicht in jedem Fall die Herleitung von einer ursprachlichen Endung gesichert ist. Das Mediopassiv ist wie im Italischen oder Keltischen ein sog. r-Passiv, allerdings ist das /-r/ auf alle Präsens-Formen ausgedehnt. In Tabelle 13.12 werden die Personalendungen von Tocharisch A und B gegenübergestellt.

Tab 13.12 *Die Personalendungen des tocharischen Verbs (Winter 1998: 167)*

		Aktiv		Mediopassiv		
Präsens/Subj.		B	A	B	A	
Sg.	1.	-u/-w	-m	-mar	-mār	
	2.	-t	-t	-tar	-tār	
	3.	-ṃ	-s	-tär	-tär	
Pl.	1.	-m	-mäs	-mtär	-mtär	
	2.	-cer	-c	-tär	-cär	
	3.	-ṃ	-y(ñc)	-ntär	-ntär	
Du.	3.	-teṃ	—	—	—	
Präteritum		**B**	**A**	**B**	**A**	
Sg.	1.	-wa	-ā/-wā	-mai	-e/-we	
	2.	-sta	-ṣt	-tai	-te	
	3.	-sa/-a	-sā/-ā	-te	-t	
Pl.	1.	-m	-mäs	-mte	-mät	
	2.	-s	-s	-t	-c	
	3.	-r/-re	-r	-nte	-nt	
Du.	3.	-ys	*-ynas	—	—	

Tabelle 13.13 enthält die Präsensformen von *klyaus-* „hören", Tabelle 13.14 die Präteritumformen von *pärk-* „fragen, bitten".

Tab 13.13 *Die tocharische Konjugation: Präsens Tocharisch A und B (Fortson 2010: 409)*

Präsens		B Aktiv	B Mediopassiv	A Aktiv	A Mediopassiv
Sg.	1.	klyausau	klyausemar	klyosam	klyosmār
	2.	klyauṣt	klyaustar	klyoṣt	klyoṣtār
	3.	klyauṣäṃ	klyauṣtär	klyoṣäṣ	klyoṣtär
Pl.	1.	klyausem	klyaussemtär	klyosmäs	klyosamtär
	2.	klyauścer	klyauṣtär	klyosac	klyoścer
	3.	klyauseṃ	klyausentär	klyoseñc	klyosantär

Tab 13.14 *Die tocharische Konjugation: Präteritum Tocharisch B (G.L. Campbell 1991: 1370)*

Präterit.		B Aktiv	B Mediopassiv
Sg.	1.	prekwa	parksamai
	2.	prekasta	parksatai
	3.	preksa	parksate
Pl.	1.	prekam	parksamte
	2.	–	parksat
	3.	prekar	parksante

Tabelle 13.15 zeigt die Bildung der wichtigsten infiniten Formen.

Tab 13.15 *Die Suffixe der infiniten Formen im Tocharischen (nach Winter 1998: 167–168)*

Infinite Form	Toch. B	Toch. A
Partizip Präsens Aktiv	-eñca	-ant
Partizip Präsens Mediopassiv	-mane	-māṃ
Partizip Präteritum	-u	-u
Gerundium	-lle	-l
Infinitiv	-tsi	-tsi

Bemerkungen zur Syntax

Bei der Beurteilung der Syntax der tocharischen Sprachen muss man berücksichtigen, dass fast alle Texte Übersetzungen sind und die Quellsprachen das Tocharische sicherlich syntaktisch stark geprägt haben.

Die Wortstellung im unmarkierten Satz ist SOV. Das attributive Adjektiv steht *vor* seinem Bezugsnomen, gleiches gilt auch für Demonstrativa und Genitivattribute. Die tocharischen Sprachen haben also eine *kopffinale* Struktur. Adjektive und Demonstrativa kongruieren mit ihrem Kopfnomen in Genus, Numerus und Kasus, bei den sekundären Kasus erhält nur das letzte Glied der Nominalphrase das Kasussuffix (Gruppenflexion).

Im Tocharischen werden hauptsächlich Postpositionen verwendet, es gibt aber auch einige Präpositionen, z.B. tocharisch B *śle* „mit", *snai* „ohne". Ein Teil der Postpositionen wird zur Bildung der sekundären Kasus mit dem Obliquus des Nomens unmittelbar verbunden, sie erfüllen dadurch die Funktion von Kasussuffixen (vgl. Nominalmorphologie).

Wortschatz

Der indogermanische Erbwortschatz ist im Tocharischen gut erhalten und dominiert die fremden Elemente, die im Wesentlichen indoiranischer Herkunft sind. Eine große Gruppe von Lehnwörtern stammt aus den *iranischen* Sprachen. Dabei unterscheidet man drei Schichten: Die älteste gehört zur altiranischen Periode, die auf das Proto-Tocharische eingewirkt hat, eine zweite kleine Gruppe von Lehnwörtern erinnert an das Ossetische (eine ostiranische Sprache); die größte und jüngste iranische Schicht stellen die mittel-ostiranischen Entlehnungen dar, vor allem aus dem Khotan-Sakischen (vgl. Abschnitt 14.17).

Fast alle *indoarischen* Lehnwörter stammen aus dem Sanskrit oder Prakrit, sie sind relativ jung, d.h. nicht allzu lange vor der Niederschrift der überlieferten tocharischen Dokumente im Zuge der Übersetzung und Adaption buddhistischer Texte ins Tocharische übernommen worden. Einige dieser Wörter wurden der tocharischen Phonologie angepasst, die meisten jedoch in ihrer originalen Orthographie belassen, was wegen der Verwendung der nordindischen Brāhmī-Schrift problemlos war. Der Einfluss des *Tibetischen*, *Chinesischen* und *Uigurischen* auf das Tocharische steht weit hinter dem der indoiranischen Sprachen zurück. Ein nicht unerheblicher Teil des tocharischen Lexikons konnte bisher noch nicht sicher etymologisch zugeordnet werden.

Es gibt auch Spuren der Entlehnung *aus* den tocharischen Sprachen, genannt werden z.B. mittelchinesisch **mjit* < tocharisch B *mit* „Honig" oder alttürkisch *öküz* < toch. B *okso* „Ochse", beide Etymologien sind umstritten. Insgesamt ist die Außenwirkung des Tocharischen wohl eher gering geblieben.

14 | Indoiranisch

Die *indoiranischen* oder *arischen* Sprachen bilden einen Primärzweig des Indogermanischen, der aus drei Unterfamilien besteht:

- **Indoarisch** mit etwa 110 Sprachen und ca. 1,25 Milliarden Sprechern auf dem Indischen Subkontinent
- **Iranisch** mit etwa 40 Sprachen und ca. 140 Millionen Sprechern in West-, Südwest- und Zentralasien
- **Nuristani** mit sieben Sprachen und ca. 30.000 Sprechern in Afghanistan und Pakistan

Mit insgesamt etwa 150 Sprachen und fast 1,4 Mrd. Sprechern ist die indoiranische Sprachgruppe der mit Abstand größte Primärzweig des Indogermanischen. Die drei indoiranischen Unterfamilien weisen so viele gemeinsame exklusive Neuerungen gegenüber dem Urindogermanischen auf, dass man sie zu einer klar definierten genetischen Einheit zusammenfassen kann, die von einer gemeinsamen Vorgängersprache, dem *Proto-Indoiranischen* oder *Proto-Arischen* abstammt.

Dank einer nahezu kontinuierlichen Dokumentation des Indoarischen und Iranischen kann ihre Geschichte über einen Zeitraum von mehr als 3.000 Jahren verfolgt werden. Indoiranische Sprachen dienten als Medium indischer und iranischer Hochkulturen sowie von fünf bedeutenden Religionen, nämlich Hinduismus, Buddhismus, Jainismus, Zoroastrismus und Manichäismus. Durch den systematischen Vergleich des Alt-Iranischen (vertreten durch Avestisch und Altpersisch) mit dem Alt-Indoarischen (vertreten durch das vedische und klassische Sanskrit) wurde eine weitgehende Rekonstruktion der Hauptmerkmale der indoiranischen Protosprache möglich. Sanskrit und Avestisch sind neben dem Griechischen die wichtigsten Grundpfeiler der indogermanischen Sprachwissenschaft, insbesondere bei der Rekonstruktion des ursprachlichen Nominal- und Verbalsystems.

Die Position der kleinen *Nuristan-Gruppe* (früher auch Kafiri-Sprachen genannt) innerhalb des Indoarischen ist bis heute nicht abschließend geklärt, was vor allem am Fehlen älterer Schriftdokumente liegt. Die Nuristan-Sprachen wurden früher entweder dem iranischen oder dem indoarischen Zweig zugeordnet, inzwischen hat sich jedoch die Auffassung weitgehend durchgesetzt, dass sie einen unabhängigen dritten Zweig des Indoiranischen konstituieren. Ihre Einordnung als *dardische Sprachen* (einer Untereinheit des Indoarischen) gilt heute als überholt.

14.1 Die Proto-Arier

Der Name „Arier"

Der moderne sprachwissenschaftliche Begriff „indoiranisch" ist als Zusammenfassung der beiden Bezeichnungen „indisch" und „iranisch" entstanden. In der Sprachwissenschaft kann dafür gleichbedeutend auch „arisch" verwendet werden, was allerdings im deutschsprachigen Raum wegen des Missbrauchs von „arisch" als Rassenbezeichnung im Dritten Reich seltener als im englischen Sprachraum mit „Aryan" geschieht.

„Arisch" geht auf die gemeinsame Selbstbezeichnung iranischer und indoarischer Völker und Stämme zurück. Belegt sind altpersisch *āriya-*, avestisch *airiia* < proto-iranisch **arya-* „arisch, Arier", das indische Gegenstück ist altindoarisch *āriya-* „Arier; einer der treu zur vedischen Religion steht". Der indogermanische Ursprung des Wortes ist **h₂eriós* „Mitglied der eigenen ethnischen Gruppe, freier Mann", ein Wort, das auf die idg. Wurzel **h₂er-* „zusammensetzen" zurückgeführt wird, also „einer, der wohlgefügt ist" (Mallory-Adams 1997: 213). Das Wort kommt auch im Hethitischen als *ara-* „Mitglied der eigenen Gruppe", altirisch *aire* „freier Mann" oder in gallischen Personennamen wie *Ario-manus* vor.

Der ethnische Bedeutungsinhalt von „Arier" wird an der Verwendung von *āriya* in den altpersischen Königsinschriften deutlich, in denen Dareios I. und Xerxes I. sich nicht nur als „Perser", sondern auch ausdrücklich als „Arier" bezeichnen. Auch die Landesbezeichnung „Iran" (eigentlich „Ērān") wird auf einen mittelpersischen Genitiv Plural **aryānām* in einem Begriff der Form „Land der Arier" zurückgeführt (Schmitt 2000: 2).

Im Folgenden werden „indoiranisch" und „arisch" gleichbedeutend verwendet. Allgemein üblich ist die Verwendung von „arisch" in der Zusammensetzung „indoarisch", wodurch die arischen Sprachen des Indischen Subkontinents von den nicht-arischen (drawidischen, sinotibetischen, austroasiatischen) Sprachen dieses Gebiets unterschieden werden.

Vergleich Altiranisch und Altindoarisch

Die erstaunlich nahe Verwandtschaft der frühen arischen Sprachstufen am Ende des 2. Jt. v. Chr. kann durch den Vergleich einiger Verse anschaulich gemacht werden: Dem altiranischen avestischen Original (Yašt 10.6; zum Avestischen vgl. Abschnitt 14.12) wird eine auf Basis belegter Formen rekonstruierte Übersetzung in die altindoarische Sprache des Rigveda (vgl. Abschnitt 14.3) sowie eine Rekonstruktion des Proto-Arischen Textes gegenübergestellt.

Tab 14.1 *Vergleich eines avestischen und vedischen Textes (Mallory-Adams 1997: 304)*

Avestisch	Vedisch	Proto-Arisch
təm amavantəm yazatəm	*tam amavantam yajatam	*tám ámavantam yaǰatám
sūrəm dāmōhu səvištəm	*śūram dhamasu śaviṣṭam	*ćúram dhámasu ćávištham
Miθrəm yazai zaoθrābyō	*Mitram yaǰāi hotrābhyas	*Mitrám yaǰāi ǰháutrābhyas

Die Übersetzung der drei Verse lautet: „Diese mächtige Gottheit, | stark, unter den Lebenden die mächtigste, | Mithras, ehre ich durch Trankopfer."

Die Herkunft der Proto-Arier

Aus dem Gebiet nördlich des Schwarzen Meeres, das die Indogermanen im 5. Jt. v. Chr. mit der ersten Welle der Kurgan-Migration erreicht hatten, haben sich schon früh Teilgruppen weiter nach Osten in die Steppenlandschaft südöstlich des Uralgebirges ausgedehnt. Die Ausgliederung der Proto-Arier aus dem gemein-indogermanischen Verband wird etwa auf 2800 v. Chr. datiert. Ein bedeutendes Merkmal ihrer Kultur war die Verwendung von Pferd und Wagen. Die frühen Proto-Arier werden als Träger der in Südrussland und im Kaukasusvorland verbreiteten späten Yamna- oder Katakombengrabkultur (2800–2500 v. Chr.) angesehen.

Die Proto-Arier standen seit der Mitte des 3. Jt. in Kontakt mit den Proto-Uraliern, wie etliche frühe finno-ugrische Entlehnungen aus dem Proto-Arischen belegen (eine umfassende Zusammenstellung bietet Rédei 1988–91: Registerband 237–240). Dazu gehören z.B. finnisch *vasara* „Hammer" < proto-arisch *vaźra-, altindisch *vájra- „Waffe des Indra" oder finnisch *sata,* ungarisch *száz* „hundert" < proto-arisch *sata. Besonders aufschlussreich ist das Lehnwort *śí(k)šta* „Bienenwachs" in den finno-ugrischen Sprachen Mordwinisch, Mari, Udmurti und Komi, das mit Sanskrit *śiṣṭa-* „Bienenwachs" verwandt ist. Dieses Wort besitzt keine Entsprechung in einer iranischen Sprache. Man kann also davon ausgehen, dass bereits in dieser frühen Phase eine dialektale Gliederung innerhalb des Proto-Arischen begonnen hatte.

Es besteht ein weitgehender Konsens darüber, dass die Aufspaltung der Proto-Arier in Proto-Iranier und Proto-Indoarier im Zeitraum zwischen 2100 und 1900 v. Chr. stattgefunden hat (Parpola 2002, Mallory-Adams 1997). Ursache war eine in der Mitte des 3. Jt. beginnende stetige Klimaverschlechterung (Austrocknung, Abkühlung) der zentralasiatischen Steppe, die zu einem Migrationsdruck auf die Siedlungsgebiete der Proto-Arier führte. Die letzte gemeinsame Phase des Proto-Arischen wird von einigen Forschern mit der *Sintashta-Arkaim-Kultur* im südlichen Uralgebiet assoziiert. Der Ural wurde dann zur Trennlinie der beiden Gruppen, von dort wandten sich die Proto-Indoarier nach Osten und gelangten über die Margiana und Baktrien bis nach Nordindien, das sie um 1700 v. Chr. erreichten, während die Proto-Iranier in die europäische Steppenlandschaft südwestlich des Urals zogen, von wo sie am Ende des 2. Jt. auch ins iranische Hochland gelangten. Eine Übersicht über die Entwicklung der Proto-Arier bietet Tabelle 14.2.

Tab 14.2 *Kulturen – Zeiträume – Regionen: Die Entwicklung der Proto-Arier*
(nach Parpola 2002: 79–83)

Kulturträger	Kultureller Komplex	Zeitraum	Lokalisierung
Indogermanen	Srednij Stog (Kurgane)	4500–3600	Ukraine, nordpontischer Raum
Östl. Indogermanen	Yamna (Grubengräber)	3600–2500	Ukraine, Südrussland
Frühe Proto-Arier	späte Yamna-Kultur (Katakombengräber)	2800–2500	Südrussland, nördl. Kaukasusvorland
Westl. Proto-Arier	Poltavka	2500–1900	Steppe zwischen Wolga und Ural
Östl. Proto-Arier	Abaschewo	2300–1900	Waldsteppe vom oberen Don bis zur mittleren Wolga und Kama
Späte Proto-Arier	Sintaschta-Arkaim	2100–1900	Südural
Trennung der Proto-Arier in Proto-Iranier und Proto-Indoarier ca. 2100–1900 v. Chr.			
Proto-Iranier	Srubna (Balkengräber)	1900–1100	nördl. des Schwarzen und Kaspischen Meeres
Proto-Indoarier	Andronowo	1900–1700	vom Kaspischen Meer bis zum Jenissej

Im Einzelnen sind die Zuordnungen von archäologischen Kulturen und Sprachstufen bzw. ethnischen Gruppen durchaus strittig. Die tabellarische Übersicht dient lediglich einer Orientierung.

Mitanni-Indoarisch

Eine kleine arische Gruppe gelangte um 1600 v. Chr. nach Nordmesopotamien an den unteren Euphrat, wo sie sich zur politischen Führungsschicht des Mitanni-Staates (1500–1350 v. Chr.) erheben konnte, dessen Bevölkerung mehrheitlich nicht-indogermanische Hurriter waren. Erstaunlicherweise zeigt die arische Sprache dieser Führungselite trotz ihrer westlichen Verortung in Nordmesopotamien und Nordsyrien einige Merkmale, die eher als indoarisch einzuordnen sind:

- die indischen Götternamen *Varuṇa* und *Indra* treten in einem Vertrag zwischen Hethitern und Mitanni auf
- an einem Pferderennplatz wurden Zahlwörter zur Nummerierung von Runden entdeckt; darunter *aika* „eins" und *satta* „sieben", die mit vedisch *éka* bzw. *saptá* korrespondieren, aber deutlich von den entsprechenden frühiranischen Zahlwörtern abweichen (z.B. *aiwa-* „eins", *hapta* „sieben"); weitere Zahlen waren *panza* „fünf" (vedisch *páñca*) und *nawa* „neun" (vedisch *náva*)

- die in babylonischen Texten gefundenen Farbadjektive *paritannu* und *pinkarannu* in einem hurritischen Traktat über Pferderennen sind nah verwandt mit vedisch *palita* „grau" und *piṅgala* „rötlich"

Als Neuerung führte die indoarische Elite des Mitanni-Staates die Pferdezucht und den zweirädrigen Streitwagen ein, dessen älteste Funde aus dem Gebiet zwischen Südural und Kaspischem Meer stammen.

Arier auf dem Indischen Subkontinent

Etwa um 1700 v. Chr. waren die ersten Stämme arischer Viehnomaden im Norden Indiens angekommen. Während indische Mythen ein heroisches Bild von der „Eroberung" des Landes durch kriegerische Arier zeichnen, dem die frühe Geschichtsschreibung folgte und das heute noch von nationalistischen Hindus vertreten wird, kommen die Erkenntnisse von Archäologie und Sprachwissenschaft zu einem weniger heroischen Bild:

- die Arier bildeten bei ihrem Erscheinen kein mächtiges einheitliches Volk, sondern kamen in kleinen selbstständigen nomadischen Gruppen und Stämmen
- es gab keine weiträumige Landnahme oder gar „Eroberung" Nordindiens
- die nomadischen Arier brachten keine Hochkultur mit; sie verfügten allerdings über den zweirädrigen, von Pferden gezogenen Streitwagen, den das vorarische Indien nicht kannte und der ihnen kriegerische Vorteile brachte
- die Arier sind nicht die Zerstörer der hochstehenden Induskultur; diese war bereits lange vor ihrer Ankunft im Niedergang begriffen und in viele sich bekriegende Kleinstaaten zerfallen

Schließlich gelang es den Ariern, sich als lokale politische Elite in nordindischen Kleinstaaten zu etablieren, deren Bevölkerung in der Regel mehrheitlich aus Nicht-Ariern bestand. Kulturell wurden sie stark von der einheimischen Bevölkerung beeinflusst:

- innerhalb weniger Generationen wurden die arischen Viehnomaden zu sesshaften Ackerbauern mit einer arisch-drawidischen Mischkultur
- das arische Pantheon wurde umgestaltet; so wurde z.B. die einheimische Schwarze Göttin *Kali* verehrt, die wahrscheinlich mit der Großen Göttin der Induskultur identisch ist
- der Einfluss des Drawidischen auf die arische Sprache war erheblich: Insbesondere im Wortschatz des agrikulturellen Bereichs wurde eine große Zahl von drawidischen Bezeichnungen mit der Sache selbst übernommen; auch das arische Lautsystem veränderte sich dramatisch, vor allem durch die Übernahme der drawidischen *Retroflexe*.

Nach und nach wurden weite Teile Nordindiens von den Ariern besiedelt und beherrscht, was archäologisch durch die Verbreitung des zweirädrigen Streitwagens zu verfolgen ist.

Dass es sich bei diesem Gefährt tatsächlich um einen arischen Kulturimport handelt, wird daran deutlich, dass alle zum Wagen gehörenden Teile eindeutige indoarische Etymologien besitzen. Bei Parpola 1994 (S. 158) sind diese Begriffe in einem Satz zusammengefasst: „Die Arier fuhren (*váh-*) in Streitwagen (*rátha-*) mit zwei Rädern (*cakrá-*), einer Achse (*ákṣa-*) und einer Deichsel (*īṣā́-*), die von Pferden (*áśva-*) gezogen wurden."

Die Indoarier — wie man sie jetzt bezeichnen kann — setzten sich vor allem in Nord- und Mittelindien durch, der Süden und Osten Indiens sowie das Himalayagebiet wurden zum Rückzugsgebiet der vorarischen Bevölkerung, deren Sprachen zum drawidischen, austroasiatischen oder sinotibetischen Sprachkreis gehören. Verdrängt oder in Rückzugsareale abgeschoben wurden auch die Stämme der dunkelhäutigen ältesten indischen Bevölkerungsschicht, der sog. *Adivasi*, die inzwischen fast alle ihre angestammten Sprachen aufgegeben und stattdessen eine indoarische, drawidische oder austroasiatische Sprache angenommen haben. Eine Ausnahme bilden die Sprecher des *Nahali* in Zentralindien und *Kusunda* in Nepal, die ihre ursprünglichen Sprachen bis heute bewahren konnten. Eine andere Rolle spielt das ebenfalls isolierte *Burushaski*, das von einer wahrscheinlich im 2. Jt. v. Chr. eingewanderten Bevölkerungsgruppe im Nordwesten Pakistans gesprochen wird.

Frühe iranische Völker

Im Gegensatz zu den Proto-Indoariern blieben die Proto-Iranier zunächst im ostiranisch-zentralasiatischen Steppengürtel der historischen Landschaften Sogdien, Chwaresmien und Baktrien sowie im Gebiet nördlich davon von der unteren Wolga bis ins heutige Kasachstan (Schmitt 2000: 12–14). Von dort breiteten sich iranische Völker und Stämme in mehreren Wanderungsbewegungen am Ende des 2. Jt. auf dem Iranischen Hochland und in den umliegenden Gebieten aus.

Etwa um die Wende vom 2. zum 1. Jt. wanderten iranische Stämme in das Gebiet des heutigen Iran ein. Namentlich bekannt sind vor allem die Meder und Perser. Die *Meder* wurden erstmals 836 v. Chr. unter dem Namen *Matai* (~ iran. **Māda-*) in einer assyrischen Inschrift Salmanassars III. bezeugt. Ihr Siedlungsgebiet war der westliche Zentraliran, dort kann man die Meder mit zahlreichen archäologischen Fundorten in Verbindung bringen. Die medische Residenzstadt Ekbatana hat ihre historische Fortsetzung in der heutigen westiranischen Stadt *Hamadān*, deren Name sich vom altpersischen *Ha(m)gmatāna* herleitet, das zu *Ekbatana* gräzisiert wurde. Die Perser sind schon einige Jahre früher (843 v. Chr.) im Raum südlich und westlich des Urmia-Sees in assyrischen Dokumenten als *Parsuaš* bezeugt. Von dort zogen sie in den nächsten zwei Jahrhunderten nach Südwesten in die Persis, die heutige Provinz *Fārs*, und entwickelten sich dort zum historisch bedeutendsten iranischen Volk. Sie übernahmen den Herrschaftsbereich der Meder und gründeten schließlich das mächtigste iranische Staatswesen der Geschichte, das persische oder achämenidische Großreich.

Ob das ebenfalls früh erwähnte Steppen- und Reitervolk der *Kimmerer* zu den iranischen Völkern zu rechnen ist, ist bis heute strittig. Jedenfalls sind sie nach mit ihnen assoziierten archäologischen Funden nicht von den Skythen zu unterscheiden, die mit hoher Wahrscheinlichkeit eine iranische Sprache besaßen. Ihre erste Erwähnung finden die Kimmerer als *Ga-mir* oder *Gi-mir-a-a* in einem Dokument aus der Zeit Sargons II. aus dem Jahre 714 v. Chr. Die Vormacht der Kimmerer wurde im 7. Jh. v. Chr. von den *Skythen* gebrochen, die ein Gebiet vom Kaukasus im Süden bis zur Wolga im Norden beherrschten. Im 5. Jh. dehnte sich der skythische Einfluss über weite Teile der Ukraine und Südrusslands aus. Einige skythische Gruppen drangen bis Südsibirien vor, wie die berühmten Funde aus Pazyryk im Altaigebirge belegen, die aus dem 5. bis 3. Jh. v. Chr. stammen.

Am Ende des 2. Jt. hatte sich das Gemein-Iranische in einen westlichen und einen östlichen Zweig ausdifferenziert. Das Ostiranische ist in Form des *Altavestischen* schon früh belegt, die erst spät aufgeschriebenen Texte gehen auf die lange ausschließlich mündlich tradierte zoroastrische Literatur vom Ende des 2. Jt. v. Chr. zurück. Die Sprachen der Meder und Perser gehören dagegen zum Westiranischen. Die frühesten Belege für das *Altpersische* stammen von den Königsinschriften Dareios I. aus dem 6. Jh. v. Chr., das *Medische* ist nur äußerst dürftig belegt.

14.2 Sprachliche Charakteristik des Proto-Indoiranischen

Phonologie

Vom phonologischen Standpunkt sind die altindoiranischen Sprachen eher konservativ einzuschätzen. Das Altindoarische hat sogar die ursprüngliche dreiteilige Serie der Plosive wie z.B. /*k, *g, *gh/ bewahrt, im Altiranischen sind /*g, *gh/ zu /g/ bzw. /z/ zusammengefallen. Die phonologischen Innovationen gegenüber der indogermanischen Protosprache sind dennoch erheblich, man kann sie in folgenden Punkten zusammenfassen:

- die idg. Palatovelare wurden zu Sibilanten, z.B *k' > s; die indoiranischen Sprachen sind also *Satem-Sprachen*
- die Labiovelare verloren ihre Labialisierung, z.B. *k^w > k
- die idg. Vokale *e, *o, *a fielen zu indoiranisch /a/ zusammen, die entsprechenden Langvokale zu /ā/; dies hatte erhebliche Auswirkungen auf die Morphologie
- eine starke Tendenz des Zusammenfalls von *r und *l: im Altiranischen und in westlichen indoarischen Sprachen zu /r/, im Ostindoarischen zu /l/
- das Indoiranische unterliegt wie das Baltische und Slawische der sog. *ruki*-Regel, d.h. nach /r, u, k, i/ wird /s/ zu /ʃ/, z.B. idg. $h_3ók'wsi$ „Augen" (Dual) > altind. *ákṣi*, avest. *aši*
- die protosprachlichen Laryngale sind entfallen; allerdings können sie intervokalisch für die Verhinderung von Kontraktionen verantwortlich sein

In Tabelle 14.3 sind Belege für die Entwicklung der iranischen und indoarischen Laute aus dem Indogermanischen zusammengestellt.

Tab 14.3 *Die indoarische und iranische Lautverschiebung (Mallory-Adams 1997: 305)*

Idg. >	Altind.	Altiran.	Ur-Idg.	Bedeut.	Sanskrit	Avestisch
*p	p	p	*ph₂tḗr	„Vater"	pitar-	pitar
*t	t	t	*tuh₂óm	„du"	tuvám	tvəm
*k	k, c	x, č	*kruh₂rós	„blutig"	krūrá-	xrūra-
*b	b	b	*bel-	„stark"	bálam¹	–
*d	d	d	*dóru-	„Holz"	dā́ru	dāuru
*g	g, j	g, z, ǰ	*h₂ugrós	„stark"	ugrá-	ugra-
*bh	bh	b	*bhréh₂tēr	„Bruder"	bhrā́tār	brātar
*dh	dh	d	*dhóh₃neh₂	„Getreide"	dhāná-	dāna-
*gh	gh	g, z	*dl̥h₂ghós	„lang"	dīrghá-	darəga-
*kʷ	k, c	k, č	*kʷós	„wer"	káḥ	kō
			*kʷe	„und"	ca	ča
*gʷ	g, j	g, ǰ	*gʷou-	„Kuh"	gav-	gau-
*gʷh	gh, h	g, ǰ	*gʷhénti	„sie schlagen"	ghnánti	ǰainti²
*k'	ś	s	*dék'm̥	„zehn"	dáśa	dasa
*g'	j	z	*g'ónu-	„Knie"	jā́nu	zānu
*g'h	h	z	*g'himós	„Winter"	himá-³	zəmaka⁴
*s	s	h	*septm̥	„sieben"	saptá	hapta
*l	l, r	r	*linékʷti	„verlässt"	riṇakti	irinaxti⁵
*e	a	a	*dék'm̥	„zehn"	dáśa	dasa
*o	a, ā	a, ā	*g'ónu-	„Knie"	jānu	zānu

Abweichende Bedeutungen: 1 „Stärke" 2 „schlägt" 3 „Kälte" 4 „Sturm" 5 „lässt los"

Lautwerte der altindischen Transkription: ś /ʃ/ bzw. /ɕ/, c /tʃ/ (übliche Aussprache); ṇ, ṭ, ḍ, ṣ sind Retroflexe
Lautwerte der avestischen Transkription: ǰ /tɕ/ (stimmlose alveo-palatale Affrikate)

Das Altindoarische hat durch drawidischen Einfluss eine Serie von *Retroflexen* /ṭ, ḍ, ṣ, ṇ/ entwickelt, z.B. idg. *nisdós* „Nest" > altind. *nīḍá*. Im Altiranischen haben sich vor Resonanten velare Plosive zu velaren Frikativen verändert, z.B. idg. *kruh₂rós* „blutig" > avest. *xrūra*.

Die **Nuristan**-Sprachen zeigen einige phonologische Abweichungen:

- sie teilen mit dem Iranischen den Zusammenfall der stimmhaften und stimmhaft-aspirierten Plosive
- der Palatovelar *k' wird zu einer Affrikate und nicht zu einem Sibilanten, z.B. idg. *dék'm̥* „zehn" > altind. *dáśa*, avest. *dasə*, aber Kati (eine Nuristan-Sprache) *duts*
- die ruki-Regel kommt (oft) nicht zum Einsatz, z.B. idg. *mūs* „Maus" > Kati *masə*, aber altind. *mūṣ-*

Diese Abweichungen gegenüber den beiden großen Zweigen des Indoiranischen zeigen, dass das Nuristani ursprünglich eine periphere Lage besaß und dadurch einige iranisch-indoarische Innovationen nicht mitgemacht hat. Ihre heutige geographisch zentrale Position haben die Nuristan-Sprachen erst durch die Migration der Proto-Iranier und Proto-Indoarier erhalten. (Eine ausführliche Behandlung der Nuristan-Sprachen bietet der Abschnitt 14.23).

Nominalmorphologie

Die indoiranische Nominalflexion hat die ursprachlichen Kategorien Genus, Numerus und Kasus sowie ihre Ausformungen vollständig bewahrt:

Kategorie	Realisierung
Genus	Maskulinum, Femininum, Neutrum
Numerus	Singular, Dual, Plural
Kasus	Nominativ, Vokativ, Akkusativ, Instrumental, Dativ, Ablativ, Genitiv, Lokativ

Die Deklination der thematischen Nomina (Stämme auf -a < idg. *-e/o) setzt die ursprachlichen Formen fort (z.B. Maskulinum im Singular: Nom. -as, Akk. -am, Inst. -ā, Dat. -āi, Abl. -āt, Gen. -asya, Lok. -ai, Vok. -a). Innovationen sind der Genitiv Plural auf -nām und ein zweiter Nominativ Plural auf -āsas. Die frühen indoiranischen Sprachen besitzen eine Fülle von Demonstrativa, die auf entsprechende protosprachliche Pronomina zurückgeführt werden können. Das Personalpronomen existiert nur in der 1. und 2. Person, Singular und Plural haben unterschiedliche Stämme, als Ersatz für die 3. Person wird ein anaphorisches Pronomen verwendet.

Verbalmorphologie

Die indoiranische Verbalmorphologie – wie sie sich aus den ältesten Sprachformen Vedisch und Avestisch rekonstruieren lässt – ist außerordentlich komplex. Sie spiegelt alle Kategorien der rekonstruierten indogermanischen Ursprache wieder, was andererseits auch nicht verwundert, da diese vor allem auf Basis der alten arischen Sprachen und des Altgriechischen gewonnen wurde. Inwieweit dadurch die Wirklichkeit der Protosprache wiedergegeben wird, wird ungeklärt bleiben. Es ist jedoch möglich, dass der arische und griechische Formenreichtum in der Verbalmorphologie eine spätere Entwicklungsstufe der Protosprache widerspiegelt.

Eine wesentliche Innovation des Indoiranischen ist das *Passiv*, das durch das Suffix *-ya* gebildet wird und mediale Personalendungen besitzt. Das indoiranische Verb besitzt die folgenden Kategorien:

Kategorie	Realisierung
Diathese	Aktiv, Medium, Passiv
Tempus	Präsens, Imperfekt; Aorist, Perfekt; Futur, Konditional
Modus	Indikativ, Subjunktiv, Optativ, Imperativ, Injunktiv
Numerus	Singular, Dual, Plural
Person	1., 2., 3. Person

Die Tempora der Vergangenheit (Imperfekt und Aorist) werden durch ein *Augment a-* < idg. **e-* gekennzeichnet. Aktiv und Medium sind durch unterschiedliche Personalendungen charakterisiert. Eine besonders häufig verwendete Form ist das Partizip Perfekt Passiv auf *-tá* (< idg. *-tó*), das zu einem der wichtigsten Bausteine in der Evolution des Verbalsystems der indoarischen und iranischen Sprachen wurde.

Die Tempus-Aspekt-Kombinationen werden durch verschiedene *Stämme* ausgedrückt. Die wichtigsten sind der Präsens-, Aorist- und Perfektstamm, seltener ist der Futurstamm (Tabelle 14.4).

Tab 14.4 *Die proto-indoiranische Tempus-Aspekt-Stämme*

Stamm	Aspekt	zugeordnete Tempora
Präsensstamm	imperfektiv	Präsens, Imperfekt
Aoriststamm	perfektiv	Aorist
Perfektstamm	resultativ	Perfekt
Futurstamm	imperfektiv	Futur, Konditional

Die alten indoiranischen Sprachen besitzen eine Fülle von unterschiedlichen Bildungsmöglichkeiten beim *Präsensstamm*, der indische Grammatiker Panini definierte um 400 v. Chr. für das klassische Sanskrit zehn Verbklassen, wodurch noch nicht alle unterschiedlichen Typen erfasst werden. Ein wesentliches Unterscheidungsmerkmal ist die Einteilung in *thematische* und *athematische* Stämme, der Themavokal ist *-a-* < idg. **-e/-o*. Vom Präsensstamm werden Präsens und Imperfekt gebildet.

Der *Aoriststamm* hat nicht eine solche Variationsbreite wie der Präsensstamm, die wichtigsten Bildungstypen sind der Wurzelaorist, der reduplizierte Aorist sowie verschiedene sigmatische Bildungen, die zum Teil formal dem Imperfekt gleichen. Das vom *Perfektstamm* gebildete Perfekt ist durch eigene Personalendungen charakterisiert, es beschreibt Zustände oder Resultate von Handlungen in der Vergangenheit. Der Perfekt-stamm wird durch Teilreduplikation der Wurzel gebildet.

Es gibt fünf *Modi*: Indikativ, Optativ, Subjunktiv, Imperativ und Injunktiv. Der Injunktiv gleicht formal einer Vergangenheitsform (Imperfekt oder Aorist) ohne Augment; er dient zur Beschreibung „zeitloser" Vorgänge. Seine zweite Funktion ist die eines Prohibitivs in Kombination mit der Verneinungspartikel *mā́* (< idg. *mā́* ~ griech. *mḗ*). Der Imperativ wird durch spezifische Personalendungen (in allen Personen) gekennzeichnet, während Subjunktiv und Optativ durch Suffixe markiert werden, die an jeden Stamm angefügt werden können (der Subjunktiv durch *-ā-*, der Optativ durch *-yā/-ī/-āi*).

14.3 Altindoarisch: vedisches und klassisches Sanskrit

Die älteste indoarische Sprachstufe wird als *altindoarisch* oder *altindisch* bezeichnet, ihre frühesten Text- und Sprachformen reichen bis in die Mitte des 2. Jt. v. Chr. zurück. Man unterscheidet zwei Varietäten des Altindischen: die Sprache der Veden, die man als *Vedisch* oder *vedisches Sanskrit* bezeichnet (12.–5. Jh. v. Chr.), sowie das *klassische Sanskrit*, das sich aus dem Vedischen entwickelte und um 400 v. Chr. vom indischen Grammatiker Panini in seiner sprachlichen Gestalt festgelegt wurde.

Die Unterschiede zwischen vedischem und klassischem Sanskrit liegen nicht in der lautlichen Veränderung, sondern in einer Reduktion der ursprünglichen Formen- und Kategorienvielfalt vor allem in der Verbalmorphologie sowie in der Einbuße oder Bedeutungsänderung eines Teils des Wortschatzes der älteren Sprachform. Während das Vedische finite Verbalkonstruktionen bevorzugt, kommen im klassischen Sanskrit zunehmend nominale und partizipiale Konstruktionen zum Einsatz.

Das Wort „Sanskrit" stammt aus dem Sanskrit von *saṃskṛta* < *saṃs* „zusammen" + *kṛta* „gemacht" und bedeutet „korrekt zusammengefügt, geregelt, für den sakralen Gebrauch gebildet" (Mayrhofer 1978: 7). Im deutschen Sprachraum wird der Begriff „Sanskrit" zum Teil auf das „klassische Sanskrit" eingeschränkt, während im Englischen meist die umfassendere Bedeutung gemeint ist, die ich hier auch zugrunde lege.

Die vedische Literatur

Die indische Sanskrit-Literatur ist in ihrer Vielfältigkeit nahezu unüberschaubar. Ein Werk steht aber eindeutig am Anfang: der *Rigveda*, eine monumentale Sammlung von 1028 Hymnen in zehn Büchern (Mandalas). Die inhaltlich und sprachlich ältesten sind die Bücher II–VII, die als *Familienbücher* bezeichnet werden, da jedes einzelne von einer Poetenfamilie verfasst wurde. Dieser älteste Teil des Rigveda führt sprachlich zurück in die Mitte des 2. Jt. v. Chr., um 1000 v. Chr. war die Kompilation weitgehend abgeschlossen. Die Veden wurden lange ausschließlich mündlich überliefert, ihre schriftliche Niederlegung ist erst zu einem wesentlich späteren Zeitpunkt erfolgt, der größte Teil wurde erst nach 1500 n. Chr. aufgeschrieben.

Einige Jahrhunderte jünger als der Rigveda sind die drei anderen Veden: *Sāmaveda*, *Yayurveda* und *Atharvaveda*. Der Sāmaveda ist die musikalische, zu singende Version des Rigveda (in anderer Anordnung), somit bietet er die älteste erhaltene „Musik" Indiens. Der Yayurveda enthält neben Opferformeln, Mantras und Anweisungen zur Durchführung von Ritualen erstmals auch kommentierende Prosatexte. Der Atharvaveda wird zwar auch bei Ritualen verwendet, hauptsächlich ist er aber eine Sammlung von Zaubersprüchen für alle Lebenssituationen; in seinen späteren Teilen enthält er spekulative Hymnen und Rituale zur Begleitung der wichtigen Stationen im Lebenszyklus.

Aus den Prosatexten des Yayurveda entwickelten sich bald sog. *Brāhmanas* (rituelle priesterliche Anweisungen) sowie die Prosagattungen der *Aranyakas*, *Upaniṣaden* (philosophische Lehren) und *Sūtras* (Lehrschriften). Alle diese Texte sind hilfreich für das Verständnis der schwierig zu deutenden Veden und bieten einen Schatz an Informationen über frühe indische Mythen und Legenden.

Die Grammatik des Panini

Um 400 v. Chr. kodifizierte ein indischer Gelehrter namens *Panini* (Pāṇini) die Grammatik des Sanskrit in etwa 4.000 Regeln, das Werk wurde unter dem nüchternen Titel *Aṣṭādhyāyī* „Acht Kapitel" bekannt. Dies war der Höhepunkt einer langen indischen grammatischen Tradition, die in ihrer Qualität von keiner europäischen sprachlichen Untersuchung im Altertum oder Mittelalter auch nur ansatzweise erreicht wurde.

Man muss diese Leistung als ein intellektuelles Wunder begreifen, handelt es sich doch um eine hochpräzise und umfassende Beschreibung der gesamten phonologischen und morphologischen Struktur des Sanskrit. Die Regeln, wie aus Wortwurzeln Ableitungen und Flexionsformen entstehen, ähneln denen der modernen generativen Grammatik, auch die Aussprache der einzelnen Laute wurde detailliert beschrieben. Wenn auch die moderne Wissenschaft in Einzelheiten zu anderen Erkenntnissen als Panini kommt, so war seine Grammatik doch bis zum 20. Jh. unübertroffen. Nachdem sie im Westen im 19. Jh. bekannt wurde, regte sie ähnlich aufgebaute Darstellungen für andere Sprachen an.

Die Literatur des klassischen Sanskrit

Der von Panini kodifizierte Status des Altindischen ist das klassische Sanskrit, das zum Medium für wissenschaftliche, philosophische, religiöse und literarische Werke aller Art wurde. Bis heute wird es im philosophisch-religiösen Bereich verwendet, einige Tausend Inder bezeichnen es noch immer als ihre Muttersprache. Sanskrit spielte in Indien eine Rolle, die mit dem Lateinischen im europäischen Mittelalter zu vergleichen ist.

Das klassische Sanskrit ist die Sprache der beiden großen indischen Epen *Mahābhārata* und *Rāmāyaṇa*. Eine besonders berühmte Episode des Mahābhārata, dessen 100.000 Doppelverse den achtfachen Umfang von Ilias und Odyssee zusammen haben, ist die *Bhagavad-Gītā*, der „Gesang Gottes". Die achtzehn Kapitel dieses Teilepos haben das gesamte indische Geistesleben beeinflusst. Kein anderer Text der indischen Literatur wurde und wird so viel gelesen, so oft auswendig gelernt und so häufig zitiert.

Die Sanskritliteratur umfasst neben dem Epos auch alle anderen literarischen Gattungen, wie z.B. die Lyrik, deren größter Meister *Kālidāsa* (um 400 n. Chr.) gleichzeitig der Autor des bekanntesten Sanskrit-Dramas *Śakuntalā* ist. Auch Erzählungen und Fabelbücher, darunter das berühmte *Pañcatranta*, wurden in Sanskrit verfasst. Schließlich ist das Sanskrit auch die Sprache einer unüberschaubaren Vielfalt philosophischer, religiöser, linguistischer, mathematischer, astronomischer und medizinischer Texte.

14.4 Grammatische Skizze des Sanskrit

Allgemeine Aussagen zur Typologie, Phonologie und Morphologie des Altindischen (und Altiranischen) sowie zur Veränderung der proto-indogermanischen Laute im Altindischen finden sich in Abschnitt 14.2. Diese grammatische Skizze bezieht sich primär auf die *vedische* Sprachform. Sie basiert vor allem auf Mayrhofer 1978, Lazzeroni 1998, Cardona 2007 und Fortson 2010.

Phonologie

Konsonanten

Das Sanskrit hat als einzige indogermanische Sprache die stimmhaften aspirierten Plosive der Protosprache (*bh, *dh und *gh) bewahrt. Andererseits kam es zu umfangreichen Innovationen, darunter zur Schaffung von drei neuen Konsonantenserien:

- 1. stimmlose aspirierte Plosive: ph, th, kh
- 2. alveolare Palatale: c, ch, j, jh
- 3. retroflexe Konsonanten: ṭ, ḍ, ṭh, ḍh, ṇ

Die Anzahl der Nasale stieg auf fünf (m, ñ, ṇ, n, ṅ). Andererseits reduzierte sich der indogermanische Bestand durch die Entlabialisierung der Labiovelare. Für die Veränderung der idg. Velare und Labiovelare gelten die Regeln in Tabelle 14.5.

Tab 14.5 *Die Entwicklung der indogermanischen Velare und Labiovelare im Sanskrit (Lazzeroni 1998: 105)*

Idg. Velar / Labiovear		vor *i* oder *a*	sonst
*k, *kʷ	>	c	k
*g, *gʷ	>	j	g
*gh, *gʷh	>	h	gh

Für die Palatovelare gilt: *k' > ś, *g' > j, *g'h > h, Sanskrit ist also eine *Satem-Sprache*. Die Veränderungen im altindischen Lautsystem bewirkten, dass die Plosive und Nasale im Sanskrit ein vollständiges symmetrisches System bilden (Tabelle 14.6).

Tab 14.6 *Die Plosive und Nasale des Sanskrit (Lazzeroni 1998: 106, Fortson 2010: 210)*

Artikulation	bilabial	palatal	retroflex	alveolar	velar
stimmlos	p	c	ṭ	t	k
stimmlos-aspiriert	ph	ch	ṭh	th	kh
stimmhaft	b	j	ḍ	d	g
stimmhaft-aspiriert	bh	jh	ḍh	dh	gh
nasal	m	ñ [ɲ]	ṇ [ɳ]	n	ṅ [ŋ]

Zur Aussprache: c und j werden üblicherweise als Affrikaten, d.h. als /tʃ/ und /dʒ/ ausgesprochen, wie man auch an den populären Transkriptionen wie *Pantschatantra* und *Maharadscha* sehen kann; es handelt sich aber um alveolare Palatale /tɕ, dʑ/ (Mayrhofer 1978: 16). Die Retroflexe werden ähnlich wie die entsprechenden Alveolare, aber mit rückwärts zum Gaumendach gebogener Zungenspitze artikuliert. In Tabelle 14.7 sind die übrigen Konsonanten des Sanskrit zusammengefasst.

Tab 14.7 *Die übrigen Konsonanten des Sanskrit (Lazzeroni 1998: 106)*

	labio-dental	alveol.	retro-flex	palat.	alveo-palat.	glottal
Frikative	v	s	ṣ [ʂ]		ś [ɕ]	h, ḥ
Liquide/Vibranten		l, r				
Approximanten					y [j]	

Dazu gibt es noch das *Anusvāra* ṃ (auch als ṁ transkribiert), das entweder die Nasalierung des vorhergehenden Vokals anzeigt oder einen zum folgenden Konsonanten homorganen Nasal darstellt.

Vokale

Das Vokalsystem des Sanskrit ist vor allem dadurch gekennzeichnet, dass die drei protoindogermanischen Vokale /*a, *o, *e/ zu /a/ und die entsprechenden Langvokale zu /ā/ zusammengefallen sind (Beispiele in Tabelle 14.8).

	Ur-Idg.	Sanskrit	Bedeutung
*e > a	*h₁esti	asti	„ist"
*ē > ā	*h₃rēg'-on-	rājan-	„König"
*o > a	*poti-	pati-	„Herr"
*ō > ā	*u̯ōkʷ-	vāk-	„Stimme"
*a > a	*akso-	akṣa-	„Achse"
*ā > ā	*bhréh₂tēr	bhrātar-	„Bruder"

Dies wirkte sich auch auf die Diphthonge aus, die über eine Zwischenstufe zu /ē/ und /ō/ zusammenfielen: /*ej, *oj, *aj/ > /*aj/ > /ē/, bzw. /*ew, *ow, *aw/ > /*aw/ > /ō/; die Diphthonge mit langer erster Komponente wurden zu /ai/ bzw. /au/. Das idg. Schwa /*ə/ wurde in allen Positionen zu /i/, z.B. *ph₂tér > *pətér- > pitár- „Vater". Insgesamt ergab sich im Sanskrit ein unsymmetrisches System von acht Vokalen, nämlich die Kurzvokale /a, i, u/ und die Langvokale /ā, ī, ū, ē, ō/. Die Länge von /ē/ und /ō/ wird in der Transkription nicht gekennzeichnet.

Silbische Sonoranten

Das indogermanische silbische /*r̥/ blieb im Sanskrit erhalten, es mischte sich mit dem Reflex des idg. /*l̥/. Beispiele sind *mr̥t- > mr̥tyu- „Tod" und *wl̥kwo- > vr̥ka- „Wolf". Aus den idg. silbischen Nasalen /*m̥, *n̥/ wurde im Sanskrit /a/, z.B. *septm̥ > saptá „sieben" und *mn̥ti- > máti- „Gedanke, Meinung".

Akzent

Der Akzent im Sanskrit ist dem im Lateinischen sehr ähnlich (vgl. Abschnitt 5.3). Bei mehrsilbigen Wörtern wird die vorletzte Silbe betont, wenn sie von Natur aus (langer Vokal oder Diphthong) oder durch Position lang ist (vgl. Definition in Abschnitt 5.3); ist die vorletzte Silbe kurz, wird die drittletzte betont. Anders als im Lateinischen kann der Akzent im Sanskrit auch auf die viertletzte Silbe zurückgehen, wenn diese die Wurzelsilbe ist und wenn die vorletzte und drittletzte Silbe kurz sind (Mayrhofer 1978: 25).

Sandhi

Unter *Sandhi* versteht man die phonologischen Veränderungen, die beim Zusammentreffen zweier Wörter oder Wortteile nach grammatischer Vorschrift eintreten müssen. Das Wort „Sandhi" stammt aus dem Sanskrit und ist ein Fachbegriff der Sanskrit-Grammatik, sein Ursprung ist *saṃdhí* „Zusammensetzung, Übergang". Ein Beispiel aus dem Englischen ist die Form des unbestimmten Artikels, der vor Vokal *an*, vor Konsonant *a* lautet, z.B. *an egg* „ein Ei", aber *a book* „ein Buch".

Im Sanskrit sind die Sandhi-Regeln zahlreich und kompliziert. Man unterscheidet *internes Sandhi* innerhalb eines Wortes und *externes Sandhi* zwischen zwei Wörtern. Ein einfaches Beispiel für ein externes Sandhi ist **na asti iha* > *nāstīha* „nicht ist hier" (zusammentreffende Vokale gleicher Qualität – ob kurz oder lang – fließen in den entsprechenden langen Vokal zusammen). Ein komplizierteres Beispiel ist die Veränderung der Endung *-as* des Nominativs Singular am Beispiel des Wortes *devás* „Gott" (Tabelle 14.9).

Tab 14.9 *Sandhi-Regeln der Endung -as des Nominativs Singular (nach Fortson 2010: 213)*

devás >	Sandhi-Bedingung
devá	vor Vokalen und der Kombination s + Plosiv
deváś	vor /c/
deváḥ	vor allen anderen stimmlosen Konsonanten
devó	vor stimmhaften Konsonanten

Die wichtigsten Sandhi-Regeln des Sanskrit sind in Mayrhofer 1978: 26–32 zusammengestellt. Dazu gehören z.B. **a+u → o*, **o+i → avi* und **t+c → cc*. In Tabelle 14.10 wird der erste Doppelvers der Nala-Episode des Mahābhārata in der originalen Fassung (also mit Sandhi) einer Fassung ohne Sandhi (sog. Pausa-Formen) gegenübergestellt.

Tab 14.10 *Vergleich eines Textes mit und ohne Sandhi (Mayrhofer 1978: 31–32)*

mit Sandhi (original)	ohne Sandhi (Pausa-Formen)
āsīdrājā nalo nāma vīrasenasuto balī /	*āsīt rājā nalaḥ nāma vīrasenasutaḥ balī /
upapanno guṇairiṣṭai rūpavānaśvakovidaḥ	*upapannaḥ guṇaiḥ iṣṭaiḥ rūpavān aśvakovidaḥ

Die Übersetzung lautet: „Es war ein König namens Nala, mächtiger Sohn des Virasena; mit begehrten Tugenden begabt, stattlich und gewandt im Umgang mit Pferden."

Nominalmorphologie

Das Nomen im Sanskrit hat die Kategorien Genus, Numerus und Kasus. Der Formenbestand entspricht dem Proto-Indogermanischen, auch der Dual ist voll entwickelt. Alle acht indogermanischen Kasus sind erhalten.

Kategorie	Realisierung
Genus	Maskulinum, Femininum, Neutrum
Numerus	Singular, Dual, Plural
Kasus	Nominativ, Vokativ, Akkusativ, Instrumental, Dativ, Ablativ, Genitiv, Lokativ

Im Plural haben Dativ und Ablativ identische Formen, im Dual fallen 1. Nominativ und Akkusativ, 2. Instrumental, Dativ und Ablativ sowie 3. Genitiv und Lokativ zusammen. Es bleiben also im Dual nur vier unterschiedliche Kasus übrig.

Die Nomina werden nach ihrem Stammauslaut in Deklinationsklassen eingeteilt. Es gibt vokalische a-, ā-, i-, ī-, u- und ū-Stämme sowie konsonantische Stämme. Man kann teilweise aus der Deklinationsklasse das Genus ableiten: Die a-Stämme, die den indogermanischen o-Stämmen entsprechen (idg. *o > altind. /a/), sind Maskulina und Neutra, die ā-, ī- und ū-Stämme sind Feminina, während bei den i- und u-Stämmen sowie bei den konsonantischen Stämmen alle drei Genera möglich sind. Tabelle 14.11 zeigt das Deklinationsparadigma des Sanskrit für a-, i-, ā-, nt- und r-Stämme.

Die Neutra der a-Deklination werden wie *devás* dekliniert, mit den folgenden Ausnahmen (am Beispiel *yuga-* „Joch"): Der Nominativ, Vokativ und Akkusativ lauten im Singular *yugam*, im Dual *yuge* und im Plural *yugāni*.

Adjektive mit drei Genera werden wie die Substantive der a-Deklination (Maskulina, Neutra) und der ā-Deklination (Feminina) dekliniert, z.B. *pāpa-* „böse". Einige dieser Adjektive besitzen auch ein Femininum auf -ī. Eine andere Gruppe von Adjektiven wird nach der i-Deklination flektiert, z.B. das oben im Maskulinum dargestellte *śuci-* „rein".

Tab 14.11 *Die Deklination im Sanskrit (Fortson 2010: 216–217)*

Kasus	deva- „Gott"	śuci- „rein" m.	priyā- „Gattin"	adant- „Essen"	pitar- „Vater"
	a-Stamm	i-Stamm	ā-Stamm	nt-Stamm	r-Stamm
Singular					
Nom.	devás	śúcis	priya	adán	pitā́
Vok.	déva	śúce	príye	ádan	pítar
Akk.	devám	śúcim	priyam	adántam	pitáram
Inst.	devéna[1]	śúcinā[2]	priyáyā	adatā́	pitrā́
Dat.	deváya	śúcaye	priyā́yai	adaté	pitré
Abl.	devā́t	śúces	priyā́yās	adatás	pitúr
Gen.	devásya	śúces	priyā́yās	adatás	pitúr
Lok.	devé	śúcau	priyā́yām	adatí	pitrā́
Dual					
Nom.-Akk.	devā́(u)	śúcī	priyé	adántā	pitárā
Vok.	dévā(u)	śúcī	príye	ádantā	pítarā
Inst.-Dat.-Abl.	devā́bhyām	śúcibhyām	priyā́bhyām	adádbhyām	pitṛbhyām
Gen.-Lok.	deváyos	śúcyos	priyáyos	adatós	pitrós
Plural					
Nom.	devā́s[3]	śúvayas	priyā́s	adántas	pitáras
Vok.	dévās(as)	śúcayas	príyās	ádantas	pítaras
Akk.	devā́n	śúcīn	priyā́s	adatás	pitṛ́n
Inst.	deváis[4]	śúcibhis	priyā́bhis	adádbhis	pitṛbhis
Dat.-Abl.	devébhyas	śúcibhyas	priyā́bhyas	adádbhyas	pitṛbhyas
Gen.	devā́nām	śúcīnām	priyā́ṇām	adatā́m	pitṛṇā́m
Lok.	devéṣu	śúciṣu	priyā́su	adátsu	pitṛ́ṣu

Varianten: 1 devā́, 2 śúcyā, 3 devā́sas, 4 devébhis

Pronomina

Die *Personalpronomina* haben eine unabhängige, betonte sowie eine enklitische, unbetonte Form, beide nur in der 1. und 2. Person. Die selbstständigen Pronomina sind in allen Kasus deklinierbar, die enklitischen nur eingeschränkt. Die Formen der Personalpronomina sind auf die entsprechenden indogermanischen zurückzuführen, vgl. dazu Abschnitt 2.7. Auch das Demonstrativum *sa, sā, tad* „er, sie es; dieser, diese, dieses" setzt indogermanisches *so, seh₂, tod* fort, es ist also unmittelbar mit dem griechischen Artikel *ho, hē, to* verwandt. Es wird auch als Ersatz für das fehlende Personalpronomen der 3. Person verwendet. In Tabelle 14.12 ist die Deklination der Personal- und Demonstrativpronomina dargestellt, bei den kursiven Zweitformen der Personalpronomina handelt es sich um die Enklitika.

Tab 14.12 *Das Personal- und Demonstrativpronomen im Sanskrit (Mayrhofer 1978: 57–59)*

	Personalpronomen		Demonstrativpronomen		
	1. Person	2. Person	m.	f.	n.
Singular					
Nom.-Vok.	aham	tvam	sa	sā	tad
Akk.	mām, *mā*	tvām, *tvā*	tam	tām	tad
Inst.	mayā	tvayā	tena	tayā	tena
Dat.	mahyam, *me*	tubhyam, *te*	tasmai	tasyai	tasmai
Abl.	mat	tvat	tasmāt	tasyās	tasmāt
Gen.	mama, *me*	tava, *te*	tasya	tasyās	tasya
Lok.	mayi	tvayi	tasmin	tasyām	tasmin
Dual					
Nom.-Vok.-Akk.	āvām	yuvām	tau	te	te
Inst.-Dat.-Abl.	āvāabhyām	yuvābhyam	tābhyām	tābhyām	tābhyām
Gen.-Lok.	āvayos	yuvayos	tayos	tayos	tayos
Plural					
Nom.-Vok.	vayam	yūyam	te	tās	te
Akk.	asmān, *nas*	yuṣmān, *vas*	tān	tās	te
Inst.	asmābhis	yuṣmābhis	tais	tābhis	tais
Dat.	asmabhyam, *nas*	yuṣmabhyam, *vas*	tebhyas	tābhyas	tebhyas
Abl.	asmat	yuṣmat	tebhyas	tābhyas	tebhyas
Gen.	asmāmakam, *nas*	yuṣmākam, *vas*	teṣām	tāsām	teṣām
Lok.	asmāsu	yuṣmāsu	teṣu	tāsu	teṣu

Das Fragepronomen *kās, kā, kad* „wer, was" stammt vom indogermanischen Pronomen *k^wo. Weitere Pronomina und ihre Deklination bei Mayrhofer 1978: 57–62.

Numeralia

Die Kardinal- und Ordinalzahlen sind alle flektierbar, siehe Mayrhofer 1978: 62–65. In Tabelle 14.13 werden nur die Grundformen der Zahlwörter zusammengestellt.

Tab 14.13 *Kardinal- und Ordinalzahlen im Sanskrit*

Kardinalzahlen								Ordinalzahlen	
1	eka-		11	ekādaśa		10	daśa	1.	prathama-
2	dvi-, dvā-		12	dvādaśa		20	viṃśatis	2.	dvitīya-
3	tri-, trayas-		13	trayodaśa		30	triṃśat	3.	tṛtīya-
4	catur-		14	caturdaśa		40	catvāriṃśat	4.	caturtha-[1]
5	pañca		15	pañcadaśa		50	pañcāśat	5.	pañcama-[2]
6	ṣaṣ		16	ṣoḍaśa		60	ṣaṣṭis	6.	ṣaṣṭha-
7	sapta		17	saptadaśa		70	saptatis	7.	saptama-[3]
8	aṣṭa		18	aṣṭādaśa		80	aśītis	8.	aṣṭama-
9	nava		19	navadaśa		90	navatis	9.	navama-
10	daśa		20	viṃśatis		100	śatam	10.	daśama-

Alternativen: 1 turīya-, 2 pañcathá-, 3 saptathá-

Die Zahlen 11 bis 100 werden additiv in der Form Einer + Zehner dargestellt, z.B. 24 *catur-viṃśatis*, 57 *sapta- pañcāśat*. Dabei dienen *dvi-/dvā-* „zwei" zur Bildung der Zahlen 12, 22, 32, 42 etc. Zum Beispiel 12 *dvā-daśa*, 22 *dvā-viṃśatis*, 32 *dvā-triṃśat*, 42 *dvi-catvāriṃśat*; bei 42–92 sind mit Ausnahme von 82 *dvy-aśītis* beide Formen möglich. Entsprechend sind *tri-/trayas-* „drei" bei der Bildung der Zahlen 13, 23, ..., 93 verteilt. Die Zahlen 19, 29, 39, 49 etc. können sowohl nach dem additiven Schema gebildet werden, also 19 *nava-daśa*, alternativ aber auch subtraktiv in der Form 19 = 20–1 als *ekona-viṃśatis* (*ekona* „eins weniger als") oder 29 *ekona-triṃśat*.

Zahlen über 100 werden additiv mittels *adhika-* „mehr, größer" oder *uttara-* „jenseits, über ... hinaus" gebildet, z.B. 115 **pañca-daśa-adhika-śatam*, was durch Sandhi zu *pañcadaśādhikaśatam* wird. Zu weiteren Details vgl. Cardona 2007: 801–802.

Verbalmorphologie

Das Verb im Sanskrit hat die Kategorien Diathese, Tempus, Modus, Numerus und Person.

Kategorie	Realisierung
Diathese	Aktiv, Medium, Passiv
Tempus	Präsens, Imperfekt, Futur, Konditionalis, Aorist, Perfekt, Plusqperf.
Modus	Indikativ, Optativ, Imperativ, Subjunktiv, Injunktiv; Prekativ
Numerus	Singular, Dual, Plural
Person	1., 2., 3. Person

Von einer Verbwurzel können in der Regel vier sog. *Tempusstämme* gebildet werden. Präsens und Imperfekt werden vom *Präsensstamm*, Futur und Konditionalis vom *Futurstamm*, der Aorist vom *Aoriststamm* und das Perfekt und Plusquamperfekt vom *Perfektstamm* gebildet. Die Stämme selbst sind Derivationen von einer Verbalwurzel, insbesondere der Präsensstamm besitzt wie in der Protosprache eine Fülle von Bildungsmöglichkeiten (vgl. Abschnitt 2.8). Die Vergangenheitstempora Imperfekt, Aorist und Plusquamperfekt sowie der Konditionalis sind durch ein *Augment a-* gekennzeichnet.

Der Modus *Injunktiv* entspricht im Imperfekt und Aorist der augmentlosen Form. Der Injunktiv bezieht sich auf Handlungen oder Zustände ohne Zeitbezug, z.B. in Maximen oder Beschreibungen ewiger Eigenschaften der Götter. Dazu ein Beispiel aus dem Rigveda (8.42.6): *evāgniṃ sahasyaṃ vasiṣṭh ... staut* „so preist (in Vergangenheit, Gegenwart und Zukunft) Vasiṣṭha den mächtigen Agni". Hier ist *staut* Injunktiv Aorist, der zugehörige Indikativ Aorist lautet *a-staut* „er pries (einmalig zu einem bestimmten Zeitpunkt in der Vergangenheit)". Der Injunktiv *muss* bei Verboten verwendet werden, und zwar zusammen mit der Verbotspartikel *mā*, z.B. *mā na indra parā vṛṇak* (Injunktiv Präsens) „verlass uns nicht, Indra!".

Der sog. *Subjunktiv* hatte im vedischen Sanskrit häufig eine prospektive Funktion, war also eine Art Futur, während das eigentliche Tempus *Futur* oft eine intentionale Bedeutung annahm, etwa „ich beabsichtige etwas zu tun". Im klassischen Sanskrit gingen Aorist und Subjunktiv weitgehend verloren, der Injunktiv wurde ganz auf die Verbotsfunktion beschränkt. Die entsprechenden Funktionen wurden durch nominale Konstruktionen mit infiniten Verbformen (Verbalnomina und Partizipien) ersetzt.

Präsensstamm

Von den vier Tempusstämmen hat der Präsensstamm die größte Vielfalt an Bildungstypen, sie wurden von den altindischen Grammatikern in 10 Klassen eingeordnet, die man in die modernen Sanskrit-Grammatiken übernommen hat. Manche Verbwurzeln besitzen mehrere Präsensstämme. Man vermutet, dass diese Klassen in der indoiranischen Ursprache auch semantische Unterschiede kennzeichneten, die aber schon im vedischen Sanskrit nicht mehr erkennbar sind.

Die 10 Klassen kann man in *athematische* und *thematische* einteilen. Thematisch bedeutet dabei, dass der Verbstamm mittels des Themavokals /-a-/ (< idg. /*e/ bzw. /*o/) gebildet wird, den die athematischen Stämme nicht besitzen (vgl. Abschnitt 2.8). Tabelle 14.14 enthält eine Übersicht über die 10 Präsensstamm-Klassen mit typischen Beispielen. Die Klassen 1 und 2 enthalten die unerweiterten thematischen bzw. athematischen Präsensstämme, bei den restlichen wird die Wurzel durch Suffixe, Infixe (Klasse 7) oder Reduplikation (Klasse 3) erweitert. Eine thematische Flexion haben die Verben in den Klassen 1, 4, 6 und 10, die übrigen werden athematisch flektiert.

Tab 14.14 *Die zehn Präsensstamm-Klassen des Sanskrit*
(Fortson 2010: 214–215, Mayrhofer 1978: 65–84)

Klasse		Bildungstyp	Beispiel-Wurzel	3. Sg. Indik. Präsens
1	them.	vollstufige Wurzel + /a/	bhar-	*bhar-a-ti* „er/sie/es trägt"
2	athem.	Stamm = Wurzel	as-	*as-ti* „er ist"
3	athem.	Reduplikation	dhā-	*da-dhāti* „er stellt, legt"
4	them.	Suffix /-ya-/	paś-	*paś-ya-ti* „er sieht"
5	athem.	Suffix /-nu-/ oder /-no-/	śṛ-	*śṛ-ṇo-ti* „er hört"
6	them.	betonter Themavokal /-a/	tud-	*tud-á-ti* „er stößt"
7	athem.	Nasalinfix	yuj-	*yu-na-k-ti* „er verbindet"
8	athem.	Suffix /-o-/ oder /-u-/	kṛ-, kar-	*kar-o-ti* „er macht"
9	athem.	Suffix /-nā/ oder /-nī/	pū-	*pū-na-ti* „er reinigt"
10	them.	Suffix /-aya/	cor-	*cor-aya-ti* „er stiehlt"

Mit den so gebildeten Stämmen können im Präsenssystem die Präsens- und Imperfekt-formen sowohl im Aktiv als auch im Medium gebildet werden. Die Tabellen 14.15 und 14.16 zeigen diese Formen am Beispiel des Verbums *bhar-* „tragen" (Klasse 1, thematisch), Tabelle 14.17 Präsens und Imperfekt von *as-* „sein" (Klasse 2, athematisch). Die Personal-endungen sind auch in den anderen Klassen sehr ähnlich. Eine ausführliche Behandlung der Flexion in allen zehn Präsensstamm-Klassen findet sich bei Mayrhofer 1978: 65–84.

Tab 14.15 *Konjugation im Sanskrit: Präsens und Imperfekt Aktiv von* bhar- *„tragen"*
(Mayrhofer 1978: 68–69)

AKTIV		Präsens Indikativ	Präsens Optativ	Präsens Imperativ	Imperfekt Indikativ
Sg.	1.	bharā-mi	bhare-yam	bharā-ni	a-bhara-m
	2.	bhara-si	bhare-s	bhara	a-bhara-s
	3.	bhara-ti	bhare-t	bhara-tu	a-bhara-t
Du.	1.	bharā-vas	bhare-va	bharā-va	a-bharā-va
	2.	bharā-thas	bhare-tam	bhara-tam	a-bhara-tam
	3.	bhara-as	bhare-tām	bhara-tām	a-bhara-tām
Pl.	1.	bharā-mas	bhare-ma	bharā-ma	a-bharā-ma
	2.	bhara-tha	bhare-ta	bhara-ta	a-bhara-ta
	3.	bhara-nti	bhare-yuḥ	bhara-ntu	a-bhara-n

Tab 14.16 *Konjugation im Sanskrit: Präsens und Imperfekt Medium (Mayrhofer 1978: 68–69)*

MEDIUM		Präsens Indikativ	Präsens Optativ	Präsens Imperativ	Imperfekt Indikativ
Sg.	1.	bhare	bhare-ya	bhara-i	a-bhare
	2.	bhara-se	bhare-thās	bhara-sva	a-bhara-thās
	3.	bhara-te	bhare-ta	bhara-tām	a-bhara-ta
Du.	1.	bhara-vahe	bhare-vahi	bharā-vahai	a-bharā-vi
	2.	bhare-the	bhare-yāthām	bhare-thām	a-bhare-thām
	3.	bhare-te	bhare-yātām	bhare-tām	a-bhare-tām
Pl.	1.	bharā-mahe	bhare-mahi	bharā-mahai	a-bharā-mahi
	2.	bhara-dhve	bhare-dhvam	bhara-dhvam	a-bhara-dhvam
	3.	bhara-nte	bhare-ran	bhara-ntām	a-bhara-nta

Tab 14.17 *Konjugation im Sanskrit: Präsens und Imperfekt von as- „sein"*
(Mayrhofer 1978: 72–73)

		Präsens Indikativ	Präsens Optativ	Präsens Imperativ	Imperfekt Indikativ
Sg.	1.	asmi	syām	asāni	āsam
	2.	asi	syās	edhi	āsīs
	3.	asti	syāt	astu	āsīt
Du.	1.	svas	syāva	asāva	āsva
	2.	sthas	syātam	stam	āstam
	3.	stas	syātām	stām	āstām
Pl.	1.	smas	syāma	asāma	āsma
	2.	stha	syāta	sta	āsta
	3.	santi	syuḥ	santu	āsan

Die Paradigmata zeigen, dass es drei verschiedene Typen von Personalendungen gibt: die *primären* für den Indikativ Präsens, die *sekundären* für den Optativ Präsens und das Imperfekt; darüber hinaus gibt es Endungen für den Imperativ. Der *Prohibitiv* des Präsens wird durch die augmentlosen Imperfektformen (den sog. Injunktiv) gebildet, also z.B. *mā bharas* „trage nicht!"

Neben den genannten vier Tempus- oder Primärstämmen gibt es weitere sekundäre Stämme (vgl. Abschnitt 2.8) für die Bildung von Passiv, Kausativ, Desiderativ und Intensiv. Von diesen Sekundärstämmen wird hier nur die Passiv-Bildung behandelt.

Passiv des Präsensstamms

Das Passiv ist eine indoiranische Innovation gegenüber dem Proto-Indogermanischen. Der Präsens-Passiv-Stamm wird vom Präsensstamm durch das Suffix /-ya/ abgeleitet, das direkt an die schwundstufige Wurzel tritt (Mayrhofer 1978: 93). Die Personalendungen sind identisch mit den *medialen Endungen* im Präsens und Imperfekt. Tabelle 14.18 enthält das Präsens und Imperfekt Passiv von *bhar-* „tragen".

Tab 14.18 *Konjugation im Sanskrit: Präsens und Imperfekt Passiv*

PASSIV		Präsens Indikativ	Präsens Optativ	Präsens Imperativ	Imperfekt Indikativ
Sg.	1.	bhri-ye	bhri-ye-ya	bhri-ya-i	a-bhri-ye
	2.	bhri-ya-se	bhri-ye-thās	bhri-ya-sva	a-bhri-ya-thās
	3.	bhri-ya-te	bhri-ye-ta	bhri-ya-tām	a-bhri-ya-ta
Du.	1.	bhri-yā-vahe	bhri-ye-vahi	bhri-yā-vahai	a-bhri-yā-vahi
	2.	bhri-ye-the	bhri-ye-yāthām	bhri-ye-thām	a-bhri-ye-thām
	3.	bhri-ye-te	bhri-ye-yātām	bhri-ye-tām	a-bhri-ye-tām
Pl.	1.	bhri-yā-mahe	bhri-ye-mahi	bhri-yā-mahai	a-bhri-yā-mahi
	2.	bhri-ya-dhve	bhri-ye-shvam	bhri-ya-dhvam	a-bhri-ya-dhvam
	3.	bhri-ya-nte	bhri-ye-ran	bhri-ya-ntām	a-bhri-ya-nta

Futurstamm

Der Futurstamm wird durch das Suffix /-sya/ oder /-ṣya/ gebildet, das bei Verben der Präsensstamm-Klassen 1–9 an die vollstufige Wurzel angehängt wird, bei einigen Wurzeln mit einem Bindevokal /-i-/ (Mayrhofer 1978: 87–88). Aus der Wurzel *bhar-* „tragen" wird dadurch z.B. der Futurstamm *bhar-i-ṣya*. Bei Verben der 10. Klasse wird das Suffix an den Präsensstamm angefügt, z.B. wird aus der Wurzel *cur* „stehlen" mit dem Präsensstamm *cor-aya* der Futurstamm *coray-i-ṣya*. Bei den Formen des Futurstamms sind Medium und Passiv identisch. Tabelle 14.19 zeigt die Futur- und Konditionalis-Formen von *bhar-* „tragen".

Die Personalendungen des Futurs stimmen mit denen des Indikativ Präsens überein (primäre Endungen), die des Konditionalis mit denen des Imperfekts (sekundäre Endungen).

Tab 14.19 *Konjugation im Sanskrit: Futur und Konditionalis im Aktiv und Medium-Passiv*

		Futur Aktiv	Konditionalis Aktiv	Futur Mediopassiv	Konditionalis Mediopassiv
Sg.	1.	bhari-ṣyā-mi	a-bhari-ṣya-m	bhari-ṣye	a-bhari-ṣye
	2.	bhari-ṣya-si	a-bhari-ṣya-s	bhari-ṣya-se	a-bhari-ṣya-thās
	3.	bhari-ṣya-ti	a-bhari-ṣya-t	bhari-ṣya-te	a-bhari-ṣya-ta
Du.	1.	bhari-ṣyā-vas	a-bhari-ṣyā-va	bhari-ṣyā-vahe	a-bhari-ṣyā-vahi
	2.	bhari-ṣya-thas	a-bhari-ṣya-tam	bhari-ṣye-the	a-bhari-ṣye-thām
	3.	bhari-ṣya-tas	a-bhari-ṣya-tām	bhari-ṣye-te	a-bhari-ṣye-tām
Pl.	1.	bhari-ṣya-mas	a-bhari-ṣyā-ma	bhari-ṣyā-mahe	a-bhari-ṣyā-mahi
	2.	bhari-ṣya-tha	a-bhari-ṣya-ta	bhari-ṣya-dhve	a-bhari-ṣya-dhvam
	3.	bhari-ṣya-nti	a-bhari-ṣya-n	bhari-ṣya-nte	a-bhari-ṣya-nta

Aoriststamm

Der Aorist hat im klassischen Sanskrit die Modi Indikativ, Prekativ (in der Funktion eines Optativs) und Prohibitiv (augmentloser Aorist, Injunktiv); im Vedischen sind auch Subjunktiv, Optativ und Imperativ gut belegt. Während der Aorist im Vedischen einen perfektiven Aspekt besitzt (einmalige Handlung der Vergangenheit), wird er im klassischen Sanskrit neben dem Imperfekt und Perfekt ohne Unterschied als Tempus der Vergangenheit gebraucht. Seine Formen treten schließlich gegenüber den anderen Vergangenheitsformen immer weiter zurück, im klassischen Sanskrit spielt er nur noch als Prohibitiv (*mā* + Injunktiv Aorist) eine Rolle.

Die indogermanischen Bildungstypen für Aoriste sind im Sanskrit alle belegt. Neben dem *Wurzelaorist* und dem *reduplizierten Aorist* gibt es verschiedene Formen des *sigmatischen Aorists*, wie Aoriststämme mit s-Erweiterungen genannt werden (Tabelle 14.20). Die Indikativformen erhalten das Augment /a-/, der Injunktiv entspricht dem Indikativ ohne Augment, auch der sog. Prekativ ist augmentlos.

Tab 14.20 *Die Bildungstypen des Aoriststamms im Sanskrit (nach Mayrhofer 1978: 84–87)*

Klasse		Bildungstyp	Beispiel	Bedeutung
1	athem.	Wurzelaorist	*a-dām*	„ich gab"
2	them.	thematischer Aorist	*a-sic-a-m*	„ich begoss"
3	them.	reduplizierte Wurzel	*a-cūr-cur-a-m*	„ich stahl"
4	athem.	ṣ-Aorist	*a-nai-ṣ-am*	„ich führte"
5	athem.	iṣ-Aorist	*a-lāv-iṣ-am*	„ich schnitt ab"
6	athem.	siṣ-Aorist	*a-yā-siṣ-am*	„ich ging"
7	them.	ṣa-Aorist	*a-dik-ṣa-m*	„ich zeigte"

Der mit dem s-Aorist verwandte seltene Modus *Prekativ* hat etwa die Funktion eines Optativs. Er wird durch das Suffix /-yās/ mit athematischen Endungen und ohne Augment gebildet, z.B. *budh-yās-am* „ich möge erwachen". Die Tabellen 14.21 und 14.22 zeigen Aorist und Prekativ im Aktiv bzw. im Medium für verschiedene Verben.

Tab 14.21 *Konjugation im Sanskrit: Aorist und Prekativ Aktiv*
(Maryhofer 1978: 84–87, Fortson 2010: 215–216)

AKTIV		Wurzelaorist *sthā-* „stehen"	s-Aorist *nī-* „führen"	Prekativ *budh-* „erwachen"
Sg.	1.	a-sthā-m	a-nai-ṣ-am	budh-yās-am
	2.	a-sthā-s	a-nai-ṣ-īs	budh-yās
	3.	a-sthā-t	a-nai-ṣ-īt	budh-yāt
Du.	1.	a-sthā-va	a-nai-ṣ-va	budh-yās-va
	2.	a-sthā-tam	a-nai-ṣ-ṭam	budh-yās-tam
	3.	a-sthā-tām	a-nai-ṣ-ṭām	budh-yās-tām
Pl.	1.	a-sthā-ma	a-nai-ṣ-ma	budh-yās-ma
	2.	a-sthā-ta	a-nai-ṣ-ṭa	budh-yās-ta
	3.	a-sth-ur	a-nai-ṣ-ur	budh-yās-ur

Tab 14.22 *Konjugation im Sanskrit: Aorist und Prekativ Medium*
(Maryhofer 1978: 84–87, Fortson 2010: 215–216)

MEDIUM		s-Aorist *yuj-* „verbinden"	s-Aorist *nī-* „führen"	Prekativ *budh-* „erwachen"
Sg.	1.	a-yuk-ṣ-i	a-ne-ṣ-i	bodh-iṣīya
	2.	a-yuk-thās	a-ne-ṣ-thās	bodh-iṣīṣ-thas
	3.	a-yuk-ta	a-ne-ṣ-ṭa	bodh-iṣīṣ-ṭa
Du.	1.	a-yuk-ṣ-vahi	a-ne-ṣ-vahi	bodh-iṣī-vahi
	2.	a-yuk-ṣ-āthām	a-ne-ṣ-āthām	bodh-iṣī-yās-thām
	3.	a-yuk-ṣ-ātām	a-ne-ṣ-ātām	bodh-iṣī-yās-tām
Pl.	1.	a-yuk-ṣ-mahi	a-ne-ṣ-mahi	bodh-iṣī-mahi
	2.	a-yug-dhvam	a-ne-ḍhvam	bodh-iṣī-dhvam
	3.	a-yuk-ṣ-ata	a-ne-ṣ-ata	bodh-iṣī-ran

Für das *Passiv* werden im Aorist mit einer Ausnahme die Formen des Mediums übernommen. Die 3. Person Singular im Aorist des Passivs wird durch Anfügen von /-i/ an die augmentierte vollstufige oder dehnstufige Wurzel gebildet, z.B. zu *budh-* „erwachen“: *a-bodh-i* „er wurde erweckt“.

Perfektstamm

Der Perfektstamm wird aus der Wurzel durch *Reduplikation* gebildet. Anlautendes /a-/ oder /ā-/ wird zu /ā-/ (z.B. *ad-* „essen“ > Perfekt *ād-a-*), anlautendes /r̥-/ sowie /a-/ vor mehreren Konsonanten wird zu /ān-/ (z.B. *r̥dh-* „gedeihen“ > Perfekt *ān-r̥dh-*). Mit /i-/ und /u-/ anlautende Wurzeln werden durch /iy-/ bzw. /uv-/ redupliziert.

Verben mit dem Wurzelvokal /-a-/ bilden zum Teil einen schwachen Perfektstamm ohne Reduplikation, z.B. wird *tap-* „büßen“ nur im Singular des Aktivs redupliziert (*ta-tap-*), in allen anderen Formen wird der unreduplizierte schwache Perfektstamm *tep-* verwendet. Das Perfekt besitzt *eigene Personalendungen* im Aktiv und Medium, das Passiv ist mit dem Medium identisch. Der einzige Modus des Perfekts ist der Indikativ. Die Tabellen 14.23 und 14.24 zeigen die Perfektformen verschiedener Verben im Aktiv und Medium.

Tab 14.23 *Konjugation im Sanskrit: Perfekt Aktiv (Maryhofer 1978: 88–92)*

Aktiv		Perfekt	Perfekt	Perfekt
		tud- „stoßen“	*gam-* „gehen“	*tap-* „büßen“
Sg.	1.	tu-tod-a	ja-gam-a	ta-tap-a
	2.	tu-tod-i-tha	ja-gan-tha	ta-tap-tha, tepitha
	3.	tu-tod-a	ja-gām-a	ta-tāp-a
Du.	1.	tu-tud-i-va	ja-gm-i-va	tep-i-va
	2.	tu-tud-athur	ja-gm-athur	tep-athur
	3.	tu-tud-atur	ja-gm-atur	tep-atur
Pl.	1.	tu-tud-i-ma	ja-gm-i-ma	tep-i-ma
	2.	tu-tud-i-dhve	ja-gm-a	tep-a
	3.	tu-tud-i-re	ja-gm-ur	tep-ur

Tab 14.24 *Konjugation im Sanskrit: Perfekt Medium (Maryhofer 1978: 88–92)*

MEDIUM		Perfekt *tud-* „stoßen"	Perfekt *dhā-* „setzen"	Perfekt *tap-* „büßen"
Sg.	1.	tu-tud-e	dadh-e	tep-e
	2.	tu-tud-i-ṣe	dadh-i-ṣe	tep-i-ṣe
	3.	tu-tud-e	dadh-e	tep-e
Du.	1.	tu-tud-i-vahe	dadh-i-vahe	tep-i-vahe
	2.	tu-tud-āthe	dadh-āthe	tep-āthe
	3.	tu-tud-āte	dadh-āte	tep-āte
Pl.	1.	tu-tud-i-mahe	dadh-i-mahe	tep-i-mahe
	2.	tu-tud-i-dhve	dadh-i-dhve	tep-i-dhve
	3.	tu-tud-i-re	dadh-i-re	tep-i-re

Es gibt auch eine *periphrastische* Bildung des Perfekts, vor allem bei den Kausativablei-tungen. Dabei wird der durch *-ām* erweiterte Präsensstamm mit den Perfektformen der Hilfsverben *kṛ-* „tun", *as-* „sein" oder *bhū-* „sein" verbunden.

Infinite Verbformen

Das Sanskrit kennt etliche infinite Verbformen, die vor allem in der späteren Phase eine immer größere morphosyntaktische Rolle spielten. Neben fünf Partizipien gibt es ein Gerundivum, einen Infinitiv sowie verschiedene Gerundien oder Absolutive. Tabelle 14.25 zeigt die wichtigsten Bildungsprinzipien.

Tab 14.25 *Die infiniten Verbformen des Sanskrit (Mayrhofer 1978: 95–99)*

Bezeichnung	Bildung	Beispiel	Bedeutung
Part. Präs. Akt.	Präsensstamm + *ant/at*	*bhar-ant-*	„tragend"
Part. Präs. Med.	Präsensstamm + *māna/āna*	*bhar-amāṇa*	„sich tragend"
Part. Perf. Akt.	Perfektstamm + *vas*	*ca-kṛ-vas*	„getan habend"
Part. Perf. Med.	Perfektstamm + *āna*	*tu-tud-āna*	„sich gestoßen habend"
Part. Perf. Passiv	Wurzel + *ta/na*	*śru-ta, kṛ-ta*	„gehört", „getan"
Gerundivum	Wurzel + *tavya/anīya/(t)ya*	*kar-tavya*	„was getan werden muss"
Infinitiv	Wurzel + *tum*	*dā-tum*	„das Geben"
Gerundium	Wurzel + *tvā/ya/tya/am*	*uk-tvā*	„als ... gesprochen hatte"

Das Partizip Perfekt Passiv hat bei intransitiven Verben aktive Bedeutung, z.B. *patita-* „gefallen sein". Die Gerundien sind indeklinabel; sie werden für sog. Absolutiv-Konstruktionen verwendet, die man im Deutschen üblicherweise durch einen Nebensatz wiedergibt, z.B. *Damayantī tu tac chrutvā vaco* „als aber Damayanti diese Rede gehört hatte (*chrutvā*)". Im Vedischen gab es zahlreiche Möglichkeiten, den Infinitiv zu bilden, im klassischen Sanskrit hat sich davon nur die Bildung mit dem Suffix /-tum/ erhalten, die wiederum im Rigveda kaum vorkommt.

Bemerkungen zur Syntax

Die Syntax des vedischen und klassischen Sanskrit weicht nicht wesentlich von der in den anderen frühen indogermanischen Sprachen ab. Die Bemerkungen zur Syntax und die zugehörigen Beispiele stammen vor allem aus Killingley/Killingley 1995.

Wortstellung im Satz

Die Wortstellung im Satz ist relativ frei, da vor allem im älteren Sanskrit durch die Flexionsendungen die syntaktischen Bezüge eindeutig waren. Eine besonders variable Wortfolge hat die dichterische Sprache, in der häufig das Metrum die Wortordnung bestimmt. Die Wortfolge im unmarkierten Prosasatz ist in der Regel SOV, das Verb kann aber bei emphatischer Verwendung auch an den Anfang rücken. Für die Position der zahlreichen Klitika (Pronomina, Konjunktionen und andere Partikel) gibt es umfangreiche Regeln.

Attributive Adjektive und Genitive stehen vor ihrem Kopfnomen, pronominale Adjektive (z.B. Demonstrativa) gehen anderen Attributen voraus, z.B. *vyādhasya gṛham* „das Haus (*gṛham*, Akk.) des Jägers (*vyādhasya*, Gen.)", *etad rūpavad gṛham* „dieses schöne Haus (Akk.)". Jedes Verb, Nomen, Pronomen oder Adjektiv kann durch Enklitika wie *api* „sogar" oder *eva* „nur" fokussiert oder nuanciert werden (Beispiele in Tabelle 14.26).

Tab 14.26 *Beispiele zur Fokussierung von Satzteilen*

Beispielsatz	Übersetzung
Rāmasya grantham eva paśyāmi	„ich sehe nur Ramas *Buch* (aber nicht ihn selbst)"
Rāmasyaiva granthaṃ paśyāmi	„ich sehe nur *Ramas* Buch (aber nicht das eines anderen)"
Rāmasya grantham paśyāmi eva	„ich *sehe mir* Ramas Buch nur *an* (berühre es aber nicht)"

Das Sanskrit verwendet in der Regel *Postpositionen*, die hinter einem Akkusativ, Instrumental, Ablativ oder Genitiv stehen, z.B. *saha* „zusammen mit" (mit Instrumental), *vinā* „ohne" (mit Akkusativ oder Instrumental), *adhastāt* „unter" (mit Genitiv). Die Postpositionen können auch als Präverben dienen, z.B. *apa-nayati* „er führt fort" (< *nī-* „führen", Präposition *apa* „weg ... von").

Nominalkomposita

Der künstliche und ausgeschmückte Stil vor allem des späteren Sanskrit ist berühmt für seine ausgedehnten nominalen Komposita, von denen es mehrere Typen gibt. Bei den *Kopulativkomposita* werden gleichrangige Substantive aneinandergekettet. Das Genus richtet sich dabei nach dem Schlussglied, der Numerus nach der Gesamtzahl der bezeichneten Objekte oder Personen, flektiert wird nur die letzte Komponente (Gruppenflexion). Die Trennstriche im folgenden Beispiel sind zur Verdeutlichung der ursprünglichen Bestandteile hinzugesetzt, das Kompositum wurde als *ein* Wort aufgefasst (Fortson 2010: 217):

---

roga|śoka|parītapa|bandhana|vyasāni

„Krankheit, Schmerz, Trauer, Gefangenschaft (und) Unglück"

Die *Determinativkomposita* entsprechen deutschen Komposita in Fügungen wie „Gottgegeben" ~ Sanskrit *devadatta* ~ griechisch *theódotos*; ein anderes Beispiel ist *rājakanyā* „des Königs Tochter, Königstochter".

Eine besonders wichtige Kompositkonstruktion ist das dreiteilige *bahuvrihi*, bei dem das Kopfnomen am Schluss steht, davor ein Partizip und am Anfang ein Nomen, dem eine Kette von Adjektiven oder Appositionen beigeordnet sein kann. Auch dazu ein Beispiel, bei dem die Komponentengrenzen wegen des Sandhi stärker verdeckt sind (Fortson 2010: 217):

---

laghuśayyāstaraṇopaghūḍhapṛṣṭa

„dessen Rücken (*pṛṣṭa-*) bedeckt war (*upagūḍha-*) von einer kurzen (*laghu-*) Bett (*śayyā-*) - Decke (*āstaraṇa-*)"

Solche Komposita boten die Möglichkeit zu außerordentlich reichhaltigen und dichten Passagen in Prosa und Dichtung. Eine ausführliche Behandlung der Komposita im Sanskrit bietet Killingley/Killingley 1995: 42–49.

Die weitere Entwicklung des klassischen Sanskrit

In den nachchristlichen Jahrhunderten entwickelte sich das Sanskrit weiter zur kanonischen Gelehrten- und Literatursprache. Die von Panini festgelegten grammatischen Regeln wurden zunächst formal eingehalten, der Charakter der Sprache änderte sich aber unter dem Einfluss der mittelindischen Umgangssprachen dramatisch.

Insbesondere kam es im späten Sanskrit zu einem Niedergang der finiten Verbalkonstruktionen. Imperfekt, Aorist und Perfekt verloren ihre Bedeutungsunterschiede und wurden zunehmend von Partizipialkonstruktionen verdrängt, die in den späteren indoarischen Sprachen zur üblichen Vergangenheitsform wurden. Statt „A vollzog eine Handlung" heißt es dann „von A (ist) eine Handlung vollzogen (worden)", wobei A im Instrumental steht und an die Stelle des finiten Verbs in einer Vergangenheitsform das Partizip Perfekt Passiv tritt.

In den oben dargestellten ausgedehnten Nominalkomposita ergaben sich die grammatischen Relationen der einzelnen Bestandteile eher aus der Wortstellung und dem Kontext als aus den klassischen Kasusendungen. Die dabei entstehenden Zweideutigkeiten wurden sogar bewusst als ein poetisches Ausdrucksmittel eingesetzt. Durch diese und andere Veränderungen erhielten die späten Sanskrittexte einen gänzlich anderen Charakter als die Texte der vedischen und frühen klassischen Periode mit ihrem Reichtum an nominalen und verbalen Flexionsformen.

14.5 Mittelindoarisch oder Prakrit

Zeitlich parallel zum klassischen Sanskrit entwickelten sich etwa seit dem 6. Jh. v. Chr. aus dem Altindoarischen Varietäten, die man zusammenfassend als *Mittelindoarisch*, *Mittelindisch* oder *Prakrit* bezeichnet. Der Begriff „Prakrit" stammt vom Sanskritwort *prākṛtam*, das etwa „vorher gemacht, natürlich, einheimisch" bedeutet und im Gegensatz zu „Sanskrit" (*saṃskṛtam*) „zurechtgemacht, künstlich" steht.

Prakrit oder Mittelindisch ist also eigentlich keine chronologische Bezeichnung, sondern der Begriff bezieht sich auf die Summe der phonologischen, morphologischen und syntaktischen Änderungen, die die gesprochene indoarische Sprache im Vergleich zum reglementierten klassischen Sanskrit erfahren hat. Das Verhältnis von Sanskrit und Prakrit ist vergleichbar mit der Beziehung des klassischen literarischen Latein zum parallel verwendeten Sprechlatein: So wie aus dem Sprechlatein nach und nach die romanischen Sprachen entstanden (vgl. Abschnitt 5.4), entwickelten sich die heutigen neuindoarischen Sprachen seit dem 10. oder 11. Jh. aus verschiedenen Varietäten des Prakrit. Und genau so, wie das Sprechlatein keine direkte Fortsetzung des klassischen literarischen Latein ist, so ist auch das Prakrit keine Fortsetzung des klassischen Sanskrit. Es gibt aber einen wesentlichen Unterschied zwischen der lateinischen und indischen Situation: Die Prakrits haben eine kulturell bedeutende und äußerst umfangreiche schriftliche literarische und religiöse Überlieferung hinterlassen.

Die Perioden und Dialekte des Prakrit

Die mittelindoarischen Sprachen lassen sich in eine frühe, mittlere und späte Phase einteilen. Zur frühen Phase gehören die Sprache der *Ashoka-Inschriften* aus dem 3. Jh. v. Chr. sowie das *Pali*, die Sprache des buddhistischen Hinayana-Kanons.

Die Ashoka-Inschriften

Die ersten datierbaren zusammenhängenden schriftlich überlieferten Texte in einer indoarischen Sprache sind die Fels- und Steleninschriften, die Ashoka (304–232 v. Chr., reg. 268–232 v. Chr.), der dritte König der Maurya-Dynastie (325–183 v. Chr.), hinterlassen hat. Unter seiner Führung wurde Indien erstmals vereinigt. Die über 30 erhaltenen, inhaltlich weitgehend identischen Inschriften verteilen sich über das ganze Reich; sie sind mehrheitlich in der Brahmi-Schrift verfasst (siehe unten). Sie enthalten als wesentliche Aussagen die Konversion Ashokas zum Buddhismus, seine Bemühungen zur Verbreitung der buddhistischen Lehre sowie die Absicht, seine ethischen und moralischen Überzeugungen in eine gerechte und friedliche Politik umzusetzen.

Die sprachliche Form der Inschriften, das sog. *Ashoka-Prakrit*, weist regionale Unterschiede auf. Einige Inschriften aus dem Nordwesten (dem heutigen Nordpakistan) sind in einer anderen Schrift verfasst, der sog. Kharosthi (siehe unten), und weichen sprachlich stärker ab; bei dieser Varietät handelt es sich um eine Frühform des *Gandhari*.

Pali und der buddhistische Hinayana-Kanon

Das riesige Korpus der kanonischen und nachkanonischen Werke des Hinayana- oder Theravada-Buddhismus ist in *Pali*, einer literarischen mittelindischen Varietät verfasst. Die kanonischen Werke sind in drei Abteilungen oder „Körbe" gegliedert, weswegen sie im Pali den Namen *tipiṭaka*, im Sanskrit den Namen *tripiṭaka* „Dreikorb" haben. Sie bestehen aus folgenden Textgruppen:

- *Vinayapitaka* – Ordensregeln (Mönchsregeln, Nonnenregeln)
- *Suttapitaka* – Lehrreden Buddhas (sog. längere, mittlere, gruppierte und angereihte Lehrreden)
- *Abhidhammapitaka* – Abhandlungen und die sog. höheren Lehrreden Buddhas

Die Form dieser Sprache wurde schon früh festgelegt, im Vergleich zu anderen Prakrits ist das Pali eine konservative Varietät, die sogar archaische phonologische Elemente enthält, die weder im Vedischen noch im klassischen Sanskrit belegt sind. Nach der Tradition war Pali die Sprache des historischen Buddha *Siddhartha Gautama*, der aus Ostindien stammt; allerdings weisen die sprachlichen Merkmale eher auf eine zentral- oder westindische Herkunft des Pali hin.

Mit dem Buddhismus breitete sich auch das Pali im 1. Jt. n. Chr. nach Zentral- und Südostasien aus. Sein Einfluss auf den Wortschatz der Sprachen vor allem Südostasiens war erheblich, auch heute wird es in den Ländern des Theravada-Buddhismus (Sri Lanka, Burma, Thailand, Kambodscha) als heilige Sprache studiert und gepflegt. Die für den Pali-Kanon verwendete Brahmi-Schrift wurde zur Grundlage der Verschriftung zahlreicher Sprachen in Zentral- und Südostasien.

Die Dialekte des mittleren Prakrit

Die Prakrits der mittleren Phase werden in einen westlichen und einen östlichen Zweig unterteilt. Die Hauptform des westlichen Prakrit, *Sauraseni*, war im Gebiet der Flüsse Ganges und Yamuna verbreitet. Es war zudem das Standard-Prakrit des Dramas und die Sprache einiger Jaina-Texte. Zum östlichen Prakrit gehörte *Magadhi*, die Sprache des Landes Magadha im heutigen Bihar. Es wurde auch zur Charakterisierung niedriger Klassen in Sanskrit-Dramen verwendet. Geographisch wie sprachlich nahm das in Kosala (heute östliches Uttar Pradesh) gesprochene *Ardhamagadhi* („Halb-Magadhi") eine Zwischenstellung ein. In Ardhamagadhi ist der bedeutende Kanon des Jainismus abgefasst. Mit ihm verwandt war *Maharashtri*, der Vorläufer des heutigen Marathi. Es wurde vor allem als Sprache der Poesie verwendet, so auch für die lyrischen Teile der Sanskrit-Dramen. Phonologisch stellt es den fortschrittlichsten Dialekt der mittleren Phase dar. Außerhalb Indiens ist das *Niya-Prakrit* in hunderten von Handschriften aus dem 3.–7. Jh. n. Chr. als Verwaltungssprache indoarischer Gruppen im heutigen Ostturkestan belegt (Niya liegt an der südlichen Seidenstraße am Südrand des Tarimbeckens). Mit ihm verwandt ist das etwas ältere *Gandhari*, die Sprache indoarischer Khotan-Manuskripte aus dem 1. Jh. n. Chr.

Spätes Prakrit oder Apabhramsha

Um die Mitte des 1. Jt. n. Chr. bildete sich die nächste Stufe des Mittelindoarischen heraus, die man *Spätprakrit* oder *Apabhramsha* (apabhraṃśa „verdorbene Sprache") nennt. Der Begriff wird für alle indoarischen Dialekte der späten mittelindoarischen Phase verwendet. Das Apabhramsha ist grammatikalisch noch weiter vereinfacht als die Prakrits und stellt bereits einen Übergang zum Neuindoarischen dar. Die wichtigste Literatursprache dieser Periode war das *Nagara-Apabhramsha*, daneben existierten mehrere regionale Apabhramshas, die bereits Vorläufer der heutigen indoarischen Sprachen darstellen.

Das Singhalesische stellt einen Sonderfall dar, da die Singhalesen schon um 500 v. Chr. wohl aus Gujarat nach Sri Lanka einwanderten und ihre Sprache sich unabhängig entwickelt hat. Ab dem 1. Jh. v. Chr. ist ein *singhalesisches Prakrit* in Inschriften überliefert. Die singhalesische Entsprechung zum Apabhramsha ist das *Elu*. Eine Übersicht über die mittelindoarischen Varietäten und ihre Anwendungsbereiche bietet Tabelle 14.27.

Tab 14.27 *Übersicht über die mittelindoarischen Varietäten oder Prakrits (Masica 1991: 51–53)*

Sprachperioden	Einzelsprachen	Verwendung/Lokalisierung
MITTELINDOARISCH		
FRÜHE PHASE	Ashoka-Prakrits	regionale Dialekte des 3. Jh. v. Chr.
	Frühes Gandhari	Nordwest-Indien, 3. Jh. v. Chr.
	Pali	Sprache des buddhist. Kanons: Tipitaka-, Gatha-, Südost-, Sinhala-Pali
MITTLERE PHASE	Gandhari	Khotan-Manuskripte, 1. Jh. n. Chr.
	Niya-Prakrit	Verwaltung in Chinesisch-Turkestan
	Ardhamaghadhi	Jain-Kanon, frühe buddhist. Dramen
	Magadhi	Nordost-Indien: Magada
	Sauraseni	westl. Prakrit; Drama
	Maharashtri	südwestl. Prakrit; lyrische Werke
	Sinhala-Prakrit	frühe singhalesische Inschriften
	Hybrid-Sanskrit	Mahayana-Buddhismus
SPÄTE PHASE	Apabhramsha	Spätprakrit
	Nagara-Apabhramsha	Fortsetzer des Sauraseni-Prakrit
	Elu	singhalesisches Apabhramsha

Sprachliche Charakteristik des Mittelindoarischen

In der Phonologie und Morphologie treten im Mittelindoarischen wesentliche Vereinfachungen im Vergleich zum Sanskrit ein. Die wichtigsten phonologischen Veränderungen sind:

- die Vereinfachung und Reduktion der Konsonantencluster des Sanskrit
- der Verlust der meisten Schlusskonsonanten
- die Lenisierung oder der Verlust von einzelnen intervokalischen Konsonanten

In der Nominalmorphologie entfällt der Dual, die Kasus Dativ und Genitiv fallen zusammen. Die variablen Konsonantenstämme werden in regelmäßige Vokalstämme umgewandelt, die athematischen Stämme werden also zu thematischen. In der Apabhramsha-Phase ist nur noch ein einziger Deklinationstyp vorhanden. Das alte Kasussystem bleibt aber im Mittelindoarischen im Wesentlichen erhalten. In Tabelle 14.28 wird die Deklination von *putras*, *putto* bzw. *puttu* „Sohn" im Sanskrit, Pali und Apabhramsha gegenübergestellt.

Tab 14.28 *Vergleich der Deklination im Sanskrit, Pali und Apabhramsha (Bubenik 2003: 221)*

		Sanskrit	Pali	Apabhramsha
Sg.	Nom.	putr-as	putt-o	putt-u
	Akk.	putr-am	putt-aṁ	putt-u
	Inst.	putr-eṇa	putt-eṇa	putt-e(ṁ)
	Dat.	putr-āya	putt-asa/-āya	putt-aho/-ahu
	Abl.	putr-āt	putt-asmā/-ato	putt-ahe/-ahu
	Gen.	putr-asya	putt-assa	putt-aho/-ahu
	Lok.	putr-e	putt-e/-asmiṁ/-amhi	putt-i(ṁ)/-e(ṁ)
Pl.	Nom.	putr-ās/-āsas	putt-ā	putt-a
	Akk.	putr-ān	putt-e	putt-a
	Inst.	putr-ais/-ebhis	putt-ehi	putt-ahiṁ/-ehiṁ
	Dat.	putr-ebhyas	putt-āṇāṁ	putt-ahaṁ
	Abl.	putr-ebhyas	putt-ehi	putt-ahuṁ/-ahaṁ
	Gen.	putr-āṇām	putt-āṇaṁ	putt-ahaṁ
	Lok.	putr-eṣu	putt-esu	putt-ahaṁ

In der Verbalmorphologie kommt es zu folgenden Veränderungen, die sich zum Teil schon im klassischen Sanskrit angekündigt haben:

- der Dual entfällt weitgehend
- die verschiedenen Tempora der Vergangenheit (Imperfekt, Aorist und Perfekt) fallen zu einem einzigen Präteritum zusammen, das aber weitgehend durch partizipiale Konstruktionen ersetzt wird
- der Präsensstamm ersetzt die Wurzel als Basis für weitere Ableitungen

Im Mittelindoarischen kann man eine Art *Splitergativität* feststellen: Das Subjekt steht abhängig von der Zeitstufe in unterschiedlichen Kasus, und zwar im Nominativ bei präsentischem Verb, im „Ergativ" bei einer Vergangenheitsform. Dabei ist der sog. Ergativ nichts anderes als der Instrumental der Konstruktion „Instrumental + Partizip Perfekt Passiv". So wurde schon im späten Sanskrit statt „Indra erschlug die Schlange" konstruiert: „von Indra (wurde) die Schlange erschlagen", wobei „Indra" im Instrumental steht.

14.6 Schriften für indoarische Sprachen

Während das vedische und klassische Sanskrit zunächst nur mündlich überliefert wurde, entstanden für die mittelindoarischen Sprachformen zwei Schriftsysteme: die *Brahmi-Schrift* (Brāhmī) und die *Kharosthi-Schrift* (Kharoṣṭhī). Aus dem Brahmi-System haben sich die meisten Schriften der indoarischen und drawidischen Sprachen Indiens, aber auch die Schriftsysteme Südindiens, Südostasiens und Tibets entwickelt – der gesamte sog. *indische Schriftenkreis*. Dagegen ging die Kharosthi-Schrift bereits im Altertum (etwa im 5. Jh. n. Chr.) ohne jeden Nachfolger unter. Das historisch früheste Auftreten beider Schriften sind die Ashoka-Edikte aus dem 3. Jh. v. Chr. Man kann aber davon ausgehen, dass sie schon ein oder zwei Jahrhunderte früher entwickelt worden sind, da sowohl ihre äußere Form als auch ihre innere Struktur auf den Königsedikten den Eindruck etablierter und standardisierter Schriften machen.

Die Kharosthi-Schrift

Die Kharosthi-Schrift (auch Gandhari-Schrift oder indobaktrische Schrift genannt) wurde vor allem in Nordwest-Indien (einschließlich des Nordens Pakistans und des Nordostens Afghanistans) sowie in Zentralasien von der Ashoka-Zeit bis ins 5. Jh. n. Chr. verwendet. Obwohl über den Ursprung dieser Schrift nichts bekannt ist, nimmt man an, dass sie von einem aramäischen Alphabet abgeleitet wurde. Die Schreibrichtung von rechts nach links und einige Buchstabenformen stützen diese Annahme, zumal Aramäisch in der Entstehungszeit der Kharosthi die wichtigste Verwaltungssprache im persischen Großreich von Syrien bis Afghanistan war.

Wenn die Annahme der aramäischen Herkunft richtig ist, sind die typologischen Unterschiede von Mutter- und Tochterschrift allerdings auffällig. Während die aramäische Schrift ein reines Konsonantenalphabet darstellt, ist das Kharosthi wie die Brahmi-Schrift ein sog. *Abugida*, eine Zwischenstufe zwischen Alphabet und Silbenschrift (eine genauere Beschreibung siehe unten bei der Brahmi-Schrift). Die Entzifferung der Kharosthi gelang Mitte des 19. Jh. durch J. Princep und andere Forscher.

Die Brahmi-Schrift und der indische Schriftenkreis

Wie die Kharosthi-Schrift trat auch die Brahmi-Schrift erstmalig im 3. Jh. v. Chr. in den Ashoka-Edikten in Erscheinung. Ihre Ursprünge sind ebenfalls ungeklärt, aber als wahrscheinlich gilt, dass auch sie nach dem Vorbild des aramäischen Alphabets geschaffen wurde. Die in Indien populäre These einer Abstammung von der bisher unentzifferten *Indus-Schrift* entbehrt jeder Grundlage, auch eine autonome Entwicklung in Indien ist eher unwahrscheinlich (Rogers 2005: 207–211).

Der Stammbaum des indischen Schriftenkreises

Etwa im 3. Jh. n. Chr. spaltete sich die Brahmi-Schrift – vereinfacht ausgedrückt – in einen nördlichen und einen südlichen Typus auf. Aus der nördlichen Form entwickelte sich unter anderem auch die *Devanagari*-Schrift, in der die meisten vorher nur mündlich überlieferten Sanskrit-Texte aufgezeichnet wurden und die heute auch für die bedeutenden indoarischen Sprachen Hindi, Marathi und Nepali verwendet wird. Buddhistische Missionare brachten den nördlichen Brahmi-Typus nach Zentralasien, wo er zur Schreibung des Tocharischen (vgl. Kapitel 13), des mitteliranischen Khotan-Sakischen (vgl. Abschnitt 14.17) sowie des Tibetischen adaptiert wurde.

Aus dem südlichen Brahmi-Typus (mit runderen Zeichen als der nördliche) entwickelten sich die südindischen Schriften für die drawidischen Sprachen Telugu, Kannada, Tamil und Malayalam sowie für das indoarische Singhalesische. Eine Variante des südlichen Brahmi-Typus verbreitete sich im 6. Jh. n. Chr. nach Südostasien und wurde zum Vorfahren der Schriften von Thailand, Laos, Birma, Kambodscha, Indonesien und den Philippinen. Eine Übersicht über die wichtigeren Schriften des indischen Formenkreises und ihre Abstammungsverhältnisse gibt die genealogische Darstellung in Tabelle 14.29. Die angegebenen Entstehungszeiten sind nur als Annäherung zu betrachten.

Die Struktur der Brahmi-Schrift und ihrer Nachfolger

Obwohl die einzelnen Nachfolger der Brahmi-Schrift sich graphisch teils sehr stark voneinander und von ihrer Mutterschrift entfernt haben, sind sie strukturell sehr ähnlich und teilen alle dasselbe Funktionsprinzip. Es handelt sich bei ihnen — wie auch bei der Kharosthi — um eine Zwischenform aus Alphabet und Silbenschrift, die man als *Abugida* bezeichnet. Dieser Schrifttyp kommt in reiner Form nur bei der Kharosthi, der Brahmi und ihren Nachfolgern sowie bei der äthiopischen Schrift vor. Die Bezeichnung „Abugida" leitet sich von den ersten vier Buchstabennamen *A-Bu-Gi-Da* der äthiopischen Schrift ab. Man geht heute davon aus, dass die strukturell sehr ähnliche äthiopische und indische Form des Abugida nicht unabhängig voneinander entstanden sind, wobei wegen des deutlich größeren Alters der Brahmi-Schrift ein Einfluss von Indien auf Äthiopien anzunehmen ist.

Bei der Brahmi- wie auch der Kharosthi-Schrift sind die Basisgrapheme die Vokal- und Konsonanten-Zeichen. Dabei gelten in der Brahmi-Schrift und ihren Nachfolgern folgende Prinzipien:

- es gibt für jeden Vokal (kurz und lang) sowie für die silbischen Sonoranten r̥, l̥ ein Zeichen, das aber nur worteinleitend verwendet wird
- für jeden Konsonanten K gibt es ein Basisgraphem, das inhärent den Vokal /a/ trägt, also den Lautwert /Ka/ besitzt
- durch Diakritika werden aus den konsonantischen Basisgraphemen Zeichen abgeleitet, die die Lautwerte /Kā, Ki, Ku, Kī, Kū, Ke, Ko/ besitzen
- die für die Ableitung verwendeten diakritischen Zeichen bleiben für jeden Vokal bei allen Konsonanten identisch, z.B. werden <ki, ti, ri, ...> alle mit demselben i-Diakritikum aus den Basisgraphemen abgeleitet
- Konsonantencluster werden durch Zeichenligaturen wiedergegeben, wobei alle Zeichen bis auf das letzte im Cluster ihr inhärentes /a/ verlieren
- der inhärente Vokal /a/ kann durch ein spezielles Diakritikum „stumm geschaltet" werden; am Wortende ergibt sich aus dem Kontext, ob der inhärente Vokal zu sprechen ist oder stumm bleibt

Tab 14.29 *Der Stammbaum des indischen Schriftenkreises (nach Friedrich 1966: 125–140, Jensen 1969: 351–396, Diringer 1996: 328–448, Rogers 2005: 203–230)*

Schrifttyp	Land, Region	Entstehung
Brahmi	Indien	5. Jh. v. Chr.
A Nordindischer Typus (Gupta)	Nordindien	3. Jh. n. Chr.
Tocharisch	Turkestan	6. Jh.
Nagari	Nordindien	8. Jh.
Devanagari	Indien	12. Jh.
Newari	Nepal	12. Jh.
Gujarati	Indien, Gujarat	16. Jh.
Bengali	Ostindien	11. Jh.
Oriya, Maithili	Ostindien, Orissa	12. Jh.
Sharada	Westindien	8. Jh.
Gurmukhi	Panjab	16. Jh.
Siddham	Nordindien	7. Jh.
Tibetisch	Tibet	7. Jh.
Phagspa	Mongolei	13. Jh.
Lepcha	Bhutan	18. Jh.
Limbu	Sikkim	18. Jh.
B Südindischer Typus	Südindien	3. Jh.
Kadamba	Südindien	5. Jh.
Kannada	Südindien	15. Jh.
Telugu	Südindien	15. Jh.
Grantha	Südindien	6. Jh.
Tamil	Südindien, Sri Lanka	8. Jh.
Malayalam	Südindien	12. Jh.
Singhalesisch	Sri Lanka	8. Jh.
Dhives Akuru	Malediven	12. Jh.
Vatteluttu	Südindien	5. Jh.
Cham	Vietnam, Kambodscha	3. Jh.
Khmer	Kambodscha	6. Jh.
Siamesisch	Thailand	13. Jh.
Laotisch	Laos	10. Jh.
Pyu	Birma	7./8. Jh.
Mon	Birma	8. Jh.
Birmanisch	Birma	11. Jh.
Ahom	Ostindien	13. Jh.
Alt-Kawi	Indonesien	8. Jh.
Javanisch	Indonesien	9. Jh.
Balinesisch	Bali	11. Jh.
Sundanesisch	Sunda	14. Jh.
Batak, Lampung u.a.	Sumatra	14. Jh.
Philippinischer Typus	Philippinen	14. Jh.
Baybayin, Buhid u.a.	Philippinen	14. Jh.

Diese Prinzipien erlauben die Wiedergabe von Silben aller Formen, allerdings sind zur Wiedergabe komplexer Silben wie z.B. KVK mehr als ein Zeichen erforderlich. Die Zeichen der Schrift stellen also kein vollständiges Syllabar dar, sie bieten nur Segmente von Silben. Deswegen sollte man diese Schriftformen auch nicht als „Silbenschrift" und ihr Zeicheninventar nicht als „Syllabar" bezeichnen, auch die gelegentlich verwendete Bezeichnung „alphasyllabische Schrift" trifft den eigentlichen Charakter nicht.

Die Reihenfolge der Zeichen ist in den indischen Schriften anders als etwa im lateinischen Alphabet in lautlicher Sicht nicht beliebig, sondern spiegelt die Phonologie der indoarischen Sprachen wider. Die lexikographische Anordnung der Buchstaben ist die folgende:

1. Vokale, silbische Sonoranten und Diphthonge: a, ā, i, ī, u, ū, ṛ, ḷ, e, ai, o, au
2. Velare: k, kh, g, gh, ṅ
3. Palatale: c, ch, j, jh, ñ
4. Retroflexe: ṭ, ṭh, ḍ, ḍh, ṇ
5. Dentale: t, th, d, dh, n
6. Labiale: p, ph, b, bh, m
7. Halbvokale und Sonoranten: y, r, l, v
8. Sibilanten und Hauchlaut: ś, ṣ, s, h

Sanskrit wurde traditionell in der Schrift der jeweiligen Regionalsprache geschrieben, heute hat sich Devanagari als übliche Schrift für Sanskrit-Texte durchgesetzt. Für manche Sprachen werden parallel mehrere Schriften verwendet: Kashmiri wird in Pakistan in persisch-arabischer Schrift, in Indien in Devanagari geschrieben. Für Panjabi sind sogar drei Schriften im Einsatz: die persisch-arabische in Pakistan, Gurmukhi unter den Sikhs und Devanagari unter den panjabisprachigen Hindus.

Sonstige Schriften

Urdu, die Variante des Hindi der indischen und pakistanischen Muslime, wird ebenso wie die übrigen in Pakistan verwendeten indoarischen Sprachen Sindhi, Panjabi und Kashmiri in der *persisch-arabischen Schrift*, einer um einige Sonderzeichen erweiterten Version des arabischen Alphabets, geschrieben. Die arabische Schrift eignet sich nicht allzu gut für die Wiedergabe indoarischer Sprachen. Zum einen werden kurze Vokale nicht dargestellt und auch bei den langen Vokalen kann etwa nicht zwischen /ū/, /ō/ und /au/ unterschieden werden. Für manche indoarische Laute, z.B. die Retroflexe, existieren in der arabischen Schrift keine Zeichen, so dass diese mit Hilfe von Diakritika neu geschaffen werden mussten.

Die einzigen indoarischen Sprachen, die üblicherweise in *lateinischer Schrift* geschrieben werden, sind Konkani und die in Europa gesprochenen Dialekte des Romani. Für Konkani, die Sprache Goas, wurde im 16. Jh. eine Orthographie auf Grundlage des Portugiesischen geschaffen. Daneben wird Konkani aber auch mit der Devanagari-Schrift geschrieben. Für Kalasha, einer bislang schriftlosen dardischen Sprache im nordwest-pakistanischen Chitral, wird neuerdings im Schulunterricht das lateinische Alphabet verwendet. Generell besteht bei bisher schriftlosen Sprachen Indiens die Tendenz, eine lateinische Schrift einzuführen.

In der indoarischen Sprachwissenschaft ist die *lateinische Transliteration* gebräuchlich. Der übliche Standard ist das „International Alphabet of Sanskrit Transliteration" (IAST). In der Darstellung der Konsonanten orientiert sich diese Umschrift am Lautwert der Buchstaben im Englischen, deshalb wird z.B. <y> für /j/ geschrieben. Aspirierte Konsonanten werden durch die Digraphen <kh, th> etc. ausgedrückt. Andere Laute, für die es keinen entsprechenden lateinischen Buchstaben gibt, drückt die IAS-Transliteration durch diakritische Zeichen aus, etwa das Makron zur Kennzeichnung von Langvokalen (z.B. ā) oder untergesetzte Punkte für retroflexe Laute (z.B. ṭ).

14.7 Neuindoarisch

Etwa ein Fünftel der Weltbevölkerung (1,25 Mrd. Menschen) spricht heute eine der rund 110 indoarischen Sprachen, die vor allem in Nord- und Zentralindien, in Pakistan, Bangladesch, Nepal sowie auf Sri Lanka und den Malediven verbreitet sind. Auch das von den Roma in Europa gesprochene Romani zählt zu den indoarischen Sprachen.

Der Übergang vom Mittel- zum Neuindoarischen fand etwa 900–1100 n. Chr. statt. Diese Phase ist nur schwach dokumentiert, die ersten Texte in neuindoarischen Sprachen treten erst recht spät auf: Aus dem 12. Jh. sind eine kurze Inschrift in Marathi und eine Glosse in Bengali überliefert. Das älteste überlieferte literarische Werk in Marathi entstand 1290, in Gujarati 1394 und in Urdu um das Jahr 1400.

Sprachliche Entwicklung

In den neuindoarischen Sprachen wurden die grammatischen Entwicklungen, die sich bereits in der mittelindoarischen Phase abzeichneten, zu Ende geführt. Die Diphthonge wurden häufig monophthongisiert, kurze Vokale getilgt, oft entfielen die Schlusskonsonanten und manchmal sogar ganze Schlusssilben. Die Nominalflexion wurde in vielen Sprachen auf zwei Kasus und zwei Genera reduziert, manche neuindoarischen Sprachen verloren die Kategorie Genus ganz. Synthetisch flektierte Tempora und Modi wurden weitgehend durch analytische Konstruktionen ersetzt, Agglutination trat an die Stelle von Flexion. Alle diese Entwicklungen finden sich bereits in der Apabramsha-Stufe des Mittelindoarischen vorgezeichnet, manche gehen sogar auf das spätklassische Sanskrit zurück. Bei den Veränderungen sind die westlichen Sprachen generell konservativer als die östlichen, besonders viele archaische Elemente haben die dardischen Sprachen bewahrt. Vor allem im Bereich des Wortschatzes hinterließen die persische Hofsprache der muslimischen Sultane und Moguln sowie die Sprache der englischen Kolonialherren deutliche Spuren.

Geographische Verbreitung

Das zusammenhängende Hauptverbreitungsgebiet der heutigen indoarischen Sprachen umfasst den nördlichen Teil des indischen Subkontinents vom Indus im Westen bis nach Assam im Osten sowie vom Himalaya im Norden bis zum Dekkan-Gebirge im Süden. 15 der 22 offiziellen Sprachen Indiens sind indoarisch, 75% der Inder sprechen eine indoarische Sprache als Muttersprache. Auch in Pakistan, Bangladesch, Nepal, Sri Lanka und auf den Malediven ist jeweils eine indoarische Sprache Amtssprache. Die etwa 110 neuindoarischen Sprachen kann man in eine zentrale, östliche, westliche, nordwestliche, nördliche und südliche Zone einteilen. Außerhalb des zusammenhängenden indoarischen Sprachgebiets liegen die Inselsprachen Singhalesisch (Sri Lanka) und Dhivehi (Malediven) sowie die Sprachen der nach Nahost und Europa gewanderten Roma und Dom, das Romani bzw. Domari. Das Dardische gehört geographisch zur Nordwest-Zone, stellt linguistisch aber eine eigene Untereinheit des Neuindoarischen dar.

Als Folge jüngerer Migrationsprozesse werden indoarische Sprachen in größerer Zahl auch außerhalb des eigentlichen Verbreitungsgebietes gesprochen, z.B. in der Karibik, in Guyana, Südafrika, auf Mauritius und auf den Fidschi-Inseln; dort dient Hindustani sogar als Amtssprache, neben Fidschi und Englisch.

Probleme der Klassifikation

Die interne Klassifikation der etwa 110 neuindoarischen Sprachen stößt auf viele Probleme. Idealerweise kann ein *Stammbaum* die genetische Abspaltung einer Gruppe von Sprachen wiedergeben, die sich durch räumliche Entfernung im Laufe der Zeit auseinander entwickelt haben. Dieser Prozess hat im Prinzip auch bei den indoarischen Sprachen stattgefunden, ist aber durch diverse Wanderungsbewegungen zum Teil historisch nicht mehr eindeutig nachzuvollziehen. Gründe für die immer wieder erfolgten Migrationen und die damit verbundenen Durchmischungsprozesse sind die kaum vorhandenen natürlichen Barrieren im indischen Kernland und instabile politische Einheiten mit multiethnischen und multilingualen Gesellschaften. Diese Prozesse resultierten letztendlich in einem Dialektkontinuum, das sich über den ganzen indoarischen Sprachraum von West nach Ost und Nord nach Süd erstreckt.

Die Folge sind große Schwierigkeiten bei der Identifikation von Einzelsprachen, bei der Abgrenzung von „Dialekt" und „Sprache" und schließlich bei der Klassifikation, das heißt der inneren genetischen Gliederung der neuindoarischen Sprachen insgesamt. Erschwerend kommt der Umstand hinzu, dass der Übergang vom späten Mittelindoarischen zum frühen Neuindoarischen etwa um 900–1100 n. Chr. nur sehr schwach schriftlich belegt ist; dadurch wird es fast unmöglich, neuindoarische Sprachen auf bestimmte mittelindoarische Sprachen zurückzuführen und somit eine natürliche Gruppenbildung der neuindoarischen Sprachen zu erzielen, die auf der Abstammung von mittelindoarischen Sprachen basiert.

Da ein einfaches, gut begründbares Stammbaummodell also nicht leicht zu erstellen ist, gab es Ansätze, mit Hilfe des *Wellenmodells* die Strukturierung der neuindoarischen

Sprachen zu verstehen. Dabei werden von bestimmten Zentren ausgehende Innovationen untersucht, die sich im Laufe der Zeit durch Teilbereiche der neuindoarischen Sprachen bewegt haben und in *Isoglossen* nachzuvollziehen sind (Masica 1991: 456–461). Das Problem des Wellenmodells besteht darin, dass die Betrachtung unterschiedlicher Isoglossen zu völlig unterschiedlichen Gliederungen führt und somit letztendlich keine einheitliche Klassifikation möglich ist.

Als erschwerender Faktor für eine Klassifikation der indoarischen Sprachen ist auch das Phänomen der *Prestigesprachen* nicht zu unterschätzen, deren Merkmale und Innovationen auf benachbarte Sprachen übergegangen sind. Indoarische Prestigesprachen mit dieser Funktion waren Vedisch, das klassische Sanskrit und die Prakrits Magadhi und Sauraseni, heute spielt vor allem Hindi diese Rolle.

Historische Klassifikationsansätze

Klassifikationsversuche im genetischen Sinne gab es bereits seit dem frühen 19. Jh. Aber erst R. Hoernle gab 1880 eine Übersicht, die bereits auf einer größeren Zahl neuindoarischer Sprachen basiert und somit mit moderneren Fassungen vergleichbar ist (Tabelle 14.30). Hoernles Hauptgliederung ist eine nordwestliche und eine südöstliche, welche er auf zeitlich getrennte Einwanderungswellen zurückführt (Migrations-Hypothese).

Tab 14.30 *Neuindoarisch: Gliederung nach Hornle 1880*

NEUINDOARISCH
NORD-WEST
NORD: Nepali, Kumanauni, Garhwali u.a.
WEST: Sindhi, Panjabi, Gujarati, Hindi u.a.
SÜD-OST
OST: Bihari, Bengali, Oriya u.a.
SÜD: Marathi, Konkani

Die Grundstruktur dieser auch areal ausgerichteten Klassifikation haben viele spätere Forscher übernommen, allerdings wurde die These der verschiedenen Einwanderungswellen schon bald verworfen. Den nächsten Schritt machte G. A. Grierson in seinem monumentalen „Linguistic Survey of India" (1903–28), der noch heute eine wichtige Arbeitsgrundlage bei der Beschäftigung mit den neuindoarischen Sprachen darstellt. Grierson ging von einem Konzept „äußerer" und „innerer" Sprachen aus (Tabelle 14.31). Zu den inneren zählte er die Pahari-Gruppe, Panjabi, Rajasthani, Gujarati und Hindi, zu den äußeren die Ostgruppe (Bengali, Asamiya, Oriya), die Südgruppe (Marathi, Konkani, Singhalesisch) und eine Nordwestgruppe (Lahnda, Sindhi). Dazwischen positionierte er eine „mittlere" Gruppe von Übergangssprachen (z.B. Awadhi, Chhattisgarhi). Das Innen-Außen-Konzept konnte sich aber ebenso wenig wie die Migrations-Hypothese Hoernles halten.

Tab 14.31 *Neuindoarisch: Gliederung nach Grierson 1903–28*

Neuindoarisch
INNERE GRUPPE: Pahari, Panjabi, Rajasthani, Gujarati, Hindi
MITTLERE GRUPPE: Awadhi, Chhattisgarhi
ÄUSSERE GRUPPE
OST: Bengali, Assamesisch, Oriya
SÜD: Marathi, Konkani, Singhalesisch
NORDWEST: Lahnda, Sindhi

Eine neue Klassifikation, die bereits im Wesentlichen mit heutigen Ansätzen korrespondiert, legte dann S. K. Chatterji 1926 vor. Obwohl die Gruppen wieder areale Namen tragen, geht Chatterji von linguistischen Merkmalen und ausgewählten phonetischen Isoglossen aus und kommt damit zur folgenden „flachen" Klassifikation:

Tab 14.32 *Neuindoarisch: Gliederung nach Chatterji 1926*

NEUINDOARISCH
NORD: Pahari, Nepali
NORDWEST: Lahnda, Panjabi, Sindhi
SÜDWEST: Rajasthani, Gujarati
ZENTRAL: Hindi und verwandte Sprachen
OST: Bihari, Bengali, Asamiya, Oriya
SÜD: Marathi, Konkani, Singhalesisch

Grierson revidierte 1931–33 seinen ursprünglichen Ansatz und kam zu einer sehr ähnlichen Binnengliederung wie Chatterji. Auch die Klassifikationen von Turner (1960), Katre (1965) und Cardona (1974) sind jeweils begründete Varianten des Chatterji-Ansatzes.

Die Sonderfälle Dardisch, Singhalesisch, Romani

Während man also bei der Klassifikation der meisten neuindoarischen Sprachen nach und nach einen Konsens gefunden hatte, ohne allerdings in jedem Detail zu einer allgemein akzeptierten Einteilung zu gelangen, gab es noch längere Diskussionen über Randgruppen, nämlich die *dardischen* Sprachen, *Romani* und *Domari* sowie die Inselsprachen *Singhalesisch* und *Dhivehi* (Maledivisch). Letztere rechnete man entweder den südindoarischen Sprachen (Marathi, Konkani) zu oder aber behandelte sie als eigene Untergruppe.

Beim *Dardischen* ist bis heute nicht endgültig geklärt, welche Sprachen dazugehören sollen. Rechnete man ursprünglich auch die *Nuristan-Sprachen* dazu, so tendiert heute die Mehrheit der Forscher dahin, Nuristani als dritten Zweig des Indoiranischen gleichrangig neben Iranisch und Indoarisch aufzufassen und nicht mehr den dardischen Sprachen zuzuordnen (vgl. Abschnitt 14.23). Strittig ist dann immer noch die Position der (restlichen) dardischen Sprachen innerhalb des Neuindoarischen. Während manche Forscher diese als einen Unterzweig des Nordwestindischen betrachten (etwa zusammen mit Lahnda und Sindhi), setzt sich heute eher die Positionierung als ein selbstständiger Zweig innerhalb des Indoarischen durch.

Schwierig ist die Positionierung der im Vorderen Orient und in Europa verbreiteten indoarischen Idiome *Romani*, *Domari* und *Lomavren*. Sie scheinen zwar zentralindoarischer Herkunft zu sein, dann aber durch Wanderungen nach Nordwestindien unter dardischen Einfluss gelangt zu sein, bevor sie auf ihrer Migration nach Westen sowie im Nahen Osten und Europa durch Kontakte mit den einheimischen Sprachen entscheidende typologische und lexikalische Neuprägungen erhielten. Es ist also schwierig, diese Sprachen explizit *einem* der Zweige des Neuindoarischen zuzuordnen.

Die Hauptzweige des Neuindoarischen

Die hier zugrunde gelegte Klassifikation greift im Wesentlichen die von Chatterji 1926 mit den späteren Teilrevisionen von Grierson 1931–33 bis Cardona 1974 auf. Insbesondere werden die Randgruppen Dardisch und Singhalesisch-Dhivehi als unabhängige Hauptzweige dargestellt, die Sprachen Romani, Domari und Lomavren werden aus den oben genannten Gründen keiner größeren Einheit zugeordnet. Eine „endgültige" Klassifikation der neuindoarischen Sprachen wird es wegen der oben dargestellten Probleme auch in Zukunft nicht geben, aber große Abweichungen vom hier vorgestellten Modell sind auch nicht zu erwarten. In Tabelle 14.33 sind die Hauptzweige des Neuindoarischen mit den wichtigsten Sprachen aufgeführt.

14.8 Die Untereinheiten des Neuindoarischen

Die folgenden Abschnitte enthalten eine *vollständige Klassifikation* aller neuindoarischen Sprachen. Für jeden Hauptzweig werden die strukturelle Gliederung und die zugehörigen Sprachen mit möglichst aktuellen Sprecherzahlen angegeben. Zur Sprachidentifikation und Abgrenzung gegenüber Dialekten wurde vor allem D. Dalbys „Linguasphere Register" (Dalby 2000) herangezogen. Die Sprecherzahlen stammen im Wesentlichen aus Ethnologue 2009, bei größeren Sprachen wurden zusätzlich staatliche Zensusdaten, statistische Jahrbücher und andere Quellen zur Absicherung herangezogen. In Kapitel 15 sind die Strukturdiagramme (Stammbäume) des Buches zusammenfassend dargestellt; dort ist auch die dialektale Gliederung der neuindoarischen Einzelsprachen umfassend berücksichtigt. Karte 3 (Seite 744) zeigt die geographische Lage der Sprachgruppen und größen Einzelsprachen auf dem Indischen Subkontinent.

Tab 14.33 *Die Hauptzweige des Neuindoarischen (Karte 3, Seite 744)*

Hauptzweig	Sprecher	L	bedeutende Sprachen
DARDISCH	7 Mio.	23	Kashmiri (5,5 Mio.), Pashai, Khowar, Kohistani, Shina
NORD	23 Mio.	3	Nepali (17 Mio.); Garhwali (3 Mio.), Kumauni (2,5 Mio.)
NORDWEST	168 Mio.	21	Dogri-Kangri (4 Mio.);
			Lahnda (65 Mio.), Siraiki (30 Mio.), Hindko (3 Mio.);
			Panjabi (40 Mio.); Sindhi (22 Mio.)
WEST	115 Mio.	14	Gujarati (50 Mio.); Marwari (30 Mio.), Malvi (10 Mio.)
ZENTRAL	420 Mio.	14	Hindi (260 Mio., S2 150 Mio.), Urdu (60 Mio., S2 90 Mio.);
			Awadhi (40 Mio.), Chhattisgarhi (18 Mio.)
OST	390 Mio.	26	Bhojpuri (40 Mio.), Maithili (35 Mio.), Magahi (15 Mio.);
			Oriya (35 Mio.); Asamiya (20 Mio.), Bengali (215 Mio.)
SÜD	89 Mio.	4	Marathi (80 Mio.), Konkani (8 Mio.)
SINHALA	17 Mio.	3	Singhalesisch (16,5 Mio.), Dhivehi (Maledivisch)
Sonstige	3–6 Mio.	3	Romani (3–6 Mio.), Domari, Lomavren
Summe	ca. 1230 Mio.	111	

Abkürzungen: L = Anzahl Sprachen, S2 = Anzahl der Zweitsprecher

Dardisch

Im äußersten Nordwesten des Subkontinents liegt das Verbreitungsgebiet der *dardischen* Sprachen. Deren wichtigste Sprache ist das im Kaschmir-Tal gesprochene *Kashmiri* mit 5,5 Mio. Sprechern, bisher die einzige dardische Schriftsprache. Ihre literarische Tradition geht auf das 13. oder 14. Jh. zurück. Ursprünglich wurde Kashmiri in der Sharada-Variante der nordindischen Brahmi-Schrift geschrieben, der Vorläuferin der Gurmukhi-Schrift. Heute wird meistens eine speziell adaptierte Urdu-Variante der arabisch-persischen Schrift verwendet, aber auch die Devanagari.

Die übrigen dardischen Sprachen werden von insgesamt 1,4 Mio. Menschen im Hindukusch-Gebiet Pakistans und Afghanistans gesprochen. Die größeren dardischen Sprachen nach dem Kashmiri sind *Shina* mit 500 Tsd. Sprechern im Gilgit-Gebiet, *Khowar* (220 Tsd.) in Chitral, *Indus-Kohistani* (220 Tsd.) in Kohistan und das *Pashai* (110 Tsd.) in der Provinz Kunar.

Strittig ist immer noch die Position der dardischen Sprachen innerhalb des Neuindoarischen. Während manche Forscher es als einen Unterzweig des Nordwestindischen ansehen (zusammen mit Lahnda, Sindhi und Dogri) und andere es zu den nordindischen Sprachen zählen (zusammen mit Nepali, Kumauni und Garhwali), setzt sich zunehmend die Positionierung des Dardischen als ein selbstständiger Zweig des Indoarischen durch.

Tab 14.34 *Die dardischen Sprachen*

Spracheinheiten	Einzelsprachen
DARDISCH	[23 Sprachen, 7 Mio. Sprecher]
KUNAR	*im Einzugsgebiet des Kunar-Flusses in West-Pakistan und Ost-Afghanistan* **Pashai** (110 Tsd.) Gawarbati (10 Tsd.) Dameli (5.000) Shumasti (1.000) Nangalami-Grangali-Zemiaki (5.000)
CHITRAL	*im Einzugsgebiet des Chitral-Flusses in West-Pakistan* **Khowar** (Chitrali) (300 Tsd.) Kalasha (5.000)
KOHISTANI	*in Kohistan und im Einzugsgebiet des Indus in Nord-Pakistan* Kalami-Kohistani (Bashkarik, Garwi, Diri) (70 Tsd.) Torwali (60 Tsd.) Kalkoti (4.000) **Indus-Kohistani** (Khili, Maya) (220 Tsd.) Bateri (30 Tsd.) Chilisso (2.300) Gowro (Gabar Khel) (200) Wotapuri-Katarqalai (†) Tirahi (100, ethnisch 5.000)
SHINA	*im Gilgit-Gebiet Nord-Pakistans und in den angrenzenden Tälern* **Shina** (500 Tsd.) Brokshat (Brokskat, Brokpa) (10 Tsd.) Ushojo (500) Dumaki (Domaaki) (500) *[ein Dialekt des Domari ?]* Phalura (Dangarik) (10 Tsd.) Sawi (Savi, Sau) (3.000)
KASHMIRI	*im indischen, aber auch im pakistanischen Teil Kashmirs* **Kashmiri** (Keshur) (5,5 Mio.)

Nordindisch

Das Nordindische oder auch Pahari ist eine kleine Untereinheit des Neuindoarischen, die aus drei Sprachen mit zahlreichen Dialekten besteht, die von rund 23 Mio. Menschen gesprochen werden. Geographisch schließen sich die nordindischen Sprachen nördlich an das zentralindische Hindi-Sprachgebiet an.

Die mit Abstand bedeutendste Einzelsprache des Nordindischen bildet *Nepali* mit 17 Mio. Sprechern. Es ist die Nationalsprache Nepals, Verkehrssprache der anderssprachigen Einwohner Nepals und außerdem in Nordindien (Assam, Darjeeling), Sikkim und Teilen Bhutans verbreitet. Der Schriftstandard basiert auf dem Dialekt von Kathmandu, als Schrift wird die Devanagari verwendet. Die literarische Tradition des Nepali geht auf das 18. Jh. zurück. Westlich an das Nepali schließen sich im indischen Vorgebirge des Himalaya *Kumauni* und *Garhwali* mit jeweils rund 3 Mio. Sprechern an.

Tab 14.35 *Die nordindischen oder Pahari-Sprachen*

Spracheinheiten	Einzelsprachen
NORDINDISCH (PAHARI)	[3 Sprachen, 22,5 Mio. Sprecher]
OSTPAHARI	**Nepali** (Ghurkali) (17 Mio.)
WESTPAHARI	**Garhwali** (3 Mio.)
	Kumauni (2,5 Mio.)

Nordwestindisch

Die rund 20 nordwestindischen Sprachen werden von fast 170 Mio. Menschen in Nordwestindien und Pakistan gesprochen. Sie werden in vier Untergruppen gegliedert: West-Pahari, Lahnda (Westpanjabi), Panjabi (Ostpanjabi) und Sindhi. *Dogri-Kangri* (4 Mio. Sprecher) schließt sich südlich an die dardischen Sprachen an und wird im Gebiet von Jammu im indischen Bundesstaat Jammu und Kashmir gesprochen; es wurde früher als Panjabi-Dialekt angesehen, gilt heute aber als eigenständig. Weitere größere Sprachen dieser Gruppe sind *Mandeali* und *Mahasu-Pahari*.

Die westlichen Panjabi-Dialekte, die auch als *Lahnda*-Sprachen bezeichnet werden, sind vor allem in Westpakistan verbreitet. Von dieser Gruppe hat sich *Siraiki* oder *Süd-Panjabi* (30 Mio. Sprecher) als Schriftsprache durchgesetzt. Nah verwandt sind *Lahnda* (65 Mio.) und das nördlich anschließende *Hindko* (3 Mio.). Das eigentliche (östliche) *Panjabi* hat insgesamt 40 Mio. Sprecher und ist im Norden des pakistanischen Industals sowie im indischen Teil des Panjab verbreitet. Es ist die offizielle Sprache des indischen Staates Panjab und kulturell die bedeutendste nordwestindische Sprache. Für die Sikhs hat sie eine besondere Bedeutung, da ihr heiliges Buch, der *Adi Granth*, in Panjabi verfasst ist (1604); als Schrift wurde die Gurmukhi verwendet, die sich aus der nordindischen Sharada-Variante der Brahmi-Schrift entwickelt hat. Es gibt einen kleinen Korpus an mittelalterlicher Literatur in Panjabi, der eigentliche literarische Durchbruch gelang erst im 19. Jh. Heute ist das in der Gurmukhi-Schrift geschriebene standardisierte Panjabi im Staat Panjab die wichtigste Sprache für den Unterricht und alle Medien sowie die Grundlage für eine blühende Literatur.

Das Sprachgebiet des mit den Lahnda-Sprachen nah verwandten *Sindhi* (22 Mio. Sprecher) grenzt im Osten an die westindischen Rajasthan-Sprachen; es beginnt im Westen

Gujarats und setzt sich jenseits der pakistanischen Grenze in der Provinz Sindh am Unterlauf des Indus fort.

Tab 14.36 *Die nordwestindischen Sprachen*

Spracheinheiten	Einzelsprachen
NORDWESTINDISCH	[21 Sprachen, 168 Mio. Sprecher]
WEST-PAHARI	**Dogri-Kangri** (4 Mio.)
	Gaddi (Bharmauri) (120 Tsd.)
	Churahi (110 Tsd.)
	Bhattiyali (100 Tsd.)
	Bilaspuri (Kehluri) (300 Tsd.)
	Kinnauri-Harijani (6.000)
	Mandeali (1 Mio.)
	Chambeali (130 Tsd.)
	Mahasu-Pahari (1 Mio.)
	Sirmauri (400 Tsd.)
	Jaunsari (100 Tsd.)
	Kului (110 Tsd.)
	Bhadrawahi-Pangwali (70 Tsd.)
	Pahari-Potwari (50 Tsd.)
LAHNDA	**Hindko** (3 Mio.)
	Lahnda (West-Panjabi) (65 Mio.)
	Siraiki (Seraiki, Süd-Panjabi, Multani) (30 Mio.)
PANJABI	**Panjabi** (Ost-Panjabi) (40 Mio.)
SINDHI	**Sindhi** (22 Mio.)
	Kachchi (1 Mio.)
	Jadgali (100 Tsd.)

Westindisch

Die westindischen Sprachen schließen sich südlich an das Panjabi an. Sie werden von rund 115 Mio. Menschen gesprochen und gliedern sich in vier Untergruppen: Gujarati, Bhili, Kandeshi und Rajasthani.

In den Stammesgebieten von Nord-Maharashtra, Ost-Gujarat und Süd-Rajasthan spricht man in zahlreichen Dialekten *Bhili* (6 Mio.) sowie *Khandeshi* (2,5 Mio.) mit den Varietäten Khandeshi, Ahirani und Dangri. Früher wurden diese beiden Sprachen als Dialekte des sich westlich anschließenden *Gujarati* betrachtet. Gujarati hat 50 Mio. Sprecher und ist die offizielle Sprache des indischen Bundesstaates Gujarat. Es wird auch von einem Teil der Bevölkerung Bombays und in Maharashtra gesprochen. Gujarati entwickelte sich vom 10. bis 13. Jh. aus dem *Gujara-Apabhramsa*, die älteste Literatur datiert aus dem 14. Jh. Die moderne Literatur begann im späten 19. Jh. auf Grundlage eines neuen schriftsprachlichen Standards, der auf dem Baroda-Dialekt aufgebaut ist. Als Schrift wird die Gujarati-Variante der Devanagari verwendet. Mahatma Gandhi schrieb einen Großteil seiner Werke in seiner Muttersprache Gujarati.

Nördlich an das Gujarati schließen sich die Sprachen Rajasthans an. Bereits im 15. Jh. entwickelte sich eine altrajasthanische Literatur. Die bedeutendste moderne Sprache dieser Gruppe ist das *Marwari* mit 30 Mio. Sprechern, das auch einen schriftsprachlichen Standard entwickelt hat, für den die Devanagari verwendet wird. Verwandte Sprachen sind *Malvi* (10 Mio. Sprecher), *Lambadi* (6 Mio.), *Harauti* (4,5 Mio.), *Bagri* (2 Mio.) und *Nimadi* (1,5 Mio.).

Tab 14.37 *Die westindischen Sprachen*

Spracheinheiten	Einzelsprachen
Westindisch	[14 Sprachen, 115 Mio. Sprecher]
Rajasthani	**Marwari** (Rajasthani) (30 Mio.)
	Harauti (Hadothi) (4,7 Mio.)
	Goaria (25 Tsd.)
	Malvi (10 Mio.)
	Nimadi (1,4 Mio.) (D Nimadi, Bhuani)
	Gujari (Gujuri) (1 Mio., ethn. 1,6 Mio.)
	Bagri (2,1 Mio.)
	Lambadi (Lamani) (6 Mio.)
	Lohari (Loarki) (1.000)
Gujarati	**Gujarati** (50 Mio.)
	Vasavi (1,2 Mio.)
	Saurashtri (300 Tsd.)
Bhili	**Bhili** (6 Mio.)
Khandeshi	**Khandeshi** (2,5 Mio.)

Zentralindisch

Das Zentralindische besteht aus dem Hindi mit seinen nächsten Verwandten. Man unterscheidet eine westliche und eine östliche Untergruppe.

Hindi ist die offizielle Nationalsprache Indiens, es wird in Devanagari geschrieben. Je nach Festlegung der Sprachgrenzen zu den Nachbarsprachen hat Hindi zwischen 260 und 500 Mio. Muttersprachler, dazu kommen mindestens 150 Mio. Zweitsprecher. Die Hindi-Standardsprache beruht auf dem *Hindustani*, einer überregionalen Verkehrssprache auf Grundlage des *Khari Boli*, dem Dialekt von Delhi und Umgebung. Es dient in den nordindischen Bundesstaaten Uttar Pradesh, Bihar, Jharkhand, Chhattisgarh, Madhya Pradesh, Rajasthan, Haryana, Uttarakhand und Himachal Pradesh sowie im Unionsterritorium Delhi als Amts- und Verkehrssprache und wird von der Bevölkerung als Schriftsprache verwendet. Hindi beeinflusst als Medien- und Prestigesprache in zunehmendem Maße andere indoarische Sprachen.

Im zentralindischen Gebiet wird eine Reihe von nah verwandten, teils auch als Hindi-Dialekte klassifizierten Regionalsprachen gesprochen. Diese unterteilen sich in zwei Gruppen, „West-Hindi" oder west-zentralindisch (*Haryani, Braj-Kanauji, Bundeli*) und „Ost-Hindi" oder ost-zentralindisch (*Awadhi, Bagheli, Chhattisgarhi*). Aus politischen Gründen werden die Sprachgrenzen des Hindi immer weiter hinausgeschoben; so wurden im indischen Zensus von 2001 außer den genannten zentralindischen Sprachen („Hindi-Dialekte") auch noch die westindischen Rajasthan-Sprachen, das ostindische Bihari (mit den Sprachen Maithili, Bhojpuri und Magadhi) sowie nordindische Pahari-Sprachen zu einem „Groß-Hindi" zusammengefasst, das dann fast 500 Mio. Muttersprachler aufweist. Sprachwissenschaftlich ist diese politisch motivierte Großsprache nicht zu begründen. (Abschnitt 14.10 enthält eine grammatische Skizze des Hindi.)

Urdu, die Sprache der indischen und pakistanischen Muslime, ist im Bereich der Alltagssprache mit dem Hindi nahezu identisch; beide basieren auf dem Hindustani. Die Schriftsprache des Urdu unterscheidet sich aber durch einen hohen Anteil von Wörtern persisch-arabischer Herkunft und die Verwendung der persisch-arabischen Schrift. Obwohl Urdu 60 Mio. Muttersprachler und fast 100 Mio. Zweitsprecher besitzt, fehlt ihm eine territoriale Basis. Einen Großteil der Sprecher macht die muslimische Stadtbevölkerung Nordindiens aus, daneben ist auch in südindischen Städten wie Hyderabad ein als *Dakhini* bekannter Urdu-Dialekt verbreitet. In Pakistan wird Urdu nur von einem kleinen Teil der Bevölkerung als Muttersprache gesprochen (bisher etwa 10 Mio.). Diese Urdu-Sprecher sind Nachkommen eingewanderter nordindischer Muslime, die vor allem in den größeren Städten Pakistans leben. Urdu etablierte sich inzwischen aber als überregionale Verkehrs- und Bildungssprache und ist in Pakistan offizielle Nationalsprache, weshalb auch die Anzahl der Urdu-Sprecher stetig zunimmt.

Ostindisch

Die ostindischen Sprachen werden von etwa 390 Mio. Menschen gesprochen. Sie gliedern sich in die Bihari-, Oriya- und Bengali-Gruppe sowie in das Assamesische.

Zu ihnen gehören auch die sog. *Tharu-Sprachen*, die von etwa einer Million *Tharu* im westlichen Terai im nepalesisch-indischen Grenzgebiet gesprochen werden. Der ethnische Hintergrund der Tharu ist bis heute ungeklärt. Sie haben wahrscheinlich schon vor Jahrhunderten die indoarischen Sprachen ihrer Umgebung adaptiert (z.B. Bhojpuri, Maithili oder Awadhi); auf dem nicht-indogermanischen Substrat ihrer ursprünglichen Sprachen entwickelten sich jedoch deutlich abweichende Sprachformen, die man nicht ohne Weiteres als Dialekte des Bhojpuri oder Maithili einordnen kann (van Driem 2001: 1163–69). Diese bisher nur sehr oberflächlich untersuchten Varietäten wurden von der

Tab 14.38 *Die zentralindischen Sprachen*

Spracheinheiten	Einzelsprachen
ZENTRALINDISCH	[14 Sprachen, 420 Mio. Muttersprachler, weitere 250 Mio. Zweitsprecher]
WEST	**Hindi** (260 Mio., mit S2 400 Mio.)
	Urdu (60 Mio., mit S2 150 Mio.)
	Braj-Kanauji (10 Mio.)
	Haryanvi (Bangaru) (13 Mio.)
	Bundeli (8 Mio.)
	Chamari (400 Tsd.)
	Gowli (35 Tsd.)
	Sansi (80 Tsd.)
	Ghera (10 Tsd.)
	Bhaya (400)
OST	**Awadhi** (40 Mio.)
	Bagheli (8 Mio.)
	Chhattisgarhi (18 Mio.)
	Dhanwar (Dhanuwar) (100 Tsd.)

Forschung als *Tharuvani* oder Tharu-Sprachen zusammenfasst. Da sich die Mehrzahl der Tharu-Sprachen aus ostindischen Sprachen entwickelt hat, ordnet man die Gruppe auch hier ein.

Zur *Bihari*-Gruppe (insgesamt etwa 90 Mio. Sprecher) gehören die Sprachen *Bhojpuri*, *Maithili* und *Magahi*, die in Bihar neben den zentralindischen Idiomen und dem Bengali gesprochen werden. *Bengali* ist mit 215 Mio. Sprechern nach dem Hindi die zweitgrößte indoarische Sprache. Sie ist offizielle Sprache im indischen Bundesstaat Westbengalen und Amtssprache von Bangladesch. In Indien wird sie auch in den Bundesstaaten Tripura, Assam, Bihar und Orissa gesprochen. Es gibt insgesamt drei schriftsprachliche Ausprägungen des Bengali: die archaische klassische Sprache, die auf dem westlichen Dialekt beruht und bis in die 1920er Jahre dominierte, die moderne standardisierte Umgangssprache in Indien, die auf westlichen Dialekten und der Sprachform von Kalkutta basiert, sowie die auf dem Dialekt von Dhaka beruhende Schriftsprache von Bangladesch, die sich vor allem phonologisch, weniger morphologisch von der modernen indischen Schriftsprache unterscheidet. Die reiche bengalische Literatur lässt sich bis ins 10. Jh. zurückverfolgen, die traditionelle Lyrik hatte vom 14. bis zum 17. Jh. ihre Blütezeit. Im 19. Jh. adaptierte Bengali als erste Literatursprache Indiens erfolgreich europäische literarische Formen, z.B. in den Dramen, Gedichten und Romanen von Rabindranath Tagore. Als Schrift wird seit dem 11. Jh. eine bengalische Variante der nordindischen Brahmi verwendet.

Mit dem Bengali nah verwandte Sprachen sind *Chittagong, Sylhetti* und *Rajbangsi*. Nordöstlich anschließend wird das ostindische *Asamiya* (Assamesisch) im Bundesstaat Assam von 20 Mio. Menschen gesprochen. Die Sprache des an der nördlichen Ostküste Indiens gelegenen Bundesstaates Orissa ist *Oriya* (35 Mio. Sprecher). In den Wald- und Berggebieten Zentralindiens werden neben den nichtindoarischen Sprachen der Adivasi-Stammesbevölkerung mit *Bhatri, Halbi* und *Adivasi-Oriya* drei indoarische Übergangs-dialekte verwendet.

Tab 14.39 *Die ostindischen Sprachen*

Spracheinheiten	Einzelsprachen
OSTINDISCH	[26 Sprachen, 390 Mio. Sprecher]
BIHARI	**Bhojpuri** (40 Mio.)
	Maithili (35 Mio.)
	Magahi (15 Mio.)
	Sadri (2 Mio.)
	Oraon Sadri (200 Tsd.)
	Angika (Anga) (750 Tsd.)
	Bote-Majhi (10 Tsd.)
	Musasa (50 Tsd.)
THARU	Rana Thakur Tharu (500 Tsd.)
	Saptari (Kochila) Tharu (250 Tsd.)
	Chitwania (Chitvan) Tharu (230 Tsd.)
	Deokri Tharu (80 Tsd.)
	Mahotari Tharu (30 Tsd.)
	Buksa (45 Tsd.)
ORIYA	**Oriya** (35 Mio.)
	Bhatri (600 Tsd.)
	Adivasi Oriya (150 Tsd., S2 500 Tsd.)
	Halbi (500 Tsd.)
BENGALI	**Bengali** (215 Mio.)
	Chittagong (14 Mio.)
	Sylhetti (10 Mio.)
	Rajbangsi (130 Tsd.)
	Chakma (600 Tsd.)
	Hajong (70 Tsd.)
	Bishnupriya (115 Tsd.)
ASSAMI	**Asamiya** (Assamesisch) (20 Mio.)

Südindisch

Marathi ist mit 80 Mio. Sprechern die offizielle Sprache des indischen Bundesstaates Maharashtra. Außerdem wird es in den angrenzenden Bundesstaaten Madhya Pradesh, Gujarat, Karnataka und Kerala gesprochen. Erste literarische Denkmäler des Marathi reichen bis ins 11. Jh. zurück. Der seit dem 19. Jh. gebräuchliche moderne Sprachstandard basiert auf dem Dialekt der Stadt Pune (Dēśī). Als Schrift wird die Devanagari verwendet, daneben auch deren Kurzschriftvariante Modi (Moḍī).

Das nah verwandte *Konkani* (8 Mio.) ist die Amtssprache in Goa und wird außerdem im äußersten Süden Maharashtras sowie an der Küste von Karnataka und Kerala gesprochen. Konkani war ursprünglich ein Dialekt des Marathi, in der portugiesischen Kolonialzeit wurde es zu einer Schriftsprache ausgebaut. Es besitzt gegenüber dem Marathi zahlreiche Archaismen in Phonologie und Morphologie und verfügt über einen hohen Anteil portugiesischer Fremdwörter. Neben der lateinischen Schrift wird auch die Kannada-Schrift verwendet, die zum südindischen Typus der Brahmi-Schrift gehört. Die Stammessprachen *Varli* und *Kukna* sind in Maharashtra und Gujarat verbreitet.

Tab 14.40 *Die südindischen Sprachen*

Spracheinheiten	Einzelsprachen
SÜDINDISCH	[4 Sprachen, 89 Mio. Sprecher]
MARATHI	Marathi (80 Mio.)
KONKANI	Konkani (8 Mio.)
	Kukna (Bhil-Konkani) (400 Tsd.)
	Varli (600 Tsd.)

Singhalesisch und Dhivehi

Singhalesisch ist mit 16 Mio. Sprechern eine der beiden Amtssprachen von Sri Lanka (die andere ist das drawidische Tamil); es wird von über 80% der Inselbevölkerung gesprochen. Singhalesisch gliedert sich in zwei große Dialektbereiche: das Berggebiet im Landesinnern und die Ebenen am Meer. Der Einfluss des Tamil auf Phonologie, Morphologie und Lexik war und ist erheblich. Von allen neuindoarischen Sprachen hat Singhalesisch die längste kontinuierliche schriftliche Überlieferung. Sie geht zurück auf das singhalesische Prakrit im 2. Jh. v. Chr. und führt in ununterbrochener Folge über das Proto-Singhalesische (4.–8. Jh. n. Chr.) und mittelalterliche Singhalesisch (8.–13. Jh.) zur modernen Sprachform. Von besonderer Bedeutung sind die von der indoarischen Einwanderung bis zur britischen Kolonialzeit lückenlos geführten Inselchroniken. Das moderne Singhalesisch ist durch Diglossie gekennzeichnet: Die archaische Schriftsprache ist in einem erheblichen Umfang durch Einflüsse aus dem Sanskrit und Pali geprägt, während die moderne Umgangssprache beträchtliche Vereinfachungen in Morphologie und

Syntax sowie große Unterschiede im Wortschatz aufweist. Das Singhalesische verfügt über eine eigene Schrift, eine südindische Ableitung der Brahmi, die mit der Tamil- und Malayalam-Schrift verwandt ist.

Die *Veddas* bilden den Rest der Urbevölkerung von Sri Lanka, nach einer Zählung von 2002 gab es noch etwa 2.500 ethnische Veddas, neuere Schätzungen gehen nur noch von 600 Ureinwohnern aus. Die Veddas haben ihre angestammte Sprache schon vor langer Zeit aufgegeben; sie sprechen eine stark vom Tamilischen beeinflusste Form des Singhalesischen, die wegen ihrer großen Abweichung vom Standard als eigene Vedda-Sprache eingestuft wird. Manche Forscher sprechen von einem Kreol mit der Hauptkomponente Singhalesisch und einem vor allem morphologisch wirksamen Substrat der ursprünglichen Vedda-Sprache (van Driem 2001: 217–242). Auch das Lexikon weist diese Substrateinflüsse auf, z.B. bei den Bezeichnungen von Tieren, die weder aus dem Singhalesischen noch aus dem Tamil erklärt werden können, wie *okmā* „Büffel", *kadira* „Fledermaus", *kanave* „Biene", *kike* „Eidechse", *kokkā* „Affe", *tingitiya* (eine Schlangenart), *polacca* „Leopard" etc. Es ist strittig, ob die Vedda-Sprache bereits vollständig ausgestorben ist und alle ethnischen Veddas inzwischen das Singhalesische übernommen haben. In Ethnologue 2009 wird noch eine Sprecherzahl von 300 angegeben (Stand 1993), im offiziellen Zensus von Sri Lanka werden die Veddas nicht separat erfasst.

Das vom mittelalterlichen Singhalesischen abstammende *Dhivehi* oder *Maledivisch* ist mit rund 400 Tsd. Sprechern die Amtssprache der Malediven; es wird auch von den etwa 10 Tsd. Bewohnern der zu Indien gehörenden Insel Minicoy (Maliku) gesprochen. Dhivehi ist wegen der Isolierung seiner Sprechergruppen auf den 200 bewohnten Inseln der Malediven dialektal stark gegliedert; man unterscheidet eine nördliche und eine südliche Dialektgruppe. Der Dialekt von Male wurde zur verbindlichen Schriftsprache ausgebaut, auf deren Grundlage sich in jüngster Zeit eine eigene Literatur entwickelt. Das moderne Dhivehi ist im Wortschatz stark vom Arabischen beeinflusst, in den letzten Jahrzehnten auch durch das Englische. Einige wenige in Kupferplatten eingeritzte Dokumente der maledivischen Sultane reichen bis ins 11. Jh. zurück; die darauf verwendete Schrift ist das *Dhives Akuru*, eine aus der singhalesischen Schrift abgeleitete südindische Variante der Brahmi. Für das moderne Dhivehi wird ausschließlich die sog. *Tāna*-Schrift benutzt, eine Kombination von Silben- und Buchstabenschrift auf arabischer Grundlage mit Brahmi-Elementen.

Tab 14.41 *Sinhala-Dhivehi*

Spracheinheit	Einzelsprachen	
SINHALA	**Singhalesisch** (Sinhala) (16 Mio.)	
	Vedda (Veddah) (fast †) (ethnisch 2.500)	
	Dhivehi (Maledivisch) (400 Tsd.)	

14.9 Romani, Domari und Lomavren

Man unterscheidet im Wesentlichen drei Ethnien indischer Herkunft, die durch Migrationen seit dem Mittelalter nach Vorderasien und zum Teil später nach Europa gelangt sind. Dabei handelt es sich um

- die heute in Westasien und Ägypten verbreiteten *Dom,*
- die heute in Europa lebenden *Rom*
- sowie die armenischen *Lom.*

Y. Matras nimmt an, dass die drei Bezeichnungen *dom ~ rom ~ lom* letztlich identisch sind und auf eine bestimmte indische Kastengruppe namens *ḍom* verweisen, die durch ihre Lebensweise am Rande der Gesellschaft sowie durch bestimmte Serviceleistungen wie Schmiede- und Flechthandwerk, Schaustellerei, Gauklerei und musikalische Unterhaltung gekennzeichnet war (Matras 2002: 14–18). Wann, warum und wie Mitglieder dieser Kaste nach Vorderasien und schließlich nach Europa gelangt sind, ist bis heute nicht im Detail geklärt. Man nimmt an, dass die Dom bereits im 7. Jh. in Vorderasien aufgetaucht sind, während die Rom etwa im 10. Jh. im byzantinischen Reich erschienen. Eine Vermutung geht dahin, dass sie im Tross von indischen Söldnertruppen mitzogen, die nach Westen verschlagen wurden.

Die zu diesen drei ethnischen Gruppen gehörenden *indoarischen* Sprachen, das *Domari* der Dom, das *Romani* der Rom sowie das *Lomavren* der Lom, sind in hohem Maße mitgeprägt durch die Idiome, mit denen sie auf ihren Migrationen und in ihrem heutigen Umfeld in Kontakt gekommen sind. Das gilt wohl am stärksten für das Lomavren, das sowohl im Wortschatz als auch phonologisch und grammatisch so stark vom Armenischen durchdrungen ist, dass man es fast als einen aberranten armenischen Dialekt mit einem indoarischen Substrat betrachten kann. In allen drei Sprachen ist der indoarische Erbwortschatz geringer als der Anteil der Lehnwörter verschiedener Herkunft. Zum Teil wurden auch Wörter aus dem Kernwortschatz entlehnt, wie Verwandtschaftsbezeichnungen, Bezeichnungen für Körperteile oder auch Zahlwörter. Die bewahrten Erbwörter haben sich lautlich weit von den altindoarischen Formen entfernt. So wurde aus altindoarisch /t(h)/ und /d(h)/ zwischenvokalisch /-l-/ oder /-r-/, z.B. Sanskrit *lohita* „rot" > Romani *lolo,* Domari *lohori.* Altindoarisches /bh/ wurde zu /b/ oder /ph/, z.B. Sanskrit *bhrātar-* „Bruder" > Domari *bar,* Romani *phral,* Lomavren *phal.* Dennoch haben Domari und Romani ihren indoarischen Kern bewahrt, die Zugehörigkeit zu den neuindoarischen Sprachen ist völlig unstrittig.

Zur Bezeichnung: In diesem Buch verwende ich nach dem Vorbild Matras' und anderer linguistischer Darstellungen die Kollektivbezeichnungen *Rom, Dom* und *Lom.* Als Pluralform für einzelne Mitglieder sind auch die eigensprachlichen Plurale *Roma* bzw. *Dome* geläufig.

Das vor allem in Armenien und Syrien gesprochene *Lomavren* gilt als nahezu ausgestorben, 2004 wurden nur noch 50 ältere Sprecher gezählt. Die Sprecherzahl des *Romani* wird auf 3–6 Mio. geschätzt, der untere Wert ist der wahrscheinlichere. Kaum konkrete Angaben gibt es über die Sprecherzahlen des *Domari.* Man schätzt, dass es im Nahen

Osten (Israel, Gaza, Libanon, Syrien) noch einige Tausend aktive Sprecher gibt. Andererseits sind im Iran, im Nahen Osten und in Ägypten Reste des Domari-Vokabulars als Sonder- und Geheimwortschatz bei verschiedenen randständigen Populationen erhalten geblieben. Diese Bevölkerungsgruppen mit Domari-Sondervokabular gehören nur zum Teil auch ethnisch zu den Dom, ihre Gesamtzahl beträgt nach Ethnologue 2009 fast 4 Mio.

Tab 14.42 *Romani, Domari, Lomavren*

Spracheinheiten	Einzelsprachen
ROMANI	**Romani** (3–6 Mio.)
	(D Balkan-, Wlach-, Zentral-, Nord-Romani)
DOMARI	Domari (einige Tsd. kompetente Sprecher)
LOMAVREN	Lomavren (fast †)

Eine ausführliche Übersicht über die Dialekte des Romani findet sich im Kapitel 15 in Tabelle 15.25.

Die Herkunft der Dom, Rom und Lom

Während man früher annahm, dass sich Romani, Domari und Lomavren erst außerhalb Indiens getrennt und eigenständig entwickelt haben, geht man aufgrund neuerer Untersuchungen heute eher davon aus, dass die Unterschiede zwischen diesen Sprachen wesentlich älter sind. Die drei Völker stammen wahrscheinlich aus drei verschiedenen Migrationswellen und teilten zwar ihre Kastenidentität, aber nicht ihre Sprache. Dennoch gibt es einige bemerkenswerte Gemeinsamkeiten der drei Idiome: ihr Ursprung in Zentralindien, die Wanderung nach Nordwest-Indien, dann die Emigration aus Indien in Richtung Westen. Linguistisch manifestiert sich diese gemeinsame Geschichte der Sprachen in folgenden Merkmalen:

- eine alte Schicht struktureller Gemeinsamkeiten, die für zentralindische Sprachen typisch sind, zum Beispiel die Realisierung des silbischen altindoarischen /r̥/ als /u/ oder /i/, z.B. Sanskrit *śr̥ṇ-* „hören" > Domari *sun-/sin-*, Romani *šun-/hun-*, oder von /kṣ/ als /k(h)/, z.B. Sanskrit *akṣi* „Auge" > Domari *aki*, Romani *jak*
- eine gemeinsame Schicht struktureller Archaismen, die man in den modernen indoarischen Sprachen sonst selten findet, insbesondere nicht im Zentralindischen, die aber in den *dardischen* Sprachen wie Kashmiri, Shina oder Kalasha typischerweise erhalten geblieben sind. Dazu gehören eine Anzahl von Konsonantencluster, z.B. Sanskrit *oṣṭha* „Lippe" > Domari *ošt*, Romani *wušt*, Kalasha *uṣṭ*; oder Sanskrit *hasta* „Hand" > Domari *xast*, Romani *wast* ~ Kalasha *hast*. (Kalasha ist eine dardische Sprache der Chitral- Gruppe, vgl. Tabelle 14.34)
- eine Reihe von Innovationen, die sie mit den dardischen Sprachen teilen, zum Bei-

spiel eine neue Präteritumkonjugation durch die Suffigierung enklitischer Pronomina an das Partizip Perfekt

- zahlreiche radikale Neuerungen, die insbesondere die syntaktische Typologie und
  den Wortschatz betreffen, als ein Resultat der intensiven Kontakte mit nicht-
  indischen Sprachen

Zusammengenommen spricht der linguistische Befund für eine Entstehung des Domari, Romani und Lomavren im zentralindischen Bereich und eine anschließende Migration seiner Sprecher nach Nordwestindien, bevor die Konsonantencluster im Zentralindischen verloren gingen.

Romani

Über den Zeitpunkt der Migration der Rom von Nordwestindien nach Westen besteht
noch keine Klarheit, wahrscheinlich ist ein Ansatz zwischen dem 5. und 8. Jh. n. Chr.
Das Romani hat sich somit seit mehr als 1000 Jahren unabhängig von anderen indischen
Sprachen entwickelt, davon mindestens 700 Jahre in Europa.

Bezeichnung

Die seit dem 15. Jh. für die Rom belegte deutsche Bezeichnung „Zigeuner", die mit italienisch *zingaro*, ungarisch *cigány*, französisch *tzigane*, schwedisch *zigenare* korrespondiert,
ist unbekannter Herkunft; es handelt sich jedenfalls nicht um eine Eigenbezeichnung der
Rom, eine griechische Etymologie ist nicht unwahrscheinlich. Dagegen verweisen englisch *gipsy*, spanisch und portugiesisch *gitano* sowie katalanisch *giptá* eindeutig nach Ägypten, wo man lange die Herkunft der Zigeuner vermutete. Jedoch erkannten deutsche
Sprachforscher bereits im 18. Jh., dass das Romani mit den indischen Sprachen verwandt
ist (J. Rüdiger 1782) und damit Indien als die ursprüngliche Heimat der Rom gelten muss.

Sprecherzahl

Die Gesamtsprecherzahl des Romani beträgt nach unterschiedlichen Angaben zwischen
3 und 6 Mio. Wenn man die Sprecherzahlen der einzelnen Länder nach Ethnologue
2009 kumuliert, ergeben sich für Europa etwa 2,5 Mio. Romani-Sprecher, für Amerika und Australien zusammen weniger als eine halbe Million. Also kann man annehmen, dass etwa 3 Mio., maximal 4 Mio. eine realistische Schätzung der Sprecherzahl
ist. Die manchmal genannten wesentlich höheren Zahlen sind wahrscheinlich durch die
Verwechslung von Sprachkompetenz und ethnischer Zugehörigkeit zu erklären. Schwerpunkte der Rom in Europa sind die Staaten des ehemaligen Jugoslawiens (800 Tsd.
Sprecher), Rumänien (250 Tsd.), Ungarn (150 Tsd.), Slowakei (100 Tsd.), Tschechien
(380 Tsd.), Frankreich (65 Tsd.) und Deutschland.

Romani in Deutschland

In Deutschland sprechen rund 90 Tsd. Menschen Romani, davon 80 Tsd. den Sinti-Dialekt, 2.000 Arlija, 1.500 Džambazi, 2.500 Lovari sowie 4.500 Kalderaš (Ethnologue 2009). Die in Deutschland für die Rom verwendete Doppelbezeichnung „Sinti und Roma" gilt zwar als politisch korrekt, ist aber unlogisch, da das Sinti (Sintitikes) ein Dialekt des Romani ist und somit die Sinti eine Untergruppe der Roma darstellen. Mit der Verwendung dieses Doppelbegriffs verstößt der *Zentralrat Deutscher Sinti und Roma* auch gegen die in anderen Ländern allgemein akzeptierte Empfehlung der *International Roma Union*, den einheitlichen Oberbegriff „Roma" zu verwenden. Der Hintergrund der deutschen Sonderbezeichnung ist eine bewusste Abgrenzung der seit vielen Jahrhunderten in Deutschland ansässigen Sinti von solchen meist südosteuropäischen Roma-Gruppen, die erst seit den 1960er Jahren als Migranten oder Flüchtlinge nach Deutschland gekommen sind.

Älteste Belege, Schriftentwicklung

Die ältesten kurzen schriftlichen Romani-Sprachproben stammen aus dem 16. Jh., die ersten längeren Texte aus dem 19. Jh. Sie sind Aufzeichnungen von Laienforschern oder Sprachwissenschaftlern, wurden aber fast nie von den Rom selbst verfasst. Ein erster Versuch zur Verschriftlichung des Romani wurde in Russland in den 1920er Jahren unternommen. Erst in den 1980er Jahren hat eine Sprachkommission der internationalen Romani-Union eine standardisierte Orthographie mit Hilfe der lateinischen Schrift auf Basis des wlachischen Dialekts geschaffen. Der schriftliche Gebrauch des Romani hat dadurch insgesamt zugenommen, in jüngerer Zeit wurden literarisch anspruchsvolle Werke von Autoren wie Leksa Manus, Rajko Djurič oder Sejdo Jašarov verfasst, regelmäßig erscheinen Zeitschriften in Romani.

Romani-Dialekte

Das Romani unterlag in der Anfangszeit in Wortschatz und Syntax vor allem dem Einfluss des byzantinischen Griechisch, der sich auf alle Dialekte ausgewirkt hat. Die Adstratwirkung der unterschiedlichen späteren Kontaktsprachen wie Serbisch, Bulgarisch, Rumänisch, Ungarisch, Slowakisch, Tschechisch, Russisch und Deutsch ließ eine große Vielfalt an Romani-Dialekten entstehen.

In den letzten Jahrzehnten wurde intensiv an einer Übersicht über die Dialekte des Romani gearbeitet, dabei sind vor allem N. Boretzky, B. Igla und Y. Matras hervorzuheben. Das Ergebnis ist ein Atlas der Romani-Dialekte der Universität Bochum und eine Romani-Datenbank an der Universität Manchester. Die Hauptgruppen der Dialekte sind (nach Matras 2002: 214–237):

- *Balkan-Romani*: Westtürkei, Griechenland, Balkanstaaten, Ungarn
- *Wlach-Romani*: Rumänien, Bulgarien, Moldavien, Ungarn
- *Zentral-Romani*: Slowakei, Tschechien, Ungarn, Ukraine
- *Nord-Romani*: Deutschland, Frankreich, Norditalien; Baltikum, Polen, Russland
- *Abruzzo-kalabrisches Romani*: Mittel- und Süditalien
- *Sloweno-kroatisches Romani*: Slowenien, Kroatien

Im Kapitel 15 sind die Romani-Dialekte mit ihren Kontaktsprachen und Hauptverbreitungsgebieten im Einzelnen aufgelistet (vgl. Tabelle 15.25).

Para-Romani

Vom eigentlichen Romani zu unterscheiden sind die sog. *Para-Romani-Sprachen* wie das englische *Anglo-Romani*, das skandinavische *Skandoromani*, das spanische *Caló* oder das baskische *Erromintxela*, bei denen außer dem Wortschatz auch die Syntax und Morphologie bereits von einer der Kontaktsprachen dominiert werden und die darum eher als Varietäten dieser Kontaktsprache einzustufen sind. In der Regel werden Para-Romani-Varietäten von Rom-Gruppen gesprochen, die das Romani zugunsten der Sprache eines Gastlandes aufgegeben haben, aber größere Teile des Romani-Vokabulars weiter verwenden. Die Grenzen zwischen den eigentlichen Romani-Dialekten und den Para-Romani-Varietäten sind durchaus fließend.

Tab 14.43 *Para-Romani-Sprachen*

Basissprache	Para-Romani-Varietät
Englisch	Angloromani (200 Tsd.)
Schwedisch, Norwegisch	Scandoromani (Romano) (30 Tsd.)
Deutsch	Dänisch-Romnisch †
Spanisch	Caló (100 Tsd.)
Baskisch	Erromintxela (Baskisch-Romani)
Griechisch	Dortika, Finikas
Türkisch	Geygelli Yürük

Domari

Domari, die alte indoarische Sprache der Dom, wird heute wahrscheinlich nur noch von einigen Tausend älteren Menschen isolierter und marginalisierter Gemeinschaften in Israel, in Gaza, im Libanon und in Syrien kompetent beherrscht. Die besterforschte Varietät ist die der Dom-Gemeinschaft von Jerusalem (Macalister 1914, Matras 1999).

Das Verbreitungsgebiet der Dom und verwandter Populationen erstreckt sich vom westlichen Iran und Aserbaidschan über den Nahen Osten und Ägypten bis in den

Sudan und nach Libyen. Die Dom gehören zu nicht-sesshaften und sozial marginalisierten Bevölkerungsgruppen, die traditionellen Wandergewerben nachgehen und insbesondere ihre Dienste als Metallarbeiter, Schausteller und Musiker anbieten. Über die Herkunft der Dom aus Zentralindien, ihre Wanderung nach Nordwestindien und ihren vermutlichen Weg nach Westasien wurde oben berichtet. Etwa seit dem 7. Jh. sind sie im Nahen Osten belegt.

Die meisten Dom haben inzwischen die Sprachen ihrer Umgebung angenommen und sprechen heute Persisch, Luri, Kurdisch oder Arabisch. Reste ihrer alten indoarischen Sprache haben sie als *Sonder- und Geheimwortschatz* bewahrt. Mit den Dom verwandte Gruppen sind die heute Kurdisch sprechenden *Karaçi* in Ostanatolien, die Lurisch sprechenden *Luti* im Iran, die meist Arabisch sprechenden *Qurbati*, *Ghajar*, *Halabi* und *Zutt* im Nahen Osten und in Ägypten. Von den Arabern werden sie oft zusammenfassend und abwertend *Nawar* genannt. Einen Überblick über die Dom-Gruppen in Iran, Nahost und Nordafrika gibt Tabelle 14.44, die auf den Angaben von Ethnologue 2009 beruht. Dort sind diese Gruppen allerdings irrtümlich als „Domari-Sprecher" ausgewiesen.

Tab 14.44 *Verbreitung der Dom und verwandter Ethnien im Vorderen Orient und Nordafrika (nach Ethnologue 2009)*

Staat	Anzahl	ethnische Gruppen
Iran	1.300.000	Qurbati, Qinati, Luti, Karachi, Maznoug, Koli, Yürük
Irak	23.000	Zutt
Jordanien	5.000	Qurbati, Barake, Nawar
Israel	2.000	Dom, Nawar
Palästina/Gaza	2.000	Dom, Nawar
Syrien	37.000	Qurbati, Nawar
Türkei	30.000	Karaçi, Marashi, „Beludji"
Ägypten	2.300.000	Ghajar (Nawar), Halabi
Sudan	?	Ghajar, Halabi
Libyen	33.000	Halabi

14.10 Grammatische Skizze des Hindi

Exemplarisch für neuindoarische Sprachen wird im Folgenden die Grammatik des Hindi dargestellt. Die Skizze basiert vor allem auf Shapiro 2003 und Shukla 2009.

Phonologie

Die Tabellen 14.45 und 14.46 zeigen das umfangreiche Phoneminventar des Hindi (45 Konsonanten, 22 Vokale). Bei den Konsonanten sind die vier Reihen von stimmlosen/ stimmhaften bzw. aspirierten/nicht-aspirierten Plosiven sowie zahlreiche Retroflexe bemerkenswert, bei den Vokalen die Opposition ungespannt/gespannt, z.B. ı/i und ʊ/u.

Tab 14.45 *Die Konsonantenphoneme des Hindi (Shukla 2009: 496, Shapiro 2003: 259)*

	bila- bial	labio- dental	alveol.	retro- flex	palat.	velar	uvul.	glottal
Plosive, stl.	p, ph		t, th	ṭ, ṭh	c, ch	k, kh	q	
Plosive, sth.	b, bh		d, dh	ḍ, ḍh	j, jh	g, gh		
Frikative		f	s, z	ṣ	ś [ɕ]	x, ɣ		h
Nasale	m, mh		n, nh	ṇ [ɳ]	ñ [ɲ]	ṅ [ŋ]		
Liquiden			l, lh, r	ṛ, ṛh, ḷ				
Halbvokale	w	v			y [j]			

Tab 14.46 *Die Vokale des Hindi (Shapiro 2003: 258)*

Zeichen	Phonem	Beschreibung
a	ə, ʌ	mittelhoch, zentral
ā	a	tief, hinten, ungerundet
i	ı	hoch, vorn, ungerundet, ungespannt
ī	i	hoch, vorn, ungerundet, gespannt
u	ʊ	hoch, hinten, gerundet, ungespannt
ū	u	hoch, hinten, gerundet, gespannt
e	e	mittelhoch, vorn, ungerundet
o	o	mittelhoch, hinten, gerundet
au	ɔ	tief, hinten, gerundet
ai	æ	tief, vorn, ungerundet
ṛ̥	ɹ	apikales Zungen-r gefolgt von kurzem ı

Alle Vokale können auch nasaliert auftreten, z.B. als ẽ, õ oder ã, die Nasalierung ist phonemisch.

Nominalmorphologie

Das Nomen hat im Hindi die Kategorien Genus, Numerus und Kasus in den folgenden Ausprägungen:

Kategorie	Realisierung
Genus	Maskulinum, Femininum
Numerus	Singular, Plural
Kasus	Direkter Kasus (Absolutiv), Obliquus; Vokativ

Jedes Substantiv gehört zu einer von vier *Deklinationsklassen*: Maskulinum Typ 1 und Typ 2, Femininum Typ 1 und Typ 2. Es gibt zwei Klassen von Adjektiven, deklinable und indeklinable. Tabelle 14.47 zeigt Beispiele für die Deklination von Substantiven aller vier Klassen sowie die Deklination des Adjektivs *lambā* „groß".

Tab 14.47 *Die Deklination im Hindi (Shapiro 2003: 263)*

Typ/Bedeutung	Dir. Sg.	Obl. Sg.	Dir. Pl.	Obl. Pl.	Vok. Pl.
Mask. Typ 1					
laṛkā „Junge"	laṛkā	laṛke	laṛke	laṛkõ	laṛko
Mask. Typ 2					
seb „Apfel"	seb	seb	seb	sebõ	–
pitā „Vater"	pitā	pitā	pitā	pitāõ	pitāo
ādmī „Mann"	ādmī	ādmī	ādmī	ādmiyõ	ādmiyo
cākū „Messer"	cākū	cākū	cākū	cākūõ	–
Fem. Typ 1					
laṛkī „Mädchen"	laṛkī	laṛkī	laṛkiyā	laṛkiyõ	laṛkiyo
śakti „Kraft"	śakti	śakti	śaktiyā	śaktiyõ	–
Fem. Typ 2					
kitāb „Buch"	kitāb	kitāb	kitābē	kitābõ	–
mātā „Mutter"	mātā	mātā	mātāē	mātāõ	mātāo
Adjektiv					
lambā „groß" m.	lambā	lambe	lambe	lambe	lambe
lambī „groß" f.	lambī	lambī	lambī	lambī	lambī

Abkürzungen: Dir. = direkter Kasus (Absolutiv), Obl. = Obliquus.

Der Vokativ wird nur von Nomina gebildet, die menschliche Wesen bezeichnen. Im Singular ist er bei den maskulinen Typ 1-Nomina mit dem Obliquus identisch, bei allen anderen mit dem direkten Kasus; die Pluralformen sind der Tabelle zu entnehmen. Die Funktionen der Substantive im Satz werden außer durch den Kasus durch eine Reihe von *Postpositionen* ausgedrückt, die in der Regel nach dem Obliquus stehen. Die wichtigsten Postpositionen sind

- *se* „von, mit Hilfe von"
- *mē* „in, zwischen"
- *par* „auf, bei"
- *ko* zur Markierung des indirekten Objekts („Dativ") und des bestimmten direkten Objekts („Akkusativ")
- *tak* „soweit wie, bis zu"
- *ke liye* „zum Nutzen von"
- *ne* zur Markierung des Agens in Ergativkonstruktionen (siehe unten)

Beispiele: *laṛke se* „von einem/dem Jungen", *us ādmī ko* „zu diesem (*us*) Mann".

Die deklinablen Adjektive kongruieren mit ihrem Nomen in Genus, Numerus und Kasus, z.B. *lambā laṛkā* „der große Junge, ein großer Junge", *lambe laṛke* „große Jungen", *lambe laṛke se* „von einem großen Jungen", *lambī laṛkiyõ se* „von großen Mädchen". Alle Adjektive können attributiv und prädikativ verwendet werden, z.B. *laṛkā lambā hai* „der Junge ist groß". Substantivierte Adjektive werden wie Substantive dekliniert.

Die *Possessivkonstruktion* wird mit Hilfe der variablen Postposition *kā/ke/kī* gebildet: Y *kā/ke/kī* X bedeutet „das X des Y", der „Genitiv" (Besitzer Y) steht in dieser Konstruktion also vor dem Besitz X. Vergleichbar ist die nicht-korrekte deutsche Konstruktion „dem Y sein X". Y steht im Obliquus, die Form von *kā/ke/kī* richtet sich in Genus, Numerus und Kasus nach dem Besitz X; dabei werden die Endungen des deklinablen Adjektivs verwendet (Beispiele in Tabelle 14.48).

Tab 14.48 *Beispiele zur Possessivkonstruktion*

Phrase	Bedeutung	Besitz	Genus/ Kasus/Num.	Post- position
Rām kā beṭā	„Rams Sohn"	*beṭā*	Mask. Dir. Sg.	*kā*
Rām kī beṭī	„Rams Tochter"	*beṭī*	Fem. Dir. Sg.	*kī*
Rām ke beṭe se	„von Rams Sohn"	*beṭe*	Mask. Obl. Sg.	*ke*
laṛke kī kitāb	„das Buch des Jungen"	*kitāb*	Fem. Dir. Sg.	*kī*
laṛkõ kī kitābē	„die Bücher der Jungen"	*kitābē*	Fem. Dir. Pl.	*kī*

Pronomina

Das pronominale System des Hindi ist reich an Formen. Es gibt voll deklinable Personalpronomina, Demonstrativa, Possessiv-, Interrogativ- und Relativpronomen sowie ein reflexives Pronomen. Beim genuslosen Demonstrativpronomen wird Nah- und Ferndeixis unterschieden: *yah* „diese(r)" und *vah* „jene(r)". Die 2. Person des Personalpronomens existiert in drei Formen: *tū*, *tum* und *āp*, wobei die erste grammatisch eine Singularform, die beiden anderen Pluralformen sind. Ihre Funktionen sind die der *vertrauten, familiären* bzw. *höflichen* Anrede.

Die Pronomina haben folgende Kasus: den direkten Kasus (Absolutiv), den Obliquus, eine Form des Obliquus mit integrierter Postposition *ko* (kann optional statt der unkontrahierten Form Obliquus + *ko* verwendet werden) sowie einen Agentiv, bei dem die Postposition *ne* inkorporiert ist (siehe unten „Ergativkonstruktion"). Als Ersatz für die Personalpronomina der 3. Person werden Demonstrativa verwendet. Die Formen der Personal-, Demonstrativ-, Relativ- und Interrogativpronomina sind in Tabelle 14.49 zusammengefasst

Tab 14.49 *Die wichtigsten Pronomina des Hindi (Shapiro 2003: 265)*

Pronomen		Dir.	Obl.	Obl. + *ko*	Possess.	Agentiv
Personal-/Demonstrativpronomen						
Sg.	1.	mãĩ	mujh	mujhe	merā	maine
	2. *vertraut*	tū	tujh	tujhe	terā	tūne
	3. *nah*	yah	is	ise	iskā	isne
	3. *fern*	vah	us	use	uskā	usne
Pl.	1.	ham	ham	hamẽ	hamārā	hamne
	2. *familiär*	tum	tum	tumhẽ	tumhārā	tumne
	2. *höflich*	āp	āp	āpko	āpkā	āpne
	3. *nah*	ye	in	inhẽ	inkā	inhõne
	3. *fern*	ve	un	unhẽ	unkā	unhõne
Relativpronomen						
Sg.		jo	jis	jise	jiskā	jisne
Pl.		jo	jin	jinhẽ	jinkā	jinhõne
Interrogativpronomen						
Sg.	wer/was	kaun/kyā	kis	kise	kiskā	kisne
Pl.	wer/was	kaun/kyā	kin	kinhẽ	kinkā	kinhõne

Verbalmorphologie

Die altindoarische synthetische Verbalmorphologie ist im Hindi vollständig durch ein analytisches System ersetzt worden, in dem die Kategorien Aspekt und Tempus von zentraler Bedeutung sind. Daneben gibt es die Kategorien Genus, Numerus und Person.

Kategorie	Realisierung
Aspekt	Habitual, Progressiv (Kontinuativ), Perfektiv
Tempus	Präsens, Präteritum, Präsumptiv, Subjunktiv
Genus	Maskulinum, Femininum
Numerus	Singular, Plural
Person/Numerus	Singular: 1., 2. vertraut, 3. nah/fern;
	Plural: 1., 2. familiär, 2. höflich, 3. nah, 3. fern

Aspektuale Verbformen

Die aspektualen Verbformen werden aus dem Stamm des Verbs, einem sog. *Genus-Numerus-Vokal* und den finiten Formen einer Kopula gebildet. Der Genus-Numerus-Vokal lautet im Maskulinum Sg. /ā/, Maskulinum Pl. /e/ und im Femininum /ī/ (entsprechend der Endungen des direkten Kasus beim deklinablen Adjektiv). Die gesamte Tempus- und Personeninformation ist in der Kopula enthalten (deren Formen werden in Tabelle 14.51 dargestellt). Beim Progressiv wird zwischen Verbstamm und Genus-Numerus-Vokal der Stamm *rah* des Verbs *rahnā* „bleiben", beim Habitual ein /t/ eingefügt. Damit ergeben sich folgende Bildungstypen der aspektualen Verbformen:

- *Perfektiv*: Verbstamm + Genus-Numerus-Vokal + Kopula
- *Habitual*: Verbstamm + /t/ + Genus-Numerus-Vokal + Kopula
- *Progressiv*: Verbstamm + *rah* + Genus-Numerus-Vokal + Kopula

In Tabelle 14.50 wird die Bildung der *aspektualen* Verbformen am Beispiel des Verbums *calnā* „sich bewegen, gehen" in der 3. Person Sg. Maskulinum (Genus-Numerus-Vokal /ā/) beschrieben.

Tab 14.50 *Die Bildung der aspektualen Verbformen im Hindi – 3. Person Sg. (Shapiro 2003: 266–268)*

„Tempus"	Habitual	Progressiv	Perfektiv
Präsens	cal-t-ā hai	cal rah-ā hai	cal-ā hai
Präteritum	cal-t-ā thā	cal rah-ā thā	cal-ā thā
Präsumptiv	cal-t-ā hogā	cal rah-ā hogā	cal-ā hogā
Subjunktiv	cal-t-ā ho	cal rah-ā ho	cal-ā ho

Von jedem Verb gibt es also 12 Tempus-Aspekt-Kombinationen. Als 13. Form existiert ein kopulafreies sog. *einfaches Perfektiv*, das keine temporale Differenzierung besitzt. Zu seiner Bildung wird an den Stamm lediglich der Genus-Numerus-Vokal angehängt, z.B. *cal-ā* im Sg. Maskulinum.

Kopula

Tabelle 14.51 zeigt die Konjugation der Kopula *honā* „sein" in den vier sog. Tempora Präsens, Präteritum, Präsumptiv und Subjunktiv. Das Präteritum zeigt keine Personen-, aber eine Genusdifferenzierung; auch beim Präsumptiv wird das Genus unterschieden.

Tab 14.51 *Die Tempusformen der Kopula* honā *(Shapiro 2003: 267)*

Numerus/Person		Pronomen	Präs.	Präteritum	Präsumptiv m.	f.	Subj.
Sg.	1.	māĩ	hũ	m. thā/f. thī	hoũgā	hoũgī	hoũ
	2. vertraut	tū	hai	idem	hogā	hogī	ho
	3. nah/fern	yah/vah	hai	idem	hogā	hogī	ho
Pl.	1.	ham	hāĩ	m. the/f. thī	hõge	hõgi	hõ
	2. familiär	tum	ho	idem	hoge	hogī	ho
	2. höflich	āp	hāĩ	idem	hõge	hõgī	hõ
	3. nah/fern	ye/ve	hāĩ	idem	hõge	hõgī	hõ

Ergativkonstruktion

Verben im perfektiven Aspekt kongruieren in Numerus und Genus nicht mit dem Subjekt, sondern mit dem direkten Objekt. Das Subjekt steht dann im Obliquus und erhält die Agentiv-Postposition *ne* (sog. Ergativkonstruktion). Wenn hinter dem direkten Objekt eine Postposition steht, was bei menschlichen Objekten der Normalfall ist, steht das Verb in der 3. Person Sg. Maskulinum.

Bei den ersten beiden Beispielen in Tabelle 14.52 muss die Ergativkonstruktion verwendet werden, da das Verb im perfektiven Aspekt steht, im dritten Beispiel steht das Subjekt im direkten Kasus (Absolutiv), da das Verb die progressive Aspektform aufweist.

Tab 14.52 *Beispiele zur Ergativkonstruktion im Hindi (Shapiro 2003: 268)*

Nr.	Beispielsatz/Analyse/Übersetzung
1. Beispiel	
Satz	*Rām ne xūb miṭhāiyā khāī hõgī*
Analyse	*Rām ne* „Ram (Ergativ)", *xūb miṭhāiyā* „viele Süßigkeiten (Pl. f.)",
	khāī õgī „muss gegessen haben"
	(3. Pl. f. Präsumptiv-Perfektiv von *khānā* „essen").
Übersetzung	„Ram muss viele Süßigkeiten gegessen haben."
2. Beispiel	
Satz	*Anitā ne Soniyā ko skūl mẽ dekhā thā*
Analyse	*Anitā ne* „Anita (f. Sg. Ergativ)", *Soniyā ko* „Sonja (dir. Objekt Sg. f.)",
	skūl mẽ „in der Schule", *dekhā thā* „hat gesehen"
	(3. m. Sg. Präteritum-Perfektiv von *dekhnā* „sehen", da das direkte
	Objekt mit der Postposition *ko* gebildet wird)
Übersetzung	„Anita hat Sonja in der Schule gesehen"
3. Beispiel	
Satz	*Anitā abhī Siniyā ko dekh rahī hai*
Analyse	*Anitā* „Anita (Absolutiv f. Sg.)", *abhī* „jetzt, gerade",
	Soniyā ko „Sonja (dir. Objekt, f. Sg.)", *dekh rahī hai* „betrachtet gerade"
	(3. f. Sg. Präsens-Progressiv von *dekhnā* „sehen")
Übersetzung	„Anita betrachtet gerade Sonja"

Nicht-aspektuale Verbformen

Neben den oben dargestellten aspektualen Formen besitzt das Verb im Hindi etliche nicht-aspektuale Formen, deren Bildung in Tabelle 14.53 am Beispiel des Verbums *calnā* „gehen" zusammengefasst sind.

Tab 14.53 *Die nicht-aspektuale Verbformen des Hindi (Shapiro 2003: 268)*

Bezeichnung	Form	Bemerkung
Infinitiv	cal-nā	*deklinabel, Maskulinum Typ 1*
Imperative	cal	*vertraut*
	cal-o	*familiär*
	cal-iye	*höflich*
	cal-iye-gā	*ehrerbietig*
Futur	cal-e-gā/ge/gī	*Genus-Numerus-Kongruenz*

14.11 Altiranisch

Die Periodisierung der iranischen Sprachen

Die iranischen Sprachen sind keineswegs auf den heutigen Staat Iran konzentriert, sondern erstrecken sich seit dem Altertum von Ostanatolien über das Gebiet der heutigen Staaten Iran, Turkmenistan, Afghanistan und Pakistan bis nach Tadschikistan, also über weite Teile von West-, Südwest- und Zentralasien. Im Altertum waren iranische Sprachen bis nach Chinesisch-Turkestan verbreitet, iranische Reitervölker wie die Skythen, Sarmaten und Alanen beherrschten die Steppen Eurasiens. Die Nachfahren alanischer Stämme – die Osseten – haben sich bis heute im Kaukasus halten können.

Wie die indoarischen teilt man auch die iranischen Sprachen historisch in drei Perioden ein:

- **Altiranisch** nennt man die iranischen Sprachen, die aus der Zeit bis etwa 300 v. Chr. überliefert sind. Im Wesentlichen handelt es sich dabei um die Sprachen *Avestisch* und *Altpersisch*, die in den frühen avestischen Texten der Zoroastrier bzw. in den altpersischen Königsinschriften der Achämeniden tradiert wurden. Zum Altiranischen gehören auch das nur durch einzelne Wörter in anderssprachigen Texten belegte *Medische* sowie einige Sprachen altiranischer Steppenvölker, wie *Skythisch* und wahrscheinlich auch *Kimmerisch*, von denen allerdings keine Texte erhalten sind.
- **Mitteliranisch** heißen die iranischen Sprachen, die aus der Zeit von 300 v. Chr. bis zur Islamisierung des Iran im 8. und 9. Jh. n. Chr. überliefert wurden. Dazu gehören *Parthisch*, *Mittelpersisch* (oder *Sassanidisch*, eine Fortsetzung des Altpersischen), *Choresmisch*, *Sogdisch*, *Sakisch* (in den Varietäten *Khotan-Sakisch* und *Tumšuq-Sakisch*), *Baktrisch* sowie die Sprachen iranischer Steppenvölker wie *Sarmatisch*, *Jassisch* oder *Alanisch* (*Altossetisch*).
- **Neuiranisch** nennt man alle späteren iranischen Sprachen, insbesondere also die, die heute gesprochen werden; das sind rund 40 Sprachen mit etwa 140 Mio. Muttersprachlern und weiteren 30 Mio. Zweitsprechern.

Dialektal gliederte sich das Iranische schon früh in einen Ost- und einen Westzweig. Von den altiranischen Sprachen wird das Avestische dem *Ostiranischen*, das Altpersische dem *Westiranischen* zugeordnet. Das Westiranische lässt sich schon in der altiranischen Phase aufgrund phonologischer Merkmale in *Nord-* und *Südwestiranisch* einteilen.

Phonologische Charakteristik des Altiranischen

Das Altiranische weist – bei allen Gemeinsamkeiten – doch deutliche phonologische Unterschiede gegenüber dem Altindoarischen auf, die sich teils als Innovationen des Iranischen nach der Aufspaltung des Indoiranischen, teils als archaische Merkmale im Altiranischen erklären lassen, die bei den altindoarischen Sprachen verloren gegangen sind.

Die wesentlichen Unterschiede sind die folgenden:

- Deaspiration der stimmhaft-aspirierten Plosive, also indoiran. /*bh/ > altiran. /b/ etc. Beispiel: indoiran. *bharanti „sie tragen" > altind. bharanti, aber avest. baraiṇt, altpers. barantiy
- die stl. Plosive werden zu Frikativen: indoiran. /*p, *t, *k/ > altiran. /f, θ, x/
- die Entwicklung der ursprachlichen palatalisierten Velare: idg. /*k', *g'(h)/ > indoiran. /*c, *j(h)/ > avest. /s, z/, altpers. /θ, d/
- die Lenisierung von indoiran. /*s/ zu /h/ vor Vokalen und Resonanten, z.B. indoiran. *santi „sie sind" > altind. santi, aber avest. hǝṇti; indoiran. *asmi „ich bin" > altind. asmi, aber avest. ahmi
- die Entwicklung der Cluster Dental+Dental (Alveolar+Alveolar): idg. /*tt, *dt/ > indoiran. /*tst, *dzd(h)/ > altiran /st, zd/, z.B. idg. *widto „bekannt" > vedisch vittá, aber avest. vista
- der Erhalt der indoiran. Diphthonge *ai, *au, die im Avestischen als <aē, ao> und im Altpersischen als <ai, au> wiedergegeben werden; z.B. avest. daēuua-, altpers. daiva- „Dämon", aber vedisch devas „Gott"; avest. haoma, altpers. hauma, vedisch sóma „Soma, berauschendes rituelles Getränk"

Tabelle 14.54 enthält einige weitere Beispiele, die die unterschiedliche Lautentwicklung des Altiranischen im Vergleich zum Altindoarischen deutlich machen.

Tab 14.54 *Unterschiede der altindoarischen und altiranischen Phonologie (nach Mallory-Adams 1997: 305)*

Idg. >	Altind.	Altir.	Ur-Idg.	Bedeut.	Sanskrit	Avestisch
*k	k, c	x, č	*kruh$_x$rós	„blutig"	krūrá-	xrūra-
*bh	bh	b	*bhréh$_2$tēr	„Bruder"	bhrátār	brātar
*dh	dh	d	*dhóh$_3$neh$_2$	„Getreide"	dhāná-	dāna-
*gh	gh	g, z	*dl̥h$_x$ghós	„lang"	dīrghá-	darǝga-
*g^{w}h	gh, h	g, ǰ	*g^{w}hénti	„sie schlagen"	ghnánti	ǰainti[1]
*k'	ś	s	*dék'm̥	„zehn"	dáśa	dasa
*g'	j	z	*g'ónu-	„Knie"	jánu	zānu
*g'h	h	z	*g'himós	„Winter"	himá-[2]	zǝmaka[3]
*s	s	h	*septm̥	„sieben"	saptá	hapta
*l̥	r̥	ǝhr(ǝr)	*ul̥k^{w}o-	„Wolf"	vl̥ka-	vǝhrka-
*r̥̊	r̥̊	ǝrǝ(r)	*k'r̥d-	„Herz"	hr̥d-	zǝrǝd-

Abweichende Bedeutungen: 1 „schlägt" 2 „Kälte" 3 „Sturm"

Lautwerte der altindischen Transkription: ś /ʃ/ bzw. /ɕ/, c /tʃ/ (übliche Aussprache); ṇ, ṭ, ḍ, ṣ sind Retroflexe
Lautwerte der avestischen Transkription: ǰ /tɕ/ (stimmlose alveo-palatale Affrikate)

Eine umfassende vergleichende Übersicht über die Entwicklung der indogermanischen Laute im Altiranischen und Altindoarischen – also auch solcher Laute, die sich in beiden Zweigen zunächst gleichartig entwickelt haben – findet sich im Abschnitt 14.2 in Tabelle 14.3.

14.12 Avestisch

Das Avesta

Avestisch ist die Sprache des *Avesta*, der Sammlung heiliger Texte des *Zoroastrismus*, einer bis heute bestehenden altiranischen Religion, die auf den Religionsgründer *Zarathustra* zurückgeführt wird. Eine alternative Bezeichnung für diese dualistische Religion ist *Mazdaismus* nach ihrem Hauptgott *Ahura Mazda*.

Die volle erst mittelpersisch nachweisbare Bezeichnung der Avesta-Sammlung ist *abetāg u zand* „Lobpreis und Kommentar", was in Europa lange fälschlich als *Zend-Avesta* wiedergegeben wurde; ein weiteres Missverständnis war die Annahme, dass es sich bei *Zand* oder *Zend* um einen Sprachnamen handele. Ein Teil der avestischen Schriften wurde durch den französischen Gelehrten Abraham Hyacinthe Anqetil du Perron im 18. Jh. in Europa bekannt. Er hatte sie bei Anhängern des Zoroastrismus in Indien gesammelt, den sog. *Parsen*, die vor dem Islam aus Persien nach Indien geflohen waren. 1771 publizierte er die ersten Avesta-Texte samt Übersetzung. Die Kenntnis des Avesta und das Verständnis der avestischen Sprache wurden nach und nach ausgebaut. Eine neue Epoche der Avesta-Forschung leitete K. F. Geldner durch seine wissenschaftliche Gesamtedition am Ende des 19. Jh. ein, die heute noch Bestand hat (Geldner 1886–96).

Die Lebensdaten des Religionsgründers Zarathustra (avestisch *Zaraθuštra*, mittelpersisch *Zarduš t*, neupersisch *Zartošt*, griechisch *Zōroástēr*) sind unbekannt, jedoch ist durch komparative linguistische Untersuchungen eine Datierung am Ende des 2. Jt. v. Chr. sehr wahrscheinlich. (Lange Zeit hatte man Zarathustra ins 7. oder 6. Jh. v. Chr. datiert.) Seine Wirkungsstätte wird im Nordostiran vermutet, später verbreitete sich der Zoroastrismus in ganz Iran und in den benachbarten Gebieten. Er wurde in der Sassanidenzeit zur Staatsreligion des Iran und als solche erst im 8. Jh. n. Chr. durch den Islam abgelöst.

Die Anhänger Zarathustras glauben an einen kosmischen Dualismus, wobei gute Geister (*ahura-*) mit bösen Dämonen (*dēuua-*) in einem dauernden Konflikt liegen, der einmal durch den Sieg der guten Seite beendet werden soll. Als oberstes gutes Wesen wird *Ahura Mazda* verehrt. Die Wurzeln des Zoroastrismus liegen sicherlich in der ererbten indogermanischen Religion, aus der auch die indische Veda-Religion entstand, die sich schließlich zum Hinduismus entwickelte. Allerdings enthalten Zarathustras Lehren viele Neuerungen, z.B. die dualistische Uminterpretation von indoiran. *daiva- „Gott, guter Geist" zu avest. *daēuua-* „Dämon, böser Geist". Dennoch gibt es zahlreiche Parallelen zwischen dem Avesta und Rigveda. Das Avesta besteht aus vielen Einzeltexten unterschiedlicher Gattungen. Seine wichtigsten Teile sind:

- das Buch *Yasna*: liturgische Texte mit formelhaften Gebeten und Hymnen in 72 Abschnitten
- die *Yašts*: 21 Preisgedichte für die Götter und ihre Taten
- das Buch *Videvdat*: enthält neben der Schöpfungssage und der Sage vom Goldenen Zeitalter vor allem Bußvorschriften, meist als Dialog zwischen Zarathustra und Ahura Mazda (22 Abschnitte, genannt Fargad)
- das *Khordeh-Avesta*: kurze Gebete und verschiedene kleinere Texte

Im Avesta lassen sich zwei deutlich unterschiedliche Sprachstufen erkennen: Altavestisch und Jungavestisch. Zu den *altavestischen* Texten gehört ein bedeutender Teil des Buches Yasna, nämlich die Abschnitte 8–35, 43–51 und 53. Dieser Teil der Überlieferung enthält auch die fünf *Gathas*, die traditionell Zarathustra selbst zugeschrieben werden, weswegen man das altavestische Korpus auch Gatha-Avesta genannt hat. Ein weiterer bedeutender altavestischer ritueller Prosatext ist das *Haptanhaiti* „Sieben Kapitel" (Yasna 35.5–41). Die altavestische Sprache steht etwa auf derselben Entwicklungsstufe wie das frühe Vedische des Rigveda. Deswegen datiert man das Altavestische und die Entstehung der entsprechenden Teile des Avesta in die letzten Jahrhunderte des 2. Jt. v. Chr.

Der gesamte Rest des Avesta ist in der deutlich abweichenden *jungavestischen* Sprachform verfasst (manche Forscher sprechen sogar von zwei avestischen „Sprachen"), die zeitlich parallel zum frühen Altpersisch anzusetzen ist. Man nimmt an, dass diese Texte zwischen dem 9. und 5. Jh. v. Chr. entstanden sind. Es handelt sich beim Jungavestischen wohl nicht um eine lineare Fortsetzung des Altavestischen, sondern eher um die Weiterentwicklung eines mit dem Altavestischen nahe verwandten Idioms.

Sowohl die altavestischen als auch die jungavestischen Texte wurden lange Zeit *ausschließlich mündlich* tradiert. Die heute bekannte Form des Avesta geht auf Kompilationen in der Sassanidenzeit (3.–7. Jh. n. Chr.) zurück, wahrscheinlich unter König Šabuhr II. (309–379 n. Chr.). Dieser „sassanidische Archetypus" stellt den Wendepunkt zwischen mündlicher und schriftlicher Überlieferung dar, allerdings ist davon kein Originaldokument erhalten. Hinweise in der mittelpersischen Literatur deuten darauf hin, dass der Textbestand des heutigen Avesta nur noch ein Viertel des noch im 9. Jh. n. Chr. vorhandenen ausmacht, so dass in relativ kurzer Zeit große Teile verloren gegangen sind, wahrscheinlich als Auswirkung der islamischen Eroberung und Machtübernahme, die die Zoroastrier schwer getroffen hat und zum Teil ins indische Exil trieb. Das älteste erhaltene Manuskript eines Avesta-Textes stammt aus dem 13. Jh., wichtige Teile sind nur in Handschriften erhalten, die erst in der Zeit vom 16. bis 18. Jh. entstanden. Sämtliche heute noch vorhandenen Originalmanuskripte lassen sich mit den Methoden der Textkritik auf eine einzige heute verlorene Stammhandschrift zurückführen, die etwa um 1000 n. Chr. verfasst wurde.

Zum Zeitpunkt der sassanidischen Kompilation im 4. Jh. n. Chr. wurde die avestische Sprache schon lange nicht mehr gesprochen. Sie ist wahrscheinlich in der Mitte des 1. Jt. v. Chr. als gesprochene Sprache ausgestorben und wurde nur noch als Liturgiesprache des Zoroastrismus verwendet. Die durch die erst späte schriftliche Fixierung und den Verlust großer Teile insgesamt problematische Überlieferung des Avesta wurde durch zahlreiche Redaktionen und Bearbeitungen weiter beeinträchtigt, die seit der Entstehung der Texte vor über 3000 Jahren ständig stattgefunden haben. Mit Sicherheit gibt die heutige Textgestalt des Avesta also nur ein sehr schattenhaftes Bild eines hypothetischen „Ur-Avesta" wieder.

Das Avesta-Alphabet

In der Sassanidenzeit wurde im Zusammenhang mit seiner Kompilation ein spezielles Alphabet für die schriftliche Fixierung des Avesta entwickelt. Die 48 Buchstaben dieses Alphabets wurden zum Teil aus der mittelpersischen Pahlevi-Schrift übernommen (die ihrerseits auf die aramäische Schrift zurückgeht), zum Teil neu erfunden. Die Schrift besteht aus 34 Konsonanten- und 14 Vokalzeichen, die eine sehr präzise Wiedergabe der Konsonanten- und Vokalphoneme des Avestischen erlauben (Hale 2004: 744–745).

Die genaue Wiedergabe der Aussprache der heiligen Texte war erforderlich, da das Avestische als gesprochene Sprache lange ausgestorben war und nur noch als liturgische Sprache rezitiert wurde. Dennoch enthält die avestische Schrift aus heutiger Sicht einige Unvollkommenheiten, wie z.B. das Fehlen einer Akzentmarkierung. Die Lautumsetzung ist zum Teil recht kompliziert, wodurch der Abstand zwischen dem Avestischen und Vedischen scheinbar vergrößert wird; man vergleiche z.B. avestisch *daēuuaaēibiš* „durch die Dämonen" mit dem sprachlich äquivalenten vedischen *devébhis* „durch die Götter". <uu> und <ii> repräsentieren umständlich die Gleitlaute /w/ und /j/, ein <i> *vor* dem Konsonanten seine Palatalisierung. Wörter, aber auch einzelne Morpheme sind durch Punkte abgetrennt. Die Avesta-Schrift wird von rechts nach links geschrieben. Eine ausführliche Diskussion der Lautwerte der einzelnen Zeichen bietet Kellens 1989: 37–44.

Avestische Morphologie

Wegen des relativ beschränkten avestischen Textkorpus sind nicht alle Formen der Nominal- und Verbalmorphologie belegt; dennoch ist es klar, dass das morphologische System des Alt- und Jungavestischen im Wesentlichen identisch mit dem des vedischen Sanskrit ist (vgl. Abschnitt 14.4), bei kleinen Unterschieden im Detail. Auf eine umfassende Darstellung der avestischen Morphologie kann deswegen hier verzichtet werden.

Nominalmorphologie

Das Nomen hat im Avestischen wie im Sanskrit und in der indogermanischen Protosprache drei Genera (Maskulinum, Femininum, Neutrum), drei Numeri (Singular, Dual, Plural) und sämtliche acht Kasus. Es gibt im Wesentlichen zwei Deklinationsklassen: die vokalischen Stämme, die idg. *-o- und *-eh$_2$-Stämme fortsetzen, sowie konsonantische Stämme. Als Beispiele sind in Tabelle 14.55 die Deklination der Substantive mit den vokalischen Stämmen *aspa-* „Pferd" (< idg. *h$_1$ék'u̯o-*, also ein idg. *o-Stamm) und *daēnā-* „Religion" (von einem idg. *eh$_2$-Stamm) sowie mit dem konsonantischen Stamm nar- „Mann" (< idg. *h₂ner-) angeführt. Die bei den Substantiven nicht belegten Kasus wurden — soweit bekannt — von anderen stammgleichen Substantiven ergänzt.

Tab 14.55 *Die avestische Deklination (Hale 2004: 753–754)*

	Kasus	aspa- „Pferd"	daēnā- „Religion"	nar- „Mann"
Sg.	Nom.	aspō	daēna	nā
	Akk.	aspəm	daēnąm	narəm
	Inst.	aspa	daēna	nara
	Dat.	aspāi	daēnaiia	naire
	Abl.	aspāṭ[1]	daēnaiiāṭ[1]	nərəṭ[1]
	Gen.	aspahe	daēnaiiá	narš
	Lok.	aspe	daēnaiia	nairi
	Vok.	aspa	daēne	narə
Du.	Nom.	aspa	daēne	nara
	Akk.	aspa	daēná	—
	Inst.-Dat.-Abl.	aspaēibiia	daēnābiia	nərəbiia
	Gen.	aspaeiiá	daēnaiiá	nará
	Lok.	aspaiiō	daēnaiiá	—
	Vok.	aspa	daēne	—
Pl.	Nom.	aspáŋō/aspa	daēná	narō
	Akk.	aspą	daēná	nərəuš
	Inst.	aspāiš	daēnābiš	—
	Dat.-Abl.	aspaēibiiō	daēnābiio	nərəbiio
	Gen.	aspanąm	daēnanąm	narąm
	Lok.	aspaešu	daēnāhu	—
	Vok.	aspáŋhō/aspa	daēná	—

Zu 1: ṭ stellt einen seltenen stimmlosen alveolaren Plosiv dar, dessen Aussprache nicht genau bekannt ist; sie scheint umgebungsabhängig zu sein (Kellens 1989: 41)

Pronomina

Die avestischen *Personalpronomina* lauten: *azəm* „ich", *tūm* „du", *vaēm* „wir", *yūžəm* „ihr". Sie sind wie das Demonstrativum *hō, hā, taṭ* „dieser, diese, dieses" bzw. „er, sie, es" voll deklinabel und gehen eindeutig auf die entsprechenden Pronomina der Protosprache zurück. In Tabelle 14.56 ist die Deklination des avestischen Personal- und Demonstrativpronomens dargestellt. Die angegebenen Zweitformen im Akkusativ, Dativ und Genitiv beim Personalpronomen sind Enklitika.

Tab 14.56 *Das avestische Personal- und Demonstrativpronomen (Hale 2004: 755–756)*

	Kasus	Personalpronomen		Demonstrativpronomen		
		1. Person	2. Person	m.	n.	f.
		„ich/wir"	„du/ihr"	„er"	„es"	„sie"
Sg.	Nom.	azəm	tūm	hō/hā	taṯ	hā
	Akk.	mąm, mā	θβąm, θβā	təm	taṯ	tąm
	Inst.	–	θβā	tā	tā	aētaiia
	Dat.	māuuōia, mē	taibiiā, tē	aēhtahmāi	aēhtahmāi	–
	Abl.	maṯ	θβaṯ	aēhtahmāṯ	aēhtahmāṯ	–
	Gen.	mana, mē	tauua, tē	aētahe	aētahe	aētaŋha
	Lok.	–	–	aētahmi	aētahmi	
Du.	Nom.	vā	–	tā	tē	–
	Akk.	əəāuuā	–	tā	tē	–
	Gen.	–, -nā	yauuākəm	aētaiiá	aētaiiá	–
Pl.	Nom.	vaēm	yūžəm	tē	tā	tá̄
	Akk.	ahma, nō	–, vō	tə/t ą	tā	ta
	Inst.	ə̄hmā	xšma	tāiš	tāiš	–
	Dat.	ahmaibiiā, nō	yūšmaoiiō, vō	aētaēibiiō	aētaēibiiō	aētābiio
	Abl.	ahmaṯ	yūšmāṯ	–	–	
	Gen.	ahmākəm, nō	yūšmākəm, vō	aētaēšąm	aētaēšąm	aētaŋhąm
	Lok.	–	–	aetaēšu	aētaēšu	

Verbalmorphologie

Die Kategorien der *Verbalmorphologie* sind im Avestischen identisch mit denen des Sanskrit (vgl. Abschnitt 14.4). Auffällig ist die thematische Endung der 1. Singular Präsens Aktiv im Altavestischen: Sie lautet *-ā*, was auf indogermanisches $*-oh_2$ zuruckgeht, im Gegensatz zum Jungavestischen *-āmi*, das mit der vedischen (eigentlich athematischen) Endung übereinstimmt. Das Paradigma in Tabelle 14.57 zeigt die Präsens- und Imperfektformen des Verbs *bar-* „tragen" im Jungavestischen, die vom sog. Präsensstamm gebildet werden.

Tab 14.57 *Die avestische Konjugation im Präsensstamm (Hale 2004: 756–758)*

Person		Präsens Indikativ	Präsens Subj.	Präsens Optativ	Präsens Injunktiv	Imperfekt
Sg.	1.	barāmi	barāni	–	barəm	a-barəm
	2.	barahi	barāhi	barōiš	barō	a-barō
	3.	baraiti	barāiti/barāṯ	barōiṯ	baraṯ	a-baraṯ
Du.	1.	barāuuahi	–	–	barāuua	a-barāuua
	2.	baratō	barātō	–	baratəm	a-baratəm
	3.	baratō	barātō	–	baratəm	a-baratəm
Pl.	1.	barāmahi	barāmahi	baraēma	barāma	a-barāma
	2.	baraθa	barāθa	baraēta	barata	a-barata
	3.	baraəṇti	barā̊ṇti	baraiiən	barən	a-barən

Der Injunktiv Präsens ist wie im Sanskrit mit dem augmentlosen Imperfekt identisch. Wie das Altindische hat auch das Avestische drei sog. *Tempusstämme*: neben dem Präsensstamm (von dem die Präsens- und Imperfektformen gebildet werden) den Aorist- und den Perfektstamm. Diese Stämme drücken keine Zeitstufen (Tempora) aus, sondern *Aspekte*: der Präsensstamm den imperfektiven, der Aoriststamm den perfektiven und der Perfektstamm den resultativen Aspekt (letzterer bezeichnet einen Zustand, der das Ergebnis einer vorangegangenen Handlung ist). Die von diesen Stämmen gebildeten Tempora können wie das Präsens in den *Modi* Indikativ, Injunktiv, Optativ und Subjunktiv auftreten. Die Formenbildung des Aorist- und Perfektstamms im Avestischen wird hier nicht behandelt (vgl. Hale 2004: 756–758, Skærvø 2007: 865–879).

14.13 Altpersisch

Die altpersischen Königsinschriften

Altpersisch ist eine der drei Sprachen der frühen Königsinschriften der Achämeniden-Dynastie des persischen Großreichs. (Die beiden anderen sind das semitische Akkadisch im babylonischen Dialekt sowie das genetisch isolierte Elamisch.) Während das Avestische eine *ostiranische* Sprache ist, wird Persisch zum *Westiranischen* gerechnet.

Die altpersischen Königsinschriften sind die einzigen erhaltenen *authentischen* altiranischen Texte, da ja die früher entstandenen avestischen Texte erst zu einem wesentlich späteren Zeitpunkt aufgezeichnet wurden. Dadurch sind sie frei von Fehlern und Veränderungen durch spätere Kopisten und Redakteure. Die Inschriften stammen von verschiedenen Fundstellen auf Felsen und Stelen im westlichen Iran, die bedeutendsten Fundorte sind Bisotun (auch Behistun, Bisitun o.ä. transkribiert), Persepolis, Susa und Hamadan. Die Mehrzahl der Inschriften wurde unter Dareios I. (reg. 521–486 v. Chr.)

und seinem Sohn Xerxes I. (reg. 486–465) verfasst, sie setzen sich in geringerem Umfang bis zum Ende der Achämenidenzeit fort. Die späteren Inschriften sind allerdings meist nur noch einsprachig altpersisch.

Obwohl die altpersischen Texte im Gegensatz zu den avestischen fest in Raum und Zeit verortet sind, gibt es bei ihrer Lesung und Interpretation etliche Probleme. Die Ursache dieser Schwierigkeiten sind u.a. der geringe Umfang und die Einseitigkeit des überlieferten Text-Korpus, die Unvollkommenheit der verwendeten Schrift (siehe unten) sowie die Künstlichkeit einer archaisierenden und stilisierten Sprachform, die so wahrscheinlich nirgendwo gesprochen wurde. Oft sind die Inschriften an unzugänglichen Felswänden angebracht und somit aus normaler Perspektive überhaupt nicht lesbar; sie erfüllten also keine kommunikativen, sondern ausschließlich repräsentative Funktionen.

Mit Sicherheit war das Altpersische nicht im gesamten multiethnischen und vielsprachigen Großreich verbreitet, sondern auf das Kernland der Persis (Pars) beschränkt, vielleicht war es sogar nur die Sprache des Königshofes. Für die Aufgaben der Reichsverwaltung spielte es überhaupt keine Rolle, wenn auch neuerdings eine vereinzelte altpersische Tontafel in den Verwaltungsarchiven von Persepolis entdeckt wurde. Die Kanzlei-, Schrift- und Verwaltungssprache des persischen Großreichs war das Aramäische (das sog. Reichsaramäische), eine semitische Sprache, außerdem in den Palästen von Persepolis und Susa das Elamische, in den Provinzen des Großreichs Babylonisch, Ägyptisch oder Griechisch.

Die älteste Form des Altpersischen kann man mit dem Entwicklungsstand des Jungavestischen vergleichen (siehe oben). War Altpersisch zur Zeit von Dareios I. und Xerxes I. eine archaisierende Hofsprache, sind nach Xerxes I. in den Inschriften gewisse Merkmale der mittelpersischen Sprachperiode zu erkennen, bei Artaxerxes III. (reg. 359–338) handelt es sich schon mehr um Mittel- als Altpersisch. Das belegen eine Reihe von Lautveränderungen, z.B. die Monophthongisierung der Diphthonge, der Verlust oder die Abschwächung der Endsilben und damit einhergehend die Erosion des gesamten Kasussystems.

Die altpersische Keilschrift

Für das Altpersische der Königsinschriften wurde eine eigene Schrift entwickelt, die sich äußerlich an die Keilschrift anlehnt, indem die einzelnen Zeichen auch durch Keile und Winkel gebildet werden. Die von links nach rechts geschriebene Schrift ist jedoch eine eigenständige Neuschöpfung. Es handelt sich um ein Syllabar aus 36 Silbenzeichen der Form V und KV, die in vier Gruppen eingeteilt werden können (V steht für einen beliebigen Vokal, K für einen beliebigen Konsonanten):

- reine Vokalzeichen (a, i, u)
- Zeichen mit dem Lautwert Ki
- Zeichen mit dem Lautwert Ku
- Zeichen mit dem Lautwert Ka oder K

Die altpersische Keilschrift wurde zuerst von Dareios I. in seiner großen dreisprachigen Bisotun-Inschrift verwendet (etwa 520 v. Chr.), entstanden ist sie wohl schon etwas früher. Obwohl diese Schrift speziell für die altpersische Sprache entwickelt wurde, weist sie viele Unvollkommenheiten auf. Nur die Serie *Ka* ist vollständig für alle Konsonanten vorhanden, die Serien *Ki* und *Ku* sind unvollständig. Da es keine VK-Zeichen gibt, ist der Gebrauch von Leervokalen üblich, z.B. wird <*vi-ša-ta-a-sa-pa-ha-ya-a*> für *Vištāspahaya* „dem Hystaspes" geschrieben. (Man kann die Schreibung auch so interpretieren, dass die Zeichen der Ka-Serie je nach Kontext mit oder ohne Vokal zu lesen sind.) Wie das Beispiel zeigt, wurde der lange Vokal /ā/ zum Teil durch Doppelsetzung des Vokals markiert, andere Längen wurden nicht gekennzeichnet. Die Schreibung des /h/, die man nach dem Avestischen erwarten würde, entfällt vor bestimmten Lauten, so wird der Gottesname „Ahura Mazda" immer als *Auramazda* geschrieben. /n/ entfällt in der Schreibung am Silbenende, so wird z.B. *atar* statt *antar* „zwischen" geschrieben. In der wissenschaftlichen Transkription wird das nicht geschriebene /n/ als Hochzeichen angedeutet: *a^ntar*.

Die Mehrdeutigkeiten dieser Schrift führen dazu, dass kaum eine Verbform eindeutig zu identifizieren ist. Dazu ein einfaches Beispiel (Schmitt 2000: 37): Während avest. *astī* „ist" durch die avestische Alphabetschrift eindeutig wiedergegeben wird, lautet die Schreibung dieses Wortes in persischer Keilschrift <*a-sa-ta-i-ya*>. Dafür ergeben sich insgesamt 72 Lesemöglichkeiten: für das erste Zeichen /a, ā, an, ān/; für das zweite /s, sa, san/, für die Kombination des dritten und vierten /ti, tī, tai/ und für das letzte Zeichen /y, ya/, also 4x3x3x2 = 72 Möglichkeiten. Dass die Lesung *astiy* hier die einzig richtige ist, kann nur mit Hilfe von Kenntnissen des Avestischen und jüngerer persischer Sprachstufen begründet werden.

Das altpersische Syllabar war die erste der drei Schriftformen der achämenidischen Königsinschriften, die entziffert werden konnte. Der entscheidende Durchbruch gelang dem Göttinger Gymnasiallehrer G. F. Grotefend 1802, auch auf Grund seiner Kenntnis des Avestischen. Damit war der Schlüssel zur Entzifferung der beiden anderen Schriften (elamische und babylonische Keilschrift) gefunden und der Weg zum Verständnis der elamischen, akkadischen und schließlich sumerischen Sprache eröffnet.

Die altpersische Sprache

Phonologie

Phonologisch weicht das Altpersische in einigen Punkten vom Avestischen ab. Dies gilt insbesondere für die Reflexe der indogermanischen palatalen Velare *k' und *g', die im Avestischen zu den Sibilanten /s/ und /z/, aber im Altpersischen zu den Dentalen bzw. Alveolaren /θ/ bzw. /d/ wurden. Beispiele: idg. *wik- „alle" > avest. *vīs-*, altpers. *viθ-*; idg. *eg'h₂om „ich" > avest. *azəm*, altpers. *adam*. Charakteristisch für das Altpersische ist auch die Entwicklung von *tr über das Zwischenstadium *θr zu einem als <ç> transkribierten s-Laut. Beispiel: vedisch *kṣatrám* „Königreich" ~ avest. *xšaθra* ~ altpers. *xšaça-*.

Die nominalen Kategorien sind Genus (Maskulinum, Femininum, Neutrum), Numerus (Singular, Dual, Plural) und Kasus. Der Dativ wurde aufgegeben, seine Funktionen wurden vom Genitiv übernommen. Es blieben also sieben Kasus erhalten. Durch lautliche Veränderungen (Reduktion der Konsonanten in der Schlusssilbe) fielen vor allem bei der ā-Deklination weitere Kasus zusammen.

Die Deklinationsklassen unterscheiden sich wie üblich nach den Stammausgängen der Nomina, belegt sind a-, ā-, i-, ī-, yā-, u-, ū-Stämme und verschiedene konsonantische Stämme, z.B. h-, š-, r- und n-Stämme. Nur die Kasus der a- und ā-Deklination sind ziemlich vollständig im Singular und Plural belegt (vgl. Tabelle 14.58). Dualformen sind selten, z.B. *ubā* „beide" (Nom.), *gaušā* „beide Ohren" (Akk.), *gaušāyā* „beider Ohren" (Gen.-Dat.), *dastaibiyā* „mit beiden Händen" (Instr.).

Tab 14.58 *Die altpersische Deklination (Schmitt 2004: 729–730)*

	Kasus	a-Stamm		ā-Stamm	
		Beispiel	Endung	Beispiel	Endung
Sg.	Nom.	martiya[1]	-ø < *-s	taumā[3]	-ø
	Akk.	martiyam	-m	taumām	-m
	Gen.-Dat.	martiyahyā	-hyā	taumāyā	-yā < *-yās
	Abl.	Pārsā	-ā < *-āt	taumāyā	Gen.
	Instr.	kārā[2]	-ā	framānāyā[4]	-yā
	Lok.	Pārsai	-i	Aθurāyā	-i+ā
	Vok.	martiyā	-ø	–	
Pl.	Nom.	martiyā	-ā < *-ās	stūnā[5]	-ā < *-ās
	Akk.	martiyā	-ā < *-āns	hamiçiyā[6]	-ā < *-āns
	Gen.-Dat.	martiyānām	-ānām	zanānām[7]	-ānām
	Abl.	Sakaibiš	-aibiš	–	
	Instr.	martiyaibiš	-aibiš	–	
	Lok.	Mādaišuvā	-aišu + ā	maškāuvā[8]	-uva < *-sw+ā

Die Bedeutung der genannten Substantive:

1 *martiya* „Mann", 2 *kāra* „Armee", 3 *taumā* „Familie", 4 *framānā* „Ordnung, Vorschrift", 5 *stūnā* „Säule, Stele", 6 *hamiçiyā* „rebellisch", 7 *zanā* „Stamm", 8 *maškā* „Haut". Die übrigen Beispiele sind Eigennamen.

Pronomina

Das Altpersische besitzt Personalpronomina, verschiedene Demonstrativa, Relativ- und Fragepronomen und einige pronominale Adjektive. Der Dual des Personalpronomens ist nicht belegt, ebenso nicht die 2. Person im Plural. Für den Akk., Gen.-Dat. und Abl. des Personalpronomens gibt es auch enklitische Formen (die Zweitformen in der Tabelle 14.59). Das Personalpronomen der 3. Person wird vom Stamm *ši-/di-* gebildet und ist enklitisch, nur die Formen des Maskulinums sind belegt.

Das Altpersische besitzt ein nah-deiktisches Pronomen *iyam, ima* „dieser/diese, dieses", sowie ein fern-deiktisches Prononmen *hauv* „jener/jenes/jene". Die überlieferten Formen des Personalpronomens sowie die des nah-deiktischen Pronomens *iyam* „dieser" sind in Tabelle 14.59 zusammengefasst.

Tab 14.59 *Das Personalpronomen und das deiktische Pronomen im Altpersischen (Schmitt 2004: 730, Skjærvø 2007: 936–938)*

Kasus	Personalpronomen			Deiktisches Pronomen		
	1. Pers.	2. Pers.	3. Pers. m.	m.	n.	f.
Sg.						
Nom.	adam	tuvam	-šim, -dim	iyam	ima	iyam
Akk.	mām, -mā	ϑuvām	–	imam	ima	imām
Gen.-Dat.	manā, -maiy	–, tai	-šay	–	–	ahayāyā
Inst.-Abl.	–, -ma	–	-šim	anā	anā	–
Pl.						
Nom.	vayam	–	–	imaiy	imā	–
Akk.	–	–	-šiš, -diš	–	–	–
Gen.-Dat.	amāxam	–	-šām	imaišām	imaišām	–
Inst.-Abl.	–	–	–	imaibiš	imaibiš	–

Die Zweitformen sind enklitische Pronomina. Das deiktische Pronomen wurde als Ersatz für ein Personalpronomen der 3. Person verwendet.

Verbalmorphologie

In der Verbalmorphologie sind die Unterschiede gegenüber dem Avestischen am größten, man kann im Altpersischen einen Übergang vom Alt- zum Mitteliranischen feststellen. Die wichtigsten Neuerungen sind die folgenden:

- die Aspektopposition zwischen Imperfekt und Aorist ist fortgefallen, generell muss man im Altpersischen eher von einem Tempus- als von einem Aspektsystem ausgehen
- Aorist und Perfekt sind nur noch selten belegt
- ein neues periphrastisch gebildetes Perfekt ist entstanden
- die Präsensstämme auf -aya dominieren

Die Kategorien des Verbs stimmen trotz der genannten Neuerungen weitgehend mit denen des Avestischen überein: Tempus (ursprünglich Aspekt), Diathese, Modus sowie Numerus und Person. Der Dual ist allerdings nur in einer einzigen Form belegt, nämlich als 3. Dual Imperfekt Aktiv ajīvatam „sie beide lebten (noch)".

Die Bildung der Stämme entspricht weitgehend dem indoiranischen bzw. altindo-arischen Typus (vgl. Abschnitt 14.4). Man unterscheidet drei Sätze von Endungen (Tabelle 14.60): *Primärendungen* für den Indikativ und Subjunktiv Präsens, *Imperativendungen* für den Imperativ sowie *Sekundärendungen* für alle übrigen Tempora und Modi.

Tab 14.60 *Die belegten Personalendungen des altpersischen Verbs (Schmitt 2004: 733–734)*

		Primäre Endungen		Sekundäre Endungen		Imperativendungen	
		Aktiv	Medium	Aktiv	Medium	Aktiv	Medium
Sg.	1.	-mi/-ni	-ai	-m	-i	–	–
	2.	-hi < *-si	-hai	-ø < *-s	-šā < *-sa	-ā	-(š)uva
	3.	-ti	-tai	-ø < *-t	-tā	-tu	-tām
Pl.	1.	-mahi	–	-mā	–	–	–
	2.	–	–	–	–	-tā	–
	3.	-nti	–	-ø < *-nt	-ntā	-ntu	–

Infinite Verbformen und periphrastisches Perfekt

Der Infinitiv wird durch die Endung -tanai gebildet, z.B. *bar-tanai* „tragen", *car-tanai* „tun, machen". Im Altpersischen sind drei Partizipien belegt, das Partizip Präsens Aktiv ist sehr selten.

Tab 14.61 *Die Bildung der Partizipien im Altpersischen (Schmitt 2004: 734–735)*

Partizip	Suffix	Beispiele
Präsens Aktiv	-ant	*tunuv-ant-* „in der Lage seiend",
		yaud-ant- „sich im Aufruhr befindend"
Präsens Medium	-mna	*xšaya-mna* „die Herrschaft habend über"
Perfekt Passiv	-ta	*kr̥-ta* „gemacht", *ja-ta* „geschlachtet", *pā-ta* „geschützt"

Das Partizip Perfekt Passiv (oder Verbaladjektiv) wird auch zur Bildung des periphrastischen *Neo-Perfekts* verwendet. Beispiel: *manā kr̥tam* „durch mich (war es) getan" → „ich habe getan". Hierbei steht der Agens im Genitiv, die Kopula entfällt. Mittelpersisch wurde daraus *man kard*. (Vgl. die entsprechende Konstruktion im späten Sanskrit sowie im Mittelindoarischen.)

Bemerkungen zur Syntax

Die Wortfolge im unmarkierten altpersischen Satz ist SOV. Zur Emphase können Satzteile an den Anfang oder auch an das Ende des Satzes gestellt werden. Wenn mehrere Komponenten das Subjekt oder Objekt bilden, wird nur eine Komponente vor das Verb gestellt, die weiteren folgen dahinter. Topikalisierung wird durch Voranstellen des betonten Nomens im Kasus absolutus (Nominativ) erreicht, das Nomen wird dann im Satz durch ein Demonstrativum wieder aufgegriffen.

Tab 14.62 *Altpersische Beispielsätze (Schmitt 2004: 736–737)*

Auramazdā-mai upastām abara   „Ahura Mazda brachte (*abara*, Imperfekt) mir (enklit. *-mai*) Hilfe"
ima hadiš adam akunavam   „diesen Palast (*hadiš*) habe <u>ich</u> (*adam*) gebaut (*akunavam*)"
mām Auramazdā pātu utamai xšaçam   „Ahura Mazda beschütze (*pātu*, Imperativ) mich und mein Reich"
Vištaspa manā pita, hau Parθavai āha   „Hystaspes, mein Vater, er war (*ahā*) in Parthien" (Topikalisierung)
ima taya manā kr̥tam   „das, was durch mich getan wurde" oder „was ich vollbracht habe"

14.14 Weitere altiranische Sprachen

Neben den beiden durch Texte gut bezeugten Sprachen Avestisch und Altpersisch muss eine Reihe weiterer altiranischer Sprachformen existiert haben. Das zeigt schon die Vielfalt der mitteliranischen Periode mit Sprachen wie *Parthisch, Sogdisch, Baktrisch, Choresmisch* oder *Sakisch*, die alle Vorläufer in altiranischer Zeit besaßen, von denen allerdings nichts erhalten geblieben ist. Nur das *Mittelpersische* hat im Altpersischen seinen — mehr oder weniger — direkten Vorläufer. Manche iranischen Sprach- bzw. Volksnamen sind früh in anderen Sprachen belegt, darunter *Medisch, Skythisch* und *Sogdisch* bei griechischen Autoren (z.B. bei Herodot), altpers. *Parϑava-* „Parther" und altpers. *Sugda-* bzw. elamisch *Šu-ug-da-* „Sogdier", so dass dadurch ihre Existenz bereits in altiranischer Zeit gesichert ist. Einen Überblick über die Erkenntnisse zu den nicht durch Textkorpora belegten altiranischen Sprachformen bietet Schmitt 1989: 86–94. Der vorliegende Abschnitt enthält einige Bemerkungen zum Medischen und Skythischen.

Medisch

Die Meder haben als erste Iranier ein Reich oder eine Konföderation gegründet, die von 715 bis 550 v. Chr. Bestand hatte. Ihre politischen Nachfolger wurden die Perser. Die Meder besaßen keine Schrift, dadurch ist trotz ihrer politischen und historischen Bedeutung kein einziger Satz der medischen Sprache überliefert. Spuren des Medischen sind nur indirekt zu erschließen. Insbesondere werden Wortformen, die sich lautgesetzlich nicht innerhalb des Altpersischen erklären lassen, bevorzugt dem sicherlich vorhandenen medischen Einfluss zugeschrieben. Immerhin reicht das bisher Erschlossene dazu aus, um das Medische eindeutig als (west-)iranische Sprache einzuordnen.

Der bekannteste explizite Hinweis ist das bei Herodot I, 110, 1 ausdrücklich als medisch bezeichnete Wort σπάκα, *spaka* „Hündin", das mit mittelpersisch *sag* „Hund" verwandt ist, welches sich seinerseits auf ein altpersisches **saka* „Hund" zurückführen lässt. Da auch bei dem Wort für „Pferd" im Altpersischen die Formen *asa-* und *aspa-* nebeneinander existieren (letztere nur in den möglicherweise medischen Eigennamen *Aspacanah* und *Vištaspa* sowie in der festen Formel *uv-aspa* „mit guten Rossen"), kann man folgendes Lautgesetz aufstellen bzw. auf das Medische erweitern: idg. /*kʷ/ > uriran. /*tsv/ > altpers. /s/ ~ medisch /sp/.

Weitere uriranisch-medische Lautentsprechungen können aus Lehnwörtern im Altpersischen erschlossen werden, die mit hoher Wahrscheinlichkeit aus dem Medischen stammen. Dazu gehört iran. /*dz/ > medisch /z/, z.B. in medisch *zana* „Stamm, Geschlecht", altpersisch **dana*, bezeugt im medischen Lehnwort *višpa-zana* „alle Stämme umfassend", dem altpers. **visa-dana* gegenüber steht. Damit kann man das Medische als einen frühen Vertreter des *nördlichen* Westiranischen einordnen, im Gegensatz zum *südlichen*, zu dem das Persische gehört. Als weitere Gesetzmäßigkeit lassen sich mit ähnlichen Überlegungen iran. /*ts/ > medisch /s/ ~ avest. /z/ ~ altpers. /θ/ sowie iran. /*θr/ > medisch /θr/ ~ avest. /θr/ ~ altpers. /ç/ erschließen (Schmitt 1989: 87–90).

Das Medische ist mit dem medischen Reich untergegangen und vom Altpersischen oder anderen altiranischen Idiomen absorbiert worden. Es hat keine nachweisbare Fortsetzung in mittel- oder neuiranischer Zeit erfahren. Die vor allem in kurdisch-nationalistischen Darstellungen zu findende Vorstellung, das Kurdische sei ein Nachfolger der medischen Sprache, ist seriös nicht nachweisbar (vgl. Abschnitt 14.19).

Skythisch

Von zahlreichen Stämmen in den Steppen Südrusslands und Zentralasiens sind die Namen bekannt, darunter die der *Skythen, Sarmaten, Massageten* und *Alanen*. Der griechischen Bezeichnung *Skythen* (zuerst im Skythen-Exkurs von Herodot in IV, 5–82) steht altpersisch *Saka* gegenüber, das seine Fortsetzung in der mittelpersischen Sprache *Sakisch* findet. Über die ethnische und historisch-geographische Einordnung dieser Stämme besteht keinerlei Klarheit. Von ihren Sprachen ist nichts direkt erhalten geblieben. Lediglich einige Eigennamen vor allem in der Überlieferung durch Herodot geben einen Hinweis darauf, dass diese Stämme in der Mehrheit altiranische Sprachen gesprochen haben.

Typisch iranische Eigennamen, die bei Herodot skythischen Königen zugeschrieben werden, sind *Ariapeithēs* und *Spargapeithēs*, die in ihrer Bildung an achämenidische Namen wie *Ariamnēs* und *Hsytaspēs* anzuschließen sind. Typisch ist dabei der iranische Fugenvokal /-a-/. Ein weiteres Beispiel ist griech. *Baioraspos* ~ iran. **Bajvar-aspa* „10.000 Pferde (besitzend)". Einen Lautwandel iran. **d > *δ > l*, wie er aus späteren ostiranischen Sprachen bekannt ist, belegt der Name des Skythengeschlechts *Paralatai* bei Herodot, der mit jungavest. *Paraδata-* „vorangestellt" verglichen werden kann (vgl. Schmitt 1989: 92–93).

14.15 Mitteliranisch

Die mitteliranische Sprachperiode umfasst die Zeit vom Untergang des Achämenidenreichs bis zur Islamisierung des Iran, sie beginnt also im 4. Jh. v. Chr. und endet im 8. oder 9. Jh. n. Chr. Man teilt die mitteliranischen Sprachen wie die altiranischen nach linguistischen Kriterien in eine West- und eine Ostgruppe ein. Durch zum Teil umfangreiche Textkorpora sind sechs mitteliranische Sprachen bezeugt (Tabelle 14.63).

Tab 14.63 *Die mitteliranischen Sprachen und ihre Schriften*

Gruppe	Sprache	Sprachraum	Schriften
WESTIRANISCH	Parthisch	Iran; Manichäismus	Parthisch; Manichäisch
	Mittelpersisch	Iran	Pahlavi; Manichäisch
OSTIRANISCH	Choresmisch	Choresmien	Choresmisch
	Sogdisch	Sogdien	Sogdisch; Manichäisch
	Baktrisch	Baktrien	Griechisch
	Sakisch	Tarimbecken	zentralasiat. Brahmi

Weitere mitteliranische Idiome besaßen die Sarmaten, Alanen und andere iranische Steppenvölker, von denen jedoch nahezu nichts direkt überliefert ist. Ein Fortsetzer alanischer Dialekte ist das im Kaukasus gesprochene neuiranische *Ossetisch*, so dass Alanisch manchmal auch als „Altossetisch" bezeichnet wird. Ein Dialekt des Sogdischen hat im *Jagnobi* eine neuiranische Fortsetzung gefunden, das heute noch in einem abgelegenen Hochtal Tadschikistans gesprochen wird. Das moderne *Persisch*, die bedeutendste neuiranische Sprache, ist der unmittelbare Fortsetzer der mittelpersischen Umgangssprache. Alle anderen mitteliranischen Sprachen – Parthisch, Choresmisch, Baktrisch, Sakisch, Sarmatisch – sind mit der mitteliranischen Periode untergegangen und haben keine Fortsetzung in neuiranischer Zeit gefunden. (Eine besondere Beziehung scheint aber zwischen dem Sakischen und dem neuostiranischen Wakhi zu bestehen.)

Die mitteliranischen Sprachen sind gegenüber den altiranischen durch eine Vereinfachung der Phonologie und Morphologie gekennzeichnet. Die wichtigsten Neuerungen sind

- die Monophthongisierung der altiranischen Diphthonge /ai, au/ zu /ē, ō/
- der Verlust vieler, in einigen Sprachen fast aller Tempora
- die Reduktion des Kasussystems (vor allem in den westmitteliranischen Sprachen)

In der mitteliranischen Periode hatte das Iranische seine größte geographische Ausdehnung, wenn man das nicht genau bekannte Verbreitungsgebiet der altiranischen Steppenvölker außer Acht lässt. Sie reichte von der Nordwestküste des Schwarzen Meeres bis nach Turkestan in Westchina. Durch die späteren Migrationswellen der nach Westen vordringenden Turkvölker wurde die Ausdehnung des Iranischen zunehmend eingeschränkt; dennoch haben sich auch außerhalb des heutigen zusammenhängenden iranischen Kerngebiets (Iran, Afghanistan, Tadschikistan) etliche iranischsprachige Inseln von Ossetien im Kaukasus bis nach Pakistan erhalten.

Zunächst war Mittelpersisch die einzige mitteliranische Sprache, von der größere Texte bekannt waren und von der die Wissenschaft überhaupt Kenntnis hatte. Diese Situation änderte sich dramatisch zu Beginn des 20. Jh. durch die Entdeckung des Parthischen, Sogdischen, Choresmischen, Baktrischen und Sakischen. Die meisten Texte in diesen Sprachen wurden in Chinesisch-Turkestan durch englische, deutsche und französische Expeditionen im Tarim-Becken gefunden (bei diesen Expeditionen entdeckte man auch die tocharische Sprache, vgl. Kapitel 13).

Für das Studium der mitteliranischen Sprachen ist auch die *Nebenüberlieferung* in Form von Entlehnungen in andere Sprachen bedeutsam. Die wichtigste Gruppe dieser Entlehnungen ist die des Parthischen ins Armenische, die vor allem aus der Zeit der arsakidischen Herrschaft über Armenien resultiert. Das Armenische hat in einem solchen Umfang iranische, insbesondere parthische Lehnwörter übernommen und integriert, dass es bis 1875 in der Forschung als iranische Sprache galt (vgl. Kapitel 12). Weitere Sprachen mit mitteliranischer Nebenüberlieferung – die aber in keinem Fall auch nur annähernd den Umfang des Armenischen erreichen – sind Griechisch, Aramäisch (Syrisch), Arabisch, Georgisch, Tocharisch, Uigurisch, Chinesisch sowie einige indoarische Sprachen.

Die Schriften der mitteliranischen Periode

Vier der sechs schriftlich bezeugten mitteliranischen Sprachen wurden in relativ ähnlichen, aus dem aramäischen Alphabet entwickelten Schriften aufgezeichnet: Parthisch, Mittelpersisch, Sogdisch und Choresmisch. Das Aramäische war die wichtigste Verwaltungssprache des persischen Großreichs und wurde samt seiner Schrift auch nach dessen Zusammenbruch in den Provinzen des ehemaligen Großreichs zunächst weiter verwendet. Dabei vollzog sich im 3. und 2. Jh. v. Chr. ein allmählicher Wandel, indem einheimische Schreiber mit einer iranischen Muttersprache nach und nach die schriftkundigen Aramäer ablösten. Die nun niedergeschriebenen Texte waren zunehmend mit iranischen Wörtern durchsetzt; es kam aber nicht zur völligen Ablösung der aramäischen Wörter und Formen durch iranische. Ein Teil der aramäischen Wortformen erstarrte schließlich zu konventionell gebrauchten Formeln, die weiter aramäisch geschrieben, aber iranisch ausgesprochen und gelesen wurden. Solche fremdsprachigen Komponenten nennt man *Heterogramme*, eine Schrift, die davon in größerem Umfang Verwendung macht, *heterographisch* (vergleichbar sind die Sumero- und Akkadogramme im Hethitischen, vgl. Abschnitt 11.3).

Alle vier aus dem aramäischen Konsonantenalphabet entwickelten iranischen Schriften — also die parthische, mittelpersische, sogdische und choresmische — haben sich im Laufe ihrer teilweise über tausendjährigen Verwendungsdauer nicht von den Heterogrammen befreit. So weist z.B. die mittelpersische Variante, die sog. Pahlavi-Schrift, mehr als 1000 Heterogramme auf. Schrifttheoretisch kann man solche Schriften nicht mehr als Alphabetschriften ansehen, da die Heterogramme im Grunde wie Logogramme funktionieren. Die Beispiele aus der Pahlavi-Schrift in Tabelle 14.64 erläutern die Funktionsweise von Heterogrammen, die in Versalien transkribiert werden.

Tab 14.64 *Heterogramme in der Pahlavi-Schrift (Schmitt 2000: 44, Rogers 2005: 124)*

Heterogramm	Bedeutung/Erklärung	iranische Lesung
1. LYLYA	„Nacht"	mittelpers. *šab* „Nacht"
2. MLKYN MLKA	„der Könige" + „König"	parth. *šāhān šāh* „König der Könige"
3. AHJ	„Bruder"	mittelpers. *brād* „Bruder"
4. AHJ.tl	„Bruder" + Pl.-Suffix /-tl/~/-dr/	mittelpers. *brād-ar* „die Brüder"
5. AHJ.tl.jn	„Bruder" + Pl.-Suffix + Gen.-Suffix	mittelpers. *brād-ar-īn* „der Brüder"

Interessant ist die Tatsache, dass beim zweiten Beispiel im Heterogramm entsprechend der parthischen Konstruktion der Genitiv vorn steht, obwohl im Aramäischen die umgekehrte Wortstellung korrekt wäre. Das ist ein starker Hinweis darauf, dass die Heterogramme nicht aramäisch, sondern iranisch gelesen und ausgesprochen wurden. Die beiden letzten Beispiele zeigen die Verwendung iranischer Suffixe am aramäischen Heterogramm.

Die allmähliche Umgestaltung des Schriftsystems hat sich im 3. und 2. Jh. v. Chr. vollzogen, aus dieser Übergangszeit sind allerdings kaum Dokumente überliefert, so dass die einzelnen Schritte der Transformation im Dunkeln bleiben. Für die Aufzeichnung der parthischen und mittelpersischen Schriften der *Manichäer* wurde die phonetisch genauere manichäische Variante entwickelt, ein Abkömmling der palmyrenisch-aramäischen Schrift. Anders war die Situation beim Baktrischen und Sakischen. Die baktrische Überlieferung liegt größtenteils in einer lokalen Variante des griechischen Alphabets vor, während für das Khotan- und Tumšuq-Sakische zentralasiatische Varianten der indischen Brahmi-Schrift (vgl. Abschnitt 14.6) verwendet wurden.

Der Stammbaum in Tabelle 14.65 zeigt die Genealogie der Schriften, die für alt- und mitteliranische Sprachen zum Einsatz kamen (solche Schriften sind halbfett markiert). Zur Darstellung des schrifthistorischen Hintergrundes sind auch andere verwandte Schriftformen aufgeführt, die nicht für iranische Sprachen verwendet wurden.

Tab 14.65 *Schriften für alt- und mitteliranische Sprachen*

Schriften und ihre Abstammung	damit geschriebene alt- und mitteliranische Sprachen
Altpersische Keilschrift (520 v. Chr.)	*Altpersisch*
Phönizisch (1100 v. Chr.)	–
Griechisch (800 v. Chr.)	–
Graeco-Baktrisch (200 v. Chr.)	*Baktrisch*
Aramäisch (800 v. Chr.)	*mitteliran. Sprachen*
Hebräische Quadratschrift (300 v. Chr.)	–
Syrisch (200 v. Chr.)	*Sogdisch*
Pahlavi (200 v. Chr.)	*Mittelpersisch*
Avestisch (400 n. Chr.)	*Avestisch*
Parthisch (250 v. Chr.)	*Parthisch*
Choresmisch (200 v. Chr.)	*Choresmisch*
Sogdisch (200 v. Chr.)	*Sogdisch*
Altuigurisch (1000 n. Chr.)	–
Mongolisch (1100 n. Chr.)	–
Mandschur. (1600 n. Chr.)	–
Oiratisch (1650 n. Chr.)	–
Palmyrenisch (1. Jh. v. Chr.)	–
Manichäisch (300 n. Chr.)	*Parthisch, Mittelpers., Sogdisch, Baktrisch*
Brahmi (600 v. Chr.)	–
Zentralasiat. Brahmi	*Sakisch, Sogdisch*
Nabatäisch (200 v. Chr.)	–
Arabisch (400 n. Chr.)	*Choresmisch, Mittelpersisch*
Mandäisch (100 n. Chr.)	–

14.16 Die west-mitteliranischen Sprachen

In den westlichen mitteliranischen Sprachen verschob sich der Wortakzent von der letzten auf die vorletzte oder drittletzte Silbe, was zum Schwund der nun unbetonten letzten Silbe führte. Dies hatte massive Auswirkungen auf die Nominal- und Verbalmorphologie. Die Kategorie Genus entfiel ganz, der Dual ging verloren, von den acht oder sieben Kasus der altiranischen Periode blieben nur zwei – der Rectus (Nominativ) und Obliquus – erhalten, vielfach übernahmen mit dem Obliquus gebildete Präpositionalphrasen die Funktion der klassischen Kasus. Auch das Verbalsystem war stark betroffen, hier gingen die synthetisch gebildeten Tempora Futur, Aorist und Perfekt sowie die Diathesen Medium und Passiv und der Numerus Dual verloren. An die Stelle der alten Tempora traten zum Teil analytische Neubildungen, wie schon im Altpersischen das neue periphrastische Perfekt.

Parthisch

Das Parthische war die iranische Sprache der historischen Landschaft Parthien, die große Teile des heutigen nördlichen Irans und Turkmenistans umfasste. Es wurde zur offiziellen Hof- und Verwaltungssprache des von der Arsakiden-Dynastie (247 v. Chr. – 224 n. Chr.) beherrschten Partherreiches. Die aus arsakidischer Zeit stammenden Inschriften und Ostraka enthalten noch so viel heterographisches aramäisches Fremdgut (siehe Abschnitt 14.15), dass sie nur wenig zur Erschließung der parthischen Sprache beitragen können. Erst die frühen sassanidischen Königsinschriften aus dem 3. Jh. n. Chr., die neben der mittelpersischen eine parthische Version (und manchmal auch eine griechische) enthalten, bieten wichtige parthische Texte mit deutlich geringerem Fremdanteil, zu nennen ist vor allem der umfangreiche Tatenbericht Šabuhrs I. aus Naqš-i Rustam sowie die Narseh-Inschrift von Paikuli.

Den größten Teil der parthischen Überlieferung bilden jedoch die parthisch-manichäischen Fragmente aus der Turfan-Oase in Chinesisch-Turkestan. Diese stammen aus sassanidischer und nach-sassanidischer Zeit. In den Manichäer-Gemeinden Mittel- und Zentralasiens konnte sich das Parthische lange als Kirchensprache halten – in einigen Gebieten wahrscheinlich bis ins 13. Jh. –, bis es schließlich vom turkischen Altuigurischen verdrängt wurde. Die manichäisch-parthischen Texte sind in einer eigens zunächst für das Mittelpersische entwickelten „manichäischen" Schrift verfasst, die von einer palmyrenischen Variante des aramäischen Alphabets abgeleitet wurde; nach der Überlieferung wurde sie vom Religionsstifter Mani (216–276 n. Chr.) selbst geschaffen. Diese Schrift ist im Gegensatz zur eigentlichen parthischen Schrift frei von Heterogrammen und lässt somit die Lautung der parthischen Sprache wesentlich besser erkennen.

Obwohl die sassanidischen Königsinschriften (samt ihren parthischen Versionen) schon im 18. Jh. in Europa bekannt waren und ihre Schrift durch Silvestre de Sacy 1793 entziffert wurde, wurde das Parthische als eigenständiges Idiom neben dem Mittelpersischen erst durch die Publikation der manichäischen Turfan-Texte im Jahre 1904 wirklich greifbar. Man erkannte, dass das Parthische der sassanidischen Königsinschriften mit dem der manichäischen zentralasiatischen Texte weitgehend identisch war. Die Unterschiede des Parthischen zum Mittelpersischen wurden klar herausgearbeitet, sie bestanden nicht nur in phonologischen und morphologischen Abweichungen, sondern wiesen auch deutliche lexikalische und phraseologische Differenzen auf. Auch die Heterogramme der parthischen und mittelpersischen Schrift (Pahlavi-Schrift) entstammen unterschiedlichen Traditionen.

Die dominierende Rolle des Parthischen in der Zeit des Arsakidenreichs führte zur umfangreichen Übernahme parthischen Wortguts in andere Sprachen, vor allem ins Mittelpersische, Sogdische, Aramäische (Syrisch, Mandäisch) und ganz besonders ins Armenische (vgl. Kapitel 12). Gerade die durch diese Entlehnungen entstandene Nebenüberlieferung des Parthischen mit dem Vorteil der eindeutigen Identifizierbarkeit der Vokale in der lautlich präzisen armenischen Alphabetschrift hat die Lesung und Interpretation der eigentlichen parthischen Texte wesentlich vorangebracht.

Mittelpersisch

Das ursprünglich in der südwestiranischen Provinz Pars (griechisch Persis, heute Fars) beheimatete Mittelpersisch ist nach dem Untergang des Achämenidenreiches aus dem Altpersischen hervorgegangen. Es wurde zur Amts- und Verkehrssprache des Sassaniden-Reiches (224–651 n. Chr.) und löste in dieser Funktion das Parthische der Arsakidenzeit ab. Als gesprochene Sprache blieb es bis zum 8./9. Jh. erhalten, als Kult- und Kirchensprache wurde es von den Zoroastriern bis zum 10. Jh., von den Manichäern in Zentralasien bis ins 13. Jh. verwendet. Die Mehrzahl der mittelpersischen Sprachdokumente stammt aus der Sassanidenzeit, zu einer späten Renaissance mittelpersischer Texte kam es im 9. und 10. Jh.

Es verwundert nicht, dass eine Sprache mit einer über 1000-jährigen Verwendung in unterschiedlichen Funktionen und mit einer so großen geographischen Verbreitung wie das Mittelpersische sowohl verschiedene Entwicklungsstufen als auch dialektale Unterschiede aufweist. So war das späte Mittelpersisch der zoroastrischen Literatur, das sog. Buch-Pahlavi, durch eine Vielzahl parthischer Lehnwörter geprägt, während die von den Manichäern benutzte Sprachform davon fast frei war (was eigentlich erstaunt, da sich die Manichäer auch der parthischen Sprache bedienten).

Die mittelpersische Überlieferung setzt – abgesehen von einigen Münzlegenden – erst im 3. Jh. mit den großen sassanidischen Felsinschriften ein, unter denen die schon oben genannten von König Šabuhr I. in Naqš-i Rustam (dreisprachig) und von König Narseh in Paikuli (zweisprachig) herausragen. Dagegen haben andere Inschriften wie die privaten Grabinschriften und Aufschriften auf Siegeln, Münzen und Gemmen sprachlich nur eine geringere Bedeutung. Juristische und administrative mittelpersische Texte sind aus sassanidischer Zeit kaum erhalten.

Von den Buchtexten in mittelpersischer Sprache ist der älteste eine fragmentarisch erhaltene Übersetzung der alttestamentlichen Psalmen, die in der Sassanidenzeit von Nestorianern in der Turfanoase erstellt wurde. Wesentlich umfangreicher als die nestorianische Literatur in mittelpersischer Sprache sind die zoroastrischen Texte, die von spätsassanidischer Zeit an aufgezeichnet wurden, aber nur in jüngeren Handschriften seit dem 14. Jh. erhalten sind. Sie umfassen die Übersetzung großer Teile des Avesta-Korpus (vgl. Abschnitt 14.12) sowie weitere religiöse, didaktische, aber auch weltliche Schriften der Zoroastrier. Bis ins 3. Jh. zurück reichen die mittelpersisch-manichäischen Texte. Größere Fragmente sind vom *Šabuhragān* erhalten, das Mani dem sassanidischen König Šabuhr I. gewidmet hat. Darüber hinaus sind zahlreiche weitere Werke Manis, seiner Schüler und Anhänger in Zentralasien fragmentarisch überliefert. (Manichäische Schriften wurden in zahlreichen Sprachen niedergeschrieben, außer dem Mittelpersischen und Parthischen auch in Altuigurisch, Chinesisch, Syrisch, Griechisch, Koptisch und Lateinisch).

Für die manichäischen mittelpersischen Texte wurde – wie für die parthischen – die lautgetreue manichäische Schrift verwendet. Alle anderen mittelpersischen Texte wurden in der sog. Pahlavi-Schrift verfasst, die auf die aramäische Schrift zurückgeht. Die Lesung dieser Schrift bereitet auch Spezialisten bis heute besondere Schwierigkeiten, die folgende Ursachen haben:

- die Pahlavi-Schrift ist stark heterographisch, sie weist über 1000 Heterogramme auf
- sie ist äußerst konservativ und historisierend und gibt den Lautzustand der Arsakidenzeit wieder; daran änderten auch gewisse Vereinfachungen im Laufe der Verwendungszeit nichts
- in der kursiven Buch-Pahlavi wurden die Zeichenformen einander immer ähnlicher, was zu zahlreichen Mehrdeutigkeiten und Leseproblemen führte

Oft ist der Lautstand nur durch den Vergleich mit anderen Quellen zu erschließen. Die Folge sind große Probleme bei der Transliteration und Transkription der Pahlavi-Schrift, für die bisher noch kein einheitliches Verfahren erreicht wurde. Als in der nachsassanidischen Zeit die Kenntnis der Pahlavi-Schrift nach und nach verloren ging, wurden mittelpersisch-zoroastrische Texte auch in der Avestaschrift (vgl. Abschnitt 14.12) oder der arabisch-persischen Schrift aufgezeichnet, die so entstandenen Pazand- oder Parsi-Texte konnten bei der Rekonstruktion des Lautbestandes der Pahlavi-Texte hilfreich sein.

Sprachgeschichtlich steht das Mittelpersische auf derselben Stufe wie das Parthische. Allerdings konnte es die altiranische Präsensstammbildung im stärkeren Maße bewahren. Gewissermaßen zum Ausgleich der morphologischen Verluste entstanden neue Passivstämme auf /-īh/, Inchoativa auf /-s/ sowie Kausativa auf /-ēn/ oder /-ān/.

Wie im Parthischen wurden auch im Mittelpersischen mit Hilfe des Verbaladjektivs auf /-ta/ aktive und passive Präteritumformen neu gebildet. Dabei hat das Verbaladjektiv bei transitiven Verben eine passive, bei intransitiven Verben eine aktive Bedeutung. Dazu einige Beispiele in Tabelle 14.66.

Tab 14.66 *Beispiele zum Präteritum im Mittelpersischen (Schmitt 2000: 51)*

Beispielsatz	Übersetzung und Erläuterung
āmad hēm	„ich bin gekommen" (*intransitives Verb → aktive Bedeutung*)
paymōxt hēm	„ich wurde bekleidet" (*transitives Verb → passive Bedeutung*)
man paymōxt hēnd	„von mir (*man*) wurde sie (*hēnd*) bekleidet" ~ „ich habe sie bekleidet"

Die Konstruktion des letzten Beispiels ist als Neo-Perfekt schon im Altpersischen bekannt (vgl. Abschnitt 14.13).

14.17 Die ost-mitteliranischen Sprachen

Die ost-mitteliranischen Sprachen – dazu gehören Sogdisch, Choresmisch, Baktrisch, Sakisch, Alanisch und Sarmatisch – waren in dem weiten Raum vom Schwarzen Meer bis Chinesisch-Turkestan verbreitet, zum Teil also sogar weiter westlich angesiedelt als die west-mitteliranischen Sprachen. Die Begriffe west- und ostiranisch dürfen also nicht in einem streng geographischen Sinne verstanden werden.

Die ostiranische Gruppe der mitteliranischen Periode ist in mancherlei Hinsicht wesentlich konservativer als die westiranische, insbesondere insofern, als die vokalischen Auslautsilben nicht geschwunden sind. Infolgedessen ist vor allem die Nominalmorphologie auf einem älteren Stand stehengeblieben und zum Teil eine größere Vielfalt an Kasus erhalten geblieben. Die Reduktion des Verbalsystems entspricht der im Westiranischen. Andererseits aber hebt sich das Ostiranische deutlich durch Neuerungen in der Phonologie ab. Eine Vielzahl von Unterschieden in Einzelmerkmalen lässt das Ostiranische als uneinheitlich erscheinen. Gleichwohl zeichnen die gemeinsamen exklusiven Neuerungen das Ostiranische als eine eigenständige, genetisch zusammengehörige Sprachgruppe aus.

Sogdisch

Sogdisch ist die bestbelegte ostiranische Sprache der mitteliranischen Periode. Gesprochen wurde sie in Sogdien (altpers. *Sugda-*, sogdisch *Suyd*) mit dem im heutigen Usbekistan liegenden Samarkand als Zentrum. Durch die Gründung zahlreicher sogdischer Handelskolonien entlang den Routen der Seidenstraße wurde das Sogdische zur bedeutendsten Handels- und Verkehrssprache in Zentralasien. Trotz der weiten Verbreitung sogdischer Texte von Sogdien bis nach Ostturkestan sind kaum Dialektunterschiede erkennbar. Sogdisch besaß eine bedeutende und umfangreiche Literatur, die auf einer Stufe mit der mittelpersischen und der parthischen steht.

Da Sogdien in altpersischen Inschriften erwähnt wird, ist anzunehmen, dass bereits in der Achämenidenzeit eine altiranische Sprachstufe des Sogdischen existierte, wenngleich davon nichts direkt überliefert ist. Die Überlieferung beginnt im 2. Jh. n. Chr. mit

Münzlegenden. Sprachlich wesentlich ergiebiger sind die sog. „Alten Briefe" aus dem 4. Jh., die zwischen Dunhuang und Loulan in Chinesisch-Turkestan gefunden wurden. Hunderte sogdischer Graffiti aus dieser und späterer Zeit sind im Industal in Nordpakistan erhalten, durch das ein Seitenzweig der Seidenstraße führte (heute der sog. Karakorum-Highway). Weitere weltliche Dokumente und Inschriften sind bis nach Kirgisistan und in die Mongolei verbreitet.

Den größten Umfang hat jedoch die religiöse sogdische Literatur, die drei Glaubensrichtungen zuzuordnen ist: dem Buddhismus, dem Manichäismus sowie dem nestorianischen Christentum. Die meisten buddhistisch-sogdischen Texte – Fundorte sind vor allem die Turfanoase und die Höhlen von Dunhuang – sind Übersetzungen aus dem Chinesischen. Die nur sehr schlecht erhaltenen manichäisch-sogdischen Texte (aus Turfan) umfassen außer Übersetzungen aus dem Mittelpersischen und Parthischen auch sogdische Originale. Die christlichen Texte stammen aus dem Kloster Bulayiq in der Turfanoase, sie sind fast alle Übersetzungen aramäischer (syrischer) Originale.

Während die manichäischen Texte in *manichäischer Schrift*, die christlichen in *syrischer Schrift* niedergeschrieben sind, wurden die buddhistischen und profanen Texte in der aus dem aramäischen Alphabet abgeleiteten *sogdischen Schrift* verfasst. Diese enthält zwar auch eine Reihe von Heterogrammen, allerdings in wesentlich geringerem Umfang als die parthische und mittelpersische (Pahlavi-)Schrift. (Von der sogdischen Schrift wurden später die uigurische, mongolische und mandschurische sowie die oiratische Schrift abgeleitet.) Neuerdings sind in den Turfan-Texten einige sogdische Fragmente in einer zentralasiatischen Variante der *Brahmi-Schrift* entdeckt worden, es handelt sich dabei um medizinische Texte, die teils zweisprachig Sogdisch-Sanskrit sind.

Die wirtschaftliche und politische Bedeutung der Sogdier ermöglichte zunächst das Überleben der sogdischen Sprache in den Jahrhunderten nach der muslimischen Eroberung Sogdiens im 8. Jh. Im Zuge der Eroberung Zentralasiens durch Turkvölker wurde das Sogdische zusammen mit den anderen ostiranischen Sprachen immer weiter zurückgedrängt und schließlich durch Turksprachen ersetzt. Bis auf das *Jagnobi*, das gegenwärtig noch von den Bewohnern des Jagnobtals in Tadschikistan gesprochen wird (vgl. Abschnitt 14.21), ist die sogdische Sprache ausgestorben.

Vor allem der Vokalismus des Sogdischen hatte sich durch die Wirkung eines starken Druckakzentes bereits in der Zeit vor der schriftlichen Überlieferung deutlich verändert. Es kam zunächst zum Schwund der unbetonten Vokale, die dadurch entstehenden Konsonantencluster wurden dann mit Hilfe von Spross- und Murmelvokalen wieder sprechbar gemacht, wodurch der Vokalismus des Sogdischen einen sehr eigentümlichen Charakter erhielt.

Man unterscheidet im Sogdischen *schwere* und *leichte* Nominal- bzw. Verbalstämme, wobei die schweren durch das Auftreten mindestens eines Langvokals oder eines Diphthongs gekennzeichnet sind. Die leichten Stämme haben die ursprünglichen iranischen Endungen in vollerer Form als die schweren bewahrt. Das führte in der Nominalmorphologie dazu, dass Nomina mit leichtem Stamm noch sechs Kasus und zum Teil den Dual erhalten haben, während die schweren Stämme auf Rectus und Obliquus beschränkt sind. Auch im Verbalsystem hat das Sogdische von allen mitteliranischen Sprachen den größten Formenreichtum bewahrt. So spielen analytische Konstruktionen mit

Hilfe des Verbaladjektivs auf /-t(a)/ im Gegensatz zur Situation bei den westiranischen Sprachen keine große Rolle, da das synthetische Imperfekt erhalten blieb.

Choresmisch

Choresmisch oder Chwaresmisch wurde am Unterlauf und im Mündungsdelta des Oxus (Amudarya) gesprochen, sein Verbreitungsgebiet schließt sich unmittelbar nordwestlich an Sogdien an. Das Choresmische ist offenbar erst Ende des 14. Jh. endgültig untergegangen, eine Fortsetzung in eine neuiranische Sprache hat es nicht gefunden. Die choresmische Sprache wurde in einer aus dem aramäischen Alphabet abgeleiteten eigenen Schrift mit zahlreichen Heterogrammen geschrieben.

Die ältesten Zeugnisse sind zwei Inschriften auf Tongefäßen aus Qoy-Qrylgan-Qal'a, die ins 3. oder 2. Jh. v. Chr. datiert werden. Weitere Belege sind auf zahlreichen Münzen, in kurzen Inschriften auf Silbergefäßen aus dem Uralgebiet, in Dokumenten auf Holz und Leder aus Topraq-qal'a und Jakke-Parsan sowie auf Ossuarien aus Toq-qal'a erhalten. Die Datierungsangaben auf vielen Dokumenten sind leider nicht hilfreich, da der Bezugspunkt dieser Datierungen unbekannt ist. Ein Großteil dieser meist sehr kurzen Texte ist bis heute noch nicht ediert.

Besser als die Sprache dieser vorislamischen Quellen kennt man das Spät-Choresmische von Texten, die ab dem 9. Jh. in arabischer bzw. arabo-choresmischer Schrift geschrieben wurden. Dabei handelt es sich unter anderem um eine choresmische Interlinearversion von az-Zamaxšarīs (1075–1144) *Muqaddimat al-adab*, die in einer Handschrift aus Konya erhalten ist (um 1200), um Zitate aus juristischen Schriften des 13. Jh. sowie um ein Glossar der dort verwendeten choresmischen Wörter. Die Kenntnis des Choresmischen ergänzen Namen, Glossen, astronomische und kalendarische Termini (Tages-, Monatsnamen usw.) bei al-Biruni (973–1048), einem Universalgelehrten choresmischer Herkunft. Die genaue Interpretation der in arabischer Schrift verfassten Texte wird durch eine unregelmäßige Vokalisierung und das Fehlen diakritischer Zeichen erschwert.

Beim Nomen ging im Choresmischen das Neutrum verloren, es blieb aber eine gewisse Anzahl von Kasus erhalten, die meist zusammen mit Präpositionen gebraucht wurden. Das Verbum unterscheidet Präsens- und Imperfektstamm und besitzt ein Partizip Perfekt. Kennzeichnend für das Choresmische ist der starke Gebrauch von suffigierten Personalpronomina und Postpositionen, die auch an finite Verbalformen angefügt werden können, z.B. *hāβārēda-hi-θ* „er sprach mit (-θ) ihm (-hi-)". Eine choresmische Spezialkonstruktion ist die Antizipation des Objekts als Personalsuffix am Verbum, wenn dieses dem Objekt vorausgeht, z.B. *hāβirnna-hi-di yā duydā-mi* „ich habe sie (-hi) dir (-di) gegeben, meine (-mi) Tochter" ~ „ich habe dir meine Tochter gegeben". Dies erinnert an entsprechende Konstruktionen in Turksprachen.

Baktrisch

Baktrisch wurde bis zum frühen Mittelalter in Baktrien und angrenzenden Gebieten gesprochen. Die antike Landschaft Baktrien lag südlich von Sogdien und nördlich des Hindukusch, ihre Hauptstadt *Zariaspa* war bei den Griechen als *Baktra* bekannt, das entspricht dem heutigen *Balch*, einem Vorort von Masar-e Scharif im Norden Afghanistans. Seit dem 6. Jh. v. Chr. war Baktrien eine Provinz des persischen Großreichs, seit 330 v. Chr. kam es unter griechisch-hellenistischen Einfluss. Das Baktrische, das erst in den letzten Jahrzehnten bekannt geworden ist, wurde im Kuschan-Reich (1.–3. Jh. n. Chr.) zur offiziellen Verwaltungssprache, es löste das dort seit Alexander dem Großen verwendete Griechische in dieser Funktion ab. Als Schrift wurde das griechische Alphabet jedoch weiterverwendet, unter den Kuschan-Herrschern in einem sehr sorgfältig geschriebenen Monumentalduktus, in nachkuschanischer Zeit in einer kursiven und nicht immer eindeutig lesbaren Form. Die gräko-baktrische Schrift besaß ein zusätzliches Zeichen für den š-Laut, verzichtete aber auf ξ und ψ. Das Baktrische wurde während der Kuschan-Herrschaft weit über Baktrien hinaus in andere Teile des Reiches bzw. deren Nachfolgestaaten getragen und mindestens bis ins 9. Jh. n. Chr. verwendet.

Wegen der großen Ausdehnung des Kuschan-Reiches ist das Baktrische in einem sehr weiten Gebiet durch Münz- und Siegelaufschriften, Inschriften und Handschriftenfragmente bezeugt. Letztere stammen vor allem aus dem 7.–9. Jh., besonders bedeutsam sind die sog. Hephthaliten-Fragmente aus der Turfanoase. Die jüngsten baktrischen Inschriften stammen aus dem Toči-Tal in Nordpakistan, sie werden in die zweite Hälfte des 9. Jh. datiert.

Die beiden wichtigsten bisher gefundenen Inschriften sind die große 25-Zeilen-Inschrift von Surx-Kotal (sie handelt von der Restaurierung eines lokalen Heiligtums) und die erst 1993 gefundene Inschrift von Rabatak nordwestlich von Surx-Kotal, in der die Ereignisse der ersten Regierungsjahre von Kaniška I. mit der Ausbreitung des Kuschan-Reiches nach Nordindien geschildert werden. Zahlreiche Gefäßaufschriften und Freskenbeischriften in Graffitiform stammen aus einem buddhistischen Höhlenkloster auf dem Kara-Tepe in Termiz (Südusbekistan), ähnliche Graffiti finden sich auch in Afrasiab (Altsamarkand in Sogdien, heute Usbekistan). Aus Nordafghanistan stammen knapp 100 auf Leder geschriebene baktrische Dokumente (Briefe, juristische Texte), die erst seit 1991 erforscht werden. Eine besondere Stellung nimmt ein manichäisches Homilienfragment aus Turfan ein, das in manichäischer Schrift, aber baktrischer Sprache verfasst wurde.

Aufgrund des Verlustes finaler Vokale ist die Nominal- und Verbalmorphologie stark reduziert, das Baktrische ist in dieser Hinsicht die progressivste mitteliranische Sprache. In der Phonologie fällt unter anderem auf, dass die altiranischen stimmhaften Plosive unterschiedlich fortgesetzt wurden. Altiran. *b > β, *g > γ, aber *d > l, z.B. altiran. *dizā > baktrisch *liza* „Festung", altiran. *dātabara- > baktrisch *lādβara* „Richter".

Sakisch

Das Sakische ist die Sprache der Saken (altpers. *Saka-*, griech. *Sakai*), die nach chinesischen Quellen mindestens seit 200 v. Chr. im Tarimbecken ansässig waren. Es gibt zwei Dialektformen, die nach den Hauptfundorten Khotan (heute Hetian) am Südrand der Taklamakan und Tumšuq bei Kašgar *Khotan-Sakisch* bzw. *Tumšuq-Sakisch* benannt werden. Die Bezeichnung „sakisch" für die Sprache dieser osttürkestanischen Textfunde erhält dadurch ihre Berechtigung, dass Wörter und Formen dieses Idioms sich in der Sprache von Inschriften und Münzlegenden der nordwestindischen Saka-Periode (1. Jh. v. Chr. – 3. Jh. n. Chr.) wiederfinden.

Reich bezeugt ist das Khotan-Sakische durch umfangreiche Textfunde aus buddhistischen Klöstern und Tempeln im Königreich Khotan sowie in den Höhlen von Dunhuang. Das Reich von Khotan war in der zweiten Hälfte des 1. Jt. n. Chr. ein bedeutendes buddhistisches Zentrum mit einer Vielzahl von Klöstern. Die Sprache wird in den Dokumenten selbst als *hvatana-* „khotanesisch" bezeichnet. Sie starb im 11. Jh. bald nach der türkischen Eroberung aus.

Die khotanesischen Texte stammen aus dem 7. bis 10. Jh. n. Chr. Sie liegen in zwei Formaten vor: als sog. Pothi-Handschriften (längliche Blätter, die durch eine Schnur zusammengehalten werden) sowie als chinesische Buchrollen, bei denen die Rückseite chinesischer Texte zur Niederschrift des khotanesischen Textes verwendet wurde. Der Inhalt dieser Texte ist fast ausschließlich religiös-buddhistisch, meist handelt es sich um Übersetzungen aus dem Sanskrit. Die zahlreichen Bilinguen mit chinesischem, tibetischem oder Sanskrit-Paralleltext erleichterten die sprachliche und inhaltliche Analyse. Der wichtigste Text dieser Gruppe ist ein buddhistisches Lehrgedicht der ältesten Sprachstufe, das nach seinem Auftraggeber *Buch des Zambasta* genannt wird. Daneben gibt es einige weltliche Texte wie medizinische Traktate, Briefe, Gedichte und sogar ein Reisetagebuch über eine Reise von Khotan nach Srinagar. Geschrieben sind die khotanesischen Texte in verschiedenen Varianten der in Zentralasien gebräuchlichen indischen Brahmi-Schrift (vgl. Abschnitt 14.6), die den lautlichen Besonderheiten des Sakischen angepasst wurde. Die älteren literarischen Texte liegen in einer gut lesbaren Buchschrift vor, die späteren Dokumente weisen einen stark kursiven Duktus auf.

Weit schlechter als das Khotan-Sakische ist das sprachlich altertümlichere Tumšuq-Sakische bezeugt, das nur aus einer buddhistischen Handschrift von Tumšuq (nordöstlich von Kašgar) und einigen in der Nähe gefundenen Urkunden bekannt ist. Die weitgehenden morphologischen und lexikalischen Gemeinsamkeiten belegen, dass es mit dem Khotanesischen engstens verwandt ist und dass beide Idiome nur verschiedene Dialekte ein und derselben Sprache sind. Allerdings gibt es auch Forscher, die von zwei separaten Sprachen ausgehen. Auch für das Tumšuq-Sakische wurde eine Variante der Brahmi-Schrift verwendet, die allerdings weit mehr Zusatzzeichen als die khotanesische Version enthält.

Die späten khotanesischen Texte sind durch einen starken lautlichen Zerfall gekennzeichnet. Viele Finalsilben gingen verloren, wodurch die Wörter teils bis zur Unkenntlichkeit gekürzt wurden. Beispiele: spätkhotanesisch *a* < frühkhotanesisch *aysu* „ich", *ā* < *ātä* „er ist gekommen" oder *hvaṃ* < *hvatana* „khotanesisch". Im Gegensatz zum lautlichen Zerfall der Spätperiode steht die weitgehende Erhaltung der Nominalmorphologie, in der sechs unterscheidbare Kasusformen erhalten blieben; lediglich Dativ und Genitiv sowie Instrumental und Ablativ fielen zusammen. Die lautlichen Veränderungen der Spätzeit führten aber auch hier zu weiteren Vereinfachungen. Vom Dual sind kaum Spuren übrig geblieben.

Beim Verbum ist das altiranische Modussystem wenigstens im Präsens in Resten erhalten geblieben, während das Tempussystem auf ein synthetisches Präsens und Präteritum schrumpfte; weitere Tempusunterscheidungen wurden durch analytische Konstruktionen erzielt. Eine interessante Besonderheit des Sakischen besteht darin, dass das vom altiranischen *ta*-Partizip gebildete Präteritum im Singular das Genus differenziert, z.B. *hvate* „er hat gesagt", *hvatātä* „sie hat gesagt", was wahrscheinlich auf eine Formenbildung mittels Personalsuffixen zurückzuführen ist. Der Wortschatz des Sakischen ist stark indoarisch beeinflusst, was bei dem buddhistischen Inhalt der meisten Texte nicht verwundert. Hauptquellen der Entlehnungen sind das Sanskrit und das nordwestindische Ghandara-Prakrit.

Sarmatisch und Alanisch

Zahlreiche Stämme der Sarmaten, Alanen und verwandter iranischer Völker siedelten nördlich des Kaukasus und des Schwarzen sowie Kaspischen Meeres. Sie haben kaum direkte Sprachzeugnisse hinterlassen. Am konkretesten greifbar ist das sarmatische Namensgut griechischer Inschriften in den griechischen Kolonien an der nördlichen Schwarzmeerküste und auf der Krim. Dieses wird ergänzt durch weiteres onomastisches Material, Glossen in literarischen oder epigraphischen Texten, durch moderne geographische Namen als Fortsetzer iranischer Namen sowie durch Lehnwörter, vor allem aus dem Alanischen im Ungarischen.

In zwei Dokumenten sind in griechischer Schrift alanische Texte überliefert: eine Grabstele vom Ufer des Zelenčuk, eines Nebenflusses des Kuban (10.–12. Jh.), sowie zwei Verse im Epilog der Theogonie des Byzantiners Johannes Tzetzes (12. Jh.). Durch diese Texte gilt es heute als gesichert, dass das neuiranische Ossetische sich aus einem alanischen Dialekt entwickelt hat. Zum Beispiel ist das alanische Wort *furt* „Sohn" identisch mit ossetisch *furt* (vgl. auch altiran. **puθra-* „Sohn"), auch der sarmatische Personenname *Phourtas* ist hier anzuschließen.

Neben dem Sarmatischen und Alanischen muss es weitere mitteliranische Sprachen ohne eine direkte Überlieferung gegeben haben. So hat nach Angaben indischer Quellen im Osten Afghanistans das Volk der *Kambojas* gewohnt, von deren Sprache indische Grammatiker auch einzelne Formen zitieren, die darauf hindeuten, dass dies eine iranische Sprache gewesen ist, z.B. *śavati* „er geht", was genau dem avestischen *šauuaiti* entspricht.

14.18 Neuiranisch

Die rund 40 neuiranischen Sprachen werden von etwa 140 Mio. Menschen als Muttersprache und von mindestens weiteren 30 Mio. als Zweit- oder Drittsprache gesprochen. Ihr Verbreitungsgebiet reicht vom Nordkaukasus im Nordwesten bis zum Oman im Süden und zur chinesischen Provinz Xinjiang im Osten. Das Kerngebiet umfasst die Länder Iran, Afghanistan, Tadschikistan und Pakistan.

Der Übergang von der mittel- zur neuiranischen Periode wird im 9. Jh. n. Chr. angesetzt, das einschneidende Ereignis war das Ende des Sassanidenreiches und die Islamisierung der iranischen Welt. Diese Periodisierung ist am klarsten beim Persischen nachvollziehbar, das auf eine 2500-jährige kontinuierliche Geschichte mit den Sprachstufen Altpersisch, Mittelpersisch und Neupersisch zurückblicken kann. Als „neuiranisch" kann man also zusammenfassend die heute gesprochenen iranischen Sprachen sowie solche Sprachen bezeichnen, deren schriftliche Bezeugung erst nach der Islamisierung des Iran eingesetzt hat. Nur drei mitteliranische Sprachen haben eine Fortsetzung ins Neuiranische gefunden: Aus dem Mittelpersischen wurde (Neu-)Persisch, ein Dialekt des Sogdischen setzte sich im *Jagnobi* fort und aus einer Varietät des Alanischen entstand das *Ossetische*.

Die Hauptgliederung der mitteliranischen Periode in *West-* und *Ostiranisch* gilt auch für das Neuiranische. Dabei kann man vereinfachend von morphologisch konservativeren, aber phonologisch innovativeren ostiranischen Sprachen ausgehen. Das Westiranische wird hauptsächlich auf der Grundlage phonologischer Merkmale weiter untergliedert in *Nordwest-* und *Südwestiranisch*. Die teilweise ebenfalls durchgeführte Aufteilung des Ostiranischen in Nord- und Südostiranisch ist wesentlich weniger zwingend; sie findet zum Beispiel im Standardwerk Schmitt 1989 „Corpus Linguarum Iranicarum" keine Erwähnung. Obwohl die Gruppenbezeichnungen geographisch geprägt sind, sagen sie nichts über die aktuelle geographische Verbreitung der neuiranischen Sprachen aus. So ist insbesondere das ostiranische Ossetisch im Kaukasus angesiedelt, also viel weiter westlich als fast alle westiranischen Sprachen.

Hauptsprachen

Die mit Abstand bedeutendste neuiranische Sprache ist das zum Südwestzweig gehörende *Persisch*. Es wird von etwa 60 Mio. Menschen als Muttersprache sowie von weiteren 30 Mio. als Zweitsprache verwendet und weist eine 2500-jährige ununterbrochene schriftliche Bezeugung auf. Es setzt sich aus drei Hauptvarietäten zusammen: *Westpersisch* (Farsi) im Iran, *Dari* in Afghanistan sowie *Tadschikisch* in Tadschikistan und Usbekistan.

Die nach Sprechern zweitgrößte iranische Sprache ist das zum Ostzweig gehörende *Pashto*, das von etwa 35 Mio. Menschen gesprochen wird, davon leben ca. 11 Mio. in Afghanistan und 24 Mio. in Pakistan. Die größte Sprache des Nordwestzweiges und die drittgrößte iranische Sprache ist das *Kurdische* mit etwa 25 Mio. Sprechern, das sich in Nordkurdisch (Kurmandschi), Zentralkurdisch und Südkurdisch gliedert. Diese zum

Teil nicht wechselseitig verständlichen kurdischen Varietäten werden von einigen Forschern als separate Sprachen aufgefasst. Das ostiranische *Ossetisch* wird im Kaukasus von 600 Tsd. Menschen gesprochen. Nordossetien ist eine Republik der russischen Föderation, Südossetien völkerrechtlich ein Bestandteil Georgiens, faktisch gehört es seit 2008 trotz formaler Unabhängigkeit zum Herrschaftsgebiet Russlands. Tabelle 14.67 zeigt die Sprecherzahlen und Verbreitungsgebiete der wichtigsten neuiranischen Sprachen. Staaten, in denen die jeweilige Sprache den Status einer *National- oder Amtssprache* hat, sind halbfett hervorgehoben.

Tab 14.67 *Die wichtigsten neuiranischen Sprachen und ihre Verbreitung*

Einheit	Sprache	Sprecher	Hauptverbreitung
NORDWEST	Kurdisch	25 Mio.	Türkei, Syrien, **Irak**, Iran
	Belutschi	9 Mio.	**Pakistan**, Iran, Afghanistan
	Mazenderani	3,5 Mio.	Nordiran: Mazenderan
	Gilaki	3,3 Mio.	Nordiran: Gilan
	Zazaki	2–3 Mio.	Osttürkei, Irak
	Talyshi	1 Mio.	Aserbaidschan, Nordwestiran
SÜDWEST	Persisch	60 Mio.	**Iran, Afghanistan, Tadschikistan,** Usbekistan, Pakistan
	Luri	3,5 Mio.	Westiran
OST	Pashto	35 Mio.	**Afghanistan, Pakistan**
	Ossetisch	0,6 Mio.	Russland: **Nordossetien**, Georgien: **Südossetien**

Schriften für neuiranische Sprachen

Der Übergang vom Mittel- zum Neuiranischen brachte auch eine *neue Schrift* mit sich. Die *arabische Schrift* wurde so angepasst, dass sie sich für die Schreibung iranischer Sprachen eignete. Dazu gehörte im Persischen die Einführung von Zeichen für die Laute /p, č, ž, g/, die es im Arabischen nicht gibt. Die arabo-persische Schrift wird bzw. wurde außer für das Persische auch für die iranischen Sprachen Kurdisch, Pashto und Belutschi verwendet. (Außerdem für die indoarischen Sprachen Urdu, Sindhi, Panjabi, Lahnda sowie die Turksprachen Uigurisch, Usbekisch, Kasachisch, Kirgisisch, Turkmenisch, Osmanisch und Aserbaidschanisch; die meisten Turksprachen haben allerdings inzwischen das lateinische oder kyrillische Alphabet übernommen). Eine nennenswerte schriftliche Überlieferung und Literatur haben von den iranischen Sprachen in arabo-persischer

Verschriftung neben dem Persischen nur Pashto, Kurdisch, Ossetisch und Belutschi entwickelt.

Nicht alle neuiranischen Sprachen wurden in arabo-persische Schrift verschriftet, Ausnahmen sind z.B. die hebräische Schrift für das Jüdisch-Persische, neuerdings die Lateinschrift für das Kurdische und Zazaki in der Türkei, die kyrillische und georgische Schrift für das Ossetische sowie die Lateinschrift (1929–40) bzw. kyrillische Schrift (seit 1940) für das Tadschikische. Etliche kleinere iranische Sprachen sind bis heute unverschriftet geblieben.

Präteritale Splitergativität

Ein gemeinsames Kennzeichen der neuiranischen Sprachen – das aber bei einigen schon im Schwinden begriffen ist – ist die sog. *präteritale Splitergativität*. Bei präteritalen Verbformen, die aus dem altiranischen Verbaladjektiv entstanden sind, steht der Agens oder das logische Subjekt nicht im Rectus (Nominativ), sondern im Obliquus, das Objekt dagegen im Rectus. Diese Konstruktion ist, wie oben gezeigt, bereits im Altpersischen belegt und in den meisten mitteliranischen Sprachen üblich. Dazu ein Beispiel aus dem neuiranischen Zazaki: *malım-i ciran berd doxtor-i* „der Lehrer (*malım-i*, Obliquus) brachte (*berd*) den Nachbarn (*ciran*, Rectus) zum Arzt (*doxtor-i*, Obliquus)", wörtlich „vom Lehrer (wurde) der Nachbar zum Arzt gebracht". Dagegen wird das Präsens dieser Verben wie üblich mit dem Rectus als Subjekt und dem Obliquus als Objekt gebildet.

Die Klassifikation der neuiranischen Sprachen

Wie oben schon dargestellt, werden die neuiranischen Sprachen – wie bereits die alt- und mitteliranischen – primär in einen West- und einen Ostzweig eingeteilt, der Westzweig wiederum in Nordwest- und Südwestiranisch untergliedert. Die genetische Klassifikation der neuiranischen Sprachen in Tabelle 14.68 basiert vor allem auf dem „Compendium Linguarum Iranicarum" (Schmitt 1989).

Tab 14.68 *Die interne Gliederung der neuiranischen Sprachen (Karte 2, Seite 742–43)*

Spracheinheiten	Einzelsprachen
NEUIRANISCH	
WESTIRANISCH	
NORDWEST	
TALYSHI	Talyshi
IRANISCH-AZARI	Iranisch-Azari („Süd-Tati")
KASPISCH	Gilaki, Mazenderani;
	Semnani, Sangisari, Sorchei, Lasgerdi
KURDISCH	Kurdisch (Kurmandschi, Zentral-, Südkurdisch)
ZENTRALIRANISCH	Tafreshi, Mahallati-Chunsari, Kashani-Natanzi,
	Yazdi-Kermani-Nayini, Sivandi, Gazi
ZAZA-GURANI	Zazaki, Gorani
BELUTSCHI	Belutschi
SÜDWEST	
PERSISCH	Persisch (Westpersisch, Dari, Tadschiki u.a.)
LURI	Luri (Feyli, Bachtiari, Mamasseni, Gioni u.a.)
Sonstige	Kumzari, Fars, Larestani, Baskardi; Tati
OSTIRANISCH	
OSSETISCH	Ossetisch
JAGNOBI	Jagnobi
WAKHI	Wakhi
SHUGNI-YAZGHULAMI	Shugni, Roshani, Bartangi, Roshorvi, Sariqoli;
	Yazghulami, Wanji †
ISHKASHMI	Ishkashmi-Sanglichi-Zebaki
MUNJI-YIDGHA	Munji, Yidgha
PASHTO	Pashto, Wanetsi
ORMURI-PARACHI	Ormuri, Parachi

In den folgenden drei Abschnitten werden die drei Einheiten *Nordwestiranisch, Südwest-iranisch* und *Ostiranisch* sowie die zugehörigen Sprachen beschrieben. Die linguistischen, soziolinguistischen und geographischen Informationen über die einzelnen Sprachen und Sprachgruppen basieren weitgehend auf dem von R. Schmitt 1989 herausgegebenen „Compendium Linguarum Iranicarum" sowie auf dessen kompakter Zusammenfassung „Die iranischen Sprachen in Geschichte und Gegenwart" (Schmitt 2000). Die Sprecher-zahlen stammen im Wesentlichen aus Ethnologue 2009, bei größeren Sprachen wurden zusätzlich staatliche Zensusdaten, statistische Jahrbücher und andere Quellen herangezo-gen. Eine Übersicht über die dialektale Gliederung der neuiranischen Sprachen enthält Kapitel 15.

14.19 Die nordwestiranischen Sprachen

Die nordwestiranischen Sprachen unterscheiden sich vor allem in phonologischer Hinsicht von den südwestiranischen; ein charakteristisches Merkmal ist die Opposition von nordwestiranisch /z/ zu südwestiranisch /d/, z.B. kurdisch (sorani) *zāwa* ~ neupersisch *dāmād* „Schwiegersohn". Man teilt das Nordwestiranische in sieben Untereinheiten ein:

- *Talyshi* oder *Taleshi* in Südaserbaidschan und im iranischen Gilan,
- *Iranisch-Azari*: Sprachinseln im aserbaidschanischen Sprachgebiet Nordwest-Irans,
- die *kaspischen Sprachen* in Nordwest- und Nordiran südlich des Kaspischen Meeres,
- das von Anatolien über Syrien, den Irak bis nach Iran verbreitete *Kurdisch*,
- die zahlreichen kleinen *zentraliranischen* Mundarten,
- die Gruppe *Zazaki* (in Ostanatolien) und *Gorani* (im Irak) sowie
- *Belutschi* in Südostiran und Südpakistan.

Tab 14.69 *Die nordwestiranischen Sprachen*

Spracheinheiten	Einzelsprachen
NORDWESTIRANISCH	[18 Sprachen; 43 Mio. Sprecher]
TALYSHI	**Talyshi** (Talyschisch) (1 Mio.)
IRANISCH-AZARI	Iranisch-Azari („Süd-Tati") (300 Tsd.)
KASPISCH	**Gilaki** (3,3 Mio.)
	Mazenderani (3,5 Mio.)
	Semnani (60 Tsd.)
	Sangisari (36 Tsd.)
	Sorchei (10 Tsd.)
	Lasgerdi (1.000)
KURDISCH	**Kurdisch** (25 Mio.) *Varietäten:*
	Kurmandji (Nordkurdisch) (15 Mio.)
	Zentralkurdisch (Sorani, Kurdi) (5 Mio.)
	Südkurdisch (4 Mio.)
ZENTRALIRANISCH	Isfahani (einige Tsd.)
	Mahallati-Chunsari (22 Tsd.)
	Vafsi-Ashtiani (40 Tsd.)
	Kashani-Natanzi (einige Tsd.)
	Yazdi-Kermani-Nayini (einige Tsd.)
	Sivandi
ZAZA-GORANI	**Zazaki** (Zaza, Kirmanjki, Kirdki, Dimli, „So Be") (2–3 Mio.)
	Gorani (Gurani, Bajalani, Hawrami) (400–500 Tsd.)
	(D Gorani, Hawramani, Bajalani, Sarli u.a.)
BELUTSCHI	**Belutschi** (Baločī) (9 Mio.: 7 Mio. Pakistan, 1,5 Mio. Iran)

Das Kurdische ist näher mit den zentraliranischen Sprachen verwandt, so dass man eine genetische Einheit *Kurdisch-Zentraliranisch* definieren kann; eine zusammenfassende Bezeichnung dafür ist *Kermanisch*. Einige Forscher sehen auch eine engere genetische Beziehung zwischen dem Belutschi und der Zaza-Gorani-Gruppe, die dann zusammenfassend auch *Hyrkanisch* genannt wird.

Häufig werden Zazaki und Gorani irrtümlich zum Kurdischen gerechnet, Kurdisch und Zaza-Gorani bilden jedoch innerhalb des Nordwestiranischen klar definierte Untereinheiten, Zazaki und Gorani sind also keine kurdischen Sprachen und erst recht keine „kurdischen Dialekte" (Schmitt 2000: 78, Selcan 1998: 5–123). Dies heißt natürlich nicht, dass Zaza und Kurden nicht sehr nah verwandte Ethnien sein könnten. Ihre gemeinsame sprachliche Basis ist das Proto-Nordwestiranische.

Talyshi

An der Südwestküste des kaspischen Meeres werden im südlichen Teil Aserbaidschans (Lenkoran, Lerik, Astara) sowie im Norden der angrenzenden iranischen Provinz Gilan verschiedene Dialekte des Talyshi (Talyschisch, Taleshi) gesprochen, die einen älteren nordwestiranischen Dialekt fortsetzen, der hier vor der Einwanderung der Türken verwendet wurde. Ansätze zu einer Verschriftlichung blieben erfolglos, der Einfluss des Aserbaidschanischen war zu groß. Auffällig ist der weitgehende innervokalische Schwund der Konsonanten, andererseits haben sich beim Nomen Reste der Flexion erhalten. Die Zugehörigkeit zum Nordwestiranischen wird durch /z/ statt neupers. /d/ belegt, z.B. Talyshi *zomo* „Schwiegersohn", neupers. *dāmād*. Die Talyshi-Dialekte haben zusammen etwa eine Million Sprecher.

Iranisch-Azari („Süd-Tati")

Eine umfangreiche Gruppe nordwestiranischer Dialekte, über die erst seit den 1950er Jahren wissenschaftlich publiziert wurde, ist über das gesamte weitgehend turksprachige Gebiet von Harzand bis Teheran und Sava verbreitet. (Die dort gesprochene Turksprache ist das Aserbaidschanische oder Azari, das im Iran von etwa 15 Mio. Menschen, also etwa einem Fünftel der Bevölkerung gesprochen wird.) Die wichtigsten Dialekte des sog. Iranisch-Azari sind die von Harzand, Dezmar, Chalchal, Tarom, Kajal, Cho'in, Takestan, Eshtehard, Rudbar und Alamut, insgesamt gibt es etwa 300 Tsd. Sprecher. Die in der Literatur auch verwendete Bezeichnung „Süd-Tati" für diese Dialektgruppe sollte vermieden werden, da damit fälschlich eine Verwandtschaft zur geographisch benachbarten, aber südwestiranischen Sprache Tati suggeriert werden könnte.

Gilaki, Mazenderani und die Semnani-Gruppe

Als kaspische Sprachen werden die entlang der Südküste des Kaspischen Meeres verbreiteten Idiome Gilaki und Mazenderani sowie die Mundarten der Stadt Semnan und ihrer Umgebung zusammengefasst. Gilaki (etwa 3 Mio. Sprecher) ist die Sprache der iranischen Provinz Gilan, der bedeutendste Dialekt ist der der Hauptstadt Rasht, andere Mundarten sind Galeshi, Lahijani und Langerudi. In der östlich anschließenden Provinz Mazendaran wird das Mazendarani von ebenfalls rund 3 Mio. Menschen gesprochen, Zentren sind Babol, Amol, Shahi, aber auch im Elbursgebirge sind mazenderanische Dialekte verbreitet. Das Semnani bildet mit den nah verwandten Sprachen Sangisari, Sorchei und Lasgerdi – man könnte sie auch als eine Dialektgruppe betrachten – einen Übergang von den kaspischen zu den zentraliranischen Sprachen (siehe unten). Die Semnani-Gruppe hat zusammen gut 100 Tsd. Sprecher.

Der Einfluss des Persischen, das fast alle Sprecher der kaspischen Sprachen beherrschen, ist groß; so sind alle Versuche zur Schaffung einer Gilaki-Schriftsprache gescheitert. Das Mazendarani hat allerdings eine bis ins Mittelalter zurückreichende bescheidene literarische Tradition. Die Zugehörigkeit dieser Gruppe zum Nordwestzweig wird wieder durch /z/ statt neupers. /d/ belegt, z.B. Mazenderani *zīla*, neupers. *dil* „Herz", Gilaki *zamō*, neupers. *dāmād* „Schwiegersohn".

Kurdisch

Kurdisch ist mit etwa 25 Mio. Sprechern die bedeutendste nordwestiranische Sprache. Es wird hauptsächlich in der östlichen Türkei, im nördlichen Syrien, im Norden des Irak sowie im Nordwesten und Westen des Iran gesprochen. Eine kurdische „Diaspora" gibt es in den Großstädten des Nahen Ostens, im Libanon, in Afghanistan sowie in Armenien, Russland und anderen Staaten der ehemaligen Sowjetunion. Durch Migrationen in den letzten Jahrzehnten leben zahlreiche Kurden auch in Westeuropa, vor allem in Deutschland. Das Kurdische gliedert sich aufgrund phonologischer und morphologischer Kriterien in drei große Hauptdialektgruppen: Nordkurdisch oder Kurmandschi, Zentralkurdisch sowie Südkurdisch.

Kurmandschi (Nordkurdisch) ist die am weitesten verbreitete kurdische Varietät (die Schätzungen liegen zwischen 10 und 16 Mio. Sprecher). Die westlichen Kurmandschi-Dialekte werden in der Türkei, in Syrien und im Libanon sowie im Norden und Osten Irans gesprochen; zur östlichen Dialektgruppe gehören die nordirakischen Dialekte von Zakho, Dohu, Amadiyya, Akra und Mosul sowie die Dialekte in Armenien und den früheren Sowjetrepubliken. Kurmandschi wird seit den 1930er Jahren vorwiegend im lateinischen Alphabet geschrieben und durchläuft gerade einen Prozess des Sprachausbaus, indem man versucht, den Dialekt Botani aus Cizre zu einer Hochsprache auszubauen.

Zentralkurdisch wird im Süden der Autonomen Region Kurdistan und in Westiran von etwa 4,5 Mio. Menschen gesprochen. Es hat drei Untergruppen: *Sorani* in den irakischen Provinzen Sulaimaniyya, Arbil und Kirkuk; *Mukri* südlich des Reza'iya-Sees und *Sine'i* in der iranischen Region Kurdistan. Zur Schreibung des Zentralkurdischen wird meist die arabisch-persische Schrift verwendet, zunehmend aber auch das lateinische Alphabet. Die Ausbreitung des Sorani ist eng mit der Herrschaft der Baban-Dynastie von Sulaimaniyya verbunden. Durch die wirtschaftliche Kraft der Stadt verbreitete sich das Zentralkurdische in der Region und verdrängte das ältere Kalhuri und Gorani.

Die *südkurdische* Dialektgruppe weist viele Eigentümlichkeiten auf und ist lautlich in mancher Hinsicht archaischer als die anderen kurdischen Varietäten. Es wird im Westiran (Provinzen Ilam und Kermanschah) sowie im Osten des Nordiraks (Süd-Chanaqin, Kirind und Qorwaq), in den lurischen Gebieten, in Aleshtar, Kuhdesht, Nurabad-e Dolfan und Khorramabad von insgesamt etwa 4 Mio. Menschen gesprochen. Es zerfällt in eine Reihe recht unterschiedlicher Dialekte (z.B. Kermanshahi, Kalhori, Lakki). Südkurdisch wurde stark durch das Persische beeinflusst. Seine Sprecher sind überwiegend Schiiten, viele gehören zur Religionsgemeinschaft Ahl-e Haqq.

Eine häufig angeführte besondere Beziehung des Kurdischen zum *Medischen*, gesteigert bis zur These, das Medische sei der direkte Vorläufer des Kurdischen, muss bei dem äußerst geringen Kenntnisstand des nicht schriftlich überlieferten Medischen (vgl. Abschnitt 14.14) als spekulativ eingeschätzt werden. Allerdings wird sich das Kurdische als eine nordwestiranische Sprache aus einem alt- oder mitteliranischen Dialekt entwickelt haben, der dem vermutlich ebenfalls nordwestiranischen Medisch nahe stand. Die besonders nahe genetische Verwandtschaft des Kurdischen mit den zahlreichen kleineren *zentraliranischen* Sprachen (siehe unten) deutet eher auf einen Ursprung im Zentraliran hin, möglich ist aber auch das Gebiet von Kermanshah. Von dort breitete sich schließlich das Kurdische nach Nordmesopotamien, Westarmenien und Ostanatolien aus. Armenische Lehnwörter aus dem Kurdischen deuten darauf hin, dass erste armenisch-kurdische Kontakte schon im 11. Jh. n. Chr. stattgefunden haben.

Als älteste Aufzeichnung in kurdischer Sprache wird manchmal das „Schwarze Buch" der Jesiden genannt, das aus dem 13. Jh. stammen soll. Da die Jesiden aber ihre Religion nahezu ausschließlich mündlich tradierten, handelt es sich wahrscheinlich um eine spätere Zusammenstellung. Vom 15. bis 17. Jh. entwickelten kurdische Autoren literarische Sprachformen in verschiedenen kurdischen Dialekten. Namentlich überliefert sind die Dichter Mulla Ehmed (1417–1494), Elî Herîrî (1425–1490), Melayê Cezîrî (1570–1640) und Feqiyê Teyran (1590–1660). Einen besonderen Rang nehmen die Gedichte von Ehmedê Xanî (1651–1707) ein. Neben der schriftlichen gibt es eine alte mündliche Tradition, in der umfangreiches Lied- und Erzählgut überliefert ist. Trotz der genannten literarischen Aktivitäten wurde keine einheitliche kurdische Schriftsprache geschaffen. Dafür gibt es mehrere Gründe: Die Unterschiede der Dialekte sind zu groß, es gab und gibt keinen einheitlichen kurdischen Staat und die Kurden benutzen unterschiedliche Schriftsysteme (siehe unten).

Seit dem Anfang des 20. Jh. wurden kurdische Bevölkerungsgruppen in ihren jeweiligen Staaten (vor allem in der Türkei) unterdrückt und die öffentliche Benutzung ihrer Sprache verboten. Ziel war es, die potentielle Gefahr einer eigenen kurdischen Staatsgründung abzuwehren und damit die Abspaltung zu verhindern. Zum Teil waren diese Unterdrückungsmaßnahmen erfolgreich, viele Kurden gaben ihre Muttersprache auf. Einige dieser Repressalien sind inzwischen aufgehoben, so dass mittlerweile im Irak Kurdisch die zweite Amtssprache ist. In der Türkei war es bis vor wenigen Jahren noch verboten, auf Kurdisch zu publizieren oder kurdischsprachige Kurse abzuhalten. Erst im Hinblick auf eine mögliche EU-Mitgliedschaft wurden entsprechende Gesetze aufgehoben, vieles steht allerdings nur auf dem Papier und wurde noch nicht im Alltag umgesetzt. In Syrien dürfen bis heute keine kurdischen Texte veröffentlicht werden. Insgesamt haben alle diese kurdenfeindlichen Maßnahmen einen negativen Einfluss auf die Entwicklung der kurdischen Sprache gehabt.

Die Kurden haben das jeweils in ihrer Heimat vorherrschende *Schriftsystem* benutzt. So verwendeten sie im Mittelalter das arabisch-persische Alphabet ihrer Umgebung. In der Neuzeit und speziell nach dem ersten Weltkrieg änderte sich das. In der Türkei wurde parallel zum neuen türkisch-lateinischen von den Brüdern Bedir Chan ein kurdisch-lateinisches Alphabet entwickelt. In Iran und Irak wird Kurdisch weiter in arabischer Schrift geschrieben, in Syrien teils die arabische, teils die lateinische Schrift verwendet. In der ehemaligen Sowjetunion benutzten die Kurden das kyrillische Alphabet, in Armenien auch das armenische. In der Autonomen Region Kurdistan im Nordirak wird derzeit versucht, das arabische Alphabet durch ein lateinisches zu ersetzen.

Die Zugehörigkeit des Kurdischen zum Nordwestiranischen lässt sich vor allem phonologisch belegen: Kurdisches /s/ entspricht neupersischem /h/, kurdisches /z/ ~ neupers. /d/, z.B. zentralkurd. *zān-* „kennen" ~ neupers. *dān*, Sorani *zāwa* „Schwiegersohn" ~ neupers. *dāmād*. Obwohl sich die drei kurdischen Hauptvarietäten teilweise stark voneinander unterscheiden, gibt es eine Reihe von gemeinsamen Merkmalen, durch die sie sich von anderen nordwestiranischen Sprachen – also auch vom Zazaki und Gorani – abheben. Dazu gehört der Übergang vom postvokalen und intervokalischen altiranischen /*m/ zu /v/ oder /w/, der Verlust des ersten Konsonanten in den Konsonantengruppen /*gm, *xm/ und die Wiedergabe von altiranischem /*x-/ im Anlaut durch /kh-/ oder /k-/. Allerdings blieb im Südkurdischen /x/ im Anlaut erhalten, z.B. Kurmandschi und Sorani *ker*, aber Südkurdisch (Kalhori und Lakki) *xer* „Esel"; Kurmandschi *kanî*, aber Südkurdisch *xanî* „Brunnen".

Die zentraliranischen Sprachen

Das Sprachgebiet der heterogenen zentraliranischen Gruppe wird durch das Elbursgebirge, die Wüste Dasht-e Kavir und das Bachtiari-Gebirge begrenzt. Die sechs nordwestiranischen Dialektbündel, die man als „zentraliranische Sprachen" zusammenfasst, haben sich in diesem dünn besiedelten Gebiet als Inseln innerhalb einer persischsprachigen Umgebung erhalten. Eine genauere Untersuchung der genetischen Beziehungen der sicherlich nah verwandten Sprachen ist noch nicht erfolgt, weswegen die genetische Einheit der zentraliranischen Sprachen auch noch nicht endgültig nachgewiesen ist. Es ist in manchen Fällen schwierig, den Unterschied zwischen einer lokalen Dialektvariante des Persischen und einer eigenständigen, aber stark vom Persischen beeinflussten zentraliranischen Mundart festzustellen. Man unterscheidet folgende Sprachen oder Dialektbündel:

- *Isfahani*: Dialekte aus Isfahan und Umgebung (Gaz, Sedeh, Kafron, Zefre)
- *Mahallati-Chunsari*: Dialekte aus Chunsar, Vonishun, Mahallat
- *Vafsi-Ashtiani*: Dialekte aus dem Raum zwischen Hamadan, Save und Qom
- *Kashani-Natanzi*: Dialekte aus dem Gebiet von Kashan und Natanz
- *Yazdi-Kermani-Nayini*: Dialekte aus dem Raum Na'in, Yazd, Kerman und aus den östlichen Oasen
- *Sivandi*: der isolierte Dialekt von Sivand (80 km nördl. von Shiras)

In den größeren Städten des genannten Gebiets — also in Hamadan, Kashan, Qom, Isfahan, Yazd, Kerman oder Natanz — sprechen nur noch die Juden eine der lokalen zentraliranischen Mundarten, in Kerman und Yazd auch die dort ansässigen Zoroastrier, während die städtische muslimische Bevölkerung fast gänzlich das Persische übernommen hat.

Die zentraliranischen Idiome und Dialekte unterscheiden sich morphologisch sehr stark, wie an den Formen für „ich mache" von der altiran. Wurzel *kar- deutlich wird: Yazdi *m-e-kr-e*, Gazi *ker-ān-e*, Chunsari *et-ker-ān*, Kashani *ker-om*, Qohrudi *a-ker-ūn*, Natanzi *kor-ō*, Na'ini *mi kirī*, Zefrei *kor-ōn*, Vafsi *ar-kar-om*, Sivandi *me-ker-i* (Schmitt 2000: 75). Die Formen sind nicht vom altiranischen Präsensstamm, sondern direkt von der Wurzel durch verschiedene Präfixe und Personalsuffixe abgeleitet.

Keiner der zentraliranischen Dialekte ist bisher verschriftet worden. Ihre Zugehörigkeit zum Nordwestiranischen ergibt sich wieder aus den typischen phonologischen Merkmalen: /z/ steht neupersischem /d/ gegenüber, /sp/ wie im Medischen dem neupersischem /s/, z.B. statt neupers. *sag* „Hund" (aus *saka) heißt es Vafsi *asba*, Mahallati *isba*, Qohrudi *espa*, Kermani *espo*, Sivandi *espe*, die alle wie das medische *spaka* „Hündin" das zusätzliche /p/ erhalten haben.

Zazaki

Das Volk der Zaza ist eine bedeutende ethnische Gruppe im Osten Anatoliens, deren Sprache als *Zazaki* oder auch kurz als *Zaza* bezeichnet wird. Weitere Sprachnamen — zum Teil nur für bestimmte Dialektgruppen — sind *Dımıli*, *Dımli*, *Kirdki*, *Kirmanjki* u.a. Das Verbreitungsgebiet der Zaza ist Zentral- und Ostanatolien: vom Van-See nach Westen bis nahe Sivas, in Nord-Südrichtung von Erzincan und Erzurum bis Diyarbakır und Siverek. Es umfasst damit die türkischen Provinzen Dersim (Tunceli), Erzincan, Erzurum (Hınıs), Muş (Varto), Sivas, Bingöl, Elazığ, Diyarbakır, Siverek und Adıyaman. Größere Gruppen von Zaza-Sprechern gibt es auch in den türkischen Großstädten und in Georgien (von hier wurden Zaza im Zweiten Weltkrieg nach Zentralasien zwangsumgesiedelt). Auf Grund der Arbeiter-Migrationen der letzten Jahrzehnte leben heute viele Zaza in Westeuropa, insbesondere in Deutschland (ca. 250 Tsd.). Die Gesamtzahl der Sprecher wird je nach Quelle mit 2 bis 3 Mio. angegeben. Die ethnische Gruppe der Zaza ist größer, da ein Teil der Zaza kulturell und sprachlich kurdisiert oder türkisiert worden ist, allerdings sind Angaben von bis zu 8 Mio. für die Zaza-Ethnie mit Sicherheit zu hoch.

Die Vorläufer der Zaza sind mit anderen nordwestiranischen Stämmen zu Beginn des ersten Jt. v. Chr. nach Iran und später dann – wohl am Ende des 1. Jt. n. Chr. – in ihre heutigen anatolischen Siedlungsgebiete eingewandert. Der deutsche Iranist F. C. Andreas gelangte 1906 zu der Ansicht, dass die Bezeichnung „Dımli" sich von den „Dailemi" herleiten könne, einer Volksgruppe mit einer eigenständigen Sprache an der Südwestküste des Kaspischen Meeres, über die mehrere persische Quellen im 10. Jh. berichten. Die Dailemi errichteten mehrere kleine Staaten in „Dailemistan", Gilan und Gurgan und sind auch die Gründer der Buyidendynastie, die in Bagdad von 950 bis 1055 herrschte. Leider ist von der Sprache der Dailemi nichts überliefert, so dass die Hypothese der Identität von Dailemi und Zaza nicht abschließend geklärt werden kann.

Es wurde oben schon darauf hingewiesen, dass die Sprache der Zaza auch heute noch aus politischen und kulturellen Gründen als ein Dialekt des Kurdischen betrachtet wird. Dagegen stellt die Iranistik eindeutig fest: Zazaki ist eine eigenständige Sprache, es bildet zusammen mit dem Gorani eine eigene genetische Einheit innerhalb des Nordwestiranischen. Zum Kurdischen, das zusammen mit den zentraliranischen Sprachen ebenfalls eine Untereinheit des Nordwestiranischen darstellt, bestehen keine engeren Beziehungen (Schmitt 2000: 78). Dies wurde schon von Sprachforschern des 19. Jh. erkannt und von den deutschen Iranisten O. Mann und K. Hadank durch ihre vielfältigen Untersuchungen bestätigt, aus denen 1932 die erste umfangreiche wissenschaftliche Grammatik des Zazaki unter dem Titel „Mundarten der Zaza" hervorging.

Der Abstand zwischen Kurdisch (z.B. Kurmandschi) und Zaza ist mindestens so groß wie der zwischen Deutsch und Englisch. Früher fühlten sich die meisten Zaza im ethnischen, kulturellen und linguistischen Sinne als Kurden – sie bezeichneten sich als „Kurden" oder „Zaza-Kurden" und fassten ihre Sprache Zazaki als einen kurdischen Dialekt auf –, da sie im Gegensatz zu den eigentlichen Kurden keine zentrale politische Führung hatten. Diese Situation änderte sich seit etwa 1980 zunehmend, und immer mehr Zaza bekennen sich inzwischen in Europa und in der Türkei zu ihrer kulturellen und linguistischen Eigenständigkeit, was zu Konflikten mit Kurden und den Zaza führt, die sich ethnisch und linguistisch weiterhin als Kurden sehen.

Das Zazaki ist bis heute keine voll etablierte Schriftsprache, es gibt vor allem keine schriftliche Überlieferung älterer Texte und Sprachformen. Immerhin existieren zwei Zaza-Texte in arabischer Schrift aus dem frühen 20. Jh.: das *Mawlıd* von Ahmede Xase, ein religiöses Gedicht in 756 Versen, das 1899 in 400 Exemplaren veröffentlicht wurde, und das *Mawlıd* von Usman Effendi, geschrieben um 1903, aber erst 1933 veröffentlicht. Seit 1980 werden vor allem in den europäischen Migrationsgruppen verstärkt Versuche unternommen, Zazaki mit Hilfe der lateinischen Schrift zu verschriftlichen. So gibt es inzwischen etwa ein Dutzend Zeitschriften, in denen Texte in der Zaza-Sprache veröffentlicht werden. Sie treten für eine selbstständige Entfaltung der kulturellen, sprachlichen und ethnischen Identität der Zaza ein und lehnen jede Vereinnahmung von kurdischer Seite ab.

Knapp die Hälfte der Zaza sind Alewiten (vor allen in den nördlichen Provinzen Dersim, Hınıs, Erzincan), während der südliche Teil sunnitisch ist. Diese beiden Gruppen konstituieren auch die beiden Hauptdialekte Nord- und Süd-Zaza. Zusätzlich lässt sich noch ein Zentral-Dialekt als Übergangsform feststellen, außerdem gibt es verschiedene Randdialekte. Paul 1998 führt folgende Dialektgruppen auf:

- *Norddialekte* (Alevi-Dialekte): Dersim, Erzincan, Gümüshane, Varto, Hinis (Kirmancki)
- *Zentraldialekte*: Palu, Bingöl (Kirdki)
- *Süddialekte*: Çermik, Siverek, Çüngüş, Gerger (Zazaki, Dımıli)
- *Randdialekte*: Mutki, Aksaray, Sarız (Zazaki)
- *Übergangsdialekte*: Kulp, Lice, Ergani, Maden (Zazaki, Kirdki)

Die Zaza-Sprache weist auffällige Gemeinsamkeiten mit dem mitteliranischen Parthisch auf, die das südwestiranische Persische und seine Vorgängersprachen nicht teilen. Allerdings kann man nicht nachweisen, dass das Parthische eine unmittelbare Vorgängersprache des Zaza gewesen ist.

Alle Zaza-Dialekte haben gemein, dass beim Nomen Maskulinum und Feminum im Singular generell unterschieden werden, auch das Verbum hat in der 3. Person Singular die Genusdifferenzierung, z.B. *kano* „er macht", *kana* „sie macht". Die Pluralformen des Nomens sind dagegen genusneutral. Dass Zazaki zum Nordwestiranischen gehört, wird wieder phonologisch deutlich, da Zazaki /z/ neupersischem /d/ gegenübersteht, z.B. Zazaki *zama* „Schwiegersohn" ~ neupersisch *dāmād* (hier wird auch ein Unterschied zum Kurdischen *zāwa* deutlich, bei dem das intervokalische /*m/ zu /w/ wird). Altiran. /*dw/ wird im Zazaki wie im Parthischen zu /b/, im Neupersischen zu /d/, z.B. Zazaki *ber* „Tür" ~ parthisch *bar* ~ mittel- und neupersisch *dar*. Der Abschnitt 14.22 bietet eine grammatische Beschreibung der Zaza-Sprache.

Gorani

Gorani (auch Gurani) ist mit dem Zazaki nah verwandt, die Sprachgebiete liegen jedoch weit auseinander. Gorani-Dialekte werden hauptsächlich in den Tälern des mittleren Zagrosgebirges gesprochen, in Iranisch-Kurdistan westlich und nördlich von Bachtaran und um Kandula und Biwanij, im Hawraman-Distrikt westlich von Sanandaj, in der Gegend um Zohab und Qasr-e Shirin sowie weiter im Westen in einigen Dörfern der irakischen Provinz Mosul (Schmitt 2000: 78–79). Das Sprachgebiet ist nicht zusammenhängend, sondern bildet Inseln in kurdischer Sprachumgebung. Die Gesamtsprecherzahl des Gorani wird auf etwa 500 Tsd. geschätzt. Man unterscheidet folgende Dialektgruppen:

- *Bajalani*: Qasr-e Shirin, Zohab, Bin Qudra, Quratu, Khanaqin, Ninawa
- *Shabaki*: Ali Rach, Khazana, Talara, auch Ninawa
- *Sarli*: Nördl. Ninawa, Kirkuk-Provinz
- *Hawrami*: Iranisch-Kurdistan, Hawraman, Kermanschah

Das Kurdische (Sorani) hat das Gorani stark beeinflusst und seit dem 19. Jh. auch zunehmend verdrängt, beides führte dann zu dem Fehlschluss, dass auch die Gorani-Mundarten Dialekte des Kurdischen seien (zumal viele Gorani-Sprecher sich selbst als Kurden einordnen, was soziokulturell sicherlich zutrifft). Man kann den Namen der Guran-Stämme möglicherweise mit dem antiken Ethnonym *Guranoi* bei Strabon in Verbindung bringen, was für eine schon sehr frühe Anwesenheit dieser Stämme in dieser Region spräche. In der goranischen Sprache ist sowohl epische als auch religiöse Literatur überliefert, letztere stammt von verschiedenen islamischen Sekten, vor allem von der Ahl-e Haqq.

Gorani weist einige archaische phonologische Züge auf, darunter den Erhalt von altiran. /*y/ im Anlaut, das neupersisch und kurdisch zu /ǰ/ wurde, z.B. Hawrami *yahar* „Leber" ~ avest. *yākar* ~ kurdisch *ǰarg* ~ neupers. *ǰigar*. Altiran. anlautendes /*v/ wird im Gorani zu /w/, während es kurdisch und neupersisch zu /b/ wurde, z.B. Gorani *wahār* „Frühling" ~ kurdisch und neupersisch *bahār*. Die Tendenz zur Genusunterscheidung ist ähnlich wie im Zazaki stark ausgeprägt und betrifft auch Personalpronomen und Verb. Die Einordnung ins Nordwestiranische wird wieder phonologisch belegt: /z/ statt neupers. /d/, z.B. *zān-* „wissen" ~ neupers. *dān-* und Gorani /b/ statt neupers. /d/, z.B. *bara* „Tür" ~ neupers. *dar*.

Belutschi

Belutschi (auch Beludschi, Baločī) wird von insgesamt 8–9 Mio. Menschen im Süden Pakistans (Belutschistan, Sindh), im westlich angrenzenden Südostpersien (Sista-va-Balučestan) sowie im nördlich angrenzenden Südafghanistan (hauptsächlich im Helmand-Tal) gesprochen. Die Sprecherzahlen verteilen sich wie folgt: Pakistan 6–7 Mio., Iran 1,5 Mio., Afghanistan 200 Tsd. Weitere Gruppen von Belutschen sind nach Turkmenistan in die Oase Marv ausgewandert, südlich angrenzend im Iran siedeln andere in verstreuten Dörfern östlich der großen Salzwüste. Als Arbeitsmigranten leben über 200 Tsd. Belutschen im Oman, in Kuwait und in den arabischen Emiraten. In der südpakistanischen Provinz Belutschistan hat Belutschi den Status einer Amtssprache, im Iran ist es eine anerkannte Minderheitensprache.

Trotz seiner geographischen Positionierung gehört Belutschi nach seinen sprachlichen Merkmalen eindeutig zum Nordwestiranischen. Auch das Belutschi hat /z/ statt neupers. /d/ sowie /s/ statt /h/, z.B. Belutschi *zāmāt* „Schwiegersohn" ~ neupers. *dāmād*; Belutschi *zird* „Herz" ~ neupers. *dil*; Belutschi *asin* „Eisen" ~ kurdisch *āsin* ~ neupers. *āhan*. Die nächsten Verwandten des Belutschi sind Zazaki und Gorani, von manchen Forschern werden diese drei Sprachen in einer genetischen Einheit zusammengefasst.

Man nimmt an, dass die Belutschen ursprünglich südöstlich des Kaspischen Meeres gesiedelt haben. Über die Ursachen und Wege ihrer Migration, die wohl am Ende der Sassanidenzeit in südöstlicher Richtung einsetzte und schließlich bis in die heutigen Siedlungsgebiete in Belutschistan führte, ist wenig bekannt. Spätestens seit dem 14. Jh. standen sie jedenfalls in engem und andauerndem Kontakt mit den Brahui, die eine drawidische Sprache sprechen. Diese Kontakte waren so intensiv, dass das Brahui durch das Belutschi vollständig überformt wurde. Die Wirkung des Einflusses lässt sich in folgenden Punkten zusammenfassen (Elfenbein 1989: 360):

- weitgehende Übernahme des belutschischen Lautsystems
- Verlust des Genus als nominale Kategorie

- Übernahme morphologischer Partikel, z.B. des Imperfektiv-Präfixes *a-*
- Ausbildung eines Präsens-Kontinuativs nach belutschischem Vorbild
- Ausbildung eines Kasus auf *-ā* als Lokativ (vom belutschischen Obliquus)
- Verwendung suffigierter Pronomina nach dem Vorbild des Belutschi
- Übernahme der Wortfolge SOV
- über 20% des Brahui-Wortschatzes sind Lehnwörter aus dem Belutschi

Erste Handschriften in Belutschi stammen aus dem 19. Jh., jedoch ist die mündliche Überlieferung in allen Literaturgattungen wesentlich bedeutsamer, sie reicht bis ins 15./16. Jh. zurück. Im 20. Jh. hat sich in Pakistan allmählich eine belutschische Schrift- und Literatursprache auf Grundlage des Hauptdialekts Rachshani in arabisch-persischer Schrift herausgebildet. Ähnliche Bemühungen, die die Belutschen in Iran und Afghanistan seit den 1980er Jahren unternommen haben, sind bisher ohne nennenswerten Erfolg geblieben.

Das Belutschi wird in sechs Dialektgruppen eingeteilt, die mit Ausnahme der stark abweichenden „Bergdialekte" trotz des großen Sprachgebiets wechselseitig verständlich sind. Es handelt sich um folgende Gruppen (Elfenbein 1989: 359–360):

- *Rachshani*: der Hauptdialekt des Belutschi ist vom turkmenischen Marv bis Kabul und Karatschi verbreitet; Subdialekte sind Kalati, Panjguri und Sarhaddi (inklusive Marvi)
- *Sarawani*: im Südostiran um Sarawan, aber auch angrenzend in Pakistan; Subdialekte sind Sarawan, Bampur und Iranshahr
- *Lashari*: um Lashar südlich von Iranshahr; Subdialekte sind Lashar, Espakeh, Pip, Maskotan und Fanuc
- *Ketschi*: im Ketsch-Tal im pakistanischen Makran
- *Küstendialekte*: an der gesamten Makran-Küste Irans und Pakistans; dzu gehören im Iran die Mundarten von Biaban, Chahbahar, Nikshahr, Qasr-e Qand und Hudar; in Pakistan die belutschischen Mundarten von Mand, Dasht, Jiwani, Gwadar, Pasni, Ormara und Karatschi
- *Bergdialekte* (Eastern Hill Baločī): das gebirgige Verbreitungsgebiet in Pakistan (östlich und nordöstlich von Quetta) erstreckt sich von Jacobabad im Süden bis Dera Ghazi Khan im Norden, von Sibi im Westen bis zum Indus im Osten

Sprachliche Kurzcharakteristik des Belutschi

Phonologie

Phonologisch ist das Belutschi sehr konservativ, wie die Erhaltung der ursprünglichen Vokalquantitäten sowie der altiranischen Plosive und Affrikaten zeigt. So bleibt z.B. altiran. **āp* „Wasser" im Belutschi als *āp* erhalten, während es pers. zu *āb* und kurd. zu *āw* wird; altiran. **dantān-* „Zahn" bleibt Belutschi *dantān*, wird pers. zu *dandān*. Als spezifische Neuerung wurde aus altiran. anlautendem /*v-/ im Belutschi /gw-/, z.B. altiran. **vāta-* „Wind" > belutschisch *gwāt*. Auf die nordwestiranischen Besonderheiten der

Phonologie wurde oben schon hingewiesen. Das Konsonanteninventar des Belutschi hat folgenden Umfang: Plosive /p, t, k, b, d, g, ṭ, ḍ/, Affrikaten /č, ǰ/, Sibilanten /s, z, š, ž/ sowie die Kontinuanten /w, y [j], l, m, n, ŋ, r, ṛ/.

Nominalmorphologie

Das Nomen besitzt drei Kasus (Nominativ, Genitiv und Obliquus) im Singular und Plural, die Kategorie Genus ist verlorengegangen. Die Kasusendungen sind: Nom. Sg./Pl. -ø/-ø, Gen. -e/-ānī, Obl. -ā/-ān. Das optionale Suffix -rā am Obliquus betont die Funktion des Nomens als Objekt, ist also faktisch ein Ersatz für eine Akkusativ- oder Dativendung. Attributive Adjektive stehen vor ihrem Bezugsnomen, sie unterscheiden Numerus und Kasus nicht, erhalten aber in der Regel ein Suffix -ēn, das den attributiven Gebrauch markiert, z.B. šarr-ēn mard „guter Mann". Beim prädikativen Gebrauch wird die Kopula (siehe unten) angehängt, z.B. ān mard šarr-ant „diese Leute sind gut".

Pronomina

Das Personalpronomen im Belutschi bildet standardmäßig den Akkusativ-Dativ als vierten Kasus aus. Eine Genusdifferenzierung findet nicht statt, auch nicht bei der 3. Person. In Tabelle 14.70 sind die Formen des Personalpronomens zusammengefasst.

Tab 14.70 *Das Personalpronomen des Belutschi (Kechi-Dialekt) (Elfenbein 1989: 355)*

Kasus	1. Sg.	2. Sg.	3. Sg.	1. Pl.	2. Pl.	3. Pl.
Nom.	man	tau, to	ā	mā	šumā	ā
Gen.	manī	taī	āyī	me	šume	āyāni
Akk.-Dat.	manā	tarā	āyrā	mārā	šumārā	āyānrā
Obl.	man	tau, to	āy(ā)	mā	šumā	āyān(ā)

Es gibt zwei Demonstrativa: e(š) „dieser", Pl. ešān; ā „jener", Pl. āyān. Die Fragepronomina lauten kay „wer?" und če „was?".

Verbalmorphologie

Das Verbum hat zwei Stämme, den Präsens- und Präteritumstamm. Letzterer wird aus dem Präsensstamm in der Regel durch das Suffix -(i)ta abgeleitet, es gibt aber auch zahlreiche unregelmäßige Bildungen. Personalendungen werden nur im Präsens suffigiert. An sämtliche Nomina und Nominalformen kann eine Kopula angehängt werden, bei der Präsens- und Präteritumformen unterschieden werden (Tabelle 14.71).

Tab 14.71 *Enklitische Kopula und Personalendungen im Belutschi (Elfenbein 1989: 355)*

Person	Kopula Präsens		Kopula Präteritum		Personalendungen Präsens	
	Sg.	Pl.	Sg.	Pl.	Sg.	Pl.
1.	-un, -on	-en, -in	-atun	-atan	-īn	-en, -in
2.	-e	-it	-ate	-atit	-e	-it
3.	-int	-ant	-at	-atant	-īt	-ant

Der durativ-imperfektive Aspekt wird durch das Präfix *a-*, bei einigen Verben mit Vokalanlaut durch das Präfix *k-* ausgedrückt. Ein Verbalnomen wird durch das Suffix *-ag* gebildet, in manchen Dialekten auch durch *-in*. Das Verb besitzt mehrere Modi, die durch Affixe gekennzeichnet sind, so der Kausativ durch das Suffix *-en* am Präsensstamm, der Irrealis durch das Präfix *bi-* am Präteritumstamm. Ein Hortativ kann durch die Konstruktion ‚Präsensstamm + *āt* + Präsensformen der Kopula‘ ausgedrückt werden, z.B. *bi-raw-āt-en* „lasst uns gehen“.

Syntax

Die Standard-Wortfolge im Satz ist SOV, sie wird allerdings pragmatisch frei gehandhabt. Im Belutschi kommen nur wenige Präpositionen zum Einsatz, Postpositionen (mit dem Obliquus) sind häufiger. Vor allem in den pakistanischen Dialekten hat sich eine von indoarischen Sprachen übernommene Kontinuativ-Konstruktion durchgesetzt, die als ‚Verbalnomen + Kasussuffix *-ā* + Kopula‘ gebildet wird, z.B. *ā logā rawa-gā-int* „er geht gerade zum Haus (*logā*)“. Das Präteritum transitiver Verben wird passivisch konstruiert (präteritale Splitergativität), z.B. *man gūnī zurtant* „von mir (*man*, Obl.) wurden die Säcke (*gūnī*) genommen“, „ich nahm die Säcke“.

14.20 Die südwestiranischen Sprachen

Das Südwestiranische besteht im Wesentlichen aus der bedeutendsten iranischen Sprache, dem *Persischen*, das in mehreren Varietäten im Iran, in Afghanistan und Tadschikistan von etwa 60 Mio. Menschen als Muttersprache und von mindestens weiteren 30 Mio. als Zweitsprache gesprochen wird. Die einzige andere größere Sprache dieser Einheit ist *Luri*, ein Bündel von nah verwandten Dialekten, die im Südwestiran von rund 3,5 Mio. Menschen gesprochen werden.

Alle anderen südwestiranischen Sprachen haben eine vergleichsweise geringe Sprecherzahl oder sind sogar vom Aussterben bedroht. Sonderrollen aufgrund ihrer Verbreitungsgebiete nehmen Kumzari und Tati ein. *Kumzari* wird auf der Halbinsel Musandam gesprochen, die zum Oman gehört; damit ist es die einzige iranische Sprache auf arabischem

Boden. *Tati* wird in der zur russischen Föderation gehörenden ostkaukasischen Provinz Dagestan sowie in Aserbaidschan gesprochen (außerdem von jüdischen Emigranten in Israel). Die anderen Idiome dieser Gruppe – Fars, Larestani, Bashkardi – sind im Südwestiran verbreitet.

Tab 14.72 *Die südwestiranischen Sprachen*

Spracheinheiten	Einzelsprachen
SÜDWESTIRANISCH	[9 Sprachen; 63 Mio. Sprecher]
PERSISCH	**Persisch** (60 Mio., mit S2 90 Mio.)
	Varietäten:
	Westpersisch (35 Mio., mit S2 65 Mio.)
	Dari (Afghanisch-Persisch) (12 Mio.)
	Tadschiki (Tadschikisch-Persisch) (8 Mio.)
	Hazaragi (2 Mio.)
	Aimaq (Chahar-Aimaq) (600 Tsd.)
	Jüdisch-Persisch (Bucharik, Dzhidi) (160 Tsd.)
LURI	**Luri** (2,5 Mio.)
	(D Mamassani, Boirahmadi-Kuhgalui; Feili;
	Bachtiari: Haft-Lang, Cahr Lang; Gioni u.a.)
FARS	Fars (7.500)
	(D Buringuni, Masarmi, Somghuni, Papuni;
	Ardakani, Kalati, Chullari; Kondazi, Davani; Judeo-Fars)
KUMZARI	Kumzari (1.700) (D Musandam, Dibah)
LARESTANI	Larestani (Lari) (80 Tsd.)
BASHKARDI	Bashkardi (7.000)
TATI	Tati (130 Tsd.) (V Jüdisch-Tati 100 Tsd., Muslim-Tati 30 Tsd.)

Persisch

Das Persische (genauer Neupersische) umfasst drei Sprachformen, die heute offizielle Staatssprachen in drei Staaten sind:

- *Westpersisch* (Farsi, West-Farsi), die National- und Amtssprache des Iran, die im Iran von 35 Mio. Muttersprachlern gesprochen und auch vom größten Teil der Bevölkerung des Iran, die Persisch nicht als Muttersprache haben, als Zweitsprache verwendet oder zumindest verstanden wird

- *Afghanisch-Persisch* (oft auch als *Dari* bezeichnet) ist neben dem ostiranischen Pashto die zweite Amtssprache Afghanistans; es wird von rund 12 Mio. Muttersprachlern gesprochen, darunter eine Mio. in Pakistan; die Zahl der Zweitsprecher in Afghanistan ist erheblich, da Persisch als Handels-, Verwaltungs- und Verkehrssprache fungiert
- die dritte Sprachform ist das *Tadschikische*, die Nationalsprache Tadschikistans, die auch in Usbekistan und anderen mittelasiatischen Staaten verbreitet ist; die Gesamtsprecherzahl wird auf ungefähr 8 Mio. geschätzt

In Afghanistan ist noch eine Reihe weiterer persischer Varietäten verbreitet, darunter das *Hazaragi* der turko-mongolischen Hazara-Bevölkerung (2–3 Mio. Sprecher) und das *Aimaq*, ein Dialekt mit turkischen und mongolischen Elementen (etwa 600 Tsd. Sprecher). Verschiedene Formen des einst weiter verbreiteten *Jüdisch-Persischen* sind erhalten, darunter *Bucharisch* und *Dzhidi*, die persische Sprache der Juden im usbekischen Buchara bzw. im Iran mit den Zentren Isfahan, Hamadan, Shiras, Yazd und Mashad. Die ältesten neupersischen Texte sind die jüdisch-persischen Inschriften von Tang-i Azao in West-Afghanistan aus dem Jahre 752. Die etwa 160 Tsd. Sprecher der jüdisch-persischen Varietäten leben heute fast vollständig in Israel.

Alle aufgeführten Sprachformen setzen das Mittelpersische fort, wobei sich durch unterschiedliche Einflüsse – z.B. des Parthischen und Sogdischen – lokale Besonderheiten herausgebildet haben. Vom Mittelpersischen, der Kultur-, Verkehrs-, Handels- und Verwaltungssprache des Sassanidenreichs, hob sich das frühe Neupersische nur durch geringe Unterschiede in der Phonologie und Morphologie ab, während der Wortschatz durch ostiranische und vor allem arabische Elemente stark verändert wurde. Das Neupersische setzt nicht die mittelpersische Literatursprache, sondern die Umgangssprache des Hofes und der städtischen Zentren fort, die als *Darī* „Hofsprache" bezeichnet wurde, ein Name, der heute vor allem für die afghanischen Varietäten verwendet wird.

Das Neupersische hat sich seit dem 9. Jh. auf Grundlage einer umfangreichen mündlichen Überlieferung rasch zu einer blühenden Literatursprache entwickelt. Dabei hat der ostiranische Raum sicherlich eine besondere Rolle gespielt, da hier der Einfluss des Arabischen und des Islam noch nicht so stark wie im Westen war. Ein erster Höhepunkt der neupersischen Literatur ist das *Schāhnāmeh* (Königsbuch) von Firdausi (940–1020), das den Verlauf der iranischen Geschichte seit der Frühzeit darstellt. Die erstaunlich geringe Veränderung der neupersischen Sprache im Laufe der Jahrhunderte ermöglicht es heute jedem, der das moderne Persisch beherrscht, auch die bis zu 1000 Jahre alten neupersischen Klassiker ohne Hilfen zu lesen.

Während man für das Persische im Iran und Afghanistan die im Zuge der Islamisierung eingeführte arabisch-persische Schrift verwendet, wird das Tadschikische heute in kyrillischer Schrift geschrieben. Bis in die 1920er Jahre wurde für das Persische auch in Russland bzw. in der Sowjetunion das arabisch-persische Alphabet benutzt. Im Rahmen der allgemeinen Umstellung der Schriften für die zentralasiatischen Turksprachen in der Sowjetunion wurde 1929 auch für das Tadschikische zunächst das lateinische Einheitsalphabet eingeführt, das schließlich 1940 durch ein modifiziertes kyrillisches Alphabet abgelöst wurde. Schon kurz vor der Unabhängigkeit Tadschikistans im Jahre 1991 wurde

Tadschikisch offiziell zur Staatssprache erklärt; das kyrillische Alphabet sollte nach offiziellen Plänen wieder durch die arabische Schrift ersetzt werden, was aber bis heute nicht geschehen ist. Für die jüdisch-persischen Varietäten wurde – soweit sie nicht nur mündlich verbreitet waren – das hebräische Alphabet verwendet.

Phonologisch und morphologisch hat sich das Neupersische nur wenig vom Mittelpersischen entfernt. Als phonologische Neuerung fallen die „unechten" Langvokale /ē, ō/, die aus Diphthongen entstanden waren, mit den „echten" Langvokalen /ī, ū/ zusammen. Beispiel: avest. *daēnā-* „Religion" > mittelpers. *dēn* > neupers. *dīn*, mittelpers. *bīm* „Furcht" (vgl. vedisch *bhīmá* „furchtbar") bleibt neupers. *bīm*; avest. *gaona-* „Farbe" > mittelpers. *gōn* > neupers. *gūn*, mittelpers. *dūr* „fern" (vgl. avest. *dūra-*) bleibt neupers. *dūr*.

Unter allen neuwestiranischen Sprachen weist das Persische die meisten analytischen Konstruktionen auf, da das synthetische Formensystem bereits im Mittelpersischen weitgehend reduziert war. Beim Nomen wurde keine der alten Deklinationsklassen bewahrt und die Genus- und Kasusdifferenzierung aufgegeben, nur die Pluralmarkierung durch die Suffixe *-ān* und *-hā* blieb als Rest der umfangreichen altiranischen Nominalflexion erhalten. Durch den Verlust der synthetischen Formen wurden eine Reihe von neuen Partikeln und Suffixen benötigt, um die syntaktischen Beziehungen zu definieren. Ein Beispiel dafür ist die sog. Izafe-Konstruktion, die zur Bildung attributiver Fügungen verwendet wird. Dabei erhält das vorn stehende Kopfnomen ein konnektives e-Suffix, z.B. *šagerd-e bāhuš* „der kluge (*bāhuš*) Schüler", *šagerd-e ostād* „der Schüler des Meisters (*ostād*)".

Das Tadschikische unterscheidet sich vom Westpersischen und Dari durch Eigenheiten im Formenbestand des Verbums und durch bestimmte Verbalausdrücke, die mittels Partizip oder Gerundivum gebildet werden, vor allem aber im Wortschatz. Ein Beispiel ist die unter turkischem (usbekischem) Einfluss eingeführte evidentielle Verbalkategorie der Vermutung, die durch das Suffix *-agi-* markiert wird, an das die Personalendungen angehängt werden, z.B. **kard-agi-stam* > *kardagam* „es hat den Anschein, dass ich (etwas) tat", „ich tat anscheinend". Dennoch reichen diese Unterschiede – die durch die unterschiedlichen Schriftsysteme optisch vergrößert erscheinen – nach linguistischen Kriterien keineswegs aus, um das Tadschikische als eigenständige Sprache aus dem Persischen herauszulösen. (Es sei denn, man legt die stark politisch definierten Kriterien an, nach denen z.B. Serbisch, Kroatisch und Bosnisch nach dem Zusammenbruch Jugoslawiens zu eigenständigen Sprachen erklärt wurden.)

Der *Wortschatz* des Neupersischen wurde in einem hohen Maße durch das Arabische, die Sprache der Eroberer und des Koran, transformiert. Während in Firdausis Schāhnāmeh der Anteil der arabischen Wörter noch bei 6% lag, kommen zeitgleiche Lyriker bereits auf 25%. Bis 1200 hatte sich der arabische Anteil in der persischen Schriftsprache bereits auf etwa 50% erhöht, dieses Niveau blieb bis heute im Wesentlichen erhalten. Die Situation erinnert an das romanische Lehngut im Englischen; analog zu den zahlreichen „germanisch-romanischen" Wortparallelen im Englischen gibt es auch im Persischen „persisch-arabische" Wortpaare, die dieselbe oder eine sehr ähnliche Bedeutung haben, meist aber zu verschiedenen Sprachregistern gehören. Am hohen Anteil der Arabismen konnten auch Reformversuche im 20. Jh., durch die ein Teil des arabischen

Wortguts durch persische Erbwörter ersetzt werden sollte, nur kurzfristig etwas ändern; seit dem Beginn der Mullahherrschaft im Iran werden Arabismen wieder bewusst gefördert. Seit dem 18. Jh. machte sich der Einfluss der westlichen Sprachen auf das Persische bemerkbar, es wurden hunderte französische Lehnwörter wie *normal*, *uniform* und *diplom* übernommen, zahlreich sind auch die Entlehnungen aus dem Englischen, wie *tayer* „Autoreifen" < engl. *tyre*, *gilas* „Glas" < engl. *glass*, *pelak* „Steckdose" < engl. *plug*. Im Tadschikischen war die Einwirkung des Russischen auf den Wortschatz in den Bereichen Wissenschaft, Wirtschaft und Gesellschaft umfassend. Die in Usbekistan und Kirgisistan verbreiteten tadschikischen Dialekte werden seit Jahrhunderten von Turksprachen beeinflusst.

Bashkardi und Larestani

An das Belutschi der Makran-Küste schließen sich westlich die *Bashkardi-Dialekte* von Bashkerd, Rudbar, Bandar Abbas, Hormuz, Minab und benachbarten Orten an. Diese Varietäten sind bisher kaum erforscht, ihre Sprecherzahl wird in Ethnologue mit 7.000 angegeben, dürfte aber wegen des großen Verbreitungsgebietes und der zahlreichen Dialekte deutlich höher liegen. Westlich davon, in Larestan, werden die *Larestani-Dialekte* von zusammen etwa 80 Tsd. gesprochen. Larestani ist etwas besser erforscht als Bashkardi.

Kumzari

Zu dieser Gruppe südwestiranischer Dialektbündel gehört auch das auf der omanischen Halbinsel Musandam und auf der vorgelagerten Insel Larak gesprochene *Kumzari*. Die Angaben über die Sprecherzahl schwanken: Ethnologue 2009 nennt 1.700, der Stamm der Shihuh, dessen Sprache das Kumzari ist, zählt 20 Tsd. Mitglieder. Kumzari ist wegen seiner Lage kaum vom Neupersischen beeinflusst, dafür umso mehr vom Arabischen. Der Oman gehörte zum Sassanidenreich, man nimmt an, dass die Einwanderung der Vorfahren der Kumzari-Sprecher auf diese Periode zurückgeht.

Fars-Dialekte

In der Provinz Fars, der einstigen Keimzelle des Persischen, werden heute lokale Mundarten gesprochen, die man als *Fars-Dialekte* zusammenfasst. Sie sind nur schwer von den benachbarten lokalen neupersischen Dialekten zu unterscheiden. Wegen des zunehmenden Drucks der Prestigesprache Persisch konnten sich die Fars-Dialekte nur noch in abgelegenen Gegenden um Shiras und Kazerun erhalten (z.B. in Buringun, Masarm, Somgun, Papun, Ardakan, Davan). Zu dieser Dialektgruppe gehört auch die Mundart der Juden von Shiras. Die Gesamtzahl der Sprecher dieser Dialektgruppe beträgt laut Ethnologue 2009 nur 7.500.

Um die sprachliche Spannweite dieser südwestiranischen Dialektgruppen zu demonstrieren, sei die 1. Person Singular Indikativ Präsens von *kun-* „machen, tun" in einigen Dialekten angeführt: Bashkardi *a-kan-om*, Kumzari *it-kūm*, Buringuni *mī-kun-om*, Davani *mē-kur-ē*, Feili *mī-kon-im*, Bachtiari *ī-kūn-ūm* (die beiden letzten Beispiele gehören zu den Luri-Dialekten).

Luri

Von Fars über Chusestan bis westlich von Isfahan erstreckt sich im Vorgebirge des Zagros das große Sprachgebiet der Luri-Dialekte, die ebenfalls dem Persischen sehr nahe stehen und von diesem auch stark beeinflusst sind. Die etwa 3,5 Mio. Sprecher verteilen sich auf verschiedene Dialektgruppen:

- *Feili* (Kleinluren) in der Gegend von Chorramabad
- *Mamassani* und *Kuhgalui* (Großluren) in der Fars
- *Bachtiari* im Gebiet von Masjid-i Sulaiman mit den Subdialekten Haft-Lang und Char-Lang

Die Bachtiari besitzen eine umfangreiche, mündlich überlieferte Literatur. Sprachlich sind die Luri-Dialekte durch den auffälligen Lautwandel /ā/ > /ū/, /ū/ > /ī/ sowie durch weitgehende Auslautkürzungen gekennzeichnet. Beispiel: Mamassani *dūmā* „Schwiegersohn" ~ Bachtiari *dūvā* ~ neupers. *dāmād*; Bachtiari und Feili *dī* „Rauch" ~ neupers. *dūd*. Durch das erhaltene /d-/ im Anlaut (im Gegensatz zum nordwestiranischen /z-/, vgl. Zazaki *zama* „Schwiegersohn") wird die Zugehörigkeit der Luri-Dialekte zum Südwestiranischen bestätigt.

Tati

Die Tati-Dialekte werden weit im Norden, nämlich in der ostkaukasischen Russischen Republik Dagestan sowie südlich angrenzend in Aserbaidschan und im Iran gesprochen. Es gibt zwei Hauptdialekte, die durch die Religionszugehörigkeit ihrer Sprecher bestimmt sind: *Jüdisch-Tati* und *Muslim-Tati*. Für das Jüdisch-Tati wird die hebräische, in Dagestan auch die kyrillische Schrift verwendet, während Muslim-Tati weitgehend schriftlos geblieben ist. Die Mehrzahl der Sprecher des Jüdisch-Tati ist inzwischen nach Israel ausgewandert, das weitere Überleben der Sprache ist fraglich. Die Sprecher der beiden Varietäten verteilen sich heute wie folgt:

Tab 14.73 *Verteilung der Tati-Sprecher (Ethnologue 2009)*

Varietät	Dagestan	Aserbaid.	Iran	Israel
Jüdisch-Tati	3.000	24.000	–	70.000
Muslim-Tati	2.300	18.000	8.000	–
Tati gesamt	5.300	42.000	8.000	70.000

Insgesamt gibt es also etwa 130 Tsd. Tati-Sprecher. Die Bezeichnung *Tāt* stammt aus dem Türkischen und bezeichnet allgemein Iraner in turkischsprachiger Umgebung als „nicht Türkisch sprechend". Die südwestiranischen Tati-Dialekte sind nicht näher verwandt mit den südlich angrenzenden azari-iranischen Mundarten, die man auch als „Süd-Tati" bezeichnet und die verstreut im azarisprachigen Gebiet des Iran gesprochen werden. Diese gehören zum Nordwestiranischen (vgl. Abschnitt 14.19).

14.21 Die ostiranischen Sprachen

Die modernen ostiranischen Sprachen sind in einem riesigen Gebiet verbreitet, das vom Nordkaukasus im Westen (Ossetisch) bis nach Chinesisch-Turkestan im Osten reicht (Sariqoli ist die am weitesten östlich verbreitete moderne iranische Sprache). Allerdings wird die Mehrzahl der etwa 15 ostiranischen Sprachen in Afghanistan und in den angrenzenden Gebieten Pakistans und Tadschikistans gesprochen. Die mit Abstand bedeutendste ostiranische Sprache ist das von etwa 35 Mio. Menschen gesprochene *Pashto*. Das im Kaukasus verbreitete *Ossetisch* hat etwa 600 Tsd. Sprecher, alle anderen ostiranischen Sprachen haben zusammen weniger als 150 Tsd. Sprecher.

Das Ostiranische gliedert sich genetisch in die Einzelsprachen Ossetisch, Jagnobi, Wakhi, Pashto (mit Wanetsi) und Ishkashmi sowie in die Gruppen Shugni-Yazghulami, Munji-Yidgha und Ormuri-Parachi (nach Skjærvø 1989: 370; siehe die Klassifikation in Tabelle 14.74). Die Position des kaum belegten ausgestorbenen Sarghulami ist völlig unsicher, während das ebenfalls gering belegte Wanchi offensichtlich mit dem Yazghulami näher verwandt ist. Die Sprachen Wakhi, Ishkashmi sowie die Shugni-Yazghulami-Gruppe werden von manchen Autoren als *Pamir-Sprachen* zusammengefasst, sie stellen jedoch *keine genetische* Untereinheit dar (Payne 1989: 420). Ormuri und Parachi gehören nach neueren Erkenntnissen eindeutig zum Ostiranischen (Skjærvø 1989), früher wurden sie meist dem Nordwestiranischen zugeordnet (so noch Ethnologue 2009).

Tab 14.74 *Die ostiranischen Sprachen*

Spracheinheiten	Einzelsprachen
OSTIRANISCH	[18 Sprachen, davon 2 ausgestorben; 36 Mio. Sprecher]
OSSETISCH	**Ossetisch** (600 Tsd.) (D Iron, Digor)
JAGNOBI	Jagnobi (13 Tsd.)
WAKHI	Wakhi (30 Tsd.)
SHUGNI-YAZGHULAMI	
SHUGNI-ROSHANI	Shugni (45 Tsd.)
	Roshani-Chufi (10 Tsd.)
	Bartangi (3.000)
	Roshorvi (Oroshori) (2.000)
	Sariqoli (16 Tsd.)
YAZGHULAMI	Yazghulami (4.000)
	Wanchi †
ISHKASHMI	Ishkashmi (Ishkashmi-Zebaki-Sanglichi) (1.500)
SARGHULAMI	Sarghulami † (*genauere Einordnung unsicher*)
MUNJI-YIDGHA	Munji (3.800) (D Nord, Zentral, Süd; Mamalgha)
	Yidgha (6.000)
PASHTO	**Pashto** (35 Mio.) (23 Mio. in Pakistan, 12 Mio. in Afghanistan)
	Wanetsi (Waneci) (100 Tsd.)
ORMURI-PARACHI	Ormuri (1.000) (D Kanigurami, Baraki-Barak = Logar)
	Parachi (600)

Zum Ostiranischen gehören auch die altiranischen Sprachen Avestisch und Skythisch sowie die mitteliranischen Sprachen Sarmatisch, Alanisch, Sogdisch, Choresmisch, Baktrisch und Sakisch. Zwei ostiranische Sprachen haben bekannte mitteliranische Vorläufer: Das *Ossetische* ist die Fortsetzung eines alanischen Dialekts (vom Alanischen selbst ist allerdings kaum etwas überliefert), das *Jagnobi* setzt einen nicht schriftlich überlieferten sodgischen Dialekt fort. Auch zwischen dem mitteliranischen Sakisch und dem *Wakhi* besteht eine engere Beziehung, wie einige exklusive lautliche Übereinstimmungen belegen.

Obwohl hier aus linguistischen Gründen und in Anlehnung an Skjærvø 1989, Schmitt 2000 und andere Autoren bewusst keine Unterteilung des Ostiranischen in Nordost- und Südostiranisch vorgenommen wird, soll darauf hingewiesen werden, dass Ossetisch und Jagnobi zusammen mit den alt- und mittelpersischen Sprachen Skythisch, Sarmatisch, Alanisch, Sogdisch und Choresmisch bei einer solchen Untergliederung in der Regel zu den *nordostiranischen* Sprachen gerechnet werden, alle anderen einschließlich des Baktrischen und Sakischen zu den *südostiranischen* Sprachen.

Sprachliche Merkmale des Ostiranischen

Einige wesentliche Merkmale der ostiranischen Sprachen sind die folgenden:

- die Existenz zweier Reihen von Affrikaten, nämlich /ts, dz/ sowie /tš, dʒ/
- die Spirantisierung anlautender stimmhafter Plosive, z.B. altiran *b- > v-
- die Bewahrung des altiran. Nominativs *adzam des Personalpronomens der 1. Sg., z.B. osset. œz, Ormuri az
- der Erhalt des altiran. Pluralsuffixes *-tā, z.B. Jagnobi /-t/, Yazghulami /-aθ/, osset. /-tæ/
- in der Nominalflexion: zwei Numeri (Singular, Plural) und zwei Kasus (Rectus, Obliquus)
- drei Tempusstämme: Präsens-Futur, Präteritum und Perfekt (Ausnahme Ossetisch)
- die präteritale Splitergativität: bei Präteritum-Formen transitiver Verben wird der Satz ergativisch konstruiert, d.h. der Agens steht im Obliquus, das Objekt im Rectus
- bestimmte nur im ostiranischen verbreitete Wörter, z.B. *meiθā- „Tag", *sāna- „Feind"

Tabelle 14.75 enthält die wichtigsten Lautverschiebungen in den ostiranischen Sprachen gegenüber dem Ur-Iranischen. Als Abkürzungen für die Sprachnamen werden jeweils ihre ersten drei Buchstaben verwendet.

Tab 14.75 *Die ostiranische Lautverschiebung (Skjærvø 1989: 377)*

Ur-Iran. >	Oss.	Jag.	Wak.	Yaz.	Shu.	Ish.	Yid.	Mun.	Pas.	Par.	Orm.
*b-/-b-	b/v	v	v	v	v	v	v	v	w	b/w	b/w
*d-/-d-	d	d	δ, d	δ	δ	δ, d	l	l	l	d/ø	d/ø
*g-/-g-	ɣ	ɣ	ɣ	ɣ	ž, ɣ	ɣ	ɣ	ɣ	ɣ	g/ɣ	g/ɣ
*-p-	b>v	p	p	b	b	v	v	v	b	w	w
*-t-	d	t	t	d	d	δ, d	y/ø	y/ø	l,w,y	w,y,ø	w,y,ø
*-k-	g	k	k	g	ǰ (g)	g	k?	k?	g	g	g, k
*f-/-f-	–	f	f	f	f	f	f	f	w	f	f
*ϑ	t	*ϑ	θ	θ	θ	*ϑ	x̌	x̌	l	–	–
*x	x	x	x,x̌,k	x	š (x)	x	x	x	x	kh	x
*č-	c	č	c̣, c	c	c	c	č	č	c	č	c
*-č-	j	č	c	ž	j (z)	c	ž (ǰ)	ž (ǰ)	j	č	ž, z
*ǰ	j	ž	j	ž	z	ž, ǰ	ž	ž	ž	ž, ǰ	z, j
*-š-	s	š	š, ṣ̌	w	ž, w	ḷ	y	g, y	ɣ	ø	g, ø
*xt	ɣd	xt	ɣd	ɣd	ɣd	ɣd	ɣd	ɣd	y	y	w/ø
*ft	vd	ft	vd, b	vd	vd	vδ	vd	vd	w,wd	w	w/ø
*fra	ræ	fa(r)	r	r	r	fr	fr	fr	wr	rha	šr
*ϑr-	ärt	ϑr	tr	c	(h)ar	r	x̌r	x̌r	dr	š	šr
*št	st	št	x̌t/t	x̌t	x̌t	t/t	šč	šk'	t	št	št

Ossetisch

Wie oben schon mehrfach erwähnt, stammt das Ossetische von einem Dialekt des Alanischen ab (vgl. Abschnitt 14.17). Es ist somit der einzige Fortsetzer einer alt- oder mitteliranischen Steppensprache, zu denen außer dem Alanischen unter anderem auch das Skythische und Sarmatische gehören.

Durch seine geographische Lage im Kaukasus ist das Ossetische die am weitesten westlich gelegene ostiranische Sprache. Ossetien zerfällt in zwei politische Teile: *Nordossetien* (genauer Nordossetien-Alanien) ist eine Republik der Russischen Konföderation; das sich südlich des Kaukasus-Hauptkamms anschließende *Südossetien* gehört völkerrechtlich zu Georgien, steht aber trotz seiner formalen Unabhängigkeitserklärung von 1991 unter faktischer russischer Herrschaft. Ossetisch ist sowohl offizielle Sprache der Republik Nordossetien-Alanien als auch von Südossetien (zusammen mit dem Russischen bzw. dem Georgischen).

Die Sprecherzahl des Ossetischen beträgt etwa 600 Tsd., davon leben nach neuesten Schätzungen nur noch 30 Tsd. in Südossetien (vor den Auseinandersetzungen von 2008 waren es etwa 70 Tsd.). Ossetisch wird auch in der Kabardino-Balkarischen Republik gesprochen. Nachfahren der von 1943 bis Ende der 1950er Jahre nach Zentralasien deportierten Osseten leben heute noch in Tadschikistan, Usbekistan und Kasachstan.

Ossetisch hat zwei sehr unterschiedliche Hauptdialekte: *Iron* (80% der Sprecher) und das phonologisch und morphologisch archaischere *Digor*, das in den westlichen Tälern Nordossetiens und in Kabardino-Balkarien gesprochen wird. Eine ossetische Schriftsprache entwickelte sich im 18. Jh. auf Basis des Iron-Dialekts und der kyrillischen Schrift, 1798 erschien in Moskau als erstes ossetisches Buch die Übersetzung eines Katechismus. Die eigentliche Ausformung der ossetischen Literatursprache ist dem Nationaldichter Chetægkati K'osta (russisch Chetagurov, 1859–1906) zu verdanken. Die reiche epische Überlieferung des Ossetischen geht auf die Zeit vor der Christianisierung im 10. Jh. zurück. Nachdem am Ende des 18. Jh. zunächst die kyrillische Schrift eingeführt worden war, wurde in einer Übergangszeit von 1923 bis 1938 das lateinische Alphabet verwendet, danach in Nordossetien wieder die kyrillische und in Südossetien zunächst die georgische Schrift, die aber in den 1960er Jahren auch zugunsten der kyrillischen aufgegeben wurde.

Das Ossetische hat sich isoliert von anderen iranischen Sprachen entwickelt, wodurch sich bestimmte archaische Züge erhalten konnten. Andererseits war der jahrhundertelange Einfluss nordkaukasischer Sprachen (Tscherkessisch, Kabardinisch, Inguschisch), des Georgischen sowie der Turksprachen Balkarisch und Nogaisch und schließlich des Russischen so groß, dass das Ossetische eine Reihe besonderer Merkmale entwickelte, die keine andere iranische Sprache aufweist. Dazu gehören die Ausbildung glottaler Plosive nach kaukasischem Vorbild, die Entstehung lokaler Kasus wie Allativ, Inessiv, Adessiv etc. sowie die Übernahme des vigesimalen kaukasischen Zahlensystems (zum Teil neben dem dezimalen iranischen). Nach dem Verlust der alten iranischen Kasus wurde ein neues agglutinierendes System mit Suffixen aufgebaut, das in Tabelle 14.76 am Beispiel des Substantivs *don* „Wasser, Fluss" illustriert wird.

Tab 14.76 *Die ossetische Deklination (G. L. Campbell 1991: 1070)*

Kasus		Kasus	
Nom.	don-ø	Inessiv	don-ı
Gen.	don-ı	Adessiv	don-ıl
Dat.	don-æn	Essiv	don-aw
Abl.	don-æi	Komitativ	don-imæ
Allativ	don-mæ		

Die Kasus des Plurals werden dadurch gebildet, dass exakt dieselben Suffixe an den Pluralstamm *dættæ-* angehängt werden (Ausnahme: der Allativ lautet *dættæ-m*). Der Pluralmarker /-tæ/geht auf das altiranische /*-tā/ zurück, z.B. *dur* „Stein" → Plural *dur-tæ* „Steine".

Jagnobi

Jagnobi (Yaɣnobī) ist die nördlichste der ostiranischen Sprachen. Es stellt die einzige moderne Fortsetzung des Sogdischen dar (vgl. Abschnitt 14.17), allerdings nicht der überlieferten sogdischen Schriftsprache, sondern eines relativ stark abweichenden, nicht schriftlich belegten sogdischen Dialekts.

Die Heimat der Jagnoben ist das abgelegene Hochtal des Jagnob-Flusses in Nordwest-Tadschikistan, nördlich von Duschanbe. In den 1970er Jahren wurden die Jagnoben nach Zafarabad an der tadschikisch-usbekischen Grenze umgesiedelt und dort auf den Baumwollkolchosen als Arbeiter eingesetzt, ein kleiner Teil ist inzwischen wieder ins Jagnob-Tal zurückgekehrt. Weitere Gruppen leben im oberen und unteren Varzob-Tal, in Duschanbe und verstreut in Südtadschikistan. Fast alle Jagnoben sind stolz auf ihre Muttersprache, die sie in allen Lebenssituationen sprechen und auch an die nächste Generation weitergeben, obwohl sie in ihren neuen Siedlungsgebieten dem starken Einfluss des Persischen (Tadschikischen), Usbekischen und Russischen ausgesetzt ist. Die jüngeren Jagnoben sind fast alle zweisprachig, Tadschikisch wird als Schriftsprache verwendet. Tabelle 14.77 gibt eine Übersicht über die jagnobische Bevölkerung in den einzelnen Siedlungsgebieten (Stand 2003/04).

Tab 14.77 *Siedlungsorte der Jagnoben (Paul et al. 2010: 30–31)*

Gebiet	Wichtige Siedlungen	Anzahl
Jagnob-Tal	Piskon, etliche kleine Dörfer	322
Oberes Varzob-Tal	Zumand, Safedorak, Chorbogh, Garob	1.288
Unteres Varzob-Tal	Dughoba, Chagatai, Guraha, Kuktepa	1.111
Zafarabad	Sharak-i va Nomi, Ravshan, Mehnatobod	6.549
Dushanbe-Gebiet	Dushanbe	ca. 3.500
Süd-Tadschikistan	Isanboi, Mis, Ridaki-Gebiet	ca. 700
Gesamt		13.470

Da nach den Untersuchungen von Paul et al. (2010) im Jahre 2004 fast alle Jagnoben (noch) ihre Muttersprache kompetent sprachen, kann man aktuell von etwa 13 Tsd. Sprechern ausgehen. In Zukunft ist damit zu rechnen, dass die jüngeren Jagnoben ihre Sprache zugunsten des Tadschikischen aufgeben werden; damit ist letztlich auch die Weitergabe an die nächste Generation gefährdet.

Jagnobi gliedert sich in einen östlichen und einen westlichen Dialekt, was aber in den neuen Siedlungsgebieten kaum noch von Bedeutung ist. Der Einfluss der Nachbarsprachen, vor allem des Tadschikischen, macht sich im Wortschatz und in der Wortbildung bemerkbar, während die grammatische Struktur weitgehend intakt geblieben ist.

Es gibt zwei Kasus (Rectus, Obliquus), die Pluralbildung erfolgt mit dem iranischen t-Formans, an das das Kasuszeichen des Obliquus (-i/-y) agglutinativ angehängt wird. Beispiel: Rectus *pōda* „Fuß", *pōdō-t* „Füße"; Obliquus Sg. *pōda-y*, Pl. *pōdō-t-i*. Bei den transitiven Verbformen im Präteritum wird die ergativische Konstruktion verwendet (präteritale Splitergativität). Die Personalpronomina lauten im Singular 1 *man*, 2 *tu*; im Plural 1 *mōx*, 2 *šumōx*. Die Zahlwörter lauten: 1–5 *ī, du, siran, tafōr, panč*; 6–10 *uxš, awd, ašt, naw, das*; für die größeren Zahlen werden meist die tadschikischen Zahlwörter verwendet. Eine Besonderheit, die das Jagnobi als einzige neuiranische Sprache auszeichnet, ist die Verwendung eines *Augments* a- bei den Präteritumformen, z.B. *a-kún-im* „ich machte" (von *kun-* „machen").

Das Areal der Pamirsprachen

Die Pamirsprachen bilden innerhalb des Ostiranischen eine areale Gruppe (aber keine genetische Untereinheit) von etwa zehn Sprachen mit zusammen ca. 110 Tsd. Sprechern. Sie werden im Pamirgebirge in den Tälern des Pjandsch und seiner Nebenflüsse beiderseits der afghanisch-tadschikischen Grenze gesprochen. Durch Migrationen sind zwei Pamirsprachen auch in den angrenzenden Gebieten in Nordpakistan (Wakhi) und in Südwestchina (Wakhi, Sariqoli) verbreitet. Sariqoli ist die „östlichste" neuiranische Sprache.

Diese Sprachen haben sich infolge ihrer landschaftlichen Isolierung in nahezu unzugänglichen Hochtälern einerseits sehr eigenständig entwickelt, andererseits konnten sie viele archaische Merkmale bewahren. In neuerer Zeit wird der Einfluss der Kontaktsprachen Tadschikisch, Dari, Khowar, Burushaski und Uigurisch jedoch größer. In Tadschikistan ist Tadschikisch Schul- und Schriftsprache der meist zweisprachigen Bevölkerung; dazu ist das Shugni (eine der Pamirsprachen) als Verkehrssprache weit verbreitet. Dadurch geraten die kleineren Pamirsprachen zunehmend unter Druck.

Man kann die Pamirsprachen, die im tadschikischen Gebiet Berg-Badakhshan (Zentrum Horog), in der afghanischen Provinz Badakhshan sowie sekundär in der chinesischen Landschaft Sariqol und in Nordpakistan verbreitet sind, in folgende Untereinheiten gliedern:

- *Wakhi*: im Grenzgebiet der vier Länder Afghanistan, Tadschikistan, Pakistan und China
- *Shugni-Roshani*: die vier Sprachen Shugni, Roshani, Bartangi und Roshorvi im Grenzgebiet von Tadschikistan und Afghanistan; sie werden von manchen Forschern als *eine* Sprache betrachtet
- *Sariqoli*: in den Hochtälern der östlichen Sariqolberge in Südwestchina, Provinz Xinjiang im Autonomen Bezirk der Tadschiken; ein Ableger der Shugni-Roshani-Gruppe, der sich unter dem Einfluss des Uigurischen sehr eigenständig entwickelt hat
- *Yazghulami*: in Tadschikistan im Yazghulam-Tal, nah verwandt mit dem Shugni-Roshani
- *Ishkashmi-Zebaki-Sanglichi*: ein Cluster dreier Dialekte, gesprochen in Ishkashim, Zebak und im Sanglich-Tal, jedoch mehrheitlich in Afghanistan

Shugni-Roshani, Sariqoli und Yazghulami werden wegen ihrer näheren Verwandtschaft zu einer Einheit Shugni-Yazghulami zusammengefasst (vgl. die Klassifikation der ostiranischen Sprachen in Tabelle 14.74). Alle Sprecher von Pamirsprachen mit Ausnahme der Yazghulami sind Ismailiten.

Die Sprecher- und Mitgliederzahlen der ethnischen Gruppen basieren auf den detaillierten, relativ neuen Angaben in Ethnologue 2009 und einigen aktuellen SIL-Berichten. Die Verteilung der Pamir-Sprecher nach Staaten: Tadschikistan 50 Tsd., Afghanistan 30 Tsd., China (Wakhi, Sariqoli) 22 Tsd, Pakistan (Wakhi) 9 Tsd.

Alle Pamirsprachen sind bisher schriftlos geblieben, jedenfalls hat sich nirgends eine Standardschriftform durchgesetzt. Versuche in den 1930er Jahren, für das Shugni die lateinische Schrift einzuführen, sind bald wieder aufgegeben worden. Auch die Bemühungen beim Wakhi waren bisher nicht erfolgreich. Die Schriftlosigkeit ist natürlich eine starke Erschwernis bei der philologischen Untersuchung dieser Sprachen.

Tab 14.78 *Die geographische Verbreitung der Pamirsprachen (Schmitt 2000: 92–96)*

Sprache	Staat	Sprecher	ethn.	Verbreitungsgebiete
Wakhi	Pakistan	9.000	10.000	Ishkoman, Chitral, Yasin, Hunza
	Afghanistan	10.000	10.000	Wakha-Tal
	Tadschikistan	7.000	18.000	Ishkomin-Bezirk
	China	6.000	26.000	Tashkurgan
Shugni	Tadsch./Afghan.	45.000	50.000	Pjandsch-, Gunt-, Shadara-Tal
Roshani	Tadsch./Afghan.	10.000	18.000	nördl. Pjandsch-Tal, Chuf-Tal
Bartangi	Tadsch./Afghan.	3.000	3.000	mittleres Bartang-Tal
Roshorvi	Tadsch./Afghan.	2.000	2.000	oberes Bartang-Tal um Roshorv
Sariqoli	China: Xinjiang	16.000	21.000	Sariqol, Tashkurgan
Yazghulami	Tadschikistan	4.000	6.000	Yazghulam-Tal
Ishkashmi	Afghan./Tadsch.	1.500	2.000	Sanglich-Tal, Ishkashim, Zebak
Summe		113.500	166.000	

Die Pamirsprachen besitzen einen eindeutig *ostiranischen* Charakter. Dazu gehören im phonologischen Bereich die Spirantisierung der altiranischen stimmhaften Plosive im Anlaut, d.h. altiran. /*b-, *d-, *g-/ wurden in den Pamirsprachen zunächst zu /β, δ, ɣ/ (haben sich dann aber weiterentwickelt), sowie die Sonorisierung der altiranischen Konsonantengruppen /*xt, *ft/ zu /ɣd, βd/ (eine Gesamtübersicht über die ostiranische Lautverschiebung zeigt die obige Tabelle 14.75). Hier einige typische Beispiele aus den Pamirsprachen:

- altiran. **brātar-* „Bruder" > Shugni *viro(d)*, Sarqoli *v(i)rud*, Yazghulami *v(ə)red*, Ishkashmi *vru(d)*, Wakhi *vrıt*
- altiran. **gauša-* „Ohr" > Shugni *ɣůẙ*, Roshani *ɣōw*, Sariqoli *ɣɛwl*, Ishkahmi *ɣůl*, Wakhi *ẙıṣ*
- altiran. **hafta* „sieben" > Shugni *(w)uvd*, Sariqoli *ıvd*, Yazghulami *uvd*, Ishkashmi *uvd*, Wakhi *ıb*

Als Neuerung der Pamirsprachen ist die große Anzahl der Frikative zu werten, Spitzenreiter ist das Wakhi mit 14 frikativen Phonemen (siehe unten). Eine Besonderheit in der Shugni-Roshani-Gruppe ist der a- oder i-Umlaut, der auch als morphologisches Mittel zur Genuskennzeichnung verwendet wird, dazu folgende Beispiele aus dem Shugni: *kud* „Hund"/*kid* „Hündin" (vgl. auch altiran. **kutah/*kutī*); *čuẙ* „Hahn"/*čaẙ* „Henne" oder auch *kut/kat* „kurz (m./f.)".

Yazghulami hat, im Unterschied zu den ansonsten nah verwandten Sprachen der Shugni-Roshani-Gruppe, altiranisches **č* sowie die Velare vor /a, ā/ bewahrt. Beispiele: altiran. **čašman-* „Auge" > Yazghulami *čām*, aber Shugni *cēm*; altiran. *kasaka-* „Gerste"

> Yazghulami *kusk*, dagegen Shugni *čüŝ*. Eine interessante Besonderheit in der Ishkashmi-Gruppe ist das Wort für „Sonne", das vom Namen des Hauptgottes der Zoroastrier, Ahura Mazda, gebildet wird: Ishkashmi *remŭzd*, Zebaki *ōrmōzd*, Sanglichi *ormōzd*; man vgl. khotansakisch *urmaysde* „Sonne".

Wegen der beträchtlichen sprachlichen Unterschiede zwischen den drei Untereinheiten Wakhi, Shugni-Yazghulami und Sanglichi-Ishkashmi-Zebaki geht man nach heutigem Kenntnisstand nicht davon aus, dass die Pamirsprachen eine *genetische Einheit* bilden, die sich innerhalb des Ostiranischen klar abgrenzen ließe. Die Einschätzung der zeitlichen Abfolge der lautlichen Veränderungen in den einzelnen Sprachen ist nahezu unmöglich, da es keine schriftliche Überlieferung älterer Sprachzustände gibt. Manche Gemeinsamkeiten sind sicherlich auch den Kontakten der Pamirsprachen untereinander sowie der Adstratwirkung der umgebenden persischen Varietäten Tadschikisch und Dari geschuldet.

Unter dem Einfluss dieser Sprachumgebung sind die Pamirsprachen insgesamt auf dem Rückzug, einige kleinere werden schon bald aussterben. Man hat von zwei bereits ausgestorbenen Pamirsprachen Kenntnis: *Sarghulami*, das am Oberlauf des Sarghulam östlich der afghanischen Provinzhauptstadt Faizabad gesprochen wurde, sowie *Wanchi* aus dem Tal des Wanch, eines Pjandsch-Nebenflusses auf der tadschikischen Seite. Letzteres war nahe mit dem Yazghulami verwandt, es ist in den 1920er Jahren ausgestorben.

Wakhi

Wakhi wird östlich des Sprachgebiets der Ishkashmi-Gruppe in der Landschaft Wakhan am oberen Pjandsch und dessen Quellflüssen gesprochen, also im sog. Wakhan-Korridor, der Pamir und Hindukusch trennt. Da der Name „Wakhan" schon in frühen buddhistischen Sanskrit-Schriften als *Vokkhāna* und auch im Chinesischen bezeugt ist, kann man davon ausgehen, dass die Wakhi-Sprecher Nachfahren einer hier lange ansässigen iranischen Bevölkerungsgruppe sind. In beiden Ländern sind fast alle Wakhi zweisprachig, als Schriftsprache wird Dari oder Tadschikisch verwendet; die Bemühungen um eine eigene Schriftnorm für das Wakhi waren bisher erfolglos. Mit den anderen Pamirsprachen besteht keine direkte Verständigungsmöglichkeit.

Auch in den benachbarten Hochtälern Pakistans (Hunza-Tal, Yasin-Tal, Chitral) und im chinesischen Sariqol-Gebiet leben Wakhi-Sprecher, die auf Einwanderer im 19. Jh. zurückgehen. Die Dialekte in Pakistan und China sind stark von den dortigen Kontaktsprachen beeinflusst, darunter sind das isolierte Burushaski im Hunza- und Yasin-Tal, das dardische Khowar in Chitral und Gilgit sowie das Sariqoli und Uigurische in China.

Im Wakhi sind einige sehr archaische Merkmale erhalten. Dazu gehört die Bewahrung intervokalischer stimmloser Plosive (wie im Sariqoli), z.B. *vrıt* „Bruder" < altiran. **bratar* oder *yupk* „Wasser" < altiran. **āpaka-*. Die Reflexe von altiran. **ϑr* und **tsv* sind im Wakhi /tr/ bzw. /š/, z.B. *truy* „drei" < altiran. **ϑrayas*, *pǝtr* „Sohn" < altiran. *puϑra*; *yaš* „Pferd" < altiran. **atsva*. Als Neuerung weist das Wakhi ein besonders umfangreiches Inventar von 14 Frikativen auf: labiodental /f, v/, dental /θ, δ/, alveodental /s, z/, palato-alveolar /š, ž/, uvular /x, ɣ/, velar /x̌, ǧ/ und retroflex /ṣ̌, ẓ̌/.

Munji und Yidgha

Munji (Munǰī) und Yidgha (Yiḍġā) sind zwei nah verwandte ostiranische Sprachen, deren Verbreitungsgebiet sich südlich an das Gebiet der Pamirsprachen anschließt. Von manchen Forschern werden sie auch den Pamirsprachen zugerechnet, teilweise sogar in die Shugni-Yazghulami-Gruppe eingeordnet. Erhebliche phonologische und andere Unterschiede sprechen jedoch für eine unabhängige Einheit innerhalb des Ostiranischen.

Munji wird von 4.000 Menschen in Afghanistan im Munjan-Hochtal gesprochen, das nach Nordosten über den Chalargai-Pass mit dem Sanglich-Tal und nach Osten über den Dorah-Pass, der über die afghanisch-pakistanische Grenze führt, mit dem pakistanischen Lutkuh-Tal verbunden ist, das zum nordwest-pakistanischen Chitral gehört. In einigen Dörfern des Lutkuh-Tals wird von rund 6.000 Menschen Yidgah gesprochen. Die Bewohner dieser Dörfer stammen von Auswanderern aus dem Munjan-Tal ab. Das Wissen um ihre Herkunft haben die Yidgha-Sprecher in ihrer mündlichen Tradition bewahrt. Yidgha ist also eindeutig ein Ableger des Munji.

Während Yidgha keine dialektalen Unterschiede aufweist, kann man im Munji einen Nord-, Zentral- und Süddialekt unterscheiden. Die wesentlichen lautlichen Merkmale der beiden Sprachen werden durch die Reflexe der uriranischen Konsonanten(gruppen) *ϑr, *d und *št deutlich:

- altiran. *ϑr > x̌r (in den Pamirsprachen tr, r, c)
- altiran. *d > *δ > l (wie im Pashto; in den Pamirsprachen δ, d)
- altiran. *št > Munji šk' > Yidgha šč (in den Pamirsprachen x̌t, t, ṭ)

Tab 14.79 *Beispiele zur Lautverschiebung im Munji und Yidgha (Schmitt 2000: 97)*

Ur-Iranisch >	Munji	Yidgha
*ϑrayas „drei"	x̌iray	x̌uroi
*dvāra- „Tür"	ləvar	ləvor
*dugdar- „Tochter"	ləẏda	luẏdo
*dr̥šta- „sehen"	ləšk'-	lišč-

Trotz ihrer nahen Verwandtschaft weisen Munji und Yidgha deutliche Unterschiede im Wortschatz auf. Einerseits blieben im Yidgha Wörter erhalten, die im Munji inzwischen durch Dari-Wörter ersetzt wurden (z.B. Yidgha *wisto* „zwanzig", dagegen hat Munji das persische *bist*), andererseits wurde der Wortschatz und damit auch das Phoneminventar des Yidgha durch das benachbarte dardische Khowar beeinflusst, so dass mit den Lehnwörtern auch die Retroflexe /ṭ, ḍ, ṇ, ṛ/ ins Yidgha gelangten.

Parachi und Ormuri

Parachi (Parāčī) und Ormuri (Ōrmuṛī) sind zwei verwandte (süd)ostiranische Sprachen, die in einigen Sprachinseln in Pakistan und Afghanistan von zusammen etwa 1.700 Menschen gesprochen werden.

Parachi wird nordöstlich von Kabul am Südabhang des Hindukusch im Tal des Shutul und südöstlich davon im Bezirk Nejrao von etwa 600 Menschen aus einer ethnischen Gruppe von rund 5.000 Parachi gesprochen. Wegen der Zweisprachigkeit fast aller Parachi-Sprecher steht ihre Sprache unter großem Druck des Dari, aber auch das dardische Pashai hat einen starken Einfluss auf Wortschatz und Morphologie.

Ormuri existiert in zwei deutlich voneinander abweichenden Varietäten in weit auseinander liegenden Sprachinseln in Afghanistan und Pakistan. Die *afghanische* Ormuri-Varietät wird in der Umgebung von Baraki-Barak, dem Hauptort des Logar-Tals südlich von Kabul von nur noch etwa 50 meist älteren Menschen gesprochen (die ethnische Gruppe umfasst ca. 2.000 Personen). Die *pakistanische* Ormuri-Varietät wird in Kaniguram nördlich von Wana in der Nordwest-Provinz in einer pashtosprachigen Umgebung von etwa 1.000 Menschen in einer relativ intakten ethnischen Gruppe gesprochen. Hier wird Ormuri noch von allen Generationen im häuslichen Umfeld verwendet, die meisten Ormuri beherrschen aber auch Pashto und verwenden es als Schriftsprache.

Die beiden Varietäten des Ormuri stehen schon seit langem nicht mehr miteinander in Kontakt, sie haben sich getrennt voneinander weiterentwickelt und sind heute nicht mehr wechselseitig verständlich, wie Tests mit der Vorführung von Sprachaufzeichnungen der jeweils anderen Gruppe zeigten. Im Grunde sind also zwei eigenständige Sprachen entstanden. Ormuri war früher in einem wesentlich größeren Gebiet verbreitet, auch im Raum nördlich von Kabul. Heute ist der Wortschatz des Ormuri durch Lehnwörter und Lehnübersetzungen aus dem Dari bzw. Pashto stark überfremdet.

Bei allen Unterschieden besteht zwischen dem Parachi und Ormuri eine engere genetische Beziehung; diese beiden Sprachen sind offensichtlich die letzten Reste der ursprünglich einmal in Nordost-Afghanistan weit verbreiteten südostiranischen Sprachen, bevor Persisch (Dari) und Pashto dorthin vordrangen. Ormuri und Parachi besitzen folgende spezifische Gemeinsamkeiten, durch die sie als genetische Einheit innerhalb des Ostiranischen gekennzeichnet sind (Beispiele in Tabelle 14.80):

- die uriranischen stimmhaften Plosive *b, *d, *g haben sich im Anlaut unverändert erhalten
- uriran. *v- > *ɣw > ɣ
- uriran. *dv- > b
- uriran. *ϑr > Parachi š, Ormuri ṣ̌ʳ

Tab 14.80 *Phonologischer Vergleich Parachi – Ormuri (Schmitt 2000: 102–104)*

Ur-Iranisch >	Parachi	Ormuri	Pashto (Vgl.)
*dasa „zehn"	dōs	das	las
*gau- „Kuh"	gū	gōy	ɣwa
*vafra- „Schnee"	ɣarp	yōṣ̌ʳ	wāwra
*dvāra- „Tür"	bōr	bar	war
*ϑrayas „drei"	šī	šrē	dre

Andererseits gibt es eine Reihe phonologischer Unterschiede. So sind die Reflexe von altiran. *rt/*r̥t im Parachi /r̥/, im Ormuri jedoch /l/ oder /ll/, z.B. altiran. *mr̥ta(ka)- „tot" > Parachi mur̥, Ormuri mulluk; altiran. *br̥ta- „getragen" > Parachi bur̥. Altiran. *č bleibt im Parachi unverändert, während es im Ormuri zum Palatal /c/ wird, z.B. altiran. *čaϑvāras „vier" > Parachi čör, Ormuri cār. Im Kaniguram-Dialekt des Ormuri sind noch Reste einer alten Genusdifferenzierung erhalten, die im Logar-Dialekt durch den Einfluss des Dari gänzlich verloren gegangen ist: z.B. nastak/nāsk „er/sie hat sich gesetzt", xwalak/xwālk „er/sie hat gegessen".

Zwar wurden Ormuri und Parachi schon früh erwähnt – z.B. vom Timuriden Babur um 1500 –, dennoch ist man beim Studium dieser schriftlosen Sprachen ausschließlich auf die mehr oder weniger wissenschaftlichen Aufzeichnungen aus dem 19. und 20. Jh. angewiesen, so dass jede historische Tiefe fehlt. Angesichts dieser Situation ist die Klassifikation von Ormuri und Parachi nicht unumstritten. Insbesondere die Bewahrung der anlautenden stimmhaften Plosive rückt sie in die Nähe westiranischer Sprachen, die anderen oben dargestellten phonologischen Merkmale sprechen jedoch entschieden für eine Zugehörigkeit zum Ostiranischen. Ein Detail aus dem Wortschatz ist das typisch ostiranische Wort für „Berg" (von altiran. *gari), das im Ormuri als g(i)ri „Berg" und im Parachi als gir oder ger „Stein" erhalten blieb (vgl. Pashto ɣar „Berg"), während es in den westiranischen Sprachen durch das aus dem Altpersischen stammende kaufa-, mittelpersisch kōf ersetzt wurde.

Pashto

Die heute bedeutendste und sprecherreichste ostiranische Sprache ist das *Pashto* (Paštō), das in zahlreichen Dialekten von etwa 35 Mio. *Paschtunen* in Afghanistan und *Pathanen* in Pakistan als Muttersprache gesprochen wird. In Afghanistan ist Pashto (dort auch *Afghanisch* genannt) seit 1936 eine der beiden offiziellen Amtssprachen, die andere ist Persisch (Dari). Die paschtunischen Stämme gründeten im 18. Jh. den Staat Afghanistan.

Pashto ist im gesamten Südosten Afghanistans und im angrenzenden Nordwesten Pakistans verbreitet. Davon ausgenommen sind in Afghanistan die Gebiete um Kabul und Ghazni, in denen primär Dari gesprochen wird. Andererseits gibt es im Norden und Westen Afghanistans inzwischen größere paschtunische Siedlungsgebiete. In Pakistan wird

Pashto in der Nordwest-Grenzprovinz (seit 2010 Khyber Pakhtunkhwa genannt) bis etwa Dir, in den südlich anschließenden Stammesgebieten (Federally Administered Tribal Areas) und in Waziristan gesprochen. Aber auch Teile des Panjabs und Belutschistans bis Quetta und Dera Ghazi Khan gehören zum paschtunischen Sprach- und Siedlungsgebiet. Einzelne Pathanen-Gruppen leben in Chitral und Kashmir. Generell stellt der Indus die östliche Grenze des Pathanengebiets dar.

Die Angaben über die *Sprecherzahlen* des Pashto schwanken auch innerhalb seriöser Quellen erheblich, was zum Teil am raschen Wachstum der paschtunischen Bevölkerung liegt. *Pakistan* hat heute (2011) eine Gesamtbevölkerung von 170 Mio., der Anteil der Pashto-Sprecher wird zwischen 13% und 15% angegeben, danach gibt es in Pakistan zwischen 22 Mio. und 25,5 Mio. Pashto-Sprecher. Die Gesamtbevölkerung *Afghanistans* beträgt 29 Mio., die Angaben über den Anteil der Pashto-Sprecher schwanken hier je nach Quelle zwischen 35% und 55% (die Encyclopaedia Iranica geht von 50–55% Pashto-Muttersprachlern aus, Schmitt 2000: 98 von etwa 50%, der Fischer Weltalmanach 2011 von 40%, das CIA-World-Factbook 2010 von 35%), damit liegt die Pashto-Sprecherzahl in Afghanistan zwischen 10 und 16 Mio. In der Summe ergibt das mindestens 32 Mio. bzw. höchstens 41,5 Mio. Pashto-Sprecher. Mit 35 Mio. kommt man der Realität wohl relativ nahe, es könnten aber auch 40 Mio. sein. Die von Ethnologue 2009 angegebenen 20 Mio. sind mit Sicherheit überholt, sie stammen von Zählungen oder Schätzungen aus den 1990er Jahren.

Die für das Pashto seit dem 16. Jh. verwendete *Schrift* ist eine modifizierte Form des arabisch-persischen Alphabets mit Zusatzzeichen für die Retroflexe /ṭ, ḍ, ṇ, ṛ, ṣ, ẓ̌/ und die Palatale /c, j/ sowie mit Diakritika zur genaueren Vokal- und Diphthongdarstellung. Seit dem 16. Jh. liegt eine reiche literarische Produktion vor, die in manchen Werken möglicherweise auf wesentlich ältere mündliche Überlieferungen zurückgreift. Ein Höhepunkt der paschtunischen Literatur wurde im 17. Jh. durch den Dichter Khushhal Khan Khattak (1613–1689) erreicht. Neben der schriftlichen Literatur gibt es eine reiche Volksdichtung mit lyrischen Gesängen, Sinnsprüchen, Balladen sowie Heldengedichten aus dem Leben der einzelnen Paschtunen-Stämme.

Seit den 1930er Jahren verstärkten sich in Afghanistan die Bemühungen um eine *Standardisierung* der Schriftsprache und ihre Einführung als Schulsprache; dabei führend war die „Pashto-Akademie" in Kabul. Seit 1956 gibt es ein ähnliches Gremium in Pakistan mit Sitz in Peshawar. Während Pashto in Afghanistan heute obligatorische Unterrichtssprache ist, wird es in Pakistan nur an einigen Schulen unterrichtet, die Regelsprache der Ausbildung ist Urdu. In den letzten Jahrzehnten wurden Zeitungen, Zeitschriften und belletristische Literatur auf Pashto veröffentlicht. Der Literatur- und Standardsprache liegt in Afghanistan der Kandahar-Dialekt, in Pakistan der Peshawar-Dialekt zugrunde.

Pashto wird in zahlreichen vor allem phonologisch deutlich unterschiedlichen *Dialekten* gesprochen, eine Folge der über Jahrhunderte ausgeprägten eigenständigen Geschichte der einzelnen Paschtunen-Stämme, die sich bis heute nicht als ein „paschtunisches Volk" verstehen, sondern ihre jeweiligen Partikularinteressen verfolgen. Die Klassifizierung der Dialekte erfolgt nach lautlichen Kriterien, wobei insbesondere der Gegensatz in der Aussprache der Phoneme /ṣ, ẓ̌/ eine große Rolle spielt. Nach MacKenzie 1959 werden die Dialekte in vier Gruppen eingeteilt: Südwest-, Südost-, Nordwest-

und Nordost-Pashto. Diese Gruppen sind durch die in Tabelle 14.81 aufgeführten Aussprachemerkmale charakterisiert.

Tab 14.81 *Aussprache einiger Phoneme in den Dialektgruppen des Pashto (Schmitt 2000: 100)*

Phoneme	Südwest	Südost	Nordwest	Nordost
/ṣ̌, ẓ̌/	[ṣ, ẓ]	[ʃ, ʒ]	[ç, j]	[x, g]
/ž/	[ʒ]	[ʒ]	[ʒ]	[dʒ]
/c, j/	[ts, dz]	[ts, dz]	[s, z]	[s, z]

Innerhalb dieser vier Gruppen, die auf eine gemeinsame Grundform zurückgehen, die der frühesten überlieferten Sprachform des 16. Jh. nicht allzu fern steht, gibt es durchaus weitere Unterscheidungsmerkmale (Isoglossen), die vor allem den Vokalismus betreffen. Zu den vier Dialektgruppen gehören folgende Einzeldialekte:

- *Südwest*: Südwest-Afghanisch, Kandahari, Quetta
- *Südost*: Bannu, Waziri, Kakari, Sherani, Spin-Tor Tarin
- *Nordwest*: Durrani, Kabuli, Zentral-Ghilzai, Shinwari
- *Nordost*: Nordwest-Pakistanisch, Peshawari, Yusufzay-Mohmandi, Nordost-Ghilzai, Afridi, Bangash, Orakzay

Eine vom Standard-Pashto besonders abweichende Varietät ist das von etwa 100 Tsd. Menschen in Nordost- Belutschistan gesprochene **Wanetsi** (Waṇecī), das in der Region um Harnai und Shahrig zwischen Quetta und Loralai verbreitet ist. Neuerdings wird es immer stärker durch das Pashto beeinflusst. Es weist zahlreiche Archaismen auf, darunter die Bewahrung von Proto-Pashto *rž, das sonst als Retroflex /ẓ̌/ erscheint, z.B. altiran. r̥ṣah- „Bär" > Wanetsi *yirž*, Früh-Pashto *yaẓ̌*. Wanetsi wird heute meist als eigenständige Sprache und nicht als Pashto-Dialekt aufgefasst.

Das *Lautsystem* des Pashto ist von dem des Neupersischen völlig verschieden. Es besitzt die vier palatalen Affrikaten /c, j, č, ǰ/ und infolge sekundärer Entwicklungen eine ganze Serie von Retroflexen: /ṭ, ḍ, ṇ, ṛ, ṣ̌, ẓ̌/. Pashto weist typische ostiranische Merkmale auf, wie die Wandlung der altiranischen stimmhaften Plosive im Anlaut *b-, *g- > Pashto /w-/, /ɣ-/, z.B. altiran. *brātar- „Bruder", *gari- „Berg" > Pashto *wror* bzw. *yar*. Nähere Beziehungen hat das Pashto (außer zum Wanetsi) zum Munji-Yidgha, wie der nur in diesen Sprachen vorhandene Lautwandel von altiran. *d zu /l/ zeigt: altiran. *dugdar- „Tochter" > Munji *ləydo*, Yidgha *luɣdo*, Pashto *lūr*.

Pashto ist die einzige neuiranische Sprache mit einem *freien Wortakzent*, der auch phonemisch relevant ist, z.B. *čắra* „Arbeit" vs. *čārá* „Mittel, Ausweg" oder *áspa* „Stute" vs. *aspá* „eine Krankheit". Der freie Akzent spielt auch in der Morphologie bei der Unterscheidung von ansonsten identischen Formen eine Rolle. Man kann ihn unmittelbar auf den beweglichen Akzent des Indoarischen und damit des Indogermanischen zurückführen, wie er noch im Vedischen realisiert ist. Der freie Akzent hat die gesamte lautgeschichtliche Entwicklung des Pashto wesentlich beeinflusst, viele phonologische Besonderheiten lassen sich dadurch erklären.

Pashto besitzt für eine neuiranische Sprache einen großen Formenreichtum. In der Nominalmorphologie gibt es neben den zwei Kasus (Rectus, Obliquus) und Numeri auch die zwei Genera Maskulinum und Femininum, die nicht nur in der Nominalflexion, sondern auch in den Verbalformen in Erscheinung treten, die aus alten Partizipialkonstruktionen entstanden sind. Pashto besitzt auch die schon mehrfach erwähnte präteritale Splitergativität, die durch eine Ergativkonstruktion bei transitiven Verben im Präteritum gekennzeichnet ist.

Der *Wortschatz* des Pashto ist vor allem durch das Arabische und Persische beeinflusst. Bezogen auf die 500 gebräuchlichsten Ausdrücke setzt er sich zu etwa 55% aus iranischen Erbwörtern zusammen, rund 25% sind aus dem Arabischen entlehnt, 15% aus dem Persischen (Dari), der Rest aus indoarischen Sprachen (vor allem Urdu) und aus Turksprachen.

14.22 Grammatische Skizze der Zaza-Sprache

Diese grammatische Skizze beschreibt die nördliche Variante der Zaza-Sprache, den Dersim-Dialekt. Sie basiert vor allem auf Selcan 1998.

Phonologie

Zazaki gehört zum Nordwestiranischen, was sich vor allem phonologisch begründen lässt. So steht Zazaki /z/ neupersischem /d/ gegenüber, z.B. Zazaki *zama* ~ neupers. *dāmād* „Schwiegersohn". Altiran. /*dw/ wird im Zazaki wie im Parthischen zu /b/, im Neupersischen zu /d/, z.B. Zazaki *ber* ~ parthisch *bar* ~ mittel- und neupers. *dar* „Tür".

Zazaki besitzt ein reichhaltiges Phoneminventar von 27 Konsonanten (Tabelle 14.82) und acht Vokalen.

Tab 14.82 *Die Konsonantenphoneme des Zazaki (Norddialekt) (Selcan 1998: 137)*

	labial	alveolar	post-alveol.	palatal	velar	uvular	glottal
Plosive	p, b	t, d			k, g	q	
Frikative	f, v	s, z	ʃ (ş), ʒ (ź)		x, ʁ (ẋ)		h
Affrikaten		ts, dz	tʃʰ (ç), dʒ (c)				
Nasale	m	n					
Lateral		l					
Vibranten		ɾ (r), r (rr)					
Halbvokale	w			j (y)			

In Klammern steht jeweils die übliche Darstellung der Phoneme in heutigen Zaza-Texten, die auf dem lateinischen Alphabet basiert. Das stimmlose /x/ entspricht dem deutschen /ch/ in *ach*, /ʁ/ dem deutschen Zäpfchen-r. Die Affrikaten /ts, dz/ sind Allophone von /tʃʰ/ bzw. /dʒ/, sie werden ebenfalls durch <ç> bzw. <c> wiedergegeben.

Es gibt im Zaza zwei r-Laute /ɾ, r/, die hier als <r> bzw. <rr> geschrieben werden. Beides sind alveolare apikale stimmhafte Vibranten (Zungen-r). /r/ wird intensiver als /ɾ/ artikuliert. Die Unterscheidung hat Phonemcharakter, wie die folgenden Beispiele zeigen:

Tab 14.83 *Minimalpaare für r/rr*

r-Laut		rr-Laut	
pere	„Geld"	*perre*	„Flügel"
tore	„Brauch"	*torre*	„Fangnetz"
bɩrak	„Liebhaber"	*bɩrrak*	„Säge"

Die Vokale des Zaza sind /i, e (ê), ɛ (e), a, o, u, ü, ɨ (ı) /, es gibt keine phonemische Unterscheidung von Lang- und Kurzvokalen (in Klammern die in heutigen Zaza-Texten verwendeten Zeichen).

Nominale Morphologie und Morphosyntax

Das Nomen besitzt im Zazaki die Kategorien Genus, Numerus, Kasus, Definitheit und Attribuierung.

Kategorie	Realisierung
Genus	Maskulinum, Femininum
Numerus	Singular, Plural
primäre Kasus	Rectus, Obliquus; Vokativ
sekundäre Kasus	Genitiv, Dativ, Separativ, Adessiv, Allativ, Illativ, Sublativ
Definitheit	definit (unmarkiert), indefinit (markiert)
Attribuierung	*Kennzeichnung von Nomina, die durch adjektivische Attribute näher bestimmt werden (s. unten)*

Der oft auch als Nominativ bezeichnete Rectus wird als Subjekt des intransitiven Verbums (in allen Tempora) und als Subjekt des transitiven Verbums im Präsens verwendet, in den Tempora der Vergangenheit für das direkte Objekt des transitiven Verbs. Der Obliquus wird für das direkte Objekt des transitiven Verbs im Präsens und für den Agens im Präteritum benutzt (sog. *präteritale Splitergativität*). Damit ergibt sich die in Tabelle 14.84 dargestellte Verteilung der Kasusfunktionen im Zazaki.

Tab 14.84 *Die Funktionen von Rectus und Obliquus im Zazaki*

Funktion	Intransitives Verb	Transitive Gegenwart	Transitive Vergangenheit
Subjekt (Agens)	Rectus	Rectus	Obliquus
Direktes Objekt	–	Obliquus	Rectus

Weitere Details und Beispiele zur Splitergativität werden im Abschnitt über die Verbalmorphologie angeführt.

Die regelmäßige (definite) Kasusbildung wird in Tabelle 14.85 an den Beispielen *lacek* m. „der Junge", *çêneke* f. „das Mädchen" und *domani* „die Kinder" dargestellt. Das Genus wird formal nur im Singular unterschieden. Die sekundären Kasus werden durch Postpositionen, Präpositionen oder Zirkumpositionen vom Obliquus abgeleitet.

Tab 14.85 *Die Deklination im Zazaki (Selcan 1998: 275)*

Kasus	Präpos.	Sg. m.	Sg. f.	Pl.	Bedeutung
Rectus	–	lacek-ø	çênek-e	doman-i	siehe oben
Obliquus	–	lacek-i	çênek-e	doman-an	siehe oben
Genitiv	(yê)	lacek-i	çênek-e	doman-an	des .../ der ...
Dativ	–	lacek-i-rê	çênek-e-rê	doman-an-rê	für ...
Separativ	–	lacek-i-ra	çênek-e-ra	doman-an-ra	von - weg, aus - heraus
Sublativ 1	–	lacek-i-ro	çênek-e-ro	doman-an-ro	auf/auf - hinauf
Adessiv	–	lacek-i-de	çênek-e-de	doman-an-de	bei .../im Innern von ...
Allativ	(e)ra	lacek-i	çênek-e	doman-an	zu - hin
Sublativ 2	(e)ro	lacek-i	çênek-e	doman-an	auf - hinauf
Illativ	(e)de	lacek-i	çênek-e	doman-an	in - hinein
Vokativ	–	lac-o!	çên-ê!	doman-ênê!	Anrede

Definitheit

Nomina ohne weitere Kennzeichnung (etwa Artikel) drücken definite Formen aus (*lacek* „der Junge"). Indefinite Formen werden durch die Endung /-ê/ markiert, z.B. *lacek-ê* „ein Junge". Es ergeben sich durch Kontraktion, Elision und Hiattilgung einige phonetische Besonderheiten (Beispiele in Tabelle 14.86).

Tab 14.86 *Definite und indefinite Formen des Nomens (Selcan 1998: 247–248)*

definit	indefinit	Bedeutung	Erläuterung	
lacek m.	lacek-ê	„der/ein Junge"	regelmäßig	
hêga m.	hêga-ê	„das/ein Feld"	regelmäßig	
çerme m.	çerm-ê	„das/ein Fell"	Kontraktion e-ê > ê	
koli m.	koli-y-ê	„das/ein Holz"	Einschub des y nach i	
kardi f.	kard-ê	„das/ein Messer"	Kontraktion i-ê > ê	
manga f.	mang-ê	„die/eine Kuh"	Kontraktion a-ê > ê	

Im Plural wird das Unbestimmtheitssuffix durch *taê* „einige" ersetzt: *taê lacek-i* „einige Jungen".

Attribuierung

Nomina erhalten im Zazaki eine Kennzeichnung durch ein Suffix, wenn sie durch adjektivische Attribute ergänzt werden. Diese Markierung nennt man *Attribuierung*. Das kennzeichnende Suffix ist identisch mit der Kennzeichnung eines prädikativ gebrauchten Adjektivs, es besitzt die Funktion einer Kopula.

Genauer gilt: Bei *prädikativer* Verwendung eines Adjektivs bleibt das substantivische Subjekt unverändert im Rectus, das prädikativ gebrauchte Adjektiv erhält eine Suffixkopula, die sich nach dem Genus und Numerus des Substantivs richtet (Sg. m. /-o/, Sg. f. /-a/, Pl. /-ê/). In der *attributiven* Verwendung wird diese Suffixkopula zum „Attribuierungssuffix" am zu bestimmenden Substantiv im *Rectus*, während das nachgestellte Adjektivattribut die normalen Kasusendungen des Nomens erhält. Es gibt also beim Übergang von der prädikativen zur attributiven Verwendung einen „Über-Kreuz-Tausch" der Suffixe von Substantiv und Adjektiv. Steht das Substantiv im attributiven Fall im *Obliquus*, erhält es die Verbindungssuffixe der Izafe-Bindung (siehe unten), das Adjektiv die Obliquusendungen. In Tabelle 14.87 sind die verschiedenen Fälle durch Beispiele erläutert (*her* „Esel", *gewr* „grau").

Tab 14.87 *Attributive und prädikative Verwendung von Adjektiven im Zazaki*

Funktion	Kasus	Num./Genus	Nomen	Adjektiv	Bedeutung
Prädikativ	Rectus	Sg. m.	her-ø	gewr-o	„der Esel (*her*) ist grau (*gewr*)"
		Sg. f.	her-e	gewr-a	„die Eselin ist grau"
		Pl.	her-i	gewr-ê	„die Esel sind grau"
Attributiv	Rectus	Sg. m.	her-o	gewr-ø	„der graue Esel"
		Sg. f.	her-a	gewr-e	„die graue Eselin"
		Pl.	her-ê	gewr-i	„die Esel sind grau"
Attributiv	Obliq.	Sg. m.	her-ê	gewr-i	„den grauen Esel"
		Sg. f.	her-a	gewr-e	„die graue Eselin"
		Pl.	her-an-ê	gewr-an	„die grauen Esel"

Izafe-Bindung

Wie in vielen neuiranischen Sprachen gibt es auch im Zazaki die *Izafe-Bindung*. Die Izafe ist ein Verbindungssuffix, das zwischen einem Substantiv und seinem *nachgestellten* Genitivattribut eingefügt wird, das im Obliquus steht. Für das Verbindungssuffix (Izafe) gilt folgendes Schema (Tabelle 14.88) in Abhängigkeit von Genus und Numerus des voranstehenden Kopfnomens:

Tab 14.88 *Die Formen der der Izafe im Zazaki*

	Sg. m.	Sg. f.	Pl.
Rectus	-ê	-a	-ê
Obliquus	-ê	-a	-an-ê

Tab 14.89 *Beispiele zur Izafe-Bindung*

Rectus	her-**ê** ciran-i	„der Esel (*her*) des Nachbarn (*ciran*)"
	her-**a** ciran-i	„die Eselin des Nachbarn"
	her-**a** ciran-e	„die Eselin der Nachbarin"
	her-**ê** ciran-i	„die Esel des Nachbarn"
	her-**ê** ciran-an	„die Esel der Nachbarn"
Obliquus	her-**ê** ciran-i	„den Esel des Nachbarn"
	her-**a** ciran-i	„die Eselin (*Akk.*) des Nachbarn"
	her-**a** ciran-e	„die Eselin der (*Akk.*) Nachbarin"
	her-**an-ê** ciran-i	„die Esel des (*Akk.*) Nachbarn"
	her-**an-ê** ciran-an	„die Esel der (*Akk.*) Nachbarn"

Allerdings erlaubt das Zazaki bei einigen wenigen Substantiven auch eine Umstellung der Genitivverbindung, bei der das Genitivattribut *vor* seinem Beziehungswort steht. Zum Beispiel kann „aus der Hand (*dest*) des Jungen (*lacek*)" heißen:

dest-ê lacek-i-ra	normale Folge	Genitivattribut nachgestellt, Izafe /-ê/
lacek-i dest-ra	Umstellung	Genitivattribut im Obliquus vorangestellt

Man beachte, dass die Kasuspostposition (im Beispiel *-ra*) in beiden Fällen am Ende der gesamten Nominalphrase angehängt wird.

Pronomina

Das *Personalpronomen* des Zazaki unterscheidet im Singular und in der 3. Person Plural die Kasus Rectus und Obliquus, außerdem in der 3. Person Singular das Genus. In Tabelle 14.90 sind zum Vergleich die Pronomina des Kurmandschi (Nordkurdisch), Talyshi und des Neupersischen aufgeführt.

Tab 14.90 *Personalpronomina im Zazaki, Kurmandschi, Talyshi und Persischen*

RECTUS		Zazaki	Kurmand.	Talyshi	Persisch
Sg.	1.	ez	ez	ez	man
	2.	tı	tu	te	to
	3. m.	o	ew	av	u
	3. f.	a	ew	av	u
Pl.	1.	ma	em	ama	mā
	2	şıma	hûn	şema	şoma
	3.	ê	ew	avon	işān, inhā

OBLIQUUS		Zazaki	Kurmand.	Talyshi	Persisch
Sg.	1.	mı(n)	min	me(n)	man
	2.	to	te	te	to
	3. m.	ey	wî	ay	u
	3. f.	ae	wê	ay	u
Pl.	1.	ma	me	ama	mā
	2	şıma	we	şema	şoma
	3.	inan	wan	avon	işan, inhā

Zazaki besitzt ein *Demonstrativum* der Nahdeixis *no-* „dieser (hier)" und der Fern-deixis *ho-* „jener (dort)". Die Demonstrativa unterscheiden wie das Nomen maskuline und feminine Singularformen und den genusneutralen Plural. Sie können direkt mit einer Kopulasuffix verbunden werden sowie attributiv und substantivisch gebraucht werden. In Tabelle 14.91 werden die nah-deiktischen Pronomen des Zazaki mit denen des Kurmandschi und Persischen verglichen. Die Formenpaare im Zazaki und Kurmandschi bezeichnen Rectus/Obliquus. Im Persischen gibt es keine Kasusunterscheidung.

Tab 14.91 *Vergleich der Demonstrativa (Nahdeixis) im Zazaki, Kurmandschi und Persischen*

Num./Genus	Zazaki	Kurmandschi	Persisch
Sg. m.	no/nay	ev/ vî	in
Sg. f.	na/nae	ev/vê	in
Pl.	nê/ninan	ev/van	işān, inhā

Verbale Morphologie und Morphosyntax

Man unterscheidet bei finiten Verbalformen des Zazaki die Kategorien Diathese, Tempus, Modus, Person, Numerus und Genus.

Kategorie	Realisierung
Diathese	Aktiv, Passiv
Tempus	Präsens, Futur, Präteritum, Perfekt; Imperfekt, Plusquamperperfekt
Modus	Indikativ, Kontinuativ, Konjunktiv, Imperativ
Person	1., 2., 3. Person
Numerus	Singular, Plural
Genus	Maskulinum, Femininum (nur in der 3. Person Sg.)

Im Präsens, Präteritum und Perfekt werden Person, Numerus und Genus unterschieden. Imperfekt und Plusquamperfekt besitzen diese Kategorien nicht, es sind also unpersönliche (infinite) Formen. Zu den infiniten Verbalformen gehören weiterhin zwei Infinitive (auf /-ene/ und /-ış/) sowie zwei Partizipien: das sog. Agentiv-Partizip und ein Präterital-Partizip.

Splitergativität

Das Zazaki besitzt – wie einige andere neuiranische und mitteliranische Sprachen – die sog. *präteritale Splitergativität* (siehe oben, Nominalmorphologie). Im Regelfall steht im Zazaki das Subjekt im Rectus und das direkte Objekt im Obliquus. Bei *transitiven* Verben in einem Tempus der *Vergangenheit* (Präteritum, Perfekt, Imperfekt, Plusquamperfekt) steht jedoch das Subjekt (der Agens) im Obliquus, während das direkte Objekt im Rectus steht. Wie oben schon erklärt, entstand diese Konstruktion aus einem Verbaladjektiv, das bei transitiven Verben eine passive Bedeutung hatte. In Tabelle 14.92 sind einige typische Beispiele zusammengestellt, die die präteritale Splitergativität verdeutlichen (*malım* „Lehrer", *ciran* „Nachbar", *doxtor* „Arzt", *ben-* Präsensstamm, *berd-* Präteritumstamm mit der Bedeutung „bringen").

Tab 14.92 *Die präteritale Splitergativität im Zazaki*

PRÄSENS				
Subjekt	**Objekt**	**Prädikat**	**Ziel**	**Übersetzung**
Rectus	Obliquus	Präsens	Obliquus	
malım-ø	ciran-i	ben-o	doxtor-i	„der Lehrer bringt den Nachbarn zum Arzt"
malım-e	ciran-i	ben-a	doxtor-i	„die Lehrerin bringt den Nachbarn zum Arzt"
malım-e	ciran-e	ben-a	doxtor-e	„die Lehrerin bringt die Nachbarin zur Ärztin"
malım-i	ciran-an	ben-ê	doxtor-an	„die Lehrer bringen die Nachbarn zu d. Ärzten"
PRÄTERITUM				
Subjekt	**Objekt**	**Prädikat**	**Ziel**	**Übersetzung**
Obliquus	Rectus	Präterit.	Obliquus	
malım-i	ciran-ø	berd-ø	doxtor-i	„der Lehrer brachte den Nachbarn zum Arzt"
malım-i	ciran-e	berd-e	doxtor-i	„die Lehrerin brachte den Nachbarn zum Arzt"
malım-e	ciran-e	berd-e	doxtor-e	„die Lehrerin brachte die Nachbarin zur Ärztin"
malım-an	ciran-i	berd-i	doxtor-an	„die Lehrer brachten die Nachbarn z.d. Ärzten"

Bei der nicht-ergativen Konstruktion besteht *Kongruenz* in Genus und Numerus zwischen Subjekt und Prädikat. Bei der ergativen Konstruktion vertauschen sich die Endungen von Subjekt und Objekt, die Kongruenz besteht also zwischen Objekt (im Rectus) und dem Prädikat. Historisch lässt sich die ergative Konstruktion in den Tempora der Vergangenheit als ursprünglich passive Konstruktion erklären: statt „der Lehrer brachte den Nachbarn zum Arzt" heißt es eigentlich: „vom Lehrer [wurde] der Nachbar zum Arzt gebracht".

Formenbildung des Verbums

Das Verbum im Zazaki besitzt drei *Stämme*: Präsens-, Konjunktiv- und Präteritumstamm. Die Bildung der Tempora und Modi von den Verbalstämmen zeigt das folgende Schema in Tabelle 14.93.

Tab 14.93 *Die Tempusstämme mit den zugehörigen Tempora und Modi*

Verbalstamm	davon gebildete Tempora/Modi
Präsensstamm	Indikativ und Kontinuativ Präsens
Konjunktivstamm	Konjunktiv und Imperativ Präsens
Präteritumstamm	alle anderen Tempora und Modi

Die Formen des Präsens- und Konjunktivstamms

Der *Kontinuativ Präsens* wird aus dem Indikativ Präsens durch Suffixe (Kopula) am Subjekt gebildet, die die Personalendungen der Verbform doppeln. Die Personenmarkierung ist also redundant. Der vom Konjunktivstamm gebildete *Konjunktiv Präsens* hat unwesentlich differierende Personalendungen und wird mit dem unveränderlichen Präfix *bı* gebildet. Der *Imperativ* (besser Adhortativ oder Jussiv) entspricht formal dem Konjunktiv, er wird in allen Personen außer der 1. Person Singular verwendet, z.B. *bı-wan-ime* „lasst uns lesen!". In der 2. Person Sg. lautet der Imperativ formal leicht abweichend *bı-wan-e* „lies!" Das *Futur* erhält man durch die Partikel *do*, die dem Konjunktiv Präsens vorangestellt wird, z.B. *ez do bı-wan-an* „ich werde lesen".

In Tabelle 14.94 werden die Präsens-Formen des Verbums *wan-* „lesen" dargestellt. Die Personalpronomina im Indikativ und Konjunktiv Präsens sind optional.

Tab 14.94 *Konjugation im Zazaki: Indikativ, Kontinuativ und Konjunktiv Präsens*

PRÄSENS		Indikativ		Kontinuativ		Konjunktiv	
		„ich lese" usw.		„ich lese gerade" usw.		„(dass) ich lese" usw.	
Sg.	1.	(ez)	wan-en-an	ez-o	wan-en-an	(ez)	bı-wan-an
	2.	(tı)	wan-en-ay	tı-yay	wan-en-ay	(tı)	bı-wan-ê
	3.m.	(o)	wan-en-o	o-yo	wan-en-o	(o)	bı-wan-o
	3.f.	(a)	wan-en-a	a-wa	wan-en-a	(a)	bı-wan-o
Pl.	1.	(ma)	wan-en-ime	ma-yê	wan-en-ime	(ma)	bı-wan-ime
	2.	(şıma)	wan-en-ê	sıma-yê	wan-en-ê	(şıma)	bı-wan-ê
	3.	(ê)	wan-en-ê	ê-yê	wan-en-ê	(ê)	bı-wan-ê

Die Formen des Präteritumstamms

Alle anderen Tempora und Modi werden vom Präteritumstamm gebildet. Wie auch in anderen iranischen Sprachen kongruiert das transitive Verb in den Tempora der Vergangenheit mit dem Objekt, das im Rectus steht (präteritale Splitergativität). Die intransitiven Verben kongruieren in allen Tempora – also auch in den Tempora der Vergangenheit – mit dem Subjekt. Dadurch unterscheidet sich die Formenbildung intransitiver und transitiver Verben in allen Vergangenheitsformen. In Tabelle 14.95 werden *men-d-ene* „bleiben" (intransitiv) und *wen-d-ene* „lesen" (transitiv) konjugiert.

Tab 14.95 *Konjugation im Zazaki: Indikativ Präteritum*

PRÄTERITUM		intransitiv		transitiv	
		„ich blieb"		„ich las ihn/sie (f.)/sie (Pl.)"	
Sg.	1.	(ez)	mend-an	mı o/a/ê	wend-ø/-e/-i
	2.	(tı)	mend-ay	to	wend- ...
	3. m.	(o)	mend-ø	ey	wend- ...
	3. f.	(a)	mend-e	ae	wend- ...
Pl.	1.	(ma)	mend-ime	ma ...	wend- ...
	2.	(şıma)	mend-i	şıma ...	wend- ...
	3.	(ê)	mend-i	inan...	wend- ...

Der *Kontinuativ Präteritum* wird bei intransitiven Verben analog zum Kontinuativ des Präsens durch Suffigierung der Endungen /-o, -ya, -yo, -wa; -o, -ê, -yê/ an die Subjektpronomina gebildet, z.B. *ez-o mend-an* „ich blieb gerade".

Perfekt

Das Perfekt wird wie das Präteritum vom Präteritumstamm gebildet und unterscheidet ebenso intransitive und transitive Formen (Tabelle 14.96).

Tab 14.96 *Konjugation im Zazaki: Indikativ Perfekt*

PERFEKT		intransitiv		transitiv	
		„ich bin geblieben"		„ich habe ihn/sie (f.)/sie (Pl.) gelesen"	
Sg.	1.	(ez)	mend-an	mı o/a/ê	wend-o/a/ê
	2.	(tı)	mend-ay	to	wend- ...
	3. m.	(o)	mend-o	ey	wend- ...
	3. f.	(a)	mend-a	aye	wend- ...
Pl.	1.	(ma)	mend-ime	ma ...	wend- ...
	2.	(şıma)	mend-ê	şıma ...	wend- ...
	3.	(ê)	mend-ê	inan ...	wend- ...

Der *Kontinuativ Perfekt* wird analog zum Kontinuativ des Präteritums bzw. Präsens gebildet.

Imperfekt

Auch das Imperfekt wird vom Präteritumstamm gebildet. Bei transitiven Verben wird die ergative Konstruktion verwendet. Im Imperfekt werden Handlungen beschrieben, die nicht abgeschlossen sind. Der *Indikativ Imperfekt* wird durch das unveränderliche Suffix /-êne/ gebildet, der *Konjunktiv Imperfekt* durch das zusätzliche Präfix /bɪ-/, z.B. intransitives Imperfekt: Indikativ *ez mend-êne* „ich war dabei zu bleiben", Konjunktiv *ez bɪ-mend-êne* „ich hätte bleiben sollen"; transitives Imperfekt: Indikativ *mɪ o/a/ê wend-êne* „ich war dabei, ihn/sie (f.)/es/ sie (Pl.) zu lesen", Konjunktiv *mɪ bɪ-wend-êne* „ich hätte (es) lesen sollen" (ohne Kennzeichnung des pronominalen Objekts).

Plusquamperfekt

Die Bildung des Plusquamperfekts erfolgt ebenfalls vom Präteritumstamm, und zwar mit dem Hilfsverb *bi/vi*, das von *biya-ene* „sein" stammt. Es existiert nur der Indikativ. Die Verbalendung bleibt wie beim Imperfekt für alle Personen gleich. Bei transitiven Verben erfolgt die ergative Konstruktion. Beispiele: *ez mend-ɪ vi* „ich war geblieben", *ez wend-ɪ vi* „ich hatte gelesen".

Passiv

Transitive Verben lassen sich im Zazaki ins Passiv transformieren. Die Diathesen Aktiv und Passiv werden morphologisch durch sog. *Diathesensuffixe* /-n-, -ɪ-, -i-, -ni-, -iya-/ unterschieden. Die Suffixe /-n-/ und /-ɪ-/ sind ein Kennzeichen der Agenszugewandtheit: z.B. *(o) vês-ø-a-ø* „er brannte", aber *(ae) (o) vês-n-a-ø* „er verbrannte (es)". Das Diathesensuffix /-iya-/ kennzeichnet das Passiv, z.B. *wen-d-ene* „lesen", *wan-iya-ene* „gelesen werden", *wer-d-ene* „essen", *wer-iya-ene* „gegessen werden". Die finiten Formen werden wie bei aktivischen Verben gebildet, z.B. *ez xap-in-an* „ich werde getäuscht" (Präsens) oder *tɪ vin-iya-ø* „du wurdest gesehen" (Präteritum).

14.23 Die Nuristan-Sprachen

Die Nuristan-Sprachen – früher auch als Kafiri-Sprachen bezeichnet – bilden neben dem Indoarischen und Iranischen den dritten Hauptzweig des Indoiranischen. Dazu gehören je nach Gliederung fünf bis sieben Sprachen mit insgesamt etwa 30.000 Sprechern. Sie werden in Afghanistan in der Provinz Nuristan am Südabhang des östlichen Hindukusch (nordöstlich von Kabul in der Grenzregion zu Pakistan) gesprochen. Die beiden sprecherreichsten Nuristan-Sprachen *Kati* und *Kamviri* sind auch im angrenzenden Pakistan in den Seitentälern der Provinz Chitral verbreitet. Linguistisch und geographisch nehmen die Nuristan-Sprachen eine Position zwischen den iranischen und indoarischen Sprachen ein. Die folgende Darstellung basiert vor allem auf Degener 2002.

Forschungsgeschichte

Die Muslime Afghanistans bezeichneten die Angehörigen der Stämme des südlichen Hindukusch im Gebiet des heutigen Nuristan zusammenfassend als *Kafiri* „Ungläubige", da sie sich lange Zeit einer Islamisierung entziehen konnten und ihre eigene animistische Religion ausübten (wie heute noch zum Teil die benachbarten dardischen Kalasha, deren Tage als „Ungläubige" aber auch gezählt sind). Das Stammesgebiet der Kafiri, also Kafiristan, wurde 1896 von den Afghanen erobert. Die Kafiri wurden zwangsweise zum Islam bekehrt und Kafiristan in *Nuristan* „Land der Erleuchteten" umbenannt. In der sprachwissenschaftlichen Literatur haben sich die alten herabsetzenden Bezeichnungen Kafiri und Kafiristan noch lange halten können.

Der britische Linguist G. A. Grierson erkannte als Erster (1906, in Grierson 1903–28), dass die Sprachen Kafiristans zu einem dritten separaten Zweig des Indoiranischen gehören. Er bezeichnete diesen Zweig zunächst als *Paiśācī*-Sprachen (nach einem mythologischen Kannibalen-Volk der Kashmiri-Tradition), später als „Dardisch", worunter er sowohl die heute als Dardisch bezeichnete Untereinheit des Indoarischen (vgl. Abschnitt 14.8) als auch die Kafiristan-Sprachen zusammenfasste. Von einigen Forschern wurde Griersons Dreiteilung des Indoiranischen kritisiert, aber der Norweger G. Morgenstierne (1892–1978) modifizierte Griersons Ansatz und rettete dadurch seine Grundidee. Nach Morgenstierne macht die Gruppe der Kafiri-Sprachen in der Tat einen dritten Zweig des Indoiranischen aus, während die übrigen Sprachen von Griersons „Dardisch" jetzt unter dem Namen Dardisch (im engeren Sinne) eindeutig dem Indoarischen zugerechnet wurden (Morgenstierne 1932). Diese Position ist heute weitgehend akzeptiert. Aus den Kafiri-Sprachen wurden schließlich auch in der Sprachwissenschaft die Nuristan-Sprachen.

Während sich die Dreiteilung des Indoiranischen in die Hauptzweige Indoarisch, Nuristani und Iranisch sowie die Zuordnung der dardischen Sprachen (im engeren Sinne) zum Indoarischen zunehmend durchsetzen konnte, bleibt es bis heute umstritten, ob das Nuristani genetisch näher am Indoarischen oder Iranischen steht oder zu beiden äquidistant ist. Nach Morgenstierne gibt es eindeutig eine engere Beziehung zum Indoarischen. Allerdings haben sich nach seiner Auffassung die Nuristan-Sprachen schon sehr früh in prävedischer Zeit von den anderen indoarischen Sprachen abgespalten. Obwohl die Nuristan-Sprachen tatsächlich viele gemeinsame Züge mit dem Indoarischen aufweisen, sind auch die Parallelen mit dem Iranischen unverkennbar. Eine andere Möglichkeit besteht darin, dass sich das Nuristani als erste Einheit aus dem Indoiranischen gelöst hat, bevor sich der Rest in Iranisch und Indoarisch aufgespalten hat (Grünberg 2009).

Von M. Mayrhofer wurde die größere genetische Nähe des Nuristani zum Indoarischen bestritten und statt dessen eher eine engere genetische Beziehung zum Iranischen gesehen, die sich durch bestimmte exklusiv iranisch-nuristanische Gemeinsamkeiten (z.B. Zusammenfall von stimmhaften und stimmhaft-aspirierten Plosiven, Trennung der palatalisierten und labialen Velare) begründen lässt. Mayrhofer nimmt an, dass die Gemeinsamkeiten mit dem Indoarischen eher durch Kontaktphänomene entstanden seien (Mayrhofer 1984). Die Strukturdiagramme in Tabelle 14.97 zeigen die drei möglichen Szenarien für die Entwicklung des Nuristani aus dem Proto.Indoiranischen.

Tab 14.97 *Mögliche genetische Positionen des Nuristani innerhalb des Indoiranischen*

GRÜNBERG *Äquidistanz*	PROTO-INDOIRANISCH
	PROTO-NURISTANI
	PROTO-INDOARISCH-IRANISCH
	PROTO-INDOARISCH
	PROTO-IRANISCH
MAYRHOFER *näher am Iranischen*	PROTO-INDOIRANISCH
	PROTO-IRANISCH-NURISTANI
	PROTO-IRANISCH
	PROTO-NURISTANI
	PROTO-INDOARISCH
MORGENSTIERNE *näher am Indoarischen*	PROTO-INDOIRANISCH
	PROTO-INDOARISCH-NURISTANI
	PROTO-NURISTANI
	PROTO-INDOARISCH
	PROTO-IRANISCH

Degener 2002 kommt nach einer ausführlichen Abwägung aller *linguistischen* Argumente zum Ergebnis, dass beide Hypothesen — also die indoarische und iranische — gleich plausibel sind. Wird aber auch der *archäologische* und *ethnologische* Hintergrund mit einbezogen, so spricht nach Degener einiges dafür, dass das Nuristani zunächst in einer sehr frühen Phase Bestandteil des Proto-Indoarischen war, bevor es sich schließlich als eigener Zweig davon abspaltete (was im Prinzip mit der Morgenstierne-Hypothese übereinstimmt). Die spezifisch iranischen Merkmale im Nuristani sind dann als Retentionen aus der Phase der Einheit des Indoiranischen zu erklären.

Sprachen, Dialekte und ihre Verbreitung

Die nördlichste Nuristan-Sprache ist das Kati, nach Süden schließen sich Kamviri, Ashkun, Prasuni, Waigali, Gambiri und Zemiaki an. Alle diese Sprachen haben bis heute keine Schrift und damit auch keine schriftliche Überlieferung. Ihre Sprecherzahl beträgt jeweils rund 1.000–2.000, lediglich Kati mit 20.000 und Kamviri mit 6.000 weichen deutlich davon ab. Die Gesamtsprecherzahl der Nuristan-Sprachen liegt bei etwa 30 Tsd., exacte Zahlen sind nicht vorhanden. Die hier verwendeten Daten aus Ethnologue 2009 sind relativ aktuell und decken sich in der Größenordnung mit anderen Angaben, z.B. van Driem 2001: 1078–1086 oder Grünberg 2009. Viele Nuristani-Sprecher sind zweisprachig (in Pashto oder Dari), ein Teil der Kati-, Kamviri- und Waigali-Sprecher lebt heute in Kabul. Die Nuristan-Sprachen sind in Tabelle 14.98 zusammengestellt.

Tab 14.98 *Die Nuristan-Sprachen: Sprecherzahlen, Dialekte und Verbreitungsgebiet*

Sprache	Sprecher	Dialekte und Verbreitungsgebiet
Kati Kativiri	20.000	Dialekte: West-Kativiri, Ost-Kativiri; Mumviri *Afghanistan*: Ramgal-, Kulam-, Ktivi-, Paruk-Tal; Bashgal-Tal (15.000) *Pakistan*: Chitral: Rumbur-, Bumboret-, Lutkuh-, Urtsun-Tal (5.000)
Kamviri Kamdeshi	6.000	Dialekte: Kamviri, Shekhani *Afghanistan*: Unteres Bashgal-Tal (4.000) *Pakistan*: Chitral: Langorbat, Lamerot, Badrugal und Urtsun-Tal (2.000)
Prasuni Wasi-Weri	1.000	Dialekte: Ober- und Zentral-Prasuni, Ushut *Afghanistan*: Prasun-Tal (Oberlauf des Pech-Flusses)
Ashkun Wamai	1.200	Dialekte: Ashuruviri (Kolata), Gramsukraviri, Sruviri (Wamai) *Afghanistan*: Pech-Tal
Waigali Kalasha-ala	1.500	Dialekte: Varjan-ala, Chima-Nishey-ala *Afghanistan*: SO-Nuristan, Pech-Tal in Kunar, Waigal- und Veligal-Tal
Gambiri Tregami	1.000	*Afghanistan*: Tregam-Tal
Zemiaki	< 1.000	*Afghanistan*: Enklave südl. des Pech-Flusses (erst 1999 identifiziert)

Unter dem hier verwendeten Hauptnamen der jeweiligen Sprache ist jeweils der wichtigste Zweitname angegeben. Fast alle Nuristan-Sprachen sind auch in der Wissenschaft unter verschiedenen Namen bekannt, was eine eindeutige Identifizierung oft erschwert (zu weiteren Alternativnamen vgl. Ethnologue 2009). Kati und Kamviri sowie Waigali und Gambiri sind so eng miteinander verwandt, dass sie von manchen Forschern zu jeweils einer Sprache zusammengefasst werden.

Die sprecherreichste Nuristan-Sprache ist das *Kati*, das in zwei nicht zusammenhängenden Teilgebieten gesprochen wird. Die beiden Hauptdialekte sind Westkativiri (im Ramgal-, Kulam-, Ktivi- und Paruk-Tal) und Ostkativiri (am Oberlauf des Bashgal), eine Zwischenform stellt das Mumviri dar (auch im Bashgal-Tal). Die Sprecherzahl des Kati beträgt etwa 20.000, davon leben 5.000 in Pakistan in den Seitentälern des Chitral-

Gebiets, wahrscheinlich Nachkommen von Flüchtlingen infolge der Zwangskonvertierung am Ende des 19. Jh. Eine erste Beschreibung der Kati-Sprache erfolgte bereits 1898 durch J. Davidson, die erste moderne Grammatik stammt von A. L. Grünberg (1980).

Nah verwandt mit dem Kati ist das *Kamviri*, das vor allem in Kamdesh und einigen kleineren Dörfern im mittleren Bashgal-Tal, aber auch im pakistanischen Süd-Chitral in Langorbat, Lamerot, Badrugal sowie im Urtsun-Tal gesprochen wird. Kamviri hat in Nuristan 4.000 und in Chitral 2.000 Sprecher. Südlich an das westliche Kati schließt sich *Ashkun* an, das in kleinen Tälern auf der linken Seite des Alingar sowie im großen Dorf Wama im Pech-Tal gesprochen wird. Ashkun wurde bereits von Morgenstierne 1932 beschrieben, der es für eine Übergangsform zwischen Kati und Waigali hielt.

Prasuni (auch Wasi-Weri, Parun, Prasun, Veron, Veruni) wird zwischen den beiden Sprachgebieten des Kati im abgelegenen Prasun-Tal gesprochen. Es weicht linguistisch von allen anderen Nuristan-Sprachen ab und nimmt auch innerhalb des Indogermanischen eine einzigartige Stellung ein; dennoch besteht an der Zugehörigkeit zum Nuristani kein Zweifel. Prasuni zerfällt in eine Reihe heterogener Dialekte.

Südlich an Prasuni und Kamviri schließt sich das *Waigali* (oder Kalasha-ala) im Waigal-Tal an. Kalasha-ala darf nicht mit der dardischen Sprache Kalasha verwechselt werden. Waigali wurde 1954 von Morgenstierne beschrieben, neuerdings (1998) von Degener auf Basis der umfangreichen Feldforschungen von G. Budruss. Nah verwandt (oder auch nur ein Dialekt des Waigali) ist das sich südöstlich anschließende *Gambiri* im Tregam-Tal. Das erst 1999 von Grünbaum identifizierte *Zemiaki* wird in einer kleinen Enklave südlich des Pech-Flusses innerhalb einer rein dardischen Sprachumgebung gesprochen (van Driem 2001: 1085).

Sprachliche Charakteristik der Nuristan-Sprachen

Phonologie

Die phonologische Entwicklung der Nuristan-Sprachen ist durch folgende Merkmale charakterisiert (Degener 2002: 104–106):

1. völliger Verlust der Aspiration bei stimmhaften und stimmlosen Plosiven
2. die indoiranischen palatalisierten Velare *k', *k'h werden im Nuristani zu /c/ oder /ʃ/
3. die idg. stimmhaften palatalisierten Velare *g', *g'h werden im Nuristani zu *dz, das sich in den einzelnen Sprachen zu /j/ oder /z/ weiterentwickelt
4. etliche Wörter unterliegen *nicht* der Ruki-Regel (wonach /s/ nach /r, ṛ, u, k, i/ zu /ʃ/ wird)
5. Erhalt des indoiranischen *s (wie im Indoarischen), das im Iranischen zu /h/ wurde.
6. Reduktion dentaler Cluster auf einfaches /t/
7. häufige Palatalisierung von Konsonanten
8. eine umfangreiche Serie von Retroflexen /ṣ, ẓ, ṭ, ḍ, ǰ, č̣, ṇ, ř, ṛ/

Die häufige Palatalisierung von Konsonanten ist typisch für alle Nuristan-Sprachen mit Ausnahme des Prasuni; im Kati haben nahezu alle Konsonanten palatale Entsprechungen. Tabelle 14.99 enthält Beispiele für die genannten phonologischen Merkmale, die Nummerierung entspricht der vorangehenden Übersicht.

Tab 14.99 *Die Phonologie der Nuristan-Sprachen im Vergleich zum Sanskrit (Degener 2002: 104–106)*

Nr.	Sprache	Beispiel	Entsprechung im Sanskrit
1	Waigali	kür- „Fuß"	khura- „Huf"
	Kati	kur- „Esel"	khara-
	Waigali	pōt „Pfad"	panthā-
	Waigali	pol „Getreide"	phala- „Frucht"
	Kati	gul „Land, Tal"	*ghala- „Bach"
	Kati	dum „Rauch"	dhūma-
2	Waigali	ċin- „schneiden"	chind-
	Kamviri	ċüř „Schwiegervater"	śvaśura-
	Kamviri	duċ „zehn"	daśa
3	Waigali	zamā „Schwiegersohn"	jāmātṛ-
	Waigali	zim, „Schnee"	hima-
	Kamviri	jim „Schnee"	hima-
	Waigali	zö „Herz"	hṛdaya-
4	Kati	dus „gestern"	doṣa- „Abend"
	Kati	mus „Maus"	mūṣ
5	Waigali	sot „sieben"	saptá; avest. hapta
6	Kati	bədi „Geist, Verstand"	buddhi-

Morphologie und Syntax

Das Nomen hat in den Nuristan-Sprachen zwei Kasus: Rectus und Obliquus. Numerus und Genus werden im Rectus nicht markiert, während beim Obliquus sowohl Singular und Plural als auch Maskulinum und Femininum differenziert werden. Eine weitere Nominalkategorie ist die Definitheit. Es gibt Personalpronomina der 1. und 2. Person im Singular und Plural sowie Serien von Demonstrativa für die Nah- und Fern-Deixis. Alle Sprachen haben eine Verbalmorphologie mit einem komplexen Tempus-Modus-System und einer Fülle infiniter Formen (Partizipien, Gerundien, Verbaladjektive).

Die Wortfolge im unmarkierten Satz ist SOV, Attribute stehen vor dem Kopfnomen, das Zahlensystem ist vigesimal. Alle Nuristan-Sprachen außer dem Prasuni unterliegen der *präteritalen Splitergativität*, d.h. bei transitiven Verben erfolgt in den Tempora der Vergangenheit eine ergative Konstruktion mit dem logischen Subjekt im Obliquus und dem Rectus als direktem Objekt, letzteres kongruiert mit dem Prädikat in Genus, Numerus und Person. Das auch hier abweichende Prasuni hat keine Ergativkonstruktion, aber unterschiedliche Formen für transitive und intransitive Verben.

Wortschatz

Eine auffällige Besonderheit der Nuristan-Sprachen ist ein ausgefeiltes System zur Beschreibung von Ort und Richtung eines Objekts im Raum. Die horizontalen und vertikalen Achsen, bestimmte Merkmale auf der Erdoberfläche (Flüsse, Berge, Bergpässe) aber auch die Position des Sprechers dienen als Koordinatensysteme. Im Kati gibt es mehr als 15 Serien zur Beschreibung von Ort und Richtung, wobei jede Serie aus einem Präverb, drei Ortsadverbien und einem Adjektiv besteht. Somit gibt es mindestens 75 Methoden zur Beschreibung von Ort und Richtung eines Objekts im Raum. Noch komplizierter ist das System im Prasuni mit über 100 Möglichkeiten (Grünbaum 2009).

Der Wortschatz der Nuristan-Sprachen enthielt bis zum späten 20. Jh. nur einen kleinen Lehnwortanteil, zumeist aus den dardischen Sprachen. In letzter Zeit werden wegen der leichteren Erreichbarkeit Nuristans zunehmend Lehnwörter aus dem Pashto und Dari aufgenommen. Es gibt eine Reihe von Wörtern, die nur im Indoarischen eine Entsprechung haben, aber nicht im Iranischen, z.B. Kati *aŋga* „Feuer" ~ Sanskrit *aṅgāra-*, aber avestisch *ātar-*; auch die umgekehrte Situation kommt vor, z.B. Waigali *kan-* „lachen" ~ persisch *xand-* hat keine direkte Entsprechung im Indoarischen. Auch am Wortschatz wird also die Sonderstellung der Nuristan-Sprachen zwischen dem Iranischen und Indoarischen deutlich.

15 | Die Klassifikation der indogermanischen Sprachen

Dieses Kapitel bietet eine tabellarische Klassifikation sämtlicher indogermanischer Sprachen zur schnellen Übersicht und Orientierung. Bei allen lebenden Sprachen werden die Sprecherzahlen angegeben, bei vielen Sprachen auch die dialektale Gliederung.

Tab 15.1 Die Primärzweige des Indogermanischen

Primärzweige	S	LS	Sprecher S1	älteste Belege	Hauptverbreitungsgebiete
Indogermanisch	303	224	3.050.000.000	16. Jh. v. Chr.	Europa, Südwest- und Südasien; *heute weltweit*
Germanisch	19	16	500.000.000	3. Jh. n. Chr.	Europa; *Nordamerika, Australien, Neuseeland*
Keltisch	12	4	900.000	6. Jh. v. Chr.	West-, Mittel- und Südosteuropa; Anatolien
Italisch-Roman.	34	19	800.000.000	7. Jh. v. Chr.	Europa; *Lateinamerika*
Baltisch	5	2	5.700.000	14. Jh. n. Chr.	Litauen, Lettland, Ostpreußen
Slawisch	26	21	325.000.000	9. Jh. n. Chr.	Ost-, Mittel- u. Südost-Europa; *Nordasien*
Albanisch	1	1	6.500.000	15. Jh. n. Chr.	Albanien, Kosovo
Griechisch	1	1	12.300.000	15. Jh. v. Chr.	Griechenland; *Mittelmeergebiet, Kleinasien*
Armenisch	1	1	6.500.000	5. Jh. n. Chr.	Armenien; *große weltweite Diaspora*
Indoiranisch	184	159	1.390.000.000	–	Südwest- und Südasien
Iranisch	55	41	140.000.000	10. Jh. v. Chr.	Iran, Afghan., Tadschik., Pakistan; Kurdistan
Nuristani	7	7	30.000	neuzeitlich	Afghanistan: Nuristan, Pakistan: Chitral
Indoarisch	122	111	1.250.000.000	10. Jh. v. Chr.	Indischer Subkontinent
Anatolisch †	8	0	†	16. Jh. v. Chr.	Anatolien, Nordsyrien
Tocharisch †	2	0	†	5. Jh. n. Chr.	Zentralasien: Nördl. Tarimbecken, Turfan
div. Restsprachen †	10	0	†	Altertum	Iber. Halbinsel, Italien, Balkan, Anatolien

S = Anzahl Sprachen, LS = Anzahl lebender Sprachen, S1 = Anzahl Muttersprachler.

Tab 15.2 Die germanischen Sprachen

Spracheinheiten	Einzelsprachen
GERMANISCH	[16 lebende Sprachen; 500 Mio. Primärsprecher]
WEST	
ANGLO-FRIESISCH	**Englisch** (340 Mio., mit S2 600 Mio.)
	Friesisch (400 Tsd.) (V West, Ost, Nord)
NIEDERLÄNDISCH	**Niederländisch** (25 Mio.) (V Holländisch, Flämisch)
	Afrikaans (6,5 Mio., mit S2 13 Mio.)
DEUTSCH	**Deutsch** (105 Mio., mit S2 180 Mio.)
	Jiddisch (bis zu 1 Mio., mehrheitlich S2)
	Luxemburgisch (390 Tsd.)
	Pennsylvanisch (250–300 Tsd.)
	Zimbrisch (2.200)
	Niederdeutsch (5–8 Mio., fast nur S2)
	Plautdietsch (500 Tsd.)
NORD	
ISLÄNDISCH-FÄRÖISCH	Isländisch (320 Tsd.)
	Färöisch (Färingisch) (60 Tsd.)
SKANDINAVISCH	**Dänisch** (5,6 Mio.)
	Schwedisch (10 Mio.)
	Norwegisch (5 Mio.) (V Bokmål, Nynorsk)
OST	Gotisch †, Vandalisch †, Burgundisch † u.a.

Tab 15.3 Die baltischen Sprachen

Spracheinheiten	Einzelsprachen
BALTISCH	[5 Sprachen , davon 3 †; 5,7 Mio. Primärsprecher]
OSTBALTISCH	**Litauisch** (3,5 Mio., mit S2 4 Mio.) (D Aukštaitisch, Žemaitisch)
	Lettisch (2,2 Mio.)
	(D Westlettisch, Lettgallisch, Semgallisch †,
	Selonisch †, Nehrungskurisch)
	Kurisch (Altkurisch) †
WESTBALTISCH	Altpreußisch (Preußisch, Pruzzisch) †
	Jatwingisch (Sudauisch) †

Tab 15.4 Die keltischen Sprachen

Spracheinheiten	Einzelsprachen
KELTISCH	[12 Sprachen, 8 †; 900 Tsd. Primärsprecher]
FESTLANDKELTISCH †	
KELTIBERISCH	Keltiberisch †
LEPONTISCH	Lepontisch †
GALLISCH	Gallisch †
	Galatisch †
INSELKELTISCH	
GÄLISCH (GOIDELISCH)	
WEST	**Irisch** (Irisch-Gälisch) (70 Tsd., S2 ca. 1 Mio.)
OST	**Schottisch-Gälisch** (65 Tsd.)
	Manx (Manx-Gälisch) † (1974 ausgestorben)
BRITANNISCH	
WALISISCH-KUMBRISCH	Kumbrisch † (im 11./12. Jh. ausgestorben)
	Walisisch (Kymrisch) (500 Tsd.)
KORNISCH-BRETONISCH	Kornisch † (im 18. Jh. ausgestorben)
	Bretonisch (150–250 Tsd.)
PIKTISCH	Piktisch † (im 9. Jh. ausgestorben)

q-keltisch sind die gälischen Sprachen und Keltiberisch, **p-keltisch** die britannischen und gallischen Sprachen.

Tab 15.5 Die altitalischen Sprachen

Spracheinheiten Einzelsprachen	
ITALISCH †	[13 ausgestorbene Sprachen]
LATEINISCH-FALISKISCH	
FALISKISCH	Faliskisch (Falerianisch) †
LATEINISCH	Lateinisch † (→ *Die romanischen Sprachen*)
OSKISCH-UMBRISCH (SABELLISCH)	
OSKISCH	Oskisch †, Pälignisch †, Marrukinisch †, Vestinisch †, Hernikisch †
UMBRISCH	Umbrisch †, Äquisch †, Marsisch †, Volskisch †
PIKENISCH	Südpikenisch †, Präsamnitisch †

Tab 15.6 Die romanischen Sprachen

Sprachgruppen	Einzelsprachen
ROMANISCH	[21 Sprachen, davon 2 †; 800 Mio. Primärsprecher]
BALKANROMANISCH	**Rumänisch** (30 Mio., mit S2 34 Mio.) (inkl. Moldawisch)
	Aromunisch (Makedorumänisch) (300 Tsd.)
	Meglenorumänisch (5.000)
	Istrorumänisch (300)
	Dalmatisch † (V Vegliotisch, Ragusanisch)
ITALOROMANISCH	**Italienisch** (65 Mio.)
	(D *Nord*: Gallo-Italienisch: Piemontesisch, Ligurisch, Lombardisch, Emilianisch; Venetisch; Istrisch;
	Mitte: Toskanisch; Korsisch;
	Nordsardinisch: Galluresisch, Sassaresisch;
	Mitte-Süd: Markisch, Umbrisch, Abruzzisch, Latialisch, Kampanisch, Apulisch, Lukanisch;
	Extrem-Süd: Salentinisch, Kalabresisch, Sizilianisch)
	Sardisch (1,2 Mio.)
	(D Logudoresisch, Campidanesisch, Nuoresisch)
RÄTOROMANISCH	Friaulisch (Furlanisch) (600 Tsd.)
	Dolomitenladinisch (Ladinisch) (30 Tsd.)
	Bündnerromanisch (Rumantsch) (40 Tsd.)
GALLOROMANISCH	**Französisch** (80 Mio., mit S2 200 Mio.)
	(D Normannisch, Gallo; Pikardisch; Wallonisch; Franzisch, Champagnisch, Lothringisch, Orleanisch, Burgundisch; Poitou-Saintonge-Anjou u.a.)
	Frankoprovenzalisch (30 Tsd.)
	Okzitanisch (2–3 Mio.)
	(D Limousinisch, Arvernisch, Provenzalisch, Languedocisch; Gascognisch)
IBEROROMANISCH	**Katalanisch** (10 Mio., weitere 2 Mio. passiv)
	Aragonesisch (Navarro-Aragonesisch) (12 Tsd.)
	Asturisch (Asturisch-Leonesisch) (115 Tsd., S2 450 Tsd.)
	Spanisch (Kastilisch) (400 Mio., mit S2 470 Mio.)
	Judenspanisch (Spanyol, Judezmo, Sephardisch) (< 50 Tsd.)
	Galicisch (Galizisch, Galegisch) (3,5 Mio.)
	Portugiesisch (210 Mio., mit S2 240 Mio.)
	Mozarabisch †

Tab 15.7 Die slawischen Sprachen

Spracheinheiten	Einzelsprachen
SLAWISCH	[26 Sprachen, 5 †; 320 Mio. Primärsprecher]
OSTSLAWISCH	Altostslawisch †
	Russisch (160 Mio., mit S2 250 Mio.)
	Ukrainisch (40 Mio., mit S2 47 Mio.)
	Weißrussisch (8 Mio.)
	Russinisch (Ruthenisch) (800 Tsd.)
	Westpolessisch (Polessisch) (> 1 Mio.)
WESTSLAWISCH	
LECHISCH	
POLNISCH	**Polnisch** (55 Mio.)
ELB-OSTSEE-SLAWISCH	
KASCHUB.-SLOWINZ.	Kaschubisch (50 Tsd., ethnisch 150 Tsd.)
	Slowinzisch †
OSTSEESLAWISCH	Pomoranisch (Ostseeslawisch) †
ELBSLAWISCH	Polabisch (Elbslawisch, Drewanisch) †
SORBISCH	Niedersorbisch (7.000)
	Obersorbisch (13.000)
TSCHECH.-SLOWAKISCH	**Tschechisch** (12 Mio.)
	Slowakisch (6 Mio.)
SÜDSLAWISCH	
WEST	
SLOWENISCH	**Slowenisch** (2,2 Mio.)
	Resianisch (1.500)
SERBO-KROATISCH	**Serbisch** (10 Mio.)
	Kroatisch (7 Mio.)
	Burgenlandkroatisch (20.000)
	Moliseslawisch (3.000–5.000)
	Bosnisch (Bosniakisch) (2,6 Mio.)
OST	Altkirchenslawisch (Altbulgarisch) †
	Bulgarisch (9 Mio.) (inkl. Pomakisch)
	Banater Bulgarisch (20.000)
	Mazedonisch (2 Mio.)

Tab 15.8 Die Einzelsprachen Albanisch, Griechisch und Armenisch

Diese drei Sprachen bilden jeweils einen eigenen Primärzweig des Indogermanischen.

Sprache	Sprecher	Dialekte/Perioden
Albanisch	6,5 Mio.	*Dialekte:* Gegisch; Toskisch, Arvanitika und Arbëreshë
Griechisch	12,3 Mio.	*Perioden:* Mykenisch, Altgriechisch, Byzantinisch, Neugriechisch *Altgriech. Dialekte:* Dorisch, Nordwestgriech., Äolisch, Arkadisch-Kyprisch, Ionisch-Attisch *Moderne Dialekte:* Nordgriechisch; Peloponnesisch-Jonisch, Südost-Griechisch, Zypriotisch, Kretisch-Kykladisch, Tsakonisch, Pontisch; Jüdisch-Griechisch
Armenisch	6,5 Mio.	*Hauptdialekte:* Ostarmenisch, Westarmenisch

Tab 15.9 Indogermanische Rest- oder Trümmersprachen

Hierbei handelt es sich um schwach dokumentierte, ausgestorbene indogermanische Sprachen, die keinem Primärzweig zugeordnet werden können. Diese Sprachen werden zusammenfassend im Kapitel 10 behandelt.

Sprachen	Belege	Art/Umfang	Alphabet
Iber. Halbinsel Lusitanisch	1.-2. Jh. n. Chr.	3 längere Inschriften	lateinisch
Italien Venetisch Messapisch	6.–1. Jh. v. Chr. 6.–1. Jh. v. Chr.	270 kurze Votiv- und Grabinschriften 250 kurze Inschriften, Glossen	venetisch griechisch
Sizilien Sikulisch Elymisch	5.–4. Jh. v. Chr. 8.–5. Jh. v. Chr.	kurze Inschr., 4 längere Inschr., Glossen Graffiti, Münzen, ON, PN	griechisch griechisch
Balkan Illyrisch Thrakisch Dakisch Makedonisch	– 6.–5. Jh. v. Chr. – 7.–4 Jh. v. Chr.	Glossen, ON, PN Inschriften, Glossen, ON, PN Pflanzennamen, Glossen, ON, PN Inschriften, Glossen, ON, PN	– griechisch – griechisch
Anatolien Phrygisch: Altphrygisch Spätphrygisch	 8.–4. Jh. v. Chr. 1.–4. Jh. n. Chr.	 250 Inschriften 100 Inschriften	 phrygisch griechisch

Abkürzungen: ON Ortsnamen, PN Personennamen

Tab 15.10   Die anatolischen Sprachen

Spracheinheiten	Einzelsprachen
ANATOLISCH †	[8 ausgestorbene Sprachen]
ZENTRALANATOLISCH	Hethitisch †
WESTANATOLISCH	
LYDISCH	Lydisch †
PALAISCH	Palaisch †
LUWISCH-KARISCH	
LUWISCH-LYKISCH	Luwisch † (V Keilschrift-Luw., Hieroglyphen-Luw.)
	Lykisch † (V Lykisch A, Lykisch B = Milyisch)
	Pisidisch †
KARISCH	Karisch †
SIDETISCH	Sidetisch †

Tab 15.11   Die tocharischen Sprachen

Spracheinheit	Einzelsprachen
TOCHARISCH †	Tocharisch A †
	Tocharisch B †

Tab 15.12   Die Gliederung des Indoiranischen

Spracheinheiten
INDOIRANISCH
INDOARISCH
DARDISCH
NORDINDISCH (PAHARI)
NORDWESTINDISCH
WESTINDISCH
ZENTRALINDISCH
OSTINDISCH
SÜDINDISCH
SINHALA-DHIVEHI
ROMANI
DOMARI
IRANISCH
WESTIRANISCH
NORDWESTIRANISCH
SÜDWESTIRANISCH
OSTIRANISCH
NURISTANI

Tab 15.13 Die altindoarischen Sprachen

Spracheinheit	Einzelsprachen	Bemerkung
ALTINDOARISCH	Vedisch	Ende 2. Jt. v. Chr. – 5. Jh. v. Chr.
	Klass. Sanskrit	seit dem 5. Jh. v. Chr.

Tab 15.14 Die mittelindoarischen Sprachen (Prakrit)

Sprachperioden	Einzelsprachen	Bemerkung
MITTELINDOARISCH		
FRÜHE PHASE	Ashoka-Prakrit	regionale Dialekte des 3. Jh. v. Chr.
	Frühes Gandhari	Nordwest-Indien, 3. Jh. v. Chr.
	Pali	Sprache des buddhistischen Kanons: Tipitaka-, Gatha-, Südost-, Sinhala-Pali
MITTLERE PHASE	Gandhari	Khotan-Manuskripte, 1. Jh. n. Chr.
	Niya-Prakrit	Verwaltung in Chinesisch-Turkestan
	Ardhamaghadhi	Jain-Kanon, frühe buddhist. Dramen
	Magadhi	Nordost-Indien: Magada
	Sauraseni	westl. Prakrit; Drama
	Maharashtri	südwestl. Prakrit; lyrische Werke
	Sinhala-Prakrit	frühe singhalesische Inschriften
	Hybrid-Sanskrit	Mahayana-Buddhismus
SPÄTE PHASE	Apabhramsha	Spätprakrit
	Nagara-Apabhramsha	Fortsetzer des Sauraseni-Prakrit
	Elu	singhalesisches Apabhramsha

Tab 15.15 Die Hauptzweige des Neuindoarischen

Hauptzweig	Sprecher	L	bedeutende Einzelsprachen
Dardisch	7 Mio.	23	Kashmiri, Pashai, Khowar, Kohistani, Shina
Nord	23 Mio.	3	Nepali; Garhwali, Kumauni
Nordwest	168 Mio.	21	Dogri-Kangri; Lahnda, Siraiki; Panjabi, Sindhi
West	115 Mio.	14	Gujarati; Rajasthani: Marwari, Malvi
Zentral	420 Mio.	14	Hindi, Urdu; Awadhi, Chhattisgarhi
Ost	390 Mio.	26	Bihari: Bhojpuri, Maithili; Bengali, Oriya, Asamiya
Süd	89 Mio.	4	Marathi, Konkani
Sinhala	17 Mio.	3	Singhalesisch, Dhivehi (Maledivisch)
Sonstige	3–6 Mio.	3	Romani, Domari, Lomavren
Summe	ca. 1230 Mio.	111	

Abkürzung: L = Anzahl Sprachen

Tab 15.16 Neuindoarisch I – Die dardischen Sprachen

Spracheinheiten	Einzelsprachen
DARDISCH	[23 Sprachen, 7 Mio. Sprecher]

KUNAR	*im Einzugsgebiet des Kunar-Flusses in West-Pakistan und Ost-Afghanistan*
	Pashai (110 Tsd.)
	    (D *Nordwest*: Gulbahar, Kohnadeh, Laurowan, Sanjan,
	    Shutul, Bolaghain, Pachagan, Alasai, Shamakot, Uzbin,
	    Pandau, Najil, Parazhghan, Pashagar, Wadau, Nangarach;
	    Südwest: Tagau, Ishpi, Isken;
	    Nordost: Aret, Chilas, Kandak, Kurangal, Kurdar;
	    Südost: Darrai Nur, Wegal, Laghman, Alingar, Kunar)
	Gawarbati (10 Tsd.), Dameli (5.000), Shumasti (1.000)
	Nangalami-Grangali-Zemiaki (5.000)

CHITRAL	*im Einzugsgebiet des Chitral-Flusses in West-Pakistan* **Khowar** (Chitrali) (300 Tsd.) (D Nord-, Süd-Chitral, Laspur, Ishkoman, Swat) Kalasha (5.000) (D Urtsun; Rumbur, Bumboret, Birir)

KOHISTANI	*in Kohistan und im Einzugsgebiet des Indus in Nord-Pakistan*
	Kalami-Kohistani (70 Tsd.)
	    (D Kalami, Ushu, Thal, Lamuti, Rajkoti, Dashwa)
	Torwali (60 Tsd.) (D Bahrain, Chail), Kalkoti (4.000)
	Indus-Kohistani (Khili, Maya) (220 Tsd.)
	    (D Seo, Pattan, Jijal; Duber, Kandia)
	Bateri (30 Tsd.), Chilisso (2.300) (D Jalkot, Mahrin)
	Gowro (Gabar Khel) (200)
	Wotapuri-Katarqalai (†), Tirahi (100, ethnisch 5.000)

SHINA	*im Gilgit-Gebiet Nord-Pakistans und in den angrenzenden Tälern*
	Shina (500 Tsd.)
	    (D *Gilgit*: Gilgit, Punial, Gupis, Hunza-Nagar, Bagrot,
	    Haramosh, Bunji, Rondu;
	    Astor: Astor, Gurezi, Dras, Kachura, Satpara, Gultari, Kharmangi;
	    Chilas (Diamer): Chilas, Darel, Tangir, Sazin, Harban;
	    Kohistan: Palasi, Kolai, Jalkoti)
	Brokshat (Brokskat, Brokpa) (10 Tsd.)
	    (D Darchik, Chulichan, Batalik, Dah, Hanu †)
	Ushojo (500)
	Dumaki (Domaaki) (500) [*Domari-Dialekt?*]
	Phalura (Dangarik) (10 Tsd.) (D Ashret, Purigali, Biyori)
	Sawi (Savi, Sau) (3.000)

KASHMIRI	*im indischen, aber auch im pakistanischen Teil Kashmirs*
	Kashmiri (Keshur) (5,5 Mio.)
	    (D *Srinagari*: Standard-Kashmiri; Kishtwari; Riasi,
	    Rambani, Siraiji-Doda, Siraji-Kashmiri, Bakawali, Poguli,
	    Bunjwali, Miraski, Shah-Mansuri, Zayoli, Zirak-Boli)

Tab 15.17 Neuindoarisch II – Die nordindischen Sprachen

Spracheinheiten	Einzelsprachen
NORDINDISCH (PAHARI)	[3 Sprachen, 22,5 Mio. Sprecher]
OSTPAHARI	**Nepali** (Ghurkali) (17 Mio.)
	(D Kathmandu [Standard]; Baitadi, Bajhangi, Bajurali, Doteli, Soradi, Acchami, Jumleli-Sinjali, Darjula; Palpa)
WESTPAHARI	**Garhwali** (3 Mio.)
	(D Salani, Nagpuriya, Majh-Kumaya, Badhani, Dasaulya, Lobhya, Rathi, Bhattiani; Theri)
	Kumauni (2,5 Mio.)
	(D Johari, Sirali, Askoti, Soriyali, Danpuriya, Gangola, Chaugarkiya, Kumaiya-Pachhai, Rampur-Bhabari, Rau-Chaubhaisi, Pashchimi, Phaldakotiya, Khasparjiya)

Tab 15.18   Neuindoarisch III – Die nordwestindischen Sprachen

Spracheinheiten	Einzelsprachen
NORDWESTINDISCH	[21 Sprachen, 168 Mio. Sprecher]
WEST-PAHARI	**Dogri-Kangri** (4 Mio.)
	(D Dogri, Bhatbali, Kandiali; Kangri)
	Gaddi (Bharmauri) (120 Tsd.)
	Churahi (110 Tsd.)
	Bhattiyali (100 Tsd.)
	Bilaspuri (Kehluri) (300 Tsd.)
	Kinnauri-Harijani (6.000)
	Mandeali (1 Mio.)
	Chambeali (130 Tsd.)
	Mahasu-Pahari (1 Mio.)
	(D Satlaji, Sodochi; Baghati; Kiunthali, Kochi,
	Soracholi, Kimi, Barari, Simla-Siraji, Baghliani, Handuri)
	Sirmauri (400 Tsd.) (D Giripari, Dharthi)
	Jaunsari (100 Tsd.)
	Kului (110 Tsd.) (D Kului, Siraji, Sainji)
	Bhadrawahi-Pangwali (70 Tsd.) (D Padari, Bhalesi, Pangwali)
	Pahari-Potwari (50 Tsd.) (D Dhundi-Kairali, Chibhali, Punchhi)
LAHNDA	**Hindko** (3 Mio.)
	(D *Nord*: Mansehra, Abbottabad, Kaghan-Tal;
	Süd: Peshawar, Attock-Haripur, Kohat)
	Lahnda (West-Panjabi) (65 Mio.)
	(D West-Majhi, Potohari, Balmiki, Jhelum, Sargodha,
	Gujranwala, Sialkot, Shekhupara, Layalpuri, Chinawari,
	Niswani, Bardi-Boli, Jatatardi-Boli)
	Siraiki (Seraiki, Süd-Panjabi, Multani) (30 Mio.)
	(D Derawali, Multani, Bahawalpuri, Khetrani, Jangli,
	Jafiri, Thali, Siraiki-Sindhi)
PANJABI	**Panjabi** (Ost-Panjabi) (40 Mio.)
	(*Standard-Panjabi*: V Muslim, Sikh, Hindu;
	Landes-Varietäten: Pakistan, Indien, Fiji, England;
	D Majhi, Doabi, Malwai, Patialwi, Awankari-Ghebi,
	Bhatyiana, Powadhi,Bathi)
SINDHI	**Sindhi** (22 Mio.)
	(D Standard-Sindhi; Vicholi, Thareli, Lasi, Lari, Macharia,
	Bhil-Sindhi, Wadiyara-Mewasi, Tharadari, Parkari)
	Kachchi (1 Mio.)
	Jadgali (100 Tsd.)

Tab 15.19 Neuindoarisch IV – Die westindischen Sprachen

Spracheinheiten	Einzelsprachen
WESTINDISCH	[14 Sprachen, 115 Mio. Sprecher]
RAJASTHANI	**Marwari** (30 Mio.) (D Standard-Marwari; Dhatki, Barage; Jaisalmer, Godwari, Sirohi, Deorawati, Saethki-Boli; Jodhpuri, Bikaneri-Shekawati, Dhundari, Mewati-Hirwati; Jaipuri, Ajmeri, Torawati, Kathaira, Chaurasi, Rajawati; Mewari, Gorawati, Sarwari, Khairari, Gametia) **Harauti** (Hadothi) (4,7 Mio.) (D Harauti, Sipari) Goaria (25 Tsd.) **Malvi** (10 Mio.) (D Malvi, Bachadi, Dholewari, Hoshangabad, Jamral, Patvi, Rangri, Ujjaini, Bhoyari, Sondwari) **Nimadi** (1,4 Mio.) (D Nimadi, Bhuani) **Gujari** (Gujuri) (1 Mio.) (D *West*: Kunar, Chitral, Dir, Swat, Gilgit; *Ost*: Kaghan, Süd-Hazara, Azad Kashmir; Poonch Gojri) **Bagri** (2,1 Mio.) **Lambadi** (Lamani) (6 Mio.) Lohari (Loarki) (1.000) (D Gade Lohar, Lohpitta-Rajput, Bhubaliya)
GUJARATI	**Gujarati** (50 Mio.) (D Standard-Gujarati = Baroda; Pattani, Kathiawadi, Jhalawadi, Sorathi, Halarai, Gohilwadi, Bhavnagari, Kharwa; Gramya, Gamadia, Charotari, Patidari, Vadidari, Dalit, Bharuchi, Surti, Anawala, Mumbai, Vhorasai, Kakari, Ghisadi) **Vasavi** (1,2 Mio.) Saurashtri (300 Tsd.)
BHILI	**Bhili** (6 Mio.) (D *Nord:* Bauria (Baori), Magari (Magra-Ki-Boli), Girasia, Wagadi, Dungari Bhil, Mina Bhil, Panchmahali; *Zentral:* Rathavi, Pahadi, Chodri, Gamit, Naikadi, Charani, Mawchi, Adiwasi Girasia, Dhogri, Kaski, Bhilodi, Padwi, Ambodia, Vasava, Dhanka-Tadavi-Valvi, Patelia, Bhilali, Dubli, Dhodia, Konkani, Dehwali, Nahari-Baglani, Ahiri, Rajput-Girasia, Kotali, Bhim Chaura, Rana Bhili; *Ost:* Pawari, Palya Bareli, Pauri Bareli, Rathwi Bareli, Paradhi)
KHANDESHI	**Khandeshi** (2,5 Mio.) (D Khandeshi, Ahirani, Dangri)

Tab 15.20 Neuindoarisch V – Die zentralindischen Sprachen

Spracheinheiten	Einzelsprachen
ZENTRALINDISCH	[14 Sprachen, 420 Mio. Muttersprachler, weitere 250 Mio. Zweitsprecher]
WEST	**Hindi** (260 Mio., mit S2 400 Mio.) (D Standard, Khari Boli) **Urdu** (60 Mio., mit S2 150 Mio.) (D Dakhini, Pinjari, Rekhta) **Braj-Kanauji** (10 Mio.) **Haryanvi** (Bangaru) (13 Mio.) **Bundeli** (8 Mio.) (D Standard-Bundeli; Pawari, Lodhanti, Khatola, Banaphari, Kundri, Nibatha, Tirhari, Bhadauri, Lodhi, Kosti, Kumbhari, Gaoli, Kirari, Raghobansi, Nagpuri Hindi, Chhindwara Bundeli) Chamari (400 Tsd.) Gowli (35 Tsd.) Sansi (80 Tsd.) Ghera (10 Tsd.) Bhaya (400)
OST	**Awadhi** (40 Mio.) (D Awadhi, Mirzapuri, Pardesi, Fiji-Hindustani; Awadhi-Tharu) **Bagheli** (8 Mio.) (D Bagheli, Tirhari, Gahora, Gondwani, Marari, Ojhi, Sonpari, Nagpuri-Marathi) **Chhattisgarhi** (18 Mio.) (D Chhattisgarhi, Surgujia, Sadri-Korwa, Baigani, Binjhwari, Kalanga, Bhulia) Dhanwar (Dhanuwar) (100 Tsd.)

Tab 15.21 Neuindoarisch VI – Die ostindischen Sprachen

Spracheinheiten	Einzelsprachen
OSTINDISCH	[26 Sprachen, 390 Mio. Sprecher]
BIHARI	**Bhojpuri** (40 Mio.)
	(D Standard; Gorakhpuri, Sarawaria = Basti, Banarasi = Purbi, Kharwari, Azamgarhi, Saran, Madhesi, Bhojpuri-Tharu, Domra, Musahari; *Karibisch:* Trinidad, Surinam, Guayana, Cayenne; *Mauritius:* Mauritius-Bhojpuri)
	Maithili (35 Mio.) (D Sotipura = Surajpuri, West, Khotta, Süd, Desia)
	Magahi (15 Mio.) (D Magahi, Panchpargania, Kortha)
	Sadri (2 Mio.) (D Sadani, Nagpuri, Lower Sadri)
	Oraon Sadri (200 Tsd.) (D Borail, Nurpur, Mokkan Tila)
	Angika (Anga) (750 Tsd.)
	Bote-Majhi (10 Tsd.)
	Musasa (50 Tsd.)
THARU	Rana Thakur Tharu (500 Tsd.)
	Saptari (Kochila) Tharu (250 Tsd.)
	Chitwania (Chitvan) Tharu (230 Tsd.)
	Deokri Tharu (80 Tsd.)
	Mahotari Tharu (30 Tsd.)
	Buksa (45 Tsd.)
ORIYA	**Oriya** (35 Mio.)
	(D Mughalbandi=Standard-Oriya, Süd, Nordwest, Sambalpuri (West), Balasore, Napore; Bhuiya, Jagannathi, Desia, Valmiki, Bagata, Mali, Degaru, Kupia, Bodo Parja = Jharia; Reli)
	Bhatri (600 Tsd.),
	Adivasi Oriya (150 Tsd., S2 500 Tsd.)
	Halbi (500 Tsd.)
	(D Halbi, Adkuri, Bastari, Chandari, Gachikolo, Mehari, Muria, Sundi, Mirgan, Bhunjia, Nahari)
BENGALI	**Bengali** (215 Mio.)
	(D *Zentral:* Standard-Bengali, Kalikata; *Nord:* Dinaipur, Koch, Kishanganjia, Siripuria, Bogra; *West:* Saraki, Kharia Thar, Paharia Thar, Mal Paharia; *Südwest:* Midnapore; *Ost:* Rajshahi, Dacca-, Delta-Bengali)
	Chittagong (14 Mio.) (D Chittagong, Rohinga)
	Sylhetti (10 Mio.)
	Rajbangsi (130 Tsd.), Chakma (600 Tsd.)
	Hajong (70 Tsd.), Bishnupriya (115 Tsd.)
ASSAMI	**Asamiya** (Assamesisch) (20 Mio.)
	(D Asamiya, Sibsagar, Kamarupa; Jiharwa)

Tab 15.22   Neuindoarisch VII − Die südindischen Sprachen

Spracheinheiten	Einzelsprachen
SÜDINDISCH	[4 Sprachen, 89 Mio. Sprecher]
MARATHI	**Marathi** (80 Mio.) (D *Deshi-Marathi:* Deshi (Dekini), Kalvadi, Bijapuri; *Varhadi:* Varhadi, Dhangari, Varhadi-Brahmani, Jarpi, Govari, Jhadbi, Katia, Rangari, Kumbhari, Kunabau, Mahari, Marheti, Natakani, Rajpur, Kunbi; *Gowlan:* Nand Gowli, Ranya, Lingayat, Khamia; Samvedi, Mangelas, Vadval-Phudagi, Bhalay, Thakuri)
KONKANI	**Konkani** (8 Mio.) (D *Nord:* Kayasthi, Damani, Koli, Kiristav, Kungabi, Agari, Dhanagari, Bhandari, Thakari, Karhadi, Ghati, Sangamesvari, Dhed, Holia, Parvari; *Süd:* Daldi-Nawaits, Chiatpavani, Bardeshi, Antruzi, Sashti, Karwari, Saraswat-Brahmin, Kudali, Malvani, Mangaluri) Kukna (Bhil-Konkani) (400 Tsd.), Varli (600 Tsd.)

Tab 15.23   Neuindoarisch VIII − Sinhala-Sprachen

Spracheinheit	Einzelsprachen
SINHALA-DHIVEHI	**Singhalesisch** (Sinhala) (16 Mio.) (D Standard; Colombo, Südwest, Nordwest, Batticaloa, Kandy; Rodiya) Vedda (Veddah) (fast †) (ethnisch 2.500) Dhivehi (Maledivisch) (400 Tsd.) (D Nord-Maledivisch, Süd-Maledivisch; Minicoy)

Tab 15.24   Neuindoarisch IX − Romani-Domari

Spracheinheiten	Einzelsprachen
ROMANI	**Romani** (3−6 Mio.) (D Balkan-, Wlach-, Zentral, Nord-Romani) *(vgl. Tab. 15.25)*
DOMARI	Domari (einige Tsd. Sprecher) (D Wogri-Boli, Churi-Wali; Luli, Jugi, Maznoug, Multoni, Qinati, Koli, Barake, Kurbati, Karachi, Beludj, Marashi, Yürük, Beiruti, Nablus, Nawar, Halebi; Dumaki (dardisch ?))
LOMAVREN	Lomavren (fast †)

Tab 15.25 Neuindoarisch X – Die Dialekte des Romani

Tab 15.25a *Balkan-Romani*

Untergruppen/Dialekte	Kontaktsprachen	Hauptverbreitungsgebiet
SÜDGRUPPE		
Rumeli	Griechisch, Türkisch	Westtürkei
Krim	Krim-Tatar, Ukrainisch	Russland, Georgien
Sepečides	Türkisch, Griechisch	Griechenland, Türkei
Sofades	Griechisch	Griechenland
Erli (Yerli)	Bulgarisch	Bulgarien: Sofia
Cocomaya	Bulgarisch	Bulgarien
Prilep	Albanisch, Mazedonisch	Mazedonien, Kosovo
Arli(je)	Serbisch, Mazedon., Griechisch	Serbien, Mazedonien, Griechenl.
Džambazi	Mazedonisch	Mazedonien
Ursari	Rumänisch	Rumänien
Gurvari	Ungarisch	Ungarn
Romacilikanes	Griechisch	Griechenland: Epeiros, Pyrgos
Zargari	Balkansprachen	Aserbaidschan, Nordiran
Romano	Balkansprachen	Nordwestiran
NORDGRUPPE		
Drindari (Kitadžis)	Bulgarisch, Griechisch	Nordost-Bulgarien
Bugurdži (Rabadži)	Bulgarisch, Griechisch	Mazedonien, Kosovo
Kovački	Mazedonisch	Mazedonien
Xoraxane	Rumänisch, Italienisch	Italien

Tab 15.25b *Wlach-Romani*

Untergruppen/Dialekte	Kontaktsprachen	Hauptverbreitungsgebiet
SÜDGRUPPE		
Wlachisch ieS	Rumänisch	Rumänien: Walachei
Kalburdžu	Bulgarisch, Türkisch	Bulgarien
Kalajdži	Bulgarisch, Griechisch	Bulgarien
Moldawisch	Moldawisch, Russisch	Moldawien
Rakarenko	Modawisch	Moldawien
Prizren	Serbisch, Albanisch	Serbien
Gurbet	Serbisch	Serbien, Bosnien, Albanien
Agia Varvara	Griechisch	Griechenland: Attika
NORDGRUPPE		
Kalderaš	Rumänisch	Rumänien, weltweit
Lovari	Tschechisch, Ungarisch	Tschechien, Ungarn
Südost-Ukrainisch	Rumänisch, Ukrainisch	Ukraine
Čekeši	Russisch, Moldawisch	Russland, Moldawien

Tab 15.25c *Zentral-Romani*

Untergruppen/Dialekte	Kontaktsprachen	Hauptverbreitungsgebiet
NORDGRUPPE		
Böhmisch-Mährisch †	Tschechisch, Slowakisch	Böhmen, Mähren
West-Slowakisch	Slowakisch, Ungarisch	Slowakei, Tschechien
Ost-Slowakisch	Slowakisch	Slowakei, Tschechien, Polen
Ruthenisch	Ruthenisch, Ukrainisch	Ukraine
SÜDGRUPPE		
Romungro	Ungarisch, Slowakisch	Slowakei, auch Ungarn
Wendisch	Ungarisch	West-Ungarn
Burgenländisch	Ungarisch	Burgenland
Prekmurski	Slowenisch	Nord-Slowenien

Tab 15.25d *Nord-Romani*

Untergruppen/Dialekte	Kontaktsprachen	Hauptverbreitungsgebiet
SINTI-DIALEKTE		
Sinti	Deutsch	Mittel- und Westeuropa
Estrexarja	Deutsch	Südtirol
Veneto-Sinti	Deutsch	Venetien
Lombardei-Sinti	Deutsch	Lombardei
Piemont-Sinti	Deutsch	Piemont, Südostfrankreich
Manuš	Deutsch	Frankreich
Kalo (Fintika)	Deutsch, Schwedisch, Finnisch	Finnland
ZENTRALGRUPPE		
Bergitka	Slowakisch, Ungarisch, Polnisch	Südpolen
Čurari, Čerhari	Rumänisch, Ungarisch	Ungarn
WALISISCH		
Walisisch-Romani †	Walisisch	Wales, England
BALTO-SLAWISCH-ROMANI		
Xaladitka (Ruska)	Russisch	Nordrussland
Polska Roma	Polnisch, Russisch	Polen
Estnisch (Čuxny)	Estnisch, Russisch	Estland, Russland
Lettisch (Lotfiko)	Lettisch, Russisch	Lettland, Russland
Litauisch	Litauisch, Russisch	Litauen, Russland

Tab 15.25e *Sonstige Romani-Dialekte: Iberisch, Abruzzo-Kalabrisch und Kroatisch-Slowenisch*

Untergruppen/Dialekte	Kontaktsprachen	Hauptverbreitungsgebiet
IBERISCH-ROMANI		
Iberisch-Romani †	Spanisch, Baskisch	Spanien, Portugal
ABRUZZO-KALABRISCH		
Abruzzo-Romani	Italienisch	Italien: Abrruzzen
Kalabrisch-Romani	Italienisch	Italien: Kalabrien
Molise-Romani	Italienisch, Moliseslawisch	Italien: Molise
KROATISCH-SLOWENISCH		
Doljenski	Kroatisch, Slowenisch	Slowenien
Hravati (Istrisch)	Kroatisch	Kroatien, Italien

Tab 15.26 Die altiranischen Sprachen

Spracheinheiten	Einzelsprachen
ALTIRANISCH	
OSTALTIRANISCH	Avestisch
	Skythisch u.a.
WESTALTIRANISCH	Altpersisch
	Medisch u.a.

Tab 15.27 Die mitteliranischen Sprachen

Spracheinheiten	Einzelsprachen	Sprachgebiet
MITTELIRANISCH		
WESTMITTTELIRAN.	Mittelpersisch	Iran
	Parthisch	Iran
OSTMITTELIRANISCH	Choresmisch	Choresmien
	Sogdisch	Sogdien
	Baktrisch	Baktrien
	Sakisch	Tarimbecken
	Sarmatisch	Südruss. Steppe
	Alanisch (Altossetisch)	Nordkaukasus

Tab 15.28 Die Zweige des Neuiranischen

Spracheinheiten	Einzelsprachen
NEUIRANISCH	
WESTIRANISCH	
NORDWEST	
TALYSHI	Talyshi
IRANISCH-AZARI	Iranisch-Azari („Süd-Tati")
KASPISCH	**Gilaki, Mazenderani;**
	Semnani, Sangisari, Sorchei, Lasgerdi
KURDISCH	**Kurdisch** (Kurmandschi, Zentral-, Südkurdisch)
ZENTRALIRANISCH	Tafreshi, Mahallati-Chunsari, Kashani-Natanzi,
	Yazdi-Kermani-Nayini, Sivandi, Gazi
ZAZA-GURANI	**Zazaki**, Gorani
BELUTSCHI	**Belutschi**
SÜDWEST	
PERSISCH	**Persisch** (Westpersisch, Dari, Tadschiki u.a.)
LURI	**Luri** (Feyli, Bachtiari, Mamasseni, Gioni u.a.)
Sonstige	Kumzari, Fars, Larestani, Baskardi; Tati
OSTIRANISCH	
OSSETISCH	Ossetisch
JAGNOBI	Jagnobi
WAKHI	Wakhi
SHUGNI-YAZGHULAMI	Shugni, Roshani, Bartangi, Roshorvi, Sariqoli;
	Yazghulami, Wanji †
ISHKASHMI	Ishkashmi-Sanglichi-Zebaki
MUNJI-YIDGHA	Munji, Yidgha
PASHTO	**Pashto**, Wanetsi
ORMURI-PARACHI	Ormuri, Parachi

Tab 15.29a Neuiranisch I – Die nordwestiranischen Sprachen

Die nordwestiranischen Sprachen müssen aus technischen Gründen auf zwei Seiten aufgeführt werden. Die beiden dadurch entstehenden Teile stellen keine genetische Einheit dar.

Spracheinheiten	Einzelsprachen
NORDWESTIRANISCH	[18 Sprachen; 43 Mio. Sprecher]
TALYSHI	**Talyshi** (Talyschisch) (1 Mio.) (D Masally, Lerik, Lenkoran, Astara; Vizne, Tularud, Asalem, Pare Sar, Shandarman, Masal, Masule, Zide u.a.)
IRANISCH-AZARI	Iranisch-Azari („Süd-Tati") (300 Tsd.) (D *Nordwest:* Harzandi, Keringani; *Nordost:* Shali, Kajali, Hazzarudi, Taromi; *Süd:* Takestani, Tshali, Sagzabadi, Eshtehardi u.a.; *Südwest:* Cho'ini u.a.; *Südost:* Rudbari, Alamuti u.a.)
KASPISCH	**Gilaki** (3,3 Mio.) (D Rashti, Galeshi, Lahijani, Langerudi, Matshiani u.a.) **Mazenderani** (3,5 Mio.) (D Sari, Baboli, Amoli, Tunekabuni, Shahi, Tshalusi, Velatrui, Shamerzadi u.a.); Semnani (60 Tsd.), Sangisari (36 Tsd.), Sorchei (10 Tsd.), Lasgerdi (1.000)
KURDISCH	**Kurdisch** (25 Mio.) *Varietäten:* **Kurmandschi** (Nordkurdisch) (15 Mio.) (D Sanjari, Judikani; Urfi, Botani, Bayazidi, Hakkari, Jezire; Akra, Dohuk, Amadiyah, Zakho, Mosul, Surchi; Qochani, Erzurumi, Birjandi, Alburzi; Herki, Shikaki) **Zentralkurdisch** (Sorani, Kurdi) (5 Mio.) (D Arbili, Pishdari, Kirkuki, Khanaqini, Kushnawi, Mukri; Sulaimani, Bingirdi, Garrusi, Ardalani, Sanandaji, Warmawa, Garmiyani; Jafi; Judäo-Kurdisch) **Südkurdisch** (4 Mio.) (D Kolyai, Kermanshahi, Garrusi Sanjabi, Malekshahi, Bayray, Lakki, Kalhori)

Tab 15.29b Neuiranisch I – Die nordwestiranischen Sprachen (Teil II)

Spracheinheiten	Einzelsprachen
NORDWESTIRANISCH (Teil II)	
ZENTRALIRANISCH	Isfahani
	(D Gazi, Kafroni, Sedehi, Zefrei, Varzenei; Jüdisch-Isfahani)
	Mahallati-Chunsari (22 Tsd.)
	(D Mahallati, Vonishuni, Chunsari)
	Vafsi-Ashtiani (40 Tsd.)
	(D Vafsi, Ashtiani , Kahaki, Amorei; Alviri, Vidari)
	Kashani-Natanzi
	(D Jüd.-Kashani, Arani; Qohrudi, Jowshaqani,
	Abyanei, Keshei, Farizandi, Yarandi, Meymei,
	Soi, Tari, Natanzi; Abu Zeyd Abadi, Badrudi)
	Yazdi-Kermani-Nayini
	(D Yazdi, Kermani; Nayini, Anaraki; Ardestani)
	Sivandi
ZAZA-GORANI	**Zazaki** (Zaza, Kirmanjki, Kirdki, Dimli) (2–3 Mio.)
	(D *Nord*: Dersim, Erzincan, Xozat, Varto,
	Hınıs, Sarız, Kars, Zara (Sivas);
	Süd: Bingöl, Elaziğ, Piran, Henı, Siverek,
	Lice, Kulp, Motki, Kozluk, Sason)
	Gorani (Gurani, Bajalani, Hawrami) (400–500 Tsd.)
	(D *Gorani*: Gawhara, Kandula;
	Hawramani: Takht, Lahuni;
	Bajalani: Qasr-e Shirin, Zohab, Bin Qudra, Quratu;
	Mossul; Shabaki; Sarli u.a.)
BELUTSCHI	**Belutschi** (Baloči) (9 Mio.)
	(7 Mio. in Pakistan, 1,5 Mio. im Iran)
	(D *Rachshan*: Kalati, Panjguri, Sarhaddi *inkl.* Marw;
	Sarawani: Sarawan, Bampur, Iranshahr;
	Lashari: Lashar, Espakeh, Pip, Maskotan, Fanuc;
	Ketschi: Ketschi, Makrani;
	Küste: Biaban, Nikshahr, Qasr-e Qand, Hudar;
	Mand, Dasht, Gwadar, Pasni, Ormara, Karatschi;
	Bergdialekte (*Eastern Hill Dialects*): Mari, Bugti u.a.)

Tab 15.30 Neuiranisch II – Die südwestiranischen Sprachen

Spracheinheiten	Einzelsprachen
SÜDWESTIRANISCH	[9 Sprachen; 63 Mio. Sprecher]
PERSISCH	**Persisch** (60 Mio., mit S2 90 Mio.)
	Varietäten:
	Westpersisch (35 Mio., mit S2 65 Mio.)
	(D Tehrani, Qazvini, Mahallati, Hamadani,
	Kashani, Isfahani, Sedehi, Kermani, Araki,
	Shirazi, Jahromi, Shahrudi, Kazeruni, Mashadi)
	Dari (Afghanisch-Persisch) (12 Mio.)
	(D Kabuli, Herati, Khorasani, Parsiwan u.a.;
	Darwazi, Tangshewi, Warduji; Dehwari)
	Tadschiki (Tadschikisch-Persisch) (8 Mio.)
	Hazaragi (2 Mio.)
	(D Kundi, Zangi, Behsud, Yekaulang, Polada,
	Urusgani, Jaguri, Ghazni, Miradad u.a.)
	Aimaq (Chahar-Aimaq) (600 Tsd.)
	(D Taimuri, Taimani, Zuri, Zainal, Jamshidi,
	Firozhohi, Maliki, Mizmast u.a.)
	Jüdisch-Persisch (160 Tsd.)
	(D Bucharik 100 Tsd.; Dzhidi 60 Tsd.)
LURI	**Luri** (2,5 Mio.)
	(D Mamassani, Boirahmadi-Kuhgalui; Feili;
	Bachtiari [Haft-Lang, Char-Lang]; Gioni u.a.)
FARS	Fars (7.500)
	(D Buringuni, Masarmi, Somghuni, Papuni;
	Ardakani, Kalati, Chullari; Kondazi, Davani; Judeo-Fars)
KUMZARI	Kumzari (1.700) (D Musandam, Dibah)
LARESTANI	Larestani (Lari) (80 Tsd.)
	(V Bastak, Faramarz, Kamioka, Rahbar, Gerash,
	Bicha, Evaz, Lar, Choni, Arad, Fedaq u.a.)
BASHKARDI	Bashkardi (7.000)
	(V Bashkardi i.e.S.; Rudbari, Bandar Abbas, Hormuz;
	Rudani, Berentini, Minabi; Rameshk, Geron, Darzeh;
	Sardasht, Angorhan, Biverc, Bishnu;
	Durkan, Geshmiran, Maric;
	Shahbavek, Garahven, Piru, Parmont, Gwafr)
TATI	Tati (130 Tsd.)
	(V Jüdisch-Tati 100 Tsd., Muslim-Tati 30 Tsd.)

Tab 15.31 Neuiranisch III – Die ostiranischen Sprachen

Spracheinheiten	Einzelsprachen
OSTIRANISCH	[18 Sprachen, davon 2 †; 36 Mio. Sprecher]
OSSETISCH	**Ossetisch** (600 Tsd.) (D *Iron:* Tagaur, Kurtat, Allaghir, Tual; *Digor:* Urux, Mozdok)
JAGNOBI	Jagnobi (13 Tsd.) (D West, Ost)
WAKHI	Wakhi (30 Tsd.) (D Wakhan; Badakhshan; Tashkurgan; Hunza (Gojal), Yarkhun, Yasin, Ishkoman)
SHUGNI-YAZGHULAMI	
SHUGNI-ROSHANI	Shugni (45 Tsd.) (D Baju, Shahdara, Barwoz) Roshani-Chufi (10 Tsd.) (D Roshani, Chufi) Bartangi (3.000) (D Bartang-Ravmed, Basid) Roshorvi (Oroshori) (2.000) Sariqoli (16 Tsd.) (D Tashkurgan, Vača, Burangsal-Tung)
YAZGHULAMI	Yazghulami (4.000) Wanchi †
ISHKASHMI	Ishkashmi (1.500) (D Ishkashmi, Zebaki, Sanglichi)
SARGHULAMI	Sarghulami † (*genauere Einordnung unsicher*)
MUNJI-YIDGHA	Munji (3.800) (D Nord, Zentral, Süd; Mamalgha) Yidgha (6.000)
PASHTO	**Pashto** (35 Mio.) (23 Mio. in Pakistan, 12 Mio. in Afghanistan) (D *Südwest:* Südwest-Afghanisch, Kandahari, Quetta; *Südost:* Bannu, Waziri, Kakari, Sherani, Spin-Tor Tarin; *Nordwest:* Durrani, Kabuli, Zentral-Ghilzai, Shinwari; *Nordost:* NW-Pakistanisch, Peshawar, Afridi, Bangash, Yusufzay-Mohmandi, NO-Ghilzai, Orakzay u.a.) Wanetsi (Waneci) (100 Tsd.)
ORMURI-PARACHI	Ormuri (1.000) (D Kanigurami, Baraki-Barak = Logar) Parachi (600) (D Shotol, Goculan, Pačagan)

Tab 15.32 Die Nuristan-Sprachen

Einheit	Einzelsprachen
NURISTANI	[7 Sprachen, 32 Tsd. Sprecher]
	Kati (Kativiri) (20 Tsd.)
	(D West-Kati, Ost-Kati; Mumviri)
	Kamviri (Kamdeshi) (6.000)
	(D Kamviri, Shekhani)
	Prasuni (Wasi-Weri) (1.000)
	Ashkun (Wamai) (1.200)
	(D Ashuruviri, Gramsukraviri, Sruviri = Wamai)
	Waigali (Kalasha-ala) (1.500)
	(D Varjan-ala, Chima-Nishey-ala)
	Gambiri (Tregami) (1.000)
	Zemiaki (< 1.000)

Glossar

Das kleine Glossar dient einer knappen Information über im Buch häufig verwendete *linguistische* Begriffe. Es kann in keiner Weise die umfassenden sprachwissenschaftlichen Wörterbücher ersetzen, von denen das „Metzler Lexikon Sprache" von H. Glück und das „Lexikon der Sprachwissenschaft" von H. Bußmann besonders empfehlenswert sind. Auch die Internet-Enzyklopädie *Wikipedia* hat inzwischen bei der Definition linguistischer Termini einen guten Status erreicht und bietet meist zahlreiche Beispiele. Komplexe Sachverhalte, die im vorliegenden Buch selbst ausführlich erklärt werden, wurden nicht ins Glossar übernommen, auch auf die Definition der Wortarten wurde weitgehend verzichtet.

Ablativ | Kasus, der in der indogermanischen Protosprache die Trennung von einem Ort oder einer Person ausdrückt (Separativ). In den Tochtersprachen übernahm er weitere Funktionen wie die Angabe von Mittel oder Werkzeug (Instrumental), Ortsangabe (Lokativ), Begleitung (Komitativ) u.a. Seine Funktionen sind in den einzelnen Sprachen sehr unterschiedlich, in vielen indogermanischen Sprachen ist er verlorengegangen bzw. durch präpositionale Ausdrücke ersetzt worden.

Ablaut | Ein Wechsel im Vokal einer Wurzel oder eines Wortes, der eine grammatische oder semantische Funktion besitzt. Ein Beispiel sind im Deutschen die Formen des Verbs *singen – sang – gesungen*, wodurch unterschiedliche Tempora und Formen zum Ausdruck kommen.

Absolutiv | Kasus in sog. Ergativsprachen, durch den das Subjekt intransitiver Verben und das direkte Objekt transitiver Verben ausgedrückt wird. Siehe auch → Ergativ.

Affrikate | Ein Laut, der aus einer engen Verbindung eines Plosivs mit einem Frikativ besteht, der dieselbe oder eine sehr ähnliche Artikulationsstelle wie der Plosiv besitzt. Typische Beispiele im Deutschen sind /pf, ts, tʃ, dʒ/.

Akkusativ | Kasus des direkten Objekts transitiver Verben; wird oft auch zur Angabe der Richtung und Dauer einer Handlung verwendet.

Aktiv | Diathese des Verbums, die dadurch charakterisiert ist, dass das grammatische Subjekt Träger der Handlung ist, z.B *Peter liebt Paula*. Siehe auch → Medium, Passiv.

Allomorph | Variante eines Morphems; z.B. sind im Deutschen Allomorphe des Morphems {sing-} die Formen {sing-}, {sang-}, {säng-}, {sung-}. In diesem Fall sind die Allomorphe durch Ablaut bzw. Umlaut entstanden.

Allophon | Aussprachevariante eines Phonems. Ein Beispiel ist im Deutschen das Phonem /x/, das nach Konsonanten und vorderen Vokalen sowie morphem-intial als [ç] („ich-Laut"), nach hohen und mittleren gespannnten Vorderzungenvokalen als [x] sowie [χ] nach tiefen Hinterzungenvokalen („ach-Laut") ausgesprochen wird.

Alveolar | Konsonant, der am oberen Zahndamm oder Alveolarfortsatz gebildet wird, im Deutschen z.B. /t, d, n, s, z/. Früher wurden Alveolare oft auch als → Dentale bezeichnet.

Analogiebildung | Die Angleichung einer Form an bereits in der Sprache vorhandene andere Formen. Neben der Wirksamkeit von Lautgesetzen ein zweiter wesentlicher Faktor beim Sprachwandel. Beispiel: die Entwicklung des Präteritums von *backen* aus dem ursprünglich stark gebildetem *buk* zu *backte* nach dem Vorbild schwacher Verben wie *hacken – hackte*. Ein anderes Beispiel ist die Bildung der 1. Person Sg. Präsens Aktiv der Verben im Sanskrit: Sie zeigen nach dem Vorbild von Verben wie *dada-mi* „ich gebe" alle die Endung *-mi*, z.B. *bhara-mi* „ich trage", obwohl ein großer Teil der Verben eigentlich die aus der Protosprache ererbte Endung *-ō* haben sollte, vgl. z.B. lateinisch *fer-o*, griechisch *phér-ō* „ich trage".

Analytische oder **periphrastische Verbform** | Eine Verbform, die mithilfe von Hilfsverben wie „sein", „haben" oder „werden" bzw. deren Entsprechungen in anderen Sprachen gebildet wird, z.B. *ich habe geliebt, ich wurde geliebt, ich bin geliebt worden*. Gegenteil → synthetische Verbform.

Aorist | Griechische Bezeichnung für den perfektiven Aspekt, wie er in einigen indogermanischen Sprachen, z.B. im Griechischen oder Sanskrit, ausgeprägt ist. Zuweilen wird er auf den perfektiven Aspekt des Präteritums eingeschränkt; dann ist der Aorist die Bezeichnung eines Tempus, das eine punktuelle Handlung der Vergangenheit beschreibt.

Apokope | Verlust eines Vokals oder einer Silbe am Wortende.

Approximant, Öffnungslaut | Konsonant, bei dessen Bildung es im Artikulationstrakt (Ansatzrohr) weder einen Verschluss gibt (wie bei den Okklusiven oder Verschlusslauten) noch eine Enge mit Reibung (wie bei den Frikativen oder Reibelauten). Typische Beispiele sind die Laute /w/ und /j/. Approximanten, die durch eine seitliche, nicht geräuschverursachende Engebildung der Zunge gebildet werden, heißen **laterale Approximanten**. Typische Beispiele sind /l/ oder /ʎ/.

Aspekt | Verbale Kategorie, die die interne zeitliche Struktur oder andere Merkmale einer Handlung zum Ausdruck bringt. Beispiele für Aspekte sind *Perfektiv* (punktuelle, abgeschlossene Handlung), *Imperfektiv* (noch nicht abgeschlossene Handlung), *Resultativ* (Zustand als Resultat einer abgeschlossenen Handlung) oder *Progressiv* (Verlaufsform). Der Aspekt stellt eine wichtige Kategorie der indogermanischen Protosprache dar, die in einigen Nachfolgesprachen erhalten blieb oder zum Teil auch wieder neu gebildet wurde.

Aspirata | Ein Konsonant, meist ein Plosiv, der von einem hörbaren Hauchgeräusch begleitet wird. Die Kennzeichnung erfolgt in der allgemeinen Phonetik durch ein hochgestelltes <h>, z.B /pʰ/, in der Indogermanistik oft durch ein nachgestelltes <h>, z.B. /*ph/. Im Deutschen werden die stimmlosen Plosive meist aspiriert artikuliert, z.B. *tot* [tʰotʰ]. In den indoarischen Sprachen gibt es auch stimmhafte aspirierte Laute wie /bh/, die auch für die indogermanische Ursprache z.B. als /*bh/ rekonstruiert wurden.

Assimilation | Veränderung eines Lautes, indem er seinem Nachbarlaut artikulatorisch ähnlicher oder ihm identisch wird, z.B. mittelhochdeutsch *zimber* > neuhochdeutsch *Zimmer*. Das Gegenteil ist die → Dissimilation.

Asterisk | Das Symbol * zur Kennzeichnung von rekonstruierten Wörtern oder Morphemen, z.B. urgermanisch *augon* „Auge".

Dativ | Kasus, der das indirekte Objekt oder den Empfänger oder Nutznießer einer Handlung beschreibt.

Definitheit | Nominale Kategorie der Bestimmtheit: *der Mann* ist definit, *ein Mann* ist indefinit. Definitheit kann auch anders als durch Artikel ausgedrückt werden.

Denominale Ableitung | Ein Verb, das von einem Nomen abgeleitet wird, z.B. *Buch →*
buchen.

Dental | Ein Konsonant, der primär mithilfe der Zähne gebildet wird, z.B. /θ/ (das englische [th]). Häufig werden auch die → Alveolare als Dentale bezeichnet.

Deverbale Ableitung | Ein Wort, das von einem Verb abgeleitet wird, z.B. *wissen → Wissenschaft*.

Diachronisch | Untersuchung einer Sprache oder eines sprachlichen Merkmals über eine bestimmte Zeitperiode. Der Gegensatz ist synchronisch.

Diakritikum (Pl. Diakritika), **diakritisches Zeichen** | Diakritika sind an Graphemen (Buchstaben, Silbenzeichen, Logogrammen) angebrachte Sonderzeichen wie Punkte, Striche, Häkchen oder Kreise, die eine vom unmarkierten Zeichen abweichende Aussprache anzeigen. Zum Beispiel wird der Buchstabe <k> mit der Aussprache [k] durch das diakritische Zeichen ' zu <k'> mit der Aussprache [kj] abgeändert (Palatalisierung). Diakritika sind z.B. auch die Punkte zur Kennzeichnung der Umlaute ä, ü, ö gegenüber den einfachen Vokalen a, u, o im Deutschen.

Diathese, Genus verbi | Verbale Kategorie, die die Handlungsform zum Ausdruck bringt. Die wichtigsten Handlungsformen sind → Aktiv, → Medium und → Passiv.

Dissimilation | Veränderung eines Lautes, indem er seinem Nachbarlaut unähnlicher wird, z.B. mittelhochdeutsch *mörter* > neuhochdeutsch *Mörtel*. Das Gegenteil ist die → Assimilation.

Dual | Realisierung der nominalen bzw. verbalen Kategorie Numerus, die eine Zweizahl beschreibt, z.B. griechisch *tố phílō* „die beiden Freunde". Die indogermanische Protosprache besaß beim Nomen, Pronomen und Verb duale Formen, in den meisten späteren Nachfolgesprachen entfiel der Dual.

Enklitisch → Klitikon.

Erbwort | Wort einer Sprache, das nicht aus einer anderen Sprachen entlehnt, sondern aus vorausgehenden Sprachstufen übernommen wurde. Siehe auch → Lehnwort.

Ergativ | Spezieller Kasus in sog. Ergativsprachen, in dem das Subjekt (der Agens) bei einem transitiven Verb steht. Bei intransitivem Verb steht das Subjekt im Absolutiv, der auch für das direkte Objekt transitiver Verben verwendet wird. In manchen indogermanischen Sprachen sind Ergativkonstruktionen aus ursprünglichen Passivkonstruktionen entstanden, zumindest in einigen Tempora (sog. *teilweise Ergativität* oder *Split-Ergativität*). Das Gegenteil einer Ergativsprache — und der Normalfall im Indogermanischen — ist eine Nominativ-Akkusativ- Sprache, bei der das Subjekt im Nominativ steht (unabhängig davon, ob es sich um ein transitives oder intransitives Verb handelt) und das direkte Objekt im Akkusativ.

Finite Verbform | Eine Verbform, die nach Tempus, Modus, Diathese, Person und Numerus konjugiert wird. Beispiel: *(er) liebt* ist eine finite Verbalform (3. Person Singular Indikativ Präsens Aktiv), *lieben* (Infinitiv Präsens Aktiv) ist dagegen eine infinite Verbform.

Frikativ, Reibelaut | Ein Konsonant, der durch nur teilweise Okklusion des Luftstroms gebildet wird; bei seiner Artikulation wird eine Engstelle gebildet, die die ausströmende Luft verwirbelt und dadurch den Reibelaut erzeugt. Eine Untergruppe der Frikative stellen die Sibilanten oder Zischlaute dar. Frikative können stimmhaft /v, ð, z, ʒ, ɣ/ oder stimmlos /f, θ, s, ʃ, x/ sein.

Futur | Tempus der Zukunft, z.B. *er wird lieben*.

Futur II | Tempus, das zukünftige Ereignisse als abgeschlossen darstellt, z.B. *Peter wird morgen schon abgereist sein.*

Genetische Einheit | Die Klasse aller Sprachen, die von einer bestimmten Vorgängersprache abstammen; diese gilt dann als Protosprache dieser genetischen Einheit. Synonym: Sprachfamilie.

Genetisch verwandt | Zwei oder mehrere Sprachen gelten als genetisch verwandt, wenn sie von derselben Vorgängersprache abstammen; diese Vorgängersprache muss nicht durch Sprachzeugnisse belegt sein.

Genus | Nominale Kategorie des grammatischen Geschlechts. Typische Realisierungen sind Maskulinum, Femininum und Neutrum oder belebt/unbelebt.

Genus verbi → Diathese

Genitiv | Kasus, der in der Regel den Besitzer angibt, z.B. *das Haus des Vaters*. Der Genitiv kann auch Objektkasus sein, z.B. *ich gedenke der schönen Zeit*.

Gleitlaut | Ein mit relativ geringer Obstruktion gebildeter Konsonant wie /j/ im Deutschen. Eine alternative Bezeichnung ist Halbvokal.

Glosse | Einzelwörter oder kurze Texte einer Sprache in einem primär anderssprachig verfassten Text, z.B. althochdeutsche Glossen in einem lateinischen oder thrakische Glossen in einem griechischen Text.

Glottisverschluss | Ein stimmloser glottaler Plosiv, der durch die plötzliche stimmlose Lösung eines Verschlusses der Stimmlippen (Glottis) gebildet wird. Die sprachwissenschaftliche Darstellung dieses Lautes ist /ʔ/, im lateinischen Alphabet wird er nicht geschrieben, in semitischen Alphabeten wird er in der Regel als *Aleph* wiedergegeben. Im Deutschen gilt der Glottisverschluss nicht als Phonem, obwohl er regelmäßig vor vokalischem Anlaut, vor Wortstämmen mit vokalischem Anlaut in Zusammensetzungen und als Hiattilger zwischen zwei nicht-diphthongischen Vokalen verwendet wird. Beispiele: *acht* [ʔaxt], *be-achten* [bəʔaxtn̩]), *Aleuten* [ʔaleʔuːtn̩].

Halbvokal → Gleitlaut

Hydronym | Gewässername; mit den Namen von Flüssen und Seen befasst sich die Hydronymie.

Imperativ | Modus, der einen Befehl ausdrückt, z.B. *komm!*

Imperfekt | Tempus der Vergangenheit. In einigen Sprachen drückt das Imperfekt eine noch nicht abgeschlossene oder länger andauernde Handlung aus, z.B. latein. *amabat* „er liebte (längere Zeit oder immer wieder)"

Indikativ | Modus, der einen Sachverhalt als Faktizität darstellt, z.B. *er liest*.

Infinite Verbform | Eine Verbform, die nicht nach Person und Numerus konjugiert wird, z.B. sind *lieben* (Infinitiv Präsens Aktiv) oder *geliebt* (Partizip Perfekt Passiv) infinite Verbformen. Gegensatz → finite Verbform.

Infinitiv | Infinite Verbalform, z.B. *lieben* (Infinitiv Präsens Aktiv), *geliebt haben* (Infinitiv Perfekt Aktiv).

Instrumental, Instrumentalis | Kasus zur Beschreibung des Mittels oder Werkzeugs einer Handlung.

Intransitiv → transitiv

Isoglosse | Geographische Grenzlinie zwischen zwei Ausprägungen eines sprachlichen Merkmals. Beispiel: die *Benrather Linie*, die durch die dialektale Aussprache des neuhochdeutschen Wortes *machen* als [ma:kn̩] oder [maxn̩] gekennzeichnet ist (maken/machen-Linie) und so die niederdeutschen und niederfränkischen Dialekte von den hochdeutschen Dialekten trennt. In der Regel werden Bündel von Isoglossen betrachtet, die einen ähnlichen Verlauf haben; so ist die maken/machen-Linie in ihrem Verlauf weitgehend mit der ik/ich-Linie, dat/das-Linie und Dorp/Dorf-Linie identisch.

Isolierte Sprache | Sprache, die nach heutigem Kenntnisstand mit keiner anderen Sprache genetisch verwandt ist.

Kasus (Pl. Kasus) | Nominale Kategorie; die Kasus drücken unterschiedliche grammatische Funktionen eines Nomens aus, z.B. Subjekt, direktes und indirektes Objekt, Anredeform, Besitzer, Mittel oder Werkzeug, Ort und Begleitumstände einer Handlung, Trennung von einem Ort oder einer Sache u.a. Das Proto-Indogermanische besaß acht Kasus: Nominativ, Vokativ, Genitiv, Dativ, Akkusativ, Ablativ, Lokativ und Instrumental.

Kasussynkretismus | Der formale und funktionale Zusammenfall zweier oder mehrerer Kasus der Ursprache zu *einem* Kasus in einer der Folgesprachen. Meist werden die Funktionen von aufgegebenen Kasus durch andere Kasus übernommen. Zum Beispiel übernahm der Ablativ im Lateinischen die Funktionen der ursprachlichen Kasus Instrumental, Lokativ und Ablativ.

Kategorie, grammatische Kategorie | Nominale Kategorien sind unter anderem Genus, Numerus, Kasus und Definitheit; verbale Kategorien sind Tempus, Modus, Diathese (Genus verbi), Person, Numerus und Genus. Kategorien besitzen in der Regel mehrere Ausprägungen oder Realisierungen, z.B. besitzt die nominale Kategorie „Genus" im Deutschen die Realisierungen „Maskulinum, Femininum, Neutrum".

Kentum-Sprache | Gruppierung der indogermanischen Sprachen nach der Umsetzung des protosprachlichen palatovelaren /*k'/ als Velar oder als Sibilant. Erstere werden nach dem lateinischen Wort *centum* [kentum] „hundert" als **Kentum-Sprachen** bezeichnet; letztere nach dem avestischen Wort *satəm* „hundert" als **Satem-Sprachen**. Beispiel: proto-indogermanisch *k'm̥tóm „hundert" > avestisch *satəm*, altindisch *śatám*, litauisch *šim̃tas*; aber lateinisch *centum* [kentum], griechisch *(he-)katón*, tocharisch *känt*, *kante*, gotisch *hunda*. Danach sind Lateinisch, Griechisch und Tocharisch Kentum-Sprachen; Avestisch, Altindisch und Litauisch Satem-Sprachen. Das Germanische (hier durch das Gotische vertreten) wird auch zu den Kentum-Sprachen gezählt, wobei man von einer Lautveränderung *k'> *k > h ausgeht. Die Einteilung in Kentum- und Satem-Sprachen ist keine genetisch relevante Gruppierung der indogermanischen Sprachen (was man ursprünglich angenommen hatte).

Klitikon | Ein Wort ohne eigenen Akzent, das sich an sein benachbartes Wort „enklitisch" anlehnt und mit diesem eine phonologische Einheit bildet, z.B. englisch *-n't* in *didn't* „taten nicht", oder deutsch *-'s* in *wie geht's?*

Kognaten (Pl.) (Sg. der Kognat)| Wörter, die in zwei oder mehreren Sprachen innerhalb einer genetischen Einheit vom selben Wort der Protosprache abstammen, z.B. sind deutsch *Vater*, englisch *father*, lateinisch *pater* Kognaten.

Komitativ | Kasus, der die Begleitung durch eine Person oder Sache zum Ausdruck bringt (*zusammen mit*).

Komparative Methode | Die Methode, durch die zwei oder mehrere Sprachen systematisch verglichen werden, um festzustellen, ob diese Sprachen genetisch verwandt sind, d.h. von einer gemeinsamen Vorgängersprache abstammen. Im weiteren Sinne auch die Methode zur Rekonstruktion von Protosprachen und zur Etablierung von Lautgesetzen in einer Sprachfamilie.

Kongruenz | Übereinstimmung in einem grammatischen Merkmal zwischen den Konstituenten eines Satzes oder einer Phrase. Beispiele aus der deutschen Sprache: 1. Subjekt und Prädikat eines Satzes kongruieren im Numerus und in der Person: *der Mann liest* (3. Person Singular) ~ *die Männer lesen* (3. Person Plural) ~ *wir lesen* (1. Person Plural). 2. ein attributives Adjektiv kongruiert mit seinem Substantiv in Genus, Numerus und Kasus: *des großen Hauses* (Genus Maskulinum, Numerus Singular und Kasus Genitiv). Die Kongruenzen Subjekt – Prädikat und Adjektivattribut – Substantiv sind in den indogermanischen Sprachen weit verbreitet.

Konjunktiv, Subjunktiv | Bei einer Verbalform der Modus der Möglichkeit oder Nicht-Faktizität.

Kopula | Formen des Verbs „sein" oder seiner Entsprechungen zur Bildung des Prädikats aus einem Nomen oder einem Adjektiv, z.B. *Peter ist groß* oder *Peter ist ein Schüler* (hier ist *ist* die Kopula, *groß* bzw. *ein Schüler* das Prädikatsnomen).

Labial | Laut, der primär mithilfe der Lippen produziert wird; unterschieden werden *bilabiale* Laute, an deren Bildung Unter- und Oberlippe beteiligt sind (z.B. /p, b, m/), und *labio-dentale* Laute, die durch den Kontakt der Unterlippe mit den Zähnen des Oberkiefers gebildet werden (z.B. /f, v/).

Labiovelar | Laut, der als Kombination eines Velars und eines Labials gebildet wird, z.B. protosprachlich *k^w oder der deutsche qu-Laut im Wort *Quelle*.

Lautentsprechung, Lautkorrespondenz | Eine Serie von Lauten, die sich in den Wörtern einer Wortgleichung entsprechen. Beispiel: Aus der Wortgleichung altindisch *pitár* ~ griechisch *patér* ~ lateinisch *pater* ~ gotisch *fadar* „Vater" (und etlichen weiteren Wortgleichungen dieser Art) ist aus den Anlautkonsonanten die Lautkorrespondenz altindisch /p/ ~ griechisch /p/ ~ lateinisch /p/ ~ gotisch /f/ zu gewinnen und daraus wiederum der entsprechende Laut der Protosprache zu rekonstruieren, aus dem sich diese Konsonanten in den Tochtersprachen entwickelt haben, nämlich der Laut /*p/.

Lautgesetze | Gesetzmäßigkeiten, die die phonologischen Veränderungen innerhalb einer Sprache oder beim Übergang von einer Mutter- zu einer Tochtersprache bestimmen. Beispiel: die germanische Lautverschiebung der protosprachlichen Plosivlaute. Analogiebildungen können die Wirksamkeit von Lautgesetzen relativieren.

Liquida (Pl. Liquiden) | Die Laute /r/ und /l/.

Lehnwort | Ein Wort, das von einer Sprache in eine andere Sprache zusammen mit seiner Bedeutung übernommen wurde, z.B. ist das deutsche Wort *Fenster* eine Entlehnung aus dem Lateinischen, Quelle ist *fenestra* „Fenster".

Lokativ | Kasus zur Angabe des Ortes (auf die Frage wo?).

Makrofamilie | Zusammenfassung mehrerer allgemein anerkannter Sprachfamilien und isolierter Sprachen zu einer größeren hypothetischen genetischen Einheit. Beispiele: Nostratisch, Eurasiatisch.

Mediopassiv | Handlungsform des Verbs (Diathese, Genus verbi) mit dem Bedeutungsspektrum von Medium und Passiv.

Medium | Handlungsform des Verbs (Diathese, Genus verbi), die anzeigt, dass das grammatische Subjekt eine Tätigkeit ausübt, die es selbst betrifft.

Modus (Pl. Modi) | Verbale Kategorie, die eine subjektive Einschätzung des Sprechers zum Satzinhalt ausdrückt, z.B. Realität, Irrealität, Möglichkeit, Wunsch, Befehl u.a. Typische Modi sind Indikativ, Konjunktiv, Optativ oder Imperativ.

Morphem | Die kleinste bedeutungstragende Einheit einer Sprache. Beispiele im Deutschen: das Adjektiv *lieb*, die Endsilbe *-er* als Träger der Bedeutung ‚Komparativ', z.B. im Wort *lieb-er*.

Morphologie | Die Lehre von der Bildung der Formen in einer Sprache. Die **Verbalmorphologie** beschreibt die Bildung der Verbformen, die **Nominalmorphologie** die Bildung der Formen der Substantive, Adjektive und der Pronomina.

Murmelvokal, Schwa | Unbetonter e-Laut /ə/, z.B. der Endvokal des deutschen Wortes *Sahne* [zaːnə] oder der erste Vokal des Wortes *genau* [gənaʊ]. Der Name „Schwa" für diesen Laut stammt aus der hebräischen Grammatik.

Nasal | Nasal artikulierte Verschlusslaute, wie z.B. /m, n, ŋ/. Bei der Artikulation wird ein oraler Verschluss erzeugt; das Velum (Gaumensegel) senkt sich, so dass die Luft weitgehend durch die Nase ausströmt.

Nominalmorphologie → Morphologie

Nominalisierung | Die Bildung eines Nomens aus einer anderen Wortart, vor allem aus einem Verb oder Adjektiv. Beispiele: aus dem Adjektiv *gut* > *das Gute*; aus dem Verb *lieben* > *Liebender, Geliebter*.

Nominativ | In den meisten indogermanischen Sprachen der Kasus des Subjekts und des Prädikatsnomens. Siehe auch → Ergativ.

Numerus (Pl. Numeri) | Primär eine Kategorie des Substantivs zur Kennzeichnung der Anzahl (Einzahl, Zweizahl, Mehrzahl), die durch Kongruenz auch auf Adjektive, Pronomina und Verben übertragen wird. Dadurch wird der Numerus zu einer nominalen *und* verbalen Kategorie. Die häufigsten Numeri sind *Singular* und *Plural*, manche Sprachen haben auch einen *Dual* (z.B. Sanskrit, Griechisch), den man auch für die indogermanische Protosprache rekonstruiert hat. In den meisten indogermanischen Nachfolgesprachen ist der Dual verloren gegangen.

Optativ | Modus mit der Bedeutung eines Wunsches.

Palatal | Laut, der dadurch gebildet wird, dass sich die Zunge dem harten Gaumen annähert, z.B. /j/.

Palatalisierung | Veränderung eines Lautes durch einen (nachgestellten) Palatal, z.B. /k/ → /kj/. Palatalisierte Velare werden in der Sprachwissenschaft durch ein nach- oder hochgestelltes <j> (z.B. kʲ) oder durch einen Apostroph gekennzeichnet (z.B k' für kʲ). In der indogermanistischen Literatur – aber nicht in diesem Buch – werden auch spezielle Zeichen wie ḱ oder ǵ verwendet.

Partizip | Eine infinite Verbform mit adjektivischer Funktion (Verbaladjektiv), die nach Numerus, Kasus und Genus flektiert werden kann, z.B. ist *geliebt* das Partizip Perfekt Passiv von *lieben*.

Passiv | Handlungsform (Diathese) eines Verbs, die zum Ausdruck bringt, dass sich die Handlung auf das grammatische Subjekt bezieht und der Träger der Handlung nicht mit dem Subjekt identisch ist, z.B *Peter wird von Paula geliebt* (Träger der Handlung ist *Paula*, *Peter* ist das grammatische Subjekt).

Perfekt | Bezeichnung für ein Tempus der Vergangenheit. Das Perfekt drückt in manchen indogermanischen Sprachen eine in der Vergangenheit abgeschlossene Handlung aus, deren Wirkung noch in der Gegenwart andauert (im Gegensatz zum Präteritum).

Periphrastisch → analytische Verbform

Person | Verbale Kategorie mit den Realisierungen 1. Person (ich/wir), 2. Person (du/ ihr) und 3. Person (er, sie, es; sie (Pl.)).

Phonem | Die kleinste bedeutungsunterscheidende Lauteinheit einer Sprache. Phoneme werden durch Minimalpaare bestimmt (Wortpaare unterschiedlicher Bedeutung, die sich nur in einem einzigen Laut unterscheiden), z.B. definiert das Minimalpaar *groß – Gruß* die Phoneme /o/ und /u/ der deutschen Sprache, das Minimalpaar *Mutter – Butter* die Phoneme /m/ und /b/. Ein Phonem kann unterschiedliche Realisierungen bzw. Aussprachen besitzen → Allophon.

Phonologie | Die Lehre vom Phonemsystem einer Sprache. Dagegen befasst sich die **Phonetik** mit der Artikulation von Lauten.

Plosiv | Konsonant, bei dessen Artikulation der Luftstrom kurzfristig völlig blockiert wird und durch die unmittelbar folgende Freisetzung des gestauten Luftstromes eine kleine „Explosion" entsteht, die je nach Artikulationsstelle den jeweiligen Plosivlaut erzeugt. Man unterscheidet bilabiale, alveolare, velare, palatale, retroflexe und uvulare Plosive. Auch der Glottisverschluss ist ein Plosiv (glottaler Plosiv). Dazu kommt die Unterscheidung stimmlos, z.B. /p/, stimmhaft /b/ und stimmlos-aspiriert /pʰ/. In der indogermanischen Protosprache gab es auch stimmhaft-aspirierte Plosive /bʰ/, die vor allem in den indoarischen Sprachen bis heute erhalten geblieben sind.

Plusquamperfekt | Tempus der Vorvergangenheit, also einer in der Vergangenheit abgeschlossenen Handlung, z.B. *Peter hatte Uschi geliebt, bevor er Barbara kennenlernte.*

Postposition | Wort in der Funktion einer Präposition, das aber hinter dem Nomen steht.

Prädikatsnomen | Ein nicht-verbales Prädikat besteht aus einer Kopula und einem Prädikatsnomen; das Prädikatsnomen kann ein Adjektiv oder ein Nomen sein, z.B. *Peter ist groß* (*groß* ist adjektivisches Prädikatsnomen), *Peter ist ein Schüler* (*ein Schüler* ist nominales Prädikatsnomen).

Präposition | Präpositionen sind unveränderliche Partikeln, die vor einem Nomen stehen und Verhältnisse bzw. Beziehungen zwischen Personen, Gegenständen und Sachverhalten ausdrücken. Das Nomen muss in der Regel in einem bestimmten Kasus stehen, vorausgesetzt, die Sprache besitzt die nominale Kategorie Kasus. Präpositionen können lokale, temporale, kausale, konzessive, modale und andere Verhältnisse ausdrücken.

Präpositionaler Ausdruck, Präpositionalphrase | Die Kombination Präposition + Nomen, z.B. *im Lande*.

Präsens | Tempus der Gegenwart, z.B. *er liebt*.

Präsens-Futur | Ein Tempus, das in manchen Sprachen sowohl eine gegenwärtige als auch zukünftige Handlung beschreibt.

Präteritum | Tempus der Vergangenheit.

Protosprache, Ursprache | Meist hypothetisch erschlossene Sprachform, von der die Sprachen einer Sprachfamilie oder genetischen Einheit abstammen. Die Rekonstruktion der Protosprache aus den Einzelsprachen der genetischen Einheit ist eine wichtige Aufgabe der historisch-komparativen Sprachwissenschaft.

Restsprache → Trümmersprache

Retroflex | Ein Konsonant, bei dessen Bildung die nach oben zurückgebogene Zungenspitze oder das Zungenblatt hinter den Zahndamm gelegt wird. Beispiele sind: Plosive /ʈ, ɖ/, der Nasal /ɳ/, Frikative /ʂ, ʐ/. In der Indogermanistik werden sie meist durch einen untergesetzten Punkt gekennzeichnet, also /ṭ, ḍ, ṣ, ẓ usw./. Retroflexe gehörten nicht zum Phoneminventar der indogermanischen Protosprache, sie haben sich vor allem in indoiranischen Sprachen durch den Kontakt mit anderen Sprachfamilien herausgebildet.

Satem-Sprache → Kentum-Sprache

Schwa → Murmelvokal

Sibilant, Zischlaut | Die Sibilanten bilden eine Untergruppe der Frikative. Es sind Reibelaute, bei denen durch den gegen die Schneidezähne gerichteten Luftstrom ein zusätzliches zischendes Geräusch entsteht, z.B. /s, z, ʃ, ʒ/.

Sonorant | Zusammenfassende Bezeichnung für Vokale, Nasale, Liquida und Gleitlaute.

Splitergativität → Ergativ

Sprachareal, Sprachbund | In manchen Fällen entwickeln geographisch benachbarte Sprachen, die nicht oder nur weitläufig miteinander genetisch verwandt sind, aufgrund lange andauernder wechselseitiger Beeinflussung gemeinsame linguistische Merkmale (sog. Konvergenzerscheinungen), die sie strukturell eindeutig von anderen (auch genetisch verwandten Sprachen) abgrenzen. Solche Gruppierungen nennt man *Sprachareal* oder *Sprachbund* (Bußmann 2008: 642).

Sprachfamilie → genetische Einheit

Sprachtypologie | Die Zusammenfassung aller Ansätze und Methoden, die dazu dienen, Sprachen unabhängig von ihrer genetischen Verwandtschaft anhand spezifischer sprachinhärenter (phonologischer, morphologischer, syntaktischer, semantischer oder lexikalischer) Merkmale zu klassifizieren.

Sprachuniversalien | Eigenschaften oder Merkmale, die in allen Sprachen der Welt vorhanden sind. Da dies faktisch nicht überprüft werden kann, sind die Aussagen über Sprachuniversalien in der Regel Hypothesen.

Stammbaum | Technik zur Darstellung der internen Struktur bzw. Abstammungsverhältnisse einer Sprachfamilie.

Subjunktiv → Konjunktiv

Synkope | Der Verlust eines Vokals oder einer Silbe im Inneren eines Wortes.

Syntax | Das System der Regeln, nach denen in einer Sprache grammatisch korrekte Phrasen und Sätze gebildet werden.

Synthetische Verbform | Eine Verbform, die durch Flexion (im weitesten Sinne) und ohne Hilfsverben gebildet wird. Beispiel: latein. *amabamur* „wir wurden geliebt" (in dieser lateinischen Form werden die Kategorien Tempus = Imperfekt, Modus = Indikativ, Diathese = Passiv, Person/Numerus = 1. Person Plural zum Ausdruck gebracht). Gegenteil: → analytische Verbform.

Tempus (Pl. Tempora) | Verbale Kategorie zum Ausdruck der absoluten oder relativen Zeitstufe des Prädikats. Übliche Tempora sind Präsens, Präteritum, Imperfekt, Futur, Aorist, Perfekt, Plusquamperfekt und Futur II.

Toponym | Ortsname. Im allgemeinen Sinne der Name jedes topographischen Objektes, also Namen von Städten, Orten, Siedlungen, Landschaften, Ländern aber auch von Gewässern.

Transitiv | Ein Verb ist transitiv, wenn es ein direktes Objekt besitzen kann, sonst ist es **intransitiv**; z.B. *lieben* ist transitiv (*Peter liebt Uschi*), *gehen* ist intransitiv, da es kein direktes Objekt haben kann.

Trümmersprache, Restsprache | Ausgestorbene Sprache, deren Existenz zwar belegt ist, von der jedoch kaum oder nur wenig schriftlich überliefertes Material erhalten ist. Phonologie, Morphologie, Syntax und Wortschatz solcher Sprachen bleiben weitgehend unbekannt, ihre genetische Zuordnung ist oft nicht möglich. Indogermanische Trümmersprachen sind z.B. Messapisch, Illyrisch, Dakisch oder Makedonisch.

Typologisch → Sprachtypologie

Uvular | Laut, der durch Mitwirkung der Uvula (des Zäpfchens) gebildet wird, z.B. /q, R, χ, è/; zu den Uvularen gehören auch das deutsche Zäpfchen-r [R] und der uvular artikulierte ach-Laut [χ].

Varietät | Sprachvariante, Dialekt, Soziolekt.

Velar | Laut, der durch die Berührung der Zunge am Velum (dem weichen Gaumen) gebildet wird, z.B. /g, k, x/.

Verbalmorphologie → Morphologie

Vokativ | Kasus der Anrede.

Volksetymologie | Wortbildungsprozess, der auf einer inhaltlichen Umdeutung und Umformung eines meist fremdsprachlichen Wortes nach dem Vorbild eines ähnlich lautenden Wortes mit ähnlicher Bedeutung in der eigenen Sprache beruht. Durch diesen Prozess werden zunächst unverständliche Wörter durch eine scheinbar plausible (aber falsche) Etymologie verständlich gemacht (Bußmann 2008: 785). Beispiel: Das deutsche Wort *Hängematte* hat nach seiner Herkunft nichts mit einer *hängenden Matte* zu tun, sondern stammt vom Wort *hamáka* „Schlafnetz" aus einer karibischen Sprache.

Wortgleichung, Wortkorrespondenz | Eine Serie von Wörtern aus verschiedenen, aber verwandten Sprachen, in der lautlich ähnliche Wörter dieser Sprachen mit gleicher oder nahverwandter Bedeutung (sog. → Kognaten) nebeneinandergestellt werden, z.B. deutsch *Vater* ~ lateinisch *pater* ~ englisch *father* ~ altirisch *athair*. Wortgleichungen sind eine Grundlage der komparativen Methode.

Bibliographie

Bibliographische Abkürzungen

CELW   BROWN, Keith und Sarah OGILVIE, eds. 2009. *Concise Enyclopedia of Languages of the World*. Elsevier, Amsterdam.

CIL   SCHMITT, Rüdiger, ed. 1989. *Compendium Linguarum Iranicarum*. Ludwig Reichert, Wiesbaden.

DNP   CANCIK, Hubert und Helmuth SCHNEIDER, eds. 1996–2003. *Der neue Pauly*. Metzler, Stuttgart – Weimar.

Ethnologue   LEWIS, Paul M., ed. 2009. *Ethnologue. Languages of the World*. 16. Auflage. Summer Institute of Linguistics (SIL) International, Dallas.

IEL   FRAWLEY, William J., ed. 2003. *International Encyclopedia of Linguistics*. 2. Auflage. Oxford University Press.

MAA   KAYE, Alan S., ed. 2007. *Morphologies of Asia and Africa*. 2 Bände. Eisenbrauns, Winona Lake, Ind.

WAL   WOODARD, Roger D., ed. 2004. *The Cambridge Encyclopedia of the World's Ancient Languages*. Cambridge University Press

WEEO   OKUKA, Miloš, ed. 2002. *Wieser Enzyklopädie des europäischen Ostens. Band 10: Lexikon der Sprachen des europäischen Ostens*. Wieser, Klagenfurt – Wien – Ljubljana.

Übersichtswerke zur indogermanischen Sprache oder Kultur

ANTHONY, David W. 2007. *The Horse, the Wheel, and Language*. Princeton University Press.

BALDI, Philip. 1983. *An Introduction to the Indo-European Languages*. Southern Illinois University Press.

BEEKES, Robert S. P. 1995. *Comparative Indo-European Linguistics*. John Benjamin, Amsterdam – Philadelphia.

CLACKSON, James. 2007. *Indo-European Linguistics: An Introduction*. Cambridge University Press.

FORTSON, Benjamin W. 2010. *Indo-European Language and Culture*. 2. Auflage. Wiley-Blackwell, Chichester.

LOCKWOOD, W. B. 1979. *Überblick über die indogermanischen Sprachen*. Gunter Narr, Tübingen.

MALLORY, J. P. 1989. *In Search of the Indo-Europeans*. Thames & Hudson, London.

MALLORY, J. P. und D. Q. ADAMS, eds. 1997. *Encyclopedia of Indo-European Culture*. Fitzroy Dearborn, London – Chicago.

MALLORY, J. P. und D. Q. ADAMS. 2006. *The Oxford Introduction to Proto-Indo-European and the Proto-Indo-European World*. Oxford University Press.

MANN, Stuart. 1984–87. *An Indo-European Comparative Dictionary*. Helmut Buske, Hamburg.

MEIER-BRÜGGER, Michael. 2010. *Indogermanische Sprachwissenschaft*. 9. Auflage. De Gruyter, Berlin – New York.

POKORNY, Julius. 1959. *Indogermanisches etymologisches Wörterbuch*. Francke, Bern – München.

RAMAT, Anna G. und Paolo RAMAT, eds. 1998. *The Indo-European Languages*. Routledge, London – New York.

RENFREW, Colin. 1987. *Archaeology & Language. The Puzzle of Indo-European Origins*. Cambridge University Press.

RIX, Helmut. 1998. *Lexikon der indogermanischen Verben*. Ludwig Reichert, Wiesbaden.

SCHMITT-BRANDT, Robert. 1998. *Einführung in die Indogermanistik*. Francke, Tübingen – Basel.

SZEMERÉNYI, Oswald. 1990. *Einführung in die vergleichende Sprachwissenschaft*. Wiss. Buchgesellschaft, Darmstadt.

WODTKO, Dagmar S., Britta IRSLINGER und Carolin SCHNEIDER. 2008. *Nomina im Indogermanischen Lexikon*. Winter, Heidelberg.

Gesamtbibliographie

ABONDOLO, Daniel. 1989. *The Uralic Languages*. Routledge, London – New York.

ADAMS, Douglas Q. 1988. *Tocharian Historical Phonology and Morphology*. American Oriental Society, New Haven.

ADIEGO, Ignacio. 2007. *The Carian Language*. Brill, Leiden.

AJELLO, Roberto. 1998. *Armenian*. In: Ramat-Ramat 1998, Kapitel 8.

ANDERSEN, Henning. 1998. *Slavic*. In: Ramat-Ramat 1998, Kapitel 14.

ANTHONY, David W. 2007. *The Horse, the Wheel, and Language*. Princeton University Press.

ATANASOV, Petar. 2002. *Meglenorumänisch*. In: WEEO, 127–131.

ATKINSON, Q. D., G. NICHOLLS, D. WELCH und R. D. GRAY. 2005. *From Words to Dates: Water into Wine, Mathemagic or Phylogenetic Inference*. Transactions of the Philological Society 103: 76–98.

AYGEN, Gülşat. 2007. *Kurmanjî Kurdish*. Lincom Europa, München.

BACKSTROM, Peter C. und Carla F. RADLOFF. 1992. *Languages of Northern Areas. Sociolinguistic Survey of Northern Pakistan Vol. 2*. National Institute of Pakistani Studies, Islamabad. Summer Institute of Linguistics, Dallas.

BADER, Françoise, ed. 1994. *Les langues indo-européennes*. CNRS, Paris.

BALDI, Philip. 1983. *An Introduction to the Indo-European Languages*. Southern Illinois University Press.

BALL, Martin J., ed. 1993. *The Celtic Languages.* Routledge, London – New York.

BAMMESBERGER, Alfred. 1986. *Der Aufbau des urgermanischen Verbalsystems.* Winter, Heidelberg.

BAMMESBERGER, Alfred, ed. 1988. *Die Laryngaltheorie und die Rekonstruktion des indogermanischen Laut- und Formensystems.* Winter, Heidelberg.

BAMMESBERGER, Alfred. 1990. *Die Morphologie des urgermanischen Nomens.* Winter, Heidelberg.

BAMMESBERGER, Alfred und Theo VENNEMANN, eds. 2003. *Languages in Prehistoric Europe.* Winter, Heidelberg.

BEEKES, Robert S. P. 1988. *A Grammar of Gatha-Avestan.* Brill, Leiden.

BEEKES, Robert S. P. 1995. *Comparative Indo-European Linguistics.* John Benjamin, Amsterdam – Philadelphia.

BERGER, Tilman. 1998. *Das Russische.* In: Rehder 1998.

BIRKHAHN, Helmut, ed. 2005. *Bausteine zum Studium der Keltologie.* Verlag für Literatur- und Sprachwissenschaft, Wien.

BIRNBAUM, Salomo A. 1979. *Yiddish: A Survey and a Grammar.* University of Toronto Press.

BIRNBAUM, Salomo A. 1997. *Die jiddische Sprache.* 3. Auflage. Helmut Buske, Hamburg.

BOMHARD, Allan R. 2008. *Reconstructing Proto-Nostratic. Comparative Phonology, Morphology, and Vocabulary.* 2 Bände. Brill, Leiden.

BOPP, Franz. 1816. *Über das Conjugationssystem der Sanskritsprache in Vergleichung mit jenem der griechischen, lateinischen, persischen und germanischen Sprache.* Frankfurt/M.

BOPP, Franz. 1833–52. *Vergleichende Grammatik des Sanskrit, Zend, Griechischen, Lateinischen, Litthauischen, Altslawischen, Gotischen und Deutschen.* 2. Auflage 1857–1861, 3. Auflage 1868–1872. Berlin.

BORNEMANN, Eduard und Ernst RISCH. 1978. *Griechische Grammatik.* 2. Auflage. Moritz Diesterweg, Frankfurt am Main.

BOSSONG, Georg. 2008. *Die romanischen Sprachen. Eine vergleichende Einführung.* Helmut Buske, Hamburg.

VON BRADKE, Peter. 1890. *Über Methode und Ergebnisse der arischen (indogermanischen) Alterthumswissenschaft.* Gießen.

BREU, Walter. 2002. *Italoalbanisch.* In: WEEO, 73–75.

BRIXHE, Claude. 2004. *Phrygian.* In: WAL, Kapitel 31.

BRIXHE, Claude et A. PANAYOTU. 1994. *Le macédonien.* In: Bader 1994, 205–220.

BROWN, Keith und Sarah OGILVIE, eds. 2009. *Concise Encyclopedia of Languages of the World.* Elsevier, Amsterdam.

BRUGMANN, Karl. 1897–1916. *Grundriß der vergleichenden Grammatik der indogermanischen Sprachen.* 2. Aufl. Trübner, Straßburg.

BUBENIK, Vit. 2003. *Prākrits and Apabhraṁśa.* In: Cardona-Jain 2003, Kapitel 6.

BUCHHOLZ, Oda und Wilfried FIEDLER. 1987. *Albanische Grammatik.* VEB Verlag Enzyklopädie, Leipzig.

BUSSMANN, Hadumod, ed. 2008. *Lexikon der Sprachwissenschaft.* 4. Auflage. Kröner, Stuttgart.

CAMPBELL, Georg L. 1991. *Compendium of the World's Languages*. 2 Bände. Routledge, London – New York.

CAMPBELL, Lyle. 2004. *Historical Linguistics: An Introduction*. 2. Auflage. Edinburgh University Press.

CANCIK, H. und H. SCHNEIDER, eds. 1996–2003. *Der neue Pauly. Enzyklopädie der Antike*. Metzler, Stuttgart – Weimar.

CARDONA, George. 1974. *The Indo-Aryan Languages*. In: Encyclopaedia Britannica. 15. Auflage, Vol 9: 439–450.

CARDONA, George. 2007. *Sanskrit Morphology*. In: MAA, Kapitel 31.

CARDONA, George und Dhanesh JAIN, eds. 2003. *The Indo-Aryan Languages*. Routledge, London – New York.

CARRUBA, Onofrio. 1970. *Das Palaische: Texte, Grammatik, Lexikon*. Harrassowitz, Wiesbaden.

CHATTERJI, Suniti Kumar. 1926. *The Origin and Development of the Bengali Language*. 3 Bände. Kalkutta.

CLACKSON, James. 1994. *The Linguistic Relationship between Armenian and Greek*. Blackwell, Oxford.

CLACKSON, James. 2004. *Classical Armenian*. In: WAL, Kapitel 38.

CLACKSON, James. 2007. *Indo-European Linguistics: An Introduction*. Cambridge University Press.

COMRIE, Bernard. 1981. *The Languages of the Soviet Union*. Cambridge University Press.

COMRIE, Bernard. 1989. *Language Universals and Linguistic Typology*. 2. Auflage. The University of Chicago Press.

COMRIE, Bernard, ed. 1987. *The World's Major Languages*. Oxford University Press.

COMRIE, Bernard und Greville G. CORBETT, eds. 1993. *The Slavonic Languages*. Routledge, London – New York.

COROMINAS, J. 1975. *Les plombs sorothaptiques d'Arles*. Zeitschrift für romanische Philologie 91: 1–53.

COULMAS, Florian. 1996. *The Blackwell Enyclopedia of Writing Systems*. Blackwell, Malden (Ma.) – Oxford.

DALBY, David. 2000. *The Linguasphere Register of the World's Languages and Speech Communities*. Linguasphere, Hebron, Wales.

DARWIN, Charles. 1874. *The Descent of Man*. Übersetzt von H. Schmidt-Jena 1966: *Die Abstammung des Menschen*. Kröner, Stuttgart.

DECKER, Kendall D. 1992. *Languages of Chitral. Sociolinguistic Survey of Northern Pakistan Vol. 5*. National Institute of Pakistani Studies, Islamabad. Summer Institute of Linguistics, Dallas.

DEGENER, Almuth. 1998. *Die Sprache von Nisheygram im afghanischen Hindukusch*. Neuindische Studien 14, Wiesbaden.

DEGENER, Almuth. 2002. *The Nuristani Languages*. In: Sims-Williams 2002, 103–117.

DEMIRAJ, Shaban. 1998. *Albanian*. In: Ramat-Ramat 1998, Kapitel 16.

DEMIRAJ, Bardhyl. 2002. *Arvanitisch*. In WEEO, 71–72.

DETSCHEW, D. 1957. *Die thrakischen Sprachreste*. Wien.

DEUTSCHER, Guy. 2008. *Du Jane, ich Goethe. Eine Geschichte der Sprache*. C.H. Beck, München.

DIRINGER, David. 1996. *The Alphabet. A Key to the History of Mankind*. 3. Auflage. Munshiram Manoharlal, New Delhi.

DIXON, R. M. W. 1997. *The Rise and Fall of Languages*. Cambridge University Press.

DOLGOPOLSKY, Aharon. 1964. *A Long Range Comparison of Some Languages of Northern Eurasia*. Nauka, Moskau.

DOLGOPOLSKY, Aharon. 1998. *The Nostratic Macrofamily and Linguistic Palaeontology*. MacDonald Institute, Cambridge.

VAN DRIEM, George. 2001. *Languages of the Himalayas*. 2 Bände. Brill, Leiden – Boston – Köln.

DULIČENKO, Alexandr D. 2002. *Lachisch*. In WEEO, Kapitel 5, 287–290.

DURIDANOV, Ivan. 1987. *Die geographische Terminologie indogermanischer Herkunft im Thrakischen und Dakischen*. In: Studien zum indogermanischen Wortschatz. Ed. W. Meid, Innsbruck.

DURIDANOV, Ivan. 2002. *Illyrisch – Thrakisch – Dakisch – Päonisch – Phrygisch*. In WEEO, Kapitel 16.

EISENBERG, Peter. 1994. *Grundriss der deutschen Grammatik*. 3. Auflage. Metzler, Stuttgart – Weimar.

ELFENBEIN, Josef. 1989. *Balōčī*. In: CIL, Abschnitt 4.1.2.6, 350–362.

ENDZELIN, Janis. 1911. *Slavjano-baltijskie ètudy*. M. Zil'berberg, Charkow.

ESKA, Joseph F. 2004. *Continental Celtic*. In: WAL, Kapitel 35.

FAARLUND, Jan Terje. 2004. *Ancient Nordic*. In: WAL, Kapitel 37.

FILIPI, Goran. 2002. *Istrorumänisch*. In: WEEO, 91–96.

FINCK, Nikolaus. 1965. *Die Haupttypen des Sprachbaus*. 5. Auflage. Wiss. Buchgesellschaft, Darmstadt.

FORRER, Emil. 1919. *Die acht Sprachen der Boghazköi-Inschriften*. Sitzungsberichte der Preußischen Akademie der Wissenschaften, Nr. LIII, 1029–41, Berlin.

FORTSON, Benjamin W. 2010. *Indo-European Language and Culture*. 2. Auflage. Wiley-Blackwell, Chichester.

FRAWLEY, William J., ed. 2003. *International Encyclopedia of Linguistics*. 4 Bände. 2. Auflage. Oxford University Press.

FREI, P. und C. MAREK. 1997. *Die karisch-griechische Bilingue von Kaunos*. Kadmos 36: 1–89.

FRIEDRICH, Johannes. 1966. *Geschichte der Schrift*. Winter, Heidelberg.

FRIEDRICH, Johannes und Annelies KAMMENHUBER. 1975– . *Hethitisches Wörterbuch*. Winter, Heidelberg.

FRIEDRICH, Elvira. 2006. *Einführung in die indischen Schriften Teil I: Devanāgarī*. 2. Auflage. Helmut Buske, Hamburg.

FRISK, Hjalmar. 1973. *Griechisches etymologisches Wörterbuch*. Winter, Heidelberg.

GAMILLSCHEG, Emil. 1969. *Etymologisches Wörterbuch der französischen Sprache.* 2 Bände. Winter, Heidelberg.

GAMKRELIDZE, Tamaz V. und Vyacheslav V. IVANOV. 1995. *Indo-European and the Indo-Europeans.* De Gruyter, Berlin.

GELDNER, Karl F. 1886–96. *Avesta: The Sacred Books of the Parsis.* Kohlhammer, Stuttgart.

GEMOLL, Wilhelm und Karl VRETSKA. 2006. *Griechisch-deutsches Schul- und Handwörterbuch.* 10. Auflage. Oldenbourg, München.

GEORGES, Heinrich. 1913. *Ausführliches lateinisch–deutsches Handwörterbuch.* 2 Bände. 8. Auflage. Hahn, Hannover.

GIMBUTAS, Marija. 1973. *Old Europe c. 7000–3500 BC: the earliest European civilisation before the infiltration of the Indo-European peoples.* Journal of Indo-European Studies 1, 1–21.

GIMBUTAS, Marija. 1992. *Die Ethnogenese der europäischen Indogermanen.* Innsbrucker Beiträge zur Sprachwissenschaft.

GIMBUTAS, Marija. 1995. *Die Sprache der Göttin. Das verschüttete Symbolsystem der westlichen Zivilisation.* Zweitausendeins, Frankfurt.

GIMBUTAS, Marija. 1996. *Die Zivilisation der Göttin. Die Welt des Alten Europa.* Zweitausendeins, Frankfurt.

GIMBUTAS, Marija. 1997. *The Kurgan Culture and the Indo-Europeanization of Europe.* Inst. for the Study of Man, Washington.

GLÜCK, Helmut, ed. 2010. *Metzler Lexikon Sprache.* 4. Auflage. Metzler, Stuttgart–Weimar.

GRAF, Fritz, ed. 1997. *Einleitung in die lateinische Philologie.* Teubner, Stuttgart – Leipzig.

GRAY, R. D. and Q. D. ATKINSON. 2003. *Language-Tree Divergence Times Support the Anatolian Theory of Indo-European Oririgin.* Nature 426: 435–439.

GREEN, Dennis H. 1998. *Language and History in the Early Germanic World.* Cambridge University Press.

GREEN, John N. 1988. *Spanish.* In: Harris-Vincent 1988, Kapitel 3.

GREENBERG, Joseph H., ed. 1963. *Universals of Language.* 2. Auflage. The M.I.T. Press, Cambridge – London.

GREENBERG, Joseph H. 1974. *Language Typology: A Historical and Analytic Overview.* Mouton, The Hague – Paris.

GREENBERG, Joseph H. 2000/02. *Indo-European and Its Closest Relatives. The Eurasiatic Language Family.* 2 Bände. Stanford University Press.

GREENBERG, Joseph H. 2005. *Genetic Linguistic. Essays on Theory and Method.* Ed. William Croft. Oxford University Press.

GRIERSON, George A. 1903–28. *Linguistic Survey of India.* 11 Bände. Kalkutta. (Neudruck 1968, Motilal Banarsidass, Delhi.)

GRIERSON, George A. 1931–33. *On the Modern Indo-Aryan Vernaculars.* Kalkutta.

GRIMM, Jakob. 1819. *Deutsche Grammatik.* Göttingen.

GROTEFEND, Georg Friedrich. 1802. *De cuneatis, quas vocant, inscriptionibus Persepolitanis legendis et explicandis relatio.* Göttingen. Als *G. Fr. Grotefends erste Nachricht von seiner Entzifferung der Keilschrift* 1893 herausgegeben von W. Meyer in: Nachrichten der Königlichen Gesellschaft der Wissenschaften und der Georg-August-Universität zu Göttingen, Nr 14: 571–616. Nachdruck 1972 Wissenschaftl. Buchgesellschaft, Darmstadt.

GRÜNBERG, A. L. 1980. *Jazyk Kati: Teksty, Grammatičeskij Očerk.* Izdatel'stvo Nauka, Moskau.

GRÜNBERG, A. L. 2009. *Nuristani Languages.* In: CELW, 787–788.

GUSMANI, R. 1964. *Lydisches Wörterbuch.* Winter, Heidelberg. (Ergänzungsbände 1980, 1982 und 1986.)

GZELLA, Holger. 2009. *Sprachen aus der Welt des Alten Testaments.* Wiss. Buchgesellschaft, Darmstadt.

HAARMANN, Harald. 1993. *Die Sprachenwelt Europas.* Campus, Frankfurt am Main.

HAARMANN, Harald. 2001. *Kleines Lexikon der Sprachen.* C.H. Beck, München.

HAARMANN, Harald. 2002. *Lexikon der untergegangenen Sprachen.* C.H. Beck, München.

HAARMANN, Harald. 2004. *Elementare Wortordnung in den Sprachen der Welt.* Helmut Buske, Hamburg.

HAARMANN, Harald. 2010. *Die Indoeuropäer. Herkunft, Sprachen und Kulturen.* C.H. Beck, München.

HAIMAN, John. 1988. *Rhaeto-Romance.* In: Harris-Vincent 1988, Kapitel 10.

HAJDÚ, Péter und Péter DOMOKOS. 1987. *Die uralischen Sprachen und Literaturen.* Helmut Buske, Hamburg.

HALE, Mark. 2009. *Avestan.* In: WAL, Kapitel 29.

HALL, Robert A. 1976. *Proto-Romance Phonology.* Elsevier, Amsterdam – New York.

HALL, T. Allan. 2000. *Phonologie. Eine Einführung.* De Gruyter, Berlin – New York.

HALLBERG, Daniel G. 1992. *Pashto – Waneci – Ormuri. Sociolinguistic Survey of Northern Pakistan Vol. 4.* National Institute of Pakistani Studies, Islamabad. Summer Institute of Linguistics, Dallas.

HALLBERG, Daniel G. und Calinda E. HALLBERG. 1999. *Indus Kohistani. A Preliminary Phonological and Morphological Analysis.* National Institute of Pakistani Studies, Islamabad. Summer Institute of Linguistics, Dallas.

HAMEL, Elisabeth. 2007. *Das Werden der Völker in Europa.* Tenea, Bristol – Berlin.

HARBERT, Wayne. 2007. *The Germanic Languages.* Cambridge University Press.

HARRIS, Martin und Nigel VINCENT, ed. 1988. *The Romance Languages.* Oxford University Press.

HAYES, Bruce. 2009. *Introductory Phonology.* Wiley-Blackwell, Malden, Ma. – Oxford.

HILL, Peter. 1998. *Das Bulgarische.* In: Rehder 1998, 310–325.

HILLER, Stefan und O. PANAGL. 1976. *Die frühgriechischen Texte aus mykenischer Zeit.* Wiss. Buchgesellschaft, Darmstadt.

HOCK, Wolfgang. 1998. *Das Urslavische. Das Altkirchenslavische.* In: Rehder 1998.

HOCK, Hans Henrich und Brian D. JOSEPH. 2009. *Language History, Language Change, and Language Relationship.* 2. Auflage. Mouton de Gruyter, Berlin – New York.

HOENIGSWALD, Henry M. 1998. *Greek.* In: Ramat-Ramat 1998, Kapitel 9.

HOENIGSWALD, Henry M., Roger D. WOODARD und James P. T. CLACKSON. 2004. *Indo-European.* In: WAL, Kapitel 17.

HOERNLE, R. 1880. *A Comparative Grammar of the Gaudian Languages.* London.

HOFFNER, Harry A. und H. Craig MELCHERT. 2008. *A Grammar of the Hittite Language.* Eisenbrauns, Winona Lake.

HOFMANN, Johann B. 1971. *Etymologisches Wörterbuch des Griechischen*. Wiss. Buchgesellschaft, Darmstadt.

HOLM, Hans J. 2005. *Genealogische Verwandtschaft*. In: *Quantitative Linguistik*. Handbuch Sprach- und Kommunikationswissenschaften, Bd. 27, Kap. 45. De Gruyter, Berlin – New York.

HOLM, Hans J. 2007. *The New Arboretum of Indo-European Trees. Can New Algorithms Reveal the Phylogeny and Even Prehistory of Indo-European?* In: Journal of Quantitative Linguistics 14-2: 167–214.

HOLM, Hans J. 2008. *The Distribution of Data in Wordlists and its Impact on the Subgrouping of Languages*. In: C. Preisach, H. Burkhardt et al. eds.: *Data Analysis, Machine Learning and Applications*. Proceedings of the 31st Annual Conference of the Gesellschaft für Klassifikation e.V., Universität Freiburg, 2007: 629–636. Springer, Heidelberg – Berlin.

HOLST, Jan Henrik. 2001. *Lettische Grammatik*. Helmut Buske, Hamburg.

HOLTHAUSEN, Ferdinand. 1934. *Gotisches etymologisches Wörterbuch*. Winter, Heidelberg.

HOOKER, J. T. 1980. *Linear B: An Introduction*. Bristol Classical Press, Bristol.

HROZNÝ, Bedřich. 1915. *Die Lösung des hethitischen Problems*. Mitteilungen der Deutschen Orient-Gesellschaft 56: 17–50.

HROZNÝ, Bedřich. 1917. *Die Sprache der Hethiter, ihr Bau und ihre Zugehörigkeit zum indogermanischen Sprachstamm*. Hinrichs, Leipzig.

HUALDE, José Ignacio und Jon Ortiz DE URBINA. 2003. *A Grammar of Basque*. Mouton de Gruyter, Berlin – New York.

HUMBACH, Helmut. 1991. *The Gāthās of Zarathustra and the Other Old Avestan Texts*. Winter, Heidelberg.

HUNTLEY, David. 1993. *Old Church Slavonic*. In: Comrie-Corbett 1993. Kapitel 4.

HUTTERER, Claus Jürgen. 1999. *Die germanischen Sprachen: ihre Geschichte in Grundzügen*. 4. Auflage. Albus, Wiesbaden.

ILLICH-SVITYCH, Vladislav M. 1965. *Materialy k sravnitel'nomu slovarju nostraticheskix jazykov. (Materialien für ein vergleichendes Lexikon der nostratischen Sprachen.)* Etymologija 1965: 321–373, Nauka, Moskau.

ILLICH-SVITYCH, Vladislav M. 1971–84. *Opyt sravenija nostraticheskix jazykov*. 3 Bände. Nauka, Moskau.

INEICHEN, Gustav. 1979. *Allgemeine Sprachtypologie*. Wiss. Buchgesellschaft, Darmstadt.

JACOBS, Neil. 2005. *Yiddish: A Linguistic Introduction*. Cambridge University Press.

JAMISON, Stephanie W. 2004. *Sanskrit*. In: WAL, Kapitel 26.

JANDA, L. A. 2009. *Slavic Languages*. In: CELW, 974–977.

JANICH, Nina und Albrecht GREULE, eds. 2002. *Sprachkulturen in Europa. Ein internationales Handbuch*. Gunter Narr, Tübingen.

JASANOFF, Jay H. 2003. *Hittite and the Indo-European Verb*. Oxford University Press.

JASANOFF, Jay H. 2004. *Gothic*. In: WAL, Kapitel 36.

JENSEN, Hans. 1969. *Die Schrift in Vergangenheit und Gegenwart*. VEB Deutscher Verlag der Wissenschaften, Berlin.

Johanson, Lars und Éva Ágnes Csató. 1998. *The Turkic Languages*. Routledge, London – New York.

Joseph, Brian D. und Richard D. Janda. 2003. *The Handbook of Historical Linguistics*. Blackwell, Oxford – Malden, Ma.

Kachru, Yamuna. 1987. *Hindi-Urdu*. In: Comrie ed. 1987.

Kammenhuber, Annelies. 1959. *Das Palaische: Texte und Wortschatz*. Revue hittite et asianique 14: 1–21.

Kammerzell, Frank. 1993. *Studien zu Sprache und Geschichte der Karer in Ägypten*. Harrassowitz, Wiesbaden.

Katičić, Radoslav. 1976. *Ancient Languages of the Balkans*. Mouton, Den Haag.

Katre, S. M. 1965. *Some Problems of Historical Linguistics in Indo-Aryan*. Deccan College, Poona.

Kaye, Alan S., ed. 2007. *Morphologies of Asia and Africa*. 2 Bände. Eisenbrauns, Winona Lake.

Kellens, Jean. 1989. *Avestique*. In: CIL, Kapitel 2.1.

Keller, Rudolf E. 1995. *Die deutsche Sprache*. Helmut Buske, Hamburg.

Kieckers, Ernst. 1931. *Die Sprachstämme der Erde*. Winter, Heidelberg.

Kiesler, Reinhard. 2006. *Einführung in die Problematik des Vulgärlateins*. Max Niemeyer, Tübingen.

Killingley, Siew-Yue und Dermot Killingley. 1995. *Sanskrit*. Lincom Europa, München.

Kim, Ronald. 2009. *Tocharian*. In: CELW, 1068–1071.

Klein, Jared. 2007. *Classical Armenian Morphology*. In: Kaye 2007, Vol. 2. Part 2.

Kloekhorst, Alwin. 2008. *Etymological Dictionary of the Hittite Inherited Lexicon*. Brill, Leiden.

Kloss, Heinz. 1978. *Die Entwicklung neuer germanischer Kultursprachen seit 1800*. 2. Auflage. Schwann, Düsseldorf.

Kluge, F. 2002. *Etymologisches Wörterbuch der deutschen Sprache*. 24. Auflage, bearbeitet von Elmar Seebold. De Gruyter, Berlin – New York.

Köbler, Gerhard. 1972. *Verzeichnis der Übersetzungsgleichungen von Abrogans und Samanunga*. Musterschmidt, Göttingen.

König, Ekkehard und Johan van der Auwera, eds. 1994. *The Germanic Languages*. Routledge, London – New York.

König, Werner. 2001. *dtv-Atlas Deutsche Sprache*. 13. Auflage. Deutscher Taschenbuch-Verlag (dtv), München.

Koppelmann, Heinrich. 1933. *Die eurasische Sprachfamilie*. Winter, Heidelberg.

Krahe, Hans. 1949. *Die Indogermanisierung Griechenlands und Italiens*. Winter, Heidelberg.

Krahe, Hans. 1954. *Sprache und Vorzeit. Europäische Vorgeschichte nach dem Zeugnis der Sprache*. Quelle & Meyer, Heidelberg.

Krahe, Hans, ed. 1964. *Die Sprache der Illyrier*. 2 Bände. Harrassowitz, Wiesbaden.

Ladefoged, Peter und Ian Maddieson. 1996. *The Sounds of the World's Languages*. Blackwell, Malden (Ma.) – Oxford.

LAMB, Sydney M. und E. Douglas MITCHELL, eds. 1991. *Sprung from Some Common Source*. Stanford University Press.

LAZZERONI, Romano. 1998. *Sanskrit*. In: Ramat-Ramat 1998, Kapitel 4.

LEGGEWIE, Otto, ed. 1981. *Griechische Sprachlehre (Ars Graeca Grammatik)*. Ferdinand Schöningh, Paderborn.

LEVIN, Jules F. 2003. *Baltic Languages*. In: IEL, Band 1, 196–198.

LEWIS, Paul M., ed. 2009. *Ethnologue. Languages of the World*. 16. Auflage. SIL International, Dallas.

LEXER, Matthias. 1992. *Mittelhochdeutsches Wörterbuch*. 38. Auflage. S. Hirzel, Freiburg.

LINDENBAUER, P., M. METZELTIN und M. THIR. *Die romanischen Sprachen. Eine einführende Übersicht*. G. Egert, Wilhelmsfeld.

LIVER, Ricarda. 2010. *Rätoromanisch. Eine Einführung in das Bündnerromanische*. 2. Auflage. Narr, Tübingen.

LOCKWOOD, William B. 1979. *Überblick über die indogermanischen Sprachen*. Gunter Narr, Tübingen.

LURAGHI, Silvia. 1997. *Hittite*. Lincom Europa, München.

LURAGHI, Silvia. 1998. *The Anatolian Languages*. In: Ramat-Ramat 1998, Kapitel 7.

MACALISTER, R.A.S. 1914. *The Language of the Nawar of Zutt, the Nomad Smiths of Palestine*. Edinburgh University Press.

MACAULEY, Donald, ed. 1992. *The Celtic Languages*. Cambridge University Press.

MACKENZIE, D. N. 1959. *A Standard Pashto*. Bulletin of the School of Oriental and African Studies 22: 231–235, London.

MAIER, Bernhard. 2003. *Kleines Lexikon der Namen und Wörter keltischen Ursprungs*. C.H. Beck, München.

MALLORY, J. P. 1989. *In Search of the Indo-Europeans*. Thames & Hudson, London.

MALLORY, J. P. und D. Q. ADAMS, eds. 1997. *Encyclopedia of Indo-European Culture*. Fitzroy Dearborn, London – Chicago.

MALLORY, J. P. und D. Q. ADAMS. 2006. *The Oxford Introduction to Proto-Indo-European and the Proto-Indo-European World*. Oxford University Press.

MALLORY, J. P. und Victor H. MAIR. 2000. *The Tarim Mummies*. Thames & Hudson, London.

MALTE-BRUN, Conrad. 1810–29. *Précis de la géographie universelle*. 8 Bände. Paris.

MANGOLD, Max, ed. 2005. *Duden - Das Aussprachewörterbuch*. Dudenverlag, Mannheim – Zürich.

MANN, Stuart. 1984–87. *An Indo-European Comparative Dictionary*. Helmut Buske, Hamburg.

MARCANTONIO, Angela. 2002. *The Uralic Language Family. Facts, Myths and Statistics*. Blackwell, Oxford – Malden, Ma.

MASICA, Colin P. 1991. *The Indo-Aryan Languages*. Cambridge University Press.

MATRAS, Yaron. 1999. *The State of Present-Day Domari in Jerusalem*. Mediterranean Language Review 11, 1–58.

MATRAS, Yaron. 2002. *Romani. A Linguistic Introduction*. Cambridge University Press.

MAYRHOFER, Manfred. 1966. *Die Indo-Arier im Alten Vorderasien.* Harrasowitz, Wiesbaden.

MAYRHOFER, Manfred. 1978. *Sanskrit-Grammatik mit sprachvergleichenden Erläuterungen.* De Gruyter, Berlin – New York.

MAYRHOFER, Manfred. 1984. *Lassen sich Vorstufen des Uriranischen nachweisen?* In: Anzeiger der Österreichischen Akademie der Wissenschaften, Philosophisch-historische Klasse, 120: 249–255.

MAYRHOFER, Manfred. 1986. *Indogermanische Grammatik. Band I: Lautlehre.* Winter, Heidelberg.

MAYRHOFER, Manfred. 1986–2001. *Etymologisches Wörterbuch des Altindoarischen.* Winter, Heidelberg.

MEIER-BRÜGGER, Michael. 1992. *Griechische Sprachwissenschaft.* 2 Bände. De Gruyter, Berlin – New York.

MEIER-BRÜGGER, Michael. 2010. *Indogermanische Sprachwissenschaft.* 9. Auflage. De Gruyter, Berlin – New York.

MEILLET, Antoine. 1908. *Les dialectes indo-européennes.* H. Champion, Paris.

MEISER, Gerhard. 1998. *Historische Laut- und Formenlehre der lateinischen Sprache.* Wiss. Buchgesellschaft, Darmstadt.

MELCHERT, H. Craig. 2004. *Luvian – Palaic – Lycian – Lydian – Carian.* In: WAL, Kapitel 19–23.

MEYER-LÜBKE, W. 1992. *Romanisches etymologisches Wörterbuch.* 6. Auflage. Winter, Heidelberg.

MORGENSTIERNE, Georg. 1932. *Report on a Linguistic Mission to North-Western India.* Instituttet for Sammenlignende Kulturforskning, Oslo.

VAN NESS, Silke. 1994. *Pennsylvania German.* In: König-van der Auwera, Kapitel 13.

NESSELRATH, Heinz-Günther, ed. 1997. *Einleitung in die griechische Philologie.* Teubner, Stuttgart – Leipzig.

OKUKA, Miloš, ed. 2002. *Lexikon der Sprachen des europäischen Ostens.* (Wieser Enzyklopädie des europäischen Ostens, Band 10). Wieser, Klagenfurt.

ONIONS, C. T., ed. 1966. *The Oxford Dictionary of English Etymology.* Oxford University Press.

OREL, Vladimir. 1997. *The Language of the Phrygians.* Caravan, Delmar.

OREL, Vladimir. 1998. *Albanian Etymological Dictionary.* Brill, Leiden.

OREL, Vladimir. 2000. *A Concise Historical Grammar of the Albanian Language.* Brill, Leiden.

OTTEN, Heinrich. 1944. *Zum Palaischen.* Zeitschrift für Assyriologie und Vorderasiatische Archäologie, Band 48: 119–145.

PALMER, Leonard R. 2000. *Die lateinische Sprache.* Helmut Buske, Hamburg.

PARPOLA, Asko. 2002. *From the Dialects of Old Indo-Aryan to Proto-Indo-Aryan and Proto-Iranian.* In: Sims-Williams 2002, 43–102.

PAUL, Ludwig. 1998. *Zazaki. Grammatik und Versuch einer Dialektologie.* Beiträge zur Iranistik, 18. Wiesbaden.

PAUL, Daniel et al. 2010. *The Ethnolinguistic Vitality of Yaghnobi*. SIL Electronic Survey Reports.

PAYNE, Annick. 2010. *Hieroglyphic Luwian. An Introduction with Original Texts*. 2. Auflage. Harrassowitz, Wiesbaden.

PAYNE, John. 1989. *Pamir Languages*. In: CIL, 417–444.

PEDERSEN, Holger. 1903. *Türkische Lautgesetze*. Zeitschrift der Deutschen Morgenländischen Gesellschaft 57: 535–561.

PEDERSEN, Holger. 1959. *The Discovery of Language: Linguistic Science in the 19th Century*. Indiana University Press.

POKORNY, Julius. 1959. *Indogermanisches etymologisches Wörterbuch*. Francke, Bern – München.

VON POLENZ, Peter. 1994–2000. *Deutsche Sprachgeschichte vom Spätmittelalter bis zur Gegenwart*. De Gruyter, Berlin – New York.

POLJAKOV, Oleg. 1995. *Das Problem der balto-slavischen Sprachgemeinschaft*. Lang, Frankfurt.

POLOMÉ, E. C. 1982. *Balkan Languages (Illyrian, Thracian and Daco-Moesian)*. In: Cambridge Ancient History, Vol III, Part 1, eds. J. Boardman et al., Cambridge University Press.

POPKO, Maciej. 2008. *Völker und Sprachen Anatoliens*. Harrassowitz, Wiesbaden.

POSNER, Rebecca. 1996. *The Romance Languages*. Cambridge University Press.

POTT, August Friederich. 1833–36. *Etymologische Forschungen auf dem Gebiete der indogermanischen Sprachen*. Lemgo.

PRICE, Glanville, ed. 1998. *Encyclopedia of the Languages of Europe*. Blackwell, Oxford – Malden, Ma.

PROKOSCH, Edward. 1939. *A Comparative Germanic Grammar*. Linguistic Society of America, Philadelphia.

PUHVEL, Jaan. 1991. *Whence the Hittite, Whither the Jonesian Vision?* In: Lamb-Mitchell eds. 1991, Part II, 51–66.

RAMAT, Paolo. 1998. *The Germanic Languages*. In: Ramat-Ramat 1998, Kapitel 13.

RAMAT, Anna G. und Paolo RAMAT, eds. 1998. *The Indo-European Languages*. Routledge, London – New York.

RASK, Rasmus. 1818. *Undersøgelse om det gamle Nordiske eller Islandske sprogs oprindelse*. Gyldendal, Kopenhagen.

RÉDEI, Károly. 1988–1991. *Uralisches etymologisches Wörterbuch*. 3 Bände. Harrassowitz, Wiesbaden.

REHDER, Peter, ed. 1998. *Einführung in die slavischen Sprachen*. 3. Auflage. Wiss. Buchgesellschaft, Darmstadt.

RENFREW, Colin. 1987. *Archeology & Language. The Puzzle of Indo-European Origins*. Cambridge University Press.

RENFREW, Colin. 2003. *Time Depth, Convergence Theory, and Innovation in Proto-Indo-European*. In: Bammesberger-Vennemann 2003: 17–48

RENFREW, Colin und Daniel NETTLE, eds. 1999. *Nostratic: Examining a Linguistic Macrofamily*. MacDonald Institute, Cambridge.

RENSCH, Calvin R., Sandra J. DECKER und Daniel G. HALLBERG. 1992. *Languages of Kohistan. Sociolinguistic Survey of Northern Pakistan Vol. 1*. National Institute of Pakistani Studies, Islamabad. Summer Institute of Linguistics, Dallas.

RENSCH, Calvin R., Calinda E. HALLBERG und Clare F. O'LEARY. 1992. *Hindko and Gujari. Sociolinguistic Survey of Northern Pakistan Vol. 3*. National Institute of Pakistani Studies, Islamabad. Summer Institute of Linguistics, Dallas.

RIEKEN, Elisabeth. 1999. *Untersuchungen zur nominalen Stammbildung des Hethitischen*. Harrassowitz, Wiesbaden.

RIEKEN, Elisabeth. 2005. *Hethitisch*. In: Streck 2005, 80–127.

RIX, Helmut. 1992. *Historische Grammatik des Griechischen. Laut- und Formenlehre*. 2. Auflage. Wiss. Buchgesellschaft, Darmstadt.

RIX, Helmut. 1998. *Lexikon der indogermanischen Verben*. Ludwig Reichert, Wiesbaden.

ROBINS, Robert H. 1997. *A Short History of Linguistics*. 4. Auflage. Longman, London – New York.

ROBINSON, Andrew. 2002. *Lost Languages. The Enigma of the World's Undeciphered Scripts*. McGraw-Hill, New York.

ROBINSON, Orrin W. 1992. *Old English and Its Closest Relatives*. Stanford University Press.

ROGERS, Henry. 2005. *Writing Systems. A Linguistic Approach*. Blackwell, Oxford – Malden, Ma.

ROTHSTEIN, Robert A. 1993. *Polish*. In: Comrie-Corbett 1993, Kapitel 12.

ROTHSTEIN, Robert A. 2009. *Yiddish*. In: CELW, 1202–06.

RUBENBAUER, Hans und J. B. HOFMANN. 1975. *Lateinische Grammatik*. 10. Auflage, ed. R. Heine. Oldenbourg, München.

RÜDIGER, Jacob C. Chr. 1782. *Von der Sprache und Herkunft der Zigeuner aus Indien*. In: Neuester Zuwachs der teutschen, fremden und allgemeinen Sprachkunde in eigenen Aufsätzen, Bücheranzeigen und Nachrichten, 1. Stück, 37–84. Leipzig. (Nachdruck 1990 Buske, Hamburg.)

RUGE, Hans. 2002. *Grammatik des Neugriechischen*. Romiosini, Köln.

RUHLEN, Merritt. 1991. *A Guide to the World's Languages. Volume 1: Classification*. Edward Arnold, London – Melbourne.

RUHLEN, Merritt. 1994 a. *On the Origin of Languages. Studies in Linguistic Taxonomy*. Stanford University Press.

RUHLEN, Merritt. 1994 b. *The Origin of Language. Tracing the Evolution of the Mother Tongue*. John Wiley, New York.

SAUSSURE, Ferdinand de. 1879. *Mémoire sur le système primitif des voyelles dans les langues indo-européennes*. Teubner, Leipzig.

SCHENKER, Alexander M. 1993. *Proto-Slavonic*. In: Comrie-Corbett 1993, Kapitel 3.

SCHERER, Anton, ed. 1968. *Die Urheimat der Indogermanen*. Wiss. Buchgesellschaft, Darmstadt.

SCHLEICHER, August. 1861/62. *Compendium der vergleichenden Grammatik der indogermanischen Sprachen*. 2 Bände. Böhlau, Weimar.

SCHLÖSSER, Rainer. 2001. *Die romanischen Sprachen*. C.H. Beck, München.

SCHMALSTIEG, William R. 1998. *The Baltic Languages*. In: Ramat-Ramat 1998, Kapitel 15.

SCHMIDT, Gernot. 1978. *Stammbildung und Flexion der indogermanischen Personalpronomina*. Harrassowitz, Wiesbaden.

SCHMITT, Rüdiger. 1981. *Grammatik des Klassisch-Armenischen mit sprachvergleichenden Erläuterungen*. Institut für Sprachwissenschaft der Universität Innsbruck, Innsbruck.

SCHMITT, Rüdiger, ed. 1989. *Compendium Linguarum Iranicarum*. Ludwig Reichert, Wiesbaden.

SCHMITT, Rüdiger. 2000. *Die iranischen Sprachen in Geschichte und Gegenwart*. Ludwig Reichert, Wiesbaden.

SCHMITT, Rüdiger. 2004. *Old Persian*. In: WAL, Kapitel 28.

SCHMITT-BRANDT, Robert. 1998. *Einführung in die Indogermanistik*. Francke, Tübingen – Basel.

SCHMOLL, Ulrich. 1958. *Die vorgriechischen Sprachen Siziliens*. Harrassowitz, Wiesbaden.

SCHUMACHER, Stefan. 2004. *Die keltischen Primärverben: ein vergleichendes, etymologisches und morphologisches Lexikon*. Innsbrucker Beiträge zur Sprachwissenschaft Bd. 110, Innsbruck.

SCHÜRR, Diether. 1992. *Zur Bestimmung der Lautwerte des karischen Alphabets*. Kadmos 31: 127–156.

SCHÜTZEICHEL, Rudolf. 1995. *Althochdeutsches Wörterbuch*. 5. Auflage. Max Niemeyer, Tübingen.

SCHWYZER, Eduard. 1953. *Griechische Grammatik I. Allgemeiner Teil, Lautlehre, Wortbildung, Flexion*. C.H. Beck, München.

SELCAN, Zülfü. 1998. *Grammatik der Zaza-Sprache. Nord-Dialekt (Dersim-Dialekt)*. Wissenschaft & Technik, Berlin.

SHAPIRO, Michael C. 2003. *Hindi*. In: Cardona-Jain, Kapitel 7.

SHEVOROSHKIN, V. 1965. *Issledovanija po dešifrovke karijskix nadpisej*. Nauka, Moskau.

SHUKLA, S. 2009. *Hindi*. In: CELW, 494–497.

SIEG, Emil und Wilhelm SIEGLING. 1908. *Tocharisch, die Sprache der Indoskythen*. Berlin.

SILVESTRI, Domenico. 1998. *The Italic Languages*. In: Ramat-Ramat 1998, Kapitel 11.

DE SIMONE, C. 1972. *La lingua messapica: tentativo di una sintesi*. In: Atti XI convegno di studi sulla Magna Graecia, 125–201.

SIMS-WILLIAMS, Patrick. 1998. *The Celtic Languages*. In: Ramat-Ramat 1998, Kapitel 12.

SIMS-WILLIAMS, Nicholas, ed. 2002. *Indo-Iranian Languages and Peoples*. The British Academy, Oxford University Press.

SKJÆRVØ, Prods Oktor. 1989. *Modern East Iranian Languages*. In: CIL, 370–383.

SKJÆRVØ, Prods Oktor. 2007. *Avestan and Old Persian Morphology*. In: MAA, Vol 2, 2.

SOLTA, Georg R. 1960. *Die Stellung des Armenischen im Kreise der indogermanischen Sprachen*. Mechitharisten-Buchdruck, Wien.

SPOLSKY, Bernhard und S. B. BENOR. 2009. *Jewish Languages*. In: CELW, 565–569.

STARKE, Frank. 1985. *Die keilschrift-luwischen Texte in Umschrift*. Harrassowitz, Wiesbaden.

STARKE, Frank. 1999. *Luwisch*. In: DNP, Band 7, 528–534.

STRECK, Michael P., ed. 2005. *Sprachen des Alten Orients*. Wiss. Buchgesellschaft, Darmstadt.

STREITBERG, Wilhelm. 2000. *Die gotische Bibel*. 7. Auflage. Winter, Heidelberg.

STURTEVANT, Edgar H. 1962. *The Indo-Hittite Hypothesis*. Language 38: 105–110.

SUSSEX, Roland und Paul CUBBERLEY. 2006. *The Slavic Languages*. Cambridge University Press.

SZEMERÉNYI, Oswald. 1990. *Einführung in die vergleichende Sprachwissenschaft*. 4. Auflage. Wiss. Buchgesellschaft, Darmstadt.

TAGLIAVINI, Carlo. 1998. *Einführung in die romanische Philologie*. 2. Auflage. Francke, Tübingen – Basel.

THOMSEN, Robert. 1989. *An Introduction to Classical Armenian*. 2. Auflage. Caravan, Delmar.

TICHY, Eva. 2009. *Indogermanistisches Grundwissen für Studierende sprachwissenschaftlicher Disziplinen*. 3. Auflage. Hempen, Bremen.

TRUNTE, Nikolaos H. 2005. *Ein praktisches Lehrbuch des Kirchenslavischen in 30 Lektionen. Band I: Altkirchenslavisch*. Überarbeitete 5. Auflage. Otto Sagner, München.

TURNER, R. L. 1960. *Some Problems of Sound Change in Indo-Aryan*. University of Poona.

TOVAR, A. 1964. *L'inscripton du Cabeço das Fráguas et la langue des Lusitaniens*. Études celtiques 11: 239–269.

UNTERMANN, Jürgen. 1980. *Die venetische Sprache*. Glotta 58: 281–317.

UNTERMANN, Jürgen. 1997. *Monumenta Linguarum Hispanicarum, Vol. 4: Die tartessischen, keltiberischen und lusitanischen Inschriften*. Reichert, Wiesbaden.

UNTERMANN, Jürgen. 2001. *Die vorrömischen Sprachen der iberischen Halbinsel*. Westdeutscher Verlag, Wiesbaden.

VASMER, Max. 1953–58. *Russisches etymologisches Wörterbuch*. Winter, Heidelberg.

VERNER, Karl. 1877. *Eine Ausnahme der ersten Lautverschiebung*. Zeitschrift für vergleichende Sprachforschung 23: 97–130.

VINCENT, Nigel. 1988. *Latin*. In: Harris-Vincent 1988, Kapitel 2.

VINEIS, Edoardo. 1998. *Latin*. In: Ramat-Ramat 1998, Kapitel 10.

VITTMANN, Günter. 2003. *Ägypten und die Fremden im ersten vorchristlichen Jahrtausend*. Philipp von Zabern, Mainz.

WALDE, Alois. 1910. *Lateinisches etymologisches Wörterbuch*. 2. Auflage. Winter, Heidelberg.

WALLACE, Rex E. 2004. *Sabellian Languages – Venetic*. In: WAL, Kapitel 33, 34.

WALLACE, Rex E. 2007. *The Sabellic Languages of Ancient Italy*. Lincom Europa, München.

WATKINS, Calvert. 1998. *Proto-Indo-European: Comparison and Reconstruction*. In: Ramat-Ramat 1998, Kapitel 2.

WATKINS, Calvert. 2000. *The American Heritage Dictionary of Indo-European Roots*. Houghton Mifflin, Boston – New York.

WATKINS, Calvert. 2004. *Hittite*. In: WAL, Kapitel 18.

WINTER, Werner. 1998. *Tocharian*. In: Ramat-Ramat 1998, Kapitel 6.

WODTKO, Dagmar S., Britta IRSLINGER und Carolin SCHNEIDER. 2008. *Nomina im Indogermanischen Lexikon*. Winter, Heidelberg.

Wolf, Siegmund A. 1987. *Großes Lexikon der Zigeunersprache*. Helmut Buske, Hamburg.

Woodard, Roger D., ed. 2004. *The Cambridge Encyclopedia of the World's Ancient Languages*. Cambridge University Press.

Woodard, Roger D., 2004. *Attic Greek*. In: WAL, Kapitel 24.

Young, Steven R. 2009. *Balto-Slavic Languages*. In: CELW 135–136.

Zimmer, Stefan, ed. 2004. *Die Kelten – Mythos und Wirklichkeit*. Wiss. Buchgesellschaft, Darmstadt.

Sach- und Personenindex

Dieses Register enthält eine Auswahl der verwendeten linguistischen Fachbegriffe, die im Buch behandelten Schriften sowie die Namen bedeutender Sprachwissenschaftler. Seitenangaben im **Halbfettdruck** weisen auf Stellen besonderer Bedeutung hin.

Index der Sprachen und Sprachgruppen

Dieses Register enthält die Namen der aufgeführten Sprachen, Sprachgruppen und Sprachfamilien sowie einer Anzahl von Dialekten. Seitenangaben im **Halbfettdruck** weisen auf Stellen besonderer Bedeutung hin. In Klammern sind entweder Alternativnamen oder unterscheidende Informationen bei Sprachen bzw. Sprachgruppen gleichen Namens angegeben.

Rumänisch 12, **21**, 33–34, 38, 40, 201, 228, 230, 232–237, **238**, 239–240, **241–246**, 316, 362, 371–372, 437, 578–579, 672

Rumantsch → Bündnerromanisch

Runenschwedisch 110, 146, 157

Russinisch (Ruthenisch) 141, 317–319, 335, **339**, 673, 685

Russisch 9, 12, 31, 35, 38, 40–41, 140–141, 290, 296–298, 315–319, **320**, 322–324, 328, 335, **336–337**, 338–342, 346, 362, 497, 578, 635, 640–641, 673, 684–685

Ruthenisch → Russinisch

Saarländisch 110

Sabellisch → Oskisch-Umbrisch

Sadri 572, 682

Sakisch 520, 557, 588, 601, 603–604, 606, 610, **614–615**, 638, 645, 686

Salentinisch (*italien. Dialekt*) 240, 247, 672

Salentinisch (*griech. Dialekt*) 390

Samisch („Lappisch") 15, 34, 158

Sangisari 617, 619–620, **622**, 687, **688**

Sansi 571, 681

Sanskrit 9–12, 26, 36, 41–44, 61, 67–70, 73–76, **86–92**, 453, 520–525, **528–551**, 552–556, 559–562, 573–576, 589–592, 594–595, 597, 601, 611–615, 666–667, 676

Sardisch 12, 21, 228, 234–237, 239–240, 246–248, **249–250**, 672

Sarghulami 637–638, 645, 691

Sariqoli 619, 637–638, 642–645, 687, 691

Sarmatisch 588, 603, **615**, 638, 686

Sassaresisch 240, 247, 249, 672

Satem-Sprachen **24**, **45**, 46, 67, 293, 321, 392, 435–436, 438, 443, 465, 495, 509, 527, 534, 697

Sauraseni-Prakrit 553–554, 562, 676

Saurashtri 569, 680

Sawi (Savi, Sau) 566, 677

Schlesisch (*deutscher Dialekt*) 110, 132, 135

Schlesisch (*tschechischer/polnischer Dialekt*) 343, 351

Schorisch 22

Schottisch-Gälisch 12, 39, **167–169**, 173, 187–188, **190–191**, 192, 671

Schwäbisch 110, 132, 135, 137

Schwedisch 8–9, 12, 34, 38, 40–41, 105-108, 110, 145-146, 149–150, 154–155, **156–159**, 160–161, 163, 577, 579, 670, 685

Schweizerdeutsch (Schwyzerdütsch) 106, 110, 135

Schwyzerdütsch → Schweizerdeutsch

Semitisch 27, 52, 65, 93–96, 100, 103, 141, 326, 385, 497, 595–596

Semnani 617, 619–620, **622**, 687, **688**

Sephardisch → Judenspanisch

Serbisch 12, 33, 38, 40, 315–319, 324, 328, 353–356, **357–359**, 360–364, 367, 372, 578, 673, 684

Serbokroatisch 317, 324, 353, **355–356**, 357, 673

Shina 565–566, 576, 676, **677**

Shugni 619, 637–638, 643–645, 687, 691

Shumasti 566, 677

Sidetisch 445, 449–450, 465, 482, **490**, 675

Sikulisch 194, 231, 427, **433**, 674

Sindhi 40, 559, 562-565, **567–568**, 617, 676, **679**

Singhalesisch (Sinhala) 40, 553–554, 557, 561–565, **573–574**, 675–676, **683**

Sinotibetisch 13, 35, 522, 526

Sinti (Sintikes) **578**, 685

Siraiki (Süd-Panjabi, Multani) 40, 565, 567-568, 676, **679**

Sirmauri 568, 679

Sizilianisch 240, 247, 672

Skythisch 445, **527**, 588, 601–602, **603**, 638, 686

Slawisch 9, 11–12, 33–34, 36–38, 41–45, 47–48, 53, 60, 62, 72–73, 139–141, 163, 232, 245–246, **290–291**, 292, 296–297, **315–365**, 369, 372, 389, 439, 443, 527, 669, 673, 685–686

Slowakisch 12, 38, 315–319, 322, 341, 346, 350, **352–353**, 578, 673, 685

Slowenisch 12, 73, 315–321, 324, **353–355**, 579, 673, 685–686

Slowinzisch 317, 319, 341–344, **346**, 673

Sogdisch 588, 601, 603–606, **610–612**, 616, 633, 638, 641, 686

Sorbisch 12, 73, 315–319, 321, 324, 341, **346–349**, 350, 673

Sorchei 617, 619–620, **622**, 687, **688**

Sorothaptisch 427, **428–429**

Spanisch (Kastilisch) 2–5, 12, 35, 38, 40, 228, 231, 233–237, **238**, 239–240, 249, 261–266,

Isländisch

Färöisch

Norwegisch
Schwedisch

Schottisch-Gälisch

Läppisch

Finnisch

Jurakisch
Vogulisch

Komi
Syrjän.

Permjak

Schwedisch

Karelisch

Vepsisch

Votjakisch

Tscheremissisch

Tschu-waschisch

Mordwinisch

Votisch
Ingrisch

Livisch
Estnisch

Englisch

Irisch-Gälisch
(Manx)
Englisch

Kymrisch
(Kornisch)

Friesisch

Dänisch

Niederländ.

Lettisch
Litauisch

Russisch

Russisch
Karaimisch

Weißrussisch

Kaschubisch

Polnisch

Nieder-Ober-Sorbisch

Flämisch

Niederdeutsch
Deutsch
Luxemburg.

Bretonisch

Französisch

Baskisch

Galizisch

schechtisch
Slowakisch

Ungarisch

Ukrainisch

Karaimisch

Rumä-
Ungar.
Deutsch
(Romani)
Deutsch

Moldauisch
Russisch

Krim-Tatarisch

Gaguzisch

Adygeisch

Abchasisch
Mingrelisch
Georgisch

Okzitanisch

Raroromán.

Ladin.
Friaul.

Italienisch

Slowenisch
Kroatisch

Bosnisch
Kroatisch
Serbisch

nisch

Lasisch

Portugiesisch

Spanisch
Kastilisch

Katalanisch

Korsisch

Sardisch

(Monte-negrinisch)

Albanisch

Bulgarisch

Makedonisch

Aromun

Grie

chisch

Türkisch

Adygeisch

Zaza
Kurdisch

Syrisch
Arabisch

Maltesisch

Idg. Sprachen:

- ■ German. Sprachen (yellow)
- ■ Roman. Sprachen (orange/red)
- ■ Slav. Sprachen (light blue)
- ■ Balt. Sprachen (green)
- ■ Indoiran. Sprachen (brown)
- ■ Kelt. Sprachen (blue)
- ■ Griechisch (pink)
- ■ Albanisch (orange-red)

Nichtidg. Sprachen:

- ■ Ural. / Finnougr. Sprachen (dark blue)
- ■ NW-Kauk. Sprachen (dark green)
- ■ SW-Kauk. Sprachen (teal)
- ■ Semit. Sprachen (grey)
- ■ Türk. Sprachen (light grey)
- ■ Baskisch (black)

Die Sprachen Europas

(C) Jost Gippert, 1993-2010

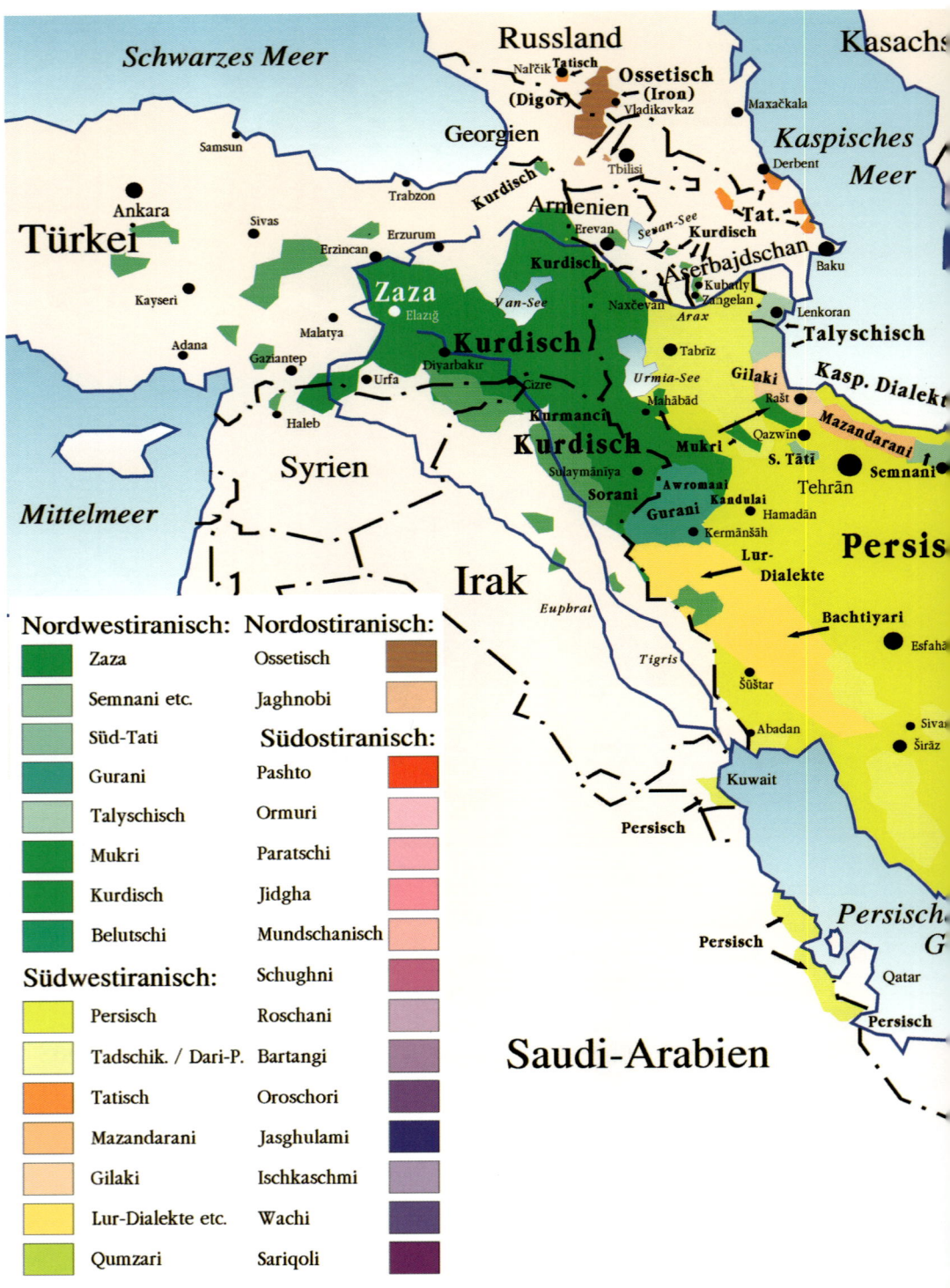

Nordwestiranisch:

- Zaza
- Semnani etc.
- Süd-Tati
- Gurani
- Talyschisch
- Mukri
- Kurdisch
- Belutschi

Südwestiranisch:

- Persisch
- Tadschik. / Dari-P.
- Tatisch
- Mazandarani
- Gilaki
- Lur-Dialekte etc.
- Qumzari

Nordostiranisch:

- Ossetisch
- Jaghnobi

Südostiranisch:

- Pashto
- Ormuri
- Paratschi
- Jidgha
- Mundschanisch
- Schughni
- Roschani
- Bartangi
- Oroschori
- Jasghulami
- Ischkaschmi
- Wachi
- Sariqoli

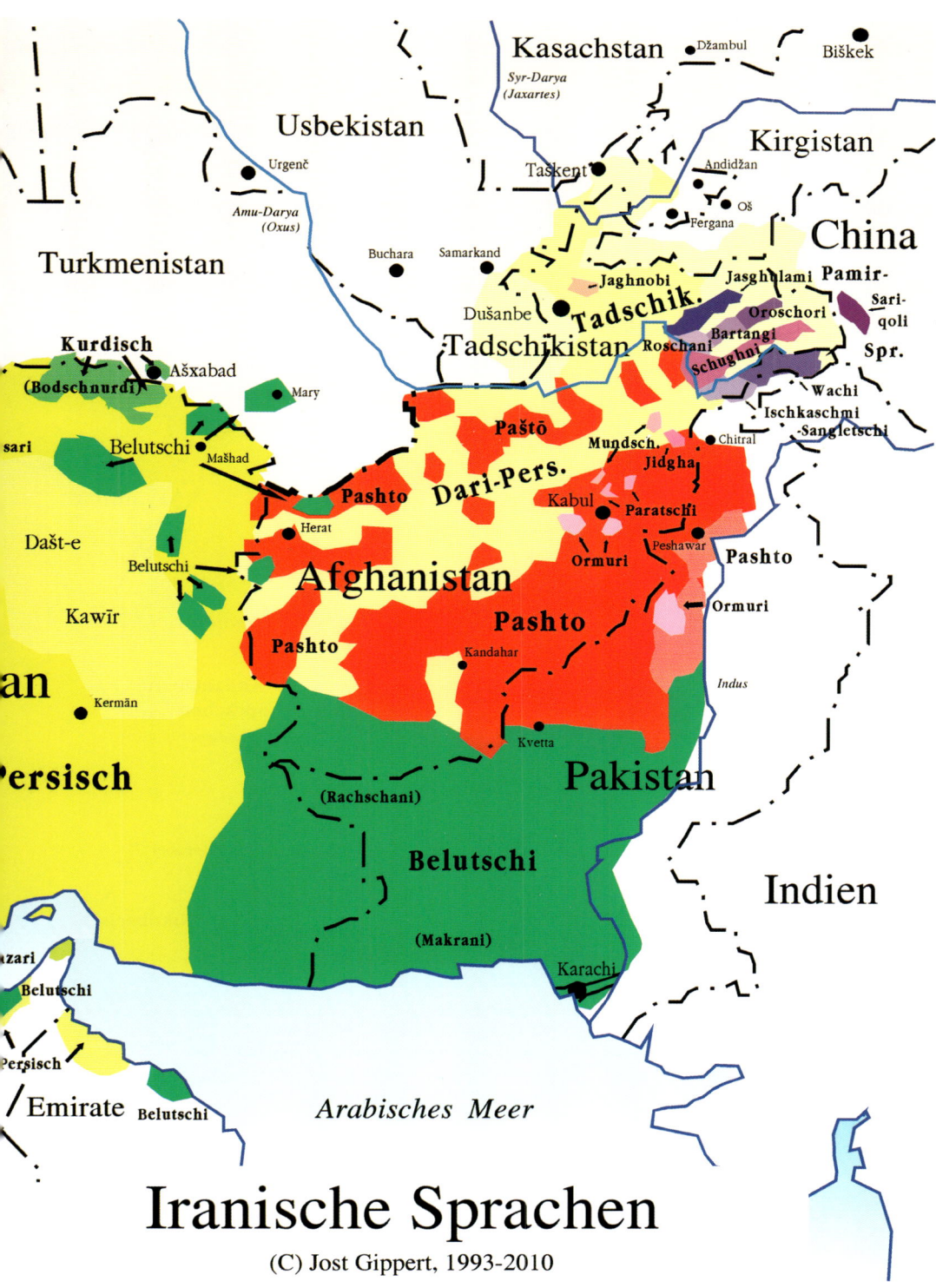

Iranische Sprachen

(C) Jost Gippert, 1993-2010

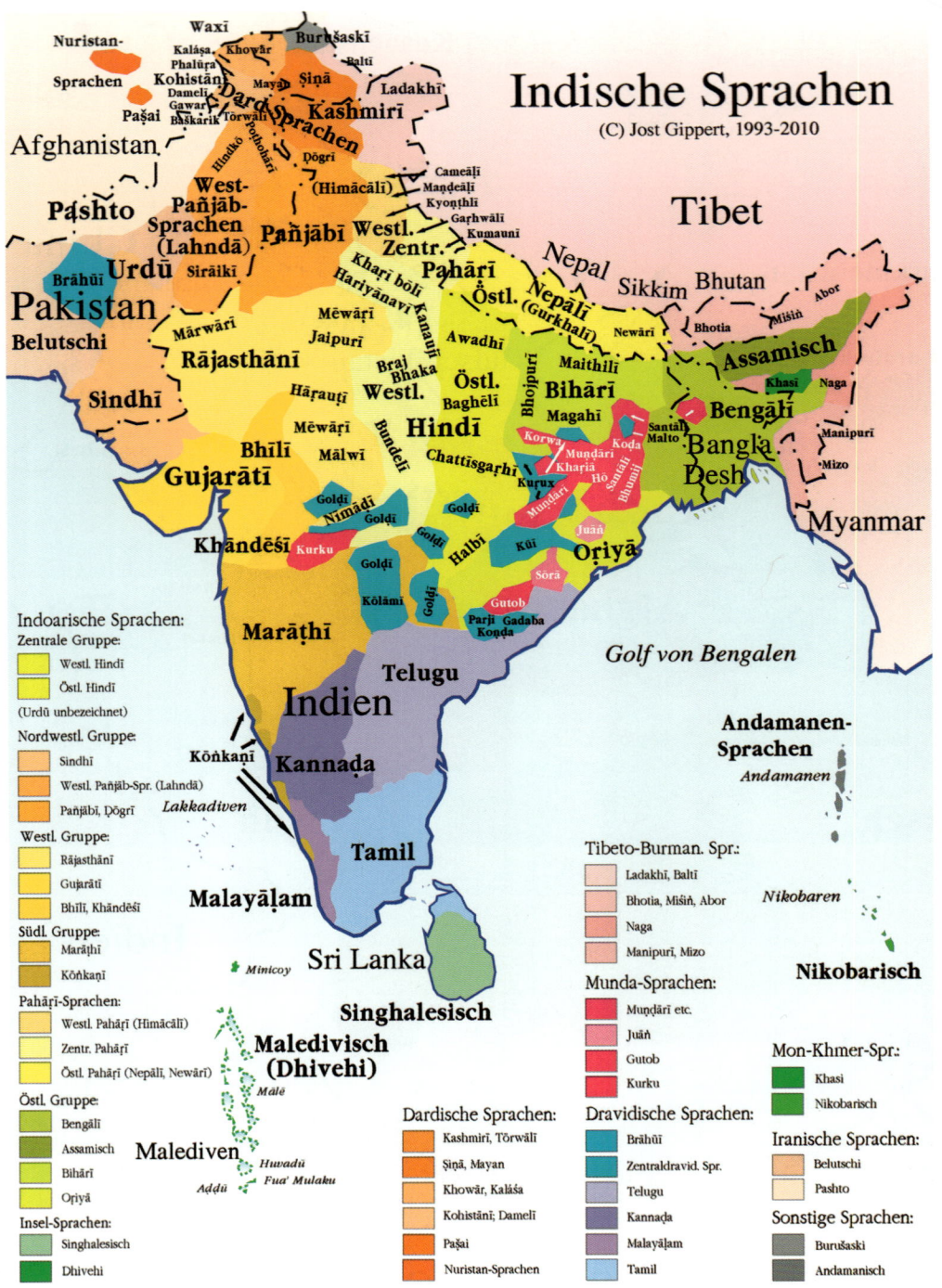

Indische Sprachen

(C) Jost Gippert, 1993-2010

Indoarische Sprachen:

Zentrale Gruppe:
- Westl. Hindī
- Östl. Hindī

(Urdū unbezeichnet)

Nordwestl. Gruppe:
- Sindhī
- Westl. Panjāb-Spr. (Lahndā)
- Panjābī, Dōgrī

Westl. Gruppe:
- Rājasthānī
- Gujarātī
- Bhīlī, Khāndēśī

Südl. Gruppe:
- Marāṭhī
- Kōṅkaṇī

Pahāṛī-Sprachen:
- Westl. Pahāṛī (Himācāli)
- Zentr. Pahāṛī
- Östl. Pahāṛī (Nepāli, Newāri)

Östl. Gruppe:
- Bengālī
- Assamisch
- Bihārī
- Oṛiyā

Insel-Sprachen:
- Singhalesisch
- Dhivehi

Dardische Sprachen:
- Kashmīrī, Tōrwālī
- Šiṇā, Mayan
- Khowār, Kalāśa
- Kohistānī; Damelī
- Pašai
- Nuristan-Sprachen

Dravidische Sprachen:
- Brāhūī
- Zentraldravid. Spr.
- Telugu
- Kannaḍa
- Malayāḷam
- Tamil

Tibeto-Burman. Spr.:
- Ladakhī, Baltī
- Bhotia, Mišiṅ, Abor
- Naga
- Manipurī, Mizo

Munda-Sprachen:
- Muṇḍārī etc.
- Juāṅ
- Gutob
- Kurku

Mon-Khmer-Spr.:
- Khasi
- Nikobarisch

Iranische Sprachen:
- Belutschi
- Pashto

Sonstige Sprachen:
- Burušaski
- Andamanisch